STÄDTEFORSCHUNG

Veröffentlichungen des Instituts für vergleichende Städtegeschichte in Münster

begründet von Heinz Stoob

in Verbindung mit

U. Braasch-Schwersmann, W. Ehbrecht, H. Heineberg, P. Johanek, M. Kintzinger, A. Lampen, R.-E. Mohrmann, E. Mühle, F. Opll und H. Schilling

herausgegeben von

Werner Freitag

Reihe A: Darstellungen

Band 78

DIE MITTELALTERLICHEN STÄDTE IN DEN BÖHMISCHEN LÄNDERN

GRÜNDUNG – VERFASSUNG – ENTWICKLUNG

von

Jiří Kejř

2010

BÖHLAU VERLAG KÖLN WEIMAR WIEN

Diese Publikation wurde gefördert durch die Westfälische Wilhelms-Universität Münster;
der Druck durch den Deutsch-Tschechischen Zukunftsfonds.

DEUTSCH-TSCHECHISCHER ZUKUNFTSFONDS
ČESKO-NĚMECKÝ FOND BUDOUCNOSTI

Bibliografische Information der Deutschen Nationalbibliothek

Die Deutsche Nationalbibliothek verzeichnet diese Publikation
in der Deutschen Nationalbibliografie; detaillierte bibliografische Daten
sind im Internet über http://dnb.d-nb.de abrufbar.

Aus dem Tschechischen übersetzt von Hildegard Boková (†) und Václav Bok.
Titel der Originalausgabe, Prag 1998:
Vznik městského zřízení v českých zemích.

Umschlagabbildung: Siegel von Přemysl Otakar II., verwendet 1277/78 (Umzeichnung).
In seine Regierungszeit fällt die wichtigste Phase der Stadtentwicklung
in den böhmischen Ländern des Mittelalters.

Redaktion: Institut für vergleichende Städtegeschichte, Münster
http://www.uni-muenster.de/Staedtegeschichte

Layout und Satz: Peter Kramer Buch & Satz, Münster
Druck und Bindung: Strauss GmbH, Mörlenbach

Gesetzt aus der Linotype Stempel Garamond 10pt.
Gedruckt auf chlor- und säurefreiem Papier.
Printed in Germany

ISBN 978-3-412-20448-8

INHALT

VORWORT ZUR DEUTSCHEN AUSGABE

Es wäre fehl am Platz, die Entstehung und Entwicklung des Städtewesens und der Stadtverfassung in den Böhmischen Ländern nur als Angelegenheit eines mitteleuropäischen Staates zu betrachten. Das organische, von den Herrschern veranlasste Wachstum des böhmischen und mährischen Städtenetzes knüpft zwar an die vorhandenen Voraussetzungen an, aber die stufenweise Einbürgerung der in den Nachbarländern gebildeten Organisations- und Rechtsformen bedeutet eine stürmische Veränderung des wirtschaftlichen Systems und der Topographie, den Umbau der bestehenden Siedlungen und die Bildung des freien Bürgertums. Die Städte im Staate der Přemysliden sind daher als ein dynamischer Teil der Städtebildung im gesamten mittelalterlichen Römischen Reich anzusehen.

Der Zusammenhang des böhmischen und mährischen Städtenetzes mit den deutschen Vorbildern (es sei z. B. auf die Übernahme des Magdeburger Rechts verwiesen) war auch der Anlass, warum ich mit Freude das Angebot des damaligen Direktors des Institutes für vergleichende Städtegeschichte Prof. Dr. Peter Johanek angenommen habe, die deutsche Übersetzung des Buches in der Reihe Städteforschung zu veröffentlichen. Ich bin überzeugt, dass die städtischen Institutionen in den deutschen Territorien und auf dem Gebiet Böhmens und Mährens, trotz einiger Abweichungen, auffallende Parallelitaten aufweisen, die auf dem Feld der Verfassungsgeschichte besonders überzeugend untersucht werden können. Ich will dabei nicht verschweigen, dass ich mein Buch den deutschen Fachkollegen auch mit der Absicht vorlege, sie über die Anfänge der Städte und der städtischen Institutionen in den Böhmischen Ländern näher zu informieren und sie zu bitten, mit ihren weiterführenden Forschungen die bisher erreichten Ergebnisse zu bereichern.

Dem Institut für vergleichende Städtegeschichte darf ich für die Veröffentlichung meines bescheidenen Werkes in der Reihe Städteforschung meinen aufrichtigen Dank aussprechen. In meinen Erinnerungen behalte ich die Tage meines Aufenthalts in Münster, wobei ich allen Mitarbeitern des Instituts für ihre Hilfsbereitschaft dankbar bin. Ich schätze sehr hoch die guten freundschaftlichen Beziehungen zu den beiden früheren Direktoren des Institutes, Herrn Prof. Dr. Heinz Stoob, dessen Ableben einen ernsten Verlust für mich bedeutete, und Herrn Prof. Dr. Peter Johanek, dessen freundliche Hilfe mich zum Dank verpflichtet.

Ich behalte in meinem Gedächtnis die aufopfernde Arbeit beider Übersetzer des Buches, Herrn Prof. Dr. Václav Bok und seiner leider verstorbenen Frau, Univ.Doz. Dr. Hildegard Boková, die bemüht waren, den Text genau ins Deutsche zu übertragen. Für ihre Mühe gehört ihnen mein aufrichtiger Dank.

Auch in diesem kurzen Vorwort will ich erneut der Alexander von Humboldt-Stiftung meinen verbindlichen Dank ausdrücken, die mich mit dem Forschungspreis beehrt hatte und mir dadurch einen halbjährigen Aufenthalt in Deutschland ermöglichte, bei dem ich dieses Buch vollenden konnte.

Prag, den 21. Juni 2009 Jiří Kejř

VORBEMERKUNG

Mit diesem Band der Reihe „Städteforschung" wird ein zentrales Werk der neueren tschechischen Stadtgeschichtsforschung in deutscher Sprache vorgelegt, das 1998 auf tschechisch erschienene Buch Jiří Kejřs über die Stadtverfassung in den böhmischen Ländern. Es stellt die Summe seiner Bemühungen um die Geschichte der mittelalterlichen Stadt dar, die ihn seit den Anfängen seiner wissenschaftlichen Tätigkeit beschäftigt hat. Seine Arbeiten zur Stadtgeschichte sind es auch gewesen, die ihn weit über die Grenzen seines Heimatlandes hinaus in der internationalen Medieävistik bekannt gemacht haben, obwohl er in ihr auch aus anderen Gründen einen herausragenden Platz einnimmt.

Der Weg Jiří Kejřs in die Wissenschaft ist nicht einfach gewesen. Zunächst verhinderte nach der Matura die deutsche Okkupation der Tschechoslowakei 1939 die Aufnahme des Studiums der Jurisprudenz, das er erst 1945 als Dreiundzwanzigjähriger beginnen konnte. Auch die weitere Laufbahn als Wissenschaftler verlief wegen der politischen Veränderungen in der Tschechoslowakei nach 1948 nicht geradlinig. Obwohl er sich sehr bald als herausragender Kenner der mittelalterlichen Rechtsgeschichte, der Handschriftenkunde und der Geschichte des Hussitismus erwies, erreichte er beruflich keine ihm gemäße Position im Wissenschaftsbetrieb in den Instituten und Kommissionen der Tschechoslowakischen Akademie der Wissenschaften. Eine Professur blieb ihm versagt, und erst nach der Wende von 1990 konnte er sich 1993 habilitieren. Sein wissenschaftlicher Rang jedoch war stets unbestritten und wurde im Ausland auch offiziell anerkannt. Bereits 1972 wurde er in die „Commission Internationale pour l'Histoire des Villes" gewählt, deren Ehrenmitglied er heute ist, 1977 fand er Aufnahme im Österreichischen Arbeitskreis für Stadtgeschichtsforschung als korrespondierendes Mitglied und 1985 lud ihn das Corpus Christi College Cambridge zu einem Forschungsaufenthalt ein. In Deutschland erhielt er dann 1995 den Alexander von Humboldt-Forschungspreis für sein Lebenswerk.

Schon zwei Jahre zuvor hatte man ihn auch in Prag mit der Goldenen František Palacký-Plakette für Verdienste um die Gesellschaftswissenschaften ausgezeichnet. Diese Ehrungen in Deutschland und Prag galten einmal dem Erforscher des Hussitentums, der Geschichte der Prager Universität und ihrer Magister, besonders des Lebens und Wirkens des Jan Hus, dem unermüdlichen Handschriftenforscher und Interpreten hussitischer Texte. In der Tat hat diese Seite der Forschungstätigkeit Jiří Kejřs in seiner Heimat, aber auch gerade im Ausland, größte Beachtung gefunden. Die Auszeichnungen galten aber ebenso auch dem Stadthistoriker Jiří Kejř. Seit er 1969 in der Zeitschrift „Historica", die dazu gedacht war, Ergebnisse der tschechischen Geschichtsforschung dem Ausland zu vermitteln, in deutscher Sprache „Zwei Studien über die Anfänge der Stadtverfassung in den böhmischen Ländern“ veröffentlicht hatte, legte er eine lange Reihe von scharfsinnigen und eindringlichen Einzelstudien zur frühen Stadtentwicklung in Böhmen, Mähren und Schlesien vor. Einige sehr grundsätzliche Abhandlungen dieser Art erschienen in deutscher Sprache, zum Teil sind sie hervorgegangen aus Vorträgen vor dem „Konstanzer Arbeitskreis für mittelalterliche Geschichte“ und dem „Österreichischen Arbeitskreis für Stadtgeschichtsforschung“. Sie sind 2006 in einem Sammelband der deutschsprachigen Aufsätze Jiří Kejřs wieder abgedruckt worden (Aus Böhmens Verfassungsgeschichte. Staat – Städtewesen – Hussitentum, Prag 2006). Diese Aufsätze haben Jiří Kejřs Ruf als Stadthistoriker begründet.

In der zweiten Hälfte der neunziger Jahre hat Jiří Kejř dann dieses vielfältige Lebenswerk mit zwei Büchern gleichsam gekrönt. Im Jahr 2000 erschien eine Darstellung des Prozesses gegen Jan Hus (Husův proces), und bereits zwei Jahre zuvor veröffentlichte er 1998 das Buch über die Anfänge der Stadtverfassung in den böhmischen Ländern, das hier nun in deutscher Sprache vorgelegt wird. Dieses *opus magnum* des Rechtshistorikers Jiří Kejř entwirft nun nach der Fülle der Einzelstudien und auf der Grundlage dieser lebenslangen Bemühungen um die Stadtgeschichte ein Gesamtbild und sucht den Entwicklungsprozess des Städtewesens vom 12. bis zum Beginn des 14. Jahrhunderts gleichmäßig auf umfassender Quellenbasis zu analysieren.

Es versteht sich, dass der Rechtshistoriker Jiří Kejř sein Hauptaugenmerk auf die rechtlichen Kriterien des Entwicklungsprozesses gerichtet hat, dass für ihn die Herausbildung der „institutionellen“ Stadt im Vordergrund steht und dass er vielfach den Vorarbeiten der klassischen Stadtgeschichtsforschung, die zu einem nicht geringen Teil von Rechtshistorikern betrieben wurde, verpflichtet ist. In einer Zeit, in der rechtsgeschichtliche Aspekte in der Stadtgeschichtsforschung an den Rand gerückt sind, war ein solcher neuer Anlauf ein mutiger und notwendiger Schritt. Jiří Kejř hat den gesamten Quellenbestand der späten Přemyslidenzeit, insbesondere die urkundliche Überlieferung erfasst und in geduldiger Quellenanalyse für die verschiedenen Themenfelder durchdrungen, die sich für den Sozialkörper Stadt ergeben. Für die Terminologie bei der Bezeichnung von Siedlungen und ihrer Bewohner, für die Nachrichten über den Gründungsakt, für das Umfeld des Stadtrechts und der Bestimmungen zur Sicherung der wirtschaftlichen Prosperität, für den Markt, die städtische Verwaltung und die Gerichtsverhältnisse, für die Rolle der Mendikanten in der Stadt und schließlich für das Bürgertum. So entsteht ein differenziertes Bild von den Erkenntnissen, die den Quellenaussagen abzugewinnen sind. Für keine andere Region Mitteleuropas liegt eine so umfassende, so unmittelbar an der Überlieferung orientierte Untersuchung der Quellentermini und ihrer Verankerung im jeweiligen sozialen Kontext vor.

Es liegt auf der Hand, dass die deutsche Stadtgeschichtsforschung aus diesem Buch außerordentlich großen Nutzen zu ziehen vermag, wenn es um vergleichende Studien geht, zumal das Städtewesen der böhmischen Länder durch vielfache Verbindungslinien mit dem deutschen auf engste verknüpft ist. Allein, die sprachlichen Barrieren haben die Rezeption des Buches in der deutschsprachigen Forschung behindert. Daher schien es geboten, eine deutsche Übersetzung zu publizieren und das Institut für vergleichende Städtegeschichte an der Universität Münster hat sich dieser Aufgabe angenommen. Diese Übersetzung liegt nun vor.

Am Ende der Arbeit an diesem Band ist Dank abzustatten. Er gilt der Westfälischen Wilhelms-Universität, die Mittel für die Übersetzung bereitstellte und dem Deutsch-Tschechischen Zukunftsfonds, der den Druck ermöglichte. Besonderer Dank gebührt den Übersetzern, Hildegard Boková (†) und Václav Bok (České Budějovice), die diese Aufgabe in enger Zusammenarbeit mit Jiří Kejř durchgeführt haben. Diese Übersetzung wurde im Institut für vergleichende Städtegeschichte noch einmal durchgesehen, wobei darauf geachtet wurde, dass die Diktion des Autors erhalten blieb. Bei dieser Arbeit und bei der Vorbereitung zum Druck haben sich Peter Kramer, Karsten Igel, Ute Wesselmann und – noch mehr als sonst – Mechthild Siekmann verdient gemacht.

Mit dem Erscheinen dieses Buches trägt die deutsche Stadtgeschichtsforschung eine große Dankespflicht gegenüber Jiří Kejř ab, der so viel zum Verständnis der mittelalterlichen Stadt beigetragen hat. Jiří Kejř hat lange auf diese Übersetzung warten müssen, es mag ihm Freude und Genugtuung sein, dass sie nun im Jahre seines 90. Geburtstags vorliegt.

Münster, den 28. Oktober 2010 Peter Johanek

VERZEICHNIS DER SIGLEN

ACRB	Archivum Coronae Regni Bohemiae I–II, ed. V. Hrubý
AfD	Archiv für Diplomatik, Schriftgeschichte, Siegel- und Wappenkunde
AFP	Archivum fratrum Praedicatorum
AltSt	Die alte Stadt – Zeitschrift für Stadtgeschichte, Stadtsoziologie und Denkmalpflege
AÖG	Archiv für österreichische Geschichte
AR	Archeologické rozhledy
AUC	Acta Universitatis Carolinae
BDLG	Blätter für deutsche Landesgeschichte
CDB	Codex diplomaticus et epistolaris regni Bohemiae, ed. G. Friedrich, Z. Kristen, J. Šebánek, S. Dušková, V. Vašků
CDM	Codex diplomaticus Moraviae, ed. A. Boček, J. Chytil u. a.
CDSil	Codex diplomaticus Silesiae
CDSlov	Codex diplomaticus Slovaciae, ed. R. Marsina
CIB	Codex iuris Bohemici, ed. H. Jireček
CIM	Codex iuris municipalis, ed. J. Čelakovský, G. Friedrich, A. Haas
CzPh	Czasopismo prawno-historyczne
ČČH	Český časopis historický
ČČM	Časopis českého muzea
ČDV	Časopis pro dějiny venkova
ČMM	Časopis Matice moravské
ČMorM	Časopis moravského muzea – (Acta Musaei Moravici)
ČSČH	Československý časopis historický
ČSlM	Časopis Slezského muzea
ČSPSČ	Časopis Společnosti přátel starožitností českých
DA	Deutsches Archiv für Erforschung des Mittelalters
FD	Folia diplomatica
FHB	Folia historica Bohemica
FRB	Fontes rerum Bohemicarum II, ed. J. Emler
HČ	Historický časopis
HD	Hospodářské dějiny
HGb	Hansische Geschichtsblätter
HJb	Historisches Jahrbuch
HZ	Historische Zeitschrift
JbGF	Jahrbuch für Geschichte des Feudalismus
JbRG	Jahrbuch für Regionalgeschichte

JSH	Jihočeský sborník historický
KHKM	Kwartalnik historii kultury materialnej
ME	Monumenta Egrana, ed. H. GRADL
MIÖG	Mitteilungen des Instituts für österreichische Geschichtsforschung
MVGDB	Mitteilungen des Vereins für die Geschichte der Deutschen in Böhmen
MZK	Minulostí západočeského kraje
PAM	Památky archeologické a místopisné
PhS	Právněhistorické studie
PL	Patrologiae Latinae cursus completus, ed. J. P. MIGNE
PomUB	Pommersches Urkundenbuch, ed. K. CONRAD
PrH	Przegląd historyczny
PSH	Pražský sborník historický
RBM	Regesta diplomatica nec non epistolaria Bohemiae et Moraviae, ed. K. J. ERBEN, J. EMLER u. a.
RVB	Rheinische Vierteljahrsblätter
SAP	Sborník archivních prací
SBAG	Schweizer Beiträge zur Allgemeinen Geschichte
SlSb	Slezský sborník
SPDMP	Sborník příspěvků k dějinám hlavního města Prahy
SPFFBU	Sborník prací filosofické fakulty brněnské university
StR	Studie o rukopisech
SUB	Schlesisches Urkundenbuch, ed. H. APPELT, W. IRGANG
SVPS	Sborník věd právních a státních
SZG	Schweizerische Zeitschrift für Geschichte
VSWG	Vierteljahrschrift für Sozial- und Wirtschaftsgeschichte
VuF	Vorträge und Forschungen
VVM	Vlastivědný věstník moravský
WfF	Westfälische Forschungen
ZfG	Zeitschrift für Geschichtswissenschaft
ZGKgS	Zeitschrift für Geschichte und Kulturgeschichte Schlesiens
ZfO	Zeitschrift für Ostforschung
ZfGO	Zeitschrift für die Geschichte des Oberrheins
ZfSG	Zeitschrift für schweizerische Geschichte
ZfSKg	Zeitschrift für schweizerische Kirchengeschichte
ZRG GA	Zeitschrift der Savigny-Stiftung für Rechtsgeschichte – Germanistische Abteilung
ZRG KA	Zeitschrift der Savigny-Stiftung für Rechtsgeschichte – Kanonistische Abteilung
ZVGMS	Zeitschrift des Vereins für Geschichte Mährens und Schlesiens
ZVGS	Zeitschrift des Vereins für Geschichte Schlesiens

EINLEITUNG

Nach langjähriger Vorbereitung und einer Reihe von Teilstudien nimmt der Verfasser nur mit Zögern und mit Verlegenheit ein zusammenfassendes Werk in Angriff, das ein bescheidener Beitrag zur Kenntnis der Anfänge der Städte in den böhmischen Ländern sein soll. Bei Überlegungen, ob die Voraussetzungen zur Gewinnung von sicheren Schlussfolgerungen bereits geschaffen wurden, tauchen einige Fragen auf, deren Beantwortung nicht leicht ist. Sind einzelne thematische Umkreise aus der Geschichte der Städte in der Přemyslidenzeit bereits in solcher Vollständigkeit behandelt worden, dass man auf die erzielten Schlussfolgerungen in vollem Vertrauen bauen kann? Ist die Quellenbasis bereits vollständig entdeckt und interpretiert? Sind bereits alle früheren Widersprüche in den Ergebnissen unterschiedlicher Schulen und Fachgebiete beseitigt? Unterliegen wir nicht mehr einigen überkommenen schematischen Vorstellungen?

Es ist offensichtlich, dass das vorliegende Buch nicht nur eine Zusammenfassung des zusammengetragenen Wissens sein kann, sondern dass es auch kontinuierlich einzelne Probleme wird lösen und Unsicherheiten wird beseitigen müssen, dass es auch trotz größter Verehrung der Vorgänger und der Anerkennung ihrer Leistung Kritik und Verbesserungsversuche nicht wird vermeiden können. Es kann sogar eingewendet werden, dass es sich um eine zu früh geschriebene Monographie handelt, die sich auf eine breitere Basis von vorbereitenden Studien stützen sollte. Der Verfasser ist sich dessen voll bewusst, aber sein Alter erlaubt es ihm nicht mehr, weiter zu zögern. Es wird also ein Werk angeboten, das keinen Anspruch auf Schaffung eines vollständigen Bildes von den Anfängen der Stadtverfassung in den böhmischen Ländern erheben kann und so eher eine Zwischenstufe darstellt, die vielleicht – wenn auch kritisch – die weitere Forschung über unsere Städte der Přemyslidenzeit anregen kann.

Die Geschichte der böhmischen und mährischen Städte wurde in der tschechischen Forschung nie vernachlässigt und die gesammelten Kenntnisse bieten eine hinreichende Basis für den Versuch, diese weiter zu entwickeln und zu vertiefen. Die meisten Arbeiten betreffen jedoch spätere Jahrhunderte, für die man das Bild der Städte und ihres Lebens auf der Grundlage zahlreicher und vielseitiger Quellen sehr plastisch schildern kann. Unter diesen Quellen nehmen die Stadtbücher eine Spitzenstellung ein, von denen jedoch kein einziges in die Přemyslidenzeit zurückreicht. Die Lückenhaftigkeit der Quellen des 13. Jahrhunderts und die Schwierigkeiten ihrer Interpretation machen eine Arbeit über die Verfestigung des Städtenetzes, über die Entwicklung der städtischen Freiheiten und die Festigung der inneren städtischen Ordnung sehr schwierig. Trotzdem kann man auch für die Přemyslidenzeit mit größer Hoffnung auf Erfolg als früher an die Forschungsaufgabe herantreten, besonders dank der bereits geleisteten vortrefflichen Bearbeitung der meisten Urkunden, die für die Anfänge unserer Städte eine unerlässliche Quelle darstellen.

Unsere bedeutendsten Städtehistoriker – wir nennen sie nur in einer engen Auswahl –, seien es die Tschechen Jaromír Čelakovský, Václav Vojtíšek, Bedřich Mendl, František Hoffmann, Miroslav Richter, Jaroslav Mezník und Josef Žemlička oder die Deutschen Adolf Zycha, Wilhelm Weizsäcker und Ernst Schwarz, haben mit ihren Schriften einen Kenntnisfonds geschaffen, der nie außer Acht gelassen werden darf. Wenn man die Hunderte von weiteren Autoren berücksichtigt, deren Beiträge ebenso in Betracht gezogen werden müssen, dann steht man vor einer Unmenge von größeren und kleineren Arbeiten, die sich manchmal ergänzen, sich manchmal widersprechen, aber im Ganzen ein dynamisches Bild der Entwicklung der historischen Methode bieten und eine Menge von Kenntnissen anhäufen, die nicht leicht in eine sachliche Ordnung zu bringen ist. Bei der Bewertung ihres Beitrags muss auch die Zeit in Betracht gezogen werden, in der die Verfasser schrieben und manche noch erfolgreich arbeiten, die erschlossenen Quellen, die ihnen zur Verfügung standen sowie ihre fachlichen Ausgangspunkte. Auch ihre Ergebnisse können und müssen manchmal sogar verändert werden, denn der Fortgang der Forschung ergänzt oder überholt sie sogar.

Für einige Leser dieses Buches wird es vielleicht eine Überraschung sein, wie wenig die älteren systematischen Arbeiten über die Sozialgeschichte, über das Vordringen des deutschen Rechts oder über die Entwicklung der Besiedlung berücksichtigt werden, wie sie das Werk von Lippert, Juritsch und Šimák repräsentieren. Das ist weder eine Nachlässigkeit noch eine Missachtung ihrer Ergebnisse. Viel eher bleibt die Frage bestehen, was man aus diesen Arbeiten auch für die Geschichte der Stadtverfassung gewinnen kann, wenn die Zielsetzungen der Autoren andere waren, und wie man sich mit zahlreichen Angaben auseinandersetzen soll, die, durch den damaligen Kenntnisstand bedingt, nicht mehr den heutigen Forschungsstand zum Ausdruck bringen. Viele von ihren Interpretationen sind noch zu überprüfen. Dies würde eine fast ununterbrochene Folge von weiteren Argumenten und des Öfteren auch von Kritik bedeuten, was schließlich nur eine Last für eine flüssige Darstellung wäre.

Man begegnet zahlreichen Werken lokaler und regionaler Forscher von unterschiedlichster Bildung und von unterschiedlichstem fachlichem Niveau. Die Geschichte der einzelnen Städte, von mehrbändigen gründlichen Monographien bis zu oberflächlichen Gelegenheitsarbeiten, kann man nicht aus der Untersuchung ausschließen, und dies um so weniger, weil, wie später gründlich gezeigt wird, als Ausgangspunkt für die Erforschung der Vergangenheit von Städten jede Stadt einzigartig bleibt, auch wenn sie Ähnlichkeiten oder einige Übereinstimmungen mit anderen aufweist. Trotzdem werden nicht alle Arbeiten im vorliegenden Buch zitiert, weil dies den Anmerkungsapparat überlasten würde. Ausgelassen werden Hinweise auf Bücher oder Aufsätze, deren Schlussfolgerungen bereits überholt sind oder im Lichte der neueren Forschung nicht bestehen können. Es wird jedoch immer notwendig sein, das schwankende Niveau, die nicht immer mit Quellen begründeten Schlussfolgerungen und manchmal auch das Bestreben, die Entstehung der Stadt in die alte Zeit zu verschieben, vorsichtig zu beurteilen, weil ja oft ihr vermeintlicher früher Ursprung für eine Hebung ihres Prestiges gehalten wird. Trotz solcher Vorbehalte wird der lokalen und regionalen Forschung beständig Aufmerksamkeit gewidmet. Der lokale Kenner sieht oft in einigen Fragen mehr und besser – besonders im Hinblick auf die Entwicklungsphasen der städtischen Agglomeration oder bei der Lokalisierung von Dörfern in der Umgebung von Städten – als ein entfernterer Forscher, obwohl sich dieser mit größeren Zusammenhängen befasst.

Man muss jedoch bekennen, dass in der zeitgenössischen wissenschaftlichen Bemühung um die Kenntnis der Geschichte von Städten der tschechische Beitrag nicht zu den führenden gehört. Sein bedeutender Mangel ist es, dass er die vergleichende Stadtgeschichte zu wenig berücksichtigt, dass er sich im Rahmen des untersuchten Ortes, der Region oder des Landes einigelt. Deshalb mangelt es an einigen methodischen und theoretischen Aspekten, die, obwohl in der ausländischen, insbesondere der für den Vergleich mit den Verhältnissen in den böhmischen Ländern so wichtigen deutschen Fachliteratur gründlich behandelt, bei uns bisher nicht den gebührenden Widerhall gefunden haben. Man begegnet der willkürlichen Verwendung des Terminus „Stadt“ ohne Rücksicht auf die Zeit, die Entstehung der Lokalität oder die Aussagefähigkeit der Quellen, man begegnet der ungenügenden Unterscheidung und Auswertung der Terminologie als eines der wichtigsten und kompliziertesten Elemente für die institutionelle Einordnung, man begegnet mechanischen Deutungen unterschiedlicher Bezeichnungen, wie man dies z. B. bei der Interpretation der Begriffe *civis*, *burgus* oder *oppidum* wird sehen können, oder auch der unflexiblen Beharrung auf einigen äußeren Attributen, wie es bei der Einschätzung der Stadtmauer als unerlässliches Kennzeichen der Vollstadt der Fall ist.

Einen noch größeren Nachteil stellt die ungenügende Beachtung von grundlegenden Fragen der Stadtgeschichte dar, wie die Herausbildung der städtischen Freiheiten, die Garantien des Stadtfriedens oder das Heimischwerden des Stadtrechts und der städtischen Institutionen auf unserem Boden. Die Quellen der böhmischen Länder bieten nicht so weit in die Vergangenheit zurückreichende Informationen über die Herausbildung der Städte, wie die in den alten Siedlungsgebieten. Sie können sich weder an Menge noch an Vielgestaltigkeit mit den Nachrichten aus deutschen Territorien vergleichen, die die Vermittler des Eindringens von Stadtordnungen in die böhmischen Länder waren. Sie sagen nicht genügend über die Kaufleute und ihre Wege als mögliche städtebildende Elemente aus. Dagegen zeugen sie von der raschen und durchdringenden Verwandlung der Besiedlung, Wirtschaft und Ordnung der böhmischen Länder im Zuge der auffällig kurzen Herausbildung des Netzes von Städten, ebenso wie von neuen Formen, die aus dem Ausland übernommen wurden.

Jede Arbeit über die Anfänge der Städte muss ihre Begrenzung und die Auswahl des Stoffes klären. Dieser Rahmen ist durch das Anliegen des Forschers gegeben, der sich in gewissem Maße gegen die zu große Breite von verschiedenen Fragen abgrenzen muss, die parallel gestellt werden könnten und deren Beantwortung ebenso zur Erklärung der Entstehung und Entwicklung von Städten beitragen würde. Der Versuch einer allgemeinen Erfassung der Anfänge der Städte würde ins Uferlose und letztlich zu großer Oberflächlichkeit der Ergebnisse führen. Bevor er unternommen werden kann, muss man der allmählichen Entstehung von städtischen Agglomerationen detaillierte und systematische Aufmerksamkeit widmen, ihren Verwandlungen, Verlegungen und der siedlungsmäßigen Gliederung, den Fragen der städtischen Wirtschaft und der Zusammensetzung der Bewohner, z. B. der Verbreitung von Handwerken, der Größe des Areals und der Bevölkerungszahl, den Maßen und Gewichten usw. Auch diese Fragen sollen in der vorliegenden Arbeit nicht unbeachtet bleiben, aber sie werden nur dann behandelt, wenn sich daraus Aussagen sowohl über die Verfassung der Städte, ihr Recht oder die Eingliederung in die Stadtrechtsfamilien gewinnen lassen, als auch über städtische Institutionen, die das Hauptthema unserer Monographie bilden. Es gibt zwar ein umfangreiches Kapitel über das Bürgertum, aber man wird es durch weitere Ausführungen über die Vermögensstruktur und die soziale Gliederung ergänzen müssen.

Der Umkreis der Fragen wurde kurz skizziert, von denen jede eine adäquate fachliche Vorbereitung erfordert. Es würde zu Schematismus und verantwortungsloser Oberflächlichkeit führen, wenn ein einzelner Forscher versuchte, den gesamten Problemkreis zu bewältigen, wozu er methodisch und technisch nicht gerüstet wäre. Diese Gefahr wollen wir vermeiden und bei der angegebenen Ausrichtung der Arbeit bleiben, und nicht versuchen, Dinge zu berühren, die sich unserer Kompetenz entziehen.

Nicht zuletzt kann auch der Einwand erhoben werden, dass kein gebührender Nachdruck auf das geistige Bild des Bürgertums gelegt wird, das in den Städten des europäischen Mittelalters zum ersten Mal zum Träger einer eigenständigen Flucht aus alten Ordnungen wurde, indem sich zum ersten Mal die Ehrfurcht vor der Arbeit zeigte, die sich zu einer Sache der Ehre entwickelte und nicht mehr als Angelegenheit der niederen unfreien Gesellschaftsschichten verachtet wurde. Dadurch wurde zum ersten Mal eine eigene städtische Kultur geschaffen, aus der schließlich die Kulturgüter der künftigen Jahrhunderte erwuchsen. Man kann jedoch nicht erwarten, dass auch dies zum Gegenstand der selbständigen Erforschung in den folgenden Kapiteln werden könnte. Das böhmische 13. Jahrhundert vermochte den Städten noch keine Bedingungen zum Reifen auch in kultureller Hinsicht zu geben. Der Unterschied z. B. gegenüber dem aufblühenden Leben der italienischen Städte war noch zu gewaltig. Das sich emanzipierende Bürgertum, von Sorgen um die eigene Existenz bedrängt und Generationen lang durch schwere Arbeit bei der Errichtung von neuen Siedlungen, Befestigungen, Kirchen, Krambuden und Werkstätten der Handwerker belastet, ist in dieser ersten Etappe noch kein Repräsentant hoher kultureller Werte. Auch hierzu reift das Bürgertum erst allmählich heran.

Wenn das Bedürfnis einer thematischen Absteckung der Arbeit skizziert wurde, darf auch der zweite begrenzende Aspekt nicht vergessen werden, und zwar die Buntheit, Vielgestaltigkeit und fast Unübersichtlichkeit der Schriften über die Geschichte der Städte. Insbesondere die Unerlässlichkeit von vergleichenden Gesichtspunkten führt zur Begegnung mit Arbeiten vieler Länder, Fachgebiete und unterschiedlichen Entstehungszeiten. Monographien, Sammelbände und Zeitschriftenaufsätze haben während zweier Jahrhunderte einen riesigen Fundus von ständig ergänzten und berichtigten Kenntnissen geschaffen, die in unaufhörlicher Bewegung sind und – auch wenn es paradox erscheinen mag – durch ihre Menge manchmal eine weitere Orientierung im Stoff erschweren. Bereits 1970 wurde der Seufzer laut: „the number of symposia, reports and articles is already discouraging“ (Schledermann). Beim Verfolgen der Fachliteratur lässt sich keine Vollständigkeit erreichen, und das ist auch nicht notwendig, weil es zur Zersplitterung der Ergebnisse führen würde. Man steht also vor der Entscheidung, welches Werk im gegebenen Zusammenhang vernachlässigt werden kann. Das ist nicht nur eine Frage der Auswahl, die den Bedürfnissen des Themas entsprechen soll, sondern auch eine technische und eine Stilfrage, in welchem Maße man die angeführten Belege begrenzen soll, damit der Anmerkungsapparat überhaupt noch tragbar bleibt. Selbstverständlich wird man eine Vollständigkeit derjenigen Quellen anstreben, die eine richtungsweisende Funktion haben, aber die Auswahl der Fachliteratur ist jederzeit angreifbar, kann als vollständig oder aber auch als überflüssig gelten. Es kann sogar der Fall eintreten, dass manche Werke, besonders aus der jüngeren Zeit, die weitere Erklärungen und Ergänzungen bieten könnten, dem Verfasser nicht zugänglich waren und dass deshalb die Ergebnisse seiner Arbeit um neue Standpunkte ärmer sind. Dieses Risiko muss der Verfasser auf sich nehmen und es akzeptieren, ebenso wie mögliche Einwände, er habe sein Werk zu breit oder im Gegenteil ungenügend thematisch abgesteckt.

In den Hinweisen auf die bisherigen Bearbeitungen erscheinen in großer Zahl neben tschechischen auch fremdsprachige, zumeist deutsche Werke. Das ist leicht zu erklären. Ein beträchtlicher Teil stammt von deutschen Autoren, die bis zum Zweiten Weltkrieg in den böhmischen Ländern lebten und arbeiteten, aber auch von Tschechen, die nach Bedarf oder Gelegenheit ihre Arbeiten in deutscher Sprache publizierten. Es ist nicht zu übersehen, dass in vielen Fällen in den Werken deutscher Autoren auch die nationalistische Note zum Tragen kam, im deutschen Bürgertum und seinem Eindringen in neue Siedlungsgebiete im Osten auch die Verbreitung des Deutschtums und der deutschen Kultur im Geiste des neuzeitlichen Nationalismus gesehen wurde. Einen solchen Geist hat es in den Anfängen der Städte nicht gegeben. Demgegenüber stellen neue deutsche Arbeiten einen wesentlichen Beitrag besonders zur Erläuterung einiger theoretischer Aspekte der Geschichte von Städten dar, auch von solchen, die die böhmischen Länder betreffen. Man darf nicht vergessen, dass das Studium der deutschen Verhältnisse ein nicht wegzudenkender Bestandteil der böhmischen und mährischen Stadtgeschichte ist, wenn beispielsweise städtische Institutionen aus der deutschen Nachbarschaft übernommen wurden und einige Phänomene, wie z. B. das Magdeburger Recht oder das Erscheinen fremder Siedler in böhmischen und mährischen Städten, ohne den Zusammenhang mit ihrer Herkunft nicht zu erklären sind.

Aus der Art der Quellen, besonders der Urkunden, ergibt sich, dass viele von ihnen verschiedene Fragenstellungen dieser Arbeit betreffen, die an den jeweiligen Stellen in der sachlichen Reihenfolge des Buches bearbeitet werden müssen. Es wird deshalb unerlässlich sein, sie in unterschiedlichen Zusammenhängen aufzugreifen. Ein und dieselbe Quelle, z. B. ein Privileg, erscheint deshalb an mehreren Stellen, um die Kompliziertheit und Differenzierung von städtischen Institutionen zu illustrieren. Überhaupt werden wir eine gewisse „Verallgemeinerung" meiden, die in der Geschichte der Städte unberechtigt und irreführend wäre.

Wenn es notwendig war, den Umfang und die Richtung der Arbeit in einer so komplizierten Materie abzustecken, die Anfänge von Städten und die Entstehung der Stadtverfassung auf dem Territorium von Böhmen und Mähren darstellt, bleibt wenigstens das Bestreben, möglichst genaue Ergebnisse im Rahmen des gegebenen Themas zu erreichen. Aber auch so wäre die Lösung der Aufgabe ohne die Unterstützung und das Verständnis einiger Institutionen nicht möglich gewesen, die durch die Gewährung eines beträchtlichen Beitrags ein ungestörtes Studium und die Möglichkeit von unerlässlichen Aufenthalten in ausländischen Instituten und Bibliotheken gewährleistet haben. Der verbindliche und aufrichtige Dank des Verfassers gebührt deshalb der Projektagentur der Tschechischen Republik für ihre Hilfe bei der Vorbereitung und Niederschrift des Buches (Projekt Nr. 404/96/0187), dem Deutschen Akademischen Austauschdienst und der Alexander von Humboldt-Stiftung, die durch die Verleihung des Alexander-von-Humboldt-Forschungspreises, durch die der Verfasser sich außerordentlich geehrt fühlt, langfristige Studienaufenthalte in der Bundesrepublik Deutschland ermöglicht haben. Ohne sie wäre es nicht möglich gewesen, sich in genügender Tiefe mit der Arbeit von wissenschaftlichen Institutionen bekannt zu machen, die sich mit Stadtgeschichte befassen, und ihre hervorragenden Bestände zu nutzen, die bei uns noch nicht zugänglich sind.

In diesem Zusammenhang erinnert sich der Verfasser mit Dankbarkeit auch an die freundschaftliche Unterstützung und die Fachkonsultationen, durch die mit ihrem Interesse und Verständnis folgende Kollegen zur Vollendung dieser Arbeit beigetragen haben: Prof. Dr. Alexander Patschowsky in Konstanz, der der Initiator der Aufenthalte in Deutschland war und dadurch in entscheidendem Maße zur rechtzeitigen Beendigung der Arbeit beigetragen hat, Prof. Dr. Peter Johanek in Münster, der wiederholte Besuche in seinem Institut für vergleichende Städtegeschichte ermöglichte und mit seinen Erfahrungen und Ratschlägen geholfen hat, Prof. Dr. Ferdinand Seibt in München, der als Vorsitzender des Collegium Carolinum die Studienpläne in seinem Institut und der Bibliothek unterstützt hat, die langjährigen Freunde Prof. Dr. František Šmahel und Prof. Dr. Ivan Hlaváček, die mit ihrem Verständnis eine tatkräftige Unterstützung beim Abfassen des vorliegenden Buches bedeuteten, Doz. Dr. Miroslav Richter als Vorsitzender und Dr. Josef Žemlička als Sekretär der Tschechischen Kommission für Stadtgeschichte, die mit ihrem ständigen Interesse am Fortgang der Arbeit und mit ihren Gutachten und Hinweisen ihr Erscheinen ermöglicht haben.

Man könnte noch eine Reihe von Juristen und Historikern nennen, die mit ihren Bemerkungen, Ergänzungsvorschlägen sowie mit der freundschaftlichen Kritik zur endgültigen Gestalt des Buches beigetragen haben. Wenigstens genannt werden sollen diejenigen Wissenschaftler, die nicht mehr am Leben sind, aber denen bleibende Dankbarkeit und Erinnerung gebühren, die verdienstvollen Forscher Václav Vaněček, Václav Vojtíšek, Walter Schlesinger, Heinz Stoob und Jürgen Sydow.

Und schließlich sollen diejenigen genannt werden, die mit dem Verfasser am tiefsten verbunden sind und denen er für ihre andauernde und aufopferungsvolle Hilfe dankt: seine Frau MUDr. Dagmar Kejřová und sein Sohn Dipl.-Ing. Jiří Kejř, der wertvolle Hilfe bei der Computerbearbeitung des Werkes geleistet hat. Ihnen beiden ist das vorliegende Buch in Dankbarkeit gewidmet.

In welchem Maße es dem Autor gelungen ist, sein Vorhaben zu erfüllen und die Entstehung und älteste Entwicklung der städtischen Institutionen in Böhmen und Mähren in genügender Weise darzustellen, gebührt nicht ihm zu beurteilen, sondern dem fachkundigen Leser. Der höchste Lohn für den Verfasser wird es sein, wenn er mit seiner bescheidenen Arbeit weitere Forschungen über die Anfänge der Städte in den böhmischen Ländern anregen wird.

I. UNTERSUCHUNGSGEGENSTAND: DIE INSTITUTIONELLE STADT

Die Individualität der Städte. – Herangehensweise verschiedener Wissenschaftsdisziplinen an die Stadtgeschichte. – Die Position der Archäologie. – Versuche einer Definition der Stadt und ihr Misserfolg. – Versuche der Bestimmung der Merkmale von Städten. – Die Stadtverfassung und ihre Komponenten: Freiheit, Frieden, Recht, Verfassung auf korporativer Basis. – Die Erhebung zur Stadt und die damit verbundenen Veränderungen. – Die Einführung der städtischen Institutionen in Mähren und in Böhmen. – Die institutionelle Stadt. – Die Zentralität der Städte. – Kleine Städte und Übergangstypen zwischen Dorf und Stadt. – Die Unzulänglichkeit des Terminus „Städtchen". – Die Erteilung des Stadtstatus als alleiniges Recht des Landesherrn.

> *Omnis decor cuiusque civitatis precipue in his tribus consistit, ut sit populosa, aedificiis decorata, foederumque tenacissima.*

Der Ausspruch aus dem berühmten Gesetzbuch König Wenzels II. *Ius regale montanorum*[1] deutet in meisterhafter Verkürzung an, in welche Richtung das Bemühen um die Verschönerung und Verbesserung der Städte gehen soll, erfasst aber zugleich die zweifache Natur der Stadt, nämlich ihr äußeres Aussehen und ihre korporative Herausbildung. Die Zahl der Bewohner und die baulich schöne Gestalt der Stadt weisen auf die quantitative Seite hin, die treue Einhaltung von Verträgen kann nur ein Ergebnis des gemeinsamen Willens und des Sinnes für das Recht, also der inneren Bindungen unter den Bürgern sowie ihrer Beziehung zu anderen Rechtssubjekten sein.

Auch wenn der Text des Gesetzbuches aus der Feder eines Italieners, des Juristen Gozzius von Orvieto, stammt, entspricht er völlig dem Stand der Rechtsentwicklung in Böhmen. Im angeführten Zitat ist bereits der voll entwickelte Zustand von Städten in den böhmischen Ländern erfasst, der ungefähr 80 Jahre nach ihrer stürmischen Entstehung und allmählichen Verwandlung erreicht wurde. Es handelt sich dabei um ein ideelles Postulat, nicht um eine präzise juristische Definition von Städten, um ihre Stellung in der heterogenen mittelalterlichen Gesellschaft oder um ihre organisatorischen Grundsätze. Wir befinden uns in der Vollendung der grundlegenden Phase der Entstehung unserer Städte. Vorangegangen war eine Wende in der ökonomischen, geographischen und juristischen Ordnung und Auffassung, was folgte,

[1] CIB I, S. 284.

war bereits die stabilisierte Folge der vorherigen Entwicklung. Ungefähr die Zeit der letzten Přemysliden erlebte jenen schnellen Prozess der Entstehung unserer Städte und ihrer Verfassung, gerade durch sie wird unsere Untersuchung zeitlich abgesteckt.

Der Forscher, der sich mit der Geschichte der europäischen mittelalterlichen Städte beschäftigt, stösst auf eine Menge von Arbeiten von unterschiedlichstem Inhalt und unterschiedlichster Provenienz, von unterschiedlicher fachlicher Vorgehensweise und auch von schwer vergleichbarem Niveau. Neben Arbeiten von wirklichen Meistern stehen Amateurversuche von lokalpatriotischen Dilettanten, neben ernsthaften Bemühungen um historische Erkenntnis, oberflächliche Gelegenheitsartikel. Nicht selten wird der Versuch unternommen, die Anfänge einer Stadt in entfernte Vergangenheit zu verschieben, um ihre Altehrwürdigkeit und ihr Ansehen zu heben,[2] obwohl eine kritische Beurteilung von authentischen Nachrichten dies nicht zulässt.

Das unterschiedliche Niveau und manchmal auch die Unzuverlässigkeit von Ergebnissen warnen also den Historiker vor übermäßigem Vertrauen in die bisherigen Werke und mahnen zur Rückkehr zum gründlichen Quellenstudium. Eine solche Vorgehensweise wird noch mehr begründet durch die Verknüpfung der Erkenntnisse, die von Autoren mit sehr unterschiedlichen Fachinteressen und spezieller Ausbildung erreicht wurden. Man findet Werke von Archäologen, von Kennern der historischen Geographie, von Kunsthistorikern, Siedlungshistorikern, Wirtschaftshistorikern, Kulturhistorikern, Werke von Juristen, von Philologen, die die Entwicklung der Terminologie verfolgen sowie Werke von anderen Fachleuten, die an die Geschichte von Städten unter ihren spezifischen Gesichtspunkten herangehen. Sicher – jeder Versuch einer solchen Art ist völlig legitim und keiner kann abgelehnt werden, in jedem können Gesichtspunkte gefunden werden, die einige Brüche oder Kontinuitäten in der Entfaltung einzelner Städte und des Netzes von Städten entdecken, in jedem können ausgezeichnete oder auch unterdurchschnittliche Ergebnisse gefunden werden.

Die Vielfältigkeit des Interesses an der Geschichte der Städte ist durch die Tatsache bedingt, dass die Städte selbst ein so kompliziertes Phänomen sind, das sich darin Möglichkeiten für verschiedenste Untersuchungen finden. Dies führt jedoch dazu, dass eine einseitige fachliche Sicht manchmal die Komplexität des städtischen Lebens und seiner Äußerungen nicht genügend zu schätzen weiß, dass der gleiche Gegenstand unter verschiedenen Aspekten untersucht wird und dass die Ergebnisse sich dann nicht decken. Daraus ergibt sich das Bedürfnis einer notwendigen Spezialisierung, aber zugleich auch die Notwendigkeit der Verbindung von Ergebnissen und Vorgehensweisen; d. h. in hohem Maße die Anerkennung der gemeinsamen Arbeit und ihrer gegenseitigen Verflechtung und auch die Anerkennung der Überordnung eines gemeinsamen Problems.[3] Wie wertvoll auch die Ergebnisse einer spezialisierten

---

[2] Darauf wies bereits A. Horčička, Die Geschichte der Stadt Aussig von der Gründung bis zum Jahre 1526, MVGDB 35, 1887, S. 112, hin.

[3] Denecke, Der geographische Stadtbegriff, S. 52. Ähnlich ist auch A. Turek in der Besprechung des Buches von V. Čechová, Geneze středověké Opavy [Die Genese des mittelalterlichen Troppau], SlSb 69, 1971, S. 328, der Meinung, dass eine Kombination von Ergebnissen der Werke aus unterschiedlichen Fachdisziplinen notwendig ist.

Erforschung sein mögen, so ist doch eine einseitige Sicht nicht im Stande, die Entstehung und das Leben der Stadt komplex darzustellen.[4]

Der Historiker muss also nicht nur das Niveau der bisherigen Forschung, sondern auch ihre Ausgangspunkte vorsichtig beurteilen und versuchen, das Ausmaß ihres Beitrags zu erkennen. Hier stößt er jedoch auf die große Gefahr, dass der Versuch einer Verallgemeinerung die historische Wirklichkeit völlig verzerren kann. Jede Stadt ist nämlich eine Besonderheit, die sich anderswo nicht mechanisch wiederholt, jede entstand unter speziellen Bedingungen, jede kann als ein präzise bestimmter Gegenstand untersucht werden.[5] Wenn es sich also um eine zusammenfassende Arbeit über die Geschichte der Städte eines bestimmten Territoriums zu einer bestimmten Zeit handelt, müssen alle einzelnen Städte untersucht werden, um so eine unerlässliche Grundlage für das weitere vergleichende Studium zu schaffen.[6] Es handelt sich um ein so allgemein anerkanntes Prinzip, dass es kaum möglich ist, auf eine andere Weise zu arbeiten. Dies wurde auch durch den Vergleich verdeutlicht, dass es zwischen den Städten ebensolche Unterschiede gibt wie zwischen den Menschen.[7]

Die Besonderheit der Städte sollte vor dem häufigen Fehler warnen, die Angaben für eine Stadt ohne weitere Überlegungen auf eine andere zu übertragen. Die in einem Ort nachgewiesene Institution kann woanders eine völlig andere Gestalt

4 T. Mayer, Einleitung, in: Untersuchungen, S. 7.

5 Es genügt, nur auf diejenigen ausgewählten Autoren hinzuweisen, die dieses Prinzip charakterisieren: Stoob, Die Ausbreitung, S. 111: „den Weg durch das Meer der Stadtindividualitäten müssen wir schon Faden für Faden, das heißt neu für jeden einzelnen Fall ausloten." Schlesinger, Zur Frühgeschichte, S. 68; T. Mayer, Zur Frage der Städtegründungen im Mittelalter, in: T. Mayer, Mittelalterliche Studien, Lindau/Konstanz 1963, S. 261; von Below, Ursprung, S. 7; Buczek, Targi i miasta [Märkte und Städte], S. 121. Ennen, Les différents types de formation des villes européennes, in: Ennen, Gesammelte Abhandlungen, S. 142, formuliert: „Les villes médiévales n'offrent aucune uniformité". Am genauesten wird diese Tendenz von Strahm, Zur Verfassungstopographie, S. 374, erfasst: „Nicht die Geltung oder Richtigkeit irgendeiner Theorie nachzuweisen ist heute die Aufgabe der stadtgeschichtlichen Forschung, sondern die Untersuchung der einzelnen Stadt in ihrer historischen Tatsächlichkeit und Eigenart". Diesen Gedanken übernahmen auch B. Schwineköper, Die Anfänge Magdeburgs, in: Studien, S. 392; Frölich, Das verfassungstopographische Bild, S. 279; ähnlich auch B. Kirchgässner, Studien zur Geschichte des kommunalen Rechnungswesens der Reichsstädte Südwestdeutschlands vom 13. bis zum 16. Jahrhundert, in: Finances et comptabilité urbaines du XIII. au XVI. siècle, Pro civitate, Collection Histoire, Bruxelles 1964, S. 237. Im gleichen Sinne verstanden die Erforschung der Städte bereits Tzschoppe/Stenzel, Urkundensammlung, S. 208: „Es hat eine jede Stadt ihre eigene Geschichte, und es sind nur einige Hauptzüge, welche den Ursprung aller aus einem Stamme und die Familienähnlichkeit in der Verwandtschaft mehrerer untereinander zeigen." Es wäre leicht, solche Aussagen der Fachliteratur weiter zu vermehren.

6 B. Diestelkamp, Einführung, in: Beiträge zum hochmittelalterlichen Städtewesen, S. X: „Erst durch den Vergleich erhalten die zahllosen Einzelerkenntnisse ihren Platz in einem die Orientierung ermöglichenden Koordinationssystem." Vgl. auch Petri, Niederlande, S. 229, der darauf aufmerksam macht, dass der Forscher die verstreuten Angaben wie ein Mosaik zusammensetzen muss, was ein ziemlich weites Feld für die subjektive Beurteilung übrig lässt. Schlesinger, Chemnitz, S. 38, fügt hinzu, dass beim Vergleich der Geschichte von Städten die Geschichte jeder Stadt in Betracht gezogen werden muss, aber darüber hinaus auch das Verhältnis zwischen der Stadt und dem flachen Land.

7 Pirenne, Les villes, S. 119: „Elles diffèrent les unes des autres comme les hommes diffèrent entre eux." Tzschoppe/Stenzel, Urkundensammlung, S. 208, bezeichneten dies als „Persönlichkeit einer jeden einzelnen Stadt."

gehabt haben und ihre Parallelität kann nur dann als nachgewiesen gelten, wenn sie sicher belegt ist. Man muss deshalb vor der Übertragung eines gewissen Rechts, das in einem Privileg einer bestimmten Stadt erteilt wird, auf andere Städte warnen. Eben weil es sich um ein Privileg handelt, ist sein Inhalt individuell. Dadurch wird sicher nicht geleugnet, dass verschiedene städtische Institutionen oder der Umfang der Vorrechte sich mancherorts ähneln, aber ihre Abweichungen oder ihre zeitliche Einordnung können ihren Inhalt modifizieren. Ebenso unzuverlässig wäre auch die Suche nach Analogien in der gesellschaftlichen Zusammensetzung der städtischen Bevölkerung. Auch dort kann man manchmal gewisse Ähnlichkeiten feststellen,[8] aber die Voraussetzungen für das städtische Leben, die durch geographische Lage, Naturbedingungen und wirtschaftliche Leistung (z. B. bei den Bergstädten) sowie durch die Bevölkerungszahl gegeben sind, sind so unterschiedlich, dass jedwede unüberlegte Übertragung auf einen Irrweg führt.

Für die böhmischen und mährischen Verhältnisse droht die Inkonsequenz nicht in solchem Maße, wie sie stellenweise die deutsche Geschichtsschreibung begangen hat: nämlich eine allzugroße Konzentration auf große und bedeutende Städte und die Vernachlässigung von kleinen Orten. Die Feststellung des Zustandes bei kleinen, durchschnittlichen Städten kann einen viel größeren Erkenntnisgewinn über die Entfaltung des städtischen Lebens und über die Herausbildung des Netzes von Städten bringen als die wiederholte Rückkehr zum Studium großer wirtschaftlich starker Zentren, die letztlich Ausnahmen darstellen.[9] Urkunden von unbedeutenden Städten ermöglichen manchmal Schlussfolgerungen auch über die wichtigsten Dinge.[10] Bei uns kann sich die Kenntnis des frühen Stadiums von Städten meistens gerade auf Quellen zu kleinen Orten stützen, die den Status von Städten in institutioneller Hinsicht oft früher als einige alte und bevölkerungsreiche Zentren, wie es Prag, Olmütz oder Brünn waren, erreichten.[11] Deshalb müssen wir die erwähnte einseitige Konzentration auf große Zentren nicht befürchten.[12]

Wenn die jeweilige Besonderheit von Städten betont wurde, bedeutet dies auch die Unerlässlichkeit der lokalen Forschung. In Schriften und Artikeln zu einzelnen Städten vermag der regionale Forscher besser und genauer den Stoff zusammenzu-

[8] Der Vergleich von Wien und Brünn war sicherlich völlig berechtigt, wenn die grundlegenden Artikel des Brünner Rechts in einer großen Zahl von Fällen aus dem Wiener Privileg übernommen sind, cf. Weizsäcker, Wien und Brünn, S. 125–158. Dagegen deutet der Vergleich von Wien und Hamburg, O. Brunner, Hamburg und Wien. Versuch einer sozialgeschichtlichen Gegenüberstellung, in: Untersuchungen, S. 277–289, eher auf Verschiedenheit hin.

[9] Darauf hat Schulte, Reichenauer Städtegründungen, S. 138, nachdrücklich hingewiesen; ähnlich auch von Below, Ursprung, S. 6, und neulich Sydow, Die Klein- und Mittelstadt, S. 9.

[10] von Below, Ursprung, S. 7.

[11] Kejř, Zwei Studien, S. 87.

[12] Der scheinbare Widerspruch zu der Behauptung, dass das Studium von zweitrangigen Städten nicht zur Kenntnis der Anfänge von Städten beitragen könne, sondern dass man von den Quellen zu den aus dem Handel und aus der Tätigkeit der Kaufleute entstandenen großen Zentren ausgehen muss, vgl. Pirenne, Städte, Märkte, S. 8, kann dadurch erklärt werden, dass hier die frühen Anfänge von Städten gemeint sind, die bei uns keine Analogie haben, und nicht das bereits entwickelte Stadium der Entstehung des Städtenetzes.

fassen und die Einzelheiten zu beleuchten, als ein Forscher, der einen breiteren Horizont von Städtegruppen oder ganzen Stadtnetzen in einem bestimmten Territorium überschaut. Es ist zwar notwendig, wie bereits erwähnt wurde, an die lokale Forschung mit beträchtlicher Vorsicht heranzugehen und ihre Verlässlichkeit zu überprüfen, aber es ist eine Tatsache, dass das Studium einer einzelnen Stadt zu den unerlässlichen Komponenten der Geschichtsschreibung über die Städte gehört.[13]

Daraus ergibt sich allerdings, dass das Studium von städtischen Besonderheiten ein Ausgangspunkt zu allen allgemeineren, das heißt komparativen Überlegungen ist. Eine umgekehrte Vorgehensweise, die von einer theoretischen Konstruktion der Stadt ausgeht und diese durch gewählte Beispiele von einzelnen Städten auffüllt und darstellt, kann der Forschung kaum nützen.[14] Die a priori geschaffenen Kategorien, manchmal einer herrschenden Ideologie tributpflichtig,[15] tragen die Gefahr des Schematismus in sich.[16]

Die Klippen des Studiums einzelner Städte bestehen in der Gefahr, dass sich die allgemeine Geschichte der Städte in die Summe von einzelnen Geschichten von Städten auflöst,[17] dass es ohne eine weitere – nicht leichte – Koordination der erreichten Ergebnisse nicht möglich ist, zu Schlussfolgerungen von breiterer historischer Gültigkeit zu gelangen, die alle zur Herausbildung von Städten, ihrer Entwicklung und ihrer schöpferischen und kulturellen Kraft notwendigen historischen Bedingungen erfassen würden. Eine solche zusammenfassende Sicht ist erst nach der kritischen Einschätzung aller erreichbaren Informationen möglich, nach der Untersuchung jeder Stadt und ohne Lücken in den betreffenden Quellenstudien. Dies muss ohne den Versuch geschehen, die Gestalt einer allgemeinen idealen Stadt zu konstruieren, und ohne spekulative Schlussfolgerungen, die vielleicht einer a priori geschaffe-

13 Schlesinger, Chemnitz, S. 13; Städtelandschaften, S. 66. Auf die Schwierigkeiten, denen die Lokalhistoriker bei der Bearbeitung von lokalen Monographien begegnen, machte J. V. Šimák im zusammenfassenden Referat Nové monografie českých měst [Neue Monographien über böhmische Städte] aufmerksam, ČČH 34, 1928, S. 122–151, und erfasste das Problem: „eine vollkommene lokale Monographie bleibt auf lange Zeit (wenn nicht für immer) lediglich eine Vision, und man muss mit heißem Dank auch solche Bücher begrüßen, die sich diesem Ideal wenigstens nähern."

14 W. Schlesinger, Bischofsitze, Pfalzen und Städte im deutschen Itinerar Friedrich Barbarossas, in: Aus Stadt- und Wirtschaftsgeschichte Südwestdeutschlands – Festschrift für Erich Maschke zum 75. Geburtstag, Veröffentlichungen der Kommission für geschichtliche Landeskunde in Baden-Württemberg, Reihe B, Bd. 85, Stuttgart 1975, S. 49, fasst die Herausbildung von Städten als einen Prozess auf, dessen sich die Wissenschaft erst durch die individualisierte Erforschung der einzelnen Städte bewusst geworden ist. Es wäre unzulässig, die Entwicklung einer einzelnen Stadt aus diesem Prozess rückwirkend abzuleiten.

15 Das waren vor allem verschiedene Überlegungen vom Standpunkt der marxistischen Theorie aus, besonders in der ehemaligen DDR, z. B. K. Czok, Die Stadt. Ihre Stellung in der deutschen Geschichte, Leipzig/Jena/Berlin 1969, S. 8–9, oder einige Studien in Haupttendenzen, 1974, aber auch anderswo, z. B. N. Todorov, Mestský život v bulharských krajoch v 15.–19. storočí [Das städtische Leben in den bulgarischen Regionen im 15.–19. Jahrhundert], in: Vybrané kapitoly z dejin európskych socialistických krajín [Ausgewählte Kapitel aus der Geschichte der europäischen sozialistischen Länder], Bratislava 1975, S. 19, oder auch in der tschechischen Literatur die Ausgangspunkte von F. Graus, Dějiny II, S. 101–102.

16 Lalik, Z zagadnień [Zu Problemen], S. 460, wirft den allzu allgemeinen Behauptungen einen Mangel an Analyse des Materials vor, was in sich die Gefahr der schematischen Betrachtung bergen kann.

17 Ennen, Die europäische Stadt, S. 12.

nen Theorie entsprechen würden, die aber in der Konfrontation mit kritisch beglaubigten Nachrichten zerfallen würden.[18]

Die Geschichte der mittelalterlichen Städte lockt die Forscher auch durch die Vielfalt von Typen und Formen an. Der territoriale Aspekt bei der Erweiterung des Städtenetzes genauso wie die zeitliche Verschiebung seiner Herausbildung komplizieren geradlinige abstrakte Schlussfolgerungen, die oft in Widerspruch zur historischen Realität geraten können, um so mehr, als die Vielfalt von Städteeinheiten ein ständiges Problem bei jeder theoretischen Konstruktion darstellt.[19] Eine Anzahl von Arbeiten behandelt „die mittelalterliche Stadt" – und vergessen wir nicht, dass es sich um Werke renommierter Persönlichkeiten handelt – und trotzdem konnte die Frage gestellt werden, ob die „mittelalterliche Stadt" als ein einheitliches Phänomen überhaupt existierte. Die Vielfalt von regional unterschiedlichen Typen trat vielleicht deshalb nicht deutlich in den Vordergrund, weil man sie als Beispiel des postulierten idealen Typs der „mittelalterlichen Stadt" angesehen hat.[20]

Ein großes Hindernis für eine „Verallgemeinerung" stellt die Unterschiedlichkeit der Entwicklung von Städten in verschiedenen Territorien dar sowie die Bindung an die existierenden Rechtsprinzipien. Anders sieht die Entwicklung der Städte, des städtischen Lebens und der städtischen Institutionen dort aus, wo sie an ältere Grundlagen anknüpfte, die mitunter bis in die Antike zurückreichen, wo sich die Ausformung von städtischen Institutionen über lange Jahrhunderte entwickelt hat.[21] Anders auch dort, wo die städtischen Institutionen in einer schnellen Welle vordrangen, die mit einer neuen Besiedlung und der Rezeption von Rechtsprinzipien verbunden war. Bei uns, in Böhmen und Mähren, stellen wir keine sehr komplizierten Stufen der Entwicklung von Städtefreiheiten fest. Bei uns findet man den Konflikt von

---

[18] Diese Vorgehensweise versuchte Kejř, Nad počátky [Über die Anfänge], S. 393–395, näher zu begründen.

[19] Buczek, Targi i miasta [Märkte und Städte], S. 25, hat die dogmatischen Darlegungen des Begriffs „Stadt" als deduzierte Schlussfolgerungen, die mit der historischen Wirklichkeit nur wenig gemein haben, zu Recht abgelehnt. Vgl. auch die Formulierung von T. Mayer, Die Ausbildung der Grundlagen des modernen deutschen Staates im hohen Mittelalter, HZ 159, 1939, S. 458: „Die Begriffssysteme müssen immer an die Wirklichkeit angelegt werden". In dieser Hinsicht bleibt der methodische Ausgangspunkt von V. Procházka, Die patriarchale Stadt, S. 48, einigermaßen strittig. Er ist der Meinung, es sei die Aufgabe des Historikers, einerseits die Grundzüge der Entwicklung herauszuarbeiten, worunter sozusagen die Idealtypen zu verstehen wären. Anderseits sind die Abweichungen zu bestimmen und so das starre Schema mit dem Abbild des wirklichen Lebens auszugestalten. Hier soll gewiss nicht die Herausarbeitung aller grundlegenden Entwicklungszüge abgelehnt werden, aber sie dürfen nicht schematisch aufgefasst werden, weil wir dadurch wieder in einen Teufelskreis geraten würden, wo das Schema zum bestimmenden Kriterium würde. Glücklicherweise vermochte Procházkas Studie selbst diese Gefahr zu meiden.

[20] Kroeschell, Stadtrecht und Stadtrechtsgeschichte, S. 288. Im gleichen Sinne auch O. Gönnenwein, Marktrecht, S. 154: „Wir müssen es uns endgültig abgewöhnen von ‚der mittelalterlichen Stadt' zu reden und damit ein einheitliches geschlossenes Gedankenbild zu verbinden".

[21] Schlesinger, Städtelandschaften, bes. S. 44ff. Anschaulich hat die allmähliche Entstehung der Städte Verhulst, Zur Entstehung der Städte, dargelegt, der die aneinander anknüpfenden Phasen der Herausbildung von Städten behandelt hat: Nämlich die Frage der Kontinuität vom Altertum zum Mittelalter, die frühmittelalterlichen Handelszentren, die Rolle von Burgen bei der Entwicklung von Städten sowie die Entstehung von Vollstädten im Zusammenhang mit Markt und Produktion.

Bürgern mit dem Stadtherrn im Kampf um die städtischen Freiheiten nicht, wie es in Deutschland vielleicht in einigen Fällen der frühen Phase der Fall war.[22] Wir müssen uns auch nicht mit dem oft behandelten Streit über die Entstehung der kommunalen Bewegung und der Herausbildung der Stadtgemeinde beschäftigen, wo manchmal sogar eine ideologisch gefärbte Meinung über die revolutionäre Entstehung von städtischen Freiheiten und der Stadtgemeinde[23] sowie die entgegengesetzte Ansicht einander gegenüber stehen. Der zufolge müsse der eigenen Kraft und der Initiative von Städten kein Gewicht beigemessen werden, vielmehr sei diese im Zusammenwirken der Bürger und des Herrn zu suchen, der ein Interesse an der prosperierenden Entwicklung der Städte gehabt hätte.[24]

Man kann kaum die bedeutenden Voraussetzungen für die Entstehung von Städten in den böhmischen Ländern und die Existenz von wichtigen, den Städten ähnlichen Zentren in der älteren Zeit anzweifeln, aber die städtische Verfassung im vollen Sinne des Wortes wird erst im 13. Jahrhundert erreicht. Es ist deshalb müßig, bei uns ältere Anzeichen von organisatorischen oder juristischen Prinzipien bei der Entstehung der Städte zu suchen. Wir werden sicher auch die spärlichen Nachrichten aus der älteren Zeit verfolgen, aber die Fülle von Problemen, die die deutsche Stadtgeschichtsforschung für die ältere Zeit lösen muss und auch erfolgreich löst, erfuhr in Böhmen und Mähren nur einen schwachen Nachhall.

Es wurden bereits die städtischen Freiheiten und die städtische Verfassung erwähnt, also das eigentliche Thema der vorliegenden Arbeit, aber man muss wenigstens andeutungsweise darauf aufmerksam machen, dass man sich hier auf dem Gebiet der historischen Forschung und gleichzeitig auf dem der juristischen Forschung bewegt. Zweifellos werden zwischen diesen keine Interessenbereiche mehr abgegrenzt und es geht nicht mehr nur um wechselseitige Ergänzung von Ergebnissen,[25]

---

22 K. Czok, Kommunale Bewegung und bürgerliche Opposition in Deutschland im 13. Jahrhundert, Wissenschaftliche Zeitschrift der Karl-Marx-Universität Leipzig, Gesellschafts- und sprachwissenschaftliche Reihe 14, 1965, S. 413–418. Der Autor zeigt zugleich, dass auch Konflikte innerhalb von Städten verliefen und dass sich lockere Gruppierungen herausbildeten, die sich jedoch nicht zu einer festen Einheit zu verbinden vermochten. Siehe dazu auch die Darstellung im Kapitel III.

23 Einen bedeutenden Impuls zu dieser Auffassung gab Planitz, Stadtgemeinde, S. 1–85, was weiter entwickelt und vertieft wurde, z. B. W. Mägdefrau, Stadtentstehung, S. 627–647, oder E. Voigt, Charakter der „staufischen" Städtepolitik, in: Volksmassen – Gestalter der Geschichte – Festgabe für Leo Stern, Berlin 1962, S. 19–57.

24 K. Bosl, Typen der Stadt in Bayern, bes. S. 5. Vgl. auch Schlesinger, Städtelandschaften, S. 61, der zeigt, wie selten die Fälle der Entstehung der städtischen Verfassung im Kampf mit dem Stadtherrn sind. Gegen Schlesinger wandte sich polemisch W. Mägdefrau, (wie die vorherige Anmerkung), S. 635, jedoch nicht mit historischen Argumenten, sondern mit Beschuldigungen über die Übertragung der imperialistischen Sozialpartnerschaft und des Integrationsdenkens in die Geschichte. Die Erhebungen in den Städten als einen der Wege zur Erlangung von Freiheiten hat von Keller, Freiheitsgarantien, S. 45, gesehen, der solche Fälle aufzählte, aber hinzufügte, dass dies nicht die einzige Möglichkeit war, weil mit der Festigung der politischen Gemeinschaft der Städtebewohner die Möglichkeiten stiegen, eine freie Stellung durch die Erteilung von Privilegien zu erhalten.

25 T. Mayer (wie Anm. 19), S. 457, hat gesehen, dass die beiden Disziplinen einander brauchen und dass ihre Tätigkeit sich ergänzt. Damit befindet er sich schon auf dem Wege zur heutigen Auffassung, wie weiter gezeigt wird.

weil die interdisziplinäre Verflechtung eine Selbstverständlichkeit ist,[26] und weil man die Rechtsgeschichte für eine historische Disziplin halten muss.[27] Der rechtshistorische Positivismus, wiewohl er eine notwendige Etappe im Prozess der Erkenntnis war, reicht an sich nicht mehr aus. Die Warnung vor Gedankenschemata ist am Platze, weil wir nicht mit im Voraus gegebenen naturrechtlichen Begriffen arbeiten, sondern mit heutigen historischen Methoden. Diese erlauben es nicht die Rechtsbegriffe aus gegebenen Theorien herzuleiten, stattdessen muss man die sich wandelnden sozialen und wirtschaftlichen Verhältnisse, und damit auch die Wandelbarkeit von Interessen und vom politischen Willen der Menschen berücksichtigen.[28] Auch juristische Formulierungen müssen die tatsächlichen zeitgenössischen Bedingungen und politische und wirtschaftliche Voraussetzungen berücksichtigen, aus denen das Recht entstanden ist.[29] Ebenso wie die Stadt ein neues, sich den Wandlungen im wirtschaftlichen und gesellschaftlichen Leben anpassendes Phänomen ist, ist auch das Recht der Städte ein neues Phänomen, und es sind nicht seine Ähnlichkeiten mit den vorherigen Rechten, sondern sein neuer Inhalt entscheidend.[30]

Das Stadtrecht bildet, obwohl es ein bedeutender konstitutiver Faktor bei der Entstehung, Organisation und der ständischen Ausgrenzung der Städte ist, obwohl seine historische Bedeutung und seine Entwicklung unleugbar sind, nicht den Gegenstand unserer Untersuchung an sich. Wir werden in den weiteren Ausführungen sehen, dass das Stadtrecht im engeren, durch Quellen belegten Sinne nur ein Bestandteil der gesamten rechtlichen Stellung der Stadt ist, dass es zu den Komponenten gehört, die die Stadtverfassung bilden. Es wird also nicht um eine ausschließliche Konzentration auf das Stadtrecht gehen, sondern um eine breitere Sicht in der Suche danach, welche Phänomene die institutionelle Stadt unseres Mittelalters bilden, welche Rolle die Tatsache der Stadtverfassung bei der Vollendung der Entwicklung der Siedlungseinheit spielt und wann man den zeitlichen Moment festlegen kann, ab dem man über den städtischen Charakter der Siedlungsagglomeration sprechen kann.[31]

---

[26] Dies zeigen wir in der Studie Historie a právo (Poznámky o interdisciplinaritě) [Geschichte und Recht. (Bemerkungen zur Interdisziplinarität)], in: Pocta prof. JUDr. Karlu Malému, DrSc. k 65. narozeninám, Praha 1995, S. 68–82.

[27] H. Coing, Aufgaben des Rechtshistorikers, Frankfurt am Main, 1976, S. 115.

[28] Dilcher, Rechtshistorische Aspekte, S. 13–14.

[29] Strahm, Stadtfreiheit, S. 95. Bereits Schulte, Reichenauer Städtegründungen, S. 160, betonte in polemischen Bemerkungen gegen die Methode Heuslers, 1872, dass die geringe, den wirtschaftlichen Momenten gewidmete Aufmerksamkeit ein Mangel war, und fügte hinzu: „nie und nimmer darf aber eine rein rechtsgeschichtliche Behandlung hoffen, diese Frage zu lösen." Gegen eine eng juristische Auffassung trat auch Ammann, Das Waadtländische Städtewesen, S. 7, auf. Ganz prinzipiell warf Haase, Stand und Probleme, der älteren Fachliteratur die Isoliertheit und Nichtverflechtung der juristischen und historischen Forschung vor und versuchte, die Notwendigkeit der Verflechtung der beiden Aspekte zu skizzieren, wodurch er eigentlich den neu angewandten methodischen interdisziplinären Standpunkt vorwegnahm. Seine kritische Sicht der älteren rechtshistorischen Literatur fällt fast zu streng aus. Vgl. Haase, Probleme, S. 102, wo er die vergleichende Geschichte des Stadtrechts auch als einen Beitrag zur historischen Forschung auffasst, zur Landesgeschichte und zur Herausbildung von Territorien.

[30] Lalik, Z zagadnień [Zu Problemen], S. 463.

[31] Leciejewicz, Zur Entwicklung, S. 161. Der Autor gibt zu, dass es in der archäologischen Praxis schwierig ist, diesen Moment zu bestimmen.

Wo sind also die Grenzen, die zu überwinden waren, damit die bereits bestehenden oder neu entstehenden städteähnlichen Ortschaften für wirkliche Städte gehalten werden können?[32]

Bei der Beantwortung dieser Frage muss der Vorwurf gemacht werden, dass es in der Absicht den frühen Ursprung einer Stadt nachzuweisen, häufig zu willkürlichen Interpretationen kam, indem unbestimmte oder zweifelhafte Kriterien gewählt wurden. Die grundlegende Vorsicht, die mit der Bemühung um eine zuverlässige Erkenntnis verbunden ist, gebietet, von sicher beglaubigten Quellenberichten auszugehen und für den Ausgangspunkt zur Feststellung der Entstehung der Stadtverfassung bei jedem Ort nur belegbare Angaben anzuerkennen. Es ist sicher möglich, in einer Reihe von Fällen festzustellen, dass die erste beglaubigte Erwähnung einer Stadt bereits eine voll entwickelte institutionelle Einheit meint und dass man auf dieser Grundlage Vermutungen über eine frühere Existenz der Stadt anstellen kann, als dies die kargen und lückenhaften Quellen zu erfassen erlauben. Aber eben hier ist eine nüchterne Einschätzung am Platze, und eine ernsthafte Schlussfolgerung kann nur so lauten, dass die Stadt schon vor dem ermittelten Datum existierte, aber ein weiterer Versuch der Bestimmung müsste höchst zuverlässig beglaubigt sein. Wir werden deshalb alle Angaben ähnlicher Art meiden, wenn wir einen festen Boden für gesicherte Erkenntnisse gewinnen wollen. Das bedeutet allerdings nicht eine trockene und phantasielose Aufzählung von Quellen, deren Torsohaftigkeit für Kombinationen und Hypothesen ständig ein Feld frei lässt.[33] Niemals jedoch sollte es zu Versuchen von vielleicht geistreichen, aber in ihrem Kern nicht belegten Darstellungen kommen.

Wenn man alle Versuche einer Definition[34] des Begriffs „Stadt" oder einer Aufzählung von Merkmalen, die es ermöglichen, eine Siedlungseinheit für eine Stadt zu halten, hier nennen wollte, würde man auf ein unüberschaubares Durcheinander von verschiedenen Vorstellungen, Aufzählungen oder auch abstrakten Konstruktionen stoßen, aber eine Einigkeit würde man hier nicht finden.[35] Ein Teilkonsens bei der Suche nach Elementen des städtischen Lebens existiert zwar, aber man stellt fest, dass

---

32 SCHLESINGER, Chemnitz, S. 184.

33 PIRENNE, Les villes, S. 125.

34 Bereits hier muss man in Übereinstimmung mit C. HAASE, Stadtbegriff, S. 62–63, sagen: „Dabei wird allerdings das Wort „Definition" nicht im Sinne der strengen Logik zu verstehen sein, vielmehr ist es im Sinne einer beschreibenden Umgrenzung und Abgrenzung gemeint." Ganz deutliche Zweifel an der Möglichkeit, eine allgemeine Definition der Stadt zu schaffen, äußerte JORIS, La notion, S. 95, der auf die „la vanité de toute recherche d'une définition idéale" hingewiesen hat. Auch der Versuch, die Definitionen in synthetische oder konzeptuelle oder klassifizierende zu scheiden, H. SCHLEDERMANN, The idea of the town, S. 119–120, führte zur Feststellung, ebd., S. 124: „the difficulties of defining, or the nature of the whole subject, make definition impossible". Auch hier kann man sich auf eine Charakteristik berufen, obwohl sie ursprünglich für ein anderes Gebiet der Geschichtsforschung bestimmt war, die über „Definitionsfeindlichkeit" spricht, G. BIRTSCH, Die landständische Verfassung als Gegenstand der Forschung, in: Ständische Vertretungen in Europa im 17. und 18. Jahrhundert, Veröffentlichungen des Max-Planck-Instituts für Geschichte 27, hg. v. D. GERHARD, Göttingen 1969, S. 42.

35 HEIT, Begriffliches Problem, hat eine umfangreiche Studie den Versuchen einer Definition der Stadt gewidmet, begonnen bei Justus Möser (1720–1794) und Karl Friedrich Eichhorn (1781–1854), bis Hektor Ammann. Er zeigte die Vielfalt der Ansichten und stellte fest, dass keine einheitliche Definition erreicht wurde.

ihnen ein unterschiedliches Maß an Bedeutung zugeschrieben wird. Darüber hinaus zeigt sich auch, je nach dem Interesse und den Bedürfnissen des jeweiligen Forschers, eine ziemlich willkürliche Schaffung des theoretischen Ausgangspunktes, was eine Stadt sei. Dies muss jedoch noch keinen prinzipiellen Mangel bedeuten, weil die Stadt kein festes und beständiges Objekt ist. Sehr viel hängt von der Zeitstellung ab, die untersucht wird, von der geographischen Verteilung in der Entstehung der Städte, von den Formen, in denen die Städte der Macht ihrer Herren unterworfen sind sowie von den Formen ihrer eigenen Autonomie oder Selbstverwaltung, von der Zugehörigkeit zu einer Stadtsrechtlichenfamilie.[36] Die Individualität von Städten und ihre historischen Entwicklungsstufen machen ihre Einordnung in eine gleiche, allgemeine und unveränderliche Kategorie unmöglich.

Die Städte als ein ungemein kompliziertes soziales Phänomen können und werden auch unter unterschiedlichsten Fachperspektiven untersucht werden, was ein unterschiedliches Herangehen an den Stoff und seine unterschiedliche Charakterisierung bedeutet. Nicht nur die Vielfalt von Typen, Formen, Zeitebenen der Entstehung und der lokalen Abweichungen in den Städten selbst, sondern auch die Unterschiede in der Arbeitsweise verschiedener wissenschaftlicher Disziplinen sind also für die Suche nach charakteristischen Zügen von grundlegender Bedeutung. Die Behauptung ist deshalb nicht übertrieben, dass man von einem historischen, einem rechtshistorischen, einem ökonomischen, einem statistischen oder einem geographischen Begriff der Stadt sprechen kann.[37] Es wäre falsch, aber manchmal passiert es, dass einige Vertreter eines Fachgebietes ihren Beitrag verabsolutieren. Nur Respekt gegenüber den Ergebnissen anderer Fächer und die Kunst, sie für die eigene Sicht zu nutzen, kann zu einer weiteren und tieferen Erkenntnis führen.[38] Wie wir schon gezeigt haben, hat nur eine ernste interdisziplinäre Verflechtung die Hoffnung, dies zu erreichen.

Es wäre sicher möglich, sich mit der Verflechtung von verschiedenen Gebieten der Forschung zu befassen und ihre Verbindungen bei der Erhellung von Fragen in der Geschichte der Städte zu verfolgen, aber dies würde eine große Abschweifung vom Thema der vorliegenden Arbeit bedeuten. Eines muss allerdings auch im abgesteckten Rahmen unserer Forschungsaufgabe erwähnt werden, und zwar die Beziehung

---

36 Heit, ebd., S. 352, betont: „Eine grundsätzliche Schwierigkeit liegt in der Zuordnung von Begriff und historisch sich entwickelndem Phänomen."

37 Denecke, Der geographische Stadtbegriff, S. 34, mit einer gründlichen Übersicht der Fachliteratur. Dies steht mit der Feststellung von Haase, Stadtbegriff, S. 63, im Einklang, der gezeigt hat, dass jede solche aus einem speziellen Aspekt abgeleitete Definition ihre Berechtigung hat und in einem bestimmten Zusammenhang auch selbständig anwendbar ist, aber in einem breiteren Kontext nicht ausreicht. Im gleichen Sinne, also die Beurteilung unter verschiedenen Fachaspekten, die einen entsprechenden Begriff der Stadt schaffen, erläuterte dies auch Sombart, Kapitalismus, S. 127–128, und belegte so das Bedürfnis einen ökonomischen Begriff der Stadt festzulegen. Dazu noch später. Strahm, Zur Verfassungstopographie, S. 375, machte auf vier methodische Aspekte aufmerksam, die man unterscheiden muss, 1) den topographischen Aspekt, 2) den sozialen und ökonomisch-historischen Aspekt, 3) den Verfassungs- und rechtshistorischen Aspekt, 4) den historisch-politischen Aspekt.

38 Dies versuchte Kejř, Nad počátky [Über die Anfänge], bes. S. 377–380, näher zu erfassen.

zur Archäologie des Mittelalters, speziell zur Archäologie der Städte.[39] Schriftliche Nachrichten sind meistens aufgrund ihrer geringen Anzahl schon bekannt und erst ihre vertiefte Interpretation ist im Stande, ihre Aussagekraft zu erweitern. Dagegen ergänzen die archäologischen Funde ständig ganz unmittelbar und anschaulich die bereits gewonnenen Kenntnisse und können sie nicht nur korrigieren, sondern auch Impulse für eine tiefere Erkenntnis geben. Dies wird sehr gut durch den Grundsatz erfasst: Es gibt keine Geschichte der Städte ohne eine Archäologie der Städte.[40]

Die Bemühungen der tschechischen Mittelalterarchäologie um die Erforschung von Städten stellt sie mit Ehren der ausländischen, besonders der deutschen Forschung, an die Seite, die bereits einige Jahrzehnte lang diesen Fragen ihre systematische Aufmerksamkeit widmet.[41] Die gründliche Untersuchung von Stadtkernen hat für die allgemeine Städtegeschichte wertvolle Ergebnisse gebracht und besonders die Kenntnis von älteren Voraussetzungen für die Entstehung von Agglomerationen städtischen Typs bereichert.[42] Die archäologischen Quellen bestätigen den Stand der Besiedlung des späteren Stadtterritoriums[43] und sind eine entscheidende Basis für die Topographie. Funde von Werkstätten, Produkten, Halbfabrikaten oder Rohstoffen verraten, wie das Handwerk innerhalb einer Stadt integriert war und welche Ressourcen es benötigte. Dies bedeutet einen gewichtigen Beitrag besonders für die Zeit, aus der es noch nicht genügend städtische Quellen gibt.[44] Die archäologischen Funde beglaubigen auch historische Nachrichten, ermöglichen ihre präzisere Interpretation und stellen eine integrale Komponente der Quellenforschung dar.[45] Man muss bestä-

39 Sehr genau hat die Möglichkeiten der archäologischen Forschung über die Geschichte der Städte M. Richter, in: Středověká archeologie [Mittelalterarchäologie], im Vorwort auf S. 5, gezeigt. Vgl. ders., Archeologický výzkum českých měst 13. století [Die archäologische Erforschung der böhmischen Städte des 13. Jh.], HD 4, 1979, S. 5–41. Der Autor nutzte seine Übersicht České středověké město ve světle archeologických výzkumů [Die böhmische mittelalterliche Stadt im Lichte archäologischer Forschungen], AR 27, 1975, S. 245–258.

40 J. Sydow, Der Beitrag der Stadtarchäologie aus der Sicht des Historikers, in: Stadtluft, Hirsebrei und Bettelmönch – Die Stadt um 1300, Stuttgart 1992, S. 26–32, siehe bes. S. 31.

41 Vgl. bereits F. Engel, Stadtgeschichtsforschung mit archäologischen Methoden, ihre Probleme und Möglichkeiten (Ein Tagungsbericht: Arbeitstagung für archäologische Stadtkernforschung 5.–7. VI. 1950 in Hamburg), BDLG 88, 1951, S. 205–209.

42 Archäologische Methoden und Quellen zur Stadtkernforschung und ihr Verhältnis zu den historischen Quellen und Methoden (Protokoll der Tagung des Arbeitskreises für Stadtforschung … in Hamburg 2.–4. III. 1959), WfF 13, 1960, S. 181–194. Neuere Ergebnisse siehe z. B. in: Stadtkernforschung.

43 W. Janssen, Die mittelalterliche Stadt als Problem der Archäologie, in: Stadtkernforschung, S. 6, macht darauf aufmerksam, dass die vorherigen älteren Spuren der Besiedlung gar keinen städtischen Charakter aufweisen müssen.

44 W. Janssen, ebd., S. 6–8.

45 Mit dem Verhältnis der beiden Disziplinen beschäftigt sich methodisch ein Ensemble von Arbeiten H. Jankuhn/R. Wenskus (Hg.), Geschichtswissenschaft und Archäologie, VuF 22, Sigmaringen 1979, wo für unsere Interessen u. a. die Studie von H. Jankuhn, Vor- und Frühformen der Stadt in archäologischer Sicht, S. 241–268, wichtig ist. Sehr instruktiv sind die Überlegungen von W. Schlesinger, Archäologie des Mittelalters, bes. im Kapitel über die Archäologie der Städte, S. 646. F. Graus, Die Vorläufer, S. 234–235, hat – vielleicht zu scharf, aber im Wesentlichen richtig – darauf aufmerksam gemacht, dass die Archäologie bis jetzt nur Teile eines Mosaiks bietet, deren Verallgemeinerung allzufrüh wäre. Eine allgemeine Übersicht über den Forschungsstand in der mittelalterlichen Archäologie der Städte lieferte H. Steuer, Der Beitrag der Archäologie zur Stadtgeschichtsforschung, in: F. Mayrhofer (Hg.), Stadtgeschichtsforschung – Aspekte, Tendenzen, Perspektiven, Linz 1993, S. 173–196.

tigen, dass in diesem Bereich der wesentliche Beitrag der Archäologie liegt, während die zur Auswertung von archäologischen Grabungen ausgebildeten Historiker die Ergebnisse nur übernehmen und nicht vermehren können.

Auch bei aller Anerkennung der komplementierenden Rolle der beiden durch ihre Methode und Technik unterschiedlichen Fächer bleibt die Frage, in welchem Maße die archäologische Forschung eine Grundlage für die Rechtsgeschichte und die Entstehung der Verfassung liefern kann. Allein durch Funde gelangen wir nicht zu einer sicheren Feststellung, wann es zum Wandel einer „vorstädtischen" Besiedlung hin zu einer Stadt gekommen ist,[46] welchen Umfang die städtischen Freiheiten hatten und welches Stadtrecht als Vorbild übernommen wurde. Die Hilfe der Archäologie zur Geschichte der Stadtverfassung ist also vor allem auf Aussagen über die Verschiebung des Stadtkerns, über die Verlegung der Besiedlung an einen neuen Ort im vielfach belegten Unterschied zwischen dem „alten" und dem „neuen" Siedlungskomplex oder auf den Stadtgrundriss beschränkt, der selbst eine wertvolle rechtshistorische Quelle sein kann.[47] Darüber hinaus kann der archäologische Befund überall dort von wesentlichem Wert sein, wo schriftliche Nachrichten fehlen. Die Entdeckung der städtischen (?) Besiedlung Hradischko war nur dank der archäologischen Forschung möglich.[48]

Zu den beiden Elementen, die die Natur der Arbeit bestimmen, nämlich zur historischen Natur der Stadt und zum fachspezifischen Herangehen, kommt noch ein drittes hinzu: Das ist die Beschaffenheit der zur Verfügung stehenden Quellen und deren Aussagevermögen zu den historischen Ergebnissen und Entwicklungen. Die überlieferten Dokumente bestimmen in nicht geringem Maße die aus ihnen folgenden Möglichkeiten einer Auswertung. Wir befinden uns auf einem Boden, der keine statische Beständigkeit kennt, der ständig in Bewegung ist und der zu immer neuen Antworten auffordert, da sich weder der Standpunkt der Fragenden noch ihre Ziele völlig decken.[49] Nicht die Konstruktion einer allgemeinen Definition, sondern das Wesen der Stadt in ihrem Wandel ist also das Ziel der Forschung.

Die Zeiten, in denen eine einfache Definition zur Bestimmung des Begriffes Stadt ausreichte, gehören völlig der Vergangenheit an.[50] Heutzutage dagegen ist klar, dass eine eindeutige Festlegung des Inhalts und der Dynamik des Begriffs „Stadt" nicht

---

46 Leciejewicz, Zur Entwicklung, S. 161.

47 F. Čáda, Městský půdorys [Der Stadtgrundriss]. Für die Zwecke unserer Arbeit können wir von einer Reproduktion von Plänen und Karten absehen, weil die Grundrisse aller bedeutenden Städte in: Československá historická města [Tschechoslowakische historische Städte], hg. v. O. Dostál/J. Hrůza/D. Líbal/S. Voděra/T. Zalčík, Praha 1974, zu finden sind.

48 M. Richter, Hradištko u Davle, městečko ostrovského kláštera [H. b. D., ein Städtchen des Klosters Ostrow], Praha 1982; M. Richter/T. Velímský, Archäologische Erforschung von Stadtwüstungen des 13. Jahrhunderts in Böhmen, in: Siedlungsforschung. Archäologie – Geschichte – Geographie 11, 1993, S. 88–91.

49 Stoob, Einführung, in: Stoob, Forschungen, S. 5. Schledermann, The idea of the town, S. 124, fand drei Faktoren heraus, die die Idee der Stadt abstecken: Ort und Zeit, die erreichbaren Quellen und die professionellen Grundlagen des Forschers.

50 In der tschechischen Fachliteratur genoss die Definition von V. Vojtíšek, Z právních dějin [Aus der Rechtsgeschichte], in: Výbor rozprav a studií [Auswahl aus Abhandlungen und Studien], S. 427, Aner-

möglich ist und dass solche Versuche scheitern müssen.[51] Es werden deshalb Versuche unternommen, die Stadt durch eine Aufzählung von Merkmalen, die erfüllt werden sollten, zu charakterisieren. Aber auch hier geht es manchmal um nicht allzu präzise Kennzeichen. Vor allem wird nicht mehr auf die Frage eingegangen, ob bei der Entstehung von Städten die Priorität der Produktion oder dem Handel gehört.[52] Die

---

kennung: „města jsou samosprávná střediska, opevněná hradbami a nadaná výsadami" [„Städte sind Selbstverwaltungszentren, mit Mauern befestigt und mit Privilegien begabt"], die auch HAAS, Pravomoc českého krále [Die Machtbefugnisse des böhmischen Königs] S. 178, übernommen hat. MENDL, Norimberské právo [Nürnberger Recht] S. 53, hat sie zwar auch wiederholt, aber im Rahmen seiner breiteren Überlegungen hielt er sie nicht für richtungweisend. In eine völlige Allgemeinheit und dadurch auch Unbestimmtheit führt die Definition von Stadt, die TICHOMIROV, Drevněrusskije goroda [Altrussische Städte], S. 8, und auch S. PIEKARCZYK, Studia z dziejów miast polskich [Studien aus der Geschichte der polnischen Städte], Warszawa 1955, S. 20, übernommen haben: „miasto stanowi osadę, w ktorej skupiona jest ludność trudniacą się przemyslem i handlem, w mniejszym lub wiekszym stopniu oderwana od rolnictwa" [Stadt bedeutet eine Ortschaft, in der eine Bewohnerschaft gruppiert ist, die sich mit Industrie und Handel beschäftigt und die sich in stärkerem oder geringerem Maße von der Landwirtschaft losgelöst hat]. Ähnlich auch TODOROV, Mestský život [Das städtische Leben] (wie Anm. 15), S. 19: „zoskupenie ludí odtrhnutých do tej alebo onej miery od polnohospodárstva, ktorí sa venujú priemyslovo-obchodníckej činnosti a majú určitý administratívny štatút." [„eine Gemeinschaft von Menschen, die in dem einen oder anderen Maße von der Landwirtschaft abgetrennt sind, sich der industriellen und Handelstätigkeit widmen und einen gewissen administrativen Status haben."] Die Wurzel der letztgenannten Definitionen beruht in der Auffassung der marxistischen Theorie über die Entstehung der Stadt, der zufolge die Abtrennung der handwerklichen und kaufmännischen Tätigkeit von der landwirtschaftlichen entscheidend ist. Diesen Standpunkt vertritt auch GRAUS, Dějiny [Geschichte] II, S. 101.

51 Vgl. F. VERCAUTEREN, Conception et méthode de l'histoire des villes au cours du dernier demi-siècle, in: XIIe Congrès International des Sciences Historiques, Vienne 1965, t. V. – Actes, S. 649: „le fameux problème „Qu'est-ce qu'une ville?" reste toujours posé". Dies bestätigt W. HENSEL, Méthode archéologique, in: L'artisanat, S. 304: „La recherche scientifique ne connaît pas de définition de la notion d'une ville". Ähnlich auch DENECKE, Der geographische Stadtbegriff, S. 37: „Eine allgemeingültige Definition des Begriffs „Stadt" ist … nicht möglich." Deshalb verzichtete auch ENNEN, Frühgeschichte, S. 10, „bewußt auf eine allgemeine Definition der Stadt." Dies steht mit den Schlussfolgerungen völlig im Einklang, zu denen die bereits oben genannten HEIT und JORIS gelangt waren. Nicht einmal die allgemeinste Erfassung des Begriffs Stadt, dem in einem gewissen Zusammenhang Gültigkeit zuerkannt wurde, nämlich „eine größere, verdichtete Siedlung als Daueranlage an bevorzugter Stelle, die durch einen Zusammenhang von Sonderleistungen für andere ihren Unterhalt gewinnt", die F. STEINBACH, Die europäische Stadt, S. 722, aus dem in der Fachliteratur sonst nicht angeführten Gunther IPSEN übernommen hat und sie für alle in der Welt bedeutenden Typen von Städten verwendbar hielt, entspricht nicht den Bedürfnissen, weil es sich um eine zu unbestimmte Absteckung handelt, gegen deren einzelne Teile man grundsätzliche Einwände erheben könnte. Man kann daran erinnern, dass HALL, Stadtgrundrisse, S. 33, in Anknüpfung an HAASES Besprechung der „Studien", VSWG 1959, gewarnt hat: „Wenn derselbe Begriff auf Erscheinungen angewandt wird, die unter sich sehr große Verschiedenheiten aufweisen, droht er nichtssagend zu werden." Vgl. weiter Anm. 67.

52 LALIK, Z zagadnień [Zu Problemen], S. 460–461, war der Meinung, dass die Vertreter der ersten Konzeption die Entstehung der Stadt in früheren Zeiten suchen, dagegen die Vertreter der anderen in der späteren Zeit. GRAUS, Dějiny [Geschichte] II, S. 101, betont die Priorität der gewerblichen Produktion. Dem Tausch misst er nur eine zweitrangige Rolle zu. Dagegen hält E. FÜGEDI, Die Entstehung des Städtewesens in Ungarn, Alba Regia – Annales musaei Stephani regis 10, 1969, S. 117, den Handel für den bedeutendsten ökonomischen Faktor, der die Entstehung von Städten gefördert hat. Die Handwerker hätten sich an Einfluss nicht mit den Kaufleuten messen können.

handwerkliche Produktion an sich, ohne weitere sie ergänzende Merkmale, ist kein genügender städtebildender Faktor.[53]

Wenn manchmal der Hauptimpuls für die Herausbildung von Städten in der Trennung der gewerblichen Produktion und des Handels von der Landwirtschaft gesucht wird, kann selbstverständlich dieser Fortschritt in den Beziehungen für einen gewichtigen Faktor gehalten werden. Dabei ist es allerdings ratsam, das Verhältnis der Stadt zu ihrer ländlichen Umgebung zu verfolgen. Es wird der nichtagrarische Charakter der Stadt betont, wo über eine erfolgreiche Entwicklung ihres Lebens die Zahl der Menschen mitentscheidet, die für ihre Bedürfnisse außerhalb der Stadt tätig sind.[54] Aber die Beschränkung der Sicht nur auf die ökonomische Beziehung erfasst nicht genügend das Wesen der Beziehung von Stadt und Land. Von der sich regelmäßig und unveränderlich wiederholenden Arbeit auf dem Lande befreit sich die Stadt. Die Stadt gibt die Möglichkeit zum sozialen Aufstieg, die Stadt macht das Land zu ihrer Vorratskammer und zu ihrem Absatzgebiet. Die Beziehung zum Land ist eine der Hauptkonstanten des Wesens der Stadt.[55] Aber auch dieses Kennzeichen kann nicht verabsolutiert und für eindeutig richtungweisend gehalten werden, weil ein beträchtlicher Teil der Einwohner zahlreicher Städte sich ja noch bis tief in die Neuzeit teilweise oder sogar überwiegend mit der landwirtschaftlichen Produktion beschäftigte.[56] Wenn diese Tatsache vergessen und konsequent nach der Trennung der Landwirtschaft von der Produktion und dem Handel gesucht wird, können dafür in der Regel nur Beispiele von großen Zentren angeführt werden – meistens eine Ausnahme –, die nicht auf kleinere Landstädte angewendet werden können.[57]

---

53 G. Labuda, Die Anfänge des polnischen Städtewesens im Hochmittelalter, in: L'artisanat, S. 321: dass „nicht jede Gruppierung von Handwerkern auf das Vorhandensein einer städtischen Siedlung schließen lasse." Kurz, wenn auch beiläufig in einer Anmerkung, hat dies Buczek, Targi i miasta [Märkte und Städte], S. 81, Anm. 5, erfasst, der darauf aufmerksam gemacht hat, dass in der überwiegenden Naturalwirtschaft sich das Handwerk nicht in städtischen Siedlungen konzentrieren konnte und seine Produktion nicht zur Bildung des Kapitals ausreichte. Zum Handwerk siehe auch im Kapitel V.

54 Vgl. Lalik, Kształtowanie [Herausbildung], S. 130; Junghanns, Die deutsche Stadt, S. 20–21; aber auch Schlesinger, Vorstufen, S. 247. Die Überlegungen zum Verhältnis von Produktion und Tausch zur Landwirtschaft oder zur Stadt zum Land sind sehr häufig, und es ist überflüssig, sie im Rahmen der vorliegenden Studie weiter zu analysieren.

55 I. Bog, Funktionen der Stadt in Geschichte und Gegenwart – Versuch über Konstanten städtischer Existenz, in: O. Pickl (Hg.), Die Stadt in Geschichte und Gegenwart, Grazer Forschungen zur Wirtschafts- und Sozialgeschichte, Bd. 2, Graz 1973, S. 15–16.

56 Buczek, Targi i miasta [Märkte und Städte], S. 24. Man muss wohl keinen breiteren Kreis von Fachliteratur zitieren, der die Landwirtschaft behandelt hat. Eine zutreffende Bezeichnung für ein solches Verhältnis ist „Ackerbürgerstadt", wie sie M. Weber, Wirtschaft und Gesellschaft II, 5. Aufl. Tübingen 1976, S. 730, geprägt hat. Menzel, Lokationsurkunden, S. 205, war der Meinung, dass sich solche „Ackerbürgerstädtchen" von den Dörfern kaum anders als durch den Markt unterschieden. Dagegen ist einzuwenden, dass dies sich auf bloße Marktsiedlungen bezieht, von denen sich durch ihre Verfassung wirkliche, wenn auch kleine Städte unterscheiden. Dazu weiter, S. 44. Zum Begriff „Ackerbürgerstädte" K. Czok, Zur Stellung der Stadt, S. 15, der darauf aufmerksam macht, dass die Landwirtschaft auch aus den Großstädten nie verschwunden ist.

57 Im Gebot König Přemysl Otakars II. an zwei Brüder, die Stadt Bezděz zu gründen, CDB V/1, Nr. 423, wird über die Pflichten gesprochen, die *agricole civitatis istius* haben. Dies bedeutet, dass auch in der mit Stadtrecht bewidmeten Stadt mit der Landwirtschaft gerechnet wird. Auch das Formelbuch des Tobiáš von Bechyně, Nr. 264, legt fest, dass die zu gründende Stadt mit *bonis colonis et hominibus forensibus* besetzt werden soll.

Verschiedene Versuche, die Natur der Stadt und ihre gesellschaftliche und Siedlungseigenart zu erfassen, betonen häufig neben der Wirtschaft und der Selbstverwaltung – zu beiden wird noch Stellung genommen – auch die Befestigung. Die Stadtmauer wurde als bestimmendes Merkmal der Stadt angesehen.[58] Es ist sicher, dass die große Mehrzahl der Städte von Mauern umgeben war, die selbstverständlich eine Verteidigungsfunktion hatten, aber zugleich auch den Umkreis des Stadtrechts bezeichneten.[59] Trotzdem muss man bei der Bewertung der städtebildenden Natur der Mauer Zurückhaltung üben.

Vor allem ist bekannt, dass einige Ortschaften schon befestigt waren, noch ehe sie den Status einer Stadt erhielten.[60] Andererseits war, wie für das Königreich Böhmen sicher belegt ist, die Erlaubnis zur Errichtung von Stadtmauern ein ausschließliches Recht des Landesherrn,[61] was bedeutet, dass auch die mit dem Stadtrecht begabten Agglomerationen erst mit einem zeitlichen Abstand befestigt werden konnten.[62] Dass man auch mit der Existenz von unbefestigten Städten rechnete, ergibt sich aus den Wendungen *města hrazená i nehražená* bzw. *města ohrazená i neohražená* [umfriedete und nicht umfriedete Städte].[63] Gleiches wird auch anderswo festgestellt.[64] Obwohl also die Stadtmauer ein häufiges Attribut der Stadt ist, sogar ein so häufiges, dass sie als eines ihrer Hauptmerkmale aufgefasst wird, kann die bloße Befestigung als ein bestimmendes Moment des Stadtbegriffes nicht anerkannt werden.[65] Es sind auch viele Beispiele von befestigten Dörfern bekannt, die den Status einer Stadt nicht erreicht haben.[66]

---

58 Dies findet sich bereits in der Definition von Vojtíšek, siehe Anm. 50, aber dies wiederholen z. B. auch Pirenne, Les villes, S. 185, von Below, Städtewesen und Bürgertum, S. 3–4, Diestelkamp, Welfische Stadtgründungen, S. 211, Hensel, Anfänge der Städte, S. 14, u. a. Auch Rietschel, Markt und Stadt, S. 149, suchte in der Befestigung den Unterschied zwischen Stadt und Markt. Die Belege kann man beliebig vermehren.

59 Es geht ebenfalls um eine mehrmals behandelte Angelegenheit. Für alle anderen Ennen, Die europäische Stadt, S. 120. Mit dieser Sache werden wir uns eingehender im Kapitel über das Stadtrecht befassen.

60 Den Fall von Kufstein, das 50 Jahre vor seiner Erhebung zur Stadt befestigt war, brachte Bärmann, Stadtgründungen, S. 284. Dazu ähnlich Gross, Stadt und Markt, S. 74.

61 Haas, Pravomoc českého krále [Die Machtbefugnisse des böhmischen Königs], S. 178ff. Auch in Deutschland war ursprünglich das Hoheitsrecht, eine Befestigung zu bewilligen, in der Hand des Landesherrn, C. Haase, Die mittelalterliche Stadt als Festung, in: Die Stadt des Mittelalters I, S. 384.

62 Siehe den Fall von Trebitsch, wo die Stadtverfassung bereits für das Jahr 1277 sicher nachgewiesen ist, CDB V/2, Nr. 843, die Befestigung aber erst 1335 bewilligt wurde, RBM IV, Nr. 197. Vgl. G. Chaloupka, K počátkům města Třebíče [Zu den Anfängen der Stadt Trebitsch], ČMM 81, 1962, S. 159 a 161. Ähnlich bei Deutschbrod: Dieser bereits früher existierenden Stadt bewilligte Otto von Brandenburg im Jahre 1278 als Vormund König Wenzels II. außer anderen Vorrechten die Errichtung von Stadtmauern, CIM II, Nr. 31. Hier scheint es sogar, dass Přemysl Otakar II. diese Bewilligung früher abgelehnt hatte, Zycha, Ursprung, S. 49.

63 Beispiele: Staročeský slovník [Alttschechisches Wörterbuch] I, Stichworte: *nehražený* und *neohražený*.

64 Schlesinger, Stadt und Vorstadt, S. 18, bringt das Beispiel des Landfriedens von Mainz von 1235, wo si civitas est murata und *si civitas muro caret* gegeneinander gestellt werden. Daran erinnert auch Stoob, Kartographische Möglichkeiten, S. 31, Anm. 68.

65 Schlesinger, Stadt und Burg im Lichte der Wortgeschichte, in: Die Stadt des Mittelalters I, S. 101.

66 Der Sachsenspiegel (Landrecht, 2. Buch 66, Art. 1) legt das Prinzip fest, dass jedes Dorf mit einem Graben und einem Zaun umfriedet sein soll, vgl. Haase (wie Anm. 61), S. 379, Anm. 4. Hinweise auf die

Für ein bedeutendes Merkmal der Stadt wird die Wirtschaft angesehen. An der Berechtigung dieses Kennzeichens kann nicht gezweifelt werden, und es findet sich auch kaum ein Forscher, der sich mit Wesen und Natur der Städte beschäftigt, der die wirtschaftliche Seite der Stadt nicht betonen oder gar nicht von ihr ausgehen würde. Bereits die Überlegungen zur Abtrennung des Handwerks und des Handels von der Landwirtschaft gehören hierher, obwohl sie oft allzu allgemein formuliert wurden. Die städtische Wirtschaft gehört also zu den grundlegenden Unterscheidungsmerkmalen zwischen Stadt und Land. Trotzdem muss man Vorsicht walten lassen. Wenn „die Stadt im wirtschaftlichen Sinn" zu allgemein verstanden wird,[67] wird dadurch zu wenig gesagt.[68] Für die Geschichte der böhmischen und mährischen Städte mit ihrer stürmischen Entwicklung im 13. Jahrhundert haben wir nur selten die Möglichkeit – vielleicht mit Ausnahme von großen alten Zentren – in Produktion und Handel Einsicht zu nehmen, weil dies die Quellen nicht hergeben. Es ist nämlich offensichtlich, dass die Nachrichten über die handwerkliche Produktion oder über die Kaufleute die

---

Literatur über befestigte Dörfer bei Stoob, Kartographische Möglichkeiten, S. 31 und Anm. 67, ebd., Auch bei uns wurden Marktsiedlungen befestigt, wie es die an kirchliche Institutionen erteilten Befreiungen von den Befestigungsarbeiten bezeugen, vgl. Vaněček, Základy [Grundlagen] II, S. 92. Beispiele von befestigten Märkten in Österreich führt Gross, Stadt und Markt, S. 69, an und zeigt, dass die Befestigung als Unterscheidungsmerkmal zwischen Stadt und Markt völlig versagt.

67 Der Begriff der Stadt im ökonomischen Sinne wurde von Sombart, Kapitalismus I/1, S. 128, geschaffen, der festlegte, dass die Stadt eine größere Ansiedlung von Menschen sei, die für ihre Ernährung auf die Produkte fremder landwirtschaftlicher Arbeit angewiesen ist. Eine solche Siedlungseinheit kann eine Stadt in ökonomischer Bedeutung sein, aber nicht in administrativer und umgekehrt. Dazu Heit, S. 392–393. Obwohl Sombart diesen Begriff für die Wirtschaftsgeschichte aufstellte, verabsolutierte er ihn nicht und räumte ein, dass unter dem Blickwinkel anderer Fächer auch ein anderer ihnen entsprechender Begriff der Stadt festgelegt werden kann, siehe dazu schon oben, S. 15. Aber auch hier handelt es sich um einen allzu allgemeinen Begriff, denn er schließt in sich nicht deutlich auch die Gewährung eines Gegenwertes von den Städten an das Land ein, der wiederum oben in der Definition von Ipsen betont wird, siehe Anm. 51. Wie unterschiedlich die Ausgangspunkte für die Festlegung des Begriffes der Stadt in ökonomischer Hinsicht sein können, zeigt sich beim Vergleich der Darstellung Sombarts mit der Auffassung von M. Weber, Die Stadt, in: Die Stadt des Mittelalters I, S. 36, der dann über die Stadt spricht, wenn die lokale Einwohnerschaft den wesentlichen Teil ihres Verbrauchs auf dem lokalen Markt befriedigt, und zwar durch Produkte, die die lokale und aus naher Umgebung stammende Einwohnerschaft zum Verkauf auf dem Markt produziert. Fast ins Uferlose, eine nähere Bestimmung entbehrend, führt die Definition, die in einer kategorischen Formulierung H. Saalman, Medieval Cities, New York 1968, S. 11, vorlegt: „A city is a tool for the production and exchange of goods and services." Es zeigt sich also, dass für den Begriff der ökonomisch aufgefassten Stadt keine Übereinstimmung der Kriterien erreicht wurde und dass sich eine analytische Arbeit auf sie nicht verlassen kann. Dies bestätigt auch Gönnenwein, Marktrecht und Städtewesen im alemannischen Gebiet, ZfGO 98, 1950, S. 348, der zwar die Stadt als eine Siedlungseinheit auffasst, in deren Gebiet vor allem Handel und Handwerk getrieben werden, aber er fügt gleich hinzu, dass in den wirtschaftlichen Überlegungen zwar Marktsiedlungen Städte darstellen, aber dass sich die Widersprüche um den Terminus der Rechtsstadt häufen, wie sie erst vom 12. und 13. Jahrhundert an auftritt.

68 Kavka, Die Städte Böhmens und Mährens, S. 137, ging vom Grundsatz aus, „daß der Grundzug der Stadt ihre wirtschaftliche Funktion ist – das Zentrum der handwerklichen Erzeugung, des Handels oder der bergbaulichen Förderung." und dass die übrigen Funktionen noch nicht die Stadt schaffen. Ähnlich auch Mezník, Jihlavské privilegium [Das Iglauer Privileg], S. 22.

Existenz einer Stadt nicht nachweisen können, weil die Warenproduktion allein kein städtebildender Faktor ist.[69]

Wir befinden uns in einer schwierigen Lage. Mit der fast trivialen Erkenntnis über die wirtschaftlichen Voraussetzungen für die Entwicklung der Städte ist es sehr schwer, aus einer vereinzelten Erwähnung in den Quellen Rückschlüsse auf die Existenz der städtischen Kommunität zu ziehen, ohne dass weitere Umstände der Existenz der Stadt belegt sind.[70] Ein vereinzeltes Zeugnis über das wirtschaftliche Leben einer Stadt ist also ohne Überlegungen über weitere Zusammenhänge für Rückschlüsse auf städtische Ordnungen nicht aussagekräftig.[71] Es muss somit die Erwägung akzeptiert werden, dass die Wirtschaft eine Berechtigung und Begründung für die Existenz der mittelalterlichen Stadt ist, aber auf der anderen Seite einige Arten wirtschaftlicher Tätigkeit erst von der Stadt hervorgerufen und ermöglicht werden.[72]

Es ist offensichtlich, dass ein einzelnes Merkmal, auch wenn es häufig auftritt, den Verlauf der Anfänge und der Entwicklung der Städte nicht erfassen kann.[73] Deshalb bemüht sich die Forschung schon seit langem, nicht den Weg irgendeiner Definition zu wählen, sie verlässt sich nicht auf eine einzelne Nachricht, die nicht die ganze historische Wirklichkeit erfassen kann. Es gibt Versuche, ein Bündel von Merkmalen zusammenzutragen, die vorhanden sein müssen, damit man von einer Stadt sprechen kann.[74] Verständlicherweise überlappen sich viele solcher Zusammenstellungen teilweise, aber sie stimmen doch nicht immer und in allem überein und oftmals hat daran auch die Absicht des Autors und das individuelle Herangehen einen Anteil, die Fachkompetenz, der regionale Aspekt oder die Zeitschichten der Entstehung der Städte. Die institutionelle Stadt, die ein Haupttyp für große Gebiete Europas ist, ist keine allgemeine Erscheinung und wir finden sie beispielsweise nicht – ganz abgesehen

---

69 Junghanns, Die deutsche Stadt, S. 35. E. Klebel, Siedlungsgeschichte des Deutschen Südostens, München 1940, S. 104 und wieder S. 112, behauptet bei der Erörterung von Bedingungen der österreichischen Städte, dass nicht die Wirtschaft städtebildend war, wo nur wenige Städte aus wirtschaftlichen Gründen entstanden sind, und betont ihre Bedeutung als Festung, besonders in den Grenzgebieten. Zum gleichen Schluss gelangte W. Störmer, Bürgerliche Korporationen im spätmittelalterlichen Bayern, in: P. Johanek (Hg.), Einungen und Bruderschaften in der spätmittelalterlichen Stadt – Städteforschung A/32, Köln/Weimar/Wien 1993, S. 113, über die Städte der Wittelsbacher: „Die Wittelsbacher Stadtgründungen des 13. Jahrhunderts sind also nicht nur aus wirtschaftlichen Erwägungen, sondern ganz primär mit der Expansion bzw. Defension der Randzonen des Territoriums zu erklären." Auch bei Přemysl Otakar II. wird eine besondere Fürsorge für die Grenzstädte festgestellt, wie dies auch die Arenga aus der Urkunde für Ungarisch Brod aus dem Jahre 1278, CDB V/2, Nr. 856, zeigt: *Civitates nostras, precipue quas in confinibus terrarum nostrarum sitas multis nonnumquam contingit molestari gravaminibus et pressuris, in bono statu gubernare atque servare volentes ... ipsas fortiores reddere cupientes, tum hereditatum ampliatione, tum easdem emolumentis aliis liberaliter augmentamus.*

70 von Below, Territorium und Stadt, S. 302, konstatiert, dass die Entstehung von Städten nicht nur von ökonomischen Wandlungen abhängig ist.

71 Stoob, Kartographische Möglichkeiten, S. 32, hält ein solches Zeugnis sogar für „wertlos".

72 C. Haase, Einleitung, Die Stadt des Mittelalters III., S. 1.

73 Schlesinger, Der Markt als Frühform, S. 263, hat gezeigt, dass für die Herausbildung einer Stadt nicht nur ein Moment richtungweisend sein konnte, sondern dass mehrere zusammenkommen mussten.

74 Schlesinger, Archäologie des Mittelalters, S. 646, dass „der Stadtbegriff zu verschiedener Zeit verschiedene Elemente enthält".

von außereuropäischen Gebieten – in Russland oder Byzanz.[75] Daraus ergibt sich, dass die Herausbildung von Städten im institutionellen Sinne schon durch bestimmte wirtschaftliche und kulturelle Voraussetzungen bedingt ist und dass ihre Formen und ihre Verbreitung von einer Reihe von Umständen und Entwicklungsstufen abhängen. Wenn wir nicht buchstäblich ertrinken wollen in der Menge der bisher gewonnenen Erkenntnisse und ihrer Gliederungsversuche, die von Generationen von Wissenschaftlern aus vielen Ländern zusammengetragen wurden, dann ist es unerlässlich, unser Interesse wirklich nur auf unser Land und die anschließenden Nachbarterritorien zu konzentrieren.

Die Versuche, Merkmale von Städten aufzustellen, haben außer klassifizierenden und qualifizierenden Elementen manchmal auch einen gewissen Nachteil, wenn ihre ausnahmslose Erfüllung vorausgesetzt wird, damit die untersuchte siedlungsorganisatorische Einheit für eine Stadt gehalten werden kann.[76] Eben hier zeigte sich häufig das Interesse an der Stadt unter dem fachlichem Aspekt oder dem der Fragestellung, da ja auch derselbe Autor in verschiedenen Arbeiten seine Kriterien unterschiedlich aufgestellt hat.[77] Anders geht beispielsweise der Geograph an die Frage heran.[78] Die Bestimmung von Merkmalen ist auch von dem methodischen Ausgangspunkt abhängig.[79] Es zeigt sich, dass alle Aufzählungen nicht immer dasselbe Phänomen betreffen,

---

75 V. Hrochová, Byzantská města ve 13.–15. století [Byzantinische Städte im 13.–15. Jh.], AUC – Philosophica et historica, Monographia 20, Praha 1967, hat gezeigt, dass es dort nicht den Typ der Rechtsstadt gibt und dass der schwache Mittelstand dem Adel untergeordnet bleibt. Sie entschließt sich, S. 11, sogar nur zögernd dazu, die Bezeichnung „Stadt" zu verwenden.

76 von Below, Städtewesen und Bürgertum, S. 3–4, stellte acht Kriterien zusammen, die eine Stadt bilden, und sagte: „Wenn ein Ort diese Eigenschaften auf sich vereinigt, so gilt er als Stadt ... Erst die Vereinigung jener Kriterien schafft die Stadt." Es kann nicht geleugnet werden, dass für die deutschen Städte seine Aufzählung geeignet war: Markt, Befestigung, Gerichtsbezirk, eine gewisse Unabhängigkeit in den Angelegenheiten der Gemeinde, größere Anzahl von Gemeindeeinrichtungen und -organen, Bevorteilung gegenüber dem flachen Land, manchmal Zollbegünstigungen und die Befreiung von der alten Steuer „Bede" kann man tatsächlich für die Merkmale einer entwickelten Stadt in den meisten deutschen Territorien halten, aber nur mit Schwierigkeiten kann man sie auf andere Verhältnisse anwenden, z. B. auf unsere die Erlassung der Steuer „Bede", und auch die Befestigung ist kein unbedingtes Merkmal. In anderen Arbeiten, z. B. Zur Entstehung der deutschen Stadtverfassung, HZ 58, 1887, S. 195ff., sucht von Below die Merkmale der Stadt in fünf Kriterien: Markt, Befestigung, juristische Abgrenzung, Schaffung von kommunalen Organen sowie militärische und finanzielle Eignung. Von Belows Versuche, die Stadt zu definieren, auch in der dynamischen Folge seiner Schriften, behandelte J. Fröchling, Georg von Below – Stadtgeschichte zwischen Wissenschaft und Ideologie, AltSt 6, 1979, bes. S. 56–60, der letztlich die endgültige Definition Belows aus der Studie Stadtgemeinde, Landgemeinde und Gilde, VSWG 7, 1909, S. 411–445, wo diese fünf Merkmale formuliert werden, wiederholt. Vgl. auch Heit, S. 386.

77 Hensel, Méthode archéologique, S. 304, findet drei essenzielle Züge: die spezifische städtische Ökonomie, die autonome Jurisdiktion und die Abgeschlossenheit von Bauten und Befestigungen. Dagegen zählt derselbe Autor, Anfänge der Städte, S. 14, fünf Merkmale von Städten auf: ökonomische Autarkie, räumliche Abgeschlossenheit, Wehrfähigkeit, eine besondere Position gegenüber der territorialen oder Landesverwaltung und eine ausgeprägte rechtliche Stellung.

78 P. Schöller, Die deutschen Städte, S. 3–4: geschlossene und dichte Bebauung, geographische Begrenzung der Stadt, Größe, Differenzierung des Innenraumes, soziale Gliederung, zentrale Funktion und städtisches Leben. Der Autor geht von der Erkenntnis aus, dass die Stadt mehr als ein Siedlungstyp ist, dass sie eine Lebensform und ein kulturell-geographisches Zentrum der Wirksamkeit ist, S. 2.

79 Leciejewicz, Zur Entwicklung, S. 161, merkt an, dass erst die entwickelten Städte eine besondere juristische Stellung haben und für die frühere Zeit stellt er besonders sozialökonomische Merkmale auf:

nämlich den Stadttypus, wenn sie sich häufig auf die Frühstadien der Städte beziehen, und dass sie nicht mit gleicher Methode vorgehen. Ein bedeutendes Element bildet dann der kollektive Verband, anders gesagt, die korporative Natur,[80] die schon ein sich weiter entwickelndes Stadium auszeichnet.

Als offenbar wurde, dass nicht einmal die Aufzählung von Merkmalen im Stande ist, verschiedene lokal und zeitlich bedingte Typen von Städten zu erfassen, wurde es notwendig, einen kombinierten Stadtbegriff zu schaffen, der die Einseitigkeit der einzelnen Begriffe beseitigt. Nur ein „Kriterienbündel" vermag es, den Stadtbegriff zu erfassen.[81] Es ist nicht mehr möglich, strenge Kriterien zu schaffen, weil eben die Wandelbarkeit der Städte auch zu wandelbaren Kriterien führt, die im Stande sind, sowohl zeitliche Schichten als auch regionale Unterschiede sowie die Unverwechselbarkeit einer jeden Stadt zum Ausdruck zu bringen. Für jede Etappe der Entstehung und Entwicklung von Städten muss eine neue Bestimmung oder Abgrenzung des Begriffes festgelegt werden, und es müssen historisch begründete Etappen der Entstehung von Städten unterschieden werden.[82]

---

nichtagrarische Berufe der Bewohner, regelmäßiger Grundriss, dichte Bebauung, Verteidigungsanlagen sowie eine politische Funktion als Verwaltungs- und Kultuszentrum. W. Mägdefrau, Stadtentstehung, S. 627, zieht den entwickelten Typ der Stadt in Betracht und zählt auf: Konzentration des Handwerks und des Handels, Tausch von Handwerksprodukten für landwirtschaftliche Produkte auf dem städtischen Markt, eine besondere Bezeichnung *(civitas)*, Mauerring und Stadtrecht. Für eine frühe Stadt stellt auch Labuda, Die Anfänge, S. 320–321, drei Bereiche auf: die Konzentration einer Gruppe der Bevölkerung auf einen kleinen Raum, für die ihr Beruf die Grundlage ihres Lebensunterhalts bildet, die Existenz von militärischen, herrschaftlichen und administrativen Zentren und die topographische Lage der Besiedlung mit einer regelmäßigen Bebauung mit Straßen und öffentlichen Plätzen, oft mit Befestigung durch Wallanlagen und Palisaden. Für die Vorstufen von Städten vgl. auch Schlesinger, Vorstufen, S. 247, der festlegt, dass die städtische Gemeinde ein nichtagrarischer, durch Handwerk und Handel sich auszeichnender, ständiger, rechtsfähiger, korporativer und an einen Ort sich bindender Verband ist, der alle Bewohner umfasst und über sie eine repressive Macht ausübt. Für die frühmittelalterlichen Städte auf dem Territorium der Westslawen stellt Graus, Die Vorläufer, S. 236–237, folgende Kriterien auf: eine größere Konzentration der Bevölkerung, die beginnende ökonomische Abgrenzung gegenüber der Umgebung und eine Funktion in der Zusammensetzung der Gesellschaft (Zentren der Produktion, des Kultus). Er merkte an, dass festgelegt werden muss, was unter Stadt zu verstehen ist, damit Missverständnisse vermieden werden können. R. Kiessling, Die Stadt und ihr Land, Städteforschung A/29, Köln/Wien 1989, S. 8, geht im Einklang mit seinem Thema vom Prinzip der Zentralität aus: „Stadt ... der zentrale Ort hoher Stufe ... der neben der Bürgerschaft auch die jeweils vorhandenen geistlichen und herrschaftlichen Institutionen mit einschließt", wobei er die Bindungen an ein bestimmtes Territorium betont.

80 Siehe bei dem eben zitierten Schlesinger oder auch schon bei Pirenne, Les villes, S. 185, der dies als „une personalité collective privilégiée" bezeichnet. Pirenne, S. 53, zeigt, dass die Städte des 9. Jahrhunderts zwei grundlegende Attribute der mittelalterlichen und neuzeitlichen Stadt, nämlich die bürgerliche Population und die munizipale Organisation, nicht gekannt haben.

81 Einen Impuls dazu schuf Haase, Stadtbegriff, S. 72, was er im Buch Die Entstehung, S. 6ff. präzisierte. Haase, Stadtbegriff, S. 63ff., wies auch auf die Unzulänglichkeit der Auffassung der Stadt unter dem Aspekt von isolierten Merkmalen hin, wie Wirtschaft, Bevölkerungsstatistik, Topographie und Recht. Der Ausdruck „Kriterienbündel" stammt von H. Stoob und wurde von E. Ennen lebhaft begrüßt, Die europäische Stadt, S. 12, und zwar schon in der Diskussion in den Akten des historischen Kongresses in Wien 1965, (wie Anm. 51), S. 667.

82 Haase, Die Entstehung, S. 10. Wenn B. Diestelkamp, Quellenverzeichnis als Voraussetzung, in: Voraussetzungen und Methoden, S. 6, einwendet, dass auf diese Weise eine Ortschaft in einer Periode für eine Stadt gehalten werden kann, und in einer anderen nicht bzw. nicht mehr, dann kann dies unter dem

Eine der letzten Beschreibungen von Kriterien der Stadt, die auf einer eingehenden Untersuchung der vorliegenden Materialien beruht, umfasst zwölf Kennzeichen:[83] städtische Verteidigung, innerer Plan von Straßen, Markt, Münzstätte, juristische Existenz, Lokalisierung, Bewohnerschaft, differenzierte ökonomische Basis, Hausparzellen und Haustypen, soziale Differenzierung, ein Ensemble von kirchlichen Institutionen und ein Gerichtszentrum. Damit ist allerdings nicht gesagt, dass alle Merkmale vorhanden sein müssen. Eines oder auch mehrere von ihnen würden nicht genügen; immer und in jedem Fall müssen die Merkmale des vorherigen Zustands und auch die Anzeichen der künftigen Entwicklung in Betracht gezogen werden. Deswegen ist auch diese Gliederung keine verbindliche Anleitung, sondern eine Orientierungshilfe.

Es wäre möglich, noch weitere Versuche der Erfassung des Begriffes und des Wesens der Stadt zu behandeln, wir wollen uns aber nur noch mit einigen Autoren aus der jüngsten Zeit befassen.

Eine sehr geistreiche und durchdachte Studie, die nach einem neuen Zugang zur Geschichte von Städten suchte, gelangte zur „Bestimmung der Stadt als eine Art der menschlichen Siedlung, ihrer Hauptfunktionen, ihrer spezifischen Struktur und Typen", wobei sie „differenzierende und verallgemeinernde Gesichtspunkte" berücksichtigt hat.[84] Es kann nicht geleugnet werden, dass wir hier einer tieferen Auffassung begegnen, als viele Versuche auch von renommierten Kennern aufweisen, aber auch diesmal kann man sich nicht des Eindrucks einer zu allgemeinen Betrachtung erwehren, die eigentlich versucht, alle Merkmale und Äußerungen zusammenzufassen, von denen ein großer Teil auch in nicht städtischen Siedlungen verwirklicht werden konnte. Es bleibt nämlich die Unbestimmbarkeit des Begriffs Funktion, der selbst eine Interpretation erfordert. In der üblichen Bedeutung als Rolle, Zweck der Tätigkeit, Schuldigkeit oder Verpflichtung reicht der Begriff der Funktion für die Stadtgeschichtsforschung nicht aus.[85]

Aspekt der Absicht verstanden werden, ein Bündel von Quellen zur Geschichte von Städten auszuarbeiten. Aber unter dem Aspekt der städtischen Entwicklung ist eben die Wandelbarkeit der Einordnung gut möglich und häufig. Es genügt auf die Beispiele hinzuweisen, wo Städte zu Dörfern abgesunken sind. Es wird also nötig sein, „vom Bild ständigen Wandels" auszugehen, wie dies K. S. Bader, Die oberdeutsche Reichsstadt im alten Reich, Jahrbuch für Geschichte der oberdeutschen Reichsstädte – Esslinger Studien 11, 1965, S. 28, formuliert hat. Eine gewisse Unzufriedenheit mit dem kombinierten Stadtbegriff auf der Grundlage des Kriterienbündels sprach auch Th. Hall, Stadtgrundrisse, S. 32–33, aus, der besonders bei Berücksichtigung von Haase zugibt, dass der Darlegung eines auf der Unterschiedlichkeit von Phänomenen basierenden Begriffes Unbestimmtheit droht, und der der Ansicht ist, dass eine differenzierte Terminologie statt eines beweglichen Stadtbegriffes gesucht werden sollte.

83 The Erosion of History. Archaeology and Planning in Towns. – Council for British Archaeology – Urban Research Commitee, 1972, S. 9.

84 Hoffmann, K systémové analýze [Zur Systemanalyse], S. 263–264, und bereits in České město [Die böhmische Stadt], S. 13: „Die böhmische mittelalterliche Stadt war eine entwicklungshöhere Art der menschlichen Siedlung, die eine ökonomische, geographische, bauliche, militärische, soziale, politische, juristische und kulturelle Funktion hatte, deren Ensemble in jeder Stadt eine spezifische Struktur schuf und Gruppen von Städten zu bestimmten Typen hin ausprägte."

85 I. Bog, Funktionen der Stadt (wie Anm. 55), S. 11, der nicht beabsichtigte, den Terminus Funktion im allgemeinen Sinne zu verwenden, sondern im mathematischen wie „Zuordnungsvorschrift, die einer

Eine andere Arbeit versucht schon in ihrem Titel, die Definition der mittelalterlichen Stadt zu finden, sie ist jedoch nur auf ein nicht großes, wenn auch wichtiges Territorium begrenzt, sie geht vor allem von der ökonomischen Tragweite und der Wirtschaftstätigkeit verschiedener Gruppen von Bewohnern aus. Bei Zurückhaltung gegenüber der juristischen Bestimmung der Stadt, die im ganzen Kontext untergeht, gelangt sie nicht zu einer präzise formulierten Definition.[86]

Vom Begriff der Funktion geht auch einer der ersten Versuche aus, in dem das Bewusstsein zum Tragen kam, dass es nicht gelungen ist, eine Definition der mittelalterlichen Stadt zu schaffen, und der dazu aufforderte, dass jeder Forscher eine solche Definition für sich selbst formuliere. Dieser Versuch zählte deshalb sechs Hauptfunktionen der Stadt auf: die politisch-administrative, die militärische (Befestigung), die ideologische (kulturell-kirchliche), die produktive (Zentrum der Produktion), die Tauschfunktion (Handel) und die kulturelle Funktion (Vermittlung von Informationen).[87] Aber Ergebnis ist die Feststellung, dass diese Funktionen frühe städtische Siedlungskomplexe des 11. und 12. Jahrhunderts ebenso erfüllten, wie die hier so bezeichneten Lokationsstädte des 13. Jahrhunderts. Damit fließen in Wirklichkeit die beiden Stadien zusammen und es wird praktisch nicht die voll entwickelte Stadt mit ihren Freiheiten und Rechten von ihren Anfangs- und Frühformen unterschieden. Hier hat sich sichtlich nicht bewährt, von den Stadtfunktionen auszugehen, da keine deutlichen Abgrenzungen vorgenommen wurden.

Aus einem völlig anderen Blickwinkel wurde der Versuch unternommen, das Wesen der Stadt anhand von Beschreibungen fremder Reisender zu begreifen. Auch wenn die Belege dafür für Österreich erst aus dem 15. Jahrhundert stammen, ist die Feststellung lehrreich, dass jeder Besucher die Städte so bezeichnete, wie er es von zu Hause oder von seinen Reisen her gewohnt war, und dass keine Einheit erzielt werden kann, weil die Bezeichnungen wechseln.[88] Auch anhand dieser Untersuchung wird deutlich, wie viel bei der Bezeichnung von Städten, vom Urprung der Quelle und den Gewohnheiten des Beschreibenden abhängt.

Es ist an der Zeit, dass wir die Aufmerksamkeit unserer eigentlichen Aufgabe zuwenden, nämlich der Erfassung der Anfänge und der Entwicklung der Stadtverfassung in den böhmischen Ländern. Aus der so gestellten Frage ergibt sich, dass

Größe y eine zweite Größe × in der Weise zuordnet, dass zu jedem Wert von × ein bestimmter oder auch mehrere Werte von y gehören." Damit sucht er in den Städten nach unabhängigen Variablen und untersucht, wie sich die Abhängigen mit ihren Unabhängigen verändern. Er hofft, auf diese Weise konstante Funktionen der Stadt zu finden. Hier können wir die weitere Untersuchung der Funktion der Stadt im Zusammenhang mit Bogs Auffassung verlassen und vorläufig nur unseren Zweifel an der Einführung des Begriffs „Funktion" im Zusammenhang mit der Stadt überhaupt zum Ausdruck bringen, wie noch weiter gezeigt wird.

86 G. Despy, Repères pour une définition de la Ville Médiévale, in: Les petites villes en Lotharingie (wie weiter Anm. 155).

87 Możdzioch, Zur Genese, S. 149.

88 H. Hundsbichler, Stadtbegriff, Stadtbild und Stadtleben des 15. Jahrhunderts nach ausländischen Berichterstattern über Österreich, in: Das Leben in der Stadt des Spätmittelalters, Österreichische Akademie der Wissenschaften. Philosophisch-Historische Klasse, Bd. 325, Wien 1977, S. 111–133. Es schwankt die Verwendung der Begriffe *oppidum, civitas, urbs*, wo *civitas* und *urbs* als Synonym gelten, aber bei einem anderen Reisenden findet sich als Bezeichnung für die Stadt nur *oppidum*, was aber auch sonst Festung bedeutet. Als Bezeichnung der Stadt wird nie *forum* oder *mercatus* angeführt.

wir uns auf den großen und raschen Entstehungsprozess unserer Städte konzentrieren und selbstverständlich auch spätere ökonomische, Siedlungs- und Organisationsetappen verfolgen werden. Trotzdem wird der Schwerpunkt der Untersuchungen das 13. Jahrhundert mit dem Vordringen des Typs der institutionellen Stadt auf unserem Boden bleiben.

Man kann keinen Unterschied zwischen der Entstehung der Städte in Mähren und in Böhmen machen, weil es bei den Organisationsprinzipien, der Hoheitsmacht des Landesherrn und dem Eindringen von Stadtrechten im Wesentlichen keine Unterschiede gab. Man kann behaupten, dass Böhmen und Mähren eine einheitliche Städtelandschaft bildeten, wie dieser Terminus gewöhnlich verwendet wird,[89] und dass man diese als ein territoriales Ganzes charakterisieren kann, in dem die Städte im Großen und Ganzen die gleiche Entwicklung durchmachen und die man nach gleichen Kriterien untersuchen kann.[90] Die rechtlichen, verfassungsmäßigen und institutionellen Aspekte werden untersucht, damit daraus auch die Forschung anderer Fachgebiete schöpfen kann. Was wird also ein Rechtshistoriker zur Entstehung der Städte sagen können?

Lange Zeit hindurch, besonders im 19. Jahrhundert, wurde der Aufschwung in der Erforschung der mittelalterlichen Städte vor allem durch die Rechtshistoriker getragen, die immer auch die nachfolgenden Generationen beeinflusst haben. Diese Ausrichtung war leicht verständlich, weil die Stadt als eine juristische Einheit aufgefasst wurde, die mit dem Stadtrecht als mit einer ausgeprägten und eigenständigen Grundlage des städtischen Lebens verbunden war. Für eine Stadt wurde eine Siedlungs- und Organisationseinheit gehalten, die sich im Sinne des für sie geltenden Rechtes aus der Masse der ländlichen Siedlungen und des ländlichen Volkes ausgegrenzt hatte. Das Stadtrecht wurde für das entscheidende Merkmal gehalten. Es wurde auch der Begriff „Rechtsstadt" geschaffen, manchmal auch „Vollstadt", der die höchste Form der Stadt bezeichnete.

Diese Einseitigkeit begann sich von einem bestimmten Moment der Forschung an zu ändern. Es wurde erkannt, dass der Begriff von der „Stadt im rechtlichen Sinne"[91]

---

89 Anregend SCHLESINGER in seiner berühmten Studie Städtelandschaften. Vgl. ZERNACK, Der europäische Norden, S. 13–47. Siehe auch E. ENNEN, Aufgaben der landschaftlichen deutschen Städteforschung aus europäischer Sicht, in: ENNEN, Gesammelte Abhandlungen, S. 143–153, und bereits H. AMMANN, Das Waadtländische Städtewesen S. 1–87. Unter dem Aspekt der Stadtrechtsgebiete H. AUBIN, Stadtrechtslandschaften.

90 ANDERSSON, Urbanisierte Ortschaften, S. 128. Auf die Stadtgeschichte sind die auf der Wortbedeutung beruhenden abstrakten Überlegungen in der Studie von G. HARD, „Was ist eine Landschaft?" Über Etymologie als Denkform in der geographischen Literatur, in: D. BARTELS (Hg.), Wirtschafts- und Sozialgeographie, Neue wissenschaftliche Bibliothek 35, Köln/Berlin 1970, S. 66–84, schwer anwendbar. Auch im Rahmen eines größeren Ganzen können die Gemeinsamkeiten der Entstehung von Städten in kleineren sachlich begrenzten Territorien mit Nutzen behandelt werden, wie dies z. B. J. BAKALA bei der Untersuchung von Städten im Gebiet von Troppau und in Nordmähren getan hat oder R. FELD, Das Städtewesen des Hunsrück-Nahe-Raumes, mit dem Versuch einer Charakterisierung der „Städtelandschaft", S. 30: „der geographische Raum für eine gewisse Anzahl Städte, wie auch als Bezirk, in dem verschiedene Kräfte historisch wirksam wurden."

91 SCHLESINGER, Der Markt als Frühform, S. 283, sieht den Begriff „Rechtsstadt" als nicht mehr dem Forschungsstand entsprechend an. J. SYDOW, Bemerkungen zu den Anfängen des Städtewesens im süd-

allein nicht im Stande ist, die tatsächliche Grundlage der Existenz von Städten zu erhellen, dass die rein rechtshistorische Sicht viele weitere Phänomene nicht zu erfassen vermag.[92] Der Widerstand gegen die Bedeutung des Stadtrechts als bestimmender Faktor erlangte hie und da eine so ausgeprägte Form, dass, wenn man sie schon nicht verneinen konnte, sie doch unterschätzt wurde.[93] Es ist sicher nicht mehr tragbar, auf einer ausgeprägt juristischen Auffassung der Stadt zu beharren.[94] Es ist inzwischen bekannt, dass nicht einmal auf scheinbar rein juristische Fragen mit lediglich juristischen Mitteln eine Antwort gefunden werden kann,[95] und so konnte ein neuer Weg der rechtshistorischen Städteforschung betreten werden. Es ist nämlich notwendig auszusprechen, dass im Recht auf der Abstraktionsebene auch soziale und ökonomische Grundstrukturen auftreten.[96] Das bedeutet, dass das Recht in keiner Weise von anderen Phänomenen des städtischen Lebens abgesondert ist. Man kann hinzufügen, dass es oft die Rechtsquellen sind, die den Weg zur Kenntnis auch von anderen Erscheinungen der städtischen Gesellschaft öffnen.

Eine neue Sicht des rechtlichen Typs der Stadt wies nach, dass diese durch vier Grundelemente konstituiert wird: Stadtfrieden, Stadtfreiheit, Stadtrecht und Stadtverfassung auf Grundlage von Gemeinde und Gemeinschaft.[97] Daraus ergibt sich, dass nicht das Stadtrecht selbst den Charakter der Stadt bestimmt, sondern dass es ein Bestandteil von Rechten und Verfassungsprinzipien ist, die die rechtliche Stellung der Stadt bestimmen. Dies bedeutet weiter, dass das Stadtrecht in seinem Grundgehalt enger ist als der Komplex von Stadtrechten und in sich nicht die Verwaltung der

---

westdeutschen Raum, Alemannisches Jahrbuch 1981–1983, S. 95, ist der Meinung, dass der Begriff „Rechtsstadt" nicht im Stande ist, die städtischen Formen aus der Zeit vor der Konsolidierung der Städte zu erfassen, z. B. die frühen Märkte. Dagegen kann eingewendet werden, dass die Rechtsstadt bereits eine neue Qualität darstellt, auf die die alten Formen nicht bezogen werden können. G. Dilcher, Stadtherrschaft oder kommunale Freiheit – das 11. Jahrhundert ein Kreuzweg, in: Dilcher, Bürgerrecht und Stadtverfassung, S. 45, hält die Bezeichnung „Rechtsstadt" zwar für eng, weil sie erlaubt, vor allem an das Stadtrecht zu denken, aber andererseits für zutreffend, soweit sie die Bestimmung der Institutionen durch schriftlich fixierte Rechtsnormen besonders erfasst. In diesem Sinne ist das Modell der mit dem rechtlichen Status ausgestatteten Stadt auch auf Ortschaften anwendbar, die in ökonomischer Hinsicht keine Eigenschaften von Städten haben.

92 Aus der riesigen Fachliteratur werden nur einige Werke zitiert, die sich darauf beziehen: Stoob, Kartographische Möglichkeiten, S. 20–21; Mitterauer, Das Problem der zentralen Orte, S. 436–437; J. Sydow, Städte im deutschen Südwesten, Stuttgart/Köln/Berlin/Mainz 1987, S. 10; Zernack, Der europäische Norden, S. 14; vgl. auch Lalik, Z zagadnień [Zu Problemen], S. 461, der die Bedeutung des Stadtrechts für die Entstehung des Bürgertums im vollen Sinne des Wortes anerkennt, aber fragt, ob auch andere Elemente dazu berechtigen, eine Ortschaft als Stadt zu bezeichnen. Auch hier könnten viele weitere Autoren angeführt werden.

93 Z. B. Graus, Dějiny [Geschichte] II, S. 101. Hensel, Anfänge der Städte, S. 13, polemisiert gegen die rechtshistorische Bestimmung des Stadtbegriffs.

94 Kejř, Možnosti a meze [Möglichkeiten und Grenzen], S. 177ff.

95 Kroeschell, Stadtrecht und Stadtrechtsgeschichte, S. 297.

96 Dilcher, Rechtshistorische Aspekte, S. 14–15. Dilcher, Friede durch Recht, S. 207, formulierte die Aufgabe der Rechtsgeschichte nicht als die Geschichte des gegenwärtigen Rechtszustands, sondern er verlangte die Erforschung des Rechts als einen Teil der sozialen Struktur vergangener Gesellschaften.

97 Dilcher, Rechtshistorische Aspekte, S. 15. Dilchers Studie eröffnet neue Horizonte der Forschung, und man muss ihre Ergebnisse laufend berücksichtigen. Der Autor selbst hat diese Gliederung noch breiter untersucht, vgl. Stadt und grundherrschaftlich-agrarische Welt, Abschnitt II, S. 98–112.

Stadt, ihr Verhältnis zum Stadtherrn und ihre Verfassung einschließt. Wir werden im Weiteren sehen, dass diese Unterscheidung sich sicher auch am böhmischen Quellenmaterial nachweisen lässt[98] und dass es sich also nicht um eine nur theoretische Gliederung handelt.

Mit dieser Auffassung muss man eine andere vergleichen, die von einem tiefen Durchdenken des Phänomens Stadtrecht zeugt, die es aber als einen Begriff versteht, der dem gesamten Rechtsleben der Stadt übergeordnet ist.[99] Das Stadtrecht spaltet sich dieser Auffassung zufolge in drei Bereiche auf. Der erste enthält Gerechtsame und Freiheiten, wobei die Gerechtsame die Machtbefugnisse außerhalb der Stadt betreffen, und die städtischen Freiheiten gegenüber dem Stadtherrn formuliert sind (hier ist zu ergänzen, dass sie oft direkt von ihm stammen). Die zweite Komponente des breit aufgefassten Stadtrechts ist die Verfassung, d. h. die äußeren Formen der Regierung in der Stadt, die Kompetenzen, die Gliederung und der Einfluss der Bürger, wozu auch das Gerichtswesen und der Prozess, also die Formen des Zusammenlebens in der Stadt, gehören.[100] Der dritte Bestandteil schließlich ist das Stadtrecht im engeren Sinne des Wortes, d. h. das gültige Recht, nach dem in Privat- und Strafsachen entschieden wird, es wird in der Gesamtgliederung als „materielles Recht"[101] bezeichnet.

Einer so breiten Auffassung des Stadtrechts als ein Komplex des Rechtslebens und seiner Gliederung ist, auch bei aller Anerkennung ihres Impulscharakters, mit gewissen Vorbehalten zu begegnen. Vor allem die Verfassung ist dem weiten Begriff des Stadtrechts untergeordnet, aber nach der oben genannten Klassifizierung ist demgegenüber das enger gefasste Stadtrecht ein Teil der gesamten Rechtsstellung. Darüber hinaus wird das Prozessrecht für einen Teil der Verfassung gehalten, obwohl die Form der Gerichtsverhandlung und ihr Verlauf mit dem Gegenstand der Entscheidung integral zusammenhängt, also mit dem Privat- und Strafrecht. Unter diesen Umständen erfasst die Bezeichnung „materielles Recht" diesen Komplex von Rechten nicht richtig, weil die Gerichtsverhandlung in der Regel als „formales" Recht aufgefasst wird.

Wir neigen also zu der ersten Gliederung, in der das Stadtrecht im ausgeprägten Sinne als jener Komplex von Angelegenheiten spezifiziert wird, der im Falle der Verletzung beim Stadtgericht geltend gemacht werden kann. Wir werden im Weiteren sehen, dass die übrigen Teile, d. h. der Stadtfrieden, die Stadtfreiheit und die Verfassungselemente korporativer Natur, der Entwicklungsstufe der Stadtverfassung in unserem Land völlig entsprechen.[102]

Wir erkennen jedoch auch den Beitrag der zweiten Gliederung insofern an, dass die Sicht der inneren Struktur des Stadtrechtes in seiner breiten Auffassung, seine

---

98 Siehe weiter unten, S. 180, S. 322, S. 338 und S. 363.

99 Haase, Stand und Probleme, S. 135–136.

100 Haase, ebd., S. 136.

101 Diese Aufspaltung als Unterlage des methodischen Herangehens hat Haase, Probleme, S. 104, weiter ausgeführt.

102 Die Neigung zur Gliederung Dilchers, wie sie oben kurz dargelegt wird, bedeutet jedoch nicht die Ablehnung von Impulsen, die sich aus den Schlussfolgerungen von Haase ergeben. Wiederum kann gesagt werden, dass das böhmische Quellenmaterial Dilchers Auffassung nur bestätigt.

Aufspaltung auch zu einer Gliederung nach der Unterschiedlichkeit des städtischen Lebens führt, dass der Komplex von Rechten, Freiheiten und Gerechtsamen den Bedürfnissen eines Vergleichs nicht völlig Genüge leistet, sondern dass gerade die Vielfalt in der Rechtsstellung aus der Struktur und der inneren Ausstattung der Stadt und ihrer äußeren Beziehungen hervorgeht.[103]

In diesem Sinne weist die Gliederung des Stadtrechts nach seinen inhaltlichen Komponenten sowie die Ermittlung, welche dieser Bestandteile bei der Erteilung des Rechtes nach dem Vorbild einer älteren Stadt übernommen wurden, sowohl die eigenständige Dynamik in der Erweiterung von Stadtrechten als auch gemeinsame Bindungen und Differenzierungen nach.[104] Für unser Land können wir den folgenden Ausführungen ein wenig vorgreifen und konstatieren, dass das verliehene Recht in der Regel das materielle, eventuell das Prozessrecht betraf und nicht die Übernahme des Gesamtkomplexes der Rechtsstellung, besonders nicht der Privilegien und Freiheiten.

Damit erhält der Begriff Rechtsstadt einen neuen Inhalt und eine neue Position in der Entwicklung der Städte. Sie ist eine gewisse Vollendung der vorherigen Stufen, die man topographisch unterscheiden kann.[105] Sie ist schon eine „fertige" Stadt, eben eine Rechtsstadt, in der der Komplex der Rechte der Stadt und das Stadtrecht ein entscheidendes Merkmal sind.[106] Die Bedeutung der Stufe „Rechtsstadt" wird auch durch die Formulierung zum Ausdruck gebracht, dass erst nach der Erreichung dieser Stufe von der Entstehung der Stadt gesprochen werden kann, danach von der Entwicklung der Stadt.[107]

Auch wenn der Ausdruck Rechtsstadt zutreffend und allgemein verbreitet ist – und diesen Begriff werden auch wir nicht meiden – ist er vielleicht doch zu sehr mit dem Stadtrecht verbunden, also mit nur einer Komponente der Gesamtheit Stadt im Ganzen ihrer Institutionen. Wir schlagen deshalb einen wohl noch genaueren Terminus vor, die „institutionelle Stadt", die Stadt als Gesamtheit der entsprechenden

103 Haase, Stand und Probleme, S. 134–135, betont die Aufspaltung des Stadtrechts als methodisches Prinzip, das Belege für die Feststellung des tatsächlich gültigen Rechts bereit stellt.

104 Haase, Probleme, S. 105, zeigte an Beispielen, welch unterschiedliche Teile des Rechts übernommen wurden.

105 Blaschke, Altstadt – Neustadt – Vorstadt, S. 350–362. Der Autor unterschied zwölf Stufen: Stadtraum, Straße, Dorf, Burg, Vorburg, Marktsiedlung, Kaufmannssiedlung, Rechtsstadt, Stadterweiterung, Neustadt, Vorstadt und Gesamtstadt. Bei jeder Stufe analysierte er die topographischen Besonderheiten und berücksichtigte ihre Aufeinanderfolge.

106 Blaschke, ebd., S. 359, für den die Rechtsstadt „die erste Hochform im Prozeß der Stadtwerdung" ist. Blaschke spricht hier noch über das Stadtrecht, worunter jedoch die Gesamtheit der Rechte der Stadt zu verstehen ist, wie sie Dilcher, siehe Anm. 91, dargelegt hat. G. Burger, Stadtschreiber, S. 7, hat das zutreffend zum Ausdruck gebracht: „Das Wesen einer Stadt im Rechtssinn ist vor allem darin zu sehen, daß sich dieselbe einer Stadtverfassung erfreute." Dabei ergänzt er, S. 8, dass manchmal eine allmähliche Erlangung der Stadtverfassung festzustellen ist. Piskorski, Stadtentstehung, S. 351, geht von der Überlegung aus, dass die Stadt eine solche Siedlungseinheit ist, die sich durch die Konzentration von verschiedenen Elementen auszeichnet, besonders durch Produktion und Handel, fügt aber gleich hinzu, dass für die Stadt des Hoch- und Spätmittelalters zu den entscheidenden Faktoren das Stadtrecht gehört, weil dies die Entwicklung des städtischen Standes und der städtischen Selbstverwaltung förderte.

107 Blaschke, ebd., S. 361.

Rechtsinstitutionen. Es handelt sich nicht um eine Eingrenzung nur auf die rechtlichen Aspekte des städtischen Lebens; auch der Jurist respektiert alle für das Schaffen des Rechts und für äußere Beziehungen notwendigen Bedingungen, die dies begleiten. Nichtsdestoweniger gehört die Konstituierung von städtischen Institutionen zu den bedeutendsten Momenten im Prozess der Gestaltung der Stadt. Das Recht ist kein unbedeutendes formales Element. Ab dem Zeitpunkt, von dem an sich die volle Stadtverfassung herausbildet, verwandelt sich grundsätzlich die Natur der Agglomeration und ihrer Bewohner. Es werden Grundlagen zu wesentlichen Veränderungen in fast alle Richtungen gelegt.

Das herausragende Ergebnis der Stadtverfassung ist die grundlegende Veränderung in der Stellung der Stadtbewohner. Die Städte werden zu Räumen einer besonderen rechtlichen Ordnung mit besonderen Vorteilen. Ihre Rechte heben sie aus der Masse der ländlichen Bevölkerung empor, die auf eine ähnliche Rechtsstellung keinen Anspruch hat.[108] Obwohl wir uns im Verlauf der Arbeit mit diesem Wandel noch näher werden befassen müssen, genügt es jetzt allgemein zu sagen, dass ohne die Rechtsstellung der Stadt auch kein Bürgertum existieren würde, also eine Schicht, die sich in die heterogene mittelalterliche Gesellschaft neu einordnet.[109] Es wird wohl kein Fehler sein, die Entstehung des Bürgertums als ein „ständisches" Element zu bezeichnen. Die Städte bilden noch lange nicht, praktisch zwei Jahrhunderte lang, einen „Stand" im Verfassungssystem des Staates mit der Beteiligung an der Staatsmacht und mit dem Recht, über öffentliche Dinge mitzuentscheiden. Nichtsdestoweniger erlaubt es die Eigenständigkeit ihrer Stellung gegenüber dem Adel und der Geistlichkeit einerseits und dem gemeinen Volk andererseits, von der ständischen Gliederung zu sprechen.[110]

Die Bewohner von Siedlungseinheiten streben selbst, oder im Falle des nichtköniglichen Besitzes ihre Herren, die Erlangung des Stadtstatus an,[111] der eine Voraussetzung für die weitere ökonomische, bauliche und rechtliche Entwicklung ist. Wir wollen sicher nicht leugnen, und wir haben es wiederholt betont, dass die Voraussetzungen für die Herausbildung von Städten in vielen Fällen bereits in der älteren Zeit gegeben waren, aber es geschieht zu oft, dass diese mit den Verfassungsprinzipien in eine amorphe Masse ohne Unterscheidung von Ursache und Wirkung vermengt werden. So kam es dazu, dass man nicht zwischen Markt bzw. Marktdorf und Stadt zu unterscheiden vermochte oder zwischen der Stellung von Handwerkern bei Herrensitzen und in Städten und dass die Entstehung von städtischen Institutionen als

---

108 Kejř, Die verfassungsrechtliche Stellung, S. 227.

109 Wenigstens kurz soll hier auf die Titulatur aufmerksam gemacht werden: Es sind nicht mehr *homines*, sondern *cives*.

110 Kejř, Die verfassungsrechtliche Stellung, S. 230–231. Vgl. auch Kejř, Zur Entstehung des städtischen Standes im hussitischen Böhmen, in: B. Töpfer (Hg.), Städte und Ständestaat, Berlin 1980, S. 195–213. Diese unsere Auffassung des „Standes" steht dem Ausgangspunkt der Autoren im Sammelband Herrschaft und Stand nahe, wo J. Fleckenstein, Vorwort, S. 13, konstatiert, dass der Begriff Stand nicht im Sinne der Landstände des Spätmittelalters verwendet wird, die sich nach Rechtsmerkmalen konstituieren, sondern in einer breiteren Auffassung von sozialen Gruppierungen, die die Gesellschaft in den Adel, die Ministerialität, das Rittertum und das Bürgertum gliedert.

111 Ein Beispiel ist Ungarisch Hradisch. Dazu Kejř, Městské zřízení [Die Stadtverfassung], S. 232–233, und die Ausführungen weiter unten.

schöpferisches Element der weiteren Entfaltung nicht gebührend respektiert wurde. Es wurde völlig übersehen, dass schon vor mehr als hundert Jahren ernste Vorbehalte gegenüber der ungenügenden Unterscheidung von Beweggründen und der eigentlichen Entstehung neuer Institutionen geäußert wurden.[112] Ohne diese Unterscheidung ist schwer zu erklären, warum es manchmal dort nicht zur Entstehung einer Stadt kam, wo dazu günstige Bedingungen gegeben schienen, und warum es an anderen Orten auch zu misslungenen Städtegründungen kam.[113]

Man kann den Einwand aussprechen, dass sich für städtische Agglomerationen anderer geographischer Gebiete als der von West- und Mitteleuropa oder anderer Zeiten keine besondere institutionelle Natur der Städte nachweisen lässt und man trotzdem ganz selbstverständlich von Städten spricht. Aber eben aus dem Grund, dass in unseren Verhältnissen das Stadtrecht und die städtischen Freiheiten, die besondere Stellung in der ungleichmäßigen Gliederung der Gesellschaft und allgemein die Stadtverfassung das grundlegende Merkmal der Stadt ist, muss dies vorbehaltlos berücksichtigt und darin das entscheidende Kriterium für die Bestimmung gesehen werden, wann sich die Stadt herausbildet und wann die Bürger ihre Rechte erlangen.

Es besteht sicher ein Zusammenhang zwischen der Schaffung von Voraussetzungen zur Entstehung der Städte und der Entstehung von städtischen Institutionen, aber es handelt sich um zwei unterschiedliche Vorgänge. Wir sind nicht im Stande, eine automatische Konstituierung von städtischen Rechts- und Organisationsordnungen aus heimischen Wurzeln zu erfassen, weil städtische Institutionen in traditionellen Formen aus benachbarten Territorien übernommen werden. Darüber hinaus wird für die Einführung der Stadtverfassung das Schaffen von neuen institutionellen Städten zur Absicht und zum Impuls für die Verwandlungen im ökonomischen und im Siedlungssystem. Man muss deshalb der Meinung zustimmen, dass das Wort „Stadt" der institutionellen Stadt vorbehalten bleiben sollte,[114] wenn auch selbstverständlich mit dem Bewusstsein, dass ein solcher Stadtbegriff weder dem frühen Mittelalter noch den späteren neuzeitlichen oder gar gegenwärtigen Stadtformen entspricht.[115] Wenn zu Recht für problematisch erklärt wird, die „Stadt" des 11. (oder früher) bis 13. Jahrhunderts für eine sich kontinuierlich entwickelnde Einheit zu halten, dann muss anerkannt werden, dass die Rechtsstadt eine völlig neue Qualität besitzt.[116]

Die Erhebung zur Stadt bringt weitere wesentliche Veränderungen mit sich. Oft verwandelt sich die Topographie, wenn der zur Erweiterung des Areals notwendige Boden zur Verfügung steht. Manchmal verschiebt sich der Schwerpunkt der Besied-

---

112 von Below, Ursprung, S. 12–13.
113 Vgl. Žemlička, Nezdařená založení [Misslungene Gründungen], S. 43–68.
114 Schlesinger, Archäologie des Mittelalters, S. 646. Der Autor benutzt die Wendung „Stadt im Vollsinne".
115 Schlesinger, ebd.; Gönnenwein, Marktrecht, S. 158, machte darauf aufmerksam, dass im Unterschied zu ökonomischen Erörterungen, für die die Märkte als Städte erscheinen, der Rechtsbegriff der Stadt erst seit dem 12. oder 13. Jahrhundert vorkommt.
116 Žemlička, Leitmeritz, S. 259.

lung an einen anderen Ort,[117] die Parzellen werden neu vermessen, der Bau von Mauern kann erlaubt oder gar angeordnet werden, die äußere Gestalt der Siedlung ändert sich. Auch der ursprüngliche Marktplatz bleibt nicht an seiner ursprünglichen Stelle. Die topographische Identität der Besiedlung vor der Erlangung des Stadtstatus und danach lässt sich oft nicht überprüfen.[118] Auch die Richtung der Wege verändert sich, und, was besonderes Gewicht hat, auch die Bewohnerschaft ändert sich, wenn neu Zuziehende die alte Bewohnerschaft ergänzen, manchmal auch ersetzen.[119]

Gleichzeitig mit der Veränderung der ständischen Einordnung der Bürger bildet sich ein neues Element der Stadtverfassung heraus; es entsteht nämlich die städtische Kommune, die Gemeinde, die einen korporativen Charakter hat und als ein Ganzes Rechte erhält und Verpflichtungen eingeht. Man muss nicht hinzufügen, dass das Stadtrecht bald auch auf andere Rechtssysteme einwirkt und dass im städtischen Prozess- und Privatrecht kräftige Impulse entstehen, die bis in die ferne Zukunft wirken, in der man schon vom bürgerlichen Recht sprechen kann.

Dieser Höhepunkt in der Entwicklung unserer Städte, die Herausbildung der Stadtverfassung, ist also der Gegenstand der folgenden Ausführungen. Wenn wir weiter über die Stadt sprechen, werden wir darunter die institutionelle Stadt verstehen, die mit einer Verfassung ausgestattet ist. Dadurch wird noch nicht die Möglichkeit negiert, in anderen Zusammenhängen, für andere Territorien bzw. für eine andere Zeit auch andere, etwa auch Entwicklungsformen als Stadt zu bezeichnen. Die begriffliche Unbestimmtheit wurde schon zur Genüge erläutert, aber für unsere Zwecke sei der Ausspruch respektiert: Lassen wir den so wichtigen Begriffen wie Stadt und Kultur, ihre Würde und ihr volles Gewicht![120]

---

117 ENNEN, Frühgeschichte, S. 86, benutzt die Wendung „Schwerpunktverlagerung der Siedlung innerhalb des gleichen Siedlungsraumes". Ähnlich auch F. PETRI, Niederlande, S. 236.

118 LUDAT, Vorstufen und Entstehung, bes. S. 35–39. Dort wurden auch die spekulativen Versuche abgelehnt, die ältere Siedlung mit ihrer Gestalt nach der Lokation zu identifizieren, weil diese keine ergänzende, sondern eine verändernde Funktion hat. M. RICHTER, Předmluva [Vorwort], in: Středověká archeologie [Mittelalterarchäologie], S. 5, lässt bei der Behandlung der Topographie und ihrer Veränderungen eine Sonderstellung der Archäologie dort zu, „kde je možno jen výzkumem poznat konkrétní podobu a kvalitu zástavby před stabilizováním městských půdorysů a vznikem gotických staveb" [wo man nur durch eine Grabung die konkrete Gestalt und Qualität der Bebauung vor der Stabilisierung der städtischen Grundrisse und der Entstehung von gotischen Bauten kennen lernen kann]. Auf die schwierige Suche nach dem ursprünglichen Grundriss und auf die Veränderlichkeit des Stadtplanes hat F. ČÁDA, Městský půdorys [Der Stadtgrundriss], S. 140, hingewiesen.

119 Die Beispiele dafür werden wir weiter verfolgen. VON BELOW, Kritik der hofrechtlichen Theorie, S. 304, stellt richtig fest, dass die Stadtbevölkerung der ersten Zeit überwiegend aus zugezogenen Personen besteht. Die Ersetzung der ursprünglichen Bevölkerung durch eine andere, besonders durch deutsche, werden wir im Folgenden auch bei uns feststellen. Dagegen soll es nach Z. KACZMARCZYK, Początki [Die Anfänge], S. 38, eine solche Erscheinung in Polen nicht geben. Anders KUHN, Die deutschrechtlichen Städte, S. 68; siehe auch weiter unten.

120 H. AUBIN, Zur Frage der historischen Kontinuität im allgemeinen, HZ Bd. 168, 1943, S. 252. VERHULST, Zur Entstehung der Städte, S. 365, erkennt die Bezeichnung Stadt nur den sog. Vollstädten mit eigener Befestigung und mit eigenem Recht zu: „Nur letzteres Stadium verdient den Namen Stadt" und fügt hinzu, er werde dieses Wort für andere (d. h. ältere) Stadien vermeiden: „ein Wort, das wir im Nachstehenden möglichst vermeiden werden." HRABOVÁ, Ekonomika olomouckého biskupství [Die Wirtschaft des Bistums Olmütz], S. 48, meinte, wenn sie die unter die Oberhoheit Bischof Brunos gehörenden Städte aufzählt, von denen sie zwölf festgestellt hatte, mit dieser Bezeichnung wohl Ort-

Wenn für die böhmischen Länder als der Grundtyp die „Rechtsstadt" oder noch besser die „institutionelle Stadt" postuliert wurde, dann muss man akzeptieren, dass der Erwerb des Stadtstatus das Ensemble von Kriterien vervollständigt, die erfüllt werden müssen, damit man in dieser Weise qualifizierte Siedlungsagglomerationen unter die Städte im vollen Sinne des Wortes einreihen kann. Manchmal ist es allerdings unsicher, wann die Stadt ihren Status erlangt hat, weil die Quellen darüber nicht selten schweigen. Es können auch unterschiedliche Umstände der Erhebung zur Stadt eintreten. So kann beispielsweise der entsprechende Rechtsakt bei den sog. gegründeten Städten mit ihrer Entstehung zusammenfallen. Aber die Erhebung in den Stadtstatus kann auch das Ergebnis eines längeren Prozesses sein, an dessen Ende die Entwicklung zur Stadt steht.[121] Überhaupt muss gesagt werden, dass mehrere Kriterien, die gewöhnlich als Merkmale des Städtischen angegeben werden, sehr relativ sein können.[122]

Die Stadt ist nämlich nicht nur ein Siedlungstyp, der mit verschiedenen Befugnissen und Freiheiten ausgestattet ist, die andere Siedlungstypen, wie z. B. Dörfer, Marktdörfer oder zur Burg gehörende Siedlungen nicht haben können, sondern auch ein Ensemble von vollberechtigten Bewohnern, Bürgern, die in der Stadtgemeinde vereint eine Kommune korporativen Charakters bilden. Die Stadt selbst ist eine Rechtsinstitution. Durch die Übernahme von städtischen Institutionen gliedern sich die Bürger aus der Masse der Untertanen aus, erhalten eine ständisch geprägte Stellung und sind im Stande, im eigenen Interesse aktiv in die ökonomische Entwicklung einzugreifen.

Die Einbürgerung von städtischen Institutionen in den böhmischen Ländern verlief in der kurzen Zeitspanne einiger Jahrzehnte auf solche Weise, dass dazu anderswo kaum eine Analogie zu finden ist. Man muss wohl kaum besonders betonen, dass sich ökonomische Voraussetzungen und Siedlungsvoraussetzungen dazu in früheren Epochen herausbildeten, dass städteähnliche Siedlungen mit entwickelter Produktion existierten und dass das reich gegliederte Netz von Märkten die künftige Herausbildung tatsächlicher Städte erleichterte. Aber es fehlen fast gänzlich verschiedene Übergangstypen, und man kann die Herausbildung von städtischen Freiheiten und die Formierung des Bürgertums mit seinem wachsenden Selbstbewusstsein nicht kontinuierlich verfolgen. Deshalb bedeutet auch die Herausbildung von Städten, die mit ihrer Verfassung und mit besonderen, nur den Bürgern gehörenden Rechten ausgestattet sind, eine entscheidende und umwälzende Epoche in der böhmischen Geschichte.

---

schaften auf einer gewissen Stufe der Zentralität. Die genannten Siedlungseinheiten haben die Stadtstufe zu unterschiedlicher Zeit erreicht und einigen hat der Stadtstatus völlig gefehlt.

121 Joris, La notion, bei der Einschätzung des rechtlichen Kriteriums.

122 Ebd., durchgehend in allen Ausführungen zu den einzelnen Faktoren, wo besonders auf die Unbestimmtheit des Kriteriums der Bevölkerungszahl hingewiesen wird, auf das Rechtskriterium, wie es eben erwähnt wurde, auf das ökonomische, wo viele Städte demografisch nur Dörfer blieben, auf die Unbestimmtheit der Terminologie (hier würden wir hinzufügen, falls keine sorgfältige Analyse der Terminologie durchgeführt wird) usw.

Das Umwälzende dieses Phänomens zeigt sich in der Entwicklung der Wirtschaft, des Finanzwesens und der Besiedlung, in der Schaffung von strategischen Grundlagen und ständischen Freiheiten, in der Differenzierung der Gesellschaft sowie in vielen weiteren Veränderungen. Aber auch die Beschleunigung auf unserem Boden bedeutet keine besondere Ausnahme von der Gesamtrichtung der Entwicklung. Die Entstehung der Städte bringt überall – vielleicht nur in einer anderen Epoche und mit einer zeitlichen Verschiebung – eine grundlegende Umgestaltung der gesamten Zusammensetzung der Gesellschaft und des ökonomischen Aufschwungs mit sich.[123]

Welche Quellen und welche Wissenschaftsdisziplinen können zur Erläuterung solcher Veränderungen beitragen? Eine einfache Antwort könnte lauten: Alle, deren Inhalt die Besiedlung und Zusammensetzung der Gesellschaft betrifft. Aber man wird die Aussagekraft verschiedener Arten von Quellen und auch den Beitrag jeder wissenschaftlichen Disziplin unterscheiden müssen. Mit Dankbarkeit nehmen wir die Erkenntnisse der Archäologie sowie die von ihr gefundenen und bearbeiteten materiellen Quellen über die bauliche Entwicklung von Siedlungen und die Berufe der Bewohner auf. Eine wesentliche Stütze bietet die Topographie mit Belegen zum Grundriss und zur Erweiterung oder Veränderung des Siedlungskerns. Die Geschichte der Besiedlung hilft die Festigung des Netzes von Märkten und dann auch von Städten festzustellen und zeigt auch die nationale Zusammensetzung des sich herausbildenden Bürgertums – so könnte man fortfahren und für jedes Fach dessen Beitrag und dessen Auswertung der Quellen hervorheben. Die Ergebnisse jedes Faches vermögen auch in den Grenzen seines Interesses und in der Breite seines Blickwinkels autonom die Ziele seiner Untersuchungen zu erfüllen. Aber keines von ihnen ist für sich allein im Stande, das Phänomen der Entstehung der Städte bei uns kenntlich zu machen und auch nicht mit genügender Überzeugungskraft die entscheidenden Stufen auf dem Wege zur Herausbildung von Vollstädten mit ihrer Stadtverfassung und der Ausgliederung des Bürgertums als einer eigenständigen Komponente der Gesellschaft darzustellen.

Eine zusammenführende Vorgehensweise, die die Erkenntnisse der sich überwiegend mit der materiellen Kultur befassenden Disziplinen verwendet, und diese mit den Ergebnissen der historischen, rechtshistorischen, ökonomischen und anderen Forschung verbindet, ist die gründliche Auswertung von schriftlichen Quellen. Auch diese sind selbstverständlich oft fragmentarisch, lückenhaft und schwer interpretierbar, auch sie benötigen Ergänzungen aus der Topographie, aus archäologischen Funden oder der historischen Geographie. Aber in den meisten Fällen vermögen sie mit relativer Genauigkeit anzugeben, ob und wann die jeweilige Agglomeration städtischen Charakter erlangte sowie den Umfang der Privilegien, die ihren Bewohnern erteilt worden sind.

---

123 von Below, Städtewesen und Bürgertum, S. 7, weist nach, dass man die Umwälzungen, die das 12. und 13. Jahrhundert gebracht haben, als eine große volkswirtschaftliche Revolution ansprechen kann, weil keine Periode so viel Neues geschaffen hat. Ennen, Die europäische Stadt, S. 223, vergleicht diese Veränderung mit den Umwälzungen in Gesellschaft und Wirtschaft im 19. und 20. Jahrhundert.

Für die älteren Stadien der Entwicklung der Städte in den böhmischen Ländern, etwa für das erste Jahrhundert ihrer Existenz, ist die Zahl von schriftlichen Quellen beschränkt. Es stehen nämlich noch nicht die wertvollsten Quellen zum Erkennen der Struktur der Bewohner, ihrer Handels- und Produktionsaktivitäten und ihres Besitzes, nämlich die Stadtbücher, zur Verfügung. Diese entstehen erst im Verlauf des 14. Jahrhunderts. Es wurden auch noch keine Sammlungen von Gerichtssprüchen und Belehrungen höherer Gerichtsinstanzen geschaffen, es gibt keine Rechtsbücher.[124] Auch die Chroniken bringen bis auf wenige, verstreute Berichte keine genügend beweiskräftigen Informationen über die Konstituierung von städtischen Institutionen. Es bleiben also als grundlegende und nicht zu ersetzende Quelle die Urkunden aus der Přemyslidenzeit, von denen man sich die höchste Aussagefähigkeit über die historischen Umstände der Entstehung und Entwicklung der Städte erhoffen kann. Es ist von ungemeinem Vorteil, dass wir dank der Autoren des monumentalen Werkes „Codex diplomaticus Bohemiae et Moraviae" heute eine qualitativ höhere Stufe der Auswertung von Urkunden auch für die Geschichte der Städte erreicht haben. Der Klassifizierung von städtischen Urkunden wird im Weiteren ein selbständiges Kapitel gewidmet werden. Die diplomatische Behandlung dieser unschätzbaren Quellen muss um ihre Auswertung unter dem Aspekt von Institutionen und Terminologie ergänzt werden, der in vielen Fällen eine Schlüsselbedeutung zukommt; wir werden dies in einem der folgenden Kapitel vornehmen.

Die bisherige Fachliteratur hat gelegentlich unterschiedliche Bezeichnungen für den Stadttypus verwendet, für den wir den Terminus institutionelle Stadt prägen, ohne dass wir auch auf andere Bezeichnungen wie Rechtsstadt oder Vollstadt verzichten wollen. Aber wir finden auch den Ausdruck „abendländische Stadt" vor,[125] der zwar das Eindringen von städtischen Institutionen in ausgedehnte Gebiete Mittel- und Ostmitteleuropas erfasst, aber in gewissem Maße irreführend ist, indem er die Unterschiede von Typen und Entwicklungsstufen in verschiedenen Regionen verwischt. Es ist dies eine zu breite Charakteristik, weil nicht alle Typen von Städten und Formen des städtischen Lebens beim Eindringen der Stadtverfassung aufgegriffen wurden und diese auch unterschiedliche Merkmale aufwiesen. Es genügt, das Beispiel der Reichsstädte mit ihrer selbständigen Stellung anzuführen, die im Gebiet von Böhmen und Mähren keine Analogien haben.

Auch die Verwendung der Bezeichnung „koloniale Stadt"[126] für neue Siedlungsgebiete, in die deutsche stadtrechtliche Formen eindrangen, ist nicht günstig, weil dadurch die territoriale Ausbreitung nicht genau erfasst wird und schon gar nicht der institutionelle Inhalt. Und schließlich ist der Versuch, die volle städtische Form durch

124 Das älteste abgerundete Rechtsensemble, die sog. Rechte Otakars, stammt wohl aus dem letzten Jahrzehnt des 13. Jahrhunderts; F. Hoffmann/J. Štěpán, K „záhadě" Otakarových práv [Zum „Rätsel" von Otakars Rechten], StR 24, 1985, S. 71–132.

125 Stoob, Die Ausbreitung. Der Autor benutzte diesen Begriff auch anderswo, vgl. Über Zeitstufen, S. 50, aber später hat er von ihm Abstand genommen.

126 Müller-Mertens, Untersuchungen, S. 194.

den Ausdruck „Lokationsstadt“[127] zu erfassen, von dem Bestreben geleitet, die Stellung der Stadt „nach der Lokation“, wenn sie also den Stadtstatus erlangt hat, von der Stadt „vor der Lokation“ zu unterscheiden. Nichtsdestoweniger ist *locatio* nicht nur eine Frage der Städte, es existieren auch Lokationsdörfer, und darüber hinaus kann dies neben dem rechtlichen Inhalt, d. h. der Gründung der Stadt, auch die Zuweisung des Platzes oder die Niederlassung der Bewohner bedeuten.[128]

Noch weniger geeignet ist die häufig vorkommende Charakteristik „deutschrechtliche Stadt“.[129] Wie es sich schon aus der Bezeichnung selbst ergibt, wird als das grundlegende Merkmal eine Rechtsqualifizierung angenommen und die Annahme einer allgemeinen Übernahme von deutschen Stadtrechten ausgesprochen. Vielleicht schlägt sich darin auch eine gewisse Reaktion auf die lange Zeit verwendete Bezeichnung „Stadt zu polnischem Recht“ nieder, die von einem Teil der polnischen Historiker in dem Glauben verteidigt wurde, dass bereits die alten „Städte“ vor dem Eindringen der deutschen Rechte gewisse Elemente einer ursprünglichen rechtlichen Ordnung hatten. Auch wenn man diese Auffassung aufgeben muss,[130] hätte doch der Ausdruck „deutschrechtlich“ eine höhere Form von städtischen Freiheiten und von Stadtverfassung erfassen sollen, welche die Entwicklung tatsächlicher Vollstädte in polnischen Territorien vorweggenommen hat.[131]

Der Vorbehalt gegenüber der Bezeichnung „deutschrechtliche Stadt“ bedeutet sicher nicht eine Ablehnung der historischen Tatsache, dass die Stadtrechte in der Regel deutscher Herkunft sind. Trotzdem kann man nicht auf den Einwand verzichten, dass dadurch der Inhalt des Grundbegriffes Stadt in seinem vollen Sinn nicht völlig erfasst wird. Es handelt sich um eine zu eng gefasste Bezeichnung, in der sich verschiedene Formen von Städten, auch wenn sie aus deutschen Territorien kommen, nicht wiederfinden, weil ihr Rechtsinhalt nicht gleich ist. Darüber hinaus entsteht der Eindruck eines automatischen und willkürlichen Vordringens, wobei nicht genügend Rücksicht auf die übrigen Komponenten der Stadtverfassung genommen und der Nachdruck zu einseitig auf das Stadtrecht gelegt wird. Es kann sich nicht um eine bloß mechanische Übernahme von fremden Vorbildern oder um eine willkürliche Implantierung von anderswo geschaffenen Rechtsnormen handeln.

Im Königreich Böhmen war die souveräne königliche Bewilligung eine unumgängliche Bedingung zur Erlangung des Stadtstatus. Dies war ein konstitutiver Akt, ohne den die städtischen Freiheiten nicht zur Anwendung kommen konnten.[132] Aber

[127] Z. B. J. Bakala, K otázce kontinuity [Zur Frage der Kontinuität] oder Mozdzioch, Zur Genese der Lokationsstädte.

[128] Detaillierter im Kapitel über die Gründung von Städten.

[129] Systematisch Kuhn, Die deutschrechtlichen Städte, oder derselbe Autor, Stadtgründungen in Kleinpolen.

[130] Besonders nach der vortrefflichen Arbeit von Buczek, Targi i miasta [Märkte und Städte].

[131] Sporn, Die „Stadt zu polnischem Recht“.

[132] Nur der Landesherr konnte ein Dorf oder einen Markt zu einer Stadt erheben, und zwar auch in dem Falle, dass sie untertänig einem anderen Grundherrn gehörten, Haas, Pravomoc českého krále [Die Machtbefugnisse des böhmischen Königs], bes. S. 164–173; siehe auch Kejř, Městské zřízení [Die Stadtverfassung], S. 226–228.

zur Stadtverfassung gehörten auch individuell an verschiedene Städte von ihren Herren und vor allem vom Landesherrn erteilte Vorrechte, so dass es keine Uniformität gab. Das Stadtrecht passte sich so auch den heimischen Verhältnissen und Bedingungen an. Das Stadtrecht, wie sehr es auch zu den grundlegenden Komponenten der Stellung der Bürger gehört, ist nur ein Teil der Stadtverfassung, und deshalb ist auch der Begriff „deutschrechtliche Stadt" eigentlich nur pars pro toto und enthält nicht die Gesamtheit aller Bedingungen für die Existenz von Rechtsstädten.[133]

Neben den ausgewählten Kriterien des Städtischen, die von grundlegender Natur sind, kann man auf die Existenz einer Stadt auch aus einigen anderen, meist schon äußeren Umständen schließen, die zwar deutlich zeigen können, wie die Qualifizierung und der Status der Siedlungseinheit beschaffen sind, die aber nicht immer ausschlaggebend sein müssen. Ein gewisses Merkmal kann die Stadtmauer sein, und in vielen Fällen deutet sie auch an, dass man eine so befestigte Agglomeration zu den Städten rechnen kann, aber wir haben bereits recht nachdrücklich darauf hingewiesen, dass man sich darauf nicht verlassen kann und dass dies nur ein ergänzendes Element sein kann, kein primäres, weil es nachweislich auch Städte ohne Stadtmauer gab und dagegen auch wehrhafte Dörfer.

Ein wichtiger Hinweis ist die Niederlassung von Bettelorden, die sich typischerweise in Städten niederließen, in denen sie zahlreiche Gläubige vorfanden und so besser ihre seelsorgerische Mission erfüllen konnten. In entwickelten Städten dient dann das Kloster des Bettelordens auch den Bedürfnissen der Stadtgemeinde, z. B. als Ort von Verhandlungen, und gehört auch zu den wichtigsten Stützpunkten des Befestigungssystems.[134] Auch in den böhmischen Ländern können die Klöster dieser Orden als ein Merkmal der Existenz einer Stadt gelten, aber in den Anfängen konnte es auch zu gewissen Anomalien kommen, wenn Klöster in Ortschaften gegründet wurden, die ihre Stadtverfassung noch nicht erlangt hatten.[135] Für die erste Entwicklung der Städte bieten also die Bettelorden keine Gewissheit über den Status des Ortes, wenn dieser nicht noch durch einen weiteren sicheren Faktor nachgewiesen ist.[136]

---

133 J. Kejř, Ursprung und Entwicklung von Stadt- und Marktrecht in Böhmen und Mähren, Bohemia 31, 1990, S. 280–281.

134 B. E. J. Stüdeli, Minoritenniederlassungen, vor allem auf Schweizer Quellen gestützt. Der Zusammenhang des Baus eines Klosters mit der Befestigung ergibt sich aus einer Stelle in einem Formelbuch, angeblich von 1257, RBM II, Nr. 2397, in der König Přemysl Otakar II. den Dominikanern in Nimburg auferlegt, *domos lapideos* so zu bauen, *ut ibidem civitati sint pro municione.*

135 Im Fall von Prag und Olmütz, wo die Dominikanerklöster noch vor der Konstituierung der Stadtverfassung gegründet wurden, kann man dies verstehen, weil diese großen Zentren mit zahlreicher Bevölkerung die Dominikaner leicht bewegen konnten, sie als Städte aufzufassen. Dagegen gibt es für Turnau und Deutsch Gabel noch längere Zeit keinen anderen Beleg für die erreichte Stadtverfassung. Zur Gründung von Dominikanerklöstern V. Koudelka, Zur Geschichte der böhmischen Dominikanerprovinz im Mittelalter, AFP 26, 1956, S. 133ff. Bei dieser vorzüglichen Arbeit kann man nur einwenden, dass der Verfasser die Entstehung eines Klosters manchmal in eine allzu frühe Zeit verschiebt.

136 Der Zusammenhang zwischen der Gründung eines Dominikanerklosters und dem Aufbau der Stadt ist bei der Gründung von Budweis offenkundig. Der Burggraf Hrzo vertraute 1265 im Namen König Přemysl Otakars II. den Dominikanern ein Grundstück zum Bau eines Klosters an der Stelle an, wo die Stadt gebaut werden sollte, CDB V/1, Nr. 434. Die Berufung eines Bettelordens kann also die Absicht bedeutet haben, eine Stadt erst gründen zu wollen, wie es wohl auch im angeführten Fall aus Nimburg sein wird, siehe Anm. 134.

Manchmal wird angeführt, dass zwei oder mehr Pfarreien im selben Ort ein Zeugnis für die Existenz einer Stadt seien.[137] Dies ist jedoch ein Kennzeichen von nur geringer Beweiskraft. Es gibt viele Städte, in denen es nur eine Pfarrkirche gab, dagegen konnten große Zentren mehrere Pfarrkirchen haben, noch bevor sie zur Stadt erhoben wurden. Auch die Untersuchung der Kirchenorganisation erlaubt, die Schichten der Entstehung von Städten zu erkennen, weil Kirchen Zeugnisse ihres Wachstums sind. Das ist jedoch kein Beweis für eine hohe Bevölkerungszahl, sondern ein Kennzeichen für die organisatorische Gliederung und für das Wachsen der Stadt. Die kirchliche Organisation war nicht durch die Quantität bedingt, sondern sie erwuchs aus den Siedlungsbedingungen und der Gruppierung der Bevölkerung, und bei der Bildung einer städtischen Agglomeration aus älteren Teilen schlug sich dies auch in neuen Bedingungen nieder.[138] Wo zwei Stadtkirchen festgestellt werden, ist dies ein Zeugnis für eine stufenartige Entstehung.[139]

Die Stadt ist nicht nur eine Siedlungs- und Rechtseinheit, sondern auch ein ökonomisches Ganzes. Ihre Bedeutung für Produktion, Handel und Finanzen ist ein fast stabiles Zeugnis, auch ihrer Stellung in der Gliederung der Gesellschaft. Für spätere Jahrhunderte, für die reicher fließende Quellen es oft erlauben, das Leben in der Stadt kennen zu lernen, kann man für viele Orte die soziale Gliederung, die Hauptbereiche der Produktion, die Preise von Immobilien, annähernd die Zahl der Bewohner oder andere Daten feststellen, aber dies ist den kargen Nachrichten aus der Zeit der Stadtanfänge nicht zu entnehmen. Eine zufällige Nachricht, oft ganz vereinzelt, hat für die Existenz städtischen Lebens keine Beweiskraft.

Auch die wenigen Erwähnungen von Armen können keine Stütze für die sichere Bestimmung von Besitzverhältnissen sein. Man kann zwar schon für die frühen Stadien der Herausbildung von Städten eine Gliederung nach dem Eigentum voraussetzen, zwar ist es selbstverständlich, dass es dort Handwerker und Kaufleute gab, aber Rückschlüsse aus den fragmentarischen Nachrichten könnten auf Irrwege führen. Wenn man bedenkt, dass aus vereinzelten Nachrichten oder gar aus archäologischen Funden nicht sicher bestimmt werden kann, ob es sich z. B. um einen einem Herrn unterstellten Handwerker ohne die Stellung eines frei Produzierenden handelt oder bereits um einen städtischen ökonomischen Produzenten, dann wird es wohl richtig sein anzuerkennen, dass aus Nachrichten über die Wirtschaft noch nicht auf eine tatsächliche Stadt geschlossen werden kann.[140] Mit ähnlichen Feststellungen muss man höchst vorsichtig umgehen. Es empfiehlt sich nicht, für die böhmischen Länder in den frühen Stadien der Entstehung von tatsächlichen Städten mit dem Begriff „die Stadt im ökonomischen Sinne" zu operieren.

---

137 Stoob, Kartographische Möglichkeiten, S. 31.

138 K.-H. Blaschke, Kirchenorganisation und Kirchenpatrozinien als Hilfsmittel der Stadtkernforschung, in: Stadtkernforschung, S. 39. Dem Autor ist zuzustimmen, dass bei der Untersuchung der kirchlichen Organisation die vollständige Gesamtstadt zu berücksichtigen ist und man sich nicht nur auf den Raum innerhalb der Mauern beschränken darf, ebd., S. 33.

139 Ebd., S. 31.

140 Stoob, Kartographische Möglichkeiten S. 32. Bereits von Below, Territorium und Stadt, S. 302, stellte fest, dass die Entstehung der Städte nicht nur von der ökonomischen Entwicklung abhängig ist.

Mit größter Aufmerksamkeit muss eine sehr wichtige Rolle der Stadt, nämlich ihre zentrale Position in der besiedelten Landschaft, verfolgt werden.[141] Damit ist nicht automatisch gesagt, dass jeder zentrale Ort eines Einzugsgebietes eine Stadt ist. Bereits die Märkte, die der Entstehung von Städten vorangehen, haben eine zentrale Position für die umliegende Landschaft, und auch die Verwaltungszentren in Burgen mit einer Besiedlung unterhalb der Burg haben eine ähnliche Bedeutung. Trotzdem wird nach der Stabilisierung des Netzes von Städten ihre zentrale Stellung in dem Maße zum dominanten Merkmal, wie sie die erfolgreiche Entwicklung der Stadt vorausbestimmt. Nicht aus jedem Burgverwaltungszentrum, nicht aus jedem Markt entwickelt sich eine Stadt. Man wird verfolgen müssen, welche Bedingungen in dem jeweiligen Fall für ihre künftige Stellung von entscheidender Bedeutung waren.[142]

Die Zentralität der Städte war, ohne dass dies ausdrücklich formuliert worden wäre, eine bereits ihren einstigen Erbauern bekannte Tatsache. Bei der Besiedlung von spärlich bewohnten Gegenden, die urbar gemacht und für das reguläre Wirtschaftsleben gewonnen werden sollten, wurde auch eine städtische Agglomeration begründet, die zu einem natürlichen Zentrum werden sollte. Dies kann z. B. an Braunau oder noch klarer an Polička gezeigt werden, wo die Absicht des Gründers deutlich nachgewiesen ist. Der zentrale Charakter einer Stadt wurde auch durch die Erteilung des Bannmeilenrechts geschützt, durch das die unwillkommene und störende Konkurrenz des außerstädtischen Handels und Handwerks beseitigt wurde, wie dies noch in den folgenden Kapiteln behandelt wird.

Eine kleinere Stadt konnte im Einzugsgebiet einer größeren Siedlung liegen. Sie unterstand höheren kirchlichen Würdenträgern, die im Zentrum der Kirchenverwaltung siedelten, oder anderen Ämtern. An oberster Stelle stand die Residenzstadt als das höchste Zentrum des ganzen Staates. Eine gründliche Studie vermochte schließlich vier Stufen der Zentralität zu konstruieren, die mit dem Bestehen eines Städtenetzes verbunden waren.[143]

Die Zentralität gehört zu den wichtigen Komponenten der Existenz von Städten. Darin zeigt sich auch das Verhältnis einer Stadt zur umliegenden ländlichen Besiedlung: Einmal in der Verflechtung von Stadt und Dörfern, wo die Verflechtung des flachen Landes und der Marktbeziehungen bis zu gesellschaftlichen und rechtlichen Verbindungen reicht, zum anderen in der Feststellung, in wie weit sich die Umgebung und die zentralen Organisationen gegenseitig ergänzen und bedingen, was auf die Struktur des ganzen Systems abzielt, das sich auf die Stadt als Zentrum bezieht.[144]

141 Die grundlegende Arbeit zu diesem Thema ist die bereits angeführte von Denecke. Eine wichtige theoretische Begründung bietet auch M. Mitterauer, Das Problem der zentralen Orte, der auf S. 435 besonders betont hat, dass es die Hauptaufgabe einer Stadt ist, ein Zentrum für ihre ländliche Umgebung zu sein. Weitere Beiträge gibt es in: E. Meynen (Hg.), Zentralität als Problem der mittelalterlichen Stadtgeschichtsforschung, Städteforschung A 8, Köln/Wien 1979, aber sie befassen sich meistens mit der jüngeren Zeit, die außerhalb unseres Interesses liegt. Zur zentralen Rolle der Märkte P. Schöller, Der Markt als Zentralisationsphänomen, WfF 15, 1962, S. 85–95.

142 Für die Burgzentren hat dies J. Žemlička, Hradská centra [Burgzentren] mit Erfolg versucht.

143 Denecke, bes. S. 44–47, mit der Klassifizierung von Zentralfunktionen und mit grafischen Darstellungen.

144 R. Kiessling, Die Stadt und ihr Land (wie Anm. 79). Schlesinger, Städtelandschaften, S. 50, führte aus, dass die Städte keine Fremdkörper in der Landschaft waren, sondern zentrale Orte sind.

Wenn es nicht gelingt, der Stadt ihre sichere Entwicklung in dem umliegenden geographischen Umkreis zu garantieren, besonders hinsichtlich des Handels zwischen Stadt und Land, kann es zum Versagen der gründerischen Absicht kommen, zu einer missglückten Erhebung zur Stadt (Fehlgründung), die sich entweder gar nicht entfaltet oder nur im kümmerlichen Maß ihr Dasein fristet, wofür zahlreiche Zeugnisse angeführt werden können.

Als ein Merkmal der Stadt wird auch die eigenständige städtische Kultur genannt. Dies hat jedoch erst für die voll stabilisierten Städte späterer Zeit seinen Wert und ist für die Übergangszeit und auch für die ersten Etappen der Entstehung von Städten kaum zu gebrauchen. Nachrichten über ein schöpferisches Kulturleben lassen sich nur schwer feststellen, und darüber hinaus kann man in der Zeit der intensiven Aufbauarbeit, die eine völlige Konzentration verlangte und die Hauptkräfte erschöpfte, kaum einen unmittelbaren Aufschwung von Kulturinteressen annehmen.

Die dichte Bebauung pflegt für die Städte ebenfalls charakteristisch zu sein. Aber auch hier ist es nicht möglich, von der Baustruktur auszugehen, weil der definitive Grundriss mit zusammenhängenden Gebäudereihen oft erst ein Ergebnis von Veränderungen war, die nachträglich durch die Verlegung der ursprünglichen Siedlungseinheit hervorgerufen wurden; so etwa durch Verschiebungen innerhalb der neu entstehenden Agglomeration, durch einen neuen Marktplatz, durch Veränderungen in der Wegeführung u. dgl., so dass die Form der Bebauung viel häufiger erst ein Ergebnis der Entwicklung der Stadt ist.

Die bauhistorische Auffassung der Stadt, obwohl sicher eine wichtige Komponente der Erforschung, kann zu einer Fehleinschätzung führen, wenn sich die Aufmerksamkeit übertrieben auf den städtischen Grundriss und auf den Straßenverlauf konzentriert. Deshalb wurde den Architekten und Kunsthistorikern der Vorwurf gemacht, sie würden die Stadt als ein „Kunstwerk" auffassen und ihre rechtliche, ökonomische und soziale Bedeutung nicht genügend bewerten.[145]

Keine Schlussfolgerungen kann man aus der Bewohnerzahl ziehen, wenn es überhaupt gelingt, sie festzustellen. Die Quellen verraten lange nichts darüber, und dies ist auch nicht entscheidend. Es gibt keine minimale Grenze, wie groß eine Stadt sein soll. Beispiele von Zwergstädten finden sich wohl überall in Europa.[146]

Aus der bisherigen Übersicht von Problemen, in der wir einige methodische Grundsätze rekapitulierten und versuchten, die Wandelbarkeit des Begriffes Stadt zu

---

145 B. SCHWINEKÖPER, Zur Problematik von Begriffen wie Stauferstädte, Zähringerstädte und ähnlichen Bezeichnungen, in: E. MASCHKE/J. SYDOW, Südwestdeutsche Städte im Zeitalter der Staufer. – Stadt in der Geschichte 6, Sigmaringen 1980, S. 96.

146 H. AMMANN, Wie groß war die mittelalterliche Stadt?, in: Die Stadt des Mittelalters I, S. 408–415. SOMBART, Kapitalismus, I/1, S. 130–131, suchte nach Bedingungen und Gründen, warum sich Städte unterschiedlicher Größe herausgebildet haben, aber man muss bedenken, dass er von seiner ökonomischen Auffassung der Stadt ausging, vgl. Anm. 67, und nicht von der institutionellen Einordnung, die uns besonders interessiert. BLASCHKE, Qualität, Quantität und Raumfunktion, S. 39–40, wies auf die riesige Streuung der Bevölkerungszahl in Städten und Dörfern auf der Grundlage von Statistiken für das 16. Jahrhundert in Sachsen hin, aber seine Beobachtungen sind auch auf die ältere Zeit anwendbar. Er zeigte, dass es für die Erhebung zur Stadt keine quantitative Beschränkung gab, sondern dass die Möglichkeit des Bevölkerungswachstums unter wirtschaftlichen Bedingungen, die nicht von der Landwirtschaft abhängig waren, ausschlaggebend waren.

erfassen, ergab sich deutlich ein Systemunterschied zwischen einer nachgewiesenen Stadt, die schon sicher mit ihrer Stadtverfassung und auch mit der rechtlichen Stellung der Bürger ausgestattet war, und den Übergangsetappen, in denen die Stadt im Entstehen begriffen war.

Noch oft werden wir der allmählichen Vollendung der Städte begegnen und oft auch den Schwankungen in ihrer Entwicklung, der Veränderlichkeit von Formen sowie dem unterschiedlichen Umfang von Rechten. Die Versuche, ihre Dynamik zu erfassen, folgen manchmal der Zusammenstellung aller fassbaren Quellenerwähnungen in einer chronologischen Reihenfolge, mit den ältesten Erwähnungen beginnend.[147] Es entstehen so übersichtliche Tabellen mit unterschiedlicher Bezeichnung von Städten und ihren Bewohnern, die in beträchtlichem Maße für die Feststellung nützlich sein können, wie sich die Stadtverfassung vollendete und welchen Schwankungen sie in ihrer Entwicklung unterlag.[148] So entsteht ein Orientierungshilfsmittel zu den Belegen für die einzelnen erfassten Städte. Aber man kann daraus keine sichere Richtschnur ableiten. Vor allem haben solche Ketten von Bezeichnungen, wie sie im städtischen Milieu im Laufe der Zeiten erscheinen, keine allgemeine Bedeutungsgültigkeit, weil sie in verschiedenen Territorien und in verschiedenen Zeiten verschiedene Tatsachen und verschiedene institutionelle Stufen erfassen und – dies sei besonders hervorgehoben – sie von der Verwendung der Termini in unterschiedlichen Kanzleien und allgemein von der Herkunft der wichtigsten Quellen, nämlich der Urkunden, abhängen. Auch eine präzise Anordnung von Nachrichten reicht also für eine zuverlässige Aussage über die institutionelle Natur der Orte nicht aus, und man muss dies immer durch eine diplomatische und terminologische Analyse ergänzen. Ohne dass wir im Weiteren zu dieser Feststellung zurückkehren, werden wir doch im Exkurs über die Urkunden und im Kapitel über die Terminologie sehen, dass nicht einmal eine vollständige Zusammenstellung von Nachrichten über einzelne Orte ohne weitere Überlegungen ein richtiges Bild von der Verfassungs- und Rechtsstellung bieten kann.

Während in der voll ausgebildeten Stadt mehrere Kennzeichen, wie z. B. die Stadtmauer, das Kloster eines Bettelordens, die Intensität der zentralen Attraktivität der Stadt oder die Art der Bebauung, ihre institutionelle Eigenständigkeit bestätigen, bleibt oft ungewiss, ob man umgekehrt von diesen Kennzeichen auf den Stadtstatus in Ortschaften schließen kann, die erst auf dem Wege zu einem solchen Status sind. Die Existenz von unterschiedlichen Übergangsformen mit nicht vollen Rechten mahnt zur Vorsicht bei der Beantwortung der Frage, ob und wann sie schon für eine Stadt gehalten werden können. Eine der komplizierten Aufgaben, die bei diesem Studium vor uns stehen, wird sein, eben diese Trennungslinie zu finden, von der an wir schon von der Stadt im vollen Sinne des Wortes sprechen können. Eine lineare Beziehung zwischen diesen unvollständigen Gebilden und der Vollstadt existiert nicht.

147 Über Bedeutung und Notwendigkeit solcher „Datenketten" Stoob, Kartographische Möglichkeiten, S. 18.

148 Eine vollständige Registrierung von Quellenbelegen bei allen untersuchten Städten bietet Haase, Entstehung, und in tabellarischen Übersichten Andersson, Urbanisierte Ortschaften, oder einzelne Blätter im Rheinischen Städteatlas.

So gelangen wir zu jenen Städten, die sich nicht des gewohnten breiteren Bündels von Rechten und Freiheiten erfreuen, zur Frage der kleinen Städte,[149] wie wir sie bereits früher kurz erwähnt haben. Das Bedürfnis nach dem Studium kleiner Städte[150] tritt bereits angesichts der Tatsache auf, dass der überwiegende Teil von Stadtbewohnern in kleinen Städten lebte. Diese waren eine regelmäßige Erscheinung, während große Städte eigentlich die Ausnahme bildeten.[151] Mit dem Hinweis auf die unterschiedlichen Formen kleiner Städte wurde auch der Gedanke ausgesprochen, dass es zwischen Stadt und Dorf fließende Grenzen gibt[152] und dass es sich unter ökonomischem Aspekt nur um Dörfer handelt, die sich des Stadtrechts erfreuen.[153] Die Ansicht über das Verschwimmen von Unterschieden zwischen einer kleinen Stadt und einem Dorf wurde aber abgelehnt, es wurde auch daran erinnert, dass die Landbewohner selbst auch die kleinen Ackerbürgerstädte als Stätten urbaner Existenz betrachteten und dass die Unterschiede zwischen dem ländlichen und städtischen Milieu nicht ausgeglichen werden, sondern ausgeprägt markiert sind.[154]

Die bisherigen Studien über kleine Städte befassten sich in der Regel mit bestimmten Territorien[155] und blieben daher oft ohne gegenseitige Verbindungen. Sie haben deshalb ihren Wert vor allem für die regionale Forschung; hinsichtlich der allgemeinen Forschung – wenn wir darüber ein Urteil wagen wollen – haben sie die Grundüberlegungen über die „Minderstädte" nicht überwunden, die immer noch ein Beispiel für das Herangehen der Forscher an die kleinen Städte und die Übergangsfor-

---

149 Diese zwei Gruppen sind zu unterscheiden, denn auch sehr kleine Städte konnten sich der vollen Stadtrechte erfreuen. Es bleibt allerdings die Frage offen, wo es eine Grenze zwischen einer mittleren und einer kleinen Stadt gibt. Die weiter angeführte Fachliteratur operiert meistens mit dem Begriff kleine Stadt, ohne allerdings deren Parameter festzulegen. Ohne den weiteren Darlegungen über die Bevölkerungszahl vorgreifen zu wollen, können wir anführen, dass H. Ammann, Wie groß war die mittelalterliche Stadt?, S. 410, unter die kleinen Städte Siedlungen mit bis zu 2000 Einwohnern einordnet.

150 Laut Ammann, Vom Lebensraum, S. 285, soll sich die Forschung nicht nur auf bedeutende mittlere und große Städte konzentrieren, sondern soll auch die kleinen Städte einbeziehen, deren Anzahl mehr als 90 % ausmacht. Auf diese Notwendigkeit machte wiederum Johanek, Landesherrliche Städte, S. 13, aufmerksam, der mit Befriedigung auch eine Reihe von Arbeiten erwähnen konnte, die sich in der letzten Zeit mit kleinen Städten befassen.

151 Anschaulich zeigte dies P. Johanek, Entstehung und Entwicklung des Städtenetzes in Oberschlesien, in: Stadtgeschichte Oberschlesiens. Studien zur städtischen Entwicklung und Kultur einer ostmitteleuropäischen Region vom Mittelalter bis zum Vorabend der Industrialisierung, hg. v. T. Wünsch, Berlin 1995, S. 57–74, der festgestellt hat, dass es im untersuchten Gebiet nur vier Städte gibt, die außerhalb der Kategorie der kleinen Städte stehen: Leobschütz, Troppau, Jägerndorf und Bielitz.

152 Stercken, Städtische Kleinformen, S. 179, auf die territorial abgegrenzte Untersuchung der nordöstlichen Schweiz gestützt.

153 Feld, Das Städtewesen des Hunsrück-Nahe-Raumes, S. 29.

154 Johanek, Landesherrliche Städte, S. 14–16.

155 Außer den oben genannten Stercken und Feld können noch weitere Arbeiten angeführt werden: Sydow, Die Klein- und Mittelstadt, die sich mit Südwestdeutschland befasst, oder der umfangreiche Band Les petites villes en Lotharingie – Publications de la Section Historique de l'Institut G.-D. de Luxembourg, vol. CVIII, Luxembourg 1992. Die tschechische Forschung war diesen Studien sogar voraus: M. Richter, Der archäologische Beitrag zur Kleinstadtforschung in Böhmen, in: Vor- und Frühformen II, S. 239–257, dessen Studie sich mit drei ausgewählten Orten beschäftigte. Für polnische Territorien Lalik, Geneza sieci miasteczek [Die Genese des Netzes von kleinen Städten], besonders S. 119–120, mit der Charakteristik des Prozesses der Entstehung von kleinen Städten.

men bleiben.[156] Es sind bereits Ansätze zu vergleichenden Betrachtungen auf breiterer Ebene erschienen.[157]

Wenn schon die Frage gestellt wurde, wo sich die Trennlinie befindet, von der an wir bereits von einer wirklichen Vollstadt sprechen können, muss man sie auch umkehren und versuchen festzustellen, wann man einem Ort die Qualifizierung als Stadt nicht zuerkennen kann. Nicht nur in unserer älteren, sondern auch in unserer gegenwärtigen Forschung kommt es des Öfteren zu Verwirrungen, wenn unter die Städte auch solche Ortschaften eingeordnet werden, die zwar das Niveau eines einfachen Dorfes überschreiten, für die aber die Bezeichnung Stadt abzulehnen ist. Dies gilt vor allem für die einst ausgesprochene Meinung, dass die *villae forenses* eigentlich schon Städte seien.[158] Daher werden sehr häufig solche Dörfer zu Städten erklärt, ja es wird sogar die Bezeichnung Marktdorf auch dort verwendet, wo sie in den Quellen nicht enthalten ist. Es wurde übersehen, dass *villa forensis* als Bezeichnung für eine genau abgegrenzte Institution von nichtköniglichen Märkten verwendet wird oder sogar nur für solche, die eben aus der Machtvollkommenheit des Landesherrn unter die Verfügungsgewalt anderer Subjekte übergingen.[159] Für einen königlichen Markt wird diese Bezeichnung nie verwendet.[160]

Auch wenn wir von dieser Bedeutung der *villa forensis* absehen würden, verbleibt ein grundsätzlicher Unterschied zwischen Marktstätten und Städten in der Stellung der Bewohner, die in Marktortschaften weiterhin Untertanen – *homines* – bleiben und nicht die freie Stellung von Bürgern – *cives* – haben.[161] Die Kategorie von Märkten,[162] die durch ihre Marktzentralität die Dörfer überschreiten, aber die Stellung von Städten nicht erreichen, darf mit der von Rechtsstädten nicht verwechselt werden.[163]

Eine große Unsicherheit wird, oft unnötig, auch durch den vermeintlichen Unterschied zwischen den Bezeichnungen *oppidum* und *civitas* hervorgerufen, wenn die erstere als Städtchen und die zweite als Stadt interpretiert wird.[164] Es erscheint zwar

156 Stoob, Minderstädte. Diese Arbeit ist auch häufig eine Stütze für weitere Forschungen.

157 A. L. Jastrebickaja, Die europäische Kleinstadt des Mittelalters in vergleichender Sicht, JbGF 11, 1987, S. 105–126.

158 Vojtíšek, Bratislavské burgum [Das „burgum" von Preßburg], S. 421.

159 Kejř, Trhy [Märkte], bes. S. 22–28, wo die entsprechende Interpretation von Quellen geboten wird.

160 Als typisches Beispiel dient bei der Gründung von Ungarisch Hradisch die konsequente Bezeichnung von zwei Märkten, von denen das dem Kloster gehörende Welehrad regelmäßig *villa forensis* genannt wird, das königliche Kunowitz dagegen nie, Kejř, Trhy [Märkte], S. 24, 28.

161 Lalik, Geneza sieci miasteczek [Die Genese des Netzes von kleinen Städten], S. 119, hat darauf hingewiesen, dass der Bewohner einer kleinen Stadt eine freiere Stellung hat, als ein Dorfbewohner.

162 Im Weiteren wird die Bezeichnung „Markt" nicht nur für das Handeltreiben selbst, sondern auch für Marktdörfer oder auch anders bezeichnete Marktstätten in dem Sinne wie das deutsche „Markt" verwendet. Vergleiche, wie dies präzise Schlesinger darlegt, Zur Gründungsgeschichte, S. 27: dass „im bayerisch-österreichischen Rechtsgebiet das Wort Markt zum Appellativum in einem bestimmten Sinne, zur Bezeichnung von Ortschaften mit bestimmter rechtlicher und wirtschaftlicher Struktur geworden ist: sie sind keine bloßen Dörfer, aber auch nicht Städte in vollem Sinne des Wortes."

163 In Einzelheiten weiter im Kapitel über den Markt.

164 Siehe das Kapitel über die Terminologie bei der Erläuterung dieser Termini. Es reicht, auf das Zögern von Haas aufmerksam zu machen, Pravomoc českého krále [Die Machtbefugnisse des böhmischen Königs], der auch trotz einiger offensichtlicher Gegensätze in der Diktion der Quellen immer wieder zum Versuch zurückkehrte, sie als einen Unterschied zwischen Stadt und Städtchen zu deuten. Siehe

in vielen Fällen die Verwendung des Wortes *oppidum* für weniger bedeutende städtische Agglomerationen beim Vergleich mit der höheren Bezeichnung *civitas*, aber im Prinzip, in der Zeit der gefestigten Terminologie, hat *oppidum* den Sinn einer vollen institutionellen Stadt und ist völlig im Stande, auch die Bezeichnung *civitas* zu ersetzen, und so geschieht es auch.[165] Aus dem Verhältnis von *oppidum* und *civitas* kann man nach kritischer Untersuchung der Terminologie und der Rechtsnatur nicht zur Unterscheidung von Stadt und Städtchen gelangen.[166]

Auf unserem Territorium begegnen wir nicht so vielen unvollständigen Typen der Besiedlung wie in der Nachbarschaft, die verschiedene Differenzierungen nach geographischen Räumen in Abhängigkeit von der Zeitstellung mit sich überlappender Terminologie und mit verschiedenen Rechten aufweist.[167] Es muss daran erinnert

---

im Kap. 2, Anm. 121, 122 und 151, wo sich auch weitere Hinweise auf die Unsicherheit in der Fachliteratur befinden. Kulejewska-Topolska, Oznaczenia i klasyfikacja miast [Bezeichnung und Klassifizierung von Städten], S. 256, zeigte an großpolnischen Belegen die Überlappung und Inkonsequenz der Terminologie im Verhältnis *civitas* und *oppidum*, sei es bei der Suche nach älteren Städten *(civitates)* im Verhältnis zu den jüngeren *(oppida)* oder in der Anzahl von Soldaten, die die Städte aufstellen sollen, wo auch *oppida* größer als *civitates* sind und mehr wehrhafte Männer aufstellen. Von einer festen Abgrenzung kann nicht gesprochen werden.

165 Dies kann um einen etwas späteren Beleg aus Deutschland ergänzt werden, wo 1332 das Gesamtprivileg Kaiser Ludwigs des Bayern für den Trierer Erzbischof Balduin 30 seiner Städte befreite, die Rechte und Gewohnheiten erhielten, wie sie das *oppidum* Frankfurt hat: *ius, honor et honesta consuetudo, quibus oppidum Frankenfurt est munitum.* Frankfurt gehörte zu den bedeutendsten Städten des Reiches und wurde manchmal *civitas imperii* genannt. Vgl. D. Flach, Verfassungsentwicklung kurtrierischer Städte im Lichte der Stadtrechtsprivilegien des 13. und 14. Jahrhunderts für die Trierer Kirche, in: Festschrift für Berent Schwineköper, hg. v. H. Maurer und H. Patze, Sigmaringen 1982, S. 357. Vgl. auch Ennen, Stadtrechtsorte, S. 646.

166 Es genügt, auf die ein wenig spätere Charakterisierung der Prager Kleinseite zum Jahre 1338 als *caput inter parvas civitates* hinzuweisen, RBM IV, Nr. 574, wo also auch kleine Städte für *civitates* gehalten werden. Man kann auch darauf hinweisen, dass Haas (wie in der vorherigen Anmerkung) beträchtliche Aufmerksamkeit der Suche nach der Unterscheidung von Stadt – *civitas* – und Städtchen – *oppidum* – gewidmet hat und gezeigt hat, dass die Herren der untertänigen Städte diese häufig als *civitates* bezeichneten, dass sie aber in den königlichen Urkunden als *oppidum* erscheinen. Es handelt sich hier eher um die Verwendung eines Begriffes in den Kanzleien als um das Schwanken des Status. In Österreich schwankt die Bezeichnung von einigen Ortschaften sogar in den Urkunden des Landesherrn, Gross, Stadt und Markt, S. 78–79, besonders mit Hinweis auf Mürzzuschlag. Es genügt zu erwähnen, Haas, S. 169, dass in bestimmten Fällen sich die neu benannte *civitas* (Ronau) nach dem Recht des *oppidum* (Čáslav) richtet, CIM IV/1, Nr. 19, oder dass die begnadete Stadt ebenfalls wie ihr Vorbild nur als *oppidum* bezeichnet wird: Lub richtet sich nach dem Recht, das das *oppidum* Eger hat, CIM IV/1, Nr. 27, ebenso wie das neu erhobene *oppidum* Kranowitz das Recht des *oppidum* Leobschütz bekommt, CDB V/1, Nr. 432+. Zu Einzelheiten verweisen wir auf die Ausführungen über den Terminus *oppidum* im Kapitel II. Im Gegensatz dazu werden auch sehr kleine Städte als *civitas* bezeichnet, wie dies z. B. in der Urkunde König Wenzels II. aus dem Jahre 1293 geschieht, RBM II, Nr. 1634, wo Hirschberg und Hühnerwasser (ursprünglich Freistadt, Vristad genannt) so bezeichnet werden. Hühnerwasser wird als *civitas* bereits in FRB II, S. 348, O zlých létech [Über die schlimmen Jahre] zum Jahre 1279 bezeichnet, wo sich eine Nachricht befindet, dass die Königin Kunigunde *civitatem Vristad* besucht hat. Es ist also offensichtlich, dass die Einordnung unter die Städte oder die Städtchen manchmal eine Sache des persönlichen Urteils ist. Von der Identität der beiden Ausdrücke zeugt das Testament Ulrichs von Neuhaus, dessen Sitz präzise bestimmt wird: *Novam domum … castrum scilicet et civitatem sive oppidum*, wo also markant Burg und Stadt unterschieden werden. RBM II, Nr. 1656, im vollen Wortlaut in ACRB I, Nr. 54. Neuhaus wird bereits ein Jahr früher als *civitas* bezeichnet, RBM II, Nr. 1628.

167 In Details Stoob, Minderstädte, bes. Kap. 1.

werden, dass die Hauptmasse von Belegen darüber erst aus späterer Zeit, nach 1300, im Zusammenhang mit einer neuen Herausbildung des Siedlungsnetzes stammt, das sich durch ein erdrückendes Übergewicht von Kleinstädten auszeichnet.[168] Damals konstituiert sich auch endgültig die Form von unvollständigen Städten, von „Minderstädten", mit Verringerung der Stadtqualität, aber – und dies ist für ihre institutionelle Einordnung entscheidend – der Katalog ihrer Rechte ist mit dem der Kleinstädte gleichwertig. Man muss sie deshalb für Städte und nicht lediglich für freie Dörfer halten.[169] Ein gleiches Phänomen beobachten wir auch auf polnischen Territorien, wo zur Lokation von kleinen Städtchen nicht das Marktrecht, sondern das Stadtrecht diente, und wo auch kleine städtische Siedlungen als *civitas* bezeichnet wurden.[170]

Es steht außer Zweifel, dass mehrere kleine Städte, besonders unter den ländlichen Städten, einige der die Vollstadt charakterisierenden Merkmale entbehren, z. B. die Halsgerichtsbarkeit oder die Mauern. Entscheidend ist aber, dass sie einen städtischen Status haben, dass ihre vollberechtigten Bewohner Bürger sind, nicht Untertanen, und dass sie, wenn auch in beschränktem Umfang, Stadtrechte genießen. Darüber hinaus findet man auch bei nicht angezweifelten königlichen Städten das gleiche Maß von Rechten und Freiheiten, und um so weniger kann man deutliche Grenzen zwischen „Städten" und „Städtchen" ziehen.[171] Auch die sog. Städtchen gehören institutionell zu den Städten, die Unterschiede sind fließend und dem gegenüber tritt der Unterschied zu anderen Siedlungsformen, wie es die Märkte, die Siedlungen vor einer Burg oder bei einem Kloster oder Dörfer sind, deutlich zu Tage.

Ein weiterer ernsthafter Einwand gegen eine solche Klassifizierung ist eine gewisse Vermischung von kleineren städtischen Formen mit den nichtstädtischen, vor allem mit bloßen Märkten, in einer Gruppe.[172] Darin zeigt sich ein Echo der bereits erwähnten Annahme, dass *villae forenses* eigentlich Städte sind. Dadurch

---

168 Stoob, ebd., S. 238, zeigt, dass nach der Zeit der Entstehung der großen Städte eine Periode der kleinen Städte kommt, die dann nach einer Wende um das Jahr 1300 durch spätmittelalterliche armselige „Kümmerformen" abgelöst werden.

169 Stoob, S. 241, der auf S. 242 hinzufügt, dass eben wegen dieser Qualität der Ausdruck „Minderstädte" gewählt wurde.

170 Lalik, Geneza sieci miasteczek [Die Genese des Netzes von kleinen Städten], S. 132.

171 Stoob, S. 242–243, ist der Meinung, dass die Unterscheidung der Minderstädte von den Vollstädten schwierig und manchmal unmöglich ist. P. Schöller, Die deutschen Städte, S. 9, erfasst die böhmischen „Städtchen" und „Städtel" als „recht uneinheitliche Übergangsschicht zwischen Stadt und Flecken". Auch der Verfasser von verdienstvollen Arbeiten über mährische Städte, der mit den Begriffen Stadt und Städtchen als gegeben (besonders dann für die spätere Zeit des 16. Jahrhunderts) arbeitet, L. Hosák, Poznámky k půdorysu středověkého moravského města [Bemerkungen zum Grundriss der mittelalterlichen mährischen Stadt], Acta Universitatis Palackianae Olomucensis – Historica IV, 1963, S. 144, musste sich mit der Feststellung begnügen, dass es keine genaue Grenze zwischen ihnen gibt. Dazu sagt Müller-Mertens, Untersuchungen, S. 271, detailliert über den Inhalt der Stadtrechte: „Wir können eine Vielzahl von Abstufungen bei der Stellung der Stadt feststellen, die von einem Höchstmaß an städtischer Freiheit bis zur weitgehenden Abhängigkeit vom Stadtherrn reichte."

172 Dies hat auch die vorzügliche Arbeit von Haas, Pravomoc českého krále [Die Machtbefugnisse des böhmischen Königs] unterschieden, im Kapitel eins über die Bewilligung der Märkte, die eine bloße Erteilung des Marktrechts, wie sie auch terminologisch bezeichnet wird, für eine Erhebung zum Städtchen hält. Dass es zwischen Marktorten und Städten einen deutlichen Unterschied gibt, haben wir in der Arbeit Trhy [Märkte] gezeigt. Das bedeutet also, dass Haas (und auch andere) mit dem Ausdruck Städtchen auch Orte bezeichnen, denen sonst jegliche Qualifizierung einer Rechtsstadt fehlt. Die deut-

kommt es zu einer unausgewogenen Bewertung des städtischen Netzes und der Schichten der Stadtentstehung, was auch ein anerkannter Kenner in einem sonst sehr durchdachten Aufsatz nicht vermieden hat.[173] Nach seiner Auffassung gibt es weiterhin die Einteilung in Städte und Städtchen, die voneinander strikt unterschieden werden – sowohl in der Bestimmung der Qualität als auch in der Feststellung der Anzahl und in der kartographischen Bezeichnung. Wir haben bereits angeführt, dass eine solche scharfe Unterscheidung angesichts der Vielfalt von Formen, der Veränderlichkeit der Entwicklung und des unterschiedlichen Umfangs von Rechten nicht am Platze ist. Aber nachdrücklicher ist einzuwenden, dass die Kategorie der Märkte gar nicht berücksichtigt wird, die den Städtchen zugeordnet werden. Und dies obwohl ihre rechtliche und Verfassungsstellung es nicht erlaubt, ihnen einen städtischen Status beizumessen.[174]

In den weiteren Darlegungen werden wir wiederholt die allmähliche Entfaltung einiger Siedlungen zu Städten antreffen, mag dies nun ihre Bezeichnung in den Quellen oder die Bewertung ihrer Rechte andeuten. Es dauert manchmal ganze Jahrzehnte, bis eine Stadt errichtet und mit ihrer Verfassung ausgestattet ist. Für die erste Etappe der Herausbildung unserer Städte müssen auch die unsichere Terminologie und die Lückenhaftigkeit der Quellen in Betracht gezogen werden. In der dynamischen Entwicklung von Orten kann ihr unveränderter Zustand und der Umfang

sche Terminologie bezeichnet einen solchen Ort als „Markt", dem wir uns mit dem tschechischen Terminus „trh" anschließen werden. Über das Verhältnis von Städten und Märkten wird später in Kapitel VI gesprochen.

173 Hoffmann, K systémové analýze [Zur Systemanalyse], u. a. auch in den Landkartenbeilagen, von denen uns vor allem die Karte Nr. 1 interessiert, die versucht, die Verteilung von Städten und Städtchen im 13. Jahrhundert zu erfassen. Vgl. die Karte beim selben Autor, České město [Die böhmische Stadt], S. 48–49. Die Zusammenstellung einer Karte, die die Dynamik der Entstehung von Städten erfassen würde, bedarf einer sorgfältigen Überlegung, vgl. die bereits oben angeführten Arbeiten: Stoob, Kartographische Möglichkeiten, Haase, Stadtbegriff. K. Blaschke, Zur Statistik der sächsischen Städte im 16. Jahrhundert, in: Vom Mittelalter zur Neuzeit, Festschrift Sproemberg, Berlin 1956, S. 133–143, ging an eine ähnliche Aufgabe, die Erstellung einer Karte, differenzierter heran, als er drei Stufen festgelegt und abgebildet hat: Städte, Städtel, Flecken, und auch weitere Merkmale berücksichtigte: wer die niedere Gerichtsbarkeit in den Händen hat, ob an der Spitze ein Bürgermeister oder noch ein Richter steht u. a. Schöller, Aufgaben und Probleme, S. 163, fordert, dass bei der geographischen Untersuchung die Einheit des Stadtganzen in Betracht gezogen wird, die in ihrem gesamten Leben, d. h. in der Entwicklung, erfasst werden müsse.

174 Wir würden den Rahmen unseres Themas sprengen, wenn wir versuchen würden, eine Aufzählung der in der Karte enthaltenen strittigen Fälle zu bieten. Bei einigen kann eingewendet werden, dass es bis 1300 einen Beleg über ihre Bedeutung weder als Stadt noch als Markt gibt, bei mehreren kann nur der Markt festgestellt werden und kein tatsächliches Stadtkennzeichen, manchmal ist die Einordnung unter die Städte strittig. Wie arbeitsaufwendig und für die Orientierung nützlich die Erstellung von Tabellen mit der Angabe von königlichen Städten, Untertanenstädten und Städtchen auch ist, Hoffmann, K systémové analýze [Zur Systemanalyse], S. 265, České město [Die böhmische Stadt], S. 86, wird man sie doch noch überprüfen müssen, weil bei einigen Ortschaften die Ungewissheit über ihren Status, über ihre zeitliche Einordnung und mögliche Veränderungen weiter bestehen bleibt. Die Übersichten zu den Jahren 1300, 1400 und 1500 sind in einem Abstand von hundert Jahren erstellt, aber es bleibt die Frage, ob es nicht günstiger wäre, als Grenzen die Daten von wichtigen Einschnitten in der Geschichte der Städte festzulegen, wie es z. B. die herrscherlose Zeit nach dem Tod König Přemysl Otakars II., der Ausbruch der Hussitenkriege, die Konstituierung des städtischen Standes u. Ä. waren, wie es auch Stoob, Nachwort, in Stoob, Forschungen, S. 290, fordert, der die Abstände von hundert Jahren für rein mechanisch hält.

ihrer Rechte nicht überprüft werden. Mancherorts verläuft der Wandlungsprozess von der „vorstädtischen" Besiedlung zur Vollstadt mit Unterbrechungen, mancherorts gelingt die Errichtung der Stadt überhaupt nicht. Auch unter dem Aspekt dieser Variabilität ist es deshalb zweifelhaft, ob die ausgeprägte Kategorie „Städtchen" geschaffen werden kann, weil die Vielfältigkeit von Formen und der unterschiedliche Inhalt von Rechten eine unzweifelhafte Qualifizierung nicht erlauben; es wäre möglich, ein und dieselbe Lokalität im Verlauf ihrer Entwicklung in verschiedene Stufen einzureihen.[175]

Wenn wir uns, wenn auch in Kürze, die Dynamik der Entwicklung von partiellen und unvollständigen Organisationsformen seit ihren Anfängen in Westeuropa anschauen, stellen wir fest, dass sie reich gegliederte Übergänge von einem Einzelgehöft bis zur Stadt aufweisen,[176] mögen sie auch dem Territorium oder der Zeit zufolge unterschiedlich wie *salvitas*, *bastide*, *Ville neuve*, *Freiheit*, *Tal*, *Markt*, *Flecken* oder anders heißen. Das Kriterium für ihre Beurteilung und Klassifizierung ist eine voll entwickelte Stadt, anhand derer die vorangehenden frühen Formen der künftigen Städte gemessen werden[177] (wo es zu einer solchen Entwicklung tatsächlich gekommen ist). Dazu gehören auch selbständige oder unvollständige Formen, die außerhalb der Städte stehen, und zwar auch außerhalb der kleinsten Städte, in ihrer völlig primitiven Form (Kümmerformen).[178]

Es ist nicht notwendig, alle Varianten der sog. Freiheiten, der befreiten Dörfer, zu wiederholen, die durch einen Akt des Landesherrn erhoben wurden, gewisse begrenzte Kompetenzen in der Selbstverwaltung erhielten und deren Bewohner stellenweise das Recht hatten, sich als Bürger zu bezeichnen. Aber selten verfügten sie über eine höhere Gerichtsbarkeit und der Markt konnte fehlen oder erst nachträglich erteilt werden.[179] Von größerem Gewicht ist die Feststellung, dass die Urheber

---

175 Erinnern wir uns in diesem Zusammenhang an das Zitat in Anm. 36, wo die Schwierigkeit der Einordnung des Begriffs und des historisch sich entwickelnden Phänomens gezeigt wird. Haas, S. 172, verfolgte auch die Erhebung von Städtchen zu Städten und stellte fest, dass solche Privilegien erst unter den Königen aus der Jagiello-Dynastie erteilt wurden. Als Ausnahme für die ältere Zeit sind nur drei solche Erhebungen festgestellt worden, die älteste für Skyrl aus dem Jahre 1341, CIM IV/1, Nr. 47. Dies sind Fälle, die schon aus dem Rahmen der von uns untersuchten Zeit herausfallen und die von einer allmählichen Veränderung des Städtenetzes zeugen. Die erhobenen Orte hatten schon eine gewisse Stufe von Stadtrechten erreicht, sonst wären sie nicht als *oppidum* bezeichnet worden, und nun wurden ihnen ihre Berechtigungen zu einem vollen Bündel von Rechten erweitert. Blaschke (wie Anm. 173), S. 136, hat auch gezeigt, dass für die Einordnung die Anzahl der Bewohner keine Entscheidungskraft hat, da es ja auch Dörfer mit manchmal größerer Bevölkerungszahl als der von Städten gibt. Er hat weiter betont, dass auch bei den ländlichen Siedlungen beträchtliche Unterschiede festgestellt werden können, die von den vollen Stadtrechten bis zur völligen Abhängigkeit von den Grundherren reichen.

176 Ennen, Stadtrechtsorte, S. 648–649. Schöller, Aufgaben und Probleme, S. 171, gelangt bei der Beurteilung von Übergangsformen zwischen Dorf und Stadt zu der Feststellung, dass die Verdichtung von Siedlungen und ihr Ausbau zu neuen Formen des Übergangs zwischen Einzelsiedlung, Dorf und Stadt führt, die nicht in das traditionelle Schema passen. Seiner Meinung nach ist die Klassifizierung von Städten nur durch differenzierte Methoden möglich.

177 Zum Begriff „frühstädtisch" Engel, Wege, S. 11.

178 Übereinstimmend Ennen, Stadtrechtsorte, S. 639, die auf S. 637 auch unterschiedliche Bezeichnungen nach der territorialen und zeitlichen Verbreitung aufzählt; auch Engel, Wege, S. 1.

179 Kielmeyer, Dorfbefreiung.

solcher Formen beabsichtigten, eben befreite Dörfer zu schaffen und keine Städte![180] Die Gründe dafür könnten unterschiedlich gewesen sein. So spielten beispielsweise Verteidigungsgründe eine Rolle, wenn derartige Ortschaften an der Grenze befestigt wurden, oder siedlungs-ökonomische Gründe, wenn der Herr durch die begünstigte Stellung der Dorfbewohner versuchte, diese unter seiner Herrschaft zu halten, damit sie nicht in Städte mit besseren Freiheiten oder in die Kolonisierungsgebiete abwanderten. Auch eine Rolle spielte das Misstrauen gegenüber den Städten, die sich eventuell der Kontrolle des Herrn entziehen konnten.[181] Die Bewohner solcher befreiten Dörfer blieben in der Regel nur Untertanen ihres Grundherrn. Es konnte auch das Bestreben sein, in abgelegenen, wenig entwickelten und dünn besiedelten Gebieten, in denen es ungenügende Bedingungen für die Gründung von Städten gegeben hat, zentrale Orte zu schaffen.[182]

Es handelt sich hier um siedlungs- und auch organisations-rechtliche Zwischenstufen zwischen Dorf und Stadt, die manchmal Merkmale eines fließenden Übergangs aufweisen, die eher den westlichen älteren Gebieten, als den neueren östlichen eigen sind, wo der Gegensatz viel schroffer ist.[183] Man darf auch die Märkte nicht vergessen, die man nicht für frühe Formen von Städten halten darf, sondern für Zwischenstufen zwischen Dorf und Stadt,[184] aus denen sich gar keine Städte entwickeln mussten. Dieses Phänomen und die Sonderstellung von Märkten oder Marktdörfern werden wir im Weiteren immer wieder antreffen, und schon jetzt kann gesagt werden, dass eine Ortschaft nur mit einem Markt, wie immer sie auch genannt wird, ohne Nachweis von weiteren Attributen nicht unter die Städte eingeordnet werden kann. Man kann also die Ansicht unterstützen, dass diese Zwischenformen von den tatsächlichen Städten mit vollem Status unterschieden werden müssen.[185]

Damit kehren wir zum Verhältnis von Städtchen und Städten zurück, wie es bei uns tradiert wird. Die Schwierigkeiten der Unterscheidung der beiden Stufen werden wiederholt betont, und dies gilt auch für Polen.[186] Umso komplizierter ist die Lage in den böhmischen Ländern, wo es bisher nicht gelungen ist, Kriterien für eine genaue Klassifizierung aufzustellen. Wir haben keine so große Menge von Übergangs- und von unvollständigen und oft schwer zu bestimmenden Zwischenformen zwischen

---

180 Ennen, Stadtrechtsorte, S. 649; Dieselbe, Minderstädte, S. 84.

181 Kielmeyer, Dorfbefreiung, S. 204.

182 Ennen, Stadtrechtsorte, S. 649–650.

183 Kielmeyer, Dorfbefreiung, S. 205.

184 Ennen, Minderstädte, S. 82; Stadtrechtsorte, S. 647.

185 Laut Ennen, Stadtrechtsorte, S. 639–640, kann man schlussfolgern, dass auch die sog. Kümmerformen, also die einfachsten armseligen Formen, zu den Städten und nicht zu den Übergangsformen gehören. Ennen hat auch, ebd., S. 649, einen Einwand zum Terminus „Minderstadt" in Stoobs Auffassung geäußert, weil dieser diesem Typus auch diesen untergeordneten Formen zuordnet.

186 Kulejewaska-Topolska, Oznaczenia i klasyfikacja miast [Bezeichnung und Klassifizierung von Städten], S. 258–259, die zu der Erkenntnis gelangt, dass „vyraznie wynika, jak mało vystarczający jest podział na miasta a miasteczka" [deutlich hervortritt, wie wenig ausreichend die Einteilung in Städte und Städtchen ist]. Für die Bedürfnisse der Staatsverwaltung wurde in der Verfassung von 1520, also ein Vierteljahrtausend später, als unser Interesse reicht, die Klassifizierung von Städten in vier Stufen aufgestellt, aber auch dort zeigte sich, dass es bei den mittleren Städten keine genaue Unterscheidung gab, ebd., S. 262–268.

einem Dorf und einer Vollstadt wie die westlichen Gebiete, aber bei uns wurde, bis auf geringe Ausnahmen, kein ernsthafter Versuch ihrer Erforschung unternommen.[187] Wenn diese zahlreichen und unbestimmten Formen unter dem einzigen Phänomen „Städtchen" erfasst werden, dann geht es um eine offensichtliche und leider längst eingebürgerte Schematisierung ohne Unterscheidungsfähigkeit. Dies gilt vor allem für die irrige Qualifizierung von nichtstädtischen Märkten als Städtchen.

Wir wollen deshalb die ungenügende Unterscheidung der Städte von den Marktsiedlungen, die keinen Stadtstatus genießen, vermeiden, denn die böhmischen Quellen des 13. Jahrhunderts bieten für eine solche klar abgegrenzte Klassifizierungsstufe keine Grundlage. All dies berechtigt zu dem Entschluss, dass wir in den folgenden Kapiteln nicht die Qualifizierungsstufen Stadt und Städtchen benutzen und nur bei dem Begriff Stadt bleiben werden, ohne allerdings auch die Verschiedenheit der jeweiligen Rechte und Freiheiten außer Acht zu lassen.

Die Entstehung der Stadtverfassung hängt unmittelbar mit der souveränen Macht des Landesherrn zusammen. Die Erteilung des Stadtstatus war ein ausschließliches Recht des Landesherrn, ein Regal.[188] Vom Anfang der institutionellen Städte, findet man bei uns keine andere Rechtsgewalt, die legitimiert wäre, eine Stadt zu gründen oder die bereits existierende Siedlungseinheit zu einer Stadt zu erheben. In dieser Hinsicht gibt es keine Übergangsgewalten. Es stellt sich also die Frage, wann die Voraussetzungen für die Entstehung von Rechtsstädten geschaffen wurden, also einer Institution, die das frühere Rechtssystem des böhmischen Staates nicht gekannt hat. Daneben gilt es herauszufinden, welche Entwicklungsstufe die Rechtsordnung erreichte, damit sie im Stande war, die anderswo geschaffenen Institutionen zu rezipieren, und welche Kraft die Macht des Landesherrn erlangte, um eine so prinzipielle Umwandlung zu vollziehen.

1. Die erste Bedingung für die Entstehung von Städten war die Wirtschaft, deren Entfaltung zum Entstehen von organisierten Zentren der Produktion und des Handels führte. Hoffnungsvolle Voraussetzungen für einen ökonomischen Aufschwung waren eine unerlässliche Bedingung für das Eintreffen neuer Siedler. Ein genauso wichtiger Platz ist auch der verbesserten Technik der Ackerbestellung und der erhöhten landwirtschaftlichen Produktion zuzuerkennen, denn für das Verhältnis der Stadt zu ihrem Einzugsgebiet war die Anzahl der außerhalb der Stadt produzierenden Personen von Bedeutung.[189]
2. Die ökonomischen Voraussetzungen an sich haben jedoch keine städtischen Institutionen geschaffen. Es mussten weitere Entwicklungsstufen in der Zusammensetzung und der Organisation der Gesellschaft hinzutreten. Der systematische

---

187 Die wertvolle Studie von NOVÝ, Poddanská města [Untertanenstädte], die sich dieser Aufgabe am meisten genähert hat, hatte ein anderes Ziel in der Erforschung der nichtköniglichen Städte im Verhältnis zu ihrer Grundherrschaft, wobei sie vor allem die Situation der Bischofsstädte besonders betont hat.

188 KEJŘ, Městské zřízení [Die Stadtverfassung], S. 226–228. Dieser Frage und besonders den Gründungsprivilegien wird im Weiteren eine detailliertere Darstellung gewidmet.

189 Vgl. JUNGHANNS, Die deutsche Stadt, S. 20; K. CZOK, Zur Stellung der Stadt, S. 12.

Aufbau eines ausgedehnten Territoriums und die Besiedlung von wenig bewohnten Gebieten war nur auf einem bestimmten Niveau der staatlichen Organisation möglich. Die neue Stadtverfassung konnte sich erst in einem stabilisierten Staat mit einer grundlegenden flächendeckenden Verwaltung und mit einer ausreichend starken Zentralmacht des Landesherrn konstituieren und entwickeln.

3. Es ist deshalb kein Zufall, dass die institutionellen Städte erst unter der Regierung von starken, die Thronstreitigkeiten beendenden Landesherren (mit Přemysl Otakar I. beginnend) in den böhmischen Ländern zu einem Bestandteil der gesellschaftlichen Ordnung werden. Die Regierung von schwachen Herzögen, die dem Übergewicht der Herrscher des Reiches unterlagen, war zu Ende. Auch wenn die Zentralmacht den zentrifugalen Tendenzen des Adels begegnete, störte dies nicht die Einheit des Staates und die Städte brachten einen beträchtlichen Machtzuwachs für den Landesherrn mit sich.[190] Die Regalienoberhoheit war gleichzeitig auch ein Schutz für die Städte.
4. Schließlich war auch die ausreichende Fähigkeit der Rechtsordnung vonnöten, sich den dynamischen Wandlungen anzupassen. Alles, was man über das böhmische Recht des beginnenden 13. Jahrhunderts feststellen kann, zeugt von seiner Fähigkeit, auf die sozialen Gegebenheiten flexibel zu reagieren. Es ist also nicht verwunderlich, dass gerade zu dieser Zeit bei uns das Stadtrecht verankert und eines der grundlegenden Rechtssysteme geschaffen wurde. Die erteilten Privilegien waren völlig anderer Art als die vorherigen, wenn der Schutz des Landesherrn nun die Erbauer der Städte und das sich neu herausbildende Bürgertum betraf und nicht etwa nationale Gruppen. Die Privilegien und auch die stadtrechtlichen Gewohnheiten betreffen die Kommune und nicht Einzelne.

Zu einigen Fragen, die in dieser einleitenden Darstellung skizziert werden konnten, kehren wir selbstverständlich in detaillierteren Ausführungen auf der Grundlage von Quellen zurück. Es kann sogar vorkommen, dass manchmal die gleiche Angabe je nach ihrem Inhalt auch an mehreren Stellen in verschiedenen Zusammenhängen erscheint.

[190] Sohm, Die Entstehung, S. 33. Die Gründung von Städten war ein Bestandteil der Hoheitsrechte des Landesherrn.

EXKURS: STÄDTE IN DEN URKUNDEN DER PŘEMYSLIDENZEIT

Bestand der Urkunden mit Nachrichten über die Städte. – Aussteller von Urkunden mit Nachrichten über die Städte: der Landesherr, kirchliche Institutionen, weltliche Herren der Städte, eine andere Person oder Institution außerhalb der Stadt, die Stadt als Körperschaft, der Stadtrichter, einzelne Bürger, in der Stadt siedelnde Institutionen. – Empfänger der von den Städten zeugenden Urkunden: die Stadt als Körperschaft, der Stadtrichter, einzelne Bürger, kirchliche Institutionen in der Stadt, die weltliche Obrigkeit, ein anderer Empfänger. – Weitere Beteiligung von Städten an Städte betreffenden Urkunden: Zeugenschaft, Siegel, Kanzlei und Schreiber, Rechtshandlungen von Bürgern in Urkunden anderer Personen oder Institutionen, andersartige Beteiligung der Bürger.

Die gründliche Untersuchung von Urkunden, die Städte und deren Einwohner aus der Přemyslidenzeit betreffen, bildet eine wesentliche Grundlage für alle Bemühungen um die Kenntnis der Geschichte der böhmischen und mährischen Städte. Mit Dankbarkeit nehmen wir die hervorragende Bearbeitung der urkundlichen Überlieferung bis zum Ende der Regierung Přemysl Otakars II. auf, die der vierte und der fünfte Teil des böhmischen Diplomatars sowie zahlreiche vorbereitende Studien bieten.[1] Wenn wir uns also mit dem Konvolut von Urkunden aus der Zeit der Entstehung und Entfaltung unserer Städte befassen, können wir auch dem Vorwurf begegnen, dass wir eigentlich eine überflüssige Arbeit unternehmen, wenn am Fach Interessierte bereits spezielle Studien zur städtischen Diplomatik in den Händen haben.[2] In unserem Fall wird es jedoch nicht um die diplomatische Behandlung der überlieferten Urkunden gehen, sondern um die Annäherung unter einem anderen Aspekt. Es soll

---

[1] Šebánek, Česká listina [Die böhmische Urkunde] 3. Auch wenn der Autor gemeinsam mit S. Dušková in späteren Arbeiten einige Ergänzungen oder Korrekturen hinzufügen konnte, bleibt diese Studie nach wie vor die grundlegende Zusammenfassung der Kenntnisse über die städtischen Urkunden der Přemyslidenzeit. Siehe weiter: Šebánek/Dušková, Listina [Die Urkunde], S. 131–134; für die Zeit Přemysl Otakars II., Urkundenwesen, an mehreren Stellen, sowie die einleitende Analyse in CDB V/4, S. 62–65.

[2] Das Kapitel über städtische Schriftstücke (Autor R. Nový), in: Česká diplomatika [Böhmische Diplomatik], Praha 1971; I. Hlaváček (Hg.), Městská diplomatika a správa v českých zemích do druhé světové války [Städtische Diplomatik und Verwaltung in den böhmischen Ländern bis zum Zweiten Weltkrieg], AUC – Philosophica et historica 1, 1992, mit einer Reihe von Beiträgen, von denen allerdings die meisten die jüngere Zeit betreffen.

nämlich um die Feststellung der Aussagekraft von Urkunden über den institutionellen Charakter der Städte gehen, über deren innere Organisation, über die Entfaltung von städtischen Freiheiten und über die Beziehungen zu den Stadtherren, besonders zu der souveränen Macht des Landesherrn.

Wie aus dem so abgesteckten Rahmen ersichtlich, verstehen wir die städtischen Urkunden nicht in ihrer genauen diplomatischen Definition, sondern wir werden alle hierher einordnen, die, unter welchem Aspekt auch immer, Zeugnis ablegen über die Städte. Wir erfassen die städtischen Urkunden also nicht nur als Produkt der urkundlichen Tätigkeit der Städte oder als an Städte oder Bürger adressierte Urkunden. Wir werden hier urkundliche Erwähnungen jeder Art einbeziehen, die von städtischen Institutionen zeugen. Das gilt auch dann, wenn sie vielleicht gar nicht für Städte bestimmt sind und die Nachrichten über Städte erst sekundär, in einem anderen Zusammenhang, eingeflossen sind. Dagegen werden solche Urkunden nicht Gegenstand unseres Interesses sein, die zwar manchmal unter die städtischen eingeordnet wurden, aber in Wirklichkeit nichts über die Stadtverfassung verraten.[3]

In diesem Abschnitt – und das soll gleich an seinem Anfang gesagt werden – wird keine statistisch genaue Erfassung der gesamten Urkundenüberlieferung angestrebt. Das würde den Umfang der Arbeit zu sehr ausdehnen, und wir würden weiteren Erörterungen vorgreifen, die später im entsprechenden Zusammenhang geboten werden. Wir versuchen also, die Grundzüge der Aussagefähigkeit von Urkunden über die Stadtverfassung zu erfassen und dies mit ausgewählten Hinweisen zu begleiten.

Die Stadt kann sich an der Entstehung und Zusammensetzung des diplomatischen Materials zum einen sowohl auf der Empfänger- als auf der Ausstellerseite beteiligen. Sie kann dies aber auch auf andere Weise tun. Die bereits vorliegenden Studien haben nachgewiesen, dass sich die Beteiligung der Städte an der Urkundenausstellung nach und nach erweiterte und dass neue Formen der Mitwirkung von Städten und Bürgern hinzukamen, die die historische Überlieferung um neue Aspekte bereicherte. Man muss deshalb zuerst zwei grundlegende Umstände in Betracht ziehen, nämlich die Protagonisten unterscheiden, die sich an der Zusammenstellung und Ausstellung von Urkunden zugunsten der Städte und auch von städtischer Seite her beteiligt haben, und alle wichtigen Punkte richtig einschätzen, die von der Stadtverfassung auch in solchen Urkunden Zeugnis ablegen, die die Städte nicht direkt betreffen.

Auf der Seite der Aussteller hat die Urkunde des Landesherrn den höchsten Wert, mag sie der König selbst oder in seinem territorialen und sachlichen Machtbereich der Markgraf von Mähren oder ein anderer Angehöriger der herrschenden Dynastie ausgestellt haben. Als erste Feststellung kann angeführt werden, dass alle Urkunden

---

3 Eine solche Urkunde ist das bekannte Privileg des Fürsten Soběslav II. für die Prager Deutschen, ed. Kejř, K privilegiu [Zum Privileg], S. 249–257. Gegen die von V. Vacek, Soudnictví v Čechách [Das Gerichtswesen in Böhmen] S. 66, geäußerte Annahme, dass es sich um ein Stadtprivileg handelt, könnte man prinzipielle Einwände erheben, vgl. Kejř, Zwei Studien, S. 125ff. Ebensowenig kann das Privileg Přemysl Otakars I. für das Kloster Plaß, CDB II, Nr. 74, für eine städtische Urkunde gehalten werden, in der die unter den Zeugen angeführten *mercatores* nicht als Bürger anzusehen sind, wie dies, wenn auch nur im Rahmen einer breiteren Überlegung, Šebánek, Česká listina [Die böhmische Urkunde] 3, S. 107, tut, weil keine Beziehung zu einer Stadt festgestellt werden kann und die genannten Zeugen zweifellos in den Umkreis des Handelsrechts und nicht des Stadtrechts gehören.

des Landesherrn für die Städte in der landesherrlichen Kanzlei entstanden sind und keine bei ihrem Empfänger.[4] Daraus kann dann abgeleitet werden, dass jeder andere Ursprung der Urkunde ein Zeichen ihrer Fälschung oder zumindest eines nachträglichen Eingreifens ist und dass man deshalb weiter nach dem Grund eines solchen Vorgehens suchen muss und danach, welches Recht sich die Stadt auf diesem Weg aneignen wollte. Im Unterschied zu kirchlichen Institutionen, bei denen sich Empfängerausfertigungen von landesherrlichen Urkunden wiederholt nachweisen lassen, vertraute die landesherrliche Kanzlei den Städten weder das Diktat noch die Niederschrift von Urkunden an.

Weil man bereits unter den ältesten an Städte gerichteten Urkunden Rechtsakte der mährischen Markgrafen antrifft, erhebt sich die Frage, in welchem Maße der Markgraf von Mähren über die Städte verfügen konnte. Es zeigt sich, dass die Erteilung von Privilegien in der Befugnis des Markgrafen lag, und auch keine Bestätigung durch den König benötigt wurde.[5] Es muss allerdings darauf aufmerksam gemacht werden, dass der Markgraf den Städten nach eigenem Gutdünken keine weiteren Immobilien schenkte, weil das Recht, über Grundbesitz zu verfügen, ausschließlich dem König vorbehalten war, der dem Markgrafen auch eventuelle Verfügungen über den Boden erlaubte oder diese wenigstens nachträglich billigte und bestätigte.[6] Diese Feststellung reicht schon, weil es so wenige markgräfliche Urkunden für Städte gibt, dass wir darin keinen besonderen Typ von landesherrlichen Urkunden suchen müssen.[7]

Auch Urkunden der böhmischen Königinnen für Städte sind nicht häufig, und wir treffen sie nur unter besonderen Umständen an. Göding erhielt eine Urkunde von Königin Konstanze, weil die Stadt, ähnlich wie das auf der anderen Seite der ungarischen Grenze liegende Territorium, zur königlichen Herrschaft gehörte, und

4 Šebánek/Dušková, Listina [Die Urkunde], S. 132–133. Dies gilt auch für die von Wenzel II. und Wenzel III. für Städte ausgestellten Urkunden, von denen keine eine Empfängerurkunde ist, vgl. M. Pojsl/ I. Řeholka/L. Suli tková, Panovnická kancelář posledních Přemyslovců Václava II. und Václava III. [Die landesherrliche Kanzlei der letzten Přemysliden Wenzel II. und Wenzel III.], SAP 24/2, 1974, S. 342 und 344.

5 Dagegen spricht auch nicht unsere älteste Stadturkunde, in der König Přemysl Otakar I. der Stadt Mährisch Neustadt die Rechte zuerkannte, die von seinem Bruder Jindřich Vladislav erteilt worden waren, CDB II, Nr. 246. Das Privileg des Landesherrn tritt an die Stelle der nicht existierenden Urkunde von Jindřich Vladislav, der Mährisch Neustadt die Stadtrechte nur mündlich erteilt hatte, und weil er nicht mehr am Leben war, beschloss der König, *idem ius et eandem libertatem … concedendam et in scripto autentico sollempniter redigendam*. Dazu Kejř, Zwei Studien, S. 83, Anm. 6. Es handelt sich also nicht um eine Bestätigung im genauen Sinne des Wortes, weil der Rechtsakt des Markgrafen seine Gültigkeit schon früher ohne königliche Billigung besessen hat und jetzt nur durch die königliche Urkunde wiederholt wird.

6 J. Kejř, O tzv. bezprostřední podřízenosti Moravy Říši [Über die sog. unmittelbare Unterstellung Mährens unter das Reich], SAP 28, 1978, S. 260–271.

7 In der gesamten diplomatischen Überlieferung der mährischen Markgrafen gibt es nur drei Stücke für Städte, die bereits bei Šebánek/Dušková, Listina [Die Urkunde], S. 132, registriert sind: Přemysls Privileg für Mährisch Neustadt vom Jahre 1234, CDB III/1, Nr. 76, und zwei Urkunden Přemysl Otakars II., nämlich die Bewilligung eines Jahrmarkts für Troppau vom Jahre 1247, CDB IV, Nr. 108+, sowie ein Mandat für die Olmützer, das den Schutz der Dominikaner garantiert, um das Jahr 1250, CDB IV, Nr. 198.

es wurden ihr die Rechte von Stuhlweißenburg zuerkannt.[8] Dieses Privileg stellt deshalb eine Anomalie in unserem Urkundenmaterial dar. Die Witwe Přemysl Otakars II., Königin Kunigunde, bestätigte 1279 als Herrin des Troppauer Landes der Stadt Jägerndorf den Besitz von vier Dörfern, die ihr verstorbener Gatte der Stadt bereits früher geschenkt hatte.[9] Dies geschah in der herrscherlosen Zeit, und ihre Machtbefugnisse ergaben sich nicht aus dem Titel der böhmischen Königin, sondern aus dem der Besitzerin der Herrschaft Troppau. Schließlich bestätigte Königin Elisabeth, die Witwe König Rudolfs, 1308 fünf Leibgedingestädten, die direkt zu ihrem Besitz gehörten, deren Freiheiten.[10] In keinem einzigen dieser Fälle werden den Städten neue Grundstücke geschenkt. An diesen außerordentlichen Fällen ist offensichtlich, dass die Königinnen gegenüber den Städten nur dann Kompetenzen hatten, wenn sie deren Herrinnen waren.

Schließlich hat auch der uneheliche Sohn Přemysl Otakars II., der Troppauer Herzog Nikolaus, für einige Städte seines Territoriums insgesamt fünf Privilegien erteilt.[11] Von denen hatte die Schenkung eines Waldes vom Jahre 1281[12] an die Bürger von Jägerndorf, zur Verbesserung des Zustandes der Stadt, sechs Jahrhunderte später ein fast unglaubliches Nachspiel, als der glückliche Fund des Originals den Gerichtsprozess um diesen Wald entschieden hat.[13]

Die entscheidende Stellung der landesherrlichen Urkunde und die Machtbefugnisse des Landesherrn bei der Erteilung von Rechten und Freiheiten bedeuteten keineswegs, dass sich in der Bezeichnung von Institutionen die Verwendung der in der Kanzlei des Landesherrn gewohnten Termini allgemein durchgesetzt hätte. Dieser Tatsache wird im Kapitel über die Terminologie Aufmerksamkeit geschenkt, wo auch die Verwendung von Termini in unterschiedlichen Herausgebermilieus behandelt werden wird. Deshalb genügt es hier, darauf aufmerksam zu machen, dass der sicherste Beleg für die Existenz einer städtischen Kommunität, der Ausdruck *burgensis*, der immer einen vollberechtigten Bürger bedeutet, in unserer Materialbasis wiederholt auftritt, aber nie in einer Urkunde des Landesherrn.[14] Die Kanzlei hat diesen Terminus einfach nicht verwendet.

Die unterschiedliche Verwendung eines bestimmten Begriffs lässt sich an der Verbindung *oppidum forense* gut zeigen. Obwohl es sich um keinen die voll entwickelten

---

8 CDB II, Nr. 381. Es handelt sich um eine Urkunde, die in den nächsten Kapiteln in verschiedenen Zusammenhängen erscheinen wird. Zuletzt über sie Kejř, O nejstarší listině [Über die älteste Urkunde].

9 Ed. Kejř, Krnov [Jägerndorf], Beilage II, S. 45, und kürzlich auch Moravské a slezské listiny [Mährische und schlesische Urkunden], Nr. 11. In Einzelheiten Kejř, Krnov [Jägerndorf], S. 19–21. Hier muss korrigiert werden, dass dort, S. 21, versehentlich auch eine Urkunde angeführt wurde, angeblich ebenfalls von Königin Kunigunde für Freudenthal, RBM II, Nr. 1193 = CDM V, Suppl. Nr. 65, die in Wirklichkeit ein Falsum von Boček ist.

10 CIM II, Nr. 87.

11 Šebánek, Česká listina [Die böhmische Urkunde] 3, S. 109–110.

12 RBM II, Nr. 1270 = CDM IV, Nr. 200.

13 B. Bugl, Der Jägerndorfer Waldprocess, in: Elfter Jahresbericht der Staatsrealschule in Jägerndorf, Jägerndorf 1888, S. 3–48.

14 Kejř, Burgus und burgensis, S. 232.

städtischen Institutionen erfassenden Terminus handelt, ist es lehrreich, seine Verwendung in den Quellen zu verfolgen. Sein ältestes Vorkommen in drei Urkunden des Markgrafen von Mähren in den Jahren 1234–1235 blieb lange Zeit vereinzelt, und erneut erscheint er erst nach dem Jahre 1258, jedoch in bischöflichen Urkunden. Erst im 14. Jahrhundert entsprach *oppidum forense* einer ausgeprägten Institution. Auf diese Weise werden kleinere ländliche Siedlungseinheiten mit nicht vollständigen Stadtrechten bezeichnet, und – was von Gewicht ist – es handelt sich nun um die Ausdrucksweise von königlichen Urkunden.[15] Man muss also nicht nur sehr aufmerksam den zeitlichen Zusammenhang und die rechtliche Bedeutung, sondern mit gleicher Gewichtigkeit auch die Herkunft der Urkunden und die Autorität ihrer Aussteller betrachten.

Bereits an diesen Beispielen kann man erkennen, wie wichtig es ist, die Unterschiede der Terminologie nach den Ausstellern und nach der kanzleimäßigen Bezeichnung unterschiedlicher rechtlicher Tatsachen zu untersuchen. Dies ist ein Aufruf zur Vorsicht bei der Interpretation und zur ständigen Berücksichtigung, in welcher Urkunde der betreffende Ausdruck erscheint.

In den ältesten Schichten von Urkunden mit Nachrichten über Städte treffen wir vor allem landesherrliche Urkunden an. Aber auf der Ausstellerseite erscheinen bald auch kirchliche Institutionen. In erster Linie handelt es sich um päpstliche Urkunden für Empfänger in Böhmen und in Mähren, in denen die Rechtsstädte anders als in den einheimischen Urkunden bezeichnet werden.[16] Die päpstliche Kanzlei erkannte den Städten lange nicht die Bezeichnung *civitas* zu, weil sie diese nur für den Bischofssitz im Sinne des Gegensatzes *civitas et diocesis* beibehielt und zu ihm im allgemeineren Sinne von „Stadt" erst im Jahre 1273 griff,[17] also etwa ein halbes Jahrhundert nach dem Beginn der stürmischen Entwicklung von Städten in den böhmischen Ländern.

Die erste Urkunde, deren Aussteller nicht der Landesherr ist und in der eine Stadt erwähnt wird, stammt aus dem Jahre 1233. Ihr Aussteller ist eine kirchliche Institution und sie betrifft Kladrau.[18] Der Abt des Klosters Kladrau beurkundet darin ein Rechtsgeschäft mit einem anderen Kloster – mit Plaß – und die Stadt wurde nur insofern berührt, als die Bürger von Kladrau Zeugen waren. Die Urkunde ist sicher ein gewichtiger Beleg für die Existenz der Stadtverfassung in Kladrau, aber die Stadt selbst und ihre Rechte betraf sie nicht. Es handelt sich also um eine Urkunde, die man schwerlich als eine „städtische" bezeichnen kann, obwohl sie über die Stadt etwas aussagt.

Als Urkunde eines kirchlichen Würdenträgers betraf dagegen jene des Olmützer Bischofs Robert aus dem Jahre 1238,[19] mit der er die Gründung des Heilig-Geist-Spitals in Brünn durch einen Brünner Bürger und seine Gemahlin bestätigte, tatsächlich

15 Vgl. die detaillierte Übersicht in: Kejř, Trhy [Märkte], bes. S. 20–22.

16 Kejř, Päpstliche Urkunden, mit der Übersicht der betreffenden Urkunden.

17 In der Urkunde von Papst Gregor X. für das Kloster Chotieschau, CDB V/2, Nr. 708, werden Alt Pilsen und Taus als *civitas* bezeichnet. Im Text kommt es zwar zu Schwankungen, aber man kann nicht übersehen, dass die päpstliche Kanzlei den Ausdruck *civitas* im Sinne von Stadt verwendete.

18 CDB III/1, Nr. 46.

19 CDB III/1, Nr. 197.

ein bürgerliches Rechtsgeschäft. Dies geschah auf Fürsprache von Brünner Bürgern. Brünn, das hier bereits eine fortgeschrittene Form der Stadtverfassung zeigt, ist zwar selbst nicht der Empfänger der Urkunde, mit der die Rechtsstellung und die materielle Absicherung des Spitals geregelt wird, aber das aktive Auftreten seiner Bürger bei ihrer Ausstellung ist offensichtlich. Die Urkunde spricht von der *civitas Brunensis*, was auch in bischöflichen Urkunden keine Selbstverständlichkeit war, denn auch in ihnen wird die Verwendung des Ausdrucks *civitas* für den Bischofssitz häufig respektiert. Diese Verwendung werden wir in bischöflichen Urkunden noch antreffen. Den nächsten Beleg aus einer bischöflichen Urkunde, in der *civitas* Stadt bedeutet, findet man 1248 wiederum in Brünn,[20] als Bischof Bruno die Schenkung von Gütern an das Brünner Marienkloster *infra muros in Brunna* durch Ulricus Niger, einen Brünner Bürger, bestätigte. Es wird gesagt, Ulricus habe dem Kloster *omnia, que habet civitati adiacentia* übergeben.

Obwohl die erwähnten Urkunden ein wichtiges Zeugnis für die Entwicklung der Stadtverfassung darstellen, handelt es sich doch nicht um solche, deren tatsächliche Empfänger die Stadt bzw. die Bürger waren. Trotzdem findet man bald Urkunden von kirchlichen Würdenträgern vor, deren Empfänger tatsächlich Bürger sind, zum ersten Mal bereits 1234. Damals verpachtete der Propst von Wyschehrad, Arnold, erblich eine Hufe zwischen Leitmeritz und Schüttenitz an den Leitmeritzer Bischof Heinrich, was der Schultheiß und drei weitere Bürger bezeugten.[21] Die nächste Urkunde ähnlichen Wortlauts betrifft wiederum Leitmeritz, und ihre Aussteller sind der Leitmeritzer Propst und das Kapitel, die 1253 an zwei Leitmeritzer Bürger einen Teil des St.-Stephans-Berges übereigneten.[22]

In der folgenden Zeit hat der Olmützer Bischof Bruno die meisten Urkunden für die Bürger ausgestellt, sicher im Zusammenhang mit seinen Kolonisierungsplänen in Nordmähren.[23] Auf zwei verdächtige oder gar gefälschte Urkunden kann man sich jedoch nicht verlassen,[24] so dass drei Urkunden übrig bleiben, in denen über Grundstücke verfügt wird. Sie sind für namentlich genannte Bürger von Brünn, Kremsier

20 CDB IV, Nr. 102.

21 Ed. Čechura, Nezdařená lokace [Eine misslungene Lokation], Beilage 1, S. 58. Zur Urkunde bereits Hledíková, Ke kulturním poměrům vyšehradské kapituly počátkem 13. století [Zu den kulturellen Verhältnissen des Kapitels von Wyschehrad zu Beginn des 13. Jh.], FHB 2, 1980, S. 137–138. Die Urkunde enthält einige Angaben, die die Geschichte von Leitmeritz erhellen, zu denen wir an den betreffenden Stellen wiederholt zurückkehren werden.

22 CDB IV, Nr. 241. Zur Urkunde besonders J. Šebánek, Po stopách díla notáře Heřmana [Auf den Spuren des Werkes von Notar Hermann], ČMM 68, 1952, S. 241; siehe auch Šebánek/Dušková, Listina [Die Urkunde], S. 132–133. Das Bestreben, den St. Stephans-Berg zu besiedeln, werden wir in den nächsten Kapiteln behandeln.

23 Mit der Gründerinitiative Bischofs Bruno befasste sich am eingehendsten Stoob, Bruno von Olmütz, woran man heute einige kleine Korrekturen anfügen könnte. Zu Brunos Urkunden neben den grundlegenden Arbeiten von Šebánek und Dušková auch J. Sklenářová, Kancelář olomouckých biskupů ve 13. století [Die Kanzlei der Olmützer Bischöfe im 13. Jahrhundert], ČMM 96, 1977, S. 189ff., und M. Sovadina, Lenní listiny biskupa Bruna [Die Lehensurkunden Bischof Brunos], SAP 24/2, 1974, S. 426–460.

24 CDB V/1, Nr. 172+, 1258 für einen Bürger aus Proßnitz, und CDB V/2, Nr. 597++, für den Lokator der Stadt Braunsberg. Auf diese Lokation kommen wir später ebenfalls zurück. Zunächst wollen wir präzisieren, dass in der Studie Městské zřízení [Die Stadtverfassung], S. 241 und 243, die noch vor der Herausgabe von CDB V/2, erschienen war, die Urkunde für echt gehalten wurde.

und Müglitz bestimmt;[25] keine einzige ist an die Stadtgemeinde adressiert.[26] Dagegen legte 1269 der Prager Bischof Johannes bei der Entscheidung des Streites über die Zehnten zwischen der Stadt Deutschbrod und dem Kapitel von Alt-Bunzlau die Pflichten fest,[27] die *rihterius et cives* erfüllen sollen. Dies bedeutet, dass die Urkunde die städtische Korporation betrifft.[28]

Außer den Urkunden von Bischöfen stellen wir noch sechs weitere, die Städte belangende Urkunden fest, die in Klöstern entstanden sind. Fünf von ihnen betreffen ebenfalls mährische Orte[29] und nur eine einzige bezieht sich auf Böhmen.[30] Aus diesen Zusammenhängen kann man wohl keine sicheren Schlussfolgerungen ziehen, nichtsdestoweniger kann man daraus eine Bestätigung für die Dynamik der Entstehung des Städtenetzes in Mähren gewinnen. Für unsere Untersuchungen muss man berücksichtigen, dass überall dort, wo in der Zeit der Herausbildung der Städte die Urkunde von einer kirchlichen Autorität stammt, mit Ausnahme der Entscheidung von Bischof Johannes, ihre Adressaten immer einzelne Bürger sind und nicht die Stadt im Sinne der Kommunität oder Korporation.

Bis zum Jahre 1253 lassen sich nur äußerst selten von Adligen ausgestellte Urkunden identifizieren. Die Stadt Eger, damals noch im Reichsgebiet gelegen, tritt 1242 in der Urkunde Konrads von Hohenberg für das Kloster Tepl[31] bereits in einer entwickelten Form hervor: Die Bürger von Eger sind Zeugen von Rechtsverhandlungen und bestätigen sie auch mit ihrem Siegel. Der Aussteller war jedoch kein böhmischer Adliger und die Urkunde entstand beim Empfänger,[32] so dass man ihr keine volle Bedeutung für die Urkundenausstellung zugunsten unserer Städte zuerkennen kann.

Wenn in anderen Fällen ein Adliger Aussteller einer Urkunde war, in der auf die eine oder andere Weise städtische Institutionen nachgewiesen werden, handelte es sich dabei um Landesbeamte. Der Zittauer Kastellan Heinrich verkaufte 1248 das Dorf Lobositz an den Leitmeritzer Bürger Hertvík[33] und 1253 gründete der könig-

25 CDB V/1, Nr. 360, vom Jahre 1262 – Verleihung einer Hufe; CDB V/1, Nr. 466, vom Jahre 1266 – die Ernennung des Bergmeisters in Kremsier, das hier zum ersten Mal als *oppidum* bezeichnet wird, während in einer ein Jahr früher ausgestellten Urkunde, die eine Schenkung an die Propstei von Kremsier bestätigt, CDB V/1, Nr. 431, über den Ort ohne jedwede Bezeichnung gesprochen wird; und CDB V/2, Nr. 717, vom Jahre 1273 – die Verleihung des Gerichts in Müglitz.

26 Die gilt übrigens auch für die beiden gefälschten Urkunden, siehe Anm. 24, die angebliche Rechte an einen Bürger und an den Lokator erteilen.

27 CDB V/2, Nr. 589.

28 Als Destinatar wird Brod auch in der einleitenden Passage zu CDB V/4, S. 63, bezeichnet.

29 CDB V/1, Nr. 361, im Jahre 1262 gibt das Peterskloster in Olmütz einem Olmützer Bürger eine Mühle; CDB V/1, Nr. 385, 1263 gibt das Herburgenkloster in Brünn einem Brünner Bürger eine Mühle; CDB V/2, Nr. 592, 1269 schlichtet das Kloster Welehrad den Streit um Grundstücke mit einem Bürger von Troppau; CDB V/2, Nr. 805, 1276 legt der Abt von Hradisch die Lokation von Mährisch Weißkirchen fest; CDB V/2, Nr. 843, 1277 befreit der Abt von Trebitsch einen Bürger von allen Abgaben.

30 CDB V/2, Nr. 657. 1277 verlehnt der Abt von Strahov einigen genannten Bürgern von Saaz ein Dorf.

31 CDB IV, Nr. 14.

32 Šebánek/Dušková, Listina [Die Urkunde], S. 72.

33 CDB IV, Nr. 147. Die Urkunde ist nur in einer tschechischen Übersetzung des 16. Jahrhunderts erhalten und ermöglicht keine genauen terminologischen Schlussfolgerungen, aber ihre Adressierung an einen Bürger, Bürger als Zeugen und das abgeschlossene Geschäft zeugen beredt von der Stadtverfassung in Leitmeritz, das sich als die am besten entwickelte Stadt in Böhmen erweist. Über die Besitz-

liche Unterkämmerer Beneš von Úvalno die Stadt Bennisch.[34] Besonders im zweiten Fall, in dem eine neue Stadt entstehen soll, muss auch die rechtliche Seite der Lokation berücksichtigt werden: Empfänger sind zwei Lokatoren. Die Artikel des nach dem Vorbild von Leobschütz erteilten Stadtrechtes weisen die Absicht des Gründers nach, die auf die Entstehung einer Stadt mit vollen Rechten zielt.[35] Das zeigt, dass der Aussteller die Verkündigung des Stadtstatus, die zu den Hoheitsrechten des Landesherrn gehörte, nur aufgrund seines Amtes vornehmen konnte. Keineswegs wird damit irgendeine Berechtigung eines Adligen belegt, Städte zu gründen.[36]

Es zeigt sich also, dass auch die wenigen Urkunden des Adels, die Nachrichten über Stadtordnungen enthalten, kein Beleg einer Machtbefugnis sind, über die Städte zu verfügen oder ihnen Stadtrechte zu erteilen. Der einzige Fall, die gerade behandelte Gründung von Bennisch, ist ein indirekter Beweis dafür, weil hinter dem Akt des königlichen Beamten die Macht des Landesherrn steht.

Wie kommt neben dem Landesherrn, einem kirchlichen Würdenträger oder einem Adligen auf der Ausstellerseite in der ältesten Zeit die Stadt selbst zur Geltung? Zu konstatieren ist ein einziger Fall, nämlich die Erklärung des Brünner Stadtrichters und Bürgers Alramus vom Jahre 1247, dass er beim Testament des Ritters Johannes anwesend war, der seine Güter dem Kloster Welehrad übergeben hat.[37] Da diese Urkunde mit dem Siegel der Stadt Brünn *(sigillum civium)* besiegelt ist und da man in der Zeugenreihe Bürger von Brünn finden kann, bestehen keine Zweifel an der Berechtigung der Städte, Urkunden auszustellen, und somit auch nicht an ihrer rechtlichen Eigenständigkeit und an ihrer Stellung im gesellschaftlichen Gefüge. An dieser Feststellung ändert auch die Tatsache nichts, dass diese Urkunde kein Produkt der städtischen Kanzlei ist, sondern bei den Zisterziensern von Welehrad entstand, deren Interesse an der Rechtshandlung offensichtlich war.

Aus dieser allgemeinen Übersicht der Aussteller, der die Existenz der Stadtverfassung bezeugenden Urkunden in der ältesten Zeit wird deutlich, dass sich die nachgewiesenen Verfügungen über die Städte, die Anerkennung ihres Status, ihrer Privilegien und die Garantie der Rechtsstellung ausschließlich aus der Macht des Landesherrn ergeben, sei sie nun direkt ausgeübt oder mittels eines Beamten des Landesherrn. Man kann nur wiederholen, dass in jener Zeit Städte nur auf dem Boden des Landesherrn entstanden, dass zwei Klosterstädte, Kladrau und Königsberg an der Eger, den vom Landesherrn gegründeten Klöstern gehörten, über die dieser seine Gründerrechte ausübte,[38] und dass der einzige Fall der Gründung einer Stadt

rechte an Lobositz bestehen einige Unsicherheiten, die mit der Interpretation einer späteren Urkunde über den Verkauf einer Hälfte dieses Dorfes zusammenhängen, die 1272 vom Prager Bischof Johann ausgestellt wurde, CDB V/2, Nr. 678+, in der keinerlei Teilnahme der Leitmeritzer Bürger erwähnt wird. Zu dieser Urkunde J. Šebánek, Ein fast vollkommen übersehenes Bohemico-Saxonicum aus dem Jahr 1272, in: Šebánek/Dušková, Výbor studií [Ausgewählte Studien], S. 151–158.

34 CDB IV, Nr. 267.

35 W. Latzke, Die Anfänge der Stadt Bennisch, ZGKgS 20, 1930–1933, S. 34–47.

36 Kejř, Die Anfänge, S. 468–469.

37 CDB IV, Nr. 128.

38 Wie Anm. 36 und wiederum Kejř, Nad počátky našich měst [Über die Anfänge unserer Städte], S. 390.

durch das Privileg eines Adeligen ebenfalls aus der Macht des Landesherrn abgeleitet ist.[39]

Soweit wir eine Urkunde aus geistlicher oder adeliger Herkunft mit Nachrichten über Städte angetroffen haben, haben wir Eigentumsübertragungen samt der Anerkennung der Stellung der Bürger festgestellt, aber in keinem einzigen Fall eine an die Stadt adressierte oder auf eine andere Weise den Stadtstatus behandelnde Urkunde. Auch daraus lässt sich auf die ausschließliche Machtbefugnis des Landesherrn bei der Gründung von Städten schließen.[40]

Wenn wir die Urkunden untersuchen, die über die Stadtverfassung in der nachfolgenden Zeit etwas aussagen, sehen wir, dass sich der Kreis der Aussteller ändert. Es überwiegen zwar immer noch eindeutig die königlichen Urkunden, aber es erscheinen auch Rechtsakte anderer Protagonisten. Es wächst die Zahl der von Städten und von Bürgern ausgestellten Urkunden, was die Erweiterung der städtischen Machtbefugnisse sowie die zunehmende Bedeutung der Städte in der Gesellschaft bezeugt. Aber das bedeutet nicht, dass in angemessenem Verhältnis dazu auch städtische Kanzleien entstanden. Hinter der Niederschrift von Urkunden standen nach wie vor kirchliche Organe, in deren Interesse die Rechtshandlung abgeschlossen wurde. Hierher gehören vor allem die Urkunden von Brünner Bürgern, die Klöster mit Besitz begünstigen,[41] oder ein ähnlicher Fall in der Urkunde eines Olmützer Bürgers,[42] in dem den Schreibern des Empfängers die Ausstellung des Schriftstückes zugeschrieben werden kann. Bald erscheinen aber auch Urkunden von städtischen Ausstellern, in denen als Diktanten und Schreiber auch Personen aus dem Stadtmilieu auftreten. Eine Urkunde, die 1263 der dortige Richter gemeinsam mit den Bürgern von Graber ausgestellt hat, behandelt Eigentumsinteressen des Klosters Doxan, das ihnen Grundstücke verkauft hat. Der Ursprung der Urkunde muss aber in Leitmeritz gesucht werden, deren *burgenses* sich unter den Zeugen befinden.[43] Als Ausstellerin

39 Die angebliche Stadtverfassung in Jamnitz zum Jahre 1227 ist anderer Natur. Die Urkunde, auf deren Basis darauf geschlossen wurde, ist eine königliche Urkunde, CDB II, Nr. 305, und sie verkündet, dass *Petrus, rector provincie Betovensis, civitatem in Jamnic cepisset edificare muro forti.* Aber in jener Zeit kann der Terminus *civitas* nicht eindeutig als Stadt interpretiert werden, wie im Kapitel über die Terminologie gezeigt werden wird. Zu Jamnitz fehlen dann für die nachfolgende Zeit Nachrichten, die es unter die Städte einordnen würde, und es wird also besser sein, diese Stadt nicht zu unseren ältesten Städten zu rechnen. Bei dem genannten Petrus braucht man keine Befugnis zur Gründung einer Stadt zu suchen, weil mit seinem Namen nur der Bau von Mauern verbunden wird, also die technische Ausführung. Auch wenn wir akzeptieren, dass Jamnitz bereits 1227 Stadt war, kann man damit keine Kompetenz eines Landesbeamten von Vöttau verbinden.

40 Der Ausnahmestellung Bischofs Bruno bei der Gründung von Städten in Nordmähren werden wir noch begegnen, aber wir werden sehen, dass sie offensichtlich auf einer Generalvollmacht des Königs beruhte.

41 CDB V/1, Nr. 161, vom Jahre 1258, sowie CDB V/1, Nr. 237, vom Jahre 1260.

42 CDB V/1, Nr. 537. Es handelt sich hier um die erste von vier Urkunden für denselben Empfänger, das Kloster Hradisch, die unter dem Stadtsiegel und unter dem Zeugnis von Bürgern ausgestellt wurden, vgl. weiter CDB V/2, Nr. 638; CDB V/2, Nr. 861, und RBM II, Nr. 1179. Dazu Šebánek, Česká listina [Die böhmische Urkunde] 3, S. 136–137.

43 CDB V/1, Nr. 397. Zur Entstehung der Urkunde Šebánek, Česká listina [Die böhmische Urkunde], SAP 6/2, S. 127. Dazu muss angemerkt werden, dass die Bezeichnung von Graber, auch Radoušov genannt, als Marktdorf nicht richtig ist. In der zweiten Hälfte des 13. Jahrhunderts erfasst der Aus-

einer Urkunde tritt auch eine Bürgerin von Prag auf, die unter dem Prager Siegel und unter Zeugnis von Bürgern einen Streit mit dem Kloster Břewnow schlichtet.[44] Der Verfasser der Urkunde war ein ehemaliger königlicher Notar.[45]

Ein wenig später als die Bürger, reihen sich unter die Aussteller von Urkunden die Städte ein, also Korporationen mit rechtlicher Eigenständigkeit. Hier muss man unterscheiden, wann ein Stadtrichter im eigenen Interesse, wie im Falle des Brünner Alramus oder gemeinsam mit anderen Bürgern, aber ebenfalls ohne Verbindung zu einer städtischen Kommune auftritt, wie in Graber, und wann er tatsächlich Repräsentant der Stadt ist, neben ihm auch die Geschworenen und andere Bürger stehen und das Rechtsgeschäft im Interesse der Stadt geschieht.[46]

Die reine Form einer von einer Stadt ausgestellten Urkunde, in der neben den Geschworenen und der Gemeinde auch vier Münzmeister des Königreichs Böhmen stehen, ist 1258 anlässlich der Inkorporation des Iglauer Spitals in das Kloster Seelau noch nicht festzustellen,.[47] Nichtsdestoweniger ist die städtische Korporation tatsächlich schon Mitaussteller der Urkunde und neben den Siegeln der Münzmeister ist auch das Stadtsiegel angehängt.[48] Dies weist darauf hin, dass sich in Iglau die Stadtverwaltung eben noch nicht von der Bergverwaltung getrennt hat und dass es deshalb nötig sein wird, erneut ihre vollständige Konstituierung zu verfolgen.[49] Die Urkunde ist im Iglauer Minoritenkloster entstanden und es ist nicht möglich, ihr einen Ursprung in der Kanzlei der Stadt zuzuweisen. Aber etwa zehn Jahre später stellt die Belehrung in Rechtssachen für den Abt von Lebus bereits ein Produkt des Stadtschreibers dar,[50] auch wenn hier gemeinsam mit dem Richter, den Geschworenen und der ganzen Gemeinde die königlichen Urburarii für Böhmen und Mähren Mitaussteller sind. Die Beglaubigung des Richters und der Gemeinde, dass ihr Mitbürger einen Hof an das Kloster Lilienfeld verkauft hat, erscheint dann als ein völlig selbständiger Akt.[51] Während im Falle des städtischen Spitals noch nicht ganz klar ist, wie das Verhältnis der Münzmeister zur Stadtverwaltung gestaltet ist, und während die Belehrung für Lebus in Sachen des Bergrechts die Mitwirkung von Urburarii

---

druck *cives* bereits vollberechtigte Bürger und darüber hinaus werden auf diese Weise nie die Bewohner von einfachen Märkten benannt, die nur *homines* sind. Es gibt keinen Grund, warum Graber nicht der Stadtstatus zuerkannt werden sollte.

44 CDB V/1, Nr. 426.

45 Šebánek/Dušková, Urkundenwesen, AD 14, S. 309.

46 Ein solcher Fall findet sich in der Urkunde des Freudenthaler Richters Berthold, mit der er 1267 dem Lokator erlaubte, den Wald zu roden und Lichtenwerde zu gründen, CDB V/2, Nr. 489. Neben dem Siegel des Richters wird auch das Siegel der *burgensium* angekündigt und die Zeugen sind *incole civitatis.* Dieser Urkunde muss auch weiterhin Aufmerksamkeit geschenkt werden.

47 CDB V/1, Nr. 168. Unter den Münzmeistern wird an erster Stelle der Prager Bürger und großzügige Unternehmer Eberhard genannt; über ihn vgl. Hoffmann, Mincmistr Eberhard [Der Münzmeister Eberhard], S. 76.

48 Die diplomatische Einschätzung der Urkunden für Iglau lieferte J. Mezník, Jihlavské privilegium a počátky města Jihlavy [Das Privileg für Iglau und die Anfänge der Stadt Iglau], SAP 4/2, 1954, S. 3–28. An ihn knüpfte dann Šebánek an, der Mezníks Ausführungen auch weiter bearbeitete – J. Šebánek in den zitierten Arbeiten in SAP und auch in CDB.

49 Vgl. Hoffmann (wie Anm. 47).

50 CDB V/2, Nr. 561.

51 CDB V/2, Nr. 570.

erfordert, handelt es sich bei der Urkunde für Lilienfeld schon eindeutig um eine Angelegenheit der Stadt.[52] Es ist daher – mit Ausnahme der undeutlichen Beurkundung der Inkorporation des Spitals – ganz offensichtlich, dass die Entscheidung, wer als Aussteller fungiert – die Stadt allein oder sie zusammen mit den Vertretern der Bergverwaltung –, unmittelbar vom Rechtsinhalt abhängig ist.

Als Stadt stellt Leitmeritz 1262 eine Urkunde aus, in der sie den Streit über das Flusswehr zwischen ihren Bürgern und dem Kloster Doxan schlichtet.[53] Die nachfolgende Zeit bringt nur noch wenige von einer Stadt ausgestellte Urkunden hervor (unabhängig davon, in welcher Kanzlei sie entstanden sind), ihre Anzahl beginnt erst unter König Wenzel II. zu steigen.[54] Es steht außer Zweifel, dass Rechtsakte von Bürgern als Einzelpersonen oder von durch gleiche Interessen verbundenen Gruppen häufiger sind als Urkunden, die die Rechtsaktivitäten der Stadt bezeugen. An dieser Feststellung ändert die häufigere Verwendung von Stadtsiegeln, mit denen sich die einzelnen Bürger ihre Urkunden bestätigen ließen, nichts.

Unter König Přemysl Otakar II. beginnt sich auch das Netz von nichtköniglichen Städten zu entwickeln, die zum Besitz einer kirchlichen Institution oder eines weltlichen Herrn gehören. Auf Seiten der Aussteller treten jedoch die Adligen nur in Ausnahmefällen auf, und auch für die Untertanenstädte liegen vor allem königliche Urkunden vor.[55] Wenn Adlige Urkunden ausstellen, aus denen sich die Existenz einer Stadtverfassung ergibt, handelt es sich lange Zeit noch nicht um Dokumente, deren Empfänger Städte sind. 1259 gewährten zwei Adlige dem Kloster Dobrzan beträchtliche Eigentumsvorteile, wobei keine Zweifel über den Status des kleinen Städtchens bestehen: Ein *burgensis* ist Zeuge in zwei entsprechenden Urkunden.[56] In kurzen Intervallen erscheinen dann weitere Belege über die Stadtverfassung in Dobrzan,[57] aber in keinem kann man die Stadt als Empfänger feststellen. Natürlich kann dies dadurch gegeben sein, dass es nicht nötig war, eine solche Urkunde auszustellen, weil sich aus der Kompetenz des Stadtherrn die Möglichkeit ergab, durch mündliche Akte Befehle oder Rechte zu erteilen.[58] Nichtsdestoweniger sind auch in anderen, den

52 Diese Relation stellt man auch in der gemeinsamen Urkunde der königlichen Urburarii und der Stadt Iglau in einer Rechtsangelegenheit für den Abt von Seelau, CDB V/2, Nr. 681 vom Jahre 1272, fest. Dagegen besorgt in anderen Iglauer Urkunden für das gleiche Kloster, RBM II, Nr. 1431, von 1288, und RBM II, Nr. 1612, von 1293, wo es sich um andere Eigentumsangelegenheiten und nicht um Bergangelegenheiten handelt, die Stadt allein die Verschriftlichung.

53 CDB V/1, Nr. 347. Eine weitere von der Leitmeritzer Gemeinde ausgestellte Urkunde über den Verkauf von Immobilien im Jahre 1273, CDB V/2, Nr. 713, gehört ebenfalls zu den städtischen Urkunden und betrifft den Erwerb eines Besitzes durch einen Bürger, ohne dass irgendein Interesse der Kirche nachgewiesen ist. Ein Nachteil ist, dass das Dokument erst in einer späteren tschechischen Übersetzung bekannt ist und dass man es also nicht unter diplomatischem Aspekt untersuchen kann.

54 Eine solche Urkunde stellte auch Kaaden aus, CDB V/2, Nr. 732, im Jahre 1279 oder 1284. Die Urkunde selbst ist irrtümlich schon zum Jahre 1274 datiert. Siehe die Anmerkung in CDB.

55 Hier kann man auf folgende Arbeit verweisen: Kejř, Městské zřízení [Die Stadtverfassung], bes. Kap. 4, Vznik nekrálovských měst [Die Entstehung von nichtköniglichen Städten], S. 233–242.

56 CDB V/1, Nr. 191 und 192.

57 Kejř, Městské zřízení [Die Stadtverfassung], S. 236–237.

58 Ein Zeugnis für ein solches Gebot haben wir in der Urkunde der Herren der Stadt Dobrzan für das Kloster Dobrzan, das von jeder Art von städtischen Abgaben befreit wird, CDB V/1, Nr. 236. Das

weltlichen Obrigkeiten unterstellten Städten, die direkt für die städtische Kommunität bestimmten Urkunden nicht allzu zahlreich.

Am deutlichsten zeigt sich die Beziehung zwischen dem Stadtherrn und der Stadt in schriftlicher Form im Fall von Deutschbrod. Dies ist ein Ergebnis der Tätigkeit der Herren von Lichtenburg, deren Beziehung zur Urkunde viel intensiver war, als bei den übrigen Familien des böhmischen Hochadels.[59] Herr Smil von Lichtenburg entschied 1261 durch eine an die *iudici ceterisque civibus in Brod* adressierte Urkunde den Streit zwischen den Bürgern von Deutschbrod und ihrem Pfarrer, dem Priester des Spitals des Deutschen Ritterordens, zu dessen Gunsten die Entscheidung ausfiel.[60] Wie immer in den bisher behandelten Fällen steht hinter dem Abschluss der Rechtshandlung das Interesse kirchlicher Kreise, aber dies ändert nichts an der Tatsache, dass der formale Empfänger eine Stadt ist.[61] Dies wiederholt sich 1278 im berühmten Privileg der Brüder von Lichtenburg für Deutschbrod, in dem die Artikel des Stadtrechts festgelegt werden.[62]

Wenn auch die Urkunden der geistlichen Obrigkeiten nicht zahlreich sind,[63] sieht man doch, dass die Untertanenstädte keinen angemessenen Niederschlag in den diplomatischen Quellen fanden, obwohl sie sich unter Přemysl Otakar II. und Wenzel II. rasch entwickelten. Häufiger als an die städtische Korporation selbst, erteilte der Herr der Stadt die Rechte an den Richter oder an eine Gruppe von Bürgern. Es stehen also die meisten Belege für die Organisation der nichtköniglichen Städte in den landesherrlichen Urkunden, deren Empfänger jedoch nicht die städtische Korporation direkt war, sondern ihr Herr.

Kloster ließ sich über sein Recht eine Urkunde ausstellen, während das entsprechende Gebot an die Stadt zweifellos mündlich erteilt wurde.

59 Zu den Urkunden der Lichtenburger Dušková, Česká listina [Die böhmische Urkunde] 2, S. 182–185; zu den Urkunden des Umkreises von Deutschbrod Šebánek, Česká listina [Die böhmische Urkunde] 3, S. 125–127.

60 CDB V/1, Nr. 288.

61 Die Urkunde wurde offensichtlich vom Schreiber der Deutschordensherren geschrieben, siehe Dušková, Česká listina [Die böhmische Urkunde] 2, S. 183, Anm. 35. Sie wird nicht im Archiv der Stadt aufbewahrt, aber das Ergebnis der Entscheidung des Herrn sind seine Gebote an die Stadt, auf welche Weise der Streit beigelegt werden soll. Anders muss jedoch die Urkunde interpretiert werden, durch die 1262 Herr Smil von Lichtenburg den Pfarrer und die Brüder des Deutschen Ritterordens in seinen Schutz nahm, CDB V/1, Nr. 318, obwohl sie an die *iudici ac iuratis ceterisque in Brodensi parrochia constitutis* gerichtet ist. Das Gebot überschreitet in dieser Form den Rechtsraum der Stadt, die tatsächlichen Empfänger sind die Deutschherren, in deren Archiv es auch aufbewahrt wird. Aus der Titulatur ist jedoch ersichtlich, dass Deutschbrod eine Stadt ist. Ergänzend kann hinzugefügt werden, dass die Stadt Deutschbrod auch Empfänger der Urkunde von Bischof Johannes aus dem Jahre 1269 ist, CDB V/2, Nr. 589, die bereits weiter oben in Anm. 27 erwähnt wurde.

62 CDB V/1, Nr. 873. In unserem Zusammenhang muss man sich nicht mit dem Verhältnis der Broder Urkunde zur Iglauer befassen. Eine detaillierte Erörterung der Urkunde wäre wünschenswert, denn keine der bisherigen Arbeiten behandelt sie umfassend.

63 Šebánek, Česká listina [Die böhmische Urkunde] 3, S. 100, Anm. 5, führt nur fünf Fälle an, in denen die weltliche oder geistliche Obrigkeit die Angelegenheiten einer Untertanenstadt regelt. Davon stammen zwei Urkunden von weltlichen Ausstellern und drei von geistlichen, nämlich zwei Urkunden Bischof Dietrichs für Kremsier RBM II, Nr. 1261 und Nr. 1502, und eine des Klosters Goldenkron für Kalsching, RBM II, Nr. 1610; erneut auch CIM IV/1, Nr. 11.

Man muss deshalb einräumen, dass sich auch in der Beziehung zu den eigenen Städten das Missfallen des Adels am geschriebenen Recht überhaupt und dadurch auch an der Urkunde äußerte. Bei den Urkunden der Lichtenburger handelte es sich um den Ausnahmefall der Herausbildung einer Kanzlei des Hochadels. Von denen abgesehen, kann man nämlich – soweit bekannt ist – eine eindeutige Urkunde eines Stadtherrn für Bürger in einer städtischen Angelegenheit, hinter der nicht das Interesse einer kirchlichen Institution steht, erst für 1303 nachweisen und zwar die Urkunde, mit der Žibřid von Barutov den Bürgern von Hultschin ihre Rechte garantierte, wie sie sie bereits unter Přemysl Otakar II. besaßen.[64]

Aus der zuvor gebotenen Übersicht geht hervor, dass die Aussteller von Urkunden mit Angaben zu Städten verschiedene Seiten des städtischen Lebens berühren. Die vollen Machtbefugnisse gehören selbstverständlich dem Landesherrn, wie es sich aus seinen Hoheitsrechten ergibt. Seine Urkunden sind sowohl für Städte als Ganzes als auch für einzelne Bürger bestimmt. Dagegen adressieren kirchliche Institutionen ihre Urkunden immer nur an Einzelpersonen oder an Gruppen von Bürgern und nur in Ausnahmefällen an Städte als juristische Personen. Auch die wenigen Urkunden des Adels werden nicht für Städte ausgestellt, und zum ersten Mal treffen wir ein solches Dokument in den Urkunden der Lichtenburger für Deutschbrod seit 1261. Allerdings bleibt dies für lange Zeit ein vereinzeltes Beispiel. Die Städte selbst stellten ihre amtlichen Dokumente ein wenig später als die einzelnen Bürger aus. Das ist ein Zeugnis für ihre sich entwickelnde urkundliche Aktivität und für die Anfänge der städtischen Kanzlei. In vielen Fällen sind jedoch die Städte oder die Bürger nur nominelle Aussteller, hinter denen kirchliche Institutionen stehen, deren Besitzinteressen in der Regel gut aufzuspüren sind.

Von den Überlegungen über die Aussteller von Urkunden ausgehend, kann man einen Überblick über die Empfänger gewinnen, auch wenn diese wiederholt in den vorangehenden Absätzen berührt wurden. Es wird sich sehr deutlich zeigen, dass die Städte lange Zeit nur als Empfänger von Urkunden in Erscheinung traten, obwohl sie schon seit den ersten Spuren des Aufkommens der Stadtverfassung ihre Rechtssubjektivität in den böhmischen Ländern haben. Hier wird sich ein etwas abweichendes Bild zu den bis jetzt festgestellten Angaben über die Aussteller zeigen. Die frühesten und häufigsten Empfänger von königlichen Urkunden sind Städte als Rechtspersonen. Das ist ein Zeugnis für ihre Fähigkeit, Rechte zu erlangen. Die Ausbildung der Institution Stadt ist seit den frühesten Belegen, d. h. seit dem Privileg für Mährisch Neustadt von 1223, unbestreitbar, und sie bezeugt auch die Übernahme der städtischen Lebensweise in bereits entwickelten Formen.

Nach den Empfängern kann man auch den Status der Stadt feststellen, d. h., ob es sich um eine königliche Stadt handelt oder nicht. Im Falle der nichtköniglichen Städte ist der Empfänger von Urkunden nämlich nicht die Stadtgemeinde, sondern der Stadtherr oder ihr Lokator, der sie erst noch erbauen soll. Solche Beispiele sind sehr alt: Zwei Klöster königlicher Gründung, Doxan und Kladrau, sind Empfänger von Privilegien für ihre Städte. Doxan bekommt 1232 die Erlaubnis, in Westböhmen

[64] RBM II, Nr. 1950.

Königsberg an der Eger zu gründen[65] und 1233 wird Kladrau als der ersten Stadt in Böhmen das Recht erteilt, Jahrmärkte abzuhalten.[66] Auch die weiteren, mit beträchtlichem zeitlichem Abstand an die Klosterstädte erteilten Privilegien betreffen Klöster königlicher oder markgräflicher, also ebenfalls landesherrlicher Gründung.[67]

Erst viel später wird ein Adliger zum Empfänger einer landesherrlichen Urkunde für seine Stadt. Es ist Herbord von Fulštejn, dem 1265 der Landesherr erlaubte, sein Dorf Kranowitz (heute Krzanowice in Polen) in eine Stadt umzuwandeln.[68] Die Urkunde entstand in der Kanzlei Bischof Brunos, dessen Beamter Herbord war, was die Frage nach einem bestimmten Interesse des Bistums Olmütz aufwirft. Aber gleichzeitig mit der Erhebung seines Dorfes zur Stadt erhält Herbord die Immunität für seine Güter, so dass man in ihm nicht nur den Adressaten der Urkunde, sondern auch ihren tatsächlichen Initiator sehen kann. Dadurch wird deutlich, dass es um eine Stadt geht, deren Herr ein Adliger war.

Urkunden für Lokatoren oder Richter neu gegründeter oder bereits existierender Städte sind nicht selten. Wir haben schon oben das Gründungsprivileg von Bennisch erwähnt,[69] das bis zum Ende der Regierungszeit Wenzels I. auch das einzige bleibt. In der nachfolgenden Zeit erscheinen Urkunden solcher Art häufiger. Besonders kompliziert ist der Fall der Gründung einer königlichen Stadt, im königlichen Wald bei Bösig, die zu der Zeit der Urkundenniederschrift keinen Namen hatte, wobei 1264 zwei Lokatoren, Bürger aus Graber, mit zahlreichen Privilegien und dem Erbgericht beschenkt wurden.[70] Es muss angemerkt werden, dass das Recht, eine Stadt zu gründen, ein zwar riskantes, aber vielversprechendes Unternehmen mit Hoffnung auf Gewinn war, so dass sich der König für das erteilte Recht von den Lokatoren 100 Mark Silber zahlen ließ. Dem Lokator wird auch die Erbauung der Stadt Polička angewiesen und zugleich wird ihm das Gericht bestätigt.[71] Aber auch die kirchlichen Institutionen, im Bestreben, ihre Herrschaft durch die Förderung von Städten auszubauen, bestätigten den Lokatoren von Müglitz und Mährisch Weißkirchen 1273 bzw. 1276 das Gericht.[72] Ein etwas anderes Rechtsverhältnis zeigt sich in Deutschbrod, wo 1265 der Empfänger zwar auch der Richter ist, aber es handelt sich nicht mehr um

---

65 CDB III/1, Nr. 26.

66 CDB III/1, Nr. 44.

67 Es ist die komplizierte Gründung von Ungarisch Hradisch, an der sich das Kloster Welehrad beteiligt hat, CDB V/1, Nr. 136 und 156. Dazu kurz Kejř, Městské zřízení [Die Stadtverfassung], S. 232–233. Siehe auch H. Fischer, Siedlungsverlegung, an mehreren Stellen. Weiter Leitomischl (Mitbegründer des Klosters Bischof Jindřich Zdík und Vladislav II.), CDB V/1, Nr. 194, Přelauč, die Urkunde für das Kloster Opatowitz, CDB V/1, Nr. 292, und das der Prager Kirche gehörende Hněvkowitz, CDB V/1, Nr. 359.

68 CDB V/1, Nr. 432.

69 Siehe Anm. 34–35.

70 CDB V/1, Nr. 423. Zur Kolonisation des ganzen Gebietes J. Žemlička, Bezdězsko [Das Gebiet von Bösig], zur Urkunde ebd., S. 737–738. Für die diplomatische und rechtliche Seite der Lokation muss der komplizierte Prozess der Erbauung der Stadt nicht verfolgt werden.

71 CDB V/1, Nr. 457.

72 In den weiter oben, Anmerkungen 25 und 29, angeführten Urkunden, wobei ein ähnlicher Fall in Braunsberg wegen der Unzuverlässigkeit der Urkunde nur mit Vorbehalten angenommen werden kann.

die Gründung und die Erteilung des Richteramtes, sondern um die Schenkung eines Dorfes durch den Stadtherrn Smil von Lichtenburg.[73]

Oft trifft man Urkunden, die für einen Bürger oder für eine Gruppe von Bürgern, also nicht für die gesamte städtische Kommune bestimmt sind. Die Gewichtigkeit solcher Rechtsakte zeigt sich in der zunehmenden Durchsetzung der Besitzinteressen von Einzelpersonen und deren Aufstiegs in der gesellschaftlichen Hierarchie zu vollberechtigten freien Subjekten. Die älteste Urkunde dieser Art, die Bestätigung von Hufen für den Brünner Bürger Ulricus Niger und seine Brüder aus dem Jahre 1240,[74] enthält die Bemerkung, dass es sich um Grundstücke handelt, die sie vom Markgrafen Přemysl bekommen haben. Es ist zwar nicht klar, wann es zu dieser Besitzübertragung gekommen ist, aber dies hindert nicht daran, die Stellung der Brünner Bürger einzuordnen. Přemysl, der am 16. Oktober 1239 gestorben war, also kaum ein Jahr vor der königlichen Bestätigung, kann die Hufen an Ulricus Niger erst zu einer Zeit verschenkt haben, als es an der Existenz einer Stadtverfassung von Brünn und damit am Status der Bürger keinen Zweifel gibt, d. h. zwischen den Jahren 1234 und 1237[75] oder auch später zu seinen Lebzeiten. Es ist wohl überflüssig zu schließen, dass die Brüder die Hufen vielleicht schon vor der Erhebung Brünns zur Stadt besessen hätten. Sicher richtig ist die Behauptung, dass die Urkunde auf Veranlassung des Herburgenklosters in Brünn ausgestellt wurde, dem kurz darauf Ulricus Niger seinen Besitz überantwortete.[76] Aber dies ändert nichts an der Tatsache, dass wir hier die erste königliche Urkunde für einen vollberechtigten Stadtbewohner – einen Bürger – zur Verfügung haben, dessen ständische Stellung (es sei erlaubt, diesen Ausdruck zu benutzen) nachgewiesen ist.

Zu den drei ältesten gehören die für Bürger von Leitmeritz bestimmten Urkunden. Die erste, über die Verpachtung von Hufen an einen Leitmeritzer Bürger durch den Propst von Wyschehrad aus dem Jahre 1234,[77] werden wir wegen ihrer Bedeutung unter den Leitmeritzer Urkunden und auch wegen der Gesamtbewertung der Entstehung der Stadtverfassung noch einige Male erwähnen. Obwohl die nächste, 1248 vom Zittauer Burggrafen Heinrich ausgestellte und den Verkauf von Lobositz an den Leitmeritzer Bürger Hertvík bestätigende Urkunde, nur in einer späteren tschechischen Übersetzung erhalten ist,[78] erweckt sie keinen Zweifel. Schon aus dem Jahre 1249 besitzen wir den sicheren Fall einer den Verkauf eines Dorfes bestätigenden königlichen Urkunde für einen Bürger, die im Interesse und auf Initiative des

73 CDB V/1, Nr. 411.

74 CDB III/2, Nr. 247.

75 F. Čáda, The Origin of the Jewish Community of Brno, in: Festschrift Guido Kisch, Stuttgart 1955, S. 266. Siehe auch Kejř, Zwei Studien, S. 101–103.

76 Šebánek, Česká listina [Die böhmische Urkunde] 3, S. 111. Die Urkunde wurde auch nach ihrer Abfassung im Archiv des Klosters aufbewahrt. Die angebliche Bestätigung der Güter des Klosters vom Jahre 1244, CDB IV, Nr. 39++, ist ein Falsum, vgl. Šebánek/Dušková, Listina [Die Urkunde], S. 9–11.

77 Ed. J. Čechura, Nezdařená lokace [Eine misslungene Lokation], Beilage 1, S. 58.

78 CDB IV, Nr. 147. Es wurde bereits auf die Formel dpm hingewiesen, die in jener Zeit in der Urkunde eines Adligen ungewöhnlich ist, sowie auf die Tatsache, dass der Sohn des Ausstellers eine bedeutende urkundliche Tätigkeit als Herr von Deutschbrod entwickelt hat, Šebánek/Dušková, Listina [Die Urkunde], S. 128.

Empfängers ausgestellt wurde;[79] 1253 wurde die Urkunde des Kapitels von Leitmeritz ausgestellt, die zwei Leitmeritzer Bürgern die Lokation auf dem St. Stephansberg bestätigt.[80]

Gemeinsam mit diesen schon behandelten Urkunden erlauben auch die späteren, sich ein klares Bild über die bürgerlichen Empfänger zu machen.[81] Es sind vor allem die zwei großen mährischen Städte Brünn und Olmütz, deren Bürger Interesse an der schriftlichen Bestätigung ihrer Rechtsangelegenheiten zeigen, aber in einigen Fällen treten auch Empfänger aus kleineren Städten auf. Wir haben die meisten dieser Rechtshandlungen bereits oben verfolgt, besonders im Zusammenhang mit geistlichen Ausstellern der Urkunden; jetzt rekapitulieren wir sie unter dem Aspekt der Empfänger.[82] Die überwiegende Mehrheit davon entfällt auf die mährischen Städte, unter den böhmischen erscheinen nur Saaz, Leitmeritz und Kolin. Es steht außer Zweifel, dass die meisten ähnlichen Fälle die Städte betreffen, deren Anteil am urkundlichen Material bereits Ansätze von Regelmäßigkeit aufweist und bei denen eine größere Anzahl von Dokumenten zu finden ist, nämlich Brünn, Leitmeritz, Olmütz und auch Iglau. Die übrigen Städte erscheinen nur in Einzelfällen. Den Inhalt bilden Transaktionen von Grundstücken, die Erteilung des Richteramtes für Dörfer, ebenfalls mit Besitzvergünstigung verbunden, und dergleichen. Bei den Iglauer Urkunden handelt es sich um Berg- und Münzangelegenheiten.

Auf der Basis von Urkunden, die sich bis auf unsere Zeiten erhalten haben, kann man keine verallgemeinernde Überlegungen zum Reichtum des Bürgertums wagen. Es sind sicher nur Ausnahmen, die ausschließlich wohlhabende Individuen aus größeren Zentren betreffen, aber es zeigt sich, dass die Bürger bereits eine bedeutende Komponente in der Besitzstruktur darstellen und dass mit ihnen ohne Zweifel im Rechtsgeschäft und beim Erwerb von Immobilien gerechnet wird. Es kommen zwar

---

79 CDB IV, Nr. 170.

80 CDB IV, Nr. 261.

81 Man kann die Urkunde CDB V/1, Nr. 172+ vom Jahre 1258, für einen Bürger von Proßnitz beiseite lassen, weil es sich um eine verdächtige Urkunde handelt – vgl. schon weiter oben, Anm. 24. Wir berücksichtigen auch nicht das Gebot König Přemysl Otakars II. zu Gunsten von Kloster Saar vom Jahre 1264, CDB V/1, Nr. 404, das die Rechte des Bergbaus auf den Grundstücken des Klosters in Schutz nimmt. Seine Adressaten sind Bergbeamte, die Angelegenheit betrifft ihre Tätigkeit und es ist deshalb nicht entscheidend, dass sie auch Bürger sind. Für die Stellung und für das Recht der Städte kann man daraus nichts schließen.

82 Vgl. auch Anm. 25 und 29. Es handelt sich um folgende Urkunden: CDB V/1, Nr. 360, von 1262 – Bischof Bruno für einen Bürger von Brünn; CDB V/1, Nr. 361, von 1262 – das Peterskloster in Olmütz für einen Olmützer Bürger; CDB V/1, Nr. 385, von 1263 – das Herburgenkloster in Brünn für einen Brünner Bürger; CDB V/1, Nr. 399, von 1264 – Přemysl Otakar II. für einen Olmützer Bürger; CDB V/1, Nr. 466, von 1266 – Bischof Bruno für einen Bürger von Kremsier; CDB V/2, Nr. 547, von 1268 – Přemysl Otakar II. für einen Olmützer Bürger; CDB V/2, Nr. 592, von 1269 – das Kloster Welehrad für einen Bürger von Troppau; CDB V/2, Nr. 657, von 1272 – das Kloster von Strahov für die Bürger von Saaz; CDB V/2, Nr. 681, von 1272 – die königlichen Urburarii für den Abt von Seelau gemeinsam mit einem Bürger von Iglau; CDB V/2, Nr. 706, von 1273 – Bischof Bruno für einen Olmützer Bürger; CDB V/2, Nr. 713, von 1273 – die Stadt Leitmeritz für ihren Bürger; CDB V/2, Nr. 794, von 1275 – Přemysl Otakar II. für die Bürger von Iglau wegen der Münzstätte; CDB V/2, Nr. 843, von 1277 – der Abt von Trebitsch für einen Trebitscher Bürger; CDB V/2, Nr. 853, von 1277 – der Abt von Sedletz für einen Bürger von Kolin.

nach wie vor Fälle vor, in denen eine kirchliche Institution im Hintergrund der Transaktion steht, aber das direkte Interesse der Bürger an der Verschriftlichung ihrer Rechte tritt in immer größerem Maße zu Tage. Diese Tendenz setzt sich unter Wenzel II. immer deutlicher durch.

Besondere Aufmerksamkeit verdient die Gründung der St. Gallus-Stadt von Prag, und deshalb wird sie ausführlicher behandelt. Přemysl Otakar II. bestätigte im Jahre 1265,[83] dass die Erbauer der Stadt, der Münzmeister Eberhard und seine Freunde, gewisse Vorrechte bekommen und berechtigt sind, alle Rechte zu nutzen, die andere Städte des Königreichs genießen.[84] Eine solche Erteilung des Privilegs würde davon zeugen, dass der Empfänger die Stadt bzw. die Stadtgemeinde ist, aber in der Urkunde selbst wird als Empfänger *Eberhardus, magister monete nostre, et sui amici* genannt, die in entscheidendem Maße zur großartigen Erbauung der Stadt bereits zur Zeit Wenzels I. beigetragen haben. Diese Absteckung erlaubt deshalb die Annahme, dass die tatsächlichen Empfänger, die sich das Privileg erbeten haben, eine Gruppe von Bürgern war, aus deren Vorrechten schließlich die ganze Gemeinde Nutzen ziehen konnte.

Nicht nur die Stadt, der Richter oder die Bürger waren Empfänger von Privilegien, aus denen man auf die Entwicklung der Stadtverfassung schließen kann. Auch die für geistliche Institutionen in der Stadt bestimmten Urkunden enthalten überzeugende Belege dafür. Allen vergleichbaren geht die Urkunde Wenzels I. vom Jahre 1235 für die Kirche Allerheiligen in Leitmeritz voran, die ihr einen Anteil am königlichen Zensus sichert.[85] Die Gründung des Heilig-Geist-Spitals durch einen Brünner Bürger und seine Gemahlin wurde 1238 von Bischof Robert bestätigt.[86] Brünn tritt hier schon als eine Rechtsstadt und seine Bürger als Fürsprecher auf. Ähnlich bezeugen den übrigens schon früher wiederholt nachgewiesenen Stadtcharakter von Königgrätz und Leitmeritz die Urkunden aus den Jahren 1251 bzw. 1252, die für die kirchlichen Institutionen in diesen Städten bestimmt sind.[87] Diese Situation wiederholt sich immer häufiger. Weil solche Urkunden in der Regel nur die aus anderen Quellen bekannte Stadtverfassung feststellen, aber an der Rechtssituation der Stadt nichts ändern, genügt wohl ein summarischer Hinweis auf sie.[88] Das bedeutet allerdings nicht, dass man solche Zeugnisse unterschätzen sollte, weil darin direkt oder indirekt die die Stadt und ihre Bürger betreffenden Verfügungen sichtbar werden.

Eine Nachricht über eine Stadt erscheint nicht selten auch in einem für einen Empfänger außerhalb der Stadt bestimmten Dokument. Solche Fälle können unterschiedliche Ursachen haben und verschiedene Rechte beinhalten. Wenn wir von der

83 CDB V/1, Nr. 452.

84 Zu dieser Urkunde detailliert Kejř, K interpretaci práv měšťanů svatohavelského města pražského [Zur Interpretation von Rechten der Bürger der St. Gallus-Stadt von Prag], PSH 9, 1975, S. 5–18. Diese Arbeit wurde noch vor der Herausgabe des CDB V/1 vollendet, so dass man sie wohl noch wird überprüfen müssen.

85 CDB III/1, Nr. 102.

86 CDB III/2, Nr. 197. Vgl. dazu schon weiter oben, S. 57f.

87 CDB IV, Nr. 223 und 232.

88 Besonders soll angemerkt werden, dass man über die Stadtverfassung von Dobrzan aus Urkunden für das Kloster in Dobrzan erfährt, wie schon weiter oben gezeigt wurde, S. 63.

schon in anderem Zusammenhang erwähnten Urkunde für das Kloster Tepl absehen, in der sich eine Nachricht über die Stadt Eger befindet, weil es sich um eine Stadt handelt, die damals noch nicht zu Böhmen gehörte,[89] stoßen wir gleich im ersten Dokument dieser Art auf einen außerordentlichen Fall. Die königliche Urkunde vom Jahre 1243 für Wilhelm, den Kaplan des Landesherrn,[90] hebt die Schenkung des Dorfes Waltrowitz an die Bürger von Znaim auf und erklärt sie für ungültig, weil sie dem königlichen Notar betrügerisch entlockt worden war.[91] Dieser anomale Fall ist der einzige bei uns bekannte, aber er ist ein Beweis dafür, was für ein Gewicht die Bürger der Beurkundung ihrer tatsächlichen oder auch vorgetäuschten Ansprüche zugeschrieben haben.

Die Fälle, in den die Empfänger von Urkunden, die die Stadtverfassung, die Stadtrechte und den Stadtbesitz betrafen, außerhalb der Stadt stehende Personen waren, sind so verstreut und inhaltlich heterogen, dass man aus ihnen kaum Schlussfolgerungen allgemeineren Charakters ziehen kann. Man sollte sie jedoch nicht außer Acht lassen, weil sich daraus zahlreiche Nachrichten über institutionelle Städte schöpfen lassen, die das andernorts gewonnene Bild ergänzen.

Wir haben in Beispielen urkundliche Nachrichten über die Städte unter dem Aspekt der Aussteller und der Empfänger von Urkunden analysiert. Dadurch erschöpft sich jedoch nicht die Beteiligung der Städte an der urkundlichen Überlieferung von Böhmen und Mähren. Im Gegenteil, einige andere Formen ihrer Beteiligung sind nicht weniger aussagekräftig und enthalten grundlegende Nachrichten über die Entwicklung des städtischen Urkundenwesens und über die Anfänge der Stadtkanzleien. Auch in diesen Fragen kann man sich auf die bisherige diplomatische Forschung verlassen und muss nicht in die Einzelheiten gehen.

Die älteste Form der Beteiligung von Bürgern an der Ausstellung von Urkunden ist ihr Auftreten als Zeugen. In den Zeugenreihen nehmen sie erst hinter den geistlichen Personen, Hofbeamten und Adligen ihren Platz ein, aber allein ihre Anwesenheit ist ein Merkmal für ihre Beteiligung an der Struktur der Gesellschaft. Sie sind keine Untertanen, sondern zählen zu den Freien. Als Zeugen erscheinen die Bürger bereits in frühen Stadien der Existenz der Rechtsstädte.[92] Schon der älteste Beleg, die Urkunde des Kladrauer Abtes aus dem Jahre 1233, ist völlig überzeugend.

---

[89] Siehe weiter oben und Anm. 31.

[90] CDB IV, Nr. 33.

[91] Mit Einzelheiten Šebánek, Česká listina [Die böhmische Urkunde] 3, S. 103–104. Die ursprüngliche Schenkungsurkunde ist nicht bekannt.

[92] Bei der Untersuchung muss auf die Urkunde Přemysl Otakars I. aus dem Jahre 1207, CDB II, Nr. 74, verzichtet werden, in der sich unter den Zeugen der Schenkung von Bodenbesitz an das Kloster Plaß vier *mercatores* befinden. Šebánek, Česká listina [Die böhmische Urkunde] 3, S. 107, reiht sie zwar unter die Bürger ein, aber er fasst diesen Begriff im weiteren Sinne auf. Es ist sicher, dass dies der erste Beleg ist, der Zeugen nennt, die weder zur Geistlichkeit noch zum Adel gehören, aber man kann sie nicht den *cives* gleichstellen, denn für jene Zeit lässt sich nicht die Rechtsstellung von vollberechtigten Bürgern institutioneller Städte annehmen. *Mercatores* richten sich nach dem Recht für Kaufleute, das sich auf Personen bezieht und nicht auf Orte wie das Marktrecht und das Stadtrecht. Dazu Kejř, Trhy [Märkte], S. 37. Vgl. auch weiter oben, Anm. 3.

Die Bezeugung geschieht durch *Hertinco burgense Cladorubensi et eius filio Meinhardo eiusdem civitatis iudice.*[93] Sowohl die Bezeichnung *burgensis* als auch das Amt des Richters der Stadt – *civitatis* sind unwiderlegbare Zeugnisse der Stadtverfassung und des gesellschaftlichen Prestiges der Bürger. Rasch folgen weitere Urkunden, in deren Zeugenreihen Bürger vorkommen. Die erste betrifft Leitmeritz, wo 1234 die Urkunde des Wyschehrader Propstes Arnold für einen Leitmeritzer Bürger[94] durch vier andere Leitmeritzer Bürger bezeugt wird. Die nächste in der Reihenfolge ist die königliche Urkunde für Zdislav, den Pfarrer zu St. Peter in Brünn, aus dem Jahre 1237, in der ein *Brumo* civis Brunnensis sowie eine Reihe von weiteren Personen, in denen wir ebenfalls Bürger von Brünn sehen dürfen, Zeugnis ablegen.[95] Bereits 1238 sind die Bürger von Troppau Zeugen in einer Urkunde des mährischen Markgrafen Přemysl .[96] Die Prager Bürger sind Zeugen in der Bestätigung von Besitztransaktionen des Abtes von Kladrau durch König Wenzel I. aus dem Jahre 1239,[97] die zwar gewisse Ungereimtheiten in diplomatischer Hinsicht aufweist, deren Inhalt aber nicht angezweifelt wird.[98]

Bereits diese angeführten Beispiele genügen zum Nachweis, dass Zeugen aus den Reihen der Bürger beim Ausstellen von Urkunden geistlicher Würdenträger und sogar auch von Urkunden des Landesherrn anwesend sind. Es ist allerdings selbstverständlich, dass die Bürger nie als Zeugen in einer königlichen Urkunde auftreten, die für ihre Stadt ausgestellt wird; es handelt sich immer um Fälle, in denen Rechte an Drittpersonen erteilt werden. Dort, wo es sich in den Rechtsgeschäften anderer Personen nicht um städtische Angelegenheiten handelt, wie z. B. Übertragungen von Immobilien, um Lokationen von Dörfern, um Zinsabgaben u. dgl., und trotzdem um das Zeugnis der Bürger oder gar die Bestätigung durch das Stadtsiegel nachgesucht wird, sind immer die Bürger einer nahen Stadt anwesend. Dies, um ihnen eine größere Rechtssicherheit oder Bekanntmachung zu sichern. Oft werden als Zeugen Vertreter der Stadt eingeladen, in der die Rechtshandlung stattgefunden hat und die daraus resultierende Urkunde ausgestellt wurde, auch wenn sie sonst die städtischen Angelegenheiten nicht betraf.[99] Ein besonderer Fall ist im Jahre 1271 das Ansuchen

93 CDB III/1, Nr. 46.

94 Ed. Čechura, Nezdařená lokace [Eine misslungene Lokation], Beilage 1, S. 58.

95 CDB III/1, Nr. 165. Dies ist das erste Zeugnis über die Stadtverfassung von Brünn und auch das älteste Zeugnis eines Bürgers in einer königlichen Urkunde. Ein weiteres Beispiel des Zeugnisses von Brünner Bürgern in einer Herrscherurkunde ist die Konfirmation der Güter der Brünner Dominikaner vom Jahre 1247, CDB IV, Nr. 127.

96 CDB III/1, Nr. 179.

97 CDB III/2, Nr. 220. Die Tatsache, dass die Prager Bürger in der Zeugenreihe dieser Urkunde vorkommen, wo es sonst fast alle bedeutenden kirchlichen und weltlichen Würdenträger gibt, ist ein weiterer Beweis des Aufstiegs des Bürgertums. Am Ende der Zeugenreihe werden drei Söhne eines Prager Bürgers angeführt und dann wird hinzugefügt: *et alii quam plures, quorum nominibus non est opus.* Dies bezieht sich auf weitere anwesende, aber nicht mehr genannte Bürger.

98 S. Dušková, Listiny kladrubské [Die Kladrauer Urkunden], 1953, S. 285ff.

99 Z. B. CDB V/2, Nr. 782, von 1275, hier treten Bürger von Müglitz in der Angelegenheit der Lokation des Dorfes Rippau als Zeugen auf, oder CDB V/2, Nr. 827, von 1276, bei der Erteilung des Gerichtes im Dorf Krčmaň, wo Bürger von Olmütz Zeugen sind. RBM II, Nr. 1270 = CDM IV, Nr. 200, 1281 sind Bürger von Leobschütz Zeugen im Privileg des Herzogs Nikolaus für Jägerndorf, das in Leobschütz ausgestellt wurde.

um das Zeugnis von zwei Städten, Olmütz und Troppau, für eine sehr repräsentative Urkunde in der der Richter von Hlussowitz verkündet, er habe sich gegenüber dem Abt von Hradisch schuldig gemacht, indem er vor dem Troppauer Gericht versprochen habe, seinem Sohn drei Hufen erblich zu geben, die er auf Lebenszeit empfangen hatte.[100] Das Zeugnis ist zwar kein Beleg für die urkundliche Tätigkeit der Städte, weist aber zuverlässig auf die Entwicklung von städtischen Institutionen und auf die ständische Stellung der Bürger hin.[101] Es ist sicher überflüssig, weitere Fälle von städtischen Zeugen aufzuzählen, weil es sich später um ein ganz gewöhnliches Phänomen handelt. Dass Bürger in der weiteren Entwicklung als Zeugen in den von der Stadt ausgestellten Urkunden erscheinen, ist selbstverständlich. Das Auftreten von Bürgern als Zeugen würde eine detaillierte Bearbeitung unter dem Aspekt der rechtlichen Bedeutung verdienen.

Die tatsächliche Beteiligung der Städte an der Ausstellung von Urkunden drückt sich in mehreren Stufen aus, von denen die erste die Führung und Verwendung des Stadtsiegels ist. Dies ist ein Ausdruck der rechtlichen Eigenständigkeit der städtischen Korporation, die dadurch die Richtigkeit und Gültigkeit der Rechtshandlung nachweist, auch wenn der Aussteller selbst noch nicht die Stadt ist. Die Interessen der Städte oder der Bürger bei der Verschriftlichung sind jedoch bereits offenkundig. Das älteste Stadtsiegel gehört Eger, das aber im Jahre 1242, als das Siegel an der Urkunde Konrads von Hohenberg für das Kloster Tepl befestigt wurde,[102] noch nicht zum Königreich Böhmen gehörte. Auf heimischem Boden ist als erstes das Siegel der Stadt Brünn aus dem Jahre 1247 belegt und glücklicherweise auch erhalten.[103]

Sehr bald siegelte auch Leitmeritz, wenngleich man über sein Siegel nur über einen Umweg erfährt. In der Urkunde des Smil von Lichtenburg für das Kloster Altzelle über das Dorf Lobositz aus dem Jahre 1251 wird in der Corroboratio nur das Siegel

---

100 CDB V/2, Nr. 638.

101 Šebánek, Česká listina [Die böhmische Urkunde] 3, S. 107, sagt, dass solche Zeugnisse für die Feststellung der Beziehung der Stadt zur Urkunde eigentlich belanglos sind. Das kann man unter diplomatischem Aspekt so sehen, aber unter institutionellem handelt es sich sicher um einen sehr bedeutenden Beleg. Der Hinweis, ebd., dass auch Zeugnisse von Untertanen vorkommen, ist sicher richtig, aber aus drei Fällen in der gesamten Quellenbasis kann man keine allgemeingültigen Schlüsse ziehen. In der ersten Urkunde mit einem solchen Zeugnis, dem Falsum für Obrowitz aus unbestimmtem Jahr, CDB II, Nr. 363, werden die Leute nur als Zeugen für die Lokalisierung des Besitzes und nicht als Zeugen der Urkunde genannt; deren gibt es sonst viele und von unterschiedlicher Herkunft. Schon das eindeutige Falsum selbst gemahnt zur Vorsicht. Weitere Untertanen als Zeugen kommen erst in den späten Jahren der Přemyslidenzeit vor, und zwar in der Urkunde vollständig städtischen Ursprungs aus Troppau über ein Geschäft zwischen zwei Bürgern, CDM IV, Nr. 288, in der 1289 den Verkauf einer Wiese in Groß Hoschütz auch die Bewohner dieses Dorfes bezeugen, und 1292 bei der Bestimmung der Grenzen von Grundstücken zwischen einem Adligen und dem Kloster Welehrad, CDM IV, Nr. 306, wo sich an der Vermessung auch die Bewohner der betreffenden Dörfer beteiligen. In allen Fällen handelt es sich nur um eine Erklärung der einheimischen Menschen, die das Terrain und die Grenzen von Grundstücken kennen. Ich möchte hinzufügen, dass es sich eigentlich nur um zufällige Nachrichten handelt, weil sicher auch bei anderen Transaktionen mit Immobilien wohl auch ortsansässige Menschen befragt wurden.

102 CDB IV, Nr. 14; siehe auch weiter oben, S. 59.

103 CDB IV, Nr. 128. Es ist die Urkunde des Brünner Richters Alramus, über die bereits bei Behandlung der Aussteller von Urkunden gesprochen wurde.

des Ausstellers angekündigt.[104] Das Original ist verloren, aber ein Transsumpt aus dem 16. Jahrhundert fügt zum Text noch eine Nachricht über die Besiegelung hinzu und bestätigt, dass neben dem Siegel des Ausstellers auch das Siegel der Stadt Leitmeritz angehängt war. Es gibt keinen Grund, dieser Behauptung nicht Glauben zu schenken. Das Siegel der Stadt sollte die Authentizität der Urkunde bekräftigen, die von einem Angehörigen des niederen Adels ausgestellt wurde.

Ein vergleichbarer Fall, ebenfalls für das Kloster in Altzelle, entstammt ungefähr derselben Zeit. Nur aus einer tschechischen Übersetzung kennen wir die Angaben über den Verkauf eines Zinses durch Jan von Hořenec an das Kloster aus der Zeit nach 1250, die bestätigen, dass die Urkunde neben dem Aussteller auch Leitmeritz besiegelt hat.[105] Diesmal sind beide Siegel in der Corroboratio angekündigt. Es handelt sich um einen ähnlichen Fall der Bestätigung der Glaubwürdigkeit eines Geschäftes, da eine eigene Beteiligung der Leitmeritzer an diesem nicht festzustellen ist. Es ist offensichtlich, dass besonders das Kloster Interesse an einer solchen Garantie hatte, weshalb wohl auch die beiden Urkunden entstanden sind. Ein solcher Zusammenhang weist auch darauf hin, dass sich die Stadt ein Siegel besorgen wollte.

Unter Přemysl Otakar II. kommen Stadtsiegel immer häufiger vor. Nach Brünn 1258[106] sind das Iglau im selben Jahr,[107] Brüx im Jahre 1264[108] und Prag ebenfalls 1264[109] und dann auch weitere Städte. Wie man sieht, handelte es sich um größere Städte, für die eine urkundliche Tätigkeit in stärkerem Maße belegt ist. Bald begegnen wir aber auch Siegeln kleinerer Städte, deren urkundliche Belege sonst rar sind, zuerst in Freudenthal[110] und in Mährisch Trübau.[111] Die umfangreichen älteren Untersuchungen haben die Stadtsiegel bereits diplomatisch und auch sphragistisch ausgewertet, so dass man sie nicht erneut aufzählen muss. Für die Untersuchung der Entwicklung von städtischen Institutionen genügen diese Bemerkungen, weil das Siegel immer ein Nachweis der Existenz einer Rechtsstadt und ihrer Eigenständigkeit ist.

Viel später als die Siegel der Städte treten die Siegel der Bürger auf. Es ist über alle Zweifel erhaben, dass es wohlhabende Bürger mit bedeutender Stellung waren, die oft über Bodenbesitz verfügten, aber es ist, das sei erlaubt zu sagen, zugleich auch ein Ausdruck ihres Selbstbewusstseins. Bei den ersten beiden Urkunden, die mit dem Siegel eines Bürgers versehen waren, handelt es sich um keinen einfachen Fall. In einem geringen Zeitabstand, am 25. Oktober und am 2. November 1258, wurden Urkunden durch den Münzmeister Heinrich Vogel (Henricus dictus Avis) ausgestellt. Bei der ersten von ihnen ist er der alleinige Aussteller,[112] während er in der

104 CDB IV, Nr. 220.
105 CDB IV, Nr. 201. Weil das Datum nicht genau bestimmt ist, kann auch die Reihenfolge der Entstehung der Urkunden nicht festgestellt werden.
106 CDB V/1, Nr. 161.
107 CDB V/1, Nr. 168.
108 CDB V/1, Nr. 402.
109 CDB V/1, Nr. 426.
110 CDB V/2, Nr. 489. Dieser Urkunde wird man noch bei der Behandlung der Gründungsprivilegien Aufmerksamkeit schenken müssen.
111 CDB V/2, Nr. 628. Das ist das erste Beispiel eines Siegels einer Stadt, die der adligen Obrigkeit, den Herren von Riesenburg, unterstellt ist.
112 CDB V/1, Nr. 167.

zweiten zusammen mit drei weiteren Münzmeistern gemeinsam mit Vertretern der Stadt Iglau auftritt.[113] Heinrichs Siegel hängt an beiden, an der zweiten neben den Siegeln der Mitaussteller. Im ersten Falle, in einer ausgesprochenen Bergbauangelegenheit, beim Ausmessen der Stollen im Revier von Deutschbrod, ist nur das Siegel Heinrichs in der Corroboratio angekündigt und auch angehängt.[114] Dagegen handelt es sich im anderen Fall, wo auch das Stadtsiegel von Iglau nicht fehlt, um ein Spital. In einer Bergangelegenheit war es kaum möglich, die Unterstützung durch ein Stadtsiegel zu erwarten, und das um so mehr, als sie keine Machtbefugnisse der Stadt Iglau betrifft und angesichts der Lage des Bergwerks auch nicht den Iglauer Rechtsraum. Man kann natürlich nicht daran zweifeln, dass der Münzmeister „standesmäßig“ kein Adliger war und also zu den Bürgern gehörte, aber seine Entscheidung fällte er kraft seiner Amtsstellung. Im zweiten Fall, wo gleich vier Münzmeister auftreten, fehlt das Stadtsiegel nicht mehr. Es handelt sich also um unterschiedliche Kompetenzen.[115] Wie weit auch immer die Münzmeister Bürger sind, handelt es sich bei ihrer Siegelung nicht um ein „reines“ Siegel von Bürgern, sondern bleibt immer auch Teil ihrer Amtstätigkeit.

Das Siegel eines Bürgers, der keine Amtsstellung hat, finden wir noch ein wenig später in Leitmeritz, wo 1262 ein Streit zwischen dem Kloster Doxan und Johannes, dem Sohn von Herbert, geschlichtet wurde.[116] Neben dem Siegel des Klosters und dem der Stadt Leitmeritz wird auch das Siegel von Johannes angefügt. Der Bürger trat hier also in seiner eigenen Besitzangelegenheit auf. Das Siegel der Gegenseite ist hier eigentlich selbstverständlich, weil es sich um eine beiderseitige Zustimmung zur Beilegung des Streites handelt, und das Siegel der Stadt tritt hier nicht nur als Nachweis der Autorität des Ausstellers auf, repräsentiert wird *iurati et scabini civitatis*, sondern auch als Garantie der Richtigkeit der Vereinbarung. Auch in den folgenden Jahren treffen wir Siegel der Bürger von Leitmeritz an.[117]

In späterer Zeit sind die Siegel der Bürger nicht allzu zahlreich. Auch in den Fällen ihrer eigenen Rechtshandlung werden sie in der Corroboratio von Urkunden nicht immer angekündigt,[118] was zeigt, dass die einzelnen Bürger noch nicht selbst Siegel führten und sich auf die durch das Stadtsiegel gebotene Garantie als Sicherheit der Rechtshandlung verließen. Auch in Städten, wo die Verschriftlichung von Rechtsak-

---

113 CDB V/1, Nr. 168. Zu dieser Urkunde auch weiter oben bei der Behandlung der Bürger als Aussteller von Urkunden.

114 Šebánek, Česká listina [Die böhmische Urkunde] 3, S. 125, weist darauf hin, dass es sich um die einzige Urkunde aus der Zeit vor 1306 handelt, die nur unter dem eigenen Siegel eines Stadtbewohners ausgestellt wurde.

115 Bereits weiter oben, vgl. auch die Anmerkung 52, wurde auf die mangelnde Differenzierung zwischen der Stadt- und Bergverwaltung hingewiesen.

116 CDB V/1, Nr. 347.

117 Šebánek, Česká listina [Die böhmische Urkunde] 3, S. 128–129.

118 Von den von Olmützer Bürgern ausgestellten Urkunden wurde neben dem Stadtsiegel nur die Urkunde CDB V/2, Nr. 537 mit dem eigenen Siegel des Ausstellers, versehen. Drei andere, d. h. CDB V/2, Nr. 638, Nr. 861 und CDM IV, Nr. 155, weisen, obwohl sie direkt die Eigentumsinteressen der Bürger betreffen, deren Siegel nicht auf. Dieser Feststellung widerspricht keineswegs, dass der Ursprung aller Urkunden im Kloster Hradisch bei Olmütz zu suchen ist.

ten der Bürger bereits stärker entwickelt war, treffen wir nur das Stadtsiegel an.[119] Wir begegnen auch Fällen, in denen der am Rechtsgeschäft beteiligte Bürger direkt verkündet, dass er kein eigenes Siegel hat, und deshalb um die Anbringung des Siegels seiner Stadt bittet,[120] die dann auch die Garantie übernimmt. Dies wird ein häufiger Fall gewesen sein, auch wenn in den Urkunden darüber keine Nachricht erscheint.

Ein wenig anders müssen die Siegel der Richter gedeutet werden, wenn sie diese als Repräsentanten der Städte anhängen. Sie tun dies Kraft ihres Amtes, in der Regel gemeinsam mit den Geschworenen oder mit der Gemeinde der Bürger, und man hat deshalb ihre Siegel als Ausdruck von urkundlichen Bedürfnissen der Stadt aufzufassen. Es handelt sich um das gleiche Verhältnis, wie es oben gezeigt wurde, ob nun der Richter die Urkunde in eigener Sache oder als Vertreter einer städtischen Korporation ausstellt. Aus der Art der Besiegelung ergibt sich, dass die Autorität der Stadt hinter dem Rechtsgeschäft der Bürger steht, ob nun die Aussteller als Stadt oder als Bürger auftreten, und dass mit Ausnahme eines einzigen Falles einer selbständigen Besiegelung durch den Bürger selbst die Stadt in der Regel die Garantie der Richtigkeit der Urkunde übernimmt.

Das Siegel ist zwar kein Beweis für eine eigene urkundliche Tätigkeit der Stadt, es bedeutet noch nicht die Existenz einer städtischen Kanzlei, aber es weist schon auf das Interesse der Städte an der schriftlich autorisierten Erfassung von Rechten und auf eine positive Einstellung zur Urkunde hin. Und dies deutet schon die künftige Entwicklung von städtischen Kanzleien an. Aus der Sicht der diplomatischen Forschung handelt es sich um eine wichtige Stufe in der städtischen Entwicklung, aus institutioneller Sicht verschiebt sich der Blickwinkel ein wenig. Es ist zwar ein Zeugnis für die Stabilisierung der inneren Verwaltung der Städte, für die Beurteilung des Rechtslebens der Stadt ist es aber sekundär. Die Nachrichten über die Anfänge der schriftlichen Fixierung der städtischen Verhältnisse sind noch sehr lückenhaft und man muss mit vielen nach dem Gewohnheitsrecht folgenden mündlichen Akten rechnen. Darüber hinaus ist höchst auffällig, wie selten die Beteiligung der Städte an Empfängerausfertigungen von Urkunden ist.[121]

Nur in ganz wenigen Städten kann man die Anfänge eines städtischen Notariats verzeichnen,[122] wie es in Iglau geschehen ist. Dort kann man tatsächlich einen städtischen Notar antreffen kann, wie in Leitmeritz, in Brüx, in Deutschbrod, in Prag in der Altstadt und auch auf der Prager Kleinseite, in Budweis und anderwärts, han-

119 Z. B. im Umkreis der Stadt Brüx, siehe Šebánek, Česká listina [Die böhmische Urkunde] 3, S. 129–130. Die Situation ist sogar in Prag ähnlich.

120 Der Brünner Bürger Rudolf, Sohn Poszolds, verkündet 1260 bei der Erteilung des Patronatsrechts zur Kirche Allerheiligen an das Kloster Oslawan: *quia sigillo carui, cum sigilli munimine civium in Brunna … ordinavi ad cautelam*, CDB V/1, Nr. 237. Ähnlich bittet 1267 der Leitmeritzer Bürger Siegfried bei der Schlichtung des Streites mit dem Propst von Wyschehrad: *quia sigillum non habeo, sub testimonio prescriptorum civium et in communi iudicio Lutomiricensi … sigillum civitatis peto … appendi*, CDB V/2, Nr. 511.

121 Šebánek, Česká listina [Die böhmische Urkunde] 3, S. 108–111.

122 Hier kann man der bisherigen diplomatischen Forschung Vertrauen schenken, siehe insbesondere Šebánek in dem angeführten Artikel, und man muss sich nicht mit den einzelnen, übrigens nicht allzu zahlreichen, Fällen beschäftigen.

delt es sich oft um einen mit einer kirchlichen Institution (in Leitmeritz mit dem Kapitel) oder mit dem Stadtherrn (Deutschbrod) gemeinsamen Notar. Es sind wieder die bedeutenden Städte, für die man auch rege Rechtsgeschäfte nachweisen kann. Nur Deutschbrod ist eine einem Adligen unterstellte Stadt, die übrigen sind königliche Städte. Eine grundlegende Wende für die Entwicklung von städtischen Kanzleien bringt erst das 14. Jahrhundert mit dem Anlegen von Stadtbüchern, mit der Zusammenstellung von Stadtrechtsartikeln oder mit der Herausgabe von Belehrungen in Rechtsangelegenheiten, worin sich der Kreis der städtischen Dokumente erweitert und das Bedürfnis nach eigenen städtischen Institutionen der Schriftlichkeit geweckt wird.

Es sind noch zwei Formen zu erwähnen, in denen die Urkunden über städtische Angelegenheiten berichten. Über Rechtsgeschäfte von Bürgern kann man auch Nachrichten aus Urkunden gewinnen, die weder für die Stadt noch durch die Stadt ausgestellt wurden. Das ist der Fall, wenn in Urkunden anderer Personen Informationen über Rechtsgeschäfte von Bürgern erscheinen, ohne dass sie auf irgendeine Weise an der Ausstellung beteiligt sind.[123] Schließlich treffen wir auch einen Fall an, in dem die Stadt nur ein passives Objekt des Gebots des Landesherrn ist, wie es bei der Exemtion der Leute der Leitmeritzer Kirche aus jedweder fremden Gerichtsbarkeit geschehen ist, wobei ausdrücklich betont wird, dass weder der Richter noch die Bürger in das Gerichtswesen eingreifen dürfen.[124] Es ist klar, dass diese Urkunde ohne eine aktive Beteiligung der Bürger ausgestellt wurde, die darin eine Einschränkung sehen mussten, aber von der Stadtverfassung zeugt sie sicher.[125]

Was bisher gesagt wurde zeigt, dass der Blick auf Urkunden, die etwas über die Stadtverfassung und über städtische Institutionen auf unserem Boden aussagen, mit ihrer diplomatischen Erfassung nicht ganz identisch ist. Es ist selbstverständlich, dass ohne eine diplomatische Untersuchung und Einordnung auch kein Versuch einer Beurteilung unter dem Aspekt der Geschichte von Rechten und Institutionen unternommen werden kann, aber im Rahmen des gegebenen Anliegens war es nicht nötig, die gesamte Materie zu behandeln, und die Beispiele haben zur allgemeinen Orien-

[123] CDB IV, Nr. 233 – Přemysl Otakar II., Markgraf von Mähren, bestätigt 1251 dem Spital der Deutschordensritter in Königgrätz Güter, die diesem von zwei Königgrätzer Bürgern geschenkt worden sind. Man kann annehmen, dass dies kurz vor der Ausfertigung der Urkunde geschehen ist. Am 5. April desselben Jahres 1251 hatte Přemysl Otakar II. dem Spital alle Rechte bestätigt, CDB IV, Nr. 209, und bereits am 2. September wurde die Urkunde über die Schenkung der Bürger ausgestellt. Gleichzeitig hat Přemysl Otakar II. dann auch die Rechte bestätigt, die sonst durch die Urkunde vom April gedeckt waren. Es wird auch gesagt, dass die Bürger dem Orden beigetreten sind.

[124] CDB IV, Nr. 232. Andere Mandate des Herrschers waren an Städte adressiert, so dass sie nicht in diese Gruppe gehören, auch wenn sich einige Klöster ihre Ausstellung zu ihren Gunsten erbeten haben. Vgl. z. B. das Mandat Přemysl Otakars II. an die Olmützer zu Gunsten der Dominikaner von Olmütz, CDB IV, Nr. 198, um das Jahr 1250, oder die zwei Mandate König Přemysl Otakars II. an die Bürger von Brünn, CDB V/1, Nr. 155 und Nr. 301, aus den Jahren 1255–1258 bzw. 1261, das die Schwestern des Herburgenklosters in Brünn vor Abgaben und vor Beschränkungen auf dem Markt schützt. Siehe Kejř, Trhy [Märkte], S. 32, mit der Erläuterung der Wendung *iura foralia* sowie mit weiteren Angaben.

[125] Eine gewisse Analogie bildet die Urkunde Přemysl Otakars II. vom Jahre 1247, CDB IV, Nr. 223, für die Brünner Dominikaner, die nicht die Rechte der Gemeinde betrifft, wo aber Brünner Bürger Zeugen sind.

tierung genügt. Trotz dieser vereinfachten Zusammenfassung kann man die Behauptung wagen, dass für die sachliche Bewertung von Urkunden, die etwas über Städte aussagen, vier Hauptfaktoren zu berücksichtigen sind:

1) die Entstehungszeit, d. h. die der tatsächlichen Niederschrift der Urkunde, nicht nur ihr angeführtes Datum,
2) das Territorium, auf dem sie ausgestellt wurde,
3) die allmähliche Entwicklung und Eingliederung von Rechtsinstitutionen,
4) der Aussteller, eventuell der tatsächliche Verfasser der Urkunde.

Alle diese Faktoren sind besonders bei der Einschätzung der Terminologie zu berücksichtigen.

Man sieht, dass die Zusammenstellung von Urkunden, die von der Entstehung und Entwicklung der Stadtverfassung Zeugnis ablegen, ungemein vielfältig ist. Auf der Ausstellerseite sind an solchen Urkunden – im weiteren Sinne, wie oben dargelegt – beteiligt:

1) der Landesherr bzw. die Mitglieder des Herrschergeschlechts,
2) kirchliche Institutionen, darunter insbesondere kirchliche Herren der nichtköniglichen Städte,
3) weltliche Herren der Städte,
4) eine andere Person oder Institution außerhalb der Stadt,
5) die Stadt als eine durch den Richter, die Geschworenen, die Stadtgemeinde repräsentierte Korporation,
6) der Richter in eigener Sache oder in Vertretung der städtischen Korporation,
7) einzelne Bürger,
8) die in der Stadt niedergelassenen Institutionen, z. B. Klöster.

Als Empfänger treten auf:

1) die Stadt, d. h. die städtische Korporation als Gesamtheit der Bürger,
2) der Richter,
3) einzelne Bürger oder eine Gruppe von Bürgern in eigener Sache,
4) kirchliche Institutionen in der Stadt,
5) die kirchliche Obrigkeit,
6) die weltliche Obrigkeit,
7) ein anderer Empfänger.

Schließlich ist auch eine andere Beteiligung der Stadt zu berücksichtigen:

1) der Bürger als Zeuge,
2) das Stadtsiegel,
3) die Anfänge der städtischen Kanzlei und die Schreiber,
4) die in den Urkunden erfassten Rechtsgeschäfte der Bürger, bei denen die Stadt weder Aussteller noch Empfänger ist,
5) eine andere Beteiligung, bei der die Stadt oder die Bürger ein Objekt des Handelns anderer Personen sind.

Ein solches Schema erleichtert die Orientierung in den Aussagen der Urkunden über die Städte im Blick auf die Rechtsgeschichte und die Geschichte von Institutionen. Gestützt auf die diplomatische Forschung kann es helfen, die Verlässlichkeit von Angaben zu erkennen und dadurch die Untersuchungen über Inhalt und Umfang der an die Städte verliehenen Rechte zu unterstützen. So individualisiert es die Beziehungen zwischen den außerstädtischen Subjekten und der Stadt und bestätigt die Regel, dass jede Stadt eine eigenständige Größe ist, deren Stellung nicht für andere Städte verallgemeinert werden darf. Die Gesamtlinie der Entwicklung von Rechtsstädten soll also nicht in Analogien, sondern im sorgfältigen Vergleich von genau abgegrenzten und festgestellten Tatsachen gesucht werden.

II. TERMINOLOGIE

Veränderlichkeit der die Städte betreffenden Termini. – Schwierigkeiten ihrer Interpretation. – Notwendigkeit der Verfolgung zeitlicher Schichten und der geographischen Verbreitung. – Die Bezeichnungen von Siedlungen: villa, vicus, locus, burgus, oppidum, urbs, municipium, civitas, forum. – Die Bezeichnungen von Personen: civis, burgensis, habitator, incola, urbanus, oppidanus, civitatensis, locanus, homo. Nachtrag: *Deutsche Ausdrücke in städtischen Urkunden.*

Zu den bedeutendsten Stützen für die Entscheidung, ob einem Siedlungskomplex die Qualifizierung als Stadt zuerkannt werden kann, gehört seine Bezeichnung in schriftlichen Quellen und besonders in Urkunden. Man muss dabei allerdings mit größtmöglicher Vorsicht operieren und ständig die Wandelbarkeit der Terminologie, sowohl in ihrer Anwendung in verschiedenen Territorien, als auch in ihrer zeitlichen Verschiebung in Betracht ziehen.[1] Die Terminologie der Städte ist als Bestandteil der allgemeineren Terminologie der Siedlungen zu betrachten,[2] aber ihre Stabilisierung gehört erst der Stadtentstehungszeit seit dem 11. oder 12. Jahrhundert an, im Falle Böhmens und Mährens erst dem 13. Jahrhundert.

---

[1] Die ausführliche Studie über die Terminologie in Nordeuropa von H. Andersson, Urbanisierte Ortschaften, deren Ergebnisse von erstrangiger Bedeutung sind, ist im Vergleich mit unserem Anliegen ein wenig anders ausgerichtet, weil sie nicht die genau abgegrenzte Terminologie der Städte zu erfassen versucht, sondern allgemeiner die Terminologie von Städten mit städtischen Zügen. Deshalb berücksichtigt sie auch die Bezeichnung von Ortschaften, die noch nicht die Stellung von institutionellen Städten haben und die man auch unter Bezeichnungen wie Märkte, Suburbia und dergleichen einordnen könnte. Für die Untersuchung der Terminologie in Böhmen und Mähren sind auch die vorzüglichen Arbeiten: M. Pfütze, „Burg“ und „Stadt“ in der deutschen Literatur des Mittelalters, Beiträge zur Geschichte der deutschen Sprache und Literatur 80, 1958; K. S. Bader, stat – Kollektaneen zur Geschichte und Streuung eines rechtstopographischen Begriffs, BDLG 101, 1965, S. 8–66; oder G. Köbler, Frühmittelalterliche Ortsbegriffe, BDLG 108, 1972, S. 1–27, keine große Hilfe, weil sie sich mit altdeutschen Begriffen und ihrer Bedeutung zu der Zeit befassen, aus der bei uns noch keine volkssprachlichen Quellen existieren. Dagegen kann man die Bedeutungen der jeweiligen im Kapitel über die Terminologie erfassten Begriffe bei H. G. Gengler, Alterthümer, S. 349–360, vergleichen; es zeigt sich aber, dass ihre Anwendung und ihr Inhalt in einer Reihe von Fällen sachlich nicht unseren Quellen entspricht. Bedeutende Abweichungen weisen auch die Bezeichnungen für Stadtbewohner (*cives, habitatores, incolae*) im Ordensland auf, wie in einer detaillierten Untersuchung G. Kisch, Studien zur Rechts- und Sozialgeschichte des Deutschordenslandes, Sigmaringen 1973, bes. S. 33–46, nachgewiesen hat, so dass man auch von hier keine zuverlässigen Parallelen zur Terminologie in den böhmischen Ländern gewinnen kann.

[2] M. Bláhová, Evropská sídliště [Europäische Siedlungen], S. 125–131, stellte Übersichten von der Verwendung der Termini und ihrer Bedeutungen bis etwa ins 10. Jahrhundert zusammen. In keinem Fall kann einer von ihnen als Stadt interpretiert werden.

Die Bedeutungsveränderung verschiedener Termini ist so beträchtlich, dass man zuerst ihre Interpretation versuchen muss, um zu gesicherten Schlussfolgerungen gelangen zu können.[3] Das bedeutet allerdings, die Geschichte der Begriffe zu untersuchen, die zugleich die Geschichte ihrer Bedeutung und ihrer Verbreitung ist.[4] Die Begriffe sind in ihrer Bedeutung nicht eindeutig, worauf in den jüngsten Studien mit Nachdruck hingewiesen wurde, und aus der lediglich terminologischen Feststellung können in der Regel keine sicheren Erkenntnisse gewonnen werden.[5] Es bleibt also die Pflicht des Forschers, in größtmöglichem Maß die Aussagen der Quellen über die Terminologie zu erfassen[6] und alle Umstände der Herkunft, Wandlungen, Häufigkeit und sogar auch der individuellen Verwendung der einzelnen Ausdrücke und Wortverbindungen auf einer möglichst breiten Materialbasis zu erwägen. Besonders ist zu untersuchen, wann und in welchem Zusammenhang ein allgemeiner Terminus eine rechtliche Natur gewinnt und ob es im Laufe der Zeit nicht zu einer weiteren Verschiebung kommt. Es gibt sogar Fälle, in denen es bei ein und demselben Terminus, wie z. B. *burgus*, notwendig ist, jedes Vorkommen zu untersuchen und zu interpretieren,[7] weil eine einheitliche Interpretation nicht zu erreichen ist.

Man muss sich im ganzen Verlauf der Arbeit vor Augen halten, dass die Sprache der Quellen die Tatsachen in der Gestalt erfasst, wie sie die damalige Zeit verstanden hat, dass sich besonders die rechtlichen Tatsachen den Vorstellungen und der Terminologie von heute entziehen und dass es sogar Institutionen gibt, die mit unseren Begriffen nicht zu erfassen sind, weil sie unserem Begreifen inzwischen völlig fremd sind. Es ist notwendig, vereinfachte Übersetzungen aus dem Lateinischen, die den Gehalt des lateinischen Ausdrucks nicht erfassen zu vermeiden und sich vor der Übertragung unserer rechtlichen Kategorien in die Vergangenheit zu hüten. So soll, nur beispielsweise, daran erinnert werden, dass der Bürger des 13. Jahrhunderts, obwohl die Bezeichnung gleich ist, eine völlig andere soziale und juristische Qualifizierung hatte als der Bürger des 19. Jahrhunderts oder der Bürger von heute. Auch der mittelalterliche Richter in seiner administrativen und zugleich gerichtlichen, mit verschiedenen Besitzrechten verbundenen Machtgewalt hat heute keine Analogie.

---

3 W. Hensel, Méthode archéologique, S. 300.

4 W. Schlesinger, Burg und Stadt, S. 139, hält dies für eine notwendige Forderung in der Verfassungsgeschichte. Übereinstimmend auch Köbler, Civis, S. 60. K. Kroeschell, Haus und Herrschaft, S. 51. Obwohl er von Schlesingers Darstellung sachlich abweicht, hält er dessen methodische Vorgehensweise für entscheidend. Ebenso, S. 18, verfährt er in Anknüpfung an einen anderen inhaltlich identischen Ausspruch von W. Schlesinger, Randbemerkungen zu drei Aufsätzen über Sippe, Gefolgschaft und Treue, in: Schlesinger, Beiträge I, S. 302: „Wortgeschichten, die zugleich Bedeutungsgeschichten und Verbreitungsgeschichten sind."

5 E. Ennen, Die Forschungsproblematik Bürger und Stadt, S. 9.

6 Zur Forderung, die E. Ennen, ebd., S. 12, geäußert hat, kann wie Kroeschell, Haus und Herrschaft, S. 18, die Bedeutung von Rechtsbegriffen betont werden. Wir sind darauf angewiesen, Schlussfolgerungen aus der frühen Rechtssprache zu ziehen, weil die Rechtswörter das Selbstverständnis des alten Rechts unmittelbar zum Ausdruck bringen. Kroeschell, S. 52, fügte hinzu, dass durch die rechtliche Bezeichnung ein Begriff der sozialen Realität ausgesprochen wird, auf die er dann als gestaltende Kraft einwirkt. Das Wort ist laut Kroeschell, S. 51, der einzige methodisch sichere Zugang zum Sinn und dadurch auch zur Sache selbst. Es gibt keinen anderen unmittelbaren Zugang als über die Terminologie der Quellen.

7 H. Ammann, Vom Städtewesen Spaniens, S. 140–141.

Man begegnet Fällen, in denen die verschiedensten Ausdrücke als Synonyme zur Bezeichnung eines bestimmten Siedlungstyps dienen, und umgekehrt, wo ein und derselbe Ausdruck in unterschiedlichem Sinne gedeutet werden kann.[8] Von der richtigen Interpretation hängt das Verständnis für die Siedlungssituation ab.[9] Eine erste Aufforderung zur Vorsicht ist schon der Umstand selbst, dass wir tschechische Ausdrücke nur in Ausnahmefällen antreffen werden. Die gesamten Bemühungen oder auch Schwierigkeiten, die lateinische Termini betreffen, beruhen darauf, dass seit der Antike deren Bedeutungshintergrund eine mehr als tausendjährige Entwicklung, durchgemacht habt. Die Suche nach geeigneten Wörtern aus der alten und nur noch den Gebildeten bekannten Sprache, um mit ihnen neue Tatsachen auszudrücken, führte selbstverständlich zu inhaltlichen Veränderungen. Es zeigte sich wiederholt, dass man die römisch-rechtlichen Bedeutungen aus der Antike von denen in früh- oder auch spätmittelalterlichen Quellen unterscheiden muss, wo sie schon andere historische und in unserem Falle neue siedlungsorganisatorische Tatsachen ausdrücken.[10]

Allgemein werden zwei für die Erforschung der Terminologie bedeutende Gesichtspunkte angeführt, nämlich das Territorium und die Zeit, in denen der Terminus festgestellt wird.[11] Es ist sicher unerlässlich festzustellen, in welchem Territorium ein Terminus aufgekommen ist und sich eingebürgert hat, oder von wo aus er auch in andere Territorien übernommen wurde. Ebenso müssen sein Auftreten in der Zeit und somit auch seine allmählichen Veränderungen untersucht werden. Aber zu diesen beiden Voraussetzungen muss noch eine weitere gleichwertige hinzutreten, die mit dem gleichen Ernst zu untersuchen ist – und schon jetzt kann gesagt werden, dass dies in der Regel noch schwieriger sein wird – nämlich die Entstehung der Quelle, in der der Terminus auftritt. Dies gilt selbstverständlich für Chroniken, für die man überprüfen muss, wie der Autor zu der gegebenen Bezeichnung gelangt ist,[12] aber mit

---

8 Denecke, Der geographische Stadtbegriff, S. 37.

9 W. Hensel, Méthode archéologique, S. 301; Ders., Anfänge der Städte, S. 17.

10 Das Tschechische hat keine Möglichkeit, sich bei der Interpretation von Quellen auf Begriffe in alten Glossen zu stützen, wie sie das Deutsche seit dem 8. Jahrhundert überliefert. Die lateinischen Termini versuchten nämlich die Tatsachen zum Ausdruck zu bringen, die das Rechtssystem der damaligen Zeit in der Volkssprache kannte, und die Übersetzung ins Lateinische war schon gleichzeitig eine Begriffsverschiebung. Man muss sich deshalb vom „Latinismus" der rechtlichen und verfassungsrechtlichen Quellen frei machen und nach Phänomenen und Institutionen suchen, die durch sie in viel späterer Zeit erfasst wurden. Die deutschen Glossen sind deshalb eine wichtige Stütze für das Verständnis der Bedeutung von lateinisch ausgedrückten Institutionen, wie dies W. Schlesinger, Die Entstehung der Landesherrschaft, 3. Aufl., Darmstadt 1964, S. 11, in die wissenschaftliche Literatur eingeführt und in Anknüpfung an ihn W. Stach, Wort und Bedeutung im mittelalterlichen Latein, DA 9, 1952, S. 333, breiter ausgeführt hat. Wie viel man auf diesem Wege, der dem tschechischen Forscher bis zum 13. Jahrhundert verweigert ist, feststellen kann, bezeugen die wiederholt angeführten Arbeiten von G. Köbler. Es wäre überflüssig, die Hinweise auf betreffende Studien und Artikel allzu sehr zu vermehren, vgl. z. B. Dilcher, Rechtshistorische Aspekte, S. 14; F. Geppert, Burgen und Städte, S. 162; u. a.

11 Für andere können angeführt werden: G. Des Marez, Le sens juridique du mot oppidum, S. 339; Denecke, S. 37; Ammann, Vom Städtewesen Spaniens, S. 149.

12 Als Beispiel kann die Vincentius-Chronik angeführt werden, FRB II, S. 445, wo der Chronist zum Jahre 1159 über *burgus* spricht: *vix per unum miliare a Bononia in burgo ad sanctam Helenam.* Der Autor verwendete eine Bezeichnung, die er in Italien kennengelernt hatte, wo sie geläufig war, aber er

noch größerem Nachdruck ist dies für diplomatische Quellen zu fordern. Hier muss man verfolgen, wer der Verfasser ist und welche Terminologie seine Kanzleidiktatoren verwendet haben,[13] in welchem Maße sich der Terminus tatsächlich verbreitet hat, und ob ihm verschiedene Kanzleien die gleiche Bedeutung zuschreiben und in welcher Zeitspanne. Diese Bedeutung muss nicht mit der Zeit übereinstimmen, in der er allgemein verwendet wird.[14] Das bedeutet, dass solchen Anforderungen nur eine diplomatisch gut beglaubigte Urkunde Rechnung tragen kann. Das ist auch einer der Gründe, warum wir hier ein Kapitel über die Klassifizierung von städtischen Urkunden aufgenommen haben. Auf diese Weise sollte der Weg zu ihrer möglichst genauen Interpretation geebnet werden.

Das Schwanken der Terminologie, die verschiedene Arbeiten zu erfassen und zu erklären versuchen,[15] dauerte in verschiedenen Ländern vom frühen Mittelalter bis zur Zeit des stabilisierten städtischen Systems. In den böhmischen Ländern ist man in dieser Hinsicht in einem gewissen Vorteil, weil die Phase der Entstehung von vollwertigen Städten nicht nur einen entscheidenden Meilenstein in der Entfaltung des Siedlungsnetzes darstellte, sondern auch die Veränderung von Organisationsprinzipien. Zu dieser Entstehung kommt es relativ plötzlich im 13. Jahrhundert und die früheren Bezeichnungen können sich so in ihrer Bedeutung und Entwicklung vergleichen lassen. Auch an der Terminologie zeigt sich, dass wir in den böhmischen Ländern von der tatsächlich entwickelten Stadt nicht vor dem 13. Jahrhundert sprechen können.[16] Ein entscheidendes Kennzeichen für die Beweiskraft der Terminologie ist ihre Stabilität, also eine Verwendung, die den genau abgesteckten Institutionen entspricht. Wann sich die Terminologie stabilisiert, ist deshalb eine wichtige Frage für die Interpreta-

---

beeinflusste dadurch keineswegs ihre Übernahme bei uns, zu der es viel später auf einem völlig anderen Weg gekommen ist.

[13] Dies hat richtig J. Tomas, Města v severozápadních Čechách [Die Städte in Nordwestböhmen], S. 92–100, im Kapitel über die Terminologie betont. Er behandelte die Terminologie bei einigen Notaren der Zeit Přemysl Otakars I. und Wenzels I., aber mit einigen Schlussfolgerungen wird man vorsichtig arbeiten müssen. Man muss nämlich auch berücksichtigen, für welche Kanzlei der Notar arbeitete und in wessen Autorität die Urkunde ausgestellt wurde. Zur im Prinzip richtigen Beobachtung von Tomas siehe auch unten!

[14] Mit dieser Forderung stimmt auch E. Ennen, Forschungsproblematik Bürger und Stadt, S. 12, durch ihre präzise Formulierung überein: „Die großen Kanzleien, des Königs, der Bischöfe, entwickeln ihren eigenen terminologischen Kanzleigebrauch, den man kennen muß. Bei urkundlichen Quellen ist immer der Aussteller zu berücksichtigen, sonst laufen wir Gefahr, Kanzleigebrauch als räumliches Verbreitungsbild oder Entwicklungskriterien mißzuverstehen."

[15] Das sind besonders die bereits angeführten Arbeiten: Stoob, Kartographische Möglichkeiten; Kulejewska-Topolska, Oznaczenia i klasyfikacje [Bezeichnung und Klassifizierung von Städten]; Ennen, Forschungsproblematik Bürger und Stadt; Sydow, Stadtbezeichnungen; Köbler, Civis; Andersson, Urbanisierte Ortschaften. Eine Anzahl von Arbeiten widmet sich speziell einer bestimmten Bezeichnung, so von den bereits hier angeführten Geppert und Des Marez (wie Anm. 10 und 11). Im Weiteren werden auch andere ähnlich spezialisierte Studien berücksichtigt. In mehreren Arbeiten erscheinen im Rahmen weiterer Themen wichtige Ausführungen über die Terminologie. In der tschechischen Fachliteratur M. Bláhová, in der oben zitierten Arbeit (siehe Anm. 2) sowie einige Studien von Z. Fiala und J. Žemlička, auf die später hingewiesen wird.

[16] Von dieser Trennungslinie an, die ungefähr entlang der westlichen Grenze Böhmens verläuft, kann man keine institutionelle Stadt vor dem 13. Jahrhundert feststellen; Stoob, Die Ausbreitung, S. 118–119. Übereinstimmend auch Kejř, Možnosti a meze [Möglichkeiten und Grenzen], S. 192.

tion der Institutionen selbst. Gegenüber der Bedeutungsvielfalt der Termini in der älteren Zeit der Herausbildung und Durchsetzung existieren dann in der Zeit ihrer völligen Stabilisierung meistens schon eindeutige Termini. Ausnahmen oder überdauernde Unbestimmtheiten findet man sicher auch dann noch, aber sie stören nicht die bereits nachgewiesene Eindeutigkeit der Ausdrücke. Dennoch erscheinen neben sicheren Bezeichnungen für Städte und ihre Bewohner wie *civitas*, *oppidum* oder *burgensis* auch mehrdeutige oder unbestimmte Ausdrücke wie *forum*, *locus*, *burgus* und ähnliche,[17] die vorsichtig interpretiert werden müssen, damit man daraus Erkenntnisse über die institutionelle Einordnung gewinnen kann.

Relativ häufig sind die Fälle, in denen nur ein Ortsname ohne eine nähere Bestimmung angeführt wird. Hier muss man beurteilen, ob die Qualifizierung des Ortes schon durch eine frühere Quelle nachgewiesen wurde, da auch bekannte Städte ohne eindeutige Bezeichnung auftreten.[18] Gleichzeitig muss man auch erwägen, in welchem Maße man Ausdrücke, die nicht dem Verfassungscharakter der Stadt im Sinne der städtischen Ordnung entsprechen, z. B. *villa forensis*, *forum* u. Ä., interpretieren kann. Der Hinweis genügt nicht, dass die Urkunde von einem Notar ausgefertigt wurde, der diese oder eine andere Bezeichnung zu verwenden pflegte.[19] Herman, Notar König Přemysl Otakars I., verfasste die Urkunden für Troppau, Königgrätz und Znaim, in denen er den Terminus *civitas* ganz deutlich für die entstehende institutionelle Stadt verwendet hat, wie durch den Inhalt der Urkunden, durch die Art der erteilten Rechte sowie durch die Tatsache nachgewiesen ist, dass es sich um königliche Urkunden handelte.[20] Der Notar O 5, eigentlich der Olmützer Bischof Robert, verwendete als Prälat nicht den Ausdruck *civitas*, der für ihn mit dem Sitz der Diözese identisch war. Auch die Bezeichnung Brünns als *civitas* im Jahre 1238 kann man ihm, obwohl er der Aussteller der Urkunde ist, nicht zuschreiben,[21] weil er die Urkunde nicht diktierte. Es handelt sich um eine Empfängerausfertigung und ihre Vorlage bildeten einige Wendungen aus päpstlichen Urkunden.[22] Man kann also aus den Diktaten des Notars O 5 keine Schlussfolgerungen für eine vollwertige Bezeichnung von Städten ziehen. Schließlich treffen wir in den Schriftstücken, die der Notar Hilarius schuf, mit Ausnahme des Privilegs für Mährisch Neustadt, in dem die Bezeichnung *villa* verwendet wird,[23] nirgendwo mehr einen so bezeichneten Ort an, dem man den Titel einer Stadt im rechtlichen Sinne geben könnte.

17 Kuhn, Die deutschrechtlichen Städte, S. 169.

18 In der Aufzählung von Gütern des Klosters Welehrad im großen Privileg vom Jahre 1228, CDB II, S. 321, werden neben zahlreichen Dörfern auch *due curie in Opauia* und *molendinum in Vnisov* angeführt, die zu jener Zeit bereits die Stellung von Städten hatten. In einer späteren Zeit – die Urkunde ist nicht datiert – erhielt dasselbe Kloster vom Donator Radoslav *tria molendina in Oppauia*, wieder ohne eine nähere Bezeichnung, CDB II, Nr. 346. Diese Beispiele ließen sich noch erweitern.

19 In der weiteren Darstellung setzen wir uns mit der Erkenntnis von Tomas über die Terminologie bei den einzelnen Notaren, siehe oben, Anm. 13, auseinander.

20 CDB II, Nr. 265, 278, 288, nicht jedoch Nr. 305, wo mit dem Ausdruck *civitas*, der Jamnitz betrifft, eher die Burg gemeint ist, wie später gezeigt wird.

21 CDB III/2, Nr. 197.

22 Cf. Šebánek/Dušková, Listina v českém státě [Die Urkunde im böhmischen Staat], S. 125–127.

23 CDB III/1, Nr. 76. Zur Bezeichnung *villa* siehe die entsprechende Darstellung weiter unten.

Bevor wir an die Erläuterung einzelner Termini herangehen, schicken wir einen Hinweis oder besser gesagt eine Vorbemerkung voraus. Man kann Überlegungen über den Typ von Siedlungen nicht vermeiden, die durch verschiedene Termini erfasst werden. Eine solche Untersuchung wird für uns nur eine Hilfe bei der Bestimmung sein, in welchem Maße der Ausdruck der institutionellen Einordnung entspricht. Die Rekonstruktion der Topographie wird nur dort zur Ergänzung angeführt, wo sie die Entwicklung und Stabilisierung der Stadtverfassung zu erläutern hilft. Diese Absteckung des Gegenstandes ist notwendig, weil unsere Überlegungen sonst zu weit und zu einer anderen Ausrichtung der Arbeit führen würden, als es die Absicht des Autors ist.

Richtungsweisend für die Darstellung sind Quellen böhmischer Provenienz. Ausländische Quellen darf man allerdings nicht übersehen oder vernachlässigen, da sie entweder zum Vergleich dienen können oder als Grundlage für die Feststellung, wie der Begriff und auch die durch ihn erfasste Institution in unser Land eindrangen. Dabei muss man nicht nur Bedeutungsparallelen, sondern auch -abweichungen berücksichtigen.

Bei der Behandlung der einzelnen Ausdrücke und ihrer Bedeutungsveränderungen kann man relativ präzise drei Gruppen unterscheiden:

- A Bezeichnungen von Siedlungen.
- B Bezeichnungen von Personen.
- C Bezeichnungen von Rechten. In diesem Fall ergibt sich jedoch aus der Natur der Sache, dass der Zusammenhang mit dem Inhalt der Rechte so stark ist, dass die terminologische Untersuchung allein nicht zur völligen Erklärung ausreichen würde. Deshalb wird dies im Zusammenhang der Kapitel über die Rechtsstellung von Städten erörtert.

A) Bezeichnungen von Siedlungen

In der ersten Gruppe treffen wir sowohl die Qualifikationen der gesamten Siedlung als auch ihrer Teile an. Zu beginnen ist mit dem Ausdruck *villa*.

Villa

In einigen Regionen wird mit diesem Ausdruck gewöhnlich eine Stadt charakterisiert. So in Frankreich, wo *ville* zu einer allgemeinen Bezeichnung wird, aber auch in Ungarn. In Anknüpfung an französische Gebiete werden die Städte in benachbarten deutschen Grenzregionen stellenweise auch *villa* genannt.[24] Dieser Ausdruck kann

[24] Sydow, Stadtbezeichnungen, S. 244–245. Der Autor hat hier wiederholt die Städte im deutschen Südwesten erwähnt, die als *villa* bezeichnet werden, Der spätmittelalterliche Markt im deutschen Südwes-

also eine ziemlich breite Skala von Siedlungstypen, von einzelnen Gehöften bis zu tatsächlichen Städten, bezeichnen. In der böhmischen Überlieferung findet man eine Unmenge von Angaben über als *villa* bezeichnete Orte, aber in der überwiegenden Mehrheit handelt es sich nur um Dörfer. Eine andere Sache ist die Verbindung des Ausdrucks *villa* mit dem Adjektiv *forensis*, in der *villa forensis* schon einen institutionell unterschiedlichen Typus darstellt, über den später berichtet werden wird. Ein Ausnahmefall ist die Verwendung des Wortes *villa* für eine Stadt.

In der ältesten Stadturkunde auf unserem Boden, im Privileg für Mährisch Neustadt aus dem Jahr 1223,[25] bewilligte König Přemysl Otakar I. den Bürgern (*civibus nostris*)[26] die Rechte, die sie bereits zehn Jahre zuvor von seinem Bruder, dem Markgrafen Vladislav, erhalten hatten, und die man als Stadtrechte ansehen muss. Dazu gehören u. a. auch die Gerichtsbarkeit und das Magdeburger Recht. Der institutionelle Charakter ist noch nicht ganz präzise ausgedrückt: *dilectis civibus nostris de Vnisov, que est nova villa, in eodem oppido.* In Verbindung mit der Natur der bestätigten Rechte und mit dem Ausdruck *oppidum* bei der Bezeichnung des erblichen Richteramtes als *villicacio seu advocacia* kann kein Zweifel daran bestehen, dass der Ausdruck *villa* in der Zeit der nicht stabilisierten Terminologie als Stadt auszulegen ist. Dem entspricht auch der etwas jüngere Name Mährisch Neustadt und die spätere lateinische Bezeichnung *nova civitas.*[27] Gleiches kann aus der weiteren Urkunde für Mährisch Neustadt gefolgert werden, mit der 1234 Markgraf Přemysl Otakar *advocato et civibus in Vnichov* ihre Rechte bestätigt hat.[28] Die Stadt wird hier zweimal als *villa* bezeichnet, aber immer in Verbindung mit Privilegien, die zu Städten gehören, wie das Meilenrecht, oder die Festlegung der Grenzen. Sicher zeigte sich darin auch der Widerhall des vorhergehenden Privilegs von 1223. Es gibt also keine Zweifel, dass *villa*, eben deswegen, weil es mit anderen für eine Stadt typischen Merkmalen verbunden ist, auch hier als Bezeichnung für eine Stadt zu interpretieren ist.

Unpräzise ist der Beleg, den man im Jahre 1244 für Kladrau antrifft. In einer ziemlich komplizierten Entscheidung König Wenzels I. über die Verlegung des Spitals aus

---

ten, in: J. Treffeisen/K. Andermann (Hg.), Landesherrliche Städte in Südwestdeutschland, Oberrheinische Studien Bd. 12, Sigmaringen 1994, S. 30–31. Bereits Gengler, Alterthümer, S. 350, hat gezeigt, dass als *villa* die Städte Hagenau, Annweiler, Winterthur, Villingen und Esslingen bezeichnet werden, sämtlich aus den südwestlichen deutschen Gebieten. Wie unsicher die Bezeichnung in den Anfängen der Städte ist, zeigt sich am Beispiel von Jüterbog, das in der Urkunde von 1174 sowohl als *civitas* als auch als *villa* bezeichnet wird, siehe W. Schich, Die slawische Burgstadt und die frühe Ausbreitung des Magdeburger Rechts ostwärts der mittleren Elbe, in: Studien zur Geschichte des sächsisch-magdeburgischen Rechts in Deutschland und Polen, Rechtshistorische Reihe 10, Frankfurt am Main/Bern/Cirenester 1980, S. 39.

25 CDB II, Nr. 246. Gegen die älteren Zweifel wurde die Echtheit der Urkunde nachgewiesen, J. Šebánek, Uničovská listina [Die Urkunde für Mährisch Neustadt], ČSPSČ 60, 1952, S. 1–15.

26 Zum Ausdruck *cives nostri* siehe auch weiter bei den Überlegungen zum Terminus *civis.*

27 CDB V/1, Nr. 160. Es handelt sich um eine gefälschte Urkunde für die Stadt Gewitsch vom 6. VIII. 1258, die jedoch einige Teile aus ursprünglichen Urkunden übernommen hat. Die Passage, wo Mährisch Neustadt als Nova Civitas genannt wird, wird aus der Urkunde König Wenzels II. vom Jahre 1291 wiederholt, vgl. die einleitende Erläuterung zur Edition der Urkunde. Auch wenn also der Ausdruck Nova Civitas nicht schon auf das Jahr 1258 bezogen werden kann, ist sicher, dass er schon im 13. Jahrhundert verwendet wurde.

28 CDB III/1, Nr. 76.

Kladrau nach Mies[29], spricht man über die bisherige Lage des Spitals *in ipsa villa Cladrubensi.* Aber Kladruby erscheint schon früher in zwei Urkunden als Stadt, der ein Jahrmarkt erlaubt wird, und man trifft in den Urkunden ihren Richter und einen weiteren Kladrauer Bürger an.[30] Man kann aus der Verwendung des Ausdrucks *villa* sicher nicht auf den Verlust der städtischen Stellung Kladraus schließen und kann sie als eine Reminiszenz an den Status von Kladrau zur Zeit der Errichtung des Spitals ansehen, noch vor der Erwerbung des städtischen Status. Man kann aber auch auf eine terminologische Ungenauigkeit schließen, die in der Zeit der Entstehung von Städten leicht auftreten kann.[31]

In dem späteren böhmischen und mährischen Quellenkorpus finden wir keinen Fall mehr, wo sich *villa* auf eine Stadt beziehen könnte.[32] Die eben erwähnten Beispiele sind offenbar nur das Ergebnis einer terminologischen Übergangsauffassung, die bald festen Bedeutungen bestimmter Termini weicht.

Vicus

Diese sehr alte Bezeichnung einer Siedlungseinheit war Gegenstand zahlreicher Überlegungen und Analysen.[33] Die meisten Arbeiten betreffen eine viel ältere Zeit

---

29 CDB IV, Nr. 55. Dieser Urkunde werden wir auch in einem anderen Zusammenhang begegnen.

30 CDB IV, Nr. 44 und 46.

31 Die Urkunde ist von einer unbekannten Hand geschrieben, und ihr Diktat trägt Spuren von einer Zusammenarbeit zwischen dem Aussteller und dem Empfänger, Šebánek/Dušková, Panovnická und biskupská listina [Die landesherrliche und bischöfliche Urkunde], S. 44; Listina v českém státě [Die Urkunde im böhmischen Staat], S. 94–95. Man kann darauf aufmerksam machen, dass das Wort *villa* statt *vicus* auch für Siedlungen der Kaufleute benutzt wurde, Stoob, Kartographische Möglichkeiten, S. 24–25. Für Kladrau sind *mercatores Cladrubenses* in einer Urkunde belegt, die zum Jahr 1212/13 gehört, die aber erst kurz vor 1235 entstanden ist, also zu der Zeit, als Kladrau bereits Stadt genannt wird. Auch wenn es sich um zu unsichere Analogien handelt, sollte man sie wenigstens registrieren.

32 In den Gebieten, in denen sich das Stadtrecht und die Stadtverfassung erst in der Zeit der Neusiedlung verbreitete, erschien der Ausdruck *villa* für eine Stadt nur ausnahmsweise im Jahre 1273 für Stralsund, Stoob, Kartographische Möglichkeiten, S. 25. J. Tomas, Města v severozápadních Čechách [Die Städte in Nordwestböhmen], S. 80, versuchte nachzuweisen, dass man die Bezeichnung von Leitmeritz als *villa* in der Bestätigung der Güter des Klosters Tepl vom Jahre 1228, CDB II, Nr. 310, als Stadt interpretieren kann. Man kann nicht bezweifeln, dass Leitmeritz sich auf dem Wege zur Herausbildung einer wirklichen Stadt befand, aber entscheidend ist, dass sich aus der Urkunde keine Spur einer Stadtverfassung oder sich herausbildender städtischer Institutionen erkennen lässt. Man muss also die Vermutung von Tomas mit Zurückhaltung aufnehmen. Nachgewiesen ist die Stadtverfassung von Leitmeritz erst für das Jahr 1234, wie es sich aus der Urkunde Arnolds, des Propstes von Wyschehrad für den Leitmeritzer Bürger Heinrich ergibt, ed. J. Čechura, Nezdařená lokace [Eine misslungene Lokation], Beilage I, S. 58. Die Bedeutung dieser Urkunde für die Stadtverfassung von Leitmeritz wird weiter unten behandelt. Bis zur Entdeckung von Arnolds Urkunde wurde der Nachweis des Stadtstatus von Leitmeritz erst für ein Jahr später gesucht, siehe Kejř, Zwei Studien, S. 100, wie dies bereits W. Weizsäcker, Eindringen und Verbreitung, S. 98, gesehen hat, und wiederum die Beiträge zur Rechtsgeschichte von Leitmeritz, Praha 1944, S. 9. Mit Leitmeritz werden wir uns auch im Weiteren befassen.

33 Die letzte gründliche Arbeit: Schütte, Wik. Die große Menge der Studien, die sich mit dem Begriff *vicus* befasst haben, ist kaum überschaubar, und man kann darin schwer eine einheitliche Linie finden. Genannt seien hier : W. Vogel, Wik-Orte und Wikinger, in: Die Stadt des Mittelalters I, S. 196–238; Frölich, Das Verfassungstopographische Bild; Schlesinger, Frühformen; Schlesinger, Zur Früh-

und berücksichtigen die böhmischen Länder nicht. Deshalb ist der Nutzen aus ihrem Studium nur sekundär. Es ist daher primär notwendig, von den nicht allzu zahlreichen Erwähnungen in unseren Quellen auszugehen. Wie wir im Weiteren sehen werden, kann man bei uns keine Identität *vicus* = Stadt konstruieren, obwohl sich solche Fälle z. B. in Pommern nachweisen lassen.[34] Im übrigen verbirgt sich für die ältere Zeit hinter dem Begriff *vicus* eine Reihe von unterschiedlichen Gegebenheiten, die schwer in Einklang zu bringen sind.[35] Es ist offen, ob man den lateinischen Terminus *vicus* mit dem deutschen *wik* vermischen kann.[36] Zahlreiche Unterschiede bei der Interpretation der Wike entstanden auch auf Grund der Beschränkung der Forscher auf unterschiedliche Territorien. Auch daraus ist ersichtlich, dass es fast unmöglich ist, eine allgemein verwendbare Definition für *wik* zu finden.

Ohne die Frage der Entstehung von Wiken erneut zu behandeln, müssen wir wenigstens in Kürze die wohl häufigste Interpretation des Terminus *wik* als einer Kaufmannssiedlung berühren. Zu dieser Deutung neigen viele bedeutende Forscher, wenn auch mit einigen Abweichungen.[37] Für die so bezeichneten Orte nahm man eine ständige Besiedlung[38] mit Lagerhäusern an, eventuell mit einem Markt. Es erklangen auch vorsichtigere Stimmen, die sich auf diese Identifizierung von *wik* als Kaufmannssiedlung nicht festlegen wollten und vor allem darauf hinwiesen, dass die Siedlung von Kaufleuten nicht immer *wik* genannt wird.[39] An mehreren hundert Fäl-

---

geschichte; Köbler, Civitas und vicus; Planitz, Frühgeschichte; Ennen, Frühgeschichte, an mehreren Stellen; Ludat, Wik im Slawischen, u. a.

34 Kuhn, Die deutschen Stadtgründungen, S. 6, wies auf die Interpolation in der sog. Großpolnischen Chronik hin, laut der *Consuetudinis enim est Slaworum, civitates vicos appellare.* Ein Beweis dafür ist, dass bis zum Jahre 1240 Prenzlau als *vicus Princelaw* bezeichnet wurde, obwohl es bereits 1234 als Stadt gegründet wurde (dazu auch im Kapitel über das Gründen von Städten). Vgl. Ludat, Der Ursprung der ostdeutschen Wieken, VSWG 29, 1936, S. 131, hier ist der Hinweis zu finden, dass diese Stelle der Großpolnischen Chronik in Übereinstimmung mit der slawischen Sprache steht, wo sich *vik* in eine Bezeichnung für Markt verwandelt hat. Dadurch bekam für die benachbarten Bauern Markt und Stadt die gleiche Bedeutung, weil die Märkte in Städten veranstaltet wurden, wie die Fortsetzung des Zitats zeigt: *vicus enim in Slavonico proprie civitas, in qua forum exercetur.* Ausführlich wiederum Ludat, Wik im Slawischen, S. 63, und auch Schütte, Wik, S. 91.

35 Was für unterschiedliche Siedlungseinheiten bis zum 10. Jahrhundert als *vicus* bezeichnet wurden, zeigte M. Bláhová, Evropská sídliště [Europäische Siedlungen], passim, und Zusammenfassung auf S. 130. Dies führte zu verschiedenen Versuchen der Interpretation von *vik*, die sich mit dem Studium von Ortsnamen auf *-wik* und auch mit linguistischen Deutungen befasst haben. Eine Übersicht verschiedener Ansichten bei Schütte, S. 5–15.

36 Bereits Schlesinger, Zur Frühgeschichte, S. 80–81. Auf Unterschiede wies Schütte, Wik, an mehreren Stellen hin, und wies S. 198 nach, dass *wik* nicht aus dem lateinischen *vicus* übernommen, sondern germanischen Ursprungs ist.

37 Planitz, Frühgeschichte, S. 23, 25, 37. Ennen, Frühgeschichte, an mehreren Stellen, z. B. S. 67–68, 130, 144. Im Sinne von Planitz ist der *vicus* von Wyschehrad eine Kaufmannssiedlung, auch J. Čarek, K rekonstrukci vývoje a rozlohy raně feudální Prahy [Zur Rekonstruktion der Entwicklung und Ausdehnung des frühfeudalen Prag], PSH 1966, S. 24.

38 Die Annahmen, dass *wiken* nur Rastplätze sowie Warenlager, Umschlagplätze und Treffpunkte von Fernkaufleuten waren, wurden abgelehnt, vgl. Schlesinger, Städtelandschaften, S. 47, 49, und wiederum in Archäologie des Mittelalters, S. 624.

39 Schlesinger, Zur Frühgeschichte, S. 80–81, 86. Derselbe Autor, Frühformen, bes. S. 208–212, kritisiert zwar zahlreiche Interpretationen verschiedener Autoren, lehnt aber nicht ab, dass *vicus* eine Siedlung von Kaufleuten darstellt, indem er sich auch auf eine Glosse aus dem 11. Jahrhundert verlässt, der zufolge *vicus* eine Stelle ist, *ubi mercatores morantur,* ebd., S. 209.

len aus Nordwesteuropa wurde wiederholt festgestellt, dass der *wik* in der Regel in der Nähe einer befestigten Siedlung lag, z. B. einer Burg, die ihm Schutz bieten konnte, da er selbst nicht befestigt war und sich ökonomisch auf den Fernhandel stützte. Es wurde weiter geschlussfolgert, dass Wiken, die ein eigenes Wirtschaftsleben hatten,[40] Vorstufen von Städten darstellten, wenn auch unvollkommene. Zudem wurde angenommen, dass die Fernhandelskaufleute aus den Wiken zu den städtebildenden Elementen gehörten und dass die Wiken aus dem Herausbildungsrozess von Städten nicht wegzudenken sind.[41]

Eine völlig neue Sicht ergab sich, als deutlich wurde, dass die Behauptung nicht bestehen konnte, der zufolge der *vicus* eine Siedlung von Kaufleuten war.[42] Besonders die Verfolgung der Terminologie in älteren deutschen Quellen im Vergleich mit den lateinischen Vorlagen hat gezeigt, dass *vicus* überwiegend mit ‚Dorf' übersetzt wird, eventuell mit ‚Straße' (*gazza*), und dass dieser Ausdruck nur manchmal eine Siedlung von Kaufleuten beinhaltet.[43] In den meisten Quellen kann festgestellt werden, dass *villa* ein Synonym für das Wort *vicus* ist. Dadurch wird noch nicht geleugnet, dass sich im *vicus* Kaufleute ansiedelten. Nicht der *vicus* als solcher war eine Kaufmannssiedlung, sondern die Kaufleute ließen sich dort nieder, wo es einen *vicus* gab, wo sich der Handel also lohnte.[44] Aber auch so ist es schwierig, die kaufmännische Natur des *vicus* nachzuweisen, und man wird die eingebürgerte Vorstellung aufgeben müssen, dass *vicus* eine Siedlung von Fernkaufleuten ist.[45]

Bei den Ausführungen über die in den Quellen als *vicus* bezeichneten Orte treffen wir so vielfältige Fälle und so viele Versuche der Interpretation an, dass nichts anderes übrig bleibt, als sich der Meinung zuzuneigen, dass es besser wäre, ihn als wissenschaftlichen Terminus aufzugeben, weil er zu stark mit falschen Vorstellungen verbunden wurde.[46] Man muss wohl zugeben, dass *vicus* ein rechtlich neutraler Begriff für eine nichtagrarische Siedlung war,[47] aber man muss sich jeglicher Versuche seiner Anwendung auf unsere Verhältnisse enthalten.

Wie zeigt sich die Verwendung des Ausdrucks *vicus* in den böhmischen Quellen? Man kann von der dramatischen Schilderung des Chronisten Kosmas aus dem Jahre 1091 ausgehen, die die Rede der Fürstin Wirpirk vor König Vratislav wiedergibt, in der der Reichtum von Juden und auch von Handelsleuten anderer Völker betont wird, die *in suburbio Pragensi et vico Wissegradensi* niedergelassen sind.[48] Weil zugleich auch der Markt erwähnt wird, war es wohl begründet, den *vicus* von Wyschehrad für eine Siedlung von Kaufleuten zu halten.[49] Dagegen bestätigen andere

40 Ennen, Frühgeschichte, S. 144, spricht über „wirtschaftliches Eigenleben".

41 Ennen, Frühgeschichte, S. 67–68; Frölich, Das Verfassungstopographische Bild, S. 286–287.

42 Köbler, Civitas und vicus, passim.

43 Ebd., S. 66.

44 In dieser Richtung kann man auch die erwähnte Glosse, siehe Anm. 39, interpretieren, die ihrem Ursprung und auch ihrer Richtigkeit nach zweifelhaft ist, Köbler, ebd., S. 76.

45 An den zitierten Köbler knüpfte übereinstimmend auch Denecke, S. 37, an.

46 Schlesinger, Archäologie des Mittelalters, S. 646.

47 Schlesinger, ebd.

48 FRB II, S. 127.

49 Zycha, Prag, S. 96.

Angaben über den *vicus* diese Interpretation nicht. Ein erst im 13. Jahrhundert entstandenes, sich auf das Jahr 1186 beziehendes Falsum bestätigt angeblich den Besitz des Klosters Kladrau durch Fürst Friedrich: Es gibt dem Empfänger eine Stätte (*locum*) in Prag zur Ansiedlung von Ausländern (*hospites*), die bestimmt wird *in loco, qui dicitur paperum* (sic! statt *pauperum*) *vicus* und topographisch genau gekennzeichnet ist: *ab ecclesia sancti Michahelis usque ad ecclesiam sancti Petri Zderaz et usque ad publicam viam.*[50] Obwohl es sich um eine gefälschte Urkunde handelt, besteht kein Zweifel daran, dass die topographischen Angaben der Wirklichkeit entsprechen und dass sich der angeführte *vicus pauperum* also wirklich in der verstreuten Bebauung an der angegebenen Stelle befand. Diese Frage können wir jetzt beiseite lassen und konstatieren, dass *vicus pauperum* nicht als Siedlung von Kaufleuten interpretiert werden kann.

Die schwierigen und lange Zeit strittigen Überlegungen über das Privileg des Fürsten Soběslav II. für Deutsche in Prag aus der Zeit zwischen den Jahren 1174 und 1178[51] konnten nach den jüngsten Studien durch die Feststellung abgeschlossen werden, dass das Privileg inhaltlich authentisch und in allen Artikeln ursprünglich ist.[52] Wir müssen zwar nicht bezweifeln, dass unter den von Soběslavs Privileg begabten Deutschen auch Kaufleute waren, aber aus dem Privileg ergibt sich dies nicht und auch keiner der Artikel lautet in diesem Sinne. Der Ausdruck *vicus* erscheint darin nur einmal in der Festlegung:[53] *Si per vicos Theutunicorum aliquis in nocte ierit et facem non habuerit, si ille moritur, Theutunici sunt inculpabiles.* Topographisch bedeutet der Plural entweder mehrere Siedlungen oder eher Straßen, die die Gemeinde der Deutschen bildeten.

Dies wird auch dadurch bestätigt, dass in der späteren Zeit *vicus Theutunicorum* nur im Singular erscheint.[54] Unter dem Rechtsaspekt gesehen, handelt es sich um keine städtische Urkunde – die Entstehung der Stadtverfassung in Prag fällt in eine sechs Jahrzehnte jüngere Zeit – sondern ausschließlich um den privilegierten Schutz der deutschen Gemeinde als Personenverband. Für die Entstehung von Prager Stadtordnungen ist die Urkunde ohne Bedeutung. Den Terminus *vicus* kann man aber nur

---

[50] CDB I, Nr. 405. Von den vier bekannten Versionen des Falsums enthält nur eine einzige die Passage über *vicus pauperum*, aber für die Zwecke des Interesses des Klosters die wichtigste, nämlich der angebliche Autograph.

[51] CDB I, Nr. 290. Eine neue Edition J. Kejř, K privilegiu knížete Soběslava II. pro pražské Němce [Zum Privileg des Fürsten Soběslav II. für die Prager Deutschen], PhS 14, 1969, S. 249–257. Die Übersicht über die bisherigen Editionen ebd., S. 243–243.

[52] Kejř, Zwei Studien, S. 116–142.

[53] Zum Privileg mit Berücksichtigung besonders der Bezeichnung *vici* B. Mendl, „Vici Theutonicorum" und „civitas circa S. Gallum", ČČH 38, 1932, S. 237–259.

[54] Es handelt sich um die Lokalisierung der Peterskirche und des Marienspitals *in vico Theutonicorum*, CDB III/1, Nr. 30, 32, 162; CDB IV, Nr. 55, 125, 245 und 266, aus den Jahren 1233, 1237 und 1253. Příběhy krále Václava I. [Die Ereignisse der Zeit König Wenzels I.], FRB II, S. 304, berichten über das Gründen von Klöstern in Prag, u. a. auch über *Hospitaliorum vel Stellariorum ad sanctum Petrum in vico Theutonicorum.* Damit ist nicht gesagt, dass in Prag nicht auch ein anderer Teil der Agglomeration von deutschen Bewohnern besiedelt sein konnte, wie wir dies bereits in der in der Anm. 52, S. 139–140, angeführten Studie angenommen haben.

als Siedlungszentrum einer national einheitlichen Gruppe auslegen und deshalb können daraus nicht irgendwelche institutionellen Schlussfolgerungen gezogen werden. Die deutsche Siedlung bei St. Peter blieb auch nach der Gründung der Prager Altstadt außerhalb von deren Mauern und dadurch außerhalb der Reichweite der städtischen Jurisdiktion, weil sie sich auf ihre eigene Gerichtsbarkeit stützen konnte.[55]

Wenn wir im Prager Umkreis bereits den *vicus* von Wyschehrad, *vicus pauperum* und auch *vicus Theutunicorum* festgestellt haben, kann dies noch durch einen weiteren ergänzt werden: *vicus Prage, qui Nebouid nuncupatur.*[56] Wie man glaubhaft machen konnte, sind sie alle topographisch bestimmt, aber es lässt sich aus ihnen nicht auf einen einheitlichen Charakter schließen. Bei keinem von ihnen kann man etwa eine besondere Rechtsstellung, die sich auf den Ort selbst beziehen würde, konstruieren; auch bei der deutschen Gemeinde ging es um einen personellen Schutz. Man kann ohne Zweifel alle diese Fälle nur allgemein deuten, als unbefestigte Gruppen von Häusern oder als Straßen,[57] wie dies auch aus einer späteren chronikalischen Nachricht bestätigt wird, die *vicos, plateas et domos civium* nebeneinander stellt.[58]

Damit gehen wir zu Nachrichten über *vici* in anderen Städten über.

Bei der Vollendung des Grundrisses von Znaim waren auch einige Teile der vorstädtischen Besiedlung von Bedeutung, die in den Urkunden *vicus* genannt wurden. Man erfährt von ihnen 1226 einmal aus der Entscheidung eines Streites zwischen dem Abt von Klosterbruck (bei Znaim) und dem Znaimer Priester Adam,[59] zum anderen im Zusammenhang mit der Absicht König Přemysl Otakars I., bei der Burg Znaim eine Stadt zu gründen.[60] Genannt wird ein *vicus Bala* in der Nähe der Michaeliskirche, in deren Nähe es einige Höfe gibt, von denen zu einem auch ein weiterer *vicus* gehört, früher *vicus Ungarorum* genannt, dessen Lage bestimmt ist *usque ad portam orientalem, que ducit ad Zuchoherdel, in quo quam plures curie continentur.* Bei der Nikolaikirche lag ein weiterer *vicus* namens Újezdec, der bei dem Erwerb der Grundstücke für die Stadt im Besitz dieser Kirche verblieb. Auch in Znaim kann man die Lage der *vici* ungefähr bestimmen und erkennen, dass es sich um unbefestigte und komplexe Siedlungseinheiten handelte.[61]

Im Jahre 1234 erhielt die Stadt Eger,[62] die damals noch nicht zum Königreich Böhmen gehörte, aber in naher Zukunft eine wichtige Rolle an der westlichen böhmi-

[55] Fiala, O pražském názvosloví [Über die Terminologie der Prager Namen], S. 46, stellte fest, dass die Prager Vorburg, zu dem die deutsche Gemeinde zählte, weiter als das spätere Areal der Altstadt reichte.

[56] König Wenzel I. schenkte 1235 diesen *vicus* dem Kastellan Mstidruh, CDB III/1, Nr. 125.

[57] Schlesinger, Archäologie des Mittelalters, S. 624: „Eine bestimmte Siedlungsform läßt sich schwerlich erkennen".

[58] O zlých létech po smrti krále Otakara II. [Über die bösen Zeiten nach dem Tode König Otakars II.], FRB II, S. 356.

[59] CDB II, Nr. 285.

[60] CDB II, Nr. 288.

[61] Zur Topographie von Znaim siehe V. Richter/B. Samek/M. Stehlík, Znojmo, Praha 1966. Beim *vicus* Bala heißt es: *in vico Bala et in quibusdam curiis infra ambitum fossati.* Bei dem zweiten *vicus*, manchmal als ungarisch bezeichnet, ist die Situation analog. Die *vici* sind komplex, während die Höfe verstreut sind. Der andere *vicus* gehört zwar zu einem Hof, aber aus seiner topographischen Bestimmung ergibt sich seine Komplexität.

[62] CIM II, Nr. 2.

schen Grenze erlangen sollte, ein Privileg. Für die Erweiterung des Stadtareals wurde durch Tausch ein Grundstück erworben: *de vico quodam Sciphgaze dicto*. Aus dem Namen selbst ergibt sich, dass es sich um eine Gasse handelte.

Schließlich wurde kurz darauf, im Jahre 1238, die Urkunde des Olmützer Bischofs Robert für das Heilig-Geist-Spital in Alt-Brünn ausgestellt,[63] durch die die Brüder in Schutz genommen wurden, die *in quamlibet civitatem, castellum vel vicum advenerint*. Die Abstufung der Siedlungstypen ist offensichtlich, und am niedrigsten ist *vicus*, den man hier für ein Dorf halten kann.

Auch die Propstei von Leitmeritz erhielt 1252 von König Wenzel I. den Schutz für ihre Leute: *quicumque homo inhabitaverit vicum, qui dicitur Zazadie, sive in quocumque alio loco prepositure, sive sit pistor, sive sit carnifex, sive piscator aut sutor aut cuiuscumque alterius operis*.[64] Der *vicus* Zásada, der in der Stadt aufging, war eine geschlossene Ansiedlung, in der Handwerker ansässig waren. Es ist also ein Zeugnis über eine Siedlung nichtagrarischen Typs,[65] aber man kann keine Existenz einer Gemeinde von Fernkaufleuten annehmen.

In den Belegen zu *vicus* aus der böhmischen und mährischen Quellenüberlieferung bis etwa zur Mitte des 13. Jahrhunderts, die wir eben verfolgt haben, ergibt sich, dass es keine einheitlichen Berufe der Bewohner von *vici* gibt. Wir treffen Kaufleute und Juden im *vicus* von Wyschehrad an, wobei man jedoch sowohl die Art der Wiedergabe der Rede bei Kosmas als auch ihren etwas übertriebenen Inhalt berücksichtigen muss. Weiter haben wir einen *vicus pauperum*, dann die Siedlung von Handwerkern in Zásada, eine Straße[66] oder auch ein Dorf, und aus einigen Nachrichten lässt sich der ökonomische Charakter nicht sicher feststellen.[67] Völlig beiseite lassen können wir den vereinzelten Ausdruck von Kosmas *viculus* = Dörfchen,[68] der für die Stadtverfassung von keiner Bedeutung ist.

In allen Fällen stellen wir in unseren Quellen, solange es nicht nur um eine allgemeine Bezeichnung von Dörfern ging wie im Brünner Fall, einen Zusammenhang

---

63 CDB III/2, Nr. 197.

64 CDB IV, Nr. 232.

65 Die angeführten Handwerker waren noch Diensthandwerker des Kapitels von Leitmeritz, die keine eigenen Grundstücke hatten. In der Urkunde wird dem Kapitel die Gerichtsbarkeit garantiert und die Unterstellung unter das Stadtgericht ausgeschlossen. Die Urkunde muss man in den Zusammenhang mit den Bestrebungen nach Erweiterung der Stadt Leitmeritz einordnen, vgl. J. Tomas, Řemeslníci 11.–13. století v českých zemích v písemných pramenech [Die Handwerker des 11.–13. Jh. in den böhmischen Ländern in schriftlichen Quellen], Archaeologia historica 8, 1983, S. 74 und 79.

66 Die spätere Bedeutung des Wortes *vicus* als Straße überwiegt schon, z. B. *vicus fabrorum* in Auspitz zum Jahre 1392; vgl. L. Hosák, Středověká kolonizace dyjskosvrateckého úvalu [Die mittelalterliche Kolonisation des Thaya-Schwarza-Beckens], Praha 1967, S. 67.

67 Es genügt, auf zwei völlig verschiedene Fälle aus dem Ausland hinzuweisen. In St. Riquier hatte das Kloster Vasallen, von denen einige in eigenen Häusern wohnten, die übrigen dann in *vicus vasallorum*, Junghanns, Die deutsche Stadt, S. 31, mit Berufung auf H. Mitteis, Der Staat des hohen Mittelalters, 9. Aufl. Weimar 1974, S. 63, Anm. 3. Eine Siedlung von Kaufleuten war dagegen *vicus Latinorum* in Gran [Esztergom] seit dem 12. Jahrhundert; Blaschke, Nikolaipatrozinium, S. 289.

68 FRB II, S. 65. Vgl. Fiala, O pražském názvosloví [Über die Terminologie der Prager Namen], S. 41, Anm. 18; M. Bláhová, Terminologie sídlišť [Terminologie von Siedlungen], S. 250–251. Zwei ältere bei Köbler, Civitas und vicus, S. 64, bzw. 68, angeführte Belege enthalten eine nähere Charakteristik: *viculus non grandis* und die deutsche Übersetzung: *viculus-dorfelin*.

mit einem sich herausbildenden bedeutenden städtischen Zentrum fest – mit Prag, Znaim, Leitmeritz, eventuell mit Eger. Die *vici* wurden dann in der Regel bei der Erweiterung des Stadtareals einbezogen. In allen diesen Fällen hatten sich die *vici* als Siedlung unter dem Schutz einer Burg oder eines anderen festen Zentrums herausgebildet. In keinem einzigen Fall handelte es sich um eine befestigte Siedlung. Es waren immer komplexe, wenn auch nicht große Gruppen von Häusern, und in keinem einzigen Fall kann irgendeine besondere Rechtsstellung nachgewiesen werden. Man kann nicht leugnen, dass die *vici* an der Entstehung von Städten als deren Vorläufer beteiligt waren, aber sie beeinflussten keineswegs deren Rechtsstellung. Man kann die *vici* für einen Siedlungstyp halten, doch ist ihnen keine rechtliche Verfasstheit zuzuschreiben.

Locus

Der Ausdruck *locus* bedeutet ohne eine weitere Bestimmung – topographisch und institutionell völlig unbestimmt – „Ort" im allgemeinen Sinne des Wortes. Aber aus der Verbindung mit einem Ort ist es kaum möglich, auf den Charakter des *locus* zu schließen, wenn kein ergänzender Hinweis vorliegt. Als *locus* wird im Jahre 1209 Kremsier bezeichnet, also zu einer Zeit, wo es in den böhmischen Ländern noch keine Nachrichten über die Stadtverfassung gibt.[69] Aber auch zu einer Zeit, zu der sich bereits wirkliche Städte herausgebildet hatten, kann die Unbestimmtheit des Wortes *locus* nicht aufgelöst werden. Im Jahre 1235 bewilligte König Wenzel I. den Johannitern einen Markt in ihrem Dorf (*villa*) Manetin und erließ Vorschriften zur Jurisdiktion.[70] Die Bewohner werden *locani eiusdem fori* genannt, aber über Manetin heißt es weiter *in eodem loco Manetin.* Das ist ein Beleg für die Erhebung eines Dorfes zum Markt, besonders wenn die Exemption aus der Zuständigkeit der Burggerichte die Stellung der Bewohner geändert hat. Die Situation würde sich also so darstellen, dass *locus* auf die Ebene von *forum* gestellt wird, wie es ähnlich auch eine zehn Jahre ältere Urkunde für Prerau (*in loco sive foro Prerow*) belegen könnte. [71]

Kann man jedoch auf die Parallelität der Ausdrücke *locus* und *forum* schließen, in diesen Fällen allerdings nicht nur als Markt selbst, sondern als Qualifizierung für eine Siedlung mit Markt? Königgrätz wird im Jahre 1241 als *locus* bezeichnet,[72] obwohl sein Stadtcharakter bereits seit 1225 nachgewiesen ist. Hier ist jedoch die Lage anders. Die Urkunde, an deren Entstehung sich der Empfänger beteiligte,[73] also die Deutschordensritter, bestätigt den Erwerb von Eigentum, das sie von der einheimischen Adligen Domaslava von Miletín erhalten haben. Als Ausstellungsort wird angegeben: *in loco, qui dicitur Gradech, in domo fratrum minorum.* Die Rechtshand-

69 CDB II, Nr. 86: *in loco Olomucensis episcopi, qui vocatur Cremesir.*
70 CDB III/1, Nr. 105.
71 CDB II, Nr. 279.
72 CDB IV, Nr. 8.
73 Šebánek/Dušková, Listina v českém státě [Die Urkunde im böhmischen Staat], S. 104.

lung betraf gar nicht die Stadt, aber die Existenz des Minoritenklosters sagt etwas über die Stadtverfassung aus. Aus dieser Urkunde kann kein Schluss auf die Herabminderung der Qualifizierung von Königgrätz geschlossen werden, und man kann daraus die terminologische Unsicherheit ersehen, die in den Anfängen von Städten häufig vorkommt.

Als *locus* werden zwei Jahre später Mies und Strakonitz bezeichnet.[74] In beiden Fällen handelt es sich um Verfügung-Dispositionen des Spitals, und es gibt keine anderen Belege für die Bestimmung des Charakters der Ortschaften, denen keine Stellung als vollrechtliche Stadt zuerkannt werden kann. Einen etwas anderen Sinn hat die Verwendung von *locus* statt *civitas* in der Urkunde für die Iglauer Münzunternehmer,[75] in der es um einen Ort geht, der keine volle Stadtverfassung hat. Nicht zufriedenstellend ist dagegen die Verwendung des Ausdrucks *locus* für Glatz aus dem Jahre 1278,[76] als das königliche Mandat die Glatzer Minoriten in Schutz nimmt. Trotzdem erscheint auch hier eine Wendung, die Glatz auf die gleiche Ebene mit anderen Städten stellt: *in loco memorato sicut et in regni nostri civitatibus reliquis*. Auch die Erwähnung des Minoritenklosters hat ihren Aussagewert.

Schon eine flüchtige Übersicht der Belege für die Verwendung des Wortes *locus* in einer ganz allgemeinen Bedeutung zeigt, dass mit ihm unterschiedliche Gegebenheiten erfasst wurden. Es war nicht notwendig, die geläufige Wendung aus päpstlichen Bestätigungen der Klostergüter zu erwähnen, in denen in der Regel an erster Stelle *locus, in quo monasterium situm est* oder eine Variante dieser Bestimmung angeführt wird. Aber die übrigen festgestellten Beispiele zeigen, dass *locus* manchmal die Bedeutung von *forum* hat, dass der Begriff manchmal aber auch für eine Stadt verwendet wird. Ein anderes Mal werden so Orte bezeichnet, in denen sich ein Spital befindet. Es wurde jedoch kein Fall festgestellt, in dem auf diese Weise lediglich ein Dorf benannt wurde, das über kein anderes Attribut verfügte, durch das es sich von der geläufigen ländlichen Siedlung unterschieden hätte. Man kann also konstatieren, dass der Ausdruck *locus* schon eine gewisse Erhebung der Siedlung bedeutet, und dass man ihn nicht auf eine Ebene mit dem Ausdruck *villa* herabsetzen kann.[77] Aus diesem Ergebnis lassen sich jedoch keine weiteren Folgerungen für die Qualifizierung der Orte ziehen.

Unter dem terminologischen Aspekt hat die Verbindung *locus forensis* eine besondere Bedeutung, in der gerade durch die Hinzufügung des Adjektivs etwas über den Status der so bezeichneten Ortschaften ausgesagt wird, die nicht als vollrechtliche Städte gelten.[78] *Locus forensis* ersetzt die manchmal verwendeten Wendungen *villa forensis*, eventuell *oppidum forense*; und seine Verwendung fällt erst in die Zeit König Wenzels II.

74 CDB IV, Nr. 32 und Nr. 34.

75 CDB V/2, Nr. 794.

76 CDB V/2, Nr. 859. Es handelt sich um eine Empfängerausfertigung, cf. Šebánek/Dušková, Urkundenwesen, AfD 15, 1969, S. 384 und Anm. 393.

77 Dies stimmt mit der Feststellung von A. Gieysztor für Polen überein, die bei Andersson, Urbanisierte Ortschaften, S. 133, Anm. 61, zitiert wird.

78 Belege bei Kejř, Trhy [Die Märkte], S. 17–18.

Das Wort *locus* selbst hat also keine feste Bedeutung, und nur im Zusammenhang mit anderen Merkmalen oder bei näherer Bestimmung durch ein angefügtes Adjektiv wird etwas über die Verfassung eines so bezeichneten Ortes ausgesagt.

Burgus

Die älteren Differenzen über die Bedeutung des vielgestaltigen Terminus *burgus* konnten bereits durch die kritische Analyse aller erreichbaren Quellenbelege aus unserer urkundlichen Überlieferung beseitigt werden.[79] Es genügt deshalb, die Ergebnisse zusammenzufassen, ohne dass alle Einzelheiten behandelt werden müssten.

Vor allem ist zu bemerken, dass das Auftreten des Terminus *burgus* in den böhmischen Ländern relativ spät und selten ist. Auffällig ist schon seine geographische Platzierung. Ein völlig vereinzelter Beleg aus Böhmen, aus dem Jahr 1186 für die Johanniter,[80] stammt aus einer Urkunde, über die man gewisse Zweifel äußern kann.[81] Herzog Friedrich schenkte den Johannitern u. a. auch *burgum novum … nomine Cadain.* Man kann durchaus annehmen, dass in jener Zeit unterhalb der Burg Kaaden eine Siedlung mit dem Zentrum um den Johanniterkonvent sowie das Spital entstanden sind. Das Wort *burgus* ist jedoch im böhmischen urkundlichen Sprachgebrauch völlig außergewöhnlich und seine Verwendung muss wohl den Johannitern selbst zugeschrieben werden.[82]

Alle übrigen Belege stammen aus Mähren und sind einige Jahrzehnte jünger. Der erste betrifft Welehrad und stammt aus dem großen Privileg für das Kloster Welehrad aus dem Jahr 1228,[83] wo unter den Gütern des Klosters an erster Stelle *Weligrad civitas primo, modo burgus* steht. Dass es sich um ein im mährischen Milieu völlig ungewohntes Wort handelte, ist dadurch bewiesen, dass die späteren Schreiber, die das Privileg für Bestätigungen vorbereiteten oder gar fälschten, die Wendung nicht verstanden und es für einen Eigennamen, Modoburgus, hielten.[84] Die Welehrader Siedlung beim Kloster wurde bereits 1220 als *villa forensis* bezeichnet.[85] Diese doppelte Bezeichnung war der Grund für das Missverständnis in der Auslegung von *burgus*, wie wir bald zeigen werden.

---

79 Kejř, Burgus und burgensis, und eine kürzere Zusammenfassung auch im Artikel Trhy [Die Märkte], S. 18–20.

80 CDB I, Nr. 310.

81 Siehe die einleitende Bemerkung in der Edition.

82 V. Vojtíšek, Bratislavské burgum [Das burgum von Preßburg], S. 417.

83 CDB II, Nr. 321.

84 Eine zweite Ausfertigung der Urkunde, von einem anderen Schreiber angefertigt, CDB II, Nr. 321, Exemplar A2; das Falsum der gleichen Urkunde, CDB II, Nr. 380; die Konfirmation König Wenzels I. vom Jahre 1232, CDB III/1, Nr. 15; König Přemysl Otakars II. vom Jahre 1256, CDB V/1, Nr. 69; und die angebliche zweite Konfirmation desselben Königs vom Jahre 1270, CDB V/2, Nr. 606, die sich auf eine falsche Ausfertigung stützt und selbst ein Falsum ist. Die Filiation dieser Texte lieferte H. Zatschek, Beiträge zur Diplomatik der mährischen Immunitätsurkunden, Prag 1931, S. 17. Die Zusammenhänge des unrichtigen Ortsnamens Modoburgus erläuterte Kejř, Burgus und burgensis, S. 213–214.

85 CDB II, Nr. 195.

Der nächste Beleg von *burgus* erscheint in der Urkunde des Olmützer Bischofs Robert, der dem Kloster von Oslawan das Patronatsrecht zur Jakobskirche *in burgo Brunnensi* bestätigt hat.[86] In der Topographie der Stadt Brünn befindet sich die Jakobskirche in nächster Nähe des Marktes, vor der Erhebung Brünns zur Stadt war der *burgus* das Zentrum der Besiedlung. Dieser *burgus* wird jedoch auch in späteren Jahren erwähnt, als Brünn schon eine entwickelte Stadtverfassung hatte. Er erscheint in zwei päpstlichen Urkunden aus dem Jahre 1261, die denselben Ort und dasselbe Patronatsrecht betreffen.[87] Die Rechtslage ist unverändert und beide Urkunden knüpfen deutlich an die Urkunde Bischof Roberts an, deren Text die Vorlage für die päpstliche Bestätigung bildete.

Fast gleichzeitig mit den beiden Urkunden über das Patronatsrecht für Oslawan stellte die päpstliche Kanzlei eine Urkunde für das Kloster Tischnowitz aus, mit der sie ihm die Patronatsrechte über die Peterskirche, ebenfalls *in burgo Brunnensi*, bestätigte.[88] Hier kann es zu Zweifeln kommen, weil die Peterskirche in ihrer Lage nicht mit dem Brünner *burgus* identisch ist, in welchem die Jakobskirche steht. Es stellt sich also die Frage, ob sich in diesem Fall nicht ein Widerhall der beiden praktisch gleichzeitig ausgestellten Urkunden für die Jakobskirche findet.[89] Aus den Übereinstimmungen der Urkunden für Oslawan und Tischnowitz[90] ergibt sich, dass die Kanzlei eine identische Vorlage benutzt hat und keine Möglichkeit und keinen Grund hatte, die Lage der beiden Kirchen zu beglaubigen.[91]

Die beiden Kirchen betrifft auch ein komplizierter Streit über die Grenze ihrer Pfarreien, der durch einen Schiedsspruch im Jahre 1293 beendet wurde,[92] in dem aber die Lage der beiden Kirchen als *in Brunna* bestimmt ist. Ein Jahr später musste man jedoch noch einige strittige Punkte präzisieren und die Urkunde darüber[93] kehrt zur älteren Bestimmung *super limitibus parochialium ecclesiarum sancti Petri et sancti Iacobi burgi Brunnensis* zurück. Wieder erscheint die Reminiszenz an die Bezeichnung der Lage, wie sie 1261 für die Peterskirche bestimmt worden ist.

86 CDB III/1, Nr. 14.

87 CDB V/1, Nr. 258 und Nr. 276.

88 CDB V/1, Nr. 264.

89 Die Urkunden für die Jakobuskirche wurden am 28. Januar und am 11. März ausgestellt, die Urkunde für die Peterskirche am 30. Januar. Der Zusammenhang kann auch dadurch betont werden, dass zu Beginn des Jahres 1261 Papst Alexander IV. eine Reihe von Urkunden für böhmische und mährische Klöster ausgestellt hat.

90 Die Übereinstimmungen im Text mit der Urkunde für Oslawan, CDB V/1, Nr. 258, sind häufig. Wichtig ist die Übereinstimmung in der Bestimmung des Gegenstands der Disposition: *Sane petitio vestra nobis exhibita continebat, quod, cum clare memorie P., rex Boemie, ius patronatus, quod in ecclesia sancti Iacobi de burgo Brunnensi, Olomucensis diocesis, obtinebat, de assensu venerabilis fratris nostri.* In der Urkunde für Tischnowitz finden sich Veränderungen nur im Namen Königs Přemysls für Wenzel und statt Iacobi steht Petri.

91 Šebánek/Dušková, Kritický komentář [Kritischer Kommentar], S. 274–276, lehnen zwar die Richtigkeit aller drei Ausfertigungen in der päpstlichen Kanzlei nicht ab, nichtsdestoweniger sind die Umstände, wie sie erworben wurden, verdächtig.

92 RBM II, Nr. 1620 = CDM IV, Nr. 320.

93 CDM V, Nr. 15. In Details über die Bestimmung der Grenzen der Pfarreien O. Vičar, Několik topografických poznámek k jízdě velehradského opata v Brně roku 1293 [Einige topographische Bemerkungen zur Reise des Abts von Velehrad in Brünn im Jahre 1293], ČMM 94, 1975, S. 284–288.

Darauf bezieht sich auch ein jüngerer Beleg. Die Bestätigung der Rechte des Klosters Obrowitz durch König Přemysl Otakar I., angeblich aus dem Jahr 1210,[94] ist ein Falsum, das etwa um das Jahr 1235 entstanden ist. Damit ist es also kurz nach den beiden Urkunden, der von 1228 für Welehrad und der von 1231 für Oslawan entstanden. Dem Kloster werden neben anderen Besitztümern auch *Predium scilicet Zaberdowicz, in quo monasterium situm est, cum suis appendiciis; in burgo Brunnensi ecclesia sancte Marie cum omnibus adiacenciis ad eam pertinentibus* bestätigt. Die zutreffende Interpretation ist von der korrekten Auffassung der Interpunktion abhängig,[95] da man auch *cum suis appendiciis in burgo Brunnensi; ecclesia sancte Marie* lesen kann.[96] Dann wäre die Lage der Kirche entscheidend und im Brünner *burgus* würden sich nur die dem Kloster zugehörenden Eigentumswerte befinden. Damit wäre auch die Frage beseitigt, auf welche Siedlung sich die Angabe über die Lage der Marienkirche beziehen sollte. Dies kann nämlich kaum die Klosterkirche selbst betreffen, die ursprünglich der heiligen Kunigunde geweiht war.

Trotz einiger Unsicherheit neigte die ältere Forschung zu der Meinung, dass es sich um die Kirche in Alt-Brünn handelt,[97] das auch nach der Vollendung der Befestigung außerhalb des Stadtraumes blieb. Ein später Beleg, dass Alt-Brünn als *burgus* bezeichnet wurde, findet sich im Schiedsspruch zwischen den Pfarreien von St. Peter und St. Jakob aus dem Jahr 1293,[98] in dem es heißt: *Ingredientibus civitatem Brunnensem per portam, que burgum respicit, qui Antiqua Brunna dicitur.* Es besteht also kein Zweifel daran, dass Alt-Brünn als *burgus* aufgefasst wurde.

Ein Problem bleibt allerdings die Frage, ob die Marienkirche in Alt-Brünn bereits in den 30er Jahren des 13. Jahrhunderts existierte, da sie erst zum Jahre 1295 belegt ist.[99] Die neue Interpretation, der zufolge sich *in burgo Brunnensi* nur die Besitzungen des Klosters von Obrowitz befinden, nicht aber die Kirche, beseitigt die Unsicherheit über ihre Lage, die dann für die topographische Bestimmung des *burgus* von Brünn nicht entscheidend ist. Man kann deshalb die Suche nach dieser Kirche in Alt-Brünn aufgeben, dessen Bezeichnung *burgus* sechzig Jahre jünger ist, und sich mit der Feststellung zufrieden geben, dass es sich am ehesten um einen *burgus* in Brünn selbst handelt, wie er bereits durch die echte Urkunde vom Jahre 1231 nachgewiesen ist.[100]

---

94 CDB II, Nr. 364.

95 In der angeführten Form ist der Satz in der Edition interpretiert, S. 395.

96 Darauf hat Vojtíšek, Bratislavské burgum [Das burgum von Preßburg], S. 417, hingewiesen.

97 V. Richter, Z počátků města Brna [Aus den Anfängen der Stadt Brünn], ČMM 60, 1936, S. 60; J. Dřímal, in: Dějiny města Brna [Geschichte der Stadt Brünn] I, Brno 1969, S. 38.

98 RBM II, Nr. 1620 = CDM IV, Nr. 320. Hier wiederholt sich auch die Bezeichnung von Brünn: *villularum terrule, burgo Brunnensi olim adiacentes, ecclesie sancti Petri … decimas persoluissent.*

99 V. Richter (wie Anm. 97), S. 296.

100 Mit gewissem Zögern haben wir uns in der Studie Burgus und burgensis, S. 220, der Interpretation zugeneigt, dass die Marienkirche in Alt-Brünn lag und dass mithin auch dieses schon damals ein *burgus* war. Nach erneuten Überlegungen ziehen wir die Interpretation vor, wie sie oben im Text enthalten ist. Angesichts der Ausrichtung unserer Arbeit auf die Frage der Entstehung der Stadtverfassung kann die Frage der topographischen Lage der Kirche beiseite gelassen werden; dazu werden die ortskundigen Forscher das entscheidende Wort haben.

Neben Brünn und Welehrad ist ein einstiger *burgus* auch in Olmütz belegt. Davon zeugen spätere Quellen vom Ende des 13. Jahrhunderts und aus dem 14. Jahrhundert, die eine Reminiszenz auf einen einstigen topographischen Zustand enthalten, der damals schon durch eine voll ausgebaute Stadt überdeckt war.[101] 1299 bestätigte König Wenzel II. dem St.-Peter-Kloster eine einstige Mühle *sub burgo ecclesie sancti Blasii*,[102] und 1329 erfahren wir aus einer Verlautbarung des Olmützer Magistrats, dass die Kinder eines gewissen Olmützer Bürgers diese Mühle an das Kloster verkauft haben.[103] Obwohl schon damals der Grundriss von Olmütz verändert und erweitert wurde, kann man sicher bestimmen, dass sich jener *burgus* an der Stelle des unteren Marktes befunden hat.[104]

Zu diesen Belegen, die sich alle auf genau bestimmte *burgi* beziehen, kann man auch einen weiteren aus dem Jahr 1238 hinzufügen, als König Wenzel I. dem Kloster von Tischnowitz *universa bona, sive in villis aut theloneis vel burgis forensibus et aliis quibuscunque* bestätigt hat.[105] Es ist der einzige Beleg für *burgus forensis* in unserer urkundlichen Überlieferung, und auch in ausländischen Quellen ist diese Wendung nicht geläufig. Für die Forschungen über die Verwendung des Ausdrucks *burgus* bei uns war er allerdings von beträchtlicher Bedeutung und führte zu der recht verbreiteten Meinung, dass *burgus* soviel wie Marktdorf – *villa forensis* – bedeutet, dass mit diesem Ausdruck also Märkte gemeint waren.[106] Es scheint, dass diese Vermutung in einzelnen Fällen Unterstützung findet, da es über die Handelsbedeutung von Brünn und Olmütz mit ihren lebhaften Märkten keine Zweifel gab und da Welehrad sogar schon früher, im Jahre 1220, als *villa forensis* bezeichnet wurde.[107] Diese Erläuterung basiert nur auf einer oberflächlichen Beurteilung der Sache.

Außer für Welehrad, wo die topographische Identität des Marktdorfes für das Jahr 1220 mit dem *burgus* für 1228 angenommen werden kann, spricht kein anderer Beleg, in dem das Wort *burgus* vorkommt über den Markt, mit Ausnahme der Wendung *burgi forenses* in der Urkunde für Tischnowitz. Brünn und Olmütz wurden nicht und konnten auch nie als *villae forenses* bezeichnet werden. Dies war ein

---

101 V. Richter, Raněstředověká Olomouc [Das frühmittelalterliche Olmütz], S. 109ff.

102 RBM II, Nr. 1893 = CDM V, Nr. 111. Eine gründliche diplomatische Analyse wäre wünschenswert.

103 CDM VI, Nr. 375.

104 Dies bestätigt auch J. Bláha, Poznámky k počátkům und vývoji osídlení olomouckého podhradí [Bemerkungen zu den Anfängen und zur Entwicklung der Besiedlung der Olmützer Unterburg], in: Středověká archeologie, S. 30–31.

105 CDB III/1, Nr. 180.

106 Dies wiederholte in seinen Studien V. Richter, z. B. Glosy k velehradským otázkám [Glossen zu den Welehrad-Fragen], ČSPSČ 59, 1951, oder zuletzt im Buch Raněstředověká Olomouc [Das frühmittelalterliche Olmütz], S. 109; G. Chaloupka, Kolonisace horního Podyjí und počátky města Slavonic [Die Kolonisation des Oberlaufs der Thaya und die Anfänge der Stadt Zlabings], ČMorM 51, 1966, S. 105–152; J. Dřímal, in: Dějiny města Brna [Geschichte der Stadt Brünn] I, S. 38. Eine ähnliche Sonderstellung hat dem burgus bei Welehrad R. Hurt, Počátky velehradského kláštera [Die Anfänge des Klosters Welehrad], AMM 52, 1967, S. 100, zuerkannt; ihm zufolge hatte die Siedlung „eine so bedeutende Stellung in der Handelstätigkeit und Handwerksproduktion, dass ihr 1228 auch die Bezeichnung burgus gegeben wurde". Zycha, Ursprung, S. 15, fasst dies als nichtstädtische Märkte auf.

107 CDB II, Nr. 195.

Terminus, der nur für nichtkönigliche Märkte reserviert war und nie für Märkte verwendet wird, die unter der Herrschaft des Königs blieben.[108] Wir sollten auch nicht vergessen, dass die Schreiber den Ausdruck *burgus* nicht verstanden, wie durch die Verstümmelung *Modoburgus* in den Urkunden von Welehrad belegt ist. Darüber hinaus gab es in Alt-Brünn, das ebenfalls als *burgus* bezeichnet wird, nie einen Markt.[109] Bei dem Terminus *burgi forenses* wäre die Hinzufügung des Adjektivs völlig unverständlich, wenn *burgus* an sich schon ein Marktdorf bedeuten würde. Erst durch die Ergänzung weist die Wendung auf einen Markt hin, ebenso wie es beim Marktdorf der Fall ist, *villa forensis* oder *locus forensis*, bei denen auch erst jenes Adjektiv *forensis* über ihren Charakter Ausskunft gibt.

Was zeichnete also die *burgi* aus? Alle lagen in der Reichweite einer Burg oder im Fall von Welehrad eines befestigten Klosters, sie bildeten unbefestigte Häusergruppen[110] und gingen in die sich herausbildende Stadt ein – wieder mit Ausnahme von Welehrad, wo der *burgus* in das neu gebaute Ungarisch Hradisch verlegt wurde. Alle Nennungen stammen aus Urkunden, die im Interesse von Klöstern ausgestellt wurden und mit Ausnahme der Nachricht über Kaaden, deren Ursprung man bei den Johannitern suchen kann, stammen alle mährischen Erwähnungen aus Urkunden, die vom Notar O 5, also dem Olmützer Bischof, diktiert wurden.[111] Nicht nur Urkunden für Welehrad und Oslawan, sondern offensichtlich auch die nicht erhaltenen Urkunden für das St.-Peter-Kloster in Olmütz, die als Grundlage für spätere, bereits erhaltene Belege dienten, entstanden unter seinem Diktat, ebenso wie die nachfolgenden Urkunden,[112] die schon behandelt wurden.[113] Dieser Feststellung widerspricht die Urkunde für Tischnowitz mit dem Beleg über *burgi forenses* nicht, deren Autor zwar ein anderer Notar – Hilarius – ist, die aber an den in Roberts Urkunden verwendeten Terminus *burgus* anknüpft. Daraus ergibt sich, dass der Ausdruck *burgus* mit Bischof Robert nach Mähren gelangt ist, der übrigens Ausländer war. Daraus ergibt sich außerdem, dass er sich nicht in weitere Kreise verbreitete, dass er auch zeitlich begrenzt blieb, weil er mit Ausnahme von Urkunden, die an ältere Diktate Roberts anknüpften, nicht mehr vorkam, und dass er deswegen schließlich eine Ausnahme blieb. Darüber hinaus kann man nirgendwo Spuren finden, die darauf hinweisen, dass

108 Kejř, Trhy [Die Märkte], S. 28–29.

109 Dies hat G. Chaloupka, K nejstarším dějinám Brna [Zur ältesten Geschichte Brünns], Brno v minulosti a dnes 7, 1965, S. 142–150, nachgewiesen.

110 Dies entspricht völlig der Feststellung von F. Beyerle, Zur Typenfrage in der Stadtverfassung, ZRG GA 50, 1930, S. 28: „Es ist die Bauweise, nicht die wirtschaftliche Rolle des Marktes damit bezeichnet. Und zwar ... die geschlossene Bauweise." Diese Charakteristik muss man auch für unsere *burgi* annehmen. Damit ist auch A. Hejna, Curia, curtis, castrum, castellum, in: Siedlung, Burg und Stadt, S. 216, völlig einverstanden: „könnte eine Gruppe von Wohnhäusern innerhalb, aber auch außerhalb der Befestigungsanlagen einer Siedlung als „burgus" bezeichnet worden sein."

111 Eine zusammenfassende Analyse zu ihm bot J. Šebánek, Kdo byl notář Otakarus 5 [Wer war der Notar Otakarus 5], in: Studie k české diplomatice doby přemyslovské [Studien zur böhmischen Diplomatik der Přemyslidenzeit], Praha 1958, S. 3–39.

112 Bei der Urkunde für Tischnowitz, CDB V/1, Nr. 264, in der Ausfertigung A3, geschieht ein Hinweis auf die Erteilung des Patronatsrechts durch Bischof Robert.

113 Wir wiederholen nicht in Einzelheiten die detaillierte Analyse, die wir schon in der Studie Burgus und burgensis, S. 226–227, geboten haben.

die Bewohner von *burgi* durch irgendeine besondere Rechtsstellung Vorteile gehabt hätten.[114]

Bevor dieser Abschnitt abgeschlossen wird, muss man noch eine Bemerkung hinzufügen. Wenn sich also der Ausdruck *burgus* auf geschlossene unbefestigte Siedlungen an den Burgen, ohne eine eigene Rechtsverfassung bezogen hat, könnte eine Frage über sein Verhältnis zum Ausdruck *vicus* entstehen, wie er schon behandelt worden ist. Sie kommen nämlich für die älteste Zeit der Entstehung der Stadtverfassung gemeinsam für denselben Ort vor, obwohl man kaum wesentliche Unterschiede zwischen den *vici* in Prag und Znaim zu den *burgi* in Brünn und Olmütz finden kann.[115] Auch dies weist auf eine besondere Stellung von *burgi* bei uns, nicht etwa durch ihren Charakter und ihre Lage, sondern durch die Einführung dieses Ausdrucks in unseren Vorrat urkundlicher Termini.

Ganz zum Schluss kann konstatiert werden, dass man in unserem Land nirgendwo *burgus* im Sinne von Stadt interpretieren kann, auch wenn es für andere Territorien nicht selten ein geläufiger Terminus ist.[116] Es ist wieder nur ein Zeugnis dafür, dass man die Terminologie nicht verallgemeinern kann und dass derselbe Ausdruck für unterschiedliche Territorien unterschiedliche Siedlungs- und Verwaltungstypen bezeichnen kann.

Oppidum

Ebenso wie beim Ausdruck *burgus* können wir auch beim Begriff *oppidum* sein Auftreten und seine Bedeutungsveränderungen in verschiedenen Territorien nicht vor seiner Einführung in unsere Überlieferung verfolgen. Aber auch in unserer Entwicklung erreichen wir ohne Untersuchung der einzelnen Fälle keine Sicherheit über seine Stabilität und Beweiskraft für die Entstehung der Stadtverfassung. Wie vielfältig die Verwendung des Wortes *oppidum* sein kann, das sogar bei schwer vergleichbaren Fällen Anwendung findet, kann man überzeugend anhand von ausgewählten Quellen zeigen. Dabei ist es notwendig, auch den Typ der Quelle sowie die Zeit und das Territorium, aus dem die Belege stammen, zu berücksichtigen. So ist es möglich, dass die Uneinheitlichkeit der Deutung auch durch die verschiedenen Interessen gegeben ist, die die einzelnen Forscher verfolgt haben,.

Sehr viele ältere Belege bezeichnen mit dem Wort *oppidum* eine befestige Stätte,[117] aber in bestimmten Regionen (Dänemark) betrifft *oppidum* nur in Ausnahmefällen

---

114 Der älteste Beleg der privilegierten Rechtsstellung des *burgus* bezieht sich im Jahre 984 auf Bourg St. Martin; cf. H. Strahm, Area, S. 24.

115 Laut W. Schlesinger, Städtelandschaften, S. 65, waren seit dem 9. Jahrhundert die Ausdrücke *vicus* und *burgus* Synonyme.

116 Es wäre überflüssig, die oft behandelten Fälle zu rekapitulieren. H. Ammann, Das Waadtländische Städtewesen, S. 75, hat nachgewiesen, dass die seit dem 12. Jahrhundert in seinem Untersuchungsgebiet entstehenden Städte als *burgus* bezeichnet wurden. Der Terminus *civitas* fehlt fast völlig.

117 Bláhová, Evropská sídliště [Europäische Siedlungen], passim, siehe die Tabelle auf S. 128, wenn nur ausnahmsweise ein Kloster oder auch ein Dorf so bezeichnet wird. Ennen, Frühgeschichte, S. 160, hält *oppidum* für eine befestigte Siedlung niederer Art als die alten römischen Städte oder Bischofssitze, die mit ihrer Befestigung einer Burg gleichen. Dagegen bedeutete es laut Schlesinger, Burg und

eine urbanisierte Siedlung und wird für Stätten verwendet, für die keine Kriterien einer Urbanisierung festgestellt werden können.[118] Eine bedeutende Analyse für Brabant und Flandern des 12. und 13. Jahrhunderts, also in einer für die Vollendung der Herausbildung von Städten entscheidenden Zeit, hat gezeigt, dass der Ausdruck *oppidum* nicht für befestigte Ortschaften verwendet wird, sondern für Orte, die Privilegien erhalten haben. Solche Ortschaften blieben agrarisch, auch wenn sie Stadtprivilegien bekommen haben. Die Benennung erfasste den Rechtszustand, der auf dem Stadtrecht gründete, und es war nicht entscheidend, ob es sich etwa um einen agrarisch bestimmten Ort handelte.[119] Für die Zeit, in der bereits Rechtsstädte bestanden, entsteht das Bedürfnis, das Verhältnis von *oppidum* zu *civitas* zu klären, da man mit den beiden Ausdrücken die gleiche institutionelle Situation erfassen konnte, also die Rechtsstadt. Nichtsdestoweniger musste man untersuchen, ob es nicht gewisse Ausnahmen oder besondere Fälle gibt. *Civitas* hat eine höhere, Würde verleihende Bedeutung, während *oppidum* sich oft auf kleinere Ortschaften bezieht, aber beiden kann der Status einer Rechtsstadt zuerkannt werden.[120] Es ist sehr problematisch, zwischen ihnen einen Unterschied in der Stufe der rechtlichen Stellung zu suchen, etwa Stadt und Städtchen, wie es manchmal geschieht.[121] Es bleibt nämlich immer

---

Stadt, S. 116, im Frankenreich der merowingischen und karolingischen Zeit eine Siedlung außerhalb von Mauern. Damit geht die Feststellung von M. Bláhová, einher, die sich stark auf die merowingischen Quellen gestützt hat. Siehe auch Petri, Niederlande, S. 281, der darauf aufmerksam machte, dass in den nordwestlichen Territorien die Ausdrücke *castrum, castellum, oppidum* und *munitio* bis zum 13. Jahrhundert nebeneinander geläufig sind.

118 Andersson, Urbanisierte Ortschaften, S. 86–87. Bei Thietmar bedeutet *oppidum* ein Dorf und gleicht also der *villa*, Geppert, Burgen und Städte, S. 168. Von der Vielgestaltigkeit und Uneinheitlichkeit älterer Belege bei der Verwendung des Ausdrucks *oppidum* zeugt auch die unterschiedliche Bedeutung, manchmal im Sinne von *civitas, urbs* oder *castrum, castellum*, ein anderes Mal im Sinne von *villa*. Für Siedlungsgebilde städtischen Typs wird er viel später verwendet, vgl. G. Köbler, burg und stat, S. 317.

119 G. Des Marez, Le sens juridique du mot oppidum, in: Festschrift Heinrich Brunner, Weimar 1910, S. 339–348, bes. S. 346 und 348.

120 Stoob, Kartographische Möglichkeiten, S. 23; Kuhn, Die deutschrechtlichen Städte, S. 17; Kuhn, Stadtgründungen in Pommern, S. 4–5. J. Bärmann, Stadtgründungen, S. 284, stellt fest, dass es zwischen beiden keine Trennlinie gibt. H. Höing, Die „civitas Wnstorpensis", S. 101, hat das relativ seltene Auftreten der Bezeichnung *oppidum* vermerkt, das eher jüngere Städte betraf. M. Stercken, Städtische Kleinformen, S. 186–188, hat bei der Untersuchung von kleinen Städten in der Schweiz nachgewiesen, dass sich sowohl *oppidum* als auch *civitas* auf Ortschaften mit Stadtverfassung beziehen, und hat hinzugefügt: „... sind die Gründungen nicht durch eine besondere Bezeichnung qualifiziert, tatsächlich jedoch durch unterschiedliche rechtliche Ausstattung."

121 Haas, Pravomoc českého krále [Die Machtbefugnisse des böhmischen Königs], bes. S. 164–173. Auch wenn der Autor die notwendige Vorsicht walten ließ, kehrte er doch immer wieder zu den Überlegungen über das Verhältnis des niedrigeren Städtchens-*oppidum* zur höheren Stadt-*civitas* zurück. Zycha, Ursprung, S. 16–17, sucht im Verhältnis civitas zu *oppidum* vor allem die abgestufte Bedeutung und auch eine geringere Befestigung, erinnert aber gleichzeitig an die wechselnde Bezeichnung von einigen Städten mit beiden Ausdrücken. Aber auf S. 99 sieht er den Unterschied im Galgen, den lediglich die *oppida* benutzen können, und stützt sich dabei auf das Beispiel von Hněvkowitz, das im Privileg vom Jahre 1262, CDB V/1, Nr. 359, die Rechte der *aliarum civitatum ... preter patibulum* bekommen hat. Teltschik, Zum Entstehen, S. 2–7, bemüht sich, den Unterschied von beiden sowohl in ihrer Verfassung als auch in der Befestigung zu erkennen, aber seine Ausführungen sind unbestimmt, weil er weder den Ursprung der Urkunden noch ihre Entstehungszeit berücksichtigt. Zahlreiche Arbeiten unterscheiden völlig dogmatisch Stadt und Städtchen unter inflexiblem Begreifen der Dynamik dieser

noch die Frage offen, ob man die Stufe der Stadt und die des Städtchens unterscheiden kann.

Zu Missverständnissen führten auch die sicher festgestellten Belege für die spätere Bezeichnung *oppidum* auch für Ortschaften, die schon zuvor als *civitas* bezeichnet wurden.[122] Es bleibt also die Frage, wie die Bedeutung des Wortes *oppidum* und sein Verhältnis zu *civitas* in böhmischen Quellen in Erscheinung tritt.

Aus unserer Untersuchung können wir drei Urkunden mit der Bezeichnung *oppidum* ausschließen, die aus den Falsa für das Kapitel von Leitmeritz und das Kloster Břewnow stammen.[123] Im Sinne von Stadt finden wir diesen Ausdruck bereits in der ersten erhaltenen Stadturkunde für Mährisch Neustadt aus dem Jahre 1223.[124] Zeitlich folgt die Urkunde König Wenzels I. für die Kirche in Bautzen aus dem Jahr 1228,[125] wo das *oppidum Wizenburg* (Weissenberg) von einem Dorf unterschieden wird. Bei dieser Urkunde kann man jedoch keine Beziehung zu einheimischen böhmischen Verhältnissen und zur einheimischen Terminologie finden, denn sie stammt aus dem urkundlichen Umfeld des Empfängers.[126] Böhmischen Ursprungs ist dagegen angeblich das aus dem Jahr 1215 stammende Falsum,[127] das dem St.-Peter-Kapitel von Wyschehrad die Kapelle von St. Klemens bestätigt, die in *in eodem oppido*, also Wyschehrad, liegt. Man spricht also nicht über eine Stadt, sondern über eine Burg. Die Urkunde entstand zwischen 1233 und 1240[128] und wurde durch eine echte Urkunde König Wenzels I. aus dem Jahr 1240 bestätigt.[129]

Termini. Vgl. auch weiter Anm. 151. Der Unterschied zwischen der höheren und niedrigeren Würde der Stadt ist terminologisch verwischt, wie bei der Erhebung von Kranowitz (heute Krzanowice in Polen) zum *oppidum* nach dem Vorbild von Leobschütz, das auch nur als *oppidum* bezeichnet wird, CDB V/1, Nr. 432+. Dazu auch unten. Die mechanische Unterscheidung von Städten und Städtchen führt nicht selten zu falschen Klassifizierungen, worauf schon im Kapitel I hingewiesen wurde, und dadurch zur Verzerrung der Entwicklung und der institutionellen Natur der Städte.

122 Stoob, (wie Anm. 120), zeigt Fälle, in denen auch große Städte die Bezeichnung *oppidum* verwendet haben. Für die böhmischen Länder siehe einige Belege bei Haas (wie in Anm. 121) oder eine ähnliche Feststellung bei G. Chaloupka, K počátkům města Třebíče [Zu den Anfängen der Stadt Trebitsch], ČMM 81, 1962, S. 159. Auch im Falle von Freiberg [Příbor], wo die Bezeichnungen *oppidum* und *civitas* abwechselnd vorkommen, sollte man dabei nicht an eine Differenzieurng zwischen Stadt und Städtchen denken, wie es J. Bakala, Založení města Příbora [Die Gründung der Stadt Freiberg], Vlastivědný sborník okresu Nový Jičín 17, 1976, S. 7, tut.

123 CDB I, Nr. 383, wo man *oppidum* an zwei Stellen liest: *Preterea de omni arte a castris nostris et oppidis … usibus deputamus ecclesie*, und *In oppido autem, quo ipsa fundata est ecclesia* (d. h. Leitmeritz). Der zweite Beleg betrifft Leitmeritz, wo dem Kapitel Rechte erteilt werden, die man in der Stadt geltend machen kann: *decimum forum, decimam tabernam … census nostri decimam.* Im Falsum des 14. Jahrhunderts kann man die Verwendung des Terminus *oppidum* als Stadt verstehen. Zwei Urkunden des Klosters Břewnow, CDB I, Nr. 375 und Nr. 379, sprechen über die Befreiung von der Pflicht *edificare oppida*, wo mit der Möglichkeit des Baus von Burgen gerechnet werden kann.

124 CDB II, Nr. 246. Erwähnenswert ist, dass in derselben Urkunde auch der Terminus *villa* erscheint, siehe dazu schon oben. In der nächsten Urkunde für Mährisch Neustadt vom Jahre 1234, CDB III/1, Nr. 76, erscheint *oppidum* nicht mehr, aber an den Stadtrechten können dort keine Zweifel bestehen.

125 CDB II, Nr. 319.

126 Šebánek/Dušková, Panovnická und biskupská listina [Die landesherrliche und bischöfliche Urkunde], S. 18 und Anm. 67.

127 CDB II, Nr. 371.

128 Siehe die Anmerkung in CDB III/2, S. 343.

129 CDB III/1, Nr. 253.

1241 hat König Wenzel I. dem Kloster Marienthal in der Lausitz den Kauf von zwei Dörfern bestätigt.[130] Die Lage des Dorfes wird bestimmt mit: *villam Siuerdesdorf prope dictum oppidum sitam*. Es geht allerdings kein Ortsname voraus, so dass sich die Bezeichnung auf den Empfänger bezieht, also auf die Zisterzienserinnen von Marienthal. Gemeint ist in diesem Zusammenhang das Kloster oder höchstens eine beim Kloster gelegene Siedlung. Obwohl der böhmische König der Aussteller ist, stammt die Urkunde nicht aus der böhmischen Kanzlei.[131] Ein Teil der Zeugen sind Fremde und darüber hinaus betrifft die Urkunde nicht das böhmische Territorium. Wir können sie hier also registrieren, aber für die einheimische Terminologie hat sie keine Bedeutung. Fremden Ursprungs ist auch das Mandat König Wenzels I. für vier Adlige aus dem Jahr 1249,[132] mit dem er ihnen gebietet, den Meißner Bischof und seine Kleriker bei der Ausübung der Gottesdienste *in bonis vestris, oppidis sive villis* zu unterstützen. Das Schriftstück ist im Meißner Umfeld entstanden,[133] aber *oppida* kann man hier wohl als Städte auffassen, da sie neben die Dörfer (*villae*) gestellt sind.

In einigen nachfolgenden Urkunden begegnen wir dem Ausdruck *oppidum* in der Bedeutung Stadt, wie es 1246 in der Urkunde von Papst Innozenz IV. für das Brünner Herburgen Kloster der Fall ist, wo *bona oppido Brunnensi adiacencia* geschrieben wird.[134] Zum Jahre 1249 wird der Stadtcharakter von Saaz festgestellt. Eine chronikalische Nachricht bezeichnet es als *civitas*,[135] was auch durch eine königliche Urkunde bestätigt wird, die *in oppido Satz* ausgestellt wurde.[136] Auch bei Leitmeritz sind im Jahre 1251 beide Begriffe auf die gleiche Ebene gestellt *oppidum sive civitas*.[137]

Vorsichtiger muss man die Urkunde aus dem Jahr 1252 einschätzen, mit der Friedrich von Komotau den Deutschordensrittern sein *oppidum* Komotau geschenkt hat.[138] An der Echtheit der Urkunde wurde nicht gezweifelt, aber man kann auf die Umstände ihrer Ausstellung aufmerksam machen. Diese Urkunde eines Adligen für einen geistlichen Orden schrieb ein Gelegenheitsschreiber, der weder Schreiber der Deutschordensritter noch des Ausstellers war. Die Verhandlung fand im Dominikanerkloster zu St. Klemens in Prag statt. Daher ist auch ein Einfluss des Dominikanermilieus denkbar.[139] Darüber hinaus wird ein ungewöhnlicher Nachtrag hinzugefügt, in dem der Orden verspricht, das geschenkte *oppidum* im Notfall niemand anderem als dem Schenker zurückzuverkaufen. Neun Jahre später treffen wir Komotau als Besitz der Deutordensschritter wieder an, aber mit einer wichtigen Präzisierung.

130 CDB IV, Nr. 9.

131 Šebánek/Dušková, Listina v českém státě [Die Urkunde im böhmischen Staat], S. 55.

132 CDB IV, Nr. 167.

133 Šebánek/Dušková, Listina v českém státě [Die Urkunde im böhmischen Staat], S. 125.

134 CDB IV, Nr. 88. Brünn wurde zwar schon früher als *civitas* tituliert, aber die päpstliche Kanzlei hat diese Benennung für andere Orte als für den Sitz einer Diözese lange nicht benutzt, cf. Kejř, Päpstliche Urkunden, S. 55–56.

135 Cosmae Cont., FRB II, S. 304, wo es heißt, dass König Wenzel *ad civitatem Zatecz accessit et eam suo dominio subiugavit.*

136 CDB IV, Nr. 158.

137 CDB IV, Nr. 220.

138 CDB IV, Nr. 240.

139 Šebánek/Dušková, Listina v českém státě [Die Urkunde im böhmischen Staat], S. 57, 103.

Přemysl Otakar II. erlaubte den Deutschordensrittern die hohe Gerichtsbarkeit in seinen zwei Marktdörfern Miletin und Komotau. Es wird gesagt: *iudicium duarum villarum suarum forensium et eorum, que ad ipsas villas spectant, hominum ac possessionum.*[140] Hier verschwindet die Bezeichnung *oppidum*. Komotau und auch Miletin, das bis dahin keine Stadtverfassung hatte, sind einander gleichgestellt und darüber hinaus spricht man nur über *homines*, also über Untertanen, wie es dem Status von Marktdörfern entspricht, und nicht über *cives*, wie es im Falle einer Stadt sein sollte. Komotau wird also weder als Stadt bezeichnet noch aufgefasst. Die Bezeichnung *oppidum*, die ihm in der Schenkung an die Deutschritter gegeben wurde, wurde in die Urkunde wohl durch ein Missverständnis im Zuge ihrer komplizierten Entstehung eingetragen. Man muss sich darüber nicht wundern, eine hohe Genauigkeit in den Termini ist nicht zu erwarten, aber auch trotz der Bezeichnung *oppidum* kann Komotau für jene Zeit kein Stadtstatus zuerkannt werden.[141]

Ähnliche Zweifel muss man für Zwittau im Jahr 1256 anmelden, als eine Urkunde Bischof Brunos die Vereinbarung über die Grenze zwischen dem Kloster in Leitomischl und dem bischöflichen Zwittau bestätigt,[142] in der Zwittau als *oppidum* bezeichnet wird. Es ist eine Urkunde dubiae fidei,[143] die selbst in weiteren Dispositionen Zwittau nur als *villa* bezeichnet, und zwar auch nach seiner Verlegung. Es besteht zwar kein Zweifel daran, das der Terminus *oppidum* im Sinne von Stadt verwendet wurde, aber man liest auch, dass beim Gericht der Pfarrer *cum advocato nostro* gemeinsam Vorsitz führen sollte, wobei der Titel *advocatus* oft der städtischen Titulatur entspricht.[144] Diese Festlegung ist allerdings ungewöhnlich und ergibt sich wohl nur aus der Situation nach der Grenzziehung. Angesichts der Unzuverlässigkeit der Urkunde wird man ihre Angaben mit Vorsicht beurteilen müssen, aber Zwittau kann man wohl doch den Stadtcharakter zuerkennen.[145]

Oppidum bedeutet nicht immer nur Stadt, wie dies an einigen Beispielen gezeigt worden ist. Ein deutlicher Beleg dafür findet sich bei der Entstehung von Ungarisch Hradisch, für das die ursprüngliche Urkunde aus dem Jahr 1257 im folgenden Jahr durch eine andere ersetzt wurde. In die neu gegründete Ortschaft wurden durch die Entscheidung des Königs zwei Dörfer mit Markt verlegt, Welehrad, das dem Kloster Welehrad gehörte, und das königliche Kunowitz.[146] Der Zweck dieser Verlegung war es, eine Grenzfeste gegen Ungarn zu errichten. Deutlich wird dies in der ersten

140 CDB V/1, Nr. 265.

141 Kejř, Zwei Studien, S. 105. W. Weizsäcker, Komotau, S. 11, lässt zu, dass der städtische Charakter wenigstens im Keim existiert. Als *civitas* wird Komotau zum ersten Mal erst 1335 bezeichnet, aber später heißt es wieder nur *oppidum*, Weizsäcker, ebd., S. 15.

142 CDB V/1, Nr. 93+.

143 Siehe die einleitende Darstellung zur Edition der Urkunde sowie schon Šebánek/Dušková, Kritický komentář [Kritischer Kommentar], S. 203–205.

144 Im Jahre 1267 ist der Stadtrichter Helembert Zeuge in einer Urkunde von Bruno, CDB V/2, Nr. 471.

145 Kejř, Městské zřízení [Die Stadtverfassung], S. 236, hat die Urkunde wegen Unzuverlässigkeit aus der Untersuchung ausgeschlossen und dadurch den Stadtcharakter von Zwittau nicht bestätigt. Mit Zwittau als Stadt rechnen Stoob, Bruno von Olmütz, S. 108, sowie Schwarz, Volkstumsgeschichte II, S. 257.

146 Über diese Verlegung Fischer, Siedlungsverlegung, an mehreren Stellen.

Urkunde ausgedrückt,[147] in der die neue Siedlung als *municio seu oppidum* bezeichnet wird, es heißt allgemein *ad construendam municionem*, aber auch *oppidum* oder *oppidum novum*. Die Bewohner werden nicht *cives*, sondern *homines* genannt. Dies zeugt vor allem davon, dass die neu erbaute Feste noch keine Stadtrechte hat[148] und dass *oppidum* nicht Stadt bedeutet, sondern *municio* gleich ist.[149] Den Stadtstatus erlangt Ungarisch Hradisch erst mit der zweiten Urkunde,[150] die auf der ersten aufbaut, diese aber verändert und ergänzt. Dort heißt es schon *civitas seu municio*, die Bewohner sind bereits *cives* und *oppidum* beinhaltet bereits die Bedeutung Stadt: *indulsimus dilectis civibus nostris opidi prenotati, ut annis singulis forum annuale debeant in sua civitate habere.* Es ist also offensichtlich, dass Ungarisch Hradisch erst seit 1258 eine Stadtverfassung hat.[151] An dieser Feststellung ändert die Bestätigung des Papstes für das Kloster Welehrad aus dem Jahre 1261 nichts,[152] die die neue Siedlung als *castrum seu municio* bezeichnet und also die neue Lokalität als eine Feste versteht.[153]

Wenig gewinnt man aus der Urkunde des Prager Bischofs Johannes aus dem Jahr 1260, mit der er den Umfang der Pfarre in Úpa (Trautenau)[154] festgelegt und *villas et opida, que ad eandem parrochiam pertinent* bestimmt hat. Von den genannten Ortschaften wird keine näher bezeichnet.[155] Wenn man bedenkt, dass alle diese Angelegenheit betreffenden Urkunden[156] nicht unverdächtig sind, kann man sich wohl nicht zuverlässig auf sie stützen.

Dagegen kann man den Terminus *oppidum* in der Urkunde Přemysl Otakars II. für die Prager Kirche im Sinne von Stadt interpretieren, mit der der König auf die Bitte des Scholastikus Přísnobor 1262 einen Markt in Hněvkowitz bewilligt hat.[157]

---

147 CDB V/1, Nr. 136.

148 In der Urkunde spricht man zwar auch über *civitates et oppida nostra*, aber dies geschieht in einer Festlegung, dass die Bewohner keine Steuer bezahlen sollen, wenn sie dort erhoben wird. Sie betrifft also weder die Stellung von Ungarisch Hradisch noch die Qualifizierung seiner Einwohner.

149 *Oppidum* war auch ein Synonym für *municio* oder für *castrum*, wie E. Ennen, Die Bedeutung des Maasstädte im Stadtwerdungsprozess des Mittelalters, in: Ennen, Gesammelte Abhandlungen, S. 174, gezeigt hat. Eine übereinstimmende Schlussfolgerung ergibt sich bei M. Bláhová, Terminologie sídlišť [Terminologie von Siedlungen], S. 262ff. und 269ff. Petri, Niederlande, S. 281, hat nachgewiesen, dass im ganzen von ihm untersuchten Territorium bis zum 13. Jahrhundert die Ausdrücke *castellum*, *oppidum* und *munitio* nebeneinander verwendet wurden.

150 CDB V/1, Nr. 156.

151 Dazu Kejř, Městské zřízení [Die Stadtverfassung], S. 232–233. A. Verbík, in: Uherské Hradiště, S. 92–93, interpretiert es als Stadt und die Urkunde aus dem Jahr 1257 folglich als „Legalisierung der Stadtgründung", mit dem fehlenden Verständnis dafür, dass *oppidum* der *municio* gleich sein kann. Wenn dann ergänzt wird, S. 121, Anm. 66, dass der Terminus *oppidum* sich später auf ein Städtchen bezogen hat, aber im 13. Jahrhundert Stadt bedeutete, zeugt das vom Missverstehen der Terminologie.

152 CDB V/1, Nr. 261.

153 Es ist offensichtlich, dass der päpstlichen Kanzlei die erste Urkunde vorgelegt wurde und nicht die zweite, die doch in gewissem Maße die Rechte des Klosters beschränkt hat. Cf. Kejř, Päpstliche Urkunden, S. 60–61.

154 CDB V/1, Nr. 222+.

155 Schon kurz davor wurden in der Urkunde des Donators Aupa [Úpa] und Brusnycz [Brusnice] als *civitates* bezeichnet, CDB V/1, Nr. 216+, was schon an sich Verdacht erweckt. In Johanns Urkunde befinden sich diese Titel nicht.

156 Auch die Bestätigung Bischof Johanns CDB V/1, Nr. 217+.

157 CDB V/1, Nr. 359.

Bei dieser Gelegenheit wurden weitere Rechte bewilligt, wie beispielsweise die Einrichtung von Tavernen, und die Gerichtsbarkeit wurde mit der Bestimmung erteilt: *ut in eodem oppido ... iudiciis more aliarum civitatum utantur ... sicut nostre civitates habere consueverunt.* Man kann also ohne Bedenken Hněvkowitz den Stadtstatus zuerkennen.

Auf einem Umweg ist der Wortlaut der Urkunde Přemysl Otakars II. aus dem Jahr 1265 für Herbord von Fulštejn, den Truchsess des Olmützer Bischofs, erhalten,[158] durch die neben anderen Rechten auch gewährt wurde: *Concedimus eciam, ut ... de villa Cranewitz oppidum facias et in eo forum habeas rerum venalium et quod ius oppidi nostri de Lubschütz ibidem in omnibus conservetur.* Es handelt sich hier mit Sicherheit um eine Stadterhebung, wenn doch auch das Rechtsvorbild Leobschütz als *oppidum* bezeichnet wird. Hinter der Ausstellung der Urkunde steht das Bistum Olmütz, in dessen Kanzlei die Urkunde entstanden ist.[159] Die Erhebung von Kranowitz (heute Krzanowice in Polen) ist der erste Fall, der der Stadt eines Adligen galt.

Kremsier erscheint zum ersten Mal als Stadt – *oppidum* – in einer Urkunde Bischof Brunos aus dem Jahr 1266 über die Anlage von Weinbergen in der Umgebung von Kremsier.[160] Genannt wird auch ein *oppidaneus in Chremsir*, dem das Amt des Bergmeisters anvertraut wurde, sowie ein *advocatus in Chremsir*. Ein Jahr zuvor, in einer königlichen Urkunde, die jedoch in der bischöflichen Kanzlei von Olmütz entstanden ist, wird Kremsier ohne jedwede Bezeichnung genannt.[161]

In der zeitlichen Folge muss man die Bezeichnung *oppidum* für Blansko behandeln, das 1275 in der im Umkreis ihres Empfängers entstandenen Urkunde Bischof Brunos für das Kloster Oslawan *castrum* genannt wird.[162] Zwei Jahre später verlieh dieser Bischof seinem Marschall Theodorik Stange zwei Dörfer *in districtu oppidi nostri Plancek* als Lehen.[163] Bedeutet der Unterschied in der Bezeichnung etwa, dass in der Zwischenzeit die Stadt Blansko entstanden ist?[164] Die vorherigen Belege bringen immer nur den Ortsnamen ohne irgendeine nähere Bestimmung,[165] aber immer handelt es sich nur um den Ausstellungsort von Brunos Urkunden. Blansko war ein häufiger Aufenthaltsort des Bischofs. Die Bezeichnung *oppidum* betrifft wieder eher den befestigten Sitz des Bischofs – das *castrum*, womit es sich wiederum um ein Synonym handelt.[166]

Brunos bekannte Aktivität bei der Gründung mährischer Städte fand auch in späteren Quellen Widerhall, in denen wir erfahren, dass er die *oppida* Hullein, Keltsch

158 CDB V/1, Nr. 432+.
159 Am selben Tag entstand auch die Urkunde zu Gunsten der Propstei von Kremsier, CDB V/1, Nr. 431+. Beide stammen von dem Notar Konrad; siehe die einleitende Anmerkung zu den Editionen.
160 CDB V/1, Nr. 466.
161 CDB V/1, Nr. 431+; siehe Anm. 159.
162 CDB V/2, Nr. 973.
163 CDB V/2, Nr. 1086.
164 Mit der Entstehung der Stadt rechnen SCHWARZ, Volkstumsgeschichte II, S. 94, und auch STOOB, Bruno von Olmütz, S. 110.
165 CDB V/2, Nr. 515 und Nr. 620. Man berücksichtigt nicht das Falsum Nr. 516.
166 Vgl. oben die Parallele *municio – oppidum* bei Ungarisch Hradisch und dazu Anm. 149.

und Ostrau erworben und Kremsier zur Stadt erhoben hat, das als einziges *civitas* genannt wird.[167]

In der Zeit der Regierung Königs Přemysl Otakars II. und besonders zu ihrem Ende hin liest man in einigen Urkunden Bischof Brunos Namen von Städten in Nordmähren und man kann diesen Nachrichten uneingeschränkt Glauben schenken. Als *oppida* werden Hullein,[168] Müglitz[169] und Hotzenplotz tituliert.[170] Eine gewisse Unstimmigkeit erscheint 1271 in Brunos Bestätigung der Urkunde des Starchard (möglicherweise Bürger von Brünn),[171] mit der dieser 1258 dem Herburgenkloster in Brünn seinen Hof verkauft und diesen Akt mit dem Brünner Stadtsiegel bekräftigen ließ.[172] Bruno verkündete, dass er diese Urkunde *sigillo civium oppidi Brunensis sigillatum* gesehen hat. An der ursprünglichen Urkunde ist das Siegel verloren, und man kann also nicht seine Umschrift bestimmen. Es ist möglich, dass erst die Kanzlei Brunos das Wort *oppidum* eingefügt hat. Wenn Brünn nicht *civitas* genannt wird, wie es sonst geschieht, ist dies wohl eine Folge der Beibehaltung dieses Terminus nur für den Sitz des Bischofs.[173]

Einige Belege für *oppida* sind mit dem römischen König Rudolf verbunden. Im Friedensabkommen zwischen ihm und Přemysl Otakar II. aus dem Jahr 1277[174] wird allgemein über die gegenseitige Rückgabe von *omnia castra, municiones, possessiones et oppida* sowohl in Österreich als auch in Böhmen gesprochen. Der Terminus *civitas* erscheint in beiden Exemplaren der Urkunde nur einmal, und zwar bei Eger, das dem böhmischen König verpfändet werden soll und das *civitas imperii* genannt wird. Nach dem Tode von Přemysl Otakar II. stellte König Rudolf zwei Privilegien für die südmährischen Städte Znaim und Iglau aus, in denen die Ausdrücke *civitas* und *oppidum* gleichwertig verwendet werden.[175]

Aus dieser Folge von Belegen ergibt sich, dass *oppidum* zwar in der Bedeutung Burg, Kloster oder Feste erscheint, dass sich aber doch im Laufe der Zeit und mit der Erweiterung des Städtenetzes die Bedeutung Stadt klar durchsetzt. Häufiger werden kleinere Landstädte so bezeichnet, aber man kann daraus nicht auf eine niedrigere Stufe gegenüber der *civitas* schließen.[176] Erinnern wir uns daran, dass auch solch bedeutende Orte wie Brünn oder Leobschütz manchmal *oppidum* genannt werden. Mit dem Ausdruck *oppidum* wird in der stabilisierten Terminologie eine Siedlung mit Stadtverfassung bezeichnet.

---

[167] Granum catalogi praesulum Moraviae, ed. J. Loserth, AÖG 78, 1892, S. 81–82; in seinen Spuren die 1680 begonnene Geschichte des Klosters Hradisko von Siebenscheiner, ZVGMS 12, 1908, S. 195–196.

[168] CDB V/2, Nr. 722. Im Jahre 1267 wird Hullein nur als *oppidum forense* bezeichnet, CDB V/2, Nr. 526.

[169] CDB V/2, Nr. 764.

[170] CDB V/2, Nr. 779.

[171] CDB V/2, Nr. 648.

[172] CDB V/1, Nr. 161.

[173] Es ist eine Analogie zur Urkunde CDB IV, Nr. 88, siehe oben, Anm. 134. Auch dort handelte es sich um den Besitz des Herburgenklosters in Brünn.

[174] CDB V/2, Nr. 836, S. 543.

[175] RBM II, Nr. 1139 und Nr. 1142.

[176] Viel hängt auch von der Art der Bezeichnung von Siedlungen in einer Kanzlei ab. Manche Kanzleien hatten wohl eine Vorliebe für das Wort *oppidum*, wie Sydow, Stadtbezeichnungen, S. 242–243, für süddeutsche Städte gezeigt hat.

Ein anderes Kapitel sind die Belege für *oppidum forense*. Das Adjektiv *forensis*, das wir bereits bei den Ausdrücken *villa, locus* und *burgus* angetroffen haben, mindert in gewissem Sinne die Bedeutung von *oppidum*, weil ihm nicht mehr die Stufe einer Stadt, sondern nur die eines Marktes zugesprochen wird. Diesem Problem wurde bereits gründliche Aufmerksamkeit gewidmet[177] und es genügt hier vorerst, auf weitere Erörterungen im Kapitel über die Märkte hinzuweisen.

Urbs

Im böhmischen Urkundenvorrat erscheint der Terminus *urbs* bereits zu einer Zeit, als es bei uns noch keine Städte gab. In allen Fällen bezeichnet der Begriff *urbs* die Burg als Sitz der Verwaltung oder Zentrum von Domänen. Gleiches gilt auch für die Bezeichnung Prags in den von Přemysl Otakar I. ausgestellten Urkunden, in denen immer die Prager Burg gemeint ist.[178] Im Sinne von Stadt treffen wir diesen Terminus nicht an, so dass wir in den Zusammenhängen unserer Arbeit auf detaillierte Hinweise verzichten können.[179]

Municipium

Dieser Ausdruck als Bezeichnung für Stadt findet sich in einer Urkunde des Abtes und des Klosters Wilimow aus dem Jahr 1279, mit der zwei Dörfer *prope municipium Chaslauiense* deutsches Recht erhalten haben.[180] Časlau ist in dieser Zeit als institutionelle Stadt bestätigt,[181] denn die weiteren Bestimmungen der Urkunde setzen fest, dass die beiden Dörfer sich im Gerichtswesen sowie in den Maßen für die Hufen nach der Art und Weise des Časlauer *municipium* richten sollen. Das vereinzelte Vorkommen des Ausdrucks ist sicher nur durch den Stil des Klosterschreibers gegeben. Eine diplomatische Auswertung der Urkunde wäre wünschenswert.

Civitas

Wohl kein anderes Wort hat von der Antike bis zum Spätmittelalter so viele Veränderungen durchgemacht, wie das Wort *civitas*. Zahlreiche Studien, die die Bedeutungsschattierungen dieses Terminus betreffen, brachten aufschlussreiche Erkennt-

---

177 Kejř, Trhy [Die Märkte], S. 20–22.

178 CDB II, Nr. 113, 125, 187.

179 Die Unterscheidung von *urbs* und *civitas* ist in Příběhy krále Václava I. [Die Ereignisse der Zeit König Wenzels I.], FRB II, S. 305, sichtbar: *Filius autem regis … Prage habitavit, urbi et civitati firmissimam adhibuit custodiam.* In der weiteren Erzählung wird dann die Burg durch das Wort *castrum* erfasst und von *civitas* unterschieden, was Stadt bedeutet.

180 RBM II, Nr. 1167.

181 Ältere Belege darüber stammen aus den Formelbüchern, CIM II, Nr. 26 und Nr. 29. Zum Jahre 1275 wird ein Bürger von Časlau erwähnt, CDB V/2, Nr. 794.

nisse, aber in manchem besteht nach wie vor Unsicherheit und es gibt strittige Fragen. Das entscheidende Interesse hat sich besonders auf die Zeit vor und während der Herausbildung der institutionellen Städte konzentriert. Aufmerksamkeit weckt die Verwendung des Terminus *civitas* aber auch noch zu der Zeit, als die Stadtverfassung ein völlig geläufiges Phänomen darstellt,[182] denn auch weiterhin bestehen Überschneidungen mit den Ausdrücken *oppidum* oder *municipium* beziehungsweise auch mit den volkssprachlichen Bezeichnungen, besonders mit dem deutschen *stat*.

Es ist nicht möglich und es ist für diese Arbeit auch nicht notwendig, ältere Stufen in der Verwendung des Wortes *civitas* zu behandeln, die unser Territorium nicht betreffen und dort auch nicht auftreten.[183] Es wird allerdings notwendig sein zu verfolgen, wie die unterschiedlichen Bedeutungen bei uns übernommen wurden und wie sie sich in Abhängigkeit von unseren Verhältnissen und auch von den sich hier vollziehenden Verschiebungen in der Terminologie veränderten. Die große Zahl von Beispielen aus Urkunden und anderen Quellen erlaubt es, nur die Hauptverwendung und die Bedeutungsvarianten zu behandeln. Es wird nicht möglich sein, eine vollständige Dokumentation des Ausdrucks *civitas* für die Zeit vorzunehmen, in der er die grundlegende Bezeichnung für die institutionelle Stadt war.

Zuerst widmen wir uns der Bezeichnung *civitas* für einen Bischofssitz. Dies ist eine uralte Verwendung des Ausdrucks, die bereits seit dem 5. oder 6. Jahrhundert eine feste Bedeutung erlangt hat.[184] In den böhmischen Ländern erscheint er im gleichen Sinn besonders in der traditionellen Verbindung *civitas et diocesis*,[185] was allerdings keine Stütze für die Bestimmung des Charakters der Bischofsresidenz bietet. Der bischöfliche Sitz war entweder eine Stadt oder wurde zu einer Stadt, aber wenn wir keinen weiteren Beleg neben dieser traditionellen kirchlichen Dualität, also dem Sitz des Bischofs und dem Umkreis seiner Verwaltung haben, kann man daraus nicht auf den städtischen Charakter schließen. Zu diesem Schluss kann man noch anmerken, dass die Wendung *civitas et diocesis* in unserer Überlieferung nur in den päpstlichen Urkunden vorkommt und die beiden Bischofssitze Prag[186] und Olmütz[187]

---

182 SYDOW, Stadtbezeichnungen, S. 246, machte darauf aufmerksam, dass in vielen Städten der Terminus *civitas* sehr spät nach dem Beleg der Stadtverfassung erscheint.

183 Aus den grundlegenden uns zugänglichen Arbeiten: S. RIETSCHEL, Die civitas auf dem deutschen Boden bis zum Ausgang der Karolingerzeit, Leipzig 1894; ENNEN, Frühgeschichte; SCHLESINGER, Burg und Stadt; SCHLESINGER, Stadt und Burg im Lichte der Wortgeschichte, in: Die Stadt des Mittelalters I, S. 95–121; SCHLESINGER, Frühformen; KÖBLER, Civitas und vicus; HÖING, Die civitas Wnstorpensis u. a. Mehrere Arbeiten befassen sich mit der Erklärung des Begriffs *civitas* im Rahmen der Behandlung anderer verwandter Themen, z. B. LUDAT, Vorstufen und Entstehung; MÜLLER-MERTENS, Untersuchungen; STOOB, in mehreren Arbeiten, bes. Kartographische Möglichkeiten, u. a. In der tschechischen Literatur FIALA, O pražském názvosloví [Über die Terminologie der Prager Namen]; BLÁHOVÁ, Terminologie sídlišť [Terminologie von Siedlungen]; BLÁHOVÁ, Evropská sídliště [Europäische Siedlungen].

184 F. MERZBACHER, Die Bischofsstadt, Köln/Opladen 1961, S. 12.

185 J. AHLHAUS, Civitas und Diözese (vornehmlich nach Quellen der Konstanzer Bistumsgeschichte), in: Aus Politik und Geschichte, Gedächtnisschrift für Georg von Below, Berlin 1928, S. 1–16.

186 Cf. CDB II, Nr. 167, 181, 189, CDB IV, Nr. 5.

187 Cf. CDB IV, Nr. 25, 72, 75, 140, 156.

betrifft. Das entspricht auch dem Usus der päpstlichen Kanzlei in jener Zeit, nur Bischofssitze mit dem Terminus *civitas* zu bezeichnen.[188]

Die ältesten Belege heimischen Ursprungs sind vorsichtig zu beurteilen, weil sie aus unsicheren Quellen stammen, die manchmal erst nachträglich mit größerem oder kleinerem zeitlichen Abstand entstanden sind. So lesen wir bereits unter Břetislav I. in der Beschenkung des Klosters Ostrow den Passus *Domaslicych civitate eciam ebdomadam thelonei.*[189] Es handelt sich jedoch um eine hauseigene Aufzeichnung pro memoria, die darüber hinaus erst aus dem Falsum tradiert wird, das sich angeblich auf das Jahr 1205 und den Aussteller Přemysl Otakar I. bezieht, das aber erst am Ende des 13. Jahrhunderts entstanden ist.[190] Welche Bedeutung kann man dieser Aufzeichnung beimessen? In wie weit kann man daraus etwas über den Charakter der *civitas* in Taus schlussfolgern? Wohl nur das, dass zur Zeit der Entstehung des Falsums Taus eine *civitas* war, kaum etwas anderes.

Nachdem Soběslav I. 1129 die Kirche von Wyschehrad erneuert hatte,[191] beschenkte er sie kurz darauf reich.[192] Wyschehrad wurde *civitas* genannt, was Burg bedeutet; die Lage des Klosters ist bestimmt: *in Wisegrad civitate sitam*. In derselben Urkunde werden die Einkünfte der Kirche aufgezählt, u. a. der Zehnte aus dem jährlichen Tribut *in his civitatibus*: Prag, Wyschehrad, Saaz, Sedletz, Leitmeritz, Bilin, Tetschen, Bunzlau [Boleslav], Kamenec, (König-)Grätz, Opočno, Chrudim, Kouřim, Alt-Pilsen, Libitz, Vrátno, wozu auch der gleiche Ertrag in den Provinzen *Rokitnah* (= Rakonitz), Časlau und Chejnow gegeben wird.[193] Als *civitates* sind also die Zentren der Burgverwaltung angeführt, aus denen sich dann teilweise tatsächlich Städte herausgebildet haben.[194] Für unsere Frage ist das von keiner großen Bedeutung.[195]

---

188 Kejř, Päpstliche Urkunden, passim.

189 CDB I, Nr. 52. Ohne Berücksichtigung kann die Bezeichnung von Budeč als *civitas* in Gumpolds Legende bleiben, FRB I, S. 149.

190 CDB II, Nr. 359. Der Editor leugnet nicht die inhaltliche Richtigkeit der alten Angaben. Zur Entstehung von Taus F. Roubík, K počátkům královského města Domažlic [Zu den Anfängen der königlichen Stadt Taus], Acta regionalia – sborník vlastivědných prací 1970–1971, Praha 1972, S. 129–140, an dessen Annahme eines Marktdorfes Zweifel erhoben werden könnten.

191 Kanovník vyšehradský [Der Kanonikus von Wyschehrad], FRB II, S. 206–207.

192 CDB I, Nr. 111.

193 Beim Vergleich mit den Burgzentren, wie sie J. Žemlička, Hradská centra [Burgzentren] aufgezählt und die Entstehung von Städten bei ihnen verfolgt hat, muss damit gerechnet werden, dass Soběslav die Einkünfte des Klosters nicht für alle festgelegt hat – es fehlen Melnik, Dřevíč, Teindles, Netolitz, Prachin und strittig ist, ob mit Wratne nicht der Ort Vraclav gemeint ist. Dagegen wird bei Žemlička Kamenec nicht behandelt, dessen Lage unbekannt ist, weiter Opočno, Libice und es bleibt wieder die Identifizierung von Vrátno unsicher. Von den drei Provinzen befasst sich Žemlička mit Časlau und Chejnow.

194 Den komplizierteren Fall in der Gründungsurkunde des Leitmeritzer Kapitels, wo die zweite Version (B) den Ausdruck *civitas* durch den Ausdruck *provincia* ersetzt, erläutert J. Tomas, Počátky Litoměřic [Die Anfänge von Leitmeritz], S. 44ff.

195 Man kann auch auf die sog. Gründungsurkunde des Kapitels von Leitmeritz, CDB I, Nr. 55, aufmerksam machen, in der die im Text A angeführten *civitates* im Text B zumeist durch *provincia* ersetzt sind (vgl. die vorherige Anmerkung). In diesem Zusammenhang kann auch an das Falsum für Břevnov erinnert werden (angeblich aus dem Jahr 993), das im 13. Jahrhundert entstanden ist, CDB I, Nr. 375, in dem als *civitates* Prag und weiter Schlan, Pilsen, Leitmeritz, Kouřim und Chrudim bezeichnet werden. Weiter werden seine Besitzungen in der Pilsener, Kouřimer und Leitmeritzer Provinz bestimmt, was

Man kann auch noch an die Erwähnung des Chronisten aus dem Jahre 1135 erinnern, laut der unter der Regierung Soběslavs I. *eodem anno metropolis Bohemiae Praga more latinarum civitatum coepit renovari.*[196] *Metropolis* bezieht sich auf den Bischofssitz und *civitates* sind also befestigte Burgen, in denen die Bischöfe siedeln.[197]

Civitas erscheint in den übrigen Quellen des 12. Jahrhunderts, die man auch behandeln könnte, in der Regel im Sinne von Burg oder auch Burgumkreis,[198] oft im Wechsel mit der Benennung *urbs*. Dies gilt auch für die Datierungsformeln, in denen *civitas* eine Burg bezeichnet.[199] Es wäre überflüssig, weitere Belege des gleichen Inhalts zu verfolgen,[200] aber einen werden wir doch der Vollständigkeit halber und zur Präzisierung beachten. Er betrifft die Burg von Olmütz.

Olmützer Bischofskirche war die Peterskirche,[201] die jedoch im Laufe der Zeit den Bedürfnissen nicht mehr entsprach. Bischof Jindřich Zdík hat deswegen alle Rechte auf die neu erbaute Wenzelskirche übertragen.[202] Beide Kirchen waren *in civi-*

---

man einfach so deuten kann, dass in diesen Fällen die Urkunde die genannten Landgüter und Dörfer betrifft, im Falle von *civitates* dann die Zehnten von den Märkten und Gerichten. Prag wird auch *castrum* genannt.

196 Kanovník vyšehradský [Der Kanonikus von Wyschehrad], FRB II, S. 222.

197 Wenn Schlesinger, Chemnitz, S. 192, erwägt, ob sich die Nachricht nicht doch auf „städtebauliche Maßnahmen" bezieht, wird man ihm nicht zustimmen können.

198 Z. B. In der Gründungsurkunde des Klosters Hradisch, CDB I, Nr. 79, werden Lundenburg und Grätz als *civitates* bezeichnet, also auch als Verwaltungszentren, während Olmütz *urbs* ist. In der nachfolgenden Bestätigung durch Fürst Vratislav, CDB I, Nr. 80, ist Olmütz *civitas*. In der Bestätigung durch Vratislav, CDB I, Nr. 208, ist Olmütz wieder *urbs*, und es erscheint ebenfalls *urbis prefectus Pelzenne*. Es genügt nur eine kurze Erwähnung der sog. Gründungsurkunde für das Kloster Opatowitz durch König Vratislav, CDB I, Nr. 386, in der *civitates Morauie* genannt werden, aus denen für das Kloster Einkünfte fließen sollen.

199 CDB II, Nr. 51, 229, 230. Für dieselbe Deutung wird man sich in der Datierungsformel der Urkunde für das Kloster Břewnow vom Jahre 1255, CDB V/1, Nr. 45, entscheiden müssen, die dem Kloster das alte Privileg von Boleslav bestätigt und darüber informiert, dass die Zeugen an einem Kolloquium teilgenommen haben, das in Strahov stattgefunden hat. Es handelt sich um eine Quelle dubiae fidei, die beim Empfänger entstanden ist, cf. Šebánek/Dušková, Urkundenwesen, AfD 14, 1968, S. 394, Anm. 469. Obwohl Prag zu der Zeit schon eine Stadt ist, kann man kaum einen Grund finden, warum die Urkunde dort ausgestellt worden wäre und nicht in der Residenz des Königs, umso eher, als man den Ursprung bei einer kirchlichen Institution suchen kann. Wenn Fiala, O pražském názvosloví [Über die Terminologie der Prager Namen], S. 48, der Meinung ist, dass *civitas* in den eben angeführten Urkunden, CDB II, Nr. 229 und 230, schon Stadt bedeutet, wird man ihm nicht zustimmen können.

200 Man muss nur die Vermutung von Tomas, Města v severozápadních Čechách [Die Städte in Nordwestböhmen], S. 123, Anm. 73a, korrigieren, der annimmt, dass in der Urkunde für die Johanniter vom Jahre 1245, CDB IV, Nr. 62, wo *Actum in Castello veteri ... datum in civitate Pragensi*, die Prager Burg und die Stadt Prag gemeint sind. *Castellum vetus* ist Starý Hrádek bei Rakonitz und *civitas Pragensis* wird immer noch die Prager Burg sein.

201 Dazu an einigen Stellen V. Richter, Raněstředověká Olomouc [Das frühmittelalterliche Olmütz]. Über die Bestimmung der Kirche als Bischofskirche spricht auch Granun catalogi praesulum Moraviae, zum Jahre 1091, S. 68.

202 Hier kann auf die vollständige Darstellung von J. Bistřický, in: Sborník k 850. výročí posvěcení katedrály sv. Václava v Olomouci [Sammelband zum 850. Jahrestag der Weihe der St.-Wenzel-Kathedrale in Olmütz], Olomouc 1982, bes. S. 24–27, hingewiesen werden. Eine genaue Analyse der Urkunden von Zdík lieferte J. Bistřický, Písemnosti olomouckého biskupa Jindřicha Zdíka [Die Schriftstücke des Olmützer Bischofs Jindřich Zdík], SAP 33/1, bes. zu den Urkunden CDB I, Nr. 115 und 116, S. 35ff.

tate Olomuc situiert,[203] d.h. im Bereich der herrschaftlichen Burg. Die Nachricht eines Chronisten verrät jedoch, dass Bischof Jindřich *in civitate Olomuc* ein *monasterium in honore sancti Wenzlai … in ipsa arce* gegründet hat.[204] Dies beschreibt die Lage der beiden Kirchen deutlicher. Die Wenzelskirche befand sich demzufolge in der inneren Burg, die Peterskirche in ihrem breiteren Umkreis.[205]

Irgendwann in den Jahren 1206 und 1207 schenkte König Přemysl Otakar I. den Nonnen von St. Peter Grundstücke, die *ad Olomucense castrum* gehörten, wozu er auch noch *carnificem unum in civitate Olomuch* schenkte.[206] Hier wird der Unterschied zwischen *castrum*, das sich mit der Bezeichnung *arx* deckt, wie zuvor beschrieben wurde, und *civitas*, also einem breiteren Umkreis der Burg, ganz deutlich. Die Bestätigung dafür findet sich gleich danach im Jahre 1207 im Mandat von Papst Innozenz III. an die Äbte von Hradisch und von Welehrad: Sie sollen das Gesuch Bischof Roberts über die Rückverlegung der Kathedrale zu St. Peter untersuchen,[207] da die Wenzelskirche *infra menia civitatis* platziert war, der Herrscher auf dem Domhügel *municionem* erbauen ließ und die Kirche durch Mauerverlauf abgeschlossen wurde, so dass der freie Zugang zu ihr eingeschränkt war. St. Peter verblieb außerhalb der befestigten Burg des Herrschers. Hier wird auch das Verhältnis *moenia* und *muri* zu erläutern sein, in dem *muri* tatsächliche Mauern meint, wie dem auch die Bestimmung *municio* entspricht. *Moenia*, die ein anderes Mal ebenso Befestigungen bedeuten können, werden hier am ehesten die Burggebäude bezeichnen,[208] zwischen denen die Wenzelskirche erbaut worden war. Die Lage der Peterskirche in der *civitas* bestimmt auch eine weitere Urkunde Bischof Roberts aus dem Jahr 1213.[209] Es ist also offensichtlich, dass das Wort *civitas* die Fläche der Burg (bzw. der ursprünglichen Burg) erfasst, und die eigentliche Feste wird dann als *arx* oder *castrum* bezeichnet. In keinem dieser Ausdrücke kann die Erwähnung einer Stadt gesucht werden.[210]

Wenn wir zu Prag zurückkehren,[211] müssen wir uns wenigstens mit zwei problematischen Texten auseinandersetzen, die den Terminus *civitas* verwenden. Der erste ist die sog. Schenkung Bořivojs, angeblich aus den ersten Jahren des 12. Jahrhun-

---

203 CDB I, Nr. 115. Die Datierung nach dem 30. Juni 1131 präzisierte Bistřický, wie in der vorherigen Anmerkung, auf das Jahr 1141. Die Verlegung des Bischofssitzes wurde auch von der Gründung des Kapitels begleitet, CDB I, Nr. 116. Das Datum zum Jahre 1131 ergibt sich aus einer Nachricht in den Annalen von Hradisch und Opatowitz [Letopisy hradišťsko-opatovické], FRB II, S. 394, der zufolge die Weihe der noch nicht zu Ende gebauten Kirche vorgenommen wurde. In gleicher Weise äußert sich über die Wenzelskirche auch die Urkunde des Teilfürsten zum Jahre 1174, CDB I, Nr. 270, durch die dieser der Kirche das Dorf Uhřičitz geschenkt hat.

204 Vincentius, FRB II, S. 409. Der Chronist datiert gleichfalls zum Jahre 1141.

205 Ähnlich ist die innere Burg in Geseke am Hellweg zum Jahre 952 bezeugt, Schlesinger, Frühformen, S. 207.

206 CDB II, Nr. 60.

207 CDB II, Nr. 66.

208 Cf. Schlesinger, Frühformen, S. 150.

209 CDB II, Nr. 106.

210 Schlesinger, Chemnitz, suchte die Angaben über die Stadt Olmütz noch in früherer Zeit, als es uns gelang, diese sicher nachzuweisen.

211 Nur nebenbei kann man anführen, dass die Nachricht der chronikalischen Exzerpte, FRB II, S. 281, zum Jahre 1192, *Civitas Praga obsidione circumdatur, nec capitur,* sich sicher auf die Burg bezieht.

derts,[212] an deren Echtheit oder Verlässlichkeit häufig Zweifel geäußert wurden. Man kann der Meinung zustimmen, dass es sich nur um eine nachträgliche Aufzeichnung pro memoria handeln kann, die zwar die Privilegien des Fürsten Bořivoj reproduziert, sie aber um die Situation ergänzt, in der die Aufzeichnung darüber angefertigt wurde, also vor der Bestätigung durch Karl IV. im Jahre 1352.[213] Es wird die *curia hospitum in medio civitatis Prage* genannt. Die Aufzeichnung lokalisiert hier den Prager Theinhof ganz genau dort, wo er sich damals in der Mitte der Stadt befand und sich auch heute noch befindet, beschreibt also eine Struktur, die mit *civitas* bereits im Sinne von Stadt bezeichnet wird.

Ein wenig komplizierter ist die Überlegung darüber, was *civitas* im berühmten Privileg des Fürsten Soběslav II. für die Prager Deutschen benennt.[214] Soběslav nahm hier die Deutschen in Schutz, *qui manent in suburbio Pragensi*,[215] wobei offensichtlich ist, dass sich die deutsche Siedlung außerhalb des eigentlichen Umkreises der Prager Burg befand, aber in ihrer Reichweite und in ihrem Schutz. Der Terminus *civitas* erscheint im Privileg zweimal. Zum einen ist es die Bestimmung, dass das Recht und die Gewohnheiten der Deutschen derjenige annimmt, der mit den Deutschen in der *civitas* wohnen möchte *(cum Theuthunicis voluerit manere in civitate)*. Der zweite Fall betrifft einen Dieb, der am Tage ertappt wird und dem deshalb seine Haut geschunden wird und darüber hinaus *civitatem abiurabit*.[216] Hier deckt sich *civitas* mit *suburbium* und bedeutet also den Umkreis der Burg.[217]

Schon aus den bisherigen Ausführungen ergab sich die vielfältige Bedeutung des Ausdrucks *civitas*. Zu diesen manchmal nicht allzu genauen Varianten tritt im 13. Jahrhundert ein neuer Begriff – die Stadt. In unserem Land erscheint dafür der erste Beleg in einer damals noch zum Reich gehörenden Stadt – in Eger. 1203 befreite König Philipp das Haus des Klosters Waldsassen in Eger von Steuern[218] und bezeichnete Eger zum ersten Mal als *civitas*,[219] und die Bürger sind als *burgenses* nachgewiesen. Das konnte die heimische Terminologie noch nicht beeinflusst haben.

---

212 CDB I, Nr. 389.

213 In diesem Zusammenhang werden wir auf die Bestimmungen der Donation nicht näher eingehen und verweisen auf das Kapitel über die Märkte und den Handel. Man muss auch nicht die Ansichten der Literatur rekapitulieren; siehe die einleitende Anmerkung Friedrichs zur Edition, weiter Zycha, Prag, S. 229ff.; V. Novotný, Od Břetislava I. do Přemysla I. [Von Břetislav I. bis Přemysl I.], České dějiny [Böhmische Geschichte] I/2, Praha 1913, S. 347 und 414–416.

214 CDB I, Nr. 290. Wir verwenden unsere Edition K privilegiu [Zum Privileg], S. 249–257. Die Echtheit seines Textes und die Ursprünglichkeit seiner Bestimmungen haben wir nachgewiesen in: Zwei Studien, S. 116–142.

215 Artikel 1 des Privilegs nach der Einteilung in der zitierten Edition.

216 Artikel 14 und 17.

217 Wenn weiter im Artikel 20 gesagt wird *Si quis per vicos Theutunicorum ierit*, bedeutet dies wirklich nur die von den Deutschen bewohnten Orte. Siehe dazu oben die Ausführungen über *vicus*. F. Vacek, Soudnictví v Čechách [Das Gerichtswesen in Böhmen], S. 79–80, verbindet die Bezeichnung *civitas* in Soběslavs Privileg mit der Stadt und das Privileg selbst ist ihm zufolge eine städtische Urkunde, was ein Irrtum ist, den man nicht akzeptieren kann.

218 ME, Nr. 119.

219 C. Frey, Die Schicksale des königlichen Gutes in Deutschland unter den letzten Staufern seit König Philipp, Berlin 1881, S. 30; P. Wanie, Der Stadt Eger geschichtlicher Entwicklungsgang bis zur Mitte des XVI. Jahrhunderts, MVGDB 51, 1913, S. 193; Schlesinger, Bischofssitze, Pfalzen und Städte, S. 36.

Die Gewohnheit, die Burg als *civitas* zu bezeichnen, konnte nicht gleich aufhören. Deshalb ist es notwendig, für einige Jahrzehnte das Verhältnis der beiden Bedeutungen zueinander zu untersuchen. Man kann verschiedene Beispiele anführen, und sie warnen vor voreiligen Schlussfolgerungen. 1227 findet sich in einer Urkunde Přemysl Otakars I. die Erwähnung: *cum … Petrus, rector provincie Betovensis, civitatem in Jamnic cepisset edificare muro forti*,[220] woraus Schlüsse auf die städtische Stellung von Jamnitz gezogen wurden.[221] Aber über die Stadt Jamnitz schweigen dann die Quellen lange und darüber hinaus bleibt fraglich, ob ein Landesbeamter so früh zur Errichtung einer Stadt bevollmächtigt sein konnte, wenn man einen weiteren ähnlichen Fall erst 1253 bei Bennisch vorfindet, dessen Gründung der königliche Unterkämmerer Beneš von Úvalno zwei Lokatoren anvertraut hat.[222] Es ist also ratsam, bei Jamnitz eher an die Vollendung des Mauerbaus der Burg zu denken.[223] Die Schlussfolgerung, dass es sich um eine Stadt handelte, stützt sich nur auf den Terminus *civitas*, der jedoch noch kein Äquivalent für eine Stadt sein musste.

Im Jahre 1235 bewilligte König Wenzel I. den Johannitern einen Markt in ihrem Dorf Manetin[224] und legte gleichzeitig fest, dass Strafsachen von einem Richter entschieden werden sollen, den die Johanniter aufstellen würden, und dass sie nicht *ad Pilzen vel Satz seu eciam ad alias civitates* vorgeladen werden sollen und dass sie auch nicht vor dem Gericht *in predictis castris nec in aliquo loco alio* stehen sollen. Es handelt sich hier zweifellos um eine Exemption von den Burggerichten, und es gibt nicht den geringsten Grund, *civitas* als Stadt zu interpretieren, um so weniger, als das Synonym *castrum* hinzugefügt ist.

Einen Stadtstatus kann man auch Austerlitz nicht zuerkennen, wenn es in der Urkunde Wenzels I. für die Deutschordensritter aus dem Jahre 1237 in der Aufzählung der Güter des Marienspitals *in vico Teutonicorum* als *Nouozedeliz civitas* erscheint.[225] Noch 1294 in der Erteilung von Rechten an die Deutschordensritter durch Wenzel II.[226] kommt Austerlitz/Neusedlitz nur als *forum* vor, wenn auch mit Exemtionen aus der Gerichtsbarkeit des mährischen Landgerichts ausgestattet.

Eine völlig eindeutige Verwendung des Terminus *civitas* für Stadt liest man im Privileg für Troppau aus dem Jahr 1224.[227] Im Laufe der Zeit wird dann *civitas* zur Hauptbezeichnung für die Rechtsstädte. Bevor wir an die Darstellung dieser Bedeutung herangehen, müssen wir einige irreführende Erwähnungen aus gefälschten Urkunden widerlegen. Die meisten davon betreffen das Kloster Hradisch.

Zum Jahre 1200 bestätigt eine Urkunde, angeblich von Markgraf Jindřich Vladislav ausgestellt,[228] die Schenkung des Marktdorfes Knihnitz und legt die Gerichtsbar-

---

220 CDB II, Nr. 305.

221 Zycha, Ursprung, S. 20; Schwarz, Volkstumsgeschichte II, S. 180; Kejř, Zwei Studien, S. 89–90, der dies noch in weiteren Studien wiederholt hat.

222 CDB IV, Nr. 267.

223 Kejř, Městské zřízení [Die Stadtverfassung], S. 235, Anm. 58.

224 CDB III/1, Nr. 105.

225 CDB III/1, Nr. 162. Es handelt sich um eine Empfängerausfertigung, Šebánek/Dušková, Listina v českém státě [Die Urkunde im böhmischen Staat], S. 101, 103.

226 CDM V, Nr. 2. Die Bezeichnung ist konsequent nur *forum*, und die Bewohner heißen *homines*.

227 CDB II, Nr. 265.

228 CDB II, Nr. 351.

keit in einem solchen Umfang fest, *sicut aliis in Morauia civitatibus nostris dedimus potestatem*. Eine andere Urkunde, angeblich nur ein Jahr jünger,[229] bestätigt einige Märkte mit der Ergänzung, dass dies mit allen Rechten geschehe, *que nostris civitatibus universis Morawie plenius observantur*. Beide Fälschungen entstanden erst im 14. Jahrhundert, so dass sich der Anachronismus in der Bezeichnung der Rechte der Städte klar ergibt. Ein gleicher Anachronismus erscheint in der angeblich vom selben Herrscher stammenden Urkunde aus dem Jahre 1203, mit der dieser dem Kloster das Recht gegeben hat, den Wald Střelná zu roden und *villas, fora, civitates locandi*.[230] Die tatsächliche Entstehungszeit der nur aus einer späteren Abschrift bekannten Urkunde fällt in die zweite Hälfte des 13. Jahrhunderts, und man müsste sich mit ihr nicht beschäftigen, wenn darin nicht verschiedene institutionelle Stufen von Siedlungen, also vollrechtliche Städte, Märkte und bloße Dörfer, so deutlich unterschieden würden.[231] Wenn also die gefälschte Urkunde keinen Aussagewert für die Zeit besitzt, über die sie berichtet, so enthält sie doch Informationen über die institutionelle Entwicklung in der Zeit, in der sie entstanden ist.

Das Kloster verfügt über eine weitere Urkunde (in zweifacher Ausfertigung), die sich auf das Jahr 1250 bezieht.[232] Sie entstand kurz vor dem Jahr 1270 (beim Exemplar B1) bzw. erst nach diesem Jahr (beim Exemplar B2).[233] In der Bestätigung der Freiheiten des Klosters, angeblich von König Wenzel I., werden wieder *civitates* genannt. Hier geht es nicht um die zeitliche Einordnung dieses Ausdrucks, weil Städte zu jener Zeit bereits ein völlig geläufiges Phänomen waren, sondern um die Feststellung, wann die dort genannten Orte tatsächlich Städte wurden, was uns in anderen Zusammenhängen der vorliegenden Arbeit interessieren wird.

Zweifel ergeben sich auch aus dem Mandat von Papst Gregor IX. aus dem Jahre 1237,[234] mit dem er sich gegen die Leugnung der Stigmata des heiligen Franziskus aussprach[235] und die Fahndung nach einem Dominikaner und dessen Auslieferung anordnete, der diese begangen haben soll, *cum pervenisset Oppauiam, Morauie civitatem*. Der Terminus *civitas*, den das päpstliche Geheiß angeblich verwendet hat, steht völlig im Widerspruch zu den Nennungen in päpstlichen Urkunden; darüber hinaus wurde sein genauer Ursprung bisher nicht festgestellt. Troppau war zu jener Zeit zweifelsohne *civitas*, aber diesen Beleg wird man bis zur sicheren Beglaubigung aus seiner Rechtsgeschichte ausscheiden.[236]

Gegen Mitte des 13. Jahrhunderts beginnt sich schon *civitas*-Stadt von *castrum*-Burg genau zu unterscheiden. Schon früher haben wir auf die Bedeutungsschwankungen des Terminus *civitas* hingewiesen, jetzt werden wir uns dagegen mit seiner

229 CDB II, Nr. 352.
230 CDB II, Nr. 356.
231 Kejř, Trhy [Märkte], S. 13.
232 CDB IV, Nr. 188.
233 Šebánek/Dušková, Listina v českém státě [Die Urkunde im böhmischen Staat], S. 62, auch in der einleitenden Anmerkung zur Edition behandeln sie die Kompliziertheit der Entstehung und weisen die Fälschung nach.
234 CDB III/1, Nr. 154.
235 Ähnlich auch der Brief Papst Gregors IX. an Bischof Robert, CDB III/1, Nr. 157.
236 Kejř, Päpstliche Urkunden, S. 56.

Stabilisierung in dem Sinne befassen, den ihm schon ohne größere Veränderungen die nachfolgende Zeit gegeben hat. Eine sehr präzise Unterscheidung der Stadt Prag und der Prager Burg hält der Verfasser von Příběhy krále Václava I. [Die Ereignisse aus der Zeit König Wenzels I.] bei der Schilderung des Aufstandes von Wenzels Sohn Přemysl Otakar im Jahre 1249 ein.[237] Aus den Ereignissen, die er schildert, ergibt sich, dass mit dem Wort *civitas* die Stadt Prag gemeint ist, während für die Burg die Ausdrücke *castrum* oder *urbs* vorbehalten bleiben.[238] Gleiches sehen wir auch in der Urkunde Přemysl Otakars II. aus dem Jahr 1257,[239] mit der er dem Kustos und Kanonikus der Kirche von Wyschehrad Besitzvorteile *in civitate Pragensi* erteilt hat, während das Dokument *in castro Pragensi* ausgestellt ist. Ähnlich werden 1261 die Stadt Troppau und die Burg Joslowitz unterschieden.[240] Besonders deutlich wird diese Unterscheidung in der Urkunde des Königs für das Kloster Chotieschau aus dem Jahr 1266, in der anlässlich der Bestätigung der Pilsner Kirchen ihre Platzierung *in latere Pilznensis civitatis, in Pilznensi civitate, in monte castri predicte civitatis* und *extra eandem civitatem* sorgfältig unterschieden wird.[241] Auch wenn man eine ähnliche Unterscheidung in einer Urkunde angeblich zum Jahre 1268 in gleicher Weise für Elbogen liest, dass nämlich die Leute des Kloster Tepl nicht zu Reparaturen des *castri sive civitatis aut preurbii in Cubito* genötigt werden sollen,[242] kann damit nicht argumentiert werden, weil es sich um eine Fälschung aus dem 14. Jahrhundert handelt.

Auch in der Zeit, in der die Städte eine allgemeine Erscheinung sind, muss man vorsichtig von Fall zu Fall vorgehen, weil der Terminus *civitas* unangemessen verwendet werden könnte. Der Adlige Egidius de Upa schenkte dem Spital in Úpa (Trautenau) mit einer auf das Jahre 1260 datierten Urkunde einige Güter und unterstellte das Spital dem Kloster Zderaz in Prag. In der Urkunde werden Úpa und Brusnice als *civitas* bezeichnet.[243] Die Urkunde selbst ist unzuverlässig, weil sie erst in der

---

237 FRB II, S. 303–308. Der Chronist bezeichnet präzise die Städte Saaz und Leitmeritz (*civitas*), die Burg Wyschehrad (*urbs*), die Feste Sadska (*municio*) und auch Dörfer.

238 Ebd., S. 305: *Filius … regis … Prage habitavit, urbi et civitati firmissimam adhibens custodiam.* Ebd.: *rex … civitatem cepit, ut creditur, quibusdam civibus eam tradentibus,* S. 305–306: *Filius autem regis, qui tum manebat in castro … et civitatem videns esse captam … castro Pragensi fidelibus suis ad custodiendum commisso, se ad loca transtulit tuciora.*

239 CDB V/1, Nr. 119. Als *civitas* wird Leitmeritz bezeichnet.

240 CDB V/1, Nr. 60. Eine Donation Bočeks von Kunštát an das Kloster Saar.

241 CDB V/1, Nr. 475. Zur Topographie R. Turek, Význam Starého Plzence v časném středověku [Die Bedeutung von Starý Plzenec im Frühmittelalter], MZK 12, 1975, S. 153–171.

242 CDB V/2, Nr. 564++.

243 CDB V/1, Nr. 216+. Ähnliche zweifelhafte Bezeichnungen einiger Siedlungen als *civitates* treffen wir auch anderswo. Siehe schon oben, Anm. 225, die Bezeichnung von Austerlitz als *civitas Nouozedeliz* zum Jahre 1237, CDB III/1, Nr. 162, oder im Artikel 59 im großen Privileg für die Stadt Deutsch Brod, CDB V/2, Nr. 873, S. 601, wo als *civitates* Chotěboř, Böhmisch Běla und Schlappenz bezeichnet werden. Hoffmann, auf der Karte von Städten, wie im Kap. I, Anm. 173, hat den beiden ersten die Qualität einer Stadt zuerkannt, Schlappenz hat er nicht eingeordnet. Zycha, Ursprung, S. 24, nahm für alle drei die Qualität von Städten an, aber es gibt dafür keinen anderen Beleg, und weitere Erwähnungen in den Quellen bezeichnen sie nicht mehr so. In allen diesen Fällen handelt es sich um von Adligen ausgestellte Urkunden, und auch im Fall von Austerlitz ist zwar die Urkunde von der königlichen Kanzlei ausgestellt, aber die Ausfertigung rührt vom Empfänger, dem Deutschritterorden, her.

Bestätigung Wenzels II. vom Jahre 1301 tradiert ist,[244] die den Verdacht der Fälschung erweckt.[245] Ähnlich unsicher sind auch zwei Urkunden des Prager Bischofs Johannes, die diese Schenkung bestätigen.[246] Schon die Bezeichnung *civitas* selbst in der Urkunde eines Adligen ist auffällig und ihre unpassende Verwendung bezeugt auch die gleiche Bezeichnung für Brusnice, das nie zu einer Stadt geworden ist. Es wäre unvorsichtig, auf Grund dieser Urkunde für Úpa, dem späteren Trautenau, einer königlichen Stadt, die Stadtverfassung bereits für das Jahr 1260 anzunehmen, wenn diese Annahme zudem nur auf die unzuverlässige Urkunde eines Adligen gestützt ist.

In der entscheidenden Mehrheit, in der ein Siedlungskomplex als *civitas* bezeichnet wird, können wir ihm unbedenklich die Qualifizierung als Stadt zuerkennen. Nach Troppau, das eine erste so genau bestimmte institutionelle Stadt war,[247] stellen wir bald schon weitere *civitates* fest: Königgrätz,[248] Znaim[249] Königsberg an der Eger,[250] Kladrau,[251] Göding[252] und weitere. Die frühesten Verwendungen von *civitas* für Städte erscheinen fast immer in den Urkunden des Herrschers. In einer bischöflichen Urkunde lesen wir eine solche Erfassung des Rechtszustandes im Jahre 1238 für Brünn. Bischof Robert bestätigte damals mit einer umfangreichen Urkunde, die von den in der päpstlichen Kanzlei verwendeten Formen inspiriert war, dem Heilig-Geist-Spital in Brünn auf Bitte der Gründer, des Bürgers Rudiger und seiner Gemahlin Hodava, umfangreiche Rechte.[253] Brünn stellt sich deutlich als Stadt dar,[254] es werden *cives Brunnenses* angeführt und die *civitas Brunnensis* genannt. Der Terminus *civitas* = Stadt war in einer bischöflichen Urkunde nicht selbstverständlich.[255] Trotz-

244 CIM II, Nr. 71.

245 Die Hand der Urkunde ist aus anderen Urkunden Wenzels II. nicht bekannt, und es handelt sich wohl um eine Empfängerausfertigung, siehe die einleitende Anmerkung in CDB.

246 CDB V/1, Nr. 217+ und 222+.

247 CDB II, Nr. 265. Troppau ist *civitas*, ihre Bewohner *habitatores*, aber es gibt auch eine allgemeine Erwähnung über *civis Oppaviensis*.

248 CDB II, Nr. 278. Königgrätz selbst wird *civitas* genannt, seine Einwohner sind *habitatores*.

249 CDB II, Nr. 288. Der Herrscher äußert in der Urkunde die Absicht *ante Znoim civitatem construere in ipsamque homines convocare*. Auch hier werden die Bewohner als *habitatores* bezeichnet. Zum Terminus *habitatores* siehe die Darstellung im weiteren Teil dieses Kapitels.

250 CDB III/1, Nr. 26. Zur Gründung und der weiteren Entwicklung von Königsberg siehe zuletzt T. Velímský, Zur Problematik der Stadtgründung des 13. Jahrhunderts in Kynšperk nad Ohří (Königsberg), PAM 83, 1992, S. 105–148. Mit dem Fall von Königsberg werden wir uns im Weiteren erneut befassen.

251 CDB III/1, Nr. 44 und 46.

252 CDB II, Nr. 381. Die lange umstrittene, zum Jahre 1228 datierte Urkunde erweist sich als echt und zuverlässig. Nur ihre Datierung musste man in das Jahr 1238 verschieben, cf. Kejř, O nejstarší listině [Über die älteste Urkunde], wo sich auch eine Auseinandersetzung mit älteren Analysen befindet. Auch über Göding wird noch gesprochen werden.

253 CDB III/2, Nr. 197. Zur Urkunde Šebánek/Dušková, Listina v českém státě [Die Urkunde im böhmischen Staat], S. 125–127, und schon Česká listina [Die böhmische Urkunde] 3, S. 115–116. Siehe dazu schon oben, S. 56–59 und S. 69f.

254 Die Entstehung der Stadtverfassung wird in die Jahre zwischen 1234 und 1237 datiert; siehe Kejř, Zwei Studien, S. 102.

255 Schon oben haben wir darauf aufmerksam gemacht, dass Bischof Bruno mehr als dreißig Jahre später für Brünn nicht die Bezeichnung *civitas* verwendet hat, sondern nur *oppidum*, siehe S. 106.

dem ergibt sich aus allen Zusammenhängen, dass eine andere Interpretation des Terminus hier nicht möglich ist.[256]

Von einer Aufzählung, welche Städte in den nachfolgenden Jahrzehnten als *civitas* bezeichnet wurden, kann man Abstand nehmen. Unter dem Aspekt der Rechtsverfassung und der städtischen Institutionen werden keine Zweifel mehr entstehen. Einzelnen Städten werden wir noch bei weiteren Darlegungen begegnen. Trotzdem sind auch hier einige Sonderfälle zu verzeichnen, die zwar den Rahmen der Stadtverfassung nicht sprengen, aber diesen in einer näheren Bestimmung illustrieren.

Eine gefälschte Urkunde, angeblich vom mährischen Markgrafen Přemysl Otakar II. im Jahre 1252 für die St. Hippolyt-Kirche in Znaim ausgestellt,[257] jedoch erst kurz vor 1259 entstanden, bestätigt dieser kirchlichen Institution sowohl einige Rechte in der Stadt als auch in der Provinz Znaim. Die Stadt tritt hier deutlich als Zentrum der Provinz auf, es wird ihre Zentralität für das gesamte Gebiet hervorgehoben. Die königlichen Städte werden als eine gesonderte Gruppe im Vergleich zu den übrigen Städten im Privileg König Přemysl Otakars II. für das Kloster von Leitomischl begriffen, indem es heißt: *in nostris et aliis civitatibus*.[258] Etwas Besonderes ist auf unserem Gebiet die Titulatur *civitas imperii*. Verständlich ist sie für Eger,[259] das als Stadt auf dem Territorium des Reiches entstanden war, wie dies bereits erwähnt wurde, aber ein besonderes Vorrecht ist die Einbeziehung Brünns unter die *civitates imperii* im Privileg König Rudolfs vom Jahre 1278.[260] Es handelte sich allerdings nur um eine Episode, die mit Beginn der böhmischen königlichen Regierung nach der herrscherlosen Zeit, die auf den Tod König Přemysl Otakars II. folgte, zu Ende war.

Ebenfalls aus der Zeit des Niedergangs nach dem Tod von Přemysl Otakar II. stammt eine weitere Nachricht über die Stellung der Städte. Am Landtag von 1281, der die Wirren im Lande beruhigen sollte, haben neben dem Hochadel und den Rittern auch *cives munitarum civitatum* teilgenommen.[261] Hier ist die Betonung der Befestigung bemerkenswert, die davon zeugt, dass es auch unbefestigte Städte gab, wie dies schon weiter oben erwähnt wurde. Darüber hinaus beteiligen sich die Bürger der befestigten Städte zum ersten Mal am Landtag. Es besteht kein Zweifel daran, dass es nur Vertreter der königlichen Städte waren.[262]

Der städtische Status, der einen so qualifizierten Ort im Vergleich zum Markt oder lediglich einem Dorf auf eine höhere Stufe hob, ordnete die einzelne Stadt auch

---

256 In derselben Urkunde liest man die Festlegung, dass Brüder in Schutz genommen werden, die Almosen erbetteln, *in quamlibet civitatem, castellum vel vicum advenerint*. Die Hierarchie der Siedlungen ist offensichtlich. Siehe auch oben zu diesem Beleg bei der Erläuterung des Wortes *vicus*.

257 CDB IV, Nr. 244. Zur Entstehung der Urkunde Šebánek/Dušková, Listina v českém státě [Die Urkunde im böhmischen Staat], S. 96.

258 CDB V/2, Nr. 557. Dies bestätigt auch die Bezeichnung *civitates nostre* im Privileg für Brüx vom Jahre 1278, CDB V/2, Nr. 864.

259 In der Ratifikation des Friedens zwischen Přemysl Otakar II. und Rudolf im Jahre 1277, CDB V/2, Nr. 836.

260 RBM II, Nr. 1141.

261 FRB II, S. 353.

262 Näher dazu Kejř, Anfänge der ständischen Verfassung, S. 195.

in die Gruppe von anderen Städten ein. Sehr bald, schon wenige Jahre nach der ersten erfassten Quelle über die Entstehung der Städte, wird auch die Sonderstellung von Städten allgemein anerkannt. Die einzelne Stadt erhält außer ihrer durch den Umfang von Freiheiten und individuellen Rechten gegebenen Stellung, die gleiche Stellung wie die übrigen Städte. Zum ersten Mal geschieht dies im Gründungsprivileg für die Stadt des Klosters Doxan, Königsberg an der Eger, der 1232 König Wenzel I. *omnem libertatem, quam aliqua regni nostri civitas habere dinoscitur* bewilligt hat.[263] Dies beweist, dass die Städte, obwohl noch nicht zahlreich, eine ausgeprägte gesellschaftliche Struktur bildeten, die sich einer gewissen privilegierten Stellung erfreuten. Die Stadtverfassung war offensichtlich bereits institutionalisiert. In den nachfolgenden Jahrzehnten erscheinen ähnliche Formulierungen in Urkunden für verschiedene Städte, worin sich zeigt, dass die städtischen Freiheiten als allgemein anerkannt galten.[264] Im Falle der Niederschrift für das Kloster Doxan könnte ein ähnliches Privileg als vorzeitig erscheinen, aber die über alle Zweifel erhabene, im tadellosen Original erhaltene Urkunde hat tatsächlich auch die ähnliche rechtliche und verfassungsrechtliche Anerkennung der Städte als eigenständiges Gebilde vorausbestimmt.

Die Erteilung von solchen Freiheiten, die andere Städte genießen,[265] ist von großer Tragweite für die Überlegungen, welche allgemeinen Rechte Städte besitzen. Dies war im allgemeinen Bewusstsein in einem solchen Maße verankert, dass auch die gefälschten Urkunden nicht zögerten, zu derartigen Formulierungen zu greifen, wie man in den Urkunden, die Raudnitz und Mährisch Weißkirchen betreffen, feststellen kann.[266] Sogar für die untertänige Stadt Židiněves, des jetzigen Jitschin, wird 1302

263 CDB III/1, Nr. 26. Zu diesem Privileg werden wir bei weiteren Ausführungen noch zurückkehren müssen. Siehe auch oben, Anm. 250.

264 Bereits Zycha, Prag, S. 215–216, mit einer Teilauswahl der Quellenerwähnungen.

265 Bei der Gründung von Ungarisch Hradisch 1258, CDB V/1, Nr. 156, wurde ein Jahrmarkt eingerichtet, *ut in ceteris civitatibus est consuetum.* Bei der Erhebung von Leitomischl zur Stadt im Jahre 1259, CDB V/1, Nr. 194, wurde das Recht erteilt, *ut civitas ipsorum … omni iure et libertate gaudere debeat, qua nostre civitates per Boemiam sunt contente.* Eine ähnliche Formulierung findet sich auch im Falsum für die gleiche Erhebung von Leitomischl, CDB V/1, Nr. 195++. Auch für Hněwkowitz im Jahre 1262, CDB V/1, Nr. 359, war der Herrscher mit der Abhaltung eines Jahrmarktes einverstanden und erteilte auch Gerichtsrechte. Hněwkowitz wird als *oppidum* bezeichnet, aber der Umfang seiner Rechte wird *iudiciis more aliarum civitatum utantur et aliis omnibus, preter patibulum, sicut nostre civitates habere consueverunt* bestimmt. In der Festlegung der Rechte der St. Gallus-Stadt von Prag im Jahre 1265, CDB V/1, Nr. 452, wurde dem Gründer erlaubt, Rechte und Freiheiten zu gebrauchen, *quibus alie civitates regni nostri solite sunt gaudere.* Zu diesem Privileg Kejř, K interpretaci práv měšťanů svatohavelského města pražského [Zur Interpretation von Rechten der Bürger der St. Gallus-Stadt von Prag], PSH 9, 1975, S. 5–18, und F. Hoffmann, Mincmistr Eberhard [Der Münzmeister Eberhard], S. 70–84. Auch für Bösig wurde im Jahre 1264, CDB V/1, Nr. 423, bestimmt, dass es das Prager Recht gebrauchen soll und Freiheiten, *quas habent civitates et oppida regni nostri.* Dazu Žemlička, Bezdězsko [Das Gebiet von Bösig], S. 726–751.

266 Ein Falsum angeblich vom Jahre 1237, das jedoch erst in der Mitte des 15. Jahrhunderts entstanden ist, RBM II, Nr. 2824, der tschechische Wortlaut CIM IV/1, Nr. 2, bewilligt für Raudnitz die Gerichtsbarkeit *secundum Lithomierzicensis et aliarum civitatum consuetudinem.* Zur Urkunde J. Tomas, Počátky města Roudnice nad Labem [Die Anfänge der Stadt Raudnitz], Litoměřicko 1969, bes. S. 6–8. Ähnlich legt auch das Falsum für Mährisch Weißkirchen zum Jahre 1251, in den 80er Jahren des 13. Jahrhunderts entstanden, CDB IV, Nr. 212, fest, dass die Bürger das Recht genießen sollen, *quo omnes civitates ad nos vel nostros successores spectantes solent gaudere.* Cf. Šebánek/Dušková, Listina v českém státě [Die Urkunde im böhmischen Staat], S. 62.

mit der Urkunde Wenzels II. ein Markt bewilligt, wobei dort das gleiche Recht gelten soll, wie es die *civitates* des Hochadels im Königreich Böhmen haben.[267] Dies ist ein deutlicher Hinweis auf den Unterschied in der Rechtsstellung von königlichen und nichtköniglichen Städten.

Ein besonderer Hinweis auf städtische Freiheiten betrifft Kuttenberg im Berggesetz König Wenzels II., *Ius regale montanorum*, in dem verkündet wird: *cum mons in Chutna prae ceteris montibus argentifodii propter suam excellenciam in multis praerogativa gaudeat civitatum.*[268] Obwohl also Kuttenberg zur Zeit der Publizierung des Berggesetzes selbst noch nicht über eine vollwertige städtische Stellung verfügte und diese erst einige Jahre später erlangte,[269] werden seine Rechte mit denen der Städte verglichen. Im komplizierten Prozess der Entstehung und Entwicklung der Stadtverfassung in Kuttenberg deutet dies auf eine allmähliche Übernahme von vollständigen städtischen Institutionen,[270] die einige Jahrzehnte lang gedauert hat.

Noch ein weiterer Fall eines ähnlichen Privilegs soll berücksichtigt werden. Im Jahre 1290 gab König Wenzel II. Bischof Tobiáš das Recht, Kojetein zu befestigen.[271] Dieses wird als *oppidum forense*[272] bezeichnet und seine Bewohner als *cives fori*, aber es wird ihnen das Recht gegeben, *ut … eisdem utantur libertatibus et gaudeant iuribus, quibus utuntur et gaudent cives communiter nostrarum per Moraviam civitatibus.* Schon aus dem Titel *cives* und den Rechten, die Bürger in anderen mährischen Städten haben, ergibt sich, dass Kojetein eine institutionelle Stadt ist, obwohl es nicht als *civitas* bezeichnet wird. Im selben Jahr erteilte auch der Olmützer Bischof Dietrich der Stadt Kremsier das Recht, Jahrmärkte so abzuhalten, wie es *alie civitates* tun.[273]

Zunächst ist darauf aufmerksam zu machen, dass in allen Fällen, in denen einer Stadt erlaubt wird, sich nach Rechten und Freiheiten zu richten, wie sie andere Städte haben, konsequent der Terminus *civitas* verwendet wird. Nur in einem einzigen Fall wird noch *oppidum* hinzugefügt, aber auch dort ist *civitas* der bestimmende Terminus. *Civitas* wird also auf die allgemeine Ebene der vollrechtlichen Stadt gehoben, mit einer unzweifelhaften Stadtverfassung. Weiter ist eine ähnliche Wendung Bestandteil von Urkunden des Landesherrn, ob schon des Königs selbst oder im Falle des Falsums für Mährisch Weißkirchen des Markgrafen Přemysl Otakar II. Die scheinbare Ausnahme, die Bewilligung Bischof Dietrichs für Kremsier, das in Zukunft Jahrmärkte abhalten soll wie *alie civitates*, verstößt nicht gegen dieses Prinzip; es han-

267 CIM IV/1, Nr. 15: *idem ius … quod dinoscuntur habere civitates aliorum nobilium regni nostri.*

268 CIB I, S. 284.

269 J. Majer, K nejstarším právním dějinám Kutné Hory [Zur ältesten Rechtsgeschichte von Kuttenberg], PhS 4, 1958, S. 131–152. Kuttenberg kann seit 1307 als Stadt angesehen und die Vollendung dessen im königlichen Privileg von 1329 gesucht werden, durch das Kuttenberg umfangreiche Rechte bekommen hat, CIM II, Nr. 153.

270 Neben dem zitierten Majer schon Zycha, Ursprung, S. 49–53.

271 RBM II, Nr. 1518.

272 Dass auch *oppida forensia* befestigt wurden, ist auch aus dem ältesten Beleg dieser Bezeichnung offensichtlich, nämlich aus den drei Privilegien des Markgrafen Přemysl für Prämonstratenserklöster aus den Jahren 1234–1235, CDB III/1, Nr. 87, 106 und 107, in denen die Klosteruntertanen der Pflicht enthoben werden, sich am Bau oder Befestigung von *oppida forensia* zu beteiligen.

273 RBM II, Nr. 1502.

delt sich ja nicht um die Erteilung des Stadtstatus, sondern nur um die Form in einer Angelegenheit, wie es das Abhalten von Jahrmärkten ist.

Es ist schließlich selbstverständlich, dass es sich um Urkunden des Landesherrn handelt, denn über den Stadtstatus zu verfügen war ausschließliches Recht des Herrschers. Deshalb war auch seine Zustimmung für den Status einer untertänigen Stadt von entscheidender Bedeutung, aber in diesen Fällen ist der Empfänger nicht die Stadt selbst, sondern immer ihr Herr.[274] Darüber hinaus stellte der Herrscher königliche Städte als Vorbild hin – *civitates nostre* bzw. *civitates regni nostri* –, was ein weiterer Beleg für das feste Bewusstsein der eigenen königlichen Städte ist. Es war übrigens ein eminentes Interesse des Herrschers, die Stellung der Städte als eigene Stütze zu stärken, wie es auch die Arenga der Urkunde für Melnik im Jahre 1274 deutlich zum Ausdruck bringt: *quoniam nostri regni decor … accrescit ex pulchritudine civitatum.*[275]

Es ist offensichtlich, dass um die Mitte des 13. Jahrhunderts der Terminus *civitas*, mit Ausnahme der Wendung *civitas et diocesis*, seine älteren Bedeutungen verloren hat, insbesondere hat man aufgehört, damit die Burg zu bezeichnen, und dass er schon seine ausgeprägte Bedeutung als Bezeichnung einer Stadt mit vollen Rechten erlangt hat. Völlig ungewöhnlich und vereinzelt ist deshalb die Verbindung *civitas forensis*, wie Cerhowitz im Jahre 1275 bezeichnet wird,[276] das aber keine Stadt war. Durch die Hinzufügung des Adjektivs *forensis* wird vor allem sein Markt bezeichnet, ähnlich wie es bei den Fügungen *villa forensis, locus forensis, burgus forensis* oder *oppidum forense* der Fall war, und dadurch wird der Begriff *civitas* von seiner vollen Bedeutung herabgemindert.[277] Diese ausnahmsweise vorkommende Bezeichnung ändert allerdings nichts an der nachgewiesenen, damals schon stabilisierten Bedeutung des Wortes *civitas*.

Forum

Das Erwähnen der Verbindungen mit dem Adjektiv *forensis,* die allesamt den Markt betreffen und nicht etwa den Siedlungscharakter des Marktortes, veranlasst uns auch

---

[274] Mit dieser Frage werden wir uns noch eingehender befassen. In den zuvor angeführten Fällen ist es z. B. das Kloster Leitomischl für Leitomischl, die Prager Kirche für Hněwkowitz, der Bischof von Prag für Kojetein. Wenn die Raudnitzer Urkunde direkt den Bürgern gilt, siehe Anm. 266, ist das nur ein weiterer Beweis für die Fälschung.

[275] CDB V/2, Nr. 758.

[276] CDB V/2, Nr. 798.

[277] Kejř, Trhy [Märkte], S. 20. An der Authentizität der Urkunde können keine Zweifel gehegt werden, weil sie ein Werk des königlichen Notars Heinrich ist, Šebánek/Dušková, Urkundenwesen, AfD 15, S. 332. Wie vereinzelt die Verbindung *civitas forensis* ist, wird aus der Tatsache offensichtlich, dass der bisher einzige festgestellte Beleg die heutige schwedische Stadt Åhus betrifft, Andersson, Urbanisierte Ortschaften, S. 153 und 231, wo jedoch in derselben Urkunde auch das vollwertige *civitas* vorkommt. Es ist offensichtlich, dass der Beleg von Cerhowitz zu den seltenen Ausnahmen gehört und eine Analogie wohl nur in Polen findet, wo er sich auf private städtische Siedlungen mit einem Markt bezieht, Lalik, Geneza sieci miasteczek [Die Genese des Netzes von Städtchen], S. 133.

zu einer kurzen Notiz über die Bedeutung des Terminus *forum*. Es handelt sich wiederum um einen Ausdruck, der mehrere Bedeutungen hat, nämlich Handel, Marktplatz, Marktgebühr, aber auch Status der gesamten Marktsiedlung.[278] Für Böhmen und Mähren können wir jedoch keine Parallele zu Schlesien feststellen, wo der Terminus *forum* auch eine häufige Bezeichnung für eine Siedlung städtischen Typs war.[279] In unseren Ländern ist die Terminologie nicht stabilisiert, und es wechseln sich die Bezeichnungen mit dem Adjektiv *forensis* sowie das einfache *forum* für die Bezeichnung des Siedlungs- und Organisationstyps Markt-Marktdorf ab. Die Bezeichnung kennzeichnet eine Siedlung, deren Stellung sich einerseits von der der Dörfer und andererseits von der der vollrechtlichen Städte unterscheidet.[280] Die Stufe *forum* hat also bereits eine gewisse Prioritätsstellung, wo sie angesichts der regelmäßig abgehaltenen Märkte schon eine gewisse zentrale Bedeutung für ihre Umgebung erlangt, aber sie ist keineswegs mit städtischen Freiheiten ausgestattet und die Bewohner bleiben nur *homines* und besitzen keine Bürgerrechte. Die Bezeichnung des Siedlungskomplexes mit dem Terminus *forum* schließt aus, diesen für eine Rechtsstadt zu halten, gleichgültig, ob er einfache Strukturen aufweist oder im äußeren Erscheinungsbild bereits stadtartige Züge zeigt.

B) Bezeichnungen von Personen

Ebenso wie die Bezeichnung von Orten ihre Bedeutungen veränderte, bevor sie sich in der vollwertigen Bezeichnung Rechtsstadt stabilisierte, finden wir auch sehr unterschiedliche Bezeichnungen für Personen in der Zeit der Herausbildung der Städte und Veränderungen im Inhalt dieser Termini. In der Zeit der vollständig entwickelten Stadtverfassung kann auch die Bezeichnung für die Bewohner ein verlässlicher Hinweis auf die Existenz einer Stadtgemeinde sein, aber man muss ihre Wandlungen in älteren Zeiten und Phasen der Entwicklung von Städten sorgfältig untersuchen. Es kann sehr trügerisch sein, sich unkritisch auf die Ausdrücke in den Quellen zu verlassen, ohne dass man alle Umstände der Entstehung der Quellen und des Zustandes der betreffenden Siedlungseinheiten untersucht hätte.

Es wurde nämlich kein eindeutiger Ausdruck für die Stadtbewohner vor der sicheren Bestimmung des Wortes *burgensis* festgestellt,[281] wie in den folgenden Absätzen dieses Kapitels nachgewiesen wird. Wieder stellen wir fest, dass man sich nicht auf die Parallelität der Terminologie der in verschiedenen Territorien erhaltenen Nachrichten verlassen darf. Einige Begriffe haben bei uns einen anderen Sinn und man kann ihnen z. B. die Bedeutung von Bürgern nicht beimessen, obwohl dies

---

278 Für Einzelheiten sei auf die Studie Kejř, Trhy [Märkte], bes. S. 10–12, verwiesen.

279 Schlesinger, Forum, S. 304–305. Ähnlich zeigt auch Kuhn, Die deutschrechtlichen Städte, S. 17–19, dass *forum* sowie Verbindungen mit forensis Städte bedeuten können.

280 Kejř, Trhy [Märkte], S. 40

281 Ennen, Das Städtewesen Nordwestdeutschlands, S. 185.

anderswo nachgewiesen ist. Auch die häufigste Bezeichnung für einen Bürger – *civis* – hat eine bunte Entwicklung durchgemacht.

Civis

Vor allem muss man sich vergegenwärtigen, dass ein prinzipieller Unterschied besteht zwischen *civis* als einer einfachen Bezeichnung für Bewohner eines Ortes und als eine Bezeichnung in rechtlicher Bedeutung, die seine Teilnahme an den Rechten der Stadt erfasst.[282] Bis zur vollständigen Entwicklung der Bedeutung von Bürger, die ein Ausdruck der bereits stabilisierten Stadtverfassung ist, kann man aus dem Terminus *civis* nicht auf die Rechtsstellung der dadurch bezeichneten Person schließen.[283] *Civis* kann auch die allgemeine Bedeutung Bewohner haben, also ein rechtlich unbestimmter Begriff sein.[284] So können oft auch Bewohner von einfachen Dörfern bezeichnet werden, und so werden sie auch bezeichnet.[285] In der Regel sind *cives* Mitglieder einer Gemeinschaft.[286] Die Erwähnung nur eines einzigen *civis* ruft die Vorstellung hervor, dass er einer breiteren Gemeinschaft von Personen angehört, die mit ihm in einem durch gewisse gemeinsame Interessen verbundenen Verband stehen.

Die böhmischen Quellen – viel jünger, weniger zahlreich und inhaltlich ärmer – erlauben nicht, die inhaltlichen Wandlungen des Ausdrucks *civis* in gleichem Maße wie in den deutschen Quellen zu verfolgen. Man kann kaum jenen Prozess erfassen, in dem sich aus einer allgemeinen Bezeichnung, die keine rechtliche Qualifikation besitzt, die Bedeutung des sich auf einen bestimmten Ort bezogenen Verbandes von

---

282 PIRENNE, Villes, S. 63; SOHM, Die Entstehung, S. 27, der gezeigt hat, dass in der Stadt auch Angehörige des Hochadels, Ritter oder Bauern ihren Sitz haben können, so dass die Bezeichnung Bürger eine ständische Einordnung bedeutet.

283 SCHLESINGER, Zur Frühgeschichte, S. 82, bezeichnet den Terminus *civis* als „rechtlich farblos".

284 ENNEN, Forschungsproblematik Bürger und Stadt, S. 21; KÖBLER, Civis, S. 57: „das gleiche Wort civis [bedeutet] zu verschiedener Zeit und in verschiedenen Gegenden Verschiedenes". H. BOOCKMANN, Civis und verwandte Begriffe in ostdeutschen, insbesondere preußischen Stadtrechtsquellen, in: Über Bürger, Stadt und städtische Literatur, S. 42–58, befasst sich schon mit einer späteren Zeit.

285 Z. B. K. SCHWARZ, Bäuerliche cives, S. 103–134. G. KÖBLER, Civis und ius civile im deutschen Frühmittelalter, Göttingen 1965, S. 47–79, zeigte die Vielfalt der Fälle nach territorialen Gewohnheiten und wies, S. 79, nach, dass *civis (villae)* keinen besonderen Rechtsgehalt hat und nur im gleichen Ort wohnende Personen bezeichnet. Vgl. weiter: HÖING, Civitas Wnstorpensis, S. 99; KUHN, Die deutschrechtlichen Städte, S. 20; KUHN, Deutsche Städtegründungen, S. 6; STOOB, Kartographische Möglichkeiten, S. 24, der ebenfalls auf die Unzuverlässigkeit des Ausdrucks *civis* als Beleg einer Stadtverfassung aufmerksam macht. KÖBLER, Ortsbegriffe, S. 22, hat gezeigt, dass es keinen rechtlichen Unterschied gibt zwischen den aus *civitates* und *urbes* stammenden *cives* und den *cives*, die aus *vici* und *villae* stammen. Seit der 2. Hälfte des 11. Jahrhunderts geht die Anzahl der Belege von *cives* in *vici* und *villae* zurück und ein Rechtsunterschied bildet sich erst später heraus, besonders wenn sich seit dem 13. Jahrhundert die *cives civitatis* als *burgenses* zu bezeichnen beginnen.

286 Erfasst ist dies bereits bei Isidor von Sevilla in Etymologiarum libri, lib. IX, cap. IV, PL 82, col. 348: *Cives vocati, quod in unum coeuntes vivant, ut vita communis et ornatior fiat et tutior.* Vgl. SYDOW, Elemente von Einheit und Vielfalt, S. 190. K. SCHWARZ, Bäuerliche cives, S. 134, kam übereinstimmend zum Schluss, dass die Bezeichnung *civis* nicht eine günstigere Rechtsstellung bedeutet, weil es sich um eine Zugehörigkeit zu einer Gemeinschaft handelt. Er macht auch darauf aufmerksam, dass es sich oft nur um eine Wahl der Worte in einer Kanzlei handelt.

Personen herausbildet,[287] bis sich von einem bestimmten Zeitpunkt an ein tatsächlicher Unterschied zwischen urbanem und nichturbanem Umkreis von Personen und Rechten zu zeigen beginnt.[288] Darüber hinaus bieten unsere Quellen keine Informationen über die Bedeutungsverschiebungen in der Volkssprache, wie es im Deutschen der Fall ist, indem der Terminus *burgare* bzw. *burgere* im Laufe der Zeit sowohl durch das Wort *civis* als auch durch *burgensis* abgedeckt wird.[289]

Bevor wir an die Untersuchung der rechtlichen Bedeutung des Terminus *civis* in der Zeit der sich herausbildenden und dann auch stabilisierten Stadtverfassung herangehen, muss man aus dem Vorrat unserer Belege solche aussondern, für die man mit keinerlei Beziehung zu tatsächlichen Städten rechnen kann.[290] Es sind vor allem Belege aus der Kosmas-Chronik, die lange vor der Einführung der städtischen Institutionen in Böhmen entstanden ist. Bereits die legendäre Schilderung des Streites vor Fürstin Libuše bezeichnet die Streitparteien als *cives*, wobei gleich ihre führende Stellung im Volk hinzugefügt wird.[291] Anlässlich des Heerzugs Břetislavs I. nach Gnesen erfahren wir, dass die Metropole nur von wenigen Bewohnern – *cives* – bewohnt war.[292] Ebenfalls erfahren wir zum Jahre 1073 über den Boten des Fürsten Vratislav, dass er sich auf dem Weg nach Rom in Regensburg bei einem gewissen Compold einquartierte, der als *civis* bezeichnet wird, wobei hinzugefügt wird, dass er *miles Gebeardi episcopi* war.[293] An einer anderen Stelle liest man auch über eine Strafexpedition,

287 SCHLESINGER, Frühformen, S. 167, zeigt dies am Beispiel von Erfurt zum Jahre 1120.

288 KÖBLER, Civis, S. 61, stellt Anzeichen dafür bereits im 11. Jahrhundert fest. Seine Studie gehört zu den grundlegenden Arbeiten über die Herausbildung des Bürgertums. Man kann hinzufügen, dass auch die Häufigkeit des Ausdrucks in verschiedenen Territorien unterschiedlich ist. In der Slowakei, in Übereinstimmung mit der gewohnten Verwendung der Termini in Ungarn, werden die Empfänger von Privilegien in der Regel als *hospites* bezeichnet und der Terminus *cives* erscheint im 13. Jahrhundert nur bei Tyrnau im Jahr 1238 und dann erst im letzten Viertel des Jahrhunderts in Schemnitz im Jahr 1275, in Preßburg im Jahr 1291 und in Pudlein im Jahr 1292; R. MARSINA, K vývoju miest na Slovensku do začiatku 15. stol. [Zur Entwicklung der Städte in der Slowakei bis zum Beginn des 15. Jh.], HČ 21, 1973, S. 344.

289 KÖBLER, Civis, S. 48. PFÜTZE, Burg und Stadt, S. 288. PFÜTZE untersucht besonders die Beziehung der Bezeichnung *burg* für eine Stadt und ihre allmähliche Ersetzung durch das Wort *stadt.* Eine Analogie für diesen Prozess im böhmischen Milieu kann man nicht detailliert verfolgen.

290 In Gumpolds Legende, FRB I, S. 151, wird geschildert, wie der heilige Wenzel die Toten begraben ließ, um deren Begräbnis sich *cives* nicht kümmerten, was hier wohl allgemein Nachbarn bedeutet: *neglecta a civibus minus religiosis sepultura.* In der gleichen Legende wird der Fürst Spytihněv als *in cives eminentior* bezeichnet, S. 148, und dem hl. Wenzel wird die Bestrebung zugesprochen, *moderari in civium ac miliciae communes utilitates legum decreta,* S. 149, wo offensichtlich im Gegensatz zu *milicia* der Ausdruck *cives* nichtmilitärische „Zivilbevölkerung“ bezeichnet.

291 FRB II, S. 9: *inter duos cives, opibus et genere eminentiores et qui videbantur populi esse rectores.*

292 FRB II, S. 71: *raris eam inhabitantibus civibus.*

293 FRB II, S. 105. Dies kann man als einen Beleg für die komplizierte Beziehung zwischen den Bürgern (*cives*) und den Ministerialen bzw. Rittern (*milites*) anführen, die in den alten Siedlungsgebieten lange nicht erlaubte, eine scharfe Grenze zwischen beiden zu ziehen und so das Bürgertum als Stand abzugrenzen. Dazu insbesondere T. ZOTZ, Bischöfliche Herrschaft, Adel, Ministerialität und Bürgertum in Stadt und Bistum Worms, in: Herrschaft und Stand, bes. S. 118ff., und L. FENSKE, Ministerialität und Adel im Herrschaftsbereich der Bischöfe von Halberstadt während des 13. Jahrhunderts, ebd., bes. S. 183ff. Es handelt sich hauptsächlich um Belege aus bischöflichen Städten, die einen wesentlichen Unterschied gegenüber den neuen Siedlungsgebieten in Mittel- und Ostmitteleuropa aufweisen, in denen man solch unklar bestimmbare Verhältnisse nicht mehr findet und wo die Bedeutung des Ter-

die König Vratislav aussandte, um den Mord an zwei Brüdern zu rächen, die *a villanis* getötet wurden, als es zu einem Streit zwischen den Leuten des Königs und den *cives* gekommen war.[294] Weitere ähnliche Nachrichten betreffen schon Soběslav I., der 1114 die *cives* in der Burg Glatz dafür zu gewinnen versuchte, ihm die Tore zu öffnen.[295] Anlässlich seiner Besteigung des herzoglich böhmischen Thrones schildert der Chronist, dass er *civibus acceptus* wurde.[296] Alle diese Erwähnungen bezeugen, dass für Kosmas der Ausdruck *civis* einfach die Zugehörigkeit zu einem Ort bezeichnete.

Einen anderen Sinn kann man auch nicht bei Thietmar suchen, der zum Jahr 1004 über *cives* der Burg Wyschehrad[297] und über *concives* in Saaz[298] spricht. Gleiches gilt für die Nachricht des Kanonikus von Wyschehrad zum Jahr 1142, in der *cives suburbani* genannt werden.[299]

Nicht nur bei Chronisten, sondern auch bei Autoren von Urkunden begegnen wir der Verwendung des Wortes *civis* schon in einer Zeit, in der man nicht im geringsten von Städten und dem städtischen Status der Bürger sprechen kann.[300] Die so genannte Donation von Bořivoj, die in der späteren Fassung des 14. Jahrhunderts einen Text vom Anfang des 12. Jahrhunderts wiedergibt,[301] verwendet den Ausdruck *cives* im Zusammenhang mit dem Gerichtswesen: *Hospites conveniuntur coram nostro iudice, cives ab hospitibus coram richterio vel camerario.* Hier wird die unterschiedliche Zugehörigkeit von *hospites*, also ankommenden Handelsleuten, und von *cives*, also einheimischen Personen mit einem festen Wohnsitz, zum Ausdruck gebracht. Die Einwände, dass der Terminus *civis*, der Bürger bedeutet, im ursprünglichen Text nicht denkbar ist, konnten eben durch die Feststellung widerlegt werden, dass der Ausdruck hier einfach den einheimischen eingesessenen Bewohner meint.[302] Dagegen

---

minus *civis* nach der Stabilisierung der Stadtverfassung nicht mehr schwankt, ebenso wie sich dort auch die Herausbildung des Bürgertums aus den Ministerialgeschlechtern nicht genügend belegen lässt.

294 FRB II, S. 118–119.

295 FRB II, S. 176.

296 FRB II, S. 195.

297 Thietmar, VI,12, S. 256: *audiens* (d. h. Bolesław Chrobry) *in urbe proxima, que Wissegrodi dicitur, campanas cives ad bellum hortantes.* Dazu Geppert, Burgen und Städte, S. 233.

298 J. Tomas, Počátky Žatce [Die Anfänge von Saaz], S. 26, vermutete, dass die Saazer schon für eine Bevölkerungsschicht gehalten werden, die sich in ihrer politischen Stellung den Bewohnern von feudalen Städten annähert, und schlussfolgerte, S. 27, dass Thietmar zwischen den Bewohnern-Bürgern in den Grenzen des alten Römischen Reiches und den Bewohnern von Burgwällen städtischen Charakters in Mitteleuropa keinen Unterschied machte. Aber schon L. Schlesinger, Die älteste Geschichte der Stadt Saaz, MVGDB 26, 1888, S. 250, übersetzte „Burg namens Satzi" und „die Bewohner derselben" und lehnte die Übersetzung „Stadt" und „Bürger" ab. Bei Thietmar bedeutet *civis* der Bewohner von befestigten Stätten, cf. Bláhová, Evropská sídliště [Europäische Siedlungen], S. 91.

299 FRB II, S. 236; dazu Fiala, O pražském názvosloví [Über die Terminologie der Prager Namen], S. 44, Anm. 26. Ebenfalls Schlesinger, Chemnitz, S. 195, Anm. 1, wies darauf hin, dass es sich nicht um die Bürger der Vorstadt handelt, sondern um die Bewohner der Vorburg.

300 Dazu schon Zycha, Prag, S. 234. Keinerlei Zusammenhang mit einer Stadtverfassung hat die Verwendung des Ausdrucks *cives* in der Bedeutung Heiliger im Himmel in der Urkunde Bischof Daniels II. für die Kirche in Rinaretz aus dem Jahre 1203, CDB II, Nr. 33, die ausgestellt ist *in nomine … dei genitricis Marie et omnium supernorum civium.*

301 CDB I, Nr. 389. Siehe schon oben bei der Erläuterung des Begriffs *civitas*, S. 112, Anm. 213.

302 Eine Parallele kann man in der Historia scholastica des Petrus Comestor finden, in der man zu Leviticus 24 liest: *et eductum extra castra omnis multitudo lapidabit eum, sive civis sit aut advena*, Migne,

ist seine Verwendung bei der Gerichtszugehörigkeit ein Merkmal der nichtstädtischen Ordnung, weil eine ähnliche Festlegung in dem voll entwickelten städtischen Gerichtswesen keinen Platz mehr hätte. Es ist also wohl richtig, diese Stelle für einen Bestandteil des ursprünglichen Textes zu halten.[303]

Es ist ausgeschlossen, der Nennung von neun *cives Welegradenses* als Zeugen in der gefälschten Urkunde, die angeblich 1202 Přemysl Otakar I. für Welehrad ausgestellt hat,[304] eine Bedeutung zuzuerkennen. Es kann sich – abgesehen von anderen offensichtlichen Ungereimtheiten, zumal die Urkunde in die Zeit vor der Gründung des Klosters datiert ist – höchstens um Bewohner des Dorfes Welehrad gehandelt haben, aber auch dies steht im völligen Widerspruch zu den üblichen Zeugenreihen in den königlichen Urkunden, in denen keine anderen Zeugen als Geistliche oder Adlige erscheinen.

Zwei Urkunden aus der Zeit Wenzels I. enthalten den Begriff *civis*, ohne dass man ihn im Sinne von Bürger deuten kann. Die erste von ihnen ist die königliche Bestätigung von Freiheiten der Deutschen in Prag, wie sie ihnen Soběslav II. erteilt hatte.[305] Es heißt darin, dass die *Theutonici Pragenses, cives nostri*, vor den Herrscher gekommen sind und ihre früheren Privilegien vorgezeigt haben. Vor allem ist es zweifelhaft, ob Prag bereits zu Beginn der 30er Jahre des 13. Jahrhunderts eine anerkannte Stadtverfassung besaß, über die man sichere Nachricht erst vom Ende des Jahres 1239 hat.[306] Wenzels Bestätigung selbst bezeichnet Prag nicht als *civitas*, sondern sie spricht über den Schutz der deutschen Häuser *in suburbio sive in villis*. Es handelt sich auch nicht um ein Privileg für die Stadt, sondern für eine ältere deutsche Gemeinde, die noch eine beträchtliche Zeit außerhalb der Prager Altstadt fortbestand und als *vicus Theutonicorum*[307] bezeichnet wurde. Man sollte also die Bezeichnung *cives* nicht auf ihren Bürgerstand beziehen, sondern auf die Zugehörigkeit zur deutschen Gemeinde. Durch die Hinzufügung des possessiven *nostri* wird dann die Schutzbeziehung betont,[308] was wir noch bei ähnlichen Fällen vorfinden werden.

Ein zweiter, ähnlicher Fall betrifft Brünn, über das die Urkunde Bischof Roberts berichtet, dass die um die Nikolaikirche siedelnden *cives Romani* waren und die Spra-

---

PL 198, Sp. 214. Der Unterschied zwischen der eingesessenen heimischen Bevölkerung und den hinzugekommenen Gästen ist deutlich ausgedrückt. Eine Analogie dazu liefert Wipo, der Kaiser Konrad II. charakterisiert: *in cives benignus, in hostes acerbus*, zit. ENNEN, Die Forschungsproblematik Bürger und Stadt, S. 21.

303 Auch der in der Zeugenreihe angeführte *Iacobus civis Pragensis* erweckt keine Zweifel. Es handelt sich nämlich nicht um einen Zeugen des fürstlichen Rechtsaktes, sondern um den Zeugen der Aufzeichnung des Inhalts.

304 CDB II, Nr. 355.

305 CDB III/1, Nr. 58. Eine neue Edition bei KEJŘ, K privilegiu [Zum Privileg], S. 250–251 und 254–255. Die Urkunde ist nicht datiert, wird aber vor das Jahr 1234 gelegt, ŠEBÁNEK/DUŠKOVÁ, Listina v českém státě [Die Urkunde im böhmischen Staat], S. 132.

306 KEJŘ, Zwei Studien, S. 99, mit Hinweis auf CDB III/2, Nr. 219. Die Angabe von H. PLANITZ, Die deutsche Stadt, S. 176, der die Entstehung der Stadtverfassung schon in das Jahr 1222 legt, ist unbegründet.

307 Siehe weiter oben, S. 88–90.

308 Ein solches Verhältnis kann man bereits ein Jahrhundert zuvor in Freiburg im Breisgau beobachten, wo im berühmten Privileg die Wendungen *burgenses mei* und *mercatores mei* vorkommen, SCHLESINGER, Zur Gründungsgeschichte von Freiburg, S. 28.

che der Mährern und der Deutschen nicht beherrschten.[309] Ihre Ansiedlung wird als *burgus* bezeichnet[310], und es gibt keinen noch so kleinen Anhaltspunkt für eine Stadtverfassung in Brünn. Es bleibt also auch hier keine andere Auslegung als die, dass es sich um Bewohner einer bestimmten nationalen Gruppe handelt, die in einem genau bestimmten Ort ansässig waren. Weitere Rechte, die Bürgern entsprechen würden, werden nicht zuerkannt.

Ein gewisses Problem bieten Urkunden, die das Spital in Mies betreffen, dem König Wenzel I. die Pfarrkirche mit dem Patronatsrecht übertragen hat. Es handelt sich hier nicht etwa um eine Unsicherheit in der Rechtshandlung selbst, sondern in der Bezeichnung des Gründers des Spitals, Bruder Ulrich. In der ältesten Urkunde von 1243 werden weder Mies noch *frater Ulricus* selbst irgendwie bezeichnet.[311] Eine ein Jahr später folgende Disposition legt dann fest,[312] dass das Spital aus Kladrau wegverlegt wurde (in der ersten Urkunde wird dies nicht erwähnt) und dem Spital des hl. Franziskus in Prag unterstellt ist. Auch diesmal wird Mies in keiner Weise qualifiziert und nur mit dem Namen angeführt, aber als Gründer des Spitals wird *frater Ulricus de Miza, civis noster* genannt. Weil der Beleg aus einer Zeit stammt, in der wir schon ganz sicher *cives* von Rechtsstädten vorfinden, führte diese Analogie zur Überzeugung, dass wir es tatsächlich mit einem Bürger zu tun haben und dass deshalb Mies bereits eine Stadt war.[313] Aber in der Immunitätsurkunde für das Kloster Plaß von 1252, die es aus der Gerichtsbarkeit der weltlichen Gerichte befreit,[314] wird Mies ohne irgendwelche Bezeichnung angeführt, und 1253, in der Bestätigung der Rechte des Spitals und ihrer Erweiterung durch Přemysl Otakar II.,[315] wird es nur als *villa* bezeichnet. Bruder Ulricus, hier wiederum genannt, wird nur als *civis* ohne die Ergänzung *noster* tituliert, aber hier geht es vor allem um die Abhängigkeit von der vorherigen Urkunde. Es ist offensichtlich, dass aus seiner Bezeichnung keine Rückschlüsse auf die Stadtverfassung in Mies gezogen werden können[316] und dass die Titulatur *civis noster* wiederum nur ein Schutzverhältnis bezeichnet. Darüber hinaus führt die Bezeichnung *frater* zu dem Schluss, dass es sich um eine Person geistlichen Standes gehandelt hat.

In einem Fall tappen wir im Dunkeln, denn die Urkunde, mit der der Burggraf von Zittau Heinrich dem Leitmeritzer Bürger das Dorf Lobositz verkauft hat,[317] ist nur aus einer tschechischen Übersetzung des 16. Jahrhunderts bekannt und man kann ihren Wortlaut nicht zuverlässig rekonstruieren. Zweimal erscheint hier die Wendung *měštěné té vsi* [Bürger dieses Dorfes]. Man kann nicht an eine Stadtverfassung

309 CDB III/1, Nr. 14.

310 Siehe weiter oben, S. 94–96

311 CDB IV, Nr. 32. Mies ist hier nur ganz allgemein ein *locus* ohne irgendeine weitere Möglichkeit, seinen Status zu bestimmen.

312 CDB IV, Nr. 55.

313 F. Kavka, Die Städte Böhmens und Mährens, S. 143; M. Rejnuš, K otázce rozmnožení královských měst za vlády Přemysla Otakara II. [Zur Frage der Vermehrung der königlichen Städte unter der Regierung Přemysl Otakar II.], ČMM 76, 1957, S. 136.

314 CDB IV, Nr. 233.

315 CDB V/1, Nr. 9.

316 Zu diesem Schluss gelangte bereits Kejř, Zwei Studien, S. 105–106.

317 CDB IV, Nr. 147.

denken, weil alle Bedingungen des Vertrages nachweisen, dass es sich um Untertanen handelt. Kann man annehmen, dass im Original *cives villae* gestanden hat? Das wäre wieder nur eine allgemeine Bezeichnung der Einwohner, wenn an einer anderen Stelle nur über Leute gesprochen wird.[318] Die späte Übersetzung kann also nicht den ursprünglichen Wortlaut ersetzen und erlaubt es nicht, zu einem sicheren Ergebnis zu gelangen.

Es zeigt sich also, dass der Ausdruck *civis* auch nach der Entstehung von Städten eine gewisse Zeit in seinem allgemeinen Sinne überleben konnte und dass man deshalb seiner Interpretation auch weiterhin Aufmerksamkeit schenken muss. Es ist eine andere Ausbildung der Terminologie als etwa in Spanien oder in Westfrankreich, wo der Ausdruck *civis* schon in viel älterer Zeit eine deutliche Bezeichnung für Bewohner von Städten ist.[319] Für die böhmischen Quellen stellen wir die gleichen Verhältnisse fest, die wir bereits bei dem Wort *civitas* beobachten konnten, nämlich, dass *civis* einige Zeit lang sowohl in der Bedeutung Bürger, also als Qualifizierung einer Rechtsstellung, als auch in der älteren allgemeinen Bedeutung Einwohner auftritt.

Der älteste Beleg, in dem man den Begriff *cives* als Bürger, also als Bezeichnung von Personen, die städtische Freiheiten und Privilegien genießen, interpretieren kann, ist das Privileg Přemysl Otakars I. für Mährisch Neustadt von 1223,[320] dem wir schon begegnet sind. Der Herrscher bezeichnet jene von Mährisch Neustadt als *cives nostri*, genauso wie die Bürger von Freudenthal, nach deren Vorbild sie sich mit dem Magdeburger Recht richten sollen. Weil Mährisch Neustadt als *oppidum* bezeichnet wird[321] und verschiedene Rechte aufgezählt und auch Vorschriften über das Gerichtswesen festgelegt werden, die auf eine Stadtverfassung hinweisen, besteht kein Zweifel daran, dass wir den ältesten Belege für die Existenz von Städten auf unserem Territorium vor uns haben. Der König bestätigt aber nur die Rechte, die bereits zehn Jahre zuvor, also im Jahre 1213, sein Bruder, der Markgraf Jindřich Vladislav, an Mährisch Neustadt erteilt hat. Aber dies war nur durch eine mündliche Verlautbarung geschehen, so dass sie ihnen nun schriftlich garantiert wurden. Auch wenn noch eine gewisse terminologische Unsicherheit andauert, indem Mährisch Neustadt *nova villa* genannt wird,[322] so ist es offensichtlich, dass die städtischen Institutionen bei uns schon heimisch werden. Aus dem Kontext der Urkunde für Mährisch Neustadt lässt sich weiter erkennen, dass hier die Bezeichnung *cives nostri* schon eine andere Bedeutung hat, als es bei Ulrich von Mies der Fall gewesen ist.

Ein weiterer Beleg, das Privileg für Troppau aus dem Jahr 1224,[323] enthält zweierlei Bezeichnungen für die Bewohner von Troppau. Das Privileg bestätigt Rechte und

---

318 Dies erscheint im Zusammenhang mit den Pflichten, die die Leute jenes Dorfes haben, die keinen Ackerbesitz oder keine Felder haben. Kann man jedoch ein Verhältnis konstruieren, dass Leute wirklich diejenigen sind, die keine Grundstücke besitzen, während die Bürger des Dorfes Besitzer sind?

319 Ammann, Vom Städtewesen Spaniens, S. 141. An einer anderen Stelle, S. 118, führt er jedoch an, dass die Bezeichnung *civis* auf bischöfliche Städte beschränkt blieb. Obwohl dieses Missverständnis geklärt werden sollte, scheint es, dass der Ausdruck *civis* sich auf keine anderen als städtische Siedlungen bezogen hat.

320 CDB II, Nr. 246.

321 Siehe auch oben, S. 101.

322 Siehe oben, S. 85.

323 CDB II, Nr. 265.

Grundstücke *eiusdem civitatis habitatoribus*, aber in einer weiteren Festlegung wird jedweder *civis Oppaviensis* von der Zahlung des Zolls in Leobschütz befreit. Obwohl der Ausdruck *habitatores*, der noch später erörtert werden wird, sonst noch nicht der Bedeutung des vollrechtlichen Bürgers entspricht, muss man ihn hier in einem solchen Sinne interpretieren, weil die erteilten Rechte diese Tatsache bezeugen. Darüber hinaus wird dies durch die Verwendung des Ausdrucks *civis* in der weiteren Festlegung des Privilegs bestätigt.

Völlig unzweifelhaft ist auch das zweite Privileg für Mährisch Neustadt, das 1234 Markgraf Přemysl ausgestellt[324] und an die *civibus de Vnichov* adressiert hat. Auch hier, ebenso wie in der älteren Urkunde von 1223, wird Mährisch Neustadt einige Male *villa* genannt, aber es besteht kein Zweifel, dass es sich um eine Stadt und um Bürger handelt, wie aus den erteilten und aus den bestätigten Rechten zu erkennen ist.

Dies bedeutet, dass sich in unserem Rechtsleben schon der Begriff der Bürger stabilisiert hat, also der Personen, die nicht mehr zu den Untertanen gehören und sich gewisser Rechte und Freiheiten erfreuen. In Verbindung mit anderen Merkmalen des städtischen Charakters, wie es z. B. die Bezeichnungen *civitas* bzw. *oppidum* oder die erteilten Rechte sind, wird allmählich auch *civis* zu einem Kennzeichen dafür, dass es sich um eine Stadtgemeinde handelt, natürlich mit der Wahrung einer gewissen Vorsicht bei ihrer Interpretation angesichts der bereits behandelten Fälle in ihrer noch nicht spezialisierten Bedeutung.

Die Bürger beginnen in den 30er Jahren des 13. Jahrhunderts immer häufiger genannt zu werden. Es genügt, hier nur noch einige Fälle anzuführen, die an die bisher behandelten zeitlich anknüpfen.

Eine bis vor kurzem unbekannte Urkunde aus dem Jahr 1234 ist ein unstrittiger Beleg für die Stadtverfassung in Leitmeritz. Arnold, Propst von Wyschehrad, schenkte mit Zustimmung der Kanoniker ein Grundstück zwischen Leitmeritz und Schütteniz in erblichen Besitz *Heinrico civi Luthomericensi de nacionem* (!) *Theutonico*.[325] Darüber hinaus sind vier Bürger von Leitmeritz Zeugen der Urkunde. Es ist in der zeitlichen Folge das zweitälteste Auftreten von Bürgern als Zeugen, gleich nach der Urkunde des Abtes von Kladrau aus dem Jahre 1233, in der *burgensis* und der *civitatis iudex* aus Kladrau auftraten.[326] In Kladrau finden wir jedoch in den folgenden Jahren keine weiteren Belege dieser Art, dagegen entwickelt sich aber in Leitmeritz die Stadtverfassung und es stabilisieren sich die städtischen Institutionen kontinuierlich, wie man aus weiteren Quellen ersehen kann. Dazu gehört schon die Urkunde aus dem Jahr 1235, mit der König Wenzel I. Besitzvorteile an die Allerheiligen-Kirche in Leitmeritz übergibt[327] und ihr alle Schenkungen bestätigt, die ihr von irgendeinem der dortigen Bürger, Ritter oder anderen Personen erteilt werden.

---

324 CDB III/1, Nr. 76.

325 Über die Urkunde berichten bereits Šebánek/Dušková, Listina v českém státě [Die Urkunde im böhmischen Staat], S. 117 und 120; ihre Auswertung brachte Z. Hledíková, Ke kulturním poměrům vyšehradské kapituly počátkem 13. století [Zu den kulturellen Verhältnissen des Kapitels von Wyschehrad zu Beginn des 13. Jh.], FHB 2, 1980, S. 137–138. Die Urkunde wurde jedoch erst von Čechura, Nezdařená lokace [Eine misslungene Lokation], Beilage I, S. 58, herausgegeben.

326 CDB III/1, Nr. 46.

327 CDB III/1, Nr. 105.

Wenn schon früher gezeigt wurde, dass der Terminus *villa* in der Urkunde von 1228 noch nicht als Nachweis für die Stadtverfassung angesehen werden kann,[328] aber sechs Jahre später schon keine Zweifel mehr daran bestehen können, ist dies ein Nachweis der sich schnell entwickelnden städtischen Ordnungen in Leitmeritz. Die jüngsten Arbeiten zur Geschichte von Leitmeritz belegen übereinstimmend, dass in der Urkunde von 1228 kein Nachweis über eine institutionelle Stadt gesehen werden kann, dass aber zum Jahre 1234 daran keine Zweifel bestehen und ihre Existenz für erwiesen gelten muss. Zwischen diesen beiden Jahren kam es also zur Herausbildung der Stadt Leitmeritz,[329] wobei die früheren Nachrichten auf die Entwicklung in diese Richtung hingewiesen haben.[330] Die komplizierten Nachrichten über die Entwicklung von Leitmeritz, verstärkt noch durch die Kompliziertheit der Topographie, gewinnen so langsam festere Konturen. Man muss auch die zutreffenden Ausführungen akzeptieren, dass nach der Gründung der Stadt Leitmeritz dort noch drei sozial, territorial und rechtlich voneinander unterschiedene Bereiche bestehen blieben, nämlich die alte Burg mit der vom Kapitel beherrschten Vorstadt, die Rechtsstadt und die Überbleibsel von Siedlungen, die nicht in das Stadtareal einbezogen wurden.[331]

Im Jahre 1238 hat Königin Konstanze die Bürger von Göding von der Zahlung von Zöllen in ganz Böhmen und Mähren befreit.[332] Aus ungefähr der gleichen Zeit haben wir auch Nachrichten über *cives* in Brünn: Bereits im Jahre 1237 erscheint ein Zeuge in der königlichen Urkunde für die Peterskirche[333] *Brumo civis Brunnensis*, dem einige weitere Namen folgen, die zwar mit ihrem Stand nicht bezeichnet sind, bei denen es sich aber wahrscheinlich ebenfalls um Bürger von Brünn handelt, oder gleich darauf 1238 in der Bestätigung der Gründung des Spitals,[334] das *Rudgerus civis Brunnensis* in Brünn gegründet hat, in der *cives de Brunna* bzw. *Brunnenses* erwähnt werden. Ein Prager Bürger wird zwar schon zum Jahre 1234 genannt,[335] aber es handelt sich um ein Dokument im Formelbuch, bei dem es nicht sicher ist, ob es tatsäch-

---

328 Siehe weiter oben, Anm. 32.

329 J. Smetana/F. Gabriel, Poznámky k problematice počátků města Litoměřic [Bemerkungen zur Problematik der Anfänge der Stadt Leitmeritz], in: Urbes medii aevi, S. 72–73; Žemlička, Leitmeritz, S. 262. Ganz beiseite lassen kann man die Nennung von Leitmeritz in der Urkunde von Papst Gregor IX. aus dem Jahre 1234, CDB III/1, Nr. 71, in der es gemeinsam mit Bilin und Tetschen als *villae* bezeichnet wird, weil wiederholt gezeigt wurde, dass von päpstlichen Urkunden die einheimischen Institutionen nicht berücksichtigt wurden, vgl. Kejř, Päpstliche Urkunden.

330 Žemlička, S. 261, stellt jedoch fest, dass eine Gründungsurkunde nicht erhalten ist. Eine solche kann es nicht gegeben haben, siehe im Kapitel über das Stadtrecht.

331 Žemlička, S. 262.

332 CDB II, Nr. 382. Die mit dem Jahr 1228 datierte Urkunde war lange umstritten und wurde späterer Eingriffe verdächtigt. Kürzlich ließ sie sich als echt und zuverlässig erweisen, nur musste man das tatsächliche Jahr ihrer Ausstellung feststellen – zehn Jahre später. Zu dieser Urkunde werden wir noch einige Male zurückkehren müssen. Vgl. Kejř, O nejstarší listině [Über die älteste Urkunde], S. 77–86.

333 CDB III/1, Nr. 165.

334 Die Urkunde Bischof Roberts, CDB III/2, Nr. 197. Zu dieser Urkunde auch oben, S. 57f., S. 69 und S. 116.

335 CDB III/1, Nr. 64: genannt ist *civis Pragensis Raynaldus Niger* und seine Söhne, es werden auch seine *concives* erwähnt.

lich ausgestellt wurde,[336] so dass eine sichere Stütze erst die Urkunde von 1239 bietet,[337] wo unter den Zeugen auch ein *civis Pragensis* auftritt.

Es wäre überflüssig, mehrere hundert Belege aus der Přemyslidenzeit anzuführen, in denen Nachrichten über Bürger vorkommen. Seit der zweiten Hälfte des 13. Jahrhunderts herrscht schon die ausgeprägte Bedeutung *civis* = Bürger vor. Es wird besser sein, die Interpretation einiger Sonderfälle zu versuchen, die das Bild unserer Stadtverfassung ergänzen werden.

Aus unseren Quellen muss man die Nennungen von Bürgern in gefälschten Urkunden ausscheiden, bei denen es sich entweder um Nennungen handelt, die in der Zeit der angeblichen Entstehung der Urkunde völlig unmöglich waren[338] oder um solche Fälle, in denen die Städte zwar schon existierten, aber der Tatbestand der Fälschung es nicht erlaubt, der Urkunde Glauben zu schenken.[339] Diesen Beispielen gegenüber stehen jedoch andere, die unter dem Aspekt ausgewertet werden müssen, ob die dort genannten Personen, bei denen ihre ständische Einordnung nicht angeführt wird, für Bürger gehalten werden können. Der älteste Beleg solcher Art erscheint in der Urkunde Přemysl Otakars I. aus dem Jahr 1207, in der *mercatores* als Zeugen auftreten.[340] Das konnten in jener Zeit noch keine Bürger sein, abgesehen auch von der unterschiedlichen Stellung von Kaufleuten und Bürgern.[341] Manchmal ist es zwar sehr wahrscheinlich, dass die genannten Personen Bürger sind, aber man kann es nur mit Vorbehalten akzeptieren. Für das Mandat von Papst Innozenz IV. an einige Äbte in Mähren aus dem Jahr 1248, dass sie in einem Streit ermitteln sollen, deren Parteien *Ulricus Niger de Brunna, laicus crucesignatus* und *Conradus dictus Stercer et quidam alii laici Olomucensis et Strigoniensis civitatum et diocesium* sind,[342]

---

336 Šebánek/Dušková, Panovnická und biskupská listina [Die landesherrliche und die bischöfliche Urkunde], S. 10, Anm. 7, und S. 26, Anm. 8, schließen es deshalb von der diplomatischen Untersuchung aus.

337 CDB III/2, Nr. 219, die königliche Bestätigung der Güter des Klosters Kladrau. Auch bei gewissen Bedenken unter diplomatischem Aspekt kann der sachliche Inhalt für richtig gehalten werden, S. Dušková, Listiny kladrubské [Die Kladrauer Urkunden], S. 285ff.

338 Die angebliche Bestätigung der Gründung des Klosters Welehrad durch König Přemysl Otakar I., CDB II, Nr. 372, die auf das Jahr 1202 datiert, aber erst spät in der zweiten Hälfte des 13. Jahrhunderts entstanden ist, in der neun Zeugen mit der Bemerkung *hii sunt cives Welehradenses* aufgezählt werden. Es besteht kein Zweifel daran, dass die Urkunde sie bereits im Sinne von Bürgern erwähnt, weil sie sie neben bedeutende Würdenträger und namentlich genannte Kanoniker, Konversen und Adlige stellt. Völlig unglaubwürdig ist das angeblich aus dem Jahr 1216 stammende Falsum für das Kloster Plaß, CDB II, Nr. 372, in dem *scabini et cives civitatis Nove Plzne* als Zeugen auftreten. Das Falsum ist erst im 15. Jahrhundert entstanden.

339 So z. B. die angebliche Donation König Wenzels I. an das Kloster Hradisch, CDB IV, Nr. 171++, vom Jahre 1249, erst 1270 entstanden; das Privileg Wenzels I. für dasselbe Kloster aus dem Jahr 1250, CDB IV, Nr. 188++, auch mit der Nr. 171++ zusammenhängend, ebenfalls nach 1270 (Urkunde B) entstanden, oder die Zustimmung Bischof Brunos zum Verkauf eines Dorfes an das Herburgenkloster in Brünn, angeblich aus dem Jahr 1262, CDB V/1, Nr. 349++, aber zwischen den Jahren 1286–1287 entstanden, auf der, obwohl es sich um eine bischöfliche Urkunde handelt, nur das Siegel der Stadt Brünn angebracht ist, deren Bürger angeblich Zeugen waren. Auch die Lokationsurkunde von Braunsberg, die in das Jahr 1269 datiert, CDB V/2, Nr. 597++, ist nicht echt.

340 CDB II, Nr. 74.

341 Šebánek, Česká listina [Die böhmische Urkunde] 3, S. 107, hat sie zwar unter die Bürger eingeordnet, aber mit der Bemerkung, dass dies im weiteren Sinne des Wortes gemeint ist.

342 CDB IV, Nr. 140.

können wir aus einer anderen Urkunde beglaubigen, dass *Ulricus Niger* tatsächlich Bürger von Brünn ist,[343] aber für seinen dem *Stercer* können wir dies nur vermuten. Es ist nicht zu übersehen, dass es um einen vor dem geistlichen Gericht behandelten Streit ging, in der Sache einer Person, die das Kreuz genommen hat und die auch die Diözese Gran betrifft.

Auch im Falle Rainhards aus Proßnitz, dem Bischof Bruno 1258 einen Hof in Drozdovice (heute ein Stadtteil von Proßnitz) mit einer verdächtigen Urkunde anvertraut hat,[344] ist es nicht sicher, ob er unter die Bürger gerechnet werden kann, zumal es für den Stadtstatus von Proßnitz noch keine Hinweise gibt. Ohne Titel erscheint auch 1260 der Aussteller der Urkunde für das Kloster Oslawan *Rudolfus, Poszoldi filius*,[345] aber hier ist der Schluss berechtigt, dass es sich um einen Brünner Bürger handelte, denn die Urkunde ist mit dem Brünner Siegel bestätigt und alle Zeugen stammen aus Brünn.[346] Es ist sehr gewagt, einige Personen für Bürger zu halten, für die keine weiteren Hinweise dies eindeutig oder wenigstens wahrscheinlich belegen. Bei solchen Nachrichten ist es besser, Zurückhaltung zu üben und ihnen lieber keine städtische Qualifizierung beizumessen.[347]

Mit Blick auf die Nachrichten über Bürger stellen wir zwei grundlegende Fälle fest. Es wird ein gewisser Bürger genannt, gewöhnlich mit der Angabe seiner Stadt, oder allgemein die Bürger einer gewissen Stadt. Man stellt jedoch auch fest, dass eine Rechtshandlung eine begrenzte Gruppe von Bürgern betrifft, an der andere, wenn auch aus derselben Stadt stammend, nicht teilnehmen. Das Privileg Přemysl Otakars II. vom Dezember 1253[348] wird den Bürgern aus Leitmeritz und anderen treuen Männern erteilt, die beabsichtigen, sich auf dem St. Stephans-Berg bei Leitmeritz niederzulassen. Sie sind für sieben Jahre lang von Zöllen und anderen Abgaben befreit und es werden ihnen zur Verteilung vier Dörfer überlassen. Die Verteilung soll *iuxta discrecionem et ordinacionem nostrorum fidelium Liutoldi iudicis, Johannis de Myssena, Henrici de Vridberch, qui Rex dicitur,* vorgenommen werden. Obwohl dies nicht ausdrücklich gesagt wird, muss man in ihnen den Richter und die Bürger von Leitmeritz sehen, worauf auch ihre spätere Nennung in der Urkunde von 1262 hinweist. Die Situation ist klar: Es handelt sich nicht um ein Privileg für die Stadt Leitmeritz und ihre Gemeinde, sondern es sollte eben nur den Siedlern auf dem St. Stephans-Berg gelten, die auch aus anderen Orten stammen konnten. Diese Siedler, gleich ob sie schon Leitmeritzer Bürger waren oder von anderswo gekommen sind, wurden durch den gleichen König 1262 von Zöllen und Abgaben befreit.[349]

343 CDB IV, Nr. 102.

344 CDB V/1, Nr. 172+.

345 CDB V/1, Nr. 237.

346 In der Zeugenreihe ist die genaue Ordnung nicht eingehalten, denn es werden gemeinsam Geistliche und Bürger genannt, von denen einige nur mit dem Namen, andere auch mit dem Titel angeführt werden.

347 J. Bakala, Zrod městského zřízení [Die Entstehung der Stadtverfassung], S. 102, hält Ekkard aus Troppau und seinen Sohn Jakob zum Jahre 1222, CDB II, Nr. 222, für Bürger der Stadt Troppau, für die sich zu diesem Jahr ihr städtischer Status nur annehmen, aber nicht beweisen lässt. Es handelt sich um eine Vermutung, die nur mit Vorbehalten angenommen werden kann.

348 CDB V/1, Nr. 5.

349 CDB V/1, Nr. 337.

Im Jahr 1265 erteilte König Přemysl Otakar II. ein Privileg für den Münzmeister Eberhard, der mit seinen Freunden die St. Gallus-Stadt von Prag großzügig erbaut hat.[350] Aus dem Wortlaut des Privilegs ergibt sich, dass die Adressaten eben diese genannten Bürger sind, und nicht die Bürger in der St. Gallus-Stadt von Prag allgemein.[351]

Die Bürger von Ungarisch Brod erhielten 1272 durch die Urkunde König Přemysl Otakars II.[352] das Recht von Leobschütz und darüber hinaus auch noch das Stapelrecht. Die Pflicht der Kaufleute, mit den Waren in der Stadt Halt zu machen, wurde für *cives de terris nostris* (sieben Tage) und für *cives aliarum terrarum* (zwei Wochen) unterschiedlich geregelt. Der Terminus *cives* bezeichnete in jener Zeit schon ganz geläufig die Bürger, aber im vorliegenden Fall entstehen Zweifel, ob man ihn so einfach deuten kann. Die Kaufleute nämlich, besonders wenn sie sich dem Fernhandel widmeten, und solche kommen hier in Betracht, mussten nicht immer Bürger sein,[353] aber in der zweiten Hälfte des 13. Jahrhunderts verbinden sie sich schon in der Regel mit städtischen Gemeinden, und deshalb ist es berechtigt, sie als *cives* zu bezeichnen. Man kann deshalb die Bezeichnung *cives* im Privileg für Ungarisch Brod so auffassen, dass *cives* auch Kaufleute sind, wie es in der folgenden Zeit zur Regel wird.

Einige besondere Fälle in Bezug auf Bürger können noch angeführt werden. Als 1261 Herr Smil von Lichtenburg den Streit der Bürger seiner Stadt Deutschbrod mit ihrem Pfarrer schlichtete,[354] behandelte er die Beschwerde, die ihm der *procurator* der Bürger, Heinrich, als *curialis civis noster* vorgelegt hatte. Die vereinzelte Titulatur muss jedoch nicht bedeuten, dass dieser Heinrich Bürger von Deutschbrod war. Seine Verbindung mit dem Hof des Herrn von Lichtenburg ist offensichtlich,[355] und die Bezeichnung *civis noster* kann ein Schutzverhältnis bedeuten, wie wir es schon anderswo angetroffen haben. Auf die Existenz einer Stadtverfassung in Deutschbrod kann man schließen, da die Urkunde an den Stadtrichter und die Bürger adressiert ist, die auch ihre Empfänger sind, die Bezeichnung von Heinrich allein würde dazu aber nicht ausreichen.[356]

Es wird von Nutzen sein, auch das Verhältnis zwischen *cives* und den anders qualifizierten Personen, z. B. *homines, milites, oppidani, burgenses*, in ein und derselben Siedlungsagglomeration zu untersuchen, was in weiteren Abschnitten der vorliegenden Arbeit unternommen wird. Es wird an den entsprechenden Orten auch dem

---

350 CDB V/1, Nr. 452.

351 *Eberhardus, magister monete nostre, et sui amici construccionis nove civitatis pars maxima* (andere Abschriften richtiger *partem maximam*) *extiterunt, ipsis ibidem civibus … concedimus.* Zum Münzmeister Eberhard F. HOFFMANN, zu den Rechten der Bürger der St. Gallus-Stadt von Prag J. KEJŘ (wie in Anm. 275). Hier ist auf die ungewöhnliche Tatsache hinzuweisen, dass der Adressat auch unter den Zeugen erscheint, wenn auch erst an letzter Stelle. Vor ihm stehen zumeist adlige Beamte.

352 CDB V/2, Nr. 682.

353 In der Stellung des Kaufmanns-*mercator* und des Bürgers-*civis* gab es einen deutlichen Unterschied, siehe KEJŘ, Trhy [Märkte], S. 36ff.

354 CDB V/1, Nr. 288. Zur Urkunde ŠEBÁNEK/DUŠKOVÁ, Česká listina [Die böhmische Urkunde] 2, S. 183, sowie 3, S. 125.

355 Im Text werden auch *familiares* des Herrn von Lichtenburg erwähnt.

356 Siehe KEJŘ, Městské zřízení [Die Stadtverfassung], S. 240.

Begriff *universitas civium* sowie einigen Abweichungen Aufmerksamkeit gewidmet werden.

Es wäre möglich, weitere Details über die Verwendung des Ausdrucks *civis* und über seine Bedeutung zu behandeln, aber dies übersteigt schon den Rahmen dieser terminologischen Erörterungen und wird an entsprechender Stelle besprochen, besonders im Kapitel über das Bürgertum. Vorläufig kann man mit der Feststellung schließen, dass sich der vielgestaltige Terminus *civis* im Verlauf der Stabilisierung der Stadtverfassung zu einer vollwertigen Bezeichnung des Bürgers einer Rechtsstadt stabilisiert hat. Trotzdem ist bei seiner Interpretation immer Vorsicht geboten, weil Abweichungen in der Bedeutung auch nach der Herausbildung von Rechtsstädten auftreten können.

Burgensis

Im Königreich Böhmen vermisst man Belege zur älteren Entwicklung des Terminus *burgensis*, der bei uns relativ spät in der eindeutigen Bedeutung Bürger erscheint. Im Zusammenhang dieser Arbeit genügt es, die in einer früheren detaillierten Studie erzielten Ergebnisse zusammenzufassen[357] und diese eventuell durch einige neu festgestellte Details zu ergänzen. Alle Belege in Urkunden und Chroniken zeigen sicher, dass die Bezeichnung *burgensis* vollrechtliche Bürger der Rechtsstädte betrifft, wie dies schon für frühere Zeit für deutsche Territorien[358] und analog auch für Polen festgestellt wird.[359] Der älteste Beleg stammt aus dem Jahr 1233,[360] als einer der Zeugen in der Urkunde des Abtes von Kladrau als *burgensis Cladorubensis* bezeichnet wird. Seit 1259 werden die Belege zahlreicher. Sie erscheinen allerdings viel seltener als die häufige und geläufige Nennung von *cives*, aber für die böhmische Quellenbasis wurde ein weiterer bedeutender Umstand beobachtet. Der Terminus *burgensis* erscheint in Urkunden, die entweder in städtischen Kanzleien entstanden sind oder an deren Entstehung die Städte Interesse hatten und sich wenigstens indirekt an ihrer Abfassung beteiligten. In keinem einzigen Fall kommt der Terminus *burgensis* in einer landesherrlichen Urkunde vor; dies bedeutet, dass die königliche Kanzlei ihn nicht übernommen hat und nur die Bezeichnung *civis* verwendete.[361]

---

357 Kejř, Burgus und burgensis, S. 227–233. Unter den dort angeführten Quellen befindet sich nicht die Urkunde aus dem Jahr 1259, CDB V/1, Nr. 191 und 192, die einen Bürger von Dobrzan betrifft und die zur Zeit der Abfassung der Studie noch nicht ediert war. Inhaltlich ändert sich durch ihre Berücksichtigung nichts, siehe Kejř, Městské zřízení [Die Stadtverfassung], S. 236–237.

358 Stoob, Kartographische Möglichkeiten, S. 24; Cf. Höing, Civitas Wnstorpensis, S. 100–101, der diesen Ausdruck ausschließlich für Städte festgestellt hat. Unterschiedlich ist allerdings die Häufigkeit seines Auftretens. Ammann, Über das Waadtländische Städtewesen, passim, stellt die Bezeichnung für Bürger nur als *burgensis* fest und *civis* nur in drei Fällen als Ausnahme (Murten 1238, Genf 1124, Sitten 1179), wobei nicht klar ist, aus welchen Urkunden diese Belege stammen.

359 Kuhn, Die deutschrechtlichen Städte, S. 20–21.

360 CDB III/1, Nr. 46. Die Anführung von Olmütz auf der Karte über das Aufkommen des Terminus *burgenses* vor dem Jahr 1200, Beilage zum Artikel von H. Ammann, Vom Städtewesen Spaniens, beruht auf einem klaren Irrtum.

361 Eine scheinbare Ausnahme ist die Urkunde des römischen Königs Rudolf, durch die er 1283 alle Verpflichtungen des Erbes des Königreichs Böhmen, Wenzel, aufhebt, die Otto von Brandenburg von ihm

Eine weitere bemerkenswerte Tatsache ist das Verhältnis zu den Belegen für *burgus*. Bei keiner einzigen Nennung von *burgus* treffen wir den entsprechenden Terminus *burgensis* an. Das ist eigentlich selbstverständlich, denn, wie wir sehen konnten, lässt sich kein einziger *burgus*-Beleg im Sinne von Stadt interpretieren, *burgensis* dagegen betrifft ausschließlich die Städte. Bei *burgus* handelt es sich um keine institutionelle Bezeichnung, bei *burgensis* dagegen doch. Auch die geographische Verteilung der Orte, in denen *burgus* erscheint, deckt sich nicht mit der Verbreitung von *burgensis*. *Burgus* kommt mit einer vorübergehenden Ausnahme bei Kaaden, die sich später nicht mehr wiederholte, in Böhmen gar nicht vor, die Belege für *burgensis* sind dagegen in Mähren nur in Ausnahmefällen feststellbar. Die Herkunft der Wörter *burgus – burgensis* steht sicher in direktem Zusammenhang, aber in unser Land gelangten beide Ausdrücke unabhängig voneinander und es besteht kein institutioneller Zusammenhang zwischen ihnen.[362]

Cives und *burgenses* decken sich bedeutungsmäßig, aber man kann auch auf ihr Verhältnis zu den übrigen Schichten der Stadtbewohner aufmerksam machen. Der Chronist, der über den Tod des Prager Dechanten Veit im Jahre 1271 berichtet,[363] schreibt, dass sich bei dessen Predigten *nobiles terrae et burgenses, ceteri etiam artifices et operarii* versammelt hätten. Dieser Unterschied zwischen den vollberechtigten Bürgern und den niedrigeren Komponenten der sozialen Gliederung in der Stadt wird auch in der Darstellung des Chronisten über die Hungerkatastrophe im Jahre 1282 deutlich,[364] wo *artifices et diversarum artium operarii* Almosen suchten und bei den Bürgern-*cives* bettelten, und die *pauperes* das Recht hatten, die Häuser der Bürger zu betreten.[365] In beiden Quellen stehen als Komponenten der Stadtgesellschaft auf der einen Seite *burgenses* bzw. *cives*, auf der anderen *artifices* und *operarii*.

---

erzwungen hat, ACRB I, fasc. 1, Nr. 23, wo er auch *cives, burgenses et alios quoscunque homines dictorum castrorum, oppidorum seu civitatum* der Eide entledigt hat. Die Urkunde stammt aus der Reichskanzlei und nicht aus der königlichen böhmischen Kanzlei. Bei dem Privileg für Iglau handelt es sich um ein nachweislich jüngeres Falsum, das von den Bürgern von Iglau selbst angefertigt wurde, wie schon definitiv J. Šebánek, Ještě o jihlavské listině [Nochmals über die Urkunde für Iglau], Numismatický sborník 7, 1962, S. 125–142, nachgewiesen hat. Die jüngste Analyse der Überlieferung und der Abschriften bot F. Hoffmann, Neznámé znění velkého privilegia jihlavského [Eine unbekannte Version des großen Privilegs für Iglau], StR 20, 1981, S. 23–64.

362 Kejř, Burgus und burgensis, S. 233. Zum gleichen Ergebnis mit Hinweis auf unsere Schlussfolgerung gelangte auch R. Schmidt-Wiegand, Burgensis/Bürger. Zur Geschichte von Wort und Begriff nach Quellen des ostmitteldeutschen Raumes, in: Bürger, Stadt und städtische Literatur, S. 126, der zufolge der Zusammenhang *burgus-burgensis* keine Rolle mehr spielte und der Terminus *burgensis* von Anfang an die Bedeutung eines vollberechtigten Bürgers hatte. Deshalb ist es nicht richtig, dass dort, wo *burgus* nachgewiesen ist, die Bewohnerschaft als *burgenses* bezeichnet werden kann, wie dies M. Mlynarska, Burgum milickie, KHKM 8, 1960, S. 452, tut.

363 Příběhy krále Přemysla Otakara II. [Die Ereignisse der Zeit König Přemysl Otakars II.], FRB II, S. 321.

364 O zlých létech po smrti krále Otakara II. [Über die bösen Zeiten nach dem Tode König Otakars II.], FRB II, S. 356–357.

365 Ausführlich B. Mendl, Sociální krise und zápasy ve městech čtrnáctého věku [Soziale Krisen und Kämpfe in den Städten des 14. Jh.], Praha 1926, S. 68, Anm. 4, und S. 137, der im Gegensatz von *cives* und *artifices* die reichere und die ärmere Bewohnerschaft sieht. *Cives* besitzen Häuser, aber es geht nicht nur um einen Unterschied in der sozialen Schichtung, weil der Ausdruck *civis* einen Bürger mit vollen Rechten bedeutet, die die *artifices* nicht haben.

Trotzdem kann man auch gewisse Stufen zwischen *burgenses* und *cives* feststellen, wobei *burgenses* eine höhere Würde haben. 1263 kauften ein *advocatus* und drei namentlich genannte *cives* aus Graber vom Kloster Doxan gewisse Grundstücke,[366] wobei unter den Zeugen gemeinsam mit den Klerikern und Rittern *burgenses de Lutomyerzicz* auftreten. Die Urkunde entstand in Leitmeritz[367] und sie stellt ganz eindeutig die *burgenses* einer wichtigen Stadt höher als die *cives* des kleineren Städtchens.[368] Wenn hier die Abstufung von zwei Lokalitäten zum Ausdruck gebracht wird, so verstehen wir weitaus weniger eine solche Unterscheidung bei Bürgern derselben Stadt, Brüx, wo in der Urkunde von 1281[369] *presentibus ... nostre Pontensis civitatis civibus et burgensibus* als Zeugen auftreten. Ist das vielleicht eine verspätete Reminiszenz an den irgendwann früher ausgedrückten Unterschied zwischen der regierenden Gruppe vollberechtigter Bürger und den übrigen Stadtbewohnern?[370] Bei uns wurde er sonst in dieser Form nicht festgestellt. Es ist möglich, dass es sich nur um den Versuch handelt, mit einer möglichst genauen Titulatur die Schichten von Bürgern zu erfassen, man kann aber auch eine stilistische Wendung des Autors der Urkunde annehmen.

Auf den Siegeln einiger Städte kommt die Umschrift *sigillum burgensium* vor. Es ist kein häufiger Fall, aber in gewisser Hinsicht signifikant. Mit Ausnahme der Stadt Brüx, wo das Siegel einige Male wechselte[371] und der Typ des Siegels mit der Inschrift *burgensium* zum Jahre 1317 belegt ist, erscheint diese UmschriftLegende bei den ältesten Stadtsiegeln.[372] Das beweisen die Siegel von Leobschütz vom Jahre 1283

366 CDB V/1, Nr. 397.

367 Ihr Datar ist Johannes, Scholasticus von Leitmeritz, der sowohl im urkundlichen Umfeld der Stadt wie des Kapitels wirkte, cf. Šebánek, Česká listina [Die böhmische Urkunde] 3, S. 127.

368 Die bei Šebánek geäußerten Zweifel (vgl. die vorherige Anmerkung), ob Graber schon eine Stadt und nicht nur ein Marktdorf war, sind nicht leicht zu widerlegen. Wenn Graber 1273 in der päpstlichen Urkunde, CDB V/2, Nr. 704, nur als *villa cum foro* bezeichnet wird, kann daraus keine Schlussfolgerung gezogen werden, denn die päpstlichen Urkunden bezeichneten lange auch unbestrittene große Städte nicht als *civitates.* Graber wird erst 1282 *civitas* genannt, RBM II, Nr. 1275. Das ist ein zu großer Zeitabstand, als dass man daraus auf den Status von Graber schon für das Jahr 1263 schließen könnte. Aber trotzdem kann man vertreten, dass Graber schon damals eine Stadt war. *Cives* sind so eng mit der schon gefestigten Terminologie verbunden, dass es wohl unrichtig wäre, darin ein Überbleibsel einer früheren allgemeinen Verwendung zu suchen, und das umso mehr, als auch ein *advocatus* genannt wird. Darüber hinaus ist es kaum wahrscheinlich, dass Bewohner eines Marktes, die nicht die Position von Bürgern hätten, als selbständig disponierende Subjekte angeführt werden könnten. Ein ähnlicher Fall konnte nicht festgestellt werden.

369 RBM II, Nr. 1264.

370 Stoob, Kartographische Möglichkeiten, S. 24. Einen ähnlichen Fall erwähnt, ohne Einzelheiten anzuführen, Planitz, Die deutsche Stadt, S. 254. Eine Rekapitulation von Ansichten, dass *burgensis* einen vollwertigen Bürger gegenüber niedriger gestellten *cives* bedeutet, lieferte K. Schwarz, Bäuerliche cives, S. 131, mit der Bemerkung, dass jeder *burgensis* in solchen Fällen ein *civis,* aber nicht jeder *civis* ein *burgensis* ist. Diese Unterschiede verschwanden im Laufe der Zeit. Bei uns äußerte sich diese Ungleichheit in den genannten Fällen nur noch als Relikt einer älteren Auffassung.

371 A. Přibyl/J. Bechyně, O pečetích und erbu města Mostu [Über die Siegel und das Wappen der Stadt Brüx], Sborník severočeského muzea – Historica 4, 1964, S. 121–150.

372 Gleiches wird für Schlesien und Polen festgestellt, Kuhn, Die deutschrechtlichen Städte, S. 21. Ein Verzeichnis solcher Siegel lieferte schon K. Wutke, Die Bedeutung der Siegelinschrift: Sigillum burgensium bzw. civium für die älteste Stadtgeschichte, Schlesische Geschichtsblätter 1, 1920, S. 41.

(möglicherweise schon 1272), Kolin von 1277 und 1350,[373] und von Hohenmaut von 1350.[374] Diesen Fällen wird man auch Freudenthal schon zum Jahre 1267 zuordnen können.[375]

Das vom Terminus *burgensis* abgeleitete Adjektiv *burgensaticus* ist nur vereinzelt in einer späten Quelle festgestellt worden,[376] so dass es für unsere Untersuchung nur von ergänzendem Wert ist.

Habitator

In den Privilegien von drei Städten, die zu der ältesten Schicht der Herausbildung der Stadtverfassung in den böhmischen Ländern gehören, nämlich Troppau, Königgrätz und Znaim, werden die Bewohner, denen Rechte erteilt werden, als *habitatores* bezeichnet.[377] Mit einem großen zeitlichen Abstand von fast vier Jahrzehnten begegnen wir einer ähnlichen Bezeichnung *inhabitatores* in Olmütz im Jahr 1261.[378]

Bei den ersten Urkunden muss man sich fragen, ob es um eine individuelle Bezeichnung des Notars Heřman geht, der sie alle drei diktierte, oder ob der Terminus eine bestimmte Bedeutung hat. Für den Ausdruck *habitatores* bzw. *inhabitatores* ist nämlich wahrscheinlich gemacht worden, dass damit neu gekommene Siedler bezeichnet werden.[379] Dies kann auch für die drei genannten Städte nicht ausgeschlossen werden, die sich offensichtlich im ersten Stadium ihrer Entwicklung befanden und für die in allen Fällen die Fläche für die Erweiterung der Bebauung genannt wird. Für Znaim wird sogar ausdrücklich erwähnt, dass Leute herbeigerufen werden sollen: *civitatem construere in ipsamque homines convocare*. Allerdings finden wir nach der Stabilisierung der städtischen Institutionen und nach der Festigung der Terminologie diesen Ausdruck nicht mehr.

---

373 CDB V/2, Nr. 853. Das in der Korroboration angekündigte Siegel des Ausstellers, des Abtes des Klosters Sedletz, ist vom Siegel *burgensium sigillo civitatis Colonie* begleitet. Vor der Herausgabe von CDB V/2 wussten von diesem Siegel weder Vojtíšek (wie in der nachfolgenden Anmerkung) noch Kejř, Burgus und burgensis.

374 Vojtíšek, O pečetích a erbech měst pražských i jiných českých [Über Siegel und Wappen der Prager und anderer böhmischer Städte], Praha 1928, bei den betreffenden Städten und zusammenfassend S. 180–181.

375 CDB V/2, Nr. 489. Die Lokationsurkunde wurde vom *iudex de Vreudenthal* ausgestellt und besiegelt, es wurde auch das Sigel *burgensium meorum* hinzugefügt. Die Urkunde ist erst aus der späteren Bestätigung bekannt. Mehr kann man über das Siegel nicht sagen. Auch diese Angaben sind bei Vojtíšek und auch bei Kejř zu ergänzen.

376 In der sog. Maiestas Carolina, AČ III, S. 93. Eine neue kritische Ausgabe B.-U. Hergemöller, Maiestas Carolina. Der Kodifikationsentwurf Karls IV. für das Königreich Böhmen von 1355, Veröffentlichungen des Collegium Carolinum, Bd. 74, München 1995. S. 64.

377 CDB II, Nr. 265, 278 und 288, aus den Jahren 1224, 1225 und 1226.

378 CDB V/1, Nr. 295.

379 Schlesinger, Forum, S. 275. Anders erklären den Terminus *habitatores* für Königgrätz M. Richter/V. Vokolek, Počátky Hradce Králové ve světle archeologických výzkumů [Die Anfänge von Königgrätz im Lichte der archäologischen Grabungen], in: Středověká archeologie [Mittelalterarchäologie], S. 15, als Besitzer von Häusern oder Anwesen in der Stadt. Diese Interpretation ist zweifelhaft, denn sonst findet man die *habitatores* im Sinne von Inhabern städtischer Immobilien nicht.

Während man die Bedeutung des Ausdrucks *habitatores* in der Zeit der allmählichen Entstehung von Städten nicht ganz sicher nachprüfen kann, führt im Fall Olmütz die Bezeichnung *inhabitatores* zu einer anderen Überlegung. Přemysl Otakar II. erlaubte 1261 ein Kaufhaus zu erbauen,[380] wobei er *honestatem et conversacionem laudabilem inhabitatorum* anerkannte und dies auch in der Feststellung wiederholte, es solle *civitati nostre in Olomuz et inhabitatoribus eius* kein Schaden entstehen. Hier wird man diesen Ausdruck als Bezeichnung für die Bewohner der Stadt interpretieren können. Die Bezeichnung *cives* war schon so eingebürgert, dass man kaum annehmen kann, dass es irrtümlich ausgelassen wurde. Das Privileg bezieht sich also auch auf andere Schichten als nur auf die Bürger. Übrigens: aus dem Kaufhaus und dem gleichzeitig bewilligten Jahrmarkt zogen alle Nutzen.

In allen übrigen Fällen, in denen man den Ausdrücken *habitatores* bzw. *inhabitatores* begegnet, muss man sie im Sinne von Bewohnern verstehen, also ganz allgemein,[381] oder als jene Schicht in der Stadt, die nicht an den Rechten und an der Stellung der Bürger teilhat.[382] Wenn man also die drei Fälle alter Städte beiseite lässt, deren Interpretation nicht eindeutig ist, kann gesagt werden, dass man aus den Termini *habitatores* und *inhabitatores* nicht auf die Rechtsstellung der so bezeichneten Personen und damit auf die Existenz der Stadtverfassung schließen kann.[383]

380 CDB V/1, Nr. 295. J. Šebánek, K otázce kupeckého domu [Zur Frage des Kaufhauses]. Mit dieser Frage werden wir uns an einer anderen Stelle befassen.

381 In der Pulkava-Chronik, FRB V, S. 4 und 5, erfahren wir bei der Schilderung der Ankunft der Slawen in Böhmen, dass das Land *absque habitatore et incola* war, und dass es sich um bewaldete Gegenden *sine habitatore quocunque* handelte.

382 In einem Stück aus einem Formelbuch aus der Zeit König Přemysl Otakars II., Voigt, Formelbuch des Heinricus Italicus, Nr. 129, erlaubt der König einer ungenannten Stadt den Bau von Stadtmauern, weil *cives et civitas timent bellum*, und garantiert, dass *ipsius inhabitatores se suaque possideant libere ac quiete*. Neben *cives* werden als eine breitere Schicht *inhabitatores* gestellt. Noch deutlicher tritt dies in dem Gesuch der Prager an Heinrich von Isernia zu Tage, er möge Kontraktbücher anlegen, in denen nebeneinander *civis, habitator, iuratus civitatis Pragensis* genannt werden, cf. Novák, Formulář Tobiáše z Bechyně [Novák, Das Formelbuch], Nr. 250. Im Privileg für Rakonitz vom Jahre 1319, CIM II, Nr. 107, wird gesagt, dass König Johann *civitatem predictam eiusque inhabitatores* bevorteile; damit ist die gesamte Bevölkerung gemeint, weil im übrigen wiederum *cives* genannt werden. Der gleiche Fall zeigt sich auch im Privileg für Kaaden aus demselben Jahr, CIM II, Nr. 111, in dem *cives* genannt werden, aber es wird erlaubt, *alicui incole seu habitatori* die Sachen der Schuldner zu pfänden. Diese Bestimmung ist deswegen gegeben, da Gläubiger auch andere Bewohner der Stadt als *cives* sein konnten. Ein wenig anders ist der Fall von Budin an der Eger aus dem Jahr 1302, CIM IV/1, Nr. 17, als bei der neuen Ausmessung der Hufen in Budin und in den zu Budin gehörenden Dörfern die Pflichten der Bewohner – *incolae* – festgelegt werden, in denen nicht Bewohner von Budin zu sehen sind, sondern Nutzer von Grundstücken. Weiter wird gesagt, dass die *pauperes habitatores*, die keine Grundstücke haben und die verächtlich *pedices* genannt werden, ebenso eine Abgabe auferlegt bekommen. Ein Bürger von Budin selbst wird als *civis* bezeichnet.

383 Die Bestätigung dafür findet sich auch in der Urkunde Wenzels II. für das Kloster in Politz aus dem Jahr 1295, RBM II, Nr. 1700, in der die Bewohner des Marktortes (*locus forensis*) Politz wiederholt als *habitatores* bezeichnet werden. Mit dem Terminus *inhabitatores* werden allgemein die Bewohner des Königreichs in der Urkunde König Přemysls Otakars II. an Papst Gregor X. aus dem Jahr 1275 bezeichnet: *regnum, principatus et universi inhabitatores eorundem*, CDB V/2, Nr. 770. Im Privileg für das Kloster Marienthal in der Lausitz aus dem Jahr 1238, CDB III/1, Nr. 176, nahmen König Wenzel I. und seine Gemahlin Kunigunde das Kloster *cum suis colonis et inhabitatoribus* in Schutz, also offensichtlich Siedler auf dem Lande. *Habitatores* werden 1277 die Bewohner des Pfarrsprengels von

Incola

Die Grundbedeutung des Wortes ist Bewohner, und man kann ihm keinen selbständigen Rechtsgehalt zuschreiben. Im Zusammenhang mit den Belegen zu Städten erscheint diese Bezeichnung selten, nirgendwo ersetzt sie das vollberechtigte *civis*, und man kann sie nur als Stadtbewohner interpretieren. In der Lokation von Alt-Bösig, mit der Přemysl Otakar II. zwei Lokatoren betraute,[384] ist die Absicht, eine Stadt zu errichten, ganz offensichtlich: *pro fundanda civitate*. Weiter wird festgelegt, dass alle Rechte der Stadt Prag dem Richter *et omnibus incolis civitatis istius* erteilt werden. Hier muss man bedenken, dass die Stadt erst errichtet werden sollte,[385] so dass sie noch keine vollberechtigten Bürger besaß. Aber eine solche Deutung kann man nur schwer für Freudenthal akzeptieren, dessen Stadtverfassung zu unseren ältesten gehört. Trotzdem findet sich ein bemerkenswerter Widerspruch in der Lokationsurkunde des Freudenthaler Richters von 1267,[386] die er selbst besiegelt und auch durch das Siegel *burgensium meorum* bestätigen lässt, die Zeugen aber werden nur als *incole civitatis* bezeichnet.[387]

Ein wenig anders kann man das Privileg für Gewitsch, angeblich aus dem Jahr 1258, bewerten,[388] in welchem König Přemysl Otakar II. die Möglichkeit der Unterdrückung *dilectorum civium nostrorum de Gewiczka* in Betracht zog und daher *universos eiusdem civitatis incolas* in Schutz nahm. Man kann das so verstehen, dass alle Bewohner, nicht nur die Bürger, hier in den königlichen Schutz genommen werden, dafür könnte die Titulatur sowohl als *cives* als auch als *incolae* sprechen. Man muss jedoch bedenken, dass der erste Teil der Urkunde mit der Bezeichnung *cives* aus einer alten Vorlage übernommen, der zweite Teil aber mit der Bezeichnung *incole* aber späteres Diktat ist[389] und der ganze Wortlaut der Urkunde ein Falsum vom Beginn des 14. Jahrhunderts darstellt. Man kann annehmen, dass der Unterschied von *cives* und *incole* absichtlich betont wurde, aber die uneinheitliche Entstehung der Urkunde fordert doch zu einer vorsichtigen Einschätzung auf. Nur als Ergänzung kann gesagt

---

Miletin genannt, in dem es keine Stadt gibt, CDB V/1, Nr. 490. Ein klarer Beweis, dass *inhabitatores* nicht *cives* sind, ist die Urkunde König Johanns aus dem Jahr 1315, CIM II, S. 790 zur Nr. 618, in der festgestellt wird, dass die Gemeinde Lubna nicht genügend besiedelt wurde und dass ihre *inhabitatores* sich in Zukunft nach dem Nürnberger Recht richten sollen, das von der größeren Stadt Prag gebraucht wird.

384 CDB V/1, Nr. 423.

385 Žemlička, Bezdězsko [Das Gebiet von Bösig], S. 738, hat auf die Wahrscheinlichkeit hingewiesen, dass zur Zeit der Ausstellung der Urkunde noch nicht klar war, wo die neue Stadt entstehen sollte. Die Stadt wird im Privileg nicht genannt, und das hat früher Streitigkeiten darüber hervorgerufen, auf welchen Ort es zu beziehen ist. Erst neuerdings neigt sich die Meinung zu Bösig, Žemlička, ebd., S. 737.

386 CDB V/2, Nr. 489. Über die Urkunde auch weiter oben bei der Erläuterung des Terminus *burgensis*.

387 Es erhebt sich die Frage, in welchem Maße der Richter einen anderen Ort, d. h. Lichtenwerde hätte lozieren können. Aus der Urkunde ergibt sich nicht, dass eine Stadt gegründet werden soll! An einer anderen Stelle der Urkunde gibt es nämlich einen Unterschied in der Höhe von Geldstrafen, die *incole loci* und *cives* zahlen sollen.

388 CDB V/2, S. 160⁺⁺.

389 Siehe die einleitende Anmerkung zur Edition.

werden, dass man an der Existenz einer echten Urkunde für Gewitsch aus dem Jahr 1258 nicht zweifeln muss.

Im Fall der späteren Urkunde König Wenzels II., die 1302 die neue Ausmessung von Grundstücken in Budin und in den zu Budin gehörenden Dörfern bestätigt hat,[390] werden als *incole* die Bewohner jener Dörfer bezeichnet und nicht die Bürger in Budin.[391]

Urbanus

Mit der Bezeichnung *urbanus* sind mehrere Unsicherheiten bezüglich der Frage verbunden, ob man sie in der Bedeutung Bürger interpretieren kann. Besonders in der frühen Entwicklung bezeichnet *urbanus* manchmal den städtischen Charakter der so bezeichneten Bewohner,[392] aber Eindeutigkeit ist nicht einfach zu erreichen, weil das Wort *urbs* in manchen Regionen sowohl die Burg als auch die Stadt bezeichnet, und *urbani* sowohl Bewohner der Stadt wie auch der Burg sein können.[393] Kann man daher ohne eine sehr sorgfältige Untersuchung behaupten, dass *urbs* mit Stadt gleichzusetzen ist und *urbani* mit Bürgern? Wenn die Nachricht Thietmars zum Jahre 1004 für Bautzen den Ausdruck *urbs* und für die Bewohner *urbani* verwendete, wurde dies zur Behauptung genutzt, dass Bautzen eine Stadt war und seine Bewohner Bürger.[394] Aber bei Thietmar wird zum Jahre 990 für einen nicht bestimmbaren Ort *urbs* verwendet und für seine Bewohner *urbani* ebenso wie für andere Ortschaften. Es besteht kein Zweifel daran, dass in seiner Chronik *urbs* einen befestigten Ort, eine Burg, eine befestigte Pfalz, ein befestigtes Kloster u. dgl. bedeutet[395] und dass man aus einem isoliert herausgenommenen Beleg nichts anderes deuten kann, als das, was aus dem Ensemble der übrigen Stellen folgt, deren es Dutzende gibt. Auch sind die *urbani* keine Bürger, sondern diejenigen, die in der *urbs* siedeln, also nicht in einer Stadt.[396] Man muss bei der Beurteilung der Bedeutung von *urbani* immer sehr vorsichtig bleiben.[397]

---

390 CIM IV/1, Nr. 17.

391 Siehe schon die Darstellung in Anmerkung 381.

392 Für Regensburg K. Bosl, Die Sozialstruktur der mittelalterlichen Residenz- und Fernhandelsstadt Regensburg. Die Entwicklung ihres Bürgertums vom 9.–14. Jahrhundert, in: Untersuchungen, S. 133–134.

393 von Below, Ursprung, S. 20.

394 Ed. W. Trillmich, in: Ausgewählte Quellen zur Geschichte des Mittelalters, Bd. 9, Berlin 1960, S. 258. W. Hensel, Anfänge der Städte, S. 122, neigte zur alten Übersetzung von Laurent aus dem Jahre 1848, der dies als „Stadt“ übersetzte, und warf Jedlicki vor, dass dieser es 1953 als „gród“ übersetzte. Aber auch Trillmich bevorzugte die Bedeutung „Burg“ und übersetzte *urbani* als Burgbesatzung, was der Wirklichkeit entspricht.

395 Geppert, Burgen und Städte, S. 161–244; Bláhová, Evropská sídliště [Europäische Siedlungen], S. 89–93.

396 Zu Hensels Vermutung bereits Kejř, Nad počátky našich měst [Über die Anfänge unserer Städte], S. 383, Anm. 31.

397 Ennen, Forschungsproblematik Bürger und Stadt, S. 21.

Man darf auch nicht übersehen, dass die Verwendung des Terminus *urbani* nur vereinzelt für bestimmte Regionen auftaucht. Für die nördlichen Länder Europas wurde der einzige Beleg für das dänische Ribe gefunden.[398] Es handelt sich dabei jedoch um eine Quelle aus den Jahren 1146–1157, also aus einer Zeit, in der man kaum schon von Stadtverfassung sprechen kann[399] und in der auch die vereinzelte Verwendung die vorbehaltlose Interpretation dieses Terminus als Bürger nicht zulässt.

In unserer urkundlichen Überlieferung treten *urbani Znoymenses* als Zeugen in der Urkunde des Markgrafen Přemysl für Klosterbruck (bei Znaim) im Jahr 1234 auf.[400] Weil Znaim zu dieser Zeit bereits eine Stadt war, verführte diese Bezeichnung zu der Vermutung, dass es sich um die Bürger von Znaim handelt.[401] Dies war jedoch ein Irrtum, weil diese *urbani* Mitglieder der der Burgbesatzung von Znaim waren,[402] wie dies aus Zeugenreihen in anderen Urkunden des Markgrafen Přemysl aus derselben Zeit bestätigt wird.[403]

Der Terminus *urbanus* bietet bei uns also keine Stütze, die Existenz einer Stadtverfassung anzunehmen.

Oppidanus

Nur ein vereinzeltes Vorkommen in der Form *oppidaneus* ist in der Urkunde Bischof Brunos über die Anlage von Weinbergen in der Umgebung von Kremsier im Jahre 1266 belegt,[404] mit der ein *oppidaneus noster de Chremsir* zum Bergmeister ernannt wurde, der auch als *famulus noster dilectus* bezeichnet wurde. In derselben Urkunde wird Kremsier als *oppidum* bezeichnet. Es ist möglich, dass Kremsier zu jener Zeit im Begriff war, die Privilegien einer Stadt zu erhalten.[405]

Civitatensis

In der Urkunde Přemysl Otakars II., mit der er 1256 das Olmützer Recht an Prerau erteilt hat,[406] werden die Bürger von Prerau als *cives nostri* genannt, aber die Bürger von Olmütz als *civitatenses nostri.* Darin spiegelt sich sicher die Absicht wider, die

---

398 ANDERSSON, Urbanisierte Ortschaften, S. 152, die Tabelle für Dänemark.
399 Ebd., S. 54.
400 CDB III/1, Nr. 74.
401 E. SCHWARZ, Volkstumsgeschichte II, S. 147, und KEJŘ, Zwei Studien, S. 89.
402 KEJŘ, Nad počátky [Über die Anfänge unserer Städte], S. 383, Anm. 31.
403 CDB III/1, Nr. 87; CDB III/2, Nr. 212. Man kann erwähnen, dass im Jahre 1251 die Zeugen aus der Burg Znaim als *castrenses* tituliert werden, CDB IV, Nr. 211.
404 CDB V/1, Nr. 466. Außerhalb unseres Zeitraumes liegt die Verwendung des Terminus *oppidanus* in der Maiestas Carolina, AČ III, S. 149, in der *oppidani* und *villani* (Art. 77, 78) unterschieden werden und auch ein Unterschied gegenüber *civis,* Art. 93, S. 157, zu sehen ist. In der neuen kritischen Edition von B. U. HERGEMÖLLER, Maiestas Carolina, S. 170, 174 und 190.
405 Siehe schon weiter oben, S. 105.
406 CDB V/1, Nr. 70++.

Stellung der Bürger einer großen Stadt und des Bischofssitzes gegenüber den Bürgern des neu zur Stadt erhobenen Prerau auf eine höhere Stufe zu stellen, aber die verdächtige Entstehung der Urkunde erlaubt keine sicheren Schlussfolgerungen.[407]

Dieser selten vorkommende Begriff findet sich auch im Friedensschluss Herzog Nikolaus' mit Troppau aus dem Jahr 1284,[408] in dem alle Getreuen des Herzogs *ministeriales, milites, clientes et civitatenses alii nobis obedientes* genannt werden. Der Vertrag wird *cum civibus Oppaviensibus* geschlossen und man kann nicht annehmen, dass die Bürger anderer Städte in irgendeiner Weise höher gestellt werden sollten.

In jedem Fallen ist der Ausdruck *civitatensis* als Äquivalent für einen vollberechtigten Bürger einer Rechtsstadt zu verstehen.[409]

Locanus

Es handelt sich wiederum um einen vereinzelten Fall der Verwendung dieses Begriffs im Privileg Wenzels I. für die Johanniter im Jahre 1235, mit dem er ihnen einen Markt in Manetin bewilligt hat.[410] Die Gerichtszugehörigkeit wird so festgelegt, dass *locani eiusdem fori* aus der Gerichtsbarkeit der Burggerichte herausgenommen sind. Man kann keine Identität *locanus* = Bürger konstatieren, und die Verwendung dieses Ausdrucks ist kein Beleg für eine Stadtverfassung.

Homo

Man kann zu Beginn feststellen, dass der Begriff *homines* niemals zur Bezeichnung eines Bürgers verwendet wird, aber trotzdem muss man sich mit dieser Bezeichnung im Zusammenhang mit der Stadtbevolkerung befassen. Die Unterscheidung zwischen *cives* und *homines* ist nämlich eines der Kennzeichen, das die wirklichen Bürger von den übrigen Stadtbewohnern scheidet, und es lässt sich daran überhaupt beurteilen, ob die untersuchte Lokalität eine Stadt ist. Ein markantes Beispiel dafür ist die Gründung der Stadt Ungarisch Hradisch, wohin 1257 der Herrscher, an einen neuen Ort, zwei Märkte, Welehrad und Kunowitz, verlegte[411] und beabsichtigte, *municionem seu oppidum* aufzubauen und dessen Bewohnern nur den Status *homines* zuerkannte. Ein Jahr später, 1258, wurde eine neue Entscheidung erlassen,[412] in der zuerst

407 Siehe die einleitenden Bemerkungen in der Edition, aus denen sich auch die Widersprüchlichkeit von älteren Meinungen über die Echtheit der Urkunde ergibt.

408 RBM II, Nr. 1313 = CDM IV, Nr. 217.

409 Gleiches gilt für Dänemark, wo aber die Quellen erst um die Mitte des 14. Jahrhunderts darüber berichten, Andersson, Urbanisierte Ortschaften, S. 87, und betreffende Anmerkungen auf S. 146.

410 CDB III/1, Nr. 105. Dass Manetin schon früher eine gewisse Zentrumslage hatte, ergibt sich aus der Bestätigung einiger Dörfer zugunsten der Johanniter bereits im Jahre 1225, CDB II, Nr. 270, in diesem Zusammenhang werden weitere dazu gehörende Dörfer genannt. J. B. Šimák, Příspěvky místopisné [Topographische Beiträge], ČSPSČ 40, S. 1932, S. 117, brachte den Nachweis, dass es sich gerade um Manetin handelt.

411 CDB V/1, Nr. 136.

412 CDB V/1, Nr. 156.

mit den gleichen Worten, aber im Verlauf des Textes dann abweichend, erweiterte Rechte zuerkannt werden. Hradisch wird als *civitas* und die Bürger als *cives* bezeichnet. Die erste Urkunde betrachtete die neu zu gründende Siedlung nicht als Stadt und ihre Einwohner nicht als Bürger, was erst durch die zweite Urkunde geschah, die man daher für die Grundlage der Stadtverfassung in Hradisch halten kann.[413] Der Unterschied zwischen *homines,* die auch nach der Verlegung in eine andere Ortschaft nur Untertanen blieben, und den *cives* ist völlig offensichtlich. Dies zeigt sich auch klar in den Fällen, in denen über Märkte gesprochen wird, wenn die Bewohner von Marktorten zum Unterschied von tatsächlichen Städten nicht *cives* genannt werden, sondern mit der niederen Bezeichnung *homines,* gegebenenfalls als *habitatores* oder *incolae* bezeichnet werden.[414]

Vítek von Krumau stellte 1274 eine Bestätigung darüber aus, wie ein gewisses Dorf aus seinem Besitz in den Besitz des Kreuzherrenspitals in Strakonitz übergegangen ist.[415] Unter den zahlreichen Zeugen befinden sich auch *homines domini Vitkonis: Nemoy, Benada, Sipota iudex de Crumnow.* Daraus lässt sich keineswegs schließen, dass Krumau wohl schon eine Stadt war und der genannte Sipota ein Stadtrichter.[416] Krumau erscheint im 13. Jahrhundert nicht als Stadt. Die Urkunde selbst ist zweifelhaft und stammt aus einer fast drei Jahrzehnte jüngeren Zeit.[417]

Mehrere Belege, die in den Rahmen unseres Interesses fallen, stammen erst aus den siebziger Jahren des 13. Jahrhunderts. Der Olmützer Bischof Bruno verkündet 1275[418] in dem Besitzvergleich mit Ekerik, dem Sohn Herbords von Füllenstein, dem eine Hälfte der Burg Füllenstein anvertraut wird, auch die Übertragung von Ekeriks Rechten in Hotzenplotz: *in opido nostro Hoczemplocz quosdam homines et redditus nobis liberaliter resignastis, ita quod in eadem civitate nichil habetis cum patre et fratre penitus ordinare.* Hotzenplotz erscheint in dieser Urkunde sowohl als *oppidum* als auch als *civitas* und ist befestigt. Es ist offensichtlich, dass die abgetretenen Rechte nicht die Stadt selbst und ihre Bewohner betreffen, sondern nur eine Gruppe der übrigen Bewohner.

Im Streit zwischen dem Kloster Hradisch und den Bürgern von Olmütz im Jahr 1275,[419] der durch einen Bevollmächtigten König Přemysl Otakars II. entschieden wurde, war dieser *racione curie, areis et hominibus ibidem residentibus in suburbio Olomucensi vel circa* verursacht worden. Die Bewohner der Vorstadt und

413 Cf. Kejř, Městské zřízení [Die Stadtverfassung], S. 232–233. A. Verbík, in: Uherské Hradiště, Kap. III. Středověké město [Die mittelalterliche Stadt], bemerkte den Unterschied zwischen *homines* und *cives* nicht und verstand auch nicht den Ausdruck *oppidum* (siehe oben über die Bedeutung des Terminus *oppidum*) und hielt schon die Urkunde vom Jahre 1257 für einen Beleg für die Gründung der Stadt.

414 Kejř, Trhy [Märkte], S. 17. Vgl. auch den Fall der zwei Marktdörfer Miletin und Komotau, deren Herren, den Deutschrittern, Přemysl Otakar II. im Jahr 1261, CDB V/1, Nr. 265, die hohe Gerichtsbarkeit bewilligte. Die Bewohner wurden dabei *homines* genannt. Dazu auch weiter oben, S. 103.

415 CDB V/2, Nr. 753+, und ein etwas erweiterter Wortlaut Nr. 754+.

416 A. Mörath, Zur ältesten Geschichte der Stadt Krummau, MVGDB 36, 1898, S. 445, schlussfolgerte daraus, dass die Stadt Krumau schon im 13. Jahrhundert existierte und ein Gericht nach dem deutschen Recht besaß. Bereits Zycha, Ursprung, S. 25, Anm. 3, hat dies bezweifelt. Siehe auch weiter in Kapitel VII, Anm. 41.

417 Siehe einleitende Bemerkungen zur Edition der beiden Urkunden.

418 CDB V/2, Nr. 779.

419 CDB V/2, Nr. 795+.

ihrer Umgebung sind hier als Untertanen ausgewiesen.[420] Gleiches gilt auch für die Bewohner von Brünner Vorstädten, die ebenfalls als *homines* bezeichnet werden und die nach der Entscheidung König Přemysl Otakars II. aus dem Jahr 1276[421] durch den Brünner Richter gerichtet werden sollen, wenn sie etwas in der Stadt verbrochen haben.

Der Unterschied zwischen *cives* und *homines* ist auch im Privileg für Brüx aus dem Jahr 1278 erfasst,[422] mit dem den Brüxern Rechte auf Zoll von jedem *exceptis civibus et hominibus aliarum civitatum nostrarum* bewilligt werden. Die Ausnahme bezieht sich auf alle Bewohner königlicher Städte. Ungefähr zur selben Zeit, etwa um 1280, entstand auch die gefälschte Urkunde Přemysl Otakars II. (noch als Markgraf von Mähren), die in das Jahr 1251 datiert ist,[423] dem Kloster Hradisch die Stadt Mährisch Weißkirchen mit dem Markt anvertraut sowie bestimmt, dass *eiusdem civitatis homines ac ipsa civitas eo pleno iure gaudent, quo omnes civitates ad nos … spectantes*. Auch wenn die Tatsache, dass es sich um eine gefälschte Urkunde handelt, es nicht erlaubt, aus ihr Hinweise für die Fragen nach der Vollendung des Stadtwerdungsprozesses zu schöpfen,[424] ist es möglich, die *civitatis homines* allgemein als Bewohner zu interpretieren.

Nachtrag: Deutsche Ausdrücke in städtischen Urkunden

In einigen Untersuchungen über die städtische Terminologie, die sich mit deutschen Ausdrücken befassen, mussten wir auf die Bewertung ihrer Bedeutung sowie auf den Vergleich mit unseren Quellen verzichten, die in der untersuchten Zeit noch nicht deutsch geschrieben sind. Trotzdem erscheinen in einigen wichtigen städtischen Urkunden vereinzelt deutsche Bezeichnungen für einige Institutionen, die jedoch nicht die Charakterisierung von Städten betreffen, sondern die Gerichtsprozesse und das Strafrecht, speziell die Straftaten. In diesen Umkreis gehört noch nicht Soběslavs Privileg für die Prager Deutschen, wo der tschechische Ausdruck *nadwore* bzw. im jüngeren Wortlaut *nadworzie* steht.[425] Aber wir wollen erneut betonen, dass in dieser Quelle keine städtische Urkunde zu sehen ist und dass die Deutschen sich an ihrem Wortlaut offensichtlich nicht direkt beteiligt haben, weil sonst der tschechische Ausdruck für eine gewichtige Straftat unerklärlich wäre.

---

420 Die Entscheidung wurde vom Herrscher bestätigt, CDB V/2, Nr. 813+, wobei auch dieser Teil der Urkunde wiederholt wird. Gewisse Unsicherheiten über die Echtheit der Urkunden, siehe die einleitenden Bemerkungen zu den Editionen, ändern nichts an der Rechtsstellung von Olmützer *cives* und *homines* in der Olmützer Vorstadt.

421 CDB V/2, Nr. 815.

422 CDB V/2, Nr. 864.

423 CDB IV, Nr. 212++. Über die Fälschung der Urkunde Šebánek/Dušková, Listina v českém státě [Die Urkunde im böhmischen Staat], S. 61–62.

424 Bei Mährisch Weißkirchen sind die Vorgänge bei der Verwandlung in eine Stadt kompliziert, so dass wir diesem Fall wieder begegnen werden. Vorläufig siehe Zycha, Ursprung, bes. S. 74 u. ö. E. Schwarz, Volkstumsgeschichte II, S. 394–396.

425 Kejř, K privilegiu [Zum Privileg], Art. 4, S. 252.

Es ist nicht notwendig, allen deutschen Wörtern in der böhmischen urkundlichen Überlieferung nachzuspüren, es genügt, ausgewählte Beispiele zu erwähnen. Das Brünner Privileg enthält die Bezeichnungen *heymsuche, notwernde* oder *lytschert wunden*,[426] die Iglauer Urkunde verwendet die Ausdrücke *erholunge, anevanc, heimsuche, lemde* oder *blutrunst*,[427] die für Deutschbrod hat *holunge* und *blutrunst.*[428] Im Falle der Bezeichnung der Markthalle in Olmütz als *chaufhus* handelt es sich um einen allgemein verbreiteten Ausdruck, den wir für ähnliche Einrichtungen geläufig antreffen.[429] Bei der Untersuchung des Textes kommt man zu dem Schluss, dass es sich um Fälle handelt, für die der Diktator keine entsprechende lateinische Bezeichnung finden konnte und lieber beim deutschen Wort verblieb, das in der zeitgenössischen Ausdrucksweise die Rechtssituation eindeutiger bezeichnete.

Das ist eine Parallele zu den Fällen, in denen in lateinischen Urkunden einige tschechische Bezeichnungen erscheinen, wie z. B. *sok, hlava, nářez, póvod, zvod.* Hier handelt es sich jedoch um Institutionen des Landrechts, das einheimischen tschechischen Ursprungs war und dessen Terminologie auch tschechisch war, während im städtischen Milieu die deutsche Sprache verwendet wurde. In beiden Gruppen erschienen einige Ausdrücke, die sich nicht mit den traditionellen römisch-kanonischen deckten, die durch lateinische Bezeichnungen ausgedrückt wurden, und deshalb erschienen auch in lateinischen Urkunden Wörter in der Volkssprache.

Ein besonderer Fall ist das folgende Beispiel: Im Privileg für Saaz aus dem Jahr 1265,[430] dem wir noch einige Male begegnen werden, findet sich sowohl ein tschechischer wie auch ein deutscher Begriff. Wer sich in der Stadt niederlassen möchte, ist verpflichtet, sich von seinem Herrn mit einer Gebühr loszukaufen, *quod vulgariter weglose dicitur.*[431] Dieser Ausdruck ist angesichts des deutschen Milieus eingefügt, weil er die innere Stadtordnung für die Aufnahme von neuen Siedlern betrifft. Dagegen wurde von den Saazer Bürgern, die im Wald Holz holen, kein *signum, quod in vulgo peczacz dicitur*, verlangt. Damit ist der Abdruck des Siegels des zuständigen Beamten, nicht der des Stadtsiegels gemeint,[432] der sonst gezeigt werden müsste. Es ist eine Regel nichtstädtischer Herkunft und diese wird mit einem tschechischen Wort ausgedrückt. Die Urkunden für die Städte wurden mit Berücksichtigung des deutschen Milieus und der neu übernommenen Bestimmungen des Stadtrechts ausgestellt, ähnlich wie die das Landrecht betreffenden Belege die einheimische tschechische Bezeichnung respektierten.

---

426 CDB IV, Nr. 17, Art. 2, 8 und 12.

427 CDB IV, Nr. 177, Art. 29, 66, 67, 74 und 76.

428 CDB V/1, Nr. 873, Art. 33 und 49.

429 CDB V/1, Nr. 295. Zu den „Kaufhäusern" siehe weiter im Kapitel VI über den Markt.

430 CDB V/1, Nr. 464. Vgl. Tomas, Počátky Žatce [Die Anfänge von Saaz], S. 37 und 41.

431 Weglose = Abgabe an den Guts- oder Zinsherrn beim Abzuge von seinem Gute, M. Lexer, Mittelhochdeutsches Taschenwörterbuch, 35. Aufl., Leipzig 1978, S. 311, betreffendes Stichwort. In der späten Abschrift des Privilegs ist es durch den gleichbedeutenden tschechischen Ausdruck *wayhost,* CDB, ebd., Anm. X. In der tschechischen Übersetzung aus dem 16. Jahrhundert wird es als *právo vejhostní* interpretiert.

432 Šebánek, Česká listina [Die böhmische Urkunde] 3, S. 139, Anm. 150. Zu beiden Ausdrücken Tomas, Počátky Žatce [Die Anfänge von Saaz], S. 37.

III. DER GRÜNDUNGSAKT

Die Erhebung zur Stadt als Machtbefugnis des Landesherrn. – Die Entstehung der Stadt in der Zusammenarbeit von Herr und Bürgern. – Die Rechtsnatur des Gründungsakts. – Der Erwerb von Grundstücken für die gegründeten Städte. – Notwendige Zustimmung des Landesherrn auch zur Entstehung von nichtköniglichen Städten. – Die ältesten Städte vor 1253 nur auf königlichem Boden. – Locatio und die Rolle der Lokatoren. – Die Rechtsvorbilder für die gegründeten Städte. – Geringe Zahl von Gründungsprivilegien. – Herren der nichtköniglichen Städte oder Lokatoren als Empfänger von Gründungsurkunden, niemals die königliche Stadt als Korporation.

Der Prozess der Entstehung von Städten, von ihren ersten Keimen bis zur Erlangung der vollen Stadtverfassung, ist ein attraktives Thema von breit gefächerten und nicht selten auch widersprüchlichen Studien. Für Territorien, für die ältere und zahlreichere schriftliche Nachrichten erhalten sind, ist dies ein sehr häufiges Objekt des Interesses, und in Anknüpfung an die Kenntnisse über die ältere Besiedlung war es möglich, zahlreiche weitere Erkenntnisse sowohl über einzelne Ortschaften als auch über die Entwicklungsstadien des Netzes von Städten zu erarbeiten.[1] Solche Voraussetzungen sind für unseren Untersuchungsraum nicht gegeben. Eine Hilfe bieten also vor allem die Ergebnisse der archäologischen und topographischen Forschung. Bei ihnen, wie genau und beweiskräftig sie auch sein mögen und in der Tat auch sind, bleibt der Nachteil bestehen, dass sie auf sich selbst gestellt nicht im Stande sind, immer und überall über die qualitativen Veränderungen in der Stellung der Bewohner, über ihre Freiheiten und über die Rechte etwas auszusagen, die sich auf den gesamten Siedlungskomplex beziehen.

Vor allem der Übergang von der „vorstädtischen“ Besiedlung zur Stadt weist eine Menge von Varianten auf und vollzieht sich nicht immer kontinuierlich. Man kann auch keine allgemein gültige Darstellung der Entwicklung finden und den Vorgang der Herausbildung der Stadt präzisieren. Es bestehen keine Zweifel, dass die Städte sich unter dem Schutz einer Burg, eines befestigten Klosters oder eines befestigten

[1] Th. Mayer, Vorwort, in: Studien, S. 9, stellte für die Entstehung von Städten zwei grundlegende Fragen, nämlich die Kontinuität seit der römischen Antike und die Entwicklung und Vollendung von Städten aus heimischen Wurzeln. In Anknüpfung an Th. Mayer hat diese Frage H. Jankuhn, Vor- und Frühformen, S. 246, weiter ausgeführt. Für die Geschichte der Städte in den böhmischen Ländern ist diese Gliederung nur von sekundärer Bedeutung, weil hier keine Formen von antiken Städten existiert haben und deshalb die Überlegungen über eine Kontinuität gegenstandslos sind. Nur die aus heimischen Voraussetzungen entstandenen Städte sind Objekt unserer Ausführungen.

Bischofssitzes herausbildeten,[2] aber eben auf unserem Territorium zeigte sich, dass nicht jede Burg in der Verwaltungsorganisation des Landes den Kern für die Herausbildung einer Stadt bildete.[3] Schon längst ist nachgewiesen, dass es auch keinen linearen Zusammenhang zwischen Markt und Stadt gibt. Der Markt gehörte zweifellos zu den wichtigen städtebildenden Elementen, und ein besonderes Gewicht hatte dabei die institutionelle Ausweitung des Marktes als Einrichtung für den Handelsverkehr auch für den Ort selbst – Marktdorf oder allgemein Markt als ein siedlungsrechtlicher Komplex.[4] Aber der Markt hat die Stadt nicht geschaffen. Nicht überall gelang es, von der Form des Marktes zu einer vollwertigen institutionellen Stadt voranzuschreiten.[5]

In der Geschichte verschiedener Städte kann man die Voraussetzungen verfolgen, die zur Herausbildung ihrer Verfassung und der Freiheiten der Bevölkerung geführt haben. Aber es handelt sich dabei um einen Blick zurück, vom Ergebnis hin zur Suche nach den Ursachen. Wenn man jedoch die Gründe suchen soll, warum anderwärts die Entwicklung zur Stadt nicht zur Vollendung gekommen ist, obwohl die tatsächlichen oder vermeintlichen Voraussetzungen Erfolg versprachen, geraten wir in einen Zirkel von Überlegungen. Es wird in der Regel um solche Fälle gehen, in denen es Bemühung gab, eine Stadt zu gründen, diese Absicht aber nicht realisiert wurde. Überall in Europa begegnen wir Beispielen von Fehlgründungen und in solchen Fällen erweist sich der Fortgang der Realisierung als unterschiedlich.[6] Es ist jedoch offensichtlich, dass in beiden Fällen verschiedene Übergangsformen an Bedeutung gewinnen, besonders wenn gewisse Zentralfunktionen bei Ortschaften festzustellen sind, die sich in ihrer Entwicklungsstufe von Städten unterscheiden.[7] Aber damit hängt eine weitere Feststellung zusammen, nämlich der unterschiedliche Inhalt von Stadtrechten und Freiheiten, weil wir auch Ortschaften mit unvollständigen städtischen Rechten begegnen.[8] Die Stadt macht von ihren frühen Formen bis zur völligen Vollendung des städtischen Status eine Reihe von Entwicklungsstufen durch.[9] Damit eine Stadt entstehen konnte, mussten sich mehrere Faktoren verbinden; es entschied nicht nur ein einziger allein.[10]

---

[2] Für andere seien genannt: LUDAT, Vorstufen und Entstehung, S. 15. Vgl. PLANITZ, Frühgeschichte, S. 18. Neu insbesondere H. BRACKMANN (Hg.), Burg – Burgstadt – Stadt, Berlin 1995.

[3] ŽEMLIČKA, Hradská centra [Burgzentren], an mehreren Stellen.

[4] O. FEGER, Vom Markt zur Stadt, S. 27; KEJŘ, Trhy [Märkte], S. 12.

[5] SCHLESINGER, Der Markt als Frühform, bes. S. 269 und 291. Von den neueren Arbeiten macht darauf ENGEL, Wege, S. 19, aufmerksam. Hier muss der ältere Versuch von L. GROSS, Stadt und Markt, abgelehnt werden, der in der Erteilung des Titels der Stadt nur eine besondere Auszeichnung sah und schlussfolgerte, S. 80–82, dass es keine besonderen Merkmale gibt, die Stadt und Markt unterscheiden, und den Unterschied nur in der Ehrenbezeichnung sah. Im Lichte neuerer Arbeiten ist diese Kombination schon widerlegt worden und es wurden markante Unterschiede festgestellt, wie noch weiter ausgeführt werden wird.

[6] Ein Beispiel einer solchen Lösung ist ŽEMLIČKA, Nezdařená městská založení [Misslungene Stadtgründungen], passim, und neu an ausgewählten Lokalitäten M. RICHTER/T. VELÍMSKÝ, Stadtwüstungen.

[7] MITTERAUER, Das Problem der zentralen Orte, S. 438.

[8] Den grundlegenden Typ dieser Erscheinung charakterisierte STOOB, Minderstädte, S. 225–245.

[9] MÜLLER-MERTENS, Untersuchungen, S. 218–220.

[10] SCHLESINGER, Der Markt als Frühform, S. 263.

Heute ist die Vorstellung, die eine monokausale Entstehung des Stadtrechts und der Stadtverfassung aus einem Vorgängerrecht ableitete und eine direkte Anknüpfung an bestimmte Institutionen angenommen hat, völlig aufgegeben worden. Die Hofrechts-, Marktrechts-, Landgemeinde-, und Gildetheorien waren in die abstrakte Ebene erhobene Schemata, aber es blieb die Frage, in welchem Maße sie der historischen Wirklichkeit entsprachen.[11]

Aus der Gestalt der Siedlungseinheit in ihrer „vorstädtischen“ Entwicklungsphase und der schon entstandenen Stadt kann man relativ wenig auf ihren organischen Zusammenhang schließen. Vor allem ist die topographische Identität keineswegs selbstverständlich und auch nicht häufig, wie wir dies bereits früher behandelt haben. Die Feststellung von älteren Siedlungselementen im späteren Stadtgrundriss bedeutet die Identität des Zustandes vor der endgültigen Gestaltung der Stadt und in der Zeit danach.[12] Wir können die vorliegende Studie um weitere ergänzende, mit der Entwicklung der städtischen Grundrisse verbundene Fragen erweitern, aber der heutige Stand der archäologischen und topographischen Kenntnisse weist überzeugend die Verschiebungen und Veränderungen des Stadtkerns, seine Erweiterung und Ergänzung nach.[13] Der Neuregelung von Rechtsverhältnissen nur eine ergänzende Funktion zuzuerkennen entspricht nicht der historischen Wirklichkeit. Man kann nicht annehmen, dass die alten Siedlungen eine solche Stufe erreicht haben, dass sie allein dadurch eine Erhebung zur Stadt hervorriefen.[14] Aber auch die Vorstellung, dass die sog. Kolonisationsstadt nur eine Fortsetzung des Vorkolonisierungsprozesses ist, ist nicht richtig, denn auch hier geht es um eine neue Realität, die man unter

---

[11] Dilcher, Rechtshistorische Aspekte, S. 13–14. Kroeschell, Stadtrecht und Stadtrechtsgeschichte, S. 288, hat dies sehr farbenfreudig zum Ausdruck gebracht: „alles das zieht wie in einem stummen Geisterzug immer wieder am Betrachter vorüber.“ Schlesinger, Der Markt als Frühform, S. 263: „Die Kritik an derartigen „monokausalen“ Theorien ist alt und berechtigt.“

[12] Ludat, Vorstufen und Entstehung, S. 36.

[13] Ein gutes Beispiel eines solchen Studiums lieferte J. Smetana, K topografii areálů severočeských měst ve 13. a 14. století [Zur Topographie von Arealen der nordböhmischen Städte im 13. und 14. Jahrhundert], ČSČH 27, 1979, S. 573–599. T. Roslanowski, Markt und Stadt, S. 205–206, lehnt eine direkte räumliche Anknüpfung an ältere Siedlungen ab. Die Gründung einer Stadt habe einen neuen Siedlungsplan mit sich gebracht, wenn die alten Kerne am Rande oder überhaupt außerhalb der neuen Stadt blieben.

[14] Vgl. Ludat, Vorstufen und Entstehung, S. 35, 39. Es überrascht deshalb, dass ein so erfahrener Autor wie L. Hosák, Příspěvek k počátkům poddanských měst (Moravský Krumlov – Tišnov) [Ein Beitrag zu den Anfängen der Untertanenstädte (Kromau-Tischnowitz)], VVM 16, 1961–64, S. 39, zu einer völlig verfehlten Vorstellung gelangen konnte: „Sídliště se totiž stávalo automaticky městem za vhodných ekonomických předpokladů (zpravidla při vytvoření feudálního dominia). Jestliže nebylo takového vhodného místa, bylo prostě vysazeno jako městská osada.“ [Eine Siedlung wurde nämlich unter günstigen ökonomischen Bedingungen (in der Regel bei der Herausbildung des feudalen Dominiums) automatisch zur Stadt. Falls es keinen solchen geeigneten Ort gab, wurde sie einfach als eine Stadtgemeinde loziert.]. Den gleichen Standpunkt nahm er auch in der Studie Poznámky k půdorysu středověkého moravského města [Bemerkungen zum Grundriss der mittelalterlichen mährischen Stadt], Acta Universitatis Palackianae Olomucensis – Historica IV, 1963, S. 145, ein, wo er ebenfalls behauptete, dass „nová města vznikala automaticky, jakmile vznikem nového dominia se ukázala potřeba ekonomického střediska.“ [neue Städte automatisch entstanden, sobald sich mit der Entstehung eines neuen Dominiums das Bedürfnis eines ökonomischen Zentrums zeigte].

den Bedingungen des Fortgangs der Kolonisation sehen muss[15] und – das möchten wir ergänzen – auch unter dem Aspekt der Einbürgerung von neuen Rechtsinstitutionen.

Es ist der Unterschied zwischen den „gegründeten“ und den „auf der grünen Wiese“ entstandenen Städten einerseits und den Städten, die sich allmählich evolutionsmäßig aus alten Siedlungseinheiten entwickelten andererseits, betont worden. Aber auch hier muss man diesen Unterschied beträchtlich mildern. Auch die sog. gegründeten, neu entstehenden Städte haben sich in der überwiegenden Mehrheit an eine ältere Siedlung angelehnt, für die sich schon die Möglichkeiten der Existenz und der Weiterentwicklung gezeigt hatten.[16] Es gibt in Wirklichkeit nur sehr wenige Städte, die „auf der grünen Wiese“ oder „aus der wilden Wurzel“ gegründet worden sind. Oft sind es solche Siedlungsagglomerationen, die nach der Verlegung an eine vorteilhaftere Stelle entstanden sind, wenn die ältere Siedlung, gewöhnlich noch nicht vom städtischen Typ, mit ihrer Fläche oder Lage den sich entwickelnden Bedürfnissen nicht mehr genügte, oder wenn die neu entstehende Stadt ein Zentrum eines neu besiedelten und urbar gemachten Gebiets bilden sollte.

Die topographischen und bautechnischen Unterschiede zwischen den allmählich aus alten Siedlungen entstehenden und den neu gegründeten Städten kann man zwar häufig registrieren und sogar Fälle feststellen, in denen zu einem alten Siedlungskern ein planmäßig angelegter neuer Teil hinzukommt, aber in der Forschung verwischt sich dieser Unterschied teilweise.[17] Vor allem kann der in der Vergangenheit manchmal vertretenen Ansicht nicht zugestimmt werden, dass sich die Städte spontan aus älteren städtischen Gebieten weiter verbreitet haben, insbesondere nach Osten. Das, was übernommen wurde, war die Stadtverfassung mit ihren Freiheiten.[18]

Die Entfaltung und Stabilisierung der Stadtverfassung verlief in beiden Agglomerationstypen nicht grundsätzlich unterschiedlich. Die Erhebung zur Stadt ist ein grundlegender Prozess, der sowohl die neu errichteten als auch die sich aus alten Kernen entwickelten Städte betrifft. Die Kenntnisse über die Bauentwicklung, über die

---

15 Müller-Mertens, Untersuchungen, S. 194. Es ist hinzuzufügen, dass das Wort Kolonisation für diesen Prozess ungeeignet ist, wie es W. Schlesinger, Die geschichtliche Stellung der mittelalterlichen deutschen Ostbewegung. In: Schlesinger (Hg.), Die deutsche Ostsiedlung, VuF 18, gezeigt und auch in der wissenschaftlichen Forschung durchgesetzt hat. Die meisten ebd. publizierten Arbeiten haben schon den Terminus Kolonisation vermieden. F. Graus, Die Problematik der deutschen Ostsiedlung aus tschechischer Sicht, ebd., S. 31, benutzt abwechselnd die Termini Ostsiedlung und Kolonisation, weil er im Wort Kolonisation nichts Herabminderndes sieht.

16 H. Patze, Stadtgründung und Stadtrecht, S. 166. B. Diestelkamp, Welfische Stadtgründungen, S. 208, stellte fest, dass alle Gründungen an praeurbane Siedlungen der Kaufleute anknüpfen. Auch die staufischen Städte knüpfen alle an ältere Siedlungen an, vgl. O. Gönnewein, Marktrecht, S. 351–352, der der Meinung ist, dass man nicht über die „Stadtgründung“ sprechen sollte, sondern konsequent nur über die „Stadterhebung“. Im gleichen Sinne meint auch Hall, Stadtgrundrisse, S. 122, dass „die Gründung einer Stadt in erster Linie als ein Rechtsakt, „eine Stadterhebung“ zu verstehen ist.“ Auch Engel, Wege, S. 12, empfahl, von der Bezeichnung „Stadtgründung“ Abstand zu nehmen, die die Vorstellung von neu entstandenen Orten „auf der grünen Wiese“ hervorruft, und bevorzugt den Ausdruck „Stadtbildung“ in den Intentionen Stoobs. Er zeigt, dass sich die Städte allmählich, etappenweise, herausgebildet haben.

17 Schlesinger, West und Ost, S. 251.

18 Schlesinger, ebd., S. 250–251.

Handels- und Produktionsbedingungen, über die Erweiterung des Siedlungsnetzes, über die Interessen von Grundherren oder über die kirchlichen Institutionen bedeuten sicherlich einen wesentlichen Gewinn für die historische, archäologische oder topographische Forschung, auch für das Studium von Organisations-, Rechts- und Verfassungsprinzipien, aber nicht überall stellen sie dazu einen ebenso gewichtigen Beitrag dar. In den Gebieten mit einer älteren städtischen Kultur, in denen sich die städtischen Institutionen zuerst entwickelt haben oder schon durch die antiken Vorgänger vorgezeichnet waren, ist die Verflechtung aller Vorgänge enger als in den Territorien, zu denen auch die böhmischen Länder gehören, in die die Formen des städtischen Lebens von außen kamen und in bereits entwickelten und bewährten Formen übernommen wurden. Das Eindringen dieser sozialen und rechtlichen Ordnung hat die Entwicklung der Städte beschleunigt.[19]

Eine Zeit lang wurden die Anfänge der Stadtverfassung und die Anfänge der Rechte und Freiheiten der Bürger zum Gegenstand einer Diskussion darüber, ob sich die Stadtgemeinde im revolutionären Kampf gegen den Stadtherrn herausbildete oder ob sie Ergebnis eines Zusammenwirkens des Stadtherrn mit den Bürgern war. Die Streitigkeiten darüber führten bis zur Ideologisierung des Problems, was für die ernsthafte Bemühung um historische Beweiskraft nicht förderlich war. Die Meinung, dass aus den Konflikten mit dem Stadtherrn das Streben nach Erlangung von Rechten und Freiheiten erwuchs und sich die Stadtgemeinde herausbildete,[20] kann sich auf einige Fälle aus der frühen Zeit der Entstehung der Stadtverfassung stützen,[21] aber dieses Phänomen wurde verabsolutiert und zu einer allgemeinen Tendenz erklärt.[22]

---

19 Schlesinger, ebd., S. 251. Ähnlich Müller-Mertens, Untersuchungen, S. 194. Th. Hall (wie Anm. 16), S. 110, wies auf die Unterschiedlichkeit der langsam entstandenen und der „gegründeten" Städte hin und fügte hinzu, dass „die Gründung einer Stadt während des Mittelalters vor allem eine rechtliche Handlung gewesen ist." Im gleichen Sinne auch P. Johanek, Landesherrliche Städte, S. 18: „alle diese Städte wurden gegründet, keine hat sich gegründet … Gründungen und Privilegierungen sind in jedem Fall Akte landesherrlicher Herrschaftsbildung." Der Gründungsherr brachte die innerstädtische Entwicklung mit seinen Zielen in Einklang. Man muss darauf aufmerksam machen, dass die Gründung von Städten in den Territorien des Reiches ein Ausdruck der landesherrlichen Macht war, die dies unabhängig von der königlichen Macht des Reiches tat. Es sei nur an das Gründungswerk Heinrichs des Löwen oder an die Verhältnisse in Brandenburg erinnert, siehe H. K. Schulze, Territorienbildung und soziale Strukturen in der Mark Brandenburg im hohen Mittelalter, in: Herrschaft und Stand, S. 273, der feststellt, dass keine Stadt in Brandenburg sich auf ein königliches Privileg berufen kann. Bereits 1160 gründete Albrecht der Bär Stendal und verlieh ihm das Stadtrecht, ohne dass auf irgendeine Weise die Macht des Königs erwähnt worden wäre. Die Askanier dokumentierten durch die Gründung von Städten ihre landesherrlichen Ansprüche, die man übrigens auch bei anderen regierenden Geschlechtern sehen kann.

20 Der Impuls dazu kam von H. Planitz, Stadtgemeinde.

21 Planitz, Die deutsche Stadt, S. 102–111, registriert solche Nachrichten fast ausschließlich aus Bischofsstädten, in denen sich der Widerstand in verschiedenen Stufen und in verschiedenen Formen äußerte.

22 W. Mägdefrau, Stadtentstehung, oder E. Voigt, Zum Charakter der „staufischen" Städtepolitik, in: Die Volksmassen – Gestalter der Geschichte, Festgabe für Leo Stern, Berlin 1962, S. 22, der sogar W. Schlesinger und E. Ennen vorgeworfen hat, dass sie den Kampf der Bürger gegen die Herren der Stadt nicht genügend hoch einschätzen. Den revolutionären Kampf gegen die Herren der Städte als Ausgangspunkt der Befreiung der Bürger hat auch H. Conrad, Deutsche Rechtsgeschichte I, 2. Aufl., Karlsruhe 1962, S. 326, akzeptiert.

Es ist verständlich, dass eine solche Auffassung in dieser Gestalt nicht zu akzeptieren war.[23] Man gelangte zu der Meinung, dass sich bei der Herausbildung von Städten beide Elemente, die bewusste Politik der Herrschaft und die spontane Bewegung der Siedler, verbanden,[24] aber Übergewicht und Absicht samt der entscheidenden Macht in den Händen der Stadtherren lagen.

Für uns bleibt die Frage, welchen Einfluss oder welche Initiative für die Erhebung zur Stadt die künftigen Bürger selbst entwickeln konnten. Wir haben schon nachgewiesen, dass sich für die böhmischen Länder keine Spur einer revolutionären, gegen die Stadtherren gerichteten Bewegung feststellen lässt. Darüber hinaus musste bei den nichtköniglichen Städten der Stadtherr den Landesherrn um die Erteilung des Stadtstatus ersuchen. Es bleibt also die Möglichkeit, die Bestrebungen der Bewohner nach ihrer ständischen Hebung eigentlich nur bei den dem Landesherrn unterstellten Orten zu suchen. Für alte Siedlungseinheiten, in denen es eine zahlreiche Bevölkerung und ein reges wirtschaftliches Leben – besonders des Handels – gab, kann man einräumen, dass führende Personen ein ähnliches Vorgehen versucht haben, aber Belege darüber fehlen völlig. Nur bei Ungarisch Hradisch kann man die Bemühung um eine Regelung der Stellung der Bewohner erahnen, die dorthin aus zwei Märkten umgesiedelt wurden. Aber die Urkunde, die die Entstehung einer neuen Festung an der Grenze zu Ungarn bestimmte, hat den Stadtstatus zuerst nicht zuerkannt. Erst eine im Abstand von einigen Monaten ausgestellte Urkunde, über die bereits gesprochen wurde und noch zu sprechen sein wird, die textlich von der älteren Urkunde ausging, bewilligte Stadt- und Bürgerstatus und verlieh städtische Freiheiten und Rechte. Ohne dass wir die Hintergründe der Ereignisse sicher erkennen können, möchten wir es doch für möglich halten, dass hinter dieser Änderung die Gesuche der Bürger stehen, deren ursprüngliche Stellung sich durch die Umsiedlung

[23] Bosl, Typen der Stadt in Bayern, S. 5, leugnet, dass die städtische Freiheit aus eigener Kraft des Bürgertums entstehen könnte, oder W. Schlesinger, Städtelandschaften, S. 61, der hinzufügt, dass die meisten Städte sich aus der Macht des Herrn der Stadt nicht lösen konnten und dies auch nicht wollten. Auch F. Steinbach, in: Collectanea, S. 725, führt aus, dass die Stadtgemeinde sich infolge eines Privilegs und im Interesse der Herren herausgebildet hat. Die letzte Arbeit, die sich mit den kommunalen Erhebungen gegen die Herren der Städte befasst, ist die von K. Schulz, „Denn sie lieben die Freiheit so sehr …“ Kommunale Aufstände und Entstehung des europäischen Bürgertums im Hochmittelalter, Darmstadt 1992, der einige bedeutende Beispiele aus großen, besonders Bischofsstädten behandelt hat, aber sie nicht für typische Formen der Entstehung von Stadtgemeinden hielt, die von einer allgemeinen Tragweite wären. In der Einleitung auf S. 6 hat er zugegeben, dass die „Kommunalisierung“ sich oft mit Zustimmung oder gar auf Initiative des Landesherrn abgespielt hat. Auf S. 276 stellt er fest, dass weit mehr Belege von der Bestätigung der Kommune vom Herrn der Stadt zeugen, und weiter findet er, dass nicht einmal nach einem erfolgreichen Aufstand die Rechte des Stadtherrn beseitigt, sondern nur verändert wurden. G. Dilcher, Stadtherrschaft oder kommunale Freiheit – das 11. Jahrhundert ein Kreuzweg?, in: G. Dilcher, Bürgerrecht und Stadtverfassung, S. 58, bemerkte den charakteristischen Zug dieser Aufstände, die erst nach dem Konflikt zwischen dem Kaiser und der Kirche nach 1073 aufkamen, aber nicht mit der Entstehung der Kommunen endeten. Die deutsche *civitas* blieb ihrem Herrn unterstellt. Ebd., S. 63ff., wird gezeigt, dass erst die weitere Zeit unter dem Einfluss Italiens und insbesondere des nordwestlichen Randes des Reiches unter veränderten ökonomischen und Handelsbeziehungen Voraussetzungen zur Schaffung der Kommunalverfassung brachte. Diesen Fragen schenken wir keine nähere Aufmerksamkeit, weil wir sie in der Geschichte der Städte in den böhmischen Ländern überhaupt nicht antreffen.

[24] Lalik, Kształtowanie [Herausbildung], S. 132.

nicht verändert hat und die deshalb Interesse an ihrer Verbesserung hatten.[25] Aber auch dieser Fall, übrigens auch mit Unsicherheiten behaftet, berechtigt nicht zu einer sicheren Schlussfolgerung über die Initiative von Bürgern in anderen Orten, für die Anzeichen fehlen.

Für die böhmischen Verhältnisse genügen diese Bemerkungen und es ist nicht nötig, sich mit dieser Frage erneut zu befassen. Es gibt keine Spur von Versuchen eines Widerstandes gegen die Stadtherren, und es ist müßig, nach diesen zu suchen. Die Städte in den böhmischen Ländern erhielten ihre Verfassung und ihre Freiheiten aus der Machtbefugnis des Landesherrn und ihre Rechte mussten nicht von Grund auf entwickelt werden, weil sie sich hier in bereits entwickelten Formen rasch eingebürgert haben.

Es steht außer Zweifel, dass man in der ältesten Schicht keine anderen Städte findet als solche, die unter der direkten oder in vereinzelten Fällen indirekten Gewalt des Landesherrn stehen. Die Gründung oder die Vollendung der Entwicklung zur Stadt war nicht nur ein technisch kompliziertes und manchmal mehrere Jahre dauerndes Unternehmen, sondern auch eine riskante Sache, denn oft drohte die Möglichkeit des Misslingens. Wenn dann ein ganzes Netz von Städten errichtet werden sollte, wenn ein ganzes Territorium „verstädtert" werden sollte, stand es nicht in den Kräften von Einzelnen, dieses Ziel ohne eine entschiedene, systematische und planmäßige Beteiligung des Landesherrn, also der souveränen Macht, zu erreichen. Gewöhnlich war nur der Landesherr im Stande, durch seine Intervention oder durch die Schenkung von Boden das genügende Ausmaß der Areale der künftigen Städte zu garantieren.

Der Gründungsakt bedeutete selbstverständlich nicht nur den tatsächlichen Auf- oder Umbau der Siedlungseinheit. Die Gründung der Stadt war rechtlicher Natur, weil sie die Verleihung der städtischen, das heißt einer höheren privilegierten Verfassung bedeutete. Eine solche Stellung konnte nur derjenige erteilen, der sie auch garantieren konnte. Im Falle von Böhmen und Mähren war dies der Landesherr selbst. Dies war jedoch mit Anerkennung und Schutz der städtischen Freiheit verbunden. Die Gründung einer Stadt stellte sich eigentlich der gewöhnlichen Feudalordnung entgegen, weil der Landesherr dadurch auf einen gewissen Teil seiner hoheitsrechtlichen Befugnisse verzichtete und die entstehende Korporation aus ihrer Abhängigkeit befreite.[26]

Die Erbauung einer Stadt, und zwar auch in den Fällen einer direkten Anknüpfung an eine ältere Siedlungseinheit, war eine kostspielige und technisch komplizierte Angelegenheit.[27] Notwendig war vor allem eine ausreichende Fläche für die Bebauung, für Marktplätze und Wege. Deshalb treffen wir auch in einer Reihe von Orten Nachrichten über Transaktionen an, durch die die benötigten Grundstücke erworben oder ihre Ausmaße ergänzt werden sollten.[28] Bereits in der ältesten Schicht der

---

25 Kejř, Městské zřízení [Die Stadtverfassung], S. 232–233.

26 Blaschke, Studien zur Frühgeschichte, S. 339.

27 Eine schöne Schilderung der Kommunikationsaufgabe bei der Erbauung einer Stadt lieferte H. Reincke, Über Städtegründungen. Zur Planmäßigkeit beim Bau der Städte vgl. Junghanns, Die deutsche Stadt, S. 97. Auf die Kompliziertheit der Aktionen bei Städtegründungen wie auch der rechtlichen Beziehungen wies Kuhn, Die deutschrechtlichen Städte, S. 29, hin.

28 Zycha, Ursprung, S. 158–160. Mit Berufung auf Zycha auch Fischer, Siedlungsverlegung, S. 204f.

Entstehung unserer Städte gibt es unstrittige Beweise dafür. Dies betraf offensichtlich Troppau, in dessen Urkunde von 1224[29] der Landesherr bemerkte, dass er *civitatis habitatoribus ... quedam bona ... tam nostra quam commutata* gegeben habe. Es wird nicht gesagt, mit wem der Tausch abgeschlossen wurde.[30]

In den Fällen von Königgrätz und Znaim betreffen die ältesten Nachrichten eben den Tausch von Grundstücken,[31] im ersten Fall mit zwei Brüdern, im anderen mit Klosterbruck. Erwähnenswert ist auch der gleiche Vorgang bei der Erweiterung von Eger, wo 1234 der römische König Heinrich (VII.) den Tausch vorgenommen hat.[32] Kompliziert ging auch die Gründung von Budweis vor sich, als die benötigten Grundstücke dafür ebenfalls vom bisherigen Besitzer erworben wurden.[33] Im Jahre 1265, zur Zeit der Stadtgründung, waren sie schon in der Hand König Přemysl Otakars II.,[34] als Hirzo, Burggraf von Klingenberg, mit der Vollmacht des Landesherrn den Dominikanern ein Grundstück zur Errichtung des Klosters an der Stelle, *ubi nova civitas est edificanda* zugeteilt hat.[35]

---

29 CDB II, Nr. 265.

30 Die komplizierte Gestaltung der Agglomeration von Troppau, ein häufig in der Fachliteratur diskutiertes Thema, fand während des sich nähernden 750. Jubiläums der Stadt erneut Aufmerksamkeit: V. Čechová, Příspěvek k nejstaršímu vývoji města Opavy [Ein Beitrag zur ältesten Entwicklung der Stadt Troppau], SlSb 66, 1968, S. 481–493; Dieselbe: Lokace pravobřežní středověké Opavy [Die Lokation von Troppau am rechten Ufer], SlSb 67, 1969, S. 352–361; Dieselbe: Geneze středověké Opavy a tržní sítě na Opavsku do konce 13. století [Die Genese des mittelalterlichen Troppau und des Netzes von Märkten im Troppauer Gebiet bis zum Ende des 13. Jh.], Ostrava 1970, und polemisch J. Král, Několik poznámek k nejstaršímu vývoji města Opavy [Einige Bemerkungen zur ältesten Entwicklung der Stadt Troppau], SlSb 69, 1971, S. 90–91. Die Ergebnisse und strittigen Punkte hat mit einer Aufzählung von älteren Arbeiten J. Bakala, Počátky města Opavy [Die Anfänge der Stadt Troppau], ČSlM, Sondernummer zum 750. Jubiläum der Stadt Opava, 1974, S. 3–24, übersichtlich zusammengefasst. Die Topographie der Stadt kann im Rahmen unserer Abhandlung nicht detaillierter verfolgt werden.

31 CDB II, Nr. 278 bzw. 288. Im Beispiel von Znaim knüpft die Entstehung der Stadt an die komplizierte vorherige Entwicklung einiger Siedlungskomplexe an. Dazu V. Richter/B. Samek/M. Stehlík, Znojmo, besonders in der Studie von V. Richter, sowie Chaloupka, Znojmo, in einer breiten Darstellung. Chaloupka, S. 121, stellt die Frage, ob die Stadt durch eine allmähliche Entwicklung entstanden ist oder gegründet wurde, und auf S. 123 führt er die Belege für die Entwicklungstheorie an und behauptet, dass die Stadt schon vor 1226 existiert habe. Er erkennt an, dass sich 1226 die topographische Situation verändert. Dazu muss man bemerken, dass Znaim einige ältere Stadien durchlaufen hat, aber zu einer institutionellen Stadt erst durch einen Akt des Königs erhoben wurde. Eine gewisse allmähliche Entwicklung, die automatisch zur Entstehung einer Stadt führt, kann nicht akzeptiert werden, wenn auch eine Reihe von weiteren Agglomerationen als bedeutende Zentren schon vor der Erhebung zur Stadt existierten, die eine Vollendung der vorherigen Etappen bildete, aber die Stadtverfassung entstand nirgendwo ohne die Entscheidung des Landesherrn.

32 CIM II, Nr. 2.

33 Durch einen Tausch mit Čéč von Budějovice, der wahrscheinlich Weleschin erhalten hat. Dalimils Chronik, Kap. 92, V. 32, berichtet darüber kurz: *Budiovicě otje Čiečovi* [Er hat Čéč Budweis genommen]. Es ging wohl um einen erzwungenen Tausch.

34 CDB V/1, Nr. 434.

35 Zur Gründung von Budweis M. Pangerl, Zur Gründungsgeschichte der Stadt Budweis, MVGDB 18, 1880, S. 190–202. Zu Hirzo J. Kuthan, Zvíkovský purkrabí Hirzo. Příspěvek k dějinám kolonizace jižních Čech [Der Klingenberger Burggraf Hirzo. Ein Beitrag zur Geschichte der Kolonisierung von Südböhmen], ČSČH 19, 1971, S. 716–719. Die Umstände der Entstehung der Stadt hat in einem größeren Blickwinkel auf die Aspekte der politischen und Siedlungsgeschichte J. Čechura, Počátky

Wohl auf eine ähnliche Weise wurde der Boden für die Stadt Leitmeritz erworben. Der Tausch des Dorfes Kramolin, das 1228 Přemysl Otakar I. dem Kloster Tepl für die *in ipsa villa Lutvmeric quam circa villam eandem* erworbenen Grundstücke gab,[36] bedeutete wohl den Anfang der baulichen Veränderung von Leitmeritz zu einer tatsächlichen Stadt.[37] Es wird vermutet, dass die Herren von Lichtenburg für die Gründung von Deutschbrod die Güter ihres Klosters Saar in ähnlicher Weise benutzt haben.[38]

Bekannt ist der Fall von Ungarisch Hradisch, den man hier wiederholt in verschiedenen Zusammenhängen erwähnen muss. Für die Gründung einer Grenzfestung gegen die ungarischen Einfälle verwendete Přemysl Otakar II. die Güter des Klosters Welehrad, *in quorum hereditate … municionem unam seu oppidum … edificare iussimus,* was dem Kloster auf eine andere Weise ersetzt werden sollte.[39] Nicht so klar ist der Fall von Brüx, das unter die Oberhoheit des Landesherrn als königliche Stadt überführt wurde, nachdem es dem Kloster von Prag-Zderaz weggenommen worden war, das dafür entschädigt werden sollte. Die Nachricht ist nur auf Umwegen erhalten, die ursprüngliche Urkunde ist verloren.[40] Auch zur Vollendung des Aufbaus von Olmütz verwendete König Wenzel I. den Grundbesitz der Olmützer Kirche, der als Entschädigung dafür der Zoll in Wischau zuerkannt wurde.[41]

Es zeigt sich, dass der Landesherr zum Erwerb des Bodens für die Städte den Zwangstausch benutzt hat, wobei es am häufigsten um kirchlichen Institutionen gehörende Immobilien ging, seien es nun Klöster oder im letzten Fall die Olmützer Bischofskirche. Der Landesherr stützte sich dabei auf das Rechtsprinzip, dass es ihm erlaubt, der Kirche ihre Immobilien wegzunehmen, wenn er dafür einen gleichwertigen oder wertvolleren Ersatz anbot.[42] Die Streitigkeiten über die Ersatzgüter haben sich nicht selten lange hingezogen.[43]

---

královského města Českých Budějovic [Die Anfänge der königlichen Stadt Budweis], JSH 53, 1984, S. 57–67, behandelt, der auch auf die anfängliche nicht allzu erfolgreiche Entwicklung der Stadt hingewiesen hat und erkannte, dass die Stadt sich erfolgreich erst in den 90er Jahren des 13. Jahrhunderts stabilisierte.

36 CDB II, Nr. 310.

37 J. Lippert, Leitmeritz von seiner Gründung bis zum Beginn seiner Čechisierung, MVGDB 5, 1867, S. 153–154. Zu der Urkunde J. Tomas, Města v severozápadních Čechách [Die Städte in Nordwestböhmen], S. 80, aber zu seiner Meinung, dass der Terminus *villa* sich als Stadt interpretieren lässt, siehe unsere Vorbehalte im Kapitel über die Terminologie, Anm. 32.

38 Vaněček, Základy [Grundlagen] I., S. 47.

39 CDB V/1, Nr. 136 und 156. Über die Interessen des Klosters Welehrad, die bei der Gründung von Ungarisch Hradisch zur Geltung kamen R. Hurt, Počátky velehradského kláštera [Die Anfänge des Klosters Welehrad], ČMorM 52, 1967, S. 108.

40 Zycha, Ursprung, S. 58, Anm. 1.

41 CDB IV, Nr. 151. Dazu V. Richter, Raněstředověká Olomouc [Das frühmittelalterliche Olmütz], S. 122.

42 In der eben genannten Urkunde: *Cum licitum sit cuilibet catholico principi rem immobilem ecclesie cum alia meliore vel simili permutare*. Vgl. Zycha, Ursprung, S. 158; Fischer, Siedlungsverlegung, S. 205.

43 J. Čelakovský, O začátcích ústavních dějin [Über die Anfänge der Verfassungsgeschichte], S. 207, bezeichnet einige Dispositionen bei der Gründung von Städten direkt als Unrecht, er zeigt, dass den Klöstern Grundstücke weggenommen wurden und dass sie den Ersatz sehr spät bekommen haben, und macht auf die Vertreibung der Bewohner bei der Entstehung der Prager Kleinseite aufmerksam

Der Erwerb des Bodens für den Aufbau einer Stadt durch Tausch oder Kauf von Grundstücken war eine allgemeine Vorgehensweise,[44] und man kann sie auch bei mehreren weiteren Städten annehmen, für die es keine schriftlichen Nachrichten gibt.[45] Hinter der Verschiebung oder Erweiterung des Siedlungskerns müssen sich auch rechtliche Dispositionen mit Grundstücken verbergen.

Man könnte meinen, dass die relativ kleine Fläche von Städten, die nur selten 15 oder 20 ha überschritten hat, oft aber auch kleiner war, solch komplizierter Transaktionen nicht bedurft hätte. Aber außer dem Areal der Stadt selbst musste man sie auch durch Hinzufügen von weiterem Boden sichern, z. B. durch das Zumessen der Hufen für die Bürger, durch die Sicherung des Platzes für die Stadtmühle oder durch die Zuweisung von Stadtdörfern für eine bessere ökonomische Absicherung der Städte.[46] Auch wenn oft mit einer hohen Wahrscheinlichkeit die Fläche des eigentlichen Stadtareals festzustellen ist, kann dies nicht für das Gesamtausmaß von Grundstücken gelten, die zur Ausstattung der Stadt gehört haben, weil es dafür keine genügenden Belege gibt. Auch in solchen Fällen ist die geläufigste Methode entweder die Überführung aus dem Besitz des Landesherrn oder der Tausch. Die Herausbildung eines unter die Machtvollkommenheit der Städte fallenden Systems von Dörfern gehörte zum ökonomischen Vorteil, wie wir noch sehen werden.[47] Es muss erwähnt werden, dass der in einem solchen Zusammenhang berichtete Tausch des Dorfes Drahonitz, das angeblich 1252 (bzw. 1254) der Stadt Pisek (*civitas*)[48] zugeteilt wurde, die sich damit unter die älteste Schicht der königlichen Städte einreihen würde, völlig ohne Nachweiskraft ist, weil es sich um eine gefälschte Urkunde handelt, die erst gegen 1313 entstanden ist.[49]

Die weitreichende Planung und – es sei erlaubt, einen modernen Ausdruck zu benutzen! – das strategische Ziel der Schaffung eines Systems von Städten entzog sich den Möglichkeiten auch der reichsten und mutigsten Individuen und konnte nur einen einzigen Initiator und Träger haben – den Landesherrn.[50] Dies schuf jedoch das

---

sowie auf den Zwang zum Landesfrondienst bei der Befestigung von Städten, wozu auch Ordensleute und Geistliche gezwungen wurden.

44 Kuhn, Die deutschrechtlichen Städte, S. 157, wies auf ähnliche Verhältnisse in Schlesien und in Polen hin.

45 Zu solchen Überlegungen geben die Studien in: Středověká archeologie [Mittelalterarchäologie] einen Impuls.

46 Zycha, Ursprung, S. 158–160.

47 Kuhn, Die Stadtdörfer.

48 CDB IV, Nr. 242+++. In RBM II, Nr. 29, und RBM IV, Nr. 1791, eine Urkunde, die als ihren Aussteller König (!) Přemysl Otakar II. nennt, ist mit dem Jahr 1254 datiert, obwohl in der Datierungsformel klar 1252 zu lesen ist.

49 Zycha, S. 65 und 159, hat der Urkunde Glauben geschenkt. Man wundert sich jedoch, dass sich ein so aufmerksamer Forscher wie J. Kuthan (wie in Anm. 35), S. 702, auf die Angaben der Urkunde über Pisek verlässt. Obwohl er die angeführte Urkunde in CDB IV, Nr. 242, zitiert, verbleibt er beim Jahr 1254 und nimmt an, dass die Gründung von Pisek schon am Ende der Regierungszeit Wenzels I. anzusetzen ist, ohne dass er die einleitende Darstellung zur Edition der Urkunde bemerkt.

50 Schlesinger, Chemnitz, S. 211. P. Johanek, Landesherrliche Städte, S. 20, hat dies genau erfasst: „So ist das Städtenetz das Ergebnis landesherrlicher Herrschaftskonzeptionen … nicht jedoch etwa die Frucht bürgerlichen, städtischen Gestaltungswillens."

landesherrliche Monopol zur Gründung von Städten und knüpfte an ältere Befugnisse des Landesherrn an, wie z. B. das Marktregal. Nur die Territorialherren vermochten den Erbauern von Städten ihre Sicherheit und ihre Rechtsstellung zu garantieren.[51] Die Gründung einer Stadt war das Regal des Landesherrn,[52] nur in seiner Machtbefugnis lag die Erteilung der Zustimmung zur Stadterhebung. Der Landesherr (und sein Regierungsapparat) machte sich so um die Intensivierung der ökonomischen Entwicklung verdient,[53] was auch seine primäre Absicht war.

Das Regal der Stadterhebung bezog sich auch auf nichtlandesherrliche Städte, und die Bemühungen von Obrigkeiten, für ihre Orte den Stadtstatus zu erlangen, konnte nur mit der Bewilligung des Landesherrn erfolgreich sein. Für die böhmischen Länder gilt dieses Prinzip praktisch ohne Ausnahmen, und die Zuerkennung des städtischen Status bleibt für immer in den Händen des Landesherrn.[54] Das bedeutete, dass es zur Entstehung einer nichtköniglichen Stadt zuerst eines selbständigen Aktes der Einwilligung des Landesherrn und erst dann der eigentlichen Disposition der Obrigkeit bedurfte.[55] Damit wurde allerdings nicht die Bedeutung von Städten unter der direkten Herrschergewalt, der königlichen Städte, beeinträchtigt, die wichtige Elemente des wachsenden Städtenetzes mit entscheidendem ökonomischem Übergewicht und mit dem Umfang der Rechte ihrer Bürger waren. Obwohl die Zahl der nichtköniglichen Städte die der königlichen übertroffen hat, war ihre ökonomische Potenz bis auf wenige Ausnahmen niedriger und führte vorwiegend nur zu einer kleineren Ausdehnung der lokalen ökonomischen Interessen.[56]

Die Betrachtung der ältesten Städte mit nachgewiesenem Stadtstatus ist in vielfacher Hinsicht lehrreich. Bevor man zu weiteren Ausführungen kommt, muss man kurz rekapitulieren, um welche es sich handelt, wobei als Grenze das Jahr 1253, also der Regierungsantritt Přemysl Otakars II., gilt. Das ist keine willkürliche Grenze, weil sich gerade in den vorhergehenden drei Jahrzehnten im Königreich Böhmen die Struktur der institutionellen Stadt voll herauskristallisiert hatte und für die folgende Zeit schon das Anwachsen von Städten in bereits stabilisierten Formen beginnt.

Der Versuch zu ermitteln, welche Städte bis 1253 ihren Stadtstatus erreicht haben,[57] hat zur Feststellung geführt, dass mit 19 Städten gerechnet werden kann. Diese Zahl konnte im Verlauf weiterer Untersuchungen ein wenig korrigiert werden,

51 W. Kuhn, Städtegründungspolitik, S. 4.

52 R. Sohm, Die Entstehung, S. 33. Schlesinger, Zur Frühgeschichte, S. 86, zeigt, dass die Richtlinien der Herren für die Gründungen viel höher waren, als man manchmal angenommen hat.

53 Lalik, Kształtowanie [Herausbildung], S. 132–133. Th. Hall, Stadtgrundrisse, S. 123, hat gezeigt, dass in den neuen Gebieten der Prozess der Städtebildung schneller verlief und dass zur Gründung die Zusammenarbeit des Herrn oder des Lokators notwendig war, insbesondere bei der Schaffung des ganzen Stadtterritoriums.

54 Haas, Pravomoc českého krále [Die Machtbefugnisse des böhmischen Königs], bes. S. 164–173.

55 Kuhn, Die deutschrechtlichen Städte, S. 30.

56 Zur Entwicklung und Bedeutung unserer Untertanenstädte ist die Studie von R. Nový, Poddanská města a městečka v předhusitských Čechách [Die Untertanenstädte und -städtchen im vorhussitischen Böhmen], ČSČH 21, 1973, S. 73–109, unentbehrlich. Für Polen T. Lalik, Geneza sieci miasteczek w Polsce sredniowiecznej [Die Genese des Netzes von Städtchen im mittelalterlichen Polen], in: Miasta doby feudalnej [Die Städte der Feudalzeit], S. 113–136.

57 Kejř, Zwei Studien, S. 81–116.

nachdem man festgestellt hatte, dass hierher auch Iglau[58] und die St. Gallus-Stadt von Prag[59] gerechnet werden können, und dagegen die Meinung, dass auch Jamnitz den Stadtstatus hatte, aufgeben werden musste.[60] Zweifel entstanden erneut auch über Gewitsch,[61] das also vorsichtshalber nicht in die älteste Gruppe von Städten eingereiht wird. Man kann mit Sicherheit folgende Städte anführen:

in Mähren: Freudenthal, Mährisch Neustadt, Troppau, Znaim, Brünn, Göding, Olmütz, Leobschütz, Iglau, Bennisch;
in Böhmen: Königgrätz, Leitmeritz, Königsberg a. d. Eger, Saaz, Aussig, Kladrau, Eger, Prag-Altstadt, Prag-St. Gallus-Stadt.

Es handelt sich also um 19 Orte städtischen Typus, von denen zehn in Mähren liegen. In Böhmen rechnet man – einschließlich von Eger, das damals noch im Territorium des Reiches gelegen hat – mit neun Städten. Man kann sicher nicht ausschließen, dass auch einige weitere Städte mit ihren Anfängen in die älteste Zeit zurück reichen, aber ohne sichere Belege bleiben dies nur Thesen oder bloße Vermutungen.

Für jene Städte, für die wir nach vertrauenswürdigen Nachrichten mit den Anfängen von städtischen Rechten und Freiheiten rechnen können, gelangen wir zur entscheidenden Erkenntnis, dass alle direkt oder indirekt unter der Oberhoheit des Landesherrn bzw. auf seinem Boden entstanden sind.[62] Die Art und Weise des Bodenerwerbs, wie schon erwähnt wurde, zeugt vom tiefen Interesse der Landesherren an der Gründung von Städten. Diese schon in der ältesten Schicht nachgewiesene Vorgehensweise, als man sonst kaum Ansätze zur Errichtung von tatsächlichen Städten beobachten kann, zeigt, dass es sich bereits um absichtliche Entscheidungen des Lan-

---

58 Es hat sich gezeigt, dass Iglau schon vor 1253 ein heute verlorenes Privileg besaß, I. Pánek, Mistr Diviš a jihlavská listina [Magister Diviš und die Iglauer Urkunde], ČMM 87, 1969, S. 275–281.

59 Die Urkunde Přemysl Otakars II. aus dem Jahr 1265, CDB V/1, Nr. 452, konstatiert ausdrücklich, dass die St. Gallus-Stadt bereits unter Wenzel I. erbaut wurde. Dem widerspricht auch nicht die bauhistorische Untersuchung, siehe D. Líbal/J. Muk/M. Pavlík, Raně gotické Havelské město [Die frühgotische St. Gallus-Stadt], PSH 1966, S. 44–55.

60 Es hat sich gezeigt, dass sich die Bezeichnung *civitas* eher auf die Burg bezieht und dass man sie nicht als Stadt interpretieren kann. Siehe auch oben, S. 112f. Vgl. Kejř, Městské zřízení [Die Stadtverfassung], S. 235, Anm. 58.

61 In der Urkunde Přemysl Otakars II. für Gewitsch aus dem Jahr 1258, CDB V/1, Nr. 160++, liest man, dass der Stadt bereits von den Vorgängern des Landesherrn Gnaden erteilt worden sind, woraus man auf die Entstehung bereits in den Zeiten Wenzels I. geschlossen hat. Ähnlich schon Zycha, Ursprung, S. 70. Šebánek, Česká listina [Die böhmische Urkunde] 3, S. 109, hat noch nicht die Unechtheit der Urkunde angenommen, aber in: Urkundenwesen, AfD 14, 1968, S. 339, hat er schon die gefälschte Ausstellung beim Empfänger konstatiert. In der einleitenden Darstellung zur Edition wird dann festgestellt, welche Teile aus der echten, nicht erhaltenen Urkunde stammen und welche aus anderer Quelle. Gerade die Passage über die Vorgänger ist schon jünger, ohne dass eine Vorlage festgestellt werden könnte. Man kann also für das Jahr 1258 mit Gewitsch als Stadt rechnen, aber der Ursprung der Stadtverfassung vor 1253 ist unsicher. Daran ändert auch nichts, dass Gewitsch in der angeblich aus dem Jahre 1249 stammenden Urkunde (CDB IV, Nr. 171) König Wenzels I. für das Kloster Hradisch unter den Städten genannt wird, denn auch sie ist ein späteres Falsum aus der Zeit vor 1270.

62 Dies wurde wiederholt betont, siehe Kejř, Nad počátky [Über die Anfänge], S. 390; Die Anfänge der Stadtverfassung, S. 468–469; Die verfassungsrechtliche Stellung, S. 229.

desherrn und um den Willen zur Einführung von Stadtordnungen handelt. Die Priorität des Gründungsplanes und das Programm der Verstädterung des ganzen Territoriums treten klar vor Augen.

Der Wille der böhmischen Landesherren, möglichst schnell ein System von Städten zu schaffen, wird zwar aus den böhmischen Quellen völlig klar, aber zum Vergleich sei an eine ähnliche, diesmal explizit ausgedrückte Absicht erinnert, und zwar in Pommern. Im Privileg des Herzogs Barnim I. vom Jahre 1234,[63] mit dem Prenzlau zur Stadt erhoben wird, heißt es: *Siquidem nostris volentes utilitatibus et comodis providere nos nichilominus aliarum provinciarum consuetudinibus confirmantes in terra nostra civitates liberas decrevimus instaurare.* Für die Erfüllung dieses Zieles beschloss der Herzog: *decrevimus in Prencelaw civitatem liberam constituere,* bestimmte acht Lokatoren, von denen Walter *prefectus* werden soll, und fügte hinzu: *Civitas autem hec eadem debet frui libertate, quam habet civitas Magdeburgensis, et eodem iure excepto eo, quod „rade" appellatur, quod apud nos decrevimus abolendum.* Darüber hinaus hat er *mercatores … qui de civitate Prenzlau sunt* von den Zollabgaben im ganzen Land befreit.

Eine Parallele zur Urkunde Barnims I. für Prenzlau kann man in der Urkunde des schlesischen Herzogs Konrad aus dem Jahr 1253 sehen, der bei der Gründung der Stadt Glogau *fundare et construere liberam et firmam in Glogovia civitatem, que ex libertate copiam ad se hominum invitaret* anstrebte und diesen Zustand von dem vorherigen *quando videlicet non erat libera* unterschied.[64]

Kaum anderswo wird die Absicht des Landesherrn, Städte zu gründen, deutlicher und klarer ausgesprochen. Auch wenn wir wiederholt darauf hingewiesen haben, dass die Argumentation mit fremden Quellen keine Klarheit in die Verhältnisse in einer anderen Region bringen muss, ist doch die Parallelität des Herrscherwillens, die Städte als ein neues ökonomisches, Siedlungs- und Rechtsgebilde zu heben, sowohl bei Herzog Barnim in Pommern als auch bei den Přemysliden im Königreich Böhmen evident.

In Böhmen und Mähren sind es königliche Akte, aber auch die Absicht des Markgrafen Jindřich Vladislav[65] oder der Königin Konstanze.[66] Bei allen aufgezählten Städten ist die Initiative des Landesherrn offensichtlich und sie wird auch durch die

---

63 Pommersches Urkundenbuch, Bd. I., (786–1253), bearb. K. Conrad, Köln/Wien 1970, Nr. 308a, S. 375, hier auch die Datierung ins Jahr 1234 statt des früher angenommenen 1235. Im Detail D. Lucht, Städtepolitik Barnims I., S. 9–13. Das erwähnte Recht „rade", das im Rahmen der Magdeburger Rechte nicht übernommen wird, kann man offenbar als „Gerade", d. h. Frauenbekleidung als Erbe, verstehen. Im böhmischen Recht wurde eine solche Einschränkung nicht ausgesprochen und Dispositionen mit dem Mobiliarvermögen der Frau im Sinne des Magdeburger Rechts waren möglich, siehe A. Haas, „Ženský nábytek" v magdeburské oblasti českého městského práva [Das Mobiliarvermögen der Frau im Magdeburger Bereich des böhmischen Stadtrechts], SPFFBU, Reihe C 7, 1960, S. 141–150.

64 Tzschoppe-Stenzel, Urkundensammlung, Nr. 42, S. 330. Bei den Ausführungen über die städtische Freiheit in Kapitel X werden beide Urkunden erneut berücksichtigt.

65 In der schon mehrere Male behandelten ältesten städtischen Urkunde für Mährisch Neustadt, CDB II, Nr. 246, bestätigte Přemysl Otakar I., dass er die Rechte bewilligt, die sein Bruder Markgraf Jindřich Vladislav erteilt hat.

66 Die Urkunde der Königin Konstanze für Göding, CDB II, Nr. 381, der wir wiederholt bei weiteren Ausführungen begegnen werden.

Akte des Landesherrn unterstützt. In zwei Fällen jedoch finden wir Städte auf klösterlichem Boden: Königsberg a. d. Eger und Kladrau. Bei Königsberg a. d. Eger ist der Wille des Landesherrn offensichtlich, den Prämonstratenserinnen von Doxan die Möglichkeit zu geben, eine Stadt mit einem Markt zu errichten; bei Kladrau haben wir zwar keinen ähnlichen schriftlichen Akt, aber auch hier musste die Grundlage die Bewilligung des Landesherrn bilden. Beide Klöster sind nämlich königliche Fundationen, die den Gründungsrechten für kirchliche Institutionen unterlagen,[67] das heißt, dass auch hier die indirekte Herrschaft des Landesherrn zur Geltung kommt. Im Blick auf den Gründungsakt der Stadt Königsberg a. d. Eger, dessen Inhalt authentisch und eindeutig ist, bedeutet es keine Abwertung, dass die Gründung nicht sofort gelungen ist[68] und von Karl IV. durch ein königliches Privileg bestätigt werden musste.[69] Die einzige Urkunde aus dieser Zeit, die nicht vom Landesherrn ausgestellt ist, betrifft die Gründung von Bennisch. Der Aussteller der Urkunde ist der königliche Unterkämmerer Beneš von Úvalno, der 1253 die Stadtgründung zwei Männern anvertraute.[70] Aber gerade seine Amtswürde ist ein Beweis, dass es sich nicht um die private Initiative eines Adligen handeln konnte und dass der Unterkämmerer im Auftrag des Landesherrn gehandelt hat. Dies kann auch dadurch belegt werden, dass er sich in der Urkunde auf die Artikel des verlorenen königlichen Privilegs für Leobschütz stützt, dessen Recht der Stadt Bennisch verliehen wird und mit dem ein privater Gründer nicht hätte disponieren können. Also ist auch die Gründung von Bennisch der Fall einer königlichen bzw. vom König abhängigen Disposition im Zuge der Entstehung einer Stadt.[71]

Wenn man diese gesicherten ältesten Städte auf der Landkarte betrachtet, zeigt sich ihre bemerkenswerte territoriale Platzierung.[72] Es erscheinen drei nicht aneinander anknüpfende Gebiete: Nordmähren, Südmähren, Nordwestböhmen einschließlich Prag und Kladrau. Zwischen diesen liegt das isoliert stehende Königgrätz. In Nordmähren reicht die Verteilung der Städte bis zum am südlichsten gelegenen

67 Detailliert Vaněček, Základy [Grundlagen] I, Zakladatelská práva [Die Gründerrechte].

68 Žemlička, Nezdařená městská založení [Misslungene Stadtgründungen], S. 47–49. Die nächstfolgende Nachricht über Königsberg a. d. Eger als Stadt stammt erst aus dem Jahre 1286, wo König Wenzel II. dem Prager St. Franziskus-Spital das Patronatsrecht *in ecclesia civitatis nostre Chunegesperch site in provincia Cubitensi* geschenkt hat, RBM II, Nr. 1386. Eine gründliche Untersuchung widmete der Besiedlung und den Anfängen von Königsberg T. Velímský, Zur Problematik der Stadtgründung des 13. Jahrhunderts in Kynšperk nad Ohří (Königsberg), PA 83, 1992, S. 105–148.

69 CIM IV/1, Nr. 87, z r. 1364. Das Privileg ist an den Rat und die Bürger von Königsberg a. d. E. adressiert, was eine direkte Oberhoheit des Königs nachweist, wie man schon aus der Wendung *civitatis nostre* in der Urkunde Wenzels II. schließen kann, siehe die vorherige Anmerkung.

70 CDB IV, Nr. 267. In Details W. Latzke, Die Anfänge der Stadt Bennisch, ZGKgS, 20, 1930–1933, S. 34–47.

71 L. Hosák, Středověká kolonizace [Die mittelalterliche Kolonisation], S. 67, hat ebenfalls für sein Untersuchungsgebiet festgestellt, dass die Städte ursprünglich nur auf königlichem Boden entstanden sind.

72 Die Landkarte der ältesten böhmischen und mährischen Städte siehe bei: Kejř, Les privilèges, S. 126, und derselbe Autor: Die Anfänge der Stadtverfassung, S. 465. Man muss darauf aufmerksam machen, dass hier noch Gewitsch und Jamnitz verzeichnet sind und dass hier Iglau und die Prager St. Gallus-Stadt fehlen.

Olmütz und umfasst: Leobschütz, Freudenthal, Troppau, Bennisch, Mährisch Neustadt und Olmütz; in Südmähren sind es Znaim, Göding, Iglau und Brünn. In Nordwestböhmen, wo Belege über die tatsächlichen Städte ein Jahrzehnt später auftreten, sind es: Eger (noch auf dem Territorium des Reiches), Königsberg a. d. Eger, Saaz, Kladrau, Aussig, Leitmeritz sowie die beiden Prager Städte. Zwischen diesen Gebieten liegen also noch ausgedehnte Regionen, in denen institutionelle Städte nicht nachgewiesen sind, besonders das ausgedehnte Gebiet von Südböhmen sowie – mit der einzigen Ausnahme von Königgrätz – die Gebiete von Nordost- und Ostböhmen. Es besteht kein Zweifel daran, dass dies ein Hinweis auf die Richtungen ist, aus denen die Stadtverfassung übernommen wurde, und dass sich hier die Reichweite der neu gekommenen Gründer zeigt wie andererseits auch die realen Überlegungen zu den Möglichkeiten von Städtegründungen erkennbar werden, da es offensichtlich noch nicht möglich war, neue Ankömmlinge aus entfernteren Gebieten zu gewinnen.

Wenn wir in den folgenden Absätzen über die Gründung der Stadt, über die Lokation, über die Gründungsprivilegien, über die Erteilung des Stadtrechts sprechen werden, wird es sehr schwierig sein, sich vor dem Eindruck zu hüten, dass es sich um einmalige Akte handelt, die in einer kurzen Zeitspanne vollbracht wurden. Aber die Wirklichkeit war so, dass der Verlauf der „Gründung" sich manchmal über Jahre, ja Jahrzehnte hinzog, so dass die Anpassung an sich ändernde Bedingungen den ursprünglichen Plan verändern konnte, dass es notwendig wurde, durch einen neuen Akt die Rechtsverhältnisse zu regeln oder gar auch neue Garantien der städtischen Freiheiten zu erlassen, damit eine weitere Entwicklung ermöglicht wurde.[73] Auch neue Gründungsprivilegien sind keine Ausnahme, wenn dies zur Absicherung des Fortbestehens der Stadt erforderlich war.[74]

Der Terminus, der oft mit der Gründung der Stadt identifiziert wird, *locare – locatio* ist nicht eindeutig. Er kann ganz allgemein den Sinn der Zuteilung oder Schenkung einer Stelle zum Niederlassen gehabt haben, aber er bedeutete auch das Rechtsverhältnis, das als Verpachtung oder Vermietung erfasst wurde.[75] Die Bedeutungsveränderungen des Verbs *locare* lassen sich chronologisch verfolgen,[76] in der älteren Schicht von Belegen gehen die Fügungen *locare homines, habitatores, incolas* der jüngeren Wendung *locare villam* voran. Alle drei Bedeutungsschattierungen des Wortes *locare*, also verpachten, die Menschen ansiedeln und auch die Siedlungseinheit errichten, sind 1252 in der Lokationsurkunde der Kanoniker von Wyschehrad für den Münzmeister in Humpoletz enthalten, in der verkündet wird, *locavimus bona prebendarum nostrarum,* und festgelegt wird, dass der Lokator *locabit cultores agrorum,* auch wird ihm

73 Frölich, Das verfassungstopographische Bild, S. 295–296; Strahm, Zur Verfassungstopographie, S. 388–389.

74 Ein solcher Fall ist die bereits oben erwähnte Neugründung von Königsberg a. d. Eger, die 1364 u. a. den gleichen Grundsatz enthält, wie ihn schon die erste Gründung von 1232 hatte, nämlich, dass die Stadt die gleiche Stellung erhält, wie sie den übrigen Städten zusteht.

75 R. Koebner, Locatio, S. 4.

76 B. Zientara, Przemiany społeczno-gospodarcze i przestrzenne miast v dobie lokacji [Die gesellschaftlich-ökonomischen und territorialen Veränderungen von Städten zur Zeit der Lokation], in: Miasta doby feudalnej [Die Städte der Feudalzeit], S. 76–78.

die Besitzvergünstigung garantiert *in qualibet villa, quam predictus magister monete locaverit.*[77] Schließlich kommt es zum rechtlichen Abschluss der Lokation.[78]

Die Bezeichnung *locare* selbst ist nicht mit der Gründung einer Stadt gleichzusetzen. *Locatio* ist ein genauso häufiger Ausdruck bei der Gründung von Dörfern. Wenn es keine nähere Bestimmung gibt, z. B. in der Lokationsurkunde, dass es sich um eine Stadt handelt, oder wenn man dies nicht aus darauf hinweisenden Umständen schließen kann, kann man dem Terminus *locare* nicht die Bedeutung Stadtgründung zuerkennen. Der Begriff *locare* enthält nämlich keinesfalls auch die Erhebung zur Stadt und die damit verbundene Herausnahme aus der Unterstellung unter das Landrecht.[79] Um die Anfänge der Rechtsstädte zu verfolgen, bleibt deshalb ein wichtiges Merkmal der Lokation die Verbindung des räumlichen Moments mit dem rechtlichen;[80] einem gewissen abgesteckten Ort wird seine Rechtsstellung garantiert. Dadurch erlangt die Siedlungsagglomeration eine qualitativ höhere Stufe – sie wandelt sich zu einer Stadt.

Der Terminus *locare* ist zwar eine häufige Beschreibung für die Absicht, eine Stadt zu errichten, aber es treten auch andere Ausdrücke auf, wenn auch manchmal deutlicher mit der technischen Seite des Aufbaus verbunden: *plantare*,[81] *construere*,[82] *fun-*

---

77 CDB IV, Nr. 256.

78 B. Zientara, (wie Anm. 76), S. 78–79, gelangt bei der Weiterentwicklung von Koebners Auffassung zu drei grundlegenden Bedeutungen: 1) Gründung einer neuen Siedlung, 2) Verlegung einer bereits existierenden Siedlung, 3) Herausnahme aus der Jurisdiktion des Herrn und Schaffung der Jurisdiktion des Ortes, z. B. *locare iure theutonico.* Menzel, Lokationsurkunden, S. 136, der von der ursprünglichen Bedeutung des Wortes *locare* als Pacht ausgeht, erläutert die Lokation als „die zeitlich begrenzte oder erbliche Nutznießung fremden Eigentums auf Grund eines Übereinkommens, wobei als Gegenleistung ein Dienst, Verdienst oder eine regelmäßige, bemessene Zinszahlung in Erscheinung treten kann."

79 Übereinstimmend Menzel, Lokationsurkunden, S. 137, der auch zeigt, dass eben für die Stadtgründung das Regal des Landesherrn gilt, ebenso K. Blaschke, Studien zur Frühgeschichte, S. 377, was auch Czok, Sechsstädte, S. 106, übernimmt.

80 B. Zientara, (wie Anm. 76), S. 84.

81 Přemysl Otakar II. gab 1271 dem Georgkloster *aree* auf der Kleinseite zurück, die die Bürger unberechtigt an sich genommen hatten *cum Nova civitas plantaretur*, CDB V/2, Nr. 644. Derselbe König vertraute 1265 einem Lokator *novellam plantacionem nostre civitatis in Policzek* an – CDB V/1, Nr. 457. Was die Wendung im Formelbuch des Bischofs Tobiáš von Bechyně etwa zum Jahre 1279–1280 betrifft, die eine *plantacio novella* in Prag benennt, bleibt ihre Beweiskraft unsicher, aber der Terminus selbst bezeichnet dieselbe räumlich-rechtliche Situation. Vgl. Zycha, Prag, S. 168.

82 In der Znaimer Urkunde aus dem Jahr 1226, CDB II, Nr. 288. Für Neu Pilsen [Nová Plzeň] ist die Nachricht erhalten *Anno Domini 1295 Plznam struxerunt, quam Novam nuncupaverunt,* P. Spunar, Z historie vídeňského konvolutu ÖNB 3282 [Aus der Geschichte des Wiener Konvoluts ÖNB 3282], Sb. Nár. muz. C – Lit. historie, Bd. XI, Nr. 2. Vgl. M. Bělohlávek, Nová zpráva o založení Plzně [Eine neue Nachricht über die Gründung von Pilsen], MZK 5, 1967, S. 230. Zum Vergleich kann man die umstrittene Nachricht erwähnen, die zum Jahr 1241 das sächsische Freiberg betrifft, wo unklar war, ob *ius quod consulibus opidi in prima construccione concessum fuit* schon das Jahr 1181 oder erst 1211 betrifft, als bereits eine tatsächliche Stadt nachgewiesen ist. Es bezieht sich auf das zweite Datum, so dass *construccio* der Erteilung von Stadtrechten entspricht, cf. Th. Mayer, Zur Frage der Städtegründungen im Mittelalter, in: Th. Mayer, Mittelalterliche Studien, Lindau – Konstanz 1963, S. 258–259. Auch das Falsum für Braunsberg, angeblich zum Jahr 1269, CDB V/2, Nr. 597, verbindet die zwei Ausdrücke *construere et locare.*

dare.[83] Diese werden jedoch im Zusammenhang der Quellennachrichten auch im Sinne des rechtlichen Gründungsaktes angeführt. Es bleibt allerdings die Frage, ob man bei der Gründung von Städten in unseren Verhältnissen *fundatio*, d. h. die Entscheidung über die Entstehung der Stadt und die Zuweisung des Raumes für ihre Errichtung, und *plantatio*, d. h. die tatsächliche Besiedlung mit Menschen zum ständigen Aufenthalt, genau unterscheiden kann.[84] Auch wenn man diese Unterscheidung zulassen und die angeführten Beispiele so deuten könnte, verwischt sich trotzdem ihr Unterschied und es wird wohl besser sein, sie als einen einzigen Gründungsakt aufzufassen. *Constructio* wäre dann die technische Durchführung des Baus. Nichtsdestoweniger muss wiederholt werden, dass sich nur bei einem Teil von Städten rechtliche Gründungsakte feststellen lassen, seien es nun tatsächliche Gründungsprivilegien oder nur Gebote an die Lokatoren, und dass man in zahlreichen Fällen eben diese Phase bei der Gründung oder Erhebung zur Stadt in den schriftlichen Quellen vergeblich sucht. Aber auch dort, wo eine Lokationsurkunde vorliegt, kann es zu Unsicherheiten kommen, wenn die noch nicht existierende, neu gegründete Siedlung noch keinen Namen hat oder wenn ihre Lage im Rahmen eines umfangreicheren Raumes nur annähernd bestimmt oder mit dem Namen des zu rodenden Waldes bezeichnet wird.[85]

In der Phase der Entstehung von Städten fiel die wichtige Aufgabe, die Stadt zu gründen und zu errichten, den Lokatoren zu. In diesem Zusammenhang können die Dorflokationen außer Acht gelassen werden und die Aufmerksamkeit muss sich auf die Städte konzentrieren. Die Lokatoren übernahmen nicht nur den schwierigen und technisch anspruchsvollen Aufbau, sondern auch die sich daraus ergebenden Rechtsverpflichtungen und gingen das Risiko ein, dass es nicht gelang, ihren Plan durchzuführen. Manchmal übernahmen sie auch beträchtliche finanzielle Verpflichtungen.[86] Die Gründung einer Stadt war also auch eine komplizierte kommerzielle Transaktion und erforderte von den Lokatoren Wohlhabenheit und Unternehmergeist. Der Lokator spielt also die Rolle eines tatsächlichen Unternehmers mit allen Risiken.[87] Dies

83 Die Gründungsurkunde für Alt Bösig aus dem Jahr 1264, CDB V/1, Nr. 423: *pro fundanda civitate*, oder die Urkunde König Johanns von 1315, RBM IV, Nr. 2128, in der es heißt, dass sich Prag des Nürnberger Rechts *a prima sui fundacione* erfreut hat. Der Ausdruck *fundare* ist rechtlicher Natur. Vgl. auch RBM II, Nr. 1421, wo der ursprüngliche Lokator als *fundator* tituliert wird.

84 Gengler, Alterthümer, S. 360–365, unterscheidet dies als verschiedene Phasen in der Entstehung einer Stadt.

85 So ist es bei Bösig oder bei dem von Freudenthal aus gegründeten Lichtenwerde, wo auch nur der zu rodende Wald bestimmt ist, ohne dass der Namen des Dorfes angeführt wird, CDB V/1, Nr. 489. Ähnliche Beispiele aus Schlesien bietet Menzel, Lokationsurkunden, S. 191.

86 Die zwei Lokatoren von Bösig haben versprochen, hundert Mark Silber zu bezahlen. Auch bei anderen Lokationen wird eine beträchtliche Belastung der Lokatoren festgestellt, vgl. weiter unten in den Anmerkungen 122 bzw. 125 bei den Lokationen von Chrudim und Přibram. Auch wenn es sich dort um Formelbriefe handelt, können die hohen Verpflichtungen der Lokatoren nicht angezweifelt werden. In diesem Zusammenhang kann man schon auf die alte Beobachtung von Lippert, Leitmeritz von seiner Gründung (wie Anm. 37), S. 130, zurückgreifen, dass die Gründung der Stadt unverhältnismäßig weniger als die Gründung des Kapitels gekostet hat, weil außer dem Boden und den Freiheiten der König in der Regel nichts Weiteres schenken musste.

87 Menzel, Lokationsurkunden, S. 214, definiert die Lokatoren als „Unternehmer, die unter bestimmten vertraglich ausgemachten Bedingungen gegen eine zugesicherte pauschale oder prozentuale Gewinn-

führte auch dazu, dass bei den Lokatoren keine Standeszugehörigkeit bestimmend war, denn als Lokatoren konnten Adlige, Geistliche, Bauern und Bürger auftreten. Ausschlaggebend war vielmehr ihre Fähigkeit zur Durchführung eines so anspruchsvollen Auftrags[88] sowie ihr Vermögen.

Die Lokatoren waren dann verpflichtet, in die neue siedlungs-rechtliche Einheit Bewohner zu bringen. In der ersten Phase der Stadtentstehung setzen sich die Bewohner zum großen Teil aus von weiter her zugezogenen Personen zusammen[89] und es war nicht immer leicht, die neuen Bewohner nur aus der Umgebung zu gewinnen. Sehr markant zeigte sich das Herbeirufen von neuen Bürgern aus dem Ausland,[90] was auch den ältesten Städten eine neue ethnische Färbung verlieh. Es waren meistens Leute aus dem flachen Lande, die sich durch den Zuzug in die Städte von der eintönigen anstrengenden Landarbeit befreit haben.

Es ist auffällig, dass von der Lokation der Städte zwar unterschiedliche Urkunden Zeugnis ablegen,[91] dass aber auch gefälschte Urkunden auftreten. Gleich die erste Nachricht, das vermeintliche Privileg des Markgrafen Vladislav Jindřich für das Kloster Hradisch aus dem Jahr 1203,[92] erlaubt *villas, fora, civitates locandi.* Es werden hier zwar richtig drei Stufen von Siedlungseinheiten mit unterschiedlicher Rechtsstellung unterschieden,[93] aber es ist ausgeschlossen, dass dies in eine Urkunde dieser Zeitstellung aufgenommen werden konnte, weil damals ja noch keine Städte existierten, *civitas* keine Bezeichnung für die Stadt war und auch das allgemein formulierte Recht, Städte zu gründen, gefälscht war.

Auch im böhmischen Urkundenmaterial begegnet man in der ältesten Schicht dem Ausdruck *locare* im Sinne der Ansiedlung von Menschen. Im Gödinger Privileg der Königin Konstanze heißt es: *convocavimus viros honestos Theutunicos et locavimus in civitate nostra.*[94] Die völlige Zuverlässigkeit der Urkunde erlaubt nicht, an dieser Angabe zu zweifeln. Auch bei der Bestimmung von Rechten der Bürger in Ungarisch Hradisch wird gesagt: *cives … in insula collocati.*[95] Auch Helembert de Turri, der 1256 auf Beschluss Bischof Brunos den bis dahin verödeten Distrikt Slawičin nach Lehnsrecht erhalten hat,[96] um ihn urbar zu machen, hatte zur Aufgabe, für das Kommen der Siedler Sorge zu tragen: *Homines … quos ibidem locaveris.*

Nicht überall wird der Terminus *locare* verwendet, aber aus der Natur der Sache ergibt sich, dass sich der Lokator des Aufbaus der Stadt annahm, wie es z. B. jener

---

beteiligung die Durchführung der Ansiedlung bzw. Umsetzung in eigener Verantwortung, auf eigenes Risiko und meist auf eigene Kosten übernahmen."

88 Menzel, ebd., S. 215.

89 von Below, Kritik der hofrechtlichen Theorie, S. 304.

90 Zycha, Ursprung, S. 113.

91 Wir müssen für unser Gebiet die Lokationsurkunden nicht diplomatisch analysieren, wie dies Menzel, Lokationsurkunden, für Schlesien getan hat, weil wir uns auf ihre Bearbeitung im CDB sowie auf die vorbereitenden als auch ergänzenden Studien von Šebánek und Dušková verlassen können. Bei uns liegen auch nicht so viele Urkunden wie für Schlesien vor.

92 CDB II, Nr. 356.

93 Kejř, Trhy [Märkte], S. 13.

94 CDB II, Nr. 381.

95 CDB V/1, Nr. 156.

96 CDB V/1, Nr. 80.

Dietrich war, dem das Gericht in Mährisch Neustadt bestätigt wurde.[97] Allerdings bringt erst die zweite Hälfte des 13. Jahrhunderts häufigere Belege über die Lokatoren, wobei die älteste ganz genau festgelegte Lokationsbestimmung die Gründung der Stadt Bennisch ist.[98] Wir haben sie bereits in einem anderen Zusammenhang berührt.[99] Die Berechtigung, die Stadt zu gründen, wird zwei Männern gegeben, die Richter werden sollen. Ihre ökonomischen Vergünstigungen werden in Form von Abgaben festgelegt, so haben sie die Möglichkeit, aus Läden und Mühlen Profit zu gewinnen, sie sollen Befugnisse im Gerichtswesen und bei der Gründung von Dörfern haben und es wird ihnen zudem eine Frist von zwölf Jahren gewährt, bis sie Zins zahlen müssen. Es ist ein fast vollständiges Register von Vorteilen, die ein Lokator hat, wenn es ihm gelingt, die neue Lokation ins Leben zu rufen.

Sehr detaillierte Bestimmungen finden sich auch in Brunos Urkunde für Helembert de Turri aus dem Jahr 1256,[100] der den Distrikt Slawičin zur Blüte bringen und auch Vorteile im *oppidum* Slawičin erhalten soll. Hier zeigt sich der Terminus *locare* nicht nur im erwähnten Gebot, er solle *locare homines*, sondern auch in den weiteren Formen der Verwendung: *locaveris circuitum* bzw. *de locatis agris*.

Sichere Nachrichten über weitere Lokatoren von Städten haben einen ähnlichen Inhalt. Die Gründung der Stadt Bösig, die zwei Lokatoren aus Graber durchführen sollten und für die sie 100 Mark Silber bezahlt haben,[101] sowie die Gründung von Polička, die einem einzigen Lokator anvertraut wurde.[102] In allen Fällen wird die Aufgabe gestellt, eine Rechtsstadt zu errichten, die bewilligten Rechte sind deutlich städtisch, und es wird auch das Vorbild einer bereits bestehenden Stadt festgelegt, nach deren Recht sich die neuen Ansiedlungen richten sollen, d. h. Leobschütz für Bennisch, Prag für Bösig und Hohenmaut für Polička.

Auch bei der Umsiedlung von Menschen aus Kunowitz und Welehrad in die neu zu errichtende Festung Ungarisch Hradisch spricht man über *eiusdem oppidi locacio* bzw. *circa locacionem eandem*,[103] aber dies steht schon in der ersten Urkunde von 1257, die noch nicht den Stadtstatus verliehen hatte, was dann erst durch die zweite, von 1258, geschah.[104] Aber diese, obwohl sie lange Passagen aus der ersten übernimmt und sie durch Bestimmungen ergänzt, aus der sich der Stadtcharakter schon klar ergibt, greift nicht zum Ausdruck *locatio*. In der älteren Urkunde wurde also die

---

97 CDB II, Nr. 246.

98 CDB IV, Nr. 267. W. LATZKE, (wie Anm. 70), war auch der Meinung, S. 36–37, dass die Urkunde eine Verwandtschaft zu den Urkunden des Markgrafen Přemysl Otakars II. aufweist, und zwar zum Stil der Notare Přísnobor und Vilém. ŠEBÁNEK/DUŠKOVÁ, Listina v českém státě [Die Urkunde im böhmischen Staat], S. 128–130 und 132–133, sind nicht zu einem ähnlichen Schluss gelangt.

99 Siehe weiter oben, S. 158.

100 CDB V/1, Nr. 80. Zur Lokation V. CEKOTA/L. HOSÁK, Dějiny Slavičína [Geschichte von Slawičin], Gottwaldov 1956, S. 22–23. Siehe auch Anm. 96.

101 CDB V/1, Nr. 423. Die mit der Erbauung der Stadt und mit der Besiedlung der Landschaft verbundenen Schwierigkeiten beschrieb ŽEMLIČKA, Bezdězsko [Das Gebiet von Bösig].

102 CDB V/1, Nr. 457.

103 CDB V/1, Nr. 136.

104 CDB V/1, Nr. 156.

Gründung anbefohlen[105] und es war nicht notwendig, sie zu wiederholen, aber aus der unterschiedlichen Erteilung von Rechten ergibt sich, dass es damals noch nicht um die Lokation einer Stadt ging, wie wir sie in den vorherigen Fällen gesehen haben.

In einigen Fällen, in denen über die Lokation einer Stadt berichtet wird, stellt sich die Frage, wie weit die Angaben verlässlich sind, weil die Fälschung dieser Urkunden nachgewiesen ist. In der vermeintlichen Urkunde für Gewitsch, mit der wir uns in einem anderen Zusammenhang befasst haben,[106] wird erwähnt, *civitas* sei *primitus elocata*,[107] aber diese Worte gehören erst in das Jahr 1291 und sind aus der Urkunde Wenzels II. übernommen. Auch hier wird als Rechtsvorbild Mährisch Neustadt zugewiesen.

Die vollständige Formel des Gebots zur Lokation von Braunsberg, mit der 1269 Bischof Bruno zwei Lokatoren, Richter von nahegelegenen Dörfern, betraute, enthält die Ausdrücke *construere et locare*.[108] Die Urkunde ist jedoch nicht echt, und es wäre unvorsichtig, daraus sichere Informationen abzuleiten.[109] Aber bereits 1270 erscheint Braunsberg als eine Stadt, an deren Gericht sich nahegelegene Dörfer wenden sollen.[110] Wenn also die Lokation vor dem Jahr 1270 vorgenommen worden war, scheint es, dass man ihr Datum noch vor 1269 verschieben müsste. Das Falsum stammt aus einer unbestimmten Zeit gegen Ende des 13. oder gar zu Beginn des 14. Jahrhunderts. Man wird den Grund zu seiner Anfertigung klären müssen. Ähnlich wie in anderen angeführten Urkunden wird hier der neuen Stadt das Recht nach dem Vorbild von Troppau erteilt und als Magdeburger Recht bezeichnet.

Detaillierte Bestimmungen enthält die Urkunde von Budiš, Abt des Klosters Hradisch, für den Richter Tham aus dem Jahr 1276, mit der die Bedingungen und Pflichten für die Rodung des Waldes und die Verbesserung der Stadt Mährisch Weißkirchen festgelegt werden.[111] Die Kompliziertheit des ganzen Unternehmens ergibt sich auch aus weiteren Urkunden, die Mährisch Weißkirchen betrafen. Angeblich bereits 1251 hatte Markgraf Přemysl II. dem Kloster Hradisch die Stadt Mährisch Weißkirchen mit dem Markt geschenkt.[112] Es handelt sich um eine späte Fälschung, die in die Zeit der Streitigkeiten des Klosters mit dem Adel der Umgebung zu Beginn der 80er Jahre

---

105 Die Vermutung, dass die Gründung dem mährischen Herrn Vilém von Auspitz oblag, der übrigens in den beiden Urkunden als Zeuge auftritt, siehe VERBÍK, in: Uherské Hradiště [Ungarisch Hradisch], S. 94, kann keineswegs bestätigt werden.

106 CDB V/1, Nr. 160++.

107 Hier muss auf die Wendung *quibuslibet aliis iuribus, quibus civitas Gewiczka una cum iudicio sunt primitus elocata* aufmerksam gemacht werden, aus der sich ergibt, dass sich der Ausdruck *elocare* auf die Ausstattung mit dem Recht bezieht.

108 CDB V/2, Nr. 597++.

109 Noch ZYCHA, Ursprung, S. 73; STOOB, Bruno, S. 108; E. SCHWARZ, Volkstumsgeschichte II, S. 418, haben der Urkunde vollen Glauben geschenkt.

110 CDB V/2, Nr. 607.

111 CDB V/2, Nr. 805. Ganz beiseite lassen muss man die gefälschte Bestätigung aller Privilegien des Klosters Hradisch, angeblich aus dem Jahr 1250, CDB IV, Nr. 188+++, wo Mährisch Weißkirchen schon als Stadt in der Fassung B genannt wird.

112 CDB IV, Nr. 212++. In der Urkunde steht die Bestimmung, dass Mährisch Weißkirchen sich schon der gleichen Rechte erfreuen soll, wie die übrigen königlichen Städte.

des 13. Jahrhunderts fällt,[113] so dass man sie beiseite lassen könnte, trotzdem werden wir auf sie noch zurückkommen. Bereits 1276 vertraute der Abt Budiš die Stadt Mährisch Weißkirchen in der zuvor genannten Urkunde dem Lokator nicht als zukünftig zu errichten an, wie es bei einigen bereits behandelten Fällen war, sondern als eine – wenn auch wohl nur im Keim – bereits existierende Stadt.[114] Der Besiedlungsprozess um Mährisch Weißkirchen war schon in vollem Gange. Neben zahlreichen anderen Rechten und Pflichten wird festgelegt, dass die Stadt sich nach dem Recht von Leobschütz richten soll.

Das ungeregelte Verhältnis zum Adel der Umgebung hat wahrscheinlich den Fortgang der Arbeiten verzögert und wurde 1282 durch den Schiedsspruch des Olmützer Bischofs in Ordnung gebracht.[115] Der Spruch war in mancher Hinsicht für das Kloster günstig, und es wurde auch Mährisch Weißkirchen (ohne eine nähere Kennzeichnung) erwähnt, das dem Kloster übertragen werden sollte. Das zeigt, dass sich nach 1276 der Prozess der Erbauung der Stadt und der Urbarmachung ihrer Umgebung entschieden verlangsamt hatte, wenn nicht gar zum Stillstand gekommen war. Der Schiedsspruch ermöglichte jedoch dem Kloster, die Errichtung fortzusetzen, und bereits 1284[116] erwarb es von König Wenzel II. die Bewilligung, seine fünf Städte, darunter auch Mährisch Weißkirchen, zu befestigen. Aber wohl auch jetzt gingen die Arbeiten langsam voran, so dass das Kloster genötigt war, 1292 eine neue Initiative zu entwickeln und seine Stadt Mährisch Weißkirchen dem Lokator Gerlach anzuvertrauen, diesmal ausdrücklich mit der Wendung: *civitatem … locandam concessimus*.[117] Als Rechtsvorbild wurde nicht mehr Leobschütz, sondern Olmütz bestimmt.[118]

In den Zusammenhängen dieses Kapitels braucht man nicht die relativ zahlreichen Nachrichten über Mährisch Weißkirchen aus der älteren Zeit behandeln, für die auch das angeblich aus dem Jahre 1201 stammende Falsum erwähnenswert ist,[119] mit welchem Markgraf Jindřich Vladislav das Marktdorf Mährisch Weißkirchen dem Kloster Hradisch geschenkt hat. Wir sind in einer ähnlichen Situation wie bei der Urkunde von 1251, mit der das Kloster nachzuweisen suchte, dass Mährisch Weißkirchen durch die Gunst des Landesherrn in seinen Besitz gelangt ist. Aber man soll auch nicht ein anderes Falsum, angeblich von Markgraf Jindřich Vladislav zum Jahre 1203 stammend, vergessen, in dem das Kloster das vermeintliche Recht bekommen hat, *villas, fora, civitates* zu gründen.[120] Wie kann man diese Belege in die Streitigkeiten über die Entstehung der Stadt Mährisch Weißkirchen einordnen?

---

113 Šebánek/Dušková, Listina [Die Urkunde], S. 61–62.

114 *quandam civitatem, que Alba Ecclesia nunccupatur, cum agris ibidem extirpandis et quadam silva eidem civitati adiacente* .

115 RBM II, Nr. 1281.

116 RBM II, Nr. 1324, ein besserer Wortlaut in CDM IV, Nr. 222.

117 RBM II, Nr. 1568.

118 Zu den beiden Gründungsurkunden L. Hosák/B. Indra/M. Jašková, Hranice – Dějiny města [Mährisch Weißkirchen – Geschichte der Stadt] I, Hranice 1969, S. 31–32.

119 CDB II, Nr. 352.

120 CDB II, Nr. 356. Dazu bereits S. 162.

Vor allem erscheint das Recht des Klosters, eine Stadt zu gründen oder zu einer Stadt zu erheben, als völlig zweifelhaft. Das Falsum zum Jahr 1251 ist also ein Versuch nachzuweisen, dass der Markgraf dem Kloster schon eine Stadt geschenkt hat, womit auch die Formulierung der Lokationsurkunde von 1276 im Einklang steht, in der Mährisch Weißkirchen als bestehend dargestellt wird. Es wäre vielleicht zu viel, auch in dieser Rechtsstellung etwas Unrichtiges zu suchen. Mährisch Weißkirchen mag wohl doch mit der Zustimmung des Landesherrn in den Besitz des Klosters gelangt sein, was eine Grundlage für das Falsum sein könnte. Als es nach dem Schiedsspruch von 1282 an seinem Besitz keine Zweifel mehr gab, konnte der Abt mit völlig ruhigem Gewissen die neue Lokation anordnen.[121]

Littau taucht als Stadt in zwei gefälschten Urkunden aus den Jahren 1249 bzw. 1250 auf,[122] deren Entstehung man ungefähr in die Zeit um 1270 datieren kann. Eine sichere Information, dass Littau mit Hilfe eines Lokators gegründet wurde, bietet erst die Bestätigung der Rechte des Littauer Richters durch König Wenzel II. aus dem Jahr 1287, aus der ersichtlich wird, dass der einstige Richter, ein Onkel des derzeitigen, *fundator et iudex predicte civitatis* war.[123] Der Auftrag zur Lokation ist nicht erhalten, und man kann deshalb nichts über die ursprünglichen Dispositionen vermuten. Aber man kann annehmen, dass die Stadt vor dem Jahr 1270 entstanden ist, wenn in jener Zeit zwei für Hradisch angefertigte gefälschte Urkunden sie unter anderen Städten nennen. Vielleicht kam es in jener Zeit zur Verlegung des Siedlungskomplexes, weil die Urkunde für den Richter eine *antiqua civitas* erwähnt. Bereits 1291 wird im Privileg des Königs über Rechte gesprochen, die der Stadt *ab antiquis temporibus* gehören.[124]

Eine ähnliche Lücke besteht für Beraun, das schon 1266 als Stadt bezeichnet wird.[125] Allerdings teilt eine Urkunde Wenzels II. für das Prager Bistum fast drei Jahrzehnte später (1295)[126] mit, dass der Landesherr beschlossen habe, die Stadt *de novo locari et rehedificari*.[127] Offensichtlich war es nicht gelungen, Beraun gleich auf den erforderlichen Stand zu heben, und ein neuer Impuls des Gründers war vonnöten.

---

121 In unserem Zusammenhang kann von weiteren mit der Erbauung von Mährisch Weißkirchen verbundenen Unsicherheiten abgesehen werden, über die Zycha, Ursprung, S. 74, mit Berufung auf das St. Pauler Formular spricht.

122 CDB IV, Nr. 171 und 188. In beiden Fällen ist Littau in die Aufzählung der fünf Städte eingeordnet, in deren Umkreis die Tavernen des Klosters Hradisch befreit werden sollen: Olmütz, Gewitsch, Littau, Mährisch Neustadt und Troppau.

123 RBM II, Nr. 1421. Als Richter wird hier genannt Heinrich, Sohn des einstigen Olmützer Richters, und als Gründer und Richter, der Vorgänger des jetzigen, wird sein Onkel Heinrich Epich bezeichnet, wohl auch ein Olmützer Bürger. Dazu J. Kux, Geschichte der Stadt Littau, Brünn 1900, S. 19, der durch eine Vermutung die Entstehung der Stadt in die Zeit um 1265 legte. Vollständigkeitshalber sei hinzugefügt, dass die angeblichen Belege über den Richter und die Geschworenen (*scabini*) zum Jahre 1267 in den Urkunden CDM III, Nr. 407 bzw. 408 vorkommen, die Bočeks Fälschungen sind.

124 RBM II, Nr. 1533.

125 CDB V/1, Nr. 475. Ein Jahr zuvor weilte König Přemysl Otakar II. in Beraun, der hier eine Urkunde für das Kloster Ostrow ausgestellt hat, CDB V/1, Nr. 450. Es wird angenommen, dass er damals Beraun zur Stadt erhoben hat.

126 RBM II, Nr. 1692.

127 In Details M. Ježek, Archeologický výzkum v Berouně r. 1993 [Die archäologischen Grabungen in Beraun im Jahre 1993], AR 46, 1994, S. 244–252. Die Entstehung der Stadtverfassung in Beraun erklärte J. V. Šimák, O počátku města Berouna [Über die Entstehung der Stadt Beraun], ČČH 43, 1937,

In zwei Fällen gerät man in Unsicherheit, weil es sich um Formularstücke handelt. Das erste davon, Chrudim betreffend,[128] erlaubt es anzunehmen, dass eine tatsächlich ausgestellte Urkunde übernommen wurde, weil im Text nichts dagegen spricht. Der Landesherr beschloss die Gründung einer neuen Stadt in der Nähe von Alt-Chrudim, legte die Rechte und Pflichten der Bürger fest und ernannte Konrad, den Erbauer der Stadt, zum Erbrichter.[129] Als Vorbild für die Stadt wurde das Recht von Iglau bestimmt. Das sind geläufige Angaben aus Lokationsurkunden und – auch wenn man den Wortlaut im Formular mit Vorsicht behandeln muss[130] – sie trüben nicht das Vertrauen in den rechtlichen Inhalt.

Zurückhaltung muss man auch bei der Lokation von Přibram üben, die man ebenfalls nur aus einem Formular kennt. Trotzdem überwiegt auch in diesem Fall das Vertrauen, dass die Verfügung der Realität entspricht. Im Zuge der Konflikte in Böhmen nach der Gefangennahmen des Záviš von Falkenstein[131] wurden von den Wittigonen und ihren Anhängern die Güter des Prager Bischofs Tobiáš von Bechyně, darunter auch Přibram und die anliegenden Dörfer, arg verwüstet.[132] Der Bischof betraute deshalb den Richter Přemysl mit der Neuerrichtung. Er sollte Přibram mit neuen Menschen besiedeln.[133] Mit einer ähnlichen Aufgabe betraute der Bischof den Richter

S. 51–54, so, dass die in den Urkunden genannten Grundstücke nur kleine Flächen waren, die dann ins Areal von Beraun aufgenommen wurden. Von der Wendung in der Urkunde von 1295 *citra civitatem seu locum nostrum forensem dictum Werona* ausgehend, schlussfolgerte er, dass das ursprüngliche Dorf 1265 zum Marktstädtchen erhoben wurde und erst 1295 zur königlichen Stadt, deren feste Stellung 1303, CIM II, Nr. 76, bekräftigt wurde, als auch ihre Stadtdörfer anerkannt wurden. Es handelt sich um eine interessante Schlussfolgerung, aber die Überlegung, dass Beraun 1265 nur ein Markt war, der 1295 zur Stadt erhoben wurde, ist nicht nachgewiesen. In der Urkunde König Přemysls Otakar II. für das Kloster Chotieschau, CDB V/1, Nr. 475, steht die Bezeichnung *iuxta civitatem Weronam.* Es ist tatsächlich möglich, dass mit einer ursprünglichen misslungenen Gründung zu rechnen ist.

128 CIM II, Nr. 24. Voigt, Formelbuch des Heinricus Italicus, Nr. 113, S. 125–126. Cf. RBM II, Nr. 2380.

129 Er wird zwar nicht als Lokator bezeichnet, aber aus dem Text ergibt sich seine Gründeraufgabe: *cum Cunradus pondus ipsius ordinacionis civitatis et status susceperit suis humeris hoc gerendum.* Näher dazu A. Roubic, K právnímu a správnímu vývoji města Chrudimě do r. 1547 [Zur Rechts- und Verwaltungsentwicklung der Stadt Chrudim bis 1547], ČSPSČ 67, 1959, S. 14, der schlussfolgert, dass die Lokation wohl im Jahr 1268 vollendet wurde. An der Zuverlässigkeit des Textes hat er keine Zweifel. J. Frolík/J. Sigl, K počátkům města Chrudimi [Zu den Anfängen der Stadt Chrudim], AH 10, 1985, S. 178, vertrauen der Urkunde ebenfalls und fügen hinzu, dass die Entstehung der Stadt vor das Jahr 1276 zu legen ist, wofür die Stadt Mährisch Weißkirchen *mensura Chrudimensis*, CDB V/2, Nr. 805, bestimmt wird. Die Arbeit von Roubic zitieren sie nicht. J. Frolík, K počátkům Chrudimi [Zu den Anfängen von Chrudim], AR 35, 1983, rekapitulierte die historischen Quellen bis 1300, S. 517–518, und zweifelt nicht an der Urkunde.

130 Die neuen Bürger sind verpflichtet, für die zusätzlich zugewiesenen Hufen die unwahrscheinlich hohe Summe von 1000 Mark Silber zu bezahlen.

131 J. Šusta, Soumrak Přemyslovců a jejich dědictví [Die Endzeit der Přemysliden und ihr Erbe], České dějiny [Böhmische Geschichte] II/1, Praha 1935, S. 403ff.

132 Formulář Tobiáše z Bechyně [Novák, Das Formelbuch], Nr. 29 und Nr. 266. Přibram wird dort *forense opidum* bzw. *opidum* genannt.

133 Ebd., Nr. 266: *locum forensem … iure teutonico locavimus, quod purchrecht vulgariter appellatur,* werden die jeweiligen Summen festgelegt, die der Lokator außer weiteren gewöhnlichen Gebühren von 2 Mark Gold bezahlen sollte. Er hat sich verpflichtet, dass er innerhalb von drei Jahren *locabit bonis hominibus.* Als Bürgen werden *cives Pribramenses* erwähnt. Es wird zwar das Wort *civitas* nicht benutzt, aber aus dem Kontext ist dies unzweifelhaft.

und die Geschworenen in Pilgram, die die Stadt besiedeln und befestigen sollten,[134] und auch in Böhmisch-Brod .[135] Das Formelbuch enthält zwar sehr glaubwürdige Texte,[136] aber trotzdem ist ein beständiger kritischer Vergleich und eine Überprüfung geboten. Die Übernahme von einzelnen Formularstücken ist kein sicherer Beleg für die Situation in den einzelnen Städten,[137] aber das Gesamtbild der städtischen Institutionen entspricht meistens dem zeitgenössischen Zustand.[138] Im Formelbuch des Bischof Tobiaš begegnen wir selten der Bezeichnung *civitas*, und die erneuerten Lokalitäten werden in der Regel nur als Märkte bezeichnet. Nirgendwo findet sich ein Hinweis auf eine andere Stadt als Rechtsvorbild; das Regime der bischöflichen Städte unterlag ihrem Herrn.

Es gab sicher mehr Lokationsurkunden und Hinweise für die Lokatoren als erhalten sind, aber auch aus den bescheidenen Überresten lässt sich erkennen, dass ihr Inhalt festgeschrieben war. Auch die späteren gefälschten Urkunden hielten sich an die Gewohnheiten des Inhalts und versuchten so, den Anschein der Zuverlässigkeit zu erwecken. Eine solche Urkunde ist, auch wenn sie nicht in das böhmische Urkundenmaterial gehört, das Privileg des Breslauer Bischofs Thomas für die Erben und Nachfolger des verstorbenen Vogts von Weidenau aus dem Jahre 1291,[139] die wir deshalb hierher einordnen, weil es einen in unserem Territorium liegenden Ort betrifft. Die reichen Einkünfte, die Bestätigung des Besitzes und die Festlegung der Rechte der Vogtei werden als Entlohnung für die Lokation von Weidenau erteilt. Eine genaue Untersuchung hat gezeigt, dass zwar ältere Urkunden die Vorlage bilden und dass der ursprüngliche Lokationsvertrag aus dem Jahre 1268 stammt, dass aber das Privileg

---

134 Ebd., Nr. 231. Der Richter und die Geschworenen haben sich verpflichtet, dies zu erfüllen, ebd., Nr. 232.

135 Ebd., Nr. 156.

136 J. B. Novák in der Einleitung zur Edition, S. XXX–XXXII.

137 Es gibt nicht nur die beiden bereits behandelten Formulare, sondern auch das Formular des Jan Přimda oder Liber a missionibus des Zdeněk von Třebíč, deren Texte vom Ende des 13. und Beginn des 14. Jahrhunderts in CIM II übernommen wurden. Über die Unzuverlässigkeit der Urkundentexte in den Formularen vgl. Šebánek/Dušková, Studie k českému diplomatáři [Studien zum böhmischen Diplomatar], Historické štúdie II, 1956, denen zufolge man den Urkunden für Chrudim, Kolin, Časlau, Hohenmaut, Aussig und Klattau, die in CIM II aufgenommen wurden, nicht Glauben schenken kann. Die Analyse einiger Stücke aus dem Formelbuch des Heinricus Italicus im Vergleich mit den Texten der erhaltenen Urkunden nahm S. Dušková, Nejstarší písemná zpráva o Sobotce [Die älteste schriftliche Nachricht über Sobotka], in: Šebánek/Dušková, Výbor studií [Ausgewählte Studien], S. 133–142, vor und wies auf Abweichungen in der Datierung, in Namen von Personen und auch Orten hin. Auf die Frage, in welchem Maße es möglich ist, eine nur im Formelbuch erhaltene Nachricht als historische Quelle zu benutzen, muss festgestellt werden, dass sie als unzuverlässig gelten muss.

138 Wenn es keine zuverlässigen Angaben über die Orte, die Höhe von Abgaben, über Namen von Personen u. ä. gibt, muss dagegen zugestanden werden, dass auch ein Formular, das als Muster für die Zusammenstellung von künftigen Urkunden dienen sollte, wohl die Rechtsregeln respektierte – sonst wäre es ja völlig unnütz, es anzulegen. Auch hier muss auf Abweichungen hingewiesen werden. Das Muster der Lokationsurkunde für eine unbekannte Stadt, Formulář Tobiáše z Bechyně [Novák, Das Formelbuch], Nr. 263, im Text der Lokation von Pilgram sehr nahe stehend, ebd., Nr. 266, verwendet überhaupt nicht den Ausdruck *cives,* sondern nur *pauperes.* Ein anderes Muster, ebd. Nr. 264, legt fest, dass *iudex … locum forensem bonis colonis et hominibus forensibus collocare* solle.

139 Das Regest in CDS VII, S. 157–159.

eine Fälschung ist, die die Rechte des Vogtes gegenüber den ursprünglichen Dispositionen beträchtlich erweitert.[140]

Als einen der häufigen Artikel in den Lokationsurkunden konnte man das Gebot des Rechtsvorbildes für die zu gründende Lokalität in einer bereits bestehenden Rechtsstadt feststellen. Die Bewilligung, sich an das Recht von gewissen Städten anzulehnen, ging jedoch nicht nur von Lokationsurkunden aus, aber gerade in ihnen wurde sie zu einem geläufigen Bestandteil der erteilten Rechte. Es war darin auch eine gewisse in die Zukunft schauende Vorsicht enthalten, die etwa Uneinigkeiten über das künftige Stadtrecht verhindern sollte; trotzdem kam es später nicht selten auch zu Veränderungen.

In den ersten Jahrzehnten der Existenz von Rechtsstädten und auch in der nachfolgenden Zeit bis etwa zur Wende vom 13. zum 14. Jahrhundert kann man bei uns noch nicht von abgegrenzten Stadtrechtsgebieten sprechen.[141] Es haben sich noch keine Stadtrechtsfamilien mit der üblichen Berufung auf ein übergeordnetes Recht und der Belehrung von untergeordneten Städten oder gar der Übernahme von systematischen Texten des Stadtrechts voll ausgebildet. Trotzdem zeichnen sich schon in diesen ältesten Schichten von Stadtrechten Tendenzen zur Schaffung von Städtelandschaften ab,[142] aber ihre Verfestigung ist erst das Ergebnis späterer Jahrhunderte mit einem entwickelten Netz von Städten. In den Lokationsurkunden wird als Vorbild immer eine heimische Stadt angegeben, nie eine ausländische, und zwar eine dem auszubauenden Ort nahe gelegene Stadt.

Es wäre unvorsichtig, für jene Städte, deren Ausbau zwar die Lokatoren vorgenommen haben, für die schriftliche Nachrichten aber nicht sicher bekannt sind und auch die ursprüngliche Bestimmung des Rechtsvorbilds nicht erhalten ist, irgendwelche Vermutungen darüber anzustellen. Aber dort, wo der Wortlaut vollständig ist, zeigt sich ein ziemlich uneinheitliches Bild, wenn als Vorbild bestimmt sind: Freudenthal für Mährisch Neustadt, Leobschütz für Bennisch, Prag für Bösig, Hohenmaut für Polička, Mährisch Neustadt für Gewitsch, Troppau für Braunsberg, Leobschütz für Mährisch Weißkirchen, das jedoch bei der neuen Lokation durch Olmütz ersetzt wurde, Iglau für Chrudim, Leobschütz für Ungarisch Brod und Brünn für Ungarisch Hradisch. Nur Leobschütz erscheint also dreimal, wird aber auch im Fall von Mährisch Weißkirchen durch Olmütz ersetzt.

In der überwiegenden Mehrheit der Fälle haben wir Urkunden des Landesherrn vor uns, nur im Fall von Mährisch Weißkirchen tritt als Aussteller und berechtig-

140 J. Bakala, K otázce geneze městského zřízení ve Vidnavě [Zur Frage der Genese der Stadtverfassung in Weidenau], SlSb 91, 1995, S. 192–208.

141 Aus der Fachliteratur: Weizsäcker, Eindringen und Verbreitung; Haas, Právní oblasti českých měst [Die Rechtsbereiche der böhmischen Städte], ČSPSČ 60, 1952; J. Kubíčková-Sedláková, Právní okruhy moravských měst [Die Rechtsbereiche der mährischen Städte], eine ungedruckte Dissertation der juristischen Fakultät der Universität Brünn von 1976 – man muss bedauern, dass es der Verfasserin nicht möglich war, die Arbeit zu publizieren; F. Hoffmann, K oblastem českých práv městských [Gebiete böhmischer Stadtrechte]. Zu der späteren Vollendung von städtischen Rechtsbereichen siehe z. B. einige Arbeiten von I. Štarha.

142 Kejř, Městské zřízení [Die Stadtverfassung], S. 244–250. Hier wurde nicht unterschieden, ob das Vorbild des Rechts in der Urkunde des Lokators oder in einer anderen geboten wird.

tes Subjekt der Abt von Hradisch auf. Aber hier kann angenommen werden, dass das Kloster Mährisch Weißkirchen vom Landesherrn schon früher erhalten hatte und deshalb berechtigt über seine Stadt verfügte. Im Fall von Brunos Lokation und der Verbesserung des nordmährischen Siedlungsnetzes lässt sich eine Übereinkunft mit dem Landesherrn nicht anzweifeln.

Die Adressaten der Urkunden sind Lokatoren, nie die künftige städtische Kommune. Die Lokationsurkunden enthalten Bestimmungen, dass eine Stadt entstehen soll, wie sie verwaltet werden soll und nach welchem Recht sie sich richten soll. Den Inhalt bilden drei Rechtsbereiche: die Bestimmung der Rechte der Stadt und ihrer Bürger, die Einkünfte des Landesherrn aus der Stadt und die materielle Absicherung des Lokators.[143]

Die Einkünfte des Lokators werden auf unterschiedliche Art und Weise gesichert, am häufigsten jedoch werden ihm die Taverne, die Mühle und ein Anteil (in der Regel ein Drittel) an den Geldstrafen beim Gericht bewilligt. Aber dies betrifft auch die Gründung von Dörfern. Es gibt nur wenige Städte, bei denen auf diese Weise das Recht des Lokators bestimmt ist. Wir würden zu weit abschweifen, wenn wir die den Lokatoren bewilligten Dorftavernen und ihr Verhältnis zu den Städten berücksichtigen wollten, die durch das Bannmeilenrecht die unwillkommene Konkurrenz für die Stadttavernen zu beseitigen suchten. Die ökonomische Bedeutung von Tavernen werden wir im Kapitel über die Sicherung der städtischen Wirtschaft berühren.

Wir kommen unmittelbar zur Frage der Lokationsurkunden der Städte. Mit diesen Rechtsakten sind sehr viele Missverständnisse und unbegründete Vermutungen verbunden, und man muss die grundlegenden Momente begrifflich klären. Vor allem kann als Gründungsprivileg nur ein solches bezeichnet werden, das erlaubt bzw. gebietet, eine bisher nicht existierende Stadt zu gründen oder eine Lokalität niedrigerer Stufe wie Dorf oder Markt zur Stadt zu erheben. Keine Gründungsurkunden sind solche, die vielleicht als erste über die Entstehung oder Erbauung der Stadt berichten, aber keine direkten Äußerungen über die Veränderung der Rechtsstellung enthalten. Hierher gehört die Znaimer Urkunde, die zwar über den Erwerb des Bodens für die Erbauung der Stadt informiert, aber ihr Empfänger ist Klosterbruck bei Znaim.[144]

Oft begegnen wir Bemühungen, nach den Gründungsurkunden zu suchen, die ein gewisses *necessarium* in der Rechtsgeschichte der Städte sein sollten,[145] oder wiederholten Feststellungen, dass ein ähnliches Privileg nicht erhalten ist.[146] Vor allem

---

143 Ähnlich ist das auch bei der Gründung von Städten in Brandenburg der Fall, siehe Müller-Mertens, Untersuchungen II, S. 272.

144 CDB II, Nr. 288. Dass über diese Urkunde zu Unrecht als über eine Gründungsurkunde gesprochen wird, hat Šebánek, Česká listina [Die böhmische Urkunde] 3, S. 100, Anm. 3, gezeigt, trotzdem wurde sie noch von E. Schwarz, Volkstumsgeschichte II, S. 147, so bezeichnet.

145 So bemühte sich z. B. J. Čelakovský, nach dem Gründungsprivileg für Prag zu suchen, O začátcích ústavních dějin [Über die Anfänge der Verfassungsgeschichte], S. 204.

146 Z. B. J. Bistřický, Ke genezi města v Olomouci [Zur Genese der Stadt in Olmütz], FHB 1, 1979, S. 227; oder J. Bakala, K úloze městského fojta [Zur Rolle des Stadtvogts], S. 231–232, der sich wunderte, wie wenige Gründungsurkunden erhalten geblieben sind.

muss man weniger mit Verlusten rechnen als mit der Tatsache, dass schriftliche Privilegien gar nicht ausgestellt wurden, wie sich dies stellenweise diplomatisch nachweisen ließ.[147] Man kann allgemein sagen: Gründungsprivilegien waren nicht die Regel, sondern die Ausnahme. In den meisten Fällen ist mit einfachen mündlichen Akten zu rechnen.[148]

Wir befinden uns nämlich immer noch in der Zeit des Übergewichts von Gewohnheitsbestimmungen gegenüber dem geschriebenen Recht. In dieses traditionelle Recht dringt das Stadtrecht nicht etwa in einem plötzlichen Wandel ein, sondern durch eine allmähliche Verbreitung schriftlicher Dokumente. Zuerst durch königliche Urkunden, dann auch durch Urkunden anderer Aussteller mit der Beteiligung kirchlicher Institutionen, allmählich auch durch die eigene urkundliche Produktion, durch Niederschriften von Stadtrechten, Belehrungen und durch die Stadtbücher, wodurch das Recht einen festen normativen Charakter erhält[149] und in die übrigen Rechtsbereiche eindringt. In der mündlichen Tradition der älteren, sich durch die Unfreiheit auszeichnenden Strukturen wird auf diesem Wege die freiheitliche Stellung der Städte und Menschen durchgesetzt als eine Bedingung für die Verbreitung neuer ökonomischer Prinzipien. Die rechtliche, ökonomische und soziale Struktur verändert sich mit dem Vordringen des Stadtrechts.[150]

Wenn in der ersten Phase der Stadtentstehung eindeutig die mündlichen Akte gegenüber dem schriftlichen Privileg überwiegen, entspricht dies nicht nur der Art und Weise der Ausweitung des geschriebenen Rechtes, das nur allmählich zum allgemeinen Prinzip wird, sondern auch der Struktur der Gesellschaft selbst, in der die Zahl der Städte anwächst. Wenn man den Anteil der Urkunden für Städte an der Gesamtzahl der ausgestellten königlichen Urkunden betrachtet, wie es für deutsche Herrscher statistisch durchgeführt wurde, dann zeigt sich, dass bis zu Konrad III. dieser Anteil nur 2 % ausmacht, dann unter Heinrich (VII.), dem Sohn Friedrichs II., 10 %, und unter Rudolf von Habsburg und Heinrich VII. von Luxemburg steil auf 23 % bzw. 31 % ansteigt.[151]

---

147 Šebánek, Česká listina [Die böhmische Urkunde] 3, S. 105, führt das Beispiel von Littau an, für das der erste Akt Přemysl Otakars II., die Bewilligung des Gerichtes *ex prima donacione*, gar nicht beurkundet wurde, oder von Raudnitz, für das ausdrücklich bestätigt wird, dass die Bewohner wegen ihrer Einfältigkeit und Unkenntnis – *per simplicitatem et ignoranciam* – es versäumt haben, sich eine Urkunde zu erbitten, CIM IV/1, Nr. 16. Das Privileg für Mährisch Neustadt von 1223, CDB II, Nr. 246, mit dem König Přemysl Otakar I. die zehn Jahre zuvor durch Markgraf Jindřich Vladislav erteilten Rechte bestätigt und sie zu redigieren befiehlt *in scripto autentico*, beweist ebenfalls, dass eine ursprüngliche Urkunde nicht ausgestellt wurde, vgl. Kejř, Zwei Studien, S. 83, Anm. 6.

148 J. Sydow, Adelige Stadtgründer in Südwestdeutschland, in: E. Maschke/J. Sydow (Hg.), Südwestdeutsche Städte im Zeitalter der Staufer, Stadt in der Geschichte, Bd. 6, Sigmaringen 1977, S. 188. Auch hier zeigt sich, dass die Argumentation mit dem Verlust von Privilegien unbefriedigend ist. K.-H. Blaschke, Studien zur Frühgeschichte, S. 340, macht ebenfalls auf die niedrige Zahl von Gründungsurkunden aufmerksam, weist aber darauf hin, dass eine mündliche Entscheidung immer vorgenommen werden musste, weil das neue Rechtsverhältnis einen konstitutiven Akt vorausgesetzt hat.

149 Dilcher, Hell, S. 36–37.

150 Dilcher, Hell, S. 39–40.

151 B. Diestelkamp, König und Städte in salischer und staufischer Zeit, In: F. Wittinghof (Hg.), Stadt und Herrschaft, HZ, Beiheft 7, Neue Folge, München 1982, S. 273.

Darüber hinaus ändert sich mit der Herausbildung des korporativen Status der Stadtgemeinde der Adressat von Urkunden:, Von bestimmten Personengruppen, insbesondere den Kaufleuten, erfolgt ein Übergang zu Privilegien, die an die gesamte Stadt gerichtet sind. Es handelt sich dabei um zwei völlig unterschiedliche Stufen der so bedachten Empfänger und mithin um eine andere Rechtssituation. Von der berühmten Urkunde des Lütticher Bischofs Theoduin für Huy aus dem Jahre 1066, in der zwar nur von *villa* gesprochen wird, aber *libertates ville* erwähnt werden und die Bewohner als *burgenses ville* bezeichnet werden,[152] führt zwar kein direkter Weg zu den Urkunden des Landesherrn, aber eine Andeutung der Entwicklung vom Privileg für die Kaufleute hin zum Privileg für die Bewohnerschaft der Stadt ist das Zollprivileg Kaiser Heinrichs IV. aus dem Jahr 1074, das die *Wormaciensis civitatis habitatores* empfangen haben. Die ältesten wirklich an die Städte erteilten Privilegien sind jene für Speyer von 1111 und die für Worms von 1114.[153]

In den böhmischen Ländern setzen die Privilegien zugunsten der Städte ein volles Jahrhundert später ein, aber auch hier kann man eine nur allmähliche Stabilisierung und ein zahlenmäßiges Anwachsen beobachten. Man kann eine gewisse Verspätung Böhmens gegenüber Mähren feststellen, wo sich nicht nur eine – zwar nur einige Jahre – frühere Herausbildung von Rechtsstädten zeigt, sondern auch frühere Privilegien finden, deren Empfänger tatsächliche Städtegemeinden sind, zuerst im Jahr 1223 für Mährisch Neustadt und 1224 für Troppau. Auch wenn es in Böhmen genügend Belege für die Entstehung von Städten gibt, stammt doch immerhin die erste Urkunde, die nicht etwa für die Stadtherren, z. B. die Klöster oder die Lokatoren, sondern direkt für die Stadtgemeinde bestimmt ist, erst aus dem Jahr 1262 für Leitmeritz.[154]

Man kann keine allgemeinen Prinzipien konstruieren, nach denen die schriftlichen Gründungsakte angefertigt wurden. Es zeigt sich, dass die Gründung von Städten in verschiedenen Territorien unterschiedlich vor sich ging und dass deshalb auffällige Abweichungen in der Frequenz von Urkundenausstellungen festzustellen sind.[155] Hinzu kommt auch die Verschiedenheit der Rechtsformen der Städtegründungen je nach zeitlichen und lokalen Gegebenheiten und nach der Bedeutung des Stadtherrn.[156] Man kann daran erinnern, dass Gründungsurkunden des sonst so eifrigen Städtegründers, Heinrichs des Löwen, in Wirklichkeit nicht existieren,[157] dass man in den welfischen Gebieten bis zu den letzten Jahren des 12. Jahrhunderts nur die städtischen Urkunden der Kirchenfürsten, jedoch nicht der weltlichen antrifft[158]

---

152 Von den zahlreichen Erwähnungen in der Literatur genügen die Hinweise auf A. Joris, La ville de Huy au moyen âge, Paris 1959, sowie auf die Arbeit desselben Autors, Huy et sa charte de franchise 1066, Bruxelles 1966.

153 Diestelkamp (wie Anm. 151), S. 269–270.

154 Kejř, Les privilèges, S. 152.

155 Kuhn, Stadtgründungen in Kleinpolen, S. 39, macht auf die relativ hohe Zahl von Gründungsurkunden in Kleinpolen im Vergleich zu anderen Territorien aufmerksam.

156 Reincke, Über Städtegründungen, S. 337.

157 Diestelkamp, Welfische Stadtgründungen, S. 185–186; die einzige Ausnahme ist Lübeck.

158 Ebd., S. 188–189.

und dass die erste Erhebung eines Dorfes zu einer Stadt erst Coesfeld 1197 betrifft, aus dem eine mit dem Recht der Stadt Münster begabte *civitas* wird.[159]

Das Gründungsprivileg, soweit es in schriftlicher Form erteilt wurde, ist sicher ein bedeutender Meilenstein im Leben einer Stadt. Aber es muss vor seiner Überschätzung gewarnt werden. Schon früher haben wir konstatiert, dass dort, wo es keine sichere Nachricht über das Gründungsprivileg gibt, man seine Existenz nicht einmal hypothetisch annehmen kann, und dort, wo ein solches Privileg auch erhalten ist, kann man ohne weitere Beweise nicht von diesem allein auf eine unmittelbare Entwicklung des städtischen Lebens schließen.[160] Man kann an die langsame Entwicklung in Königsberg a. d. Eger erinnern oder an die Hindernisse, die sich der Entwicklung von Mährisch Weißkirchen in den Weg stellten, um zu sehen, dass der rechtliche Gründungsakt allein, wie notwendig auch immer, nicht im Stande ist, die Bedingungen für einen vollen Erfolg des Unternehmens zu schaffen.

Die Gründungsurkunde muss auch nicht gleich am Anfang des Prozesses der Umwandlung zur Stadt ausgestellt werden, sondern erst im Verlauf des Ausbaus.[161] In der Gründungsurkunde ist die prinzipielle Richtlinie für das Leben der Stadt gegeben, aber sie geht vom Zustand des gegebenen Moments aus und Veränderungen sind nicht selten. Es ist hinreichend bekannt, dass mehrere Städte aus dem Rechtsbereich eines übergeordneten Rechts in einen anderen übergingen, dass nicht alle Rechtsvorbilder tatsächlich zu übergeordneten Gerichtsstellen wurden (z. B. Hohenmaut oder Freudenthal). Für die böhmischen Länder ist zwar kein ähnlicher Fall belegt wie jener, bei dem 1177 Brügge die Möglichkeit eingeräumt wurde *ut de die in diem consuetudinarias leges suas corrigant*,[162] aber mit einer Bewegung in den Stadtrechten ist zu rechnen, und dies wird auch respektiert.[163]

Aus all dem gelangt man zu der Ansicht, dass den Stadturkunden keine absolute Autorität für die Kenntnis der Geschichte zugeschrieben werden kann, denn sie sind nicht das Ergebnis einer systematischen Arbeit und einer weit vorausschauenden Gesetzgebung.[164] Das Privileg musste nicht konsequent erfüllt werden, sein Inhalt konnte auch ohne eine weitere urkundliche Maßnahme verändert werden, und man muss deshalb auch andere Quellen betrachten, die seine tatsächliche Ausführung nachprüfen können.[165]

---

159 Rietschel, Markt und Stadt, S. 147. Mit dem Stadtstatus von Coesfeld für das Jahr 1197 rechnet auch K. Haase, Die Entstehung, S. 50, und bemerkt, dass es nach Münster die älteste Stadt ist.

160 Kejř, Zwei Studien, S. 83–84. Diese Schlussfolgerung akzeptierte auch F. Hoffmann, K oblastem českých práv městských [Gebiete böhmischer Stadtrechte], S. 30.

161 Beispiele aus Pommern führt Kuhn, Deutsche Städtegründungen, S. 8, an. Vgl. dazu auch weiter oben, S. 159–162.

162 Pirenne, Les villes, S. 168–169.

163 Im Jahre 1262 erteilte Přemysl Otakar II. Leitmeritz das Vorrecht, dass er selbst oder sein Delegierter Streitfälle entscheiden wird, CDB V/1, Nr. 336, und sagte zu, er wolle *ius et consuetudines Maydburgensium observare.*

164 Pirenne, Les villes, S. 168.

165 Hoffmann, K oblastem českých práv městských [Gebiete böhmischer Stadtrechte], S. 30. Vielleicht zu skeptisch beurteilte M. Blattmann, Die Freiburger Stadtrechte zur Zeit der Zähringer I., Freiburg – Würzburg 1991, S. 413, den Wert der städtischen Urkunden, die die Frage stellte, welchen Wert die

Die an die Lokatoren erteilten Gebote enthalten zwar eine Aufzählung von Rechten und Pflichten, aber sie lassen noch viel Spielraum zu deren Anwendung. Manchmal ist nicht einmal genau der Ort angegeben, an dem die neue Stadt entstehen soll, z. B. ist für Bösig nur die ungefähre Lage in der Landschaft bezeichnet, und die Stadt selbst wird gar nicht genannt.

Wenn man die königlichen Lokationsurkunden betrachtet, in denen die Errichtung einer Stadt auf dem eigenen Boden des Landesherrn bestimmt wird, handelt es sich insgesamt um noch nicht bestehende Städte. Aber außer diesen Fällen finden wir gar keine Gründungsurkunden für königliche Städte vor. Diese werden manchmal im Stadium der Anlage erfasst, aber in den betreffenden Dokumenten steht kein Wort über die Erteilung des Stadtstatus,[166] oder sie erscheinen als bereits bestehende Städte, ohne dass ein früherer Rechtsakt festzustellen wäre.[167] Wie stellt sich diese Tatsache in der diplomatischen und rechtlichen Interpretation dar?

Allgemein gesehen, dominiert hier das Verhältnis Aussteller-Empfänger. Beiseite lassen können wir in diesem Zusammenhang die Urkunden der kirchlichen Würdenträger für die Städte in Angelegenheiten der kirchlichen Verwaltung, weil darin der Stadtstatus nicht berührt wird.[168] Auf der Ausstellerseite tritt vor allem der Landesherr in Erscheinung, eventuell die Obrigkeit einer nichtköniglichen Stadt. Die Urkunden des Landesherrn für die Städte in der direkten Sphäre der souveränen Macht, also für die königlichen Städte, sind für die städtischen Kommunen als Empfänger bestimmt. Im Fall der nichtköniglichen Städte sind sie nicht an die Städte selbst adressiert, sondern an die Grundherrschaft, die sich die Privilegien und Gnaden des Königs, z. B. die Erhebung ihres Marktdorfes zu einer Stadt, erbeten hatte. Ähnlich sind in den Lokationsurkunden der königlichen Städte die Empfänger die Lokatoren und nicht die Stadtgemeinden – das soll noch einmal betont werden! – die damals noch nicht einmal konstituiert gewesen sein mussten, während die Menschen erst

---

Urkunden für Aussteller und Empfänger hatten, ob ihre Texte im alltäglichen Rechtsleben berücksichtigt wurden und wie sich das tatsächliche Verhältnis zwischen den Mutter- und Tochterstädten gestaltet hat.

166 Es sind Nachrichten über Königgrätz und über Znaim.

167 Die dem Kloster Opatowitz gehörende Stadt Přelauč erhielt 1261 die Rechte der Städte Kolin und Kauřim, ohne dass man bis zu dieser Zeit etwas über deren Stadtverfassung wusste, CDB V/1, Nr. 292. Genauso ist es bei Hohenmaut der Fall, das ohne irgendeine vorhergehende Nachricht als Stadt erscheint, die ein Vorbild für das neu gegründete Polička wurde, wie bereits erwähnt wurde.

168 Zu solchen Urkunden gehört die Entscheidung des Streites über die Grenzen der Pfarreien in Brünn im Jahr 1293, der durch die genaue Bestimmung der Straßen gelöst wurde, die zur jeweiligen Pfarrei gehören sollten, RBM II, Nr. 1620, ein vollständigerer Wortlaut in CDM IV, Nr. 320. Dazu bereits im Kapitel II und dort der in der Anmerkung 93 zitierte Vičar, Několik topografických poznámek [Einige topographische Bemerkungen], ČMM 94, 1975, S. 284–288. Die Entscheidung zwischen den beiden Kircheninstitutionen wurde vom Abt von Welehrad getroffen, der zur Beratung auch drei Kenner des Rechts – *iuris periti* – herbeigeholt hatte. Eine Präzisierung dieser Entscheidung war dann ein Jahr später die Bestimmung der gegenüber der jeweiligen Pfarrei zinspflichtigen Häuser, CDM V, Nr. 15, wo sich der Abt u. a. auf das römische Recht berufen hat, auf den Ausspruch des Marcianus aus den Digesten 50. 17. 96 und auf den kanonischen Grundsatz *eius est interpretari cuius est concedere*. Es ist offensichtlich, dass es sich um einen interessanten Augenblick der Brünner Geschichte handelte, dass es aber nicht die Rechte der Stadt betraf. Auch die Urkunde gehört mit ihrer kanonischen Form nicht in den gewöhnlichen Umkreis von Brünner Urkunden, vgl. M. Boháček, Das römische Recht, S. 301.

nach und nach in die im Entstehen begriffene Stadt kamen. Die Grundherren können Rechte nur ihren eigenen, keinen anderen Städten erteilen. Das so skizzierte Prinzip kann für ein allgemeines gehalten werden, die Abweichungen von ihm müsste man als Anomalien ansehen.

Wenn es also keine Gründungsprivilegien für königliche Städte gibt, ist dies dadurch begründet, dass es kein Subjekt gibt, das ihr Empfänger sein könnte. Das bedeutet, dass der Landesherr einer gewissen Gruppe von Bewohnern einer Siedlung zuerst den Status von Bürgern zuerkannte, was entweder durch eine mündliche Einwilligung oder durch eine verbindliche Willensäußerung geschehen ist,[169] und erst dann konnte die so anerkannte Rechtsperson zum Subjekt von Rechten und Verpflichtungen und also auch zum Empfänger von geschriebenen Privilegien werden. Aus der rechtlichen Natur der Stadtgründung folgt, dass die königlichen Städte keine Gründungsprivilegien hatten und derer auch nicht bedurften.

Die Zustimmung des Landesherrn benötigten die Herren, wenn sie ihr Dorf oder ihren Markt zur Stadt erheben oder eine neue gründen wollten. Ein solches Privileg erhielt das Kloster Doxan für seine Stadt Königsberg a. d. Eger, mit dem wir uns wiederholt befasst haben,[170] die Prager Kirche für Hněvkowitz[171] oder Herbord von Fulštejn für Kranowitz (jetzt Krzanowice in Polen), der aus seinem Dorf ein *oppidum* machen durfte, das sich nach dem Recht des *oppidi* Leobschütz richten sollte.[172] Aber auch hier sieht man, wie selten ähnliche Gründungsprivilegien waren. Bei einer großen Zahl von Städten haben wir gar keine Möglichkeit, ihre verfassungsrechtlichen Anfänge zu verfolgen. Sie treten in Quellen als Städte auf, ohne dass man bestimmen kann, wann sie zu Städten geworden sind.

169 Man kann auch nicht die Existenz einiger heute verlorener Lokationsurkunden ausschließen, die bei den Lokatoren nicht den gebührenden Archivschutz hatten, Šebánek/Dušková, Listina [Die Urkunde], S. 128, allerdings kann es sich um keine große Zahl gehandelt haben und im Einzelfall ist dies nicht einmal hypothetisch zu beweisen.

170 CDB III/1, Nr. 26. Siehe weiter oben, S. 158.

171 CDB V/1, Nr. 359. Die Urkunde erlaubt den Markt, fügt aber hinzu, dass es in *eodem oppido* Tavernen und Gerichtsbarkeit *more aliarum civitatum* geben soll, mit Ausnahme des Galgens *sicut nostre civitates habere consueverunt.* Es ist offensichtlich, dass dadurch der Stadtstatus erteilt wird.

172 CDB V/1, Nr. 432+. Einige Zweifel an dieser Urkunde müssen gerade diese Nachricht nicht erschüttern.

IV. DAS STADTRECHT

Das Stadtrecht im technischen Sinn umfasst nur die Rechtsbereiche in der Kompetenz städtischer Organe, also nicht den ganzen Komplex der Rechte, die die Stellung der Stadt regeln. – Kaufleute und Kaufmannsrecht. – Ius fori und seine Bedeutungen. – Ius civile. – Ius iudicii. – Die Richtungen der Übernahme von Stadtrechten und die Anfänge der Rechtskreise – Der Geltungsbereich innerhalb der Stadt und die Bedeutung der Stadtmauer. – Die Kollision der Stadtgerichte mit denen der Grundherren. – Die Reichweite des Stadtrechts in den Stadtdörfern und die Schaffung des Weichbildes. – Das Arrestationsrecht der Bürger gegenüber ihren Schuldnern. – Privilegien für mehrere Städte.

Die Entstehung des Stadtrechts ist schon länger als ein Jahrhundert Gegenstand von Überlegungen in zahlreichen Schriften. Das kann nicht verwundern. Ein für die Geschichte der Siedlung, der Wirtschaft und des Rechts so eigenständiges und wichtiges Phänomen stellt ein attraktives Thema für die Forschung dar, und dies nicht nur für die historische, sondern auch die rechtstheoretische oder soziologische. In den Ausführungen über das Wesen und die Merkmale der Stadt fehlt nirgends das Stadtrecht.[1]

Für das Gebiet von Böhmen und Mähren ist die Entstehung und endgültige Formgebung des europäischen Stadtrechts eine sekundäre Frage. Bei uns gibt es keine Quellen, die die Anfänge der städtischen Institutionen und die allmähliche Verselbständigung von Stadtgemeinden bezeugen würden, wie dies von alters her im Westen und Süden Europas der Fall ist. Es geht hier nicht um das Alter der Quellen, wenn die Belege aus entfernteren und näheren Territorien, für den Vergleich mit unseren Verhältnissen vor allem aus deutschen Gebieten, unseren Materialien um einige Jahrhunderte voraus sind, sondern es geht um die Tatsache selbst, dass bei uns die Stadtordnungen und -verfassungen bereits in relativ ausgereifter Form übernommen wurden. Es erscheint hier also auch nicht die Fragestellung, aus welchem Rechtssystem das Stadtrecht hervorging und seine eigene Gestalt annahm, weil der monokausal bestimmte Vorläufer selbst nicht die Entstehung der stadtrechtlichen Verhältnisse

[1] Siehe bereits das Einleitungskapitel, S. 28–31. BLASCHKE, Altstadt – Neustadt – Vorstadt, S. 359, präzisiert die Bedeutung des Stadtrechts: „Das Stadtrecht ist ein derart entscheidendes Merkmal dieser „eigentlichen“ Stadt, dass man es sehr wohl zur Kennzeichnung des Typs verwenden kann.“

vorbestimmen konnte und weil mehrere Elementen miteinander verbunden werden mussten,[2] u. a. auch mit außerrechtlichen.[3]

Damit wird sicherlich nicht geleugnet, dass bestimmte Elemente, die dann im Stadtrecht heimisch werden, älteren Ursprungs sind, seien es nun Kaufmannsgewohnheiten, die Rechtsregelung der Märkte oder einige Prozesselemente.[4] All dies befindet sich aber erst auf dem Weg zum städtischen Rechtssystem. Es zeigt sich erneut, dass einige Schlussfolgerungen, die das Stadtrecht schon in sehr alter Zeit z. B. in den deutschen Texten Notkers von St. Gallen suchen, in denen für die Zeit um das Jahr 1000 im Begriff *burgreht* schon Stadtrecht gesehen wurde,[5] übertrieben waren.[6] Die frühmittelalterlichen Städte vor dem 12. Jahrhundert kannten weder das Stadtrecht noch die Stadtgemeinde.[7]

Zu den häufigsten Themen der Forschungsdiskussion in früherer Zeit gehörte, dass das Stadtrecht Mittel- und Osteuropas aus Deutschland übernommen wurde. Das konnte natürlich nicht abgestritten werden, aber sehr energisch hielt sich für eine ziemlich lange Zeit, besonders in der polnischen Fachliteratur, die Überzeugung, dass vor dem Aufkommen der deutschen Stadtrechte Städte „zu polnischem Recht" existierten oder Städte „mit lokalem Recht". Einen gewissen Impuls zu dieser Ansicht lieferte auch die neuzeitliche nationale Spannung, in der die einseitige Betonung des deutschen Ursprungs der Städte auf der anderen Seite das Bestreben weckte, diese Tendenz abzuschwächen und die eigene stadtrechtliche Kreativität nachzuweisen. Aber bereits die Schwierigkeiten mit der Erfassung des Begriffs „Städte mit lokalem Recht" zeigten, dass sein Inhalt nicht leicht zu erklären ist.[8] Es gilt hier dann

---

2 Siehe oben im Kapitel über die Stadtgründung, S. 146–148.

3 Pirenne, Les villes, S. 169, hat zutreffend erkannt, dass: „Le droit urbain ... est la conséquence d'une situation sociale et économique commune à tous les peuples." Damit stimmt überein, was derselbe Autor auch in dem Artikel Städte, Märkte, S. 14, sagte, dass nämlich die Stadtverfassungen kein nationales Phänomen sind, sondern ein soziales, unabhängig von Rassen, Sprachen und Grenzen. Sohm, Die Entstehung, S. 11, hat Recht mit der Feststellung, dass die wirtschaftliche und die Rechtsentwicklung einander durchdringen und dass der gegenseitige Einfluss deutlich ist, auch wenn seine Theorie der direkten Entstehung des Stadtrechts aus dem Marktrecht überholt ist. Es wäre müßig, in diesem Zusammenhang zu den vielfältigen Ausführungen über die Arbeitsteilung zurückzukehren, die zur Entstehung der Städte geführt hat, weil darin die kreative Rolle des Rechts nicht ausreichend erklärt wird. Wenn Hensel, Anfänge, S. 30, sagt, dass sich die Rechtsnormen als eine Folge der Existenz der Stadt herausgebildet haben und nicht umgekehrt, kann grundsätzlich eingewendet werden, dass es um parallele, wechselseitig abhängige und sich wechselseitig ergänzende Erscheinungen ging.

4 Pirenne, Les villes, S. 166, hat auf die Exemption der Bürger von Ypern vom Gerichtszweikampf schon zum Jahr 1111 hingewiesen.

5 Schlesinger, Burg und Stadt, S. 13.

6 Köbler, Zur Entstehung des Stadtrechts, S. 198.

7 Dilcher, Rechtshistorische Aspekte, S. 29. Köbler, Zur Entstehung des Stadtrechts, fügt hinzu, dass nicht einmal die planmäßige Gründung von Freiburg und seine Urkunde als Ausdruck des Stadtrechts angesehen werden können. Junghanns, Die Deutsche Stadt, S. 88 und 94, konstatiert, dass es in der frühfeudalen Stadt kein besonderes Stadtrecht gibt, sondern dass sie sich nach dem ländlichen Hofrecht richtet. Ähnlich hat bereits A. Schulte, Reichenauer Städtegründungen, S. 137, gezeigt, dass es im 11. Jahrhundert kein Stadtrecht gibt.

8 Hensel, Anfänge, S. 29, hat zugegeben, dass er gewisse Vorbehalte gegenüber dieser Bezeichnung hat, und versuchte, S. 30, solche Orte zu charakterisieren, die sich von „Lokations" städten durch den Mangel an voll entfalteter Rechtsposition unterscheiden. Auch die Unterscheidung „le droit local" und

der Einwand, dass es sich um eine subjektive Gliederung handelt, deren Ergebnis für die weitere Forschung problematisch ist.[9] Es fehlen nämlich Ausführungen darüber, was unter dem Begriff lokales Recht oder polnisches Recht verstanden werden soll.[10] Wir müssen nicht zu den Polemiken über die „Städte unter polnischem Recht“ zurückkehren, die Einwände waren so deutlich, dass sie vollständig überzeugten.[11] Man kann sich der Schlussfolgerung anschließen, dass es sich in Wirklichkeit nicht um „Stadtrecht“ gehandelt hat.

Ein etwas anderes Ergebnis bringt das Studium der nördlichen Städte, für die Aufzeichnungen des Stadtrechts erscheinen, das nicht vom deutschen Recht geformt ist, wie dies beim Recht von Bergen und Lund der Fall war.[12]

Für unser Gebiet wird es nicht möglich sein, eine Analogie zu den polnischen Verhältnissen nachzuweisen, wo die deutsche Ansiedlung in der Stadt ihr Recht hatte, das

„le droit municipal“ desselben Autors, Méthode archéologique, S. 304–305, ist nicht glücklich, denn es werden zwei recht unbestimmte Begriffe nebeneinander gestellt. Wenn ebd., Anfänge, S. 32, auch behauptet wird, dass neben Städten mit lokalem Recht gleichzeitig Städte mit Stadtrecht existierten („Lokationsrecht“) und wenn dies auch über Böhmen gesagt wird, dann befinden wir uns bereits in einer völlig vagen Terminologie. Derselbe Autor, Untersuchungen über die Anfänge der Städte in Polen, in: Vor- und Frühformen II, S. 183, trat in gewisser Weise von dieser verschärften Auffassung zurück, aber er zieht trotzdem immer noch Städte mit lokalem Recht in Erwägung, was er für eine konventionelle Bezeichnung hält, und fügt hinzu: „Gleichwohl das Vorhandensein solcher Institutionen (z. B. des *iudex forensis*) weist auf eine Tendenz hin, die auch auf rechtlichem Gebiet bestanden haben muß.“ Aber der Hinweis auf die Institution des Marktrichters zeugt schon von einer falschen Auffassung, denn *iudex forensis* war in älterer Zeit eindeutig ein Beamter des Landesherrn, wie im Kapitel über die Märkte gezeigt werden wird, und man kann sich nicht für die Konstruktion einer Art lokalen Stadtrechts auf ihn berufen. Dann erhebt sich die Frage des Übergangs von den „Städten zu polnischem Recht“ zu den „Städten zu deutschem Recht“, wie sie Z. Kaczmarczyk, Początki [Die Anfänge], S. 19 zu lösen versucht. Im Bereich der Vorstellungen über Städte und Märkte zu polnischem Recht blieb auch A. Gieysztor, Geneza miast polskich i ich dzieje do konca XV wieku [Die Genese der polnischen Städte und ihre Geschichte bis zum Ende des 15. Jh.], in: Miasta polskie w tysiącleciu [Polnische Städte im Jahrtausend] I, Wrocław – Warszawa – Kraków 1965, S. 12–20.

9 Buczek, Targi [Märkte], S. 35–36, bezieht sich auf Hensels polnische Version, Archeologia o początkach miast słowianskich [Archäologie über die Anfänge der slawischen Städte], Wrocław-Warszawa-Kraków 1963. In der deutschen Fassung, Anfänge, die 1957 nach Buczeks Buch erschienen ist, berücksichtigt Hensel die kritischen Einwände nicht.

10 Buczek, Targi [Märkte], S. 22.

11 Außer dem ausgezeichneten Buch von Buczek kann willkürlich herausgegriffen werden: V. Procházka, Die patriarchale Stadt, S. 12. Er wies darauf hin, dass es sich nicht um ein Rechtssystem handelt, das sich von dem in der Provinz geltenden unterscheiden würde. B. Zientara, Przemiany [Veränderungen], S. 71, kritisiert die Unrichtigkeit der Versuche, den Ausgangspunkt des polnischen Stadtrechts im Marktrecht zu suchen, und die Irrigkeit der Bemühung, vorlokatorische Elemente im Studium von Plänen aus dem 19. Jh. zu suchen. Es scheint, dass das letzte Wort zur Ablehnung der Theorien über Städte zu polnischem Recht T. Sporn, Die „Stadt zu polnischem Recht“, vorgetragen hat. Zum methodischen Kern neuerlich J. M. Piskorski, Stadtentstehung, S. 329, der bei der Polemik gegen die sog. Evolutionstheorie hervorhob, dass: „manche polnischen Forscher, indem sie die Existenz von Städten bei den Westslawen schon in der vorkolonialen Periode zu beweisen versuchten, aber zugleich im „Bannkreis“ der rechtlichen Stadtdefinition befangen blieben, sich gezwungen fühlten, sich ein einheimisches Stadtrecht auszudenken, das angeblich vom allgemeinen fürstlichen Recht abzusondern sei.“

12 Zernack, Der europäische Norden, bes. S. 41–42.

dann von der ganzen Stadt übernommen wurde.[13] Einziges Beispiel könnte die deutsche Gemeinde bei St. Peter in Prag sein und gerade bei ihr lässt sich ein ähnlicher Vorgang nicht nachweisen, weil das Prager Stadtrecht nicht an sie anknüpfte.[14]

Zuweilen wird als Stadtrecht im weiteren Sinne eine Sammlung von Rechtsnormen bezeichnet, die das Verhältnis der Stadt zum Landesherrn oder zur öffentlichen Ordnung sowie die wechselseitigen Beziehungen der Bürger überhaupt regelten,[15] also eigentlich jegliches auf die Stadt bezogenes Recht.[16] Aber im technischen Sinne muss eine genauere, engere Eingrenzung des Stadtrechtes vorgezogen werden, die nicht den Komplex der Rechte umfasst, die die gesamte Position der Stadt regeln. Darunter verstehen wir vor allem das Privatrecht, das Strafrecht, das Prozessrecht und die Vollstreckungsgewalt,[17] also diejenigen Rechtsbereiche, die die eigentliche Kompetenz der städtischen Organe bilden. Gerade darin bildet das Stadtrecht ein eigenständiges System, das sich vom Landrecht unterscheidet und dessen Entstehung und Wirkung im Interesse des Bürgertums als Produzent und Händler ist, dem die Förmlichkeit des Landrechts nicht passt, ja es geradezu einschränkt, denn es benötigt ein flexibles und durchschaubares Vorgehen in allen seinen Angelegenheiten. Dies unterstützt die Schaffung des Rechts und ist verbunden mit der ernsthaften Rationalisierung des Rechtsdenkens.[18] Aber damit zeichnet sich schon die wirkliche Stadt im

---

13 Beispiele bringen KACZMARCZYK, Początki [Anfänge], S. 34. Vgl. W. MaiSEL, Sądownictwo miasta Poznania do końca XVI. wieku [Das Gerichtswesen der Stadt Posen bis zum Ende des 16. Jh.], Poznań 1961, S. 48.

14 KEJŘ, Zwei Studien, S. 139.

15 D. LEHOTSKÁ, Vývoj mestského práva na Slovensku [Die Entwicklung des Stadtrechts in der Slowakei], Sborník filozofickej fakulty Univerzity Komenského – Historica 10, 1959, S. 77. Dieser Auffassung kommt auch B. MENDL, Tak řečené norimberské právo [Das sog. Nürnberger Recht], S. 44, näher, der es versteht als „Recht, das die Bewohner der Stadt gebrauchten, dem sie unterstanden und mit dem alle Angelegenheiten ihres öffentlichen und privaten Lebens geregelt wurden."

16 In diesem Sinn begreift F. PETRI, Niederlande, S. 295, das Stadtrecht, wenn er den Rechten der alten *civitates* und der Abteien, die lange ihre domanialen Züge behalten, das Recht von Handelszentren gegenüber stellt, wie Gent, Brügge, Ypres, Douai oder Lille: „Bis in seine letzten Züge hinein entspricht hier das voll ausgebildete Stadtrecht in einzigartiger Weise den Wünschen und Notwendigkeiten der handeltreibenden Bevölkerung, mag es sich um Zolltarife, das Hanserecht und die Privilegien der Gilde handeln, um Kreditbestimmungen, das Bodenrecht, das Pfandrecht, die Befreiung vom gerichtlichen Zweikampf, um den Handel und dergleichen mehr."

17 DILCHER, Rechtshistorische Aspekte, S. 18. Zu dieser Eingrenzung des Stadtrechts schon in Kap. I, S. 28–30.

18 W. EBEL, Rechtsschöpferische Leistung, S. 244. Das Prinzip der Schaffung des Stadtrechts wird präzise im Privileg für Leobschütz von 1275 ausgedrückt, CDB V/2, Nr. 790, im Art. 32, wo zu den umfangreichen Artikeln über die vorangegangenen einzelnen Bestimmungen hinzugefügt wird: *si quando advocatus et consules ... aliquam sentenciam tulerint de aliquo articulo, qui non sit predictis insertus, se de novo emerserit ex ignota causa, volumus eam sentenciam ratam et illibatam servari ac si superius esset scripta, dummodo eadem sentencia non sit contra iusticiam vel contra communem honestatem.* Das ist eine ausdrückliche Anerkennung der freien Rechtsschöpfung, die auch dadurch weitreichendere Bedeutung hat, dass Leobschütz das Zentrum eines bedeutenden Rechtsraumes war. Eine noch freiere Rechtsschöpfung eigneten sich die Bürger von Iglau an, wenn ihr gefälschtes Privileg, CDB IV, Nr. 177++, S. 296, die Festlegung enthält: *Ceterum volumus et mandamus, ut quicquid iurati civitatis nostre et iurati montanorum pro bono communi ordinaverint et statuerint, inviolabiliter ab omnibus conservari.* Diese praktisch unbegrenzte Befugnis ist gerade durch das Streben nach städtischer Autonomie verständlich, sogar noch in umfangreicherem Maße als in dem zitierten authentischen Privileg

Unterschied zu den vorhergehenden Siedlungsformen aus, bei denen noch nicht von eigenem Recht und eigener Verfassung gesprochen werden kann.[19] Wir werden später sehen, dass gerade die Eingrenzung des Stadtrechts in diesem engeren Sinne den Verhältnissen in den böhmischen Ländern vollkommen entspricht, wie dies die Quellen bezeugen.

Es besteht kein Zweifel, dass das Stadtrecht in unserem Gebiet und weit nach Osteuropa hinein von deutschen Vorbildern übernommen und von der starken Schicht der neuen deutschen Siedler mitgebracht wurde. Wir können jedoch nicht auf den Vorwurf verzichten, dass aus dieser Erscheinung ein gewisser Teil der nationalistisch orientierten deutschen Fachliteratur einige tendenziöse Schlussfolgerungen zog, die seinen Standpunkt zu aktuellen nationalen Spannungen stützen sollte.[20] Dies aber kann die historische Tatsache selbst nicht entwerten, über die die jüngere Forschung ohne Emotionen und jegliche Nebenabsichten spricht.[21] Es zeigt sich ebenfalls, dass auch in der engen Nachbarschaft Deutschlands, wo der deutsche Charakter deutlich zu Tage tritt, einige Unterschiede erscheinen. Bei der Gründung von Städten siedelt sich weiter nach Osten eine deutsche Mehrheit an, die Umgebung bleibt aber slawisch. Im entferntesten Osten lässt sich keine deutsche Bewohnerschaft mehr nieder. Hier dringt nur noch das deutsche Recht vor.[22]

Wir haben bereits konstatiert, dass sich einzelne Entwicklungsstufen, die bis zur Stabilisierung des Stadtrechts führten, auf unserem Boden nicht nachweisen lassen. Trotzdem finden gewisse Elemente ihren Widerhall auch hier und wir müssen ihnen wenigstens kurz unsere Aufmerksamkeit widmen. Es geht vor allem um die Tatsache, dass ebenfalls bei uns, wenn auch nur in wenigen Erwähnungen der Quellen, eine besondere Stellung der Kaufleute festgestellt wird.

Schon zu Beginn unserer Geschichte erfahren wir von Kaufleuten, die zum Handeltreiben nach Böhmen vordrangen, wie das die *Constitutio de negotiatoribus* von

für Leobschütz, und das ist einer der Gründe, warum das Iglauer Privileg als Fälschung zu betrachten ist; vgl. MEZNÍK, Jihlavské privilegium [Das Iglauer Privileg], S. 15–16. Das Prinzip der eigenen Ergänzung des Rechts erscheint auch andernorts, z. B. im Privileg für Saint-Omer von 1199: *Iuri preterea suo quicquid voluerint ad emendationem ville superaddant,* R. C. VAN CAENEGHEM, Coutume et législation en Flandre aux XIe et XIIe siècles, in: Les libertés urbaines et rurales, S. 261.

[19] DILCHER, Rechtshistorische Aspekte, S. 31.

[20] Für das Gebiet der böhmischen Länder vor allem J. GRUNZEL, Über die deutschen Stadtrechte Böhmens und Mährens, MVGDB 30–32, 1892–1894, woran allerdings eine Reihe von Einwänden und Korrekturen angebracht werden könnte; eine ähnliche Tendenz vertritt auch WEIZSÄCKER, Eindringen und Verbreitung. In gewissem Maße erscheint eine ähnliche Ansicht bei VON BELOW, Städtewesen und Bürgertum, bes. S. 17.

[21] Aus der Fachliteratur wenigstens einige Beispiele: D. LEHOTSKÁ (wie Anm. 15), S. 67, die den primären Einfluss des deutschen Rechts konstatiert, in das dann aber später einheimische Formen eindrangen; A. KUBINYI, Die Anfänge Ofens, S. 81, der eindeutig nachgewiesen hat, dass das Recht von Ofen deutschen Ursprungs ist; KEJŘ, Anfänge der Stadtverfassung, bes. S. 470. Ähnliche Ansichten könnten noch ergänzt werden um die Werke weiterer Autoren, z. B. J. MATUSZEWSKI, Die Aufnahme des deutschen Rechts in Polen, Bulletin de la Société des Sciences et des Lettres de Lódz 20, 4, 1970, S. 4.

[22] SCHLESINGER, Städtelandschaften, S. 54–55. Der Autor erkennt an, dass es zu keiner vollständigen Unterbrechung der einheimischen Entwicklung kam, die aber eine deutliche Beschleunigung durch die Übernahme bereits geschaffener Formen erfuhr.

805 bezeugt,[23] der zufolge es verboten ist, Waffen zum Verkauf einzuführen.[24] Noch lange lassen sich keinerlei Regeln feststellen, die die Kaufleute absichern, aber aus ihrem Beruf selbst und aus ihrer Mobilität im Fernhandel ergibt sich, dass für sie die geläufigen Rechtsordnungen für fest ansässige Leute, die der Macht des Grundherrn unterstanden, nicht galten. Sie wurden als Freie angesehen und darüber hinaus mit privilegierter Stellung, denn sie standen unter dem Schutz des Herrn. Es wurde ein *ius mercatorum* geschaffen, das sie aus der gewöhnlichen Rechtsordnung herausnahm.[25]

Die Unterscheidung der zwei Rechtsbereiche *negotiale* und *iuriditiale*, wie sie Notker vornahm,[26] stellt das Kaufmannsrecht dem *burgreht* deutlich gegenüber, für das sich schließlich herausstellte, dass es nicht mit dem Stadtrecht zu identifizieren ist.[27] Das hebt jedoch nicht die Tatsache auf, dass sich bei Notker deutlich die Umrisse des Gewohnheitsrechts der Kaufleute zeigen,[28] die die Gebiets-, Immunitäts- und Grundherrschaftsbindungen überschreiten und bis zu entfernten Handelsplätzen reichen.[29] Wenn im Jahre 965 die Kaufleute aus Bremen den gleichen Schutz und das gleiche Recht wie die Kaufleute anderer königlicher Zentren erhalten – *in omnibus tali patrocinentur tutela et potiantur iure quali ceterarum regalium institores urbium*[30] – ist dies bereits ein Beweis für die Existenz eines allgemeinen Kaufmannsrechts.[31] Man kann an die Rechte der Kaufleute von Tiel erinnern, die nach Alperts von Metz *De diversitate temporum*, einem zwischen den Jahren 1021 und 1024 entstandenen Werk, sich von anderen unterscheiden, weil sie nach eigenen Rechten richten, die ihnen angeblich vom Kaiser bestätigt wurden, und weil sie sich des besonderen Schutzes des Herrschers erfreuen.[32]

Die Rechte der Kaufleute zeichneten sich nicht nur durch ihre Freiheit aus. Sie mussten sich weder den Gerichtszweikämpfen oder Gottesurteilen unterziehen, weil für sie der Reinigungseid genügte.[33] Es ist berechtigt, das Kaufmannsrecht als eine der Inspirationsquellen für das zukünftige Stadtrecht anzusehen,[34] wenn die Gewohnheiten der Kaufleute auf die Schaffung des Rechtes der Stadtbürger zielten.[35] Aber es

---

23 CDB I, Nr. 1.

24 Zum Hintergrund des Verbots V. Novotný, Od nejstarších dob do smrti knížete Oldřicha, České dějiny I/1 [Von den ältesten Zeiten bis zum Tode Fürst Oldřichs, Böhmische Geschichte I/1], Praha 1912, S. 277.

25 Planitz, Kaufmannsgilde, S. 17–18.

26 Schlesinger, Burg und Stadt, S. 92.

27 Köbler, Zur Entstehung des Stadtrechts.

28 Dilcher, Rechtshistorische Aspekte, S. 27.

29 Ebd., S. 26.

30 D O I., Nr. 307.

31 Schlesinger, Zur Gründungsgeschichte von Freiburg, S. 33. Ebd. weitere Belege für das allgemeine Kaufmannsrecht.

32 Ennen, Das Städtewesen Nordwestdeutschlands, S. 188–189. Neu Dilcher, Marktrecht, S. 413. Die Kaufleute von Tiel fanden ihr Recht nicht nach *lex*, d. h. nach dem Landrecht, sondern *secundum voluntatem*.

33 Planitz, Kaufmannsgilde, S. 111–112, wo hinzugefügt wird, dass das Verbot des Gerichtszweikampfes aus dem *ius mercatorum* stammt.

34 Dilcher, Rechtshistorische Aspekte, S. 27.

35 Ebel, Rechtsschöpferische Leistung, S. 242.

gab wohl keine direkte Übertragung der Gewohnheiten der Kaufleute auf die Marktsiedlungen,[36] das heißt vom Personalrecht auf Territorialrecht. Die Behauptung, das Stadtrecht sei eine Vollendung des Kaufmannsrechts,[37] ist zu kategorisch und gehört eigentlich den Theorien über die monokausale Quelle des Stadtrechts an.

Wir wollen noch – vielleicht überflüssigerweise – daran erinnern, dass beim Gebrauch des Terminus *mercatus, mercatorium ius* oder *mercator* sein Inhalt nicht das Marktrecht ist, sondern ausschließlich das Kaufmannsrecht, das auch an den Handelsplätzen gilt – *mercatus*. Daraus lässt sich nichts ableiten für das *ius fori*[38] und es kann erneut gesagt werden, dass das Kaufmannsrecht keine selbständige Verfassung städtischer Art hervorbringt.[39]

In den böhmischen und mährischen Quellen finden sich nur wenige Nachrichten über Kaufleute. Es muss betont werden, dass wir keine Belege für das *ius mercatorum* haben, so dass die rechtliche Stellung der Kaufleute nur sehr unbestimmt aus Bemerkungen über *mercatores* verfolgt werden kann. Der wohl älteste derartige Beleg stammt aus der sog. Raffelstetter Zollordnung vom Beginn des 10. Jahrhunderts,[40] deren Zusammenhang mit dem Großmährischen Reich nachgewiesen ist.[41] Dort wird im letzten Absatz festgelegt, dass *mercatores, id est Iudei et alii mercatores*, verpflichtet sind, Zoll zu zahlen. Aber es handelt sich um eine Quelle fremden Ursprungs und außerdem kann man nicht mit einer Kontinuität der Handelsbeziehungen nach dem Zerfall des Großmährischen Reiches rechnen, so dass sich ihre Aussagekraft für den böhmischen Staat der Přemysliden bereits abschwächt.

Aufmerksam muss die sog. Donation Bořivojs[42] betrachtet werden, der wir wiederholt begegnen; sie sollte den Stand zu Beginn des 12. Jahrhunderts erfassen, ist aber erst in Form einer Aufzeichnung pro memoria erhalten, die vor 1352 entstanden ist. Die Bestimmungen der Donation sind also strittig, weil in sie auch die Verhältnisse aus der Zeit ihrer Aufzeichnung hineingetragen wurden.[43] Trotzdem besteht an der Verfügung des Fürsten Bořivoj, die er in irgendeiner Form zu Gunsten der Prager Kirche getroffen hat, kein Zweifel.[44] Die Kirche erhält die Erträge aus der *curia*

---

36 Rietschel, Markt und Stadt, S. 194.

37 Planitz, Kaufmannsgilde, S. 103.

38 Schlesinger, Forum, S. 289–290.

39 Schlesinger, Chemnitz, S. 122.

40 CDB I, Nr. 31.

41 D. Třeštík, „Trh Moravanů“- ústřední trh Staré Moravy [„Der Markt der Mähren“ – der zentrale Markt von Alt-Mähren], ČSČH 21, 1973, S. 869–893.

42 CDB I, Nr. 389.

43 Wir haben schon im Kapitel über die Terminologie, S. 110–112, darauf hingewiesen, dass der Terminus *civitas*, der bereits eine Stadt bezeichnet, in diesem Sinne in der ursprünglichen Version nicht enthalten sein konnte.

44 V. Novotný, České dějiny [Böhmische Geschichte] I/2, S. 415, der sich nicht sicher ist, ob die Donation sich wirklich auf den Tein bezieht, dies jedoch nicht ausschließt. Zycha, Prag, S. 229–234, gelangte zu der Ansicht, dass einige Modernisierungen den Ursprung aus der Zeit Bořivojs nicht erschüttern, was er besonders gegen J. Čelakovský, O počátcích [Über die Anfänge], S. 32ff., oder Z. Winter, Dějiny řemesel a obchodu v Čechách v XIV a v XV století [Geschichte von Handwerk und Handel in Böhmen im 14. und 15. Jh.], Praha 1906, S. 28, erklärte, die die Urkunde für eine Fälschung hielten. Allerdings berechtigt die Feststellung, dass es sich nur um eine jüngere Aufzeichnung handelt, wäh-

hospitum in medio civitatis Prage, also aus dem Zentrum der Kaufleute, die nach Prag kommen und hier Schutz und Ruhe finden. Es werden Gebühren festgelegt, die *mercatores de extraneis partibus* zahlen müssen, es wird die Strafe für *mercatores, si extra curiam occultaverint* bestimmt und es wird auch die Gebühr für denjenigen festgelegt, der *cum mercibus vadit extra civitatem*. Außerdem werden auch die Gerichtsregeln bestimmt.[45] Es würde den Rahmen dieser Studie überschreiten, wenn wir diese Aufzeichnung dogmatisch zu interpretieren versuchten, denn es würde immer das Problem auftauchen, den ursprünglichen Text von den Zusätzen zu unterscheiden. Dennoch haben wir damit eine glaubwürdige Nachricht über den Hof ausländischer Kaufleute in Prag[46] und seinen besonderen Schutz.[47]

Von den übrigen Nachrichten aus dem 13. Jahrhundert bilden die Angaben über Kaufleute einige inhaltliche Gruppen, von denen sich die Aufzeichnungen über Kaufleute als Zeugen von Urkunden und über Zölle, die die Kaufleute zahlen sollen, deutlich abheben. Bereits 1207 erscheinen in einer Urkunde Přemysl Otakars I. vier Kaufleute als Zeugen.[48] Ihre Platzierung am Ende der Zeugenreihe, in der ihnen Geistliche und Adlige vorangehen, entspricht ihrer gesellschaftlichen Stellung, aber allein die Tatsache, dass sie zur Zeugenschaft in einer königlichen Urkunde berufen werden, verrät, dass sie sich deutlich über die gewöhnlichen Schichten der Untertanen erheben.[49] Aus ihrer Nennung unter den Zeugen geht eindeutig hervor, dass die Kaufleute freie Menschen sind, aber es lässt sich nicht nachprüfen, warum sie zur Beurkundung hinzugezogen wurden und welche weitere Rolle sie spielten.

In weiteren Fällen von Zeugenschaft erscheinen *mercatores* nicht mehr so deutlich, denn sie werden zusammen mit den Bürgern genannt, trotzdem ist ihre Bezeichnung immer noch Ausdruck einer gewissen eigenständigen Position. In einer Urkunde Smils von Lichtenburg für das Kloster Altzelle in der Lausitz über den Verkauf des Dorfes Lobositz von 1251[50] kommen nach den als *monachi*, *conversi* und *milites* bezeichneten Zeugen *cives et mercatores* aus Leitmeritz und die Urkunde trägt auch das Siegel der Stadt Leitmeritz. Ein Zeuge der Urkunde des Abtes von Hradisch aus dem Jahr 1256[51] befindet sich unter den nicht näher nach ihrem Stand bestimmten

rend die ursprüngliche Urkunde (sofern es eine gab!) nicht erhalten ist, dazu, den erhaltenen Wortlaut – selbstverständlich mit späteren Einschüben – als einen Beleg aus jener Zeit anzusehen, in die er datiert.

45 H. Schenk, Nürnberg und Prag, S. 18, meint, dass der Tein nach dem Muster des „Fondaco dei Tedeschi" in Venedig errichtet wurde, wo die Kaufleute Unterkunft, Lagerräume und Gerichtsbarkeit fanden.

46 Ein Falsum auf den Namen Soběslavs I., wohl aus dem 13. Jh., CDB I, Nr. 393, garantiert der Wyschehrader Kirche eine Gebühr *in curia hospitum mercatorum*. Hier ist eine ursprüngliche Bestimmung wahrscheinlich.

47 Für unsere Zwecke ist es nicht mehr notwendig, die späteren Streitigkeiten der Prager Kirche mit den Prager Bürgern über die Abgaben im Jahr 1298 zu verfolgen, RBM II, Nr. 1814, oder die Streitigkeiten über die Geschäfte ausländischer Kaufleute in Prag, die durch einen königlichen Beschluss von 1354, CIM I, Nr. 57, geschlichtet wurden.

48 CDB II, Nr. 74.

49 Šebánek, Česká listina [Die böhmische Urkunde] 3, S. 107, ordnet sie den Stadtbürgern zu, aber er fasst das in weitem Sinne auf. Für diese Zeit kann noch nicht von Stadtbürgern gesprochen werden. Keine einzige Nachricht bezeugt die Stadtverfassung.

50 CDB IV, Nr. 220.

51 CDB V/1, Nr. 77.

Zeugen, denen Geistliche vorangehen, auch *Henich mercator Olomucensis*. Im Jahr 1277 bestätigte der Abt von Sedletz die Dispositionen des Testaments eines Bürgers von Kolin[52] und unter den Zeugen ist auch *Heinricus mercator*. Schließlich erscheinen 1281 unter anderen Zeugen in einer Urkunde der Urburarii in Bergbauangelegenheiten in Deutsch Brod[53] zwei *mercatores*.

Im ersten der angeführten Fälle kann nicht bestimmt werden, woher die Kaufleute kommen. Auch verschwinden sie später ganz aus den Quellen, daher kann vermutet werden, dass Fernhandelskaufleute gemeint waren. In den übrigen Fällen zeigt sich die Zugehörigkeit der Zeugen zu einem bestimmten Ort, es handelt sich also um bereits ortsansässige Kaufleute. Das scheint auch 1271 im Testament Hartlebs von Myslibořice bestätigt zu werden, der außer seinen Aktiva auch seine Schulden aufzählt und dessen Gläubiger zwei Kaufleute aus Iglau sind.[54]

An die in Kladrau ansässigen Kaufleute, über deren Barvermögen wir hier einen Hinweis erhalten, richtet sich die Bestätigung König Přemysl Otakars I., der von ihnen bei der Fahrt seines Gefolges zum Reichstag nach Regensburg, zum Treffen mit dem römischen König Friedrich II., 50 Mark Silber übernommen hatte.[55] Die Urkunde ist nicht datiert, aber gerade aus der Erwähnung des Regensburger Reichstages, der im Februar 1213 stattfand, kann ihre Ausstellung etwa in die erste Hälfte des Februars dieses Jahres datiert werden.[56] Als Gegenleistung zur bereitgestellten Summe befreite der König die Kaufleute von der Entrichtung der *civili* (!) *iuris*, bestimmter Naturalabgaben, die die Kaufleute bis dahin ihm und seinen Vorgängern entrichtet hatten. Das bedeutet allerdings, dass in der Kladrauer Siedlung beim Kloster, am günstigen Weg von Böhmen nach Nürnberg, schon längere Zeit Kaufleute ansässig waren, mindestens seit den letzten Jahrzehnten des 12. Jahrhunderts.[57] Die entsprechenden Abgaben werden in der folgenden Zeit zugunsten des Klosters selbst umgewidmet.

Einige andere Klöster erhielten vom Landesherrn die Befreiung von Zöllen für ihre Untertanen,[58] aber von dieser Immunität wurden *mercatores* ausgeschlossen, die Zoll zahlen mussten.[59] Das zeitlich erste sichere Privileg dieser Art erließ Přemysl

---

[52] RBM II, Nr. 853.

[53] RBM II, Nr. 1240.

[54] CDB V/2, Nr. 632.

[55] CDB II, Nr. 366.

[56] Gegen den Verdacht Friedrichs, der die Urkunde in CDB unter die acta spuria einordnete, verteidigt V. Novotný, České dějiny [Böhmische Geschichte] I/3, S. 300, Anm. 3, ihre Echtheit. Dem Verteidiger der Echtheit kann zugestimmt werden, weil sie zu den historischen Ereignissen des Jahres 1213 passt, als Přemysl Otakar I. wirklich nach Regensburg reiste, vgl. auch CDB II, Nr. 100. S. Dušková, Listiny kladrubské – Studie k českému diplomatáři [Die Kladrauer Urkunden – Studien zum böhmischen Diplomatar] II, SPFFBU 2, 1953, S. 300, Anm. 32, hält diese Urkunde für echt.

[57] Die Handelsaktivitäten der Kladrauer bezeugt auch die älteste königliche Erlaubnis eines Jahrmarktes von 1233, CDB III/1, Nr. 44, mit der auch der Schutz für alle, die mit Waren *de diversis partibus terrarum* kommen, garantiert wird.

[58] Vaněček, Základy [Die Grundlagen] II., S. 112–116, Kapitel Imunita celní [Zollimmunität].

[59] Vaněček, ebd., S. 113, führt den begründenden Ausspruch des Tomáš von Štítné aus Knížky šestery [Sechs Bücher] an: „*ktož od kněží a svobodných panoší a vládyk berú mýto, křivěť je berú podle práva duchovního … neboť jen ti, ktož kupecsky těžie z peněz, povinni jsú platiti mýto.*“ [Wer von Priestern

Otakar I. schon 1222 für das St. Marienspital des Deutschritterordens,[60] mit der die *homines* des Spitals von der Zollzahlung ausgenommen werden, allerdings mit der Ausnahme, *nisi sint mercatores eorum publici, qui pro comodis propriis ampliandis laborant, quos a theloneis non absolvimus*. Diese Bestimmung wird in den Bestätigungen durch Wenzel I. von 1236[61] sowie durch Přemysl Otakar II. von 1249, 1251 und 1255 wiederholt.[62] Hier muss auf die Wendung *mercatores publici* hingewiesen werden, die sonst bei uns nirgendwo vorkommt. Zudem muss gefragt werden, ob es sich nur um eine Übernahme der Diktion aus der ersten Urkunde handelte oder um eine besondere institutionelle Einordnung. Für diese Interpretation fehlen aber die Grundlagen.[63]

In zeitlicher Folge gehören zu den Belegen für die Zölle der Kaufleute die Immunitätsprivilegien Přemysl Otakars I. von 1228 für die Klöster Oslawan[64] und Welehrad,[65] denen zufolge die *homines* der Klöster vom Zoll befreit sind *in rebus, que spectant ad opus vel usus ecclesie*, also nicht allgemein, und in denen hinzugefügt wird: *mercatores vero solvant, quod sui iuris est*.[66] Diese Bestimmung wurde 1234 auch in das Privileg für Raigern übernommen, das Markgraf Přemysl mit Zustimmung König Wenzels I. erließ[67] und das das Muster von Welehrad ausdrücklich übernommen hat. Aber darüber hinaus erschien sie erneut drei Jahrzehnte später in einer gefälschten Urkunde, die angeblich 1263 von Přemysl Otakar II. für das Kloster in Wisowitz ausgestellt wurde.[68]

Eine ähnliche Bestimmung erscheint auch in den Urkunden von Markgraf Přemysl, erstmals 1234 für Klosterbruck,[69] als der gleiche Grundsatz mit einem wichtigen Zusatz formuliert wird. *Homines* des Klosters sind von Zöllen befreit (und auch von Marktgebühren) und es wird hinzugefügt: *nisi forte mercator extiterit, qui soluto*

---

und freien Kleinadligen Maut nimmt, nimmt sie nach dem geistlichen Recht falsch ..., denn nur diejenigen, die handelsmäßig vom Geld profitieren, sind verpflichtet, Maut zu zahlen.] Obwohl es sich um ein mehr als hundert Jahre jüngeres Werk handelt, ist sein Schluss präzise und die Regel wurde bereits zu Beginn des 13. Jahrhunderts angewendet.

60 CDB II, Nr. 239.

61 CDB III/1, Nr. 137 und 138. Zum Verhältnis beider Urkunden ŠEBÁNEK/DUŠKOVÁ, Listina [Die Urkunde], S. 102–103.

62 CDB IV, Nr. 176 und 209; CDB V/1, Nr. 39. Die erste Bestätigung stellte Přemysl Otakar II. als *iuvenis rex* aus, die zweite als Sohn König Wenzels und die dritte schon aus eigener königlicher Machtbefugnis.

63 Es kann gefragt werden, ob eine Analogie zum Ausdruck *forum publicum* zu sehen ist, in dem die Bezeichnung *publicus* königlich bedeutet, wie eindeutig seine Übersetzungen in den Glossen als *kuninglich* beweisen; W. SCHLESINGER, Die Entstehung der Landesherrschaft, 3. Ausg., Darmstadt 1969, S. 109ff. *Forum publicum* ist also ein königlicher Markt, mit dem wir uns auch im Kapitel über die Märkte befassen werden, besonders im Zusammenhang mit dem Privileg für Leobschütz von 1275, CDB V/2, Nr. 790, Art. 24, S. 470. Kann aber in der Wendung *mercator publicus* ein unter königlichem Schutz stehender Kaufmann gesehen werden, wenn er im Zusammenhang mit den Leuten des Spitals angeführt wird?

64 CDB II, Nr. 320.

65 CDB II, Nr. 321.

66 VANĚČEK, Základy [Die Grundlagen] II, S. 114.

67 CDB III/1, Nr. 90.

68 CDB V/1, Nr. 366++.

69 CDB III/1, Nr. 87.

theloneo nulla prorsus dampnificacione gravetur. Nahezu gleichlautend ist das Privileg von Markgraf Přemysl für das Kloster Hradisch aus ungefähr derselben Zeit (1234–1235),[70] *nisi mercator sit, qui soluto theloneo iniuste non retardetur*, und für das Kloster Obrowitz von 1235.[71] In diesen Fällen sind zwar die Kaufleute verpflichtet, Zoll zu zahlen, aber sie werden gegen weitere unberechtigte Forderungen der Zöllner geschützt, wie im Privileg für Hradisch und für Obrowitz besonders hervorgehoben wird: *quod libenter in periculum anime sue theolonearii, qui obuznici vulgo dicuntur, sepius ausi sunt facere propter dominorum suorum avariciam.*[72] An der Echtheit aller dieser Urkunden wurde niemals gezweifelt.

Dagegen ist eine Urkunde gefälscht, die inhaltlich in den Bereich unserer Forschungen gehört. Es handelt sich um das angebliche Privileg Wenzels I. für das Kloster Hradisch bei Olmütz, das auf das Jahr 1250 datiert,[73] aber erst etwa 1270 entstanden ist.[74] In diesem wird dem Kloster der Zoll in Gaya und in Zwittau zugewiesen und es werden die Taxen festgelegt, die *mercator noster, episcopi vel baronis cuiuslibet* von Wagen mit bestimmten Produkten zu zahlen haben, ebenso auch *hospes*, also fremde Kaufleute.

Ungewöhnlich ist die Bestimmung des Privilegs der Königin Konstanze für die Stadt Göding, offenbar aus dem Jahr 1238,[75] in dem von Zöllen an zwei von einander getrennten Stellen die Rede ist. Die Bürger Gödings werden von Zollzahlungen auf dem gesamten Gebiet Böhmens und Mährens befreit: *Civibus nostris in eadem civitate talem libertatem damus, quod nullum theloneum solvant per totam terram Moravie et Boemie.* Dieses im böhmischen Staat einmalige Vorrecht wurde aus dem Privileg für die ungarische Stadt Stuhlweißenburg übernommen, ähnlich wie zwei andere Bestimmungen.[76] Das ist leicht dadurch zu erklären, dass Königin Konstanze, die selbst aus einem ungarischen Geschlecht stammte, über das Gebiet beiderseits der Grenze herrschte, das sie als ein Ganzes verwaltete, wobei sie sich nach dem dort üblichen Recht richtete.[77] Aber ein anderer Artikel der Urkunde legt fest, dass *mercatores domos habentes nullum theloneum solvant, sed in transitu aque dimidium.* Das ist ein anders formuliertes Vorrecht, es wird nicht von Befreiung im ganzen Staat gesprochen und die Herabsetzung des Zolls betrifft am ehesten den Übergang über den Fluss March in Göding. Der Unterschied zwischen *cives* und *mercatores* ist deutlich.

Der letzte Punkt, der sich auf die Kaufleute bezieht, deutet indirekt auf ihre finanziellen Interessen hin, wenn das berühmte Iglauer Privileg,[78] auf dessen Unechtheit wir nicht mehr hinweisen müssen, festlegt, dass kein *mercator, institor, tabernator vel*

---

70 CDB III/1, Nr. 106.
71 CDB III/1, Nr. 107.
72 Vgl. Vaněček, Základy [Die Grundlagen] II, S. 114.
73 CDB IV, Nr. 188+++.
74 Šebánek/Dušková, Listina [Die Urkunde], S. 62.
75 CDB II, Nr. 381. Im Text steht das Datum 1228, aber die Wahrscheinlichkeit eines Versehens um zehn Jahre wurde begründet von Kejř, Zwei Studien, S. 90–96.
76 Im Einzelnen siehe weiter unten, S. 202.
77 Neu dazu Kejř, O nejstarší listině [Über die älteste Urkunde], S. 77–86.
78 CDB IV, Nr. 177, Art. 52, S. 310–311.

iudeus kirchliche Dinge als Pfand annehmen darf. Und a contrario ergibt sich, dass andere Dinge als Pfand angenommen werden durften.

Die Ausführungen über die Kaufleute können also mit der Feststellung abgeschlossen werden, dass viele von ihnen schon einen festen Wohnsitz hatten und in den Diensten von Klöstern oder anderen Grundherren standen. Ihre Rechtsposition ist schwer zu bestimmen, denn in den Städten wurden sie unter die Bürger eingeordnet, bei den Klöstern werden sie neben den Klosterleuten genannt, die Untertanen – *homines* – waren. Aber für unsere Studie ergibt sich der Schluss, dass sie mit der Entstehung von Städten nicht aktiv verbunden sind, und auch ihre Unterstellung unter das allgemeine Kaufmannsrecht, also ein Recht mit Bezug auf Personen und nicht auf Orte, tritt in unseren Quellen nicht besonders hervor.[79] Wir zweifeln nicht an ihren Handels- und Finanzaktivitäten, können sie aber nicht für eine städtebildende Kraft auf unserem Gebiet halten.

Von der Beschäftigung mit den Kaufleuten können wir zu Überlegungen über den Markt und das Marktrecht übergehen. Schon weiter oben haben wir bei der Behandlung der Terminologie kurz den Begriff *forum* berührt[80] und haben seine Bedeutungsvielfalt festgestellt. Diesen Namen hatten die Marktgebühren, der Handel selbst im Sinne des Marktvertrags, die Marktstelle und schließlich auch die ganze Marktsiedlung. Es wurde nachgewiesen, dass sich *forum* von bloßen Dörfern institutionell unterscheidet, aber doch nicht den Status von Städten erreicht, weil ihm die Stadtverfassung und die städtischen Freiheiten fehlen.[81] Den städtischen Märkten wird im Weiteren ein selbständiges Kapitel gewidmet, so dass im Rahmen der Ausführungen über das Stadtrecht vor allem die Beziehung des Marktes und des Marktrechts zur Herausbildung der Vollstadt in Betracht gezogen wird.

Die Städte waren gewöhnlich mit einem Markt ausgestattet, aber das war keine mit dem Stadtstatus zusammenhängende Ausstattung. Als Folge des Marktregals des Landesherrn wurden die Märkte durch den Herrscher gesondert bewilligt, wovon die häufigen Privilegien Zeugnis ablegen. Die Märkte gingen auch als von alters her bestehende wirtschaftliche Einrichtungen den Städten voraus und viele Städte entwickelten sich aus Marktorten. Das Verhältnis der Städte zu den Märkten ist deshalb mehrfach untersucht worden und wir konnten bereits kurz anmerken, dass der Übergang vom Markt zur Stadt nicht linear verläuft und dass sich nur aus einigen Märkten wirkliche Städte entwickelt haben.[82]

Für unsere Verhältnisse kann man von der Bestimmung in der Urkunde für Leitomischl aus dem Jahr 1259 ausgehen.[83] Es handelt sich um eine strittige Bestimmung,

79 Hier lässt sich die Ansicht von J. Kejř, Trhy [Märkte], S. 37, korrigieren, der vereinfacht die Rechtstatsachen der älteren Zeit übernommen und sie auch in die neuere Zeit der institutionellen Städte übertragen hat. Für das volle Verständnis der Sonderstellung der Kaufleute liefern unsere Quellen keine ausreichenden Unterlagen.

80 Siehe weiter oben, S. 120f., und weitere Einzelheiten auch im Kapitel über die Märkte.

81 Kejř, Trhy [Märkte], passim.

82 Von Below, Ursprung, S. 15, konstatiert, dass das Marktrecht nur einen Teil des Stadtrechts bildet. „Mit dem Marktrecht ist noch nicht die ganze Stadtverfassung gegeben. Denn unendlich viele Orte, die einen Markt haben, sind nicht Städte im rechtlichen Sinn.“

83 CDB V/1, Nr. 195⁺⁺.

denn während lange an die Echtheit des von Přemysl Otakar II. den Leitomischler Prämonstratensern erteilten Privilegs geglaubt wurde,[84] sind neuere Forschungen zur Überzeugung gelangt, dass es sich um ein Falsum handelt.[85] Aber schon von 1263 stammt die fast wortgetreu übereinstimmende Bestätigung, die, ebenso wie ihre Vorlage, eine Empfängerurkunde ist.[86] Trotzdem lässt sich ihr Inhalt nicht bestreiten, da der Text auch in das Formular von Heinricus Italicus aufgenommen wurde[87] und sich auch in den Rechtsverhältnissen jener Zeit keine Unstimmigkeiten finden.[88] Diese Tatsache muss hier betont werden, denn das Privileg für Leitomischl erscheint erneut in unseren weiteren Ausführungen.

Die entscheidende Stelle lautet: *civitas ... Luthomisl ... iure fori, iure civili, iure iudicii ceterisque iuribus ac libertatibus gaudeat, quibus civitas nostra Grecz et alie civitates nostre per regnum Bohemie sunt contente.* Obwohl wir uns im Weiteren mit dieser Bestimmung noch beschäftigen werden, muss im Zusammenhang der Märkte die auffällige Position von *ius fori* und *ius civile* nebeneinander und neben weiteren Rechten beachtet werden, die *ius iudicii* und *cetera iura* darstellen. Das ist ein Hinweis darauf, dass für die Rechtsverhältnisse böhmischer Städte, wie übrigens auch auf der Basis anderer Belege gezeigt werden wird, keine Identität von *ius fori = ius civile* gilt, die in Magdeburger Gerichtsurkunden sicher nachgewiesen ist.[89] Für unsere Verhältnisse kann aus der in anderen Ländern nachgewiesenen Identität beider Begriffe nichts abgeleitet werden, umso weniger dann auch eine Stütze für die sog. Marktrechtstheorie gesehen werden, die im Marktrecht eine direkte Quelle für das Stadtrecht erkennen wollte.[90]

Ius fori oder *ius forense* bzw. *forale* werden wir zunächst in seiner Bedeutung als Marktgebühr verfolgen. Zwischen den Jahren 1195 und 1197 erließ Bischof Heinrich

84 Die Situation ist um so komplizierter, als gleichzeitig zwei Urkunden ausgestellt wurden, eine kürzere Bestätigung der Rechte des Leitomischler Klosters mit einer Bestimmung über das Recht der Stadt Leitomischl, CDB V/1, Nr. 194, und die gerade untersuchte Urkunde mit umfangreichen Rechten. Keinen Zweifel an der Echtheit dieser Version hatte Z. Fiala, Panovnické listiny, kancelář a zemský soud za Přemysla II. [Landesherrliche Urkunden, Kanzlei und Landgericht unter Přemysl Otakar II.], SAP 1, 1951, S. 215–216.

85 Ihr Misstrauen äußerten Šebánek/Dušková, Kritický komentář [Kritischer Kommentar], S. 252–254, zu CDM III, Nr. 230, erneut betonten sie es in Urkundenwesen I. S. 396–397, sowie in der einleitenden Anmerkung zu CDB V/1, Nr. 195++.

86 CDB V/1, Nr. 372+. Im kritischen Kommentar, S. 312–313, zu CDM III, Nr. 347, wird gezeigt, dass das Kloster sich diese Bestätigung ausfertigen ließ, um die vorhergehende falsche Urkunde zu ersetzen, und ihrem Wortlaut kann also Vertrauen geschenkt werden. In diesem Zusammenhang ist die zweite Bestätigung Wenzels II. von 1298, RBM II, Nr. 1807, schon sekundär, die ebenfalls vom Empfänger ausgestellt wurde.

87 Voigt, Formelbuch des Heinricus Italicus, Nr. 118.

88 Vaněček, Základy [Die Grundlagen] III, S. 23, zeigt, dass die Privilegien des Klosters denen anderer Klöster entsprechen.

89 Rietschel, Markt und Stadt, S. 57; Schlesinger, Forum, S. 289. Im 11. und 12. Jahrhundert gleicht in Lüttich *ius forense* dem *ius civile*, Ennen, Forschungsproblematik Bürger und Stadt, S. 16. Auch in Lübeck wird 1180 die Identität der beiden Termini *civili vel forensi iure* festgestellt, vgl. J. Reetz, Ecclesia forensis, S. 118, Anm. 3.

90 Von Below, Ursprung, S. 17, und in seinen Intentionen auch Bärmann, Städtegründungen, S. 284.

Břetislav ein Privileg für das Kloster Waldsassen.[91] Neben anderen Vorrechten gestattete er ihm *ab universo theloneo totius forensis iuris exaccione perpetuo absolutos esse decrevimus*. Die Befreiung betrifft Zölle und Marktgebühren, wie dies in vielen weiteren Urkunden geläufig wird.

Im gleichen Sinne begegnen wir dem *ius forense* auch in den Urkunden des Klosters Ossegg,[92] für das die älteste sichere Nachricht aus einer Papsturkunde stammt. Innozenz III. bestätigte 1207[93] dem Kloster die Befreiung von Steuern und auch *absolucionem omnis iuris forensis et thelonii in provincia Belinensi*. Das Kloster sollte also von drückenden Steuern, Marktgebühren und Zöllen, alles finanzielle Belastungen, befreit werden. Sicher ist, dass die päpstliche Kanzlei diese Urkunde auf der Basis früherer einheimischer Immunitäten ausgestellt hat, von denen wir aber keine nähere Kenntnis haben.[94] Die folgenden Ossegger Urkunden stellen allerdings eine sehr komplizierte Folge von Fälschungen dar. Vor die päpstliche Bestätigung läßt sich nur eine Urkunde Přemysl Otakars I. mit der Jahresangabe 1203 datieren,[95] die in der zweiten Hälfte des 13. Jahrhunderts gefälscht wurde, die aber nur von der Befreiung von Steuern handelt. In das Jahr 1208 zielt eine andere Fälschung, die etwa zur selben Zeit wie die erwähnte Urkunde ebenfalls auf den Namen Přemysl Otakars I. ausgestellt wurde,[96] mit der bezeichnenden Bestimmung: *absolvimus … et liberos esse decrevimus ab omni thelonei exaccione in foro Belinensi et in singulis ipsius provincie foris, tam in emendo quam in vendendo, vel eciam res suas via publica transferendo*.[97] Es wird zwar nicht von *ius forense* gesprochen, aber die Befreiung von Zöllen auf Märkten deutet an, dass auch keine Marktgebühren erhoben werden sollten.

Bereits in den vorangehenden Abschnitten dieses Kapitels haben wir festgestellt, dass *mercatores* häufig von verschiedenen Abgaben befreit wurden. Es genügt also, darauf hinzuweisen, dass dies neben Zöllen vor allem Marktgebühren waren, *iura forensia*, die die Immunität der Klosterleute betrafen, wie dies in drei Urkunden von Markgraf Přemysl aus den Jahren 1234–1235 für die Klöster von Klosterbruck, Hradisch und Obrowitz der Fall ist,[98] mit denen gestattet wird, *ut homines ecclesie per totam terram nostram iura forensia non persolvant*. Aber abgesehen von der Befreiung konnten auch Fälle eintreten, in denen das Privileg dagegen den Klöstern Ein-

91 CDB I, Nr. 356.

92 Zu den Klosterurkunden V. Novotný, České dějiny [Böhmische Geschichte] I/3, S. 122ff., bes. Anm. 1, ebd.

93 CDB II, Nr. 64.

94 Die Bestätigung über den Besitz des Klosters noch an seinem ursprünglichen Ort in Maschau durch Heinrich Břetislav aus dem Jahre 1196, CDB I, Nr. 355, enthält keine derartige Bestimmung, aber eine Stütze wird wohl die vor 1207 ausgestellte und verloren gegangene Urkunde Přemysl Otakars I. sein, auf die die einleitende Anm. in CDB II, Nr. 357, verweist.

95 CDB II, Nr. 357.

96 CDB II, Nr. 361. Zycha, Prag, S. 39, Anm. 4, stützt sich nur auf RBM I, Nr. 510, und da er bei der Entstehung seiner Arbeit CDB II nicht zur Verfügung hatte, glaubte er der Urkunde.

97 Auch die Urkunde Bischof Daniels, angeblich von 1209, aber ebenfalls in der 2. Hälfte des 13. Jahrhunderts gefälscht, CDB II, Nr. 362, behandelt nur den Zoll, während das Falsum auf den Namen Přemysl Otakars I. von 1207, CDB II, Nr. 360, keine ähnliche Angabe enthält.

98 CDB III/1, Nr. 87, 106 und 107.

nahmen aus Märkten an bestimmten Orten garantierte.[99] Von dieser Art ist auch die Bestimmung in der Urkunde über die Entstehung von Ungarisch Hradisch, wohin die Märkte aus dem klösterlichen Welehrad und dem königlichen Kunowitz übertragen wurden mit dem Zusatz, dass Welehrad und seinem Markt die Einnahmen aus dem *iure fori* zufallen.[100]

Aus einer Adelsurkunde erfahren wir von der Abgabe der Marktgebühren bereits 1227 aus dem Testament Kojatas, Mitglied der Familie Hrabišici,[101] als das Opatowitzer Kloster zusammen mit weiteren Vorrechten auch das *ius fori* in Hněvín Most (Brüx) erhält.[102]

Dieser Bedeutung von *ius fori* oder *ius forense* steht eine andere gegenüber, nämlich die tatsächliche Erteilung des Marktrechts. Bereits aus der Leitomischler Urkunde, in der *ius fori, ius civile* und *ius iudicii* nebeneinander stehen, wird deutlich, dass es nicht um Gebühren geht, sondern um eine institutionelle Verankerung. Zur Unterstützung dieser Auffassung kann das Privileg von Markgraf Přemysl für das Kloster Raigern von 1234[103] herangezogen werden, in dem der Aussteller mit Erlaubnis König Wenzels I.[104] festlegte: *Ipsam autem villam Reygrad dico, eidem celle adiacentem iure forensi, prout ubique teutonice libertatis est, fundatam confirmavimus, die forensi in quarta feria constituto*. Hier geht es um einen Beleg für die Gründung eines Marktes, nicht für die Festlegung von Marktgebühren.[105]

Es bleibt noch eine Bedeutung der Wendung *ius forale* übrig. Zwischen 1255 und 1258 nahm Přemysl Otakar II. die Güter des Augustinerinnenklosters in Brünn, des sogenannten Herburgenklosters,[106] unter seinen Schutz, gegen das die Brünner Bürger unberechtigte Forderungen vortrugen, und befahl ihnen, *ut … iura foralia, sive vendant sive emant, eisdem nullatenus denegatis*. Bald darauf wurde dem Herburgenkloster eine weitere Schutzurkunde ausgestellt,[107] in der u. a. auch bestimmt wurde, dass die Klosterleute nicht *in iuribus foraliis emendo vel vendendo* beunruhigt werden sollen.[108] Das kann so verstanden werden, dass ihr Recht, auf dem Markt Handel

99 CDB II, Nr. 352, gefälschte Urkunde auf den Namen Heinrich Vladislavs mit dem Datum 1201 für das Kloster St. Stephan im Gebiet von Hradisch bei Olmütz oder CDB II, Nr. 368, auf den Namen König Přemysl Otakars I. zum Jahr 1213 für die Klöster in Tepl und Chotieschau. Beide Fälschungen sind ziemlich jung, so dass sie kritisch betrachtet werden müssen, aber es kann vermutet werden, dass ähnliche Schenkungen an kirchliche Institutionen wahrscheinlich waren.

100 CDB V/1, Nr. 136, und gleichfalls auch Nr. 156.

101 CDB II, Nr. 303.

102 Von der Echtheit der Urkunde überzeugt ist entgegen älteren Zweifeln J. Kincl, Dva testamenty šlechtice Kojaty [Zwei Testamente des Adligen Kojata], AUC–Iuridica No. 3, 1978, S. 301–319.

103 CDB III/1, Nr. 90.

104 Die Zustimmung ist ausdrücklich belegt und angehängt war auch das königliche Siegel.

105 Zu den Worten über die deutsche Marktfreiheit Kejř, Trhy [Märkte], S. 33. Schlesinger, Forum, S. 278, kombiniert, dass dieses deutsche Recht dem *ius fori* entspricht, das 1174 Jüterbog erteilt wurde, aber diesen Zusammenhang nachzuweisen, ist wegen der Unvollständigkeit unserer Quellen nicht leicht.

106 CDB V/1, Nr. 155.

107 CDB V/1, Nr. 301+. Gegenüber der ersten, zweifellos echten Urkunde kann bei dieser Urkunde angesichts von Unregelmäßigkeiten in der Siegelung ein gewisser Verdacht geäußert werden, vgl. die einleitende Anm. zur Edition, aber einen sachlichen Widerspruch gibt es in unserm Zusammenhang nicht.

108 Vgl. auch die Wendung aus der Ossegger Urkunde, weiter oben, S. 189.

zu treiben, geschützt wurde, wenn das *ius vendendi et emendi* einen grundlegenden Bestandteil im *ius fori* bildete.[109]

Es liegen nicht genug Quellen vor, die eine überzeugende Aussage über die Beziehung des Marktrechts zu den Stadtrechten liefern würden. Wir müssen wieder darauf hinweisen, dass viele Orte einen Markt hatten, ohne das Niveau und die Verfassung einer Stadt zu erreichen. Das Marktrecht ist also im Sinne der Angaben aus der Leitomischler Urkunde ein Bestandteil der Stadtrechte, aber keine ausgesprochen städtische Erscheinung, und es muss immer seine Ergänzung durch andere Rechte nachgewiesen werden, wenn wir von einer Stadt sprechen wollen.[110]

Wenn wir festgestellt haben, dass bei uns das *ius fori* nicht mit dem *ius civile* identisch ist, muss eine Erklärung versucht werden, was dieses *ius civile* eigentlich bedeutet.[111] Es erscheint nämlich in verschiedenen Zeitebenen und in Quellen unterschiedlicher Herkunft und seine Bedeutungsveränderungen sind auffällig. Das älteste Auftreten in Bořivojs Donation,[112] deren Text sonst nur mit vorsichtigen Einschränkungen aufgenommen werden darf,[113] weckt jedoch keinen Verdacht, weil es inhaltlich wohl wirklich an den Beginn des 12. Jahrhunderts gehört. Es wird nämlich die unterschiedliche Art des Eides *in iure civili* und *in curia* festgelegt. *Curia* ist der Handelshof, d. h. Tein, dem gegenüber ist *ius civile* das fürstliche Gericht. Für die weitere Verwendung des Terminus lässt sich nichts ableiten, weil der Zeitabstand und die Rechtssituation dies nicht gestatten.

Häufigere Belege von *ius civile* erscheinen im 13. Jahrhundert. Der erste von ihnen betrifft die Kladrauer Kaufleute und die Nachricht von 1213,[114] der zu Folge Přemysl Otakar I. bei seiner Reise zu König Friedrich II. 50 Mark Silber erhalten hat

---

109 Schlesinger, Forum, S. 293. Dilcher, Hell, S. 25, hat gezeigt, dass das *ius emendi et vendendi* in den Privilegien als Freiheit erteilt wurde und den Einkauf auf dem Markt nach Kaufmannsgewohnheiten bezeichnet. Dilcher hat sich schon früher damit beschäftigt, siehe Marktrecht, S. 412, und hielt das *ius vendendi et emendi* für ein privilegiertes Recht der Kaufleute zum rechtlich anerkannten Kauf und Verkauf auf dem Markt zum Zwecke des Gewinns, aber es bezeichnete auch die Handelsgewohnheiten der Kaufleute – *antiqua consuetudo negotiandi.* Unsere Quellen sind hier sehr karg und außer den erwähnten Brünner Beispielen lässt sich nur ein vereinzelter Fall in einer Urkunde des Vítek von Neuhaus für das hiesige Spital von 1255 finden, CDB V/1, Nr. 57, dem neben anderen Besitzvorteilen auch das *vendendi et emendi in omni foro meo liberum ius* erteilt wurde. Der nächste Fall stammt erst aus dem Jahre 1298, RBM II, Nr. 777, als König Wenzel II. dem Kloster Leitomischl das Privileg der Stadt Leitomischl von 1259 bestätigte – darüber und über die damit verbundenen Zweifel haben wir bereits weiter oben gesprochen – und weitere Vorrechte hinzufügte, darunter auch *vendendi et emendi facultatem* auf den Märkten anderer Städte, besonders dann in Hohenmaut und Polička.

110 Für die Verhältnisse in den böhmischen Ländern gilt also nicht der Schluss, zu dem E. Ennen, Forschungsproblematik Bürger und Stadt, S. 19, gelangt ist, dass an der Wende des 12. Jahrhunderts „ein *ius forense* ... als ausgesprochen städtisches Recht, Recht des Marktes (auftritt)."

111 Zum Teil hat sich Kejř, Trhy [Märkte], S. 34–36, damit beschäftigt, aber im Rahmen seiner Arbeit über die Märkte gab es keine Gelegenheit zur ausführlichen Behandlung aller Belege. Die verschiedenen Bedeutungen des Begriffs *ius civile* hat G. Köbler, Civis und ius civile im deutschen Frühmittelalter, Göttingen 1965, S. 80ff., erläutert, aber für unsere Verhältnisse handelt es sich um zu frühe Belege, so dass sie nicht für einen sicheren Vergleich herangezogen werden können.

112 CDB I, Nr. 389.

113 Siehe oben, S. 111.

114 CDB II, Nr. 366. Über den Charakter der Urkunde und ihre Echtheit siehe weiter oben, S. 184 und Anm. 55–57. Kejř, Trhy [Märkte], S. 30, Anm. 112, hatte noch mit einem Falsum gerechnet, aber seinen realen Kern anerkannt. Jetzt neigt er jedoch zur Anerkennung der Echtheit.

a Cladrubensibus ... mercatoribus relaxans eos a solucione civili (sic!) *iuris, scilicet a duplicibus vulpinis pellibus*. Es ist wohl kaum eine andere Auslegung zulässig, als dass hier *civile ius*[115] das königliche Recht auf Naturalabgaben bezeichnet und dass es noch kein Widerhall irgendwelcher Elemente der Stadtverfassung ist, die sich in Kladrau zwei Jahrzehnte später herausbildet.[116]

Komplizierter ist der Fall des Marktes beim Kloster Tepl in Lichtenstadt. In das Jahr 1213 datiert eine Urkunde König Přemysl Otakars I.,[117] die für ein erst aus der Zeit nach 1298 stammendes Falsum gehalten wurde.[118] Eine neuerliche Untersuchung hat aber nachgewiesen, dass der Ursprung der Urkunde nicht so spät liegt und sie in die Jahre zwischen 1217 und 1219 gesetzt werden muss. Sie datiert also in die Zeit zwischen dem Tod des Klostergründers Hroznata und dem Privileg von Papst Honorius III. von 1219, das dem Kloster seine Rechte bestätigt,[119] bzw. der nur wenig später 1219 erlassenen Anordnung dieses Papstes, dass die Streitigkeiten zwischen dem Kloster und dem Bistum Prag untersucht werden sollten.[120] Es wird zwar nicht die Fälschung der Urkunde abgestritten, aber es wird ihr in einer Reihe von Punkten eine Anknüpfung an das verlorene Privileg Přemysls von 1213 zuerkannt.[121]

Für unsere Arbeit ist die Passage der Urkunde Přemysl Otakars von Bedeutung, die dem Kloster u. a. *villam ... Lichtenstat ... cum omni iure forensi et civili* bestätigt. In der Papsturkunde fehlt diese Wendung und dem Kloster wird das Dorf *Lyhtenstat cum foro* zugesprochen. Deshalb erhebt sich der Verdacht, dass es in der ursprünglichen königlichen Urkunde, die der päpstlichen Kanzlei als Grundlage für die Ausstellung gedient hat, nur die Bezeichnung des Marktes gab und die verdächtige Wendung *cum omni iure forensi et civili* erst zum Falsum gehört. Bei der Bezeichnung *ius civile* kann nicht an Stadtverfassung gedacht werden, denn die würde einem Kloster nicht zustehen. Weder in der Zeit der Ausstellung des ursprünglichen Privilegs noch in der Entstehungszeit der Fälschung gab es in Böhmen schon eine Spur von Rechtsstädten

115 V. Novotný, České dějiny [Böhmische Geschichte] I/3, S. 310, Anm. 3, hat zwar bei diesem Ausdruck gestutzt, aber doch die Echtheit der Urkunde anerkannt. Es scheint hier keinen Grund zum Misstrauen zu geben. Auch dieser Passus fügt sich in die Gesamtdisposition ein. Daher kann der Einwand, der im Artikel Trhy [Märkte], S. 34, geäußert wurde, korrigiert werden.

116 Wenn F. Vacek, Emfyteuse v Čechách ve XIII. a XIV. století [Das emphytheutische Recht in Böhmen im 13. u. 14. Jh.], ČDV 6, 1919, S. 71, bes. Anm. 5, annimmt, dass die Bedeutung von *ius civile* nichts anderes sein kann als „die Pflicht zu städtischer Abgabe", so geht es um eine zweifelhafte Interpretation, weil die Voraussetzung ein nachgewiesener Stadtstatus sein müsste. Vgl. dazu den Fall aus Köln von 1223, also aus einer Großstadt mit ungewöhnlich entfalteter Stadtverfassung, in dem sich der Käufer eines Hauses verpflichtete, er werde neben dem Zensus auch *omne ius civile* leisten, d. h. städtische Steuern; A. Erler, Bürgerrecht und Steuerpflicht im mittelalterlichen Städtewesen, Frankfurt am Main 1963, S. 17.

117 CDB II, Nr. 368.

118 G. Friedrich in der einleitenden Anmerkung zur Edition.

119 CDB II, Nr. 173.

120 CDB II, Nr. 179.

121 S. Dušková, Dva zvláštní případy konfirmačních listin Václava II [Zwei Sonderfälle von Konfirmationsurkunden Wenzels II.], in: J. Šebánek/J. Pražák/S. Dušková, Studie k české diplomatice doby přemyslovské [Studien zur böhmischen Diplomatik der Přemyslidenzeit], Rozpravy ČSAV, řada společenských věd 1959, H. 9, S. 83–109. Im gleichen Sinn auch K. Haubertová, O nejstarších tepelských listinách [Über die ältesten Tepler Urkunden], Plzeň 1981, bes. S. 16 und 19.

und aus dem Namen Lichtenstadt kann der städtische Charakter dieses so bezeichneten Ortes auch nicht abgeleitet werden.[122] Wenn also das Dorf Lichtenstadt zunächst dem Klostergründer Hroznata gegeben und von diesem mit Zustimmung des Königs auf dem Kolloquium in Prag an das Kloster übergeben wurde,[123] dann lässt sich jenes *ius forense* ebenso wie in den behandelten früheren Fällen als Marktgebühr interpretieren und *ius civile* als die übrigen der Obrigkeit zustehenden Einnahmen, was an die königlichen Rechte gegenüber den Kladrauer Kaufleuten erinnern würde, die dem Kloster übertragen wurden. Aber – es sei noch einmal wiederholt – es ist unsicher, ob diese Festlegung bereits in der ursprünglichen Urkunde Přemysl Otakars enthalten war.

In der Gödinger Urkunde, über die schon wiederholt gesprochen wurde, ist zu lesen, dass die Königin *super regale civileque ius nostrum convocavimus viros honestos Theutunicos.*[124] *Regale ius* ist ein Hoheitsrecht des Landesherrn, das Königin Konstanze in ihren Gebieten ausübte, aber was *ius civile* bedeutet, ist nicht deutlich. Sicherlich kann in den Anfängen der städtischen Urkunden die Terminologie nicht als unveränderlich und eindeutig angesehen werden und es muss auch mit dem zweifellosen Einfluss der Freiheiten von Stuhlweißenburg und damit auch von ungarischen Urkunden gerechnet werden, wie schon berichtet wurde[125] und wie es auch im Folgenden in diesem Kapitel noch erläutert werden wird. Hier könnte vielleicht nicht nur an das Hoheitsrecht des Landesherrn gedacht werden, sondern auch an eine Beziehung zu städtischen Institutionen. Eine klare Antwort gibt es bis jetzt nicht, weil noch nie eine Parallele gefunden wurde.

Ganz außer Acht lassen kann man, dass mit der Benennung *ius civile* das römische Privatrecht bezeichnet wird,[126] und ein bloßer Hinweis genügt auch auf den Doppelbegriff *ius canonicum – ius civile*. Hier einigten sich zwei Parteien, von denen eine oder beide kirchliche Institutionen waren, bereits abgeschlossene Verhandlungen über Grundstücke weder nach dem kanonischen noch nach dem weltlichen Recht anzufechten.[127]

Aus dem Jahre 1247 stammt die erste unter dem Brünner Stadtsiegel ausgestellte Urkunde,[128] in der der Richter Alramus erklärt, dass er bei einem Testament zugunsten des Klosters Welehrad zugegen war, das der *miles* Jan errichtete, und in dem *bona, que habebat in Nemscic iure civili* vermacht wurden. Der Titel *miles* darf nicht als

122 W. Kuhn, Die Stadtnamen auf -stadt, in: W. Kuhn, Beiträge zur schlesischen Siedlungsgeschichte, München 1971, S. 171, wo der Fall Hroznětín – Lichtenstadt behandelt wird.

123 Vgl. die zitierte Urkunde CDB II, Nr. 368.

124 CDB II, Nr. 381.

125 Oben, S. 55f. und S. 162.

126 Köbler, Zur Entstehung des Stadtrechts, S. 191, hat gegen W. Schlesinger nachgewiesen, dass bei Notker *burgreht* nur eine Übersetzung des römischen *ius civile* ist.

127 CDB IV, Nr. 37, beim Verkauf von Dörfern durch das Melniker Kapitel an das Kloster Chotieschau: *Tam canonici quam civili* (!) *iuris auxilio*; CDB V/1, Nr. 426, beim Ausgleich über das Dorf Řepy zwischen der Witwe eines Prager Bürgers und dem Kloster Břewnow: *numquam tam in iure temporali seu civili, quam eciam spirituali super dicta villa conveniemus.*

128 CDB IV, Nr. 128.

Ritter, sondern als Lehensmann interpretiert werden[129] und *ius civile* als *purkrecht*. Übrigens waren schon von alters her Stadtbürger Besitzer von Grund und Boden auf dem Lande.

1258 stellte der Münzmeister Heinrich Vogel (Henricus Avis) eine Urkunde aus, die Zeugnis gibt von Bergangelegenheiten,[130] *super universa iura tum civilia tum universalia.* Hier stehen *iura civilia* als den Städten zustehend den anderen bei uns verwendeten Rechten gegenüber. Im Privileg für Saaz von 1265 legte König Přemysl Otakar II. fest,[131] dass in den Märkten im Umkreis von einer Meile der Richter urteilen soll, und für den Fall, dass der Landesherr jemand anderen an die Spitze des Gerichts stellen würde, soll er doch *iure ibidem consuetudinario et civili* entscheiden. Das bedeutet, dass nicht einmal der Vertreter des Herrschers vom gewöhnlichen Recht der Stadt Saaz abweichen soll.

Der Richter der Stadt Freudenthal überließ 1267[132] einem gewissen Mann den Wald Lichtenwerde zur Rodung, erkannte ihm einen Teil des Ertrags vom Gericht zu und legte fest, dass *iura exercebit civilia.* Das ist selbstverständlich Freudenthaler Recht und es ist überhaupt keine Besonderheit, dass es sich auch auf die der Stadt gehörenden Dörfer beziehen soll. Salomon, Vikar des Prager Propstes Tobiáš, vermachte 1275 in seinem Testament[133] der Prager Kirche ein Haus, das unterhalb der Burg lag und das er *iure civili* gekauft hatte, also nach dem Stadtrecht.

Richter und Schöffen von Iglau untersuchten 1288 das Testament eines ihrer Mitbürger,[134] der dem Kloster Seelau seine Immobilien vermacht hatte, fanden den Anspruch berechtigt und übergaben sie dem Kloster *secundum iura civilia et consueta.* Gemeint ist zweifellos Stadtrecht.[135] Schließlich wollen wir hier noch die Urkunde Wenzels II. für Littau von 1291 aufnehmen,[136] in der die Bürger die Möglichkeit erhalten, Hufen *iure civili* zu kaufen, also nach Stadtrecht, was durch die Bestimmung bestätigt wird, dass sie im Streitfall *iuribus, que dicte civitati competunt* verwenden sollen.

In der Zeit der gefestigten Stadtverfassung verfügt also das *ius civile* schon über eine ausgesprochene Beziehung zu den Rechtsstädten. Es ist das Recht von mündigen Stadtbürgern, das ihnen als ihre objektive Rechtsordnung zusteht.[137] In diesem Sinne wird es auch in der Leitomischler Urkunde neben das *ius fori* gestellt. Terminologisch setzt sich dies so deutlich und unverändert durch, dass in späterer Zeit die tschechische Übersetzung des Ausdrucks *civis* konsequent měštěnín [Bürger] lautet und dass die Begriffe *civilis* = městský [städtisch] und *civiliter* = městský [städtisch] in demsel-

---

129 Šebánek/Dušková, Kritický komentář [Kritischer Kommentar], S. 78.
130 CDB V/1, Nr. 167. Zur Urkunde F. Hoffmann, Mincmistr Eberhard [Münzmeister E.], S. 77.
131 CDB V/1, Nr. 464.
132 CDB V/2, Nr. 489.
133 CDB V/2, Nr. 778.
134 RBM II, Nr. 1431.
135 Sachlich kann hier an die Wendung aus der Saazer Urkunde erinnert werden, in der *ius consuetudinarium et civile* steht, siehe Anm. 131.
136 RBM II, Nr. 1533.
137 Köbler, Civis, S. 49.

ben Sinn übersetzt werden, auch wenn aus der Vorlage eine entschieden andere und genauere Interpretation hervorgehen würde.[138]

Wenn wir das *ius civile* mit dem städtischen Rechtsleben verbinden können, erhebt sich die Frage, was unter der dritten Komponente im Ensemble der Stadtrechte, dem *ius iudicii*, zu verstehen ist. Dass es einen Bezug zur städtischen Gerichtsbarkeit hat, ist eigentlich selbstverständlich, aber eine nähere Erläuterung lässt sich aus einer anderen fast zeitgleichen, wenn auch vielleicht nicht ganz sicheren Quelle gewinnen. In das Jahr 1252 datiert eine Urkunde Přemysl Otakars II. für die Kirche St. Hippolyt in Znaim, die in zwei Ausfertigungen bekannt ist.[139] Von Interesse ist für uns die zweite, die schon 1259 der päpstlichen Kanzlei zur Konfirmation vorgelegt wurde.[140] Hier findet sich eine tschechische Wendung: *Item civili iudicio, quod mieske prawo* [Stadtrecht] *dicitur, notarius ecclesie debet presidere*. Die Bestimmung über die Berechtigung des Notars, dem Stadtgericht vorzusitzen, ist allerdings ein eigenmächtiger Einschub des Fälschers, aber das beeinträchtigt den institutionellen Charakter dessen, was als Stadtrecht bezeichnet wird, also des Stadtgerichts, nicht.[141] Damit wird bestätigt, was schon weiter oben über den Inhalt des Stadtrechts gesagt wurde, dass es Privat-, Straf-, Prozess- und Vollstreckungsrecht enthält.[142]

Das Stadtgericht ist also als eigenes Organ der Stadtkommune eines der grundlegenden Merkmale der Rechtsstadt. Es genügt, darauf hinzuweisen, dass bereits in der überhaupt ältesten städtischen Urkunde, dem Privileg für Mährisch Neustadt, festgelegt wird, dass die Bürger gerichtet werden sollen *inter se et aput ipsos … secundum suas consuetudines*[143] und dass städtische Gerichtsbarkeit auch dort angenommen

---

138 In der Übersetzung von Wyclifs Artikeln vom Beginn des 15. Jahrhunderts steht für *Nullus est dominus civilis* tschechisch *žádný nenie pánem města* [keiner ist Herr der Stadt] und für *commercia civilia* steht *frajmarkuov městských* [der städtischen Freimärkte], FRB VIII, S. 254–255, und neuerlich M. Nedvědová, Hus a Jeronym v Kostnici [Hus und Hieronymus in Konstanz], Praha 1953, S. 45 und 47. Dem entspricht auch die Übersetzung von *civiliter* in den Wendungen *městsky panovati* [städtisch herrschen] und *městsky súditi* [städtisch richten], FRB VIII, S. 264, Nedvědová, S. 62. Eine gewisse ältere Parallele finden wir bereits im sog. *Ius regale montanorum*, CIB I, S. 274, worin die Jurisdiktion für Urburarii nur in Bergangelegenheiten festgelegt wird und ausdrücklich die Jurisdiktion in Marktangelegenheiten bei Seite gelassen wird: *de forensi autem iudicis iurisdiccione in hoc libro nihil dicimus*, was die spätere tschechische Übersetzung so wiedergibt: *nebo o súdné moci trhové, totjitož městské, ničehož nic v těchto knihách nepravíme* [oder über Marktgerichtsgewalt, also städtische, wird in diesen Büchern nichts gesagt]. Zu diesen Belegen Kejř, Die Anfänge, S. 439, Anm. 3 und S. 453, Anm. 44.

139 CDB IV, Nr. 244. Die diplomatische Analyse bei Šebánek/Dušková, Panovnická listina [Die Herrscherurkunde], an mehreren Stellen und Listina [Die Urkunde], S. 96, führte zu der Feststellung, dass es sich um eine Empfängerurkunde handelt, in der jedoch auch Wendungen vorkommen, die für den Notar Arnold typisch sind. Die erste Ausfertigung ist erhalten und sie ist mit Verwendung des ursprünglichen Blanketts entstanden, dessen Text durch Einschübe ergänzt wurde. Die zweite Ausfertigung ist nur aus einer päpstlichen Konfirmation bekannt.

140 CDB V/1, Nr. 183.

141 Vgl. Kejř, Die verfassungsrechtliche Stellung, S. 240. Ganz präzise ist auch die Bezeichnung *iudicium civille* (!) für das Stadtgericht in Mährisch Trübau von 1270, CDB V/2, Nr. 628, als ein Streit zwischen den Richtern des Dorfes Triebendorf und dem Augustinerkloster Marienkron in Budigsdorf entschieden wurde, die sich freiwillig (*nostro iuri derogantes ac privilegio*) dem Stadtgericht unterwarfen.

142 Siehe oben, S. 179f., und die dort zitierte Arbeit Dilchers. Rechtshistorische Aspekte, S. 18.

143 Mit ungefähr der gleichen Formulierung wird die Festlegung über die Gerichtsbarkeit auch in der zweiten Urkunde für Mährisch Neustadt von 1234 ausgedrückt, CDB III/1, Nr. 76: *secundum consuetudines suas … exhibeant iusticie complementum*.

wird, wo es nicht ausdrücklich erwähnt wird. Gerade die Gerichtsbarkeit unterscheidet die Städte von den bloßen Märkten, die der Gerichtsgewalt ihrer Grundherren unterstehen.[144] Aus der Gerichtsbarkeit der Stadt lassen sich ein Grundstück oder Personen nur durch ein Privileg herauslösen.[145] Sonst richtet der Herrscher selbst oder sein beauftragter Vertreter, wenn er irgendeinen Streitfall in der Stadt selbst entscheidet, nach dem in der Stadt gültigen Recht.[146] Für den Moment genügt es zu konstatieren, dass die städtische Gerichtsbarkeit zu den grundlegenden Merkmalen des Stadtrechts gehört. Die eigentliche Organisation und Befugnis der Stadtgerichte wird an anderer Stelle ausführlicher behandelt.

Einen Aspekt der städtischen Gerichtsbarkeit können wir jedoch schon jetzt betrachten. Es handelt sich um die Rationalisierung des Prozessrechts, denn der städtische Kaufmann und Produzent braucht ein von schwerfälligen Formalitäten befreites Recht.[147] Die Städte entledigen sich auch der irrationalen Beweise – der Gottesurteile, weil sie eine Entscheidung auf der Basis einer rationalen Beweisführung benötigen,[148] und sie setzen die Unterstellung aller Personen unter das Stadtgericht in dessen Bereich ohne Ansehen ihrer Standeszugehörigkeit durch.[149]

Diese Entwicklungen bedeuten auch die Öffnung der Städte für das Vordringen der gelehrten Rechte, die die Wandlung der alten Rechtsstrukturen zu einer Hinwendung zum geschriebenen Recht[150] als einer höheren und der Realität entsprechenden Form unterstützten. Die präzise Unterscheidung verschiedener Rechtsbeziehungen und das Bewusstmachen klarer Rechtsbegriffe, wie das die städtische Produktion und der Handel erforderten, führte auch zur Öffnung der Städte gegenüber dem römischen Recht.[151]

Aus einigen der bisher behandelten Punkte wird deutlich, dass es nicht gelang, einheimische Elemente zu finden, die sich zum Stadtrecht gewandelt hätten. Die komplizierten Erwägungen über die deutschen Verhältnisse und Wandlungen des

---

144 KEJŘ, Die verfassungsrechtliche Stellung, S. 241, sowie die Belege dort und in Anm. 82.

145 CDB III/2, Nr. 228: König Wenzel I. eximiert in der Donation für das Bautzener Kloster 1240 den Hof *a iure civitatis liberam esse volumus et exemptam*. Besonders die Exemption von Klosterleuten kommt sehr oft vor, vgl. VANĚČEK, Základy [Die Grundlagen] III, an mehreren Stellen.

146 Vgl. die oben angeführte Urkunde für Saaz oder das Privileg für Leitmeritz von 1262, CDB V/1, Nr. 336, in der der Landesherr verspricht, dass auch in Fällen, die er selbst oder sein Bevollmächtigter entscheidet, *ius et consuetudines Maydburgensium observare*, das heißt, dass das Recht, das nach dem Magdeburger Muster in Leitmeritz befolgt wurde, eingehalten werden wird.

147 KEJŘ, Možnosti a meze [Möglichkeiten und Grenzen], S. 197.

148 In den Städten Flanderns hatten sich die Prinzipien des rationalen Beweises bereits im 12. Jahrhundert durchgesetzt, R. VAN CAENGHEM, Coutumes et législation en Flandre aux XIe et XIIe siècle, in: Les libertés urbaines et rurales, bes. in der Diskussion auf S. 314. Vgl. W. EBEL, Rechtsschöpferische Leistung, S. 246; PIRENNE, Les villes, S. 114–115.

149 Sehr deutlich zeigen das die Regeln über die Beschlagnahme gegen den Adel, die im Weiteren behandelt werden.

150 DILCHER, Hell, S. 42.

151 KEJŘ, Možnosti a meze [Möglichkeiten und Grenzen], S. 197–198; E. WERNER, Stadt und Geistesleben im Hochmittelalter, Forschungen zur mittelalterlichen Geschichte, Bd. 30, Weimar 1980, S. 42. Elemente der Romanisierung des Stadtrechts bei uns hat bereits für das 13. Jahrhundert M. BOHÁČEK, Einflüsse des römischen Rechts in Böhmen und Mähren, IRMA, pars V,11, Mediolani 1975, S. 146–147, nachgewiesen.

Rechts anderen Typs zum Stadtrecht haben nach den Quellen unserer Provenienz hier keinen Platz. Das Stadtrecht wird in seinen fertigen Formen rezipiert, aber damit ist nicht gesagt – wie bereits mehrfach angedeutet –, dass es willkürlich und ohne einheimische Autorisierung eingedrungen wäre. Immer ist die Entscheidungsbefugnis des Landesherrn zu konstatieren, aus dessen Gewalt das Recht seine Geltung gewinnt. Wenn es aber nicht möglich ist, einen entschiedenen Einfluss der einheimischen Rechtsgewohnheiten nachzuweisen, so ist es doch möglich, sich mit einer anderen Frage zu beschäftigen, nämlich woher und auf welchem Weg das Stadtrecht zu uns gelangt ist, auch wenn hier die Lückenhaftigkeit der Quellen keine ganz sicheren Schlüsse zulässt.

Die ausdrückliche Anordnung der Übernahme von Rechtsstrukturen bereits existierender Städte durch neu erhobene Städte ist schon in ersten Andeutungen ein Symptom für die Bildung von Stadtrechtrechtsfamilien, die überall in Europa entstehen[152] und deren Zentrum in einer wichtigen Mutterstadt liegt. Im Laufe der Zeit festigen sich die Beziehungen zu dieser Stadt durch Bitten um Belehrung oder Berufung bei einer höheren Instanz, so dass die geographische Gliederung der verschiedenen Stadtrechte und ihre späteren Wandlungen gut nachvollziehbar sind. Dieses System ist in der Přemyslidenzeit erst in den Anfängen,[153] aber bestimmte Richtungen, aus denen das Stadtrecht kommt, sind erkennbar.

Die bereits häufig genannte Urkunde von Mährisch Neustadt legt fest, dass die Bürger *idem ius Meidburgense et easdem consuetudines iuris, quas habent cives nostri de Froudental* bekommen.[154] Im ältesten Zeugnis über eine Rechtsstadt bei uns wird die Verwendung des Magdeburger Stadtrechts nach dem Muster der bereits existierenden Stadt Freudenthal bestätigt. Damit fallen die früher geäußerten Zweifel, wann und durch wen das Magdeburger Recht bei uns eingeführt wurde,[155] und es wird nachgewiesen, dass diese Städte zur ältesten Schicht der Rechtsstädte gehören. Es gibt keinerlei Zweifel daran, dass die Städte der ältesten Schicht im nordmährischen

[152] Ennen, Die europäische Stadt, S. 120; für die Verhältnisse in den böhmischen Ländern Kejř, Možnosti a meze [Möglichkeiten und Grenzen], S. 189–190, und derselbe, Městské zřízení [Stadtverfassung], S. 244–250.

[153] Dazu bereits kurz im Kapitel über die Städtegründung, weiter oben, S. 169, und dort, Anm. 141, mit den wichtigsten Arbeiten über die Bildung von Stadtrechtsgebieten. Hier kann hinzugefügt werden, dass im vollendeten System die rechtlichen Bindungen an die Mutterstädte, die Bitten um Rechtsbelehrung, ein Ausdruck der Verselbständigung der Städte und der Loslösung aus der zu starken Abhängigkeit vom Stadtherrn sind. Vgl. V. Herold, O nejstarší městské knize lounské [Über das älteste Stadtbuch von Laun], SAP 21, 1971, S. 54.

[154] CDB II, Nr. 246. Wir wollen daran erinnern, dass die Echtheit der Urkunde gegen die früheren Zweifel nachgewiesen wurde, Šebánek, Uničovská listina [Die Urkunde von Mährisch Neustadt], S. 1–15.

[155] J. Teige, Kdy a kým zavedeno bylo právo magdeburské na Moravě [Wann und von wem wurde das Magdeburger Recht in Mähren eingeführt], Právník 59, 1920, S. 244–248. Der Autor hat richtig Bočeks Falsa ausgeschlossen, aber die Urkunde von Mährisch Neustadt hielt er auch für eine Fälschung und er sieht die Anfänge des Magdeburger Rechts erst in den Urkunden für Troppau von 1247 und für Prerau von 1256. Tatsache ist jedoch, dass es in der Urkunde Přemysl Otakars II. für Troppau, CDB IV, Nr. 108+, keine Erwähnung des Magdeburger Rechts gibt. Auch in der Urkunde für Prerau, CDB V/1, Nr. 70++, wird nicht vom Magdeburger Recht gesprochen, aber die Erteilung des Olmützer Rechts kann so interpretiert werden. Zu dieser Urkunde kehren wir später noch zurück. Teige hat geschlossen, dass das Magdeburger Recht in Mähren erst durch Bischof Bruno eingeführt wurde.

Gebiet, wie es bereits im Kapitel über den Gründungsakt abgesteckt wurde, zum Einflussbereich des Magdeburger Rechts gehörten und dann auch niederere Ortsbereiche mit Vorbildern in einheimischen Städten bildeten. Es ging um Gewohnheitsrecht, das erst später niedergeschrieben wurde, aber auch das diente als Vorbild für weitere Städte.[156]

Es ist überflüssig darauf hinzuweisen, dass zu der Zeit, als das Magdeburger Recht bei uns übernommen wurde, es schon eine lange Entwicklung hinter sich hatte und die frühesten Privilegien zur Erteilung des Magdeburger Marktrechts bereits in das Ende des 10. Jahrhunderts datieren.[157] Es bleibt uns nur übrig, mit Bedauern festzustellen, dass die Verbreitung des Magdeburger Rechts zwar gut erforscht ist,[158] aber dass wir über seinen Inhalt in alter Zeit nur wenig wissen.[159] Im Privileg für Přelauč von 1261,[160] über das später noch gesprochen wird, wird der Inhalt des Magdeburger Rechts als ein Komplex von Strafregeln erfasst: *id est auctoritatem puniendi tam in personis quam in rebus secundum merita reorum et excessuum qualitate* und es werden verschiedene Arten von Strafen angeführt: *scilicet sentenciam suspensionis, decapitacionis, rotacionis, duelli necnon omnium eorum, que ad iudicium … pertinere noscuntur*. Ob damit schon der gesamte Inhalt des Magdeburger Rechts ausgeschöpft ist, ist zweifelhaft, denn die privatrechtlichen Beziehungen werden für die Stadtbürger keine geringere Bedeutung gehabt haben.[161]

Mährisch Neustadt selbst galt als Vorbild für weitere Städte. Die Erteilung des Neustädter Rechts an Gewitsch, angeblich 1258,[162] ist zwar eine Fälschung, aber eine echte Urkunde von König Wenzel II. aus dem Jahr 1291[163] enthält die gleiche Bestimmung. Das Neustädter Recht bestätigte 1273 der Abt von Hradisch, Budiš, auch dem Lokator des Dorfes Stefanau.[164] Die Erteilung des Rechts irgendeiner Stadt auch an Dörfer war nichts Ungewöhnliches. Wir werden dieser Erscheinung noch begegnen

156 J. Sydow, Die Klein- und Mittelstadt, S. 12. Diese Erkenntnisse stimmen mit unseren Verhältnissen bei der Entstehung von Städten überein. Die Bedeutung der schriftlichen Fixierung des Stadtrechts besteht u. a. auch in der Möglichkeit, es woanders hin zu übertragen, vgl. Dilcher, Hell, S. 39. Die Städte wehren sich nicht gegen das geschriebene Recht, dagegen ist der Adel sein energischer Gegner, wie dessen Ablehnung geschriebener Gesetzbücher oder geringe Verwendung von Urkunden zeigen.

157 Halberstadt 989 und Quedlinburg 994; Schlesinger, Der Markt als Frühform, S. 279.

158 Hier muss darauf hingewiesen werden, dass der Artikel von J. Grunzel, Über die deutschen Stadtrechte zwar in Einzelheiten verwendet werden kann, aber sonst ist durch das unkritische Vertrauen auf Bočeks Falsa und auf die Urkunde von Raudnitz völlig verzerrt ist.

159 Schlesinger, Forum, S. 305. W. Becker, Magdeburger Recht, behandelt zwar eine Reihe von aus Magdeburg übernommenen Grundsätzen, aber besonders das eigentliche Stadtrecht in dem eingeschränkten Sinn, wie wir ihn hier behandeln, kann er nicht rekonstruieren. Die sehr gründliche Arbeit von R. Schranil, Stadtverfassung nach Magdeburger Recht. Magdeburg und Halle, Untersuchungen zur deutschen Staats- und Rechtsgeschichte, hg. v. O. v. Gierke, Heft 125, Breslau 1915, bringt reiche Informationen über die Rechtsposition der Stadt, aber findet unvergleichlich weniger Belege für das Stadtrecht.

160 CDB V/1, Nr. 292.

161 Auf die Notwendigkeit der Erforschung des Privatrechts der Städte hat Dilcher, Hell, S. 18, aufmerksam gemacht.

162 CDB V/1, Nr. 160++.

163 RBM II, Nr. 1532.

164 CDB V/2, Nr. 710.

und können feststellen, dass es im Einflussbereich des Magdeburger Rechts bereits im 12. Jahrhundert dazu gekommen ist.[165]

Etwa seit der Mitte des 13. Jahrhunderts begann sich der Kreis des Leobschützer Rechts herauszubilden. Leobschütz, das heute auf polnischem Territorium liegt, war zweifellos eingebunden in den Komplex des norddeutschen Stadtrechts, wurde aber selbst zu einem attraktiven Vorbild für den Kreis der nahen nordmährischen Städte.[166] Seine entfaltete Stadtverfassung kann wohl bis auf die Zeit Přemysl Otakars I. zurückgeführt werden, da ihm nach der Bestätigung durch Přemysl Otakar II. von 1275[167] sein Recht erteilt wurde *a nostris predecessoribus* (man beachte den Plural). Ein Hinweis darauf ist auch die Bestimmung des Privilegs für Troppau von 1224, dass die Troppauer Bürger von der Zollzahlung in Leobschütz befreit sind. Schon früher haben wir das Gründungsprivileg von Bennisch erwähnt, dem das Leobschützer Recht erteilt wurde. Es wurden auch die Artikel dieser Urkunde mit der Bestätigung der Leobschützer Rechte verglichen und es wurde festgestellt, dass sie in gewissem Maße eine gemeinsame Grundlage hatten.[168]

In der Zeit, die in unseren Untersuchungszeitraum fällt, wurde das Leobschützer Recht noch an Kranowitz[169] und an Ungarisch Brod[170] verliehen, eine Stadt, die von ihrem Mutterrecht sehr weit entfernt lag in einem Gebiet, das sonst nicht zum Einflussbereich des Leobschützer Rechts gehörte. Aber es handelt sich um eine zweifelsfrei im Original erhaltene königliche Urkunde von 1272, der volles Vertrauen geschenkt werden muss.[171] Komplizierter ist die Erteilung des Leobschützer Rechts 1276 an Mährisch Weißkirchen,[172] weil die Lokation dieser Stadt mit einigen strittigen Fragen behaftet ist, über die schon weiter oben im Abschnitt über die Stadtgründungen durch Lokatoren die Rede war.[173] Die neue Lokation von 1292[174] bestimmte dann für Mährisch Weißkirchen nicht das Leobschützer, sondern das Olmützer Recht. Das Leobschützer Recht bestand in Mährisch Weißkirchen also nur sechzehn Jahre. Weitere Erteilungen des Leobschützer Rechts an mährische Städte während der Wende des 13. zum 14. Jahrhundert[175] bestätigen nur die schon mit den Anfängen der Städte

---

165 Schlesinger, Forum, S. 278.

166 Im Einzelnen bei J. Kubíčková-Sedláková, Právní okruhy moravských měst [Die Rechtsbereiche der mährischen Städte] (wie Anm. 131 in Kapitel III).

167 CDB V/2, Nr. 790. Die Datierung zum Jahr 1275 hat E. Bednara, Aus der Frühgeschichte der deutschen Stadt Leobschütz, in: Beiträge zur Heimatkunde Oberschlesiens, Leobschütz 1931, nachgewiesen. Vgl. T. Görlitz, Das Leobschützer Recht, Der Oberschlesier 19, 1937, Heft 7, S. 380, der ebd., S. 381–384, das Privileg gründlich analysierte und darin vier Teile feststellte, die nicht gleichzeitig entstanden und nicht frei von späteren Eingriffen sind.

168 J. Kubíčková-Sedláková, Právní okruhy moravských měst [Die Rechtsbereiche der mährischen Städte], im Kapitel über den Leobschützer Rechtsumkreis.

169 CDB V/1, Nr. 432+.

170 CDB V/2, Nr. 682.

171 Šebánek/Dušková, Urkundenwesen, AfD 15, 1969, S. 276ff., S. 341ff.

172 CDB V/2, Nr. 805.

173 Oben, S. 164f., wo auch auf weitere Urkunden zur Entstehung von Mährisch Weißkirchen hingewiesen wird.

174 RBM II, Nr. 1568.

175 Die Stadt Freiberg besaß von einer bestimmten Zeit an Leobschützer Recht. 1294 gab der Grundherr von Freiberg das Dorf Pozmannsdorf seinem Richter und außer anderen Vergünstigungen wies er ihm

einsetzende Entwicklung. Von der regelmäßigen Tätigkeit des Leobschützer Oberhofs zeugt auch das Privileg König Wenzels II. von 1298, durch das außer anderen Vorteilen der Stadt auch das Vorrecht erteilt wurde, von denen Gebühren zu erheben, die *ius et sentenciam civitatis predicte* verlangen werden.[176]

Olmütz hat in der Geschichte des mährischen Rechts einen bedeutenden Platz eingenommen als Berufungsgericht für die große nordmährische Städtelandschaft, die in dem weiteren Kreis des Magdeburger Rechts lag. Mit diesem Recht wurde 1256 Prerau durch eine Urkunde Přemysl Otakars II. begabt,[177] die zwar eine Fälschung ist, deren Passus, dass die Prerauer *in eodem iure sedeant et morentur, quo civitatenses nostri in Olomuncz … sunt gavisi,* aber am ehesten dem ursprüngliche Kern der erteilten Privilegien entspricht.[178]

Ein ähnliches Problem erhebt sich für die Gründungsurkunde von Braunsberg,[179] die ebenfalls eine alte Fälschung ist, deren Wortlaut also mit Vorsicht aufgenommen werden muss. Aber die Erteilung des Magdeburger Rechts nach dem Beispiel von Troppau hat sicherlich einen wahren Kern und zeigt Troppau als Zentrum eines nicht sehr großen Rechtsgebiets, das im Laufe der Zeit einige ursprünglich dem Leobschützer Recht zugehörende Städte an sich gezogen hat.

Gegenüber dem nordmährischen Gebiet, wo sich von Anfang an die Übernahme des Magdeburger Rechts durchsetzte, ist Südmähren uneinheitlich. Bei Znaim lässt sich für die älteste Zeit kein Vorbild seines Rechts erkennen und das spätere Iglau begann bald, sich einen eigenen Kreis zu schaffen. Sicherlich handelt es sich um süddeutsche Rechte, aber es ist schwer ihre kompakte Anwendung nachzuweisen. Demgegenüber sind die ursprünglichen Rechte der beiden Städte Brünn und Göding bemerkenswert.

Für Brünn, für das eine frühe Nachricht über die Eingliederung in den Rechtskreis irgendeiner Stadt fehlt, kann kaum mit Sicherheit bestimmt werden, wodurch das Stadtrecht nach der Installierung der Stadtverfassung etwa seit 1237[180] bis zum großen Privileg von 1243[181] inspiriert wurde. Anders erscheint die Situation nach der Erteilung dieses Privilegs, das das ausgereifteste Stadtrecht jener Zeit darstellt.

---

das Leobschützer Recht zu, CDM V, Nr. 14, das damals schon in der Stadt verwendet wurde. Ähnliches kann auch bei zwei Verkäufen des Gerichts durch Herrn Ulrich von Lichtenburg in den bei Fulneck gelegenen Dörfern Eilowitz, RBM II, Nr. 1606, und Tyrn, RBM II, Nr. 1636, angenommen werden, siehe auch CDM IV, Nr. 313 und 314, denen das Leobschützer Recht zugewiesen wurde, das damals in der Stadt gebräuchlich war. In beiden Urkunden fungierten als Zeugen u. a. Bürger aus Fulneck. In diesen Fällen ist die Erteilung des Rechts an einfache Dörfer bemerkenswert, die so ihre ursprüngliche Zugehörigkeit zur Stadt nachweisen. Siehe auch weiter unten in den Ausführungen über die Stadtdörfer. Übersichtlich behandelt ist der Raum des Leobschützer Rechts bei GÖRLITZ (wie Anm. 167), S. 386–387. Ein Verzeichnis der Orte, die sich nach dem Leobschützer Recht richten, bietet Schlesisches Städtebuch, Stichwort Leobschütz, S. 223.

176 RBM II, Nr. 1794 = CDM VI, Suppl. Nr. 8, S. 371.

177 CDB V/1, Nr. 70++.

178 ŠEBÁNEK/DUŠKOVÁ, Kritický komentář [Kritischer Kommentar], S. 144.

179 CDB V/2, Nr. 597++; dazu bereits im Kapitel über die Städtegründungen.

180 KEJŘ, Zwei Studien, S. 101–102, in Übereinstimmung mit der Studie von F. ČÁDA, The Origin of the Jewisch Community of Brno, in: Festschrift Guido Kisch, Stuttgart 1955, S. 266.

181 CDB IV, Nr. 17. Neuausgabe M. FLODR, Iura originalia civitatis Brunensis, Brno 1993.

Das Brünner Privileg enthält erste systematische Rechtsartikel, die in einer sachlichen Folge angeordnet sind. Seit langem ist schon bekannt, dass ein Teil von ihnen aus den Privilegien der Städte Enns von 1212 und Wien von 1221 übernommen wurde.[182] Trotz dieser Übereinstimmungen hat Brünn das Wiener Recht aber nicht übernommen.[183] Einige Wiener Artikel wurden gar nicht angenommen und andere wurden unabhängig vom Wiener Vorbild selbständig zusammengestellt. Entscheidend ist die Tatsache, dass Brünn niemals um eine Belehrung aus Wien gebeten hat und dass es selbst zu einem Oberhof für eine ganze Reihe von Städten in Südmähren wurde.[184] Der Einfluss des Wiener Rechts ist für Mähren unbedeutend. Nicht einmal die Verfügung König Rudolfs – der sich nach dem Tode Přemysl Otakars II. die Oberhoheit anmaßte – im Privileg für Znaim von 1278,[185] in dem die Verwendung des Wiener Rechts verordnet wurde, hatte dauerhafte Bedeutung.

Andere Verhältnisse bestimmten die ältesten Privilegien der Stadt Göding. Das Privileg der Königin Konstanze, wohl von 1238,[186] wurde oft als Fälschung verdächtigt, weil es Bestimmungen enthielt, die ganz unüblich im Gebiet des böhmischen Staates waren. Aber die jüngste Forschung hat gezeigt, dass hier Freiheiten übernommen wurden, die nach dem Muster von Stuhlweißenburg den ungarischen Städten erteilt worden waren.[187] Gerade die Teile, die Zweifel erweckt hatten, nämlich die freie Wahl des Richters, die Befreiung von Zöllen im ganzen Staat und die Entscheidung von Streitfällen in der Stadt selbst, sind das Ergebnis der Erteilung von ungarischen städtischen Freiheiten.[188] Darüber hinaus entspricht die Bezeichnung des Richters als *villicus* ebenfalls der ungarischen Terminologie.[189] Hier genügt es, nur kurz

182 Textvergleich in den Anmerkungen zur Edition in CDB. M. Flodr (siehe vorherige Anm., S. 30), legte dar, dass das Brünner Recht nicht direkt aus Wien übernommen wurde, sondern aus Enns aus dem Privileg von 1212. Auf S. 31–37 zeigte er sein Verhältnis zu den Vorlagen. Er schlussfolgerte auch, dass die Ausarbeitung des Konzepts für das Privileg eine interne Brünner Angelegenheit war und dass der Anteil des Notars Reinboto, der es in der königlichen Kanzlei diktierte, deshalb eingeschränkt war.

183 Im Einzelnen dazu W. Weizsäcker, Wien und Brünn, bes. S. 149, wo die Ansicht abgelehnt wird, dass der Brünner Bereich zum Wiener Recht gehört, und wo die Orte aufgezählt werden, die dieses Recht tatsächlich haben. Über das Verhältnis zum Wiener Privileg ebd., S. 138ff.

184 Über die vollständige Verselbständigung des Brünner Rechts H. Aubin, Stadtrechtslandschaften, S. 237.

185 RBM II, Nr. 1139.

186 CDB II, Nr. 381. Mit dieser Urkunde haben wir uns wegen ihres Ausnahmecharakters bereits wiederholt beschäftigt, vgl. auch oben bei den Ausführungen über die Kaufleute.

187 Die Parallelen zu den ungarischen Städten bemerkten auch L. Hosák, Středověká kolonizace [Die mittelalterliche Kolonisierung], S. 26–30, und Kejř, Zwei Studien, S. 90–96. Eine umfassende Darstellung der Privilegien von Stuhlweißenburg und deren Übernahme durch andere Städte gab E. Fügedi, Der Stadtplan von Stuhlweissenburg.

188 Fügedi, ebd., S. 124. Im Gödinger Privileg ist das vierte übliche Vorrecht, nämlich der freie Zuzug weiterer Bewohner nicht erfasst, stattdessen gibt es dort eine präzise Erklärung, dass ehrbare Deutsche in die Stadt berufen wurden. Also verändert diese scheinbare Auslassung nichts an der praktisch vollständigen Übernahme der Privilegien von Stuhlweißenburg. Übrigens haben auch die ungarischen Städte nicht immer alle Privilegien bekommen, siehe Fügedi, ebd., Anm. 113–116.

189 Fügedi, ebd., Anm. 113 und 114. M. Švábenský, in: Hodonín. Minulost a socialistická přítomnost města [Göding. Vergangenheit und sozialistische Gegenwart der Stadt], Brno 1979, Kap. III: Město do válek českouherských [Die Stadt bis zu den böhmisch-ungarischen Kriegen], bes. S. 37–42, bewahrte gegenüber der Echtheit der Gödinger Urkunde eine skeptische Haltung, bemerkte aber zum Termi-

daran zu erinnern, dass die ungarischen städtischen Privilegien auf dem mährischen Gebiet dadurch erklärbar sind, dass Königin Konstanze Herrin über ein ausgedehntes Gebiet war, das sich zu beiden Seiten der Grenze erstreckte und ebenfalls einheitlich verwaltet wurde. Die Gödinger Urkunde verdient also volles Vertrauen.[190]

Aber damit wird nicht die Zugehörigkeit von Göding unter den Oberhof von Stuhlweißenburg behauptet. Den ungarischen Städten wurden nur einzelne Freiheiten erteilt, was auch für Göding gilt, aber niemals bildete sich eine Rechtsfamilie mit Bitten um Belehrung und mit Berufungen aus.[191] Göding selbst hatte in Zukunft zu Stuhlweißenburg und zum Recht der ungarischen Städte keine Beziehung und gehörte zum Rechtskreis von Brünn.

Die beiden großen Bereiche der südmährischen Stadtrechte, der Brünner und der Iglauer, die auch weit nach Böhmen hineinreichten, können zwar nach den Urkunden des 13. Jahrhunderts noch nicht präzise bestimmt werden, aber erste Anzeichen sind hier schon feststellbar. Das Brünner Recht wurde dem 1258 gegründeten Ungarisch Hradisch erteilt[192] und 1290 durch Beschluss Bischof Dietrichs seiner Stadt Kremsier. Dort allerdings mit dem Vorbehalt, dass der Aussteller einige Artikel ändere.[193]

In den größeren Brünner Kreis kann auch ein weiterer Fall eingeordnet werden. 1298 erteilte König Wenzel II. auf Bitten des Kloster Obrowitz dessen Dorf Klobouk einen Markt und gestattete, dass aus ihm ein *locus forensis* wurde, und gleichzeitig legte er fest, dass es sich nach dem Recht richten soll, *quod habetur in oppido nostro Meynin*.[194]

Von ganz anderem Charakter ist die Erlaubnis, die 1261 den Olmützern von Přemysl Otakar II. gegeben wurde,[195] durch die sie wirtschaftliche Vergünstigungen erhielten, wie ein „chaufhus"[196] und einen Jahrmarkt, für den als Vorbild das Recht des Jahrmarkts in Brünn dienen sollte. Das ist nur ein Verweis auf eine spezielle Angelegenheit, die nicht die Übernahme des gesamten Brünner Rechts bedeutet. Olmütz richtet sich auch weiterhin nach seinem Recht, das in das Gebiet des Magdeburger Rechts gehört.[197]

---

nus *villicus*, der in den ungarischen Urkunden der Position des Richters entspricht, dass sich damit das Bild von den Anfängen Gödings verändern würde, denn es müsste der Versuch einer Stadtgründung noch vor der Berufung der Deutschen angenommen werden. Hier lässt sich erneut bekräftigen, dass die Gödinger Urkunde kein Gründungsprivileg ist und dass die Anfänge der Stadtverfassung aus ihr schon für eine frühere Zeit abgeleitet werden können. Es scheint nur, dass Švábenský zu weitgehende Schlüsse gezogen hat, dass nämlich die Gründung wegen des Widerstandes eines Teiles der Bewohner nicht gelungen sei. Das ist zwar eine denkbare Schlussfolgerung, aber aus der Quelle selbst nicht zu beweisen.

190 Neu dazu Kejř, O nejstarší listině [Über die älteste Urkunde].

191 Fügedi, Der Stadtplan von Stuhlweissenburg, S. 133, formuliert präzise, dass man nicht von „Stuhlweissenburger Recht", sondern nur von „Stuhlweissenburger Freiheiten" sprechen kann.

192 CDB V/1, Nr. 156.

193 RBM II, Nr. 1502: *tamen super certis articulis ... eis normam duximus prefigendam.*

194 RBM II, Nr. 1804 = CDM V, Nr. 95.

195 CDB V/1, Nr. 295.

196 Dazu Šebánek, K otázce kupeckého domu [Zur Frage des Kaufhauses], S. 46–60.

197 F. Hoffmann, K oblastem českých práv městských [Zu den Gebieten der böhmischen Stadtrechte], S. 35, Anm. 64, führte an, dass sich Beziehungen in Zunftangelegenheiten nicht als Beleg für stadtrecht-

Auch das Iglauer Recht wird übernommen, beispielsweise vom neu gegründeten Chrudim. Auch wenn die Nachricht darüber aus einem Formelbuch überliefert ist, kann ihr geglaubt werden.[198] Wenn wir aber in anderen Urkunden von der Übernahme des Iglauer Rechts oder einer Belehrung aus Iglau lesen, geht es nur noch um die Mitteilung von Regeln in Bergbauangelegenheiten. Vor dem Juni 1268 sandten die Iglauer eine genaue Belehrung an den Abt von Lebus,[199] die dann auch *Boleslaus dux Silesie* dem Kloster bestätigte.[200] Auch die Festlegung Přemysl Otakars II. von 1271, die Troppauer sollten sich in Bergbauangelegenheiten nach dem Iglauer Recht richten,[201] bedeutet nicht die Verleihung von Stadtrecht, das in Troppau unangetastet bleibt.

Durch den Kontakt zwischen Chrudim und Iglau gelangen wir schon auf das Gebiet Böhmens und zur Erweiterung von Typen des Stadtrechts in den neu entstehenden Orten. Schon oben im Kapitel über die Städtegründung wurden Beispiele für die Erteilung von Rechten nach geographich nahe liegenden Vorbildern aufgezählt und es ist nicht notwendig, einige davon auch hier zu behandeln. Es handelt sich um solche Erteilungen, für die nicht deutlich ist, zu welchem größeren Stadtrechtskreis das erteilte Recht gehört, wie z. B. bei der Erteilung des Königgrätzer Rechtes für Leitomischl[202] oder des von Hohenmaut für Polička.[203] Es muss hier allerdings auf die unklare Herkunft des Rechts von Königgrätz hingewiesen werden. Manchmal wurde angenommen, dass das Magdeburger Recht sich über Leitmeritz entlang der Elbe verbreitet hat[204] und dass es von hier aus auch nach Königgrätz gekommen ist. Aber ein Hindernis stellt dafür vor allem die Tatsache dar, dass die Urkunde für Raudnitz falsch ist,[205] so dass die Kontinuität in dieser Richtung unterbrochen ist. Außerdem ist es auch eine unbestrittene Tatsache, dass Königgrätz früher Stadt wurde als Leitmeritz. Königgrätz gehörte zwar in späteren Jahren zur Familie des Magdeburger Rechts, aber dies erklärt nicht die Herkunft seines ursprünglichen Rechts, zumal Königgrätz auf der Karte der ältesten Städte räumlich völlig isoliert liegt und wir darüber hinaus für die frühe Zeit nichts von einer deutschen Besiedlung

liche Beziehungen verstehen lassen. Andere ähnliche Fälle werden angeführt von B. Mendl, Tak řečené norimberské právo [Das so genannte Nürnberger Recht], S. 45. Vgl. auch weiter zur Übernahme des Iglauer Rechts in Troppau.

198 Voigt, Formelbuch des Heinricus Italicus, Nr. 113; übernommen in CIM II, Nr. 24. Siehe bereits oben, S. 167.

199 CDB V/2, S. 561.

200 CDM IV, Nr. 15 = RBM II, Nr. 617; vgl. CDB V/3, Nr. 1421.

201 CDB V/2, Nr. 647.

202 CDB V/1, Nr. 195++. Es handelt sich auch sonst um eine sehr wichtige Urkunde, die wir wiederholt herangezogen haben. Außerhalb des Zeithorizonts unserer Untersuchungen liegt schon die spätere Vollendung des Rechtsbereiches von Königgrätz, der die Städte Leitomischl, Chrudim, Glatz und Hohenmaut einbezieht, wie es die in der Breslauer Hs. I Q 156 erhaltenen Königgrätzer Urteile bezeugen, herausgegeben von Gaupp, Deutsche Stadtrechte II, S. 256–274, die man wird nachprüfen und auswerten müssen.

203 CDB V/1, Nr. 457.

204 J. Teige, Právo magdeburské [Magdeburger Recht], S. 245; W. Weizsäcker, Eindringen und Verbreitung, S. 99.

205 Teige und auch Weizsäcker haben noch an die Echtheit der Urkunde geglaubt.

wissen.[206] In Erwägung dieser Umstände wurde die Vermutung ausgesprochen, die städtischen Gewohnheiten seien auf dem Weg von Schlesien über Glatz nach Königgrätz gelangt.[207] In der Zeit der Verleihung des Königgrätzer Rechts an Leitomischl dürfte es sich am ehesten tatsächlich bereits um den Magdeburger Typ des Stadtrechts gehandelt haben.

Das Prager Recht wurde dem neu gegründeten Bösig erteilt,[208] aber sonst betreffen die Nachrichten vor allem das Magdeburger Recht. 1261 erhielt das Kloster Opatowitz für seine Stadt Přelauč *omnia iura et libertates, que habent civitates nostre in Colonia et Churim, videlicet ius, quod habet Magdeburgensis civitas.*[209] Dies ist ein Beleg dafür, dass das Magdeburger Recht als bekannt übernommen wurde und dass sich danach zwei königliche Städte richteten, die – nebenbei gesagt – hier zum ersten Mal als Rechtsstädte auftreten. Das Hauptzentrum dieses Rechts bildete sich in Leitmeritz heraus.

Im Privileg Heinrichs von Kärnten aus dem Jahr 1308[210] erhielt Leitmeritz die gleichen Freiheiten, deren sich die Prager erfreuten, und darüber hinaus bekam es die Garantie, immer die Magdeburger Rechte benutzen zu können, *cum quibus ipsa Lithomierycensis civitas a principio est fundata.* Auch wenn solche Angaben nicht immer mit der Wirklichkeit übereinstimmen müssen, lässt sich in diesem Fall der Behauptung vollkommen Glauben schenken, dass das Magdeburger Recht dort *a principio* gegolten hat. Ungefähr im gleichen Geiste verkündet auch die Bestätigung der Leitmeritzer Rechte durch König Johann aus dem Jahr 1325,[211] *ut ipsi cives iuribus, libertatibus et consuetudinibus Maydeburgensibus, quibus ab antiquo freti sunt, frui … debeant et gaudere* und bestimmt darüber hinaus, dass die das Magdeburger Recht benutzenden Städte sich in Zweifelsfällen an Leitmeritz wenden sollen. Das ist eine offizielle Bestätigung von Leitmeritz als Oberhof des Magdeburger Rechtskreises.

Die Respektierung des auf das Magdeburger Recht gestützten Leitmeritzer Rechts brachte auch König Přemysl Otakar II. zum Ausdruck, als er 1262 ein Privileg für die Stadt mit dem Versprechen ausstellte,[212] dass auch in den Fällen, in denen er selbst oder sein Vertreter richten werde, *ius et consuetudines Maydburgensium* eingehalten werden solle. Die Erteilung des Leitmeritzer Rechts an eine andere Stadt, für Graber, datiert in das Jahr 1276,[213] in einer Urkunde komplizierter Herkunft

---

[206] E. Schwarz, Volkstumsgeschichte I, S. 329.

[207] Kejř, Die Anfänge, S. 460–461.

[208] CDB V/1, Nr. 423. Es ist die einzige aus dem 13. Jahrhundert bekannte Erteilung des Prager Stadtrechts. Die nächste stammt erst von 1302 für Beraun, RBM II, Nr. 1937. Als Erteilung des Prager Stadtrechts kann man das Privileg König Heinrichs für Znaim vom Jahre 1307 nicht interpretieren, RBM II, Nr. 2158, wie es Chaloupka, Znojmo [Znaim], S. 132, tut, in dem zwar festgelegt wird, dass Znaim die Rechte, Begnadungen und Freiheiten genießen soll, die Prag erlaubt sind, aber gleichzeitig bestimmt wird, dass die Znaimer in ihren Rechten und Gewohnheiten verbleiben sollen. Es handelt sich hier um die Gleichstellung von Znaim mit Prag als Belohnung für die Unterstützung des Landesherrn gegen die Feinde.

[209] CDB V/1, Nr. 292.

[210] CIM II, Nr. 85.

[211] CIM II, Nr. 138.

[212] CDB V/1, Nr. 336. Siehe bereits oben bei der Behandlung des städtischen Gerichtswesens.

[213] CDB V/2, Nr. 807+.

mit einem Eingriff des Empfängers.[214] Bereits aus dem Jahr 1282 stammt die älteste Rechtsmitteilung aus Magdeburg für Leitmeritz, deren Text jedoch nicht erhalten ist, sondern nur der Begleitbrief, in dem die Magdeburger mitteilen, dass sie *iura nostre civitatis, quibus ipsa regitur* schicken, also den vollen Wortlaut des Stadtrechts.[215]

In einem Formelbrief zu einem ungewissen unbekannten Jahr erteilt ein nicht näher bezeichneter *dux* an eine ungenannte Stadt[216] *ius civitatis Magdeburgensis infra districtum sive murum civitatis nostre* und fügt hinzu, dass die in der St. Iwan-Gemeinde – *in vico beati Iwani* – niedergelassenen Leute, die Höfe oder Gärten *ante civitatem infra fossata prime locacionis* besitzen, verpflichtet sind, die Gerichtsentscheidungen in der Stadt zu suchen und mit der Stadt mitzuleiden. Die Vermutung, dass es sich um die Begabung von Leitmeritz mit dem Magdeburger Recht durch Přemysl Otakar II. oder Wenzel II. in einem später verlorenen Privileg handelt[217] und dass es sich um die St. Iwan-Gemeinde Johannsdorf bei Leitmeritz handelt,[218] muss man mit großen Vorbehalten aufnehmen.[219] Auch über die Erteilung des Magdeburger Rechts an Libochowitz im Jahr 1292[220] kann nichts Genaues gesagt werden, weil es sich nur um eine kurze, späte Notiz handelt. Aber kaum gezweifelt werden kann daran, dass Leitmeritz das Rechtsvorbild war.

Man muss noch über den letzten Fall des Magdeburger Rechts sprechen, wiederum im nordmährischen Bereich. Die Urkunde Protivens, des Kastellans von Hohenstadt, für den Vogt Eberhard aus Schildberg aus dem Jahr 1278,[221] die jedoch erst in einer Konfirmation aus dem Jahr 1365 erhalten ist,[222] garantierte die Verwendung des Magdeburger Rechts. Wir begegnen ihr später noch ausführlicher im Rahmen der Überlegungen zu den Stadtdörfern, aber volles Vertrauen wird man ihr erst nach einer genauen rechtshistorischen und stilistischen Analyse schenken können. Ihre Angabe über das Magdeburger Recht bestätigt nichtsdestoweniger seine Verbreitung in Nordmähren.

---

214 Die Kompliziertheit der Entstehung beschrieb J. PRAŽÁK, Privilegium Přemysla I. pro Doksany a jeho konfirmace z roku 1276 [Das Privileg Přemysls I. für Doxan und seine Konfirmation vom Jahre 1276], SAP 5/1, 1955. Zweifel siehe in der Edition in den Anmerkungen mit Hinweisen auf weitere Literatur. Auf die Bedeutung von Graber für die Besiedlung des benachbarten Gebietes hat PRAŽÁK, ebd., S. 188–189, hingewiesen. Es genügt daran zu erinnern, dass mit der Gründung von Bösig im Jahre 1264 zwei Bürger (?) aus Graber betraut wurden, während Graber sich 1263 Stadt nennt, CDB V/1, Nr. 397.

215 CIM II, Nr. 11, Ergänzung in der Anm. S. 38. Über die verlorene Belehrung W. WEIZSÄCKER, Magdeburger Schöffensprüche, S. 1. Die älteste erhaltene Mitteilung stammt erst aus der Zeit nach dem 28. April 1324, ebd., S. 30–35. In der Beilage befindet sich eine Karte von Orten, die sich auf Leitmeritz berufen haben.

216 VOIGT, Formelbuch des Heinricus Italicus, Nr. 109.

217 Das bereits zitierte Privileg König Johanns vom Jahre 1325, CIM II, Nr. 138, bestätigt alte Privilegien der Könige Wenzel I., Přemysl Otakar II. und Wenzel II., die heutzutage nicht mehr bestimmbar sind.

218 VOIGT, ebd., in der Anmerkung.

219 TOMAS, Počátky Litoměřic [Die Anfänge von Leitmeritz], S. 54, akzeptiert dies nur mit Vorbehalt und bemerkt, dass die Urkunde sonst zwischen die Jahre 1251 und 1262 gehören würde, in denen Přemysl den Titel *dux* verwendete.

220 CIM IV/1, Nr. 10.

221 Moravské a slezské listiny Liechtenštejnského archívu ve Vaduzu [Mährische und schlesische Urkunden des Liechtensteinischen Archivs in Vaduz], hg. v. J. BISTŘICKÝ/F. SPURNÝ/L. VÁCLAVEK/M. ZEMEK, Knižnice jižní Moravy, Bd. 13, 1991, Nr. 9.

222 Ebd., Nr. 91.

Im Vergleich zu der norddeutschen Magdeburger Städtrechtsgruppe sind die Nachrichten über das Recht der Städte in den übrigen Teilen Böhmens unbestimmt und selten. Sachliche Unterschiede sind für die älteste Zeit, ungefähr bis zum Ende des 13. Jahrhunderts, schwer feststellbar.[223] Es fehlen vor allem ausreichende Belege für die Feststellung der Herkunft des Rechts der Prager Altstadt, die jahrhundertelang Oberhof für ein umfangreiches Gebiet war. Es ist ein sehr komplizierter Streit entbrannt über die Beziehung zum Nürnberger Recht, das für ein übernommenes Vorbild angesehen wurde. Eine Stütze für diese Behauptung ist die Urkunde König Johanns vom Jahre 1315,[224] in der der Landesherr im Bestreben, die Bedürfnisse der Burg Pürglitz besser zu befriedigen, die Neubesiedlung des nicht vollständig besiedelten Dorfes Lubna initiiert und festlegt, dass die *inhabitatores* dieses Dorfes *iure civitatis Nurembergensis, quo Maior civitas nostra Pragensis a prima sui fundacione freta est et fruitur ... frui debeant et gaudere*. Viele Kenner haben dieser Urkunde so viel Glauben geschenkt, dass sie das Recht der Prager Altstadt und ihres ganzen Bereiches als Nürnberger Recht betrachteten.[225] Diese Behauptung findet sich bis heute häufig in Überblicksarbeiten.[226] Man muss aber darauf hinweisen, dass Eger die Rechtsbelehrung aus Nürnberg empfing und dass sich von hier aus das Recht auf eine kleine Gruppe westböhmischer Städte, die darin von Eger abhängig war, ausbreitete, dass aber für das übrige böhmische Gebiet die Dinge komplizierter liegen.[227]

Die prinzipielle Ablehnung der Theorie von der Übernahme des Nürnberger Rechts beruhte vor allem auf der sicheren Feststellung, dass aus Prag niemals eine Appellation oder eine Bitte um Belehrung nach Nürnberg gegangen ist und dass auch keine sachlichen Beziehungen auf das Nürnberger Stadtrecht festgestellt werden können. Der Versuch, das Nürnberger Recht für Böhmen und Prag zu „retten“, hat nicht überzeugt.[228] Allerdings fand auch die Vorstellung, dass unter dem Begriff Nürnberger Recht ein Teil des Landrechts des Schwabenspiegels verstanden werden soll, das angeblich in den böhmischen Städten verwendet wurde,[229] keine Akzeptanz. Es wurde vor allem darauf hingewiesen, dass der Schwabenspiegel in Böhmen nicht in

223 F. Hoffmann, K oblastem českých práv městských [Gebiete böhmischer Stadtrechte], S. 36–37, konnte sich bei der Suche nach dem Unterschied eigentlich nur auf einen späteren Zustand stützen und hat auf die Schwierigkeit einer solchen Aufgabe hingewiesen.

224 CIM II, S. 790, in der Ergänzung zu Nr. 618, und bereits RBM IV, Nr. 2128, nach dem Befund von Köpl aus dem Jahre 1887.

225 Übersicht über die Ansichten der Fachliteratur bei B. Mendl, Tak řečené norimberské právo [Das so genannte Nürnberger Recht], S. 9ff.

226 Z. B. V. Vaněček, Dějiny státu a práva v Československu [Geschichte des Staates und des Rechts in der Tschechoslowakei], Praha 1964, S. 93, was auch in weiteren Auflagen übernommen wurde.

227 B. Mendl, Tak řečené norimberské právo [Das so genannte Nürnberger Recht] und bereits Zycha, Prag, S. 216. Die Beziehungen Egers und des Egerer Rechtsgebietes zu Nürnberg hat schon vor langer Zeit F. Kürschner, Das Stadtrecht von Eger und seine Verbreitung, MVGDB 6, 1867, S. 197–205, nachgewiesen, der die Frage nach der Herkunft des Egerer Rechts und seiner Verbreitung löste, indem er aus Deutschland in dieses Rechtsgebiet nur Wunsiedel einordnete, während die übrigen Städte auf dem Territorium Westböhmens lagen.

228 W. Weizsäcker, Die Altstadt Prag und das Nürnberger Recht, ZRG GA 60, 1940, S. 117–142.

229 B. Mendl, Tak řečené norimberské právo [Das so genannte Nürnberger Recht], S. 39.

Gebrauch war und dass seine Übersetzungen erst spät, im 15. Jahrhundert, entstanden.[230] Es kann auch nicht übersehen werden, dass Nürnberg keinen so großen Wirkungskreis seines Rechts geschaffen hat[231] wie Magdeburg.

Das Problem besteht darin, dass die Anfänge der Stadtverfassung in Prag immer noch ungenügend geklärt sind und dass die zahlreiche und oft ganz gegensätzliche Literatur bisher die angesammelten Missverständnisse nicht beseitigen konnte.[232] Von der ersten Erwähnung des Nürnberger Rechts in der Urkunde König Johanns, in der von seinem Gebrauch *a prima fundacione* gesprochen wird, kann man natürlich keine gänzliche Genauigkeit erwarten,[233] denn wir wissen nicht, wann Prag die Stadtrechte erlangt hat. Alle Angaben darüber in der Literatur haben nur den Charakter von mehr oder weniger wahrscheinlichen Vermutungen. Vor allem kann nicht mit der Existenz einer Gründungsurkunde gerechnet werden, die irgendwann zwischen 1232 und 1234 ausgestellt worden wäre.[234] Wie bereits bekannt, erhielten die königlichen Städte keine Gründungsprivilegien, mit Ausnahme der Urkunden für die Lokatoren. Auch das sich auf das Jahr 1234 datierte Formularstück, in dem Prager Bürger und sogar auch der Richter genannt werden,[235] ist nicht restlos überzeugend, und deshalb haben wir erst 1239 eine sichere Nachricht über die Prager Stadtverfassung.[236]

Wenn also die Urkunde von 1315 für die Anfänge des Stadtrechts und besonders sein Nürnberger Vorbild für Prag nicht beweiskräftig ist, und wenn es auch keine andere Erwähnung der Beziehung Nürnberg-Prag in der städtischen Rechtsregelung gibt, muss man noch eine weitere Bestimmung betrachten, in der über das Nürnberger Recht gesprochen wird, nämlich die Ernennung von Sigmund Huler zum königlichen Unterkämmerer im Jahre 1387.[237] Neben anderen Verfügungen, besonders zum städtischen Gerichtswesen, verbot König Wenzel IV. jegliche Berufung in Rechtsfragen und bestimmte, dass derjenige, der *ad ius Magdeburgense appellare* wolle, sich an Leitmeritz wenden solle, und derjenige, der sich *ad ius Nurembergense* berufen wolle,

---

230 J. Štěpán, Studie o kompilační povaze Koldínových práv městských [Eine Studie über den Kompilationscharakter von Koldíns Stadtrechten], Praha 1940, S. 85–87.

231 H. Reichard, Die deutschen Stadtrechte des Mittelalters, Berlin 1930, hat Nürnberg nicht unter die deutschen Rechtskreise eingereiht und konstatierte sogar, S. 46, dass Nürnberg und Regensburg der Rechtseinfluss versagt blieb. Dieses Werk wurde jedoch einer heftigen Kritik unterzogen. Interessehalber kann auch an die Meinung über das Nürnberger Recht und seinen Bereich erinnert werden, wie sie E. T. Gaupp, Deutsche Stadtrechte I, S. XXX, ausgesprochen hat, wo unter den bayerischen Rechten Regensburg mit seinem Einfluss auf Österreich, Südböhmen und vielleicht auch auf Nürnberg betont wird. Das Nürnberger Recht ist nur auf Eger bezogen, aber aus inneren Gründen werden hier auch Bindungen an Regensburg gesucht.

232 Eine Übersicht boten insbesondere B. Mendl, Tak řečené norimberské právo [Das so genannte Nürnberger Recht], S. 7–17, und auch schon Zycha, Prag, S. 10–13.

233 Vgl. bereits eine ähnliche Angabe in der Urkunde aus dem Jahre 1308 für Leitmeritz, der zufolge sich Leitmeritz der Magdeburger Rechte *a principio* erfreut. Hier war es jedoch möglich, die Wahrscheinlichkeit dieses Inhalts zu akzeptieren, da das Magdeburger Recht zur Zeit der Konstituierung der Stadtverfassung in Leitmeritz in den böhmischen Ländern nachweislich verwendet wurde, und sich Beispiele seiner Anwendung auch in Leitmeritz selbst finden.

234 J. Čelakovský, O začátcích ústavních dějin [Über die Anfänge der Verfassungsgeschichte], S. 204.

235 CDB III/1, Nr. 64.

236 CDB III/2, Nr. 219. Dazu Kejř, Zwei Studien, S. 98–99, mit Hinweisen auf diplomatische Studien.

237 CIM II, Nr. 618.

sich *ad civitatem nostram Pragensem, ubi talia iura redduntur* wenden möge.[238] Dies scheint zu bestätigen, dass das Nürnberger Recht ausreichend bekannt und verbreitet war, auch wenn es darüber keine näheren Angaben gibt. Man muss sich bewusst machen, dass das Verbot der Berufung ins Ausland sich auch auf die Städte in Westböhmen bezog, die tatsächlich aus Nürnberg Belehrungen, in der Regel durch Vermittlung von Eger, bekamen. Auch sie sollten also in Zukunft in Prag Berufung einlegen. Dadurch würde sich erklären lassen, warum eine solche Bestimmung im Erlass des Landesherrn enthalten ist. Außer Magdeburg und Nürnberg liegen die übrigen Oberhöfe, besonders Iglau und Brünn, auf dem Gebiet des böhmischen Staates.

Der Prager Rechtskreis formierte sich weitaus später und langsamer als die mit Magdeburg verbundenen Kreise. Die erste Erwähnung des Nürnberger Rechts selbst aus dem Jahr 1315 betrifft ein Dorf, das auch später keinen Stadtstatus hatte. Es geht hier also um den sehr häufigen und später noch eingehender zu erörternden Fall, dass ein Dorf in den Rechtsbereich irgendeiner Stadt einbezogen wird. Ein Rätsel bleibt aber, wie die Behauptung über das Nürnberger Recht in Prag entstanden ist, die im übrigen den bekannten Quellen widerspricht. Die bisherigen Ausführungen darüber sind unbefriedigend, und auch wir müssen bekennen, dass wir keine Erklärung gefunden haben. Alles deutet darauf hin, dass sich das Stadtrecht in Prag, wo es lebhafte Beziehungen sowohl zu Ausländern als auch zu deren Rechtsvorstellungen gab, ganz eigenständig,[239] zumeist nach süddeutschen Mustern, aber ohne Bindung an ein bestimmtes einzelnes Vorbild, entwickelt hat. Sollte die Bezeichnung Nürnberger Recht vielleicht nur als pars pro toto für die allgemeineren süddeutschen Rechte stehen? Im Vergleich mit den alten Beziehungen Prags zu Regensburg erscheinen Kaufleute aus Nürnberg in Prag erst viel später, und sichere Nachrichten über Kaufleute beider Städte in wechselseitigem Handel sind erst für das 14. Jahrhundert belegt.[240]

Nur als Ergänzung kann in Erwägung gezogen werden, dass sich in der Entstehungszeit unserer Städte unter der Oberhoheit der böhmischen Herrscher auch die Städte in der Oberlausitz herausbildeten.[241] Hier hat sich sicherlich der Einfluss des

238 B. Mendl, Tak řečené norimberské právo [Das so genannte Nürnberger Recht], S. 19–20. Es wird zwar die Berufung nach Magdeburg und Nürnberg ausdrücklich erwähnt, zwar nur *ad ius* dieser Städte, aber im gegebenen Zusammenhang kann man dies annehmen.

239 Aus der älteren Literatur, die hier wegen ihrer Widersprüchlichkeit nicht angeführt wurde, ist wenigstens der halb vergessene Aufsatz von F. J. Zoubek, Odvolávání se měst Českých k vrchnímu právu Starého města pražského [Die Berufung der böhmischen Städte zum Oberrecht der Altstadt Prag], PAM 7, 1868, Sp. 363–374, zu erwähnen, der ein Vorbild gar nicht in Erwägung zieht. Nur seine Meinung über die Kontinuität des Rechts der Prager Deutschen und des Prager Stadtrechts ist zu korrigieren, weil sie nicht nachgewiesen wurde.

240 H. Schenk, Nürnberg und Prag, S. 23ff.

241 R. Jecht, Geschichte von Görlitz bis um die Mitte des 13. Jahrhunderts, Neues Lausitzisches Magazin 70, 1894, S. 222–250; W. Jecht, Neue Untersuchungen zur Gründungsgeschichte der Stadt Görlitz und zur Entstehung des Städtewesens in der Oberlausitz, ebd., 95, 1911, S. 1–62; G. Schubart-Fikentscher, Die Verbreitung der deutschen Stadtrechte in Osteuropa, Weimar 1942, S. 127ff. Neu: K. Czok, Sechsstädte, S. 103–118, mit Berücksichtigung der vorstädtischen Entwicklung, S. 105ff., in Anknüpfung an K. H. Blaschke, Studien zur Frühgeschichte, S. 333ff. Über die Unterstützung der Lausitzer Städte durch die böhmischen Herrscher Czok, S. 110.

Magdeburger Rechts geltend gemacht, aber die lausitzischen Städte haben ihn nicht weiter nach Böhmen vermittelt; das benachbarte Nordböhmen kannte in dieser Zeit Städte im vollen Sinne des Wortes noch nicht. Für die Lausitz gibt es aber keine Quellen, die die Existenz der Stadtverfassung in solcher Art bestätigen würden, wie für Böhmen. Es fehlen vor allem Privilegien für die Städte.[242] Eine gewisse Stütze bieten die Urkunden für das Kloster Marienthal, das König Wenzel I. und seine Gemahlin Kunigunde 1238 in ihren Schutz nahmen,[243] wobei sie besonders festlegten, dass weder *advocati de Bvdesin, de Gorliz, de Lobavia, de Richembach, de Wizenburch* noch andere Richter eine Befugnis über den Klosterbesitz und über die Klosterleute haben sollen. In diesen *advocati* werden wohl zu Recht Vertreter von Rechtsstädten gesehen,[244] was in einem weiteren Privileg von 1239 wiederholt wird.[245] Für Bautzen haben wir 1240 den Beleg für die Bezeichnung als Stadt in Wenzels Schenkung eines Hofes an die Bautzener Kirche, der befreit sein soll *a iure civitatis*.[246]

Es kann sicherlich angenommen werden, dass die Erfahrungen mit der Gründung von Städten zu einem analogen Vorgehen in Böhmen und in Mähren wie in der Lausitz führten, aber der direkte Kontakt war erschwert durch die dünn besiedelte waldreiche Landschaft entlang der Grenze und wurde durch die weitaus einfachere Elbe-Verbindung in den Schatten gestellt. Eine gründlichere Untersuchung der Lausitzer Städte und ihrer Beziehungen zu Böhmen gehört zu den noch zu lösenden Aufgaben.

Wir konnten bereits daran erinnern, dass überall dort, wo Vorbilder für die Bestimmung des Stadtrechts angeführt werden, heimische und nicht ausländische Städte genannt werden und dass dies geographisch nicht allzu weit entfernte Orte sind.[247] Der Aussteller von Privilegien, in den meisten Fällen der Landesherr, hat zweifellos auch die Wünsche des Lokators oder des Stadtherrn anerkannt. Der Grund war einfach: Solche Rechte waren leicht feststellbar und mitteilbar[248] und man musste

242 Dies konstatiert übereinstimmend die gesamte Forschung, siehe W. Becker, Magdeburger Recht, S. 10; Schubart-Fikentscher, Die Verbreitung, S. 128. Czok, Sechsstädte, S. 112, hat gezeigt, dass in der Lausitz das Stadtrecht und das Gerichtswesen erst in der Zeit der Askanier nach 1253 vollendet wurde.

243 CDB III/1, Nr. 176.

244 W. Jecht, Neue Untersuchungen (wie Anm. 241), S. 16.

245 CDB III/2, Nr. 207.

246 CDB III/2, Nr. 228. Laut Czok ist das der erste urkundliche Beleg für das Stadtrecht in Bautzen. Mit dem Recht der Stadt Bautzen steht eine weitere Behauptung im Zusammenhang, die zwar den Zeithorizont unseres Interesses überschreitet, weil sie sich erst auf das Jahr 1340 bezieht, aber man muss ihr wenigstens eine kurze Bemerkung widmen. Nach Becker, Magdeburger Recht, S. 25, was von ihm auch Schubart-Fikentscher, Die Verbreitung, S. 125, übernahm, soll König Johann den Bürgern von Trautenau und Königinhof an der Elbe erlaubt haben, in Zukunft nach dem Bautzener und Glatzer Recht Gerichte abzuhalten. Es handelt sich um eine völlig falsche Interpretation des Privilegs von König Johann, CIM II, Nr. 216, in dem der Herrscher bestimmt hat, dass *nobiles, milites et vasalli necnon tocius territorii Trutnouiensis et Curie cives ac incole,* die sich bisher nach *iure imperiali et feodali* gerichtet haben ebenso wie *vasalli Glacensis et Budissinensis terrarum,* aus dieser Machtbefugnis befreit werden sollen wegen des Unrechts, das ihnen zugefügt wurde. Es handelt sich um kein Stadtrecht, noch viel weniger um die Verleihung des Bautzener Rechts für die böhmischen Städte.

247 Bereits Kejř, Městské zřízení [Die Stadtverfassung], S. 244–250. Siehe auch oben im Kapitel über die Städtegründung und über die Lokatoren.

248 Die oft in der Fachliteratur erwähnten und seit der bahnbrechenden Studie von A. Schulte, Über Reichenauer Städtegründungen, immer neu behandelten Rechte von Allensbach und Radolfzell am

sich nicht zur Beratung und Belehrung an weit entfernte ausländische Mutterstädte wenden, bei uns in der Regel an Magdeburg. Neuere Städte werden sogar manchmal auf das Vorbild von nur wenig älteren Städten verwiesen, die letztlich keinen ausgesprochenen Rechtskreis geschaffen hatten, wie dies die Erteilung der Rechte von Hohenmaut an Polička bezeugt.

Das ursprünglich erteilte Recht nach dem Vorbild einer anderen Stadt musste kein dauerhafter Bestandteil der Rechtsordnungen der begabten Stadt werden, und im Laufe der Zeit stellen wir mehr als eine Veränderung und die Hinneigung zu einem anderen Vorbild und zu übergeordnetem Recht fest. Für das 13. Jahrhundert gibt es jedoch nicht viele Beispiele solcher Veränderungen, wie der Ersatz des Leobschützer Rechts durch das Olmützer in Mährisch Weißkirchen. Wir brauchen nicht daran zu zweifeln, dass die Erteilung des Rechts wohl in Übereinstimmung mit den Interessen der neuen Bürger erfolgte, aber eine so umfangreiche Entscheidungsfreiheit, wie sie schon 1266 bei der Gründung der Stadt Hamm im Privileg Adolfs von Altena erschien, finden wir bei uns nicht: *Deinde Sosatiensium ius sibi eligant, nisi aliquod melius et expeditius sibi cogitent vel inveniant.*[249] Die Bürger erhielten dadurch faktisch die Möglichkeit, nach eigenem Ermessen jegliches Recht zu übernehmen oder sich ihr eigenes zu schaffen.

Zum Schluss dieser Ausführungen über die Übernahme von Stadtrechten ist – eigentlich überflüssig – eine vermeintliche Verleihung des Rechts nach dem Vorbild einer anderen Stadt zu ergänzen. Diese Annahme wurde schon widerlegt, findet aber noch immer Eingang in Arbeiten über die mährischen Städte. Das südmährische Zlabings soll 1277 von König Přemysl Otakar II. die Erlaubnis bekommen haben, das Recht von Jamnitz zu benutzen, und darüber hinaus soll es die Befreiung von der Maut in Jamnitz erlangt haben.[250] Die vermeintliche Stütze für diese Behauptung ist völlig irrig und nicht belegbar, ebenso wenig wie die Behauptung, dass der König ein Jahr später Zlabings den Bau von Stadtmauern befohlen habe.[251] Schon eine kurze Überlegung schließt eine solche Nachricht aus. Dem Ort Jamnitz, wie wir schon oben gesehen haben, kann die Qualifizierung als Stadt nicht zugesprochen werden und auch Zlabings hat lange Zeit keine Stadtverfassung erhalten. Eine kritische Beurteilung hat diese unbegründeten Nachrichten ausgeschlossen,[252] aber dennoch sind sie

---

Bodensee weisen auf diese praktische Erfahrung hin. H. Patze, Stadtgründung und Stadtrecht, S. 183–184, zeigte, dass im Privileg des Abtes des Klosters Reichenau vom Jahre 1075 für Allensbach als Vorbilder Mainz, Worms und Konstanz bestimmt wurden, wobei zweifelhaft ist, ob die Aussteller das Recht von Mainz und Worms kannten. Im Privileg für Radolfzell aus dem Jahre 1100 wird als Vorbild nur noch das nahe Konstanz bestimmt.

249 H. Stoob, Westfälische Beiträge zum Verhältnis von Landesherrschaft und Städtewesen, WfF 21, 1968, S. 83–84. Auch wenn die Echtheit der Urkunde umstritten ist, gehört diese Partie dem ursprünglichen Wortlaut an. Es ist eine viel gößere Freiheit als die, die 1275 für Leobschütz erteilt wurde, wo der Herrscher die Schaffung von neuen Rechtsgewohnheiten für legitim erklärt hat, siehe weiter oben, Anm. 18.

250 H. Reutter, Geschichte der Stadt Zlabings, ZVGMS 16, 1912, S. 21.

251 Die beiden Vermutungen stützen sich nur auf die Behauptung von d'Elvert im Notizblatt der historisch-statistischen Sektion aus dem Jahre 1856, der angeblich 1820 die Urkunde gesehen hat.

252 J. Šebánek, Slavonická falsa [Die Fälschungen von Zlabings], in: Českou minulostí, Práce věnované … Václavu Novotnému … k šedesátým narozeninám [Durch die böhmische Vergangenheit. Zum 60. Geburtstag von Václav Novotný gewidmete Arbeiten], hg. v. O. Odložilík/J. Prokeš/R. Urbánek,

in einigen Arbeiten wieder aufgetaucht.[253] Eine gründliche Untersuchung über die Anfänge von Zlabings hat festgestellt, dass aus der gesamten angeblichen Quellenbasis für die Přemyslidenzeit nur vier zuverlässige Nachrichten übrig bleiben, von denen keine die Stadtverfassung bezeugt.[254] Zlabings erhielt die Stadtprivilegien erst im 14. Jahrhundert.

Die Zusammenstellung von Rechtsartikeln ist in den Stadtprivilegien keineswegs selbstverständlich. Geläufig ist die Übernahme der Rechtsgewohnheiten von Mutterstädten, die nach der Praxis und nach den allgemeinen Rechtsprinzipien festgestellt werden mussten. Eine tatsächliche Niederschrift von Rechtsartikeln erscheint bei uns auch schon in der alten Schicht der entstehenden Städte, in den Privilegien für Brünn, Bennisch, Leobschütz, in der gefälschten Urkunde für Iglau und auch für Deutschbrod. Aber nicht einmal in diesen Fällen ist das gesamte Rechtsleben ausgeschöpft, und man muss die Lücken oft durch eigene Vollendung des Rechts füllen – mit neuen, frei gefundenen Statuten. Das war ein schöpferischer Weg, mit dem man neu aufgetretene Fälle löste, aber auch das Rechtsbewusstsein überhaupt entwickelte.[255] Auch dieses Recht entwickelte sich als ein Gewohnheitsrecht, wurde aber später auch schriftlich festgehalten, denn in dem immer komplizierter werdenden Stadtleben war seine Kenntnis eine Notwendigkeit.

In unseren Quellen ist dieses aus freiem Willen gefundene Recht eher nur zu ahnen als wirklich zu finden. Ein solcher Fall ist in der Garantie des Schutzes zu sehen, die 1262 Herr Smil von Lichtenburg dem Pfarrer und den Brüdern des Deutschritterordens in Deutschbrod gewährte,[256] u. a. auch dadurch, das die Zehnten ihnen in der genau festgelegten Höhe *secundum statutum civitatis* gezahlt werden sollen. Aber eben das sich dynamisch entwickelnde frei gefundene Recht weist nach, dass das Recht der Städte nicht für unveränderlich gehalten werden darf, ja dass im Gegenteil seine Entwicklung vorausgesetzt werden muss und dass man daher auch so grundsätzliche Veränderungen annehmen muss, wie den Übergang von einem Rechtskreis zu einem anderen. Aber das bedeutete, dass nicht fest garantiert ist, dass das Recht der Mutter- und der Tochterstadt identisch sein musste,[257] und dass also –

Praha 1929, S. 96–110. Šebánek hat nachgewiesen, dass d'Elverts Angaben nur ein Nachdruck von Bočeks Reisebericht vom Jahre 1844 sind, in älteren Verzeichnissen der Archivalien von Zlabings erfolgt nicht die geringste Erwähnung davon; es handelt sich um Bočeks Phantasien ohne historischen Wert.

253 Daran glaubte auch Zycha, Ursprung, S. 26 und 197, mit Berufung auf Reutter. Šebáneks Feststellung ist Teltschik, Zum Entstehen, S. 17, entgangen, und sogar auch Schwarz, Volkstumsgeschichte II, S. 181, der zwar Reutter mangelnde Fachkenntnisse vorgeworfen, aber sonst seine Angaben übernommen hat.

254 G. Chaloupka, Kolonisace horního Podyjí a počátky města Slavonic [Die Kolonisierung des Oberlaufs der Thaya und die Anfänge der Stadt Zlabings], ČMorM 51, 1966, mit Quellenanalyse, S. 116–118.

255 W. Ebel, Rechtsschöpferische Leistung, S. 244, spricht direkt über die „Mobilisierung des Rechts, d. h. der Rechtsbildung".

256 CDB V/1, Nr. 318. Erinnern wir uns auch an das oben angeführte Beispiel der freien Ergänzung von Rechtsgewohnheiten in Leobschütz.

257 Patze, Stadtgründung und Stadtrecht, S. 185. Ganz deutlich formulierte das in Anknüpfung an Gaupp bereits F. Kürschner, Das Stadtrecht von Eger und seine Verbreitung, MVGDB 6, 1867, „Städte, die ihr Recht von einer älteren Stadt entlehnten, wohl niemals die sämmtlichen Bestimmungen gedanken-

konsequent zu Ende gedacht – man aus der Kenntnis des übergeordneten Rechts, z. B. aus der Niederschrift seiner Artikel in den Privilegien, ohne kritische Vorsicht das untergeordnete Recht nicht für unverändert gleich halten kann. Und umgekehrt bedeutete die Mitteilung des Rechts nicht die Einhaltung des ursprünglich schriftlich erfassten Rechts, sondern erst des in jener Zeit geltenden Standes.[258]

Diese Feststellungen führen schon zu der Ansicht, die bereits impulsgebend formuliert, später aber wieder vernachlässigt wurde, dass man das einzelne Stadtrecht nicht für eine kompakte Einheit halten darf und dass die Übernahme des Rechtes einer Stadt von einer anderen auch unter dem Aspekt untersucht werden muss, worin die Abhängigkeit besteht.[259] Ohne dass man die Verbindung übersieht, muss man auch die Besonderheiten des Stadtrechts berücksichtigen. Es hat sich gezeigt, dass man die Stadt oft nicht in den Rechtskreis ihres Vorbildes voll einreihen kann und dass in vielen Fällen in ihr Rechtsleben auch andere Elemente eindringen. Als Beispiel dafür wurde die Stadt Vechta angeführt, die vom Stadtherrn, dem Bischof von Münster, mit Freiheiten begabt wurde, aber ihre innere Verwaltung und die Organisation der Ämter lehnten sich nicht an Münster an, sondern an Bremen, und die Belehrung in Rechtssachen wurde aus Osnabrück angenommen.[260]

Es wäre also nicht richtig, es für eine Selbstverständlichkeit zu halten, dass das Recht der Stadt mit seinem Vorbild identisch ist. Man muss immer mit der Möglichkeit von Abweichungen und Ergänzungen rechnen. Eine solche Mahnung gilt auch für unsere Verhältnisse, wo z. B. Bennisch das Recht von Leobschütz erhält. Es bleibt aber die Frage, in welchem Maße man aus seinen Artikeln, obwohl Ähnlichkeiten offensichtlich sind, die ursprüngliche verlorene Rechtsurkunde für Leobschütz rekonstruieren kann, deren Erneuerung im Privileg aus dem Jahr 1275 bereits den Verhältnissen dieser Zeit entspricht. Es ist falsch, wie es manchmal geschieht, Brünn in den Geltungsbereich des Wiener Rechts deswegen einzureihen, weil seine Urkunde einen Teil von Bestimmungen des Wiener Privilegs von 1221 übernimmt und damit eigentlich bis zum Privileg für Enns von 1212 zurück reicht, denn schon die Brünner Urkunde selbst enthält auch andere, von den Wienern abweichende Regeln, ebenso wurde keine spätere Beziehung zum Wiener Recht festgestellt. Auch das ungarische Vorbild von Stuhlweißenburg in Göding verhinderte nicht die spätere Einordnung in den Brünner Rechtskreis.

Damit kehren wir zu dem zurück, was schon im ersten Kapitel gesagt wurde, dass nämlich die Übernahme oder gar die Zuweisung eines Rechtsvorbildes keineswegs

los herübernahmen, sondern in genauer Berücksichtigung der selbsteigenen Verhältnisse die entsprechenden Aenderungen vornahmen." Es konnten auch Fälle eintreten, dass die Herren, die den Städten Privilegien erteilten, direkt Ausnahmen aus dem Recht ihres Vorbilds machten, wie dies das schon im Kapitel III, Anm. 64, erwähnte Privileg Herzog Barnims für Prenzlau oder die Bestimmung Bischof Dietrichs für Kremsier belegen, siehe hier Anm. 193 bzw. 259.

258 Patze, ebd., S. 192.

259 Haase, Stand und Probleme, S. 133. Im Privileg für Kremsier aus dem Jahre 1290, RBM II, Nr. 1502, erteilte Bischof Dietrich das Brünner Recht, aber er hat die Veränderung einiger Artikel befohlen, vgl. oben, Anm. 193, so dass gleich einige Differenzen petrifiziert wurden.

260 Haase, ebd., S. 136ff., wo sich auch andere Beispiele finden.

die Identität mit ihm bedeuten muss und dass man überprüfen muss, worin eigentlich diese Abhängigkeit besteht. Die Entstehung von Stadtrechtskreisen – den städtischen Rechtsfamilien bedeutet zwar eine unbestrittene Verwandtschaft, aber man kann nicht von der Vorstellung einer Gleichheit ausgehen. Eine Lehre muss man jedoch immer berücksichtigen: Die Schaffung einer Stadtrechtsfamilie setzt die Existenz von Rechtsstädten voraus, und dazu kommt es nicht vor dem 12. Jahrhundert.[261] Damit hängt auch ein weiterer Grundsatz zusammen: Die Kenntnisse über einen Rechtskreis dürfen nicht mechanisch auf einen anderen übertragen werden, weil jeder anders aufgebaut ist.[262]

Die Festigung von Rechtskreisen, von Familien des Stadtrechts, bedeutet jedoch nicht, dass sie sich mit der Reichweite der städtischen Oberhöfe decken.[263] Ein solcher Fall kann zwar eintreten, aber es ist keine Selbstverständlichkeit. Ein Ansuchen um eine Belehrung konnte an jede beliebige Stadt gestellt werden,[264] aber es wird auch nirgendwo die Pflicht ausgesprochen, um eine solche Belehrung anzusuchen. Die Stadtgerichte waren so weit autonom, dass sie auch aus eigener Erfahrung entscheiden konnten. Manchmal wird das Oberrecht durch die Erteilung des ausdrücklich bestimmten Vorbildes für jüngere Städte geschaffen, z. B. in Privilegien – das bedeutet aber keine Unveränderlichkeit. Es sind, besonders aus späterer Zeit, genügend Beispiele der Veränderung von Rechtskreisen bekannt. Der Zusammenhang der Rechtskreise kann also in allgemeinen gemeinsamen Merkmalen des Rechts entweder durch Erteilung, Gewohnheit oder durch eigenmächtige Übernahme entstehen, und dann spricht man von der Stadtrechtsfamilie. Oder es geht um die Anlehnung an das übergeordnete Stadtgericht, sei es in Gesuchen um Rechtsbelehrung oder einen wirklichen Instanzenzug, und hier spricht man vom Oberrecht.[265]

Wenn man in scheinbar festen Rechtskreisen Unterschiede zwischen den Rechtsfamilien und Oberhöfen in der Erteilung von nur bestimmten Teilen oder Elementen des Stadtrechts und nicht die Übernahme als Ganzes vorfindet, dann erscheint auch der Einwand gegen die kartographische Abbildung von Stadtrechtskreisen als flächenmäßige und feste Territorien völlig berechtigt. Vielmehr ist die Erstellung von Karten über einzelne Rechtsphänomene erforderlich. Das wird eine viel schwierigere Aufgabe sein, die auf detaillierter Untersuchung beruhen muss, aber ihre Aussagekraft über die Erscheinungen des Stadtrechts wird zweifellos größer sein.[266]

Nach den Überlegungen zur Übernahme von Stadtrechten und den Richtungen ihrer Verbreitung sollen Überlegungen zur Feststellung ihres Geltungsbereiches fol-

---

261 HAASE, Probleme, S. 115.

262 Ebd., S. 114.

263 Ebd., S. 102.

264 Ebd., S. 107–108.

265 Ebd., S. 122. In unserer Quellenüberlieferung kann man auf die Bestimmung des Leitmeritzer Rechts als Obergericht der Magdeburger Rechte bei uns durch König Johann im Jahre 1325 aufmerksam machen, siehe oben, Anm. 218, oder auf die Berechtigung der Leobschützer, für die erteilten Belehrungen eine Gebühr zu fordern, siehe oben, Anm. 176.

266 HAASE, Stand und Probleme, S. 144, der hinzufügt, dass „das Versenken in das Einzelne die Erfassung des Ganzen ermöglicht." Dies steht völlig mit der methodischen Forderung nach der Untersuchung der einzelnen Städte im Einklang, wie sie hier bereits im ersten Kapitel ausgesprochen wurde.

gen. In diesem Zusammenhang muss man zur Bedeutung der Stadtmauern nicht nur als Fortifikationssicherung der Stadt, sondern auch im Sinne ihrer rechtlichen Bedeutung zurückkehren. Bereits in den einleitenden Ausführungen haben wir die Frage berührt, in welchem Maße die Stadtmauer ein Kennzeichen der Stadt ist und ob man darin eine Unterscheidung der Stadt vom Dorf suchen kann. Auch wenn viele bedeutende Forscher der früheren Zeit gerade in der Existenz von Stadtmauern das entscheidende Merkmal sahen,[267] haben wir doch auf die Unzuverlässigkeit dieses Merkmals hinweisen können und gezeigt, dass es auch unbefestigte Städte gab und dagegen viele befestigte Dörfer. Man kann nicht allgemein behaupten, dass die Stadtmauer ein entscheidendes Merkmal des städtischen Charakters ist.[268] Es genügt, hier daran zu erinnern, dass auch Marktdörfer befestigt waren, wie das die Exemtionen der Klosteruntertanen von der Pflicht, eine Mauer zu bauen, bezeugen.[269]

Trotzdem hatte die Stadtmauer dort, wo sie errichtet wurde, für die Stellung der Stadt und der Bürger eine beträchtliche Bedeutung. Man kann erwähnen, dass bei der überhaupt ersten Beteiligung am Landtag, die die böhmischen und mährischen Städte 1281 erreicht haben, nur die *cives munitarum civitatum*[270] anwesend waren, was eine bevorzugte Stellung unter den Städten bedeutete. Oft werden verschiedene Ereignisse oder die Lage von Gebäuden, insbesondere von Kirchen, danach lokalisiert, ob sie *extra muros* oder *infra muros* liegen.[271]

---

267 Kap. I, S. 21, und bes. Anm. 58. Noch FIALA, O pražském názvosloví [Die Terminologie der Prager Namen], S. 62, hielt die Stadtmauer für das auffälligste äußere Kennzeichen der Stadt.

268 Zu den ebd., angeführten Belegen kann z. B. J. SYDOW, Die Klein- und Mittelstadt, S. 11, ergänzt werden, der darauf aufmerksam machte, dass z. B. Winzerdörfer befestigt wurden und dass es auch Städte ohne Stadtmauer gab. ZYCHA, Ursprung, S. 173, betonte, dass im 13. Jahrhundert die Stadtmauer für die Rechtsauffassung der Stadt von keiner Bedeutung war, und wies am Beispiel von Trebitsch (darüber später) darauf hin, dass dies erst im 14. Jahrhundert geschieht. Vgl. auch ZYCHA, Prag, S. 188. Darauf, dass die Stadtmauer kein notwendiges Kriterium für eine Stadt ist, hat bereits A. SCHULTE, Über Reichenauer Städtegründungen, S. 157, hingewiesen.

269 CDB III/1, Nr. 87, die Befreiung von Klosterbruck im Jahre 1234; CDB III/1, Nr. 106 und 107, die Befreiung der Klöster Hradisch und Obrowitz in den Jahren 1234 bzw. 1235: *pro oppidorum forensium vallacione sive muracione.* Über den institutionellen Inhalt der Bezeichnung *oppidum forense* KEJŘ, Trhy [Märkte], S. 20–21. Über die Exemtion der Klöster von der Pflicht, die Mauer bei *oppida forensia* zu bauen VANĚČEK, Základy [Die Grundlagen] II, S. 92. Zu den Urkunden für die genannten drei Klöster, deren Herkunft und Echtheit sicher nachgewiesen sind, ŠEBÁNEK/DUŠKOVÁ, Panovnická a biskupská listina [Die landesherrliche und bischöfliche Urkunde], S. 78 und 87. Zu erwähnen ist auch die berühmte Stelle aus Příběhy krále Václava I. [Die Ereignisse der Zeit König Wenzels I.], FRB II, S. 303, der zufolge der König Prag mit einer Mauer umgeben ließ *et alias villas forenses, que iuxta vulgare nostrum dicuntur civitates, muniri precepit lignis vel lapidibus.* Dass die hier erwähnten *villae forenses* nur Märkte sind und keine Städte, zeigte KEJŘ, Die Anfänge, S. 440–442. Die kirchlichen Institutionen waren bemüht, von den Befestigungsarbeiten befreit zu werden, so dass die Bestimmung darüber auch in der gefälschten Urkunde für das Kloster Hradisch erschien, die auf das Jahr 1250 datiert ist, allerdings erst um 1270 entstanden ist, in der angeblich König Wenzel I. erlaubte *ut nullus pro edificatione castrorum … homines dicte abbacie audeat inquietare seu ad fossata circa castra vel oppida facienda … coactione compellere violenta,* CDB IV, Nr. 188++-+++. Dazu ŠEBÁNEK/DUŠKOVÁ, Listina v českém státě [Die Urkunde im böhmischen Staat], S. 62.

270 FRB II, S. 353.

271 Beispiele: Von einem Fortsetzer der Kosmas-Chronik erfährt man zum Jahr 1250, FRB II, S. 287, von einer Hinrichtung, die *extra muros civitatis* vollstreckt wurde, und ebd., zum Jahr 1251 von einer Prozession zum Wyschehrad *extra muros civitatis.* In der Bestätigung der Patronatsrechte für die Kreuz-

Es ist nicht die Aufgabe unserer Untersuchung festzustellen, welche Städte schon in der Přemyslidenzeit befestigt waren, wie die Technik des Mauerbaus war und wie die Mauern den Plan der Stadt bestimmt haben.[272] Es ist jedoch von Nutzen, einige grundlegende Regeln unter dem Aspekt der Stadtrechte und Freiheiten sowie der Beziehung zum Stadtherrn und insbesondere zur souveränen Macht des Herrschers zu erwähnen. Vor allem liegt die Bewilligung zum Bau der Stadtmauer ausschließlich in der Machtbefugnis des Landesherrn, wie wir schon erwähnt haben. In der Zeit des ersten Aufschwungs von Städten gibt es dafür zwar wenig Belege und man muss mit mündlichen Akten rechnen, aber auch schriftliche Bewilligungen lassen sich finden.

Unter dem Aspekt der Ausübung der Machtbefugnisse des Landesherrn besteht im Wesentlichen kein Unterschied, ob der Herrscher die Befestigung der Stadt befohlen oder ob er den Bau auf Ansuchen der Bürger bzw. des Grundherrn der Stadt bewilligt hat. In der Regel ist der Landesherr mit dem Bau der Stadtmauer einverstanden, aber im Bewusstsein, dass ein solches Werk beträchtliche Unkosten und Opfer seitens der Bürger bedeuten wird, überlässt er ihnen als Entschädigung andere ökonomische Vorteile, besonders die Verminderung der Steuern für eine bestimmte Zeit. Solche Vorrechte erscheinen in den Formelbüchern, so dass man sie immer wieder überprüfen muss, aber im Prinzip müssen keine Zweifel an der inhaltlichen Seite entstehen. Das Formelbuch des Heinricus Italicus ordnet solche Privilegien unter dem Namen Přemysl Otakars II. in eine geschlossen Gruppe,[273] in der einige Städte direkt

herren mit dem roten Stern im Jahr 1257, CDB V/1, Nr. 121, wird die Lage der jeweiligen Kirche präzise *infra muros* bzw. *extra muros* bezeichnet. In der verdächtigen Urkunde Přemysl Otakars II. für das Herburgenkloster in Brünn von 1261, CDB V/1, Nr. 301+, spricht man vom Bau der neuen Häusern *prope muros civitatis.* Die Urkunde Bischof Brunos über das Patronatsrecht zur Allerheiligenkirche für das Kloster in Oslawan aus dem Jahr 1269, CDB V/2, Nr. 595, bestimmt die Lage *extra portam Brunnensem.* Auch in Brunos Urkunde für Herbord von Fulštejn aus dem Jahr 1275, CDB V/2, Nr. 779, wird über Hotzenplotz gesagt: *in oppido nostro Hoczemplocz muro circumdato et fortiter munito domum quandam aput murum civitatis construximus pro nobis pro maiori commodo et custodia civitatis.* Auch in Taus soll gemäß der Zustimmung von Bischof Tobiáš aus dem Jahr 1288, Novák, Formulář Tobiáše z Bechyně [Das Formelbuch], Nr. 132, das Augustinerkloster *infra muros Tust oppidi forensis nostri* situiert sein. In der Urkunde für die Kirche von Wyschehrad aus dem Jahr 1277, CDB V/2, Nr. 850, wird die Lage des der Kirche gehörenden Bades als *ante murum civitatis* angegeben.

272 Vgl. bereits Zycha, Ursprung, S. 166, im Kapitel Wehrpolitik. Zu den einzelnen Städten können die benötigten Angaben besonders in Studien über den Stadtgrundriss oder in den archäologischen Untersuchungen gefunden werden. Eine gewisse Aufmerksamkeit muss den Formularsammlungen geschenkt werden, Voigt, Formelbuch des Heinricus Italicus, Nr. 116, Nr. 119 = CIM II, Nr. 26, und Nr. 120 = CIM II, Nr. 25, in denen der König den Aufbau der Stadtmauer in Kolin befiehlt und nach dessen Muster auch in Časlau und in Jaromeritz, dabei werden auch die Ausmaße und die Höhe der Mauer bestimmt. Technische Angaben enthält auch der Befehl zur Befestigung von Hohenmaut, Voigt, Nr. 117 = CIM II, Nr. 27. Zu Jaromeritz G. Chaloupka, Několik poznámek k tak zv. zakládací listině města Jaroměřic nad Rokytnou [Einige Bemerkungen zur sog. Gründungsurkunde der Stadt Jaromeritz], VVM 5, 1950, S. 4–22, mit der Edition der Gründungsurkunde, S. 20–22. Chaloupka datiert sie zwischen die Jahre 1260 und 1265. Technische Einzelheiten dieser Texte und für Jaromeritz auch die Bestimmung des Umfangs des *circuitus,* ebenso wie in Kauřim, lassen gemeinsam mit der unsicheren Erhaltung als Formularstück Zweifel an der historischen Verlässlichkeit und den realen Möglichkeiten aufkommen.

273 Voigt, Formelbuch des Heinricus Italicus, Nr. 116, 117, 119–123.

genannt werden.[274] Manchmal wird die Stadt nicht genannt, aber man konnte wenigstens eine Vermutung anstellen.[275] Auch wenn es sich um Formulare handelt, in denen es zu Änderungen kommen konnte oder in denen unterschiedliche Stilmittel verwendet werden, bleibt stets unbestritten, dass der Bau der Befestigung immer vom Landesherrn autorisiert wird.

Dieses Prinzip wird 1290 auch für Kremsier nicht verletzt,[276] für das zwar keine Bewilligung des Königs erwähnt wird, aber der Vorgang selbst betrifft nicht die Bewilligung, die Stadtmauer zu erbauen, sondern die Arbeiten an ihr (die offensichtlich schon längere Zeit verpflichtend war). Der Olmützer Bischof Dietrich als Herr der Stadt eximierte nämlich einige führende Persönlichkeiten von verschiedenen Pflichten, fügte aber hinzu *sed ad municionem civitatis sicut ceteri cives teneantur*. Im selben Jahr ist die Zustimmung des Königs für den Bau der Mauer in Kojetein belegt,[277] als König Wenzel II. dem Prager Bischof Tobiáš von Bechyně bewilligt, er könne sein *oppidum forense* mit Mauer, Gräben oder irgendeiner anderen Befestigung versehen. Gleichzeitig erteilte er die Rechte, deren sich die *cives regalium civitatum* erfreuen, das bedeutet, dass der volle Stadtstatus zuerkannt wurde.

Überall ist es offensichtlich, dass die mit dem Bau der Stadtmauer verbundene Arbeit eine städtische Aufgabe war. Auch bei den bischöflichen Städten ist das nicht anders. Anlässlich der Vollendung der Errichtung von Pilgram versprechen wohl 1289[278] die Bürger Bischof Tobiáš, innerhalb von vier Jahren die Stadt mit Leuten zu besetzen und mit Mauer und Graben zu befestigen. Dazu sollten sie auf eigene Unkosten Arbeiter beauftragen. Die Bürger von Pilgram haben selbst eine Bestätigung über ihre Verpflichtungen ausgestellt.[279] Fünf bischöfliche Städte – Příbram, Rokytzan, Raudnitz, Moldautein und Pilgram – wurden auf der Grundlage der Bewilligung des Landesherrn befestigt, die zwischen den Jahren 1293 und 1295 ausgestellt wurde. Der Text der Bewilligung ist zwar nicht bekannt, aber die Tatsache steht außer Zweifel.[280]

Wenn es an den Machtbefugnissen des Landesherrn bei der Befestigung der Städte für die Přemyslidenzeit keinen Zweifel gibt, so ist dies auch in der bewegten Zeit der Herrscherlosigkeit nach der Niederlage Přemysl Otakars II. nicht anders. König Rudolf erkannte der Stadt Znaim gleich 1278 einige Einkünfte zu,[281] die für die Befestigungsarbeiten aufgewendet werden sollten, falls es nötig sein sollte. Schon in einem

274 Hohenmaut – Nr. 117 = CIM II, Nr. 27; Kolin – Nr. 120 = CIM II, Nr. 25; Iglau – Nr. 121; Aussig – Nr. 122 = CIM II, Nr. 28; Saaz – Nr. 123.

275 Časlau – Nr. 119 = CIM II, Nr. 26. Es wurde offensichtlich ein Zusammenhang mit einem anderen Formelbrief gefunden, wo einem Unbenannten befohlen wird, er solle Arbeiter zur Ausbesserung des Grabens in Časlau schicken, RBM II, Nr. 1105.

276 RBM II, Nr. 1512.

277 RBM II, Nr. 1518.

278 Novák, Formulář Tobiáše z Bechyně [Novák, Das Formelbuch], Nr. 231.

279 Ebd., Nr. 232.

280 J. Dobiáš, Dějiny královského města Pelhřimova a jeho okolí [Geschichte der königlichen Stadt Pilgram und ihrer Umgebung] I, Praha 1927, S. 110. Vgl. die Beilage I. ebd., S. 453–457; das Privileg über die Befestigung der Städte, S. 457.

281 RBM II, Nr. 1139.

anderen Zusammenhang wurde die Zustimmung Ottos von Brandenburg als Vormund König Wenzels II. erwähnt, die 1278 Heinrich von Lichtenburg zur Errichtung der Stadtmauer in Deutschbrod erteilt wurde.[282] Hier ist sicher interessant, dass Přemysl Otakar II. es wohl abgelehnt hatte, eine solche Zustimmung zu erteilen.[283]

Es muss nicht besonders betont werden, dass ein Bau von Mauern, Gräben und Toren und aller übrigen Befestigungsanlagen jahrelang dauerte. Dies zeigt sich mancherorts in der Bestimmung von Fristen, für die die Erleichterungen bewilligt werden.[284] Auch im Falle von Prag war der Aufbau der Befestigung keine einfache Angelegenheit, und in Richtung Westen und Norden, d. h. entlang des Moldauufers, wurde er erst 1253 vollendet.[285]

Der Bau von Stadtmauern wurde auf der Grundlage eines Rechtsakts durchgeführt, der Bewilligung des Landesherrn, und war mit anderen Pflichten und Rechten verbunden, insbesondere bei der Rekompensation der aufgewendeten Unkosten. Die Stadtmauer hatte darüber hinaus noch eine weitere Bedeutung, indem sie den Geltungsbereich des Stadtrechts darstellte.[286] Es ist ein Recht, das sich nicht mehr auf Personen einer bestimmten Stellung oder eines bestimmten Berufs bezog, sondern auf einen Ort. Im Bereich der Stadt herrscht der Stadtfrieden, die *urbana pax,* und die Gerechtigkeit, *urbana iustitia,*[287] wird beim Stadtgericht angewendet. Auch in den Quellen böhmischen und mährischen Ursprungs finden sich deutliche Belege dafür.

Das Recht der ersten Städte und besonders ihr Gerichtswesen stand lange im Gegensatz zum grundherrlichen Gerichtswesen, und erst im Laufe der Zeit hat es sich vollständig durchgesetzt. Die Bestimmung über den Umkreis der Stadtmauer liest man in völlig prägnanter Formulierung bereits im Brünner Privileg von 1243:[288] *Statuimus … ut quicumque civium, habens infra civitatis ambitum, hoc est infra fossatum*

---

[282] CIM II, Nr. 31: *accedente consensu de munienda civitate sua in Brod.* Siehe auch weiter oben, Kap. I., Anm. 62.

[283] Zycha, Ursprung, S. 49.

[284] Z. B. im angeführten Beispiel von Pilgram vier Jahre; in den Beispielen der im Formular des Heinricus Italicus genannten Städte, siehe weiter oben, Anm. 165, sind es bei Kolin und bei Aussig ebenfalls vier Jahre, bei Hohenmaut zwei Jahre von der Zahlung der Steuer und drei Jahre von der Zahlung der Zölle, und bei Časlau (?) sogar sechs Jahre. Bei Aussig ist es darüber hinaus die Verlängerung einer schon früher gewährten Frist. Ein anderer Fall der Entschädigung bei der Errichtung von Befestigungen, diesmal nur der Gräben, enthält die Urkunde Bavors von Strakonitz, der dem Spital in Horažd'owitz 1279 fünf Areen *intra civitatem* gibt als Ersatz für seine *areae*, die zerstört wurden *per hoc, quod civitas nostra predicta fossato muniebatur,* RBM II, Nr. 2801.

[285] Letopisy české [Böhmische Annalen], FRB II, S. 290. Der Anfang des Stadtmauerbaus wird in das Jahr 1235 datiert; mit Anknüpfung an Tomek, Dějepis města Prahy [Geschichte der Stadt Prag], S. 176, Zycha, Prag, S. 190–191. Zur Beendigung des Baus im Jahr 1253 ebd., S. 191, und Fiala, O pražském názvosloví [Die Terminologie der Prager Namen], S. 52, Anm. 56.

[286] Dieses allgemein anerkannte Prinzip muss nicht näher belegt werden, siehe Ennen, Die europäische Stadt, S. 120; F. Čáda, Městský půdorys [Der Stadtgrundriss], S. 150. Sehr genau bereits A. Schulte, Reichenauer Städtegründungen, S. 166, der gezeigt hat, dass innerhalb des Bereichs des Stadtrechts die ständischen Vorrechte verschwinden.

[287] Schlesinger, Bischofssitze, Pfalzen und Städte, S. 22, besonders mit dem Hinweis auf das Recht von Augsburg aus dem Jahr 1156, bei Keutgen, Urkunden, Nr. 125. Der Stadtfrieden wird gründlicher im Kapitel VIII behandelt.

[288] CDB IV, Nr. 17, Art. 1, S. 80.

et murum. Im Rahmen dieses Umkreises werden die Bürger vor Eingriffen der adligen richterlichen Machtvollkommenheit geschützt: *Volumus … ne quisquam baronum aut nobilium terre potestatem habeat in civitate Brunnensi vel in ipsa violenciam exerceat vel aliquem teneat sine licencia et nuncio iudicis civitatis.*[289] Dieses Abgrenzen von fremden Jurisdiktionen war ein offensichtliches Kennzeichen des selbständigen Stadtrechtes, das beim Stadtgericht ausgeübt wurde, und ein Schutz vor der Jurisdiktion der grundherrlichen Obrigkeit.[290]

Ein Pendant zur Brünner Bestimmung ist auch der Artikel des Iglauer Rechts,[291] der die betreffende Bestimmung darüber hinaus auf die königlichen Städte überhaupt erweitert: *volumus … quatinus nullus baronum, nobilium vel militum aut provincialium sive curialium regni nostri aliquam presumpcionem vel violenciam exercere presumat in aliqua civitate nostra … sine licencia et scitu iudicis civitatis et iuratorum.* In fast völlig gleichem Wortlaut wiederholt sich diese Bestimmung auch für Deutschbrod.[292]

Die Exemtion aus der Gerichtsbarkeit anderer Gerichte wird auch für Leitmeritz im Jahr 1262 im Privileg König Přemysl Otakars II. anerkannt,[293] über das wir bereits früher im Zusammenhang mit der Anerkennung des Magdeburger Rechts gesprochen haben. Der Landesherr bestimmte, dass *extra muros civitatis* niemand von den Bürgern zu irgendeinem Gericht zitiert werden soll. Solche Angelegenheiten wird der Landesherr selbst oder sein Bevollmächtigter richten, wobei er *ius et consuetudines Maydburgensium* wahren wird. Es werden hier die Gerichtsfälle, die im Umkreis der Stadt unter die städtische Gerichtsbarkeit fallen, deutlich von denjenigen abgegrenzt, in denen der Bürger außerhalb der Stadt selbst belangt wird. Aber auch in einem solchen Fall wird die Gerichtsbarkeit nach dem in der Stadt verwendeten Recht ausgeübt. Stillschweigend wird vorausgesetzt, dass der außerhalb der Stadt anklagende Bürger das für den Angeklagten zuständige Recht respektieren muss.

Ob das schon oben behandelte Formelbuch Leitmeritz betrifft,[294] ist unsicher, aber der Grundsatz selbst, dass die Bürger berechtigt sind, *ius civitatis Magdeburgensis infra districtum sive murum civitatis nostre* einzuhalten, entspricht völlig der lokalen Geltung des Rechts. Damit hängt auch die Bestimmung zusammen, dass die *in vico beati Iwani* wohnenden Leute, die Höfe oder Gärten *infra fossata prime locacionis* haben, ihr Recht in der Stadt suchen sollen. Das ist ein etwas anderer Fall als diejenigen, über die im Folgenden gesprochen wird, in denen sich nämlich die Gerichtsbarkeit auch auf die Stadtdörfer bezieht. Im gerade behandelten Fall geht es um den Umkreis der Stadt, auch wenn er durch die ursprüngliche Befestigung definiert wird.[295]

289 Ebd., der Artikel des kleineren Privilegs Nr. 1, S. 84.
290 Detailliert Vaněček, Základy [Die Grundlagen] II, S. 33.
291 CDB IV, Nr. 177, Art. I., S. 295. Auch wenn die Urkunde selbst ein späteres Falsum ist, hat sie in der Regel die sonst üblichen Grundsätze übernommen.
292 CDB V/2, Nr. 873, Art. 53, S. 601.
293 CDB V/1, Nr. 336.
294 Voigt, Formelbuch, Nr. 109, siehe weiter oben, S. 205.
295 Hier kann auch auf eine Analogie aus Köln aus dem Jahr 1154 aufmerksam gemacht werden, die R. Sohm, Die Entstehung, S. 21, Anm. 22, erwähnt, nach der die Dorfbewohner nicht *ad communem*

Auch aus den kargen Nachrichten lässt sich erkennen, dass die städtische Gerichtsbarkeit nicht immer unumstritten war. Es handelt sich nicht nur um die ganz legalen Fälle der Exemtion von Klosterleuten aus der Jurisdiktion anderer Gerichte, darunter auch der städtischen Gerichte.[296] Es kam auch zu Konflikten mit dem grundherrlichen Gerichtswesen. Die Brünner erhielten 1276 von König Přemysl Otakar II. eine Urkunde,[297] in der angeführt wird, dass die Richter manchmal die einigen Grundherren unterstellten Leute nicht richten durften, auch wenn sie in der Stadt wohnten und in der Stadt eine Straftat begangen hatten. Der Landesherr veränderte diese Praxis durch die Entscheidung, dass der Brünner Richter die im Bereich der städtischen Jurisdiktion wohnenden Leute richten soll, *in suburbiis civitatis ipsius Brunne vel ipsi civitati immediate connexis*, aber der gesamte Ertrag aus solchen Fällen soll den Grundherren abgeliefert werden, als ob diese selbst die gerichtliche Entscheidung gefällt hätten.[298]

Es zeigt sich also, dass die Gerichtsbereiche der Städte lange nicht völlig unantastbar waren und dass die Konflikte zwischen der Gerichtsbarkeit der Stadt und der Grundherrschaft oft ein Nachspiel hatten. In einem etwas anderen Sinn entscheidet das Privileg König Přemysl Otakars II. für das Herburgenkloster in Brünn, auf dessen außerstädtische Güter die Brünner finanzielle Ansprüche erhoben hatten und für das zwischen den Jahren 1255 und 1258 festgelegt wurde, *quod aree earundem extra civitatem posite ad censum, vel exaccionem vel precarium civitatis teneri non debent quoquomodo.*[299] Es ist offensichtlich, dass in Brünn die Interessen der Stadt und der Besitzer von außerstädtischen Grundstücken auf verschiedene Art und Weise in Konflikt gerieten. Eine ähnliche Garantie wurde auch dem Propst von Wyschehrad gewährt, dessen Leute in der Umgebung der Stadt Leitmeritz vor dem Stadtgericht in Schutz genommen wurden.[300] Den Ausgangspunkt der Bestimmung bildet angeblich der frühere Schutz aller Leute der Kirche, die *extra civitatis muros vel loca forensia*

civium collectam (zur Stadtlosung) beitragen sollten, aber wenn sie in Zukunft in die Gräben und Wälle der Stadt einbezogen sein sollten, werden sie an das gemeine Recht der Bürger gebunden sein.

296 Davon zeugt der königliche Schutz der Leute von Wilimow aus dem Jahre 1276, CDB V/2, Nr. 811+. Es gibt zwar gewisse Zweifel an der Echtheit der Urkunde, aber die unzweifelhafte Bestätigung durch König Wenzel II. aus dem Jahr 1289, RBM II, Nr. 1473, erkennt die erteilten Rechte an. In der Aufzählung der Beamten, aus deren Machtbefugnissen die Untertanen des Klosters eximiert werden, kommen auch *iudices civitatum* vor.

297 CDB V/2, Nr. 815.

298 Detailliert bei Vaněček, Základy [Die Grundlagen] II, S. 34. Es zeigt sich, dass es in Brünn auch weiterhin zu Konflikten zwischen dem Adel und der Stadt kam, wenn schon 1278, RBM II, S. 1140, König Rudolf im Privileg für Brünn bestimmen musste, dass *nullus baronum seu nobilium terre … infra muros civitatis in rebus aut personis civium aliquam violenciam perpetrare presumat.* Die andauernden Streitigkeiten zwischen Bürgern und Adel in Sachen Landbesitz der Bürger wurden schließlich durch das königliche Privileg von 1292, RBM II, Nr. 1569 = CDM IV, Nr. 303, entschieden, dem zufolge kein Beamter einen Brünner Bürger wegen eines solchen Besitzes vor das Landgericht zitieren durfte, mit Ausnahme der unberechtigten Besetzung oder der Grenzverletzung. Es ist offensichtlich, dass die Spannung zwischen Brünn und dem Adel lange andauerte und die Beziehung konfliktreich war.

299 CDB V/1, Nr. 155. Es heißt hier zwar *extra civitatem*, aber dies kann im Sinne von *extra muros civitatis* verstanden werden, weil Brünn befestigt war.

300 CDB V/2, Nr. 850.

von den Losungen und vom Gericht befreit sein sollen.[301] In diesem Sinne sollen die *extra muros Luthomiricensis civitatis residentes* vor solchen Pflichten geschützt werden, jedoch mit der Ausnahme, sie wären der Delikte *infra muros* überführt. Die Linie der Stadtmauer ist eine klare Trennungslinie zwischen den Gerichtsbarkeiten.

Einen besonderen Fall der Erweiterung der Gerichtsbarkeit des Stadtrichters brachte das Privileg für Saaz aus dem Jahr 1265.[302] Neben der Bestimmung, dass die Bürger nicht vor ein anderes Gericht zitiert werden dürfen und nur ihrem Richter unterstellt sind, erscheint auch die Bestimmung, dass an den Markttagen der Richter im Umkreis einer Meile alle Fälle entscheidet, die bei den ankommenden oder abziehenden Personen aufkommen würden. Dies ist ein offensichtlicher Schutz der Teilnehmer am Markt, die auf diese Weise sichere Wege garantiert bekommen.

Auch wenn also manchmal mit einer gewissen Störung der Beziehungen zwischen der städtischen und außerstädtischen, z. B. der grundherrlichen Gerichtsbarkeit gerechnet werden muss, zeigt sich doch in der Regel ein fester Bereich des Stadtrechts, der durch die Stadtmauer umschrieben wird. Das bedeutet allerdings nicht, dass das Stadtrecht nicht auch auf einige umliegende Ortschaften erweitert werden konnte, wie dies bei den Stadtdörfern üblich ist. Dieser Frage wurde bereits spezielle Aufmerksamkeit geschenkt,[303] so dass wir hier nicht in Einzelheiten gehen müssen. Sehr oft wurden gleichzeitig mit dem Aufbau der Stadt bestimmte Dörfer in der Umgebung zugewiesen, die zum ökonomischen Hinterland der Stadt gehören und sich nach ihrem Recht richteten. Darin gründet eine feste Verbindung der Städte mit ihren ökonomischen Stützpunkten im Umland. In einer solchen Verbindung kommen Prinzipien zur Geltung, die mit den Begriffen wie Stadtraum[304] oder Stadtgebiet[305] zum Ausdruck gebracht werden, deren formaler Ausdruck der Geltungsbereich des Stadtrechts ist, in dessen Umkreis die Stadtdörfer gehören.

Im böhmischen Urkundenmaterial findet man eine Reihe von Beispielen, in denen Stadtdörfer nachgewiesen sind, wie sie weiter unten im Kapitel über die Sicherung der ökonomischen Prosperität der Städte behandelt werden, aber wir vermissen eine genaue Definition ihrer Natur. Als Ausgangspunkt kann man zwei Definitionen aus dem deutschen Urkundenmaterial übernehmen.[306] In einer Urkunde für die Stadt Anklam aus dem Jahre 1282 heißt es: *villae appropriatae civitati cum omni utilitate et qualibet libertate cum pratis … cum quolibet usufructu et proventu*, und für Aachen von 1349: *ville ad civitatem et cives spectantes, ipsis in omnibus et per omnia unite et annexe*.

---

301 In der Edition, CDB V/2, Nr. 850, S. 567, Anm. 3, wird konstatiert, dass sich in den Privilegien für Wyschehrad eine solche Freiheit nicht befindet.

302 CDB V/1, Nr. 464.

303 Kuhn, Stadtdörfer, worin sich auch einige instruktive Karten befinden.

304 K. Blaschke, Altstadt – Neustadt – Vorstadt, S. 355–356, der die „eigentliche" Stadt und weitere Teile ihres Raumes unterscheidet, wozu er auch die Dörfer rechnet.

305 H. Fischer, Burgbezirk und Stadtgebiet im deutschen Süden, Wiener Rechtsgeschichtliche Arbeiten, Bd. III, Wien/München 1956, S. 11, rechnet zum Stadtgebiet auch die Teile, deren Amtszentrum die Stadt war.

306 Gengler, Alterthümer, S. 298. Seine Darstellung über die Stadtdörfer, S. 297–300, hat die Rechtsnatur der Zusammengehörigkeit der Dörfer mit der Stadt sehr genau erfasst.

Manchmal sind die Dörfer ein Produkt des gleichen Lokationsaktes und bilden mit der Stadt einen gemeinsamen Rechtsbezirk.[307] Dieser Grundsatz lässt sich in Mitteldeutschland schon im 12. Jahrhundert verfolgen,[308] aber seine Anwendung wird vor allem in den Territorien der neuen Besiedlung in Ostmitteleuropa zur Regel, während man im Altsiedelland des westlichen Deutschlands und Österreichs solchen Stadtdörfern nicht begegnet.[309]

Im ältesten Stadtprivileg für Mährisch Neustadt[310] wird zwar noch kein Dorf genannt, aber eine gewisse Andeutung lässt sich schon aus der Erteilung des Rechts an die Bürger *in eodem oppido vel extra oppidum* herauslesen. In der folgenden Urkunde für Mährisch Neustadt, die 1234 von Markgraf Přemysl ausgestellt wurde,[311] wird das Dorf Strelitz vor unberechtigten Ansprüchen geschützt.

Im Privileg für Troppau aus dem Jahr 1224[312] werden bereits Dörfer genannt, die der Herrscher aus dem eigenen Besitz der Stadt schenkte, wobei ausdrücklich gesagt wird, dass er einige davon durch Tausch erworben hatte. Mit der künftigen Errichtung von Dörfern wird auch bei Bennisch gerechnet: *De villis vero ceteris, quas sepedicti iudices construxerint, et iudicia earum possidebunt predicto iure sicut in civitate.* Das ist eines der Beispiele, die zeigen, wie schwierig und langwierig der Erwerb oder die Errichtung von Stadtdörfern war.[313]

Den Dörfern, die zur Gründdung von Bösig gehörten, wurde bereits eine eingehende topographische und sachliche Analyse gewidmet.[314] Mit der Gründung von

---

307 Kuhn, Stadtdörfer, S. 5 und 12. Menzel, Lokationsurkunden, S. 205.

308 Schlesinger, Forum, S. 278.

309 Kuhn, Stadtdörfer, S. 59, der Autor räumt allerdings ein, dass noch nicht alles völlig überprüft ist. Bereits die bei Gengler, Alterthümer, S. 297–300, angeführten Beispiele zeigen, dass es sich fast ausschließlich um Städte in einem neuen Siedlungsgebiet handelt. Nur der oben angeführte Beleg aus Aachen betrifft die alten Gebiete, aber es handelt sich schon um einen sehr späten Fall aus der Mitte des 14. Jahrhunderts.

310 CDB II, Nr. 246.

311 CDB III/1, Nr. 76. Kuhn, Stadtdörfer, S. 63.

312 CDB II, Nr. 265.

313 CDB IV, Nr. 267. Wie schwierig die Errichtung eines Kreises von Stadtdörfern war, zeigt eben das Beispiel von Bennisch, siehe W. Latzke, Die Anfänge der Stadt Bennisch, S. 40, der festgestellt hat, dass die Vollendung dieser Arbeit erst 1288 zu suchen ist, als in der Urkunde alle zu Bennisch gehörigen Dörfer aufgezählt werden, durch die Beneš von Branice, Inhaber des Patronatsrechts zur Kirche in Bennisch, seine Rechte zu Gunsten des Klosters Hradisch aufgibt, RBM II, Nr. 1446 = CDM IV, Nr. 269. Ebenso langsam bildete sich auch der Umkreis der Dörfer von Budweis heraus, der nur in seinen Anfängen in das 13. Jahrhundert reicht, wie J. Čechura, Počátky královského města Českých Budějovic [Die Anfänge der königlichen Stadt Budweis], JSH 53, 1984, S. 65, gezeigt hat, sowie detaillierter derselbe Autor, České Budějovice – příklad vytváření městského velkostatku v středověkých Čechách [Budweis – ein Beispiel der Herausbildung des städtischen Großgrundbesitzes im mittelalterlichen Böhmen], JSH 54, 1985, S. 161–172, wo bes. S. 162–163 der allmähliche Erwerb von Dörfern festgestellt wurde.

314 Žemlička, Bezdězsko [Das Gebiet von Bösig], bes. S. 740–744 mit einer Karte. Vgl. CDB V/1, Nr. 423. Hier kann man auch den Fall der Exemtion eines Dorfes aus der Gerichtsbarkeit der Stadt Hirschberg verzeichnen, als 1293 König Wenzel II. zugunsten der Ägidiuskirche in Bösig, *villam Zbini a iudicio civitatis Hirzperch, ad quam prius pertinebat, eximimus,* RBM II, Nr. 1634. Es ist möglich, dass in die Gerichtsbarkeit von Hirschberg auch weitere Dörfer gehörten, die bei der Besiedlung der Umgebung entstanden waren, über sie Žemlička, S. 741–742, vgl. ebd., S. 739.

Dörfern im Umkreis der städtischen Gerichtsbarkeit rechnet auch die Gründungsurkunde der Stadt Polička.[315] Bei Mährisch Weißkirchen werden die Dörfer zwar nicht genannt, aber ihre Entstehung ist anzunehmen, weil Rechte und Pflichten festgelegt werden.[316] Ein Zeugnis über die Dörfer der Stadt Olmütz stellt der Schiedsspruch aus dem Jahr 1275[317] dar, betreffend den Streit des Klosters Hradisch mit der Stadt über die in der Nähe liegenden Grundstücke und Dörfer.

Die Unterordnung unter das Stadtrecht ist gewöhnlich aus der Natur der Sache ersichtlich, aber es kommen auch Fälle von Unterstellung der Dörfer unter das Stadtrecht in einer besonderen Bestimmung vor.[318] Das bedeutet allerdings nicht, dass die Dorfbewohner die Stellung von Bürgern und die Freiheit erlangen würden. Solche Bestimmungen betreffen die Anwendung des in der Stadt und beim Stadtgericht üblichen Rechts auch für die Bewohner der betreffenden Dörfer, nicht jedoch ihre ständische Einordnung, denn an ihrer Untertänigkeit ändert sich nichts.

Bei der Festlegung der Rechte für Ungarisch Hradisch im Jahr 1258[319] erkannte der Landesherr an, dass die auf einer Insel liegende Stadt ohne das ländliche Hinterland Probleme hätte (*si per rus exterius subvencionem non haberent*) und hat ihr deshalb drei Dörfer zugeteilt. Es ist zu erwähnen, dass Ungarisch Hradisch diesen Vorteil erst in der zweiten Urkunde bekam, die erst die Erhebung in den Stadtstatus bedeutete, und nicht bereits in der ersten,[320] die zwar in beträchtlichem Maße die Textvorlage für die zweite bildete, aber den Stadtstatus noch nicht verlieh.

Aus irgendwelchen nicht feststellbaren Gründen wurden dann diese Dörfer der Stadt weggenommen, und erst 1301 durch die Entscheidung König Wenzels II. der Stadt zurückgegeben.[321] Der Herrscher erkannte an, dass die Dörfer der Stadt bereits *in prima fundacione* angegliedert wurden, wie dies tatsächlich dem Privileg Přemysl Otakars II. entspricht, und bestätigte auch dem Richter von Ungarisch Hradisch die Jurisdiktion über sie. Darüber hinaus hat er unter diese Gerichtsbarkeit auch das Dorf Welehrad gestellt, das dem Kloster Welehrad gehörte.

In das Jahr 1258 datiert auch eine Urkunde für Gewitsch,[322] die der Stadt 13 Dörfer angliedert,[323] aber sie ist eine spätere Fälschung. Bei der Gründung von Brauns-

---

315 CDB V/1, Nr. 457.

316 CDB V/2, Nr. 805.

317 CDB V/2, Nr. 795+. Die Urkunde erweckt einen gewissen Verdacht, was ihre Entstehung betrifft, siehe die einleitende Bemerkung in der Edition. Über die komplizierte Problematik älterer Vorlagen und über Fälschungen darin siehe Šebánek/Dušková, Kritický komentář [Kritischer Kommentar], S. 105–106. Was die Frage der Stadtdörfer betrifft, kann man der Urkunde Vertrauen schenken.

318 Wenigstens einige Beispiele: Budiš, der Abt von Hradisch, legte 1273 für den Lokator des Dorfes Stefanau das Recht von Mährisch Neustadt fest, CDB V/2, Nr. 710. Der Abt von Wilimow bestimmte 1279 bei der Lokation von zwei Dörfern bei Časlau, dass *tam in iudiciorum forma quam in laneorum mensura habebunt modum predicti municipii Chaslauiensis*, RBM II, Nr. 1167. 1290 beschloss der Olmützer Bischof bei der Erneuerung der Rechte der Stadt Kremsier, dass bestimmte genannte, in Richtung Prerau liegende Dörfer, in Kremsier das Recht suchen sollen, RBM II, Nr. 1502.

319 CDB V/1, Nr. 156.

320 CDB V/1, Nr. 136.

321 RBM II, Nr. 1876; ein vollständigerer Wortlaut CDM V, Nr. 119.

322 CDB V/1, Nr. 160++.

323 Es ist ein Teil, der aus der Urkunde König Wenzels II. aus dem Jahr 1291 übernommen wurde, RBM II, Nr. 1532.

berg, angeblich 1269,[324] gab Bischof Bruno dem Lokator Anweisungen, wie die Entwicklung der Stadt zu sichern sei. Dabei wird auch die Pflicht auferlegt, ein Dorf in der Nähe der Stadt zu gründen. Gleichzeitig wird festgelegt, dass weitere vier Dörfer unter das Gericht der Stadt gehören. Bereits ein Jahr später[325] wird dem Lokator des Dorfes Fritschowitz auferlegt, dass er und seine Leute in Braunsberg *iudicium, quod foytdynk dicitur* suchen sollen. Auch dieses Dorf gehörte also in den Umkreis des Rechts von Braunsberg. Demselben Typ kann man auch Müglitz zuordnen,[326] bei dem Bruno 1273 dem Laien Hermann das Gericht der Stadt und 14 Dörfer verkauft hat.

Auch die Stadt Jägerndorf erhielt angeblich bereits von König Přemysl Otakar II. vier Dörfer, was 1279 Königin Kunigunde als Herrscherin des Troppauer Landes bestätigte.[327] Auch wenn heute keine Urkunde Přemysl Otakars II. darüber vorliegt und das Privileg der Königin Kunigunde nur auf dem Umweg über eine Abschrift des 16. Jahrhunderts erhalten ist, gibt es keine ernsthaften Gründe, seine inhaltliche Richtigkeit anzuzweifeln.[328]

Die Stadt Znaim erhielt 1307 von König Heinrich das Dorf Winau: *Item villam Vnow, que Winow in vulgari teutonico appellatur, sitam prope Znoymam, ipsi civitati Znoymensi … iungimus … volentes, ut villa eadem civium et civitatis ipsius utilitati deserviens, libere ad ipsam civitatem Znoymensem perpetuo debeat pertinere.*[329]

Man muss auch die in anderem Zusammenhang angeführten Fälle der Erteilung des Leobschützer Rechts für die Dörfer Pozmannsdorf, Eilowitz und Tyrn registrieren.[330] Im ersten Fall geschah das bei der Schenkung des Dorfes an den Richter, in den beiden anderen beim Verkauf des Gerichts. Das Dorf Pozmannsdorf gehörte dem Grundherrn der Stadt Freiberg, die beiden übrigen Herrn Ulrich von Lichtenburg. Man muss jedoch festhalten, dass die ausdrückliche Erlaubnis des Leobschützer Rechts für Dörfer ihr Rechtsgewicht hat. In allen Fällen kommt es zur Veräußerung von Dörfern, die dadurch aus der bisherigen rechtlichen Unterstellung unter die Städte, zu denen sie gehört hatten, heraus genommen wurden.[331] Auch wenn man annehmen konnte, dass sie sich auch weiterhin an das Recht ihrer Städte wenden würden, war es notwendig, die Art des Rechts genauer zu bestimmen. Es handelt sich hier um Verfügungen, die Dörfer aus dem Umkreis von Städten betreffen.

In einem besonderen Fall kam es 1270 zum Streit zwischen dem Kloster Mariakron und den Richtern des Dorfes Triebendorf, die das Kloster wegen einer Geldschuld vor dem Gericht der Stadt Mährisch Trübau angeklagt hatten: *nos scitaver-*

---

324 CDB V/1, Nr. 597[++]. Über die Zweifel bei der Gründung von Braunsberg siehe im Kapitel über Städtegründungen, S. 164. Dort auch über die Wahrscheinlichkeit, dass die Stadt in jener Zeit bereits im Entstehen begriffen war.

325 CDB V/2, Nr. 607.

326 CDB V/2, Nr. 717.

327 Neu ediert von J. Kejř, Krnov [Jägerndorf], Beilage II, S. 45.

328 Kejř, ebd., S. 20–21. Die Jägerndorfer erhalten das Recht, in diesen Dörfern zu richten, wodurch man diese in die gewöhnliche Ordnung der Stadtdörfer einreihen kann.

329 RBM II, Nr. 2158.

330 Siehe weiter oben, S. 199, Anm. 175. CDM IV, Nr. 313 und 314; CDM V, Nr. 14.

331 Unter den Zeugen befinden sich immer Bürger der jeweiligen Stadt.

unt et traxerunt ad iudicium civile.[332] Prior und Konvent haben um des Friedens und der Eintracht willen getan, *quod nos non decebat a nostro iuri derogantes ac privilegio conparruimus in Tribouia ante tribunal iudicis.* Die kirchliche Institution hat hier freiwillig das *privilegium fori* aufgegeben und sich dem Stadtgericht unterworfen. Es ist offensichtlich, dass das Dorf dem Stadtgericht unterstand und außer diesem noch einige weitere, denn unter den Zeugen der Urkunde erscheinen neben den Bürgern auch Richter von weiteren Dörfern.

Dörfer konnten auch der Stadt verpfändet werden, wie man der Urkunde König Rudolfs für Brünn aus dem Jahr 1278 entnehmen kann,[333] in der der Nachweis gefordert wird, dass den Brünnern zwei Dörfer vom böhmischen König als Pfand für 350 Mark übertragen wurden. Im Fall des erbrachten Nachweises wird der König selbst weitere 150 Mark hinzufügen. Man kann kaum annehmen, dass die auf diese Weise verpfändeten Dörfer nicht in den Umkreis des Brünner Rechts einbezogen worden wären. Der Umkreis von Stadtdörfern unter der städtischen Gerichtsbarkeit ist zweifelsohne auch ein Ausdruck der zentralen Rolle der Stadt.

Es kann noch hinzugefügt werden, dass man in den böhmischen Ländern auch kein Pendant zur Verbindung des Marktes und des Weichbilds findet, wie sich dies aus den Wendungen in Urkunden aus Deutschland ergibt, wo man z. B. lesen kann: *civili vel forensi iure, quod wicbeledhe dicitur* nebo *ut in villa … forum sit, quod in vulgari wicbilethe dicitur.*[334] Sehr viel erklärt die Beobachtung, dass es (wie schon erwähnt wurde) bei uns keine Identität von *ius civile* und *ius forense* gibt, und dass man deshalb keine Verbindung mit den Märkten findet, sondern nur mit den Rechtsstädten.

Als eine gewisse Anomalie erscheint Brunos Erwerb von Hullein durch eine Schenkung Přemysl Otakars II. im Jahre 1261,[335] mit der ihm der *districtus* Hullein mit dem Marktdorf Hullein und drei dazu gehörenden Dörfern zugesprochen wurde. Es ist strittig, welcher Status Hullein zuerkannt werden kann. Die Bezeichnung Marktdorf ist kein Äquivalent für Stadt,[336] aber wenn von *districtus* gesprochen wird, kann dieser sonst vieldeutige Ausdruck als dem Weichbild gleichwertig angesehen werden, wie bald erläutert werden wird. In der folgenden Zeit wird Hullein als *oppidum forense* bezeichnet,[337] aber 1274 schon als *oppidum.*[338] Man wird deshalb wohl nicht fehl gehen, wenn man darin eine allmähliche Herausbildung der Stadtverfassung sieht und anerkennt, dass so wie die Dörfer bei der Gründung den noch nicht bestehenden Städten zuerkannt werden, eine ähnliche Handlung zugunsten des bereits bestehenden Marktes, den Ausgangspunkt der Entwicklung zur Stadt bildete.

332 CDB V/2, Nr. 628.

333 RBM II, Nr. 1140.

334 Schlesinger, Forum, S. 299–300, wo sich auch eine klare Darstellung über die gemeinsame Gründung von Städten und Dörfern findet, wie dies auch in unseren Quellen nachgewiesen ist.

335 CDB V/1, Nr. 283.

336 Granum catalogi praesulum Moraviae, ed. J. Loserth, AÖG 78, 1892, S. 81, übernimmt diese Angabe, bezeichnet aber Hullein als *oppidum.*

337 CDB V/2, Nr. 526.

338 CDB V/2, Nr. 722. H. Stoob, Bruno, S. 111. In der Kartenbeilage, S. 105, ordnet er Hullein unter die Städte ein, die von Bruno gefördert wurden.

Von einer gewissen statutarischen Verfassung von Hullein zeugt auch die Bestimmung des Bannmeilenrechts in Kremsier, in der Hullein ausdrücklich aus seinem Geltungsbereich herausgenommen ist.[339]

Darüber, dass auch kleine im Entstehen begriffene Städte ihre Dörfer hatten, erfahren wir mehr im Falle des nordmährischen Schildberg,[340] für das 16 Dörfer aufgezählt werden. Obwohl die Urkunde besonders unter dem Aspekt des Besiedlungsvorgangs analysiert worden ist,[341] steht ihre diplomatische Analyse noch aus. Es ist wenigstens zu erwähnen, dass ihr Aussteller Protiven, der Kastellan von Hohenstadt (*comes Alte Civitatis*) ist,[342] der schon drei Jahre zuvor als Ministeriale genannt wird.[343] Zweifellos tritt er hier als der Bevollmächtigte Brunos auf; aus eigener Macht hätte er so umfangreiche Freiheiten nicht erteilen können. Der Empfänger ist Eberhard, der Vogt von Schildberg, der die Vogtei erblich erhält. Schildberg wird mit dem Magdeburger Recht begabt, es werden die Rechte in der Strafgerichtsbarkeit bestimmt, es werden ökonomische Vorteile verliehen und die Frist der Befreiung von Abgaben auf 14 Jahre festgesetzt. Zudem werden die Stadtdörfer genannt, aus denen der Vogt den dritten Denarius erhält. Man muss auch die Möglichkeit gewisser Veränderungen direkt in der Konfirmation des ursprünglichen Privilegs in Betracht ziehen, wie das schon für ähnliche Fälle dargestellt wurde. Mit dem Privileg ist daher vorsichtig umzugehen. Trotzdem ist das Zeugnis über die Stadtdörfer Schildbergs wohl zuverlässig, obwohl die Namensformen in einigen Fällen unbestimmt sind.

339 RBM II, Nr. 1502, vgl. dazu noch bei der Behandlung des Bannmeilenrechts. Zum Jahr 1292 erfährt man vom Bau der Befestigung und es wird auch ein Bürger genannt, RBM II, Nr. 1639.

340 Auf Grund der Urkunde von 1278, die aus der Konfirmation des Jahres 1365 bekannt ist, hg. v. A. Turek, Z počátků města Šilperka [Aus den Anfängen der Stadt Schildberg], VVM 5, 1950, S. 25–26. Vgl. E. Schwarz, Volkstumsgeschichte II, S. 300. Neu herausgegeben in: Moravské a slezské listiny liechtenštejnského archívu ve Vaduzu [Mährische und schlesische Urkunden des Liechtensteinischen Archivs in Vaduz], hg. v. J. Bistřický/F. Spurný/L. Václavek/M. Zemek, Knižnice jižní Moravy, Bd. 13, 1991, Nr. 9 und Nr. 91. Zu der Urkunde auch J. Bakala, Monopolizace tržních vztahů [Die Monopolisierung von Marktbeziehungen], S. 122.

341 Der bereits angeführte A. Turek (siehe die vorherige Anmerkung) und weiter die Diskussion im Almanach Severní Morava [Nordmähren] 8, 1962 (L. Hosák); 9, 1963 (A. Turek); 10, 1964 (L. Hosák) und 15, 1967 (E. Michalitschke). Detailliert hat sich mit der Urkunde, auch in der Beziehung zu ihrer Konfirmation M. Wihoda, K problematice šilperského fojtského privilegia a jeho vzniku v r. 1278 [Zur Problematik des Schildberger Vogtprivilegs und seiner Entstehung im Jahr 1278], ČMM 111, 1992, S. 3–11, befasst, der von den genannten Dörfern neun zu identifizieren vermochte und ihre Lage auf der beigefügten Landkarte zu erfassen versuchte. Er ist der Meinung, dass in das ursprüngliche Privileg, das tatsächlich aus dem Jahr 1278 stammt, die Konfirmation möglicherweise geringfügige Veränderungen gebracht haben kann.

342 Im Regest und auch in der Übersetzung wird er unrichtig als Graf tituliert.

343 In der Zeugenreihe im Schiedsspruch des Zašit von Kurovice im Streit des Klosters Hradisch mit der Stadt Olmütz aus dem Jahr 1275, CDB V/2, Nr. 795+, wird unter den *nobiles,* die Ministerialen sind, Protiwen de Zaberz genannt. In der Urkunde über Schildberg wird Hohenstadt zum ersten Mal als *Alta civitas* genannt und bereits 1289 mit dem deutschen Namen Hoenstat, RBM II, Nr. 1467, wobei es jedoch noch nicht als Stadt bezeichnet wird, sondern unter *castra et municiones* eingereiht ist; vgl. auch E. Schwarz, Volkstumsgeschichte II, S. 279; W. Kuhn, Die Stadtnamen auf -stadt, in: W. Kuhn, Beiträge, S. 169.

Auch zu Neuhaus gehörten Dörfer, wie das Testament des Herrn Ulrich von Neuhaus aus dem Jahr 1294 bezeugt. Ihre Namen und Anzahl sind nicht angeführt, aber an ihrer Rechtsnatur als Dorf besteht kein Zweifel.[344]

Der Geltungsbereich der städtischen Gerichtsbarkeit für die umliegenden Dörfer wird in unserer Nachbarschaft, besonders in Schlesien, als Weichbild bezeichnet. Dieser Terminus ist im 13. Jahrhundert noch nicht in die böhmischen Länder durchgedrungen,[345] institutionell gibt es Übereinstimmungen. Seine ursprüngliche Bedeutung „Stadtrecht" oder im übertragenen Sinne „der Geltungsbereich des Stadtrechts"[346] hat sich inhaltlich verwandelt und man versteht darunter ein Gebiet, das die Stadt und die dazu gehörigen Dörfer umfasst, das auf die Stadt ausgerichtet ist und in dem das Stadtrecht gilt.[347] Die Diskussionen über die ältere Bedeutung des Weichbilds und besonders über seine Verbindung mit „Wiken", insbesondere bei der Interpretation von *wikbelde* oder *wikbilethe* als das Recht des Wiks,[348] sind für die

---

344 RBM II, Nr. 1656, der volle Wortlaut ACRB I, Nr. 54: *Novam domum predictam, castrum scilicet et civitatem sive opidum cum suo circuitu et districtu villarum aliarumque possessionum.* Außer diesen nicht genannten Stadtdörfern enthält das Testament weitere Namen von Dörfern und Marktdörfern. Der Ursprung der Urkunde ist in der königlichen Kanzlei zu suchen, Dušková, Česká listina [Die böhmische Urkunde] 2, S. 207.

345 Zu seiner Übernahme J. Bakala, Urkundenzeugnisse, S. 83.

346 J. J. Menzel, Stadt und Land in der schlesischen Weichbildverfassung, in: Die mittelalterliche Städtebildung, S. 19–20. Der erste Beleg datiert in das Jahr 1235.

347 J. J. Menzel, ebd., S. 20. Weichbild ist in der von uns behandelten Zeit begrifflich nicht mit dem Stadtrecht identisch; J. R. Kretzschmar, Die Entstehung von Stadt und Stadtrecht in den Gebieten zwischen der mittleren Saale und der Lausitzer Neisse, Untersuchungen, Heft 75, Breslau 1915, S. 159. Bei uns neu J. Bakala, Urkundenzeugnisse, der nicht nur, S. 77, die Rechtsnatur des Weichbilds genau erfasst, sondern auch illustrative Beispiele aus Nordmähren gebracht hat. Von den oben behandelten Belegen betrifft seine Darstellung Bennisch, Braunsberg, Müglitz, Gewitsch, Schildberg und wird durch Hinweise auf jüngere Urkunden ergänzt. Bakala hat auch auf das höhere Alter der Existenz solcher Rechtsbereiche in Mähren im Vergleich zu Schlesien hingewiesen, S. 83. Man kann ergänzen, dass für unser Territorium keine Belege für die Parallelität der Termini Weichbild = Stadt (bzw. Stadt mit nicht vollständigen Stadtrechten) auftreten, wie es dafür zahlreiche Belege in einigen deutschen Gebieten gibt, vgl. Stoob, Minderstädte, S. 226ff., aber der Unterschied zwischen Stadt und Weichbild wird ein anderes Mal deutlich. In der Urkunde des Mainzer Erzbischofs für Erfurt aus dem Jahre 1289, Urkunden zur Geschichte des Städtewesens, Nr. 162, befindet sich in den Bestimmungen über die Gerichtsrechte ein Artikel über den Handel mit Getreide: *Swaz kornes kumet zu Erforte in daz wippilde oder in die stat.*

348 Für unsere Verhältnisse braucht man also nicht die Analyse der westfälischen Weichbilde zu berücksichtigen, wie sie K. Kroeschell, Weichbild. Forschungen zur deutschen Rechtsgeschichte, Bd. 3, Köln/Graz 1960, geliefert hat. Gegen diese Arbeit wurden von Schütte, Wik, in einem umfangreichen polemischen Kapitel gewichtige Einwände erhoben. Kroeschell, S. 115, verfolgt die schlesischen Verhältnisse nicht mehr weiter, aber er legt präzise dar: „Weichbild war hier ein Gebiet, in dem die Stadt Verwaltungsmittelpunkt und Gerichtsort für die zugehörigen Dörfer war." Unter einem etwas anderen Gesichtspunkt ging an das Thema R. Schmidt-Wiegand, Wik und Weichbild. Möglichkeiten und Grenzen der Rechtssprachgeographie, ZRG GA 95, 1978, S. 121–157, heran, die den Inhalt des Wortes Weichbild in folgenden Bedeutungen unterschieden hat: im Sinne 1) des lokalen Rechts 2) des Umkreises von Weichbild oder des städtischen Territoriums, 3) der Bezeichnung der Lokalität. Die gesamte Verbreitung dieser Bedeutungen ist auf beigefügten Karten abgebildet, die jedoch bis auf Ausnahmen nur bis Breslau reichen und die weiteren Gebiete in Schlesien und in Mähren nicht erfassen, was sicher berechtigt ist, weil dort das Weichbild schon eine andere Institution ist. Aber Kroeschell und nach ihm auch Schmidt-Wiegand ordnen unter die Weichbilde mit den von ihnen untersuchten

böhmischen Länder ohne jedwede Bedeutung. Das Weichbild, später in den böhmischen Quellen als *vikpilda* bezeichnet, ist also nicht die Bezeichnung des Stadtrechts, wie dies gewöhnlich erklärt wird,[349] sondern ein Ausdruck für ein Gebiet, das sich durch eine Verbindung mit dem Recht der Stadt auszeichnet und durch diese Verbindung bestimmt wird.[350] In unserem Quellenmaterial kann man dazu ein Gegenstück im Terminus *districtus* suchen, der genau so in der Urkunde Bischof Brunos für seinen Marschall erscheint, dem er 1277 u. a. *in districtu opidi nostri Plancek duas villas … et in eodem districtu pascua* gegeben hat.[351]

Die ersten Impulse zur Herausbildung von Weichbilden wurden bei der Besiedlung von schlesischen Gebieten gegeben: Wenn eine der Siedlungen im kolonisierten Terrain den Charakter einer Stadt erlangte, wurde sie mit dem Markt begabt und zum Zentrum des späteren Weichbilds. Die Beziehungen zwischen der Stadt und den Dörfern waren nicht nur ökonomischer Natur, es waren auch organisatorische und rechtliche Beziehungen, so dass die Dörfer mit dem Stadtgericht verbunden waren.[352] Zu der ursprünglichen freien Formierung der Weichbilder trat die Planmäßigkeit bei

Gebieten und Institutionen auch Leitmeritz ein. Kroeschell berief sich auf die Feststellung im Aufsatz von A. Bernt, Ein geschriebenes deutsches Stadtrecht von Leitmeritz aus dem XIV. Jahrhundert, MVGDB 42, 1904, der ein Fragment des Stadtrechts aus der Mitte des 14. Jahrhunderts abgedruckt hat, in dessen Art. XVI, S. 190, festgelegt wird *Wi man ding hegen sol czu wigbilde* und bestimmt wird, wie das Gericht *czu wigbilde rechte* eröffnet wird. Dies weist auf die Verbreitung des Weichbildrechtes, wie es die Weichbildbücher ursprünglich aus dem Magdeburger Recht bringen, und nicht etwa auf die Bezeichnung von Leitmeritz als Weichbild hin.

349 So in den Lehrbüchern der Geschichte des deutschen Rechts, z. B. H. Brunner/C. von Schwerin, München/Leipzig, (8. Aufl.), 1930, S. 104; H. Conrad, Deutsche Rechtsgeschichte I, (2. Aufl.), Karlsruhe 1962, S. 355.

350 Siehe weiter oben, Anm. 338, und bereits H. von Loesch, Die schlesische Weichbildverfassung der Kolonisationszeit, ZRG GA 58, 1938, S. 311ff., der auf zwei Bedeutungen des Ausdrucks Weichbild hingewiesen hat, nämlich als „Geltungsbereich des Stadtrechts, also Stadtgemarkung" und als „zu einer Stadt gehöriger Landbezirk". Ein sehr alter Beleg über die Gerichtsbefugnisse der Stadtbeamten im Weichbild befindet sich für das Jahr 1216 im Schiedsspruch des Magdeburger Erzbischofs und des Merseburger Bischofs im Streit über die Jurisdiktion zwischen der Stadt Leipzig und dem Markgrafen von Meißen: *Item eorum, que wikbilde contingunt, nullus iudicabit preter advocatum vel schulthetum*, Urkunden zur Geschichte des Städtewesens, Nr. 44. Vgl. Keutgen, Nr. 112. *Lipsienses* werden zwar nicht als *cives* tituliert, aber es wird *civitas Lipzensium* genannt.

351 CDB V/2, Nr. 845. Vgl. auch das oben angeführte Beispiel der Distrikts in Hullein sowie die Bezeichnung *districtus villarum* in Neuhaus. Weitere spätere Beispiele bringt Bakala, Urkundenzeugnisse, S. 81–82. Dieselbe Bedeutung kann dem Ausdruck *territorium* beigemessen werden, der 1303 das Gebiet von Görlitz bezeichnet, identisch mit dem Territorium des Weichbilds. In der Lausitz entspricht das Weichbild dem Geltungsbereich der städtischen Gerichtsbarkeit genauso wie in Schlesien, vgl. K. Czok, Sechsstädte, S. 111. Von Loesch (wie Anm. 350), S. 312, stellt die erste ausdrückliche Benutzung des Ausdrucks Weichbild für *districtus* oder *territorium* für das Jahr 1302 fest. Dazu auch Zientara, Z dziejów organizacji rynku [Aus der Geschichte der Organisation des Marktes], S. 686. Der Beleg aus dem Jahr 1302 betrifft Liegnitz, dessen Bürger sich den Breslauern verpflichtet haben, dass sie Rechtsbelehrungen nur *hominibus in nostro territorio constitutis, quod wlgariter wichbelde* erteilen werden. Auch wenn die Bezeichnung Weichbild lange in den Urkunden nicht verwendet wurde, ist die Institution selbst schon viel früher unter der Bezeichnung *territorium* bzw. *districtus* nachgewiesen. Im Privileg für Bernstadt von 1266 heißt es: *dedimus territorium*, worauf eine Aufzählung der darin erfassten Dörfer folgt; vgl. von Loesch, ebd., S. 312.

352 Zientara, Z dziejów organizacji rynku [Aus der Geschichte der Organisation des Marktes], S. 686–687.

ihrer Entstehung hinzu und ihre Anerkennung als administrativ-gerichtliche Einheiten, wenn manchmal die Stadt noch ohne das ländliche Hinterland errichtet wurde, das dann nach und nach entstand.[353] Im mährischen Markgrafen Jindřich Vladislav wurde einer der ersten Propagatoren dieses Systems gesehen.[354]

Man kann noch hinzufügen, dass es einen prinzipiellen Unterschied gibt zwischen den Dörfern, die in den Bereich der Gerichtsbarkeit einer Stadt gehören, und den Landgütern, die die Bürger in der Umgebung der Stadt besitzen.[355] Über letztere werden wir in einem anderen Zusammenhang sprechen. Es besteht auch keine Identität der Rechtsbereiche mit den Bereichen des Bannmeilenrechts, wie ebenfalls später gezeigt werden wird.

Durch den erweiterten Geltungsbereich des Stadtrechts im gesamten Weichbild ist selbstverständlich das gewöhnliche Prinzip seiner Geltung innerhalb der Stadtmauern gestört. Auch bei noch nicht mit einer Befestigung umgebenen Städten wird eine bestimmte Abgrenzung fassbar, wie aus den Wendungen *limes civitatis*[356] bzw. *ambitus civitatis*[357] ersichtlich ist. Im eigentlichen Umkreis der Stadt erlangte im Laufe der Zeit das Stadtrecht Übergewicht auch gegenüber den Personen, deren Rechtsstatus nicht städtisch war.

Es stieß nämlich die städtische Gerichtsbarkeit auf eine andere: Die Gerichtsbarkeit der Grundherren, deren Leute infolge von Untertänigkeit und von Exemtionen nicht in den Städten gerichtet werden konnten. Dies war ein Hindernis für die Ahndung ihrer Straftaten, die sie in den Städten begangen hatten. In dem Bestreben, dieses Prinzip zu brechen und die Straffälligen ihrem Gericht zu unterwerfen, hatte die Stadt Brünn 1276 Erfolg, als ihr König Přemysl Otakar II. das Recht erteilte, die Bewohner der Vorstädte und auch der anliegenden Ortschaften zu richten, wenn sie eine Straftat in der Stadt begangen haben. Den Herren blieb nur das Recht auf den Besitz vorbehalten, als wenn sie die Straffälligen selbst verurteilt hätten.[358] Es war ein Schutz gegen die Störung der Ordnung in der Stadt durch potenzielle Straffällige, die sonst ohne Strafe geblieben wären.[359]

Man kann sagen, dass sich dieses Prinzip, obwohl es sicher auf die Missbilligung der Grundherren stieß, nach und nach durchsetzte. 1299 erhielt das Kloster Sedletz von König Wenzel II. eine umfangreiche Gerichtsimmunität,[360] indem ihm die volle

---

353 ZIENTARA, ebd., S. 689. Dasselbe Phänomen ist auch bei uns nachgewiesen, wenn in den Geboten den Lokatoren auferlegt wurde, auch an das ländliche Hinterland zu denken, wie schon in den Beispielen von Bennisch, Polička oder Braunsberg gezeigt wurde. Vgl. insbesondere Anm. 313 zu Bennisch.

354 ZIENTARA, ebd., S. 694, besonders mit Hinweis auf die Gründung von Freudenthal und Mährisch Neustadt.

355 Dazu KUHN, Stadtdörfer, S. 25ff., und J. J. MENZEL, Stadt und Land, S. 35–37, und bereits GENGLER, Alterthümer, S. 297–300. Dieser Unterschied wird jedoch bei J. BAKALA, Venkovské majetky měst [Landgüter der Städte], nicht genügend respektiert, obwohl seine Übersicht sonst sehr instruktiv ist.

356 CDB V/1, Nr. 160++ – Gewitsch.

357 CDB V/1, Nr. 457 – Polička.

358 CDB V/2, Nr. 815. Die Ursache der Ausstellung des Privilegs ist genau erfasst: *de prisca et abusiva consuetudine civitatum iudicibus culpabiles et in ipsis civitatibus excedentes iudicare non licet, qui vel baronum nostrorum vel aliorum quorumlibet dominio sunt subiecti.*

359 M. FLODR, Právní kniha města Brna II – Komentář [Das Rechtsbuch der Stadt Brünn II – Kommentar], Brno 1992, S. 173.

360 RBM II, Nr. 1832.

Gerichtsbarkeit – auch die Halsgerichtsbarkeit! – über die eigenen Leute garantiert wurde, die durch kein anderes Gericht gerichtet werden durften. In diesem Privileg wurde eine Ausnahme festgelegt, dass nämlich, wenn die Klosterleute eine Straftat in den königlichen oder Bergstädten (wodurch sicher auf das nahe gelegene Kuttenberg angespielt wurde) verüben würden, sie dem Gericht der Stadt unterstellt wären. Die Machtbefugnisse der Stadt bezogen sich jedoch nicht auf die Straftaten außerhalb der Stadt.[361] Das ist sicher ein Ausdruck der Durchsetzung der städtischen Gerichtsbarkeit, die hier auch eine umfangreich formulierte Immunität brach.

Die Bemühungen, die städtische Gerichtsbarkeit durchzusetzen, betrafen nicht nur die Untertanen, sondern in bestimmten Fällen auch ständisch höher gestellte Persönlichkeiten – die Adligen. Davon zeugt vor allem das Institut der Arrestation, das besonders in den Städten zur Anwendung kam.[362]

Von den Handelsbeziehungen ausgehend, die mit der Entstehung der Städte in bedeutendem Maße an Intensität gewannen, entstand das Bedürfnis, die den Besitz betreffenden Streitigkeiten zu vermeiden, die zwischen Bürgern und Adligen aufkamen. Die Bürger als Gläubiger waren genötigt, nach einer Möglichkeit zu suchen, wie sie ihre Schuldforderungen befriedigen konnten, wenn der Gerichtsweg gegen die adligen Schuldner sich oft unsicher und langwierig gestaltete. Es hat sich deshalb das schnellere Instrument in der Arrestation herausgebildet, d. h. die Festsetzung des Schuldners und der Beschlagnahme seines Besitzes, wenn er in der Stadt ertappt wurde. Bereits kurz nach der Mitte des 13. Jahrhunderts erschienen königliche Privilegien, die es den Bürgern ermöglichten, den Schuldner samt seinen Sachen festzuhalten, um ihn zu nötigen seine Schulden zu begleichen.

Im Privileg von 1265 erlaubte König Přemysl Otakar II. den Saazern,[363] sie könnten *suos debitores … contra quos accio eis competit, in iamdicta civitate cum suo iudice sive nunccio eius licite valeant detinere ad suas iniurias mediante iusticia prosequendas*. Das ist bereits eine institutionelle Verankerung der Arrestation, die nur möglich ist, wenn die Schuld nachgewiesen ist (*accio competit*). Es assistiert dabei ein Amtsorgan (*iudex vel nunccius eius*) und es wird der Rechtsweg befolgt (*iniurias mediante iusticia prosequendas*), eine eigenmächtige Beschlagnahme ist also nicht zugelassen. Es wird hier zwar nicht gesagt, welchen Standes die Schuldner sind, wohl aber wird dies in dem folgenden ähnlichen Privileg für Brüx vom Jahre 1278 festgelegt,[364]

---

361 Die Interpretation des Privilegs bei VANĚČEK, Základy [Die Grundlagen] III, S. 50–51.

362 J. KLABOUCH, K dějinám obstavování und připovědí ve feudálním právu českém a moravském [Zur Geschichte der Arrestationen und Condictionen im böhmischen und mährischen Feudalrecht], SH 8, 1961, S. 197–233, und bereits derselbe Autor, Městské právo v Rožmberské knize [Das Stadtrecht im Buch des Herrn von Rosenberg], PhS 1, 1955, S. 101–120. Das ist auch ein Ausdruck der beginnenden Ständerivalität, vgl. KEJŘ, Anfänge der ständischen Verfassung, S. 193–194; eine erweiterte Fassung unter dem Titel Počátky a upevnění stavovského zřízení v Čechách [Anfänge und Stabilisierung der ständischen Verfassung in Böhmen], PhS 34, 1997, S. 63–94.

363 CDB V/1, Nr. 464. Im Weiteren braucht nur eine knappe Übersicht geboten zu werden, weil die Darstellung in den beiden Aufsätzen von KLABOUCH völlig überzeugend ist. Der Autor zog sorgfältig auch die ökonomischen Beziehungen in Betracht, die zur Einbürgerung der Arrestation führten, und hat unsere Verhältnisse mit dem deutschen Arrestationsprozess verglichen.

364 CDB V/2, Nr. 864.

dem zufolge *debitores suos tam nobiles quam alios homines seculares et religiosos regni nostri* gepfändet werden können, und zwar bis zu einer Höhe von fünf Mark. Andere ähnliche Privilegien schränken jedoch den Personenkreis ein, gegen den die Arrestation erlaubt wird; in Kremsier sind 1290 davon die Kleriker ausgenommen.[365]

Zwei Privilegien ähnlichen Inhalts stellte der römische König Rudolf in den Jahren 1278 und 1279 aus. In dem ersten, für Znaim,[366] wird ausführlich festgelegt, dass Schuldner aller Art (*universos debitores*) *non solum in rebus suis, verum eciam in personis propriis* arrestiert werden können. Das andere, für Eger,[367] gewährt die Möglichkeit, den Schuldner überall festzunehmen, außer in der Kirche, im Bad und im Gasthaus. Bestimmungen über die Arrestation des Schuldners enthält auch die Iglauer Urkunde,[368] die dem Gläubiger das Recht gibt, auch Hochadelige festzunehmen: *inpignorare – baronem vel nobilem*. Königgrätz berief sich ebenfalls auf ein altes Recht (*ab antiquo*) wegen Schulden arrestieren zu dürfen, was der Stadt von König Johann 1318 bestätigt wurde.[369]

Auch wenn das Arrestationssrecht ein vom König erteiltes Privileg war, begann man es auch andernorts zu benutzen, so dass es im Laufe der Zeit zu einer allgemeinen Gewohnheit wurde, und die späteren Privilegien bestätigten dieses Vorrecht *iuxta formam aliarum civitatum regalium* oder mit einer ähnlichen Wendung.[370] In dieser Angelegenheit prallten die Interessen der Bürger und des Adels aufeinander, so dass 1285 König Wenzel II. genötigt war, die Bürger in Schutz zu nehmen.[371] Er entschied, dass ein Bürger nach der Verurteilung eines Adligen beim Landesgericht im Falle der Undurchsetzbarkeit der Forderung, den Adligen mit königlicher Bewilligung in jeder Stadt arrestieren lassen könne. Dies bedeutet eine Erweiterung auf den Gesamtbereich der königlichen Städte.

Manchmal musste eine gewisse Gruppe von Personen vor der Arrestation geschützt werden, was ebenfalls aus königlicher Machtbefugnis geschah. Das Kloster von Wisowitz gab vor, ein solches Privileg in der angeblich aus dem Jahr 1263 stammenden Urkunde König Přemysl Otakars II. zu besitzen,[372] in der es heißt, niemand solle den Abt und die Brüder *in civitatibus, villis aut locis forensibus*[373] *... detinere, arestare, inpignorare, capere.* Die Bürger von Brünn waren vom römischen König Rudolf 1278 von dem Arrest *per diversas civitates et loca imperii* befreit.[374] Niemand durfte sie aufgrund von Schäden oder Versprechungen arrestieren, die auf den böhmischen König zurückgingen. Ein solcher Schutz war nach der Niederlage Přemysl

365 RBM II, Nr. 1502.

366 CDM V, Suppl. Nr. 53, S. 264–265; RBM II, Nr. 1139.

367 CIM II, Nr. 32.

368 CDB IV, Nr. 177, Art. III, S. 296. Zu den Textvarianten F. Hoffmann, Neznámé znění velkého privilegia jihlavského [Der unbekannte Wortlaut des großen Iglauer Privilegs], StR 20, 1981, S. 46.

369 CIM II, Nr. 103.

370 1334 der mährische Markgraf Karl für Kauřim, CIM II, Nr. 167; 1335 König Johann für Wodnian, CIM II, Nr. 185.

371 CIM I, Nr. 6.

372 CDB V/1, Nr. 366++.

373 Diese Formulierung wiederholt sich erst 1315 in der Urkunde für Saar, RBM III, Nr. 246.

374 CDM V, Suppl. Nr. 55; RBM II, Nr. 1140.

Otakars II. wohl notwendig. Es ging jedoch um eindeutig definierte Fälle und nicht um eine allgemeine Befreiung. Die Bürger von Brünn wurden z. B. wegen eigener Schulden arrestiert.

Die große und einige Jahrhunderte dauernde Entwicklung der Arrestation hatte ihre Anfänge in den Städten des 13. Jahrhunderts, in der Zeit der Vollendung der Stadtverfassung und des Stadtrechts. Wir müssen zwar nicht daran zweifeln, dass hier frühere Vorbilder wirkten, aber eine direkte Anknüpfung lässt sich nicht belegen.

Das Stadtrecht wurde in den böhmischen Ländern in den Zeitebenen übernommen, die der Herausbildung tatsächlicher Rechtsstädte entsprachen, das heißt auch in Abhängigkeit von der territorialen Platzierung. Es bildet selbstverständlich kein flächendeckendes System. Die Städte, ob nun allein oder unter Einbeziehung der zu ihrem Recht gehörigen Dörfer, bildeten zahlreiche Rechtsgebiete, eigentlich Inseln des Stadtrechts, innerhalb der von verschiedenen Rechten, insbesondere jenen der Grundherrschaften, geprägten Rechtslandschaft des ganzen Territoriums und waren so auch ein Ausdruck der besonderen freien Stellung der Bürger. Nicht nur die geographische Platzierung spielte hier eine Rolle, auch der sachliche Inhalt hat sich beträchtlich unterschieden. Dies folgte aus dem Eindringen von Rechtsvorbildern aus verschiedenen Richtungen und Orten sowie aus speziellen Regelungen für einzelne Städte in den Privilegien, so dass man immer jede Stadt sowohl in ihrer Anknüpfung an die allgemeinen Prinzipien der Stadtverfassung als auch in ihrer Eigenständigkeit betrachten muss.

Wenn auch das methodische Prinzip der Untersuchung einzelner Städte eine Bedingung für die Erforschung der Stadtgeschichte ist, muss man aber eine Zersplitterung der Kenntnisse ohne den Versuch ihrer zusammenfassenden Einschätzung vermeiden. In der Geschichte des Stadtrechts kann aber im 13. Jahrhundert nicht von dessen Vereinheitlichung gesprochen werden. Trotzdem treten Nachrichten auf, die von gemeinsamen Zügen der Stadtrechte zeugen, wie wir dies z. B. wiederholt bei der Bestimmung angetroffen haben, dass die neu gegründete Stadt die gleiche Stellung wie andere Städte im Königreich haben soll. Diese verbindende Vorstellung enthält in sich das Element des entstehenden Ständewesens und auch der Unterschiede gegenüber bloßen Märkten und Dörfern.

Eine weitere Stufe in der Betonung von Parallelen (also nicht der Identität!) in der Rechtsstellung der Städte sind die für mehrere Städte gemeinsam ausgestellten Privilegien. Diese stellen wir erst ganz am Ende des Untersuchungszeitraumes fest, aber Andeutungen von gemeinsamen Interessen und übereinstimmender rechtlicher Sichtweise, zu der die souveräne Macht auf diese Weise ihre Zustimmung gibt, zielen eigentlich in die ferne Zukunft des einheitlichen Stadtrechts. Der erste Akt dieser Art ist die Urkunde Wenzels II. aus dem Jahre 1285,[375] in der er die Bürger der königlichen Städte gegen die Gewalttaten des Adels in Schutz nimmt: Er garantiert die Zwanganwendung gegen denjenigen Adligen, der sich sträuben würde, dem zu

375 CIM I, Nr. 6; CIM II, Nr. 36. Zum politischen Hintergrund vgl. J. Šusta, Soumrak Přemyslovců [Die Dämmerung der Přemysliden], České dějiny [Böhmische Geschichte] II/1, S. 351–353; B. Mendl, Sociální krise a zápasy ve městech 14. věku [Soziale Krisen und Kämpfe in den Städten des 14. Jh.], Praha 1926, S. 74–77.

Gunsten eines Bürgers gefällten Gerichtsurteil zu gehorchen, den Bürgern verbietet er hingegen, in den Dienst von Adligen zu treten, und er bewilligt die Arrestation von adligen Schuldnern in den Städten, wie bereits erwähnt wurde. Obwohl als Aufbewahrungsort dieser Urkunde Kolin genannt wird, das auch verpflichtet war, den übrigen Städten in dieser Angelegenheit nötige Informationen zu bieten, ist das Privileg allgemein für die königlichen Städte bestimmt, die sich so, wenn auch in einem begrenzten Bereich von Rechten, als ein Ganzes zeigen.

Einen anderen Charakter hat das Privileg des Troppauer Herzogs Nikolaus I. aus dem Jahr 1306,[376] mit dem er den Bürgern von Troppau, Leobschütz, Jägerndorf und Freudenthal ihre Privilegien, Rechte und ihren Besitz bestätigte und ihren Schutz gegen Unterdrückung garantierte. Aber irgendwelche weiteren gemeinsamen Rechte wurden dort nicht festgelegt, so dass es sich eigentlich um die Garantie der Rechte dieser vier Städte ohne ihre innere Bindung handelte, so, wie sie sie bisher besessen hatten; eine engere Bindung aneinander wurde dadurch nicht begründet. Es geschah dies in einer einzigen Urkunde, die in Troppau hinterlegt wurde, ohne dass eine Pflicht der Troppauer gegenüber den übrigen drei Städte festgelegt worden wäre. Darüber hinaus wurde am selben Tag eine ähnliche, in Formulierungen verwandte Bestätigung nur für Jägerndorf ausgestellt,[377] obwohl es schon durch das gemeinsame Privileg geschützt war. Dies bedeutete also keine prinzipielle Annäherung der Rechten der genannten Städte, auch wenn dadurch ihre gemeinsame Zugehörigkeit zum selben territorialen Ganzen betont wurde.

Gewisse gemeinsame Rechte wurden für die Bürger von fünf ostböhmischen Städten – Königgrätz, Jaroměř, Chrudim, Hohenmaut und Polička – festgelegt, die dann zu den Leibgedingestädten gehörten. Diese Städte wurden 1307 vom römischen König Albrecht und seinem Sohn, dem österreichischen Herzog Friedrich, in Schutz genommen.[378] Außer gemeinsamen Bestimmungen enthielt die Urkunde auch einige besondere Rechte nur für Königgrätz, in dessen Archiv sie sich einst befand, nämlich das Stapelrecht und das Recht des Jahrmarkts.

Schließlich kann in unserem Zusammenhang auch das gemeinsame Privileg König Johanns für die königlichen Städte aus dem Jahre 1337 erwähnt werden. Obwohl es schon den zeitlichen Rahmen der vorliegenden Arbeit sprengt, muss man es in der gegebenen Fragestellung berücksichtigen, weil es wiederum eine gemeinsame Regelung für die königlichen Städte darstellt.[379] Diesmal wird das Privileg in drei Ausfertigungen ausgestellt, die jeweils für eine territorial festgelegte Gruppe von Städten bestimmt sind, von denen das Privileg jeweils die bedeutendste Stadt in ihrem

---

376 CDM V, Nr. 198.

377 CDM V, Nr. 199.

378 CIM II, Nr. 83. Für die gleiche Gruppe von Städten stellte Königin Elisabeth, Witwe König Rudolfs, kurz darauf, bereits 1308, die Bestätigung ihrer Rechte und Freiheiten aus, die ihnen der König erteilt hatte, CIM II, Nr. 87. Das ist ein Beleg dafür, dass diese Städte schon eine eng verbundene Gruppe bilden, deren Rechte sich annähern. Auch diese Urkunde wird im Archiv der Stadt Königgrätz aufbewahrt.

379 CIM II, Nr. 199–201. Es sind insgesamt 29 königliche Städte einbezogen, mit Ausnahme von Prag, Kuttenberg und Eger, die dem Unterkämmerer nicht unterstanden. Zu den Urkunden vgl. Kejř, Organisation und Verwaltung, S. 79–80.

Archiv aufbewahrte.[380] Ein Impuls für die Ausstellung war der Schutz gegen unangemessene Ansprüche des Unterkämmerers, aber es wurden auch Vorschriften über das Gerichtswesen aufgestellt, über die Erneuerung der Stadträte sowie über die Pflicht, die Stadt zu unterstützen für diejenigen, die der Stadt zugeordnete Güter besitzen oder in der Stadt wohnen und Landgüter besitzen.

Die königlichen Städte treten hier als ein Ganzes auf, dessen Verhältnis zu den übrigen ständischen Komponenten der Gesellschaft, insbesondere gegenüber dem Adel, anerkannt wird. Aber auch das ist ein Zeichen ihrer ständischen Andersartigkeit gegenüber den nichtköniglichen Städten, die sich auch nach der späteren Herausbildung des tatsächlichen städtischen Standes an seinen Rechten nicht beteiligen konnten.

380 Das war Pilsen für die südwestliche und südliche Gruppe von Städten, Königgrätz für die ostböhmische und Laun für die nordwestliche Gruppe. Die Ausfertigung von Laun ist nur aus Abschriften bekannt, die Königgrätzer und die Pilsener sind erhalten. In der Königgrätzer Urkunde werden wiederum die fünf Leibgedingestädte genannt.

V. SICHERUNG DER WIRTSCHAFTLICHEN PROSPERITÄT

Die städtische Wirtschaft. – Das Handwerk. – Die Bergstädte. – Das Bannmeilenrecht. – Straßenzwang. – Das Stapelrecht. – Die Landgüter der Stadtbürger.

Es wäre ein verlockender Versuch, die städtische Wirtschaft zu charakterisieren, die ein selbstverständlicher und allgegenwärtiger Bestandteil des Stadtlebens ist. Aber dabei geht es um eine Aufgabe, der andernorts besondere Aufmerksamkeit gewidmet werden muss, weil es im Rahmen unseres Forschungsvorhabens weder Raum noch günstige Gelegenheit für einen so komplizierten und nicht selten auch strittigen Exkurs gibt.[1] Schon im Einleitungskapitel sind wir auf die Frage gestoßen, in welchem Maße Nachrichten über die Wirtschaft zur Feststellung des Wesens der Stadt genutzt werden können, besonders bei der Herausbildung der ersten institutionellen Städte, und in welchem Maße ein besonderer Typ der Wirtschaft ein Begriffsmerkmal der Stadt ist. Wir wollen wiederholen, dass die Wirtschaft die Basis der Stadtentwicklung ist. Dabei wollen wir aber im Gedächtnis behalten, dass bisher so viele divergierende oder sogar sich widersprechende Ansichten geäußert wurden, dass keine Übereinstimmung und keine überzeugende Darstellung zustande gekommen ist.

Es genügt hier, nur flüchtig und in Auswahl auf den theoretischen Ausgangspunkt hinzuweisen, dass die Stadt ein Ergebnis der Arbeitsteilung zwischen Produktion und Handel auf der einen und der Landwirtschaft auf der anderen Seite ist. Aber es wurde auch nachgewiesen, dass es jahrhundertelang ebenfalls städtische Landwirtschaft gab.[2] Wir wollen darüber hinaus an die Streitfrage erinnern, ob in der Stadt die Produktion oder der Handel Priorität haben, auch wenn es sich hier eigentlich nur um die dogmatische Auslegung von a priori aufgestellten Lehrmeinungen handelt. Bei solchen Streitfragen wurde die nicht zu übersehende Verbindung von Produktion und Handel vergessen sowie die sich daraus ergebende Folge, dass die Stadt die erste Quelle des neuen Machtmittels – des Geldes – wurde.[3] Auch die Überschätzung der Konsumkraft der Stadt, die zu deren Entwicklung führt, tritt gegenüber ihrer

---

[1] Zu einigen vorläufigen Bemerkungen vgl. schon das erste Kapitel dieser Arbeit.

[2] Es geht um heterogene Nachrichten aus einigen Orten. In der Entscheidung des Streitfalles zwischen Klosterbruck und Znaim von 1272, CDB V/2, Nr. 675, gibt es die Festlegung, dass das städtische Vieh nicht im Klosterwald weiden darf, sondern nur auf Brachfeldern und dass niemand die Klosterraine umpflügen darf, die mit den städtischen zusammenhängen. Von *agricole civitatis* ist die Rede in der Lokationsurkunde für Bösig CDB V/1, Nr. 8. Dagegen wird im Privileg für Brüx von 1278, CDB V/2, Nr. 864, festgelegt, dass die Bauern der umliegenden Dörfer ihr Getreide erst dann ausführen dürfen, wenn sie es zwei Tage lang zum Verkauf in Brüx angeboten haben.

[3] Ebel, Rechtsschöpferische Leistung, S. 254.

ökonomischen Produktivität zurück.[4] Aber es wurde auch weiter eingewendet, dass die Beseitigung der Unfreiheit keine unmittelbare Folge des Wirtschaftslebens in den Städten darstellt und dass die Entstehung der Städte nicht an ökonomische Prozesse gebunden ist.[5] Es wurde z. B. auch darauf hingewiesen, dass der Markt nicht nur an die Städte gebunden ist und dass verschiedene ökonomische Kriterien zeitlich unabhängig vor oder nach der Erhebung zur Stadt auftreten können.[6]

Für das 13. Jahrhundert ist die Untersuchung dieser Frage für die böhmischen Länder schwierig, weil es ohne eine quantitative Analyse, die uns die spärlichen Quellen nicht gestatten, nicht möglich ist, ein ausreichend belegtes Bild der handwerklichen Produktion oder der Handelsaktivität zu erlangen.[7] Auch für spätere Zeiten, für die schon verschiedentlich Stadtbücher mit statistisch ausreichend verwertbaren Eintragungen zur Verfügung stehen, kann nicht auf die gleiche ökonomische Leistungsfähigkeit und soziale Struktur in anderen Städten geschlossen werden. Gründlichere Untersuchungen lassen sich gewöhnlich nur für große und bevölkerungsreiche Zentren durchführen, die aber nicht die Verhältnisse in den kleinen Landstädtchen erfassen.

Wenn es in unserem Zusammenhang nicht möglich ist, das städtische Leben und seine Äußerungen unter dem Aspekt der Wirtschaftsgeschichte zu behandeln, ist es doch unerlässlich, aufmerksam die organisatorisch-rechtlichen Erscheinungen zu betrachten, die die Entwicklung und das Fortbestehen der Städte sicherten, sowie die Rechtsmittel, die ein Instrument zur ökonomischen Absicherung der Stadt waren. Wiederholt sind wir auf anspruchsvolle bautechnische Probleme bei der Gründung von Städten gestoßen, auf Probleme bei der Erlangung von Grund und Boden für die neue Siedlungsagglomeration, bei der Verlegung älterer Siedlungseinheiten an einen neuen Ort oder der Verschiebungen innerhalb der Siedlungseinheiten, bei der Errichtung von Verteidigungsanlagen oder bei den Garantien der Lokatoren für den Erfolg der beabsichtigten Stadtgründung. Die Errichtung auch einer nicht besonders großen Stadt war immer eine aufwendige Angelegenheit, ob nun die finanziellen Mittel direkt von den Lokatoren kamen, die auf die zukünftige Einträglichkeit ihres Unternehmens hoffen mussten, oder von den Gründern, die ebenfalls mit der Rentabilität ihrer Investitionen rechneten. Den Lokatoren, die in der Regel Richter der gegründeten Städte wurden, und auch den Herren der Städte, in erster Linie dem Herrscher, konnte der erwartete Effekt nur für den Preis besonderer weiterer wirtschaftsrechtlicher Maßnahmen garantiert werden, die einen wichtigen Teil der Stadtverfassung bildeten.[8]

4 Th. Mayer, Zur Frage der Stadtgründungen, S. 262, mit einem Einwand gegen F. Rörig und M. Weber. Zu den Begriffen „Konsumentenstadt" und „Produzentenstadt" M. Weber, Wirtschaft II, S. 729–730, auch in: Die Stadt des Mittelalters I, S. 39.

5 Von Below, Territorium und Stadt, S. 302.

6 Stoob, Kartographische Möglichkeiten, S. 32.

7 Zu dieser Feststellung gelangte bei der Untersuchung polnischer Städte S. Piekarczyk, Studia, S. 17.

8 Auf diese Frage konzentrierte seine Ausführungen M. Rejnuš, Královská města a podpora Přemysla Otakara II. [Die königlichen Städte und die Unterstützung durch Přemysl Otakar II.], SlSb 55, 1957, S. 20–33, der eine instruktive Übersicht über die Eingriffe des Herrschers und über die erteilten Privilegien gab. Heute könnte sie in manchem ergänzt werden.

Ein solcher Schutz der städtischen ökonomischen Interessen betraf eine Reihe von Institutionen. Bei der Unterschiedlichkeit der Städte war er nicht überall gleich und auch hier müssen wir die Unvollständigkeit der Quellen in Betracht ziehen, so dass wir von manchen Maßnahmen auch gar nicht erfahren können. In den folgenden Absätzen werden wir die einzelnen Bereiche der geschützten Interessen behandeln.

Das Handwerk wird für eine typisch städtische Tätigkeit gehalten. Aber wir haben schon angedeutet, dass man aus Nachrichten über das Handwerk ohne weitere Bestätigung durch andere Hinweise nicht auf die Existenz einer voll mit ihrer Verfassung ausgestatteten Stadt schließen kann. Bereits bei einigen Klöstern[9] oder Herrensitzen existierte ein differenziertes Handwerk, das die Bedürfnisse des Herrn, oder besser gesagt, seiner Herrschaft befriedigte. Nicht selten lassen sich in Böhmen auch Handwerkerdörfer nachweisen, bei denen die Ortsnamen von der Tätigkeit der dort lebenden Produzenten abgeleitet sind.[10] Dieses Organisationssystem wird später in den Städten nicht übernommen. Bei diesen Produzenten kann nicht von deren Freiheit im Sinne der späteren städtischen Freiheiten gesprochen werden. Sie unterliegen dem Hofrecht als Untertanen ihrer Herren, sie sind unselbständige Arbeitskräfte unter der Grundherrschaft.[11] Nur ausnahmsweise lässt sich eine Kontinuität von Handwerkersiedlungen an späteren Städten nachweisen.[12]

---

9 Über Handwerker vor allem in Klosterherrschaften F. Keutgen, Aemter und Zünfte, S. 18–47. Als Beispiel lässt sich der berühmte St. Galler Klosterplan anführen, der schon spezialisiertes Handwerk belegt, worauf K. Czok, Zur Stellung der Stadt, S. 11, hinweist. Der Plan entstand um 820, näher bestimmt vor 823, cf. H. Horn/E. Born, New Theses about the Plan of St. Gall, in: H. Maurer (Hg.), Die Abtei Reichenau, Sigmaringen 1974, S. 414. Die zahlreiche weitere Literatur muss hier nicht angeführt werden. Auch wenn dieser Plan ein idealisiertes Schema enthält, entspricht er den Grundsätzen der Benediktinerregel, nach der die Handwerker innerhalb des Klosterareals angesiedelt sind. Das konnte allerdings nicht überall eingehalten werden, vgl. Keutgen, S. 41.

10 B. Krzemienska/D. Třeštík, Služební organizace v raně středověkých Čechách [Die Dienstorganisation im frühmittelalterlichen Böhmen], ČSČH 12, 1964, S. 637–667; deutsche Version Zur Problematik der Dienstleute im frühmittelalterlichen Böhmen, in: F. Graus/H. Ludat (Hg.), Siedlung und Verfassung Böhmens in der Frühzeit, Wiesbaden 1967, S. 70–103. Über Parallelen slawischer Handwerkerdörfer auf deutschem Gebiet K. Bosl, Raumordnung im Aufbau des mittelalterlichen Staates, in: K. Bosl, Frühformen, S. 371. Über eine ähnliche Konzentration der Produktion für den Bedarf des Fürstenhofes in der Slowakei M. Kučera, Slovensko po pádu Velkej Moravy [Die Slowakei nach dem Untergang des Großmährischen Reiches], Bratislava 1974, S. 224.

11 Planitz, Stadtgemeinde, S. 9 und 13; Ders., Frühgeschichte, S. 79. Wo jedoch bei den Klöstern Märkte und Städte entstanden, unterlagen die dort ansässigen Handwerker nicht mehr dem Hofrecht. Für die Klöster war es günstiger, sich von den neuen städtischen Handwerkern bedienen zu lassen, als sich auf das eigene Personal zu beschränken, Keutgen, Aemter und Zünfte, S. 45.

12 Hierüber schon in Kap. I, bes. Anm. 53. G. v. Below, Kritik der hofrechtlichen Theorie, in: G. v. Below, Territorium und Staat, an mehreren Stellen. S. 311 bemerkt er, dass auch die gelegentliche Arbeit für den Markt keinen Übergang zum Stadium der regelmäßigen Arbeit für den Markt bedeutet. Der Handwerker bleibt unfrei. J. Žemlička, Hradská centra [Burgzentren], S. 580, weist auf den allmählichen Übergang zur Produktion für den Markt hin und konstatiert, dass freie Handwerker nicht zahlreich waren. Ebenso stellte M. Richter, Archeologický výzkum českých měst [Die archäologische Erforschung böhmischer Städte], Hospodářské dějiny 4, 1979, S. 10–11, fest, dass die Handwerker bei einer Burg nur einen kleinen Teil ihrer Erzeugnisse auf dem Markt verkaufen konnten, falls diese den Bedarf der Burggesellschaft überstiegen. T. Lalik, Z zagadnień [Zu Problemen], S. 480, wies nach, dass die Entstehung größerer Produktionszentren noch keine städtebildenden Prozesse auslösen konnte. Keutgen, Aemter und Zünfte, S. 43–44, wies die Existenz unabhängiger Handwerker schon

Über die andere Stellung des städtischen Handwerks gegenüber der Produktion im Rahmen einer Feudalherrschaft entscheiden weder der Grad der Fertigkeiten noch die Produktionsmenge. Für den städtischen Handwerker ist typisch, dass er frei ist, er ist Besitzer der Produktionsmittel, arbeitet auf eigene Rechnung und seine Produkte sind für den Markt bestimmt.[13] Produktion und Handel sind sich wechselseitig bedingende und notwendige Komponenten in der Tätigkeit des städtischen Handwerkers, das eine ist ohne das andere nicht im Stande, die Bedingungen für die Entstehung von Städten zu schaffen. Deshalb ziehen auch qualifizierte Handwerker in die Städte, wo sie Wirkungsmöglichkeiten unter besseren Bedingungen suchen als in der Beschränktheit der Herrschaft.[14] Aber der Umzug stellt auch einen „ständischen" Aufstieg von der Hörigkeit zur städtischen Freiheit dar.[15] So bildet sich auch die Beziehung zur außerstädtischen Bevölkerung, die in das Einzugsgebiet des städtischen Zentrums gehört, durch den hier charakterisierten Austausch und den Handel heraus. Unzweifelhaft entsteht dadurch eine Produktions- und Austauschbeziehung zwischen Stadt und Land.[16]

Obwohl es genügend Nachrichten über Handwerke in unseren Städten gibt, ist es nicht möglich, aus den verstreuten Bemerkungen eine komplette Übersicht der ein-

---

seit dem 9. Jh. im Frankenreich nach, machte aber darauf aufmerksam, dass wir kein eindeutiges Zeugnis für den Übergang der Handwerker aus den Hofdiensten zur Arbeit für den Markt haben, ebd., S. 49.

[13] Kejř, Nad počátky našich měst [Über die Anfänge unserer Städte], S. 384–385. H. Födisch, Zum Problem präurbaner Siedlungen in Ostmitteleuropa, Wissenschaftliche Materialien und Beiträge zur Geschichte und Landeskunde der böhmischen Länder, Heft 7, München 1967, S. 81, versuchte dies durch den Ausspruch zu erfassen, dass Kapital und Arbeit eine Einheit bilden. Ennen, Die europäische Stadt, S. 144, legt dies so aus, dass der Handwerker sein eigener Herr war. Gegenüber dem städtischen Handwerker ist der Handwerker in einer Grundherrschaft unfrei, er arbeitet mit Material und Gerät, das dem Herrn gehört, und dieser verkauft eventuell die Produkte, Planitz, Stadtgemeinde, S. 9.

[14] K. Bosl, Die alte deutsche Freiheit, in: K. Bosl, Frühformen, S. 215. In der zukünftigen Forschung über die städtische Wirtschaft wird es notwendig sein, sorgfältige Aufmerksamkeit der Herausbildung des städtischen Handwerks zu widmen. In diese Richtung wies J. Tomas, Řemeslníci 11.–13. století v českých zemích v písemných pramenech [Handwerker des 11.–13. Jh. in den böhmischen Ländern in schriftlichen Quellen], Archaeologia historica 8, 1983, S. 73–84, bes. S. 78. Auch in kleinen Erwähnungen, die in unserem Zusammenhang gemacht werden konnten, scheint es einen wesentlichen Unterschied zu geben in der Stellung der außerstädtischen Handwerker und der in der institutionellen Stadt ansässigen. L. Hrabová, Ekonomika olomouckého biskupství [Die Wirtschaft des Bistums Olmütz], S. 66–68, stellte für das Untersuchungsgebiet fest, wie wenig Belege es für Handwerke gibt, und wies darauf hin, wie sehr die Handwerksproduktion noch mit der Landwirtschaft verbunden war und dass darin noch die Lebensmittelerzeugung überwog. Die Handwerke hatten noch kein Übergewicht gegenüber der Landwirtschaft. Trotzdem kann mit einem differenzierten Handwerk in den Städten des 13. Jh.. gerechnet werden, aber die Berichte darüber genügen nicht für die benötigten Erkenntnisse. Sobald aber unter den Quellen auch Stadtbücher erscheinen, ändert sich die Situation. Das Buch der Stadt Neubydžow aus dem Jahre 1311 enthält gleich in der ersten Eintragung, die die Anlegung des Buches meldet, Liber conscientiae Neobydzowiensis, Faksimile der ersten 20 Seiten, hg. v. A. Šašina, Nový Bydžov 1946, Tab. V–VI, insgesamt 73 Namen von Bürgern, von denen bei einigen der Beruf angegeben wird. Es werden zehn Handwerke festgestellt. Die kurz zuvor entstandene Stadt zeigt also ein gutes Niveau der handwerklichen Produktion.

[15] Planitz, Frühgeschichte, S. 80, verweist auf den Fall von Allensbach, wo der Abt von Reichenau den Hofhandwerkern versprach, er würde sie zu *mercatores* machen.

[16] Für die Slowakei gelangt zur gleichen Auffassung M. Kučera, Geneza miest na Slovensku [Die Genese der Städte in der Slowakei], Archaeologia historica 3, 1978, S. 151.

zelnen Handwerke zusammenzustellen. Oft erfahren wir den Namen und die Art des Handwerks nur zufällig in einer vereinzelten Nachricht, sei es nun in der Aufzählung der Zeugen in Urkunden oder ausnahmsweise auch in irgendeiner Angabe im Text. Aber es zeigt sich, dass die Städte bemüht waren, sich der Handwerkskonkurrenz auf dem Lande zu entledigen, was durch die Gewährung des Bannmeilenrechts geschieht. Darüber wird später ausführlicher berichtet werden; hier wollen wir nur darauf hinweisen, dass nicht alle Handwerker in die Stadt ziehen konnten und dass die Obrigkeiten nach Wegen suchten, wie sie die Handwerksproduktion ihrer Untertanen in ihrem Machtbereich halten konnten und nicht die Marktpreise in den Städten zahlen mussten. Sie hatten also ein Interesse daran, die Schutzmaßnahmen des städtischen Handwerks zu umgehen und ihre Untertanen, die die entsprechenden Produktionstechniken beherrschten, auch in den nahe bei den Städten liegenden Ortschaften zu halten.[17] Es ist offensichtlich, dass die städtische Produktion nicht der ausschließliche Erzeuger war und dass sich außerhalb des Weichbildes und seiner Bannmeile noch lange die an alte Organisationsformen anknüpfende Produktion gehalten hat.

Ganz kurz können wir an eine andere wichtige Quelle des wirtschaftlichen Aufschwungs erinnern, nämlich an den Bergbau. Hier geht es nicht um eine allgemein mit den Städten verbundene Produktion. Die Existenz des Bergregals und des Bergrechts bezieht sich nur auf diejenigen Städte, in deren Nähe sich Bergwerke befinden. Die Suche und der Abbau von Edelmetallen und ihre Verarbeitung waren nicht an die Existenz von Städten gebunden,[18] trotzdem zeigt sich nach der Aufstellung von Stadtordnungen in Orten, die mit dem Bergbau in irgendeiner Verbindung standen, das Interesse der Städte auch an dieser wirtschaftlichen Aktivität.[19]

Die zweite Urkunde von Mährisch Neustadt[20] legt fest, dass Goldgräber (*aurifode*) in den umliegenden Dörfern nicht übernachten dürfen und dass der Stadt Mährisch Neustadt – mit Ausnahme der Rechte des Herrschers – sämtliche Metalle, die in einem festgelegten Umkreis der Stadt gefunden werden, zustehen. Im 13. Jahrhundert finden sich unter den zahlreichen Nachrichten über Bergbau oder über Bergbeamte auch Nachrichten, die sich auf Städte beziehen. Bereits aus dem Jahre 1268 stammt die Iglauer Belehrung über Bergsachen für den Abt von Lebus,[21] die von

[17] Der mährische Kämmerer entschied auf Anordnung König Wenzels II. 1297 einen Streit zwischen den Bürgern von Ungarisch Hradisch und dem Kloster Welehrad über die Verletzungen des Stadtrechts in Bezug auf das Umland und auch über die Ansiedlung von Handwerkern in Kunowitz, was gegen ein altes Verbot geschah; RBM II, Nr. 1756. Ähnliche Fälle traten später vermehrt auf, vgl. Graus, Dějiny [Geschichte] II, S. 60 und 64.

[18] Für die böhmischen Verhältnisse fehlt eine Studie, warum einige Städte zu Bergbauzentren wurden und andere nicht, wie sie für Österreich F. Tremel, Der Bergbau als städtebildende Kraft in Innerösterreich, in Beiträge zur Wirtschafts- und Stadtgeschichte, Festschrift für Hektor Ammann, Wiesbaden 1965, S. 97–115, vorgelegt hat.

[19] Ein Ausdruck dieser Aktivität ist das Bergrecht von Iglau und das ihm nahestehende von Deutschbrod, das für ein umfangreiches geographisches Gebiet zum Vorbild wurde. Es ist nicht das Ziel dieser Arbeit, die Ergebnisse von Arbeiten über das Bergrecht zu wiederholen. Zur Geschichte des Bergbaus in Iglau und zum Bergrecht von Iglau vgl. eine Reihe Arbeiten besonders von F. Hoffmann – ihre Zusammenstellung in FHB 8, 1985, S. 454.

[20] CDB III/1, Nr. 76.

[21] CDB V/2, Nr. 561.

einem entwickelten Rechtssystem zeugt. Die Iglauer erlangten bald weitere Rechte, die aus dem Bergbau und dem mit ihm zusammenhängenden Hüttenwesen hervorgingen, beispielsweise als Přemysl Otakar II. im Jahre 1270 festlegte, dass die zur Stadt gehörenden Erzschmelzen (*case*) weiter bestehen bleiben sollen und dass die Bürger selbst überall dort, wo es notwendig ist, neue errichten dürfen.[22] Gleichzeitig können Schmelzen, die der Stadt schaden, abgerissen werden. Iglau erhielt bald darauf, schon 1272, auch die Rechte über die Bergwerke, die in Ústí bei Iglau und zwischen Ústí und Iglau liegen.[23] Im selben Jahr übergaben die Iglauer Schöffen zusammen mit den königlichen Urburarii dem Kloster von Seelau einen Stollen[24] und namentlich angeführte Bürger erhielten mit königlicher Erlaubnis die Münzstätte.[25]

Wenn sich Iglau als ein Rechtszentrum des Bergbaus erweist, dürfen aber andere Gebiete nicht vergessen werden. In Nordmähren ist das Bennisch, wo 1271 die Bürger von Troppau Berghufen erhielten,[26] oder auch Mährisch Weißkirchen, wo der Lokator Thamo in der Lokationsurkunde von Abt Budiš aus Hradisko die Möglichkeit zum Abbau erhielt, falls auf den Grundstücken der Stadt Gold, Silber oder anderes Erz gefunden würde, mit Ausnahme des dem Abt gehörenden Teils.[27]

Die mährischen und später auch die böhmischen Städte erhielten nach und nach das Bannmeilenrecht, das im Umkreis einer Meile von der Stadt die Ausübung verschiedener Tätigkeiten und Handwerke verbot, um die Wirtschaftstätigkeit und den Handel der Stadt vor außerstädtischer Konkurrenz zu schützen. Auch darüber gibt es neue gründliche Arbeiten.[28] Wir können uns deshalb auf Fragen konzentrieren, die direkt in unsere Darstellung gehören. Dabei beschränken wir uns auf die Zeit, die uns hier interessiert. Wir erfassen zwar die Erteilung des Bannmeilenrechts seit Beginn der Städte bei uns, aber viele Privilegien, auch für bedeutende Städte, gehören erst in das 14. Jahrhundert.

Die Priorität Mährens in Verbindung mit Schlesien ist deutlich. Der älteste Schutz des städtischen Handels wird durch ein Verbot von Tavernen in der Bannmeile der Stadt gewährt. Wir würden vom Ziel dieses Buches abweichen, wenn wir versuchen würden, ausführlich die ökonomische Bedeutung der Tavernen und ihre Aufgabe bei der Schaffung eines Wegenetzes oder als Ort von Handelsbeziehungen darzustellen.[29]

---

22 CDB V/2, Nr. 602.

23 CDB V/2, Nr. 650. Die Urkunde gibt an, dass die Iglauer Bürger dafür bezahlt haben.

24 CDB V/2, Nr. 681.

25 CDB V/2, Nr. 794. Teilhaber waren zwei Verwandte der ehemaligen Münzmeister, Jaroš, Eberhards Sohn, und Hartmut, der Schwiegersohn von Jindřich Pták, zusammen mit Eberhard, dem Bruder eines Bürgers von Časlau. Dazu F. Hoffmann, Mincmistr Eberhard [Der Münzmeister Eberhard], PSH 12, 1980, S. 80. Dort an mehreren Stellen noch weitere Nachrichten über das Münzwesen.

26 CDB V/2, Nr. 647.

27 CDB V/2, Nr. 805.

28 W. Küchler, Das Bannmeilenrecht, J. Bakala, Monopolizace tržních vztahů [Die Monopolisierung der Marktbeziehungen], S. 114–133. Seinen Wert verliert auch nicht O. Peterka, Das Gewerberecht Böhmens, S. 40–45.

29 Grundlegende Informationen darüber im Sammelband H. C. Peyer (Hg.), Gastfreundschaft. Für unser Gebiet Küchler, bes. S. 12–16, 52–53, und Bakala mit einigen kritischen Anmerkungen. Für Polen A. Gieysztor, From Forum to Civitas, S. 14–15, und besonders W. Kerntke, Taverne und Markt, S. 11–19, mit einem Überblick über die Tavernen auf polnischem Gebiet nach der polnischen Literatur. Den Tavernen widmete Buczek, Targi [Märkte], ein ganzes Kapitel.

Das Interesse der Städte, sich der Tavernen zu ihren eigenen Gunsten zu bemächtigen, war offenkundig.[30] Wir haben zwar nicht die Möglichkeit, in den bruchstückhaften Quellen der frühen Zeit die ersten Spuren dieser Bemühungen zu verfolgen, aber schon in der ältesten Schicht der nordmährischen Städte zeigt sich ihr Ergebnis, nämlich die Monopolisierung des Gaststättenwesens für die Städte.

Die Verbindung der Städte mit den Tavernen wird in der allgemeinen Formulierung einer Erlaubnis König Přemysl Otakars II. für das Kloster in Leitomischl aus dem Jahre 1268 anerkannt,[31] dem der Herrscher gestattete, sechs Gasthäuser auf seinen Gütern zu haben *non obstante constitucione nostra, videlicet de tabernis in nostris et aliis civitatibus solummodo habendis et non in provinciis sive villis circumpositis hinc et inde.* Eine solche Konstitution ist zwar aus schriftlichen Quellen nicht bekannt, aber es ging sicherlich um ein allgemein anerkanntes Prinzip, gemäß dessen der Herrscher seine Oberhoheit verlieh und wie in diesem oder auch anderen Fällen Ausnahmen von ihr gestattete, wie weiter gezeigt werden wird.[32]

Tavernen waren von alters her bekannte[33] und für den Herrn einträgliche[34] Einrichtungen, trotzdem gab es auch ernsthafte Gründe zu der kritischen Ansicht, sie seien Orte von schlechtem Ruf.[35] Sie standen unter der Aufsicht und unterlagen der

---

30 Knapp dazu KUHN, Die deutschrechtlichen Städte, S. 49.

31 CDB V/2, Nr. 557.

32 Zum Beispiel in der Bestätigung Přemysl Otakars II. für Bischof Bruno von 1256, CDB V/1, Nr. 84, in der der Herrscher im Bestreben, die Olmützer Kirche zu unterstützen, anordnete *thabernas canonicorum, que primitus inpediebantur per nostros beneficos et thabernarium Olomucensem seu per willicum nostrum, liberas esse precipimus et, ne amplius graventur, inhibemus.* Eine freie Taverne bedeutete, dass sie befreit ist von Abgaben, aber doch einen Gewinnanteil an ihren Herrn abführen muss. In diesem Zusammenhang können Überlegungen über andere Urkunden des Klosters von Hradisch außer Acht gelassen werden, in denen es ähnliche Wendungen gibt. Eine ähnliche Befreiung gewährte Markgraf Přemysl Otakar II. schon 1251 dem St. Antonius-Spital in Brünn, CDB IV, Nr. 202, dem er gestattete, eine Taverne einzurichten, die er von allen Abgaben und Lasten von Seiten der Beamten und ausdrücklich auch der Brünner Bürger befreite.

33 Die zum Jahr 1141 datierte Verlegung der Bischofskirche in Olomouc (Olmütz), CDB I, Nr. 115 (das Datum präzisierte J. BISTŘICKÝ, Písemnosti olomouckého biskupa Jindřicha Zdíka [Schriftstücke des Olmützer Bischofs Jindřich Zdík], SAP 33/1, 1983, S. 35ff., s. oben im Kapitel über die Terminologie!), enthält in der Aufzählung der Kirchengüter auch die Angabe, dass schon Bischof Johannes von Fürst Otto Kremsier *cum tabernariis* gekauft hat. Im Jahr 1190, CDB I, Nr. 326, befinden sich unter den dem neu gegründeten Stift Klosterbruck geschenkten Gütern auch zwei Dörfer mit Tavernen.

34 Es genügt, an die Befreiung von Abgaben aus Tavernen zu erinnern, weiter oben in Anm. 32. Im Testament des Adligen Kojata erhält das Kloster in Opatowitz, CDB II, Nr. 303, in Hněvín-Most *totum ius fori nec non tabernarum.* Im Jahr 1253, CDB IV, Nr. 266, erhält das Franziskus-Spital in Prag außer anderem umfangreichem Besitz ebenfalls *cum denariis, qui recipiuntur de tabernis in civitate Pragensi et extra menia civitatis.* Über die Gewinne der Herren aus Tavernen RABĘCKA, Die Taverne, S. 109–111, die, S. 111, die Abhängigkeit des Schankwirts vom Herrn nachgewiesen hat. Über die Erträge aus den Tavernen auch EHMANN, Markt, S. 88–89.

35 Die Dekrete des Fürsten Břetislav verbieten Tavernen, die angeblich die Wurzel allen Übels seien, von denen Diebstahl, Mord und Unkeuschheit ausgehen, FRB II, S. 74, und V. VANĚČEK, Nový text (varianta) dekretů Břetislavových z r. 1039 [Ein neuer Text /Variante/ der Dekrete Břetislavs von 1039], Slavia antiqua 3, 1952, S. 134. Dieser Text hat jedoch keinen selbständigen Wert, weil er eine Bearbeitung des Wortlauts von Kosmas ist, wie B. RYBA, Obrat v posuzování priority prokopských legend a Břetislavových dekretů [Eine Wende in der Einschätzung der Priorität der Prokoplegenden und der Dekrete Břetislavs], Strahovská knihovna 3, 1968, S. 15–66, nachgewiesen hat.

Oberhoheit der Herren. Rechtliche Dispositionen über die Tavernen erfolgten nur auf Weisung der Herren, so dass sie unter die Regalhoheit gehörten.[36] Deshalb war nicht gestattet, dass geheime Tavernen entstanden,[37] da dies eine Minderung der Einnahmen des Grundherrn bedeutet hätte.

Vor der Entstehung der Städte hatten die Tavernen nicht nur die Rolle von Gasthäusern inne, in denen man Unterkunft und Verpflegung fand, sondern sie ersetzten auch die Märkte dadurch, dass sie zu einer Stätte des Warenhandels wurden oder wenigstens die Märkte dadurch ergänzten, dass sie eine solche Rolle außerhalb der Markttage spielten.[38] Die Anziehungskraft der Tavernen beruhte auch auf ihrer Lage an Wegen, Flussübergängen oder überall dort, wo zahlreiche Menschen zusammenkamen.[39] Dadurch wurden sie zu einer gefährlichen Konkurrenz für die neu entstehenden Städte, denn sie bedeuteten nicht nur eine Verringerung des Gewinns aus den städtischen Tavernen, sondern bedrohten auch das Monopol der Märkte. Daher entstand eine Spannung zwischen den Interessen der Städte und den bereits existierenden Tavernen, und deshalb bemühten sich die Städte um Ausschaltung der unwillkommenen Konkurrenz im Bereich der Bannmeile. Aber auch damals stießen die Interessen von Städten und von Personen oder Institutionen aufeinander, darunter oft auch kirchliche, die schon vorher die Rechte auf Abgaben aus den Tavernen besaßen.

Manchmal war es nicht möglich, das Bannmeilenrecht konsequent anzuwenden, weil es auf die Rechte anderer stieß. Gleich seine erste Erteilung an die Stadt Troppau im Jahre 1224, die die Aufhebung von Tavernen im Bannmeilenbereich anordnete, nahm aus diesem Verbot diejenigen heraus, die sich *in dotibus ecclesiarum* befanden.[40] Ähnlich ist auch das Verbot von Tavernen im Bannmeilenbereich der Stadt Brünn eingeschränkt, wenn das große Privileg von 1243[41] die dem Brünner Notar gehörenden Güter davon ausnimmt. Im Jahre 1251 wird auch die Taverne befreit, die der mährische Markgraf Přemysl Otakar II. dem Spital in Alt-Brünn einzurichten erlaubt und dabei festgelegt hatte, dass sich auf sie keine Rechtsbefugnis irgendeines Beam-

36 RAB CKA, Die Taverne, S. 114.

37 Das Privileg Soběslavs II. für die Prager Deutschen enthält das Verbot geheimer Tavernen im Art. 24, ed. KEJŘ, PhS 14, 1969, S. 254.

38 RABĘCKA, Die Taverne, S. 106.

39 Berichte zur Platzierung von Tavernen in einigen Artikeln in: Gastfreundschaft, bei KÜCHLER, Das Bannmeilenrecht, an einer Reihe von Stellen, sowie bei KERNTKE, Taverne und Markt, S. 17.

40 CDB II, Nr. 265. Von einer Taverne in Troppau erfahren wir bereits 1201, als das Kloster von Hradisch fünf Tavernen erhielt, unter ihnen auch die von Troppau, CDB II, Nr. 21. ČECHOVÁ, Lokace Opavy (Die Lokation von Troppau), S. 355, behandelt den Charakter der Taverne und meint, dass sie organisch mit dem Markt verbunden ist. Dagegen muss eingewendet werden, dass es höchstens um einen Wirtschaftsmarkt gehen konnte, wie darüber im Kapitel über den Markt gesprochen werden wird, und dass die Existenz einer Taverne, die selbst ein Handelszentrum ist, eher darauf hinweist, dass es noch nicht um einen regelmäßig durch das Recht errichteten Markt ging. Dagegen ist 1224 das Verbot von Tavernen im Bannmeilenbereich bereits eine Beseitigung der Konkurrenz nichtstädtischer Tavernen und eine Aufhebung von konkurrierenden Handelsplätzen, die die Reichweite des regelrechten Marktes einschränkten. Zum Bannmeilenrecht von Troppau wiederholt KÜCHLER, Das Bannmeilenrecht, bes. S. 45–46. Wenn von dem Verbot Tavernen kirchlicher Institutionen ausgenommen sind, so bezog sich dies sicherlich auch auf das Kloster von Hradisch, dessen Taverne wohl unberührt blieb.

41 CDB IV, Nr. 17, kleinere Urkunde Art. 6, S. 84.

ten erstrecken solle und sie geschützt sei *precipue a civium Brunnensium quovis gravamine*.[42]

Nicht einmal das jüngere Bannmeilenrecht in der Gründungsurkunde der Stadt Bennisch von 1253[43] ist allgemein gültig, denn es zielt ausschließlich auf die dem Gründer gehörenden Grundstücke.[44] Die zeitlich zweite Erteilung des Bannmeilenrechts in der zweiten Urkunde für Mährisch Neustadt von 1234[45] beschränkt sich nicht mehr auf die Tavernen, sondern enthält auch ein Verbot des Lebensmittelhandels. Dieses Recht ist also schon in den ältesten Urkunden nicht einheitlich und passt sich den lokalen Verhältnissen und den außerstädtischen Eigentumsrechten an. Schon jetzt können wir sagen, dass das Bannmeilenrecht nur den Städten gehörte und nicht bloßen Dörfern, wie gerade dieses Privileg für Mährisch Neustadt irrtümlich interpretiert wurde.[46]

Lange verursachte das Privileg von Göding Unsicherheiten, das oft für ein Falsum gehalten wurde oder unter dem Verdacht späterer Interpolationen stand und das neuerdings in das Jahr 1238 datiert wird.[47] Seine Bestimmungen zum Bannmeilenrecht sind auf zwei verschiedene Stellen aufgeteilt, von denen in der ersten das Bierbrauen verboten wird und in der zweiten die Ausübung von Handwerk. Der Schutz dieser Rechte ist in jener Zeit noch ungewöhnlich und erscheint sonst erst viel später.[48] Deshalb wurde das Bannmeilenrecht für die Ablehnung der Echtheit herangezogen,[49] denn dadurch wäre Göding den übrigen mährischen Städten um einige Jahrzehnte voraus gewesen. Für eine Interpretation der strittigen Festlegung muss zu ausführlicherer Argumentation gegriffen werden.

Die Urkunde für Göding ist aus der Konfirmation des Markgrafen Johann von 1350 bekannt, als eine derartige Bestimmung keine Besonderheit mehr war. In einer authentischen Urkunde wird ein Verbot des Bierbrauens und der Handwerke erstmals 1275 in einem Privileg, das die Rechte der Stadt Leobschütz festlegt, ausgesprochen.[50] Aber auch bei Leobschütz geht es um die Bestätigung von Rechten, die es

42 CDB IV, Nr. 202.

43 CDB II, Nr. 267.

44 Zu beidem Bakala, Monopolizace tržních vztahů [Die Monopolisierung der Marktbeziehungen], S. 116.

45 CDB III/1, Nr. 76.

46 Graus, Dějiny [Geschichte] II, S. 60, Anm. 288, bezog fälschlicherweise das Bannmeilenrecht auf das Dorf Střelitz, das der Stadt zugewiesen war.

47 CDB II, Nr. 381. Zur Datierung Kejř, Zwei Studien, S. 95.

48 Weil in der Urkunde für Göding mit Sicherheit Ähnlichkeiten mit ungarischen städtischen Freiheiten erscheinen, die von den Rechten der Stadt Stuhlweißenburg ausgehen, vgl. Kejř, O nejstarší listině [Über die älteste Urkunde], S. 80–82, wäre es wohl sinnvoll, auch das ungarische Urkundenmaterial zu untersuchen.

49 Küchler, Das Bannmeilenrecht, S. 55, Anm. 165, zweifelt am Schutz des Bierbrauens; M. Rejnuš, Poměr královských měst k Přemyslu Otakaru II. [Das Verhältnis der königlichen Städte zu Přemysl Otakar II.], SPFFBU, Reihe C, 1958, S. 73, Anm. 35, sowie Výsady města Podolince [Die Privilegien der Stadt Pudlein], SPFFBU 1961, S. 74, Anm. 17, lehnte die Bestimmungen über die Handwerker ab.

50 CDB V/2, Nr. 790, Art. 8. Gänzlich außer Acht lassen können wir die unechte Urkunde für Gewitsch, angeblich von 1258, CDB V/1, Nr. 160^{++}, der jedoch Küchler und Bakala Glauben schenkten. Das dort angeführte breite Bannmeilenrecht wurde erst aus der Urkunde König Wenzels II. von 1291 übernommen, RBM II, Nr. 1532.

schon von den Vorgängern Přemysl Otakars II. erworben hatte und die wegen des schlechten Zustandes des alten Privilegs erneuert werden mussten: *Erat autem ipsius antiqui privilegii continencia talis.* Der Stadt Leobschütz wurden also die Rechte erneuert, die sie schon vor 1253 erworben hatte, in einer Zeit, als wir andernorts solche Bestimmungen über die Bannmeile noch nicht kennen.

Es muss deshalb auch in Erwägung gezogen werden, ob die Konfirmationen die ursprünglichen Texte übernommen haben. Es ist nämlich keine Ausnahme, dass juristisch und diplomatisch einwandfreie Bestätigungen den Wortlaut der Vorlagen veränderten und den aufgezeichneten Text den Besitz- und Rechtsverhältnissen anpassten, die in der Zeit der Ausgabe der Konfirmation üblich waren. Dafür sind sichere Belege bekannt.[51] Der gleiche Fall wurde auch für das Privileg von Leobschütz erwogen.[52] Mit einer gewissen Vorsicht können wir darauf auch aus dem Privileg für Bennisch schließen, das der neu gegründeten Stadt das Recht von Leobschütz verlieh, und gerade das Bannmeilenrecht beruft sich erneut insbesondere auf das Muster von Leobschütz: *sicut et ceteri Lubzenses.* Es gibt hier keine Bestimmungen über die Handwerke. Könnte man daraus schließen, dass das Bannmeilenrecht von Leobschütz um den Schutz der Handwerke gerade zwischen dem Jahr 1253, als die Lokationsurkunde für Bennisch ausgestellt wurde, und dem Jahr 1275, als die Rechte von Leobschütz bestätigt wurden, erweitert wurde?

Was für eine Schlussfolgerung ergibt sich daraus für Göding? Auch dort kann man mit einer nachträglichen Erweiterung des Bannmeilenrechts um die Handwerke rechnen, so dass seine ungewöhnlich frühe Erteilung beseitigt würde. Damit ist die Echtheit der Urkunde überhaupt nicht bedroht,[53] denn ihre textliche und damit auch ihre rechtliche Bearbeitung ist nicht willkürlich, sondern stützt sich auf die Autorität des Herrschers in der echten Urkunde.

Noch im Bannmeilenrecht, das bei seiner Gründung 1258 an Ungarisch Hradisch verliehen wird,[54] ist nur von Tavernen die Rede. Wir können natürlich einräumen, dass auch einige andere Städte in dieser Zeit ein Privileg für das Bannmeilenrecht erhielten, aber auch so zeigt sich, dass es sich um einige wenige Fälle handelte und die wirkliche Erweiterung erst in eine spätere Zeit gehört.

Es wurde bereits gezeigt, dass zum Verbot der Tavernen Verbote des Bierbrauens und später auch der Ausübung von Handwerken im Bereich der Bannmeile hinzukamen. Zu den mährischen Dokumenten kommen Nachrichten aus Böhmen erst in den sechziger Jahren des 13. Jahrhunderts hinzu, zuerst für Polička und Saaz. Die Gründungsurkunde der Stadt Polička von 1265[55] legt fest, dass in Dörfern im Umkreis einer Meile keine Tavernen sein sollen, mit Ausnahme der Taverne in Laubendorf,

---

51 J. Pražák, Privilegium Přemysla I. pro Doksany [Das Privileg Přemysls I. für Doxan], S. 159–203, hat das völlig überzeugend auf der Basis unzweifelhaft echter Originale von Urkunden nachgewiesen.

52 S. Dušková, Dva zvláštní případy [Zwei Sonderfälle], S. 107–108.

53 Kejř, O nejstarší listině [Über die älteste Urkunde], S. 81–82.

54 CDB V/1, Nr. 156. Das ist erneut ein Zeugnis dafür, dass nur Städte das Bannmeilenrecht erhielten. Ein Jahr zuvor, als Ungarisch Hradisch gegründet wurde, aber noch kein Stadtrecht erhielt, CDB V/1, Nr. 136, findet sich über das Bannmeilenrecht noch keine Bemerkung.

55 CDB V/1, Nr. 457.

die dem Lokator selbst gehört; sonst können sie nur errichtet werden *infra ambitum civitatis*. Das Verbot von Tavernen aus demselben Jahr bei Saaz[56] fällt in den üblichen Rahmen der Bannmeilenrechte, aber wir finden hier einen anderswo nicht festgestellten Zusatz, dass der Stadtrichter an Markttagen im Bereich der Bannmeile alle Gerichtssachen entscheidet. Der Genauigkeit halber fügen wir hinzu, dass es hier nicht um das eigentliche Bannmeilenrecht geht, sondern um den Schutz der am Markt Beteiligten.

Ein ungewöhnlich weit gefasstes Bannmeilenrecht hat 1278 König Přemysl Otakar II. an Brüx verliehen.[57] Eingeschlossen waren hier Bierbrauen, Handwerke und Warenverkauf und außerdem waren die Bauern verpflichtet, in der Stadt Getreide zum Verkauf anzubieten. Für einige Dörfer wurden die Bannmeilenvorschriften gemildert, aber trotzdem wurde der Schutz des städtischen Handwerks und Handels einschließlich des Bierverkaufs nur in der Stadt[58] von den bisher angeführten Fällen am breitesten und ausführlichsten festgelegt.

Wenn wir nach Mähren zurückkehren, müssen wir uns der Bannmeilenstadt Mährisch Weißkirchen zuwenden. Beide Urkunden, d. h. die Lokationsurkunde von 1276 und die von 1292, enthalten fast übereinstimmende Vorschriften[59] und legen zum einen fest, dass im Bereich der Bannmeile auf den Grundstücken des Klosters die Bürger die freie Möglichkeit haben, Erträge von den Feldern, Wäldern und Weiden zu erwerben, also die Meile aktiv zu nutzen, und zum anderen wird ein Verbot von Tavernen ausgesprochen. Das Bierbrauen war auch im Bannmeilenbereich der Stadt Kremsier verboten worden, wie Bischof Dietrich 1290 angeordnet hat,[60] mit Ausnahme von Hullein. Diese Ausnahme lässt sich leicht begreifen. Hullein war zwar schon seit 1261 Bestandteil der bischöflichen Domänen, aber es hatte schon damals einen Markt und war das Zentrum eines Distrikts mit einigen Dörfern, die zu ihm gehörten.[61] Auch wenn es nicht als Stadt bezeichnet wird, sondern nur als *villa forensis*, ist offenkundig, dass es auf dem Wege zur Vollendung der Stadtverfassung war, als es 1267 als *oppidum forense* bezeichnet wurde und dann bereis 1274 als *oppidum*.[62] Ein Marktzentrum konnte in der Tat nicht ohne Gasthäuser und eigene Bierproduktion existieren.

Es würde die Darstellung jedoch zu sehr belasten, wenn wir alle Privilegien für das Bannmeilenrecht ausführlich behandeln oder sogar auch in spätere Zeiten vor-

---

56 CDB V/1, Nr. 464.

57 CDB V/2, Nr. 864. Ältere Editionen datierten die Urkunde in das Jahr 1273, siehe ihr Verzeichnis in der einleitenden Anmerkung zur Edition von CDB. Von hier übernahmen diese Datierung Zycha, Ursprung, S. 57, und Küchler, Das Bannmeilenrecht, S. 125.

58 Obwohl ein Verbot von Tavernen nicht ausdrücklich angeführt wird, wird es aus den weiteren Formulierungen deutlich und aus der Festlegung, dass in Kopitz eine Schmiede und eine Taverne bleiben dürfen; aber auch dort ist der Einkauf von Bier in der Stadt vorgeschrieben.

59 CDB V/2, Nr. 805; RBM II, Nr. 1568. Dazu auch L. Hosák/B. Indra/M. Jašková, Hranice – Dějiny města [Mährisch Weißkirchen – Geschichte der Stadt], Hranice 1969, S. 31–32.

60 RBM II, Nr. 1502.

61 CDB V/1, Nr. 283.

62 CDB V/2, Nr. 526; Nr. 722.

dringen würden, für die es dazu wesentlich mehr Quellen gibt.[63] Deshalb geben wir hier nur noch einige Belege. Für Prag gibt es über das Bannmeilenrecht in der alten Zeit eigentlich nur eine einzige Nachricht, die allerdings ungewöhnlich ist. Sie betrifft nämlich nur die Altstädter Fleischer, als unter Přemysl Otakar II. der Fleischverkauf im Umkreis einer Meile verboten wurde.[64] Für Mähren sollten wohl auch noch die Privilegien König Rudolfs angeführt werden, die nach der Niederlage Přemysl Otakars II. 1278 für Znaim und Olmütz erlassen wurden und bei beiden Städten das Bierbrauen im Umkreis einer Meile verbieten, im Fall von Znaim aber mit der Ausnahme, dass Adlige für den eigenen Bedarf und den ihrer Familie brauen lassen durften.[65]

Es hat sich gezeigt, dass nicht viele ausschließliche Bannmeilenrechte ohne Ausnahmen und für den vollen Bannmeilenumkreis erlassen wurden und dass bei ihnen auf das Vorrecht des Grundbesitzes von Adelsfamilien oder kirchlichen Institutionen geachtet werden musste. Deshalb bleibt die Frage offen, ob der geschützte Meilenbereich bei einer Kartierung der Belege als voller Kreis eingetragen werden kann, wenn er in einer Reihe von Fällen durch die Respektierung der Interessen anderer durchbrochen wurde. Auch so aber ließ das Bemühen der Städte nicht nach, das Monopol in ökonomisch einträglichen Tätigkeiten zu erlangen, seien es nun Tavernen, Brauen und Ausschank von Bier oder Ausübung von Handwerk. Dies ist übrigens ein weiterer Beleg für die zentralisierende Wirkung der Stadt, die in solchen Fällen auch um den Preis der Schädigung anderer Subjekte bewusst unterstützt wurde.

Das Bannmeilenrecht wird aufgrund der Verfügungsgewalt des Herrschers durch sein Privileg erteilt.[66] Für die böhmischen Städte gilt dieses Prinzip in allen Fällen,

---

63 Für das böhmische Gebiet vermehren sich die Privilegien für das Bannmeilenrecht besonders unter König Johann. Ihre Aufzählung bei Küchler, Das Bannmeilenrecht, S. 130–131. Küchler hat jedoch nicht mehr das den nichtköniglichen Städten verliehene Bannmeilenrecht erfasst, was zuerst Krumau 1347 betrifft, CIM IV/1, Nr. 58, und was als Original gelten kann, vgl. J. Záloha, Je privilegium pro Český Krumlov z r. 1347 originál? [Ist das Privileg für Krumau ein Original?], JSH 38, 1969, S. 216–217. Eine Aufzählung der Privilegien auf das Bannmeilenrecht für Untertanenstädte gab R. Nový, Poddanská města [Untertanenstädte], S. 96. Ihre Aussteller sind der Herrscher oder die Obrigkeit der Stadt. Die Herren der Untertanenstädte erteilten solche Privilegien nur ihren Städten und Voraussetzung dafür war, dass sie wirklich Herren auch des entsprechenden Gebietes waren. Zum Beispiel erteilten die Herren von Meseritz der Stadt Solnitz 1386, CIM IV/1, Nr. 131, den Schutz des städtischen Handwerks so, dass sich kein Handwerker in Dörfern niederlassen durfte, die dem städtischen Gericht unterstanden, wobei die Entfernung nicht festgelegt wurde. Als Bannmeilenrecht mit Schutz der städtischen Wirtschaft kann schwerlich die Festlegung des Privilegs für Schildberg von 1278 im Wortlaut der Konfirmation von 1365 angesehen werden, vgl. Moravské a slezské listiny [Mährische und schlesische Urkunden], Nr. 9 (und Nr. 91), S. 31, in der dem Vogt die Freiheit erlaubt wird: *Insuper confert sibi libertatem versus Mitwald er versus Moravam duo militaria* (!) *longitudinis et latitudinis*. M. Wihoda, K problematice šilperského fojtského privilegia a jeho vzniku v r. 1278 [Zur Problematik des Vogtprivilegs für Schildberg und seiner Entstehung 1278], ČMM 111, 1992, S. 3–11, spricht von Erteilung des Bannmeilenrechtes. Es fehlt jedoch die Festlegung des Schutzobjekts und das Maß von zwei Meilen ist ungewöhnlich. Es ist möglich, dass dies die Reichweite der Rechtsgewalt des Vogts ist, denn gleich die nächste Festlegung zählt die dem Weichbild unterstellten Dörfer auf.

64 Einen Bericht darüber gibt die Bestätigung der Rechte der Altstädter Fleischer durch den Unterkämmerer Oldřich Pflug von Rabštejn aus dem Jahre 1339, RBM IV, Nr. 717. Dazu Zycha, Prag, S. 68.

65 RBM II, Nr. 1139; Nr. 1147.

66 Peterka, Gewerberecht, S. 41.

aber in Mähren stellen wir gewisse Abweichungen darin fest, dass das Bannmeilenrecht auch in Urkunden anderer Aussteller festgelegt wird, nämlich eines königlichen Beamten im Fall von Bennisch, des Olmützer Bischofs im Fall von Kremsier und des Abtes von Hradisko im Fall von Mährisch Weißkirchen. Aber auch hier wird es sich nicht um eine Verletzung der Herrschervollmachten handeln. Wir haben bereits in anderem Zusammenhang festgestellt, dass Herr Beneš von Úvalno als königlicher Beamter zweifellos in Übereinstimmung mit den Absichten des Herrschers handelte und dass Bischof Bruno seine Aktivität am ehesten mit einer allgemein geäußerten Zustimmung des Herrschers entwickelte, was auch Bischof Dietrich fortsetzte. Schließlich haben wir für Mährisch Weißkirchen schon früher gezeigt, dass die Lokationsurkunde des Abtes Budiš von Mährisch Weißkirchen bereits als Stadt spricht.[67] Man kann also behaupten, dass die Erteilung des Bannmeilenrechtes ausschließlich in der Vollmacht des Herrschers stand.

Nur kurz kann hinzugefügt werden, dass das Bannmeilenrecht eine andere räumliche Basis hat als das Weichbild, dass sie sich in einer Reihe von Fällen territorial nicht decken[68] und dass es auch in der Mehrzahl der Orte jünger ist als der Rechtsbereich der Stadt, ganz zu schweigen von den Unterschieden zwischen Mähren und Böhmen.

Einige Städte erlangten schon unter Přemysl Otakar II. das Privileg, dass der Weg nur über sie führen soll und nicht auf einer anderen Strecke. Dieser obligatorische Durchzug aller Reisenden durch die Stadt war günstig, weil er Geld oder die Möglichkeit des Wareneinkaufs in die Stadt brachte. Schon bei seiner Gründung erhielt Ungarisch Hradisch das Privileg,[69] dass der öffentliche Weg, der früher direkt nach Kunowitz führte, nun durch die Stadt gehen sollte und dass die Reisenden sie nicht auf irgendeine Weise umgehen dürfen. Auch die Lokationsurkunde von Polička[70] enthält die Zusicherung, dass der Weg von Hohenmaut nach Brünn über Polička und nicht in anderer Richtung führen soll. Einen noch deutlicheren Vorteil erlangte 1278 Brüx,[71] wenn alle Wege im Umkreis von zwei Meilen, seien es jetzige oder zukünftige, in Richtung auf die Stadt führen sollen. Auch wenn solche Privilegien nicht allgemein erteilt werden konnten, da dies auch die geographischen Verhältnisse nicht erlaubt hätten, kommen zu den bereits genannten später noch weitere hinzu.

In zwei Fällen erfahren wir zwar von Wegen, die zur Stadt führen, aber hier geht es nicht um die gebotene Richtung der Wege. In einer verfälschten Urkunde für Gewitsch von 1258, deren Text in diesem Punkt erst aus dem Privileg Wenzels II. von 1291 übernommen ist,[72] wird das Zahlen von Zoll bis zu einer Entfernung von

67 Siehe weiter oben im Kapitel über die Städtegründungen.

68 Wir haben weiter oben schon darauf hingewiesen, siehe S. 225. J. J. MENZEL, Stadt und Land, S. 33–34. KÜCHLER, Das Bannmeilenrecht, S. 44–52, bemühte sich, eine Übereinstimmung dieser beiden Rechte zu finden, aber auch er musste schließlich eingestehen, dass dies nicht allgemein festgestellt werden kann. Bei diesen Überlegungen wies er mit Recht auf die sich häufig wiederholenden Versuche der Grundherren hin, das Stadtrecht zu brechen, sowie auf die aus diesem Grunde entstandenen Streitigkeiten.

69 CDB V/1, Nr. 156. Siehe FISCHER, Siedlungsverlegung, S. 56.

70 CDB V/1, Nr. 675.

71 CDB V/2, Nr. 864. Zur Datierung siehe weiter oben, Anm. 57.

72 CDB V/1, Nr. 160++, und RBM II, Nr. 1532. Das Verhältnis beider Urkunden wird in der Edition in CDB gekennzeichnet.

drei Meilen festgelegt. Anderer Art ist die Nachricht von 1278 über den Weg nach Prachatitz,[73] auf dem den Leuten des Passauer Bischofs freier Zu- und Abgang gestattet wird, jedoch begrenzt auf eine genau festgelegte Zeit.

Ein anderes die Prosperität sicherndes Vorrecht forderten die Bürger von Melnik, als sie 1272[74] die Erlaubnis erhielten, auf vier Schiffen Waren einzuführen, die sie sich dann auch von König Wenzel II. bestätigen ließen.[75]

Erst unter Přemysl Otakar II. erscheinen in einigen Städten Nachrichten über das Stapelrecht. Die Pflicht reisender Kaufleute, für eine bestimmte Zeit in der Stadt ihre Waren anzubieten,[76] bedeutete für die mit diesem Recht begabte Stadt wesentliche materielle Vorteile, weil sie so zu ihren Gunsten den fremden Transithandel unterbinden und denselben selbst weiter ausüben konnte. Es scheint, dass sich das Bestreben der Städte in dieser Richtung zunächst spontan entwickelte, weil die ersten gesicherten Urkunden darüber schon mit der Existenz von Niederlagen als etwas Bekanntem rechnen.

Das Stapelrecht ist kein selbstverständlicher Bestandteil der städtischen Privilegien und es wird nur an bedeutendere Städte mit zu erwartender günstiger ökonomischer Entwicklung erteilt, die oft an Grenzübergängen oder an Kreuzungen von Handelswegen liegen. Seine Erteilung ist ein Beleg vor allem für internationale Handelsbeziehungen und das Bestreben, ausländischer Konkurrenz zu begegnen. Es lässt sich somit als Beweis für die Existenz eines entfalteten lokalen Marktes ansehen.[77]

---

73 CDB V/2, Nr. 883.

74 CDB V/2, Nr. 758.

75 CIM II, Nr. 43. M. Rejnuš, Královská města a podpora Přemysla II. [Die königlichen Städte und die Unterstützung durch Přemysl Otakar II.], SlSb 55, 1957, S. 27, stellte dieses Vorrecht, wohl kaum zu Recht, in den Zusammenhang der Berichte über das Stapelrecht.

76 O. Gönnenwein, Das Stapel- und Niederlagsrecht, vermerkt auch die Berichte über böhmische und mährische Fälle, denen er auch eine zusammenfassende Darstellung widmet, S. 122–126, und sie einzeln in der Beilage Regesten und Urkunden registriert. Slowakische Fälle behandelte M. Suchý, Stredověké právo núteného skladu [Das mittelalterliche Stapelrecht], HČ 10, 1962, S. 198–215. In der Slowakei ist das Stapelrecht jünger als in den böhmischen Ländern. Suchý, S. 202, stellte den ältesten Fall für die Stadt Pudlein fest, der es 1292 Wenzel II., König von Böhmen und Fürst von Krakau und Sandomerien, erteilte. J. Procházka, Městské právo skladu a cesty [Das städtische Stapel- und Wegerecht], Všehrd 8, 1927, S. 129–138 und 157–162, gibt allgemeine Informationen und behandelt gründlich die Berichte über Budweis, das dieses Recht erst seit 1351 hatte. Zu unseren Belegen für das Stapelrecht Zycha, Ursprung, S. 195–196; M. Rejnuš, Královská města a podpora Přemysla II. [Die königlichen Städte und die Unterstützung durch Přemysl Otakar II.] SlSb 55, 1957, S. 26–27. Als Stapelrecht kann die Festlegung des Brünner Privilegs, CDB IV, Nr. 17, „Privilegium minus“, Art. 8, S. 84, nicht angesehen werden, der zufolge die Kaufleute verpflichtet sind, sich drei Wochen vor und drei Wochen nach dem Jahrmarkt dort aufzuhalten. O. Gönnenwein, S. 28, hält auch dies für Stapelrecht, aber es geht hier um den Zusammenhang mit dem Markt und keinesfalls um eine regelmäßige Pflicht.

77 Suchý, Stredověké právo núteného skladu [Das mittelalterliche Stapelrecht], S. 201–202. Wie kompliziert die Bindungen der Handelsbeziehungen an die internationale Politik sein konnten, erkennt man aus den Konflikten um das Krakauer Stapelrecht von 1306, die sich über das ganze 14. Jh. hinzogen, siehe O. R. Halaga, Krakovské právo skladu a sloboda obchodu v uhersko – polsko – pruskej politike pred Grunwaldom [Das Krakauer Stapelrecht und die Handelsfreiheit in der ungarisch – polnisch – preußischen Politik vor der Schlacht bei Grünwald], Slovanské štúdie 16, 1975, S. 163–191, wo gezeigt wird, dass die Reichweite des Stapelrechts bei einer wichtigen Stadt unter ökonomischem und unter politischem Aspekt weitaus umfangreicher war.

Es ist möglich, dass sich allein durch die natürliche wirtschaftliche Stellung das Stapelrecht in Deutsch Brod herausgebildet hatte, als es 1269 von König Přemysl Otakar II. nach Iglau verlegt wurde.[78] Offensichtlich diente diese Verlegung als Strafe für die Herren von Lichtenburg, wegen ihrer Auseinandersetzung mit dem Herrscher,[79] aber auch als Stärkung der ökonomischen Position der königlichen Stadt auf Kosten einer Stadt, die einem Adligen unterstand. Diese Veränderung ist ein deutlicher Ausdruck der Befugnis des Herrschers, das Stapelrecht zu erteilen. In den folgenden Jahren begegnen wir nur Herrscherurkunden zum Stapelrecht. Deutsch Brod erwarb das Stapelrecht erst nach dem Tode König Přemysl Otakars II. im Jahre 1278, als es ihm vom brandenburgischen Markgrafen Otto als Vormund des noch nicht volljährigen Wenzel II. erteilt wurde.[80]

Wie sich die Stapelpflicht in Ungarisch Brod entwickelt hat, ist nicht überliefert. Im Jahre 1271 gewährte Přemysl Otakar II. den Bürgern von Troppau[81] dadurch eine Erleichterung, dass sie mit ihren Wagen mit Blei in Brod nur drei Tage stehen mussten und nach Ablauf dieser Frist, unabhängig davon, ob sie das Blei verkauft hatten, ihren Weg nach Ungarn oder anderswohin fortsetzen konnten. Es ist zwar keine nähere Festlegung über das Stapelrecht von Ungarisch Brod verzeichnet, aber durch das Privileg für Troppau wird seine Existenz bewiesen. Es geht hier um die Erleichterung der Pflicht, im Ort zu bleiben, was sich nur auf bestimmte Personen – die Bürger von Troppau – und bestimmte Waren bezog. Ein Jahr später erlangten jedoch die Bürger von Ungarisch Brod ein reguläres Privileg König Přemysl Otakars II.,[82] das ihr Stapelrecht für alle Arten von Waren so festlegte, dass die Bürger aus Přemysls Ländern ihre Ladung acht Tage lang anbieten sollten, Ausländer jedoch zwei Wochen lang. Erst nach Ablauf dieser Frist durfen sie ihren Weg fortsetzen. In diesem Privileg wird erstmals die deutsche Bezeichnung für *ius deposicionis* als *niderlage* angeführt. An dem frequentierten Grenzübergang nach Ungarn bedeutete ein solches Privileg zweifellos einen großen Gewinn für die Bürger. Es lohnt die Bemerkung, dass die Festlegung einer kürzeren Frist für Kaufleute *de terris nostris* eine große Zahl von Reisenden betraf, weil sie sich auf das umfangreiche Gebiet des damaligen Staatengebildes von Přemysl Otakar II. bezog.

Breit war das Stapelrecht für die Stadt Brüx von 1278 konzipiert.[83] Zusammen mit dem Wegezwang nach Brüx, worüber schon weiter oben berichtet wurde, wurde auch die Pflicht festgelegt, in die Stadt hineinzufahren und zwei Tage lang die Waren zum Verkauf auszulegen. Ausgenommen sind nur Bürger und Leute aus anderen königlichen Städten.

---

78 CDB V/2, Nr. 590.

79 *sub infliccione animadversionis debite.* Es wurde schon in Kapitel I, Anm. 62, angemerkt, dass der Herrscher es wohl auch ablehnte, die Erlaubnis zur Befestigung der Stadt zu geben, auch wenn er ihren Status anerkannte. In unserer Urkunde bezeichnet er Brod als *civitas*. Siehe auch Fischer, Siedlungsverlegung, S. 51.

80 CIM II, Nr. 31. Die Urkunde spricht auch von weiteren Rechten, die Přemysl Otakar II. den Lichtenburgern entzogen hat, und sagt, dass dies geschah *sine causa et contra iusticiam.*

81 CDB V/2, Nr. 647.

82 CDB V/2, Nr. 682.

83 CDB V/2, Nr. 864.

In der Zeit Wenzels II. setzen sich die Belege über das Stapelrecht in anderen Städten fort, aber es wird nicht gesagt, mit welchem Akt und wann es festgelegt worden war, weil die Nachrichten aus späteren Urkunden stammen. Für Troppau bestätigte Herzog Nikolaus[84] im Jahre 1284 umfangreiche Rechte und aufgrund der politischen Konstellation der damaligen Zeit war er bei einem Friedensschluss mit der Stadt genötigt, die Wünsche der Bürger u. a. auch dadurch zu berücksichtigen, dass er ihnen *supervencium mercimoniorum deposicionem* zuerkannte. Die Troppauer ließen sich jedoch von König Wenzel II. im Jahre 1296 dieses Privileg bestätigen,[85] mit dem eine dreitägige Frist für den Verkauf jeglicher Waren festgelegt wurde. Das Stapelrecht besaß ebenso Kolin, auch wenn wir davon erst aus einer Urkunde König Johanns aus dem Jahr 1310 erfahren,[86] der Kolin das Stapelrecht wiedergab, das er aus Zorn für ein Jahr nach Nimburg verlegt hatte, und versprach, den entstandenen Schaden zu ersetzen. Wie und wann die Bürger von Kolin das Stapelrecht ursprünglich erlangt hatten, wird nicht gesagt.

Bei diesen Städten ging es um einen Halt von Kaufleuten, die auf dem Landwege reisten. Eine andere Forderung erhob später Leitmeritz, das das obligatorische Ausladen der Elbschiffe verlangte – *exoneracio navium*. Eine ursprüngliche schriftliche Erteilung dieser Berechtigung gab es nicht, wie die bei späteren Streitigkeiten verlangten Bezeugungen von 1307 und 1314 zeigen.[87] Aus ihnen geht hervor, dass schon seit alter Zeit, wie Zeitzeugen aus Dresden, Meißen und Aussig bestätigen, diese Regelung in Leitmeritz eingehalten wurde. Albert von Friedland, Burggraf zu Frimburg, bestätigte, dass er in der Zeit König Wenzels II., als er Burggraf in Leitmeritz und dort eine Reihe von Jahren ansässig war, bei einer Gerichtsverhandlung zugegen war, bei der der Herrscher den Vorsitz hatte. Damals bestätigte auch der Herrscher das Stapelrecht. Das Jahr, in dem dies geschah, lässt sich nicht genau bestimmen.[88] Die Streitigkeiten wurden durch ein Privileg König Johanns von 1325 beigelegt,[89] der das Recht als seit alter Zeit bestehend bestätigte.

---

84 RBM II, Nr. 1313 = CDM IV, Nr. 217.

85 RBM II, Nr. 1733 = CDM V, Nr. 56.

86 CIM II, Nr. 93.

87 In der Beilage zu CIM II, Nr. 138, S. 230–232.

88 Der Burggraf von Frimburg fügte hinzu, dass dies in Anwesenheit des Mainzer Erzbischofs Peter und Herrn Burkhards von Magdeburg geschah. Hier liegt offenbar ein Missverständnis vor, da der Kanzler König Wenzels, Peter von Aspelt, erst nach Wenzels Tod Mainzer Erzbischof wurde. Der Zeuge führte ihn also mit einer Würde an, die Peter erst in der Zeit seiner Aussage, also 1314, hatte. Burkhard blieb in Wenzels Diensten als Unterkämmerer bis 1303. Vor diesem Datum fand also der Besuch in Litoměřice statt.

89 CIM II, Nr. 138. Es ging vor allem um die Beseitigung der Streitigkeiten mit den Bürgern von Aussig über das Recht, in Leitmeritz Handel zu treiben, was auch durch eine entsprechende Urkunde für Aussig nur zwei Tage später bestätigt wurde, CIM II, Nr. 139. Auch die fast gleichzeitige Urkunde für Pirna, CIM II, Nr. 132, mit der Festlegung des Stapelrechts und dem Auslegen der Waren von Schiffen, bezeugt, dass es in jener Zeit notwendig war, den Handel auf der Elbe zu regeln. Zum Elbhandel Gönnenwein, Das Stapel- und Niederlagsrecht, S. 94. Eine gewisse Parallele stellen wir bei der Stadt Gartz an der Oder fest, der Herzog Barnim I. den ausschließlichen Einkauf von Getreide für ihre Bürger gestattete und festlegte, dass das Ausladen der Schiffe bei der Stadt stattfinden müsse. PomUB 2, Nr. 943, zum Jahre 1271. Dazu H. Böcker, Verfassungswirklichkeit – ein gelungener Balanceakt der Landesherren, in: Verwaltung und Politik in Städten Mitteleuropas, hg. v. W. Ehbrecht, Städteforschung A/34, Köln/Weimar/Wien 1994, S. 173.

Schließlich muss hier auch das Stapelrecht eingeordnet werden, das König Wenzel II. 1304 der Prager Altstadt und der Neustadt (d. h. der Kleinseite) erteilte.[90] Zwar hatte bereits die sog. Donation Bořivojs,[91] von der schon die Rede war, eine sehr wichtige Regelung für den Handel ausländischer Kaufleute in Prag und für ihren Aufenthalt in *curia hospitum* im Teynhof getroffen sowie das Vorgehen bei Streitigkeiten mit den Einheimischen geregelt. Aber aus der erhaltenen Niederschrift ist es nicht möglich, die direkte Festlegung ihrer Pflicht abzuleiten, für eine gewisse Zeit ihre Waren zum Verkauf anzubieten. Die Einbußen der Prager Bürger durch den Handel der Auswärtigen führten beide Städte zu einem Beschluss, den der König bestätigte und vor allem bestimmte, dass ein fremder Kaufmann, wenn er sich länger als fünf Tage in Prag aufhält, verpflichtet war, unter Aufsicht zweier Männer und eines Notars seine Waren zum Verkauf anzubieten.[92] Neben weiteren Bestimmungen wird Wenzels Privileg noch durch die wichtige Schutzklausel ergänzt, dass Ausländer nur an Prager oder Bürger aus Böhmen und Mähren verkaufen dürfen, nicht aber an Ausländer und dass die Schankwirte keinen Zwischenhandel mit Waren ihrer Gäste treiben dürfen. Hier geht es um einen klaren Schutz des einheimischen Handels und seiner Prosperität.

Mit der Entstehung der Städte kam eine neue Erscheinung im Wirtschafts- und Rechtsleben auf: der Landbesitz von Bürgern. Für einige Städte wurden bereits wertvolle Studien über den Besitz von außerhalb der Städte liegenden Immobilien vorgelegt.[93] Das Interesse konzentrierte sich aber vor allem auf den späteren sehr gegliederten und veränderlichen Stand, vor allem des 14. und 15. Jahrhunderts, für den jedoch die Voraussetzungen bereits in den sehr frühen Stadien des städtischen Lebens geschaffen worden waren.

Eine deutliche Spur in diese Richtung lässt sich in der Bestätigung des Privilegs von Fürst Soběslav II. für die Prager Deutschen durch König Wenzel I. verfolgen, die diesen garantiert, dass ordnungsgemäß erworbener Grundbesitz, den sie ohne Widerspruch drei Jahre und drei Tage behalten haben, frei und geschützt gegen alle Einwände in ihrem Besitz bleiben soll.[94] Das lässt sich noch nicht als Besitz der Bürger auslegen, weil es kein Vorrecht der Stadtgemeinde, sondern einer geschlossenen

---

90 CIM II, Nr. 8.

91 CDB I, Nr. 389. Es ist allerdings nicht richtig, schon die alten Regeln über *curia hospitum* im Teynhof im Sinne des Stapelrechts zu verstehen, das damals noch nicht stabilisiert war.

92 Dazu Gönnenwein, Stapelrecht, S. 126; G. Nagel, Das mittelalterliche Kaufhaus und seine Stellung in der Stadt, Berlin 1971, S. 61–62.

93 Vor allem sind hier zu nennen: J. Lippert, Bürgerlicher Landbesitz im 14. Jahrhundert, Prag 1902; J. Mezník, Venkovské statky brněnských měšťanů ve 14. a 15. století [Landgüter von Brünner Bürgern im 14. u. 15. Jh.] SbMM 79, 1960, S. 129–147; Ders., Venkovské statky pražských měšťanů v době předhusitské a husitské [Landgüter von Prager Bürgern in vorhussitischer und hussitischer Zeit], Rozpravy ČSAV [Abhandlungen der Tschechoslowakischen Akademie der Wissenschaften], Gesellschaftswiss. Reihe, Jg. 75, H. 2, Praha 1965; J. Bakala, Venkovské majetky měst [Landbesitz der Städte]. Die städtischen Dörfer von Iglau behandelte in einem Sonderkapitel F. Hoffmann, Jihlava v husitské revoluci [Iglau in der hussitischen Revolution], Havlíčkův Brod 1961, S. 144–152.

94 Ed. Kejř, K privilegiu [Zum Privileg], S. 254; *Possessiones emptas vel expositas seu eciam a principibus eis collatas, quas tribus annis et tribus diebus absque querimonio tenuerunt, eas libere omni contradiccione postposita possideant cum quiete.*

nationalen Gruppierung war, und darüber hinaus ist unsicher, ob Prag in der Zeit des Erlasses von Wenzels Konfirmation bereits seine Stadtverfassung vollständig ausgebildet hatte.[95] In der weiteren Entwicklung der Städte finden wir ähnliche Bestimmungen nicht mehr und die Nachrichten betreffen nur den Besitz von vollberechtigten Bürgern institutioneller Städte.

Es muss nicht weiter belegt werden, dass die Möglichkeit des Erwerbs von Landgütern direkt mit dem Status der Bürger zusammenhing[96] und einfachen Untertanen nicht zustand. Von Anfang an kann verfolgt werden, dass immer die Bürger einer Rechtsstadt genannt werden und nicht etwa die Bewohner von Marktdörfern. Man kann wiederholen, dass es sich bei diesen Beziehungen nicht etwa um städtische Dörfer handelt, wie weiter oben schon im Kapitel über das Stadtrecht berichtet wurde, sondern um direkte Besitzrechte sowohl der Bürger als auch der Städte als Korporationen – als juristische Personen.

Die Möglichkeit ein Landgut zu erwerben war so verlockend, dass wir auch Versuchen illegalen Besitzerwerbs begegnen. Des Dorfes Kralup an der Moldau, das dem St. Franziskus-Spital gehörte, bemächtigte sich rechtswidrig der Prager Bürger Campnosius in einer Zeit, als er Unterkämmerer der Königin Konstanze war, also schon vor 1240, obwohl es ihm niemals übertragen worden war. König Wenzel I. gab es deshalb 1253 dem Spital zurück.[97] Einem ähnlichen Fall, der das Dorf Řepy des Klosters Břewnow betraf, werden wir noch begegnen.

Es muss zugegeben werden, dass sich die rechtliche Natur eines solchen Besitzes nicht immer genau bestimmen lässt. Manchmal unterlag solcher Grundbesitz den gleichen Abgaben wie der städtische oder er unterstand einer anderen Obrigkeit.[98] Damit wird aber nicht das das prinzipielle Recht der Bürger entwertet, außerstädtische Güter zu erwerben.

95 CIM I, Nr. 2, datiert ungefähr in das Jahr 1231, Šebánek/Dušková, Listina v českém státě [Die Urkunde im böhmischen Staat], S. 132, datieren vor 1234. Sie empfehlen Vorsicht bei der Interpretation der Urkunde, weil sie nicht in einer Kanzlei ausgefertigt wurde, wo doch Herrscherurkunden für die Städte in der Kanzlei und nicht beim Empfänger ausgestellt wurden. Diese Vorsicht ist sicherlich angebracht, aber es lässt sich einwenden, dass es nicht um ein städtisches Privileg geht und dass die Rechte der Prager Deutschen nicht die Basis des Prager Stadtrechts sind; vgl. schon B. Mendl, Vici, S. 258, und Kejř, Zwei Studien, S. 139. Man kann also auf Wenzels Konfirmation nicht die für städtische Urkunden geltenden Kriterien anwenden.

96 H. Fischer, Burgbezirk und Stadtgebiet, S. 15: „die einzelnen Bürger erwarben Landgüter nicht als Privatpersonen, sondern als Genossen der Stadt." H. Fischer, Zum Gebietsrecht der Stadtallmende, ZRG GA 71, 1954, S. 227, fügt hinzu, dass der Erwerb eines Landgutes durch einen Stadtbürger auch als ein gemeinsames Interesse der Stadt verstanden und als Nutzen eines Mitgliedes der Stadt gewertet wurde.

97 CDB IV, Nr. 266, in der Konfirmation aller Güter: *villam … quam olim Campnosius, civis Pragensis, minus iuste occupaverat, quando fuit subcamerarius matris nostre regine Constancie, cum nec a nobis nec ab aliquo progenitorum nostrorum umquam sibi data fuerit vel alicui de suis, predicto conferimus hospitali.*

98 Als Beispiel für dieses komplizierte Verhältnis kann der Verkauf des Dorfes Liebenthal 1262 genannt werden, CDB V/1, Nr. 358. Ein Vasall des Bischofs von Olmütz – *miles domini episcopi Olomucensis* – meldete dem Olmützer Kapitel, dass er das Dorf im Namen der Olmützer Kirche dem Vogt von Hotzenplotz verkauft hat, und bat das Kapitel, das Dorf unter seinen Schutz zu nehmen, was das Kapitel zu tun versprach. Obwohl das Dorf in das Eigentum eines anderen Besitzers überging, blieb das Abhängigkeitsverhältnis zum Olmützer Kapitel bestehen.

Die älteste Nachricht über Besitzinteressen von Bürgern an außerstädtischen Grundstücken betrifft Leitmeritz bereits für das Jahr 1234. Dem Leitmeritzer Bürger Heinrich, ausdrücklich als Deutscher bezeichnet, übergab Propst Arnold von Wyschehrad in Erbbesitz eine Hufe zwischen Leitmeritz und Schüttenitz.[99] Mit dieser erst kürzlich aufgefundenen Urkunde haben wir uns schon wiederholt befasst, weil sie ein sicheres Zeugnis über das Stadtstatut von Leitmeritz abgibt.

Mit individuellem Landbesitz der Bürger rechnet auch das große Brünner Privileg für Brünn im „Privilegium minus“,[100] in dem festgelegt wird, dass bei solchem Besitz ein Landrichter oder ein anderer Beamter keine Berechtigung hat, über Schuld zu entscheiden, sondern nur der Stadtrichter. Das ist eine Bestimmung, die nicht aus dem Wiener Privileg übernommen war. Der Brünner Artikel hielt einen Zustand fest, der schon existierte, denn bereits 1240 hat der Brünner Bürger Ulricus Niger mit seinen Brüdern von König Wenzel I. als Belohnung für erwiesene Dienste Hufen in Mönitz und in Pohrlitz erhalten.[101] Ende der vierziger Jahre kauften die Bürger von Leitmeritz schon Dörfer von einem Adligen und sogar vom König.[102]

Obwohl die ursprüngliche Urkunde für Leobschütz verloren ist, lässt sich annehmen, dass auch in ihr bereits die aus dem erneuerten Privileg von 1275 bekannte Festlegung enthalten war, die bestimmt, dass die Bürger jegliche Freiheit haben, Wälder und Weiden bei der Stadt zu besitzen.[103]

In den Jahrzehnten der Herrschaft Přemysl Otakars II. und Wenzels II. vermehren sich die Nachrichten über Landgüter der Bürger. Sie müssen nicht alle aufgeführt werden, es genügt, auf einige Fälle zu verweisen. Für die Vollendung der Besiedlung von Leitmeritz war das Bestreben von Bedeutung, den St. Stephansberg zu besiedeln, als Přemysl Otakar II. 1253[104] denjenigen Bürgern von Leitmeritz, aber auch anderen Siedlern, die sich dort niederlassen und ihre Behausungen errichten würden, Erleichterungen gewährte. Darüber hinaus schenkte er ihnen vier Dörfer zum Aufteilen.[105]

---

99 Ed. J. Čechura, Nezdařená lokace [Eine misslungene Lokation], Beil. I, S. 58.

100 CDB IV, Nr. 17, Art. 2, S. 84: *ut quicumque civium homines et possessiones extra civitatem habeant.*

101 CDB III/2, Nr. 247.

102 Der Bürger Hartvík kaufte 1248 Lobositz vom Zittauer Burggrafen Heinrich, CDB IV, Nr. 147; der Bürger Jan, Herberts Sohn, 1249 das Dorf Keblitz vom König, CDB IV, Nr. 170. Es wird hier auch mit der Möglichkeit des Verkaufs von Hufen in Keblitz an andere Leitmeritzer Bürger gerechnet. Dieser Jan, Herberts Sohn, besaß 1262 auch eine Mühle in Kopitz, deretwegen ein Streit mit dem Kloster von Doxan entstand, CDB V/1, Nr. 347.

103 CDB V/2, Nr. 790, Art. 7. In der Gründungsurkunde für die Lokatoren von Bennisch, CDB IV, Nr. 267, die für die Stadt das Recht von Leobschütz festlegt und in deren Regeln ein Widerhall des ursprünglichen Privilegs für Leobschütz gesehen wird, ist zwar ein ähnlicher Artikel nicht enthalten, aber es wird immerhin gesagt, dass die Lokatoren, die Richter der neu gegründeten Stadt sind, Dörfer bauen dürfen, deren Gericht sie ebenfalls erhalten. Aber auch *ceteri*, die Wald roden und Dörfer anlegen würden, werden deren Richter sein. Das deutet auf das zukünftige Interesse an Landbesitz hin. Die Zuordnung dieser Dörfer unter das gleiche Recht wie in der Stadt zeigt die Herausbildung des Weichbildes an.

104 CDB V/1, Nr. 5. Eine Quasikonfirmation wurde mit dem gleichen Text 1262 ausgestellt, CDB V/1, Nr. 337.

105 In Einzelheiten und mit topographischer Bestimmung J. Tomas, Počátky Litoměřic [Die Anfänge von Leitmeritz], an einigen Stellen. Neu behandelte diesen Fall J. Čechura, Nezdařená lokace [Eine misslungene Lokation], bes. S. 46–49, der die Kompliziertheit der besitzrechtlichen Verhältnisse und den Misserfolg des ganzen Siedlungsvorhabens nachwies.

Das ist kein Vorteil für die Stadt als solche, sondern gerade nur für diejenigen Siedler, die den Besiedlungsprozess auf sich nehmen und diesen Grundbesitz *proprietatis nomine* halten werden. Das heißt, dass es nicht um Dörfer der Stadt Leitmeritz geht, sondern um den Besitz einzelner Personen.

Auf einen Leitmeritzer Bürger bezieht sich 1267 auch der Schiedsspruch im Streit mit dem Kapitel von Wyschehrad um Grundstücke in Schüttenitz,[106] auf den ein Bürger mit der Begründung des Kaufes Anspruch erhob. Das Kapitel verpflichtete sich zur Entschädigung und erkannte an, dass der Grundbesitz dem Bürger gehören solle, wenn es die ausgehandelte Summe nicht bis zur festgelegten Zeit bezahlt. Dieser verpflichtete sich wiederum unter Konventionalstrafe den Schiedsspruch anzuerkennen und dem Kapitel den Besitz in Frieden zu garantieren.[107] Die Bürger von Leitmeritz hatten zeitweilig auch Grundstücke in Wrutitz in Besitz, einem von vier Dörfern, die die Siedler von St. Stephansberg bekommen hatten. Aber diese wurden ihnen später weggenommen, um sie dem ursprünglichen Besitzer zurückzugeben.[108] Der Leitmeritzer Landbesitz erreichte ein bedeutendes Ausmaß, so dass sich die Stadt ihn von König Přemysl Otakar II. bestätigen ließ.[109] Das ist ein Zeugnis für den Reichtum von Leitmeritz, denn es handelt sich um die Güter, die die Stadt sowohl von kirchlichen Institutionen als auch von Adligen gekauft hatte. Zur selben Schlussfolgerung führt auch der Kauf eines Dorfes durch einen Leitmeritzer Bürger von einem Adligen ein Jahr später.[110]

Rechtlich kompliziert sind die Fälle von Landgütern in den Händen von Olmützer Bürgern, die sie entweder vom Bischof oder vom Kloster Hradisko unter genau festgelegten Bedingungen und für die genau festgelegte Erfüllung von Pflichten erworben haben. Es ist von Gewicht, dass sich hier Lokationsurkunden mit Lehensurkunden vermischen und dass die Besitzer der Güter eigentlich Vasallen mit genau bestimmten Pflichten werden. Am ältesten ist der Erwerb von anderthalb Hufen in Topolan, die bereits 1256 Žibřid, der als *civis et magister pontis Olomucensis* bezeichnet wird, vom Abt und Konvent von Hradisko erworben hat.[111] Žibřid kaufte diese dem Kloster gehörenden Hufen von zwei anderen Olmützer Bürgern und verpflichtete sich dem Kloster gegenüber zur Vermögenserfüllung. Er erwarb gewisse Vorteile in der Gerichtszugehörigkeit und die Möglichkeit, diesen Besitz weiter zu veräußern.

---

106 CDB V/2, Nr. 511.

107 Zeugen sind einmal Angehörige des Kapitels von Wyschehrad und des von Leitmeritz, zum andern Leitmeritzer Bürger. Neben dem Siegel des Kapitels wurde auch das Siegel der Stadt Leitmeritz angehängt.

108 Wir erfahren dies aus Urkunden, durch die Bartholomäus, Kanonikus von Wyschehrad und späterem Dekan des Olmützer Kapitels, die St. Stephanskapelle in Slichow [Praha-Zlíchov] gegeben wurde, CDB V/1, Nr. 119; CDB V/2, Nr. 531, wo *pro terra in Wrutich ad tuam quondam in Wissegrad spectantem prebendam, quam Luthomericensibus dederamus civibus, que iam est ad eandem prebendam reducta.*

109 CDB V/2, Nr. 658+. Es lässt sich irgendein Eingriff in den Text nicht ausschließen, aber die Urkunde selbst hat einen echten Kern.

110 CDB V/2, Nr. 713. Bekannt ist nur die tschechische Übersetzung der Urkunde, die die Aktivität der Leitmeritzer Stadtkanzlei bezeugt.

111 CDB V/1, Nr. 77.

Fast ein Vierteljahrhundert später waren die Hufen immer noch in seiner Hand, wie seine eigene Erklärung von 1279 bezeugt.[112] Es kam zu bestimmten Veränderungen in der Höhe seiner Verpflichtungen, aber an der Dauerhaftigkeit des Rechtsverhältnisses bestehen keine Zweifel.[113]

Im selben Dorf Topolan hatte der Olmützer Bürger Otto zwei Hufen, die er 1267 dem Kloster von Hradisko übergab und als Gegenwert eine Hufe in Hřeptschein erhielt.[114] Die Bedingungen für seinen Besitz, wobei die Verpflichtungen auch für seinen Erben festgelegt wurden, näherten sich einem Lehensverhältnis.[115]

Im Jahre 1273 überließ Bischof Bruno dem Olmützer Bürger Mengotus das Dorf Krokersdorf und ein Allodium in Mošťánky *iure feodali*,[116] unter den gleichen Bedingungen wie für die übrigen Lehensleute *infeodati de bonis episcopalibus*. Das Lehensverhältnis tritt hier also ganz offen zu Tage. Mengotus erhielt 1278 vom Kloster Hradisch *iure emphiteutico* noch weitere Grundstücke, die zwar nicht namentlich bestimmt, aber mit der Stadt Olmütz verbunden und durch eine Grenze mit Namen *kopec* (Hügel) abgetrennt waren, wie eine eigene Urkunde bestätigt.[117]

Alle drei Urkunden der genannten Olmützer Bürger, die als gemeinsamen Empfänger das Kloster von Hradisch haben, sind beim Empfänger entstanden und hatten als Zeugen Olmützer Bürger.[118]

Wenn bereits das große Brünner Privileg mit Landbesitz der Bürger rechnete, wie weiter oben angeführt, überrascht es nicht, dass wir tatsächlich weitere solche Fälle finden. 1262 gab der Olmützer Bischof Bruno mit Erlaubnis des Kapitels dem Brünner Bürger „von Gileth“ zwei Hufen im Dorf Schlapanitz.[119] 1278 gab der Brünner Bürger Henricus Sweller dem Herburgenkloster seine bei der Stadt liegenden Grundstücke und bestimmte dem Kloster für den Fall seines Todes weiteren

---

112 RBM II, Nr. 1179 = CDM IV, Nr. 165.

113 Cf. Šebánek/Dušková, Kritický komentář [Kritischer Kommentar], S. 196–197.

114 CDB V/2, Nr. 537.

115 Šebánek, Česká listina 3 [Die böhmische Urkunde 3], S. 137; Šebánek/Dušková, Kritický komentář [Kritischer Kommentar], S. 367–368. Otto wird die Hufe in Hřeptschein kostenlos halten, aber seine Nachkommen, wenn sie dem Kloster nicht genehm sein sollten, werden schon zu Zahlungen verpflichtet sein. Falls die Hufe verkauft werden sollte, kann dies nur an diejenigen geschehen, die dem Kloster als *boni et utiles* scheinen.

116 CDB V/2, Nr. 706. M. Sovadina, Lenní listiny biskupa Bruna [Lehensurkunden Bischof Brunos], SAP 24/2, 1974, S. 445, behandelt diese Urkunde und interpretiert ihren Inhalt.

117 CDB V/2; Nr. 861.

118 Im Falle der Mengotus-Urkunde verdient die Reihenfolge der Zeugen Erwähnung, da die Adligen erst hinter den Bürgern angeführt werden. Bei Ottos Urkunde wird sein Siegel nur angekündigt, ist aber leider verloren, es wäre das älteste bei uns bekannte Siegel eines Bürgers. Zu den Urkunden Šebánek, Česká listina [Die böhmische Urkunde] 3, S. 136–137. In diesem Zusammenhang genügt es, an den Fall des Richters Giselbert von Hlussowitz zu erinnern, der zum Schaden des Klosters von Hradisch unrechtmäßig mit seinen Grundstücken disponierte, CDB V/2, Nr. 638, worin wegen der Kompliziertheit der Angelegenheit Vertreter von Olmütz und Troppau hinzugezogen werden mussten. Wir haben bei ihm jedoch keine Bestimmung seines bürgerlichen Standes.

119 CDB V/1, Nr. 360. Die Urkunde ist nur in tschechischer Übersetzung erhalten, die so präzise ist, dass sie die Rekonstruktion des lateinischen Wortlauts und ihre Bestimmung als Werk des Notars Konrad ermöglichte. Zu dieser Urkunde auch M. Sovadina, Lenní listiny biskupa Bruna [Lehensurkunden Bischof Brunos], S. 444.

Besitz.[120] Dabei werden Grundstücke, die sein Eigentum waren, von zinspflichtigen unterschieden.

Die Nachrichten über Landbesitz anderer Städte sind verstreut und nur zufällig erhalten, so dass seine Größe, seine Anzahl und sein Gebietsumkreis nicht genau bestimmt werden können. Trotzdem sind für eine Reihe von Städten solche Grundstücke festgestellt worden, und zwar auch in kleinen Orten. 1263 kauften die Bürger von Graber vom Kloster Doxan Grundstücke in Kopitz und Koršic *iure hereditario et teutonicali.*[121] Die Aktivität der Bürger von Graber wird auch durch die Lokationsurkunde für Bösig bestätigt, das gerade von zwei aus Graber stammenden Personen gegründet werden sollte, sowie durch die spätere Bestätigung seiner Stadtverfassung.[122]

In den nächsten Jahren begegnen wir dann häufiger Belegen über den Landerwerb durch Bürger. Der Iglauer Bürger Heymann kaufte ein Gut in Hussowitz bei Brünn vom Kustos der Olmützer Kirche, der 1264 erklärte, dass diese Grundstücke immer dem Kloster Obrowitz zinspflichtig waren.[123] Offensichtlich wegen dieser Verpflichtung entstand ein Streit zwischen dem neuen Besitzer und dem Kloster, zu dessen Entscheidung das Zeugnis des vorherigen Besitzers notwendig war.

Auch der Richter von Deutschbrod erhielt vom Herrn der Stadt, Smil von Lichtenburg, das Dorf Matzerau zu vollem Recht ohne jegliche Abgaben.[124] Andere seiner Felder in der Deutschbroder Pfarre werden auch 1279/1280 bei der Gründung des Klosters in Frauenthal erwähnt.[125] In dieses Kapitel können noch weitere Fälle aufgenommen werden. In der Lokationsurkunde von Braunsberg, angeblich von 1269,[126] erhält der Richter von Bischof Bruno ein bei der Stadt gelegenes Allodium. Die Beweiskraft dieser Nachricht wird zwar dadurch abgeschwächt, dass die Urkunde gefälscht ist, aber weiter oben haben wir bereits festgestellt, dass Braunsberg tatsächlich in dieser Zeit entstanden ist. Fast zur selben Zeit (1269) wurde ein Streit zwischen dem Kloster von Welehrad und dem Troppauer Bürger Lohen um Grundstücke in Groß Hoschütz beigelegt.[127] Die Entscheidung darüber befriedigte beide Seiten und zwanzig Jahre später war der Troppauer Bürger immer noch Besitzer dieses Eigentums, wie sein Verkauf einer Wiese zeigt.[128] Troppauer Bürger hatten auch Berghufen

120 CDB V/2, Nr. 871. In dieser Urkunde wird der Donator zwar nicht als *civis* bezeichnet, aber dies ist aus einer Reihe anderer Brünner Belege bekannt.

121 CDB V/1, Nr. 397. Ähnlich wie bei dem weiter oben angeführten Olmützer Bürger Otto behält sich das Kloster auch hier zunächst das Rückkaufsrecht und die eventuelle Zustimmung zum Käufer vor.

122 Kejř, Městské zřízení [Die Stadtverfassung], S. 238–239. Über die Position von Graber bei der Besiedlung des Umlandes auch J. Pražák, Privilegium pro Doksany [Das Privileg für Doxan], S. 188–189.

123 CDB V/2, Nr. 416. Zeugen waren Brünner Bürger, vom Stadtsiegel ist aber keine Rede.

124 CDB V/1, Nr. 461. Bedingung ist, dass der Besitzer des Dorfes im Falle der Kriegsgefahr Bewaffnete aufstellt.

125 CDB V/2, Nr. 622.

126 CDB V/2, Nr. 597++.

127 CDB V/2, Nr. 592. Siehe Šebánek, Česká listina [Die böhmische Urkunde] 1, S. 158, Anm. 41. Der Ort, wo die Verhandlung stattfand, war das Minoritenkloster in Troppau.

128 CDM IV, Nr. 288. Der Bürger siegelte mit seinem eigenen Siegel und ließ noch das Troppauer Siegel hinzufügen. Dazu Šebánek, Česká listina [Die böhmische Urkunde] 3, S. 141.

in Bennisch und in Iglau, was ihnen König Přemysl Otakar II. 1271 zusammen mit anderen Vorrechten bestätigte.[129]

Zum Jahr 1272 haben wir zwei Aufzeichnungen über Landgüter. Die erste von ihnen betrifft die genannten Bürger von Saaz,[130] die vom Kloster Strahov das Dorf Stankowitz erwarben. Der zweite Fall ist die Entscheidung eines Streitfalles zwischen dem Stift Klosterbruck und den Bürgern von Znaim über die Grenzziehung zwischen Grundstücken.[131] Den Znaimern bestätigte auch König Rudolf ihre außerstädtischen Güter und gab ihnen darüber hinaus noch den Wald vor der Stadt, damit nach seiner Rodung die Felder dem Nutzen der Stadt dienten.[132] In das Jahr 1274 gehört dann die Verpflichtung von Kaadener Bürgern, einer Witwe und ihres Sohnes, dass sie von ihrem Landgut jährlich dem St. Franziskus-Spital der Kreuzherren eine Silbermark oder eine andere Leistung in Höhe dieses Preises zahlen sollten.[133]

Einen gewissen Verdacht erweckt eine Quittung von ungewöhnlicher Form, in der König Přemysl Otakar II. bestätigt,[134] dass der Richter von Dobrzan dem Propst von Chotieschau Hufen, Mühlen und andere Güter für 330 Mark verkauft hat. Davon erhielt dann 110 Mark der Verkäufer, der Rest in Höhe von 220 Mark fiel an den König als Freikauf von der Schuld, dass der Richter unrechtmäßig zwei *cives pociores* aus Mies hinrichten ließ. Dobrzan war in jener Zeit zweifellos eine Stadt.[135] Es ist unsicher, aber möglich, dass zwei Donatoren, die 1276 dem Spital in Eger zwei Gehöfte geschenkt haben,[136] Egerer Bürger waren.

1278 beschloss König Přemysl Otakar II., dass die Güter, die wegen des Verrats von Boreš von Riesenburg[137] an den königlichen Hof fielen und bei der Stadt Ungarisch Brod lagen, den Bürgern überlassen werden. In der Urkunde werden die Abgaben aus den Hufen für die Bürger festgelegt, die sie halten sollten. Zugleich werden in der Bezahlung des Zinses die allgemeine Verpflichtung der Stadt und die Abgaben, die die Besitzer dieser so erworbenen Hufen leisten müssen, deutlich unterschieden. Also nicht die Stadt, sondern die einzelnen Bürger ziehen aus diesem Geschenk Nutzen.

Auch der Brüxer Bürger Arnold, genannt Bischof, hatte ein Allodium, von dem er 1278 dem Kloster Ossegg eine regelmäßige Rente bestimmte.[138] Drei Jahre später wurde diese Abmachung dann mit einigen Zusätzen unter dem Siegel der Stadt durch den Richter und die Schöffen bestätigt.[139]

Ein besonderer Fall trat 1263 ein, als das Kloster von Břewnow die Rückgabe eines Dorfes verlangte, das der Prager Bürger Frowinus unrechtmäßig in Besitz

129 CDB V/2, Nr. 647.
130 CDB V/2, Nr. 657. Zu der Urkunde J. Tomas, Počátky Žatce [Die Anfänge von Saaz], S. 39, der ihre Bestimmungen analysierte und ausrechnete, dass in ihr zusammen mit den Zeugen 20 Saazer Bürger aus zehn Familien genannt werden.
131 CDB V/2, Nr. 675.
132 RBM II, Nr. 1139.
133 CDB V/2, Nr. 732.
134 CDB V/2, Nr. 771+.
135 Kejř, Městské zřízení [Die Stadtverfassung], S. 236–237.
136 CDB V/2, Nr. 821.
137 CDB V/2, Nr. 856.
138 RBM II, Nr. 1158.
139 RBM II, Nr. 1264.

genommen hatte.[140] Durch die Entscheidung König Přemysl Otakars II. wurde die Herrschaft des Klosters wieder hergestellt. Die Witwe des Frowinus, Malichie, trat dann alle Rechte, um die der Streit geführt wurde, gleich 1264[141] nach dem Schiedsspruch an das Kloster ab und nahm als Gegenwert 60 Mark entgegen. Es ist offensichtlich, dass die Expansion städtischen Grundbesitzes auf dem Lande sehr kämpferisch und unter Verwendung rechtswidriger Mittel verlief, wie wir schon früher im Fall des Prager Bürgers Campnosius festgestellt haben. Břewnow erwarb 1279 durch Kauf das Dorf Třebenitz von adligen Besitzern,[142] das ein Prager Bürger gegen Zins in Besitz hielt.

Das Recht auf Erwerb außerstädtischer Güter erhielten 1291 auch die Bürger von Littau durch eine Entscheidung König Wenzels II.[143] Eine besondere Bedeutung hat die Festlegung, dass die Besitzer solcher Grundstücke weder dem Landgericht noch der Jurisdiktion irgendwelcher Beamter unterstehen sollten, sondern vor das Stadtgericht gehören. Das ist offenbar eine Folge davon, dass sie Güter von Adligen kaufen können *(a nobilibus)* und dass es deshalb zu Streitigkeiten über die Gerichtszugehörigkeit kommen konnte, die sich also nach dem Personalprinzip richtet.

Eine ähnliche allgemeine Erlaubnis zum Güterkauf von Adligen erhielten im selben Jahr 1291 auch die Olmützer Bürger gleichzeitig mit der Entlassung aus der Gerichtsbarkeit jeglicher Beamter und der Zuweisung zum Stadtgericht.[144] Auch das Privileg der Stadt Leobschütz von 1298 bestimmt, dass die Bürger Grundstücke von Adligen kaufen können, allerdings mit der Einschränkung, dass es sich nicht um Lehensgüter handeln durfte.[145] Das entspricht auch einem Artikel des Brünner Privilegs von 1243.[146] Eine gleiche Bestimmung kann man auch im Artikel II der Iglauer Urkunde[147] lesen, die, obwohl sie nicht authentisch ist, den gleichen Grundsatz bezeugt und ebenso das Recht der Bürger, Güter und auch Untertanen innerhalb und außerhalb der Stadt zu erwerben. Man kann annehmen, dass die Kompetenz des Stadtgerichts sich auch auf Streitfälle über den Landbesitz der Bürger bezog.

Es ist nicht notwendig, weitere Einzelfälle von bürgerlichem Landbesitz zu verfolgen. Vielleicht wird in Zukunft eine gründliche Studie über diese Angelegenheit

140 CDB V/2, Nr. 378.

141 CDB V/2, Nr. 426. Wie es scheint, waren nicht einmal damit alle Streitigkeiten um Řepy beigelegt, weil noch 1287, RBM II, Nr. 1420, ein Schiedsspruch der Prager Bürger eine Auseinandersetzung zwischen dem Abt von Břewnow und Prager Bürgern, zwei Brüdern, Söhnen des Frenclinus, also Nachkommen einer der Personen, die bereits 1264 zusammen mit der Witwe Malichie aufgetreten waren, entschied. Zu beiden Urkunden Šebánek, Česká listina [Die böhmische Urkunde] 3, S. 130–131. Seine Feststellung, dass sich das Kloster der Entscheidung von Laien unterwarf, ist zu bestätigen, aber gleichzeitig kann darauf hingewiesen werden, dass der Unterschied zum Spruch im Streitfall vor dem Gericht der Stadt Mährisch Trübau in Sachen des Klosters von Mariakron von 1270, CDB V/1, Nr. 628, worüber schon weiter oben gesprochen wurde, darin besteht, dass es hier um einen Schiedsspruch und nicht um ein Gerichtsurteil geht.

142 RBM II, Nr. 1171.

143 RBM II, Nr. 1533 = CDM IV, Nr. 294.

144 RBM II, Nr. 1639 = CDM IV, Nr. 296.

145 RBM II, Nr. 1794 = CDM VI, Suppl. Nr. 8, S. 371.

146 CDB IV, Nr. 17, S. 84. Siehe dazu weiter oben, S. 252.

147 CDB IV, Nr. 177, Art. II, S. 295–296.

vorgelegt, die nicht nur die wirtschaftliche Bedeutung, sondern auch alle rechtlichen Aspekte und die ständischen Interessen der Bürger behandeln sollte. Es genügt, nun auf einige allgemeinere Züge hinzuweisen.

Der Besitz von Landgütern ist keine Ausnahme, sondern eine sehr verbreitete Erscheinung in den böhmischen und mährischen Städten. Seine Rechtsverhältnisse sind sehr vielgestaltig und zeigen, dass die Rechtsgeschäfte mit solchen Objekten sehr uneinheitlich waren: Von einer gewissen Zinspflichtigkeit solcher Grundstücke bis fast zu Lehensverhältnissen, von Kauf und Verkauf der Grundstücke oder Stiftungen für kirchliche Institutionen bis zu testamentarischen Bestimmungen, von Streitfällen, die durch Schiedsrichter geschlichtet wurden, bis zum Strafgeld an die königliche Kammer finden wir vielfältige Vorgänge. Ein großer Teil der Belege stammt aus Klosterurkunden oder aus solchen, an deren Ausstellung Klöster interessiert waren. Darin zeigt sich auch die Beziehung zur Urkunde: Eine schwache beim Adel, eine stärkere bei Städten und Klöstern. Daraus kann gefolgert werden, dass nur ein kleiner Teil solcher Grundstücke quellenmäßig überliefert ist, während die weitaus größere Anzahl sich unserer Kenntnis entzieht.[148] Im Gesamtumfang bedeuteten die Landgüter der Bürger im Vergleich mit dem Landbesitz des Königs, der Adligen oder der kirchlichen Institutionen wohl keine entscheidende Verschiebung im Bodenbesitz, aber sie waren ein Zeugnis für die dynamische Entwicklung des Eigentums der Bürger und für das Entstehen einer neuen Wirtschaftsmacht, die in den sich entfaltenden Städten aufkam.

148 Als Beispiel kann die Bestätigung des Waldes beim Dorf Skripp für die Troppauer Bürger durch König Přemysl Otakar II. 1277 angeführt werden, CDB V/2, Nr. 832. Der Herrscher garantiert hier das Recht zum Grundstück, *quam ipsis olim vendideramus ab antiquo.* Nur die Tatsache, dass sich die Troppauer diesen Besitz nachträglich bestätigen ließen, bezeugt seine Existenz.

VI. DER MARKT

Sind die Märkte Vorläufer der Städte? – Fernhandel und Nahmarkt. – Das Marktregal und der Wandel des freien zum rechtlichen Markt. – Marktorte und ihre Bewilligung. – Forum, forensis. – Villa forensis. – Marktfrieden. – Marktgerichtsbarkeit. – Jahrmärkte. – Das „Kaufhaus". – Die Abhaltungszeit des Marktes. – Märkte und kirchliche Feste. – Marktkirchen.

In unseren vorrangegangenen Ausführungen sind wir wiederholt in unterschiedlichen Zusammenhängen dem Verhältnis der Städte zum Markt oder dem Marktrecht begegnet. Dies geschah bereits in den Ausführungen zur Terminologie bei der Behandlung des Begriffs *forum* oder der Wortverbindungen mit dem Adjektiv *forensis*. Recht gründlich haben wir uns auch mit dem Begriff *ius fori* im Kapitel über das Stadtrecht befasst. Der Markt ist ein so wichtiger Bestandteil des städtischen Lebens, dass ihm unbedingt eine eigene Darstellung gewidmet werden muss, auch mit dem Risiko, dass einige Zusammenhänge erneut erscheinen. Dies ist auch deshalb notwendig, um einige ältere Missverständnisse in der Beziehung von Markt und Stadt zu beseitigen.

Zu den häufigen Fragen, die verschiedene Forscher zu lösen versuchten, gehört auch die nach der Entstehung von Städten aus Märkten.[1] Dieser Frage stehen nicht die zahlreichen Fälle der Verlegung eines Marktes an einen neuen günstigeren Ort, der bereits über einen städtischen Status verfügt, im Wege, ebenso wenig das allgemeine Prinzip, dass fast jede Stadt mit einem Markt ausgestattet ist. Das Problem liegt anderswo: Warum haben sich aus einer großen Anzahl von Märkten niemals Städte entwickelt und warum haben nur einige die Voraussetzungen für die Erhebung zur Stadt erworben? Es wurde sogar auch das kategorische Urteil ausgesprochen, dass Märkte überhaupt nichts zur Genese von Städten beigetragen haben.[2]

Ein Vergleich der oft sehr fundierten Konstruktionen zum Verhältnis Markt-Stadt zeigt, dass ihre Zwiespältigkeit vor allem durch die Unterschiedlichkeit der Ausgangspunkte hervorgerufen wird: Nicht nur der geographischen und zeitlichen,

---

1 W. Hensel, Méthode archéologique, S. 306.

2 W. Sombart, Kapitalismus, S. 135: „Zur Genesis der Städte haben die Märkte nichts, aber auch rein gar nichts beigetragen." Diese Ablehnung der städtebildenden Rolle der Märkte ist unter Berücksichtigung von Sombarts Definition der Stadt im wirtschaftlichen Sinne zu verstehen, nämlich als Ort, der auf die Produkte der Landwirtschaft angewiesen war – siehe schon in Kap. I, S. 22. Der ländliche Markt – das Marktdorf – erzeugt nämlich selbst landwirtschaftliche Produkte und ist nicht auf die Einfuhr von Lebensmitteln angewiesen.

wenn sich in unterschiedlichen Regionen und zu unterschiedlichen Zeiten die Bedingungen auf unterschiedliche Weise herausbildeten, sondern auch der begrifflichen Ausgangspunkte, wenn der Unterschied von Markt und Rechtsstadt nicht klar erfasst und Märkte schon als Städte angesehen wurden.[3] Die Ausgangspunkte der verschiedenen Arbeiten über den Weg vom Markt zur Stadt sind nicht völlig vergleichbar, und deshalb haben auch ihre Schlussfolgerungen nur eine relative Gültigkeit für das Gebiet und die Zeit, mit der sie sich beschäftigen.[4]

Die fehlende Unterscheidung von Märkten und Städten wurde mehr als einmal durch die zu allgemeine Betonung der ökonomischen Auffassung der Arbeitsteilung zwischen Landwirtschaft und Handwerk verursacht, was letzten Endes dazu führte, Märkte bereits als Städte anzusehen.[5] Eine solche Begriffsvermischung von Markt und Stadt verstößt allerdings u. a. deshalb gegen ein sehr wichtiges Merkmal des städtischen Lebens, weil sie auch weitere ökonomische Vorrechte übergeht, die erst wirklichen Städten erteilt wurden und nicht bloßen Märkten, wie das Bannmeilenrecht oder das Stapelrecht, die eigene Gerichtsbarkeit und vor allem die Stellung der Bürger als *cives* im Unterschied zu bloßen *homines*, die die Marktdörfer bewohnen. Der ausschließliche Blick auf den isolierten Faktor des Tauschs auf dem Markt verzerrt und verringert die wirkliche Bedeutung der Städte. Der Markt ist in einer weitaus größeren Anzahl von Orten belegt als die Zahl der Städte beträgt.

Gewisse Andeutungen in den Quellen konnten dazu verleiten, den Markt als entscheidendes Merkmal der Stadt anzusehen. Sehr lange hat sich das aus der Schrift „Ereignisse aus der Zeit König Wenzels I."[6] stammende Missverständnis gehalten, in dem über den Landesherrn gesagt wird: *civitatem Pragensem fecit murari et alias villas forenses, que iuxta vulgare nostrum dicuntur civitates, muniri precepit.*

Das führte zu der Interpretation, dass *villae forenses* eigentlich Städte seien.[7] Tatsächlich aber wird nicht behauptet, dass Marktdörfer Städte sind, sondern dass sie

---

[3] Es genügt, daran zu erinnern, dass nicht einmal die vortreffliche Arbeit über die Stadtterminologie, H. Andersson, Urbanisierte Ortschaften, sich um eine genauere Klassifikation bemüht, siehe dazu weiter oben.

[4] So hat z. B. O. Feger, Vom Markt zur Stadt, S. 1, nachdrücklich darauf hingewiesen: „Man kann nicht einfach die an einem Ort festgestellten Entwicklungsreihen auf einen anderen Ort übertragen."

[5] Eine solche Verwirrung finden wir bei Graus, Dějiny [Geschichte] II, S. 103, wenn er behauptete, dass Dörfer durch die Erteilung des Marktrechts zu Städten erhoben wurden, ohne sich bewusst zu sein, dass die Erhebung zur Stadt etwas ganz anderes ist als die Bewilligung des Marktes, oder als er mit der Annahme der Entstehung eines Netzes von Märkten bzw. Städten die Begriffe vermischte. Nicht richtig ist auch seine Berufung auf die Příběhy krále Václava I. [Ereignisse aus der Zeit König Wenzels I.], FRB II, S. 303, für die Behauptung, dass der Markt das wichtigste Merkmal der Stadt war, wenn der bekannte Ausspruch, zu dem wir später zurückkehren, in Wirklichkeit ein Beleg für zwei unterschiedliche Rechts- und Siedlungstypen ist, nämlich des Marktes und der Stadt. Auch Z. Kaczmarczyk, Początki, S. 24–25, hält die Märkte für Siedlungseinheiten städtischen Charakters, wodurch sich das Netz von Städten vergrößert. Ungenügend differenziert auch M. Kučera, Geneza miest [Die Genese der Städte], S. 149, demzufolge ein Marktsystem des 13. Jahrhunderts schon eine wirkliche Stadt ist. Auch A. Kubinyi, Die Anfänge Ofens, S. 46–47, vereinfacht zu sehr mit der Erwägung, dass Marktorte schon vor der Gründung von Rechtsstädten die Rolle von Städten gespielt haben.

[6] [Příběhy krále Václava I.] FRB II, S. 303.

[7] Zu diesem Schluss kam auf der Basis der Urkunde von Welehrad aus dem Jahre 1220, CDB II, Nr. 195, V. Vojtíšek, Bratislavské burgum [Das burgum von Preßburg], in: V. Vojtíšek, Výbor [Auswahl], S. 421, was weitere Autoren beeinflusst hat.

in tschechischer Sprache – *iuxta vulgare nostrum* – mit dem Wort Stadt bezeichnet werden. In den Anfangszeiten der Städte, in der ältesten Schicht ihrer Herausbildung, wurde offensichtlich in der geläufigen Volkssprache nicht der institutionelle Unterschied zwischen Marktdorf und Stadt erfasst, aber er war den lateinischen Quellen und den Bürgern selbst gut bekannt. Also ist die Mitteilung des Chronisten kein Beleg für die Identität von Märkten und Städten. Es ist nur ein indirekter Beweis dafür, dass es zwei Kategorien von Siedlungen gab, die vereinfacht und in der Volkssprache mit demselben Begriff bezeichnet wurden.[8]

Der Markt kann auch in ausländischen Quellen als scheinbar bestimmendes Merkmal der Stadt festgestellt werden. Das sog. *Chronicon Urspergense* unterscheidet bei der Schilderung der Verluste, die Philipp von Schwaben am herrschaftlichen Besitz erlitt, *villas seu predia rusticana*, die an den Adel verpfändet wurden, und *civitates seu villas, in quibus fora habentur*, die im Besitz des Herrschers blieben.[9] Eine gewisse Ähnlichkeit mit diesem Ausspruch hat auch die Großpolnische Chronik: *Vicus enim in slavonico proprie civitas dicitur, in qua forum exercetur. Nunquam aliqui dicunt „transeamus ad civitatem", sed „vadamus ad wik"*.[10] Die Parallelen zu der zitierten Stelle aus der Schrift „Ereignisse aus der Zeit König Wenzels I.", in der es ebenfalls eine Anspielung auf die Bezeichnung in der Volkssprache gibt, sind nicht zu übersehen.[11]

Alle drei Textbeispiele stammen aus Chroniken und nicht aus amtlichen Dokumenten. Sie sind deshalb eher ein Beleg für die Verwendung der Bezeichnungen in der gewöhnlichen Rede als für die präzise Unterscheidung von Märkten und Städten. Aber auch im Urkundenbestand haben wir Beispiele für die Bezeichnung *villa cum foro* an Stelle von *civitas*, nämlich in päpstlichen Urkunden,[12] die lange den Begriff *civitas* gemieden haben, der mit einem Bischofssitz verbunden ist. Mit der Verbindung „Dorf mit Markt" erfassten sie auch einwandfrei erwiesene Städte. Das ist also keine beweiskräftige Quelle für eine rechtliche Qualifikation.

Die komplizierten Diskussionen über den Charakter der Märkte als Vorgänger von Städten, wie wir ihnen in Werken über Städte in unserer Nachbarschaft begegnen, können für unser Gebiet nur einen fernen Widerhall finden. Die Märkte sind in der Zeit der Städtegründungen bereits eine eingebürgerte Institution, aber kein selbstverständlicher Impuls für die Entwicklung der Siedlungseinheit zur Stadt. Die Entstehung der Städte überdeckt in gewissem Maße das bisherige Netz von Märkten, aber

8 Einzelheiten dazu bei KEJŘ, Die Anfänge, S. 440–442.

9 C. FREY, Die Schicksale des königlichen Gutes in Deutschland unter den letzten Staufern seit König Philipp, Berlin 1881, S. 6.

10 H. LUDAT, Ursprung der Wieken, S. 131. Ausführlicher bereits im Kapitel über die Terminologie bei der Auslegung des Begriffes *vicus* und dort auch Verweise auf die Literatur in Anm. 34.

11 [Příběhy krále Václava I.]. Unter dem Aspekt der Bedeutung und der Herkunft des Wortes *vicus* behandelte die zitierte Passage aus der Großpolnischen Chronik W. SCHLESINGER, Frühformen, S. 210. Es kann auf eine Parallele im Polnischen hingewiesen werden, wo *locus* der lateinischen Quellen als Miejsce oder Meszcze in Eigennamen erscheint, A. GIEYSZTOR, From forum to civitas, S. 13.

12 KEJŘ, Päpstliche Urkunden, bes. S. 62–63, wo gezeigt wird, dass es in den päpstlichen Urkunden einen deutlichen Unterschied zwischen kanonistischen und einheimischen Begriffen gibt.

lässt es teilweise auch unberücksichtigt; es gibt nämlich keinen direkten Zusammenhang zwischen dem Markt und der Einbürgerung der Stadtverfassung. Wir können deshalb auf die Entwicklungsstufen im Ausland nur zur besseren Orientierung verweisen.

Das prinzipielle und sehr kategorisch ausgesprochene Urteil, dass sich die deutschen Städte räumlich von einem bestimmten Ausgangspunkt, dem Markt, entwickelt haben und dass der Markt der Hauptfaktor für die Entstehung der Städte war,[13] hatte zwar in Vielem Recht, aber seine Einschränkung und Korrektur ist notwendig. Auch bei den Marktorten, die sich in Städte verwandelten, war nicht der Markt der entscheidende Faktor, sondern ein Handelsweg, ein bestimmtes Handwerk, Bodenschätze oder ein anderer Impuls.[14] Wenn man anerkennt, dass der Impuls der Markthandel und nicht die dörfliche Wirtschaft war,[15] und wenn man behauptet, dass der Markt nur in Verbindung mit der Produktion und dem Geldhandel ein städtebildender Faktor sein kann,[16] so wird damit sicherlich die Bedeutung der Märkte nicht geleugnet, sondern es bedeutet eine bestimmtere Eingrenzung ihres Anteils an der Entstehung der Städte. Sicherlich kann die Berechtigung des Gedankens anerkannt werden, dass das Wachsen der Markt- und Stadtzentren nicht durch das Anwachsen der Population bewirkt wird, sondern durch die Veränderung der ökonomischen Struktur,[17] die – wie wir hinzufügen können – den Zustrom neuer Bewohner hervorruft.

Der Markt ist sicherlich ein wichtiges städtebildendes Element, aber allein genügt er nicht. Es mussten weitere Momente hinzukommen,[18] damit eine Stadt entstand. Es müssen auch die topographischen Veränderungen bei der Gründung von Städten in Betracht gezogen werden, die durch die organische Verbindung einfacher Siedlungseinheiten entstanden, von denen der Markt am weitesten entwickelt war.[19] Über die räumliche Begrenzung des Marktplatzes, die im Zusammenhang mit der Entstehung der Stadt aufmerksam verfolgt werden muss, werden im Folgenden noch einige Bemerkungen zu machen sein. Die Stadt musste ein Hinterland haben, ohne ein solches blieb der Markt lediglich auf dörflichem Niveau.[20]

Ein weiterer Gegenstand der Überlegungen war, ob für die Entstehung einer Stadt der Fernhandel oder der lokale Markt eine größere Bedeutung hatten. Auf dem lokalen Markt konnte kein außergewöhnlicher Gewinn erzielt werden. Wesentlich mehr konnte der Händler verdienen, wenn er Produkte, die andernorts verlangt wurden, billig einkaufte und sie dann dort teurer verkaufen konnte.[21] An den Fernhandelswegen konnten Zentren entstehen, in denen sich die Händler trafen und Unterkunft

---

[13] Rietschel, Markt und Stadt, S. 130.
[14] von Below, Ursprung, S. 17–18.
[15] Rietschel, ebd.; Lalik, Z zagadnień [Aus den Problemen?], S. 480.
[16] Lalik, Kształtowanie [Herausbildung], S. 118.
[17] Gieysztor, From forum to civitas, S. 9.
[18] Schlesinger, Der Markt als Frühform, S. 269. Ebd., S. 291, über die begrenzten Möglichkeiten des Aufstiegs eines Marktes zur Stadt.
[19] Stoob, Zeitstufen der Marktsiedlung, S. 49.
[20] Junghanns, Die deutsche Stadt, S. 25.
[21] Planitz, Kaufmannsgilde, S. 14.

sowie Handelsmöglichkeiten fanden – wir denken hier an den Prager Teinhof. Aber solche Siedlungen bevorzugten Orte, die dafür auch andere Voraussetzungen hatten, z. B. den Schutz durch den Landesherrn, eine günstige Lage an Wegen und Furten u. a., und nahmen so das Wachsen großer Siedlungen vorweg, von denen der Weg nicht zu kleinen Städten und ihren Märkten führte.[22] Aber der Existenznachweis solcher Händlergemeinden ist vor allem deshalb unsicher, weil sich die Stadt auf der Grundlage der ständigen Einwohner herausbildete und nicht aus den periodischen Besuchern. Fernhandel in ältester Zeit lässt sich dann zwar in einer Reihe von Vorburgen feststellen, eher jedoch durch ausgegrabene materielle Gegenstände als durch schriftliche Nachrichten, aber es ist die Frage, welche Bedeutung der Anteil der nicht allzu produktiven Untertanenbevölkerung haben konnte. Es ist wahrscheinlich, dass davon vor allem die Grundherren profitierten.[23]

Wenn wir nach Zentren des Fernhandels bei uns suchen, werden wir nur wenige finden, auch wenn noch weitere Orte daran Anteil gehabt haben könnten. Außer Prag mit dem Tein und der deutschen Gemeinde bei St. Peter lassen sich Fernhändlerzentren in Brünn feststellen, wo wir zum Jahr 1231 von einer Gruppe Romanen erfahren, die in der Umgebung der St. Nikolaus-Kapelle siedelten[24] – wir wollen daran erinnern, dass dieses Patrozinium typisch für Händlertätigkeit ist! – von denen allgemein angenommen wird, dass sie dem Kaufmannsstand angehörten. Über einen alten Handelsweg in der Nähe von Leitmeritz gibt es eine Nachricht anlässlich der Gründung des Kapitels von Wyschehrad durch König Vratislav,[25] da die *via foralis* die Grenze eines der geschenkten Güter bildet. Die Andeutung eines Handelsweges ergibt sich aus der Nachricht über *mercatores* von Kladrau[26] und mit Fernhandel können wir auch in Znaim rechnen, für das ein *vicus Ungarorum* belegt ist. Trotzdem lässt sich kein Zusammenhang zwischen der Entstehung dieser Städte und den Händlersiedlungen konstruieren. Viel wahrscheinlicher ist es, dass sich die Händler deshalb in diesen Orten niederließen, weil sie hier unter dem Schutz mächtiger Burgen und von Herren aus dem Herrschergeschlecht günstige Bedingungen für ihre Tätigkeit fanden. Dies war der Fall bei Siedlungen der Teilfürsten oder des Landesherrn selbst oder bei solchen in der Nähe eines reichen Klosters an einem Handelsweg. Allgemein kann auch gesagt werden, dass das geographisch abgeschlossene Gebiet Böhmens keine Bedingungen für einen Transithandel größeren Ausmaßes bot.[27]

Die gegenwärtige Forschung neigt zu der Ansicht, dass der lokale Markt eine weitaus größere Bedeutung für die Entstehung der Städte hatte. Die meisten der neu

22 SCHLESINGER, Forum, S. 294.

23 G. LABUDA, Die Anfänge, S. 323ff.

24 CDB III/1, Nr. 14. Es wurde ihnen erlaubt, einen eigenen romanischen Priester zu haben, aber in der Kapelle durften keine Sakramente ausgeteilt werden. Es kann daran erinnert werden, dass auch Soběslavs Privileg für die Prager Deutschen im Art. 11 mit einer romanischen Bevölkerung rechnet, siehe die Edition bei KEJŘ, K privilegiu [Zum Privileg], S. 252.

25 CDB I, Nr. 387. Die Urkunde ist zweifelhaft, aber der topographischen Angabe kann wohl geglaubt werden. Über den Handelsweg schon LIPPERT, Leitmeritz von seiner Gründung bis zum Beginn der Čechisierung, MVGDB 5, 1887, S. 57.

26 Siehe weiter oben, S. 184.

27 Das Gleiche gilt für Ungarn; E. FÜGEDI, Die Entstehung des Städtewesens, S. 103–104.

gegründeten Städte wurden als lokaler Markt angelegt[28] und gewannen dadurch eine zentrale Position in der umliegenden Gegend. Die früher vertretene Theorie, dass das Marktrecht, und zwar allein das Marktrecht, der direkte und ausschließliche Vorläufer des Stadtrechts gewesen sei,[29] die sog. Marktrechtstheorie, ist wiederholt abgelehnt worden.[30] Auch die Meinung, dass das Kaufmannsrecht eine Hauptquelle sei,[31] fand keine Anerkennung, weil das Anknüpfen einer Stadtgemeinde, die an einem genau umrissenen Ort wirkte, an eine Kaufmannsgilde, die sich auf einen bestimmten Personenkreis bezieht, nicht bewiesen werden kann.[32] Es kann hinzugefügt werden, dass die Gilde, also eine Gesellschaft von Kaufleuten, an und für sich keine zentrale Rolle zu spielen vermag.

Auch in unserem Gebiet lässt sich keine lineare Entwicklung vom Markt zur Stadt nachweisen. Oft wird unter dem Eindruck der ökonomischen Verbindungen ein sehr wichtiges Moment übersehen, nämlich die Machtbefugnis des Landesherrn bei der Anwendung des Marktregals und seine Befugnis, eine Stadt zu gründen oder eine Stadterhebung vorzunehmen. Das sind keine identischen Erscheinungen, es geht um zwei verschiedene Ebenen der Ausübung der Hoheitsrechte des Landesherrn. Dies konnte zwar oft in einem einzigen Akt erfolgen, aber auch völlig voneinander getrennt sein. Wir vermissen eine gründliche Erklärung der Entstehung und Anwendung des Marktregals. Sicher ist, dass bei uns das Regal eine Parallele zu den Rechten des Landesherrn anderer Staaten ist, aber über seine ursprüngliche Entstehung herrscht bis jetzt keine Übereinstimmung. Gegen die Ansicht, dass seine Anfänge bis zum Beginn des fränkischen Staates verfolgt werden können,[33] richtet sich offensichtlich die präzisere Schlussfolgerung, dass es sich erst seit dem 9. Jahrhundert herausbildete.[34] Es scheint eine unleugbare Basis für das Marktregal im Zollregal zu geben,

---

28 Schlesinger, Forum, S. 293. Der gleiche Autor betont in Städtelandschaften, S. 50, dass der lokale Markt größere Betonung verdient als bisher. Bereits A. Schulte, Reichenauer Städtegründungen, S. 154, hat geschlussfolgert, dass die Städte nicht durch die Jahres-, sondern die Wochenmärkte begründet wurden. Auch Rietschel, Markt und Stadt, S. 45, meinte, dass erst der Wochenmarkt die Entstehung einer Handelssiedlung ermöglichte. Eine ähnliche Ansicht vertrat auch H. Büttner, Markt und Stadt zwischen Waadtland und Bodensee bis zum Anfang des 12. Jahrhunderts, SZG 11, 1961, S. 1–26.

29 Sohm, Die Entstehung, bes. S. 15.

30 Bes. von Below, Ursprung, vor allem Kap. I und V.

31 Planitz, Kaufmannsgilde, S. 103ff.

32 Ennen, Frühgeschichte, S. 166, und übereinstimmend auch Schlesinger, Zur Frühgeschichte, S. 81.

33 Buczek, Targi [Märkte], S. 39–41.

34 Sichere Belege über die Entstehung des Marktregals erst seit dem 9. Jahrhundert bringt T. Endemann, Markturkunde und Markt in Frankreich und Burgund vom 9. bis 11. Jahrhundert, Konstanz/Stuttgart 1964, S. 38ff. Der gleichen Ansicht ist auch Schlesinger, Der Markt als Frühform, S. 268. Rietschel, Markt und Stadt, S. 16–17, hat gezeigt, dass unter Ludwig dem Frommen das Marktregal noch nicht existierte, wie aus der Erlaubnis des Münzprägens für Corvey 833 abzuleiten ist; zu dieser Urkunde auch Schlesinger, Vorstufen, S. 240. W. Spiess, Das Marktprivileg, S. 396, hat nachgewiesen, dass der ökonomische Aufschwung der Karolingerzeit zu einer hohen Wertschätzung des Marktes führte, was die gestärkte Königsmacht zur Monopolisierung dieser wichtigen Einnahmequelle – des Marktregals – veranlasste. O. Gönnenwein, Marktrecht und Städtewesen, S. 347, datierte zwar das Marktregal unpräzise von der fränkischen Zeit an, wies aber nach, dass die Erteilung des Marktrechts meist mit der Erlaubnis zur Münzprägung verbunden war.

wie dies auch für unser Gebiet nachzuweisen ist.[35] Es setzte sich die fiskalische Ausnutzung der Märkte durch den Landesherrn durch,[36] der auf der anderen Seite auch die Verpflichtung entsprach, den Märkten Schutz zu gewähren.

Es ist nicht einfach, die Anfänge des Netzes von Märkten und deren allmähliche Unterordnung unter das Herrscherregal nachzuvollziehen. Die ursprünglichen Märkte, die aus ökonomischen Interessen und durch Zusammentreffen einer größeren Anzahl von Menschen entstanden, hatten noch keine rechtliche Ordnung. Diese bildete sich dann sowohl aus den Gewohnheiten und Bräuchen der Kaufleute als auch aus den Regeln heraus, die die schutzbietende souveräne Macht festlegte. Man kann deshalb eine Differenzierung der Märkte akzeptieren: 1. im ökonomischen Sinn, 2. im topographischen Sinn und 3. im juristischen Sinn.[37] Im Laufe der Zeit lässt sich ein allmählicher Wandel der ökonomischen Märkte in rechtliche beobachten, bei denen auf der einen Seite die Pflicht zur Zahlung von Gebühren (z. B. Zoll) verlangt wurde, dem aber auf der anderen Seite ein besonderer obrigkeitlicher Schutz entsprach. In vielen Fällen gehörte zu einem solchen Markt auch eine Münze.[38] Man unterscheidet also alte Märkte von solchen, die vom König privilegiert wurden, und es stellt sich die Frage, wie die alten Märkte der Regalbefugnis des Herrschers unterstellt wurden.[39] Die Verbindung von Münze, Zoll und Markt mit kohärenten Regeln für Aufsicht und Schutz war die Basis der Marktverfassung,[40] die durch das Marktrecht charakterisiert war. Aber trotz des Herrscherregals überdauerten noch lange Märkte von nur ökonomischem Charakter, z. B. in Tavernen und kirchlichen Immunitäten,[41] so dass nach der Entstehung der Rechtsstädte und nach der Schaffung des Bannmeilenrechts der städtische Markt durch Verbote von Tavernen in der Umgebung geschützt wurde. Dies zielte nicht nur auf die Stärkung des Monopols im Gaststättenwesen, sondern auch auf einen ungestörten Marktbetrieb, wie es schon im Kapitel über den Schutz der ökonomischen Prosperität der Städte erläutert wurde.

Dies greift schon in eine weitere Periode vor, in der Märkte planmäßig angelegt wurden.[42] Hier muss wiederholt werden, dass aus der Gründung eines Marktes rechtlich keine Stadt folgt und dass eine Marktgemeinde keine Voraussetzung für einen

35 Die gerade zitierten ENDEMANN und SCHLESINGER. Ebenso CH. WOLF, Grundstrukturen des Marktrechts, Baden-Baden 1988, S. 15–24. Für unsere Verhältnisse ZYCHA, Prag, S. 39ff. Seine Ergebnisse sind bis jetzt nicht übertroffen worden.

36 STOOB, Zeitstufen der Marktsiedlung, S. 49. Ein Beleg für die finanzielle Ergiebigkeit der Märkte für den Herrscher sind die ungarischen Verhältnisse, siehe MARSINA, Mesto a trh [Stadt und Markt], S. 82, mit Berichten über die Höhe der Einkünfte aus den Märkten.

37 EHMANN, Markt, S. 3–12. Der Autor arbeitete auf der Basis von ausgewählten, genügend repräsentativen Beispielen aus deutschen Städten, wobei er häufig auch zu Belegen aus jüngerer Zeit griff, aber er interessierte sich nicht für ländliche und außerstädtische Märkte und auch nicht für die Bedeutung der Bezeichnung „Markt“ im Sinn eines siedlungsrechtlichen Komplexes. Seine Darlegungen sind im Rahmen seines Forschungszieles auch für unsere Verhältnisse sehr instruktiv.

38 EHMANN, Markt, S. 6–7, in Übereinstimmung mit SCHLESINGER, Markt als Frühform, S. 274.

39 EHMANN, Markt, S. 13ff. und 29ff.

40 DILCHER, Marktrecht, S. 404.

41 EHMANN, Markt, S. 96–97.

42 GÖNNENWEIN, Marktrecht, S. 346.

Markt ist.[43] Es wurden – zwar nur ausnahmsweise – auch Fälle von Städten ohne Markt festgestellt.[44] Eine direkte Verbindung zwischen einem Markt und der an seiner Stelle entstandenen Stadt lässt sich generell nicht nachweisen.

Im Reich ist die Erteilung des Marktrechts von der Übersendung eines Handschuhs des Königs begleitet. Das ist eine allgemein anerkannte Form,[45] deren Bedeutung nicht nur symbolisch ist, sondern konstitutiv. Auf den Marktplätzen pflegten außer den Rolandsstatuen[46] auch Friedenskreuze zu stehen, an denen während der Dauer des Marktes dieser Handschuh als Ausdruck für die Garantie des Marktfriedens befestigt wurde.[47] Aber die Übersendung eines Handschuhs ist auch Ausdruck der Immunität gegenüber anderen Gerichtsbarkeiten, wie aus der Verkündigung des Reichstagsabschieds durch Friedrich II. aus dem Jahre 1218 hervorgeht: *quod si forte alicui per cirothecam nostram contulerimus forum annuale vel septimanale,* dann hat der *comes* und auch kein anderer Richter die Befugnis zu strafen.[48]

Auch wenn wir für Böhmen und Mähren kein ähnliches materielles Symbol feststellen können, war es dennoch notwendig, wenigstens darauf hinzuweisen, denn es ist ein Beweis für die Wichtigkeit der Erteilung der Marktberechtigung. Die Zustimmung zur Gründung eines Marktes war auch bei uns ein erstrangiger Rechtsakt, der den wirtschaftlichen Status des entsprechenden Ortes veränderte, auch wenn nicht bekannt ist, ob sie von der Übergabe eines symbolischen Gegenstandes begleitet wurde.

Die Bewilligung des Marktes bezog sich immer auf einen genau festgelegten Ort und seine Verlegung wiederum war nur durch den Beschluss des Landesherrn möglich. Die Beispiele für solche Bewilligungen[49] sind ein ausreichender Beweis dafür, dass auch in diesen Dingen die Regaloberhoheit des Herrschers weiter bestand. Im

---

43 Gönnenwein, ebd., S. 349. Dieser sicherlich unstrittigen Erkenntnis ist jedoch ein Zusatz beigefügt, der abgelehnt werden muss, nämlich dass der Markt durch eigenes Gericht die Voraussetzung für eine Stadt bot. Wir werden im Weiteren noch sehen, dass das ursprüngliche Marktgerichtswesen nicht die Merkmale und den Wert des städtischen Gerichtswesens besitzt und dass das Marktrecht keine direkte Anknüpfung im Stadtrecht findet.

44 Gönnenwein, ebd., S. 354, bringt das Beispiel Meersburg am Bodensee und fügt hinzu, S. 355, „Stadt ist ein Rechtsbegriff“. Am Beispiel der zwar späten Stadt Radevormwald zeigte v. Below, Ursprung, S. 130, dass sie keinen Wochenmarkt hatte. Eine Stadt konnte also noch vor der Verleihung eines Marktes existieren. Der Markt ist weder juristisch noch wirtschaftlich ein entscheidender Faktor für die Entstehung einer Stadt, v. Below, ebd.

45 Ehmann, Markt, S. 7, in Anlehnung an ältere Literatur. Siehe schon J. Grimm, Deutsche Rechtsaltertümer (Nachdruck der 4. Auflage von A. Heusler und R. Hübner von 1899), I, Berlin 1956, S. 212–213, mit entsprechenden Beispielen.

46 Bei uns handelt es sich um die Säulen in Prag, Leitmeritz und Arnau; siehe K. Adamová, Za systematické rozvíjení československé právní archeologie [Für eine systematische Entfaltung der tschechoslowakischen Rechtsarchäologie], PhS 16, 1971, S. 258, die bemerkte, dass erst noch nachgewiesen werden muss, dass es sich wirklich um Rolande handelt.

47 Gengler, Alterthümer, S. 122. Die systematische Arbeit über den Handschuh im Recht B. Schwineköper, Der Handschuh im Recht, Ämterwesen, Brauch und Volksglauben, Neue deutsche Forschungen, Abt. Mittelalterliche Geschichte, Bd. 5, Berlin 1938, behandelt, S. 56–58, das Symbol des Handschuhs im Marktrecht und stellt fest, dass sich das ursprüngliche Zeichen der souveränen Macht zu einem Symbol des Marktes wandelt, das allgemein verwendet wurde.

48 Keutgen, Urkunden, Nr. 66, S. 39.

49 Beispiele aus Böhmen und Mähren bei Fischer, Siedlungsverlegung, S. 44, Anm. 61.

Jahr 1248 gestattete König Wenzel I. Bischof Bruno,[50] seinen Markt aus Mönitz nach Satschan zu verlegen, wo dieser seit altersher gewesen war. Bei der Verlegung des zum Kloster Břewnov gehörenden Marktes aus Prowodow nach Politz 1253[51] muss zugegeben werden, dass die Urkunde darüber nicht echt ist, aber sie wurde in einem nicht allzu langen Zeitabstand auf der Basis der echten Urkunde ausgestellt.[52] Daraus geht hervor, dass auch der Fälscher sich des Herrscherrechts bewusst war, nicht nur über die Gründung, sondern auch über die Verlegung des Marktes zu entscheiden. Der bekannteste Fall der Änderung des Marktortes betrifft Ungarisch Hradisch, bei dessen Gründung der Landesherr die Märkte aus Welehrad und Kunowitz hierher übertrug,[53] worauf wir schon in verschiedenen Zusammenhängen hingewiesen haben. Das Prinzip der Marktverlegung in der Befugnis des Herrschers ist uralt und bereits in der Chronik von Kosmas zum Jahre 1110 bei der Rückgabe des Marktes in das Dorf Sekyr Kostel belegt. Fürst Otto hatte den Markt hier früher untersagt.[54]

Bei der Untersuchung des Marktregals ist es allerdings nicht möglich, sichere Analogien zwischen dem Reich und dem Gebiet von Böhmen und Mähren zu finden. Schon zu Beginn des 12. Jahrhunderts wird zusammen mit der beginnenden Zersplitterung des Reiches in Territorien auch das allgemeine Marktregal des Herrschers aufgehoben und die Landesherren erheben Anspruch auf die Gründung von Märkten aus eigener Vollmacht.[55] Die erste bekannte Gründung eines Marktes aus der Befugnis des Landesherrn, zu der es ohne Eingreifen des Herrschers kam, findet sich in der bekannten Urkunde für Freiburg im Breisgau aus dem Jahre 1120.[56] Dem gegenüber gestatten die böhmischen Herzöge und Könige keine Verletzung ihres Marktregals, das in voller Form während des ganzen Mittelalters Bestand hatte. Die Entstehung des Marktes hängt von der Bewilligung des Herrschers ab.[57]

Für die Stabilisierung des Märktenetzes sind zwei Voraussetzungen von Bedeutung: die Orte, an denen Märkte entstehen, und der Charakter des Marktprivilegs. Damit sich der Markt gedeihlich entwickeln kann, muss es ausreichende Bedingungen in günstiger Ortslage geben, was am Anfang nicht nur von ökonomischen Faktoren abhängt. Eine große Zahl von Märkten entstand an Orten mit Traditionen kirchlicher Feste und Wallfahrten, die zahlreiche Besucher anlockten und so auch einen

---

50 CDB IV, Nr. 152. Dazu Hrabová, Ekonomika olomouckého biskupství [Die Wirtschaft des Bistums Olmütz], S. 53. Der Landesherr sagt: *forum rerum venalium, quod est in Meneis, reducatur exnunc in villam vestram Schezans, sicut fuit ab antiquo.* Es geht also um eine Rückgabe des Marktes.

Satschan wird weder hier noch in weiteren Quellen, CDB V/2, Nr. 556 und 793, als Marktort angeführt, sondern immer nur einfach als *villa*.

51 CDB IV, Nr. 289++. Es verdient hier eine Bemerkung, dass die Urkunde über *forum regium* spricht.

52 Šebánek/Dušková, Listina [Die Urkunde], S. 22–23.

53 CDB V/1, Nr. 136 und 156.

54 FRB II, S. 169–170.

55 Schlesinger, Der Markt als Frühform, S. 284.

56 Schlesinger, Zur Gründungsgeschichte, S. 44. In unserem Kontext gibt es keinen Platz für eine Rückkehr zu dem Streit über die Echtheit der Urkunde, wozu zahlreiche Diskussionsbeiträge entstanden sind; zuletzt Sydow, Bemerkungen zur Fälschung von Stadtrechten, der das Vertrauen in die Echtheit erhöht hat. Eine kritische Analyse aller erhaltenen Texte gab M. Blattmann, Die Freiburger Stadtrechte zur Zeit der Zähringer I–II, Freiburg/Würzburg 1991.

57 Haas, Pravomoc českého krále [Die Machtbefugnis des böhmischen Königs], bes. S. 154–164. Das gleiche gilt auch für Ungarn, vgl. Fügedi, Die Entstehung des Städtewesens, S. 105.

Impuls für regen Handel und eine Konzentration von Kaufleuten boten. Die Feste entwickelten sich zu Märkten und ein Zusammenhang von Märkten mit Klöstern, Bischofssitzen[58] und allgemein auch mit der Heiligenverehrung ist häufig belegt.[59] Eine Reihe von Belegen darüber betrifft Jahrmärkte, die noch keine städtebildende Wirkung hatten, denn mit ihnen war keine ständige Besiedlung verbunden, aber es sind auch Wallfahrtsorte bekannt, zu denen eine große Zahl frommer Pilger das ganze Jahr über strömte, wie zum Beispiel St. Trond.[60] Übrigens fanden Märkte meist sonntags in der Nähe der Kirche statt. Hier kamen die Menschen zusammen, und hier bot sich die Gelegenheit zum Abschluss von Geschäften.[61]

In diesen Fällen war der ökonomische Impuls nicht primär. Im Gegenteil, der ökonomische Effekt des Marktes wurde durch die aus religiösen Gründen erfolgende Ansammlung von Menschen hervorgerufen. In der karolingischen Zeit erfahren wir nichts über Siedlungen von Kaufleuten und über Märkte, die sich dadurch auszeichnen, dass eine große Zahl von Menschen dorthin kommt (*confluentes*). Erst die jüngeren Märkte zeichnen sich durch ansässige und privilegierte Kaufleute aus und aus den zeitweiligen Marktstätten entwickeln sich Marktsiedlungen.[62] In einer solchen Siedlung bilden sich oft zwei Gemeinden heraus, eine bäuerliche und eine kaufmännische, deren Rechtsposition unterschiedlich ist, wie es deutlich aus dem berühmten Privileg für Allensbach hervorgeht,[63] mit dem die Dorfbewohner zu *mercatores* erhoben werden: *Omnibus eiusdem oppidi villanis mercandi potestatem concessimus, ut ipsi et eorum posteri sint mercatores*. Hier bezeichnet *mercator* nicht nur den eigentlichen Kaufmann allein, sondern denjenigen, der ein Recht auf dem Markt hat, also auch Schankwirte und Handwerker.[64] In den älteren Dokumenten zur Stellung der Kaufleute schwankt die Terminologie und „Recht" wird durch eine Reihe von Begriffen ausgedrückt. Das Kaufmannsrecht kann bis zum Ende des 11. Jahrhunderts nicht als objektive Rechtsordnung angesehen werden.[65]

---

58 FEGER, Märkte und Marktrechte, S. 47–48.

59 ENNEN, Stadt und Wallfahrt, S. 239ff. Vgl. auch GÖNNENWEIN, Marktrecht, S. 346, mit Ausführungen darüber, wie religiöse Feste den Markt hervorriefen. In unseren Quellen ist auf diese Weise der Markt zu Peter und Paul in Raigern belegt, CDB III/1, Nr. 90, wo eine Menge Menschen *ex diversis regionibus* zusammenkam.

60 ENNEN, ebd., S. 240–241, mit einem umfangreichen Zitat aus dem Chronisten von St. Trond, Rudolf, wo die Verbindung frommer Wallfahrten mit der Versorgung auf dem Markt ausführlich geschildert wird. Dort auch weitere Beispiele. Über die Priorität des Jahrmarktes auch GÖNNENWEIN, Marktrecht, S. 346.

61 Wir wollen daran erinnern, dass die Dekrete von Břetislav aus dem Jahre 1039 das Handeltreiben an Sonntagen verbieten. Auch in Ungarn haben die Herrscher das Abhalten von Märkten am Sonntag verboten, wie ein Befehl Belas I., dass Märkte am Samstag stattfinden sollen, bezeugt, oder ein Gesetz von König Ladislaus I. von 1092, wo für das Handeltreiben am Sonntag ein Bußgeld festgelegt wurde; MARSINA, Mesto a trh [Stadt und Markt], S. 81.

62 DILCHER, Marktrecht, S. 405.

63 Wir erinnern hier an den mehrfach zitierten Artikel von A. SCHULTE, Reichenauer Städtegründungen. Vgl. auch weiter S. 278 und dort Anm. 122.

64 EHMANN, Markt, S. 217.

65 K. KROESCHELL, Bemerkungen zum „Kaufmannsrecht" in den ottonisch-salischen Markturkunden, in: Untersuchungen zu Handel und Verkehr III, S. 418–430, behandelte 14 Urkunden über die Stellung der Kaufleute bis 1120, d. h. bis zum Privileg für Freiburg, und stellte fest, dass der Vorstellung

Aber auch die formale Gründung eines Marktes auf der Basis einer Bewilligung des Herrschers ist nicht nur eine ökonomische Einrichtung. Es entsteht damit eine juristische Institution sui generis, die sich von den geläufigen Bräuchen unterscheidet und manchmal sogar völlig entfernt, wobei ein Rechtsbezirk entsteht, der mit einer gewissen Immunität ausgestattet ist. Das Marktprivileg lässt ein besonderes Recht zu, in dem sich die Kaufleute einer bevorzugten Stellung erfreuen, und außerdem entsteht hier auch ein privilegiertes Gerichtswesen – das Marktgerichtswesen –, das an die Stelle der normalen Rechtsordnung tritt, die mit ihrer Schwerfälligkeit nicht den Bedürfnissen des Marktes genügt. Das Marktprivileg bedeutet die Schaffung eines besonderen Marktbezirks mit besonderem Prozess- und auch materiellem Recht.[66]

Für unsere Verhältnisse können wir die Frage bei Seite lassen, ob in den frühen Zeiten der Herausbildung von Märkten unter der Bezeichnung *mercatores* nur die Fernhändler verstanden werden sollen oder auch die örtlichen Krämer und Handwerker.[67] Wir haben schon erkannt, dass sich im 13. Jahrhundert unsere Belege fast völlig auf niedergelassene Kaufleute bezogen, aus denen Bürger wurden.[68] Trotzdem können wir diese Veränderung nicht gut verfolgen. Wohl nur im Falle der schon mehrmals behandelten Kaufleute von Kladrau kann die Vermutung ausgesprochen werden, dass der dort zum Jahre 1233[69] genannte *burgensis* seine Position in der sich herausbildenden Stadtgemeinde als Kaufmann erworben hat. Jedes über *mercatores* sprechende Dokument müsste in diesem Sinne überprüft werden.

Das materielle Recht, nach dem sich die Kaufleute beim Handel richteten, *ius* oder *consuetudines mercatorum*, bzw. *ius mercatorium*, bezog sich nicht auf den Ort, auch wenn dort regulär ein Markt gegründet war. In der Zeit des vorherrschenden Personalitätsprinzips war das ein persönliches, ein ständisches Recht der Kaufleute. Daran änderte auch die Erteilung von Privilegien an die Kaufleute eines bestimmten Ortes nichts, weil sie sich nur auf deren Gemeinschaft bezog und nicht auf die anderen, vor allem die ländlichen Bewohner.[70] Das Kaufmannsrecht hatte auch einen weitaus breiteren Charakter, weil es ein Komplex von Gewohnheiten war, nach denen sich die Kaufleute bei ihren Geschäften richteten, unabhängig vom lokalen Recht. Es handelte sich um Gewohnheiten der Kaufleute, die sich in der Praxis durchgesetzt hatten.[71] Aber wieder müssen wir konstatieren, dass sich in unserer Geschichte solche Kaufmannsgewohnheiten eher nur erahnen lassen, als dass wir sie quellenmäßig

„Recht" die Ausdrücke *mos, ritus, usus, ius, iusticia, lex, consuetudo* entsprechen. DILCHER, Marktrecht, S. 410–411, stimmt seinen Schlussfolgerungen zu mit der Einschränkung, dass er der Wendung „objektive Rechtsordnung" den Ausdruck „Status- und Privilegrechte" vorzieht.

66 FEGER, Märkte und Marktrechte, bes. S. 51.

67 H. K. SCHULZE, Kaufmannsgilde und Stadtentstehung im mitteldeutschen Raum, in: B. SCHWINEKÖPER (Hg.), Gilden und Zünfte, VuF 29, Sigmaringen 1985, S. 394.

68 SCHULZE, ebd., S. 396–397, zeigte, ausgehend vom Privileg Bischof Friedrichs für Halberstadt von 1105, wo *incolae loci nostri, cives videlicet forenses* genannt werden, dass sich terminologisch eine Entwicklung von *mercatores* und *negotiatores* über *cives forenses* bis zu *cives* und *burgenses* verfolgen lässt.

69 CDB III/1, Nr. 46.

70 RIETSCHEL, Markt und Stadt, S. 192; PLANITZ, Frühgeschichte, S. 81–82.

71 H. PIRENNE, Le „ius mercatorum" au Moyen Age, in: PIRENNE, Les villes et les institutions urbaines II, Bruxelles 1939, S. 199–200. DILCHER, Marktrecht, S. 410, hat nachgewiesen, dass die Kaufleute in den einzelnen Orten eine Gruppe mit privilegiertem Status sind und dass mit der Anpassung von *ius mer-*

belegen könnten. Wir haben das besondere Gerichtswesen für fremde Händler bei der Behandlung der *curia hospitum* im Prager Tein bereits erwähnt und werden noch darauf zurückkommen, aber wir können sicherlich mit Recht annehmen, dass auch andere Kaufleute, die aus dem Ausland kamen, das Kaufmannsrecht kannten und sich nach ihm richteten.[72]

Schließlich ist es notwendig, unter dem Blickwinkel des Marktregals des Landesherrn und seiner Befugnis zur Bewilligung von Märkten einige Tatsachen zu wiederholen. Vor allem bezieht sich die Erteilung des Rechtes zur Abhaltung von Märkten ausschließlich auf nicht-königliche Subjekte, auf niedere Adlige, sowohl weltliche als auch geistliche, und niemals wird ein ähnliches Vorrecht an einen Ort vergeben, der der Oberhoheit des Landesherrn direkt unterstellt ist. Der Landesherr wird schließlich ein solches Vorrecht nicht dort erteilen, wo ohnehin alles nur von seiner Entscheidung abhängt – also gleichsam an sich selbst! Weiter erhielt das Marktprivileg – erneut wollen wir das betonen – niemals ein Ort selbst und seine Bewohner, sondern immer sein Herr,[73] dem auch die Gerichtsgewalt anvertraut war. Diese ist ebenfalls nicht in den Händen der lokalen Gemeinde des Marktortes.

Mit der Erteilung des Marktrechts an nicht unmittelbar dem König unterstehende Empfänger darf man nicht die Bewilligung von Märkten in bereits fertigen Städten unter königlicher Regierung – königlichen Städten – verwechseln. Diese sind schon Korporationen, die einer inneren Verwaltung fähig sind, und Träger von Rechten und Pflichten. Bei ihnen ist, wofür es in späterer Zeit zahlreiche Fälle gibt, die Bewilligung eines weiteren Marktes oder eines Jahrmarktes an die Stadt selbst adressiert.

Die Vorstellungen über eine selbständige Entstehung von Städten und Märkten als Folge der Arbeitsteilung befinden sich völlig in Auflösung. Die Entscheidung des Landesherrn, die aus seiner Regalhoheit entspringt, hat grundsätzliche Bedeutung und stützt sich auf sein Interesse an der Förderung der Wirtschaft und auf sein Bestreben, die eigenen Einkünfte zu erhöhen. Deshalb bedeutet die Erteilung des Marktrechts an andere Empfänger, auch wenn der Landesherr in solchen Fällen seinen eigenen Vorteil im Auge hatte, eine deutliche Konzession unter dem Aspekt der Verfassungsvollmachten. Der Landesherr verzichtet so für einen bestimmten Bereich, der durch den Marktort selbst und seinen Einzugsbereich gegeben ist, auf einen Teil seiner landesherrlichen Hoheitsrechte, die so in die Hände des damit begabten Subjektes übergehen.[74] Die Entwicklung der Marktrechte und der Märkte überhaupt ist also

catorium keine allzu großen Unterschiede in der Position der Kaufleute an unterschiedlichen Orten entstanden.

72 Die Belege über fremde Kaufleute, viel weniger zahlreich, als es sich sicherlich in der Praxis verwirklicht hat, sind jedoch deutlich: Schon in Bořivojs Donation lesen wir *mercatores de extraneis partibus*, CDB I, Nr. 389, die Festlegung des Jahrmarktes in Kladrau schützt *venientes cum mercimoniis de diversis partibus terrarum*, CDB III/1, Nr. 44, oder wir erfahren, dass zum Markt zu Peter und Paul in Raigern *de diversis regionibus populi multitudo confluit*, CDB III/1, Nr. 90. Siehe auch weiter oben, Anm. 46.

73 Rietschel, Markt und Stadt, S. 43; Planitz, Frühgeschichte, an mehreren Stellen; Kejř, Trhy [Märkte], S. 29.

74 Eine Illustration sind die Marktprivilegien der ungarischen Könige, die den begabten Empfängern die Befreiung von Eingriffen der landesherrlichen Ämter zusicherten; dazu Marsina, Mesto a trh [Stadt und Markt], S. 86–87.

gleichzeitig eine wirtschaftliche, eine juristische und darüber hinaus auch eine verfassungsrechtliche Frage.

Mit der rechtlichen Qualifizierung des Marktes hängt auch die vereinzelte Stelle im Privileg für Leobschütz zusammen, in der vom *forum publicum* gesprochen wird: *tanta est libertas fori publici.*[75] Dem Begriff *publicus* sind wir schon in der Wendung *mercatores publici* im Kapitel über das Stadtrecht begegnet.[76] Der Terminus *publicus* der lateinischen Quellen wird in deutschen Glossen mit *kuniglich* übersetzt,[77] also geht es um einen königlichen Markt.[78] Ein weitaus älterer Beleg aus Chemnitz, in einer Urkunde Konrads III. für das dortige Kloster aus dem Jahre 1143, enthält die Festlegung: *Concedimus, ut forum publicum prelati celle istius construant cum omni libertate.*[79] Die Darlegung der ganzen Situation stellte fest, dass auf diesem „öffentlichen", d. h. königlichen Markt mit Waren, die aus dem Fernhandel stammten, gehandelt wird und dass dort Kaufleute ansässig sind, die solchen Handel treiben und Teilhaber eines besonderen Rechts sind, das ihnen der König erteilt hat.[80]

Es erhebt sich die Frage, ob sich auch die entsprechende Wendung aus der Urkunde von Leobschütz auf gleiche Weise auslegen lässt. Dort haben wir keine Möglichkeit, die Situation weiter zu analysieren, in die sie eingeordnet ist, denn sie steht allein da. Man kann aber daran erinnern, dass Leobschütz der Oberhoheit des Landesherrn unterstand, dass schon im Jahre 1224 in einer Troppauer Urkunde vom Zoll in Leobschütz gesprochen wird und dass das Recht von Leobschütz als erstes eine Verbreitung in mehreren Städten erfuhr. Ist es aber möglich, hier Fernhandel in einem solchen Umfang nachzuweisen, dass damit eine solche Bezeichnung des Marktes gerechtfertigt wäre? Eine Antwort hierauf muss erst die zukünftige Forschung geben.

Die Sache wird nämlich durch die Bezeichnung des Marktes in Prowodow bei seiner Übertragung nach Politz im Jahre 1253[81] als *forum regium* kompliziert. Hier kann man kaum mit einem umfangreichen Fernhandel rechnen. Außerdem bleibt die Unsicherheit, wie wohl die ursprüngliche Vorlage dieser Fälschung gelautet haben mag, so dass jegliche Schlussfolgerung auf unsicheren Prämissen beruht. Nur als Vermutung kann die Möglichkeit erwogen werden, dass der Markt in Prowodow ursprünglich wirklich königlich war, denn im Text der Urkunde steht, dass *forum regium* in den Besitz des Klosters *ex donatione legitima* der Könige Přemysl Otakar I. und Wenzel I. übergegangen war.

Ein entwickeltes Netz von Märkten ist schon im 12. Jahrhundert der Entstehung von Städten vorausgegangen. Hier muss erneut wiederholt werden, dass die Zentralfunktion der Märkte ganz offensichtlich ist, aber gerade nur in ihrer Funktion als

75 CDB V/2, Nr. 790, Art. 24, S. 470.
76 Siehe dort bes. Anm. 63.
77 W. Schlesinger, Die Entstehung der Landesherrschaft, 3. Ausg., Darmstadt 1969, S. 109ff.
78 W. Schlesinger in der Diskussion zum Vortrag von O. Feger, Märkte und Marktrechte, WfF 15, S. 56.
79 W. Schlesinger, Chemnitz, S. 17. Text in: Urkunden zur Geschichte des Städtewesens, Nr. 31.
80 Ebd., S. 19 und 24.
81 CDB IV, Nr. 289++.

Märkte, weil ihnen die anderen Attribute der Städte fehlen. Dies bleibt aber auch in der Zeit der Entwicklung der Städte und städtischen Märkte so: Es bildeten sich zwei Typen privilegierter Siedlungen heraus, Städte und Märkte (Marktdörfer), die sich aus der Umgebung herausheben und sich durch ihre Position von Dörfern oder älteren Suburbien unterscheiden, aber sie unterscheiden sich auch voneinander, wie wir schon andernorts nachweisen konnten.[82] Es genügt deshalb, nur in Umrissen an die Unterschiede in der Verfassung und den Komplex von Rechten bei Märkten und Städten zu erinnern und sich dann vor allem den städtischen Märkten zu widmen, bei denen wir einige weitere Attribute feststellen, die für die ländlichen Märkte nicht nachgewiesen sind.

Die geläufige Bezeichnung für „Markt" ist der Ausdruck *forum*, auch wenn unterschiedliche Bedeutungen bekannt sind. Bei uns begegnen wir nur ausnahmsweise dem Ausdruck *mercatus*, und zwar im Brünner und im Iglauer Privileg. Der entsprechende Brünner Artikel wurde aus dem Wiener Privileg übernommen[83] und bestimmt, *ut XXIIII civium iurati de mercatu et aliis, que ad honorem et utilitatem pertinent civitati ... debent ... ordinare.* Aber darin ist er offenbar auch ein Vorbild für die große Iglauer Urkunde[84]: *Iurati uniuscuiusque civitatis teneantur de mercato et mercibus et mensuris ordinare.* Es ist also ein aus einer fremden Vorlage auf der Linie Wien–Brünn–Iglau übernommener Ausdruck, der sich in heimischen Texten nicht wiederholt. Es ist ein Überbleibsel der älteren Verwendung des mehrdeutigen Wortes *mercatus*, das seit der Mitte des 11. Jahrhunderts durch den Begriff *forum* ersetzt wird.[85]

Dem Begriff *forum* begegnen wir in einigen Bedeutungsvarianten. In ältester Zeit versteht man unter diesem Terminus das einfache Handeltreiben, aber auch den Ort, wo der Markt stattfindet, also den Marktplatz.[86] Der Marktplatz wurde von altersher auch zu einem Ort, an dem sich öffentliche Ereignisse abspielten, denn dort gab es Raum genug für die Ansammlung einer größeren Anzahl von Menschen. Auf den Marktplätzen der alten Zeit fanden öffentliche Hinrichtungen statt[87] und dort

---

82 Kejř, Trhy [Märkte].

83 CDB IV, Nr. 17, Art. 16, S. 85. Im Wiener Privileg ist es Art. 28, siehe Anm. 26 zu der entsprechenden Stelle in CDB, S. 88.

84 CDB IV, Nr. 177, Art. 9, S. 298.

85 Stoob, Zeitstufen der Marktentstehung, S. 50. Sydow, Stadtbezeichnungen, S. 238, fand den Ausdruck *mercatus* im Württembergischen nur einmal, wo er früher festgestellt wurde als der Begriff *forum*.

86 In zweierlei Bedeutung ist *forum* enthalten in Břetislavs Dekreten, die in die Kosmas-Chronik aufgenommen sind: *Fora autem dominicis diebus omnino ne fiant, interdicimus* im Vergleich mit einem anderen Ausspruch: *violator ... in medio foro ad palum suspensus*, FRB II, S. 74.

87 Außer dem gerade angeführten Fall aus Břetislavs Dekreten z. B. auch die Hinrichtung der Verschwörer gegen Soběslav I. von 1130, FRB II, S. 394, dazu erneut J. Žemlička, Vyšehrad 1130: soud nebo inscenace? [Wyschehrad 1130: Gericht oder Inszenierung?], in: Husitství – reformace – renesance [Hussitentum – Reformation – Renaissance] I, Praha 1994, S. 47–68; oder die Hinrichtung der Kinder aus dem Geschlecht der Vršovci in der Dalimil-Chronik, ed. B. Harvánek/J. Daňhelka, Praha 1958, S. 101. Der Markt, auf dem hingerichtet und bestraft wurde, war der Altstädter Ring, siehe Fiala, O pražském názvosloví [Über die Terminologie der Prager Namen], S. 49.

hörte die Versammlung auch die Verkündung von fürstlichen Anordnungen[88] oder die Proklamierung neuer Rechtsbeziehungen, u. a. auch Berichte über Schenkungen des Landesherrn für kirchliche Institutionen.[89] Dieser Brauch hat sich jahrhundertelang gehalten und nach der Einrichtung des Hofgerichts wurde das Verfahren über den Heimfall auf demjenigen Markt verkündet, der am nächsten zu den heimgefallenen Gütern lag. Das war der unerlässliche Eröffnungsteil des Verfahrens, das deshalb als Verkündungshandlung bezeichnet wurde, und die Hoftafeln, in die sein Verlauf eingetragen wurde, wurden *libri proclamationum* genannt.[90]

Bald jedoch bekommt der Begriff *forum* auch die Bedeutung von Marktgebühr, besonders in den Verbindungen *decimum forum* und *nonum forum*. Am häufigsten geschieht dies in Urkunden, in denen der Landesherr kirchlichen Institutionen diese Form der Einkünfte widmete.[91] Es ging sicherlich um einen kontinuierlichen Gewinn, so dass einige Institutionen ihn auch in falsche Urkunden aufnahmen.[92] Es steht außer Zweifel, dass eine solche Verleihung von Marktgebühren Ausdruck der Macht des Landesherrn über die Märkte ist und seines Rechts, über die von dort fließenden Einnahmen zu disponieren.

Relativ bald begegnen wir der Verbindung des Marktes mit irgendeinem Ort, wie das die Wendungen *forum in, forum cum villa* oder *villa cum foro* aussagen. Damit

88 König Wenzel I. ließ 1249 in Leitmeritz sein Edikt *per omnia fora vicina* verkünden, FRB II, S. 305. *Per civitates et fora ad edicendum et proclamandum voce preconica* wurde angeordnet, dass alle Deutschen Böhmen verlassen müssen, die nach dem Tode Přemysl Otakars II. nach Böhmen gekommen sind, um Beute zu machen, FRB II, S. 354.

89 Soběslav II. ließ in den Jahren 1174–1178 die Schenkung für die Olmützer Kirche *per fora terre* verkünden, CDB I, Nr. 289. Das gleiche wiederholt auch die Bestätigung Herzog Friedrichs aus den Jahren 1178–1181, CDB I, Nr. 294. Auf ähnliche Weise befahl auch Friedrich die Privilegien für die Kirche von Wyschehrad 1187 *in foro per fidelem nostrum Diwis subcamerarium publico preconio proclamari*, CDB I, Nr. 317, was 1212 von Přemysl Otakar I. bestätigt wurde, CDB II, Nr. 90. Die Proklamierung auf dem Markt war ein eingebürgerter Brauch, wie dies eine Urkunde Přemysls aus demselben Jahr zeigt, CDB II, Nr. 99, der zu Folge *predium, ut moris est, in foro proclamatum … restituimus.* Auch die Schenkung des Dorfes Deyschina an das Kloster von Chotieschau hat Wenzel I. *in foris regni nostri … dictam villam nostre aule attineri perpetuo fecimus proclamari*, CDB IV, Nr. 15. Den Austausch von Gütern zwischen dem Propst von Wyschehrad und dem Kapitel ließ Wenzel I. verkünden *tam in Pragensi tam in Luthomericensi foro*, CDB IV, Nr. 268+. In einer Urkunde für Leobschütz von 1275 wird festgelegt: *sunt in anno tria iudicia publica, que pronuntiabuntur in ecclesia et in foro*, CDB V/2, Nr. 790, Art. 23, S. 469. Im Jahr 1286 gewährte König Wenzel II. dem Propst von Plaß eine umfangreiche Strafvollmacht und des besseren Vertrauens wegen erlaubte er, dass der königliche Kämmerer *per universa fora ad proclamandum prefatam potestatem corrigendi* verkündete, RBM II, Nr. 1380.

90 J. Kejř, Počátky dvorského soudu [Die Anfänge des Hofgerichts], Praha 1956, S. 48–55.

91 Kosmas berichtet zum Jahre 1110, FRB II, S. 169–170, dass er dem Fürsten Vladislav I. eine Beschwerde gegen seinen Bruder Otto übergeben hat, der der Prager Kirche *forum* im Dorf Sekyr Kostel entzogen hat, was der Fürst durch dessen Rückgabe korrigierte. Dazu auch z. Šimeček, K charakteristice středověkých kolokvií v Čechách [Zur Charakteristik mittelalterlicher Kolloquien in Böhmen], ČSČH 18, 1970, S. 597. Von weiteren Fällen könnten noch mehrere angeführt werden, z. B. in der Bestätigung der Rechte des St. Georgsklosters auf der Prager Burg durch Papst Gregor IX. 1233, CDB III/1, Nr. 40, die eine Nachricht über die Marktgebühren in sechs Städten enthält, manchmal in Verbindung auch mit Zoll, die Bestätigung für dasselbe Kloster durch Přemysl Otakar II. 1271, CDB V/2, Nr. 644, oder auch in der Urkunde Přemysl Otakars II. noch als Markgraf von Mähren für das Kloster in Raigern 1251, CDB IV, Nr. 208, dem Zoll und Marktgebühr in Kunowitz und Ungarisch Brod bestätigt werden.

92 Beispiele bei Kejř, Trhy [Märkte], S. 12, Anm. 15.

nähern wir uns schon der Auffassung von *forum* als Siedlungskomplex, was auch der deutschen Bezeichnung Markt entspricht. Belege für die Qualifikation einer ganzen Agglomeration als *forum* sind mit Sicherheit schon Ende des 12. Jahrhunderts vorhanden, zuerst in Glatz im Jahre 1186 und nicht viel später 1196 in Patek an der Eger.[93] Für Glatz hören wir schon im Jahre 1194 von *ecclesia forensis*.[94] Patek wird in der Urkunde des Fürsten Heinrich Břetislav für das Kloster in Maschau streng und genau von den weiteren 17 genannten Dörfern unterschieden, und es gibt also zweifellos eine unterschiedliche Qualifikation zwischen *forum* und *villae*. *Forum* ist also nicht nur eine ökonomische Charakteristik, sondern eine Organisationsform.

Recht kompliziert ist die Interpretation zahlreicher Fälle, in denen die Bezeichnung eines bestimmten Siedlungskomplexes mit dem Adejktiv *forensis* verbunden ist, also *locus forensis, burgus forensis, villa forensis, oppidum forense* und sogar *civitas forensis*. Hier können wir auf gründlichere Ausführungen verweisen, die darüber seinerzeit gemacht wurden,[95] und es genügen deshalb eine kürzere Rekapitulation sowie eventuell kleinere Ergänzungen. Auf solche Fälle wurde auch im Kapitel zur Terminologie bei den einzelnen Bezeichnungen hingewiesen.

Es ist unzweifelhaft, dass keine einzige Bezeichnung eines Ortes, die mit dem Adjektiv *forensis* verbunden ist, eine institutionelle Stadt meint. Für den Ausdruck *locus forensis*, dessen regelmäßiges Vorkommen erst in die Zeit Wenzels II. datiert wird,[96] lässt sich nirgendwo ableiten, dass er im Sinne einer Rechtsstadt verstanden werden könnte.[97] Auch in zwei Belegen, in denen man *civitas seu locus forensis* liest, kann aus dieser doppelten Bezeichnung wohl nicht die Identität beider Ausdrücke abgeleitet werden. Entscheidend ist die Qualifikation *civitas* und der Zusatz *locus forensis* deutet zweifellos an, dass gleichzeitig auch der Markt bewilligt wurde.[98]

93 CDB I, Nr. 313 und 355.

94 CDB I, Nr. 349.

95 Kejř, Trhy [Märkte], bes. S. 17–29.

96 Der erste eindeutige Beleg findet sich im Privileg König Přemysl Otakars II. von 1277, also vom Ende seiner Regierungszeit, für den Propst von Wyschehrad, CDB V/2, Nr. 850, das die Exemption seiner Leute aus dem Leitmeritzer Gericht garantiert: *homines ... extra civitatis muros vel loca forensia ab exaccionibus collectarum vel iudiciorum ipsarum civitatum aut locorum quorumcumque deberent esse penitus absoluti.* Der Unterschied zwischen der voll entwickelten Stadt und dem niedrigeren *locus forensis* tritt hier klar zu Tage.

97 Die Belege betreffen folgende Märkte: Božetitz 1292, RBM II, Nr. 2742; Rattay 1295, RBM II, Nr. 1692; Politz 1295, RBM II, Nr. 1700; Klobouk 1298, RBM II, Nr. 1804; Neukirch in Schlesien (Nova Ecclesia in terra Opaviensi) 1298, RBM II Nr. 1893; Třebenitz 1299, CIM IV/1, Nr. 14. Vorsichtig müssen die Angaben über Přibram aufgenommen werden, das im Formular des Bischofs Tobiáš von Bechyně *forense oppidum* und auch nur *oppidum* genannt wird, siehe dazu schon im Kapitel über die Stadtgründungen.

98 Im Falle von Beraun, für das König Wenzel II. 1295 anordnete: *civitati ... Werone, quam de novo locari et rehedificari fecimus*, RBM II, Nr. 1692, muss daran erinnert werden, dass es bereits 1266 *civitas* genannt wurde, CDB V/1 Nr. 475, und im Falle von Židiněves, dem späteren Jičin, geht es 1302, CIM IV/1, Nr. 15, um die Erhebung zur Stadt: *sit de cetero civitas seu locus forensis* und es werden die gleichen Rechte verliehen, wie sie *civitates aliorum nobilium regni nostri* haben. Es ist also klar, dass es in beiden Fällen um die gleichzeitige Bewilligung, respektive Bestätigung des Marktes geht, wenn es in Beraun die Erneuerung der Gründung und in Jitschin die Erhebung zur Stadt ist. Zu Beraun J. V. Šimák, O počátku města Berouna [Über den Beginn der Stadt B.], ČČH 43, 1937, S. 51–54, an dessen Ausführungen im Kap. 3, Anm. 127, Zweifel angemeldet wurden.

Auch in den Verbindungen *burgus forensis* und *civitas forensis* kann man keine Stadt suchen. Die ältere Vorstellung, *burgus* sei ein Ausdruck für Marktdorf, wurde bereits widerlegt[99] und der einzige Beleg für die Bezeichnung *burgus forensis*[100] aus dem Jahr 1238, auch wenn er als überzeugender Beweis dafür angesehen wurde, dass *burgus* ein Marktdorf bezeichnet, ist in Wirklichkeit ein Beweis für das Gegenteil. Wenn *burgus* mit Marktdorf gleichgestellt sein sollte, wäre die Ergänzung durch das Adjektiv *forensis* völlig unverständlich. Aus allen anderen Erwähnungen von *burgus* in unserem Gebiet geht hervor, dass der Begriff *burgus* einen Siedlungstyp bezeichnet und nicht als Synonym für Marktdorf verwendet wurde.[101] Bei *civitas forensis*, das ebenfalls als vereinzelte Anomalie zum Jahr 1275[102] für den Markt Cerhowitz erscheint, kann nicht mit einem städtischen Charakter der Ortschaft gerechnet werden, die auch in Zukunft keine Stadtverfassung hatte. Es handelt sich lediglich um eine einmalige Formulierung des Diktators der Urkunde, des Notars Heinrich.[103]

Bei der Verbindung *oppidum forense* muss erneut an die Bedeutungsvielfalt des Terminus *oppidum* erinnert werden, wie bereits im Kapitel zur Terminologie berichtet wurde, und außerdem an die Tatsache, dass durch die Beifügung des Adjektiv *forensis* der Bedeutungswert der Stadt auch in den Fällen vermindert wird, in denen der Terminus *oppidum* so interpretiert werden kann. In groben Zügen ist auch schon die zeitliche Unregelmäßigkeit des Auftretens von *oppidum forense* im Bestand der böhmischen Urkunden gezeigt worden.[104] Die älteste Belegschicht stammt aus der Zeit zwischen 1234 und 1235 in Urkunden von Markgraf Přemysl für drei mährische Prämonstratenserklöster, die von den Befestigungsarbeiten von *oppida forensia* befreit wurden.[105] Die Bezeichnung ist also nicht mit einem bestimmten Ort verbunden und es muss an den Zusammenhang der Ausstellung von Urkunden desselben Ausstellers für Empfänger aus dem gleichen Prämonstratensermilieu erinnert werden. Das vereinzelte Vorkommen des Ausdrucks für einige weitere Jahrzehnte zeigt, dass es noch nicht um eine allgemein verwendete Bezeichnung ging, auch wenn der Marktcharakter außer Zweifel steht.

Die zweite Etappe der Verwendung von *oppidum forense* beginnt fast ein Vierteljahrhundert später und ab 1258 mehren sich die Belege, nun bereits in Verbindung mit dem Namen der so bezeichneten Lokalität.[106] Es muss darauf hingewiesen wer-

99 Kejř, Burgus und burgensis, Kap. I, Burgus, S. 210–227. Siehe weiter oben im Kapitel über die Terminologie.

100 CDB III/1, Nr. 180.

101 Knapp dazu auch Kejř, Trhy [Märkte], S. 18–20. Diese Schlussfolgerung hat auch R. Schmidt-Wiegand, Burgensis/Bürger, übernommen.

102 CDB V/2, Nr. 798.

103 Šebánek/Dušková, Urkundenwesen, AfD 15, S. 332ff.

104 Kejř, Trhy [Märkte], S. 20–23.

105 CDB III/1, Nr. 87, für Klosterbruck; CDB III/1, Nr. 106, für Hradisch; CDB III/1 Nr. 107, für Obrowitz. Über die Befreiung von Befestigungsarbeiten Vaněček, Základy [Die Grundlagen] II, S. 92.

106 CDB V/1, Nr. 162 – Braunau 1258; CDB V/2, Nr. 526 – Hullein und Wischau 1267; CDB V/2, Nr. 559 – Scheles 1268; CDB V/2; Nr. 565 – Slawětin 1268; RBM II, Nr. 1432 – Taus 1288; RBM II, Nr. 1438 – Tuschkau 1288; CIM IV/1, Nr. 16 – Raudnitz 1302. Im Fall von Taus muss man beachten, dass es bereits 1265 als Stadt bezeichnet wird, CDB V/1, Nr. 450, und über seinen Markt gibt es eine Nachricht in einer päpstlichen Urkunde von 1273, CDB V/2, Nr. 708. In der angeführten bischöflichen Urkunde

den, dass keine dieser Urkunden in der königlichen Kanzlei entstanden ist und dass es sich also nicht um eine dort gebräuchliche Bezeichnung handelt.[107] Das gilt sogar für den Fall, als der König im Jahre 1276 die Leute des Klosters von Wilimow durch eine Urkunde gegen Verluste bei der Veränderung der Münze in seinen Schutz nahm.[108] Dieses Mandat entstand, obwohl der Landesherr Aussteller war, beim Empfänger[109] und bestätigt also die gerade angeführte Feststellung. Die Wendung *oppidum forense* erscheint in dieser Periode in Urkunden von geistlichen Würdenträgern, vorwiegend von Bischöfen, während die Kanzlei des Landesherrn die Bezeichnung *locus forensis* verwendete.

Die königliche Kanzlei begann erst im 14. Jahrhundert die Bezeichnung *oppidum forense* für Orte zu verwenden, die zwar Marktzentren waren, aber keine vollständigen Stadtrechte hatten und die dem Typ der sog. Minderstädte zugeordnet werden könnten.[110] Obwohl der Terminus *oppidum* auch eine Rechtsstadt bezeichnete, war er in Verbindung mit *forense* nur ein Ausdruck für Markt und nicht etwa für eine Stadtverfassung.

Die meisten Missverständnisse ergeben sich im Zusammenhang mit der Bezeichnung des Marktdorfes als *villa forensis*. Es geht hier nicht nur um die irrige Behauptung, mit der wir uns hier schon befassen mussten, dass *villae forenses* eigentlich schon Städte waren.[111] In verschiedenen Arbeiten zur Siedlungsgeschichte begegnen wir auch diesem Begriff, ohne dass er berechtigt wäre oder dass eine Bemerkung über die Existenz eines Marktes gemacht würde. Auch hier können wir an bereits gemachte Ausführungen anknüpfen,[112] weil der institutionelle Charakter der so bezeichneten Marktorte bereits nachgewiesen wurde. Das Auftreten von *villae forenses* ist weder an eine bestimmte Zeit noch an den Ursprung der Urkunde gebunden. Seit der ersten sicheren Feststellung im Jahre 1220 für Welehrad[113] wird der Nachrichtenstrom nicht unterbrochen und es gibt auch keine Bindung an Urkunden bestimmter Aussteller. Der Terminus findet sich in Herrscher-, Bischofs- und auch in anderen Urkunden. Es ist aber wichtig, dass auf diese Weise Marktdörfer erfasst werden, die einem anderen als dem König gehören. Niemals finden wir den Begriff für einen königlichen Ort. In Königsurkunden wird so manchmal ein Ort bezeichnet,

wird die Bezeichnung Stadt nicht verwendet, wahrscheinlich wegen der Einhaltung des kirchlichen Usus, nach dem *civitas* einem Bischofssitz vorbehalten war, siehe dazu im Kapitel zur Terminologie in den Abschnitten über *civitas*.

107 Es besteht hier eine Ähnlichkeit zum Terminus *burgenses*, der niemals in einer Urkunde des Landesherrn erschien, siehe dazu schon in den Ausführungen zur Terminologie.

108 CDB V/2, Nr. 811. Es wird hier allgemein über *oppida forensia* des Klosters von Wilimow gesprochen.

109 Šebánek/Dušková, Urkundenwesen, AfD 15, Nr. 384.

110 Vgl. Stoob, Minderstädte, S. 234, mit Verweis auf die Erhebung von Rausenbruck durch Karl IV. als Markgraf von Mähren im Jahre 1342 zum *oppidum forense*, RBM IV, Nr. 1163, dem Rechte gestattet sind, wie sie *alia forensia oppida terre nostre Moravie* besitzen. Also wurde das Dorf zum Markt und nicht zur Stadt erhoben.

111 Für das Gebiet Polens kann das anerkannt werden, siehe Buczek, Targi [Märkte], S. 115–116; Kuhn, Die deutschrechtlichen Städte, S. 17–18, der anmerkt, dass dies in eine Zeit gehört, in der der Unterschied zum Dorf noch nicht in das allgemeine Bewusstsein gedrungen war, S. 19.

112 Kejř, Trhy [Märkte], S. 22–29.

113 CDB II, Nr. 195.

der aus königlichem Besitz in das Eigentum eines anderen übergeht,[114] aber niemals ein solcher, den der Herrscher behält. Deutlich zeigt sich dies in den Urkunden über die Gründung von Ungarisch Hradisch. In die neu gegründete Festung an der ungarischen Grenze wurden die Bewohner von zwei Märkten, des klösterlichen Welehrad und des königlichen Kunovitz, umgesiedelt. Es gibt zwischen ihnen keinen sichtbaren Unterschied und ihre Märkte werden auch künftig an den gleichen Tagen stattfinden, aber trotzdem wird terminologisch zwischen ihnen völlig sicher unterschieden: Welehrad wird in allen Urkunden als *villa forensis* angeführt, Kunovitz nur mit seinem Namen.[115] Die Erklärung dieses Unterschieds zwischen königlichem und nichtköniglichem Besitz beruht auf dem Charakter der landesherrlichen Machtbefugnis. Der Landesherr brauchte nicht in irgendeiner Weise die Erteilung des Marktrechts an seine Siedlungen zu proklamieren, wie dies bei anderen der Fall war.[116]

Man kann also an die vorherigen Schlussfolgerungen anknüpfen und konstatieren, dass *villa forensis* die Bezeichnung für nicht königliche Märkte war, und weiter, dass es eine niedrigere Stufe als die Stadt bezeichnete. Ihre Bewohner waren keine *cives*, sondern nur *homines* oder *incolae*. Von der zwischen Städten und reinen Dörfern einzuordnenden Stufe der Märkte zeugt eine Reihe zweifelsfreier Belege.[117]

Märkte – Marktdörfer stellen also nur das grundlegende Attribut eines zentralen Ortes dar und haben keine innere Selbstverwaltung, durch die sich Städte auszeichnen. Urkunden, die sich auf Märkte beziehen, sind nicht an die Bürgergemeinden adressiert, sondern ihre Empfänger sind Grundherren, seien es nun geistliche oder weltliche. Dort, wo wir etwas über das Gerichtswesen erfahren, liegt seine Ausübung in den Händen des Grundherrn.[118] Wir werden später noch sehen, dass bei nichtköniglichen Märkten, die in Marktdörfern stattfinden, insgesamt kein Unterschied

---

114 So für Chejnow, das 1250 als Entschädigung in die Hände von Bischof Nikolaus überging, CDB IV, Nr. 183, oder für Hullein, das der Landesherr 1261 Bischof Bruno übergab, CDB V/1, Nr. 283. Bei Hullein handelte es sich schon um einen Schritt zum bevorstehenden Stadtstatut, siehe dazu weiter oben im Kapitel über das Stadtrecht, S. 224f. In einer rekonstuierten Urkunde aus Gröbnig, CDB IV, Nr. 27, von 1243, bestätigte zwar der Landesherr den Johannitern ein Dorf, das sie schon hatten, neu aber war: *solum iam dicta concedimus, verum eciam villam forensem nec non fortem sibi domum construendi ... confirmamus*. Das heißt, dass Gröbnig jetzt erst Marktdorf wird.

115 CDB V/1, Nr. 136 von 1257; Nr. 156 von 1258; Nr. 261 – die päpstliche Bestätigung von 1261.

116 Den grundsätzlichen Unterschied zwischen Märkten, die der Landesherr anderen Herrschaftsträgern bewilligte (Bischof, Kloster, Adliger), was durch eine besondere Erlaubnis in einer königlichen Urkunde geschah, und Märkten, die auf dem eigenen Boden des Landesherrn errichtet wurden, wurde von Rietschel, Markt und Stadt, S. 40ff. betont.

117 In Einzelheiten Kejř, Trhy [Märkte], S. 23ff.

118 Der erste völlig klare und präzise formulierte Fall bezieht sich 1235 auf Manetin, CDB III/1, Nr. 105, als König Wenzel I. alle Fälle von Straftaten und auch Geldbeziehungen – *de rapina vel de furto vel de homicidio vel alio maleficio, seu eciam lites pecuniarie* – der Vollmacht der königlichen Gerichte in Pilsen und Saaz entzogen und sie den Grundherren des Marktortes, den Johannitern, anvertraut hat. Andere Beispiele: Hněwkowitz 1262, CDB V/1, Nr. 359; Miletin und Komotau 1261, CDB V/1, Nr. 265. Das Ausmaß der Rechte ist unterschiedlich. Hněwkovitz erhielt kein Halsgericht, Miletin und Komotau erhielten es, aber das ändert nichts am Prinzip der Gerichtsvollmacht des Grundherrn. Das Halsrecht verlieh König Wenzel II. 1292 dem Bischof Tobiáš bei der Erhebung des bischöflichen Dorfes Božetitz zum Markt, RBM II, Nr. 2742, wobei er festlegte, dass das Ausmaß der Vollmachten dem in anderen bischöflichen Märkten entspricht. Eine breite Rechtsvollmacht erhielt 1298 auch das Kloster Obrowitz, RBM II, Nr. 1804, dessen Dorf Klobouk zum Markt erhoben wurde. Gleichzeitig wurde ihm das Recht von Mönitz erteilt und die Lösung aus der Vollmacht jeglicher Beamter ausgesprochen.

zu königlichen Märkten besteht, soweit es den eigentlichen Marktbetrieb betrifft. Es bestehen aber quantitative Unterschiede im Umfang der Geschäfte, der Besucherzahlen und wohl auch in der Stufe des Schutzes.

Für die alten Märkte in Westeuropa ist in vielen Fällen eine Doppelbesiedlung einwandfrei nachgewiesen worden, wenn neben dem alten ursprünglichen Siedlungskern, oft unterhalb einer Burg, bei einer Bischofsresidenz, einer Pfalz oder einem Kloster ein neuer, räumlich abgegrenzter Siedlungskomplex entsteht, in dem sich ein eigener Schwerpunkt des wirtschaftlichen Lebens, besonders des Handels, herausbildet.[119] Er steht zwar unter dem Schutz des befestigten Zentrums, selbst ist er aber in der Regel nicht befestigt. Nichtsdestoweniger kann auch er im Laufe der Zeit seine eigenen Mauern haben.[120] Manchmal liegt er am andern Flussufer.[121] Aber die Vorteile der Rechtsposition der Kaufleute konnten nicht alle Einwohner einer solchen Siedlung nutzen. Zumindest die beiden berühmten Privilegien für Allensbach und Radolfzell unterscheiden deutlich Kaufleute und Bauern, die in ihrem Stand bleiben sollen.[122] Der Markt wird außerhalb der Stadt abgehalten und ist von ihr unabhängig. Die Stadt verdankt also dem Markt nicht ihren Frieden, ihre Institutionen oder ihr Gericht.[123] Trotzdem gliederten die großen Siedlungsagglomerationen die Märkte frühzeitig in ihren Befestigungsring ein.

Diese Ära der frühen Entwicklung der Märkte ist bei uns nur schwer zu verfolgen. Topographisch können zwar verschiedene Verlegungen des Siedlungskerns und auch Erweiterungen des bewohnten Gebietes nachgewiesen werden, aber ein Beweis der Parallelität von Markt bzw. Marktsiedlung und ursprünglichem Zentrum ist schwer

---

119 Es ist nicht nötig, die zahlreichen Schriften darüber zu zitieren. Stellvertretend lassen sich anführen: Rietschel, Markt und Stadt, S. 125; Ennen, Frühgeschichte, S. 135, Blaschke, Altstadt – Neustadt – Vorstadt, S. 356, gibt an, dass es nur wenig Städte gibt, die außerhalb des Umkreises einer Burg entstanden sind. Über das Verhältnis zwischen Kaufmannssiedlung und altem Kern ebenfalls Petri, Niederlande, S. 266–267. P. Grimm, Zu ottonischen Märkten im westlichen Mittelelbe- und Saalegebiet, in: Vor- und Frühformen, S. 332ff., verfolgt bei welchen Siedlungen sich Märkte herausbildeten und stellt ihre Beziehung zum königlichen Besitz fest.

120 K. W. Nitzsch, Ministerialität und Bürgertum im 11. und 12. Jahrhundert, Leipzig 1859, S. 187, führt Beispiele von Kaufmannsorten an, die außerhalb der Befestigung liegen (Regensburg, Köln, Augsburg und Straßburg), macht aber darauf aufmerksam, dass Verdun ein *negotiatorum claustrum muro instar oppidi constructum* ist. Über Verdun und seine Kaufleute Y. Dollinger-Leonard, De la cité romaine à la ville médiévale dans la région de la Moselle et de Haute Meuse, in: Studien, S. 208–215.

121 Beispiele bei Ennen, Frühgeschichte, S. 135; unter anderen findet sich auch das in der vorangegangenen Anmerkung genannte Verdun.

122 Schulte, Reichenauer Städtegründungen, S. 146ff.; vgl. O. Feger, Märkte und Marktrechte, S. 52–53. Zu diesen Privilegien schon im Kapitel über das Stadtrecht, Anm. 248. Übrigens kann angemerkt werden, dass das Privileg für Allensbach, 1075 vom Abt des Klosters Reichenau ausgestellt, auf einem alten Privileg Ottos III. von 998–1000 basiert, so dass ganz klar seine Ableitung aus dem Marktregal des Landesherrn bewiesen ist. Auch Rietschel, Markt und Stadt, S. 173, stellt fest, dass *forenses* nach einem anderen Recht leben als *coloni*. Für unser Gebiet gibt es als Analogie ein Stück aus dem Formular des Tobiáš von Bechyně, Nr. 264, demzufolge *iudex* nach der Lokationsurkunde eines nicht genannten Marktes *bonis colonis et hominibus forensibus collocare* sollte. Ungünstig ist, dass bei dieser Quelle als Formularstück ein Zweifel an ihrem Aussagewert bestehen bleibt. Siehe dazu schon im Kapitel über den Gründungsakt, Anm. 137.

123 In Übereinstimmung mit Keutgen und Rietschel akzeptiert das auch Pirenne, Städte, Märkte, S. 3.

zu liefern. Ob im Jahre 1126 die Wendung *forum cum villa* in Gaya[124] schon eine Siedlungsparallele bedeutet, ist zweifelhaft und unsicher. Die späteren Wendungen *villa cum foro* bezeichnen wohl eher einen Siedlungskomplex, in dem ein Markt stattfand. Trotzdem kann wenigstens die Vermutung ausgesprochen werden, dass in Kladrau in der Nähe des Klosters und am Handelsweg aus Böhmen eine selbständige Kaufmannssiedlung angenommen werden kann.[125] Eine recht eindrucksvolle Andeutung findet sich für Miletin, wo 1267 der Bischof Johannes in einer Urkunde für die Deutschordensritter das Eigentum der Kirche eingrenzt,[126] wo sich voneinander getrennt *forum Myletin* und *villa Myletin* befinden. Sonst werden bei großen Machtzentren, Prag, Olmütz oder Brünn, verschiedene Märkte festgestellt, die sich selbstverständlich nicht mit der ursprünglichen Besiedlung bei der Burg decken, aber im Zuge der Schaffung der Stadtordnung siedlungsmäßig von der wachsenden Stadt aufgesogen werden.

Das wichtigste Handelszentrum der alten Zeit war Prag, aber über seine Märkte fehlt bisher eine gründliche Arbeit. Eine große Bedeutung wird der Topographie und Archäologie zukommen. Wir können hier nur in aller Kürze auf einige Gesichtspunkte hinweisen, doch eine systematische Darstellung der Prager Märkte unter rechtlichem, institutionellem oder verfassungsrechtlichem Aspekt kann einstweilen nicht vorgelegt werden. Wir können annehmen, dass sich nicht nur einer, sondern gleich mehrere Marktplätze herausgebildet haben, von denen schließlich das größte Gewicht der Altstädter Ring mit dem nahegelegenen Zentrum der ausländischen Kaufleute *curia hospitum* im Tein erlangte. Es wurde sogar die Vermutung geäußert, dass der Marktplatz älter ist als die Burg und dass sich gerade dort die ursprüngliche Prager Burg befunden hat.[127]

Es können einige Nachrichten von Chronisten über Prager Märkte registriert werden, wie *forum in suburbio Pragensi et in vico Wissegradensi*, bekannt aus der Rede der Fürstin Virpirk an König Vratislav von 1091,[128] oder *mercimonia*, die samstags zwischen der Prager Burg und dem Wyschehrad stattfanden, wo 1105 Svatopluks Heer Halt machte.[129] Über die Lage dieses Handelsplatzes besteht bisher keine Einigkeit.[130] Es wurden auch Vermutungen geäußert, dass bei jeder der beiden Burgen ein

124 CDB I, Nr. 110.

125 Über *mercatores Cladrubenses* siehe schon im Kapitel über das Stadtrecht.

126 CDB V/2, Nr. 490. Bischof Johannes stützt sich auf Untersuchungen des Dekans und Pfarrers von Königgrätz, dessen Urkunde inseriert ist.

127 V. Vojtíšek, O prvopočátcích Prahy [Über die ersten Anfänge Prags], Sborník prohospodářské a sociální dějiny 2, 1947, S. 60–68. Diese Ansicht hat keine größere Zustimmung gefunden.

128 Kosmas, FRB II, S. 127.

129 Kosmas, FRB II, S. 151.

130 V. Ryneš, L' incendie de la synagogue du faubourg du château de Prague en 1142, in: Judaica Bohemica 1, 1965, S. 18, unterscheidet den Marktplatz von den *mercimonia* zwischen beiden Burgen und platziert ihn etwa an die Stelle des heutigen Karlsplatzes. M. Richter, Zur ältesten Geschichte der Stadt Prag, in: H. Brachmann/J. Herrmann (Hg.), Frühgeschichte der europäischen Stadt – Schriften zur Ur- und Frühgeschichte 44, Berlin 1991, S. 175, setzt ihn unterhalb der Burg an. Mehr darüber auch weiter oben, S. 88f. Ungelöst bleibt das Verhältnis zu dem Markt, von dem die Fürstin Virpirk spricht und dessen Platz sie *in vico Wissegradensi* festlegt.

Marktplatz entstanden ist oder dass von der früheren Unterburg am linken Moldauufer, wo Markt abgehalten wurde und Handwerker ansässig waren, der Markt auf das rechte Ufer in die spätere Altstadt verlegt wurde.[131] Eine sicherere Nachricht über die Organisation der Märkte und die Oberhoheit des Herrschers über sie lässt sich erst aus der Ernennung des Marktrichters – *iudex forensis* – im Jahr 1211 gewinnen, in dem wir einen Beamten des Herrschers sehen können.[132]

Die Platzierung von Marktplätzen in den Städten kann nicht verallgemeinert werden, weil ihre Lage sowohl von den ursprünglichen Siedlungsvoraussetzungen als auch von den späteren Verschiebungen der Siedlungsagglomeration abhängt.[133] Die Bestimmung der genauen räumlichen Umschreibung des Marktes war eine der wichtigsten Angelegenheiten der Marktverfassung, denn in ihren Grenzen galten die Gewohnheiten des Marktrechts und auch eine strengere Strafordnung. Zuweilen waren die Märkte durch besondere Grenzzeichen begrenzt.[134] Darin drückt sich das Bestreben aus, den Marktbetrieb unter amtliche Aufsicht zu bringen, durch die dem Marktgerichtswesen auch die ehrliche Abwicklung der Geschäfte garantiert werden soll, aber auch das Bestreben, den freien Handel auf „wilden" Marktplätzen in Tavernen oder auf Friedhöfen einzuschränken. Möglicherweise sollte so auch gegen Vorkäufe vorgegangen werden,[135] die einen Verlust an Marktgebühren zur Folge hatten, oder gegen heimlichen Handel mit Mangelware. Die Bestimmung des topographischen Ausmaßes des Marktes ist deshalb auch eng mit dem Studium von Stadtgrundrissen verbunden. Besonders dort, wo sich die Stadt aus einem alten Kern entwickelt hat und bei der Herausbildung großer Zentren, wie Prag, Olmütz, Brünn und später auch Kuttenberg, lässt sich keine Regelmäßigkeit im Grundriss der Stadt erkennen. Etwas anders ist die Situation bei neu gegründeten Städten, wo die gewöhnlich rechtwinklige Bebauung den Marktplatz meist auch zum topographischen Zentrum der Stadt werden ließ.[136]

Bei allem Zögern in der Beurteilung der Bedeutung des Marktes für die Entstehung der Städte kann ihm eine zentralisierende Rolle und damit auch die Förderung des städtischen Lebens nicht abgesprochen werden.[137] Es darf allerdings nicht unterschätzt werden, dass es Märkte von unterschiedlicher Wichtigkeit gibt und dass

---

131 Hensel, Anfänge der Städte, S. 79; L. Leciejewicz, Wczesnośredniowiecze przemiany socjotopograficzne osad miejskich u Słowan zachodnich w świetle archeologii [Frühmittelalterliche soziotopographische Veränderungen von Städten bei den Weststlawen im Lichte der Archäologie], in: Miasta doby feudalnej [Städte der Feudalzeit], S. 56.

132 CDB II, Nr. 90. Dazu auch weiter unten bei den Ausführungen über das Marktgerichtswesen.

133 Das zeigt ein bei sechs großen Städten vorgenommener Vergleich, K. Glöckner, Die Lage des Marktes im Stadtgrundriß, Nassauische Annalen 65, 1954, S. 86–93, der als Beispiele Straßburg, Köln, Frankfurt am Main, Wiesbaden, Limburg und Wetzlar auswählte. Auf die Schwierigkeiten bei der Festlegung des Umkreises der alten Märkte konzentrierte sich Ehmann, Markt, S. 151, an Beispielen aus Münster, Osnabrück, Ulm, Memmingen, Lachen und Zürich.

134 Ehmann, Markt, S. 238.

135 Ehmann, ebd., S. 188, an Beispielen von Vorkäufen in Münster, Osnabrück und Zürich.

136 G. Hardach/J. Schilling, Das Buch vom Markt. Eine Wirtschafts- und Kulturgeschichte, Luzern/Frankfurt am Main 1980, S. 114–134, brachten eine Reihe von Abbildungen, die allerdings erst eine weitaus spätere Zeit erfassen konnten.

137 P. Schöller, Der Markt als Zentralisationsphänomen, WfF 15, 1962, S. 87.

sich ihre Hierarchie von kleinen Bevorratungszentren für alltägliche Dienstleistungen über Austauschplätze für weniger geläufige Waren und Dienstleistungen, die mehrere kleinere Orte einschließen, verfolgen lässt, bis hin zu regionalen Marktbezirken, die bereits zentrale Orte einer höheren Stufe bilden.[138] Darauf beruht teilweise die Voraussetzung für die Entwicklung zur Stadt, weil nur die höchste Stufe dieser Kategorien die Bedingungen dafür schafft, zu denen auch die formale Anerkennung des Stadtstatus kommen muss.[139] Ebenso wie die Bewilligung des Marktes ein landesherrliches Regal ist, ist auch die Erhebung zur Stadt ein Ausdruck der Vollmacht des Landesherrn. Es reichen also nicht nur unterscheidende Momente ökonomischen Charakters aus, um den Unterschied zwischen Markt und Stadt zu erkennen.[140] Es kann auch ein ganz entgegengesetzter Prozess eintreten: wenn ein Markt anstatt zur Stadt aufzusteigen auf den Status eines Dorfes herabsinkt.[141] Über das *ius fori* als Bestandteil der Stadtverfassung wurde schon im Kapitel über das Stadtrecht gesprochen, aber unter einem etwas anderen Aspekt müssen wir es auch hier berühren. Außerhalb unseres Interesses bleiben die alten Marktprivilegien der ottonischen Zeit, die bei uns noch kein Gegenstück finden, obwohl sich in ihnen die Entwicklung des Marktrechts widerspiegelt.[142] Es kann allerdings nicht den Deduktionen über die selbständige Herausbildung der Marktrechte zugestimmt werden, wie das polnische Forscher im Vertrauen auf die ursprüngliche Herausbildung der Märkte „nach polnischem Recht" getan haben.[143]

Die Vorstellungen von Märkten und Städten nach polnischem Recht müssen definitiv abgelehnt werden, wie dies vor allem auch die neuere polnische Wissenschaft getan hat,[144] und damit auch die Auffassung des Marktrechts als einer Art ursprünglichen Stadtrechts, das unabhängig vom Vordringen der Stadtverfassung nach westlichen Vorbildern war. Es gibt keinen genetischen Zusammenhang zwischen *ius fori*

138 SCHÖLLER, ebd., S. 88–89.

139 O. GÖNNENWEIN, Marktrecht, in: Altständisches Bürgertum II, S. 154, stellt fest, dass der Markt und das Marktrecht der Stadt ihr Gepräge aufdrücken, dass aber in ihnen nicht der einzige Grund für die Entstehung einer Stadt gesehen werden kann.

140 F. TREMEL, Der Bergbau als städtebildende Kraft in Innerösterreich, in: Festschrift Ammann, S. 97–98, sieht den Hauptunterschied in der Fähigkeit der Städte zum Großhandel und Fernhandel, während die Märkte auf den Nahhandel im Kleinen beschränkt bleiben. Er macht sich zwar bewusst, dass dieser Unterschied rechtlich nicht fixiert ist, aber es ist unzweifelhaft, dass das Nichterkennen der Rechtsstellung das ungenügende Verständnis beider Stufen bewirkt hat.

141 Beispiele bei SCHLESINGER, Forum, S. 302.

142 W. SPIESS, Das Marktprivileg. JUNGHANNS, Die deutsche Stadt, S. 23, konstatiert für das 10. Jahrhundert eine Fülle von Urkunden über Märkte, aber er weist nach, dass auch große Klöster, die versuchten, sich Märkte anzulegen, dazu eine königliche Bewilligung erbitten mussten. Wenn PATZE, Stadtgründung und Stadtrecht, S. 175, über Vorrechte spricht, die den Kaufmann nicht an einen bestimmten Ort banden und ihn nicht in den Ortsverband einschlossen, geht es dann eher um Kaufmanns- als um Marktrecht.

143 BUCZEK, Targi [Märkte], S. 54, hält dies für einen unverzeihlichen Irrtum. Ebd., S. 37, lehnt er auch die Versuche einer Identifizierung des Marktrechts mit dem Stadtrecht ab oder die Suche nach Quellen des Stadtrechts im Marktrecht. Übereinstimmend damit auch ZIENTARA, Przemiany [Veränderungen], S. 80–81.

144 Außer den laufend genannten Arbeiten ebenfalls ROSŁANOWSKI, Markt und Stadt, dessen Schlussfolgerungen weiter verfolgt werden.

und dem vollständig ausgebildeten *ius civile*.[145] Es gibt nicht einmal eine direkte Kontinuität des postulierten „polnischen Rechts", das nicht als gleichberechtigt gegenüber dem Marktrecht oder der Marktfreiheit angesehen werden kann, mit den angenommenen Vorbildern der Stadtrechte.[146] In den meisten Fällen gibt es nicht einmal eine räumliche Anknüpfung, da mit der Gründung einer Stadt sehr oft ein neuer Siedlungsplan entsteht und die alten Siedlungskerne entweder peripher werden oder überhaupt außerhalb der Stadt bleiben.[147]

Für unsere Verhältnisse wird es am besten sein, an die Bestätigung von Markgraf Přemysl für das Kloster Raigern aus dem Jahre 1234 zu erinnern,[148] die festlegte: *villam Raygrad… iure forensi, prout ubique teutonice libertatis est, fundatam confirmavimus*. Wir haben zwar keine Möglichkeit, eine Anknüpfung an irgendeine Gruppe der Marktrechte zu belegen,[149] weil die Unvollständigkeit unserer Quellen das nicht zulässt, aber man kann zu bestimmten Deduktionen gelangen. Die *teutonica libertas*, die nach dem Privileg allgemein verbreitet ist, kann in dem Sinne interpretiert werden, dass sich die Marktrechte bei uns nicht von den ausländischen Vorbildern unterscheiden und dass sie diese übernehmen. Aber es gibt hier noch die Bezeichnung *libertas fori* selbst, deren Hauptsinn darin besteht, dass sie die Immunität enthält, die die fürstlichen Einkünfte vom Markt auf den neuen Besitzer überträgt. *Libertas fori* bezieht sich nur auf die Abwicklung der Geschäfte auf dem Markt[150] und nicht auf den gesamten Siedlungsbereich. *Forum liberum* ist also ein von Eingriffen und fiskalischen Ansprüchen des Fürsten befreiter Markt.[151] Damit wird auch die Erkenntnis bestätigt, zu der wir schon früher in diesem Kapitel gelangt sind, dass der Landesherr mit der Erteilung des Marktrechts an einen bestimmten Empfänger für einen bestimmten Ort auf einen Teil seiner Befugnisse verzichtet.

In diesem Zusammenhang muss übrigens darauf hingewiesen werden, dass die Wendung aus dem großen Privileg von Leobschütz aus dem Jahr 1275,[152] in dem man liest: *tanta est libertas fori publici in Lubsicz*, einen anderen Charakter hat, weil es um ein ganz bestimmtes Recht geht, das sich nicht auf die allgemeinen Marktrechte bezieht. Es wird hier festgelegt, dass jeder, der irgendeinen Gegenstand auf dem Markt am Markttag kauft und das beweisen kann, weder mit seinem Besitz noch mit seiner Ehre dafür verantwortlich ist, wenn dieser Gegenstand aus einem Diebstahl oder Raub stammt. Diese Regel, hier ausdrücklich formuliert, gilt also nur für den Markt in Leobschütz und sie kann nicht als allgemein praktiziert betrachtet werden.

---

145 Rosłanowski, ebd., S. 206.

146 Rosłanowski, ebd., S. 202–204. Siehe weiter Piskorski, Stadtentstehung, S. 330.

147 Rosłanowski, ebd., S. 205–206.

148 CDB III/1, Nr. 90.

149 Junghanns, Die deutsche Stadt, S. 101, unterscheidet eine Gruppe von bayerischen Marktrechten mit Zentrum in Regensburg und eine Gruppe von rheinisch-sächsischen mit Zentren in Mainz und Köln, die im Osten bis Magdeburg reicht. Eine Karte dieser alten Marktrechte bei Ennen, Die europäische Stadt, S. 76.

150 Rosłanowski, Markt und Stadt, S. 203.

151 Buczek, Targi [Märkte], S. 44 und 64. Ihm folgt auch Zientara, Przemiany [Veränderungen], S. 81–82. Die letzte Arbeit darüber, Piskorski, Stadtentstehung, S. 330, unterstützt diese Ansicht voll.

152 CDB V/2, Nr. 790, Art. 24, S. 470.

Wenn wir genötigt sind, wiederholt Unterstützung für unsere Quellen im Vergleich zu älteren aus unserer Nachbarschaft zu suchen, so müssen wir bedenken, dass bei uns die für Deutschland nachgewiesene Tatsache, dass *ius fori* oder *ius forense* nicht in Beziehung mit Geschäften auf dem Markt stehen muss und das Recht eines Marktortes bezeichnet, nicht belegt ist.[153] Bei uns bleibt die Herrschaft der Obrigkeit über die Marktorte bestehen und es bildet sich keine selbständige Rechtsordnung der Marktsiedlung heraus. Wenn wir also irgendeinen Beleg finden, der einen Markt bezeugt, so bezieht er sich immer auf den Handelsbetrieb oder überhaupt auf das Recht, Markt zu halten.

Wir können nicht einmal nachweisen, dass sich *ius fori* auf den rechtlichen Charakter der Grundstücke bezieht,[154] wenn Kaufleute als Freie das Recht erwerben, Grundstücke zu kaufen und zu verkaufen oder zu besitzen[155] und da gerade der Besitz von Immobilien zu den grundlegenden Äußerungen der Markt- und Stadtverfassung gehört.[156] Aber hier geht es schon um ortsfest ansässige Kaufleute und nicht um den älteren Typ des Fernhändlers. Besitzverhältnisse, die sich auf Grundbesitz beziehen, soweit wir damit bei uns rechnen können, treten in unseren Quellen nicht deutlich hervor.

Zu den Grundregeln für das Abhalten von Märkten gehört der Marktfrieden. In ihm liegt die Garantie für die Sicherheit der Geschäfte. Der Markt steht unter dem Schutz des Landesherrn, der sich auf das Marktorgan und auch auf die Besucher des Marktes bezieht. Der Marktfrieden betrifft Personen, die in irgendeiner Form am Markt teilnehmen. Unter dem Schutz des Marktfriedens stehen die Personen nicht nur während ihres Aufenthaltes auf dem Markt, sondern auch auf dem Weg zum und vom Markt.[157]

In der älteren Zeit, als auch der Marktherr gegen fremde Ansprüche geschützt ist, betrifft der Frieden vor allem die Marktbesucher, besonders auf dem Weg zum und vom Markt, und es wird eine gewisse Zeitspanne vor und nach Abhalten des Marktes sowie auch eine bestimmte Entfernung vom Marktort für die Schutzgarantie festgelegt.[158] In der Regel beträgt dieser Umkreis bis zu einer Meile,[159] aber der Schutz kann auf allen Wegen überhaupt gewährt werden.[160] Die ältere Form des Marktfriedens, wie sie hier definiert wird, garantiert also persönlichen Schutz für die Marktbesucher

153 Beispiele bei Rietschel, Markt und Stadt, S. 173–175.

154 Gönnenwein, Marktrecht und Städtewesen, S. 361, verweist auf Arbon, Radolfzell und Winterthur. Zu Winterthur H. Weymuth, Erscheinungsformen, S. 77–78, wo *ius fori* aus dem Recht von 1264 nicht das Marktrecht bedeutet, das Winterthur schon seit 1180 hatte, sondern das sog. Marchrecht, also das Recht des Nutzungsanteils an der städtischen Allmende, das mit Grundstücken verbunden ist. Je umfangreicher diese Grundstücke waren, desto größer war der Anteil am Gewinn aus der Allmende. Es wurden dann Grundstücke mit Marchrecht und solche ohne dasselbe unterschieden.

155 Dilcher, Marktrecht, S. 408, mit dem Beispiel Radolfzell, wo sich dieses Recht nur auf Kaufleute bezog und bäuerliche Siedler (*homines ecclesiae*) davon ausgeschlossen waren.

156 Dilcher, ebd., S. 409.

157 Spiess, Das Marktprivileg, S. 346ff.; Rietschel, Markt und Stadt, S. 200.

158 His, Strafrecht I, 2, S. 229ff.

159 Spiess, Das Marktprivileg, S. 356ff. Bei uns betrifft das Saaz, siehe weiter unten in diesem Kapitel.

160 Ausdrücklich im Privileg für Troppau von 1247, siehe weiter unten, aber aus dem Charakter der Sache ergibt sich, dass es sich ähnlich auch in Kladrau und in Raigern verhielt.

und bezieht sich erst später auch auf die ansässigen Kaufleute.[161] Dort, wo sich ein geschlossener Marktbezirk entwickelt, ist ein besonderer Friede für die gesamte Zeit der Dauer des Marktes garantiert.[162] Die Herauslösung aus der Gerichtsbarkeit der landesherrlichen Beamten und die Zuerkennung der Vollmacht für den Marktrichter kann im übrigen nicht so verstanden werden, dass sich der Friede auf jede mit einem Markt ausgestattete Siedlungsagglomeration als Ganzes bezöge.[163]

Ein wichtiges Merkmal ist, dass am Marktfrieden derjenige nicht teilhat, der kein Marktbesucher ist. Der Marktfrieden steht in keiner Beziehung zum Stadtfrieden.[164] Während der Stadtfrieden einen dauerhaften Schutz darstellt, der sich auf die Fläche der Stadt erstreckt, ist der Marktfrieden lokal und zeitlich gerade nur auf den Zeitraum des Marktes begrenzt.[165]

Wenn Garantien des Marktfriedens als Schutz des Landesherrn schon seit dem 10. Jahrhundert auftreten, können wir dies auf unserem Gebiet erst später verfolgen, etwa zur gleichen Zeit, zu der bereits die Rechtsstädte entstehen. In ganz deutlicher Form wurden solche Garantien im Jahre 1233 dem Kloster Kladrau gegeben,[166] dem der Landesherr einen vierzehntägigen Jahrmarkt bewilligte, den ersten, der bei uns mit Sicherheit nachzuweisen ist. Er verfügte *venientes cum mercimoniis de diversis partibus terrarum ac recedentes in nostram manum regiam accipimus, securitatem perpetuam promittentes.*[167] In anderer Gestalt wird der siebentägige Jahrmarkt am Tag der Apostel Petrus und Paulus in Raigern *ab omni infestacione beneficiariorum nostrorum* unter Schutz gestellt.[168]

Wieder andere Bestimmungen enthalten die Privilegien für Brünn aus dem Jahre 1243,[169] für Iglau angeblich zum Jahr 1249[170] und für Deutsch Brod von 1278,[171] nach denen derjenige hart bestraft wird – bis hin zum Verlust der Hand –, der am Markttag gegen einen anderen das Schwert ziehen würde. Das ist ein Ausdruck der allgemeinen Betonung des Marktfriedens, der durch strengere Strafen gesichert wird.[172] Alles deutet darauf hin, dass die Strafe des Handabhauens, die oft für Verletzungen verhängt wird, gerade durch die Applizierung der Regeln über die Störung des Landes- oder Stadtfriedens eine stärkere Verbreitung erfuhr.[173] Wenn wir diese verkrüp-

---

161 Spiess, Das Marktprivileg, S. 249; Gönnenwein, Marktrecht, S. 356–357.

162 His, Strafrecht I, S. 231–232. Ein Marktbezirk ist eine unbebaute Fläche, also eine Straße oder ein Platz mit festgelegten Grenzzeichen. Er muss vom Bezirk des Stadtfriedens unterschieden werden, Ehmann, Markt, S. 218–219.

163 Rosłanowski, Markt und Stadt, S. 203.

164 Rietschel, Markt und Stadt, S. 202.

165 Spiess, Das Marktprivileg, S. 355.

166 CDB III/1, Nr. 44.

167 Dieser Urkunde sind wir schon früher begegnet. Als Beispiel für die Zuerkennung des landesherrlichen Friedens für die Marktteilnehmer führt sie auch Buczek, Targi [Märkte], S. 50–51, an.

168 CDB III/1, Nr. 90. Zu diesem Markt auch weiter oben.

169 CDB IV, Nr. 17, Art. 19, S. 83.

170 CDB IV, Nr. 177++, Art. 83, S. 318–319.

171 CDB V/2, Nr. 873, Art. 16, S. 598.

172 Gengler, Alterthümer, S. 152.

173 His, Strafrecht, II, S. 99.

pelnde Strafe auch andernorts in unserem Strafrecht antreffen,[174] in Schutzprivilegien für Juden[175] oder wiederholt im Landrecht,[176] dann begreifen wir, warum sie auch in der so streng geschützten Sicherheit des Marktbetriebes angewandt wird.

Breite und ausführliche Bestimmungen über die Sicherheit der Kaufleute, die aus dem Ausland zum neu eingerichteten Jahrmarkt nach Troppau kommen, enthält eine Urkunde von Markgraf Přemysl II. aus dem Jahr 1247.[177] Zu ihrer größeren Sicherheit wird ihnen eine Frist von sieben Tagen für ihr Kommen, sieben Tagen für ihren Aufenthalt auf dem Jahrmarkt und weiteren sieben Tagen für ihre Rückkehr gewährt. Geschäfte können sie ohne Hindernis und ohne jegliche Gebühr tätigen. Außerdem sollen sie auch auf allen Wegen des Landes und bei allen Zöllen sicher sein und Frieden haben, bis sie nach Abschluss ihrer Geschäfte nach Hause zurückkehren.

Über genaue Bestimmungen verfügt auch die Stadt Saaz in dem schon mehrfach genannten Privileg von 1265,[178] mit dem direkt festgelegt wird: *omnia perpetrata in diebus, quibus forum est in eadem civitate, pervenientes et recedentes in via circumquaque infra spacium unius miliaris iudex idem iudicet et decidat iusticia mediante.* Die Sicherheit wird also dem Stadtrichter anvertraut, dessen Vollmacht an Markttagen und für mit dem Markt verbundene Angelegenheiten auf den Umkreis von einer Meile ausgedehnt wird.[179]

Aber auch in Texten, in denen eine solche Garantie nicht ausdrücklich angeführt wird, lässt sich aus der Bewilligung des Handels *ut in ceteris civitatibus est consuetum*[180] oder aus einer anderen ähnlichen Wendung[181] schließen, dass der Marktfrieden garantiert wird. Der Schutz durch den Landesherrn stellt eine der Grundlagen für den regelmäßigen Austausch dar, ohne die der Markt stark bedroht und sein ökonomischer Effekt minimal gewesen wäre. Damit wurde aber auch ein sehr starker Schutz gegen die Konkurrenz anderer Plätze[182] gewährt, an denen Geschäfte abgewickelt wurden, wie es z. B. Tavernen an Kreuzwegen waren. Ein solcher Handel stand nicht unter königlichem Schutz und königlichem Frieden.

Zu den Quellen, die vom Marktfrieden Zeugnis ablegen, lässt sich nicht das Versprechen des Propstes Peter von Wyschehrad, Kanzler des Königreichs Böhmen, für

174 Privileg für Leobschütz, CDB V/2, Nr. 790, Art. 11, S. 468 und Art. 16, S. 469, aber hier betrifft es nicht eine Straftat auf dem Markt, sondern allgemein eine Verletzung.

175 Urkunde Přemysl Otakars II., CDB V/1, Nr. 316; CDB V/2, Nr. 566.

176 V. Solnař, Z dějin českého zemského práva trestního [Aus der Geschichte des böhmischen Landesstrafrechts], Praha 1921, S. 17–18.

177 CDB IV, Nr. 108+. Gewisse Zweifel an dieser Urkunde erschüttern jedoch nicht das Vertrauen in ihre Zuverlässigkeit. Šebánek/Dušková, Kritický komentář [Kritischer Kommentar], S. 71, urteilen, dass sie echt ist und sie sprechen an keiner Stelle ihrer Arbeiten Panovnická a biskupská listina [Herrscher- und Bischofsurkunde] sowie Listina v českém státě [Die Urkunde im böhmischen Staat], in denen sie sie behandeln, einen Zweifel aus. Die einzige Unsicherheit besteht wohl nur darin, dass der Schreiber der Urkunde ansonsten nicht bekannt ist, aber das Diktat stammt aus der Kanzlei vom Notar Přísnobor.

178 CDB V/1, Nr. 464.

179 Der Schutz des Marktes und seiner Teilnehmer im Umkreis von einer Meile war auch schon früher eine regelmäßige Bestimmung, siehe Spiess, Das Marktprivileg, S. 356.

180 CDB V/1, Nr. 156 – Einrichtung eines Jahrmarkts in Ungarisch Hradisch.

181 RBM II, Nr. 1502 – Kremsier 1290; RBM II, Nr. 1547 – Brünn 1291.

182 Spiess, Das Marktprivileg, S. 357.

den Vertreter des Passauer Bischofs von 1278 rechnen,[183] dass diejenigen beim Betreten des Landes und bei der Rückkehr geschützt werden, die Waren auf dem Prachatitzer Weg führen. Hier geht es nur um den Schutz ihrer Sicherheit während der Reise, für eine bestimmte Zeit festgelegt *usque ad festum beati Martini* und unter der Bedingung, dass davon Waren ausgenommen sind, die aus einem Diebstahl stammen. Es wird kein Markt oder der Weg zu einem solchen erwähnt. Die Garantien des Marktfriedens haben dauerhaften und nicht nur vorübergehenden Charakter, sie betreffen die Teilnehmer des Marktes allgemein und nicht nur eine begrenzte Gruppe von Menschen, die unter die Hoheit eines bestimmten Herrn gehören.

Über das Marktgerichtswesen haben wir nicht viele Belege, aber aus den Marktregeln und der Sicherung des Marktfriedens wird deutlich, dass fast überall die Beilegung von beim Handeln entstandenen Streitigkeiten garantiert sein musste sowie die Ahndung von während des Marktes oder auf dem Weg zu ihm begangenen Straftaten.[184] Nicht überall ist jedoch ein eigenes Marktgerichtsorgan feststellbar, weil die Entscheidung von Fällen im Zusammenhang mit dem Markt unter die Befugnis der Obrigkeit oder bei Rechtsstädten unter die des Stadtrichters fallen konnte, wie wir das bereits bei Saaz gesehen haben.[185] Die schweren Strafen, die denjenigen, die während des Marktes das Schwert zogen, erteilt wurden, wovon die Urkunden für Brünn, Iglau und Deutsch Brod berichten, fielen sicher unter das städtische Gerichtswesen.

Für Prag wurde die Frage der Machtbefugnis des Marktrichters in Bezug auf das Gerichtswesen in *curia hospitum* im Tein und auf das Gericht der deutschen Gemeinde gestellt, in der nach fast allgemeiner Überzeugung die Kaufmannschaft ebenfalls die Grundlage bildete.[186] Es scheint, dass die Suche nach den Grenzen zwischen diesen Kompetenzen wesentlich einfacher gesehen werden kann. Für den deutschen Richter, der von der deutschen Gemeinde gewählt wurde, gibt es keine Hinweise auf seine Befugnis in Marktangelegenheiten und diese lässt sich auch kaum annehmen, weil in den Einleitungsartikeln von Soběslavs Privileg das Recht der Deutschen nach eigenem Brauch zu leben sowie dessen Unterschied zum Recht der Tschechen betont werden. Es wurden sogar Kollisionsnormen für Gerichtsverhandlungen zwischen Tschechen und Deutschen aufgestellt.[187] Eine solche Ausschließlichkeit stimmt überhaupt nicht mit den Regeln des Marktrechts und des Handels auf Märkten überein. Wir gehen also nicht fehl, wenn wir den deutschen Richter nur für ein Organ der deutschen Gemeinde halten, dem keine Kompetenz in anderen Angelegenheiten zusteht, darunter auch im Marktgerichtswesen.[188]

---

183 CDB V/2, Nr. 883.

184 SCHULTE, Reichenauer Städtegründungen, S. 163: „Zu dem Markt gehört ein eigenes Marktgericht, dem schon im 11. Jahrhundert erhebliche Kompetenzen zustanden." Siehe auch weiter oben, Anm. 58, die zitierte Arbeit FEGERS, Märkte und Marktrechte.

185 CDB V/1, Nr. 464.

186 ZYCHA, Prag, S. 69–73, kam zu dem Schluss, dass diese beiden Kompetenzen die Machtbefugnis des Marktrichters deutlich einschränkten.

187 In der Edition von J. KEJŘ, K privilegiu [Zum Privileg], S. 252–253, Art. 1, 2, 9, 10.

188 Für die deutsche Gemeinde ist auch kein Markt nachgewiesen. Weder Soběslavs Privileg noch seine nachfolgenden Konfirmationen sprechen davon und auch in den urkundlichen Berichten der späteren Zeit fehlt jegliche Erwähnung eines Marktes.

Zu den ältesten Nachrichten gehört die schon mehrfach behandelte Schenkung Bořivojs, in der für Gerichtsfälle eine doppelte Zugehörigkeit festgelegt wird: fremde Kaufleute – *hospites* – stehen vor dem fürstlichen Richter, wenn einheimische Bewohner – *cives* – von einem Gast angeklagt werden, entscheidet der *richterius* oder Kämmerer.[189] Die Machtbefugnis dieser Richter ist zwar nicht sicher bestimmbar, aber aus dem Interesse an der Ordnung und dem ordnungsgemäßen Verlauf der Geschäfte, die in *curia hospitum* im Tein abgeschlossen wurden, lässt sich schließen, dass es um Repräsentanten des Landesherrn geht. Nichts bezeugt die selbständige Kompetenz jenes *richterius*, die sich aus einer Autonomie der Kaufleute ergeben würde. Außerdem kann der Teinhof nicht als ein periodisch stattfindender Markt angesehen werden, auf den sich die Marktgerichtsbarkeit beziehen würde. Es geht um eine beständig besuchte Einrichtung, die an feste Regeln für das Zusammenleben und die Geschäfte der Gäste gebunden war und in dem die doppelte Gerichtszugehörigkeit aus den üblichen Gepflogenheiten des Marktes herausfiel. Es lässt sich nicht einmal eine festgesetzte Zeit des Marktes annehmen, während der die Vollmacht des Marktrichters galt.

Auch wenn die Gerichtsbefugnis in Marktstreitfällen sicherlich uralt war, können wir für Prag erst für das Jahr 1211 eine gesicherte Nachricht beibringen, als in der Zeugenreihe in der Urkunde Přemysl Otakars I. für die Kirche von Wyschehrad ein *Blasey forensis iudex* genannt wird.[190] In ihm wird bisher mit vollem Recht ein königlicher Beamter vermutet[191] und es kann keinerlei andere Autorität angenommen werden, die seine Ernennung oder den Umfang seiner Rechtsbefugnis beeinflussen konnte. Es lässt sich nicht bezweifeln, dass er sich bei seiner Entscheidung nach den Marktbräuchen und Kaufmannsgewohnheiten richtete, sein Amt aber im Auftrag und mit der Autorität des Landesherrn ausübte. Es war jedoch notwendig, das Verhältnis zwischen seinen Befugnissen und den Pflichten eines anderen königlichen Beamten abzugrenzen, der als *marescalcus noster iunior* tituliert wird und über den in einem allgemeinen Privileg für Klöster berichtet wird.[192] Gegen ihn und seine Ansprüche werden die *pauperes in foro vendentes* in Schutz genommen und er darf nur einmal wöchentlich einen Denar oder seinen Gegenwert in Waren einnehmen.[193] Es gibt keine Nachrichten über seine Gerichtsbefugnis und seine Aufgabe war offensichtlich nur das Einnehmen der Marktgebühren. Auch er war königlicher Amtsträger. Der Markt stand unter der Aufsicht von königlichen Amtsträgern,[194] und vor

189 CDB I, Nr. 389: *Hospites conveniuntur coram nostro iudice, cives ab hospitibus coram richterio vel camerario.*

190 CDB II, Nr. 90. In der Zeugenreihe wird er unter den Beamten und Adligen genannt.

191 Für andere: ZYCHA, Prag, S. 69; FIALA, O pražském názvosloví [Über die Terminologie der Prager Namen], S. 51.

192 CDB II, Nr. 227. Wenn diese Titulatur auch in der Urkunde für das Kloster von Břewnow aus dem Jahre 1220, CDB II, Nr. 375, auftaucht, kann dem keine historische Beweiskraft zugesprochen werden, weil es um ein Falsum aus dem 13. Jahrhundert geht, das als seine Vorlage ein allgemeines Privileg für Klöster verwendete und nur seine Diktion und einzelne Angaben dem Einzelfall anpasste.

193 Die Analyse des Privilegs bei VANEČEK, Základy [Die Grundlagen] II, S 121. Er fasst diesen jüngeren Marschall zweifellos als königlichen Beamten auf.

194 ČELAKOVSKÝ, O začátcích [Über die Anfänge], S. 202, mit Ausführungen über beide genannten Beamten.

der vollen Installierung der Stadtverfassung kann keine andere Autorität in Frage kommen.

Aus den spärlichen Nachrichten können wir keine detaillierten Schlüsse über die Marktgerichtsbarkeit ziehen. Auch bei uns jedoch liegt die Marktgerichtsbarkeit in den Händen des Marktherrn.[195] Sein Beamter, der zur Ausübung der Gerichtsbarkeit auf dem Markt bevollmächtigt ist, ist also nur ein Vertreter, dem außer der Vollmacht über den Marktplatz und den Menschen darauf in Sachen des Handels keine breitere Befugnis zusteht, vor allem nicht über die gesamte Marktsiedlung.[196] Und doch können einige Schlussfolgerungen gezogen werden. Alles deutet darauf hin, dass der Beamte des Marktherrn, der zur Marktgerichtsbefugnis bevollmächtigt war, in königlichen Städten durch die Gerichtsbefugnis des Richters ersetzt wurde, die allerdings nicht nur auf den Markt begrenzt war, und dass die ländlichen Märkte, die nicht die Stufe der Stadt erreichten, ebenso wie die nicht königlichen Landstädte auch in Bezug auf den Markt der Gerichtsbefugnis des Grundherrn unterstanden.

Ein großer Teil der bisher behandelten Fragen betrifft Wochenmärkte, also Nahmärkte, die regelmäßig am gleichen Tag, der oft direkt im Privileg festgelegt war, stattfanden. Weitaus weniger Nachrichten beziehen sich auf Jahrmärkte.[197] Für das Gebiet von Böhmen und Mähren ist es nicht notwendig, sich mit der älteren Entwicklung der Jahrmärkte zu befassen, weil wir keine Möglichkeit haben, sie früher als in der Zeit der entstehenden Städte zu verfolgen. Deshalb berührt uns weder die Frage, in welchem Maße der Jahrmarkt ein städtebildendes Element ist,[198] noch ob der Jahrmarkt älter ist als der Wochenmarkt.[199] Bei uns begegnen wir dem *forum annuale*, sonst auch *nundinae* genannt,[200] in voller Form zuerst 1233 in Kladrau.[201]

Reinhart, der Abt des Klosters Kladrau, hat schon von seinem Amtsantritt im Jahre 1231 an energisch den Besitz und die Vorrechte des Klosters vermehrt[202] und ebenfalls bereits zu Beginn seiner Herrschaft wurde Kladrau zur Stadt, wie aus der Nennung des Kladrauer Richters und des Bürgers – *burgensis*[203] und aus einem fast

---

195 Rietschel, Markt und Stadt, S. 159.

196 Zientara, Przemiany [Veränderungen], S. 81–82. Piskorski, Stadtentstehung, S. 330, der sich auch auf Buczek stützt, nimmt eindeutig an, dass sich die Befugnis des vom Herrscher bevollmächtigten Marktrichters nur auf den Marktplatz erstreckte, ohne die Siedlung zu berühren, und dies nur für die Zeit des periodischen Marktes.

197 Übersichtliche, aber lückenhafte Berichte über Jahrmärkte gaben Zycha, Ursprung, S. 198–199, sowie M. Rejnuš, Královská města a podpora Přemysla II. [Die königlichen Städte und ihre Unterstützung durch Přemysl Otakar II.], SlSb 55, 1957, S. 23–25.

198 Rietschel, Markt und Stadt, S. 40, 46–47, lehnt das wiederholt ab.

199 G. Schmoller, Die äußeren Tatsachen der deutschen Städteentwicklung im Mittelalter, in: G. Schmoller, Deutsches Städtewesen in älterer Zeit, Bern/Leipzig 1922, S. 47.

200 Spiess, Das Marktprivileg, S. 343, stellt den ältesten Beleg für die Bezeichnung *nundinae* für das Jahr 1049 fest.

201 CDB III/I, Nr. 44. In diesem Zusammenhang kann die falsche Urkunde außer Acht gelassen werden, mit der angeblich schon 1197 „König" Jindřich Vladislav Kladrau einen Jahrmarkt bewilligte, CDB II, Nr. 348.

202 Ein Überblick über sein Wirken bei V. Novotný, České dějiny [Böhmische Geschichte] I/3, S. 894.

203 Die Urkunde des Abts aus demselben Jahr 1233, CDB III/I Nr. 46, der wir schon wiederholt begegnet sind.

gleichzeitigen Beleg über Kaufleute von Kladrau hervorgeht.[204] Im eigentlichen Text der königlichen Bewilligung des Marktes wird gesagt *ut in civitate Cladorubensi singulis annis in dedicacione monasterii annuale forum sive nundine fiant duabus hebdomadis durature*. Es wird die königliche Garantie der Sicherheit für die Teilnehmer des Marktes hinzugefügt.[205] An den wirtschaftlichen Aktivitäten von Kladrau und an seiner Stadtverfassung bestehen keine Zweifel.

Bald nach Kladrau erwarb auch Raigern einen Jahrmarkt von Gnaden des Markgrafen Přemysl, der 1234 dem Kloster ein Privileg ausstellte,[206] das ebenfalls von König Wenzel I. bestätigt und besiegelt wurde. Neben umfangreichen Freiheiten, die denen des Klosters Welehrad ähnlich waren, wird ein Markt für die Zeit von sieben Tagen zu Peter und Paul bewilligt, wenn *ex diversis regionibus* die *populi multitudo* zusammenkommt. Es wird berichtet, dass der Markt *ex antiqua institucione* stattfindet. Es wird zwar nicht die Bezeichnung *forum annuale* oder *nundinae* verwendet, aber aus der Natur der Sache geht dies eindeutig hervor. Gleichzeitig wird gesondert auch ein Wochenmarkt mit dem Mittwoch als Markttag bestätigt, der *iure forensi prout ubique teutonice libertatis est* gegründet worden ist. Aus dem Text des Privilegs lässt sich ableiten, dass in Raigern ein großer Markt von altersher stattgefunden hat.

In Brünn hatte der Jahrmarkt wohl schon eine ältere Tradition, weil das große Privileg[207] den Markt nicht neu gründet, sondern nur festlegt, dass diejenigen, die mit Waren *ad nundinas Brunnenses* kommen, sich hier drei Wochen vor und drei Wochen nach Pfingsten aufhalten sollen. Dieser Jahrmarkt wurde auch als Muster für den Markt in Olmütz genommen, wie in Kürze dargestellt werden wird.

Brünn erhielt 1291[208] von König Wenzel I. die Bewilligung zu einem Jahrmarkt mit einer Dauer von vierzehn Tagen, beginnend an St. Gallus, dessen Teilnehmer vom Zoll befreit waren. Es ist hier nicht die Rede von einem Jahrmarkt zu Pfingsten, aber aus dem so formulierten Privileg lässt sich schließen, dass der St. Gallus-Markt Brünn als zusätzlicher Markt neu verliehen wurde.[209] Es kann mit Sicherheit angenommen werden, dass hier zu dem Frühjahrsmarkt zu Pfingsten ein Herbstmarkt an St. Gallus hinzugekommen ist.

Einen Jahrmarkt bekam 1247 auch Troppau von Markgraf Přemysl II. verliehen,[210] der am Fest von Mariae Geburt *in omni libertate* stattfinden sollte. Fremden Kaufleuten wurde weitgehender Schutz gewährt, worüber wir schon früher gesprochen haben.

204 CDB II, Nr. 366. Dazu schon weiter oben im Kapitel über das Stadtrecht, Anm. 55–57.

205 Siehe schon weiter oben in diesem Kapitel in den Ausführungen über den Marktfrieden.

206 CDB III/1, Nr. 90. Dieser Urkunde sind wir schon mehrmals begegnet. Sie ist ausschließlich Kanzleiursprungs ohne Eingriff des Empfängers, Šebánek/Dušková, Panovnická a biskupská listina [Herrscher- und Bischofsurkunde] und Listina [Urkunde], an mehreren Stellen, und ist ein Werk des Schreibers O5, also des Olmützer Bischofs Robert, der sie auch mitgesiegelt hat.

207 CDB IV, Nr. 17, Art. 8, S. 84.

208 RBM II, Nr. 1547, vollständiger in CDM IV, Nr. 298.

209 Zycha, Ursprung, S. 199, Anm. 2, nimmt an, dass es um eine Neuordnung des bestehenden Marktes geht. Im Gegensatz dazu lässt sich eher mit einem weiteren, einem zweiten Jahrmarkt rechnen.

210 CDB IV, Nr. 108+. Zu dieser Urkunde siehe auch weiter oben, Anm. 177.

In Ungarisch Hradisch, mit seinen rechtlich wie topographisch komplizierten Gründungsverhältnissen, wird ein Jahrmarkt eingerichtet *ut in ceteris civitatibus est consuetum.*[211] Von den zwei nacheinander ausgestellten Gründungsurkunden von 1257 und 1258 ist dies erst in der zweiten enthalten, die Ungarisch Hradisch erst das Stadtstatut einräumt und ihm Vorrechte gewährt, die Rechtsstädten zustehen, darunter auch ökonomische Vorteile, wie Münze oder Jahrmarkt.

Olmütz erhielt 1261 von Přemysl Otakar II.[212] zwei Vorrechte, die den Handel in der Stadt förderten, nämlich ein Kaufhaus, von dem noch die Rede sein wird, und einen Jahrmarkt an St. Gallus, für den allen Besuchern eine weitreichende Befreiung von Zoll und Maut für die Zeit von insgesamt sechs Wochen mit einer gleichmäßigen zweiwöchigen Aufteilung auf die Zeit vor, während und nach dem Markt gewährt wurde. Es wird hinzugefügt: *addito et adiecto iure tocius libertatis et gracie, quod racione nundinarum et fori annualis in civitate nostra Brunna dinoscitur ad hec tempora viguisse.* Es genügt, in einer kurzen Bemerkung daran zu erinnern, dass damit in keiner Weise das Stadtrecht von Olmütz berührt wird und dass nur die Ausübung der gleichen Gebräuche festgelegt wird, wie sie auf dem Jahrmarkt von Brünn üblich waren.

Einigermaßen unklar ist die Frage des Jahrmarktes in Leobschütz.[213] Ein Artikel des großen Privilegs knüpft an die Bestimmungen über die Abgaben an, die die *cives* zum Martinstag zahlen müssen, und legt fest,[214] dass alle, die an diesem Festtag auf dem Markt verkaufen, drei Denare Zins zahlen. Eine ausgesprochene Festlegung des Jahrmarktes gibt es hier überhaupt nicht und es ist keine Regel über den Schutz der Marktteilnehmer hinzugefügt, wie es anderswo üblich ist. Es lässt sich also nur ungefähr aus der Nennung des St. Martinstages annehmen, dass es sich um einen Jahrmarkt handelt, denn deren Termine wurden immer nach kirchlichen Festtagen bestimmt. Aber Leobschütz war ein so bedeutendes Zentrum, dass dort mit dem Abhalten von Jahrmärkten gerechnet werden kann. Wir brauchen nämlich nicht daran zu zweifeln, dass auch sonst an anderen Orten Jahrmärkte stattfanden, über die jedoch eine sichere Nachricht fehlt.

Dieser Überblick kann mit einem anderen nachgewiesenen Jahrmarkt in der bischöflichen Stadt Kremsier abgeschlossen werden. In der umfangreichen Festlegung der Stadtrechte von 1290[215] gestattete Bischof Dietrich die Einrichtung eines Jahrmarkts zum Moritztag so, wie er in anderen Städten üblich war: *consueverunt habere alie civitates.* Außerdem bestätigte er noch zwei Tage in der Woche für einen

211 CDB V/1, Nr. 156.
212 CDB V/1, Nr. 295.
213 Zycha, Ursprung, und auch Rejnuš, Královská města a podpora Přemysla Otakara II. [Die königlichen Städte und ihre Unterstützung durch Přemysl Otakar II.), ordnet Leobschütz den Städten mit Jahrmarkt zu.
214 CDB V/2, Nr. 790, Art. 5, S. 468.
215 RBM II, Nr. 1502.

gewöhnlichen Markt. In den folgenden Jahren lassen sich für 1307 Jahrmärkte in Eger und in Königgrätz[216] belegen und kurz darauf für 1310 in Kolin.[217]

Die Jahrmärkte, die bald eine stabile Institution wurden, wie die Berufungen auf Beispiele in anderen Städten in den Urkunden für Ungarisch Hradisch und Kremsier zeigen, blieben der landesherrlichen Regalhoheit unterstellt. Mit der einzigen Ausnahme von Kremsier, wo das Privileg vom Stadtherrn, dem Olmützer Bischof, ausging, was noch betrachtet werden muss, stammen alle Erteilungen von Jahrmärkten vom König oder in zwei Fällen auch vom mährischen Markgrafen. Aber auch hier ist, wenigstens im Fall von Raigern, die Beteiligung des Königs nachgewiesen, der die Urkunde mitsiegelte. Mit einem Jahrmarkt werden voll entwickelte Städte bedacht, meist königliche, daneben noch das klostereigene Kladrau und das bischöfliche Kremsier. Hinzuweisen ist hier aber darauf, dass das Kloster eine landesherrliche Stiftung war. Eine Ausnahme bildet Raigern, ebenfalls vom Landesherrn gegründet, das keine Stadt war, aber dessen Jahrmarkt schon älteren Ursprungs war. Auch Brünn besaß seinen Jahrmarkt zweifellos schon früher, wie aus seinem Privileg hervorgeht. Institutionell unterscheidet sich der Jahrmarkt vom Wochenmarkt und auch seine ökonomische Bedeutung war eine andere, wenn wir fast überall Sicherheitsgarantien für fremde Kaufleute finden, die sich damals mit dem Fernhandel befassten.

Zum Handel auf dem Markt gehörten auch verschiedene Einrichtungen, wo die Waren ausgestellt und angeboten wurden, Stände, Verkaufstische und in weiter entwickelten Zentren dann auch ein gemeinsames „Kaufhaus". Die wohl älteste Nachricht darüber haben wir bei Gregor von Tours, der mitteilt, dass es ein *domus negotiatorum* in Paris gab, wahrscheinlich eine Art Markthalle oder Basar.[218] In einer Reihe von Städten entstand dann ein Sammelplatz für fremde Kaufleute, die dort Unterkunft und Lagerflächen für ihre Waren fanden, die Möglichkeit für wechselseitige Kontakte und die Anknüpfung von Handelsbeziehungen mit den einheimischen Bewohnern.[219]

Für Prag ist ein solcher Treffpunkt für die Kaufleute und Basis für den Handel die *curia hospitum* oder *curia communis* im Prager Tein, der in der hier schon mehrfach

---

216 Diese beiden Märkte bewilligte der römische König Albrecht, CIM II, Nr. 81 und 83. Im ersten Fall wird der Markt vom König selbst bewilligt, im zweiten ist die Urkunde gemeinsam mit dem österreichischen Herzog Friedrich im Lager bei Opatowitz während des Kriegszuges nach Böhmen bei den Kämpfen um den leeren böhmischen Thron ausgestellt. Das Privileg ist für fünf Städte bestimmt, Königgrätz, Jaroměř, Chrudim, Hohenmauth und Polička, die als Mitgift für die Witwe Wenzels II., Frau Richenza, bestimmt waren, und es gewährt ungewöhnliche Vorteile. Dazu auch J. Šusta, České dějiny [Böhmische Geschichte] II/1, S. 730–732. Im Rahmen des Privilegs wurde Königgrätz besonders bevorzugt und erhielt damit auch das Recht auf einen Jahrmarkt.

217 CIM II, Nr. 92. Es ist einer der ersten Akte König Johanns, der damals noch nicht gekrönt war.

218 Pirenne, Les villes, S. 23.

219 Übersichtlich bei J. Sydow, Der spätmittelalterliche Markt, S. 37. Die dort behandelten Beispiele des Handels in Rathäusern, wo die Waren auch sicher gelagert werden konnten, sind jünger und erfassen nicht unseren Untersuchungszeitraum. Jünger ist auch das berühmte 1387 erbaute Kaufhaus in Konstanz, das bis heute zu den wichtigsten Denkmälern der städtischen Architektur gehört; dazu H. Kimmig, Das Konstanzer Kaufhaus, Konstanzer Geschichts- und Rechtsquellen, Bd. VI, Lindau/Konstanz 1954; ebd., auf S. 9, die Ansicht, dass das älteste Kaufhaus in Süddeutschland, das Kaufhaus in Mainz, nach böhmischem Vorbild gebaut wurde.

erwähnten sogenannten Bořivoj-Schenkung beschrieben wird.[220] Die Regeln waren streng und sollten unnötige Auseinandersetzungen zwischen den fremden Kaufleuten selbst sowie zwischen ihnen und den Einheimischen verhindern. Die fremden Kaufleute durften nur ausnahmsweise außerhalb des Gästehofes wohnen.[221] Verstreute Nachrichten aus dem 13. und 14. Jahrhundert belegen kontinuierlich die Existenz dieses Gästehofes und es gibt keinen Zweifel an seinem Ertrag sowohl aus den Geschäften selbst als auch aus den von dort stammenden Abgaben.

Andere Nachrichten über Markteinrichtungen sind spärlich und nicht leicht zu interpretieren.[222] Eine wichtige Position nimmt hier das Privileg Přemysls II. für Olmütz von 1261 ein,[223] dem der Landesherr im Bestreben, die Stadt zu fördern, gestattet, *quod edificetur ibidem theatrum sive domus communis, que in vulgo chaufhus dicitur.* Die bauliche Gestalt lässt sich nicht leicht bestimmen, weil die Verschiedenheit derartiger Einrichtungen beträchtlich war.[224] Von den vergleichbaren näheren Analogien kann auf das *theatrum* in Budapest hingewiesen werden, das dort den Hauptmarktplatz bildete, von dem auch *series apotecarum* ausging, also eine Zeile bzw. Straße von Verkaufsständen.[225] Das Olmützer *theatrum* hat einen anderen Charakter, obwohl es auch mit dem Marktbetrieb zusammenhing, weil es keinen Marktplatz bezeichnet, sondern einen einzelnen Handelsort. Dazu lassen sich Gegenstücke in einer Reihe von Städten finden, für die ein Kaufhaus belegt ist.[226] Darunter ist auch Bautzen, wo 1284 die Bürger *licenciam construendi et edificandi domum mercatoriam, quod in vulgari ein kophus dicitur* erhalten. Das Haus soll der Stadt gehö-

---

220 CDB I, Nr. 389. Siehe auch das Kapitel über das Stadtrecht, bes. Anm. 42–47, 112–113.

221 Dies bemerkte schon GENGLER, Alterthümer, S. 330–331. Die Schenkung enthält in dieser Hinsicht zwei Bestimmungen: *Mercatores si extra curiam occultaverint sua preter licenciam* werden mit strengen Strafen belegt, was Winkelgeschäfte verhindern soll, durch die entsprechende Abgaben verloren gehen, sowie *Nullus extra curiam maneat, nisi per licenciam*, aber er ist ohnedies verpflichtet, Abgaben zu entrichten.

222 Auf die Zweifelhaftigkeit der Interpretation des Terminus *solas* oder *scholas* als Verkaufsstand im Privileg für die Prager Gallus-Stadt , CDB V/1, Nr. 452, hat KEJŘ, K interpretaci práv měšťanů Svatohavelského města pražského [Zur Interpretation der Rechte der Bürger in der Prager Stadt zu St. Gallus], PHS 9, 1975, S. 8–9, aufmerksam gemacht.

223 CDB V/1, Nr. 295. Ausführlich J. ŠEBÁNEK, K ozázce kupeckého domu [Zur Frage des Kaufhauses]. Es ist zweifelhaft, ob sich das Olmützer Kaufhaus als *curia hospitum* bezeichnen lässt, wie es VON MAURER, Geschichte der Städteverfassung II, S. 269, tut, der außer von Prag und Breslau auch von Brünn spricht, für das ein ähnlicher Beleg fehlt.

224 G. NAGEL, Das mittelalterliche Kaufhaus und seine Stellung in der Stadt. – Eine baugeschichtliche Untersuchung an südwestdeutschen Beispielen, Berlin 1971, mit einer Reihe von Abbildungen.

225 A. KUBINYI, Die Anfänge Ofens, S. 54–55. Ein Beispiel aus einem anderen Gebiet findet sich in Gartz am Unterlauf der Oder, dem Herzog Barnim I. 1249 gestattete, *locum theatri et ipsum theatrum cum macellis* zu errichten, dessen Erträge der Stadt zufallen, PomUB I, Nr. 485, S. 579. Zu diesem Privileg LUCHT, Städtepolitik Barnims I., S. 26–27, der meint, S. 28, dass ein Kaufhaus mit Fleischbänken schon damals existiert hat. Vgl. auch H. BÖCKER, Verfassungswirklichkeit – ein gelungener Balanceakt der Landesherren, in: Verwaltung und Politik in Städten Mitteleuropas, hg. v. W. EHBRECHT, Städteforschung A/34, Köln/Weimar/Wien 1994, S. 173.

226 Über mit Olmütz vergleichbare Kaufhäuser berichtete ŠEBÁNEK, K otázce kupeckého domu [Zur Frage des Kaufhauses], der eine Übersicht über die in der Literatur geäußerten Ansichten zusammenstellte, die Nachrichten über Kaufhäuser registrierte und die bekannten Privilegien für Kaufhäuser behandelt hat. Auch wenn es viele solcher, offensichtlich einfachen Einrichtungen gegeben haben mag, gibt es dafür nur wenige Privilegien.

ren *utpote alie domus in aliis civitatibus mercatorum videlicet pertinere ad civitates alias videbuntur.*[227] In unserem Gebiet ist ein Kaufhaus noch in Leobschütz belegt, dem König Wenzel II. 1298[228] gestattete, *in foro civitatis ipsius apothecas pannorum, que dicuntur vulgariter cauphaws, construere.* Damit wird angedeutet, dass dieses Kaufhaus eigentlich aus Verkaufsständen oder Läden besteht,[229] wie es häufig auch andernorts belegt ist.[230] Die daraus gewonnenen Erträge sollen zur Reparatur der Stadtmauern, Gräben, Wege und für andere Bedürfnisse der Stadt verwendet werden.

So wie die Erteilung des Rechtes zur Abhaltung eines Marktes eine institutionelle Veränderung bedeutete, stand auch die Zeit, in der der Markt stattfand, unter einer besonderen Rechtsordnung. Für den Markttag, bei Jahrmärkten dann für ihre gesamte Dauer, wurden besondere Regeln aufgestellt, die an anderen Tagen nicht galten. Wir sind in den Privilegien schon der Erlaubnis der Abhaltung des Marktes an einem bestimmten Tag begegnet und es wäre völlig überflüssig, in unserem Zusammenhang alle Orte aufzuzählen, in denen der Markttag direkt in den Namen der Marktsiedlung einging. So wie man bei den Wochenmärkten den Tag festlegte, wurde bei den Jahrmärkten der kirchliche Festtag bestimmt,[231] der in der Regel den Marktbeginn bedeutete. An diesen Tagen garantierte die besondere Rechtsordnung die Einhaltung von Marktfrieden und Marktsicherheit sowie ehrliches Verhalten bei Abschluss von Käufen und Verkäufen, aber sie schützte auch die öffentliche Ordnung. In der Menschenmenge auf dem Markt entstanden Geschrei, Streitigkeiten, Feilschen um den Preis, und es konnte auch die persönliche Sicherheit der Teilnehmer bedroht sein. Deshalb griff man auch zu harten Strafen für Ausschreitungen. Wir haben schon auf die grausamen Strafen für diejenigen hingewiesen, die während des Marktes andere mit dem Schwert bedrohten, wofür sie sogar mit dem Abhauen der Hand büßen konnten.[232]

Am Markttag wurden auch bestimmte Gebühren erhoben. In Znaim, angeblich auf das Jahr 1252 datierend, war das Kloster St. Hippolyt *a iure, quod berne seu losunge Theutonice dicitur, quod diebus forensibus in civitate Znoymensi solvitur* befreit.[233] Die Urkunde ist zwar nicht echt, aber sie wurde kurz nach diesem Datum

227 H. G. Gengler, Codex iuris municipalis Germaniae medii aevi, Erlangen 1863, S. 158.

228 CDM VI, Nr. 8, S. 371 – Supplementa.

229 Es lässt sich die Bezeichnung *apotheca* mit dem zitierten Beleg aus Ofen vergleichen, s. Anm. 225. Dass *apotheca* ein Verkaufsstand oder Laden ist, wird im Privileg für Deutsch Brod nachgewiesen, CDB V/2, Nr. 873, Art. 63, S. 602, in dem festgelegt wird, dass alle städtischen und außerstädtischen Immobilien, die den Bürgern gehören, vom Zensus befreit sind, darunter auch *apothece institorum*.

230 Häufig standen ähnliche Läden in der Nähe von Kirchen, die eventuell teilweise dem Marktbetrieb dienten; G. Schmoller, Die äußeren Tatsachen, S. 45. Ein solcher Fall ist aus Hildesheim bekannt, wo *hallones* bei der Pfarre standen, bei St. Andreas war *stallum in foro panis*, und wo ein bezeichnendes Verbot des Handels auf dem Friedhof erlassen wurde; Schlesinger, Stadt und Vorstadt, S. 4. Über den Zusammenhang der Märkte mit kirchlichen Festen siehe weiter oben. Über sog. Marktkirchen – *ecclesiae forenses* – wird anschließend berichtet werden.

231 Übersichtlich Spiess, Das Marktprivileg, S. 310. Diese Regel wird fast allgemein eingehalten.

232 Die oben behandelten Artikel der Privilegien für Brünn, CDB IV, Nr. 17, Art. 19, S. 83, für Iglau, CDB IV, Nr. 177++, Art. 83, S. 318, sowie für Deutsch Brod, CDB V/2, Nr. 873, Art. 16, S. 598.

233 CDB IV, Nr. 244++. Dieser Passus ist nur in der Version II des Privilegs, die von Papst Alexander IV. bestätigt wurde, enthalten, siehe die nächste Anmerkung.

gefertigt, denn schon 1259 ist sie in einer Urkunde von Papst Alexander IV. inseriert.[234] Auch wenn sich die Frage erhebt, ob die Angabe über diese Befreiung nicht nachträglich eingefügt wurde, besteht doch kein Zweifel an der Bezahlung einer ähnlichen Abgabe.

Von Straftaten während der Markttage abzuschrecken, stellt das Bestreben des Privilegs für Saaz von 1265 dar,[235] nach dem der Stadtrichter über die Gerechtigkeit wacht und Schutz auf allen Wegen bis zu einer Entfernung von einer Meile gewährt, wie bereits ausgeführt wurde. Von den Regeln für das Abhalten des Marktes zeugt auch das Privileg für Leobschütz, das schon mehrfach unter verschiedenen Aspekten behandelt wurde. Da ist vor allem die Bestimmung, dass dem Käufer am Markttag kein Schaden erwachsen soll, auch beim Kauf einer gestohlenen oder geraubten Sache, wenn er durch einen glaubwürdigen Zeugen nachweist, dass er sie auf dem Markt gekauft hat. Wenn er jedoch so etwas auf einer Straße oder in einem Haus außerhalb des Marktes gekauft hat oder nicht am Markttag, dann wird ihm kein Schutz gewährt.[236] Außerdem wird am Martinstag auf dem Markt eine Sondergebühr von drei Denaren erhoben.[237] Auf dem Markt und gleichzeitig auch in der Kirche werden drei Termine für das Gericht verkündet. Es lässt sich nicht nachweisen, dass sie mit dem Markttermin zusammenfallen, aber auszuschließen ist das nicht. In Znaim fielen der Markt und das Abhalten des Landgerichts in dieselbe Zeit, wie dies eine Urkunde für Klosterbruck bei Znaim aus dem Jahre 1278 nachweist,[238] unter deren Zeugen auch diejenigen sind, *qui eo die ad forum in Znoym convenerunt et ad iudicium provinciale*.

Wiederholt sind wir auf Zusammenhänge zwischen Märkten und kirchlichen Festen gestoßen, sei es nun bei der Entstehung von Märkten an Wallfahrtsorten, bei der Festlegung von Jahrmärkten an Festtagen von Heiligen oder bei der Abwicklung von Geschäften am Sonntag in der Nähe von oder direkt in Kirchen. Hierher gehört auch das sehr verbreitete Patrozinium des hl. Nikolaus als des Patrons der Seeleute und reisenden Kaufleute,[239] das ein Zeichen der engen Verbindung von Kirchen und Handelsaktivitäten ist. Hier muss nicht an Einzelheiten erinnert werden, die schon früher ausführlich behandelt wurden,[240] und es genügt, darauf hinzuweisen, dass die schritt-

---

234 CDB V/1, Nr. 183.

235 CDB V/1, Nr. 464.

236 CDB V/2, Nr. 790, Art. 24 und 25, S. 470.

237 Ebd., Art. 5, S. 468. Zu dieser Bestimmung schon weiter oben.

238 CDB V/2, Nr. 863.

239 E. Maschke, Das Berufsbewußtsein des mittelalterlichen Fernkaufmanns, in: Miscellanea Mediaevalia, Bd. 3, Beiträge zum Berufsbewußtsein des mittelalterlichen Menschen, Berlin 1964, S. 324–325.

240 Blaschke, Nikolaipatrozinium, S. 273–337. Unsere Kirchen hat er nicht in seine Untersuchung aufgenommen. Außer den böhmischen und mährischen dem Hl. Nikolaus geweihten Kirchen, über die im folgenden Absatz mehr gesagt wird, wurden weitere mit späterer Entstehungszeit genannt bei Z. Boháč, Časové vrstvy patrocinií českých měst a jejich význam pro dějiny osídlení [Zeitschichten von Patrozinien böhmischer Städte und ihre Bedeutung für die Siedlungsgeschichte], Historická geografie 4, 1970, S. 18–22. In den königlichen Städten stellte z. Boháč, Patrocinia kostelů českých královských měst z období vrcholné kolonizace [Patrozinien von Kirchen böhmischer königlicher Städte aus der Blütezeit der Kolonisation], Acta regionalia – sborník vlastivědných prací [Sammelband heimatkundlicher Arbeiten] 1970–71, Praha 1972, S. 16–22, insgesamt acht St. Nikolaus geweihte Kirchen fest, aber

weise Verbreitung von Nikolaikirchen in Richtung Osten eigentlich ein Zeichen der Aufnahme neuer Gebiete in die Handelswelt ist.

Bei uns gibt es wenige Nikolaikirchen und man kann nicht immer den Nachrichten glauben, in denen sie erwähnt werden, wie dies in Humpoletz der Fall ist.[241] Bei anderen Kapellen oder Kirchen, die St. Nikolaus geweiht sind, kann gewöhnlich verifiziert werden, dass sie durch ihre Situierung anderen ähnlichen entsprechen, z. B. in direktem Anschluss an einen Marktplatz, wie dies in Brünn der Fall ist, in der Prager Altstadt und der Kleinseite[242] sowie auch in Eger,[243] oder in der Nähe eines Weges, auf dem die Kaufleute ziehen, wie in Znaim.[244] Das sind allesamt Orte reger Handelsbeziehungen. In welchem Maße das auch für Dobrzan gilt, wo ebenfalls eine Nikolaikirche bezeugt ist,[245] muss einstweilen unbeachtet bleiben, aber es kann daran erinnert werden, dass Dobrzan relativ früh als Stadt nachgewiesen ist,[246] so dass eine gewisse Bedeutung angenommen werden kann.

Ebenso wie die Wallfahrten den Handel anzogen und die Entstehung von Märkten erleichterten, boten auch die Kirchen Anlässe zur Markttätigkeit, weil dort Handel getrieben wurde, wo Menschen zusammenkamen.[247] Damit hing das Abhalten von Märkten an Sonn- und Feiertagen zusammen,[248] ebenso die Tatsache, dass nicht selten die Kirchen selbst oder sogar die Friedhöfe Schauplatz von Handel waren, wie es in Hildesheim üblich war.[249] Die Friedhöfe hatten allerdings eine weitreichendere Funktion als heute. Sie waren auch Versammlungsplatz, es wurde dort Gericht gehalten, sie waren ein Zufluchtsort vor dem Feind, da sie auch befestigt waren; es galt auf ihnen das Asylrecht und schließlich waren sie auch Marktplätze.[250] Ein Beispiel

---

außer den beiden Prager Städten, wo sie im 13. Jahrhundert bezeugt sind, handelt es sich um deutlich jüngere Belege. Es muss nur eine Differenz bei der Kirche in Eger festgehalten werden, siehe weiter untern Anm. 243, für die bei Böhac erst das Datum 1340 angeführt wird.

241 Die Nikolaikapelle in Humpoletz wird nur in einer von zwei für das Kloster Seelau ausgefertigten Urkunden genannt, CDB IV, Nr. 19, und zwar in der gefälschten Version, während die echte nur von einer Kapelle spricht, ohne das Patrozinium anzugeben. Allerdings würde sich auch eine nichtechte Urkunde nicht erlauben, eine unrichtige Benennung des Heiligen anzugeben.

242 Zur Altstadt sagt eine Erwähnung von 1273, FRB II, S. 301, und zur Kleinseite ein Chronikbericht zum Jahre 1283, dass Bischof Tobiáš in der Prager Unterburg St. Nikolaus eine Kirche geweiht hat, FRB II, S. 367. Dazu Fiala, O pražském názvosloví [Über die Terminologie der Prager Namen], S. 48.

243 Die Entstehung der Kirche in Eger wird in die Jahre 1220–1230 datiert, H. Sturm, Eger – Geschichte einer Reichsstadt II, Augsburg 1952, S. 109ff.

244 In dieser berühmten Kirche wurden auch Urkunden ausgestellt, siehe CDB IV, Nr. 143 und CDB V/1, Nr. 58.

245 CDB V/2, Nr. 680.

246 Kejř, městské zřízení [Stadtverfassung], S. 236–237.

247 von Maurer, Geschichte der Städteverfassung I, S. 282.

248 Schon weiter oben wurde darauf hingewiesen, dass Břetislavs Dekrete das Handeltreiben an Sonntagen verboten. Vgl. von Maurer, Geschichte der Städteverfassung I, S. 286, der an die Ablehnung von Sonntagsmärkten durch Karl den Großen erinnert.

249 Junghanns, Die deutsche Stadt, S. 137. Schlesinger, Stadt und Vorstadt, S. 4, berichtet über ein Verbot, *forum facere* auf dem Friedhof in Hildesheim im Jahre 1195. Trotzdem hat 1365 der Stadtrat den Gärtnern einen Platz für ihre Stände, *scampna*, auf dem Friedhof zu St. Andreas, bei dem schon von altersher ein Markt nachgewiesen war, bestimmt. In Einzelheiten Ehmann, Markt, S. 48–51.

250 Ausführlich behandelt bei Ehmann, ebd., S. 42–66.

für einen Markt auf dem Friedhof findet sich außer in dem schon genannten Hildesheim auch in Staffelstein, für das dies 1165 urkundlich bezeugt ist.[251] Wenn wir die auf Klosterhöfen abgehaltenen Märkte in Betracht ziehen,[252] erscheint der Zusammenhang zwischen kirchlichen Einrichtungen und Märkten in noch klarerem Licht. Dann lässt sich leicht das Bestreben der Kirche verstehen, die Würde und Ruhe von Kirchen und Friedhöfen vor dem Lärm des Marktbetriebes zu schützen, wie es das zweite Konzil von Lyon 1274 festgelegt hat: *Cessent in ecclesiis earumque coemeteriis negotiationes, et praecipue nundinarum ac fori cuiuscunque tumultus.*[253]

Die Verbindung von Gottesdienst und Markt führte zur Entstehung sogenannter Marktkirchen – *ecclesiae forenses.*[254] Mit ihnen sind zwar einige stellenweise widersprüchliche Interpretationen verbunden, die wir jedoch nur in einer knappen Übersicht anführen möchten, denn sie haben für unser Gebiet mit seiner späteren Entwicklung der Märkte nur einen sekundären Widerhall.

Es genügt nicht, den Charakter der *ecclesia forensis* nur als Kirche in einer Marktsiedlung zu interpretieren oder so, dass bei ihr ein Markt stattfand. Die Entstehung von Marktkirchen ist verbunden mit den Reisen der Kaufleute, deren Gruppen auch ihren eigenen Priester hatten und ihre eigene Kirche unterhielten, die auch Lagerplatz für ihre Waren war.[255] Es war ein verschließbarer Raum, der in der Zeit des Marktes und vor allem des Jahrmarktes zu diesem Zweck genutzt wurde.[256] In manchen Städten stoßen wir daher auf eine auffällig hohe Zahl von Kirchen.[257] Wenn diese Kirchen in ihren Anfängen ständig geschlossen und nur zur Zeit des Marktes zugänglich waren,[258] so galt dies bei der weiteren Entwicklung des Siedlungskomplexes nicht mehr. Für Polen ist nachgewiesen, dass Märkte in Kirchdörfern angelegt wurden.[259]

Das bekannteste Beispiel für eine Kirche fremder Kaufleute ist Nowgorod, für das es genügend Nachrichten gibt und das auch ausgezeichnet beschrieben wurde. Sie diente als Warenlager, es wurden Regeln für die Aufbewahrung von Waren aufgestellt und es wurde eine regelmäßige Ordnung von Nachtwachen eingehalten.[260] Zu den ältesten Belegen über Kaufmannskirchen gehört eine Passage von Thietmar von Merseburg zum Jahre 1016, der über eine schon existierende *ecclesia mercatorum* berichtet: diese Kirche hatte nachts ihre *custodes*, es gehörte ein Friedhof zu ihr und sie stand unter der Aufsicht geachteter Stadtbewohner – *optimi civitatis.*[261] Solche

[251] DF I., Nr. 478; Ehmann, ebd., S. 51–57.
[252] Ehmann, ebd., S. 75–79.
[253] Liber Sextus. lib. III, tit. 23, cap. 2 Decet domum Domini, Friedberg II, col. 1062.
[254] Eine grundlegende Übersicht mit Berücksichtigung des Baltikums gab P. Johansen, Die Kaufmannskirche, in: Die Zeit der Stadtgründung im Ostseeraum, Acta Visbyensia 1, 1965, S. 85–134.
[255] P. Johansen, Die Kaufmannskirche im Ostseegebiet, in: Studien, S. 517.
[256] J. Sydow, Stadt und Kirche, S. 39.
[257] Johansen, Die Kaufmannskirche im Ostseegebiet, S. 517, nennt das Beispiel Viborg.
[258] Johansen, ebd., Piekarczyk, Studia, S. 26, nimmt an, dass die Marktkirchen ein Hinweis auf eine ständige Besiedlung sind.
[259] Buczek, Targi [Märkte], S. 67.
[260] Ausführlich Johansen, Die Kaufmannskirche (wie Anm. 254), S. 87–90.
[261] Schwineköper, Magdeburg, S. 134ff.; Johansen, Die Kaufmannskirche, S. 85; Schlesinger, Vorstufen, S. 243.

Kirchen entstanden fast überall an Fernstraßen und sie wurden im Interesse der Kaufleute sowohl für deren religiöse Bedürfnisse, da mit ihnen häufig auch ihre Priester unterwegs waren, wie auch zur Sicherheit ihrer Waren errichtet. In die Interessenssphäre der Kaufleute wurde aber gelegentlich auch eine schon früher errichtete Kirche einbezogen, der durch Anbauten und Umbauten Lagerräume hinzugefügt wurden.[262]

Wir können das Verhältnis von Marktkirche und Stadtkirche außer Acht lassen, zumal beide oftmals identisch sind. Aber eine wenigstens kurze Erwähnung verdient der Versuch, *forensis ecclesia* nicht als Marktkirche zu interpretieren, sondern als Sendkirche, also eine Kirche, in der sogenannte Synodalgerichte – Sendgerichte – stattfinden. *Forum-forensis* wird hier als Gerichtsort verstanden, nicht als Markt.[263] Eine gewisse Stütze für diese Behauptung wurde in einem Fall von 1143 *in maiori Offingen* gesehen, im heutigen Marktoffingen, wo es zwar eine *ecclesia forensis* gibt, aber keinen Markt. Dagegen wurden ernsthafte Einwände vorgetragen,[264] vor allem auch mit dem Hinweis, dass im mittelalterlichen Latein der Ausdruck *forum* niemals Send bedeutet, und wenn eine *ecclesia forensis* in Orten nachzuweisen ist, in denen es keinen Markt gibt, kann das im Sinne von Stadt- oder Bürgerkirche gegenüber Klosterkirche ausgelegt werden, wie aus der Übereinstimmung von *civilis* und *forensis* hervorgeht.[265]

Zu Kaufmannskirchen gibt es in ausländischen Quellen zahlreiche Nachrichten[266] und es zeigt sich, dass ihre Bedeutung für die Entfaltung des Handels, des Wegenetzes und des Schutzes der Kaufleute und ihrer Waren auch ein Beleg für ihre städtebildende Rolle ist.[267] Ihre exponierte Lage und die Nähe des Marktplatzes verliehen den Einrichtungen in ihrer Nachbarschaft einen besonderen Wert.[268]

Es besteht kein Zweifel daran, dass es auch bei uns in den großen Handelszentren, die von fremden Kaufleuten besucht wurden, Kirchen gab, deren Entstehung

262 Johansen, ebd., S. 106, der Fall der Kirche in Soest, in der um 1200 Lager von Webern bestanden.

263 H. T. Hoederath, forensis ecclesia, ZRG KA 67, 1950, S. 390–399, kam zu dem Schluss, „forensis ecclesia ist die Gerichtskirche, die Sendkirche – im Sinne von Markt ist der Ausdruck hier nicht."

264 J. Reetz, Ecclesia forensis, S. 117–119. Stoob, Zeitstufen der Marktsiedlung, in: Forschungen, S. 50, spricht direkt von einer falschen Übersetzung. In der Diskussion zum Vortrag Fegers, Märkte und Marktrechte, WfF 15, 1962, S. 57, räumte Stoob lediglich ein, dass *ecclesia forensis* nicht Sendkirche, sondern Marktkirche bedeutet, bei der Gericht gehalten wurde.

265 Dazu weiter oben und es sei auch daran erinnert, dass diese Übereinstimmung für Böhmen nicht gilt.

266 Z. B. Stoob, Zeitstufen der Marktsiedlung, S. 45–47; Rietschel, Markt und Stadt, S. 171; Schlesinger, Chemnitz, S. 105; Schlesinger, Stadt und Vorstadt, S. 4. Diese Verweise ließen sich beliebig vermehren.

267 Johansen, Die Kaufmannskirche im Ostseegebiet, S. 505. Auch in der zweiten angeführten Arbeit in: Acta Visbyensia, S. 118–122, stellte sich Johansen die Frage, ob Kaufmannskirchen städtebildende Bedeutung hatten, und räumte dies für einige wichtige Zentren ein, wo an Stellen von regelmäßigen Jahrmärkten stadtähnliche Siedlungen entstanden, in denen der Kaufmannskirche die Funktion eines Stützpunktes für den Fernhandel zufiel.

268 In der Stadt Hameln zahlen die Häuser *iuxta forensem ecclesiam* einen höheren Zins als die Häuser *in fine forensis ecclesie* bei der Festlegung der Rechte des Richters zwischen den Jahren 1237 und 1247, Keutgen, Urkunden, Nr. 144. Die Lage näher zur Marktkirche bedingt also auch einen höheren Ertrag.

mit dem Handel zusammenhing. Eindeutige Nachrichten mit der direkten Bezeichnung *ecclesia forensis* finden wir jedoch nur mit großer Mühe. Die älteste Nachricht stammt bereits von 1186,[269] als der Prager Bischof Heinrich dem Meister des Jerusalem-Spitals den Besitz der St. Wenzelskirche *in foro Cladsco* bestätigte. Diese Schenkung vermehrte der Bischof schon als Landesherr 1194 durch die Marienkapelle in Glatz mit der Bemerkung, dass er ebenso handelt, wie schon früher Fürst Friedrich ihnen *forensem ecclesiam sancti Wencezlai* gegeben hatte.[270] Aus der Tatsache, dass in der ersten Nachricht diese Kirche noch nicht als Marktkirche bezeichnet wird und dass dies erst in der zweiten Nachricht acht Jahre später geschieht, kann man wohl nicht eine Veränderung ihrer Stellung ableiten, weil es sich nur um einen stilistischen Missgriff handeln könnte.

Eine andere Nachricht stammt von 1259 aus einer Urkunde des Prager Bischofs Johann, der die Beschenkung des Klosters Hohenfurt durch Herrn Peter Wok von Rosenberg bestätigt.[271] Unter den umfangreichen Besitzungen, die das Kloster erwarb, werden auch einige Kirchen genannt, von denen aber nur die Kirche in Hohenfurt selbst als *ecclesia forensis* bezeichnet wird. Ein sicheres Zeugnis über einen Markt in Hohenfurt ist zwar nicht belegt, aber es sind Wallfahrten an den vier großen Marienfesten nachgewiesen, bei denen die Teilnehmer Ablässe erhielten, wie eine Bestätigung des Prager Bischofs Johann von 1270 bezeugt.[272] Darin wird auch auf die Ablässe des Passauer Bischofs im selben Fall hingewiesen. Es ist also wohl nicht unangebracht, die Nachricht über die *ecclesia forensis* mit den Wallfahrten zum Kloster zu verbinden, die das Kommen vieler Besucher bedeutete, die zu versorgen waren, sowie einen Marktbetrieb im nahegelegenen Hohenfurter Kloster anzunehmen.

---

269 CDB I, Nr. 313.
270 CDB I, Nr. 349.
271 CDB V/1, Nr. 188.
272 CDB V/2, Nr. 612. Diese Urkunde bestätigt die ursprünglich nur mündlich erteilten Ablässe.

VII. DIE VERWALTUNG

Der Richter. – Kann aus einer Nachricht über den Richter auf die Existenz der Stadt geschlossen werden? – Nachrichten über Richter. – Städtische Selbstverwaltung. – Ungenügende Differenzierung zwischen iurati, consules, scabini in ältester Zeit. – Der Stadtrat. – Die Stadtgemeinde. – Der Bürgermeister. – Das Rathaus. – Die Stadtschreiber. – Die Anfänge der Stadtbücher.

Ebenso wie bei vielen anderen Fragen zu den Anfängen der Städte stoßen wir auch bei der Erforschung der Stadtverwaltung und des städtischen Gerichtswesens auf einen Mangel an Quellen sowie eine Instabilität der Institutionen, die in unserem Gebiet neu sind. Es gibt aber keinen Grund daran zu zweifeln, dass es bereits in den ältesten Stadien des städtischen Rechtslebens Vorbilder gab, die aus Ländern übernommen wurden, in denen die Stadtverfassung schon stabil war und sich feste Formen herausgebildet hatten. Wir finden Andeutungen darüber in den Nachrichten über unsere ersten Städte, doch bisher wurde die Unsicherheit über die Kompetenzen einiger städtischer Organe noch nicht beseitigt.[1] Es wäre nicht zuverlässig, aus einem Zustand, der für spätere Zeiten zu konstatieren ist, Rückschlüsse auch auf die ersten Anfänge zu ziehen, und es wird besser sein, oberflächlichen Analogien aus dem Wege zu gehen und möglichst viel aus den verlässlichen Quellen des 13. Jahrhunderts herauszulesen.

Es verwundert, wie verhältnismäßig selten z. B. die Entwicklung der inneren Organisation der Stadt und ihrer juristischen Machtbefugnis untersucht wurden. Die größte Aufmerksamkeit zog die Ratsverfassung auf sich,[2] aber der Auswertung der Quellen bleiben wir, trotz wertvoller Beobachtungen,[3] immer noch viel schuldig.

---

1 V. Vojtíšek, Soud a rada [Gericht und Rat], S. 240ff.

2 Es waren dies vor allem die Arbeiten J. Čelakovskýs, O vzniku a vývoji městského zřízení radního vůbec a v Čechách a na Moravě zvláště. Povšechné české dějiny právní [Über die Entstehung und Entwicklung der städtischen Ratsverfassung im Allgemeinen und in Böhmen und Mähren im Besonderen. Allgemeine Rechtsgeschichte der böhmischen Länder], 2. Aufl., Prag 1900, S. 396ff. – zu den böhmischen Ländern S. 570ff.; O středověkém radním zřízení v královských městech moravských [Über die mittelalterliche Ratsverfassung in den mährischen königlichen Städten], ČMM 29, 1905, S. 97–133; O vývoji středověkého zřízení radního v městech pražských [Über die Entwicklung der mittelalterlichen Ratsverfassung in den Prager Städten], Sonderdruck aus SPDMP 1921, S. 1–266. Čelakovský konnte sich auch auf seine ältere Arbeit Obnovování rad v královských městech v Čechách [Die Erneuerung der Räte in den königlichen Städten in Böhmen], ČČM 53, 1879, S. 88ff., stützen sowie auf O začátcích ústavních dějin [Über die Anfänge der Verfassungsgeschichte]. Weiter V. Vojtíšek, Soud a rada [Gericht und Rat], im Überblick auch V. Vojtíšek, O vývoji samosprávy pražských měst [Über die Entwicklung der Selbstverwaltung der Prager Städte], Praha 1927.

3 Vor allem Zycha, Ursprung, bes. S. 173–192, Abt. 5: Verhältnisse zur städtischen Autonomie.

In den böhmischen und mährischen Städten lässt sich die allmähliche Herausbildung der Selbstverwaltungsorgane nur schwer verfolgen. Nicht einmal die großen Zentren der Gebietsverwaltung, in deren Umfeld sich in den Vorburgsiedlungen die Keime künftiger Städte bildeten, kannten Elemente der Selbstverwaltung und blieben der direkten Macht des Grundherrn unterstellt. Erst die Übernahme der Rechtsform der Stadt bringt die Entstehung städtischer Organisationsformen mit stabilen Machtbefugnissen, die dem flachen Lande mit Dorfbewohnern versagt sind.

Von den frühesten Anfängen der Städte an gibt es gesicherte Nachrichten über den ältesten Repräsentanten der Stadtverwaltung und der -gerichtsbarkeit: den Richter. Seine Bezeichnung in den Quellen ist nicht einheitlich und wir stoßen lediglich auf vereinzelt vorkommende Termini. Zu allererst kann man feststellen, dass man eine Analogie zu fremden Quellen, in denen dieser oder jener Ausdruck auftaucht, nur mit Vorsicht verwenden darf, weil die böhmischen und mährischen Verhältnisse dem oftmals nicht entsprechen.[4] Der Terminus *scultetus*, der zwar nicht eindeutig, aber doch häufig den Stadtrichter bezeichnet,[5] erscheint bei uns bereits 1234 in einer Urkunde des Propstes Arnold von Wyschehrad, die das Verpachten einer Hufe an einen Leitmeritzer Bürger bezeugt. In der Urkunde sind als Zeugen Leitmeritzer Bürger, unter ihnen an erster Stelle der *scultetus,* vermerkt.[6] Nicht ganz zehn Jahre später stoßen wir auf diesen Titel in der Schutzurkunde König Wenzels I. von 1243 für das Kloster Marienthal,[7] nach der niemand das Kloster behindern darf, u. a. auch nicht der *advocatus vel scultetus*. Die Urkunde für das Lausitzer Kloster respektiert, obwohl sie zweifellos ein Werk des Notars der königlichen Kanzlei Reinbot ist,[8] auch die im böhmischen Urkundenwesen nicht geläufige Terminologie und so lässt sich aus ihr nichts für die Annahme einer Stadtverfassung ableiten.

Sehr selten ist auch die Verwendung des Ausdrucks *rihterius* oder *rihtarius*, dem wir bereits in Bořivojs Schenkung als Bezeichnung eines Gerichtsbeamten begegnet sind. Dort ging es allerdings um keinerlei Verbindung mit dem städtischen Gerichtswesen. Aber auch weitere Belege beziehen sich nicht auf das städtische Gericht, weil sie Rechte und Stellung von Dorfrichtern betreffen, die nach der Rodung des Politzer Waldes eingesetzt werden sollen.[9] Die in diesem Zusammenhang verwendete

4 Die reichen Angaben, die über die Stadtrichter, ihre Titulatur, die Erlangung des Amtes und die Kompetenzen zusammengefasst werden bei H. Drüppel, Iudex civitatis, können nur als Vergleich mit unseren Quellen dienen, aber nicht als Interpretationshilfe.

5 Kuhn, Die deutschrechtlichen Städte, S. 25–26, bringt dafür zahlreiche Belege aus Polen.

6 Ed. J. Čechura, Nezdařená lokace [Eine misslungene Lokation], Beil. I., S. 58. Zur Leitmeritzer Stadtverwaltung J. Čechura, Úřad rychtáře v Litoměřicích [Das Richteramt in Leitmeritz], S. 51–76, wo auf S. 58–59 eine Erläuterung zu dieser Urkunde steht. Das lokale Vorkommen dieser Bezeichnung, Drüppel, Iudex civitatis, S. 12, verbreitet sich mit dem Magdeburger Recht auch nach Pommern, Schlesien und Preußen und von dort kann seine einmalige Übernahme auch in der ältesten Nachricht über die Stadtverfassung in Leitmeritz stammen, das immer unter das Magdeburger Recht fiel. Auch der Beleg aus der folgenden Anmerkung, der die Lausitz betrifft, kann in diesen territorialen Umkreis eingeschlossen werden.

7 CDB IV, Nr. 23.

8 Šebánek/Dušková, Panovnická a biskupská listina [Die landesherrliche und die bischöfliche Urkunde], S 43–44; Listina [Die Urkunde], S. 55.

9 Aufzeichnungen über Rechtsakte des Abtes von Břewnow Martin, von ihm aufgestellte Rechte und Pflichten der Richter, CDB V/1, Nr. 33, hier Verleihung von *dominium rihtarie* und *ius rihtarie* von

Bezeichnung *soltis* ist ganz vereinzelt. In Bezug auf die Stadt erscheint also der Ausdruck *rihterius* erst 1269, als Bischof Johann einen Streit zwischen Richter und Bürgern von Deutsch Brod auf der einen Seite und dem Kapitel von Bunzlau auf der anderen Seite über den Zehnten im Gebiet von Časlau entschied.[10] Als eine der Streitparteien erscheinen *rihterius et cives de Brod Smilonis*. Die bischöfliche Urkunde verwendet zwar den Terminus *civitas* nicht im Dispositionsteil der Urkunde, sondern erst in der Corroboratio, in der das Siegel *civitatis predicte* angekündigt wird, aber das bestätigt die schon früher nachgewiesene Stadtverfassung in Deutsch Brod.[11]

Der Terminus *villicus* für Repräsentanten der Stadt ist nur in Göding belegt, mit dessen Privileg wir uns schon wiederholt befasst haben, aber dort ist er eindeutig aus ungarischen Urkunden übernommen. Er ist also eine klare Ausnahme in unseren Ländern. Einen gewissen Widerhall stellt man in unserer ältesten städtischen Urkunde für Mährisch Neustadt fest, mit der König Přemysl Otakar I. 1223 eine Bestätigung für den *advocatus* Theodoricus ausspricht: *villicationem seu advocatiam, quam prefatus frater noster* (Markgraf Jindřich Vladislav) *Theodorico advocato et eius heredibus dinoscitur contulisse.* Das ist am ehesten ein Nachklang einer Bezeichnung, die in Schlesien auftritt, wie eine Urkunde des Leobschützer Richters und der ganzen Gemeinde bezeugt, die 1272 den Verkauf des Gerichts im Dorf Matzkirch, östlich von Leobschütz bestätigt und es mit dem Begriff *villicatio* bezeichnet,[12] der auch in anderen Fällen belegt ist. Die Verhandlung betraf das Dorfgericht und die Verwendung dieser Bezeichnung in der Urkunde für Mährisch Neustadt deutet wohl die Richtung an, aus der die Stadtverfassung übernommen wurde, aber gleichzeitig ist sie auch ein Kennzeichen für die noch immer instabile Terminologie, die sich in unserer ältesten städtischen Urkunde zeigt.

Regelmäßige Termini für den Richter sind *advocatus* und *iudex*, die gleichwertig sind.[13] Ihre Verwendung hängt offenbar vom Diktator der Urkunden ab. Jede Stadt

---

1254, und CDB V/1, Nr. 52, wo außer dem genannten Lokator Konrad die gleiche Position *et aliis soltis sive rihtariis* zuerkannt wird, von 1255.

10 CDB V/2, Nr. 589.

11 Kejř, Městské zřízení [Stadtverfassung], S. 239–241.

12 CDB II, Nr. 246, im Vergleich mit CDSiL II, Nr. 11. Die Leobschützer Urkunde entstand in der Stadt, wovon Aussteller und Zeugen Zeugnis ablegen, unter denen neben Bürgern und Geschworenen auch Dorfgeschworene und sogar auch *homines* auftreten. Obwohl Leobschütz unter böhmischer Herrschaft stand, betraf der Inhalt der Verhandlungen schlesische Verhältnisse.

13 Das zeigt die Wendung *iudex vel advocatus* in der Brünner Urkunde, CDB IV, Nr. 17, kleinere Urkunde Art. 9, S. 84. Der Artikel ist aus einem Wiener Privileg übernommen, nur die Wörter *vel advocatus* sind in der Brünner Urkunde hinzugefügt. Die gleiche Wendung liest man in einer Iglauer Urkunde, CDB IV, Nr. 177++, Art. 1, S. 297. Die Wendung *iudex vel advocatus* findet sich wiederholt in einer Urkunde von Bischof Theodoricus für Kremsier aus dem Jahre 1290, RBM II, Nr. 1502. Belege für die Gleichsetzung von *iudex = advocatus* sind Nachweise aus Olmütz, wo 1271, CDB V/2, Nr. 638, *Wynandus iudex Olomucensis* Zeuge ist, ebenso wird er auch 1275 genannt, CDB V/2, Nr. 795+, aber 1278 wird er als *advocatus* tituliert, CDB V/2, Nr. 861. Ein Verzeichnis der Olmützer Vögte gab J. Kux, Geschichte der königlichen Hauptstadt Olmütz bis zum Umsturz 1918, Reichenberg und Olmütz 1937, S. 49–51. Hrabová, Ekonomika olomouckého biskupství [Die Ökonomie des Bistums Olmütz], S. 78, gelangte auf der Basis von Beispielen aus bischöflichen Städten zu einer Unterscheidung beider Würden, so dass der Richter der Inhaber des zu kaufenden Gerichtsamtes oder der Lokator war, der Vogt dann ein mit der Verwaltung der Stadt beauftragter Adliger. Dieser Unterschied lässt sich außer

hatte an der Spitze einen Richter, aber es bleibt offen, ob man aus der Bezeichnung *advocatus* einen Rückschluss auf die Existenz einer Stadtverfassung ziehen kann. Für einige Regionen der neuartigen Siedlungen wird nämlich angenommen, dass der Nachweis eines Vogts – advocatus – ein Symptom für die Entstehung einer Stadt sei,[14] dass der Vogt als Nachfolger des Lokators ein sicherer Beweis für das deutsche Recht und den städtischen Charakter der Lokalität darstellt.[15] Es wird zu überprüfen sein, ob dies auch für unsere Verhältnisse gilt.

Der älteste Beleg, aus dem abgeleitet wurde, dass die Ernennung eines Richters ein Beweis für die Existenz einer Stadt ist, betrifft angeblich Brüx. In der gemeinsamen Urkunde König Wenzels I. und seiner Gemahlin Kunigunde, die 1238 das Kloster Marienthal in der Lausitz unter ihren Schutz stellten,[16] stammt zwar ein Teil der Zeugen aus Nordböhmen, aber sie ist auf die Verhältnisse in der Lausitz ausgerichtet. Besonders die *advocati* der fünf Städte werden zur Einhaltung der Rechte des Klosters ermahnt.[17] Unter den Zeugen ist auch *Albertus iudex de Bruchiz*, in dem – auf der Basis der Namensähnlichkeit von Bruchiz, das als Brüx interpretiert wurde – der Richter von Brüx gesehen wurde. Daraus wurde weiter geschlossen, dass Brüx bereits 1238 einen städtischen Status hatte.[18] Nur ein Jahr später, in der Bestätigung der Rechte desselben Klosters, wird derselbe Zeuge lediglich als *Albertus iudex*

bei einer klar definierten Gruppe von Städten nicht allgemein anwenden, wie die oben angeführten Belege zeigen.

[14] Stoob, Kartographische Möglichkeiten, S. 29: „Wo im Osten Vögte für auch später als Städte bezeichnete Orte genannt werden, kann das betreffende Datum durchweg unbedenklich für die Stadtentstehung herangezogen werden."

[15] Die deutschrechtlichen Städte, S. 25: „Von den Organen der städtischen Rechtspflege ist der Vogt, *advocatus*, der Nachfolger des Lokators und erbliche Richter, ein sicherer Beweis sowohl für das deutsche Recht wie für den städtischen Charakter eines Ortes und in dieser Würde nie bezweifelt worden."

[16] CDB III/1, Nr. 176. Die Urkunde entstand im Kloster Altzelle in der Lausitz, Šebánek – Dušková, Listina [Die Urkunde], S. 54.

[17] *advocati de Bvdesin, de Gorliz, de Lvbawia, de Richembach, de Wizenburch vel alii iudices.* Bei der anderen Quellenstruktur für die Lausitz, siehe oben, S. 208f., und besonders bei der Nichtexistenz schriftlicher Privilegien kann nur eine Vermutung ausgesprochen werden, aber es kann angenommen werden, dass bereits alle diese Orte die Stadtverfassung erlangt hatten. Schon 1239, CDB III/2, Nr. 207, ließ sich das Kloster erneut seine Rechte bestätigen und ein Teil der Urkunde, auch mit dieser Aufzählung der fünf Städte, wird hier wiederholt.

[18] Für andere J. Tomas, Města v severozápadních Čechách [Die Städte in Nordwestböhmen], S. 83. Im gleichen Sinne vertraute der Angabe auch E. Schwarz, Volkstumsgeschichte I, S. 187. Zu den Anfängen von Brüx gibt es sehr bedeutende archäologische Forschungen, deren Ergebnisse schon in breiter Auswahl publiziert sind, aber für die Stadtverfassung sind sie keine primäre Quelle. A. Přibyl/J. Bechyně, O pečetích a erbu města Mostu [Über die Siegel und das Wappen der Stadt Brüx], Sborník Severočeského muzea – Historica 4, 1964, S. 123, legen die Gründung von Brüx in die Jahre 1253–1257, sicherlich richtiger als L. Böhm, Die Gründung der Stadt vor 700 Jahren, in: Brüx. Die Stadt an der Brücke, hg. v. K. Oberdorfer, München 1958, S. 16, der die Gründung spätestens 1253 ansetzt und sich dabei auf eine Schenkung an das Spital *in Prux* stützt, was er als einen Beleg für die Stadt hält. P. Jančárek, K problematice vzniku královského města Mostu [Zur Problematik der Entstehung der königlichen Stadt Brüx], Sborník Pedagogického institutu v Ústí n. L. 1963, Řada regionalistická, S. 3–30, bestand dem gegenüber auf der Entstehungszeit vor 1250, aber er musste sich wieder nur auf indirekte Interpretationen spärlicher Quellen verlassen. Mit vorsichtiger Zurückhaltung kann das Datum 1257 angenommen werden, als Bischof Nikolaus dem St. Franziskus-Spital die Rechte an einigen Kirchen bestätigte, unter denen auch *ecclesia in Ponte sancti Wenceslai extra muros* war, was als Beleg für eine befestigte Stadt angesehen wurde. Die Angaben über die Stadtmauern können irreführend sein, wenn es keine andere

genannt, ohne weitere Bestimmung.[19] Dieser Unterschied in der Titulatur ist nicht wichtig, aber es ist notwendig, die Reihenfolge der Zeugen in der Zeugenreihe zu beachten.

Albertus de Bruchiz erscheint nämlich zwischen Personen mit Adelswürde, wohin er als Repräsentant einer Stadt entschieden nicht gehören würde. Außerdem kann keiner der Zeugen als Stadtbürger angesehen werden. Wenn wir auch die noch unsichere Interpretation des Ortsnamens *Bruchiz* in Betracht ziehen, bleibt nichts anderes übrig, als die Vermutung abzulehnen, dass wir es hier mit dem Stadtrichter von Brüx zu tun haben.[20]

Weitaus komplizierter sind die Überlegungen zu zwei Fällen aus Nordmähren, in denen aus der Ernennung des Richters auf die Stadtverfassung geschlossen wird. Der erste betrifft Hotzenplotz. Angeblich aus dem Jahr 1251 stammt eine Urkunde Bischof Brunos für seinen Diener Berthold,[21] in der ihm das Dorf Hertitz zu Lehen gegeben wird. Unter den Zeugen herrscht eine stabile Reihenfolge, wenn die Würdenträger des Bischofshofes mit den Titeln *dapifer noster, marschalcus noster* angeführt werden, danach einige Personen aus dem Gefolge des Bischofs und abschließend folgen *Radzlaus advocatus noster de Hozempla* und zwei Troppauer Bürger. Die Urkunde bestätigt in Wirklichkeit aber eine schon früher erfolgte Belehnung, da der Bischof in ihr erklärt, dass die Rechtshandlung *in primo introitu episcopatus nostri, cum intraremus Moraviam,* d. h. an der Wende der Jahre 1246/47 geschehen ist. Aber die Urkunde wurde erst irgendwann zwischen 1266 und 1267 ausgestellt,[22] also etwa zwei Jahrzehnte nach der eigentlichen Überlassung des Lehens, und etwa um 15 Jahre zurückdatiert. Trotz dieser Unstimmigkeiten wird aus ihr der Stadtstatus von Hotzenplotz schon für ungefähr die Mitte des 13. Jahrhunderts abgeleitet.[23]

Bestätigung gibt. Eine gewisse Ratlosigkeit bezeugt der sonst präzise Artikel von T. Velímský, Příspěvek k dějinám patriciatu v českých městech 13.–14. století [Ein Beitrag zur Geschichte des Patriziats in den böhmischen Städten des 13.–14. Jh.], ČČH 89, 1991, S. 322, der zwar die Behauptung über einen Stadtrichter zum Jahr 1238 nicht akzeptiert, aber die Vermutung ausspricht, dass der genannte Albert ein königlicher Beamter für die Brüxer Kastellanei sein könnte, was weder seine Beteiligung an der Gründung der Stadt noch seine Zugehörigkeit zum Patriziat der städtischen Kommune ausschließt. Damit befinden wir uns in einem Geflecht nichtbelegter Kombinationen. Die Hauptaufgabe wäre es, mit Sicherheit nachzuweisen, dass *Bruchiz* gleich Brüx ist und dass es den Stadtstatus besaß.

19 CDB III/2, Nr. 207. Die Urkunde wiederholt teilweise den Text des Privilegs von 1238, in ihr werden in ungefähr der gleichen Reihenfolge dieselben Zeugen aufgeführt, allerdings finden sich dort nicht alle. Z. Kristen hat in der Einleitungsbemerkung zur Edition elf fehlende Zeugen gezählt.

20 Eine Identifizierung der Personen, die sich in diesen Jahren in Urkunden als *Albertus iudex* vorstellen, ist nahezu unmöglich. Es treten hier auf *Albertus iudex curie nostre*, CDB III/1, Nr. 177; *Albertus iudex*, CDB III/1, Nr. 180, der erneut in CDB III/2, Nr. 208, zusammen mit den übrigen genannten Zeugen erscheint; *Albertus iudex de Sliuen*, CDB III/2, Nr. 193; und sogar *Albertus iudex, item alius Albertus iudex*, CDB III/2 Nr. 196, von denen keiner als Stadtrichter anzusehen ist und die sämtlich unter die Personen und Beamten des Herrenhofes eingereiht werden. Vgl. schon CDB III/1, Nr. 64, wo es *Albertus iudex provincialis* gibt.

21 CDB IV, Nr. 219.

22 Šebánek/Dušková, Kritický komentář [Kritischer Kommentar], S. 133–135; Panovnická a biskupská listina [Die landesherrliche- und die bischöfliche Urkunde], S. 109, Anm. 7. Dass die Urkunde nicht schon zum Jahr 1251 gehört, haben F. Palacký in RBM I, S. 624, und V. Novotný, České dějiny [Böhmische Geschichte] I/3, S. 889, Anm. 1, nachgewiesen.

23 E. Schwarz, Volkstumsgeschichte II, S. 330; Stoob, Bruno, S. 100.

Zum Verständnis der Situation muss an einige wichtige Aspekte erinnert werden.[24] Vor allem stammen die Belege, die über das Gebiet von Hotzenplotz berichten, schon aus der ersten Hälfte des 13. Jahrhunderts, und sie ermöglichen das Urteil, dass das Zentrum der (nichtstädtische) Ort Hotzenplotz war.[25] Der Zeuge der behandelten Urkunde, der Richter Radslav, wurde dann in Verbindung mit dem Dorf Razlawiz (Rasselwitz) bei Hotzenplotz gebracht,[26] worüber es eine verlässliche Nachricht in einer Urkunde von Bischof Bruno gibt, mit der er vier Kanonikate einrichtete.[27] Auf die Verbindung Radslav-Razlawiz müssen wir noch zurückkommen. Aus einer erst in den Jahren 1266–1267 entstandenen, und auf 1251 zurückdatierten Urkunde auf den Stadtstatus von Hotzenplotz zu schließen, wäre nach ihrer diplomatischen Interpretation zu gewagt.

Ein weiterer Schritt[28] findet sich erst in der Nachricht einer Urkunde von 1262, als das Olmützer Kapitel den Schutz des Dorfes Liptaň übernahm, das ein bestimmter Ritter *Henrico, advocato de Hoczemplocz* verkaufte.[29] Er wird als Stadtvogt angesehen, als Vorgänger jenes Radslav, von dem angenommen wird, dass er sein Amt zur Ausstellungszeit der vordatierten Urkunde versehen hat.[30] Aber auch diesmal gibt es keinen anderen Anhaltspunkt für den Nachweis städtischer Ordnungen in Hotzenplotz und auch in dem berühmten Testament von Bischof Bruno aus dem Jahre 1267 wird Hotzenplotz nur als *circuitus* erwähnt, in dessen Bezirk eine Reihe von Dörfern genannt wird,[31] aber es gibt keinen einzigen Hinweis auf den Ort Hotzenplotz selbst. Eine ganz sichere Nachricht stammt erst aus dem Jahr 1275 in einer Urkunde von Bischof Bruno für Eckerik von Füllstein, in der steht: *oppido nostro Hoczempla muro circumdato et fortiter munito*.[32]

Genau genommen ist erst diese Urkunde ein Beleg für die Stadtverfassung von Hotzenplotz. Wenn darin aber über eine starke Befestigung der Stadt gesprochen wird, kann man ihre ältere Errichtung annehmen, naturgemäß bei einem Zentrum eines *circuitus* [újezd] mit Dörfern. Auch wenn also aus den Nachrichten über die Vögte nicht mit absoluter Sicherheit der Stadtstatus abgeleitet werden kann, lässt sich

24 In den Hauptzügen können wir uns auf die Angaben stützen, die Bakala, Zrod městského zřízení [Der Ursprung der Stadtverfassung], S. 105–107, zusammengetragen und erläutert hat, auch wenn der eigentliche Schluss unterschiedlich sein wird.

25 Bakala, K otázce kontinuity [Zur Frage der Kontinuität], S. 58–59.

26 L. Hosák, Středověká kolonizace Osoblažska [Die mittelalterliche Kolonisierung des Gebiets von Hotzenplotz], ČSlM, Serie B, 14, 1965, S. 23. Diesen Zusammenhang übernahm auch Bakala, Zrod [Der Ursprung], S. 106.

27 CDB IV, Nr. 250.

28 Eine schwache Aussagekraft hat die Erteilung eines Lehens an Helembert de Turri durch Bischof Bruno 1256, CDB V/1, Nr. 80, bei der nur das Dorf *Henrikesdorp iuxta Hocempla* genannt wird, ohne dass etwas über den Status von Hotzenplotz gesagt wird. Die Wendung *iuxta Hocempla*, ebenfalls ohne weitere Bestimmung, lesen wir auch in der Urkunde über Razlawiz.

29 CDB V/1, Nr. 358.

30 Bakala, Zrod [Der Ursprung], S. 107, der damit Hosáks Ansicht korrigierte, dass Radslav Heinrichs Vorgänger gewesen sei. Damit gelangt aber die Zeit, in der der Richter Radslav wirkte, in einen schwer überwindbaren Zeitunterschied zu dem Beleg über das Dorf Razlawiz.

31 CDB V/2, Nr. 526, S. 77. Es werden zum einen Dörfer aufgezählt, die neu auf Rodungen gebaut waren, zum anderen schon früher gegründete Dörfer.

32 CDB V/2, Nr. 779.

doch annehmen, dass die Erlangung der städtischen Privilegien wohl schon ab 1262 datiert werden kann. Völlig abzulehnen ist hingegen die Annahme, dass Hotzenplotz schon vor 1252 zur Stadt erhoben wurde.[33] Das Argument, dass Razlawiz, verbunden mit dem Vogt Radslav, die Anwendung des emphyteutischen Rechts der Erbleihe bedeutet, dessen Zentrum wohl kaum eine Siedlung mit Vorlokationscharakter sein konnte, und dass also Hotzenplotz bereits in so früher Zeit als Stadt verstanden werden kann, ist völlig unzureichend. Der Name Radslav lässt sich in den nördlichen Teilen Mährens mehrfach belegen, sogar unter den Olmützer Kanonikern war ein Radslav und ein anderer wurde *Vlricus filius domini Razlai* genannt.[34] Eine direkte Verbindung von *Razlawiz* mit dem Vogt Radslav, die erst in einer 15 Jahre jüngeren Urkunde nachgewiesen wird, ist nur eine Kombination von zweifelhafter Zuverlässigkeit. Es ist offensichtlich, dass der Annahme eines Stadtstatus für Hotzenplotz vor dem Jahre 1252 kein Glauben geschenkt werden kann.

Eine ähnliche Frage stellt sich auch für Jägerndorf, das 1240 *circuitus* genannt wird.[35] Aber diese Angabe kann nicht auf die eigentliche Siedlung Jägerndorf selbst bezogen werden, auch wenn an ihrer Existenz nicht zu zweifeln ist, weil die Bezirke (*circuitus*) nach ihrem Zentrum benannt wurden, einem Dorf oder einem Gut.[36] Dies ist unstrittig, aber ein Problem entsteht bei der Interpretation der Gründungsurkunde für Bennisch aus dem Jahr 1253, in der sich unter den Zeugen auch ein *Sifridus advocatus de Jegerdorf* befindet.[37] Dies war der Grund, warum in ihm bereits ein Vogt der Stadt Jägerndorf vermutet und die Entstehung der Stadtverfassung vor das Jahr 1253 gelegt wird.[38] Trotz dieser Bemühungen sollte man eher bei der Ansicht bleiben, dass die Nennung eines Richters noch kein Beweis für den Stadtstatus von Jägerndorf darstellt.

Die Argumente für diese Behauptung sollen kurz wiederholt werden. In der Urkunde von 1253 wird der *advocatus* Sifrid in der Nachbarschaft eines anderen Vogts namens Theodoricus genannt. Der Versuch, diesen Theodoricus als den Vogt von Leobschütz zu deuten,[39] ist nur eine der Möglichkeiten, die zudem nur eine schwache Stütze in den Quellen findet. Hinter ihnen ist am Ende der Zeugenreihe

33 Es überrascht, dass die nüchternen Erwägungen Bakalas sich darin schließlich der Kombination Hosáks unterordneten, die er sonst sicher korrigiert hat.

34 Das lässt sich in den Registern zu CDB und zu RBM überprüfen. Ein gleiches zweifelhaftes Argument wäre die Nennung des Dorfes Henrikesdorp 1256, siehe oben, Anm. 28, und seine Verbindung mit dem 1262 genannten Richter Heinrich. Es kann daran erinnert werden, dass der Name Raclavice-Radslavice nicht vereinzelt vorkommt. Ungefähr zur gleichen Zeit existierte auch ein Dorf *Radslauici* südöstlich von Breslau, SUB III, Nr. 34, und auch in Schlesien ist eine Reihe von Radslavs belegt, siehe die Register ebd., die als Begründer in Betracht gezogen werden könnten. Hrabová, Ekonomika olomouckého biskupství [Die Ökonomie des Olmützer Bistums], S. 78, meint, dass Radslav, Mitglied des Olmützer Kapitels, der Sohn des Hotzenplotzer Vogts Radslav war.

35 CDB III/2, Nr. 227.

36 Im Einzelnen Kejř, Krnov [Jägerndorf], S. 17.

37 CDB IV, Nr. 267.

38 Zuletzt J. Bakala, Zrod [Der Ursprung], S. 104–105, in der Bemühung, die entgegengesetzte Meinung von J. Kejř, Krnov [Jägerndorf], S. 18, zu korrigieren.

39 Im Register von CDB IV/2, S. 117 und 79. Zu dieser Vermutung führte offenbar die Tatsache, dass das Recht von Leobschütz an Bennisch erteilt wird. In der Urkunde von 1269, CDB V/2, Nr. 592, über die Aussöhnung zwischen dem Kloster Welehrad und dem Troppauer Bürger Lohen kommt zwar als

ein Richter Heinrich platziert (*cum Henrico quondam iudice in Lobenstein*), in dem man keinen Dorfrichter sehen kann,[40] denn um die Mitte des 13. Jahrhunderts wäre ein solches Zeugnis eine völlige Anomalie. Es ist kaum möglich, aus dieser Zeugenreihe, die ja streng nach der Würde der Personen zusammengestellt wurde, auf einen Zeugen aus einem Dorf zu schließen.

Darüber hinaus ist aus der Bezeichnung *advocatus* nicht eindeutig auf einen Stadtvogt zu schließen, weil denselben Titel auch Dorfrichter sowie Richter ganzer Bezirke[41] und letztlich auch Inhaber anderer Ämter[42] trugen. Eine gründliche Analyse für die Städte der Welfen hat gezeigt, dass man bei der Untersuchung der Titel und der Machtbefugnisse der obersten städtischen Beamten, die als *iudex, advocatus, scultetus, comes* oder *prefectus* bezeichnet werden, unterschiedliche Fälle vor sich hat. Für Braunschweig wurde nachgewiesen, dass das Vogtamt, das die *advocati de Brunsvic* ausübten, ursprünglich nicht städtisch, sondern kirchlich war, wie 1226 der Titel *Dei gratia conventualium in Brunswic advocatus* zeigt.[43] Es ist schließlich nachgewiesen, dass in keinem einzigen Fall *advocatus* ausschließlich als städtischer Vogt anzusehen ist.[44]

Zeuge ein Theodoricus von Leobschütz vor, aber dieser wird ausdrücklich als Bruder des Richters Gunpert bezeichnet. W. Latzke, Die Anfänge der Stadt Bennisch, S. 38, macht darauf aufmerksam, dass *Theodoricus advocatus de Glubchiz* in der Urkunde von 1272, CDSil II, Nr. 11, genannt wird; über diese Urkunde siehe schon oben, Anmerkung 12. Der in der Urkunde für Bennisch genannte Theodoricus könnte dann der Vater der beiden Brüder sein. Auch wenn dies nur eine Vermutung ist, ist Latzke der Meinung, dass man in ihm schon den Vogt von Leobschütz sehen könne. Ein stichhaltiger Beweis wird dadurch allerdings nicht geliefert.

40 So deutet dies Bakala, S. 105. Zum Vergleich wollen wir den in der Urkunde des Smil von Lichtenburg für das Kloster Mariazell von 1251 (CDB IV, Nr. 220) in der Zeugenreihe genannten *Scazlaus de Duban advocatus* (Duban/Dubany – ein Dorf bei Leitmeritz) anführen, der jedoch ausdrücklich unter den *milites* genannt wird, hinter denen erst *cives* und *mercatores* folgen.

41 In Einzelheiten Kejř, Krnov [Jägerndorf], S. 18, und Anm. 108–112. Wiederum zum Vergleich sei ein Mandat König Wenzels I. angeführt, das an *B. advocato Budissinensi* irgendwann vor 1252 adressiert ist (CDB IV, Nr. 248), in dem ihm der König gebietet, die Rechte des Bautzener Domkapitels zu respektieren. Es handelt sich um keinen Stadtvogt, wie es sich aus seinen auch außerhalb von Bautzen vorgenommenen Eingriffen ergibt und wie dies auch durch das gleichzeitige Mandat Wenzels I. bestätigt wird (CDB IV, Nr. 249), das an den *burgravio et advocato ac omnibus generaliter militibus in Budissin constitutis* adressiert ist. Völlig beiseite kann man die Vermutung lassen, dass zum Jahre 1274 die Existenz der Stadt Krumau nachgewiesen ist, als ihr Richter belegt ist, wie dies noch J. Kuthan, Přemysl Otakar II., Praha 1993, S. 176, mit Hinweis auf F. Dvořák, Český Krumlov [Krumau], Praha 1948, meinte. Die Nachricht stammt aus zwei gemeinsam ausgestellten Urkunden, in denen Vítek von Krumau dem Prior des Spitals der Johanniter in Strakonitz den Erwerb des Dorfes Straschin bestätigt, CDB V/2, Nr. 753+ und Nr. 754+. Die Urkunden sind *dubiae fidei* und sind erst nach dem Tode Víteks von Krumau entstanden. Am Ende der Zeugenreihe stehen *item homines domini Vitkonis Nemoy, Benada, Sipota iudex de Crumnov*, und die Einordnung des Richters unter die *homines* der Obrigkeit, also unter die Untertanen, schließt seinen bürgerlichen Stand und somit auch die Stadtverfassung in Krumau aus. Dazu bereits im Kapitel über die Terminologie, Anm. 415–417 und der dort zitierte Mörath, Zur ältesten Geschichte der Stadt Krummau, MVGDB 36, 1898, S. 445, bei dem diese Vermutung entstanden ist. Nový, Poddanská města [Untertanenstädte], S. 87, Anm. 114, sieht richtig den ersten Beleg über die *civitas Crumnaw* erst zum Jahre 1309 und übergeht den angeblichen Vogt.

42 Im Streit um das Patronatsrecht in Treskowitz zwischen den Klöstern von Kaunitz und von Oslawan im Jahre 1275, CDB V/2, Nr. 784, liest man *advocatus ecclesie in Cunitz*.

43 Diestelkamp, Welfische Stadtgründungen, S. 204, übereinstimmend mit Bärmann, Stadtgründungen.

44 Diestelkamp, ebd., widmete den Funktionen der städtischen Beamten eine detaillierte Untersuchung, S. 195–208, und hat die Verbindung des städtischen Vogts mit Burgen für Braunschweig, Lüneburg und

Auch wenn wir diese Nachrichten aus fremden Territorien nicht ohne Bedenken auf unsere Verhältnisse übertragen können, veranlassen sie uns, das Aufkommen des Amtes des Vogts – *advocatus* vorsichtiger zu bewerten und ihm nicht ausschließlich eine städtische Machtgewalt zuzurechnen und schon gar nicht aus seiner ersten Nennung ohne weitere Stütze auf die Stadtverfassung der jeweiligen Lokalität zu schließen. Es wäre sicher angenehm, in Hotzenplotz[45] und in Jägerndorf Städte der ältesten, bis 1253 entstandenen, Schicht zu sehen, aber dies haben wir weder früher[46] noch jetzt ohne weitere Bestätigung zu tun gewagt.[47] Wie trügerisch es wäre, einen unzweifelhaften Schluss aus dem Titel *advocatus* zu ziehen, zeigt der Streit zwischen dem Kloster Marienkron und den Dorfrichtern über die Hälfte dieses Dorfes, der 1270 am Gericht der Stadt Mährisch Trübau entschieden wurde, *sub advocato provincie Triboviensis Iohanne, civitatis vero Hamanno*. Ohne diese ausdrückliche Unterscheidung der beiden Ämter könnten wir kaum ihre Kompetenzen bestimmen.[48]

Noch einem weiteren Beleg über den Richter muss Aufmerksamkeit gewidmet werden. Im Jahre 1234 wird in der Zeugenreihe der Urkunde König Wenzels I. für den Prager Bürger Reinard Niger auch ein *Siffridus iudex*[49] genannt. In ihm wurde der erste mit Namen bekannte Richter der Stadt Prag vermutet und die hinter ihm folgenden Personen wurden für Mitbürger gehalten.[50] Als Vermutung wurde dieser Richter mit Sifrid Pugačič aus Prag gleichgesetzt, der in einer Urkunde von 1231 erscheint.[51] Noch vor kurzem trat die Meinung auf, dass es sich

Stade nachgewiesen; er stellte darüber hinaus fest, dass auch die kirchlichen Vogteien in Betracht gezogen werden müssen. Man muss auch die Feststellung von Drüppel, Iudex civitatis, S. 14, berücksichtigen, dass *advocatus* zuerst in den kirchlichen Immunitäten vorkommt. Ohne daraus etwas Weiteres ableiten zu wollen, machen wir doch darauf aufmerksam, dass der Bezirk (*circuitus*) von Jägerndorf 1240 dem Kloster von Tischnowitz geschenkt wurde! H. Slapnicka, ZRG GA 86, 969, S. 384–385, stellte in der Besprechung unserer Arbeit Pocatky mesta Krnova [Die Anfänge der Stadt Jägerndorf] ebenfalls die Frage, was für eine Rolle das Kloster von Tischnowitz bei der Besiedlung Jägerndorfs gespielt habe.

45 Bei der oben behandelten, zum Jahre 1251 ante datierten Urkunde soll noch darauf aufmerksam gemacht werden, dass neben den genannten Beamten *dapifer noster* und *marschalcus noster* auch jener Radslav als *advocatus noster* tituliert wird, also als eigener Beamter Bischof Brunos.

46 Kejř, Krnov [Jägerndorf], S. 18.

47 Bereits im Kapitel I wurde der Grundsatz ausgesprochen, dass wir nicht versuchen werden, die Entstehung der Städte in die alte Zeit zu verschieben, und dass wir darin kritische Nüchternheit bewahren werden.

48 CDB V/2, Nr. 628. Zum Vergleich kann auch die Urkunde des Adligen Konrad von Hohenberg über den Vergleich mit dem Kloster Tepl über Untersandau aus dem Jahr 1242 angeführt werden, CDB IV, Nr. 14, und schon ME, Nr. 197, mit näheren Erklärungen, in der unter den Zeugen *iudex provincialis in Egra* und der Egerer *iudex civitatis* an unterschiedlichen Stellen genannt werden, oder auch die Urkunde des Bautzener Burggrafen Beneš vom Jahre 1245, durch die er auf den Ertrag einiger Dörfer zu Gunsten der Kirche in Meißen verzichtete, CDB IV, Nr. 81,und in der sich unter den Zeugen zwei *advocati* befinden, ohne dass es möglich wäre zu bestimmen, woher sie stammen.

49 CDB III/1, Nr. 64.

50 Čelakovský, O začátcích [Über die Anfänge], S. 203. In das Verzeichnis der Prager Bürger hat sie auch Zycha, Prag, S. 237, eingeordnet, wie er dazu bereits auf S. 170 gekommen war.

51 Čelakovský, ebd. Vgl. CDB III/1, Nr. 13. Es muss angemerkt werden, dass es hier keinen Hinweis gibt, dass dieser Sifridus Prager Bürger wäre, wenn 1231 Prag noch keine Stadtverfassung hatte und Bürger als Zeugen auf Urkunden nicht vorkamen.

dabei um den ältesten Beleg über das Amt des Stadtrichters in Böhmen überhaupt handelte.[52]

Trotzdem muss diese Quelle vorsichtiger ausgewertet werden. Ein entscheidender Einwand gegen ihre Zuverlässigkeit ist die Feststellung, dass sie erst aus einem späten Formular stammt, bei dem es nicht sicher ist, ob es in der Form einer tatsächlichen Urkunde ausgestellt wurde.[53] Es kann nicht ausgeschlossen werden, dass die Vorlage dafür eine wirkliche Urkunde war,[54] aber die Unsicherheit wird dadurch erhöht, dass dies der erste königliche Akt wäre, dessen Adressat ein Bürger war.[55] Darüber hinaus ist es gar nicht sicher, ob es sich um den Richter der Stadt Prag und um seine Mitbürger handelte,[56] weil sie auf keine Weise, etwa mit dem Wort *cives* oder ähnlich, näher bezeichnet werden. Darüber hinaus wäre dies auch das erste Zeugnis von Bürgern in einer königlichen Urkunde.[57] Auch wenn wir also einen gewissen historischen Kern der Urkunde nicht ausschließen, sind mit ihr zu viele Bedenken verbunden, weshalb wir schon früher nicht gewagt haben, sie als einen sicheren Beleg für die Existenz der Stadtverfassung von Prag zu akzeptieren,[58] und wagen es auch jetzt nicht.

Der erste Prager Richter wurde ebenfalls in der als *Chunradus iudex Pragensis*[59] bezeichneten Person vermutet, die in zwei Urkunden aus den Jahren 1260 und 1265 erscheint.[60] Diese Annahme ist aufzugeben, weil der genannte Konrad ein Landrichter war. Auch wenn wir an der Existenz des Amtes des Prager Richters für die ältere Zeit nicht zweifeln müssen, erscheint der erste namentlich genannte Richter erst 1264 im Vergleich der Witwe Malichia mit dem Kloster von Břewnow über das

---

52 Čechura, Úřad rychtáře v Litoměřicích [Das Richteramt in Leitmeritz], S. 58. Čechura hat hier übersehen, dass bereits in der Urkunde von 1223 für Mährisch Neustadt ein Richter genannt wurde, siehe dazu weiter unten.

53 Šebánek – Dušková, Panovnická listina [Die landesherrliche Urkunde], S. 10, Anm. 7, schließen diese Quelle aus der diplomatischen Untersuchung aus, weil es unsicher ist, ob es sich um eine tatsächlich ausgestellte Urkunde handelt.

54 Šebánek – Dušková, Listina [Die Urkunde], S. 131, Anm. 1, lassen zwar im Einklang mit der einleitenden Bemerkung Friedrichs zur Edition des Textes zu, dass man eine Urkunde nicht ausschließen kann, die vom Notar Vilém ausgestellt wurde, der in der Datum-per-manum-Formel genannt wird, aber trotzdem beziehen sie sie in den Umkreis der untersuchten Urkunden nicht ein.

55 S. Dušková, Počátky kanceláře Václava I [Die Anfänge der Kanzlei Wenzels I.], in: Studie k české diplomatice [Studien zur tschechischen Diplomatik], S. 80, hält deshalb die Urkunde für äußerst strittig.

56 Aus sachlichen Gründen bezweifelt dies zu Recht M. Kratochvíl, Stará rychta v Praze [Das alte Gericht in Prag], SPDMP 7, 1933, S. 192, Anm. 12.

57 Bis dahin kommen die Bürger nur als Zeugen in den Urkunden von kirchlichen Institutionen, des Klosters von Kladrau, vor, CDB III/1, Nr. 46, und des Kapitels von Wyschehrad, (Čechura, Nezdařená lokace [Eine misslungene Lokation], Beilage I. Die in der Urkunde König Přemysl Otakars I. von 1207 als Zeugen auftretende *mercatores* können noch nicht als Bürger, CDB II, Nr. 74, angesehen werden, wie bereits oben gezeigt wurde.

58 Kejř, Zwei Studien, S. 98–99.

59 Čelakovský, O začátcích [Über die Anfänge], S. 210, Anm. 81.

60 CDB V/1, Nr. 241, Verkauf eines Dorfes an das Kloster Plaß; CDB V/1, Nr. 464, als Zeuge im Privileg für Saaz.

Dorf Řepy.[61] Weitere kann man erst am Ende der siebziger und in den achtziger Jahren des 13. Jahrhunderts belegen.[62]

Auch für Brünn ist es notwendig, die großen Missverständnisse bei der Nennung von Richtern zu beseitigen.[63] Wenn die Vermutung ausgesprochen wurde, dass die Bezeichnung *iudex Brunnensis* immer Stadtrichter bedeutet und nicht Landrichter,[64] so ist dies eine irrige Annahme, umso mehr auch deshalb, weil einige der Genannten schon lange vor der Errichtung der Stadtverfassung im Amt waren.[65] Aus der Reihe der angeblichen Richter muss auch Rubinus gestrichen werden, der 1245 unter den Zeugen einer Urkunde Wenzels I. für Oslawan zwar mit dem Titel *iudex Brunnensis* erscheint, aber zwischen Adligen und Beamten. Es nimmt kein Bürger teil und auch die Interessen der Stadt werden nicht berührt, weil es um den Verkauf eines Dorfes an ein Kloster geht.[66] Es handelt sich um einen Richter der Brünner Provinz. Seine weitere Nennung, angeblich zum Jahr 1252, als er sogar neben die Brünner Geschworenen gestellt wird, können wir unbedenklich wieder völlig außer Acht lassen, weil sie aus einem späteren Falsum stammt, das für das 13. Jahrhundert wertlos ist.[67] Ein mit Sicherheit nachgewiesener Brünner Richter ist für das Jahr 1247 Alramus.[68]

---

61 CDB V/1, Nr. 426, wo mit Malichia angeführt wird *cum … nec non Cvnchone, iudice civitatis.*

62 RBM II, Nr. 1171, 1288, 1460, 1461. Vgl. Čelakovský, O začátcích [Über die Anfänge], S. 210, Anm. 81, wo auch spätere Richter genannt werden. Zycha, Prag, S. 199–200, hat seine Darstellung über die Prager Richter fast ausschließlich auf Formelbriefen gegründet. Die Urkunde RBM II, Nr. 1288, durch die der Prager Richter Frowinus, die Geschworenen und die Gemeinde zwei Bürger zur Schlichtung des Streites mit einem Bürger von Huy bevollmächtigen, wurde neuerlich von A. Joris, Documents concernant le commerce de Huy avec la Bohême et la Haute-Meuse (XIIIe–XIVe siècles), Bulletin de la Commission royale d'Histoire 87, 1971, Beilage Nr. 1, S. 22–23, neu herausgegeben. Ein Gegenstück dazu ist der Brief der Stadt Huy in derselben Angelegenheit, hg. v. Joris, ebd., Nr. 2, S. 24–27.

63 Die Literatur über die Anfänge von Brünn ist so reich, dass wir hier weitere Details außer Acht lassen können.

64 B. Bretholz, Geschichte der Stadt Brünn, Brünn 1911, S. 44, Anm. 1, mit einer Aufzählung aller Namen.

65 *Lewa iudex Brennensis* ist Zeuge von Urkunden des Markgrafen Jindřich Vladislav und König Přemysl Otakars I. aus dem Jahre 1213 für die Johanniter, CDB II, Nr. 109 und 110, wo unter den Zeugen auch andere Personen mit dem Titel *iudex* auftreten, allesamt Landrichter. Als Landrichter muss auch Ratibor zum Jahre 1222, CDB II, Nr. 234 und 238, verstanden werden. Unter den Zeugen gibt es keine Bürger. Auch Jakub mit dem gleichen Titel zum Jahre 1234, CDB III/1, Nr. 87, kann nicht anders aufgefasst werden, denn auch er befindet sich unter den adligen und Beamtenzeugen. Das gleiche gilt für Vilém 1238 und 1240, CDB III/2, Nr. 204 und 227.

66 CDB IV, Nr. 71.

67 CDB IV, Nr. 254+++. Siehe J. Šebánek, Listina města Brna z r. 1252 pro klášter herburský v Brně a její pravost [Eine Urkunde der Stadt Brünn von 1252 für das Herburgenkloster in Brünn und ihre Echtheit], ČSPSČ 38, 1930, Beilage Nr. 2–3, Přátelé čsl. starožitností svému učiteli. K šedesátinám prof. Dra J. V. Šimáka [Die Freunde der tschechoslowakischen Altertümer für ihren Lehrer. Zum 60. Geburtstag von Prof. Dr. J. V. Šimák], S. 54ff. Wenn es in der Urkunde einen Verweis auf ein Register gibt, das in Brünn 1240 der Richter Rubin mit den Geschworenen geführt hat, so ist das eine völlig unmögliche Vorstellung.

68 In einer Urkunde Přemysl Otakars II. als mährischer Markgraf von 1247, CDB IV, Nr. 127, ist er Zeuge, ohne mit einem Titel bezeichnet zu werden. Er ist Aussteller einer Urkunde mit dem Titel *iudex et civis Brunensis* aus demselben Jahr, CDB IV, Nr. 128, an der das erste bekannte Siegel der Stadt Brünn angehängt ist. Das ist die erste bei uns bekannte von einem Bürger ausgestellte Urkunde. Zu ihr bereits im Exkurs, S. 72.

Stadtrichter werden in unterschiedlichen Zusammenhängen genannt, aber es wäre vollkommen nutzlos, die gewöhnlichen Fälle ihrer Tätigkeit aufzuzählen.[69] Auf einige ihrer Akte kann aber hingewiesen werden. Zunächst muss jedoch festgehalten werden, auf welche Weise sie ihr Amt erhalten haben. Es war keine Wahl,[70] über die wir nur in Göding eine Nachricht haben, wo sich allerdings die Verwaltungsprinzipien von Stuhlweißenburg durchsetzten, wie schon mehrmals erwähnt wurde. In den übrigen böhmischen Städten wurden die Richter vom Grundherrn der Stadt eingesetzt. Wenn in einigen deutschen Städten freie Wahlen der Richter festgewiesen werden können,[71] so handelt es sich für die ältere Zeit, etwa für das 12. Jh. bis zum Beginn des 13. Jahrhunderts, um Ausnahmen.[72] In den von Heinrich dem Löwen ins Leben gerufenen Städten war der Richter immer ein Organ des Landesherrn.[73] In Lübeck ist für die Verwaltung ein *rector* – ein Ministeriale – bestimmt, der vom Reich, d. h. vom Kaiser, eingesetzt wurde.[74] Es ist also die Regel, dass die Bürger keinen Einfluss auf seine Ernennung haben.

Dieses Prinzip gilt auch für unsere Städte. Schon bei den Ausführungen über die Lokatoren haben wir festgestellt, dass sie in den Lokationsurkunden die Garantien bekamen, dass sie Richter werden und dass sie freie Hufen und garantierte Einnahmen aus Tavernen, Fleischbänken, der Mühle oder aus Anteilen an Geldstrafen des Gerichts haben werden. Wie gezeigt wurde, musste der Lokator wohlhabend sein, weil er nicht nur eine hohe Summe für das Recht, eine Stadt zu errichten, bezahlte, sondern auch in der Zeit der Rodung der Baustelle und des Aufbaus noch nicht mit regelmäßigen Einnahmen rechnen konnte. Der Verkauf des Gerichts brachte den Stadtherren einen raschen Gewinn[75], oder der Richter verkaufte das Gericht.[76] Das ändert allerdings nichts am Prinzip, dass der Richter nicht durch die Wahl der Bürger bestimmt wird. Nicht einmal das Versprechen von Bischof Theodoricus für Kremsier

---

69 Überblick bei Zycha, Ursprung, S. 175ff.

70 Keine historische Beweiskraft hat das Formelstück, RBM II, Nr. 2381 = Voigt, Formelbuch, Nr. 114, das die Gründung einer nicht genannten Stadt durch Wenzel II. betrifft und über eine Wahl spricht: *Iudex … quemcunque idoneum … cives elegerint.* J. Čelakovský hat die Urkunde in den CIM II, Nr. 45, mit der Vermutung übernommen, dass es sich um Kaaden handelt. Nicht einmal der Verkauf des Kaadener Gerichts an zwei Bürger, CIM II, Nr. 46, ist glaubwürdig, denn er stammt ebenfalls aus dem Formelbuch, vgl. RBM II, Nr. 2428. Es bleibt deshalb der einzige Fall einer freien Richterwahl in Znaim 1307 nach dem Privileg König Heinrichs von Kärnten übrig, CDM VI, Nr. 12, der aber keinen dauerhaften Wert hatte, weil der König selbst im Jahr darauf Znaim verpfändete; dazu Zycha, Ursprung, S. 189; Vojtíšek, Soud a rada [Gericht und Rat], S. 257; J. Čechová, Znojemská rychta v období předhusitském [Das Znaimer Gericht in vorhussitischer Zeit], Jížní Morava 5, 1969, S. 79.

71 Von Below, Städtewesen und Bürgertum, S. 72, spricht über vollkommen freie Wahlen des Richters in einem Teil der Städte, aber das lässt sich erst einer jüngeren Zeit zuordnen.

72 Bärmann, Städtegründungen, S. 199, hat sie aufgezählt mit Verweis auf Texte der Stadtrechte bei Keutgen. Über die Wahl von Richtern breite Ausführungen bei Drüppel, Iudex civitatis, S. 168–197.

73 Bärmann, Städtegründungen, S. 178, 185, 246.

74 Sydow, Reichsstadt, S. 283.

75 CDB V/2, Nr. 717, Verkauf des Gerichts in Müglitz durch Bischof Bruno an den Laien Hermann, die Summe wird jedoch nicht angeführt. Für 220 Mark verkaufte König Wenzel II. 1293 das Gericht in Nimburg, CIM II, Nr. 62.

76 Die königlichen Beamten bezeugen, dass der Richter in Braunau dem Abt des Klosters Břewnow 1266 das Gericht für 220 Silbermark verkauft hat, CDB V/1, Nr. 477. Die Möglichkeit, das Gericht zu verkaufen, wird dem Richter auch in einer Urkunde für den Lokator von Polička versprochen.

1290, dass er den Richter mit dem Rat der Alten erneuern werde und dass dieser nach dem Rat der Geschworenen zu richten habe,[77] bedeutet eine Verletzung des Prinzips, dass der Richter ein Organ des Stadtherrn ist und dass er in letzter Instanz von ihm ernannt wird. Auch bei der Einschränkung der freien Entscheidung des Richters über die Besetzung einiger Ämter *cum consilio civium* im Leobschützer Privileg[78] ist in keiner Weise seine Unterordnung unter den Stadtherrn eingeschränkt, in diesem Fall unter den Landesherrn. Es kann jedoch eingeräumt werden, dass dies Fälle sind, in denen der Stadtherr bereits die Wünsche der Bürger berücksichtigt.

In unserem Quellenbestand erscheinen auch außergewöhnliche Fälle, die nicht leicht zu erklären sind. Nur in einer späten Abschrift von 1735 ist der Wortlaut einer auf das Jahr 1267 datierten Urkunde erhalten,[79] in der der Richter der Stadt Freudenthal einem Lokator gestattet, den Wald Lichtenwerde zu roden, und ihm alle Rechte und auch andere Besitzvorrechte erteilt – mit Ausnahme der Vollstreckung von Todesstrafen. Aus der Wendung *iura exercebit civilia* wird abgeleitet, dass sich Lichtenwerde nach dem Recht von Freudenthal richten soll. Die Urkunde wurde unter den Siegeln des Freudenthaler Richters und *burgensium meorum* ausgestellt.[80] Diese Lokation muss als die Gründung eines Dorfes aufgefasst werden.[81]

Eine verdächtige Urkunde von 1275[82] betrifft den Richter von Dobrzan, der ohne Urteil unberechtigt zwei *cives pociores* aus Mies enthaupten ließ und sich von der Strafe für diese Tat mit 220 Silbermark loskaufte. Um dies zu tun, verkaufte er für 330 Mark Grundstücke an das Kloster Chotieschau, das ihm 110 Mark direkt auszahlte und die Restsumme in die königliche Kasse abführte, was König Přemysl Otakar II. mit dieser Urkunde quittiert hat. Das Schriftstück ist wohl in Chotieschau entstanden und entspricht nicht den königlichen Urkunden jener Zeit, weil es darin eine Ungenauigkeit in der Titulatur des Landesherrn gibt. Es ist deshalb schwierig, ihre wirkliche Entstehung abzuschätzen. Damit wird auch die Glaubwürdigkeit ihres Inhalts zweifelhaft, der sonst eine dramatische Verletzung der Prozessregeln und einen klaren Missbrauch der richterlichen Vollmachten bezeugen würde.

---

77 RBM II, Nr. 1502. Es kann angemerkt werden, dass *scabini* und *iurati* separiert sind.

78 CDB V/2, Nr. 790, Art. 468: *Item quod scolas, officium campanatoris et pastoris peccorum cum consilio civium semper conferat advocatus.*

79 CDB V/2, Nr. 489.

80 Angesichts der späten Abschrift und des Ursprungs am ehesten in Freudenthal kann unter diplomatischem Aspekt nicht bestimmt werden, wie die Urkunde entstanden ist und ausgestellt wurde. Siehe die Ausführungen in der Einleitung von CDB V/4, S. 64 (Urkunde HH).

81 So versteht es E. Schwarz, Volkstumsgeschichte II, S. 338, der sich auf W. Latzke, Drei Lichtenwerder Urkunden aus dem XIII. und XIV. Jahrhundert, ZGKgS 18, 1924–1925, S. 74, stützt. Es kann darauf hingewiesen werden, dass die Bewohner *incolae loci* genannt werden im Unterschied zu den Bürgern Freudenthals – *cives*, resp. bei der Ankündigung des Siegels *burgenses*. Lichtenwerde blieb auch in der folgenden Zeit Freudenthal untergeordnet, wie weitere Urkunden von 1348 und 1368 bezeugen, die Latzke, ebd., herausgab und die Annahme aussprach, dass die Vögte von Freudenthal bei der Stadtgründung den Befehl zur Kolonisierung der Umgebung bekamen, wie das bei der Gründung von Bennisch nachgewiesen ist.

82 CDB V/2, Nr. 771+.

Die meisten Nachrichten über die Richter haben gemeinsame Züge: die Festlegung ihrer Einkünfte, manchmal auch die Bestimmung des Ausmaßes der Strafbefugnis, aber nur sehr wenig lässt sich den fragmentarischen Bemerkungen über ihr amtliches Wirken entnehmen. Dass der Richter an der Spitze der Stadt steht, ergibt sich nicht nur aus den Lokationsurkunden oder anderen Akten, sondern auch aus der Reihenfolge in den schriftlichen Nachrichten, denn immer, wenn neben ihm ein Vertreter der Bürgerschaft steht, ist die Reihenfolge *iudex et cives, iudex et iurati* oder ähnlich. Auch in den Reihen der Zeugen, wenn unter ihnen Bürger auftreten, wird der Richter an ihrer Spitze angeführt. Diese Position des Richters ist eine Folge der Tatsache, dass er ein Organ des Stadtherrn ist, und es dauert sehr lange, bis ihn die städtische Selbstverwaltung verdrängt. Nur ganz ausnahmsweise wird er vor den Hussitenkriegen direkt ein Organ der Stadt; in der Zeit der Přemysliden kommt es dazu überhaupt nicht.[83]

In der Regel war das Richteramt erblich, und das lässt sich auch für einige Städte, in denen es genügend Nachrichten gibt, gut nachvollziehen. Aber das galt nicht ohne Ausnahmen. Wenigstens in einer so wichtigen Stadt wie Leitmeritz wurde dieses Prinzip nicht eingehalten und das Amt war nicht erblich.[84] Aber auch bei einem Wechsel der Richter wird der Brauch nicht gebrochen, dass Bürger diese Funktion übernahmen,[85] wie es übrigens seit den Anfängen der Städte üblich war.[86] Manchmal stoßen wir aber auf Lokatoren-Richter von höherem Stand, z. B. auf Ministerialen. Auch wenn in den Urkunden der Richter zunächst nur selten auftritt, besteht kein Zweifel daran, dass von Beginn an Richter an der Spitze der Verwaltung und des Gerichtes standen, was sich nicht nur aus der Natur der Sache ableiten lässt, sondern auch aus dem Wortlaut der ältesten Urkunde für Mährisch Neustadt, in der der Richter Theodoricus als erblich angeführt wird.[87] Sogar in den Personen der Lokatoren wurden Richter von noch nicht erbauten Städten genannt.

Wenn der Richter in den Anfängen der Städte und noch fast zwei weitere Jahrhunderte als Organ des Stadtherrn auftritt, so treten doch bald auch die Vertreter der städtischen Selbstverwaltung neben ihn, die sich im Laufe der Zeit immer häufiger an Entscheidungen in städtischen Angelegenheiten beteiligen. Auch sie werden zu Beginn nicht von den Bürgern gewählt, sondern vom Stadtherrn eingesetzt. In den königlichen Städten geschieht dies durch den Landesherrn oder einen von ihm dazu delegierten Bevollmächtigten, gewöhnlich den Unterkämmerer. Ein wichtiges Moment in der Stadtverwaltung wird jedoch die Tatsache, dass es sich immer um Bürger der entsprechenden Stadt handelt, die also eng mit deren Interessen verbunden sind.

---

83 J. Kejř, Organisation und Verwaltung, S. 82. Einzelheiten zu einzelnen Städten bei V. Vojtíšek, Soud a rada [Gericht und Rat], S. 256ff. Dort auch Zweifel an der angeblichen freien Wahl des Richters in Kaaden 1291.

84 Čechura, Úřad rychtáře v Litoměřicích [Das Richteramt in Leitmeritz], S. 58–62, für die Přemyslidenzeit.

85 Čechura, ebd.

86 Vojtíšek, Soud a rada [Gericht und Rat], S. 241.

87 CDB II, Nr. 246: *Ad hec villicationem seu advocatiam, quam prefatus frater noster Theodorico advocato et eius heredibus dinoscitur contulisse.*

Terminologisch und institutionell können Unterschiede in den Kompetenzen dieser städtischen Organe entstehen, aber unsere Quellen aus der ältesten Zeit sind zu begrenzt, um daraus auf die Reichweite der Befugnisse schließen zu können. Als älteste Bezeichnung für die Geschworenen wurde der Terminus *iurati* festgestellt,[88] aber es ist nicht sicher, ob man sie schon für die allerersten Anfänge der Städte annehmen kann, bevor eine regelmäßige Stadtregierung entstand. Die Quellennachweise für die Existenz von Geschworenen finden sich demnach später als jene für den Richter. Die älteste schon voll entwickelte Stellung der Geschworenen ist im Brünner Privileg von 1243 belegt, dabei muss man ihre angebliche Nennung schon für das Jahr 1240, ebenfalls für Brünn, aus den Untersuchungen ausschließen.[89] Das Brünner Privileg stellt uns jedoch vor einige Interpretationsprobleme.

Es stehen nämlich *iurati civitatis* oder *civium* und *iurati principis* nebeneinander. Diese haben nach dem Wortlaut des Privilegs vor allem die Aufgabe, beim Reinigungseid mitzuwirken, mit dem der Verdächtige der Strafe ausweichen kann, falls er sieben Eideshelfer hat, von denen einer ein *iuratus principis* ist.[90] Dieser Titel wiederholt sich nirgendwo sonst und die ihm innewohnende Kompetenz lässt sich nicht mit Sicherheit bestimmen. Er wurde im Sinne von *denominati* interpretiert, d. h. als geschworene Helfer und Vertrauenspersonen des Richters.[91] Diese Lösung wurde jedoch nicht akzeptiert, und es wurden Einwände dagegen geäußert, da an anderen Stellen des Privilegs, in denen es um geschworene Helfer geht, in der gleichen Funktion nur *iurati* ohne weitere Kennzeichnung auftreten.[92] Die Singularität der Bezeichnung und die Nichtausschließlichkeit der Tätigkeit machen es also zweifelhaft, ob in Brünn zwei Gremien von Geschworenen mit unterschiedlicher Vollmacht oder unterschiedlicher Nähe zum Richter gesucht werden sollen. *Iurati civitatis* heißen sie beim Gericht für Mord oder Hausfriedensbruch, wenn der Schuldige mit dem Tode bestraft werden oder eine Geldbuße *secundum graciam iudicis et iuratorum civitatis* zahlen soll.[93] Den *Iurati*, 24 an der Zahl, wird die ausdrückliche Befugnis zuerkannt, in Angelegenheiten des Marktes zu entscheiden (*de mercatu*) und über alles,

---

88 Zu den Geschworenen PLANITZ, Stadtgemeinde, S. 80ff. Zu unseren Quellen ZYCHA, Ursprung, S. 183ff. Instruktiv sind auch die Artikel von V. VOJTÍŠEK, Soud a rada [Gericht und Rat] und Z právních dějin československých měst [Aus der Rechtsgeschichte der tschechoslowakischen Städte] sowie das entsprechende Kapitel im Buch von F. HOFFMANN, České město [Die böhmische Stadt], bes. S. 247–266. Grundlegende Informationen in den in Anm. 2 bereits zitierten Arbeiten von J. ČELAKOVSKÝ.

89 So interpretierte das Datum der Urkunde CDB IV, Nr. 154+++, die auf das Jahr 1254 datiert ist, B. BRETHOLZ, Geschichte der Stadt Brünn, S. 36, was von ihm ZYCHA, Ursprung, S. 41 und 183, übernommen hat. Es handelt sich aber um eine völlig unglaubwürdige, späte Fälschung, wie ŠEBÁNEK, Listina města Brna [Eine Urkunde der Stadt Brünn] (wie Anm. 67) nachgewiesen hat.

90 CDB IV, Nr. 17, Art. 1, 8 und 10, S. 81–82.

91 ČELAKOVSKÝ, O středověkém radním zřízení v městech moravských [Über die mittelalterliche Ratsverfassung in den mährischen Städten], S. 100, mit Berücksichtigung des Vorbilds Wien. Übereinstimmend damit auch VACEK, Soudnictví [Gerichtswesen], S. 143. Es muss angemerkt werden, dass im Wiener Privileg, aus dem diese Artikel teilweise übernommen wurden, der Titel *iuratus principis* nicht angeführt wird, der also in Brünn ursprünglich ist.

92 ZYCHA, Ursprung, S. 184, Anm. 3, was sich auf die Artikel 3 und 9 des Privilegs stützt.

93 Art. 2, S. 81.

was die Ehre und den Nutzen der Stadt betrifft. Ihre Entscheidung kann weder der Richter noch jemand anderer aufheben.[94] Dieser Artikel bezeugt bereits die relative Selbständigkeit des Gremiums der Brünner Geschworenen, besonders in wirtschaftlichen Angelegenheiten.

Es wäre nur eine Belastung für den Umfang dieses Buches, wenn alle Belege über Geschworene in den einzelnen Städten aufgezählt werden sollten, umso mehr, als sie meistens nur neben dem Richter als Zeugen zu erfassen sind. Es genügt, nur einige Beispiele anzuführen, aus denen auf ihre Befugnisse geschlossen werden können.

Wir können sicherlich einräumen, dass sich die Herausbildung des Geschworenengremiums in verschiedenen Städten in die Zeit vor der ersten Erwähnung in den Quellen datieren lässt, aber auch so setzen systematischere Nachrichten über sie erst nach der Mitte des 13. Jahrhunderts ein. Die ältesten Nachrichten abgesehen von denen aus Brünn stammen aus Iglau, wo sich allerdings städtische Institutionen mit denen des Bergbaus vermischen,[95] wie die ältesten Urkunden des Iglauer Raumes[96] und auch das gefälschte, aber inhaltlich bedeutende große Iglauer Privileg beweisen. Dieses enthält den Artikel, der den Abschnitt *De iure montanorum et moncium* mit der Bestimmung einleitet, dass alles, was die Urburarii nach dem Rat der Iglauer Geschworenen in Gruben und Stollen unter dem Siegel der Geschworenen und Urburarii erlaubt oder erteilt haben, als rechtsgültig anerkannt wird.[97] Zwar bestimmt ein anderer Passus dieser Quelle, dass allgemein alles eingehalten werden soll, was die Stadtgeschworenen und die Berggeschworenen anordnen würden, also hat man zwei Geschworenengremien angenommen,[98] aber aus dem Zeugnis der Urkunden tritt dieser Unterschied nicht genügend hervor. Schon in der ersten Urkunde, die in unsere Untersuchung gehört,[99] werden 1258 die Aussteller als *magistri monete* bezeichnet, vier an Zahl, dazu auch die *fidelis unitas iuratorum civitatis Yglauie una cum universitate*, angehängt waren die Siegel aller vier Münzmeister zusammen mit dem Siegel der Stadt Iglau. Der Inhalt der Urkunde betrifft keine Bergbauangelegenheit, sondern die Übertragung des Iglauer Spitals an den Abt von Seelau und den Iglauer Pfarrer.[100]

Gleich die folgende Urkunde wurde in einer reinen Bergbauangelegenheit ausgestellt, nämlich einer Unterweisung für den Abt des Klosters Lebus in Schlesien aus

94 Kleineres Privileg, Art. 16, S. 85. Der Kern des Artikels wurde aus dem Wiener Privileg übernommen, aber dort ist keine Rede von Geschworenen, sondern von *cives prudentiores*.

95 Zur inneren Verwaltung der Stadt und zu den Bergbauschriftstücken sollen aus der Literatur wenigstens genannt werden J. Mezník, Jihlavské privilegium [Das Iglauer Privileg]; F. Hoffmann, Nové práce o jihlavském právu a počátcích Jihlavy [Neue Arbeiten über das Iglauer Recht und die Anfänge von Iglau], Vlastivědný sborník Vysočiny 2, 1958, S. 197–202; ders. Jihlavské právo [Das Iglauer Recht], Havlíčkův Brod 1959. Von besonderem Wert ist die wichtige Studie dieses Autors Neznámé znění privilegia jihlavského [Der unbekannte Wortlaut des Iglauer Privilegs], S. 23–64.

96 Šebánek, Česká listina [Die böhmische Urkunde] 3, S. 122–125. Ihre paläographische Analyse bei J. Mezník, Jihlavské privilegium [Das Iglauer Privileg], bes. S. 7–13.

97 CDB IV, Nr. 177⁺⁺, pars III, Art. I, S. 323.

98 Einleitungsartikel IV, S. 296.

99 CDB V/1, Nr. 168.

100 Bischof Bruno verwendete in der Bestätigung dieser Rechtshandlung 1262, CDB V/1, Nr. 342, die Bezeichnung *scabini*.

der Zeit vor dem Juni 1268,[101] aber die Reihenfolge der Aussteller änderte sich. An erster Stelle sind *iudex et iurati cum universitate civium in Igla* genannt und erst hinter ihnen *urborarii domini nostri regis in Bohemia et Moravia*. Gesiegelt ist sie lediglich mit dem einzigen Siegel der Stadt Iglau. Diese Unterweisung wurde dem Kloster dann vom schlesischen Herzog Boleslav bestätigt.[102] Auch wenn in seiner Urkunde die Iglauer Unterweisung in vollem Wortlaut, also auch mit der Intitulation, inseriert ist, werden doch in ihrem eigentlichen Text als Aussteller nur Richter, Geschworene und Gemeinde von Iglau genannt.

Aus demselben Jahr 1268 stammt auch das Zeugnis des Iglauer Richters und der Gemeinde über den Verkauf eines Hofes ihres Mitbürgers an das Kloster Lilienfeld.[103] Hier geht es um eine Sache von rein stadtbürgerlichem Interesse und deshalb ist die Beteiligung von Bergbeamten nicht notwendig. Die Geschworenen treten als Zeugen auf und das Dokument ist mit dem Stadtsiegel versehen.

Die nächstfolgende Urkunde betrifft wieder eine Bergbausache, als die königlichen Urburarii zusammen mit der Gemeinde der Geschworenen 1272 dem Seelauer Abt und seinen Gesellschaftern einen genau bezeichneten Stollen übergaben.[104] Die Urkunde wurde in Anwesenheit der namentlich aufgeführten Geschworenen der Stadt Iglau und weiterer vertrauenswürdiger Personen ausgestellt und mit dem Siegel der Stadt und der Urburarii gesiegelt.

Die verbleibenden zwei Iglauer Urkunden betreffen wieder Besitzfragen des Seelauer Klosters. Während in der älteren von ihnen aus dem Jahr 1288[105] Richter, Geschworene und Gemeinde Zeugnis über Grundstücke ablegen, die nach dem Testament ihres Mitbürgers, des mährischen Münzmeisters Dithmar, dem

Kloster gehören, überlassen sie dann in der jüngeren von 1293[106] dem Kloster eine Mühle, um die Reparatur des zerstörten Hospitals zu ermöglichen, das sie ihm schon durch die oben genannte Urkunde von 1258 überlassen hatten. Beide Urkunden sind nur mit dem städtischen Siegel versehen, wie es schließlich dem Inhalt der Handlung entspricht, die nichts mit Bergbauangelegenheiten zu tun hat. Trotzdem ist sichtbar, dass die Vermischung der städtischen Administrative und der Bergrechte in der Hand des Iglauer Richters und der Geschworenen eine Erscheinung ist, die sich in jener Zeit nirgendwo anders wiederholt.[107]

Von den nichtköniglichen Städten haben wir 1262 Nachrichten über Geschworene in Deutsch Brod in einer Urkunde des Stadtherrn Smil von Lichtenburg, der das

101 CDB V/2, Nr. 561.
102 CDM IV, Nr. 15, Regest in CDB V/3, Nr. 1421.
103 CDB V/2, Nr. 570.
104 CDB V/2, Nr. 681.
105 RBM II, Nr. 1431 = CDM IV, Nr. 264. Der Genauigkeit halber muss angemerkt werden, dass schließlich die verzeichneten Zeugen ausdrücklich als Anwesende bei der Einführung in den Besitz genannt werden, also nicht als Zeugen der Beurkundung. Einer von ihnen wird tituliert als *advocatus*. Datierer ist *Hermannus rector scholarum*, dem wir bald erneut begegnen werden.
106 RBM II, Nr. 1612 = CDM V, Nr. 107.
107 Vgl. auch das im Kapitel über das Stadtrecht erwähnte Privileg König Přemysl Otakars II. von 1271, CDB V/2, Nr. 647, mit dem den Troppauern erlaubt wird, sich in Bergbauangelegenheiten nach Iglau zu richten.

örtliche Hospital unter seinen Schutz stellt, die u. a. auch an *iudici ac iuratis ceterisque in Brodensi parrochia constitutis* adressiert ist.[108] Wir können dies für eine Analogie zu den Iglauer Verhältnissen halten, aber nicht für eine totale Ausnahme. Wenn wir in anderen nichtköniglichen Städten nicht so häufig ähnliche Nachrichten finden, so ist das eher dadurch verursacht, dass die urkundliche Tätigkeit ihrer Herren nicht in dem Maße entwickelt ist, wie das bei den Herren von Lichtenburg der Fall war. Zehn Jahre später stoßen wir auf Richter und Geschworene in Dobrzan, das sich rasch zur Stadt entwickelte.[109] Im Jahr 1272 wird in zwei Urkunden, von denen die erste in zwei Ausfertigungen ausgestellt wurde,[110] ein Streit zwischen dem Kloster Chotieschau und dem Kloster in Dobrzan geschlichtet. Die Entscheidung fiel u. a. auch durch *Ulrico iudice cum aliis iuratis civibus de Dobrzan ad hoc specialiter evocatis*. Obwohl die Schlichtung in keiner Weise städtische Angelegenheiten betraf, wurden immerhin Vertreter der Stadt eingeladen, in der eine der beiden Parteien ansässig war.

Die Autorität der Zeugnisse von Richter und Geschworenen schimmert in der Verlautbarung des damaligen Richters von Hlussowitz durch, der 1271 bekannte, dass er gegenüber dem Kloster von Hradisch schuldig wurde, als er unrechtmäßig seinem Sohn drei Hufen überließ.[111] Die Verhandlung fand *coram iuratis et civibus universis, tam Olomucensibus quam Opauiensibus* statt, und zwar zweifellos in zwei Terminen, weil als Verhandlungsorte Olmütz und Troppau (*iudicio Olomucensi et Opauiensi*) genannt werden. Bezeugt werden sie auch durch den Richter, die Geschworenen und weitere Bürger aus Olmütz sowie den Richter und die Geschworenen aus Troppau unter dem Siegel beider Städte.[112] Die Troppauer mussten um ihre Beteiligung ersucht werden, weil die Abgabe der Hufen *coram iudicio Oppauiensi* stattgefunden hatte. Zwei Städte gewährten also Rechtshilfe in derselben Sache, und zwar mit dem fast vollständigen Zusammenspiel ihrer autoritativen Mittel, wenn Richter, Geschworene und andere Bürger teilnahmen, die Verhandlung vor den städtischen Gerichten stattfand, die Urkunde unter den Siegeln und mit dem Zeugnis von Bürgern beider Städte ausgestellt wurde.

Eine gewisse Unsicherheit verbindet sich mit der Nennung des *magister Richardus rector puerorum in Brunna, iuratus*.[113] Diesen Mann hält man für einen Geschworenen der Stadt Brünn.[114] Es handelt sich um eine sonst nicht bekannte Person, die aber wenigstens mit einer andern Person, dem Schulrektor Hermann in Iglau, der die Iglauer Urkunde ausstellte und später auch Magister tituliert wird, verglichen werden kann.[115] Richard tritt in dem komplizierten Streitfall über das Patronat in Treskowitz

---

108 CDB V/1, Nr. 318.
109 Kejř, Městské zřízení [Stadtverfassung], S. 236–237.
110 CDB V/2, Nr. 679 (A1, A2), Nr. 680.
111 CDB V/2, Nr. 638.
112 Šebánek, Česká listina [Die böhmische Urkunde] 3, S. 137, dort auch in den diplomatischen Umkreis von Olmütz eingeordnet. Darüber schon weiter oben, S. 71f..
113 CDB V/2, Nr. 784.
114 Vgl. das Register von CDB V/4, unter dem Stichwort Brunna unter den Personen: *iudex, scabini, cives*, S. 116.
115 Vgl. oben, Anm. 105, und die Urkunden RBM II, Nr. 1431, 1612 und 1726. Šebánek, Česká listina [Die böhmische Urkunde] 3, S. 122–125.

auf,[116] bei dem ihm die verantwortungsvolle Aufgabe anvertraut wurde, alle Urkunden und anderen Beweise der Parteien als Unterlage für die Entscheidung aufzuzeichnen. Da es sich um einen Streitfall in kirchlicher Sache handelt, in dem in den Texten der Urkunden auch Formulierungen aus dem gelehrten Recht auftauchen[117] und keinerlei Interessen der Stadt Brünn berührt werden,[118] ist klar, dass Magister Richard sich an der Sache wohl nicht als Vertreter der Stadt beteiligt hat, sondern dass ihm seine Aufgabe anvertraut wurde, weil er als Kleriker und daher als Fachmann anzusehen ist. Es bleibt also die Ungewissheit bestehen, ob die Bezeichnung *iuratus* auf seine Mitgliedschaft in der Stadtverwaltung bezogen werden darf.[119]

Auch bei der Lokation der Stadt Mährisch Weißkirchen erscheinen im Blick auf die Bestimmungen über die Geschworenen gewisse Zweifel. Neben den Rechten des Lokators und des Richters werden auch die Rechte der Geschworenen festgelegt, von denen es zwölf geben soll.[120] Jeder von ihnen soll eine Fleischbank und eine Brotbank haben.[121] Das bedeutet allerdings, dass damit Veränderungen unter den Geschworenen praktisch verhindert werden.[122]

Die Geschworenen gelten als vertrauenswürdiges Organ zum Abschluss von Rechtsverhandlungen, wie sich 1278 in Melnik zeigt, als ein Bürger, der wahrscheinlich aus Erfurt stammt, seinen Vertretern in Anwesenheit eines Kanonikers von Wyschehrad und Melnik sowie der Melniker Geschworenen eine Vollmacht erteilt. Die Vollmacht bezieht sich auf den Verkauf von Grundstücken in Erfurt und die Bevollmächtigten sind Erfurter Bürger.[123]

Ein ganz besonderer Fall einer Ernennung von Geschworenen trat angeblich 1287 in Prag ein, als König Wenzel II. zwecks Erneuerung der Ordnung und Verhinderung der Unruhen unter den Bürgern[124] sechs Geschworene ernannte, die er nach dem Rat der Bürger ausgewählt hatte, und sie ermächtigte, gegen die Pakte vorzugehen, die Bürgergruppen gegeneinander geschlossen hatten.[125] Es ist zwar wahrscheinlich, dass es notwendig war, dass der Landesherr selbst in die angespannte Atmosphäre der Bürgerstreitigkeiten eingriff, aber der Text stammt aus einem Formular. Deshalb entstehen Zweifel an seinem historischen Wert. Weitere Nachrichten über diese sechs

116 Außer der behandelten Urkunde auch CDB V/2, Nr. 784, ebenso Nr. 785–788.

117 Vgl. M. Boháček, Das römische Recht, S. 292.

118 In keiner der weiter angeführten Urkunden wird er mehr genannt und hat seine Aufgabe also erfüllt. Der ganze Streitfall müsste gründlicher unter dem Material- und dem Prozessaspekt behandelt werden.

119 Wir wollen daran erinnern, dass spätere Streitigkeiten über Grenzen und Vollmachten der Brünner Pfarreien auch die darin wirkenden Schulen betrafen, RBM II, Nr. 1817 = CDM V, Nr. 101 von 1298.

120 Schlesinger, Chemnitz, S. 187, Anm. 1, weist darauf hin, dass die Zwölfzahl der Ratsherren in Mitteldeutschland erst um 1300 belegt ist.

121 CDB V/2, Nr. 805.

122 In der Urkunde wird weiter bestimmt, dass kein Richter einer Stadt oder eines neu angelegten Dorfes sein Gericht ohne Erlaubnis des Abtes von Hradisch wem auch immer verkaufen oder umtauschen darf. Hier darf der schon behandelte Fall der ohne Erlaubnis erfolgten Überlassung von Hufen durch den Richter in Hlussowitz in Erinnerung gerufen werden.

123 CDB V/2, Nr. 878. Angehängt ist nur das Siegel des Kanonikers.

124 Über die Auseinandersetzungen in der Bürgerschaft kurz Šusta, České dějiny [Böhmische Geschichte] II/1, S. 352.

125 CIM I, Nr. 352. Dazu Čelakovský, O vývoji [Über die Entwicklung], S. 8–9.

Geschworenen und ihre Tätigkeit sind nicht verzeichnet, so dass es klüger ist, sie nur unter Vorbehalt weiterer Überprüfung aufzunehmen.

Etwas später als *iurati* erscheint die Bezeichnung *consules*[126] aber es ist kein Unterschied in ihren Funktionen und Kompetenzen festzustellen.[127] Im Privileg von Leobschütz sind sie in ihrer Funktion bei Gericht klar erfasst.[128] In Prag berichtet über die Konsuln ein Chronikbericht aus dem Jahr 1282, als sich während schrecklicher Not und massenhaften Sterbens[129] der Armen *omnes consules et maiores civitatis* versammelten und das Ausheben von Massengräbern beschlossen. Im Brünner Privileg von 1292 werden die Bezeichnungen *iurati seu consules* verwendet; sie stehen also gleichberechtigt nebeneinander.[130] Aber hier gibt es eine außergewöhnliche Ausnahme von den üblichen Regeln, nach denen die Konsuln immer aus der Machtbefugnis des Stadtherrn und nie durch Wahl eingesetzt wurden.[131] In diesem Fall gestattete König Wenzel den Brünner Bürgern, ihre Konsuln selbst zu wählen. Sie sind lediglich verpflichtet, sie als vertrauenswürdig dem Landesherrn oder in dessen Abwesenheit seinem Beamten zu präsentieren.

Der Titel *consules* wird als unstrittiger Beweis für die Existenz der Stadtverfassung angesehen.[132] Auch bei uns kann dieses Prinzip nicht geleugnet werden, nur gibt es keine Stellen für eindeutige Belege, dass Urkunden, in denen dieser Terminus auftrat, von Fürsten stammten, die früher in Italien geweilt hatten, wie es in Deutschland der Fall ist.[133]

Mit gewisser Vorsicht muss der Titel *scabini* interpretiert werden,[134] der mit dem städtischen Gerichtswesen verbunden wird.[135] Gesichert Belege zu den Kompetenzunterschieden zwischen Konsuln und Schöffen lassen sich in der frühen Zeit unserer Städte nicht nachweisen. *Scabini* ist oftmals nur eine andere Bezeichnung für Geschworene. In der Bestätigung der Inkorporation des Iglauer Hospitals an das Kloster Seelau durch Bischof Bruno ist 1262[136] die ursprüngliche Urkunde von 1258 inseriert, in der die Rede von *iurati* ist,[137] aber Bruno, ohne dass er in irgendeiner Weise den Sinn verändern würde, nennt sie *scabini* und begreift also diesen Ausdruck als gleichwertig mit *iurati*. Auf gleiche Weise kann auch eine Urkunde *dubiae fidei* interpretiert werden, nämlich eine Anordnung Přemysl Otakars II. von 1261, mit

[127] ZYCHA, Ursprung, S. 186. Im Privileg König Wenzels II., mit dem er 1285 die Städte allgemein in seinen Schutz nahm, CIM I, Nr. 6, erscheinen in gleichem Sinne *iurati* und *consules*.

[128] CDB V/2, Nr. 790, Art. 32, S. 470: *si quando advocatus eorum et consules, qui pro tempore ipsi prefuerint civitati, aliquam centenciam tulerint.*

[129] O zlých létech [Über die schlimmen Jahre], FRB II, S. 361.

[130] RBM II, Nr. 1569 = CDM IV, Nr. 303.

[131] VON BELOW, Städtewesen und Bürgertum, S. 88.

[132] STOOB, Kartographische Möglichkeiten, S. 28; KUHN, Stadtgründungen in Pommern, S. 6.

[133] VON BELOW, Städtewesen und Bürgertum, S. 86.

[134] Im Jahr 1108 sind *scabini* in St. Trond Mitglieder der *familia* des Bischofs und Abtes und sind *servientes*. Es geht also nicht um Träger eines städtischen Amtes; E. ENNEN, Anfänge der Gemeindebildung in den Städten an Maas, Mosel und Rhein, in: Les libertés urbaines et rurales, S. 56.

[135] In unserer Literatur wurde bisher die Interpretation ČELAKOVSKÝS, O vzniku a vývoji [Über Entstehung und Entwicklung], S. 451–453, nicht ersetzt.

[136] CDB V/1, Nr. 342.

[137] CDB V/1, Nr. 168; siehe weiter oben.

der Adresse *iudici, scabinis ac universis civibus in Brunna*, mit der er das Herburgenkloster in Brünn unter seinen Schutz stellt.[138] Hier steht der Begriff *scabini* zweifelsfrei an der Stelle des sonst üblichen *iurati*. Im Fall der fast gleichzeitigen Urkunde der Stadt Leitmeritz von 1262,[139] die den Abschluss eines Vergleichs zwischen einem ihrer Mitbürger und dem Kloster in Doxan über das Wehr in Kopitz bezeugt, werden als Aussteller *iurati et scabini civitatis Lutomericensis* angeführt. Bei dieser Formulierung scheint es, dass es sich um zwei Gremien handelt, wie es manchmal bei der Unterscheidung der Zugehörigkeit zur Verwaltung und zum Gericht üblich war, allerdings lässt sich über ihre unterschiedlichen Befugnisse für diese Zeit nichts Weiteres feststellen.[140]

Es ist bemerkenswert, dass dann für lange Zeit der Ausdruck *scabini* aus den Urkunden verschwindet und erst am Ende des Jahrhunderts wieder erscheint. Aber auch dann gibt es keine ausreichenden Hinweise auf unterschiedliche Tätigkeitsfelder. In dem schon mehrfach erwähnten Privileg für Kremsier von 1290[141] gelobt der Stadtherr Bischof Theodoricus, dass er sich bei Ernennung oder Abberufung des Richters nach dem Rat der *scabini* richten wird und dass der Richter bei Gericht dem Rat der *iuratori* folgen soll. Hier kann kaum ein Kompetenzunterschied gesehen werden. Dem gegenüber bleibt bis zu einer näheren Untersuchung das Zeugnis zweier Richter und der Vertreter der Stadt Leobschütz über die Aufgabe des Gerichts im Dorf Matzkirch bei Cosel rätselhaft, die 1296 als *scabini et iurati* bezeichnet werden.[142] Das Nebeneinanderstellen von Richtern, Schöffen und Geschworenen würde auf zwei Gremien der Stadtvertreter hindeuten, aber aus der knappen Nachricht lässt sich nicht mehr herauslesen.[143]

Eine Austauschbarkeit der Bezeichnungen ist 1297 festzustellen, als der mährische Unterkämmerer Albert einen Streit zwischen Ungarisch Hradisch und dem Kloster von Welehrad schlichtete.[144] Die Urkunde darüber stellten *iurati communitasque civium* aus Hradisch aus und als Zeugen waren *scabini* aus Ungarisch Brod

138 CDB V/1, Nr. 301+.

139 CDB V/1, Nr. 347.

140 Zycha, Ursprung, S. 186, zeigt, dass der Gebrauch der Wörter keine Minderung der Identität aller drei Begriffe *iurati, consules* und *scabini* bedeutet. Es muss aber auf die Urkunde des Troppauer Bürgers Hermann Lohen von 1288, CDM IV, Nr. 288, hingewiesen werden, in der in der Zeugenreihe *advocatus, consules, scabini* und *cives* genau unterschieden werden. In dem fortgeschrittenen Troppauer Milieu ist es bereits zu einer Präzisierung der Kompetenzen in Verwaltung und Gericht der Stadt gekommen. Zycha, ebd., hat keinen anderen Fall einer ähnlichen Gliederung mehr festgestellt und hat darauf hingewiesen, dass es sich um den Einfluss des Magdeburger Rechts handelt.

141 RBM II, Nr. 1502.

142 RBM II, Nr. 1721. Die Urkunde ist nur in einem knappen Regest erfasst. Šebánek, Česká listina [Die böhmische Urkunde] 3, befasst sich nicht mit ihr. Der volle Wortlaut in CDSil II, Nr. 24. Es geht um die sich hinziehenden Streitigkeiten, die mit dem Verkauf des Gerichts verbunden sind, worüber schon weiter oben gesprochen wurde, siehe auch Anm. 12.

143 Als Richter werden Heydinricus und Iohannes genannt. Beide werden schon 1295 in der Urkunde des Breslauer Bischofs Johann, CDM V, Nr. 32, genannt, der bestätigte, dass diese beiden Brüder, *Iohannes et Heidinricus,* zusammen mit ihrer Mutter, der Witwe des Richters von Freiwaldau, dieses Gericht verkauft haben. Das würde also bedeuten, dass sie kurz darauf das Gericht in Leobschütz erworben hätten. Zu diesem Fall Schwarz, Volkstumsgeschichte II, S. 328.

144 RBM II, Nr. 1756.

und aus Kostel geladen. Es besteht kein Zweifel, dass hier beide Begriffe gleichwertig auftreten.[145] Auch im Fall von Hultschin kann man in den als *scabini* bezeichneten Zeugen keine Personen mit anderer Befugnis sehen.[146] Es lässt sich also behaupten, dass sich – bis auf zwei nicht allzu klare abweichende Fälle – die Befugnisse der städtischen Repräsentanten nicht unterscheiden lassen. Sie sind Vertreter der Stadtgemeinde, ihres Rates. Allerdings kann die Herausbildung des Stadtrates nicht als direkter Prozess ohne Abweichungen und Rückschläge gesehen werden. Das eigenständige Wirken des Rates war bei Weitem noch kein Ausdruck eines vollen Gegengewichts zur Macht des Richters. Zuweilen finden wir Vertreter der Bürger zunächst nur als beratendes Organ. Zum Vergleich sei hier die Installierung des Richters in Wien nach dem Privileg Kaiser Friedrichs II. von 1237 angeführt, der sich das Recht vorbehielt, den Richter nur mit der bedingten Anerkennung eines bestimmten Teils der Bürger, *communicato ad hoc, si necesse fuerit, consilio civium*, einzusetzen.[147] Es ist offensichtlich, dass damit nicht ein Stadtrat als Organ der Selbstverwaltung gemeint ist, sondern nur eine beratende Teilnahme, die darüber hinaus noch eingeschränkt ist durch jenes eingefügte *si necesse fuerit*. Die Stadtverwaltung ist noch streng nach den Vorgaben des Stadtherrn organisiert.[148]

Auch bei uns finden wir Fälle einer beratenden Teilnahme der Bürger. In Leobschütz setzen einige Gemeindeämter den Vogt *cum consilio civium* ein, er ist also an deren Zustimmung gebunden.[149] Mit Berücksichtigung des Rates der *scabini* setzt der Olmützer Bischof in Kremsier den Vogt ein und dieser achtet bei seiner Tätigkeit auf den Rat der Geschworenen.[150] In diesen Fällen geht es also um einen gewissen Respekt vor der Ansicht der Vertreter der Stadtgemeinde, aber nicht um eine bindende Anweisung. Auch in Deutsch Brod steht es nach dem großen Privileg den Geschworenen zu, über den Besitz desjenigen zu entscheiden, der eine Straftat begangen und keinen Erben hat. Auch hier geht es keinesfalls um einen Ausdruck städtischer Selbstverwaltung, sondern um eine ergänzende Bestimmung über den Umgang mit dem Besitz eines Schuldigen.[151] Einen anderen Charakter hat jedoch die Erlaubnis König Přemysl Otakars II. für die Iglauer Bürger in Sachen der Erzschmelzen, die nur *de consilio et consensu civium* neu errichtet werden dürfen, also im eigentlichen Umkreis der Bürgerinteressen.[152] In keinem dieser Fälle kann angenommen werden, dass es sich bereits um einen voll konstituierten Stadtrat mit regelmäßiger Amtstätigkeit gehandelt hat.

---

145 Zu der Urkunde Šebánek, Česká listina [Die böhmische Urkunde] 3, S. 141–142. Es ist dies die einzige städtische Urkunde, die für den Bedarf des Ausstellers ausgestellt wurde.

146 RBM II, Nr. 1950.

147 Sydow, Reichsstadt, S. 290.

148 Sydow, Reichsstadt, S. 297; Schlesinger, Frühformen, S. 182–184, an dem Beispiel Erfurts, ebd., S. 185, auch das Beispiel Fritzlars, wo man allmählich zum *consilium civitatis* vordringt.

149 CDB V/2, Nr. 790: *scolas, officium campanatoris et pastoris peccorum cum consilio civium semper conferat advocatus.*

150 RBM II, Nr. 1502. Siehe schon weiter oben.

151 CDB V/2, Nr. 873, Art. 7, S. 597.

152 CDB V/2, Nr. 602. Vgl. F. Hoffmann, Jihlavský městský stavební řád z r. 1270 [Die Iglauer städtische Bauordnung von 1270], Jihlava 1967.

Als überhaupt ältester Beleg für die Existenz eines Stadtrates in Deutschland wurde im Privileg für Medebach in Westfalen[153] von 1165 gesehen. Allerdings erlauben die Zweifel an dieser Urkunde und die Auseinandersetzungen über ihre Echtheit nicht, diese Angaben voll zu verwerten.[154] Ebenso haben die Erwägungen über die Herausbildung des Stadtrates aus den Beisitzern des Gerichts[155] für unsere Städte kein sicheres Gegenstück. Die Verschiedenheit der älteren[156] und auch neueren Ansichten ist nicht nur durch den Fortgang der Forschung und durch Entdeckung weiterer Quellen zu erklären, sondern auch durch die Zeit und das Territorium, mit dem sich die einzelnen Forscher beschäftigt haben. Es zeigt sich, dass erneut z. B. die Verzeichnisse der Prager Räte ausgiebig ergänzt werden können.[157]

Die Konstituierung der Stadträte, die sich in den einzelnen Städten nur schwer verfolgen lässt, war ebenfalls ein Ergebnis der Bemühungen der Bürger um die Festigung ihrer Selbstverwaltungsorgane gegenüber den Richtern. Dort, wo Nachrichten nicht über Geschworene oder Schöffen erscheinen, sondern direkt über die Institution des Stadtrates, können wir annehmen, dass dies ein Ergebnis der Bestrebungen ist, sich von der Macht des Richters zu emanzipieren. Aber auch für unsere Städte kann die Ansicht zugelassen werden, dass die Einführung der Ratsverfassung keine Änderung der sozialen Struktur bedeutete, sondern deren Festigung. Sie war eine ständische Einrichtung, die ausschließlich in den Händen einiger Patriziergeschlechter lag, in ihrer Zusammensetzung unbeweglich, und die die Vorherrschaft in den Städten den höchsten Familien garantierte.[158] Aufgrund dieser Zusammensetzung waren die Räte bereits eine Keimzelle künftiger Auseinandersetzungen um die Beherrschung des Rates in den deutschen Städten. Bei uns kam es in Folge der festen Organisation der Aufsicht über die Städte, der Einsetzung des Rates durch einen Bevollmächtigten des Herrschers[159] und auch der ausgeprägten Regalbefugnisse, die im Reich auf die Fürsten übergingen, nicht zu dieser Bewegung.

Der Landesherr verfolgte übrigens aufmerksam die innere Entwicklung der Städte. Unter Friedrich II. drang, bis auf einige Ausnahmen, fast nirgendwo in

153 SOHM, Die Entstehung, S. 95

154 HAASE, Die Entstehung, S. 25 und 279. KEUTGEN, Urkunden, Nr. 141.

155 BÄRMANN, Städtegründungen, S. 272–278.

156 Zusammengefasst in einer bemerkenswerten Übersicht bei ČELAKOVSKÝ in Povšechné české dějiny právní [Allgemeine böhmische Rechtsgeschichte].

157 Ergänzungen zu TOMEKS Verzeichnissen, Dějepis Prahy [Die Geschichte Prags] I, S. 607–611, vgl. auch das Register zu RBM II, S. 1383, Ergänzungen von J. MEZNÍK, Praha před husitskou revolucí [Prag vor der Hussitenrevolution], Praha 1990, S. 250ff.

158 RABE, Ratsverfassung, S. 13–14. Es muss allerdings zugegeben werden, dass die städtischen Ämter Ehrenämter waren und dass ihre Träger deshalb einen genügend großen Besitz haben mussten, um sich ihnen widmen zu können, H. KELLENBENZ, Die europäische Stadt, Kraftfeld bürgerlicher Gesinnung und kultureller Tradition, in: Die Stadt in Geschichte und Gegenwart – Grazer Forschungen zur Wirtschafts- und Sozialgeschichte, Bd. 2, Graz 1973, S. 38.

159 KEJŘ, Organisation und Verwaltung, bes. S. 83. Es ist hier nicht der Ort, erneut zur Herausbildung der Ratsverfassung in Deutschland zurückzukehren. Es kann nur, in Übereinstimmung mit B. DIESTELKAMP, Die Städteprivilegien Ottos des Kindes, S. 31, angemerkt werden, dass in den deutschen Städten die Einführung der Ratsverfassung unter Beteiligung der Stadtherren geschah. Damit sollte, besonders in den bischöflichen Städten, die spontane Entstehung von Räten verhindert werden.

den oberdeutschen Städten das Konsulat durch, während es sich von der Mitte des 13. Jahrhunderts an rasch entwickelte.[160] In den böhmischen Ländern unterstützte der Landesherr sicherlich die Entwicklung der Städte durch seine Privilegien, aber er achtete auch immer auf den damit verbundenen Nutzen, der von den Städten kam. Wenn die Städte auch eine rasche ökonomische Entwicklung durchmachten, war dem auf politischem Gebiet nicht so. Auch wenn sich schließlich der Rat neben den Richter stellte und mancherorts sich sogar eine führende Position erkämpfte, blieb die Ernennung des Richters bis zu den Hussitenkriegen mit einigen unbedeutenden zeitweiligen Ausnahmen doch in der Hand des Landesherrn, bei den nicht königlichen Städten in der Hand des Grundherrn.

Wir gelangen zu einem wichtigen und vielleicht entscheidenden organisatorischen Element der Stadt, nämlich zur städtischen Gemeinde. Eine gründliche Untersuchung der Quellen zur Entstehung der Stadtgemeinde bemühte sich, ihre Verbindung mit der Eidgenossenschaft – *coniuratio* – der Kaufleute nachzuweisen.[161] Doch obwohl diese These durch eine imponierende Menge von Quellen und durchdachten Schlussfolgerungen gestützt wurde, ist sie im Ganzen nicht akzeptiert worden.[162] In der Fortentwicklung dieser Ablehnung wurde vor allem darauf hingewiesen, dass die Kaufmannsgilde nicht die Basis für die Entstehung der Stadtgemeinde ist, weil sie ein Verband von Personen und nicht auf einen Ort bezog war, was gerade das Kennzeichen der Stadtgemeinde ist.[163]

Die verschiedenen Versuche einer Charakterisierung oder einer genauen Definition der Stadtgemeinde stimmen doch, obwohl sie nicht von den gleichen Forschungsinteressen ausgehen und verschiedene örtliche und zeitliche Ebenen betreffen, in den grundlegenden Merkmalen überein: ein lokal organisierter Verband, rechtsfähig, nichtagrarischer Zusammensetzung, fähig allen im Ort Ansässigen bindende Weisungen zu geben, eine Korporation bildend, stellt sie also ein Subjekt von Rechten und Pflichten dar.[164] Das bedeutet nicht, dass sich die Herausbildung der Stadtgemeinde nicht auch anders äußern würde, nämlich im Verhältnis zur Produktion, die damit einen weiteren Fortschritt erfährt.[165] In welch hohem Maße die Stadtgemeinde auch ein Ausdruck der städtischen Organisationsprinzipien und eine

160 RABE, Ratsverfassung, S. 3–4.

161 PLANITZ, Stadtgemeinde.

162 ENNEN, Frühgeschichte, lehnt nach gründlicher Erwägung, S. 210, die Einseitigkeit von PLANITZ' Schlussfolgerungen ab und weist auf die Vielzahl von Ursachen für die Anfänge der Stadtgemeinde hin.

163 SCHLESINGER, Zur Frühgeschichte, S. 81. DILCHER, Rechtshistorische Aspekte, S. 22, wies bei der Behandlung der Unterschiede zwischen Gemeinde und Genossenschaft darauf hin, „daß man von einer Gemeinde erst sprechen kann, wenn ein Verband ortsbezogen ist."

164 Vgl. SCHLESINGER, Zur Gründungsgeschichte von Freiburg, S. 44; DILCHER, Rechtshistorische Aspekte, S. 23; E. ENGEL, Die Stadtgemeinde im Brandenburgischen Gebiet, in: P. BLICKLE (Hg.), Landgemeinde und Stadtgemeinde im Mittelalter, HZ, Beiheft, NF Bd. 13, München 1991, S. 357.

165 B. TÖPFER, Zur Spezifik der Stadt West- und Mitteleuropas in der Feudalgesellschaft, in: Haupttendenzen I, S. 83–84. Seiner Auffassung stimmt auch K. CZOK, Zur Typologie der feudalen Stadt, in: Haupttendenzen II, S. 152, zu und fügt hinzu, dass bei der Untersuchung der Stadtgemeinde auch verschiedene wirtschaftliche, politische und verfassungsrechtliche Vereinigungen der Bürger erfasst werden.

Äußerung der städtischen Autonomie sein mag, so verleugnet sie doch nicht die Existenz und die Dauerhaftigkeit der Herrschaft über die Stadt.[166] Ihre vollständige Ausbildung geschieht unter Beteiligung des Stadtherrn,[167] der ein Interesse daran hat, dass im Sinne einer einheitlichen Rechtsordnung ihm nicht Einzelne gegenüberstehen, sondern ein rechtsfähiger Verband.[168]

Bevor aber ein solcher Zustand erreicht wird, muss in der Tat ein allgemeines Bewusstsein von der Stadtverfassung und vom Stadtrecht entwickelt werden.[169] Auch wenn häufig auf die Revolten gegen die bischöflichen Stadtherren in Deutschland hingewiesen wurde, und welche unmittelbaren Ursachen es für diese auch gegeben haben mag, so war ihr Ergebnis schließlich die Herausbildung der Stadtverfassung und der Stadtgemeinde. Aber die Überschätzung der kommunalen Bewegung, deren Folge angeblich die grundsätzliche Freiheit war – die Befreiung von der Macht des Stadtherrn und schließlich als Ergebnis der revolutionären kommunalen Bewegung die Entstehung eines politisch-rechtlichen und Verfassungsorganismus überhaupt – sowie die Entstehung einer Korporation mit Selbstverwaltung und der Befugnis Rechtssätze zu erlassen,[170] entspricht nicht den allgemeinen Tatsachen und verzerrt den Prozess der Stadtentstehung.[171] Es zeigt sich, dass der Anteil der Herren an der Herausbildung der Städte und der Konstitution der Stadtgemeinden nicht zu leugnen ist, dass die Erhebung gegen den Herrn nur eine Ausnahmeerscheinung war, die vor allem in bischöflichen Städten feststellbar ist, und dass die Konstitution der Stadtgemeinde das Ergebnis der Zusammenarbeit von Herr und Bürgern war.[172]

Ein entscheidendes Moment für die Einschätzung der Stadtgemeinden ist ihre Zusammensetzung, die Bestimmung, wer wirklich ihr Mitglied ist und wer nicht in sie aufgenommen wird. Es genügt daran zu erinnern, dass in den Anfängen der Städte mancherorts am selben Ort zwei Gemeinden entstanden, die der Kaufleute und die der Bauern,[173] die zuweilen auch örtlich getrennt, anderswo jedoch in den gleichen

---

166 Schlesinger, Zur Gründungsgeschichte, S. 44.

167 Ennen, Frühgeschichte, S. 177, am Beispiel Freiburgs.

168 Schlesinger, Zur Gründungsgeschichte, S. 37.

169 Schlesinger, Chemnitz, S. 183–184, wies darauf hin, dass die Stadtgemeinde als Rechtssubjekt in der Salierzeit nicht existiert hat.

170 W. Mägdefrau, Stadtentstehung.

171 Auch ein Autor, der sonst die Kraft der kommunalen Bewegung voll anerkannte, K. Czok, Kommunale Bewegung und bürgerliche Opposition in Deutschland im 13. Jahrhundert, Wissenschaftliche Zeitschrift der Karl-Marx-Universität Leipzig, Gesellschafts- und Sprachwissenschaftliche Reihe 14, 1965, S. 413–418, hat darauf hingewiesen, dass gleichzeitig mit dem Kampf gegen den Stadtherrn auch Auseinandersetzungen innerhalb der Städte verliefen und dass sich verschiedene Gruppierungen bildeten, die sich nicht zu einer Einheit zusammenschlossen.

172 K. Bosl, Typen der Stadt in Bayern, S. 5, lehnt die Vorstellung vollständig ab, dass die städtische Freiheit sich aus eigener Kraft und Initiative der Bürgerschaft hätte herausbilden können. Zu den Polemiken über die kommunale Bewegung kurz Kejř, Možnosti a meze [Möglichkeiten und Grenzen], S. 193–194.

173 Rietschel, Markt und Stadt, S. 122. Es geht um den Unterschied zwischen *forenses* und *cultores agrorum*. Einen ähnlichen Fall hat Schlesinger, Forum, S. 287–288, auch für Wusterwitz zum Jahre 1159 festgestellt.

Straßen ansässig waren und deren Trennung personengebunden war durch die Zugehörigkeit zu verschiedenen Gemeinden. Erst im Laufe der Zeit kam es zu ihrer Verschmelzung.[174] Auch in voll entwickelten Städten war die Stadtgemeinde, *universitas* oder *communitas civium*, eine exklusive Organisation und nicht alle Stadtbewohner gehörten ihr an. Die Gemeinde ist eine privilegierte Gemeinschaft vollberechtigter Bürger, von Patriziern und von ratsfähigen Personen, die zur Herrschaft in der Stadt berechtigt sind.[175] Die Gemeinde ist bereits ein sehr wichtiger Bestandteil der Stadtverfassung, der die Interessen der Stadt gegenüber dem Grundherrn verteidigt, aber gleichzeitig eine Bestätigung der existierenden Struktur in der Stadt, die die privilegierte Stellung der führenden Gruppen der Bürgerschaft aufrecht erhält.[176]

Die Entstehung von Stadtgemeinden ist bei uns schwer nachzuvollziehen. Die raren Erwähnungen in den Urkunden bieten wohl keine repräsentative Auswahl von Fällen, in denen sich bereits eine *universitas civium* konstituiert hat, aber auch aus ihnen lässt sich ableiten, dass sich die Gemeinden erst nach den Räten und in einer Zeit der schon entwickelten Stadtverfassung herausbildeten. Ein auffälliger Zug besteht darin, dass fast immer ihre Nennung in Urkunden städtischer Provenienz erfolgt, dass es um königliche Städte geht und dass dieser Titel nur ausnahmsweise in einer Urkunde aus der königlichen Kanzlei erscheint.

Erste derartige Belege stammen aus Iglau,[177] dessen reife Verfassung, soweit dies die Quellen verraten, die Herausbildung einer Gemeinde am frühesten bewirkte. Die Urkunde der Münzmeister und der Geschworenen von 1258[178] nimmt in die Intitulation als Mitaussteller die Formulierung *una cum civitate* auf. Weil daneben *fidelis unitas iuratorum* steht, ist es klar, dass hier der sich herausbildende Rat und die Gemeinde bereits nebeneinander stehen. Auch weitere Iglauer Urkunden aus dem Jahr 1268, nämlich die Belehrung für den Abt von Lebus und das Zeugnis über den Verkauf für das Kloster Lilienfeld, führen unter ihren Ausstellern auch die Gemeinde der Bürger an.[179]

Fünf Jahre später wird eine Urkunde der Leitmeritzer Gemeinde ausgestellt, die den Kauf von Grundstücken durch ihren Bürger bestätigt.[180] Die Urkunde ist nur in tschechischer Übersetzung erhalten und die Intitulation führt nur an: *My vobec města Lithoměřic* [Wir, die Gemeinde der Stadt Leitmeritz] ohne jeglichen Mitaussteller. Eine solche Bezeichnung für den Aussteller ist bis dahin nicht aufgetreten, aber sie kann nicht verworfen werden, weil schon 1282 eine ähnliche Bestätigung über den

174 In Allensbach wohnten die Angehörigen beider Gemeinden zusammen, in Radolfzell hatten sie getrennte Siedlungen, bei Schulte, Reichenauer Städtegründungen, S. 152. Ebd., S. 146, auch die Feststellung, dass sie nach unterschiedlichen Rechtsordnungen lebten. Siehe Kap. VI, Anm. 122.

175 Für andere J. Sydow, Elemente von Einheit und Vielfalt, S. 192–194.

176 Das ist eine Analogie zur Stellung des Rates, siehe weiter oben, Anm. 158 und 160, und den dort zitierten Rabe.

177 Zu den Iglauer Urkunden siehe weiter oben in diesem Kapitel.

178 CDB V/1, Nr. 168.

179 CDB V/2, Nr. 561 und 570.

180 CDB V/2, Nr. 713.

Kauf eines Gutes ausgestellt wurde, in der neben dem Propst der Kirche St. Stephan die Gemeinde (*commune civium Luthomericensium*) auftritt.[181]

Bis zum Ende der Regierungszeit von Přemysl Otakar II. haben wir dann nur noch zwei Nachrichten über Stadtgemeinden: Die erste wieder in einer städtischen Urkunde, mit der 1274 Richter und *universitas civium* aus Kaaden einen Zins für das St. Franziskus-Spital bezeugen.[182] Erst mit der zweiten liegt ein landesherrliches Privileg aus demselben Jahr für Melnik vor, mit dem der Gemeinde (*universitati civium ipsius civitatis*) gestattet wird, Waren aus vier Schiffen zu stapeln.[183] Später werden die Nachrichten über Stadtgemeinden schon häufiger,[184] aber für die erste Zeit können wir die Konstituierung der Gemeinden eher nur ahnen als in authentischen Quellen nachweisen. Zu ihren Befugnissen können nur Vermutungen geäußert werden.

Die Begrenzung der Macht des Richters und die Durchsetzung der städtischen Selbstverwaltung durch das Anwachsen der Befugnisse des Rates wurden das Ziel der Bürger in vielen Städten. Ein Ausdruck dieses Bestrebens war die festere Organisation des Rates, an dessen Spitze sich in regelmäßigen Intervallen, wie aus späteren Quellen festzustellen ist, seine Mitglieder – *iurati* oder *consules* – in der Funktion des Vorsitzenden – des Bürgermeisters – ablösten.[185] In unseren Städten ist diese Struktur erst ganz am Ende des 13. Jahrhunderts[186] mit einem gewissen zeitlichen Abstand vom Reich nachgewiesen, wo sich das Bürgermeisteramt vor allem unter Rudolf von

181 RBM II, Nr. 1275. Zu dieser Intitulation in beiden Urkunden Šebánek, Česká listina [Die böhmische Urkunde] 3, S. 127–128.

182 CDB V/2, Nr. 732.

183 CDB V/2, Nr. 758. In der Urkunde Přemysl Otakars II. von 1266, CDB V/1, Nr. 479, wird zwar über die Stadtgemeinde gesprochen *ex parte universitatis civium*, aber hier handelt es sich um einen Vertrag mit Regensburg, also mit einer Stadt im Reichsgebiet, deren Organisation nicht mit unseren Städten verglichen werden kann.

184 Zum Beispiel auf dem Siegel der Stadt Brüx *sigillum universitatis civium de Brucke,* V. Vojtíšek, O pečetích a erbech [Über Siegel und Wappen], S. 17. Die Aussteller der Urkunde RBM II, Nr. 2710, sind 1280 *iudex et universitas civium* der Stadt Brüx.

185 Seine geläufige Bezeichnung war *magister civium*, aber es erscheint auch der Titel *proconsul* in Leitmeritz, siehe unter Anm. 192, oder *magister iuratorum* in Prag, CIM II, Nr. 72, Anhang S. 137, im Vidimus einer Urkunde von etwa 1320.

186 Eine Aufzählung der ältesten Belege für Bürgermeister gab V. Vojtíšek, Soud a rada [Gericht und Rat], S. 245. Vgl. auch Zycha, Ursprung, S. 188. Aus den Quellen der Přemyslidenzeit können wir zwei Belege für Bürgermeister zu den Jahren 1302 und 1304 aus Budweis streichen, RBM II, Nr. 1916 und 1995. Vojtíšek führt sie überhaupt nicht an, Zycha, Ursprung, S. 188, Anm. 4, erwähnt nur den ersten von ihnen und nach Köpl, der weiter unten angeführt wird, deklariert er die Urkunde als um ein Jahrhundert jünger. Keine dieser Urkunden ist zu diesen Jahren im UB Budweis eingeordnet. Šebánek, Česká listina [Die böhmische Urkunde] 3, S. 138, arbeitet jedoch mit ihnen und erwähnt direkt die Nennung der Bürgermeister, aber er geht mit gewisser Vorsicht vor, weil er weder die Originale noch zuverlässige Abschriften gefunden hat. Die Angelegenheit hat jedoch schon K. Köpl gründlich behandelt in Falsch datierte Urkunden, MVGDB 22, 1884, S. 264–270, der feststellte, dass es sich zwar um authentische Urkunden handelt, die aber ungefähr hundert Jahre jünger sind. Er hat sie zu den angenommenen Jahren auch nicht in das Budweiser Urkundenbuch aufgenommen, K. Köpl, Urkundenbuch der Stadt Budweis in Boehmen, Prag 1901. Dieses Missverständnis wird auf der Basis eigenen Studiums der entsprechenden Urkunden und mit Verweis auf Köpl ebenfalls von Z. Šimeček, Několik poznámek ke zpracování starší české diplomatiky, především městské [Einige Bemerkungen zur Bearbeitung der älteren böhmischen Diplomatik, besonders der städtischen], ČSČH 5, 1957, S. 306, erklärt.

Habsburg durchsetzte.[187] Die älteste Nachricht in unseren Urkunden bezieht sich nicht auf unsere Städte, sondern 1266 auf Regensburg.[188] Aber hier geht es um eine Institution, die in jener Zeit bei uns noch keine Analogie hat. Auch die etwas jüngeren Belege aus Eger über einen Bürgermeister lassen sich nicht als Aufkommen dieses Amtes auf unserem Boden betrachten, weil Eger unter die Oberhoheit des Reiches zurückkehrte. Aber als ein typischer Ausdruck der wachsenden Macht des Egerer Rates erweist sich die Veränderung in den Zeugenreihen. In den Urkunden bis 1297 steht an erster Stelle der Richter, von diesem Datum an der Bürgermeister.[189]

In den Städten Böhmens und Mährens erscheint die erste Erwähnung eines Bürgermeisters in Leitmeritz, wo 1298 ein Vertrag zwischen dem Pfarrer der Allerheiligen-Kirche und der Stadt über die Besetzung der Stelle des Schulrektors und des Glöckners[190] abgeschlossen und dabei bestimmt wurde, dass im Falle von Meinungsverschiedenheiten *magistro civium* anvertraut wird, der dazu zwei Bürger hinzuziehen soll.[191] Hier muss bedacht werden, dass bei der Charakterisierung der Gegenpartei durch den Pfarrer (*cum meis parochialibus … iudice, iuratis et universis civibus Luthomericensis civitatis*) der Bürgermeister nicht genannt wird, der zur Entscheidung nur in einem Streitfalle hinzugezogen werden soll. Aber auch dies ist ein Beweis für die sich schon herausbildende Position des Bürgermeisters,[192] der nur als Schiedsmann und nicht als juristische Instanz wirken soll. 1310 ist dann ein Bürgermeister auch in Znaim belegt.[193]

Alle übrigen Nachrichten über Bürgermeister datieren im 14. Jahrhundert erst nach dem Jahr 1310, aber es muss auf eine Besonderheit aufmerksam gemacht werden. Bis auf eine Ausnahme handelt es sich allein um königliche Städte. Gleich nach der Anlage des Stadtbuchs der Stadt Neubydžow im Jahre 1311 erscheint unter den Geschworenen an erster Stelle (in der Gesamtreihenfolge an zweiter hinter dem Richter) der Name des Bürgermeisters,[194] was im Buch weiterhin so wiederholt wird. Weil Neubydžow vor 1305 von Altbydžow an einen neuen Ort verlegt und zur Stadt

187 Rabe, Ratsverfassung, S. 12.

188 Der weiter oben erwähnte Vertrag König Přemysl Otakars II. mit Regensburg, CDB V/1, Nr. 479, in dem unter den Vertretern von Regensburg an erster Stelle *Albertus, magister civium in Ratispona* steht.

189 H. Sturm, Eger – Geschichte einer Reichsstadt I, 2. Aufl. Geislingen/Steige, S. 97. Die erste Erwähnung eines Egerer Bürgermeisters stammt vom Jahre 1281, ME, Nr. 349, S. 128, wo unter den Zeugen *Francisco magistro civium* angeführt wird. Sein Bruder Konrad war in dieser Zeit Schultheiß der Stadt, siehe die Anm. ebd.

190 Vgl. den ähnlichen Beschluss in Leobschütz, wo die Besetzung der Stellen des Schulrektors, des Glöckners und sogar des Hirten ebenfalls an die Zustimmung der Bürger gebunden ist, CDB V/2, Nr. 790, Art. 9, S. 468.

191 Wortlaut des Vertrages im Anhang zu CIM II, Nr. 3, S. 4–5.

192 Im Jahre 1319 erscheint in einer Urkunde von König Johann in Leitmeritz erneut ein Bürgermeister, CIM II, Nr. 110, betitelt *Anthonius proconsul*. Die spätere tschechische Übersetzung aus dem 15. Jh. interpretiert das als *Anthoš purkmistr*. Dieser Beamte wird immer noch erst an zweiter Stelle nach dem Richter genannt.

193 Eine rückwirkende Nachricht aus der Urkunde von 1320, CDM VI, Nr. 173, die noch auf die Zeit Wenzels I. zielt, wurde zum Jahr 1298 interpretiert, aber einen sicheren Beleg gibt es erst zum angeführten Datum 1310, vgl. Chaloupka, Znojmo [Znaim], S. 133.

194 Ich verwende die Faksimileausgabe der ersten zwanzig Seiten des Liber consciencie Neobydzoviensis, ed. A. Šašina, Nový Bydžov 1946, Tab. V.

erhoben wurde,[195] ist es wohl nicht verfehlt anzunehmen, dass gerade die Zeitspanne von sechs Jahren, die bis zur Anlage des Buches verstrichen ist, die Zeit des Aufbaus war.[196] Die Stadtverwaltung erreichte also die Form einer voll entwickelten Stadtverfassung, in der dem Bürgermeister schon eine wohl noch nicht führende, aber doch feste Stellung in der Verwaltungshierarchie zukam.

Auf einen weiteren Aspekt muss hingewiesen werden. Wir haben in vielen Dingen eine gewisse Priorität Mährens gegenüber Böhmen beobachten können, in diesem Fall ist es jedoch umgekehrt. Die älteren Nachrichten über Bürgermeister stammen, mit Ausnahme von Znaim, aus Böhmen. Aber weder für die böhmischen noch für die mährischen Städte haben wir eine Möglichkeit, im Untersuchungszeitraum den Umfang der Befugnisse des Bürgermeisters und sein Verhältnis zum Richter zu verfolgen, der in jener Zeit immer noch der führende Träger der öffentlichen Macht in den Städten bleibt.

Die Sitzung des Rates und des Gerichts benötigte schon in der alten Zeit einen Raum, in dem die Vertreter der Stadt zusammen kommen konnten. Sehr oft war dies eine Kirche, deren Größe der Anzahl von Personen entsprach, die in der Gemeinde Stimmrecht hatten.[197] Auch bei uns ist die Kirche als Gerichtsort nachgewiesen.[198] In einigen Städten wurde der Bau des Rathauses mit dem eines Kaufhauses verbunden,[199] was auch den Verhältnissen in anderen Ländern entspricht. Aber wirkliche Rathäuser entstanden während der Přemyslidenzeit nicht in unseren Städten. Einen ersten Versuch, ein solches zu erbauen, unternahm Prag, dessen Richter und Geschworene sich dazu schon 1296 entschlossen. Ihre an König Wenzel II. gerichtete Bitte um Erlaubnis wurde durch dessen Urkunde von 1299, in der der Antrag der Altstädter inseriert ist, erfüllt.[200] In der Begründung zur Notwendigkeit, ein Rathaus zu erbauen, wird vor allem angeführt, dass sich die Stadt lächerlich mache, wenn die Geschworenen zu ihren Versammlungen in Privathäusern zusammenkommen müssen.[201] Aber zur Errichtung eines Rathauses kam es erst unter König Johann im Jahr 1338. Manchmal diente als Versammlungsort, besonders beim Abschluss von Geschäften und dem Ausstellen von Urkunden, auch ein in der Stadt gelegenes Bettelordenskloster, wie im entsprechenden Kapitel weiter unten zusammenfassend ausgeführt wird.

195 CIM II, Nr. 78. Über die Verlegung Fischer, Siedlungsverlegung, S. 123.

196 Diese Annahme hat Kejř, Organisation und Verwaltung, S. 90, Anm. 49, ausgesprochen. Erneut über die Anfänge von Bydžow J. Prokop, Nový Bydžov – Heslo pro Repertorium českých a moravských měst doby přemyslovské [Neubydžow – Stichwort für das Repertorium böhmischer und mährischer Städte der Přemyslidenzeit], Novobydžovský zpravodaj 22, 1995, H. 5–6, S. 12–15.

197 J. Sydow, Stadt und Kirche, S. 39.

198 V. Vojtíšek, Soud a rada [Gericht und Rat], S. 247, kennt zwar spätere Belege, die aber auch einem älteren Stand entsprechen.

199 Vojtíšek, ebd., S. 245, Anm. 12.

200 CIM I, Nr. 7.

201 Die Zusammenkunft, auf der 1297 das Statut über die Bezahlung städtischer Bedürfnisse erlassen wurde und bei der der Richter, die Geschworenen und auch *pociores cives* anwesend waren, fand im Hause des Prager Bürgers Wolfram, des Sohnes von Meinhard aus Eger, statt, RBM II, Nr. 1738. Dieser bewahrte auch Wenzels Privileg auf, wie dies ein Auszug aus dem Liber statutorum bezeugt, vgl. die entsprechende Passage in der Beilage zu CIM I, Nr. 7, S. 19. Dies ist also ein Beleg für die Richtigkeit der Angaben in dem an den König gestellten Antrag.

Wiederholt sind wir auf unüberbrückbare Lücken in den schriftlichen Quellen gestoßen, die eine Aussage über die Verbreitung der Rechtsstädte und die Schaffung der städtischen Institutionen hätten machen können. Die Archäologie, die Topographie der städtischen Grundrisse, die Nachrichten über Produktion und Handel oder über die Richtung von Wegen können viel über die zukünftige Entwicklung des Städtenetzes sagen, aber sie sind weder in ausreichendem Maße fähig, die Entstehung von Organisationsprinzipien anzudeuten, nach denen sich die Städte in der ersten Phase ihrer Erbauung gerichtet haben, noch verfügen sie über eine hinreichende Aussagekraft über das Vordringen der städtischen Freiheiten. Auch auf dem Gebiet der Stadtgeschichte stehen wir vor der Tatsache, dass das Recht älter ist als seine schriftliche Aufzeichnung und dass erst dort, wo das geschriebene Wort zum gesprochenen hinzukommt, für den Historiker die Entwicklung des Rechts erkennbar wird.[202] Die Rechtsbräuche, eventuell auch mündlich erteilte Privilegien, fanden lange keinen entsprechenden Widerhall in schriftlichen Aufzeichnungen und die Nachrichten aus Urkunden oder in noch geringerem und ungenauerem Maße aus Chroniken können die fehlende Sicherheit bei Schlussfolgerungen nicht ergänzen. Aber auch dann, wenn die Urkundenbelege zur Erklärung einiger Aspekte der Entstehung von Städten geeignet sind, handelt es sich noch lange nicht um eine eigene urkundliche Tätigkeit des städtischen Milieus und erst allmählich und nur in einer Minderheit der Städte entstehen Schriftstücke, die ein Produkt der Aktivität und der eigenen Bedürfnisse der Städte sind.

Wenn die äußeren Beziehungen der Städte an Bedeutung gewinnen und die Notwendigkeit aufkommt, einige Akte in sicherer schriftlicher Form zu dokumentieren, erscheinen auch die ersten Spuren von städtischen Kanzleien und Nachrichten über Personen, städtische Notare und Schreiber, die fähig waren, solche Akte festzuhalten. Es gibt zwar einige Arbeiten, die Forschungsergebnisse zu Notaren ganz allgemein und auch zu städtischen Notaren zusammenfassen,[203] aber systematische Untersuchungen, die einigen ausländischen vergleichbar wären,[204] vermissen wir bisher. Auch diese Arbeit setzt sich nicht das Ziel, das Auftreten und die Kompetenzen der Stadtschreiber im Einzelnen festzuhalten. Es geht eher um eine Andeutung ihrer Position in der Stadtverwaltung und ihres Anteils an der Entwicklung des städtischen Schrifttums.

---

202 P. Classen, Zur Einführung, in: P. Classen (Hg.), Recht und Schrift im Mittelalter – VuF, Bd. 23, Sigmaringen 1977, S. 8: „Recht und Gericht sind ältere Kulturelemente als die Schrift … Erst wo zu dem gesprochenen das geschriebene Wort hinzutritt und irgendwelche Aufgaben im Rechtsgang übernimmt, wird das alles für den Historiker erkennbar." Vgl. D. Pötschke, Computer und Geschichte, in: Berichte der 2. Brandenburger IuK Tagung 1994, S. 14: „Was wäre unsere heutige Geschichtswissenschaft ohne die Schrift?"

203 F. Tadra, Kanceláře a písaři [Kanzleien und Schreiber], im Kapitel über das städtische Notariat, oder J. Nuhlíček, Veřejní notáři v českých zemích, zvláště v městech pražských [Öffentliche Notare in den böhmischen Ländern, besonders in den Prager Städten], Sonderdruck aus SPDMP 1940, der sich jedoch auf die Fälle nachgewiesener *notarii publici* konzentrierte und keine anderen registrierte. Basis für Informationen bleibt deshalb die entsprechende Partie aus der Studie Šebáneks, Česká listina [Die böhmische Urkunde] 3, der erst die Zuverlässigkeit der Nachrichten über Stadtschreiber erkannt hat.

204 W. Stein, Deutsche Stadtschreiber; G. Burger, Stadtschreiber; Elsener, Notare und Stadtschreiber, Köln/Opladen 1962.

Man kann mit der Feststellung beginnen, dass wir noch einige Jahrzehnte nach den ersten Ansätzen von Stadtverfassungen, als sich die Städte schon in bestimmten Formen an der Ausstellung von Urkunden beteiligen (Siegel, Zeugen), nicht die geringsten Anzeichen für die Existenz eigener Stadtschreiber haben.[205] Auch in der deutschen Nachbarschaft sind Stadtschreiber erst für das 13. Jahrhundert belegt, und zwar nur in den bedeutendsten Städten, in Köln,[206] Braunschweig, Straßburg und Lübeck.[207] Auch für das nahe bei Böhmen gelegene Regensburg finden sich die ersten Nachrichten aus der gleichen Zeit,[208] ebenso auch für Schwäbisch Hall.[209] Ältere Erwähnungen von Notaren sind unsicher und es waren dann wohl keine städtischen Beamten.[210]

205 Wenn bei TADRA, Kanceláře a písaři [Kanzleien und Schreiber], S. 172, zu den städtischen einige Brünner Schreiber gezählt werden, so ist dies eine fehlerhafte Qualifikation. *Conradus quondam Brunnensis notarius,* zuletzt 1243, CDB IV, Nr. 20, war ein Landgerichtsschreiber, *Fridericus*, für das Jahr 1252 erwähnt, CDB IV, Nr. 254+++, in einem späteren Falsum, kommt für diese Zeit nicht in Frage und seine nächste Nennung zu den Jahren 1255–1258, CDB V/1, Nr. 155, reiht ihn zwar unter die Brünner Bürger ein, aber er kann nicht als Brünner Stadtschreiber gelten. Es zeigt sich nämlich, dass auch die Schreiber anderer Verwaltungsorgane Bürger waren, vgl. ŠEBÁNEK, Česká listina 3 [Die böhmische Urkunde] 3, S. 122. Völlig ausgeschlossen ist es, den Notar Burchard für die Jahre 1235 und 1238, CDB III/1, Nr. 107 und 179, für einen Troppauer Stadtschreiber zu halten, wie es von K. BERGER, Die Besiedlung des deutschen Nordmährens und Schlesiens im 13. und 14. Jahrhundert, Neudruck Wolfratshausen 1964, S. 118, angenommen wurde; TELTSCHIK, Zum Entstehen 2, S. 112 und auch E. SCHWARZ, Volkstumsgeschichte II, S. 342, und zwar nach der Vermutung von V. PRASEK, Historická topografie země Opavské [Historische Topographie des Troppauer Landes], Opava 1899, S. 298. Sie alle halten sogar die Angaben aus dem falschen sogenannten Privileg von Chařová für wahr, das angeblich von 1221 stammt und in dem Jägerndorf als Stadt bezeichnet wird. Datar dieser gefälschten Urkunde ist der Stadtschreiber Burkhard. Das Privileg wurde herausgegeben bei KEJŘ, Krnov [Jägerndorf], S. 41–42, dort auch Ausführungen zu Burkhard, S. 13. Es genügt, an die Feststellung von ŠEBÁNEK/DUŠKOVÁ, Listina [Die Urkunde], S. 134, zu erinnern, dass sich vor dem Machtantritt von Přemysl Otakar II. nicht einmal eine Keimzelle urkundlicher Tätigkeit in den Städten feststellen lässt. Die Kenntnisse über die Tätigkeit der Stadtschreiber und ihrer Gehilfen wurden in der Diskussion mit ŠEBÁNEK, Česká listina [Die böhmische Urkunde] 3, durch Z. ŠIMEČEK, Několik poznámek ke zpracování starší české diplomatiky, především městské [Einige Bemerkungen zur Bearbeitung der älteren böhmischen Diplomatik, vor allem der städtischen], ČSCH 5, 1957, S. 304ff., vertieft, der auch die juristischen Voraussetzungen bei der Entstehung des städtischen Schrifttums betonte.

206 PLANITZ, Kaufmannsgilde, S. 73, gibt an, dass in Köln die Stadturkunden ab der Mitte des 12. Jahrhunderts beginnen, aber Nachrichten über Schreiber sind erst 1227 (nach BURGER, Stadtschreiber, S. 10) bzw. 1228 (STEIN, Deutsche Stadtschreiber, S. 33) datiert.

207 Braunschweig 1231, Straßburg 1233 und Lübeck 1243, vgl. STEIN und BURGER an den gleichen Stellen.

208 A. SCHMID, Notarius civium Ratisponensium – Beobachtungen zu den Stadtschreibern der Reichsstadt Regensburg, in: W. BECKER/W. CHROBAK (Hg.), Staat, Kultur, Politik – Festschrift zum 65. Geburtstag von Dieter Albrecht, Kallmünz/Opf. 1992, S. 50, führt die ersten Regensburger Notare zu den Jahren 1233, 1234 und 1242 an. Es ist interessant, darauf hinzuweisen, dass im Pakt Přemysl Otakars II. mit Regensburg von 1266, CDB V/1, Nr. 479, unter den Regensburger Vertretern auch ein *Ulricus notarius civitatis* ist.

209 BURGER, Stadtschreiber, S. 11, erwähnt zwei Urkunden von 1228 und 1231, vom Schultheiß und Stadtgemeinde ausgestellt, wo unter den Zeugen ebenfalls ein *Conradus notarius*, resp. *Conradus scolasticus et notarius* ist.

210 BURGER, ebd., S. 10, der Autor stellte ebenfalls auf S. 255–350 eine Liste der Schreiber nach Städten zusammen, aus der hervorgeht, dass die ältesten Nachrichten aus dem 13. Jahrhundert stammen, aber meist, besonders bei kleineren Städten, werden Schreiber weitaus später erst im 15. Jahrhundert nachgewiesen. Auch STEIN, S. 33ff., stellt fest, dass die Belege für Schreiber meist jünger sind.

Überall dort, wo die schriftlichen Aufgaben der Stadt in solchem Maße anwuchsen, dass sie nicht mehr nur einem Gelegenheitsschreiber anvertraut werden konnten, wurde der Stadtnotar zu einem geachteten Bürger und oft Mitglied im Stadtrat. Es muss allerdings sorgfältig untersucht werden, ob die genannten Schreiber, auch wenn die Nachrichten über sie aus Urkunden stammen, die inhaltlich mit den Interessen der Stadt zusammenhingen, auch wirklich schon Stadtschreiber waren.

Bereits aus dem Jahr 1256 stammt eine zweifelhafte Urkunde, in der ein Streit um die Grenze zwischen dem Leitomischler Kloster und dem bischöflichen Zwittau, das bereits als *oppidum* bezeichnet wird, beigelegt wird.[211] Bischof Bruno legte zur Beseitigung möglicher Streitigkeiten fest, *ut plebanus prenominate ecclesie* (d. h. der Zwittauer) *sit notarius ibi ad hoc, ut ecclesie Lutomislensi nichil in iure suo depereat, et quod cum advocato nostro iudicio presideat, ita quod in eorundem in omnibus integre conservetur*. Dieser Satz bedeutet nicht die Installation eines Stadtschreibers, sondern ihm wird nur der Spezialauftrag anvertraut, die Einhaltung der Absprachen mit dem Kloster zu überwachen und gemeinsam mit dem Richter Streitfälle zu entscheiden.[212]

Stadtschreiber war auch nicht der Brünner Magister Richard, der den Titel *rector puerorum* trug, also Schulrektor und der 1275 im Streit zwischen den Klöstern von Kaunitz und Oslawan um das Patronat in Treskowitz mit der Niederschrift aller Urkunden und anderer Beweismittel der Parteien beauftragt wurde.[213] Ob er diese Urkunde selbst geschrieben hat, deren Schreiber sonst unbekannt ist, lässt sich nicht sagen, aber mit Sicherheit hat er nicht mehr die vier nachfolgenden Urkunden geschrieben, die den Kompromiss in dem Streit enthalten und von einem Schreiber aus Oslawan stammen.[214] Im gesamten Verfahren zeigen sich Spuren des römischen Rechts[215] und es ist sicher nicht irrig, Richards Aufgabe im Sinne des römisch-kanonischen Prozessprinzips der Schriftlichkeit (Niederschrift aller Dokumente) und des Eventualprinzips (gleichzeitige Anführung aller gebotenen Beweise) zu interpretieren. Mit dem städtischen Recht und irgendeiner städtischen urkundlichen Tätigkeit hat diese Quelle also nichts zu tun.

Auch für Mährisch Trübau ist kein Stadtschreiber nachgewiesen. In einer Urkunde Boreš von Rýzmburk, mit der er 1267 dem Kloster Marienkron Grundstücke schenkte,[216] tritt u. a. Zeugen auch ein Schreiber auf (*Merayno scriptore et Syderlino advocato de Tribouia*). Der Schreiber muss als der Herrenschreiber des Ausstellers betrachtet werden, der die Urkunde ausgefertigt hat,[217] der angeführte Vogt als Beamter der mährisch-trübauischen Provinz.[218]

---

[211] CDB V/1, Nr. 93+. Über die Urkunde vgl. bereits weiter oben im Kapitel über die Terminologie mit Erläuterung des Begriffs *oppidum*. Über den Verdacht gegenüber der Urkunde siehe die einleitenden Ausführungen in der Edition und in CDB V/4, S. 43, bei der Übersicht der Urkunden des Leitomischler Klosters (Urkunde A).

[212] Vgl. Šebánek/Dušková, Kritický komentář [Kritischer Kommentar], S. 205, die dies als Funktion einer Art von Prokurator auffassen. Hier glaubten sie noch an die Echtheit der Urkunde.

[213] CDB V/2, Nr. 784.

[214] CDB V/2, Nr. 785–788.

[215] Boháček, Das römische Recht, S. 292.

[216] CDB V/2, Nr. 500.

[217] Siehe Dušková, Česká listina [Die böhmische Urkunde] 2, S. 191.

[218] Drei Jahre später, CDB V/2, Nr. 628, wurden sorgfältig *advocatus provincie* und *advocatus civitatis*

Wenn wir schon erkannt haben, dass die vermeintlichen Stadtschreiber von Brünn aus der Zeit vor dem Machtantritt Přemysl Otakars II. in Wahrheit Landesbeamte waren, müssen wir auch nach weiteren möglichen Brünner Schreibern fragen. Mit Sicherheit gehört zu ihnen nicht Herkules Lambertus, der in einer späteren tschechischen Übersetzung einer Urkunde des Klosters Tischnowitz 1257 als Schreiber der Stadt Brünn bezeichnet wird,[219] sondern er muss als *scriba Brunnensis*, also Landgerichtsschreiber, aufgefasst werden.[220] Im Jahr 1262 erklärte der Abt von Obrowitz, dass er dem Marienkloster in Brünn das Dorf Diwak verkauft habe.[221] Unter den Zeugen sind auch Matouš von Kobylí, der Vorsitzender des Landgerichts war, und weiter *Petrus scriptor*; sowie, davon getrennt, sechs Brünner Bürger. In dem erwähnten Petrus können wir einen Schreiber des Landgerichts sehen. Dasselbe Datum hat auch eine angebliche Urkunde Bischof Brunos für das Marienkloster, die diese Übertragung bestätigt.[222] Bei ihren Zeugen, deren Namen sich größtenteils mit denen in der ersten Urkunde decken, kam es aber zu gewissen Veränderungen: Als Vorsitzender des Landgerichts wird nicht Matouš genannt, der ohne Amtstitel erscheint, sondern *Throsschilinus*, der in der ersten Urkunde als *Drosslinus* figuriert, ohne einen Amtstitel zu tragen. Außerdem werden alle bürgerlichen Zeugen angeführt, denen aber auch *Petrus scriptor* zugeordnet wird, der unter den Zeugen aus höheren Ständen fehlt. Weil diese Urkunde nicht glaubwürdig ist,[223] kann auch der an sich möglichen Annahme, dass Petrus Stadtschreiber war, kein Wahrheitsgehalt zugesprochen werden.[224]

Als Brünner Stadtschreiber können ebenfalls nicht identifiziert werden, auch wenn sie früher zu ihnen gezählt wurden:[225] Jindřich von Újezd,[226] der 1281 unwiderlegbar zu den Olmützer Bürgern zählte und der als Landgerichtsschreiber angesehen werden kann,[227] sowie Křišťan, der mit dem Titel *notarius* 1288 unter den Zeugen einer Schenkung Hartmanns von Holstein an das Kloster von Oslawan[228] angeführt

unterschieden; siehe weiter oben in diesem Kapitel die Ausführungen über den Richter. Diese Urkunde betrifft auch die Stadt, vor deren Gericht die Verhandlung stattfand, dagegen hat die Urkunde von Boreš mit städtischen Interessen nichts zu tun.

219 CDB V/1, Nr. 143. J. Šebánek, Kapitoly z české diplomatiky [Kapitel aus der böhmischen Diplomatik], ČMM 66, 1946, S. 66–97, hier die Rekonstruktion des lateinischen Wortlauts. Dort findet sich auch die Begründung für die Zweifel an der Richtigkeit des Namens, der offensichtlich verstümmelt ist. Die Urkunde im ursprünglichen Wortlaut darf für echt gehalten werden, ebd., S. 95 und 97.

220 Šebánek, ebd., S. 85, hat nachgewiesen, dass nirgendwo die Rede von einem Brünner Stadtschreiber ist, sondern immer nur ein *scriptor Brunnensis* genannt wird.

221 CDB V/1, Nr. 351.

222 CDB V/1, Nr. 352.

223 Šebánek/Dušková, Kritický komentář [Kritischer Kommentar], S. 306–307; Šebánek, Česká listina [Die böhmische Urkunde] 1, S. 152, Anm. 6, und auch die einleitenden Ausführungen zur Edition.

224 Es ist nicht ausgeschlossen, dass er tatsächlich Brünner Bürger war, wie wir es schon zuvor für andere Schreiber festgestellt haben.

225 Tadra, Kanceláře a písaři [Kanzleien und Schreiber], S. 172.

226 RBM II, Nr. 1241 = CDM IV, Nr. 183.

227 Šebánek/Dušková, Česká listina [Die böhmische Urkunde] 2, S. 197; Česká listina [Die böhmische Urkunde] 3, S. 137.

wird und der auf keinerlei Weise mit dem städtischen urkundlichen Milieu verbunden werden kann. Es bestätigt sich also die schon vor Jahren gezogene Schlussfolgerung, dass wir vor 1306 keinen Brünner Stadtschreiber kennen.[229] Das bedeutet allerdings nicht, dass das entwickelte rechtliche Milieu der Stadt Brünn keine Notare gehabt hätte, wir kennen sie nur nicht namentlich oder durch ihre gesicherte Tätigkeit.

Eine der ersten Städte, für die wir die aktive Teilnahme eines ständigen Notars an der Ausstellung von städtischen Urkunden annehmen können, ist Brüx, wo bereits 1264[230] und danach in weiteren fünf Urkunden bis 1284[231] in den Reihen der Zeugen *Hermannus scriptor* erscheint, der Träger der urkundlichen Tradition von Brüx ist.[232] Für diese Zeit können wir auch die Tätigkeit eines Stadtnotars in Leitmeritz belegen, sogar schon ein Jahr früher als in Brüx, als eine Urkunde über den Verkauf von Ländereien des Klosters Doxan an die Bürger von Graber mit dem Zeugnis der Leitmeritzer Bürger – *burgenses – per manum Iohannis scolastici ibidem* ausgestellt wurde.[233] Erneut begegnen wir ihm 1282 in der Tätigkeit als Notar, als der Leitmeritzer Propst zusammen mit der Gemeinde (*commune civium*) den Verkauf eines Dorfes an das Kloster Doxan bezeugt[234] und die Urkunde ist *per manum Iohannis notarii civitatis et canonici ecclesie s. Stephani in Luthomeritz* ausgestellt. Der Notar Johannes war damals gemeinsamer Notar der Stadt und des Kapitels,[235] was keine besondere Ausnahme ist. Ein gemeinsamer Schreiber einer Stadt und einer anderen Institution ist wiederholt belegt, z. B. in Deutsch Brod, wo der Datar der Urkunde Haimans von Lichtenburg 1289[236] Notar und Schulrektor in Deutsch Brod ist, er erweist sich also als Schreiber, der der Grundherrschaft und gleichzeitig der Stadt dient.

Von hier gelangen wir in die enge Nachbarschaft, in die Stadt Iglau. In beiden Hauptfassungen des großen Iglauer Privilegs sind Vorschriften über den Notar, die Gebühren für seine Amtshandlungen bei der Übertragung von Immobilien vor Gericht und beim Leisten des Eides aufgenommen.[237] Nur in der jüngeren Fassung B werden weitere Vorschriften über den Notar hinzugefügt, aus denen hervorgeht, dass er seine Eintragungen *in tabulis suis* führt.[238] Die urkundliche Aktivität der Stadt

228 RBM II, Nr. 1447 = CDM IV, Nr. 272.

229 Šebánek, Česká listina [Die böhmische Urkunde] 3. S. 121.

230 CDB V/1, Nr. 402.

231 CDB V/2, Nr. 696; RBM II, Nr. 1158, 2710, 1264, 1329.

232 In Einzelheiten Šebánek, Česká listina [Die böhmische Urkunde] 3, S. 130. Nach seiner Feststellung wurden die Brüxer Urkunden von verschiedenen Schreibern geschrieben, haben aber Zeichen eines gemeinsamen Diktats.

233 CDB V/1, Nr. 397. Zu dieser Urkunde weiter oben im Kapitel über die Terminologie im Absatz über *burgensis*.

234 RBM II, Nr. 1275.

235 Šebánek, Česká listina [Die böhmische Urkunde] 3. S. 129.

236 RBM II, Nr. 1476.

237 CDB IV, Nr. 177, Art. 25, S. 304 und Art. 28, S. 305. Die Taxe des Schreibers beträgt zwei Denare.

238 Ebd., Art. 40b, S. 308. In diesem Zusammenhang genügt der Hinweis, dass auch der Bergrichter nach dem Gesetzbuch König Wenzels II. einen ihm unterstellten Schreiber hatte, dessen Tätigkeit er überwachen sollte, CIB I, S. 288, sowie an anderen Stellen. Dazu V. Vojtíšek, O nejstarších městských knihách [Über die ältesten Stadtbücher], S. 350–351.

Iglau, häufig in Verbindung mit Amtshandlungen im Bergbau, ist schon so ausführlich behandelt worden,[239] dass wir ihr uns nicht von neuem widmen müssen. Es muss in unserem Zusammenhang nur darauf hingewiesen werden, dass ein Iglauer Stadtschreiber nachweisbar ist, nämlich der Schulrektor Hermann.[240]

Ein Geheimnis bleibt die Herkunft der Urkunde des Freudenthaler Richters für den Lokator des Dorfes Lichtenwerde von 1267.[241] Die Urkunde lässt sich paläographisch nicht einordnen, da sie nur aus einer Bestätigung des 18. Jahrhunderts bekannt ist. Ein Zweifel an ihrer Echtheit wurde aber bisher nicht geäußert,[242] auch wenn es notwendig wäre, die Einmaligkeit der Lokation durch Befugnis eines Vertreters der Stadt gründlicher zu erklären. Die Unbestimmtheit der Herkunft der Urkunde führte zu der Ansicht, dass sie von einer Person aus der Stadt selbst diktiert wurde und dass sie in der Stadtkanzlei entstanden ist.[243] Das würde allerdings bedeuten, dass Freudenthal als eine der ersten Städte in der Lage war, mit eigenen Mitteln Urkunden auszustellen. In welchem Maße diesem Gedanken zuzustimmen ist, bleibt fraglich, da wir eine weitere eigenständige urkundliche Tätigkeit Freudenthals in der Přemyslidenzeit nicht mehr feststellen können. Deshalb wird wohl die Ansicht nicht falsch sein, dass es sich nur um einen Gelegenheitsschreiber im Dienste der Stadt gehandelt hat.

Zum Jahr 1295 ist ein Stadtnotar in Kolin nachgewiesen. Bischof Tobiáš bestätigte die Entscheidung in einem Streit um die Fleischbank zwischen dem Richter und dem Pfarrer von Kolin.[244] Unter den Zeugen befinden sich auch *Gerhardus, notarius civitatis Coloniensis* sowie weiterhin *Nicolaus scriptor*, in denen ein Stadtnotar und ein Gerichtsschreiber vermutet wurden.[245] Ein weiterer Blick auf die Zeugen der Urkunde lässt an dieser Unterscheidung aber zweifeln. Vor dem Schreiber Nicolaus wird nämlich der Zeuge *Nicolaus de Crudein*, also aus Chrudim, angeführt, danach folgt *Henricus Pechriuol*, in dem der Iglauer Richter Pechervoll gesehen werden kann, der als Aussteller einer Urkunde für das Kloster Lilienfeld von 1268 bekannt ist,[246] und schließlich findet sich als letzter der Zeugen auch *Ulricus medicus civis Pragensis*.

239 Besonders MEZNÍK, Jihlavské privilegium [Das Iglauer Privileg], mit Fotos der entsprechenden Urkunden. Vgl. ŠEBÁNEK, Česká listina [Die böhmische Urkunde] 3, S. 122–125. Siehe auch weiter oben in diesem Kapitel.

240 Er ist der Datierer der Urkunde RBM II, Nr. 1431 = CDM IV, Nr. 264. Dazu bereits weiter oben, Anm. 105. Von seiner Hand stammen auch andere Iglauer Urkunden, s. MEZNÍK, Jihlavské privilegium [Das Iglauer Privileg], S. 7–13.

241 CDB V/2, Nr. 489.

242 In CDB ist die Urkunde als zweifelsfrei aufgenommen, ebenso wie bei ihrem Ersteditor W. LATZKE, Drei Lichtenwerder Urkunden.

243 In der einleitenden Bemerkung zur Edition wird gesagt: *Dictator: ignotus, civitatis Bruntal (editoris) fortasse proprius.* In CDB V/4, S. 62: *charta in cancellaria civitatis confecta videtur.*

244 RBM II, Nr. 1679.

245 Ähnlich wie in Prag, siehe weiter unten; vgl. ŠEBÁNEK, Česká listina [Die böhmische Urkunde] 3, S. 140. Dagegen bezweifelt Z. ŠIMEČEK (wie Anm. 186), S. 305, die Verschiedenheit von Notaren des Rates und des Gerichts, wenn gemeinsame Kanzleien nachweisbar sind. Das bezieht sich auch auf die nachfolgenden Anmerkungen 258 und 259.

246 CDB V/2, Nr. 570.

Die hier Genannten lassen sich schwerlich als Bürger von Kolin identifizieren.[247] Es wird deshalb wohl ratsamer sein, den Schreiber Nicolaus nicht mit der Stadt Kolin in Verbindung zu bringen, wie dies ähnlich schon bei anderen Schreibern in Zeugenurkunden der Fall war. Die Befugnis Kolins zur urkundlichen Tätigkeit muss aber anerkannt werden und es ist deshalb auch verständlich, warum in Kolin eine Urkunde König Wenzels II. von 1285 archiviert wurde, die einen allgemeinen Schutz für die Bürger königlicher Städte bekundet.[248]

Als der letzten Stadt, für die das Amt des Stadtschreibers nachgewiesen ist, wollen wir der Prager Altstadt unsere Aufmerksamkeit widmen, die allerdings durch Bedeutung und Umfang ihrer schriftlichen Tätigkeit alle übrigen Städte überragt, auch wenn die Hinweise auf ihre Schreiber zeitlich nicht die ältesten sind. Wir müssen nicht zu den von renommierten Kennern gründlich behandelten Einzelheiten zurückkehren,[249] und es genügt anzuführen, dass der erste Prager Notar, über den wir eine glaubwürdige Nachricht haben, Heinrich war, ehemaliger und dann auch gleichzeitig königlicher Protonotarius.[250] Seine erste Nennung mit dem Titel *notarius civitatis* datiert auf das Jahr 1288 in einer Urkunde über den Verkauf von Grundstücken des Klosters Plaß an einen Prager Bürger,[251] aber seine Tätigkeit konnte stilistisch schon für das Jahr 1282 verifiziert werden.[252] Sein Nachfolger war dann der Notar Peter, der zwischen den Jahren 1296 und 1306 erscheint und mit dessen Wirken ein wichtiger auf das Notariat bezogener städtischer Akt verbunden ist.

Im Jahr 1296 beschlossen der Altstädter Richter und die Schöffen, ein Rathaus zu errichten, in dem Sitzungen stattfinden[253] und in dem der Stadtschreiber, damals *magister Petrus*, seine Wohnung und Wirkungsstätte haben sollte. In diesem Zusammenhang werden die Aufgaben des Notars und seine Schweigepflicht genannt. Die Zustimmung des Landesherrn erfolgte 1299 und es wurde eine besondere Genehmigung zur Besetzung des Notarsamtes durch *notariam publicam* nach eigenem Beschluss der Schöffen und führenden Bürger (*cives pociores*) erteilt. Schon aus dieser Bestimmung wird deutlich, dass der Bedarf an Schreibtätigkeiten so stark angewachsen war, dass ein Schreiber materiell abgesichert und ein Raum für seine Amtshandlungen bereitgestellt werden musste. Der Notar Petrus war Aussteller von Urkunden, die er selbst geschrieben hat, sodass seine Hand bekannt ist.[254]

---

247 Sie fehlen auch bei den Koliner Bürgern in der Zeugenreihe der Entscheidung im Streit zwischen Časlau und Kolin über die Berge aus dem Jahr 1289, RBM II, Nr. 2729, voller Wortlaut CIM II, Beilage zu Nr. 36, S. 100.

248 Dazu weiter oben, S. 231.

249 Eine Zusammenfassung der Ergebnisse bei Šebánek, Česká listina [Die böhmische Urkunde] 3, S. 130–136. Vgl. auch Nový, Soupis [Verzeichnis], S. 19, mit Berichten über Prager Notare.

250 Ihre Identität hat Šebánek, a. a. O., S. 133–134, nachgewiesen.

251 RBM II, Nr. 1461.

252 RBM II, Nr. 1288.

253 Siehe weiter oben, S. 327. Der Beschluss ist aus einem Insert der Genehmigung des Herrschers zu dieser Absicht von 1299 bekannt, CIM I, Nr. 7.

254 Šebánek, a. a. O., S. 133.

In den gleichen Jahren sind unter den Schöffen zwei Schreiber, *Heinricus scriptor*[255] und *Otto scriptor*,[256] verzeichnet, von denen der erste in den Jahren 1296–1302 auftritt, der zweite in den Jahren 1303 und 1304. Beide werden nur in den Intitulationen genannt, der zweite war wohl der Nachfolger des erstgenannten, aber es ist einstweilen nicht möglich, ihren Anteil an der Ausfertigung von Schriftstücken festzulegen.[257] Die These, der Notar sei ein Organ des Rates und der Schreiber ein Organ des Gerichts,[258] ist denkbar, aber es stellt sich doch die Frage, ob sich das Tätigkeitsfeld des Rates gegen Ende des 13. Jahrhunderts schon so weit verselbständigt hatte, dass dafür ein eigener Schreiber notwendig gewesen wäre.[259] Die bisherigen Arbeiten über die Entwicklung der städtischen Ratsverfassung bieten dafür keine ausreichende Stütze. Es wird wohl eine Studie notwendig sein, die dies mit der weiteren Entwicklung des städtischen Notariats vergleicht, für die hier kein Platz ist, um den Unterschied in den Kompetenzen des Notars und des Schreibers nachzuweisen.

Aus den bisherigen Ausführungen und der Übersicht über die Quellen geht hervor, dass nur für wenige Städte in der Přemyslidenzeit ein Stadtschreiber nachzuweisen ist. Wenn wir jedoch nur ein wenig die Přemyslidenzeit bis zu den Jahren 1312 und 1314 überschreiten, finden wir einen Schreiber in der kurz zuvor an einen neuen Ort verlegten Stadt Neubydžow. Dort findet sich unter den ersten Eintragungen im Stadtbuch eine Regelung von Besitzangelegenheiten unter Verwandten *Datum et actum anno Domini M°CCC°XII° … per manus Hermanni scriptoris de Ratibor*, der in der nachfolgenden Eintragung zu den *scabini* eingereiht wird. Er ist also ein Bydžower Bürger.[260] Es zeigt sich erneut, dass eine kleine, sich erst entwickelnde Stadt fortschrittliche Formen aufweist,[261] wenn sie neben dem Bürgermeister auch einen Schreiber hat und das erste Stadtbuch überhaupt außerhalb von Prag anlegt. Es kann allerdings nicht ausgeschlossen werden, dass auch andernorts die städtischen Erfordernisse schon so weit angewachsen waren, dass dorthin zur Ausfertigung von Schriftstücken Gelegenheits- oder sogar ständige Schreiber berufen wurden, doch darüber gibt es keine Nachrichten.

Trotzdem kann man zu einigen allgemeinen Schlüssen gelangen. Vor allem ist deutlich, dass erste Spuren des Stadtnotariats erst seit der Zeit Přemysl Otakars II. besonders in großen Städten und mit Ausnahme von Deutsch Brod nur in königlichen Städten belegt sind. Nicht überall geht es um ein selbständiges Amt und es sind

---

255 CIM I, Nr. 7, zum Jahr 1296, RBM II, Nr. 1892 und 2763. Es ist zweifelhaft, ob er mit dem *notarius civitatis Henricus* identifiziert werden kann, der zum Jahr 1310 im Verzeichnis der städtischen Ausgaben im ältesten Stadtbuch erfasst ist, RBM II, Nr. 2247. Dieser Heinrich wird bei Nový, Soupis [Verzeichnis], S. 19, registriert. Ob der gleichzeitig genannte Friedrich als Stadtschreiber gelten kann, bezweifeln wir, denn in der Eintragung wird er nur *socius scriptoris: Item scriptori et socio suo Friderico* genannt. Es handelt sich eher um einen Hilfsschreiber.

256 RBM II, Nr. 1983, 2003 und 2770.

257 Nový, Soupis [Verzeichnis], S. 19, erwähnt sie nicht.

258 Šebánek, Česká listina [Die böhmische Urkunde], S. 135–136.

259 Wir haben gezeigt, dass eine ähnliche Schlussfolgerung für Kolin in Zweifel zu ziehen ist, siehe weiter oben, Anm. 245, und den dort zitierten Artikel von Z. Šimeček.

260 Faksimile (wie Anm. 194), Tab. VIII.

261 Vgl. weiter oben, S. 327 und Anm. 196.

Fälle nachgewiesen, in denen der Schreiber den Bedürfnissen der Stadt sowie der dort ansässigen kirchlichen Institution dient, wie dies in Leitmeritz der Fall war, oder der Stadt sowie ihrem Grundherrn, wie in Deutsch Brod. Auch weisen nicht alle Nachrichten über Schreiber wirklich auf Stadtschreiber hin, wenn sich herausstellt, dass sie in Wirklichkeit als Landgerichtsschreiber tätig und nur Stadtbürger waren. Auffällig ist auch die häufige Nutzung der Dienste von Schulrektoren für Schreibtätigkeiten, wie dies für Leitmeritz, Iglau und Deutsch Brod nachgewiesen ist. Auch in Brünn wurde der *rector puerorum* zwar nicht zur Erledigung städtischer Interessen, aber zur Ausfertigung von Gerichtsschriftstücken im Streit um das Patronat berufen.[262]

Dieser nicht sehr umfangreiche Überblick über Notare und Schreiber kann mit einem Hinweis auf ihre folgende höchst wichtige Tätigkeit bei der Führung amtlicher Eintragungen – der Stadtbücher – abgeschlossen werden. Die beiden ältesten erhaltenen Stadtbücher, das der Prager Altstadt von 1310 und das aus Neubydžow von 1311, hatten bereits ihre Vorläufer, von denen jedoch nur fragmentarische Nachrichten vorliegen und deren Inhalt und Eintragungsform nicht sicher rekonstruiert werden kann. Bereits in einer jüngeren Iglauer Urkunde, die im letzten Jahrzehnt des 13. Jahrhunderts ausgestellt wurde, ist von Notarseintragungen die Rede – *in tabulis suis*.[263] Für Prag wird die Einrichtung von *quaternos contractuum vel obligationum* auf Anregung des Bürgers Egbert durch den Notar Henricus in den Jahren 1279–1280 angenommen,[264] aber seine Verbindung mit den erhaltenen Büchern ist nicht bewiesen und auch das älteste Buch ist offensichtlich nicht an ein festes Muster gebunden.[265] Darüber hinaus müssen Nachrichten über Notarseintragungen mit Vorsicht aufgenommen werden, weil sie aus dem Formular des Tobiáš von Bechyně stammen und deshalb in ihnen kein sicherer Beleg gesehen werden kann. Zwar kann zugegeben werden, dass in das Formular eine Reihe wirklicher Urkunden aufgenommen wurden,[266] trotzdem lässt sich keine absolute Gewissheit erreichen. Wenn die bisherigen

262 Es ist eine allgemein verbreitete Praxis, dass häufig Geistliche in Stadtkanzleien tätig waren, und es ist auch ganz geläufig, dass ein Zusammenhang mit den Schulen in der Stadt und ihren Rektoren herzustellen ist; K. Frölich, Kirche und städtisches Verfassungsleben, S. 274ff. Elsener, Notare und Stadtschreiber, S. 16, dokumentierte eine Reihe von Fällen, in denen ein Schulmeister Stadtschreiber ist. Er wird als *magister scholarum, scholasticus* bezeichnet – bei uns findet sich dies für Leitmeritz im Jahr 1263, siehe weiter oben und Anm. 133 – oder als *rector puerorum*, wie dies bei uns in Brünn der Fall ist. Es erschien sogar der Titel *doctor puerorum* 1272 in Konstanz, siehe K. H. Rexroth, Die Entstehung der städtischen Kanzlei in Konstanz – Untersuchungen zum deutschsprachigen Urkundenwesen des dreizehnten Jahrhunderts, AfD 5/6, 1959/1960, S. 221. Auf den Zusammenhang der Aufgaben des Stadtschreibers mit dem geistlichen Milieu und der Schule machte auch Z. Šimeček, wie Anm. 186, S. 204, aufmerksam, der feststellte, dass 1332 auch in Budweis ein Schulmeister Schreiber war.

263 CDB IV, Nr. 177, Art. 40b, S. 308. Dieser Artikel fehlt in der älteren Fassung, also wurden in der Zwischenzeit offenbar entsprechend den wachsenden Ansprüchen neue Formen der Notarstätigkeit eingeführt. Vgl. auch weiter oben, Anm. 237.

264 Formular des Tobiáš von Bechyně, Nr. 250. Dazu O. Redlich, Die ältesten Nachrichten über die Prager Stadtbücher und die böhmische Landtafel, MIÖG 32, 1911; V. Vojtíšek, K počátkům městských knih pražských a desk zemských [Zu den Anfängen der Prager Stadtbücher und der Landtafeln], in: Výbor, S. 229–239; Nový, Soupis [Verzeichnis], S. 17–18.

265 V. Vojtíšek, O nejstarších městských knihách [Über die ältesten Stadtbücher], bes. S. 344ff., weist auf die Unregelmäßigkeit in den Eintragungen hin. Nový, Soupis [Verzeichnis], S. 18, hat ebenfalls nachgewiesen, dass keine Kontinuität mit dem ersten erhaltenen Buch von 1310 besteht.

266 Siehe weiter oben, S. 167f.

Arbeiten die Nachricht aus dem Formular als zuverlässigen Beleg für die Behauptung ansehen, dass man für Prag mit der Führung von städtischen Eintragungen schon ab den 80er Jahren des 13. Jahrhunderts rechnen kann,[267] müssen dagegen zwar keine sachlichen Einwände gesucht werden, aber gesicherte Ergebnisse sind erst nach einer gründlichen diplomatischen und sachlichen Analyse der erhaltenen ältesten Formulare zu erreichen, die mit kritischen Methoden durchgeführt werden müsste. Für eine rechtliche Bewertung empfiehlt sich Zurückhaltung, auch wenn die Annahme der Existenz von Eintragungen durch Notare nicht widerlegt wurde, seien sie nun als amtliche Eintragung oder wahrscheinlicher nur als private Einrichtung des Schreibers in Form eines Buches der Imbreviaturen vorgenommen worden.[268]

Wenn wir also nicht mit vollem Vertrauen Nachrichten über mögliche Stadtbücher in Prag und Iglau in den Bestand der Quellen aufnehmen können, die das städtische Rechtsleben in der Přemyslidenzeit belegen, so muss doch hervorgehoben werden, dass die auch sonst bestätigten Angaben über Stadtschreiber von großer Bedeutung für die Einschätzung der städtischen Institutionen sind. Sie sind ein Zeugnis für die Entwicklung des Interesses der Bürger an der Garantie ihrer Rechtshandlungen, mit ihnen dringt ein neues Amt in die Stadtverwaltung ein, das dann in Zukunft das eigentliche gewissenhafte Gedächtnis der Stadt darstellen wird. Auch der Einfluss der Notare auf das gesamte städtische Aufgabenfeld darf keinesfalls unterschätzt werden, denn ihre Bildung und ihre Grundkenntnisse des Rechts haben ihnen gegenüber den Ratsmitgliedern bei der Regelung der städtischen Angelegenheiten ein Übergewicht verliehen.[269]

---

267 So auch TADRA, Kanceláře a písaři [Kanzleien und Schreiber], S. 154–155; ZYCHA, Prag, S. 207–208; NOVÝ, Soupis [Verzeichnis], S. 18.

268 V. VOJTÍŠEK, K počátkům městských knih [Zu den Anfängen der Stadtbücher], S. 231–232; O nejstarších městských knihách [Über die ältesten Stadtbücher], S. 350. Zur Vorsicht bei Vermutungen über das verlorene Prager Buch und seinen Inhalt rät auch NOVÝ, Soupis, S. 18.

269 ELSENER, Notare und Stadtschreiber, S. 17–19, aber auch andernorts, hat gezeigt, wie die Stadtschreiber auf Kosten der freien Notare in Tätigkeitsfelder eindrangen, wodurch ein amtliches Notariat geschaffen wurde, das ausschließlich zur Beurkundung bestimmter Rechtshandlungen berechtigt war. Dank ihrer Rechtskenntnis nahmen die Notare in den Städten auch bei Auseinandersetzungen der Städte mit kirchlichen Institutionen und deren Ansprüchen eine wichtige Position ein. Die Notare späterer Zeiten pflegten auch wohlhabend zu sein.

VIII. DAS GERICHT

Der Stadtfrieden. – Die Beweisführung, das allmähliche Verschwinden des Gottesurteils. – Die örtliche Zuständigkeit. – Die Gerichtszuständigkeit der Bürger. – Die Immunität von der Gewalt der städtischen Gerichte. – Das Strafrecht.

Bereits bei den Ausführungen über das Wesen der Stadt sind wir auf eine bedeutende Komponente gestoßen, auf den Stadtfrieden.[1] Die Städte erfreuen sich eines besonderen Schutzes ihrer inneren Ruhe und Ordnung. Der Geltungsbereich des Stadtfriedens ist durch den Raum innerhalb der Stadtmauer, zwischen den Gräben oder in der direkten Reichweite der städtischen Aufsichtsorgane, des Stadtgerichts, gegeben.[2] Eine in diesem Bereich begangene Gewalttat ist ein Bruch des Stadtfriedens, was taterschwerend wirkt,[3] und deswegen mit härteren Strafen geahndet wird. Es kann deshalb die Ansicht bejaht werden, dass der Stadtfrieden das städtische Strafrecht begründet.[4] Die Stadt ist durch ihre *pax urbis, pax civitatis* der erste in sich geschlossene Friedensbereich in der mittelalterlichen Gesellschaft[5] und als solcher verlangt

---

[1] Die neueste Sammlung von Studien über Ideen und Garantien des Friedens in der mittelalterlichen Gesellschaft, Träger und Instrumentarien des Friedens im hohen und späten Mittelalter, hg. von J. Fried, VuF 43, Sigmaringen 1996, betrifft den Stadtfrieden besonders in den weiter unten zitierten Artikeln von O. G. Oexle und G. Dilcher.

[2] His, Strafrecht I, S. 20ff.

[3] His, ebenda, S. 22.

[4] Pirenne, Les villes, S. 175. Der Stadtfriede ist die Ursache für das strenge Strafrecht, vgl. E. Ennen, Stadtfriede, S. 546, die dazu Beispiele anführt.

[5] Dilcher, Rechtshistorische Aspekte, S. 15. Derselbe Autor, Friede durch Recht, S. 225, hat dies allgemein so formuliert, dass die Stadtgemeinde als erste das Korporativmonopol zur Ausübung der legitimen Macht erwarb. Damit schuf sie im neuen Sinn eine Rechtsgemeinschaft. Dilcher, Stadt und grundherrschaftlich-agrarische Welt, kehrte noch ausführlicher zu den Hauptmerkmalen der institutionellen Stadt zurück, die er schon in der Studie Rechtshistorische Aspekte behandelt hatte, und widmete der Frage des Stadtfriedens weitere Bemerkungen, S. 102–103, wobei er ebenfalls auf Art. 12 des ältesten Straßburger Rechts hinwies, Keutgen, Urkunden, Nr. 126: *Ad formam aliarum civitatum in eo honore condita est Argentina, ut omnis homo tam extraneus quam indigena pacem in ea omni tempore et ab omnibus habeat.* Welch bedeutende Komponente bei der Herausbildung der städtischen Ordnung der Frieden ist, bezeugt ein Fall aus sehr früher Zeit. Nach der königlichen Erlaubnis erwarb Laon 1128 eine *Institutio pacis*, wie die ältesten Ordnungen auf dem Weg zur Herausbildung der Stadt genannt wurden. Die Vorrechte des Grundherrn blieben unangetastet, aber die Einwohnerschaft erhielt die Möglichkeit, Frieden zu halten und den Markt zu schützen. Alle Einwohner, die Immobilien besaßen, wurden Mitglieder der Kommune, A. Saint-Denis, Laon – die Gesellschaft einer französischen Stadtkommune um 1200, in: Europas Städte zwischen Zwang und Freiheit, hg. W. Hartmann, Regensburg 1995, S. 113ff. Der Frieden stand also am Beginn der Herausbildung der städtischen Institutionen.

sie unmittelbar ein eigenes Gerichtswesen. In seiner Durchsetzung wurde die Stadt zu einem abgegrenzten Rechtsgebiet.[6] Die Personalität des Rechts wandelt sich im Bereich des Stadtgerichts zur Territorialität, in seinem Umkreis gilt dasselbe Recht.[7]

In unserem Zusammenhang ist es nicht notwendig, allgemeine Überlegungen über den Frieden im mittelalterlichen politischen und theoretischen Denken anzustellen, und es genügt, darauf hinzuweisen, dass der irdische Frieden in der Auffassung von Rufinus' Werk De bono pacis[8] als *pax orbis, pax urbis* und *pax domus* begriffen wird. Der Stadtfrieden – *pax civitatis* bezieht sich dann auf *forum* und *fanum* und basiert auf *leges et consuetudines*.[9] Eine der ersten städtischen Urkunden überhaupt, das hier schon oft erwähnte Privileg für Huy, garantiert jedem, der sich ohne Zögern dem Gericht stellt, Asylrecht und Hausfrieden. Damit wird Schutz gewährt gegen persönliche Rache,[10] es ist also ein wichtiger Schritt zur Festigung der Verteidigung gegen unkontrollierte Selbsthilfe. Eines der Hauptelemente des Stadtfriedens ist der Hausfrieden, also die *pax domus*, wie dies der Auffassung von Rufinus und der Garantie aus dem Privileg für Huy entspricht, und der auch vor unberechtigten Eingriffen von Beamten schützt.[11] In der Berner Urkunde von 1218, über deren Echtheit es Meinungsverschiedenheiten gibt, wird garantiert, dass ein Besitzer, in dessen Haus eingedrungen wurde, straffrei bleibt und jeglicher Schaden und auch die Verantwortung durch den Eindringling getragen wird.[12] Ähnliche Festlegungen, die eine Straftat verhindern soll, die gewöhnlich als *invasio domus* bezeichnet wird, treffen wir in einer Reihe von Stadturkunden fast in ganz Europa an. Wir wollen hier auch auf eine gewisse Parallele in Soběslavs Privileg für die Prager Deutschen hinweisen, wo ebenfalls der Schutz vor einer Straftat mit Namen *nadwore* (in der zweiten Version *nadworzie* [auf dem Hof]) gewährt wird.[13] Es geht zwar um eine Regel, die noch nicht mit dem städtischen Milieu zusammenhängt und die sich sachlich nicht mit dem Eindringen in ein Haus – *invasio domus* – deckt,[14] aber es ist bereits ein Ausdruck des Bemühens um die Unverletzlichkeit des Grundbesitzes.

Das Wesen des Stadtfriedens wird präzise in dem oft zitierten Privileg für Leobschütz von 1275 erfasst: *Primo quidem si quis pacem dei et domini regis et ipsius civitatis violando quemquem vulneraverit ...*[15] Es wird also der Stadtfrieden darüber

---

6 Dilcher, Rechtshistorische Aspekte, S. 16; Pirenne, Les villes, S. 176. Das Stadtgericht ist, z. B. nach von Below, siehe weiter oben in Kapitel I, eines der Hauptkennzeichen der Stadt.

7 Dilcher und Pirenne, ebenda.

8 PL 150, Sp. 1591–1638. Neue kritische Ausgabe: Rufinus von Sorrent, De bono pacis, herausgegeben und übersetzt von R. Deutinger, MGH – Studien und Texte, Bd. 17, Hannover 1997.

9 Meier, Mensch und Bürger, S. 29. Zitat bei Rufinus, lib. II, cap. XV, Sp. 1621, in der neuen Ausgabe von R. Deutinger., S. 134.

10 Ennen, Stadtfriede, S. 544–545.

11 Ennen, ebenda, S. 543, die den Hausfrieden als Basis des Stadtfriedens auffasst.

12 Keutgen, Urkunden, Nr. 134, Art. 27, S. 129: *Si quis burgensem in domo propria et area temere die vel nocte quesierit aut invaserit, quicquid ei ibidem mali fecerit, sine omni satisfactione evadet, et ille dampnum suum et confusionem portabit.*

13 Ed. Kejř, K privilegiu [Zum Privileg], Art. 4, S. 252.

14 Kejř, Zwei Studien, S. 139, Anm. 94, hat gefolgert, dass es sich um einen Schutz für den Besitzer eines Grundstücks handelt, auf dem Diebesgut gefunden wurde.

15 CDB V/2, Nr. 790, Art. 10, S. 468. Vgl. auch den Artikel des Iglauer Privilegs in seiner jüngeren Fassung, CDB IV, Nr. 177++, Art. 73a. S. 316, wo ebenfalls bestimmt wird, dass der Schuldige *pacem dei,*

hinaus auch als königlicher und als Gottesfrieden verstanden,[16] auf dessen Störung strenge Strafen folgen, weitaus strengere, als sie im außerstädtischen Territorium auferlegt würden, in dem dieser Frieden nicht mehr gilt.[17] Es kann nur noch auf den noch höheren Schutz des Friedens und die noch härtere Ahndung von Delikten im Rahmen des Marktfriedens hingewiesen werden, der allerdings einen auf die Zeit der Abhaltung des Marktes beschränkten Charakter hat;[18] dem gegenüber ist der Stadtfrieden dauerhaft und es gibt keine Ausnahmen von diesem.

Zu den Haupterscheinungen im sich herausbildenden städtischen Gerichtswesen gehörte seit alter Zeit schon in den Kaufmannsgilden die freie Rechtsfindung ohne Rücksicht auf das geltende Landesrecht. Alpert von Metz hat dies in der schon mehrfach erwähnten Stelle über die Kaufleute von Tiel ausgesprochen, die ihre *iudicia non secundum legem sed secundum voluntatem* ausüben.[19] Dies zeigt sich auch im Gerichtswesen von Köln, wo schon im 11. Jahrhundert die Urteile nicht nach dem Landrecht gefällt wurden, sondern bestimmt waren durch *iuste consuetudines et leges negociatorum* nach dem *ius Coloniensis urbis, ius civile*.[20] Die Prinzipien eines eigenen Gerichtswesens nach eigenen Regeln setzten sich allmählich durch, so dass die Stadtverwaltung mit ihnen bereits als gegeben rechnete.[21]

---

regis et terre gebrochen hat. L. v. Winterfeld, Gottesfrieden, S. 52–56, stellte die Stellen aus den städtischen Quellen zusammen, in denen Bemerkungen über den Gottesfrieden zu finden sind. Am ältesten ist eine Angabe für Medebach von 1165 (strittige Urkunde), es folgen Köln zwischen 1150–1180, dann Goslar 1219, aus dem 13. Jahrhundert das Lübecker Recht, 1261 das Magdeburg-Breslauer Recht und dann bereits Leobschütz, das also hierin an vorderer Stelle steht. Für die übrigen insgesamt 14 Städte liegen erst aus späteren Jahren Nachrichten vor. Der Iglauer Beleg blieb unbeachtet.

16 Sohm, Entstehung, S. 46, in Anlehnung an den gerade zitierten Leobschützer Artikel und mit Anführung weiterer Beispiele, in denen die Störung des Stadtfriedens als Störung des Gottesfriedens verstanden wird. Sohm, S. 48, folgerte gleichzeitig, dass trotz des Verständnisses des Stadtfriedens als Gottesfrieden seine Rechtsverbindlichkeit nicht aus irgendeinem kirchlichen Frieden abgeleitet wird, sondern ausschließlich aus dem königlichen Frieden, der auf die Stadt übertragen wird. Diese so kategorisch ausgesprochene Schlussfolgerung hat L. v. Winterfeld, Gottesfrieden, S. 12, etwas abgeschwächt.

17 Die Besonderheiten des Stadtfriedens im Vergleich zu den außerstädtischen Verhältnissen beschrieb Dilcher, Friede durch Recht, S. 222–225. Auch dort, wo Versuche unternommen wurden, den Stadtfrieden auf das Gebiet außerhalb der Befestigung auszudehnen, blieben innerhalb der Stadt strengere Strafen erhalten, His, Strafrecht I, S. 22. Es gibt zwar keine Belege, wie der Stadtfrieden bei uns in Orten angewendet wurde, die im Weichbild dem Stadtrecht unterstanden, aber aus der Natur der Sache geht hervor, dass dort das gleiche Prinzip des erhöhten Schutzes im eigentlichen Bereich der Stadt galt. Es ist offensichtlich, dass dort Delikte mit Härte und Unbarmherzigkeit unterdrückt wurden. Pirenne, Les villes, S. 176, verwendet den Ausdruck „réprimer les délits par le terreur".

18 Das Iglauer Privileg, Art. 83, S. 318, sagt: *quicunque pacem in die forensi infregerit*, ähnlich auch das Privileg von Deutsch Brod, CDB V/2, Nr. 873, Art. 16, S. 598. Darüber mehr im Kapitel über den Markt.

19 Außer der bereits angeführten Literatur noch Planitz, Kaufmannsgilde, S. 26. Zum Begriff *voluntas* neuestens O. G. Oexle, Friede durch Verschwörung, in: Träger und Instrumentarien des Friedens, S. 144, wo *voluntas* als „Willkür" im doppelten Sinne ausgelegt wird. Zum einen ist es – von innen gesehen – ein von einer bestimmten Gruppe geschaffenes positives, statutarisches Sonderrecht, zum anderen ist es – von außen gesehen, wie das bei Alpert von Metz verstanden wird – eine Eigenwilligkeit, die rechtswidrig ist. Oexle, ebenda, schickt voraus, dass es um das Verhältnis von Normen geht, die sich auf eine bestimmte Gruppe und ihr soziales Verhalten beziehen, was auf die übrige Gesellschaft projiziert wird.

20 Planitz, ebenda.

21 Das Straßburger Stadtrecht von 1214, Keutgen, Urkunden, Nr. 127, Art. 6, enthält den Grundsatz: *Consules autem non iudicabunt secundum ius provincie, quod dicitur landreht, sed secundum veritatem*

Das vorrangige Interesse der Kaufleute und dann überhaupt der Bürger war es, den schwerfälligen Formalitäten des alten Prozesswesens aus dem Wege zu gehen, der zu langwierig war und mit seinen irrationalen Beweisen wie gerichtlicher Zweikampf und Gottesurteil die Erkenntnis des wirklichen Geschehens verhinderte.[22] Der Kaufmann und der Produzent benötigten ein flexibles und disponibles Recht, das nach realen Beweisen und ohne Respekt vor Ständeprivilegien entscheidet.[23] Deshalb ist das Stadtrecht dem Landrecht weit voraus in der Beseitigung der Gottesurteile und im Ersetzen von Eidhelfern durch wirkliche Zeugen,[24] deshalb entscheiden die Stadtgerichte ohne Rücksicht auf Standeszugehörigkeit nach einheitlichem Recht.[25]

Ein deutlicher Beweis ist die Befreiung von den starren Formalitäten des alten Prozesses, in dem im Streitfall manchmal nur die falsche Verwendung von Worten zur Niederlage führen konnte. Die Befreiung von *vare*, ein Äquivalent der Begriffe *insidia verborum* oder *calumpnia verborum,* wurde den Bürgern von Jüterbog 1174 gewährt und bald darauf auch anderen Städten, deren Bürger vor solcher Gefahr geschützt wurden.[26] Die Stadt wird damit zum eigentlichen Gerichtsbezirk, nicht nur zur Gemeinde, und dieses Gericht entscheidet nach dem Stadtrecht, das die Bürger sprechen.[27] Der Urteilsspruch ist keine Applikation des schon vorher im Gesetz existierenden Rechts, sondern das Recht selbst, das im Urteil verwirklicht wird.[28] Beim Nachdenken darüber, ob es hier um Rechtsfindung im Unterschied zu Urteilsfindung geht,[29] können beide Prinzipien festgestellt werden. Zweifellos ist aber die wirkliche Findung, d. h. die Schaffung neuen Rechts in einer Zeit von Bedeutung, in der die eingebürgerten Bräuche bei weitem nicht mehr ausreichen, das gesamte Rechtsleben in dem sich stürmisch entwickelnden neuen Milieu der entstehenden Städte zu sichern. Es genügt hier, einen schon früher erwähnten Grundsatz anzuführen, der im Leobschützer Privileg ausdrücklich verkündet wurde, dem zufolge *si quando advocatus et consules … aliquam sentenciam tulerint de aliquo articulo, qui non sit predictis insertus, se de novo emerserit ex ignota causa, volumus eam sentenciam ratam et illibatam servari ac si superius esset scripta.*[30]

Es war hier nur in einer sehr knappen Skizze möglich, eine Charakterisierung des städtischen Gerichtswesens zu versuchen, wie es sich in unserer Nachbarschaft

et statuta civitatis. Dazu Dilcher, Hell, S. 16. Hier kann die Wendung *secundum veritatem* hervorgehoben werden, die nicht nur dem Prinzip der materiellen Wahrheit entspricht, sondern auch darauf hinweist, dass diese in Entscheidungen nach dem Landrecht nicht garantiert war.

22 Pirenne, Les villes, S. 114–115; ebenda auch S. 174.

23 Kejř, Možnosti a meze [Möglichkeiten und Grenzen], S. 197.

24 Ebel, Rechtsschöpferische Leistung, S. 246.

25 Ebel, ebenda, S. 251.

26 Schlesinger, Forum, S. 276, hier auch Beispiele.

27 Von Below, Städtewesen und Bürgertum, S. 71.

28 Thieme, Die Magdeburger und Kulmer Stadtrechte, S. 155.

29 K. Kroeschell, „Rechtsfindung“. Die mittelalterlichen Grundlagen einer modernen Vorstellung, in: Festschrift für Hermann Heimpel, Bd. 3, S. 498–517.

30 CDB V/2, Nr. 790, Art. 32, S. 470. Siehe schon im Kapitel über das Stadtrecht, Anm. 19. Ebel, Rechtsschöpferische Leistung, S. 244, spricht von „Mobilisierung des Rechts“ und erklärt: „Bald aber richtet sich, nach der Entstehung des Rats, eine ständig tätige Gesetzgebung ein …“

herausgebildet hat. Nun müssen wir uns aber mit den Stadtgerichten in den böhmischen Ländern beschäftigen und überprüfen, wie sich ihre Entscheidungen allmählich herausbildeten und wie viel uns unsere Quellen darüber verraten. Es ist angebracht, darauf hinzuweisen, dass die Hauptperson im städtischen Gerichtswesen, der Richter, auch der erste Vertreter der Stadtverwaltung und ihr Repräsentant nach außen hin war, so dass ebenfalls berücksichtigt werden muss, was schon weiter oben über den Richter gesagt wurde. Dem Mittelalter war die strikte Trennung von Verwaltung und Gerichtswesen noch fremd, beides lag in der Hand des Richters. In seiner Person konzentrierte sich sowohl die organisatorisch-administrative als auch die juristische Macht.

Erste Feststellungen zum städtischen Gerichtswesen bei uns führen zu dem unbefriedigenden Schluss, dass wir nicht im Stande sind, den Verlauf eines Prozesses zu rekonstruieren. Aus den Urkunden lassen sich nur unsystematische Beobachtungen ableiten und es fehlen wichtige Hinweise für die Erfassung des Gerichtsverfahrens in seinem Verlauf von dem Augenblick an, in dem es eröffnet wird, bis zur Verkündung des Urteils und seiner Vollstreckung. Es fehlen Hinweise, wie sie systematisch geführte Stadtbücher bieten. Auch die bisherigen Versuche einer Darstellung des Verfahrensverlaufes stützen sich vor allem auf jüngere Quellen.[31]

Eine der wesentlichen Fragen im Hinblick auf die Geschichte des städtischen Gerichtswesens ist jene, bis zu welchem Maße eine dynamische Veränderung im Prozessverlauf zu erkennen ist, die sich vor allem im rationalen Beweis geltend macht, oder ob es noch von traditionellen Formen durchdrungen ist. Wir müssen konstatieren, dass sich die Tendenzen zur Vereinfachung des Verfahrens und zur Beseitigung der schwerfälligen Formalitäten bei weitem noch nicht durchgesetzt haben und dass immer noch in gewissem Maße auch der irrationale Beweis – das Gottesurteil – weiter lebte.[32]

Das große Brünner Privileg verlässt sich wiederholt auf den Beweis durch Gottesgericht, sei es nun das Wasserordal bei der Entlastung von Totschlag,[33] bei Totschlag in Selbstverteidigung, wenn der Beschuldigte nacheinander das Ordal des Wassers und des glühenden Eisens absolviert,[34] bei Vergewaltigung oder Entführung einer Frau, in welchem Fall er ebenfalls das Gottesurteil des glühenden Eisens zu absolvieren hat.[35] Alle entsprechenden Artikel sind teilweise aus dem Wiener Privileg übernommen, aber der Unterschied besteht darin, dass im ersten Fall dort nicht vom Gottesurteil die Rede ist, und im zweiten Fall nicht vom Wasser, sondern nur vom Eisen. Auch das Iglauer Privileg überlässt dem Gottesurteil die Entscheidung eines Streitfalles, wenn die Regeln des gerichtlichen Zweikampfs wegen Verletzung oder Totschlag

---

[31] Z. Winter, Kulturní obraz českých měst [Das kulturelle Bild der böhmischen Städte] II, Praha 1892, S. 615ff.; F. Vacek, Soudnictví v Čechách [Das Gerichtswesen in Böhmen], S. 177ff.

[32] Dazu siehe schon weiter oben das Kapitel über das Stadtrecht, Anm. 148.

[33] CDB IV, Nr. 17, Art. 1, S. 81: *... per dei iusticiam, id est per aquam.* Wir müssen hier nicht auf die Vorschriften für Vereidigungen eingehen, die wir schon weiter oben im Kapitel über die Verwaltung bei den Ausführungen über die Teilnahme von Geschworenen berührt haben.

[34] Ebenda, Art. 8, S. 81: *... per dei iusticiam, id est per iudicium aque; si vero in aqua processum non habuerit, sed defectum, acquirat eum per ignitum ferrum.*

[35] Ebenda, Art. 23, S. 83: *... ille igniti ferri se iudicio expurgabit.*

genau festgelegt werden.[36] Auch die Leobschützer Urkunde enthält die Regeln für den gerichtlichen Zweikampf, zu dem die Freunde des Getöteten den Schuldigen zu seiner Überführung herausfordern konnten.[37] Der gerichtliche Zweikampf wird auch wiederholt in Deutsch Brod zugelassen.[38]

Es lässt sich nachweisen, dass es in der Anwendung des Gottesurteils im Laufe der Zeit zu einer Milderung kommt, wenn spätere Quellen nicht mehr von Wasser und glühendem Eisen sprechen und nur beim Zweikampf bleiben.[39] Diese Beschränkung ist bereits ein Fortschritt gegenüber dem Landrecht, das noch lange verschiedene Arten des Gottesurteils kannte.[40] Aber der gerichtliche Zweikampf bedeutet eine sehr unangenehme Einschränkung für Kaufleute und Produzenten, auch wenn er vor allem in Strafsachen angewendet wird.

Befreiungen vom gerichtlichen Zweikampf reichen – durch den Einfluss der Kirche – in Spanien[41] bis ins 11. Jahrhundert zurück, von wo aus sie sich dann im 12. und 13. Jahrhundert weiter ausbreiteten und vor allem in Flandern, im Rheinland und in Westfalen zur Anwendung kamen.[42] Das böhmische Stadtrecht hat hier noch keinen Erfolg bei der Unterdrückung des gerichtlichen Zweikampfes erreicht, worum sich die Städte im Westen erfolgreich bemühten. Schon etwa 1227 gestattete Herzog Otto das Kind dem Hagen in der Stadt Braunschweig, den Grundsatz in ihr Recht aufzunehmen: *Item nullus alium pro aliquo excessu ad iudicium duelli vocare aut cogere poterit*; er verbot also, zum Zweikampf aufzufordern.[43] Auch die ungarischen Städte Tyrnau (1238) und Ofen (1244) erhielten in der Goldenen Bulle Belas IV. ein Verbot des gerichtlichen Zweikampfes.[44] Es zeigt sich jedoch, dass auch die Befreiung

---

36 CDB IV, Nr. 177⁺⁺, Art. 73a, S. 316. Hier wird die Wendung Verletzung von *pacem et graciam* gebraucht und es wird festgestellt, dass der Beschuldigte *violavit pacem dei, regis et terre*, vgl. weiter oben, Anm. 15. Interessant könnte hier sein, dass dieser Artikel erst in die jüngere Fassung des vermeintlichen Privilegs aufgenommen wurde.

37 CDB V/2, Nr. 790, Art. 15, S. 469.

38 CDB V/2, Nr. 873, Art. 3, 4, 8, 10, S. 597.

39 Auch in dem Privileg, mit dem Přelauč 1261 zur Stadt erhoben wird, CDB V/1, Nr. 292, wird der Zweikampf in der Reihe von Strafen genannt, die über den Verurteilten verhängt werden konnten. Weil als Vorbild zwei königliche Städte dienten, Kolin und Kauřim, hatten sie wohl die gleichen Regeln.

40 Als Beispiele können zwei zwar nicht echte, aber noch aus dem 13. Jahrhundert stammende Urkunden angeführt werden. In einer Urkunde Wenzels I. für das Kloster von Hradisch, die angeblich aus dem Jahr 1250 stammt, CDB IV, Nr. 188++–+++, aber erst vor 1270 entstanden ist, wird mit der Möglichkeit gerechnet, dass die Klosterleute sich dem Ordal des Eisens, des Wassers, der glühenden Pflugschar oder des Zweikampfes unterziehen. Eine ähnliche Verfügung hat auch Přemysl Otakar II. in einer gefälschten Urkunde für das Kloster von Wisowitz von 1263 erlassen, CDB V/1, Nr. 366++, in der ebenfalls alle vier Arten des Ordals genannt werden.

41 Von Keller, Freiheitsgarantien, S. 220–225.

42 Diestelkamp, Städteprivilegien Ottos des Kindes, S. 44–47, sowie die Karte Nr. 3 in der Beilage, die die Verteilung der Städte mit einer Befreiung vom Gerichtszweikampf veranschaulicht. Diestelkamp verfolgt neben der zeitlichen und lokalen Bestimmung auch den Inhalt der Befreiung in vier Gruppen: 1. allgemeines Verbot, 2. gegenüber dem Bürger, 3. unter den Bürgern, 4. Fremder gegen Bürger, siehe ebenda und auch S. 45, Anm. 6.

43 Diestelkamp, ebenda, S. 44. Auf seiner Karte sind auch weitere Städte markiert, in denen eine Abmachung über den Zweikampf möglich ist.

44 Zu Tyrnau CDSlov II, Nr. 44: *Duellum vero nec inter se, nec eciam cum alienis committere cuiusquam iudicio constringantur, sed cuiuscunque questionis materia duodecim hominum iuramento sopiatur.* Zu Ofen Kubinyi, Die Anfänge Ofens, S. 18.

vom Zweikampf diesen nicht völlig unmöglich machte, wenn in der Braunschweiger Hagenstadt eine freiwillige Abmachung über die Entscheidung durch Zweikampf nicht ausgeschlossen war.[45] Ein Privileg, das den gerichtlichen Zweikampf verbot, und eine Bestimmung *de non evocando* schützte die Stadt nicht in ausreichendem Maße vor Eingriffen der äußeren Jurisdiktion und in deren Rahmen vor dem gerichtlichen Zweikampf. Dies war in Dortmund der Fall, wo die Bürger durch ein Privileg von 1220 von diesem befreit waren, aber trotzdem im Gericht vor dem Herzog stehen und den Zweikampf *more westphalico*, d. h. nach dem Landrecht, führen mussten.[46] Aber auch solche Verzögerungen konnten die Entwicklung zur Einschränkung des gerichtlichen Zweikampfes nicht unterdrücken.[47]

Die gesamte Verspätung des böhmischen Rechts bei der Beseitigung der Gottesurteile aus der Prozessordnung, gegen die noch Karl IV. auftreten musste,[48] belastete offenbar für eine bestimmte Zeit auch die Städte.

Über Urteilssprüche von Stadtgerichten gibt es für die Přemyslidenzeit fast keine Nachrichten. Trotzdem ist eine Passage aus dem Privileg für Leobschütz wichtig, die über die Beilegung eines Streites durch Schiedsrichter spricht: *Item compromissio, facta per viros ydoneos et soluta, preiudicat omni iuri.*[49] Überhaupt zeigt es sich, dass Schiedssprüche in Streitsachen, besonders bei kirchlichen Institutionen, sehr oft an die Stelle von Gerichtssprüchen traten und durch verschiedene Zugeständnisse beider Seiten den Weg zum Ausgleich bahnten. Dies zeigt sich auch bei Streitigkeiten von Städten mit außerstädtischen Parteien.[50] Es darf auch an die Beilegung des Streites zwischen den Richtern des Dorfes Třebotov und dem Kloster Marienkron erinnert werden, bei der sich die Vertreter des Klosters freiwillig dem Stadtgericht in Mährisch Trübau unterwarfen,[51] obwohl sie im Sinne des *privilegium fori* nicht dazu gezwungen werden konnten.

Die örtliche Zugehörigkeit des Gerichts war durch den Sprengel der Stadt gegeben, der an den Stellen, wo Stadtmauern errichtet waren, durch deren Umkreis bestimmt war. Wo sich ein Netz von Dörfern herausgebildet hatte, die dem Geltungsbereich des Stadtrechts angehörten und seinem Gericht unterstanden, war die örtliche Zugehörigkeit wesentlich breiter bestimmt, aber nichts änderte sich dadurch an

45 Diestelkamp, Städteprivilegien Ottos des Kindes, S. 45–46.

46 Von Winterfeld, Gottesfrieden, S. 24.

47 Siehe auch die in Kapitel IV, Anm. 148, zitierte Literatur.

48 Es genügt, darauf hinzuweisen, dass noch das Rechtsbuch der alten Herren von Rosenberg überquillt von Gerichtsentscheidungen auf der Basis von Gottesgerichten und dass nicht einmal Karl IV. selbst mit der vollständigen Beseitigung der Gottesurteile in dem Maiestas Carolina genannten Gesetzgebungsentwurf Erfolg hatte, vgl. J. Kejř, Die sog. Maiestas Carolina, S. 106–108, tschechischer Titel Sporné otázky [Strittige Fragen], PhS 32, 1992, S. 65. Über das Zurückbleiben der Länder Mittelosteuropas bei der Beseitigung der Gottesurteile R. van Caenegem, La preuve dans le droit du Moyen âge occidental, in: La preuve – Recueils de la Société Jean Bodin, Bd. XVII., Bruxelles 1965, Karte I.

49 CDB V/2, Nr. 790, Art. 31, S. 470.

50 Der Streit von Klosterbruck mit den Znaimer Bürgern wurde 1272, CDB V/2, Nr. 675, von zwei königlichen Beamten entschieden, die als *iudices* von König Přemysl Otakar II. eingesetzt worden waren.

51 CDB V/2, Nr. 628.

der Art der Entscheidung.[52] Hier muss der Bericht über die Weichbilde nicht wiederholt werden, der im Kapitel über das Stadtrecht gegeben wurde. Aber auch klar abgegrenzte Bereiche der Gerichtszugehörigkeit verhinderten keine Auseinandersetzungen darüber, wer das Recht des Urteils und des Nutzens vom Gericht hat. Schon früher haben wir Fälle festgestellt, in denen die Stadt vor den Ansprüchen des Adels und seinen Versuchen, die städtische Jurisdiktion zu verletzen, geschützt werden musste, wie dies in einigen Artikeln der Privilegien für Brünn, Iglau und Deutsch Brod ausgedrückt wurde.[53] Brünn geriet später in einen Streit um die Jurisdiktion über die Untertanen des Adels, die ihren Wohnsitz im Weichbild der Stadt hatten und auf deren Gebiet Straftaten verübten. Eine Entscheidung des Landesherrn von 1276[54] gestand der Stadt das Recht zu, ähnliche Fälle sowohl in der Stadt als auch in den Vorstädten und der Stadt unmittelbar benachbarten Gebieten zu verhandeln. Allerdings mit der Einschränkung, dass der aus dem Urteil hervorgehende Gewinn den Grundherren zufallen soll, als ob sie selbst geurteilt hätten. Im Hintergrund lässt sich hier ein Kompromiss zwischen der Stadt Brünn und den Grundherren erahnen, die ihre Eigentumsansprüche befriedigen konnten, was am ehesten ihr Ziel war. In der königlichen Urkunde ist in diesem Zusammenhang auch eine Überlegung über die Notwendigkeit zu strafen enthalten, denn sonst würde der Ungerechtigkeit und dem Verbrechen Tür und Tor geöffnet. Trotzdem musste König Rudolf die Brünner erneut vor der Gewalt des Adels in Schutz nehmen.[55]

Außer den Versuchen, in die städtische Gerichtsbarkeit im eigentlichen Weichbild der Stadt einzugreifen, begegnen wir auch einer anderen Erscheinung, die mit dem Stadtgericht zusammenhängt, nämlich den Garantien, dass die Bürger von ihrem Stadtgericht verurteilt werden und dass sie von keinem anderen Gericht verfolgt werden dürfen. Eine solche Garantie wurde in ältester Zeit Mährisch Neustadt in einem Privileg von Markgraf Přemysl von 1234 gewährt, der bestimmte, dass die Bürger *ne extra territorium suum ad aliena iudicia pertrahantur, sed secundum consuetudines suas in villa prenominata exhibeant iusticie conplementum*, es sei denn, dass sie vom markgräflichen Gericht verurteilt würden.[56] Das knüpft exakt an die erste Urkunde für Mährisch Neustadt aus dem Jahr 1223 an, die garantierte, dass ein Urteil bei allen Verfehlungen *secundum suas consuetudines* gesprochen werden solle, soweit es nicht um eine schwere Schuld geht, die vor das Gericht des Landesherrn gehört.[57]

---

52 Vgl. das Privileg von Bischof Theodoricus für Kremsier, RBM II, Nr. 1502, in dem dem Richter der Stadt befohlen wird, bei Gericht anwesend zu sein, wenn Angelegenheiten mit Todesstrafe verhandelt werden und der Verurteilte die Strafe innerhalb oder außerhalb der Stadt erleiden soll.

53 CDB IV, Nr. 17, privilegium minus, Art. 1; Nr. 177, Art. 1; CDB V/2, Nr. 873, Art. 58. Siehe dazu weiter oben im Kapitel über das Stadtrecht. V. Vaněček, Základy [Die Grundlagen] II, S. 33, sieht in der entsprechenden Festlegung für Brünn eine Abgrenzung der Stadt gegenüber der grundherrlichen Jurisdiktion. Dilcher, Friede durch Recht, S. 227, hat das allgemein so formuliert, dass die Bürgerschaft mit ihrem inneren Frieden an eine Grenze stieß, die die außerstädtische Gesellschaft, die noch nicht vollständig dem Frieden unterstand, aufgestellt hatte.

54 CDB V/2, Nr. 815.

55 RBM II, Nr. 1140: … *ut nullus baronum seu nobilium terre infra muros civitatis in rebus aut personis civium aliquam violenciam perpetrare presumat.*

56 CDB III/1, Nr. 76.

57 CDB II, Nr. 246.

Solche Vorschriften enthalten später die Privilegien für Leitmeritz von 1262, mit dem sich sogar der Landesherr selbst verpflichtet, das dort geltende Stadtrecht auch dann einzuhalten, wenn die Entscheidung vor sein Gericht gehören würde sowie das für Saaz von 1265.[58] Eine gewisse Ähnlichkeit zeigt auch die Exemtion der Bürger von Horažd'owitz aus der Gewalt der ländlichen Amtsträger, das Gericht wird aber dem Herrn der Stadt, Herrn Bavor von Strakonitz, gegeben, wie es eine Urkunde Wenzels II. von 1293 bestimmte,[59] in der das Stadtgericht überhaupt nicht erwähnt wird. Es ist offensichtlich, dass die Untertanenstadt[60] der Gewalt ihres Grundherrn unterstand, ähnlich wie ein einfacher Markt.

Auch Stadtgerichte griffen manchmal unberechtigt in ihrer Umgebung in die Jurisdiktion einiger Herrschaften ein und versuchten, deren Leute zu verurteilen, so dass es wiederum notwendig war, deren Rechte gegenüber der Stadt zu verteidigen.[61]

Die Erteilung des Rechts nach dem Vorbild einer anderen Stadt, über die schon gesprochen wurde, muss auch unter dem Aspekt des Gerichts erwähnt werden. Im 13. Jahrhundert gibt es, bis auf geringe Anzeichen, keine Berufung auf das übergeordnete Recht der Mutterstädte und auch keine Gesuche um Rechtsbelehrung, die ein komplettes Rechtssystem gebildet hätten. Auch die Erteilung des Rechts nach einem bestimmten Vorbild stört nicht die Rechtshoheit der bedachten Stadt, denn die Urteile werden dort in eigener Vollmacht gefällt. Sogar die Nachrichten, dass sich die Dörfer nach einem gewissen Stadtrecht richten sollen, heben die Machtbefugnisse ihrer Grundherrschaft nicht auf. Wenn das Kloster von Wilimow 1279 den Lokatoren zweier Dörfer in der Nähe von Časlau vorschreibt, die hier *municipium* genannt werden, dass sie *tam in iudiciorum forma quam in laneorum mensura habebunt modum predicti municipii Chaslaviensis*,[62] so bedeutet dies keineswegs ein Überschreiten der Vollmacht des Dorfrichters und eine Aufgabe der grundherrlichen Befugnisse. Noch klarer zeigt das der Fall der Lokation von Lichtenwerde durch den Freudenthaler Richter, wo der Lokator zwar weitreichende Gerichtsrechte haben wird, aber schwere Verbrechen doch vor dem Stadtgericht verhandelt werden sollen.[63]

58 CDB V/1, Nr. 336 und Nr. 464.

59 CIM IV/1, Nr. 12.

60 Als Stadt wurde Horažd'owitz in einer Urkunde des Herrn Bavor aus dem Jahr 1279 bezeichnet, RBM II, Nr. 2801, die von seiner Befestigung durch einen Graben berichtet, ebenso wie in der genannten königlichen Urkunde, in der *cives civitatis sue* genannt werden.

61 Dies geschah 1252 in Leitmeritz, wo die Leute des Leitmeritzer Propstes aus der Gerichtsgewalt jeglicher Beamter befreit wurden und sie weder durch den Richter noch einen Leitmeritzer Bürger wegen welcher Schuld auch immer verurteilt werden durften, CDB IV, Nr. 232, oder in Brünn, wo zwischen den Jahren 1255 und 1258 die Güter des Herburgenklosters vor den finanziellen Ansprüchen der Stadt in Schutz genommen wurden, CDB V/1, Nr. 155.

62 RBM II, Nr. 1167.

63 CDB V/1, Nr. 489. Hier wird gesprochen *de quibus ibi iudicabitur usque ad ultimam sentenciam, que civitati reservabitur*. Es ist übrigens üblich, dass schwere Verbrechen, die in Stadtdörfern begangen werden, vor dem Stadtgericht verhandelt werden, vgl. z. B. Bennisch, CDB IV, Nr. 267, die gefälschte Urkunde für Gewitsch, CDB V/1, Nr. 160++, Polička, CDB V/1, Nr. 457, Braunsberg CDB V/2, Nr. 597.

In vielen Fällen war die Gerichtshoheit durch Exemtionen eingeschränkt. Am häufigsten kam hier die Befreiung der Kloster- oder Kapitelleute in Betracht, die dem Gericht ihrer Grundherren zugeordnet wurden. Weil die Gerichtsimmunität der Klöster ausführlich behandelt wurde,[64] sollen hier nur einige wenige Beispiele angeführt werden. Das Interesse der Klöster an der Exemtion ihrer Untertanen war so groß, dass sie nicht zögerten, solche Passagen auch in gefälschte Urkunden aufzunehmen. Das Kloster von Hradisch eignete sich angeblich 1249 durch ein Privileg, das erst vor 1270 entstanden ist,[65] das Asylrecht an, das *nec ... nuncii, nec beneficiarii nec cives vel advocatus quilibet* stören durften, und zwar unter Androhung hoher Strafen. Außerdem verbot der Landesherr dem Richter und den Bürgern in Olmütz und auch in anderen königlichen Städten, Klosteruntertanen festzuhalten, was kurz darauf auch in einer weiteren gefälschten Urkunde von 1250 wiederholt wurde.[66]

Die Befreiung des St. Anton-Spitals in Brünn aus der Hoheit der Stadt wird 1251 allgemein formuliert,[67] dagegen bezieht sich die Immunität der Leute der Kirche von St. Stephan in Leitmeritz ausdrücklich auch auf ihren Schutz gegen Eingriffe des Stadtgerichts und auf ihre Zuweisung unter die ausschließliche Jurisdiktion ihres Grundherrn.[68] Auf Leitmeritz bezieht sich auch die Immunitätsurkunde König Přemysl Otakars II. von 1277 für den Propst von Wyschehrad,[69] in der die Untertanen des Propstes zuerst nach älteren Verfügungen befreit sind *extra civitatis muros vel loca forensia ab exaccione collectarum vel iudiciorum ipsarum civitatum aut locorum.* Darüber hinaus wird die Bestimmung hinzugefügt, dass die Leute des Propstes, die außerhalb der Mauern von Leitmeritz wohnen, weder städtische Steuern zahlen sollen noch dem Stadtgericht unterstehen, sofern sie sich allerdings nicht *intra spacium murorum* schuldig machten. Auch im Eigentumsrecht wird den Leuten des Propstes garantiert, dass sie in Streitfällen *extra muros in contractibus debitorum* oder in anderen Angelegenheiten nicht *in ipsia civitate* verurteilt werden sollen. Nebenbei gesagt, ist dies eine der wenigen Erwähnungen über privatrechtliche Beziehungen.

Ein äußerst häufiger Fall gerichtlicher Immunität gilt für die Leute des Klosters von Sedletz, die nach einer Urkunde König Wenzels II. von 1299[70] in vollem Umfang der Gerichts- und Halsgerichtsgewalt des Abtes und Konvents unterstehen. Die Leute dürfen von keinem anderen Gericht verurteilt werden und nur, wenn sie eine Straftat in einer königlichen Stadt begehen, können sie dort auch verurteilt werden, aber wegen Taten außerhalb der Stadt dürfen sie nicht einmal festgehalten werden. Es wird bestimmt, dass sich dies auf die Leute des Klosters bezieht, die tatsächlich auf den Klostergütern überall im Königreich wohnen. Nicht so klar waren die weitaus komplizierteren Immunitätsgarantien des Leitomischler Klosters, für das der

64 In dem Werk von Vaněček, Základy [Die Grundlagen] III.
65 CDB IV, Nr. 171⁺⁺.
66 CDB IV, Nr. 188. Zu beiden Urkunden Šebánek – Dušková, Listina [Die Urkunde], S. 61–62.
67 CDB IV, Nr. 202.
68 CDB IV, Nr. 232.
69 CDB V/2, Nr. 850
70 RBM II, Nr. 1832. Ausführungen bei Vaněček, Základy [Die Grundlagen] III, S. 50–51.

Landesherr selbst die Hauptinstanz darstellt, in der jedoch eine sehr breite Palette von Straftaten festgelegt wird.[71]

Eine besondere Art der Exemtion betrifft die Juden nach dem großen Judenprivileg Přemysl Otakars II. von 1262,[72] das festlegt, dass in einem Streitfall unter Juden der Stadtrichter keine Gewalt über sie hat und dass der Landesherr oder ein Kämmerer die Gerichtsentscheidung fällt. Sonst wird allerdings deutlich, dass jegliche erteilte Immunität, in der allgemein über die Befreiung von der Gerichtsgewalt gesprochen wird, sich auch auf die Stadtgerichte bezieht, auch wenn sie nicht direkt genannt werden. Aber auch hier bleibt die Wahrscheinlichkeit bestehen, dass Taten innerhalb der Stadtmauern von der Stadt abgeurteilt werden, wie aus den ausführlichen Bestimmungen für den Propst von Wyschehrad und das Kloster von Sedletz hervorgeht.

Die Gerichtsimmunitäten konnten hier nur in einem knappen Querschnitt vorgestellt werden, soweit sie sich auf Städte bezogen, und es konnten nicht ihre gesamten Prinzipien behandelt werden, besonders die Frage der ausschließlichen eigenen Jurisdiktion, die erst ein späteres Entwicklungsstadium darstellt.[73]

Eine seltene Gelegenheit des Einblicks, zwar nicht in das eigentliche städtische Gerichtswesen, sondern in die erbitterte Auseinandersetzung zwischen einer Stadt und einem auswärtigen Kontrahenten, bietet uns die Entscheidung im Fall des Widerstandes von Kunowitz gegen die Stadt Ungarisch Hradisch und im Zusammenhang damit auch in den Streit der Stadt mit dem Kloster von Welehrad. Im Jahr 1297 saß in Vertretung König Wenzels II. der mährische Kämmerer Albert von Zdounky zu Gericht,[74] der seine Ankunft vorher ankündigte und sie auf dem Markt ausrufen ließ. Die Bürger trugen die Anklage vor, in der sie die Kränkungen zusammenfassten, die sie von den Kunowitzern erfahren hatten, die sich von der städtischen Jurisdiktion losgerissen hatten, zu ihrem Vorteil die gemeinsamen Ländereien nutzten, die Einfuhr von Fischen in die Stadt nicht erlaubten und vor allem das Bannmeilenrecht dadurch verletzten, dass sie im Dorf Handwerker ansiedelten und Bier ausschenkten. Gegen den Abt richtete sich dann die Anklage, dass er die städtischen Weiden zu seinem Nutzen in Felder umwandelte. Gegenstand des Streites waren dann noch einige kleinere Angelegenheiten. Herr Albert von Zdounky sprach in Vertretung des Königs ein Urteil zu Gunsten der Stadt aus und verbot, sie in ihren Rechten zu beeinträchtigen.[75] Die Stadt fertigte dann in dieser Sache eine Urkunde aus, die sie von den Geschworenen aus Ungarisch Brod und aus Kostel beglaubigen ließen, wozu auch Herr Albert von Zdounky sein Siegel anfügte.[76]

---

[71] CDB V/1, Nr. 195++ muss mit Vorsicht beurteilt werden, denn die Urkunde ist nicht echt und muss nach den einzelnen Institutionen analysiert und ihr Inhalt überprüft werden.

[72] CDB V/1, Nr. 316.

[73] V. Vaněček, K soudní imunitě duchovních statků na Moravě [Zur Gerichtsimmunität geistlicher Güter in Mähren], Praha 1931, S. 38.

[74] RBM II, Nr. 1756 = CDM V, Nr. 70.

[75] Zu diesem Streitfall A. Verbík, in: Uherské Hradiště [Ungarisch Hradisch], S. 98–99.

[76] Šebánek, Česká listina [Die böhmische Urkunde] 3, S. 141–142, der auch gezeigt hat, wie ungewöhnlich in einem solchen Fall die Ausstellung einer städtischen Urkunde für den inneren Bedarf im Fall eines Gerichtsbeschlusses war, dessen Partei die Stadt war.

Dieser Streit hatte noch ein Nachspiel, das wieder zu Gunsten der Stadt ausfiel, als 1301 König Wenzel II. der Stadt drei Dörfer zurückgab, darunter auch Kunowitz,[77] das ihr bereits bei der Gründung durch Přemysl Otakar II. zugewiesen worden war, und außerdem unterstellte der König auch das Dorf Welehrad der Jurisdiktion des Stadtrichters, das dem Kloster Welehrad gehörte. In allen behandelten Fragen beriefen sich die Bürger auf das Gründungsprivileg Přemysls Otakars II. von 1258,[78] das tatsächlich verletzt worden war, und sie erreichten die Anerkennung und Rückgabe aller darin enthaltenen Rechte.

Wenn wir die Privilegien betrachten, in denen über Stadtgerichte gesprochen wird, so erfahren wir gewöhnlich etwas über das Strafrecht, aber kaum etwas über das Privatrecht.[79] Das ist eine Folge des Gewohnheitsrechts, das die Besitzverhältnisse regelte, ohne dass sie durch eine Urkunde beglaubigt werden mussten. Aber auch Regeln über Straftaten und Strafen kommen nicht häufig vor, so dass wir annehmen können, dass diese nach Gewohnheitsrecht eingehalten oder nur als mündlicher Akt vollstreckt wurden. Der heutige Leser wird durch die große Härte der Strafen überrascht, da als geläufige Vergeltung gegenüber dem Schuldigen die Todesstrafe galt, aber die Verdichtung der Bevölkerung in der Stadt und besonders der Marktbetrieb erforderten stärkere repressive Maßnahmen, damit Frieden und Ordnung garantiert werden konnten.[80]

Es wäre nicht zweckmäßig, einzelne Straftaten zu behandeln und zu versuchen, eine Art System des materiellen Strafrechts aufzustellen. Die Nachrichten sind nicht zahlreich und verstreut, und sie sind am ehesten in den großen Privilegien von Brünn, Leobschütz, Iglau und Deutsch Brod zu finden. Die wichtigsten Taten, die in den Artikeln der Privilegien aufgeführt werden, sind Mord, Körperverletzung, Vergewaltigung, Hausfriedensbruch, Münzfälschung und Diebstahl. In der Regel sind auch die Vorschriften beigefügt, wie sich der Schuldige reinwaschen kann, was in früheren Phasen auch durch Gottesurteile und Eidhelfer geschieht.

Bis auf Ausnahmen ist das Stadtgericht die einzige Instanz für die Entscheidung über Schuld und Strafe.[81] Über seine Befugnisse bei der Verfolgung von schweren Straftaten in den der Stadt zugewiesenen Dörfern, in denen es über solche Verschuldungen urteilen darf, haben wir schon weiter oben gesprochen. Hier wollen wir unsere Aufmerksamkeit auf andere Dinge richten, nämlich auf das in den Urkunden verliehene Recht, seien es nun königliche Urkunden oder solche von anderen

77 RBM II, Nr. 1876 = CDM V, Nr. 119.

78 CDB V/1, Nr. 156.

79 Dilcher, Stadt und grundherrschaftlich-agrarische Welt, S. 103, hat gezeigt, dass auch das Privatrecht und Gerichtswesen sich als Folge des Stadtfriedens herausbildeten, um den Frieden bedrohende Konflikte zu verhindern. Ein allgemein geschützter Frieden bietet Erwerbsmöglichkeiten für alle.

80 Schmoller, Die äußeren Tatsachen, S. 49.

81 Zycha, Ursprung, S. 176. Es handelt sich in der Regel um königliche Städte. Eine größere Verfügungsgewalt behielt sich der Landesherr in Mährisch Neustadt vor, wie bereits weiter oben festgestellt wurde. Mährisch Weißkirchen, eine Stadt des Klosters von Hradisch, wird in der Lokationsurkunde des Abtes, CDB V/2, Nr. 805, in der richterlichen Gewalt dadurch eingeschränkt, dass der Abt *majores culpas* seiner eigenen Gerichtsbarkeit vorbehält. Die höhere Gerichtsbarkeit in den Dörfern der Stadt Polička steht dem Stadtrichter zu.

Grundherren. Zunächst aber wollen wir betrachten, auf welche Weise Přemysl Otakar II. im Jahre 1261 über das Halsgericht in den Marktdörfern Komotau und Miletin entschieden hat,[82] als ihr Herr, der Deutsche Ritterorden Befugnisse *cum omni integritate iuris iudiciorum, patibulo scilicet et trunco* erhielt. Hier geht es nicht um ein Stadtgericht, weil das Recht zu strafen nicht den Organen der Marktdörfer zusteht, sondern dem Grundherrn. Einen anderen Fall im *locus forensis* stellen wir im Privileg König Wenzels II. für das Kloster von Břewnow aus dem Jahr 1295 fest,[83] der auf die Bitte des Abtes das Halsgericht in Politz bewilligte – *iudicium sanguinis* – mit der interessanten Begründung, dass infolgedessen die Verbrecher nicht wie bisher nach Königgrätz gebracht werden müssten, wobei sie unterwegs oft geflohen seien. Beigefügt ist auch eine Anweisung für die Beamten der Provinz von Königgrätz, sie mögen den Richter und die *habitatores* nicht dazu zwingen, die Verbrecher nach Königgrätz zu führen. Diese sollen *per iudicem dicti loci* bestraft werden, der offenbar als Vertreter des Abtes die Strafen verhängt, für den das Privileg bestimmt ist. Politz wird nicht als Stadt bezeichnet und seine Einwohner sind keine *cives*.[84]

Von diesen Fällen müssen wir das Privileg für das Kloster von Opatowitz und seine Stadt Přelauč – *civitati in Predluts* – unterscheiden,[85] denen die gleichen Rechte zugestanden werden, wie sie Kolin und Kauřim haben, *videlicet ius, quod habet Magdeburgensis civitas, id est auctoritatem puniendi tam in personis quam in rebus secundum merita reorum et excessuum qualitatem, quos ibidem contingerit perpetrari, scilicet sentenciam suspensionis, decapitacionis, rotacionis, duelli necnon omnium eorum, que ad iudicium supradictarum civitatum pertinere noscuntur*. Das bedeutet praktisch die vollständige Strafautorität, die einer Untertanenstadt gewährt wird, wofür königliche Städte das Vorbild sind. Eine nicht ganz so umfangreiche Befugnis überließ der König dem Städtchen der Prager Kirche Hněwkowitz, die das Gericht nach der Art anderer Städte ausüben soll, mit Ausnahme des Galgens – *preter patibulum*.[86] Es zeigt sich, dass der Inhalt der Gerichtsprivilegien vor allem das Strafrecht ist.

Als Kapitalverbrechen gelten Diebstahl und Mord in einer Reihe von Bestimmungen verschiedener Städte.[87] Auch leichtere Vergehen wurden streng bestraft. Nach der Leobschützer Urkunde wurde der Dieb einer kleinen Sache an den Pranger gestellt und mit der Rute bestraft, aber wenn er schon vorher schlechten Rufes war, *infamis*, wurde er gehängt.[88] Es gab jedoch gewisse Absicherungen gegen den Missbrauch der richterlichen Befugnisse. Der Richter in Dobrzan ließ zwei *cives pociores*

[82] CDB V/1, Nr. 265.
[83] RBM II, Nr. 1700.
[84] E. Hawelka, Die Halsgerichtsbarkeit der Stadt Braunau, MVGDB 32, 1894, S. 48, spricht von der Verleihung des Halsrechts an die Stadt Politz, offensichtlich irrtümlich. Weitere Belege sind jünger.
[85] CDB V/1, Nr. 292.
[86] CDB V/1, Nr. 359.
[87] Göding, CDB II, Nr. 381, Bennisch, CDB IV, Nr. 267, Kremsier, RBM II, Nr. 1502. Vergleiche auch die entsprechenden Artikel in den Privilegien für Brünn, Iglau und Leobschütz.
[88] CDB V/2, Nr. 790, Art. 28, S. 470.

aus Mies hinrichten (*temere decollavit*) *nulla precedente sentencia*, wofür er genötigt wurde, König Přemysl Otakar II. 1275 eine hohe Strafe zu zahlen.[89]

Das Stadtgericht war auch der Ort, an dem Privatverträge geschlossen wurden, wie dies die bereits in anderem Zusammenhang behandelte unberechtigte Übergabe von Hufen durch den Richter von Hlussowitz an seinen Sohn zeigt, die *coram iudicio Oppaviensi* geschah und als unrechtmäßig zurückgenommen werden musste.[90]

Wir wollen noch hinzufügen, dass eine wichtige Nachricht über die Verletzung von Freiheiten und Eigentum der Kirche erhalten ist, die mit dem Kirchenbann geahndet wurde. 1274 befahl der Prager Bischof Johann den kirchlichen Würdenträgern im Glatzer Gebiet,[91] dass sie die Glatzer Bürger und deren Helfer feierlich für exkommuniziert erklären sollten, die gewaltsam in das Minoritenkloster eingedrungen waren und dort einen Menschen getötet hatten. Wir erfahren aber nicht, ob die weltliche Macht gegen die Schuldigen vorgegangen ist. Nur mit einer gewissen Überraschung sehen wir, dass Gewalt von Bürgern – *cives* – ausgeübt wurde, die namentlich exkommuniziert werden sollen, während die anderen, die sich daran beteiligt hatten, allgemein exkommuniziert werden. Der Hintergrund der Tat ist unklar.

Die Ausführungen über die Stadtgerichte könnten mit der Zusammenstellung aller Quellenachweise, der Zusammenfassung der Angaben über Verfolgung von Verbrechern und über Strafen, deren Interpretation und schließlich dem Vergleich mit anderen Rechtsbereichen, noch lange fortgesetzt werden. Damit würden wir allerdings den Zweck dieser Arbeit verfehlen, die ja nicht nur eine rechtshistorische Analyse der Nachrichten über die Organisation der Gerichte und über die vor ihnen verhandelten Verfahren darstellen soll. Die Analyse des städtischen Gerichtswesens in der ersten Etappe des städtischen Lebens und der städtischen Ordnungen soll deshalb vor allem als Verdeutlichung der Entwicklung selbständiger städtischer Institutionen dienen. Übrigens ist ja schon an anderer Stelle über das Gerichtswesen gesprochen worden, sei es bei den Ausführungen über die Merkmale der Stadt, über das Stadtrecht oder über die Beilegung von Streitigkeiten und Verschuldungen beim Marktbetrieb.

89 CDB V/2, Nr. 771+. Das Geld zum Bezahlen erwarb er durch den Verkauf von Hufen, Mühlen und anderen Gütern an das Kloster Chotieschau für 330 Pfund Silber, von denen 220 an die königliche Kasse abgeführt wurden. Die Urkunde ist die Quittanz für dieses Geld, das der König vom Propst des Chotieschauer Klosters erhielt, und sie war vom Empfänger selbst ausgestellt.

90 CDB V/2, Nr. 638.

91 CDB V/2, Nr. 720, und erneut in dringender Form CDB V/2. Nr. 723.

IX. DIE BETTELORDEN

Kloster und Stadt. – Die Niederlassung von Bettelorden in Städten. – Dominikaner und Franziskaner in böhmischen und mährischen Städten. – Die Platzierung ihrer Klöster. – Klöster als Orte von Beratungen und Rechtshandlungen. – Konflikte der Klöster mit den Städten.

Wiederholt sind wir dem Verhältnis von kirchlichen und städtischen Institutionen begegnet, wie dies bei der Entstehung der unter der Herrschaft von Bischöfen und Klöstern stehenden Städte der Fall war oder bei Erwähnungen von Spitälern,[1] bei Streitigkeiten der Städte und Bürger mit kirchlichen Institutionen und mit dem Klerus oder bei der diplomatischen Auswertung von Urkunden über Städte, die von geistlichen Schreibern ausgestellt wurden. Die Bedeutung der Kirche in den Städten stieg auch mit der Entstehung von Marktkirchen und von anderen sakralen Einrichtungen oder durch die Nutzung von Kirchenbauten auch für Laienzwecke weiter an, wie dies Versammlungen der Stadtbevölkerung in den Kirchen oder die Wehrfunktion der befestigten Kirchen waren, ganz zu schweigen vom täglichen Kontakt mit Geistlichen bei der Ausübung von deren pastoralen Pflichten. Wenn wir in diese Darlegungen das Kapitel „Kirche und Stadt" einordnen würden, wäre dies eine beträchtliche Abschweifung sowohl im Umfang des Buches als auch in seiner Ausrichtung, denn nur ein kleiner Teil einer solchen Arbeit könnte mit unserem abgesteckten Thema, mit der Stadtverfassung, in Zusammenhang gebracht werden.

Eine Frage könnte die Wirkung von Klöstern als Initiatoren der Entstehung von Städten in ihrer Nähe, in der Siedlung unterhalb des Klosters oder auch anderswo auf ihrem Grundbesitz sein,[2] wie wir dies z. B. bei Doxan bei dem Versuch, Königsberg an der Eger zu gründen, antreffen, bei Kladrau, Leitomischl oder auch Braunau, sowie eventuell Trebitsch, aber es handelt sich um verstreute Fälle, aus denen nur

[1] Zum Ausgangspunkt des künftigen Studiums von Spitälern wird die konzentrierte Analyse: B. Roučka, Špitály, jejich majetek, správa a postavení v daňovém systému českého feudalismu [Spitäler, ihr Besitz, ihre Verwaltung und Stellung im Steuersystem des böhmischen Feudalismus], PhS 12, 1966, S. 41–90. Mit Bedauern müssen wir feststellen, dass der frühzeitig verstorbene Autor eine umfangreiche Monographie vorbereitet hatte, die er nicht mehr zur Drucklegung vollenden konnte. – Der Arbeitskreis für südwestdeutsche Stadtgeschichtsforschung hat bereits 1963 ein wissenschaftliches Kolloquium „Spital und Stadt" veranstaltet, bei dem das einleitende Referat von J. Sydow, Kanonistische Fragen zur Geschichte des Spitals in Südwestdeutschland, HJb 83, 1964, S. 54–68, gehalten wurde; neu in: J. Sydow, Cum omni mensura et ratione, Sigmaringen 1991, S. 65–79, mit Hinweisen auf umfangreiche ältere Fachliteratur.

[2] Bereits oben, S. 157f., haben wir erwähnt, dass die Klöster nicht regelmäßig ein städtebildender Faktor sind, aber es wäre sicher wertvoll, ihnen in dieser Hinsicht Aufmerksamkeit zu schenken. H. Planitz, Die deutsche Stadt, S. 155–156, hat darauf hingewiesen, dass einige Siedlungen bei den Klöstern,

schwer eine Regel abgeleitet werden kann. Auch bei den königlichen Burgen entstanden, wie schon wiederholt festgestellt wurde, nicht automatisch Städte, um so weniger können wir dies bei älteren Benediktiner-, Zisterzienser- und Prämonstratenserklöstern finden, die ja mit dem Zweck entstanden, ein Milieu für Arbeit und Kontemplation zu bieten, und Orte mit einem regeren Straßenverkehr und mit bedeutender Besiedlung vermieden. Auch wenn wir die Ansicht, dass die Bedeutung der Kirche für die Entstehung von zentralen Plätzen erstrangig ist, für richtig halten, ziehen wir doch in Erwägung, dass Kirchen in Orten gegründet wurden, die bereits eine Zentrallage besaßen.[3] Befestigte Klöster, die einen Markt beherbergten oder ihn in ihrem Vorfeld hatten, wurden in der älteren Zeit in Deutschland auch *civitates* genannt, ebenso wie die Bischofssitze.[4] Das Beispiel der Abtei Reichenau, deren gesamter Baukomplex „Burg" genannt wurde und deshalb gemäß der damaligen Auffassung einer Stadt glich,[5] zeigt sehr gut die Symbiose einer kirchlichen Institution und anderer Elemente, die an der Jahrtausendwende die „Stadt" bildeten. Aber die spätere Entwicklung von städtischen Institutionen und die Anerkennung der Rechtsstadt wurde für solche Klöster verneint, im böhmischen Fall sind nur einige mit einem Kloster als ihrem Herrn verbundene Ortschaften zu Städten geworden.

Es wäre möglich, auch die Rolle von Bürgern als Stifter von Gütern an die Kirche, oft an Spitäler, schon seit den ältesten Zeiten unserer Städte, zu erwähnen. Über solche Fälle erfahren wir oft aus der Erlaubnis oder Bestätigung des Herrschers, der sich die entscheidende Gewalt bei Transaktionen von Grund und Boden vorbehalten hatte. Wir haben bei uns jedoch keinen Beleg über ein Verbot der Schenkung von Immobilien an die Kirche, nach dem der Besitzer verpflichtet war, sein Gut zuerst zu verkaufen und der Kirche nur das Geld zu geben, wie es 1219 in Goslar und 1225 in Lübeck der Fall war.[6]

Ohne irgendwie die Verflechtung des geistlichen Lebens mit dem Leben der Stadt unterschätzen zu wollen und ihre Untersuchung zu meiden, die auch für unsere Geschichte einen wertvollen Beitrag bedeuten würde,[7] beschränken wir uns im Weiteren nur auf eine wichtige Frage, nämlich auf die Niederlassung der Bettelorden in

---

denen ein alter Markt verliehen wurde, sich am Ende des 12. Jahrhunderts zu Städten entwickelt haben, und ebenda, S. 185, stellte er die Entstehung von Klosterstädten auch für das 13. Jahrhundert fest. Seine Bemerkungen dazu sind sehr knapp. L. Carlen, Stadt und Kirche im Mittelalter, S. 337, machte darauf aufmerksam, dass das Kloster seine ökonomische Kraft der entstehenden Stadt verliehen hat. Bei uns kann man dies deutlich für Kladrau belegen.

3 Schlesinger, Frühformen, S. 199. Übereinstimmend auch Hensel, Méthode archéologique, S. 307.

4 Schlesinger, Burg und Stadt, S. 145. Ein Beispiel ist Thietmar, bei dem je nach Umständen *urbs* und *civitas* ein befestigtes Kloster bedeuten. Vgl. Geppert, Burgen und Städte, S. 172; Bláhová, Evropská sídliště [Europäische Siedlungen], S. 109 und die Tabelle auf S. 126.

5 H. Maurer, Rechtlicher Anspruch und geistige Würde der Abtei Reichenau unter Kaiser Otto III., in: H. Maurer (Hg.), Die Abtei Reichenau, Sigmaringen 1974, S. 273.

6 A. Erler, Bürgerrecht und Steuerpflicht im mittelalterlichen Städtewesen, Frankfurt am Main 1963, S. 36.

7 Auch in der deutschen Forschungsliteratur vermisst man eine systematische Bearbeitung des Verhältnisses von Stadt und Kirche, vgl. H. Maurer, Die Ratskapelle, in: Festschrift Heimpel II, S. 225. Seit der Zeit wurde die Kenntnis wenigstens durch zwei zur Orientierung dienende Studien von J. Sydow vorangetrieben, die hier auch an anderen Orten zitiert werden, nämlich Stadt und Kirche im Mittelalter sowie Bürgerschaft und Kirche im Mittelalter. Im Zusammenhang mit der Entstehung von Städten

unseren Städten, vor allem der Minoriten und der Dominikaner. Dies brachte auch neue Formen des Zusammenlebens einer Stadt mit kirchlichen Institutionen sowie bedeutende Eingriffe in die Struktur der städtischen Topographie und in den Bau von Mauerringen mit sich.[8]

Wir haben dies bereits im Kapitel I kurz berührt, in dem die Existenz von Klöstern der Bettelorden zu den Merkmalen der institutionellen Städte gezählt wird, weil sich diese Orden fast immer in Städten mit nachgewiesener Stadtverfassung niedergelassen haben. Der Nachweis ihrer Niederlassung konnte deshalb für ein Merkmal der Stadteigenschaft gehalten werden.[9] Für einige Territorien scheint es eine allgemein gültige Tatsache zu sein, dass Bettelorden als ein Kriterium der Stadtverfassung angesehen werden können und dass kein Fall bekannt ist, bei dem die Gründung eines Mendikantenkonvents vor die bekannte oder wenigstens wahrscheinliche Zeit der Entstehung der Stadt fallen würde.[10] Diese Schlussfolgerung gilt jedoch in ihrer Allgemeinheit nicht für den böhmischen Staat, wo Klöster vor allem von Minoriten und Dominikanern in Ortschaften zu finden sind, in denen die Stadtverfassung nicht nachgewiesen ist.[11] Eine übersichtliche Anordnung von Nachrichten über die Klöster in den Städten[12] hat gezeigt, dass von der Gesamtzahl der 110 Klöster 20 vor der Stadtgründung entstanden sind, 42 gleichzeitig mit der Stadtwerdung oder kurz nach ihrer Entstehung, 35 in bereits existierenden Städten. In 13 Fällen lässt sich die Entstehung nicht bestimmen.[13] Auch wenn man in allen diesen Fällen die Konstituierung der Stadt vor dem Beginn des 14. Jahrhunderts annehmen kann, ist es doch nicht mög-

---

tauchte auch die Frage der moralischen Bewertung des städtischen Lebens auf, wobei schroffe Verurteilungen später durch lobenden Widerhall abgelöst wurden. Im 13. Jahrhundert setzt sich eine realistische Bewertungsweise durch und es wird auch die Möglichkeit eines christlichen Lebens in den Städten konzediert, u. a. auch das Wirken der Bettelorden; H.-J. Schmidt, Societas christiana in civitate, HZ 257, Heft 2, 1993, S. 297–354. Der wertvolle Aufsatz von B. Moeller, Kleriker als Bürger, in: Festschrift Heimpel II, S. 195–224, der die Verflechtung des Klerus und des Bürgertums zeigt, betrifft überwiegend die jüngere Zeit, und aus unseren Quellen des 13. Jahrhunderts können wir nicht genügend Unterlagen für die Suche nach Parallelen gewinnen. Die wichtige Studie von K. Frölich, Kirche und städtisches Verfassungsleben im Mittelalter, ZRG KA 22, 1933, S. 188–287, bringt viele Erkenntnisse zum Thema bei der Suche nach Verbindungen der Stadt mit geistlichen Institutionen, aber die Bettelorden lässt sie beiseite. L. Carlen, Stadt und Kirche im Mittelalter, befasst sich mit diesen Klöstern ebenfalls nicht. Die französischen Verhältnisse sind vom böhmischen städtischen Milieu bereits weit entfernt, und deshalb reicht es, nur auf die Studie von J. Le Goff, Ordres mendiants et urbanisation dans la France médiévale, Annales – Économies Sociétés Civilisation 25, 1970, S. 924–946, hinzuweisen, die die bis dahin erzielten Ergebnisse zusammenfasste und eine Serie von Artikeln ebendort einleitete, darunter auch die Studie von E. Fügedi zu Ungarn. J. Le Goff, L'apogée de la France urbaine médiévale, in: Histoire de la France urbaine II, Seuil 1980, S. 403–404, verglich die Bedeutung von Städten u. a. auch danach, wie viele Klöster der Bettelorden sich in ihnen befanden.

8 Die umfangreiche bibliographische Auswahl aus den Arbeiten über die Bettelorden in dem Band Bettelorden und Stadt – Bettelorden und städtisches Leben im Mittelalter und in der Neuzeit, hg. D. Berg, Saxonia franciscana, Bd. 1, Werl 1992, S. XV–XXXIV, betrifft vor allem Nordeuropa und berücksichtigt die böhmischen Länder nicht.

9 Stoob, Kartographische Möglichkeiten, S. 31.

10 Für Polen und Schlesien behauptet dies Kuhn, Die deutschrechtlichen Städte, S. 28.

11 Im Kapitel I, Anm. 135, haben wir auf Prag, Olmütz, Deutsch Gabel und Turnau hingewiesen.

12 L. Jirásko, Kláštery ve městech [Klöster in Städten].

13 Jirásko, ebenda, S. 149.

lich, die Vorstellung aufrecht zu erhalten, die Ansiedlung von Mendikanten sei ausnahmslos erst in fertigen Rechtsstädten erfolgt.

Es hätte deshalb in unseren Zusammenhängen keinen Sinn, wenn wir versuchen würden, die einzelnen Nachrichten über Klöster in Städten zu verfolgen, weil eine Reihe von Nachrichten ihre geistliche Rolle, ihre inneren Angelegenheiten oder Außenbeziehungen betrifft, die keine Beziehung zur Stadt haben. Das begrenzt die folgenden Überlegungen ausschließlich auf solche Fragen, die das Verhältnis der Städte zu den Bettelorden, den Ort der Klöster in der städtischen Topographie oder auch die Konflikte mit der Stadt betreffen. Es kann gezeigt werden, dass die meisten Klöster sich in königlichen Städten niedergelassen haben,[14] die mit ihrer Größe und Bevölkerungszahl angemessene Voraussetzungen für religiöse Aktivitäten darstellten, seien es nun humanitäre oder Predigeraktivitäten, und dass auch die meisten von ihnen ihre Gründung einer königlichen Stiftung verdanken. Von den erwähnten 110 Konventen sind 69 königliche Fundationen, 35 private, und an sechs von ihnen haben sich auch Bürger beteiligt.[15]

Für die böhmischen Verhältnisse sind die Klöster der Dominikaner weit besser untersucht als diejenigen der Minoriten. Bereits Bernardus Guidonis, der eine Übersicht der Dominikanerkonvente in Europa bietet, berichtet im Kapitel XV über die böhmische Provinz zum Jahr 1303.[16] Eine neue Untersuchung, die für die Männerkonvente die Zahl 22 und für die Frauenkonvente acht ermittelt,[17] unterscheidet sich ziemlich von Bernardus in der Reihenfolge der Gründungszeit von einzelnen Konventen. Von den Männerklöstern wurden 17 in königlichen Städten gegründet.[18] Eine solche Statistik, deren Genauigkeit hier nicht nachgeprüft werden muss,[19] ist ein indirekter Beweis für die Dynamik in der Entwicklung der Städte. Viel bedeutender ist die Platzierung der Bettelorden in den Städten. Man muss hier nicht der ungemein vielgestaltigen und reichen Fachliteratur Aufmerksamkeit schenken,[20] was vom Zweck der vorliegenden Arbeit wegführen würde; es genügen daher kurze Hinweise auf ausgewählte Quellen.

Das fast gewöhnliche Phänomen der Platzierung von Konventen an der Stadtperipherie und die Einfügung ihrer Gebäude in die Komplettierung der Stadtbefestigung zeigt sich in den böhmischen Ländern ähnlich wie im Ausland, und das Aufkommen

14 In 32 königlichen Städten wurden 74 Klöster gegründet, in den Untertanenstädten lediglich 36, Jirásko, S. 145.

15 Jirásko, S. 146.

16 Ed. Quétif-Echard, Scriptores ordinis Praedicatorum I, Lutetiae Parisiorum 1719, XIII. Eine neue Ausgabe V. J. Koudelka, Zur Geschichte der Dominikanerprovinz, S. 131, berichtet über 22 Brüder- und sechs Schwesternkonvente.

17 Koudelka, ebenda, S. 133ff. Jirásko, Kláštery ve městech [Klöster in Städten], S. 145, zählt insgesamt 29 Dominikanerkonvente auf.

18 Koudelka, S. 127. Davon 13, von denen zehn unter der Regierung Přemysl Otakars II., auch schon als Markgraf von Mähren, anlässlich der Erbauung von neuen Städten entstanden sind und in die Befestigung eingegliedert wurden.

19 Koudelka legt in einigen Fällen die Entstehung von Klöstern in zu frühe Zeit.

20 Für unsere Überlegungen hilft die sonst wertvolle Spezialarbeit von H. Höing, Kloster und Stadt, Münster 1981, wenig, die sich auf Münster und die Klöster vorwiegend aus späterer Zeit konzentriert.

der Konvente in unserem Land ist gegenüber anderen Ländern nur geringfügig verspätet. Die Ursache dafür lag wohl am ehesten in der Entfernung von den Zentren des Ordenslebens. Nach einem chronikalischen Bericht ließen sich die Dominikaner in Prag bereits 1226 nieder, die Minoriten dann im Jahr 1232.[21] Der bislang angenommene Zeitpunkt der Ansiedlung der Dominikaner in Olmütz im Jahr 1230 ist dagegen zu berichtigen und allgemein in die Regierungszeit Wenzels I. zu legen, aber sicher vor das Jahr 1243.[22]

Die Konvente der Ordensbrüder werden zwar sehr bald zu wichtigen Punkten, stellenweise zu Stützpunkten des Fortifikationssystems, aber in den frühen Phasen kann dies nicht für eine Selbstverständlichkeit gehalten werden. Besonders die Minoriten, deren Armutsgebote viel strenger als bei den Dominikanern waren, nahmen manchmal ihren Anfang unter den Ärmsten in den Vorstädten. Die Dominikaner dagegen, der Aufgabe des Predigens und des Kampfes gegen die Ketzer ergeben, suchten Stellen mit dichterer Besiedlung in den Städten auf.[23] Aber auch diejenigen

[21] FRB II, S. 284. Eine übereinstimmende Nachricht über die Dominikaner enthält auch ein Fragment in der Handschrift der Prager Nationalbibliothek VII A 16 – darüber siehe Novotný, České dějiny [Böhmische Geschichte] I/3, S. 620, Anm. 3. Über den Bau von Klöstern in Städten in der Regierungszeit Wenzels I. berichten auch Příběhy krále Václava I. [Ereignisse aus der Zeit König Wenzels I.], FRB II, S. 303–304. Über die ungemein schnelle Verbreitung in den böhmischen Ländern vgl. Novotný, ebenda, an mehreren Stellen, auch mit Berücksichtigung der wachsenden neuen Frömmigkeit und des Glaubens an Wunder.

[22] Zu diesem Datum ist das Mandat von Papst Innozenz IV. für die Olmützer und Brünner Dominikaner, CDB IV, Nr. 25, ausgestellt. Die Datierung in das Jahr 1230 erfolgte früher gemäß der Einordnung der Urkunde in CDM II, Nr. 203, durch die der Erzdiakon von Prerau, Esau, den Wald Střelná den Olmützer Dominikanern schenkte, was stets weiter übernommen wurde. CDB IV, Nr. 247⁺ legt sie begründet erst in die Jahre zwischen 1250 und 1252. In das Jahr 1250 reiht sich auch das Mandat Přemysl Otakars II. zu Gunsten der Olmützer Dominikaner. Aus der Urkunde Přemysl Otakars II. aus dem Jahre 1255, CDB V/1, Nr. 40, die die Schenkung der St.-Michaels-Kapelle an die Dominikaner von seinem Vater bestätigt und offensichtlich als Vorlage eine verschollene Urkunde Wenzels I. verwendet, kann auf die Zeit vor 1240 geschlossen werden, weil sich im Text Spuren des Diktats des Notars O5 finden, also Bischof Roberts. Koudelka, Zur Geschichte der Dominikanerprovinz, S. 140, rechnet weiterhin mit dem Jahr 1230, macht aber richtig auf den bei Novotný I/3, S. 935 in der Anmerkung geäußerten Zweifel aufmerksam. V. Richter, Raněstředověká Olomouc [Das frühmittelalterliche Olmütz], S. 142–144, behandelt die Nachrichten über die Olmützer Dominikaner. Die Ansicht von J. Kux, Geschichte der königlichen Hauptstadt Olmütz bis zum Umsturz 1918, Reichenberg und Olmütz 1937, S. 35, der die Ansiedlung der Minoriten in das Jahr 1230 und jene der Dominikaner erst in das Jahr 1245 legt, ist überholt.

[23] J. Sydow, Kirchen- und Spitalgeschichtliche Bemerkungen, S. 109–111, mit einer Reihe von Beispielen. Stüdeli, Minoritenniederlassungen, S. 34, bringt das Beispiel von Basel, wo die Minoriten zuerst außerhalb der Stadt siedelten und erst 1250 *infra muros* umziehen. V. Richter, Raněstředověká Olomouc [Das frühmittelalterliche Olmütz], S. 138–144, hat bei der Behandlung der Entstehung von städtischen Klöstern festgestellt, dass nur die Dominikanerinnen sich in der eigentlichen Stadt niedergelassen haben. Auch die Prager Dominikaner hatten ihre erste Niederlassung bei St. Klemens am Poritsch, verließen aber bald diesen abgelegenen Ort und kamen zu St. Klemens in der Nähe der Judith-Brücke; Novotný, České dějiny [Böhmische Geschichte] I/3, S. 619. Die Bettelorden nahmen ihre Tätigkeit häufig außerhalb der Stadtmauer oder an nicht bebauten Stellen innerhalb der Mauer auf, vgl. H. Saalman, Medieval Cities, S. 40, an Beispielen von Paris und Florenz. Für das böhmische Territorium zeigt sich, dass die Orden sich bei älteren bereits existierenden Kirchen niederließen, die zur primären Grundlage ihrer Tätigkeit wurden, L. Jirásko, K postavení a úloze církevních institucí v počátcích rozvoje měst [Zur Stellung und Rolle der kirchlichen Institutionen in den Anfängen der Entwicklung von

Konvente, die sich außerhalb der Stadt, oft in bescheidenen Objekten, angesiedelt haben, verlagern sich später in den umfriedeten Raum oder werden bei der Erweiterung des Stadtareals in ihn aufgenommen.[24] Manchmal erfahren wir aus den Quellen von der Absicht, ein Kloster zu gründen, was mitunter der Absicht, eine Stadt zu gründen, gleichen kann, wie das Beispiel von Budweis belegt, wo der Burggraf von Klingenberg Hrz im Namen des Königs *aream aptam ad edificandum claustri ... in loco, ubi nova civitas est edificanda* gegeben hat.[25] Einen ähnlichen Fall für die Stadt Nimburg werden wir im Weiteren behandeln.

Das rasche Einleben der Bettelorden in den Städten wirkte sich in der Topographie und der Fortifikation der Stadt mit Deutlichkeit aus. Im Einklang mit ihren geistlichen Aufgaben vermieden die Konvente die Nähe von lärmenden Märkten und wählten freie Plätze am Rande der städtischen Bebauung,[26] wo die festen Klostergebäude einen Bestandteil des Mauerrings bildeten, oft zur Verstärkung von schwachen Stellen in Krümmungen der Mauern.[27] Die Fortifikationsaufgabe ist in einer Reihe von Orten unbestritten,[28] und sie wird auch in Urkunden ausgedrückt.[29] Auf unserem Gebiet belegt die Fortifikationsaufgabe neben dem städtischen Grundriss, in dem die ehemaligen Klostergebäude gut erkennbar sind, auch ein schriftlicher Beleg, wenn auch von zweifelhaftem Wert. Ein Formelbrief, angeblich auf 1257 datierend, wiederholt ein angebliches Privileg Přemysl Otakars II. für die Dominikaner in Nimburg,[30] durch das er ihnen den Aufbau von steinernen Häusern bewilligt, die so platziert werden sollen, *ut ibidem civitati sint pro municione, ita ut cives non habeant necesse municionibus locum claustri occupare*. Als *tutores et defensores* werden drei Herren und der Stadtvogt genannt, die auch dafür sorgen, dass die Klostergebäude *racionaliter et rite* errichtet werden. Aus dem Formular können keine zuverlässigen Nachrichten über das Jahr und über die Umstände der Entstehung des Textes und

Städten], in: Umění 13. století v českých zemích [Die Kunst des 13. Jahrhunderts in den böhmischen Ländern], Praha 1983, S. 536.

24 Zum Vergleich mit unseren Mendikantenklöstern und ihrer Platzierung in den Arealen der Städte dient auch die Untersuchung der Lage der Franziskanerklöster in der dänischen Ordensprovinz, J. N. Rasmussen, Die Bedeutung der nordischen Franziskaner für die Städte im Mittelalter, in: Bettelorden und Stadt (wie Anm. 8), S. 8, von der Gesamtzahl von 48 Klöstern lagen acht im Stadtzentrum, 18 am Stadtrand an einer Ausfallstraße, zehn anderswo am Stadtrand, neun außerhalb der Stadtgrenzen und drei nicht in der Stadt.

25 CDB V/1, Nr. 434.

26 Junghanns, S. 95; Sydow (wie Anm. 21), S. 110–111.

27 Die Untersuchung des Fortifikationszweckes von Minoritenbauten in der Schweiz, Stüdeli, Minoritenniederlassungen, S. 72ff., findet ihre Pendants bei anderen Orden und auch bei uns. Koudelka, Zur Geschichte der Dominikanerprovinz, S. 127, zählte 13 Klöster, die anlässlich der Erbauung von Städten entstanden und in die Befestigung eingegliedert wurden.

28 Stüdeli, ebenda, S. 36, weist nach, dass die ersten Gebäude der Minoriten in Bern Fortifikationscharakter haben, was auch für weitere Städte von beträchtlicher Bedeutung galt, Stüdeli, ebenda, S. 72–77, u. a. auch für Wien und Linz.

29 Stüdeli, ebenda, S. 79–84, mit Beispielen, u. a. auch Basel und Bern.

30 RBM II, Nr. 2397. Neben der Literatur, die diesen Text für einen Beleg der Existenz der Stadt Nimburg hielt, auch H. Fischer, Burgbezirk und Stadtgebiet, S. 84, mit der Behauptung über die Fortifikationsrolle von Klöstern. Dort auch andere Beispiele.

auch kein ausreichender Nachweis über die Stadtverfassung in Nimburg gewonnen werden,[31] aber das Prinzip der Befestigungsabsicht ist klar ausgedrückt.

Aus welchen Mitteln die Mendikanten die Errichtung ihrer Klöster bestritten, ist in älteren Belegen nicht angegeben, es muss aber mit wesentlichen Beiträgen, wenn nicht mit vollständiger Finanzierung aus öffentlichen Mitteln gerechnet werden.[32] Von hier aus entstand auch das Recht der Städte zur Nutzung der Gebäude für eigene Zwecke, wie wir dies im Weiteren belegen werden. Aber auch der Betrieb der Klöster und die Ernährung ihrer Mitglieder mussten abgesichert werden, was vor allem durch fromme Schenkungen gemäß der Intentionen der Ordensregeln, aber auch auf andere Weise geschah. Von Wert war auch die Gewährung von Ablässen an diejenigen, die die Dominikanerkirchen besuchen, weil leicht angenommen werden konnte, dass sie auch ein finanzielles Opfer bringen würden. Es muss nicht analysiert werden, wer die Ablässe bewilligt, es genügt, einige Beispiele aus der Regierungszeit Wenzels I.[33] oder aus der späteren Zeit[34] zu wählen. Es liegen ebenfalls Testamente zu Gunsten der beiden Orden vor.[35]

Die Eingliederung der Bettelorden in das städtische Leben und der Anteil der Städte an ihrer Unterhaltung führten auch dazu, dass die ursprünglich einfachen Klosterareale durch ihre Erweiterung in gewissem Maße zu öffentlichen Räumen wurden und dass darin Versammlungen der Gemeinde und Sitzungen des Stadtrates stattfanden.[36] Für die von uns untersuchte Zeit kann zwar nicht eine so breite Nutzung von städtischen Klöstern erfasst werden, aber es wird immerhin festgestellt, dass sie nicht nur den Ordensbedürfnissen, sondern auch öffentlichen Zwecken dienten. Es genügt, darauf hinzuweisen, dass die Landgerichte in Brünn und in Olmütz in den Dominikanerklöstern tagten.[37] Viele andere Rechtshandlungen wurden in den Räu-

31 Wir wollen daran erinnern, dass auch weitere Urkunden für Nimburg sich in diesem Formelbuch befinden, CIM II, Nr. 38–40, und dass glaubwürdige Urkunden den Jahren 1287, CIM II, Nr. 37, und 1293, CIM II, Nr. 62, angehören. Die Angaben dieser Urkunden bezeugen jedoch eine bereits entwickelte Stadt, so dass ihre erste Herausbildung sicher schon einer älteren Zeit angehört.

32 Stüdeli, Minoritenniederlassungen, S. 111–124. Finanzielle Interventionen der Bürger verursachten aber auch die Abhängigkeit der Klöster von den Städten, wodurch es zur Verflechtung der Minoriten mit der Stadtverwaltung kommt, worin sich das Bestreben zeigt, sie den städtischen Interessen unterzuordnen, Herzig, Die Beziehung der Minoriten, S. 22, auch an anderen Stellen. Bei uns lässt sich dieses Phänomen für das 13. Jahrhundert nicht genügend in den Quellen fassen, aber die wechselseitige Beziehung zur Stadt lässt sich ahnen. Vgl. Herzig, S. 40.

33 Für die Brünner Dominikaner CDB IV, Nr. 154 (1248); CDB IV, Nr. 252 (1252); CDB IV, Nr. 274 (1253); für die Olmützer Dominikaner CDB IV, Nr. 257 (1252).

34 Z. B. für die Olmützer Dominikaner CDB V/1, Nr. 170 und 171 (1258); für die von Brünn CDB V/1, Nr. 207 (1259); für die von Iglau CDB V/1, Nr. 279 (1261).

35 Bereits 1238 vermachte der königliche Mundschenk Zbraslav gewisse Summen den Dominikanern in Prag und in Königgrätz sowie den Minoriten in den beiden Städten, CDB III/1, Nr. 111. Die beiden Olmützer Klöster werden im berühmten Testament Bischof Brunos nicht vergessen, das darüber hinaus bestimmte Vergünstigungen auch dem Spital bei den Minoriten gewährt, CDB V/2, Nr. 526. Diese beiden Olmützer Klöster werden auch im Testament des Ritters Pardus von Horka aus dem Jahre 1271 bedacht, CDB V/2, Nr. 630. Auch in der Urkunde eines Brüxer Bürgers aus dem Jahre 1273 ist ein Testament für die Minoriten von Brüx bestimmt, CDB V/2, Nr. 696.

36 Stüdeli, Minoritenniederlassungen, S. 21, 77, 87–101.

37 Dušková, Česká listina [Die böhmische Urkunde] 2, S. 188.

men von städtischen Klöstern vorgenommen. Auch die dazu angeführten Beispiele, obwohl sicher zahlreich und überzeugend, können nur ein Bruchteil der tatsächlich durchgeführten Verkäufe, Streitentscheidungen oder auch der eigentlichen Ordensangelegenheiten sein.

Bereits 1241 bestätigte König Wenzel I. die Stiftung der Frau Domaslava von Miletín für das Marienspital aus dem Haus des Deutschen Ritterordens.[38] Dies geschah in Anwesenheit des Herrschers in Königgrätz im Minoritenkloster.[39] Die Mitglieder des Deutschen Ritterordens führten auch weitere Verhandlungen in den Klöstern der Bettelorden. Im ersten Fall fügt es sich in den Verlauf des Geschehens, als es 1250 im Streit mit dem Franziskusspital zur Bestimmung der Schiedsleute gerade in diesem Spital gekommen ist,[40] und ebenso 1252, als Friedrich von Komotau sein *oppidum* Komotau dem Spital der Deutschordensritter in Prag im Dominikanerkloster geschenkt hat.[41]

Am selben Ort wurde 1253 auch ein Streit innerhalb des Kapitels von Wyschehrad entschieden, wobei unter den Schiedsleuten sich auch der Lektor der Dominikaner befand.[42] Diese Angelegenheit zog sich jedoch weiter hin und eine neue Verhandlung sollte sie entscheiden. Im Jahre 1267 wurden bei der Verhandlung im Prager Kapitel neue Schiedsleute ernannt, darunter auch zwei Mitglieder des Dominikanerordens. Unter den Zeugen wurden neben weiteren Vertretern des Ordens auch Minoriten genannt.[43] Erst nach weiteren zehn Jahren wurde ein Abkommen geschlossen, bei dem sich die beiden Dominikaner im Kollegium der Schiedsleute befanden.[44] Über der Entscheidung stand die Autorität König Přemysl Otakars II., dessen Beauftragter und Vorsitzender des Kollegiums der Schiedsleute der Landkämmerer Domaslav war.

Aus der Zeit Přemysl Otakars II. stammen weitere Fälle von Rechtshandlungen, die in Franziskaner- und Dominikanerklöstern abgeschlossen wurden. Beiseite lassen können wir die Bewilligung von neuen Zehnten für das Spital von Eger durch den Regensburger Bischof aus dem Jahre 1256, die bei den Minoriten in Eger erfolgte,[45] weil Eger damals noch nicht unter der böhmischen Oberherrschaft gestanden hat. Dagegen muss man sich mit einer Urkunde von 1258 befassen, durch die die Iglauer Münzmeister und Schöffen die Inkorporation des Spitals dem Kloster Seelau und dem Pfarrer von Iglau verkündet haben,[46] was im Minoritenkloster unter Vermittlung von zwei Brüdern des Ordens geschehen ist. Darüber hinaus wurde die Urkunde

38 CDB IV, Nr. 8.

39 Bereits der Gemahl von Frau Domaslava, der königliche Mundschenk Zbraslav, schloss in seinem Testament unter den beschenkten Institutionen auch die Minoriten von Königgrätz ein, siehe oben, Anm. 35.

40 CDB IV, Nr. 187. Unter den Anwesenden waren auch zwei Zeugen aus dem Minoritenorden.

41 CDB IV, Nr. 240. Zur Interpretation des Ausdrucks *oppidum* in Komotau siehe oben im Kapitel über die Terminologie, man kann ihm die Bedeutung Stadt nicht zuerkennen.

42 CDB IV, Nr. 263.

43 CDB V/2, Nr. 503.

44 CDB V/2, Nr. 835.

45 CDB V/1, Nr. 95.

46 CDB V/1, Nr. 168. Diese Urkunde erscheint in unseren Darlegungen wiederholt.

offensichtlich bei den Minoriten niedergeschrieben[47] und mit den Siegeln der Münzmeister und der Stadt Iglau bestätigt. Das ist bereits ein klares Beispiel eines Dienstes des Klosters für die Stadt, auch wenn die Gegenseite in diesem Vertrag kirchliche Institutionen bilden.

In zwei Fällen sind die Bettelmönche in Leitmeritz in Rechtshandlungen eingebunden. 1262 wurde an den Schiedsspruch der Leitmeritzer Schöffen im Streit zwischen dem Kloster Doxan und einem Leitmeritzer Bürger über das Wehr in Kopitz[48] das Siegel der Dominikaner angehängt, und es ist anzunehmen, dass bei ihnen der Schiedsspruch ausgesprochen und die Urkunde ausgestellt wurde. Bei den Leitmeritzer Minoriten wurde 1267 ein Streit zwischen einem Leitmeritzer Bürger und dem Propst von Wyschehrad über die Felder in Schüttenitz beigelegt.[49] Eine ähnliche Nachricht haben wir aus Troppau, wo 1269 zwischen dem Kloster Welehrad und einem Troppauer Bürger bei den Troppauer Minoriten Frieden geschlossen wurde.[50]

Zwei geistliche Institutionen, das Kloster Ostrow und das Spital des hl. Franziskus, führten 1275 einen Streit um die Zehnten in Dobřichowitz, und ihr Streit wurde im Prager Dominikanerkloster beigelegt.[51] Im selben Jahr wurde durch einen Schiedsspruch der Streit um das Patronatsrecht in Treskowitz geschlichtet, was bei den Brünner Dominikanern geschah.[52] Der Streit zwischen dem Kloster Hradisch und den Bürgern von Olmütz wurde im Olmützer Dominikanerkloster eröffnet und durch die Entscheidung des Delegierten des Königs Zašit von Kurovice gelöst.[53] Wie in einigen anderen Fällen betraf auch hier die Angelegenheit nicht die Predigerbrüder selbst, und ihr Raum wurde nur als ein geeigneter Ort für Verhandlungen und den Vergleich genutzt. Zu einem ähnlichen Fall kam es auch 1293 in Brünn, wo die Grenzziehung zwischen den Pfarreien von St. Peter und von St. Jakob in Brünn durch eine Vereinbarung im Minoritenkloster festgelegt wurde.[54]

Diese Übersicht zeigt, dass die Verhandlungen in Klöstern praktisch ohne Ausnahme die Beilegung von Streitfällen betrafen,[55] in denen wenigstens auf einer Seite eine kirchliche Institution stand, manchmal sogar auf beiden Seiten. In solchen Fällen enthalten die Urkunden manchmal die Spuren des kanonischen Rechts.[56] Wenn gegen

---

47 Šebánek, Česká listina [Die böhmische Urkunde] 3, S. 123. Siehe auch CDB V/4, Nr. 64.

48 CDB V/1, Nr. 347.

49 CDB V/2, Nr. 511.

50 CDB V/2, Nr. 592. Unter den Zeugen befinden sich auch weitere Bürger von Troppau sowie die Stadtrichter aus den umliegenden Städten.

51 CDB V/2, Nr. 765. Die Ausstellung der Urkunde bei den Dominikanern kann nicht ausgeschlossen werden.

52 CDB V/2, Nr. 787. In der folgenden Urkunde Bischof Brunos in derselben Angelegenheit ist einer der Zeugen ein Mitglied des Predigerordens, CDB V/2, Nr. 791+.

53 CDB V/2, Nr. 795+. Trotz einigen Zweifeln an der Urkunde wird man ihrem Inhalt doch Glauben schenken können.

54 CDM IV, Nr. 120.

55 Herzig, Die Beziehung der Minoriten, S. 36, hat gezeigt, dass die Minoritenklöster (und Gleiches gilt auch für die Dominikaner) dadurch einen offiziellen Charakter im Leben der Stadt hatten, dass sie bei Verhandlungen als neutraler Ort dienten und dass sie als Vermittler zwischen dem Klerus und dem Bürgertum wirkten.

56 M. Boháček, Das römische Recht, an entsprechenden Stellen.

eine kirchliche Institution als Gegenseite ein Laie steht, handelt es sich meistens um Bürger und nur selten um Adlige, die als Stifter auftreten. Von dem Vertrauen, das den Dominikanern geschenkt wurde, zeugt auch ihre häufige Beteiligung bei Vergleichen zur Beendigung von Streitigkeiten zwischen unterschiedlichen geistlichen Parteien und die Mitsiegelung der betreffenden Urkunden.[57] Im Prager Dominikanerkloster, das sich bereits mehrere Male als Ort des Vergleichs von schweren Streitfällen bewährt hatte, fand 1281 auch eine sehr wichtige Sitzung der höchsten Vertreter der öffentlichen Macht statt. Die Stände versuchten in der Zeit der Vormundschaftsherrschaft, die schwersten Übelstände in Böhmen zu beseitigen und die Stabilität des königlichen Besitzes durch ein Gebot zu sichern, dass alle entfremdeten königlichen Güter unverzüglich in die Verwaltung des Markgrafen Otto von Brandenburg als Vormund des unmündigen Königs übergeben werden sollen und dass eine feste Ordnung aufgestellt werden sollte unter Androhung von schweren Strafen für alle, die sich diesem Beschluss nicht anschließen würden.[58] Dies beweist, dass der Dominikanerkonvent nicht nur repräsentativ und geräumig genug für derartige Versammlungen war, sondern dass er sich auch des allgemeinen Vertrauens erfreute. Weitere Nachrichten über Klöster der Bettelmönche und über ihre Streitigkeiten mit anderen Klöstern müssen hier nicht aufgeführt werden, weil sie keine städtischen Angelegenheiten betreffen.

Es kam auch zu Missverständnissen zwischen den Brüdern der beiden Orden, wie es z. B. der Streit um die Stigmata des heiligen Franziskus deutlich macht, der durch zwei nach Mähren geschickte Mandate Papst Gregors IX. gelöst wurde.[59] Mit ihrer Ausstellung sind jedoch Unsicherheiten verbunden, die das Vertrauen in ihre Zuverlässigkeit erschüttern.[60] Angeblich hatte 1237 ein Dominikaner in Troppau bei einer Predigt die Stigmata des heiligen Franziskus angezweifelt, weswegen er suspendiert und zum päpstlichen Stuhl geschickt werden sollte. Außer der unsicheren Herkunft ist sehr ungewöhnlich, dass in dem päpstlichen Schriftstück Troppau als *civitas* bezeichnet wurde. Bereits im Kapitel über die Terminologie wurde gezeigt, dass die Urkunden der kirchlichen Würdenträger die Bezeichnung *civitas* noch ein halbes Jahrhundert nur für den Sitz einer Diözese verwendet haben. Der Ausdruck *civitas* als Bezeichnung für die Stadt ist ein weiterer Grund, diese Urkunde anzuzweifeln.[61] Ein Nachspiel bildete jedoch das kurz darauf an den Olmützer Bischof Robert adressierte zweite Mandat des Papstes. Jener hatte verboten, die Heiligen mit Stigmata abzubilden, was der Papst ablehnt, die Stigmatisierung von Franziskus verteidigt und Robert gebietet, das Verbot zu widerrufen.[62] Die damalige Spannung zwi-

57 Ihre Übersicht befindet sich bei Šebánek – Dušková, Listina v českém státě [Die Urkunde im böhmischen Staat], S. 56–57.

58 RBM II, Nr. 1238.

59 CDB III/1, Nr. 154 und Nr. 157.

60 In der Anmerkung zur Edition der ersten von ihnen machte der Editor G. Friedrich darauf aufmerksam, dass man sich nur auf alte Abdrucke stützen kann, die man nicht beglaubigen kann, weil der Text in den Registern des Vatikans nicht gefunden wurde.

61 Kejř, Päpstliche Urkunden, S. 55.

62 Novotný, České dějiny [Böhmische Geschichte] I/3, S. 959–960.

schen den beiden Orden war offensichtlich nach Mähren und auch in das städtische Milieu gelangt.

Ein direkter Konflikt zwischen den Mönchen und der Stadt ist in Glatz belegt. Den Anfang bildete wohl ein Streit zwischen den Minoriten und dem örtlichen Pfarrer. 1268 griff der Prager Bischof Johannes ein, der in Abwesenheit von Ordensvorgesetzten als Konservator des Ordens vom Papst delegiert worden war,[63] und ordnete an, dass alle gegen die Minoriten gerichteten Aktionen aufgehoben werden sollen. Man kann annehmen, dass dies auch Anklagen waren, denn es wird gesagt *sive sint processus aut sentencie qualescunque*. Dies genügte jedoch nicht, und die Angriffe gegen die Minoriten wurden sogar durch das gewaltsame Eindringen einiger Bürger ins Kloster und die Erschlagung einer Person fortgesetzt, so dass Bischof Johannes 1274 genötigt war, hinsichtlich dieses Verbrechens zu verkünden, dass jeder unter der Strafe der Exkommunikation die Schuldigen melden solle.[64] Kurz darauf musste er sich wiederum mit den Verbrechen in Glatz beschäftigen, als er die Nachlässigkeit bei der Durchführung dieses Gebotes scharf rügte.[65] Wir kennen den Hintergrund dieser Geschehnisse nicht , aber die Eingriffe des Bischofs reichten offensichtlich nicht aus, so dass 1278 König Přemysl Otakar II. selbst dem Kastellan von Glatz und dem Landrichter befahl, sie sollten die Minoriten vor allem vor den Angriffen des Komturs der Kreuzherren, des Pfarrers von Glatz, schützen.[66] Wir werden wohl nicht fehlgehen, wenn wir diesen Fall für einen von vielen halten, die die Spannung zwischen dem Pfarrklerus und den Bettelorden deutlich machen,[67] die in diesem Fall bis zu Gewalttaten und bis zum Mord geführt hat.

In diesem Kapitel wurde die Beziehung der Städte zur Kirche und ihren Institutionen nur unter einem Aspekt erfasst, nämlich der der Bettelordensklöster in der städtischen Gesellschaft, aber es handelt sich hier um einen Aspekt, der sich für unsere Darlegungen über die Stadtverfassung als besonders wichtig erweist. Es wurde jedoch gleich zu Beginn angedeutet, dass die Kirche in den Anfängen der Städte in viele Richtungen prägend wirkte und dass die Behandlung aller Aspekte im Verhältnis von Stadt und Kirche oder von Bürgern und Klerus eine zu umfangreiche Abweichung vom Ziel des vorliegenden Buches bedeuten würde. Das bedeutet jedoch nicht, dass diesem Thema in Zukunft nicht große Aufmerksamkeit gewidmet werden sollte. Wir hoffen, dass wir uns mit diesem Thema in einer weiteren Arbeit eingehender befassen werden können.

---

63 CDB V/2, Nr. 572.

64 CDB V/2, Nr. 720.

65 CDB V/2, Nr. 723.

66 CDB V/2, Nr. 859+. Einige mit der Urkunde verbundene Unsicherheiten erschüttern die Überzeugung von der Richtigkeit des Inhalts nicht. Das Beispiel der Glatzer Minoriten würde eine nähere Klärung verdienen. Mit dem eben angeführten Fall steht nämlich ein ebenso König Přemysl Otakar II. zugeschriebener Formelbrief nicht im Einklang, Voigt, Nr. 115, dem zufolge der König den Glatzer Bürgern ihre Verfehlungen verziehen hat und ihnen Gnade erteilte *prout aliarum civitatum cives fideles nostros favorabiliter confovere*.

67 Über die Streitigkeiten zwischen den Mendikanten und dem Pfarrklerus ausführlicher Herzig, Die Beziehung der Minoriten, S. 41.

X. DAS BÜRGERTUM

Die Stadtfreiheit – Rechte und Freiheiten. – „Stadtluft macht frei". Die befreiende Wirkung des Aufenthalts von einem Jahr und einem Tag in der Stadt. – Ausnahmen und Modifizierungen dieses Prinzips. – Der Zustand in den böhmischen und mährischen Städten. – Der Begriff des Bürgertums. – Die soziale Einordnung der Bürger. – Die soziale Gliederung in den Städten. – Das Patriziat. – Sein Aufstieg in Krisensituationen. – Die städtische Mittelschicht und die Anfänge der Zünfte. – Pauperes. – Die Stellung der Frauen. – Nationale Verhältnisse. Die Deutschen in den böhmischen und mährischen Städten. – Die Juden. – Die Zeugnisse der Bürger und das Stadtsiegel als Ausdruck der freien Stellung in der gesellschaftlichen Hierarchie. – Die Größe von Städten und ihre Zentralität.

Eines der Hauptmerkmale der institutionellen Stadt war die Stadtfreiheit. Dem damaligen Verständnis würde es keinesfalls entsprechen, sie im modernen Sinne als Ausdruck von Menschenrechten aufzufassen, als Attribut des Staatsbürgers, als eine Position des Einzelnen.[1] Über die Freiheit oder die Freiheiten im mittelalterlichen Gesellschaftssystem wurde schon viel geschrieben, was auch für die Überlegungen über die Stadtfreiheit als Ausgangsprinzip für die Stellung der Bürger förderlich sein kann, aber diese Forschungen können wir hier lediglich in einer Übersicht rekapitulieren. Die Freiheit war keine allgemeine und für alle zugängliche Kategorie. Unter Freiheit wurde vor allem die Befreiung aus sonst stabilen Bindungen und aus der Hörigkeit verstanden, die Freiheit als eine Entledigung von Verpflichtungen. Es war etwas Bewilligtes und etwas Garantiertes,[2] das das so begabte Subjekt aus dem Rahmen der sonst geläufigen Pflichten herausnahm.

Die Bürger erlangten, im Vergleich zu den untertänigen Bauern, die freie Stellung in mancherlei Hinsicht, wie es sich in den schon früher erwähnten Privilegien Heinrichs V. für Speyer aus dem Jahre 1111 und für Worms von 1114 wohl zum ersten Mal im vollen Lichte zeigt.[3] Diese Privilegien brachten Befreiung von den Untertanenpflichten, wie es z. B. die Abschaffung der Abgaben an die Herrschaft beim Heimfall war, wodurch sich auch das freie Erbrecht entwickelte, ein einheitliches städtisches Gerichtswesen oder die Gleichstellung im Eherecht, die Möglichkeit der Berufswahl und dadurch auch des Erwerbs von Besitz und die Befreiung von Bindungen an die

---

1 Pirenne, Les villes, S. 151.
2 Strahm, Stadtfreiheit, S. 80–81.
3 Keutgen, Urkunden, Nr. 21 und 23.

grundherrschaftliche Hörigkeit überhaupt.[4] Die königlichen Diplome verkündeten, dass die soziale Unterdrückung eine *lex nequissima et nephanda* sei; gegenüber dieser Ungerechtigkeit erscheint dann die Freiheit als gerecht. Die Folge dessen ist jedoch auch die Freisetzung von Arbeitsinitiativen, weil das Streben nach Besitzerwerb die Arbeit sinnvoll macht, ihr ein neues Ethos gibt, da die mittelalterliche Stadt die Arbeit und den Fleiß nicht nur als eine entehrende Tätigkeit ansah.[5]

Wir wollen nebenbei die bereits behandelte Frage der Aufstände in den bischöflichen Städten gegen die Stadtherren erwähnen und daran erinnern, dass man kaum mehr die hie und da vertretene Ansicht aufrecht erhalten kann, dass das Bürgertum seine Freiheiten auf diesem Wege errungen habe.[6] Es wurde bereits darauf hingewiesen, dass die nicht allzu zahlreichen zeitweiligen Erfolge solcher Erhebungen als Regel gelten können und dass sie schließlich nicht mit der Befreiung aus der Macht des Herrn endeten, der lediglich nur die Privilegien bestätigte, die in gewissem Maße die so erlangten Erfolge bekräftigten. Nur aus eigener Kraft und eigener Initiative entstand die Stadtfreiheit nicht. Die Freiheit war kein Ergebnis von Konflikten zwischen der städtischen Kommune und den Herren, sondern sie bildete sich im Gegenteil im Einklang und im gemeinsamen Interesse am gemeinsamen Nutzen heraus.[7] Die Freiheit entsteht nicht allgemein auf revolutionärem, sondern auf evolutionärem Wege im Rahmen der Macht des Herrn.[8] Über den entscheidenden Anteil der böhmischen Landesherren an der Schaffung eines Netzes von Städten wurde bereits oben gesprochen. Das geht völlig überzeugend aus den Aktivitäten Herzog Barnims bei der Anlage von Städten in Pommern hervor, da bereits sein erstes Privileg für Prenzlau von 1234 die Absicht verkündet, *civitates liberales* zu gründen, also mit der Stadtfreiheit ausgestattete Siedlungseinheiten, ähnlich wie es der schlesische Herzog Konrad 1253 bei der Erhebung von Glogau zur Stadt tut.[9]

---

4 Dilcher, Stadt und grundherrschaftlich-agrarische Welt, S. 99–100. Ähnlich K. Bosl, Freiheit und Unfreiheit, in: Bosl, Frühformen, S. 194. Bosl, Die Entstehung der bürgerlichen Freiheit im süddeutschen Raum, in: Les libertés urbaines et rurales, S. 85, beschäftigt sich mit dem Begriff *libertas* der Kaufleute und erläutert, dass es die Befreiung von der körperlichen Arbeit für den Herrn sowie von unangemessenen willkürlich geforderten Diensten bedeutete. Es handelt sich um die Situation im 10. Jahrhundert, so dass man bereits hier die Anfänge der Herausbildung von Freiheiten sieht, obwohl es unsicher bleibt, ob schon damals damit auch die persönliche Freiheit verbunden war.

5 K. Bosl, Typen der Stadt in Bayern, S. 15.

6 Siehe dazu bereits oben, S. 149.

7 Bosl, Typen der Stadt in Bayern, S. 5. Über die Abhängigkeit der Freiheit in den Städten vom Landesherrn auch Bosl, Freiheit und Unfreiheit (wie Anm. 4).

8 Bosl, Typen, S. 6.

9 Vgl. Kapitel III, S. 156f., bes. Anm. 63 und 64. Zu den dort angeführten Verweisen kann hinzugefügt werden: Schlesinger, West und Ost, S. 250–251, der darauf aufmerksam machte, dass die städtische Freiheit eine Neuheit ist, die in Barnims Land bis jetzt dahin gefehlt hatte. Die Freiheit veränderte die Verfassungsformen im westlichen Sinne. Kennzeichnend sind die Fälle der Gründung und Erhebung zu Städten durch die schlesischen Herzöge, die von den kirchlichen Institutionen die auf den betreffenden Lokalitäten ruhenden Lasten freikauften, damit sie wirkliche Städte schaffen konnten. Die Urkunden darüber weisen beredt nach, dass ohne Befreiung von solchen Zahlungen und Dienstleistungen die Stadt nicht hätte entstehen können. Bereits 1242, Tzschoppe-Stenzel, Urkundensammlung, Nr. 22, S. 305; erneut SUB II, Nr. 229, kaufte Herzog Boleslav die Einkünfte des Klosters in Trebnitz, die diesem von Gasthäusern und Läden in Breslau zustanden: *Hec enim commutatio facta est propter loca-*

Unter Freiheit wird nicht die persönliche Freiheit des Individuums verstanden, sondern die Freiheit der Stadtgemeinde als einer Gemeinschaft von Bürgern.[10] Als Bürger, *civis*, tritt nur ein solcher Bewohner der Stadt auf, der das *ius civile* genießt,[11] d. h. der sich der Vorteile aus der objektiven städtischen Rechtsordnung erfreut, aus dem Stadtstatus. Der *Civis* ist also durch seine Rechtsstellung charakterisiert, durch die Verbindung der Eigenschaft des Bürgers mit der Zugehörigkeit zur Stadt als Rechtsverband des Bürgertums.[12] Die Freiheit bezog sich auf die Gemeinschaft; der einzelne war in die Gemeinschaft, in seinen Stand eingeordnet,[13] so dass seine *libertas* eine Mischung von subjektiver Berechtigung und objektivem Recht war.[14]

Ein Ausdruck der Autonomie der städtischen Gemeinde waren die „Freiheiten", die einzelnen Berechtigungen und Privilegien, die nicht gegen den Willen des Machtträgers erkämpft, sondern im Gegenteil von ihm verliehen wurden.[15] Die Erteilung

tionem civitatis Wratizlauie, quam iure Teuthonico locavimus, sine qua commutatione predicta locatio nullo modo perduci poterat ad effectum. Gegenüber älteren Zweifeln ist die Echtheit dieser Urkunde nachgewiesen worden. Herzog Konrad erteilte dem Breslauer Bischof und dem Kapitel von Glogau als Ersatz für deren Einkünfte in Glogau Immunitäten für deren Untertanen, als er 1253 dort eine Stadt gründen wollte (*fundare et construere liberam et firmam in Glogouia civitatem*) und fügte hinzu, dass die Zahlungen an den Bischof und an das Kapitel erfolgen sollten *de civitate Glogoviensi secundum eius primum statum, quando videlicet non erat libera,* Tzschoppe-Stenzel, Nr. 42, S. 330; SUB III, Nr. 103. Boleslav II. ersetzte dem Bischof alle Einkünfte, die dieser in Liegnitz gehabt hatte, *cum locaremus civitatem nostram Ligniz iure Theutonico, pro iure omni et solucionibus universis, quas ibidem, dum erat Polonica, dominus episcopus … perceperat ab antiquo,* Tzschoppe-Stenzel, Nr. 59, S. 367; SUB III, Nr. 481.

10 Strahm, Stadtfreiheit, S. 112. Diestelkamp, Freiheit der Bürger, S. 506, bestätigte, dass die Freiheit der Bürger ein konstituierendes Prinzip für die Stadtgemeinde war; die Bürger erhielten diese Freiheit nicht individuell, sondern korporativ. Dass die Freiheit ein Kriterium der Stadt ist, weist auch Ennen, Minderstädte, S. 70, nach. Ennen, Stadtluft, S. 37, stellt bei den Überlegungen über die Entfaltung der städtischen Freiheit fest, dass dies eine Freiheit im Verbund des Stadtherrn und der sich allmählich herausbildenden Stadtgemeinde war. Die in der vorherigen Anmerkung angeführten Beispiele des Loskaufens der auf ursprünglichen Siedlungen lastenden Zahlungen und Dienste zeigen, dass solche Lasten sich mit der Möglichkeit, eine Stadt zu schaffen und den Bewohnern die städtische Freiheit zu gewährleisten, nicht in Übereinstimmung bringen ließen. Die böhmischen Quellen bieten zwar keine ähnlichen Nachrichten, aber die Beispiele aus dem Nachbarland bestätigen das Interesse des Landesherrn an der Entstehung von freien, d. h. institutionellen Rechtsstädten, die mit der Stadtfreiheit ausgestattet waren.

11 Diestelkamp, Freiheit der Bürger, S. 496.

12 Diestelkamp, ebenda. Der Bürger war nur insofern frei, solange er Mitglied einer freien Stadtgemeinde war. Seine Freiheit bestand in der Teilnahme an den Freiheiten der Stadt, Diestelkamp, S. 510.

13 Die Eingliederung in die Gemeinschaft der Stadt ist im Privileg Friedrichs II. für Nürnberg aus dem Jahre 1219 ausdrücklich erwähnt, Keutgen, Urkunden, Nr. 157: *si dominus imperii ab ipsis steuram exiget, non particulatim sed in communi quilibet pro posse persolvere debeat.*

14 E. Werner, Konstantinopel und Canossa, Lateinisches Selbstverständnis im 11. Jahrhundert, Sitzungsberichte der Akademie der Wissenschaften der DDR – Gesellschaftswissenschaften 4 G, Berlin 1977, S. 21.

15 G. Schwerhoff, Die goldene Freiheit der Bürger, in: Stadtregiment und Bürgerfreiheit, hg. v. K. Schreiner und U. Meier, Göttingen 1994, S. 111. Schwerhoff, S. 89, hat gezeigt, dass es bei den Streitigkeiten der Bürger von Köln mit ihrem Herrn, dem Erzbischof, gar nicht um irgendeine ideale Freiheit ging, sondern um Privilegien und Vorteile, die die autonome Existenz der Stadt ermöglichten, was keine Ablehnung der Herrschaft über die Stadt bedeutete. Ein weiterer Beleg, dass es im Interesse der Bürger nicht um irgendeine allgemeine Freiheit ging, ist die Feststellung, dass die Kaufleute von Arras sich für Untertanen des Klosters Saint Vaast ausgaben, damit sie die Exemtion von Zöllen beanspruchen konnten, Pirenne, Les villes, S. 151. Der Beruf der Kaufleute sagte nämlich nichts über ihren

von Freiheiten geschieht als Ausdruck der Selbstbegrenzung der Macht des Grundherrn.[16] Die Freiheit von Städten soll die wirtschaftliche Aktivität und Leistungsfähigkeit stärken, die Freiheit hat eine ökonomische Attraktivität.[17]

Die Freiheit äußert sich in zweierlei Richtung. Es ist vor allem der Rechtsstatus der Städte und ihrer Bürger, aber dieser ist nicht überall identisch, weil ein unterschiedliches Maß an Freiheiten eine Stadt von der anderen unterscheidet. Weiter ist das auch die persönliche Freiheit der Bürger im Sinne der Entlassung aus der Hörigkeit.[18] Die Bürger sind frei in Besitzrechten, im Erbrecht, in persönlicher Stellung; es bildet sich der städtische Stand heraus, der durch die Rechtsfreiheit gekennzeichnet ist, die die Gleichheit der Bürger charakterisiert. Dies kann durch eine weitere Erkenntnis ergänzt werden, dass nämlich eben dieser Stand geschützt wird und seine Verletzung seinen Verlust nach sich zieht. Im Privileg König Wenzels II. aus dem Jahre 1285, das die Bürger gegen den Adel schützt, wird festgelegt, dass ein Bürger, der sich in einen Herrendienst begibt, mit seinem ganzen Besitz die Stadt verlassen soll.[19] Dies bedeutet offensichtlich, dass er auch die Bürgerrechte verliert.

Neben dieser grundsätzlichen städtischen Freiheit als konstitutivem Bestandteil der Stadtverfassung treffen wir auch andere *libertates* an, die in Privilegien erteilt werden, die für eine einzelne Stadt bestimmt sind und eine Befreiung von sonst üblichen Pflichten, besonders von Geldzahlungen bedeuten. Im beiderlei Sinne treffen wir die Freiheiten im Privileg für das Kloster Doxan von 1232 an, mit dem ihm erlaubt wird, die Stadt Königsberg a. d. Eger zu gründen. Sie erhält *omnem libertatem, quam aliqua regni nostri civitas habere dinoscitur* und gleichzeitig verfügt der König: *habendi forum ibidem sollempne omnimodam concessimus libertatem.*[20] Im Sinne von Loslösung aus der Pflicht begegnet uns *libertas* im Jahre 1253 im Privileg für die Siedler auf

Stand aus, denn es gab sowohl freie als auch unfreie Kaufleute, Droege, Freiheitsbewegung, S. 65. In den Streitigkeiten mit den Stadtherren, wie wir davon schon früher gesprochen haben, wird der Erfolg in Form von herrschaftlichen Privilegien anerkannt.

16 von Keller, Freiheitsgarantien, S. 65.

17 J. Fried, Über den Universalismus der Freiheit im Mittelalter, HZ 240, 1985, S. 343.

18 Dilcher, Rechtshistorische Aspekte, S. 17.

19 CIM I, Nr. 6: *Statuimus quoque, ut civis, qui se famulatui servicioque baronis addixerat, ad monicionem iudicis cum bonis suis omnibus exire debeat civitatem.* In diesem Zusammenhang kann auch an die inhaltlich nahe Bestimmung aus dem Privileg König Friedrichs II. für Nürnberg aus dem Jahre 1219 erinnert werden, Keutgen, Urkunden, Nr. 157, Art. 2: *Item quicumque civis antedicte civitatis fecerit se alicuius muntman, tam civis ille quam qui hoc modo receperit eum, graciam nostram demeruerit.* Es kam jedoch auch zu einer umgekehrten Erscheinung, wenn sich reiche Bürger eigenes abhängiges Gefolge – *muntmannen* – schufen, was Friedrich II. im Jahre 1230 für Regensburg verboten hat, Keutgen, Urkunden, Nr. 160, Art. 17. Darin kann ein Versuch gesehen werden, sich Vasallen zu verschaffen und sich dadurch aus dem städtischen Stand zu lösen. Eine ähnliche Bestimmung für Köln enthält der Schiedsspruch im Streit zwischen der Stadt und dem Erzbischof Konrad von Hochstaden aus dem Jahre 1258, Keutgen, Nr. 147, Art. 19. In diesen beiden Fällen großer Städte wird mit einem solchen Verbot die Gewährleistung des Friedens in der Stadt verfolgt, der durch die Interessen führender Bürger gestört wird. Beides, nämlich sowohl das Verbot, sich jemandem zu unterwerfen, als auch das Verbot, sich *muntmannen* zu halten, ist auch in der Verordnung für die Stadt Tulln aus dem Jahre 1276 enthalten, Keutgen, Nr. 162, Art. 16.

20 CDB III/1, Nr. 26.

dem St. Stephansberg in Leitmeritz: *donamus ad septem annos omnimodam libertatem* mit der Aufzählung von Pflichten, von denen sie *liberi et exempti* sind.[21] Aus dieser Wendung ergibt sich unzweifelhaft, dass *libertas* die Exemtion aus sonst üblichen Erfüllungen bedeutet.

Ein deutlicher Beweis dafür findet sich auch im Privileg aus dem Jahr 1276,[22] das Budiš, der Abt des Klosters Hradisch, für den Lokator der Stadt Mährisch Weißkirchen, Tham, ausstellt, dem zwei Freijahre für die Rodung der künftigen Felder gewährt werden: *De agris vero exstirpandis damus predictis civibus duobus annis libertatem*, wogegen die Hintersassen, die keine Felder haben, verpflichtet sind, zwei Denare an den Bischof und zwei für die Brücke zu zahlen, *in quibus denariis ... nulla datur libertas.*

Wenn konstatiert wird, dass einer Stadt *iura et libertates* erteilt werden, wie man es in der Urkunde für Iglau[23] oder im Privileg für die Prager St. Gallus-Stadt liest,[24] ist dies keine bloße stilistische Wendung. Dadurch wird die Rechtsstellung der Stadt im Sinne ihrer positiven Berechtigungen gleichzeitig mit der Entbindung von sonst geläufigen Pflichten und Zahlungen erfasst. Im Privileg für die Prager St. Gallus-Stadt treffen wir wiederum die Zuerkennung von allgemeinen Stadtrechten und auch besondere neu erteilte Freiheiten an: *institutis in ea iuribus et libertatibus universis* gegenüber *ipsis ibidem civibus habere scolas concedimus ... modo et libertate per omnia.* 1259 wird dem Kloster Leitomischl für seine Stadt und ähnlich 1290 dem Bischof Tobiáš für Kojetein *ius et libertas* erteilt, die in anderen Städten gelten.[25] Das Prager Recht zusammen mit den Freiheiten der königlichen Städte werden 1264 auch dem neu gegründeten Bösig gewährt: *concedimus ... iura civitatis Pragensis et libertates, quas habent civitates et oppida regni nostri.*[26] Auch für Polička fehlt 1265 nicht die *libertas*, die die Hufen besitzenden Bürger für achtzehn Jahre befreit.[27] Schließlich werden 1298 den Bürgern von Leitomischl neue Freiheiten erteilt, so dass sie auf den Jahrmärkten in Hohenmaut und in Polička frei handeln können.[28]

Diese Beispiele genügen wohl zur Unterscheidung von zweierlei Arten der Stadtfreiheiten, nämlich der prinzipiellen Stadtfreiheit, die eine dauerhafte Komponente der Stadtverfassung ist, und der anderen individuellen, manchmal nur zeitweilig erteilten Freiheit, die die Entwicklung der Stadt erleichtern soll. Obwohl auch solche Freiheiten zur Stellung der Städte gehören, handelt es sich nicht um eine typische städtische Institution, denn ähnliche Exemtionen konnten den Umständen nach

21 CDB V/1, Nr. 5.

22 CDB V/2, Nr. 805. In derselben Urkunde werden auch weitere *libertates* erteilt.

23 CDB IV, Nr. 177++.

24 CDB V/1, Nr. 452.

25 Dies wird in beiden Urkunden für Leitomischl festgelegt, in der echten, CDB V/1, Nr. 194, und auch in der verdächtigen, CDB V/1, Nr. 195++, die jedoch kurz nach der ersten entstanden ist und völlig glaubwürdige Bestimmungen über die Stadtverfassung enthält. Für Kojetein, RBM II, Nr. 1518, wird festgelegt, *ut eisdem utantur libertatibus et gaudeant iuribus, quibus utuntur et gaudent cives communiter nostrarum per Moraviam civitatum.* Siehe bereits in Kap. II, S. 119.

26 CDB V/1, Nr. 423.

27 CDB V/1, Nr. 457, worin auch festgelegt wird, welche Pflichten die Bürger dann erfüllen sollen, nachdem die Jahre der Befreiung verflossen sind: *Et postquam exspiraverit libertas.*

28 CIM IV/1, Nr. 13.

auch anderen Subjekten, z. B. Klöstern, erteilt werden. In den Fällen der Stadtprivilegien dieser Art handelt es sich wiederum um Rechte der Stadtgemeinde und nicht um Rechte von Einzelnen.

Falls einem Bürger eine Freiheit dadurch erteilt wird, dass ihm eine Pflicht nachgelassen wird, handelt sich um einen individuellen Rechtsakt, der nicht die Stadt betrifft, zu deren Gemeinde der Bürger gehört.[29]

Die Natur der städtischen Institutionen wurde unlängst als janusköpfig bezeichnet. Einerseits blicken sie nach außen, auf die Herrschaft des Adels und auf das Landrecht mit dem Ziel der Abgrenzung und Unterscheidung, andererseits nach innen auf das Bürgertum im Bestreben, die eigene eingegrenzte Rechtsordnung zu entfalten. Eben die Formel *iura et libertates* erlaubt es, dieses Janusgesicht zu erkennen, nicht jedoch als Begriffsgegensatz, sondern als einander durchdringende und ergänzende Bedeutungen.[30]

Die Frage der Stadtfreiheit wird häufig mit dem bereits oft behandelten Grundsatz „Stadtluft macht frei" verbunden oder gar auf dessen Grundlage direkt dargelegt. Seit jeher ist bekannt, dass dieser Grundsatz in dieser prägnanten Form in den mittelalterlichen Quellen nicht ausgesprochen wurde und dass es sich nur um eine Konstruktion von historischen Überlegungen aus der ersten Hälfte des 19. Jahrhunderts handelt.[31]

Es bestehen aber keine Zweifel an der Triftigkeit dieser Konstruktion, allerdings erscheinen Differenzierungen bei ihrer Verwendung in wissenschaftlichen Schriften und auch in ihrer juristischen Interpretation. In unseren Zusammenhängen wäre es müßig, sich nach so vielen Versuchen[32] erneut mit ihrer Erläuterung zu beschäftigen,

[29] Z. B. bei der Zuteilung von zwei Hufen an einen Brünner Bürger in einem Dorf des Bistums Olmütz, die von der vom Zins, vom Zehnten und von anderen Dienstleistungen befreit sind, wie es die Urkunde Bischof Brunos von 1262, CDB V/1, Nr. 366, bezeugt.

[30] Dilcher, Hell, im Kapitel Städtische jura et libertates als janusköpfige Institute.

[31] Den ersten Anlauf zur Definierung dieses Grundsatzes unternahm bereits J. Grimm, Deutsche Rechtsaltertümer, Neuabdruck der 4. Auflage, Wiesbaden 1955, I, S. 466, der bei den Überlegungen darüber, dass ähnlich wie die Freiheit durch das Niederlassen unter den Untertanen verloren werden konnte, die Untertänigkeit durch das Niederlassen unter den Freien aufgehoben werden konnte, was der Autor folgendermaßen ausdrückte: „In diesem Sinne macht die Luft auch frei". Es wurde hier noch nicht über die Stadt gesprochen, nur über den Grundsatz. Voll ist dieser Grundsatz bei Gaupp, Deutsche Stadtrechte I, S. XXXIX–XL, zum Ausdruck gebracht.

[32] Nach Gengler, Alterthümer, Exkurs V., S. 407–431, der das in seiner Zeit feststellbare Verzeichnis von Städten geboten hat, in denen dieses Prinzip angewendet wurde, wurde die neuere Forschung durch den Artikel von H. Brunner, Luft macht frei. Eine rechtshistorische Untersuchung, in: Festgabe der Berliner juristischen Fakultät für Otto Gierke I, Breslau 1910, S. 1ff. eröffnet, zugänglich in: H. Brunner, Abhandlungen zur Rechtsgeschichte. Gesammelte Aufsätze I, hg. v. K. Rauch, Weimar 1931, S. 366–413. In Auswahl können weiterhin genannt werden: von Keller, Freiheitsgarantien, S. 118ff.; Planitz, Kaufmannsgilde, S. 105ff.; Strahm, Stadtluft macht frei, in: Das Problem der Freiheit in der deutschen und schweizerischen Geschichte, VuF 2, 2. Aufl. Sigmaringen 1970, S. 103–121; Strahm, Stadtfreiheit, an mehreren Stellen; H. Mitteis, Über den Rechtsgrund des Satzes „Stadtluft macht frei", in: Mitteis, Die Rechtsidee in der Geschichte, Weimar 1957, S. 708–723; Diestelkamp, Städteprivilegien Ottos des Kindes, S. 51–55; E. Werner, Stadtluft macht frei. Frühscholastik und bürgerliche Emanzipation in der ersten Hälfte des 12. Jahrhunderts, Sitzungsberichte der Sächsischen Akademie der Wissenschaften zu Leipzig, Philologisch-historische Klasse, Bd. 118, Heft 5, Berlin 1976; V. Henn, „Stadtluft macht frei?", in: Soest, Stadt – Territorium – Reich, Soest 1981,

um so mehr, da es wenig wahrscheinlich ist, neue Aspekte zu finden.[33] Deshalb nur noch eine kurze Rekapitulation:

In reiner Form gilt dieses Prinzip in der Weise, dass eine Person, die sich in die Stadt begibt, dann die Freiheit erhält, wenn sie sich ein Jahr und einen Tag dort aufhält, und es dem Herrn nicht gelingt, sie auf dem Rechtswege in seine Machtoberhoheit zurückzugewinnen. Die Quellennachweise für dieses Rechtsprinzip sind zahlreich, und es kann sein allmähliches Durchdringen vom Westen her beobachtet werden, in Spanien seit dem 10. Jahrhundert, nach Deutschland, wo man es zwei Jahrhunderte später nachweisen kann.[34] Als beredtes Zeugnis kann die Festlegung Heinrichs des Löwen für die Braunschweiger Hagenstadt vom Jahre 1160 angeführt werden: *Quicumque annum et diem in civitate manserit sine alicuius impeticione de cetero liber permanebit.*[35] Die Entwicklung der städtischen Wirtschaft und der damit zusammenhängende Bedarf an Menschen führten zum Interesse der Städte an Zuwanderung, wobei die neu Ankommenden mit Garantien ausgestattet werden mussten, damit sie nicht gezwungen werden konnten, ohne gerichtliche Entscheidung in die Hörigkeit zurückzukehren.[36] Mit der städtischen Freiheit waren zahlreiche Vergünstigungen verbunden, wie der Schutz, die Befreiung von der Strafverfolgung durch ein fremdes Gericht, die Befreiung von Abgaben und Diensten für den Grundherrn, die Möglichkeit, Besitz zu erwerben oder auf dem Markt Handel zu treiben. Sie war das Tor zu einem ständischen Aufstieg. An der Gültigkeit und der tatsächlichen Wirksamkeit dieses Prinzips wird dadurch nichts geändert, dass man stellenweise seine Modifizierungen feststellen kann, besonders in der Bestimmung einer

S. 181–203; Ennen, Stadtluft macht frei; Ch. H.-G. Gellinek, Stadtluft macht frei?, ZRG GA 106, 1989, S. 306–310, und der Nachtrag zur Diskussion von R. Haas, Anmerkungen zum Satz (Stadt-)Luft macht frei, ebenda, S. 311–319, mit einer Übersicht über die Forschungsmeinungen und mit Literaturhinweisen; R. E. Mohrmann, Macht Stadtluft frei?, AltSt 20, 1993, S. 1–6. In zahlreichen weiteren Schriften zur Geschichte der mittelalterlichen Städte findet man weitere Versuche der Erhellung dieses Prinzips.

33 Diestelkamp, Freiheit der Bürger, S. 489, äußerte, nachdem er eine Übersicht über die Forschungsmeinungen zu dem Satz geliefert hatte, dass auf diesem Feld keine weiteren Früchte zu ernten sind und die Möglichkeit, Fragen zu stellen, erschöpft ist.

34 von Keller, Freiheitsgarantien, S. 118ff. Auf Soběslavs Privileg für die Prager Deutschen wird in diesem Zusammenhang allerdings nicht zu Recht hingewiesen, S. 124, weil es sich um keine städtische Freiheit handelt, sondern um den Schutz einer nationalen Minderheit: *Noveritis, quod Theutonici liberi homines sint.*

35 Dieser Satz bildet den Ausgangspunkt für die Überlegungen Brunners, S. 396, von Kellers, S. 124, oder Diestelkamps, Freiheit der Bürger, S. 485, und Städteprivilegien Ottos des Kindes, S. 25ff. und 74ff. (wie in Anm. 32). Strahm, Stadtluft macht frei, S. 103, fängt mit einer analogen Regel aus der Berner Urkunde an.

36 Stellvertretend für andere Strahm, Stadtfreiheit, S. 78–79; Stadtluft macht frei, S. 112. Bereits Sohm, Die Entstehung, S. 49, wies darauf hin, dass Freiheit in der Befreiung von der Herrschaft, selbst von der rechtmäßigen, besteht und damit auch von der Gewalt der Grundherrschaft. Der Zugezogene erlangt die Freiheit, weil er sich dem rechtlichen Umkreis angeschlossen hat, der aus freien Personen besteht, Strahm, Stadtfreiheit, S. 43. Eine Illustration dafür bietet die Aussage der Urkunde über die Stadterhebung Glogaus, siehe oben in Anm. 9, mit der die Entstehung einer Stadt verkündet wird *liberam et firmam in Glogovia civitatem* und wobei hinzugefügt wird: *qua ex libertate copiam ad se hominum invitaret.* In den schlesischen Gebieten ist zwar das Prinzip der Erlangung der Freiheit nach einem Jahr und einem Tag nachgewiesen, aber die befreiende Bedeutung der Stadt ist hier offensichtlich. Ebenso würde derjenige die Freiheit verlieren, der sich unter die Unfreien einordnen würde.

anderen Frist oder sogar seine Anerkennung ohne irgendeine Frist, wie es bei unseren Städten der Fall ist.

Der bisherige Herr des in die Stadt entlaufenen Untertanen war in einer ungünstigen Stellung, denn er musste diesen ausforschen und gerichtlich seine Rückkehr fordern. Bei einem solchen Prozess lastete auch die nicht leichte Beweisführung auf ihm. Von den Grundherren wurde deshalb die Zuerkennung der Freiheit für den Untertanen als Störung ihrer Rechte gesehen, als offene Entfremdung, als Raub von Untertanen.[37] Bedenklich war auch die Verjährung ihres Anspruches in relativ kurzer Zeit.

Die Bestimmung über das Recht der Aufnahme von Untertanen in die Städte erschien in der ersten Welle des Eindringens dieses Rechtssatzes in die Privilegien des Königs für seine Städte.[38] Es war ein Regal, das sich ohne die Autorität des Landesherrn nicht hätte geltend machen können,[39] und erst in der weiteren Entwicklung ging diese Möglichkeit auch an andere Stadtherren über.[40] Aber bald wurden die Stimmen der Grundherren laut, die das Prinzip der Aufnahme von Untertanen in die Städte aus Furcht vor Verlust von Arbeitskräften und Verminderung der wirtschaftlichen Erträge kritisierten und die Veränderung oder die Milderung dieses Prinzips anstrebten.[41] Mancherorts erscheinen deshalb Regelungen, die die Aufnahme von Untertanen beschränken oder gar verbieten.

Die Beschränkungen waren von unterschiedlicher Art, so dass man nicht über eine allgemein anerkannte Regel sprechen kann. Die meisten Einschränkungen betreffen die eigenen Untertanen des Stadtherrn oder bestimmter genannter Grundherrschaften, mit denen die Stadt einen Konflikt vermeiden wollte.[42] Eine solche Restriktion erscheint seit dem 13. Jahrhundert[43] und findet in den Bestimmungen von

---

37 Strahm, Stadtfreiheit, S. 85.

38 Strahm, ebenda, S. 98.

39 Strahm, ebenda, S. 107–109, bes. S. 104: „Die rechtsbindende Kraft des Satzes „Stadtluft macht frei" stammt aus der Hand des Königs." Eine Darstellung über die Freiheit in den Städten und über ihre Abhängigkeit vom Landesherrn lieferte auch Bosl, Freiheit und Unfreiheit, S. 194, vgl. zum Stichwort Stadtluft macht frei auch Bosl, Die alte deutsche Freiheit, S. 214–216. Als ein einschlägiges Beispiel kann Frankfurt am Main angeführt werden, das seit dem Ende des 13. Jahrhunderts *libertates* nur in königlichen Urkunden bekommen hat, E. Orth, Freiheit der Stadt: Der Fall Frankfurt, in: Abendländische Freiheit, S. 445.

40 Die Beispiele der Erteilung dieses Rechtes sind in einigen Schriften zusammengestellt, z. B. Gengler, Alterthümer, S. 415–418, mit einem Verzeichnis der Städte, weiter von Keller, von den neueren dann Ennen, Stadtluft macht frei, S. 36, unter anderem auch mit dem Hinweis auf das explicit formulierte Prinzip im Privileg des englischen Königs Heinrich II. für Lincoln vom Jahre 1157, oder K. Schulz, Von der Familia zur Stadtgemeinde, in: Abendländische Freiheit, S. 482.

41 K. Schulz (wie die vorherige Anm.), S. 482; Strahm, S. 85; Diestelkamp, Freiheit der Bürger, S. 504–505; Ennen, Stadtluft, S. 37, u. a.

42 Eine detaillierte Darstellung der westfälischen Stadtrechte, die Regeln über die Befreiung der Untertanen bei ihrem Kommen in die Stadt und auch über deren Einschränkungen bot V. Henn, Stadtluft macht frei? (wie Anm. 32).

43 Ennen, Minderstädte, S. 72, hat einen ausgeprägten Fall behandelt, in dem ein Vasall des Kölner Erzbischofs am Niederrhein die Stadt Kalkar gründen wollte, was ihm mit dem Vorbehalt erlaubt wurde, dass dort niemand aus den erzbischöflichen Städten, keine Ministerialen oder Leute des Erzbischofs aufgenommen werden durften. Dies schloss die Aufnahme von anderen Bewohnern nicht aus, die in keinem Verhältnis zum Erzbischof standen.

zwei bedeutenden Reichsgesetzen ihren Höhepunkt, in der *Confoederatio cum principibus ecclesiasticis* und im *Statutum in favorem principum* aus den Jahren 1220 bzw. 1231/1232, in denen das Verbot der Aufnahme von Untertanen für die königlichen Städte verkündet wurde. Kaiser Friedrich II. opferte die Städte in den beiden Gesetzen dem Bedürfnis, einen Frieden mit den Fürsten zu erzielen, was sich als ein bedeutender Schritt im Zerfall der Machtbefugnisse des Königs und im Aufstieg der Territorialstaaten erwiesen hat.

Die Stadtfreiheit war eine konstitutive Komponente der institutionellen Stadt. Sie definiert freien *cives* gegenüber den unfreien *homines*, wie es schon oben erwähnt wurde. Das Erreichen der Beteiligung an der Stadtfreiheit war ein Ziel der in die Stadt fliehenden Unfreien und ein Mittel für ihren Standes- und Vermögenssaufstieg. Nicht jeder Ankömmling vermochte jedoch die Stellung eines vollberechtigten Bürgers zu erlangen, die vor allem mit Besitz an Immobilien verbunden war, und die abgesehen vom Zins von anderen Bindungen an höhere Rechtsansprüche (Ansprüche der Grundherrschaft, Lehensansprüche) befreit waren. Eine vollständige Geltendmachung der Prärogative des Bürgers ist mit dem freien Besitz von Immobilien verbunden.[44] Aber auch ein einfacher Stadtbewohner erfreute sich der Freiheit, und eine solche Stellung war das Ziel der fliehenden Untertanen.

Das Interesse der Städtegründer war es, bald eine genügende Anzahl von Bewohnern zu bekommen. Deshalb wurden auch den Ankömmlingen verschiedene Vergünstigungen erteilt. Gemeinsam mit den neuen Siedlern aus verschiedenen entfernteren Gebieten bildeten Leute aus der nahen Umgebung einen beträchtlichen Teil der Zugezogenen.[45] Ein Beispiel dafür ist Ungarisch Hradisch, wo Menschen aus zwei benachbarten Märkten angesiedelt wurden.[46] Nach Ostmitteleuropa richtete sich ein Strom von Kolonisten, die spontan nach neuen Möglichkeiten des Lebensunterhalts suchten, aber es gab auch eine große Zahl von anderen, die, besonders in den böhmischen Ländern und in Polen, von den um den Landesausbau bemühten Landesherren berufen wurden.[47] Der Siedlungsprozess wurde offensichtlich von der höchsten Autorität gesteuert und gefördert.

Wenn man nach Nachrichten über die Freiheiten der böhmischen und mährischen Städte sucht, kann man viele davon zeugende Anzeichen finden, besonders in der Erteilung von Privilegien; aber Regeln, die als das Prinzip der freien Stadtluft interpretiert werden könnten, fehlen zunächst.[48] Damit ist nicht gesagt, dass sie sich nicht

---

44 Besondere Aufmerksamkeit widmete DROEGE, Freiheitsbewegung, S. 63, 64, und weiter bes. S. 69–70, den Bindungen zwischen dem Eigentum und der Vererbbarkeit von Immobilien und der Stellung des Bürgers.

45 E. KEYSER, Die Bevölkerung der deutschen Städte, in: Städtewesen und Bürgertum als geschichtliche Kräfte, Gedächtnisschrift für Fritz Rörig, Lübeck 1953, S. 29; H. AMMANN, Vom Lebensraum der mittelalterlichen Stadt, Berichte zur deutschen Landeskunde 31, 1963, S. 286; H. STOOB, Westfälische Beiträge zum Verhältnis von Landesherrschaft und Städtewesen, WfF 21, 1968, S. 72.

46 Zu dem oft zitierten Beispiel vgl. FISCHER, Siedlungsverlegung, S. 89.

47 K. ZERNACK, „Ostkolonisation" in universalgeschichtlicher Perspektive, in: Universalgeschichte und Nationalgeschichte, hg. G. HÜBINGER – J. OSTERHAMMEL - E. PELZER, 1994, bezeichnet diese Vorgangsweise als „Selbstkolonisation".

48 ZYCHA, Ursprung, S. 115–117.

mancherorts allmählich hätten durchsetzen können, aber sichere Belege dafür finden wir erst später, und sie sind selten. Die erste Nachricht, die man in den Umkreis dieser Untersuchung einordnen kann, bringt das Prinzip über die befreiende Macht des städtischen Milieus nicht in reiner Form zur Geltung. Das Privileg König Přemysl Otakars II. für Saaz vom Jahr 1265[49] legt nämlich fest: *quicumque ad civitatem se transferre voluerit pro manendo et solverit domino suo ius, quod vulgariter weglose dicitur, ibit libere, nec retardabitur aut impedietur in aliquo per dominum.* In den Gründungsprivilegien, die die Niederlassung von Untertanen in den Städten erlauben, ist keine Rede von den Abgaben an die Grundherrschaft.[50] *Weglose*, in einer späteren Abschrift schon als *wayhost* tschechisiert, ist eine Abgabe, die die Herren bei der Entlassung des Untertanen bekommen haben.

Aus dieser Festlegung wird deutlich, dass im Privileg für Saaz mit einer regulären Entlassung des Untertanen gerechnet wird, dessen Übersiedlung dann sein Herr nicht mehr behindern darf. Ein weiterer Beleg mit vollem Ausdruck dieses Prinzips betrifft dann Eger, für das König Rudolf I. im Jahre 1279 ein Privileg erteilte, durch das garantiert wurde: *Item quicumque civitatem mansurus ingreditur per spacium unius anni, non erit dominorum serviciis obligatus.*[51] Aber dieses Privileg darf nicht als Beleg für böhmische Verhältnisse herangezogen werden, weil Eger nach dem Fall von Přemysl Otakar II. unter die Herrschaft des Reiches zurückkehrte, die betreffende Urkunde muss als Privileg des deutschen Herrschers gesehen werden.

Älter als die böhmischen und mährischen Belege ist das erste Stadtprivileg in der Slowakei für Tyrnau aus dem Jahr 1238.[52] Es wird mit der Zuwanderung neuer Bürger gerechnet: *civibus in eodem loco residentibus et qui in posterum venire voluerint*, aber das Prinzip der befreienden Stadtluft lässt sich nicht nachweisen, weil die Zuwanderung nur freien Personen gestattet wird: *Libere vero condicionis homines, undecunque inter eos habitare volentes venire voluerint, omni impedimento cessato, salvis rebus et personis se transferendi habeant potestatem.* In der ältesten Schicht von Belegen ist also die Garantie für die in die Städte gekommenen Untertanen nicht enthalten.

Erst zwei Privilegien aus der Zeit Wenzels II. entsprechen voll und ganz dem befreienden Prinzip des Stadtmilieus. Für die Stadt Littau wurde 1291 in einer sehr präzisen Formulierung festgelegt:[53] *Volumus preterea, ut nullus nobilium quemlibet hominem de bonis suis ad dictam civitatem nostram transire volentem retinere aut in aliquo penitus molestare presumat, sed libenter ipsum dimittat, et super hiis, que contra eum movere vel proponere habuerit, in iudicio dicte civitatis ius suum prosequatur.* Eine fast wortwörtlich gleiche Festlegung findet sich auch im Privileg für Olmütz, das nur zwei Monate jünger ist.[54]

49 CDB V/1, Nr. 464.
50 Vgl. die befreiende Formel für Polička, CDB V/1, Nr. 457, womit verboten wird, die neu Angekommenen auf irgendeine Weise zu behindern, sie sind von Zöllen befreit und vor Gerichtsfahndung, ausgenommen bei Schulden geschützt.
51 CIM II, Nr. 32.
52 CDSlov II, Nr. 44.
53 RBM II, Nr. 1633 = CDM IV, Nr. 294.
54 RBM II, Nr. 1639 = CDM IV, Nr. 296.

Von anderer Art ist das Privileg Bischof Theodorichs für seine Stadt Kremsier von 1290:[55] *Item statuimus, ut quicumque homo in bonis episcopalibus residens ad civitatem nostram causa manendi se voluerit transferre et domum comparaverit, accepta licencia absque quolibet impedimento veniendi liberam habeat facultatem.* Das Gleiche ist den Bürgern erlaubt, die die Stadt verlassen möchten. Der Bischof disponiert also lediglich im Rahmen seiner Herrschaft und seiner Machtbefugnisse. Seine Verfügungen unterscheiden sich demnach von den Urkunden des Königs für Littau und für Olmütz, weil diese einen Ausfluss der herrscherlichen Gewalt darstellten, die ein Bischof nicht haben konnte, der nur auf den Umkreis seiner Herrschaft, wenn auch einer sehr ausgedehnten, verwiesen war.

In unseren nicht allzu zahlreichen Quellen wird weder die Frist von einem Jahr und einem Tag noch eine andere erwähnt. Die Befreiung aus der Gewalt des Herrn tritt augenblicklich ein. Ob ein ähnliches Prinzip auch für andere Städte galt, ist wegen Mangels an Nachrichten völlig unsicher. Aber rufen wir uns die bereits früher erwähnten Gebote an die Lokatoren in Erinnerung, denen als Pflicht auferlegt wurde, in die im Entstehen begriffenen Städte Leute zu bringen. Schon dadurch wurde die Ankunft der neuen Bewohner mit ihrer freien Stellung verknüpft. Gemeinsam mit der Hoffnung auf einen künftigen höheren Profit aus der wirtschaftlichen Tätigkeit, ist die städtische Freiheit ein grundlegendes Lockmittel für den Zustrom neuer Stadtbewohner, die auf diese Weise Schutzgarantien gegen Eingriffe fremder grundherrschaftlicher Machtbefugnisse erhalten. Sie werden *cives* oder wenigstens *incolae* der Stadt und hören auf, bloße *homines* zu sein.

Es sind bereits viele Versuche unternommen worden, den Begriff und die Merkmale des Bürgertums zu erfassen. Es ist weder möglich noch zweckmäßig, alle diesbezüglichen Arbeiten zu rekapitulieren. Es wird notwendig sein, sich nur auf solche Interpretationen der Begriffe Bürger und Bürgertum zu beschränken, die deren Stellung in unserem Land erklären helfen. Auch hier stoßen wir jedoch auf einen Mangel an Interpretationen in den heimischen wissenschaftlichen Arbeiten. Es wird deshalb nötig sein, wenigstens in einer kurzen Übersicht zu den in unserer Nachbarschaft entstandenen Werken zu greifen und die Analogien zu unseren Verhältnissen zu zeigen.

Dabei ist es notwendig, wenigstens in Kürze auf die Versuche der marxistischen Literatur in der ehemaligen Deutschen Demokratischen Republik hinzuweisen, die sich seit den siebziger Jahren des 20. Jahrhunderts mit der Einordnung des Bürgertums in die Klassen der Feudalgesellschaft befasst haben.[56] Schematisch gesprochen, stießen hier drei Konzeptionen aufeinander, von denen die erste das Bürgertum als Klasse wertet.[57] Demgegenüber fassten andere Forscher das Bürgertum nur als eine „Nebenklasse“ auf, weil es ihrer Meinung nach die für die Charakterisierung als Klasse notwendigen Merkmale einer grundlegenden Unterscheidung während des Feudalismus nicht aufweist.[58] Schließlich muss man auch die aus der Analyse der

[55] RBM II, Nr. 1502. Mit dieser Urkunde haben wir uns wiederholt befasst.

[56] Eine kurze Übersicht über solche Versuche bei Kejř, Nad počátky [Über die Anfänge], S. 394–395.

[57] Mägdefrau, Stadtentstehung, S. 642.

[58] Hierher kann man zählen: B. Berghold – E. Engel - D. Laube, Die Stellung des Bürgertums in der deutschen Feudalgesellschaft bis zur Mitte des 16. Jahrhunderts, ZfG 21, 1973, S. 169–217; E. Uitz,

sozialen Struktur der Stadt geschöpften Schlussfolgerungen in Betracht ziehen, dass man nämlich nicht von einer einheitlichen Klasse des mittelalterlichen Bürgertums sprechen kann.[59] Auch der Versuch einer Gesamtsicht dieser Fragen ist zu keinem eindeutigen Schluss gelangt.[60] Es bleibt also nur die Feststellung übrig, dass die Voraussetzungen für die Verwendung des Begriffs Klasse für das Bürgertum bisher nicht gegeben sind und dass man seine Einordnung als „Nebenklasse“ vorläufig weder bestätigen noch widerlegen kann.[61] Soweit wir es also einschätzen können, hat diese breite Diskussion nicht geholfen, die bereits früher geäußerte Meinung zu verändern, dass die marxistische Geschichtswissenschaft den Begriff des Bürgertums bisher nicht präzise zu definieren vermochte.[62]

Es ist sicher völlig legitim und für die Geschichte der Städte von grundlegender Bedeutung, die innere Schichtung der städtischen Bevölkerung und ihrer Differenzierung sowie auch ihre Beziehung zu den übrigen Gruppen des mittelalterlichen machtpolitischen und wirtschaftlichen Lebens zu verfolgen. Wenn begründete Ergebnisse in dieser Hinsicht vorgelegt werden, ist das nur begrüßenswert. Eine unselige Seite der komplizierten Überlegungen über die Klassenstellung des Bürgertums bildete der a priori festgelegte Ausgangspunkt, der besonders in der Anwendung von vornherein gegebenen theoretischen Begriffen bestand, die nicht auf ein gründliches und aus verschiedenen Ländern kommendes Quellenstudium gestützt waren. Wenn in den meisten dieser Studien Quellenberufungen vorkamen, geschah das in der Absicht, eine vorher geschaffene, auf den allgemeinen Axiomen der marxistischen Theorie basierende Bewertung zu illustrieren, während eine wissenschaftliche Vorgangsweise den umgekehrten Weg verlangt, nämlich eine gründliche Untersuchung von authentischen Berichten vorzunehmen und erst auf ihrer Basis einen Versuch der Einordnung der festgestellten Phänomene in ein denkbares System zu unternehmen.[63] Man gelangt schließlich, nachdem der Versuch eines Teiles der marxistischen Geschichtswissenschaft gescheitert ist, das mittelalterliche Bürgertum den

---

Schlußwort, in: Haupttendenzen II, S. 161, benutzt die Einschätzung als selbstverständlich. Mit gewisser Zurückhaltung W. Küttler, Zum Problem der Anwendung des marxistisch-leninistischen Klassenbegriffs auf das mittelalterliche Stadtbürgertum, ZfG 22, 1974, S. 605–615.

59 K. Fritze, Eigentumsstruktur und Charakter des mittelalterlichen Städtebürgertums, ZfG 22, 1974, S. 331–337. Am Schluss spricht er seine entschiedene Meinung aus, dass man nicht vom Bürgertum als Klasse sprechen kann.

60 W. Küttler, Stadt und Bürgertum im Feudalismus. Zu theoretischen Problemen der Stadtgeschichtsforschung in der DDR, JbGF 4, 1980, S. 75–112.

61 Küttler, ebenda, S. 111. Als unzureichend wird der Begriff „Nebenklasse“ von E. Werner, Stadtluft macht frei (wie in Anm. 32), S. 65, Anm. 3, bezeichnet, vgl. auch in Anm. 59. Hier soll darauf aufmerksam gemacht werden, dass Werners Arbeit sich in ihrer Vorgangsweise von den anderen unterscheidet, indem sie nicht von Urkunden und anderen Rechtsquellen ausgeht, sondern ihre Hauptstütze in theologischen und philosophischen Schriften der älteren Scholastik und deren Auffassungen von Freiheit sucht.

62 K. Czok, Die Bürgerkämpfe in Süd- und Westdeutschland im 14. Jahrhundert, in: Die Stadt des Mittelalters III, S. 313. (Ursprünglich 1966–67 erschienen). Zu dieser Feststellung Czoks auch A. Haverkamp, Die „frühbürgerliche“ Welt im hohen und späteren Mittelalter, HZ 221, 1975, S. 584.

63 Kejř, Nad počátky [Über die Anfänge], S. 395, versuchte dies folgendermaßen auszudrücken: „opřít se o velký materiál, s péčí utříděný a sebraný z rozličných území a z různých vývojových stadií a vyvarovat se spekulativních závěrů, jež by neobstály v konfrontaci s bezpečnými zprávami.“ [sich auf ein großes Material zu stützen, das mit Sorgfalt aus verschiedenen Territorien und verschiedenen Entwick-

Klassen zuzuordnen, zu der Erkenntnis, dass man mit dem Begriff Klasse gar nicht operieren kann[64] und dass sich die innere Gliederung des Bürgertums und der Stadtbevölkerung überhaupt eher in Kategorien von Schichten und Gruppen ausdrücken lässt.[65]

Es muss noch hinzugefügt werden, dass die Versuche der Konstruktion einer Klasse des Bürgertums vor allem von Überlegungen über ökonomische Phänomene ausgingen und die öffentlich-rechtliche Stellung der Bürger, also ihre Stellung in der Stadtverfassung, die ebenfalls in vollem Maße die gesellschaftliche Zusammensetzung beeinflusst hat, vernachlässigten.[66] Eine Reihe von Forschern wurde eigentlich durch die Bestrebungen nach einer Erfassung des Klassencharakters von der analytischen Arbeit weggelockt, ohne die eine wirkliche Erkenntnis nicht zu erreichen ist.

Für die Erfassung der Begriffe Bürger und Bürgertum ist es von Vorteil, sich zuerst die Ausgangspunkte einer solchen Untersuchung bewusst zu machen. Es handelt sich um eine Kategorie, die der europäischen Stadt eigen ist und die man anderswo nicht vorfindet.[67] Weiter fallen ihre Anfänge, also die deutliche Ausgren-

---

lungsstadien gesammelt und geordnet wird, und sich vor spekulativen Schlussfolgerungen zu hüten, die in einer Konfrontation mit sicheren Nachrichten nicht bestehen würden].

64 E. Ennen, Frühgeschichte der europäischen Stadt – wie ich sie heute sehe, in Ennen, Gesammelte Abhandlungen, S. 261, hält den Ausdruck „Nebenklasse" nur für eine Verlegenheitslösung. E. Maschke, Die Schichtung der mittelalterlichen Stadtbevölkerung Deutschlands als Problem der Forschung, in: E. Maschke, Städte und Menschen – Beiträge zur Geschichte der Stadt, der Wirtschaft und Gesellschaft 1959–1977, VSWG, Beiheft Nr. 68, Wiesbaden 1980, S. 160–161, untersuchte sorgfältig die inneren Unterschiede in den Städten und gelangte zur Ansicht, dass man nicht über Klassen wird sprechen können. Dadurch wird die Richtigkeit der oben angeführten Meinung von K. Fritze (wie Anm. 58) bestätigt.

65 In Anknüpfung an die eben zitierten Forscher Ennen und Maschke gelangte Dilcher, Zum Bürgerbegriff, S. 178, zu einem identischen Urteil. Auch der Autor marxistischer Ausrichtung E. Werner, Stadtluft macht frei (vgl. oben, Anm. 61), S. 65, Anm. 3, präferiert den Begriff der Schicht: „Die Anwendung des Schichtbegriffes dürfte jedenfalls der historischen Realität näher kommen als die Bezeichnung des Stadtbürgertums als Nebenklasse."

66 O. Brunner, Zum Begriff des Bürgertums, in: Untersuchungen, S. 16.

67 Bereits früher machten wir uns die Natur der Bevölkerung von byzantinischen Städten klar, die ein selbständiges und sich an der Bildung des Rechtes beteiligendes Bürgertum nicht kannte; vgl. V. Hrochová, Byzantská města ve 13.–15. století [Byzantinische Städte im 13.–15. Jahrhundert], Praha 1967, und oben, S. 23. Den russischen Verhältnissen widmete sich O. Brunner, Europäisches und russisches Bürgertum, VSWG 40, 1953, S. 1–27, und in kürzerer Form kehrte er dazu zurück in der Studie Zum Begriff des Bürgertums (wie in der vorherigen Anmerkung), S. 20 und 21. In Russland gibt es weder eine Gemeinde der Bürger noch das Bürgerrecht, es gibt auch keine anderen Institutionen; eine Stadt ist zwar das Zentrum einer Region, aber es zeigt sich kein Unterschied zwischen der Stadt- und der Dorfbevölkerung, die beide unter der gleichen Herrschaft stehen. Für die außereuropäischen Städte, die in unserem Zusammenhang nicht einmal als Grundlage für einen Vergleich in Frage kommen, genügt ein Hinweis auf die bekannte Studie von M. Weber, Die Stadt. Für die eigenen ungarischen Städte vor dem Eindringen der Stadtverfassung prägt E. Fügedi, Der Stadtplan von Stuhlweissenburg, S. 108 und 118, die Bezeichnung „asiatischer Typ der Stadt", der sich zwar durch Tauschhandel und Produktion auszeichnet, aber der Selbstverwaltung der Bürger entbehrt und ausschließlich unter königlicher Gewalt steht. Solche Städte waren keine „Städte" im europäischen Sinne des Wortes und ihre Bewohner waren keine Bürger. Erst durch die Konstituierung von städtischen Institutionen verschwindet dieser Typ. Über die Umwandlung des asiatischen Typs zum europäischen in Stuhlweissenburg und in anderen Städten vgl. Fügedi, ebenda, S. 127. O. Brunner, Stadt und Bürgertum in der europäischen Geschichte, in: O. Brunner, Neue Wege der Verfassungs- und Sozialgeschichte, 2. Aufl., Göttingen

zung des Bürgertums aus den übrigen Gruppen und Schichten der Bevölkerung, frühestens ins 11. Jahrhundert.[68] In den Quellen wird das Bürgertum uneinheitlich mit verschiedenen Ausdrücken bezeichnet, so dass es lange dauerte, bis sich die Terminologie stabilisiert hatte.[69] Bei der Suche nach der Bedeutung der Termini müssen auch die territorialen Unterschiede in Institutionen berücksichtigt werden, wenn sich beispielsweise die Darlegungen in der gelehrten legistischen und kanonistischen Literatur, in der Auffassung der Glossatoren und der späteren Schulen auf das Modell der italienischen Städte mit ihrem spezifischen Regime beziehen[70] und deswegen unsere Verhältnisse nicht erfassen. Dort ist es manchmal schwierig, den Staat und die Stadt zu unterscheiden, denn beides wird als *civitas* bezeichnet.[71] Bereits aus solch komplizierten Unterschiedlichkeiten ist offensichtlich, dass ein allgemeiner Begriff des Bürgers schwer zu bestimmen ist.[72]

Wenn wir versuchen, zur Charakteristik des Bürgertums in den böhmischen Ländern zu gelangen, haben wir fast keine Stütze in der bisherigen Forschung. Wenn dazu der nicht allzu große Bestand von Quellen hinzutritt, in dem irgendeine Charakteristik des Bürgers erscheint, dann bleibt wiederum nichts anderes übrig, als den Ausgangspunkt in den Ergebnissen der ausländischen Literatur zu suchen und sie mit den Verhältnissen bei uns zu konfrontieren. Wenn sich die Stadt und das Bürgertum seit dem 12. Jahrhundert als eine politische Kraft herausbildet, die sich neben

1968, S. 222, benutzt in einer bildhaften Wendung den Begriff „eine besondere Form des Feudalismus", die die Entstehung von europäischen Städten und den Aufstieg des Bürgertums ermöglicht hat. Andere „Feudalismen" haben einen ähnlichen Aufstieg nicht ermöglicht.

68 Man kann auf die breite wissenschaftliche Bearbeitung für Westeuropa hinweisen. Ausdrücklich stellt dies Brunner, Europäisches und russisches Bürgertum, S. 1, fest, und in Übereinstimmung mit ihm F. Steinbach, Stadtgemeinde und Landgemeinde, in: Steinbach, Collectanea, S. 776, der ebenfalls konstatiert, dass man die Kategorie des Bürgertums in anderen Gebieten nicht findet. F. Steinbach, Europäisches Bürgertum – Begriff und geschichtlicher Umriß, in: Collectanea, S. 735, erinnert ebenfalls daran, dass das Bürgertum nicht vor dem 11. Jahrhundert entstand und dass es lange dauerte, bis es deutlich ins Bewusstsein getreten ist. Petri, Niederlande, S. 291, stellt fest, dass bis zum Ende des 11. Jahrhunderts in Flandern die Städte als Rechtssubjekte nicht bekannt waren.

69 Neben den im Kapitel über die Terminologie angeführten Belegen und der Literatur auch G. Köbler, Civis und verwandte Begriffe im Spiegel niederdeutscher Stadtrechtsquellen, in: Bürger, Stadt und städtische Literatur, besonders im Beschluss S. 40–41, der das Auftreten von Wörtern und Begriffen in der Zeitfolge untersucht und zeigt, auf welch kompliziertem Wege es nicht nur zu einer stabilisierten Bezeichnung, sondern auch zur institutionellen Einordnung als einer in der Stadt dauerhaft wohnenden Person gegenüber *hospes, extraneus* oder *advena* bzw. zur ständischen Abgrenzung im Verhältnis zu *miles, clericus* oder *rusticus* kam. H. Boockmann, Civis und verwandte Begriffe in ostdeutschen, insbesondere preußischen Stadtrechtsquellen, in: Bürger, Stadt und städtische Literatur, zeigt, S. 47ff., dass es nicht immer präzise Unterschiede in der Verwendung von Termini gibt und dass, S. 56, die terminologische Willkür manchmal ein Ergebnis des Zufalls oder von stilistischen Variationen ist. Boockmann greift häufig zu Belegen aus dem 14. Jahrhundert, also zu jüngeren, als sie hier interessieren. Aber gerade dies ist eine Mahnung, dass man sich nicht auf eindeutige Bedeutungen verlassen soll.

70 Meier, Mensch und Bürger, im Kapitel Bürgerbegriff und städtische Herrschaft im gelehrten Recht des Mittelalters, S. 127ff.

71 Meier, ebenda, an mehreren Stellen. Der Zusammenhang mit der Auffassung der italienischen Stadtstaaten ist offensichtlich.

72 Brunner, Bürgertum, S. 17: „daß ein sehr allgemeiner Begriff des Bürgers wohl aufzustellen ist, aber wenig aussagt."

dem Adel und der Geistlichkeit positioniert, dann gilt dies für unsere Verhältnisse erst seit dem 13. Jahrhundert. Unsere Städte jedoch, vom Landesherrn oder von ihren Grundherren fest beherrscht, erlangten kein der Situation im Reich vergleichbares Gewicht, wo es die großen Städte unter günstiger politischer Konstellation vermochten, eine gewichtige politische Macht zu werden, die in die höchsten Angelegenheiten des Reiches eingriff. Dies geschah durch die Konstituierung des Rheinischen Bundes, an dessen Spitze vor allem führende bischöfliche Städte standen.[73] Bei uns existierte eine ähnliche Möglichkeit überhaupt nicht, und die Städte kamen nur langsam und in Krisensituationen in die Position einer Macht, die zeitweilig die öffentlichen Dinge beeinflusste. Dies bedeutete jedoch nicht ihre Zweitrangigkeit.

Sobald fest organisierte Städte die Bühne der böhmischen Geschichte betreten, wird das Bürgertum zu einem selbstbewussten Subjekt, das aus eigener Initiative und Verantwortung seine Stellung selbst mitgestaltet.[74] Eine solche Selbstbewusstwerdung trägt entscheidend zur ständischen Abgrenzung des Bürgertums bei, und zwar auch unter den Umständen, dass dieses keinen Stand im verfassungsrechtlichen Sinne bildet, der sich legitim an der Staatsmacht beteiligen würde, wie dies bereits früher erwähnt wurde.[75] Das Prinzip der städtischen Freiheit selbst ist ein Merkmal der Herauslösung des Bürgertums aus der Masse der untertänigen Bevölkerung und eine Garantie seiner selbständigen Stellung zwischen Adel und Geistlichkeit einerseits und den dörflichen Untertanen andererseits. Damit hängt die wiederholt behandelte korporative Natur der Stadtgemeinde zusammen, die als ein Gegenüber zum Herrn der Stadt auftritt. Diese beiden Komponenten, die Freiheit und die direkte Beziehung zum Herrn, machen den Stadtbewohner zum Bürger im statutarischen, rechtlichen Sinne.[76]

Der Begriff des Bürgers ist ein Rechtsbegriff, er ist ein klar abgegrenzter normativer Begriff, weil der Bürgerstand durch einen Rechtsakt erlangt wird.[77] Die Stadtgemeinde nimmt ihr neues Mitglied auf, möge es sich um einen zugezogenen oder um einen Erbbürger handeln. In deutschen Städten bildet einen Bestandteil dieses Aktes der Eid, der aber bei uns in der Zeit der Entwicklung des städtischen Systems in den Quellen nicht auftritt.[78] Das Bürgerrecht ist Ausdruck einer neuen Rechtsord-

73 K. Schulz, Verfassungsentwicklung der deutschen Städte um die Mitte des 13. Jahrhunderts, in: Europas Städte zwischen Zwang und Freiheit, hg. W. Hartmann, Regensburg 1995, bes. S. 53–55. Die Eidgenossenschaft der Städte zwecks Erhaltung des Friedens in der Zeit des Interregnums ging so weit, dass auch die Bürger aus der verbündeten Stadt als *concives nostri* bezeichnet werden konnten, J. Sydow, Kanonistische Überlegungen zur Geschichte und Verfassung der Städtebünde des 12. und 13. Jahrhunderts, in: J. Sydow, Cum omni mensura et racione, Sigmaringen 1991, S. 122.

74 Vgl. F. J. Schmale, Das Bürgertum in der Literatur des 12. Jahrhunderts, in: Probleme des 12. Jahrhunderts, VuF 12, Konstanz/Stuttgart 1968, S. 410.

75 Kejř, Die verfassungsrechtliche Stellung, S. 230–231.

76 Vgl. Diestelkamp, Freiheit der Bürger, S. 499.

77 Dilcher, Zum Bürgerbegriff, S. 116–117. Dilchers Aufsatz ist wohl die fundierteste Darstellung der Natur des Bürgertums.

78 Weil darin eine Parallele zwischen unseren und deutschen Städten nicht nachgewiesen ist, genügt es, auf das grundlegende Werk zu diesem Thema hinzuweisen: W. Ebel, Der Bürgereid als Geltungsgrund und Gestaltungsprinzip des deutschen mittelalterlichen Stadtrechts, Weimar 1958. Festzustellen, ob die Institution des Bürgereides ihre Spuren auch in unserem Milieu hinterlassen hat, ist die Forderung

nung, die durch den Aufschwung der Städte ermöglicht wurde.[79] Die Rechtsquellen, die von der Aufnahme eines Bürgers Zeugnis ablegen, weisen einen scharfen rechtlichen Unterschied zwischen Bürgern und Bewohnern, Gästen und Fremden nach, aber innerhalb des Bürgertums selbst gibt es keine Unterschiede. Damit wird allerdings keineswegs geleugnet, dass in unseren Städten schroffe soziale Unterschiede existieren, die auch im weiteren Verlauf der Arbeit erwähnt werden sollen. Doch das Bürgertum zeichnet sich dadurch aus, dass ihm in der reich gegliederten sozialen Schichtung, vom Kaufmann-Patrizier und Finanzier bis zum kleinen Handwerker, der gleiche Rechtsstatus zukommt.[80] Dazu kommt auch die gemeinsame Zugehörigkeit unter das Stadtgericht.

Wenn das Wachstum des Besitzes und der gesellschaftliche Aufstieg von Bürgerfamilien untersucht werden, dürfen darin nicht nur automatische Prozesse gesehen werden, ohne das Phänomen des Bürgerrechts in Betracht zu ziehen, durch das eine solche Entwicklung ermöglicht worden ist.[81] Wir dürfen sicher die Ansicht aussprechen, dass das ökonomische Leben der Stadt mit der Stellung der Bürger untrennbar verbunden ist. Wir können wieder zum Prinzip der städtischen Freiheit zurückkehren, die die Bürger aus der Gebundenheit durch die ländliche Unfreiheit befreite, und zwar auch dann, wenn die Bürger selbst sich noch mit der Landwirtschaft beschäftigen, und die ihnen eine privilegierte Stellung garantiert. Aber erinnern wir uns wiederum daran, dass auch dies im Rahmen der Gemeinschaft der Bürger bei Bindung an ihre Stadt geschieht, also bei einer gewissen lokalen Beschränkung. Anschließend tauchen weitere Fragen auf: Welche sozialen Schichten haben Zutritt zum Bürgerrecht? Wie ist das zahlenmäßige Verhältnis der Bürger zu den Nicht-Bürgern?[82] Die Beantwortung dieser Fragen hängt von vielen Umständen ab, wie z. B. von der Macht des Stadtherrn, die sich von Territorium zu Territorium unterscheidet, von der Größe der

---

von J. Žemlička, Úvahy nad vznikem českých a moravských měst [Überlegungen zur Entstehung von böhmischen und mährischen Städten], in: Historia docet – Sborník prací k poctě šedesátých narozenin prof. PhDr. Ivana Hlaváčka [Historia docet – Festschrift zum 60. Geburtstag von Prof. PhDr. Ivan Hlaváček], Praha 1992, S. 557 (Anm. 11). Daraus kann man folgern, dass es auch Žemlička nicht gelungen ist, Belege für den Eid im 13. Jahrhundert nachzuweisen.

79 Dilcher, Zum Bürgerbegriff, S. 117–118.

80 Dilcher, ebenda, S. 175. A. Haverkamp, Die „frühbürgerliche" Welt im hohen und späten Mittelalter, HZ 221, 1975, S. 583, hat zutreffend formuliert, dass der Begriff des Bürgers vom Stadtrecht abgeleitet ist, so dass ein Bürger derjenige ist, der das Bürgerrecht besitzt. Die soziale Zusammensetzung unterscheidet sich jedoch von Stadt zu Stadt. Dilcher, S. 180, sagt das folgendermaßen: Gleichheit in der Rechtsstellung bei Ungleichheit in der ökonomischen und sozialen Stellung. Er selbst, S. 123, hat die methodische Voraussetzung erfasst, dass die Rechtsvorschriften mit der Wirklichkeit konfrontiert werden müssen, wenn die Untersuchung nicht nur im normativen Umkreis stecken bleiben soll. L. von Winterfeld, Gottesfrieden, S. 27, konstatierte schroffe Unterschiede in der städtischen Bevölkerung, in der jemand, der kein Haus besaß, in vollem Sinne kein Bürger sein und kein Amt in der Gemeinde bekleiden konnte, und machte auch auf die Vorherrschaft von *cives maiores* bzw. *divites* gegenüber *cives minores* oder *pauperes* aufmerksam. Aber trotz dieser Ungleichheiten waren die Bürger vor dem Stadtrecht gleich und bildeten eine juristische Kommunität, wie dies im Privileg für Bern zum Ausdruck kam, Keutgen, Urkunden, Nr. 134, § 40: *statuimus, ut quicumque burgenses … cuiuscumque fuerint condicionis, pares sint in omni iure.*

81 Dilcher, S. 119.

82 Dilcher, S. 123.

Städte, ihrer geographischen Lage und von ihren ökonomischen Voraussetzungen, bei denen man z. B. nicht die Bergbauzentren oder Ortschaften mit ausgedehntem Handelsbetrieb an Kreuzungen von Handelswegen mit kleinen Landstädten vergleichen kann, und dergleichen.[83]

Auch bei Beachtung aller Unterschiede kann man wohl zu einer allgemeinen Bestimmung des Bürgertums und der Bürger gelangen. Das Bürgertum erscheint als Gemeinschaft von in der Stadt niedergelassenen Personen, die einen eigenen Haushalt führen und die in gleichen Rechten und Pflichten stehen, so dass man den Bürger definieren kann als ein Mitglied, das durch einen besonderen Rechtsakt in die Gemeinschaft eines lokal abgegrenzten Verbandes korporativer Natur eingetreten ist und seinen Haushalt führt,[84] in der Regel als Besitzer von Immobilien in der Stadt. Diese beiden Charakteristika sind selbstverständlich miteinander verbunden.

Es ist verständlich, dass man im Folgenden weiter eingrenzen muss, welche Befugnisse die jeweilige Schicht der Bürger in der Verwaltung und im Gerichtswesen der Stadt hat, und man muss die Zusammensetzung der städtischen Gesellschaft näher kennen lernen. Die Schicksale jeder Stadt sind unterschiedlich, so dass allgemeine Charakteristika zwar eine wichtige Richtschnur für weitere Untersuchungen sein können, aber es wird unvermeidbar sein, diese unter dem Blickwinkel der Einzelfälle zu beurteilen und zu prüfen, ob man sie uneingeschränkt anwenden kann. Die Schichtung der Städte hängt von vielen Umständen ab, bei denen keine Regelmäßigkeit anzutreffen ist.

Die soziale Zusammensetzung der städtischen Bevölkerung stellt eine bunte Abstufung dar, angefangen von den führenden Schichten des niedergelassenen, d. h. Immobilien besitzenden Bürgertums über kleine Handwerker bis zu abhängigen Dienern aller Art, aber es finden sich hier auch Gäste, Geistliche, manchmal auch Beamte des Stadtherrn, nicht selten Bettelmönche sowie zufällige zeitweilige Besucher.[85] Diese soziale Wirklichkeit kann in der historischen Arbeit nur dann verstanden werden, wenn die Methode der Differenzierung angewendet wird.[86] Sicher kann man auch in der Kompliziertheit des städtischen Lebens grundlegende nebeneinander oder sogar gegeneinander stehende Gruppierungen finden, mögen sie nun in zwei[87]

---

83 Engel, Wege, S. 13, wies darauf hin, dass in kleinen Ortschaften die Bindungen des grundherrschaftlichen Verhältnisses lange überdauert haben. Je kleiner eine Stadt mit geringer Bedeutung für den Fernhandel ist, desto länger dauern diese an.

84 Dilcher, S. 149 und 175.

85 Zutreffend charakterisiert diese komplizierte Struktur H. Stoob, Westfälische Beiträge zum Verhältnis von Landesherrschaft und Städtewesen, WfF 21, 1968, S. 88. Die Zusammensetzung der Stadtbevölkerung nach den Darlegungen von Belows fasst J. Fröchling, Georg von Below – Stadtgeschichte zwischen Wissenschaft und Ideologie, AltSt 6, 1979, S. 73–85, in acht Stufen auf: Patrizier, Kaufleute, Handwerker, Zünfte, Klerus, Juden, andere Gruppen und die Bevölkerung der Stadt als Gemeinschaft. Man kann hinzufügen, dass in diesen Stufen keine genaue Abgrenzung zu finden ist.

86 E. Maschke, Deutsche Stadtgeschichtsforschung auf der Grundlage des historischen Materialismus, in: Maschke, Städte und Menschen, S. 486.

87 K. Bosl, Das Hochmittelalter in der deutschen und europäischen Geschichte, in: Bosl, Frühformen, S. 382–383, teilt das Patriziat in reiche Kaufleute und Handwerkergruppen ein, denen das Handwerkerproletariat gegenübersteht.

oder in drei[88] Schichten gegliedert werden. Immer aber wird die Unterschiedlichkeit der Verhältnisse in verschiedenen Städten in Erwägung zu ziehen sein, wobei die kleinen Landstädte nicht mit den komplizierten Verhältnissen der großen Zentren verglichen werden dürfen, mit denen sie sich auch im Umfang des Besitzes nicht messen können. Überall finden sich auch kleinere Gruppen von Bewohnern, die man nicht in eine Schicht der regulären Siedler einordnen kann, verschiedene Randgruppen oder Minoritäten.[89] Im Laufe der Zeit verändert sich auch die soziale Zusammensetzung der Städte, was man als eines der Merkmale des Anwachsens von niederen Schichten in der Gesamtgliederung verfolgen kann.[90]

Die innere Differenzierung führte zu Konflikten zwischen den Schichten der städtischen Gesellschaft, zu Aufständen der Zünfte oder zum Kampf um die Beherrschung des Stadtrates. Neben den hie und da erscheinenden Äußerungen des Widerstandes gegen die Stadtherren, vorwiegend gegen die Bischöfe, womit wir uns schon zuvor befasst haben, entwickelte sich auch der Widerstand gegen regierende Patriziergeschlechter. Aber die städtische Opposition zeigte sich häufig nur als eine zeitweilige Gruppierung und bildete keine feste Kraft.[91] Von solchem Kräftemessen blieben die böhmischen und mährischen Städte bis zur hussitischen Revolution verschont. Die Städte hatten eigene breite Befugnisse in der Selbstverwaltung und auch im Gerichtswesen, alle Möglichkeiten zum ökonomischen Aufstieg, auch zum Erwerb von außerstädtischen Immobilien; sie verblieben aber fest in der Hand des Landesherrn bzw. der anderen Stadtherren. Vor allem die mächtigsten und reichsten königlichen Städte wurden überhaupt nicht durch Bestrebungen zur Beherrschung des Stadtrates gefährdet, weil dieser vom König oder von seinen Beamten eingesetzt wurde.[92] Auch die soziale Spannung, von Protesten der niederen Schichten begleitet, erlangte nie eine Stufe, die man als den Versuch eines Umsturzes bezeichnen könnte.[93]

---

88 F. Hoffmann, Struktura městského obyvatelstva v českých zemích do počátku 16. století [Die Struktur der Stadtbevölkerung in den böhmischen Ländern bis zum Beginn des 16. Jahrhunderts], in: Struktura feudální společnosti na území Československa a Polska do přelomu 15. und 16. století [Die Struktur der Feudalgesellschaft auf dem Territorium der Tschechoslowakei und Polens bis zur Wende des 15. zum 16. Jahrhundert], Praha 1984, S. 320–342, geht von der Einteilung in Patriziat, Mittelschicht und Armut aus. Eine ähnliche Gliederung in drei grundlegende Schichten wird auch in den vom Arbeitskreis für südwestdeutsche Stadtgeschichtsforschung veranstalteten Symposien anerkannt, Protokoll Nr. 3: Patriziat und andere Führungsschichten (vervielfältigt); Nr. 5: Gesellschaftliche Unterschichten in den südwestdeutschen Städten, Veröffentlichungen der Kommission für geschichtliche Landeskunde in Baden-Württemberg, Reihe B: Forschungen, Bd. 41, Stuttgart 1967; Nr. 9: Gesellschaftliche Mittelschichten in den südwestdeutschen Städten, in derselben Reihe, Bd. 69, Stuttgart 1970, hg. von E. Maschke/J. Sydow.

89 Protokoll Nr. 23: Städtische Randgruppen und Minderheiten, Stadt in der Geschichte, Bd. 13, Sigmaringen 1986, hg. von B. Kirchgässner – F. Reuter.

90 Czok, Zur Stellung der Stadt, S. 15, zeigt, wie in der Gesamtzahl der Anteil von niederen Gruppen von 30–40 % im 14. Jahrhundert bis auf 50–60 % im 16. Jahrhundert ansteigt. K. Fritze, Eigentumsstruktur (wie Anm. 58), S. 333, stellt fest, dass sich die Mittelschicht verengt, während die Oberschicht im Wesentlichen konstant bleibt, was Czoks Erkenntnis über die Erhöhung der Zahl von ärmeren Bewohnern entspricht.

91 Czok, Kommunale Bewegung, S. 418 sowie an anderen Stellen.

92 Kejř, Organisation und Verwaltung, S. 82.

93 Ebenda, S. 83.

Die soziale Schichtung in den stadtähnlichen Orten ist älter als die Entstehung der tatsächlichen Stadtverfassung.[94] Verschiedene Schichten bildeten sich schon aus den durch die ursprüngliche Besiedlung sowohl der bäuerlichen als auch kaufmännischen Bewohnerschaft in derselben oder in mehreren aneinander anknüpfenden Siedlungen gegebenen Voraussetzungen, durch die Differenzierung der Handwerke und des Handels oder durch den Prozess beim Aufbau von größeren Agglomerationen. In den Städten, die ihre Herausbildung der Ankunft von neuen Bewohnern/Bürgern verdanken, kamen bald auch Differenzierungsprozesse zwischen alten und neuen Siedlern in Gang und führten zu ungleicher Stellung. Die Existenz von Schichten[95] in den mittelalterlichen Städten ist wohl in allen Agglomerationen sichtbar, deren Quellen dafür genügende Informationen bieten. Man kann nicht übersehen, dass davon auch äußere Kennzeichen zeugen, auch wenn sich unter topographischem Gesichtspunkt einzelne soziale Gruppen in unterschiedlichen Stadtvierteln konzentrierten. Die Oberschicht siedelte am Markt oder in den benachbarten Straßen, die niederen Schichten in kleinen Gassen an der Stadtmauer oder in der Vorstadt.[96] Die unteren Schichten waren völlig von der Beteiligung an der Macht in der Stadt ausgeschlossen.[97] Die Bürger behielten ihre Würde, indem sie sich, wie bereits angeführt, nicht in den Dienst des Adels begeben durften. Auch grobe landwirtschaftliche Arbeit war ihnen mancherorts nicht erlaubt, und sie mussten, wie ein wenig späterer Beleg für die preußische Stadt Wehlau zeigt, die Felder durch untergebene Kräfte bebauen lassen.[98]

Das Hauptmerkmal für die Schichtung der Stadtbevölkerung bleibt selbstverständlich die soziale Stellung in der Zusammensetzung der Stadt. Aber – das wollen wir nachdrücklich wiederholen – die gesellschaftliche Zusammensetzung der Stadt kann man nicht ohne Berücksichtigung der Stadtverfassung verstehen,[99] weil damit auch die Stellung des Bürgertums und die Möglichkeit seiner Aktivitäten im Zusammenhang stehen. Die komplizierte Zusammensetzung der Bevölkerung in den Städten, sowohl für einzelne Städte als auch in allgemeinen Übersichten so oft behandelt, kann jedoch nicht das Hauptinteresse unserer Bemühungen sein. Das wurde

---

94 Schlesinger, Frühformen, S. 200, am Beispiel von Seehäfen und von Magdeburg. Die Existenz von höheren Schichten kann man bereits seit dem 9. Jahrhundert für Birka und Haithabu nachweisen, ebenso wie für andere Siedlungseinheiten, vgl. Schlesinger, Zur Frühgeschichte, S. 75.

95 Mit Schichten rechnete auch die marxistische Historiographie zu den Städten. E. Maschke hat sich in einem Neuansatz mit der Frage der Schichtung der Bevölkerung in einer theoretischen Studie befasst, Die Schichtung der mittelalterlichen Stadtbevölkerung Deutschlands als Problem der Forschung, in: Maschke, Städte und Menschen, S. 157–169, der, S. 163, zur Auffassung gelangte, dass die Schicht eine Gruppe von Personen ist, die horizontal durch das soziale System geht, nach bestimmten Merkmalen ungefähr gleichrangig und im Vergleich mit anderen Gruppen höher oder tiefer steht. E. Maschke, Die Unterschichten der mittelalterlichen Städte Deutschlands, in: Gesellschaftliche Unterschichten (wie Anm. 88), S. 2, nimmt diese Charakteristik unverändert wieder auf.

96 Maschke, Schichtung, S. 166. Schon früher haben wir festgestellt, dass die Häuser in der Nähe des Marktes teurer waren.

97 Maschke, ebenda.

98 Kuhn, Stadtdörfer, S. 27; Boockmann, Civis (wie Anm. 69), S. 49: *hos mansos scultetus et cives dicte civitatis villam plantantes hominibus agros colentibus volumus ut exponant. Nolumus enim, ut cives eiusdem civitatis agros personaliter colant aliqualiter.*

99 Brunner, Zum Begriff des Bürgertums, S. 16, 22.

nämlich bedeuten, den Blickwinkel der Arbeit zu verändern. Wir können den sozialen Verhältnissen nur im Rahmen unseres Forschungsprogramms Aufmerksamkeit schenken und die wechselseitigen Bindungen oder Beeinflussungen in der Entwicklung der Stadtverfassung, der Verfassungs- und Rechtsstellung des Bürgertums oder seine Beziehungen zu außerstädtischen Subjekten verfolgen. Dieser Hauptrichtung der Untersuchung werden wir auch weiterhin die Hauptaufmerksamkeit widmen.

Aus den Überlegungen über das Wesen des Patriziats wählen wir solche aus, die zur Erhellung des Patriziats der böhmischen und mährischen Städte beitragen können. Ausgangspunkt einer solchen Untersuchung kann der Versuch sein, festzustellen, welche Schicht des Bürgertums als Patriziat bezeichnet werden kann und wodurch sie sich im Verhältnis zu der übrigen Bevölkerung auszeichnete. Vor allem muss daran erinnert werden, dass der Ausdruck Patriziat zu denjenigen gehört, die jüngeren Ursprungs sind, erst aus der Zeit des Humanismus und der Renaissance stammt,[100] und die für die Charakteristik von früheren Erscheinungen verwendet werden.[101] Die Terminologie für führende städtische Schichten/Patrizierschichten ist unterschiedlich und man muss mit ihr behutsam umgehen, wie wir bald bei Behandlung der Belege aus böhmischen Quellen feststellen werden. Es ist nicht leicht, die Natur des Patriziats zu bestimmen, das in verschiedenen Städten verschiedene Eigenschaften haben konnte.[102] Auch die Zeit der Herausbildung des Patriziats kann sich beträchtlich unterscheiden.[103]

Die Versuche einer Definition des Patriziats konzentrieren sich sehr häufig zwar übereinstimmend, aber doch nur oberflächlich, überwiegend auf seine Vermögensstellung und die sich daraus ergebende ausschließliche Ausübung der Regierung in der Stadt.[104] Detailliertere Untersuchungen haben dann auch weitere Umstände bei der Stabilisierung des Patriziats in Betracht gezogen, bei dem es sich vor allem um

---

100 I. Batori, Das Patriziat der deutschen Stadt. Zu den Forschungsergebnissen über das Patriziat der deutschen Städte, AltSt 2, 1975, S. 1–2. B. Berthold, Charakter und Entwicklung des Patriziats in mittelalterlichen deutschen Städten, JbGF 6, 1982, S. 196–197. Beide Arbeiten rekapitulieren in guter Übersicht ältere Versuche der Bestimmung des Begriffs Patriziat.

101 Erinnern wir an ähnliche erst in neuer Zeit entstandene Wendungen oder Ausdrücke wie z. B. die spätere tschechische Bezeichnung „nedíl" für die Unteilbarkeit des Eigentums, „der territoriale Staat" oder „Stadtluft macht frei". Es handelt sich um völlig legitime und gewohnte Anwendungen von neueren oder gar um die Schaffung von neuen Ausdrücken für ältere Erscheinungen im Falle, dass die Zeit selbst eine präzise Bezeichnung nicht kannte, mit der Bedingung, dass sie die gleichen Merkmale erfassen; vgl. Maschke, Schichtung, S. 158. W. Schlesinger, Die Entstehung der Landesherrschaft, 3. Aufl., Darmstadt 1969, S. 12, erkennt ebenfalls die Berechtigung der Bezeichnung historischer Phänomene durch Begriffe der modernen Sprache an, die fähig sind, die Tatsachen zu erfassen, die zwar existierten, die aber im Bewusstsein ihrer Zeit nicht genau formuliert wurden, so dass für sie in Quellen belegte Ausdrücke fehlen. Auch er betont die Vorsicht bei einer solchen Vorgangsweise.

102 von Below, Städtewesen und Bürgertum, S. 117.

103 H. Planitz, Studien zur Geschichte des städtischen Patriziats, MIÖG 58, 1950, S. 317, findet die ersten nachgewiesenen Patrizier – *meliores* – in Wien als Zeugen in einer Urkunde Leopolds VI. für flandrische Kaufleute im Jahre 1208; dagegen sieht er für Regensburg, S. 327, den ersten Beleg in der Erwähnung von *honorabiles* zum Jahre 1146.

104 T. Strzembosz, W sprawie kryteriów podziału spoleczenstwa miejskiego epoki feudalnej [Zu den Kriterien der Unterschiede in der städtischen Gemeinschaft in der Epoche des Feudalismus], PrH 49, 1958, S. 573, betont dabei, dass das Patriziat bei dem Besitz an Mitteln zur Produktion oder zum Handel gemietete Kräfte benutzt und sich nur in geringem Maß an der Arbeit beteiligt, die an sich nicht

eine geschlossene Gruppe des führenden Bürgertums handelt,[105] deren Aufstieg sich auf gewisse Voraussetzungen stützt, wie die Anhäufung eines beträchtlichen Besitzes, zu dem es durch den Fernhandel kommen konnte. Der Aufstieg aus dem Handwerk ist sehr selten und nur über die Zwischenstufe des Handels möglich. Der Reichtum selbst ist zwar eine notwendige, aber allein nicht ausreichende Voraussetzung.[106] Denn nicht jeder reiche Bürger gehörte zum Patriziat, weil es überwiegend alte wohlhabende Familien waren, die sich zu einer festen Kaste organisiert hatten.[107] Auch die Geschlossenheit der Patriziergemeinschaft ist nicht überall gleich und unveränderlich. Man findet Städte, in denen die Annahme von neuen Patriziern zugelassen wird, und andererseits existieren Städte, in denen sich eine solche geschlossene Gesellschaft gar nicht ausgebildet hat.[108] Wir werden bald sehen, dass zum Zusammenschluss der Patrizierschicht auch weitere Bedingungen notwendig waren, unter denen an vorderer Stelle auch die Anzahl der Stadtbewohner steht.

Bei der Beurteilung des Patriziats kann man sich auf drei Kriterien stützen, und zwar:

1. Ausübung der politischen Macht in den Bedingungen der Stadtautonomie.
2. Ökonomische Konzentration gestützt auf Geldbeziehungen beim Warenhandel und auf Grundbesitz.
3. Soziale Höherstellung gegenüber der Bürgergemeinde.

Alle diese Kriterien müssen erfüllt sein, damit man von Patriziat sprechen kann.[109]

Der Zusammenschluss der führenden städtischen Geschlechter zur ausschließlichen Gruppe des Patriziats kann in böhmischen und mährischen Städten bei weitem nicht in einer solchen Detailliertheit wie in ausländischen, älteren und an Quellen reicheren Städten verfolgt werden.[110] Nur nebenbei wollen wir bemerken, dass sich bei uns auch die Entstehung von solchen *meliores, honestiores, potiores* oder in den Quellen anders bezeichneten Personen aus einem Unternehmerkonsortium nicht

---

mehr die Hauptquelle seiner Einnahmen ist. H. Samsonowicz, Uwagi nad sredniowiecznym patrycjatem miejskim w Polsce [Überlegungen zum mittelalterlichen Stadtpatriziat in Polen], ebenda, S. 582, bezeichnet das Patriziat als eine reiche gesellschaftliche Gruppe, die die ökonomische und politische Regierung in der Stadt ausübt und diese für eigene vielfältige Gewinne ausnutzt.

105 Batori (wie Anm. 100), S. 13. Als Beispiel kann die schon mehrmals behandelte Richerzeche in Köln angeführt werden. Vgl. Planitz, Stadtgemeinde, S. 71ff.

106 Batori, S. 23–27. Die Autorin führt als eine Quelle des Reichtums auch den Kriegsdienst an, der jedoch für unsere Verhältnisse nur von untergeordneter Bedeutung sein kann. Hinzuzufügen sind u. a. auch die aus dem Bergbau entstandenen Quellen des Reichtums, wie bei uns in Kuttenberg, aber es zeigt sich auch, dass die Erzkäufer viel größere Aktiva als die eigentlichen Gewerke aufweisen können.

107 von Below, Städtewesen und Bürgertum, S. 118.

108 Batori, S. 20.

109 B. Berthold (wie Anm. 100), S. 205. Die Autorin, an Batori anknüpfend, ging bei der Erfassung des Wesens des Patriziats in eine größere Tiefe als die vorherigen Arbeiten und ließ sich nicht durch die oberflächliche Seite der Phänomene beirren, weil es ihr um eine wirklich strukturelle Erhellung ging. Ihre Bestimmung der Merkmale des Patriziats hat für die böhmischen Länder J. Čechura, Patriciát ve struktuře českých a moravských měst 14.–16. století [Das Patriziat in der Struktur der böhmischen und mährischen Städte des 14.–16. Jahrhunderts], ČNM – Historische Reihe 157, 1988, bes. S. 36–37, übernommen.

110 H. Planitz, Zur Geschichte des städtischen Meliorats, ZRG GA 67, 1950, S. 141–175.

nachweisen lässt, das die Stadt gegründet und sich als ihre führende Schicht, die den Stadtrat beherrscht, konstituiert und stabilisiert hätte.[111] Diese Theorie wurde längst aufgegeben, und bereits die systematische Kritik an ihr hatte gezeigt, dass sich der übergeordnete Stand von ratsfähigen Bürgern sekundär herausbildete und nicht von einem ursprünglichen Konsortium ausgegangen ist.[112]

Obwohl die Patrizier in der Eigentums- und sozialen Zusammensetzung der Städte die höchste Gruppe darstellen, können wir uns ihnen nicht unter dem Aspekt der Wirtschaftsgeschichte widmen und müssen sie besonders hinsichtlich ihrer Stellung in der Stadtverwaltung, in der privilegierten Rechtsstellung[113] und auch hinsichtlich des die engen städtischen Interessen übergreifenden politischen Einflusses untersuchen. Wir stoßen dabei auf große Lücken in der historischen Überlieferung, die man nicht durch die Suche nach Analogien überbrücken kann.

Eine erste wichtige Nachricht über die herausgehobene Stellung einer Gruppe von Bürgern liest man im Brünner Privileg,[114] demzufolge beim Angriff auf eine andere Person mit einem Stock oder mittels einer Ohrfeige unterschieden werden *boni homines* und *honestiores civitatis*, wohingegen eine *levis vel inhonesta persona* eine andere Stellung bei einem ähnlichen Angriff einnimmt.[115] Hier ist die übergeordnete Würde dieser honestiores offensichtlich. Einen ähnlichen Sinn hat auch die Aufzählung von zwei gefälschten Urkunden für das Klosters Hradisch, angeblich aus den Jahren 1249 und 1250 stammend, die jedoch erst um das Jahr 1270 entstanden sind.[116] Darin wird eine Geldstrafe für diejenigen festgelegt, die das Asylrecht des Klosters stören würden bzw. in der zweiten Urkunde die Privilegien des Klosters überhaupt, und es werden Fälle unterschieden, in denen sich *maiores terrarum nostrarum barones vel benefici, advocati civitatum nostrarum, iurati et diciores cives* straffällig machen, die zehn Mark Gold bezahlen, und *humiliores*, die eine Mark bezahlen sollen. Hier ist offensichtlich, dass die Angehörigen von oberen Stadtschichten in ihrer Strafzahlung sogar den Herren gleichgestellt sind. Die Fälschung der Urkunden erschüttert selbstverständlich ihre Glaubwürdigkeit, aber für die ständische Auffassung ist eine solche Regel kennzeichnend, und der Fälscher musste wenigstens in groben Zügen die Zeitgewohnheiten berücksichtigen.

---

[111] F. Rörig, Die Gründungsunternehmerstädte des 12. Jahrhunderts, in: F. Rörig, Wirtschaftskräfte im Mittelalter. Abhandlungen zur Stadt- und Hansegeschichte, hg. v. P. Kaegbein, Köln – Graz 1959, S. 247–287. Der Verfasser reihte, S. 285, in diesen Umkreis auch die Bürger der St. Gallus-Stadt in Prag ein.

[112] Mayer, Zur Frage der Städtegründungen, bes. S. 261. Die Polemiken hat T. Mayer im Jahre 1956, Die Anfänge von Lübeck. Entstehung und Auflösung eines Schlagworts, in: Mayer, Mittelalterliche Studien, S. 265–272, zusammengefasst und seine ablehnende Haltung erneut bekräftigt.

[113] Damit ist nicht gemeint, dass sie sich dem allgemeinen Recht entziehen würden, dessen Einheit bereits oben gezeigt wurde. Aber immerhin bedeutete Reichtum im Rechtsleben einen gewissen Grad an Vorrechten, wie im Folgenden gezeigt wird.

[114] CDB IV, Nr. 17, das kleinere Privileg Art. 19, S. 85. Im Art. 22 werden *civis* und *honestior* unterschieden.

[115] Ebenda, Art. 21.

[116] CDB IV, Nr. 171⁺ und Nr. 188⁺⁺⁺, das Exemplar B; Šebánek – Dušková, Listina v českém státě [Die Urkunde im böhmischen Staat], S. 60–62.

Wir haben bereits den Fall des Richters von Dobrzan gesehen, der sich dadurch straffällig gemacht hat, dass er ohne Gerichtsverfahren zwei *cives pociores* von Mies hinrichten ließ und dafür eine hohe Geldstrafe an den König zahlen musste.[117] In das böhmische Rechtsmilieu und in die böhmische Diplomatik kann das Privileg König Rudolfs für Eger vom Jahre 1279 nicht eingereiht werden, weil es erst nach der Rückkehr Egers unter die Reichsoberhoheit erteilt wurde, aber zum Vergleich soll angeführt werden, dass es die Vorschrift *nullus iudicum civem nominatum nisi super sola mortis occasione captivitatis vinculo detinebit* enthält.[118] Das ist ein klarer Beleg für die führende städtische Schicht, die unter königlichem Schutz steht.

In Prag, wo man eigentlich selbstverständlich mit einer führenden Gruppe reicher Bürger rechnen kann, haben wir darüber einige Belege aus den letzten beiden Jahrzehnten des 13. Jahrhunderts. In den tragischen herrscherlosen Zeiten nach dem Tod Přemysl Otakars II., während derer viele Menschen an Hunger starben, versammelten sich *omnes consules et maiores civitatis*, die das Ausheben von Gräbern beschlossen haben.[119] Daran, dass es sich um führende Bürger, Mitglieder des Patriziats, handelt, besteht kein Zweifel, genauso wie bei der Beschwerde von Bischof Tobiáš bei König Wenzel II., dass Herr Hynek von Lichtenburg ständig die bischöflichen Güter verwüste, obwohl im Sinne eines Mandats des Königs der Burggraf der Prager Burg und *potiores cives de Praga* als Vermittler einen Frieden auszuhandeln versuchten.[120] Die gleiche Titulatur findet sich in dem Beschluss des Richters und der Geschworenen vom Jahre 1297, die eine Geldsammlung für die Bedürfnisse der Stadt verordnet haben, nachdem sie zusammen mit anderen einflussreichen Bürgern in das Haus eines Prager Bürgers zusammengerufen worden waren (*nobis et aliis potioribus civibus*).[121] Die Entscheidung des Richters und der Geschworenen aus dem Jahr 1296 über die Wahl des Schreibers wurde vom König 1299 bestätigt, wonach diese Wahl *per iuratos et alios maiores cives* vorgenommen werden soll.[122] Aus diesen, wenn auch fragmentarischen Belegen[123] ist ersichtlich, dass in Prag eine führende Schicht von Bürgern existierte, die sich an der Regierung in der Stadt beteiligt hat. Sie treten nämlich in der Regel neben dem Richter und den Geschworenen auf und sind Vertreter von bedeutenden Geschlechtern, die wir ohne Zögern als Patriziat bezeichnen können.[124] Auf ihre gegenseitigen Konflikte und Zwistigkeiten, die beträchtliche Ausmaße erlangt haben, müssen wir in unserem Zusammenhang nicht näher eingehen. Es genügt darauf hinzuweisen, dass zur Sicherung der inneren Versöhnung in der Stadt 1287 der König selbst mit seinem Mandat einschreiten musste.[125]

117 CDB V/2, Nr. 771⁺.
118 CIM II, Nr. 32, S. 94.
119 FRB II, S. 361, O zlých létech [Über schwere Zeiten], zum Jahre 1282.
120 Das Formelbuch des Bischofs Tobiáš von Bechyně [Novák, Das Formelbuch], Nr. 28, zum Jahre 1288.
121 RBM II, Nr. 1738.
122 CIM I, Nr. 7. In diesem Dokument vgl. das Kapitel über die Verwaltung in den Absätzen über die Schreiber und über das Rathaus.
123 Sie wurden von Zycha, Prag, S. 173, kurz behandelt.
124 Ihre Aufzählung, Genealogie und Charakteristiken Tomek, Dějepis města Prahy [Geschichte der Stadt Prag] II, S. 435ff.
125 CIM I, Nr. 352. Dazu bereits im Kapitel VII.

Mit der Schichtung der städtischen Bevölkerung wird offensichtlich wie mit einer gegebenen und ganz geläufigen Tatsache gerechnet. Wenn zum Landtag von 1281 auch *cives munitarum civitatum* eingeladen werden – dies ist überhaupt die erste Erwähnung der Beteiligung von Bürgern am böhmischen Landtag[126] –, kann mit Sicherheit angenommen werden, dass dies die Vertreter von führenden Geschlechtern waren. Zur Wahl eines neuen Königs nach dem Tod Wenzels III. wurde 1306 eine Versammlung nach Prag einberufen, an der sich *barones, nobiles* und *cives*[127] beteiligt haben, bei denen man ebenfalls nur mit den Vertretern des höchsten Bürgertums rechnen muss. Aus der Schilderung des Chronisten lässt sich erkennen, dass sich die Bürger tatsächlich an der Wahl beteiligt haben, dass aber unter ihnen keine Einheit herrschte. Bei der Wahl im Jahre 1307 standen die Bürger auf beiden Seiten, sowohl auf der Friedrichs von Habsburg als auch auf der Heinrichs von Kärnten.[128] Auch 1311 wurden zur Krönung König Johanns von Luxemburg *omnes magnates, barones et nobiles regni ac de civitatibus persone graviores*[129] eingeladen, die wir ohne Zögern für die führende Schicht halten können.

Wenn wir die bisher behandelten Belege verfolgen, stellen wir fest, dass man ein regierendes Patriziat in Prag und Brünn antrifft, also in den wichtigen Handelszentren und Regierungssitzen, in Eger, das – allerdings unter der Oberhoheit des Reiches – das bedeutende Zentrum eines ausgedehnten Gebietes darstellte, sowie in Mies, das dagegen nur von regionaler Bedeutung war. In den folgenden Ausführungen werden wir sehen, welch gewichtige Stellung führende Geschlechter auch in Kuttenberg erlangt haben. Es bleibt also noch eine Frage, die man schwer mit absoluter Gültigkeit beantworten kann, nämlich, ob auch in Mies mit einem echten Patriziat zu rechnen ist und ob die bereits erwähnte Nennung *cives pociores* nicht lediglich die Wendung aus einer Urkunde ist, deren Verlässlichkeit nicht nachgewiesen ist. Wenn jedoch die Existenz eines Patriziergeschlechts in Brüx belegt ist,[130] von dem man zwar nicht behaupten kann, dass es in öffentliche Angelegenheiten eingriff, aber dessen Stellung in der Stadt ohne Zweifel eine übergeordnete war, dann wurde wohl auch manch weitere Stadt mittlerer Größe von einer Gruppe des führenden Bürgertums beherrscht.[131] Für gewöhnliche Städte kann mit dem Begriff Patriziat im vollen Sinne des Wortes aber nicht gerechnet werden. Ein wirkliches Patriziat grenzte sich zu einer

---

126 FRB II, S. 353.

127 FRB IV, S. 109.

128 FRB IV, S. 112.

129 FRB IV, S. 176.

130 T. Velímský, Příspěvek k dějinám patriciátu v českých městech 13.–14. století [Ein Beitrag zur Geschichte des Patriziats in den böhmischen Städten des 13.–14. Jahrhunderts], ČČH 89, 1991, S. 321–335.

131 Im Jahre 1307 erließen König Albrecht und der österreichische Herzog Friedrich ein Privileg für fünf Leibgedingestädte, CIM II, Nr. 83, mit dem sie garantierten, dass keiner der Bürger dieser Städte, der eine Geisel stellen kann oder einen Besitz in Höhe von 50 Mark hat, gefangen gesetzt werden soll und nur in seiner Stadt vor Gericht gestellt werden kann. Nach dem Wechsel auf dem Thron konnte man dieses Privileg kaum weiter geltend machen, aber man erkennt daraus, dass es auch in anderen Städten reiche Bürger mit privilegierter Stellung gegeben hat.

geschlossenen Gemeinschaft lediglich in großen Siedlungsagglomerationen oder in Bergbauzentren wie Kuttenberg und Iglau ab.[132]

Wenn auch der Aufstieg des führenden Bürgertums schon während der herrscherlosen Zeit nach dem Jahre 1278 gelungen ist, so versuchten die Mitglieder der herrschenden Stadtgeschlechter, ihre Stellung nach 1306 in den Wirren während der Besetzung des böhmischen Thrones noch zu festigen. Die Differenzierung innerhalb der Städte erreichte in jener Zeit ihren Höhepunkt und in großen Zentren trat sie in der Festigung der Macht des Patriziats zu Tage. Dessen ökonomisches Übergewicht zeigte sich nach außen hin ebenso in den Bestrebungen, die politische Macht auch in der außerstädtischen, d. h. in der staatsrechtlichen Sphäre, zu erlangen. Die Patrizier strebten die gleiche Stellung an, wie sie die Geschlechter des Hochadels hatten.[133]

In dieser Zeit tritt das tatkräftige Patriziat von Kuttenberg in den politischen Machtkampf ein. Hier war es seit der Entdeckung von Silberlagerstätten zu einer stürmischen Entwicklung und zur Anhäufung von Reichtum in den Händen der Bergbauunternehmer gekommen und zugleich auch zum Heranwachsen einer Bergbau- und Siedlungsagglomeration, die bald zum bedeutendsten ökonomischen Zentrum nach Prag wurde. Aber Kuttenberg blieb einige Jahrzehnte lang nur *mons* und die Qualität einer *civitas* kann ihm erst seit 1307 zuerkannt werden.[134] Dies belegt, dass sich die ökonomischen Voraussetzungen zur Entstehung von mächtigen Bürgergeschlechtern schon lange vor der Zuerkennung von städtischen Institutionen herausbildeten. Deshalb ist die Ansicht richtig, dass ein solch wichtiges Bergbauzentrum eine Sonderstellung einnahm und es nicht nötig hatte, die seinen Status bestimmenden königlichen Privilegien zu erzwingen, und dass seine reichen Repräsentanten sie nicht gefordert haben.[135] Dies entsprach übrigens ihrem Selbstbewusstsein, wenn sie sich mit den Geschlechtern des Hochadels messen wollten.[136]

Die Absichten des Patriziats, eine Gleichstellung mit dem Hochadel zu erreichen, traten 1309 zu Tage, als einflussreiche Mitglieder der Adelsgeschlechter gefangen genommen wurden und dann als Geiseln Eheverbindungen zwischen adligen und bürgerlichen Kindern zustimmen[137] und darüber hinaus versprechen mussten,

---

132 Čechura (wie Anm. 109), S. 46. Über das Patriziat von Kuttenberg werden wir in den nächsten Absätzen etwas erfahren. Über Iglau wurde bereits im Zusammenhang mit der Verwaltung der Stadt und mit ihren Urkunden referiert. Auch wenn hier keine besondere Bezeichnung auftritt, ergibt sich aus dem Zusammenhang zwischen der Stadt und der Bergbauverwaltung die herausragende Stellung des führenden Bürgertums. Für Troppau: J. Bakala, Příspěvek o vývoji měšťanského patriciátu v Opavě [Ein Beitrag zur Entwicklung des bürgerlichen Patriziats in Troppau], ČSlM, Ser. B 23, S. 20–37, doch stehen hier nur wesentlich jüngere Angaben zur Verfügung, so dass für das 13. Jahrhundert die Existenz des Patriziats im vollen Sinne zwar wahrscheinlich, aber unbewiesen bleibt.

133 Zuletzt darüber Kejř, Anfänge der ständischen Verfassung, S. 197–200. In einer erweiterten tschechischen Fassung, Počátky a upevnění stavovského zřízení v Čechách [Anfänge und Stabilisierung der ständischen Verfassung in Böhmen], PhS 34, 1997, S. 74–75.

134 J. Majer, K nejstarším právním dějinám Kutné Hory [Zur ältesten Rechtsgeschichte von Kuttenberg], PhS 4, 1958, S. 131–152. Zur Entwicklung zur Stadt bes. S. 145–147.

135 Majer, ebenda, S. 147.

136 Der Chronist berichtet, FRB IV, S. 115, dass die Ruthards aus Kuttenberg *se non minores reputant quam barones*.

137 Nejstarší česká rýmovaná kronika tak řečeného Dalimila [Die älteste tschechische Reimchronik des sog. Dalimil], hg. v. B. Havránek – J. Daňhelka, Praha 1958, S. 163–164.

dass sie ohne die Zustimmung der Städte keinen König wählen würden.[138] Die folgende Verhandlung über die Besetzung des böhmischen Thrones nach der Resignation Heinrichs von Kärnten verlief denn auch unter Beteiligung der Städte, und in der Gesandschaft an den römischen König Heinrich VII. befanden sich neben den Mitgliedern des Hochadels und den in diplomatischen Verhandlungen erfahrenen Äbten des Zisterzienserordens auch die Vertreter von Prag und Kuttenberg.[139] Doch bereits die Ankunft des neuen Königs Johann von Luxemburg bedeutete eine erneute Stärkung des Adels, der in den sog. Inaugurationsdiplomen seine Stellung sogar gegenüber der königlichen Zentralmacht stärkte, während die Bürger leer ausgingen. Nach dem Anwachsen der Ansprüche der Bürger in den Jahren 1306–1310 haben die führenden Bürgergeschlechter die erstrebten Positionen wieder verloren, aber ihre Macht innerhalb der Städte blieb ungeschmälert.

Es wäre ein Irrtum, in den Bestrebungen der führenden städtischen Geschlechter das Bemühen um eine Bevorzugung des Bürgertums insgesamt gegenüber dem Adel oder den Beginn eines Trends zur Herausbildung des städtischen Standes zu suchen. Solche Bestrebungen haben erst ein Jahrhundert später in der Hussitenrevolution Erfolg gehabt,[140] der erst durch die neue, bei weitem tiefste Krise des böhmischen Staates ermöglicht wurde, in der es keine herausgehobene Stellung des Patriziats mehr gab. Eine solche Situation war zu Beginn des 14. Jahrhunderts noch nicht eingetreten. Gegen den Adel trat als Gegenpartei nur das Patriziat der beiden größten Städte, Prag und Kuttenberg, auf, irgendwelche weiteren Verbündeten sind nicht bekannt. Darüber hinaus ging es den Vertretern von herrschenden Bürgergeschlechtern gar nicht um eine irgendwie geartete Hebung der Städte an sich, ja wir haben auch keine Andeutungen, dass sie eine besondere Stellung ihrer Städte angestrebt hätten. Ihr Ziel war es, das eigene Gewicht durch die Hebung auf das Niveau des Adels zu erhöhen und dadurch einen gleichwertigen politischen Einfluss zu erreichen, der damals den Städten allgemein verweigert war. Diese Bestrebungen konnten nur einen zeitweiligen Erfolg haben, solange politische Unsicherheit herrschte, aber nach der Rückkehr der anerkannten legitimen königlichen Macht und dem Wiederaufstieg des Adels erwiesen sie sich nur noch als Illusion.

Bis jetzt haben wir über die oberste Schicht der Stadtbevölkerung, über das Patriziat, gesprochen. Aber auch in den Städten, wo sich die führende Schicht nicht direkt als Patriziat bezeichnen lässt, wie es im vorherigen Abschnitt charakterisiert wurde, befinden sich sowohl der Stadtrat als auch andere Stadtämter in den Händen einer scharf umrissenen Gruppe von wohlhabenderen Bürgern.[141] Diese besitzen Immobilien in der Stadt, sind Mitglieder der städtischen Gemeinde, d. h. sie sind Bürger

---

138 Ottokars österreichische Reimchronik, ed. J. Seemüller, MGH – Deutsche Chroniken V/2, Hannover 1893, Kap. 815, S. 1248, und Kap. 817, S. 1252–1253.

139 FRB IV, S. 136.

140 J. Kejř, Zur Entstehung des städtischen Standes im hussitischen Böhmen, in: Städte und Ständestaat, hg. v. B. Töpfer, Berlin 1980. Vgl. auch die kürzere, aber in einen breiteren Rahmen einfügte Darstellung, Kejř, Anfänge der ständischen Verfassung (wie Anm. 133), S. 211ff.

141 Zur bevorzugten Stellung von wohlhabenden Bürgern der fünf Leibgedingestädte siehe bereits das oben, Anm. 129, erwähnte Privileg König Albrechts und Herzog Friedrichs vom Jahre 1307.

mit vollem Bürgerrecht und berechtigt, die Sitze im Stadtrat einzunehmen, der so für andere Gruppen unzugänglich bleibt.

Die böhmischen Quellen des 13. Jahrhunderts erlauben es nicht, eine so bezeichnete städtische „Mittelschicht" genügend zu erhellen, die sich nach einem der Versuche ihrer Definition dadurch auszeichnet, dass ihre Mitglieder Mittel zur Produktion oder zum Handel besitzen, selbständig arbeiten und ihre Einnahmen aus der eigenen Arbeit beziehen.[142] Sehr oft werden die Überlegungen über städtische Mittelschichten mit den Zünften und ihren Interessen verbunden oder direkt mit ihrem Kampf um die Beteiligung an der Stadtregierung. Aber unsere Zünfte sind jünger.[143]

Eine einzige Ausnahme ist, wie es scheint, nur die Organisation der Fleischer in Znaim, wo 1285 ein Znaimer Bürger – ein Fleischer – dem Pfarrer zu St. Nikolaus eine Rente aus einer Fleischbank verkauft.[144] Der Vertrag wurde *coram magistro carnificum* abgeschlossen und mit dem Stadtsiegel bei Anwesenheit des Zeugen *Henricus czechenmeister* besiegelt, der unter den Geschworenen genannt wird, und dazu noch von *Rapotone, Conrado fratribus carnificibus* bezeugt.[145]

Alles weist darauf hin, dass die ältesten Anläufe zur Zunftorganisation in Mähren entstanden sind, wo man nach dem Beleg von Znaim auch kurz eine Nachricht über uniones in Brünn liest. Im umfangreichen Privileg König Wenzels II. aus dem Jahre 1294[146] heißt es: *Statuimus insuper et volumus in ipsa civitate Brunnensi uniones aliquas decetero non haberi, sed singulis diebus fori universi incole quorumcumque locorum cum suis mercibus ad ipsam civitatem libere accedant. Aliis vero diebus accole in suburbiis civitatis eiusdem manentes in ipsa civitate tractent libere merces suas.* Es ging wohl um Versuche von Handwerkervereinigungen, den Handel auf dem Brünner Markt zu Ungunsten von anderen zu monopolisieren.

---

142 T. Strzembosz (wie Anm. 102), S. 573. Detailliertere Ausführungen in Gesellschaftliche Mittelschichten (wie Anm. 88), wo jedoch ein Teil der Schlussfolgerungen auf Quellen aus jüngerer Zeit beruht.

143 Die Anfänge der Vereinigungen von Handwerkern lassen sich nach Meinung von Z. Winter, Dějiny řemesel a obchodu [Geschichte der Handwerke und des Handels], S. 45ff., in den böhmischen Ländern erst in die letzten Jahre des 13. Jahrhunderts datieren. Dagegen wandte B. Mendl, Počátky našich cechů [Die Anfänge unserer Zünfte], ČČH 33, 1927, S. 1–13, ein, dass es für das 13. Jahrhundert keine direkten Beweise für die Zünfte gibt. Auch Peterka, Das Gewerberecht, hat erste Belege erst seit dem 14. Jahrhundert.

144 RBM II, Nr. 1347 = CDM V, Suppl. Nr. 77.

145 Šebánek, Česká listina [Die böhmische Urkunde] 3, S. 140, ist der Meinung, dass dies Mitglieder einer offensichtlich schon konstituierten Fleischerzunft waren. Zycha, Ursprung, S. 192, Anm. 1, sieht in dem hier genannten Heinrich den Zunftmeister eines weiteren, nicht angeführten Handwerks. Der Beleg von Znaim wird weder bei Winter, Dějiny řemesel a obchodu [Geschichte der Handwerke und des Handels] noch bei Peterka, Das Gewerberecht, erwähnt. In diesem Zusammenhang kann man an das bereits im Kapitel V und dort in der Anm. 64 angeführte Beispiel der Fleischer der Prager Altstadt erinnern, die vor der Konkurrenz auf dem Lande im Umkreis einer Meile geschützt werden. Obwohl die Nachricht aus einer jüngeren Quelle stammt, beruft sie sich auf die in der Zeit Přemysl Otakars II. eingehaltenen Gewohnheiten, RBM IV, Nr. 717. Man kann zwar nicht die Existenz einer fest organisierten Fleischerzunft annehmen, aber trotzdem kann man wenigstens mit einer gemeinsamen Initiative rechnen. Dazu vgl. Winter, Dějiny řemesel a obchodu [Geschichte der Handwerke und des Handels], S. 67.

146 RBM II, Nr. 1569 = CDM IV, Nr. 303. Dazu B. Mendl, Počátky našich cechů [Die Anfänge unserer Zünfte], S. 13–14.

Als Zünfte definiert diese Bestimmung des Privilegs auch das Stadtbuch von Brünn, das sich auf dieses Privileg beruft und belegt, dass auch Markgraf Karl *uniones mechanicorum* nicht nur für Brünn, sondern auch für Olmütz und Znaim verboten hat, weil die Statuten, die sich Bäcker, Fleischer und auch andere Handwerker gaben, *dampnosa* sind.[147] Auch das weitere Vorgehen des Landesherrn war für die Zünfte ungünstig, weil die Versuche der Monopolisierung des Handels für schädlich gehalten wurden.[148] Die sich herausbildenden Bruderschaften von Handwerkern treten in den Quellen undeutlich auf, und ihr direkter Einfluss auf die Regierung in der Stadt wird noch nicht sichtbar.

Den *diciores, meliores, maiores* oder wie auch immer Genannten stehen in den Städten die *pauperes* gegenüber. Man muss allerdings bedenken, dass auf diese Weise verschiedene Gruppen der Bevölkerung bezeichnet werden,[149] z. B. die Untertanen auf dem Landgut eines Bürgers[150] oder, nach dem Wortlaut einer ins Formelbuch des Tobiáš von Bechyně übernommenen Urkunde, direkt die Bürger, die den Titel *cives* nicht haben.[151] Wir können hier keine Überlegungen über historische Veränderungen des Begriffs *pauper* anstellen, wie er sich in der Beziehung zu seinem Gegensatz *potens*[152] entwickelte und schon seiner Natur nach einen Bedarf an Schutz enthielt.

Es ist nicht immer möglich, den Terminus *pauper* im Sinne von Armut zu deuten, obwohl auch dies zutreffen kann. In der Lokationsurkunde für die Stadt Mährisch Weißkirchen[153] legte 1276 ihr Aussteller, Abt Budiš, fest, dass seine Beamten den Zins erheben werden, und dass in der Zeit der Zahlung deren Unkosten *iudex cum pauperibus* übernehmen sollen. Auch im Falle eines Heerzuges zur Unterstützung des Königs haben die *pauperes ibidem residentes* keinen Anspruch auf Schadenersatz. In beiden Fällen handelt es sich nicht um Unvermögende. In anderen Absätzen der

---

147 Právní kniha města Brna z poloviny 14. století [Das Rechtsbuch der Stadt Brünn aus der Mitte des 14. Jh.], ed. M. FLODR, Brno 1990–1995, I. Úvod a edice [Einleitung und Edition], Art. 472, S. 301; II. Komentář [Kommentar], S. 174–175, mit der Analyse des Privilegs von Wenzel II.

148 Über die gegen die Zünfte gerichteten Gebote König Johanns von Luxemburg und des Markgrafen Karl vgl. MENDL, Počátky našich cechů [Die Anfänge unserer Zünfte], S. 15–20. Über das Verhältnis König Karls IV. zu den Zünften siehe zuletzt V. URFUS, Cechovní politika Karla IV. [Die Zunftpolitik Karls IV.], in: Mezinárodní vědecká konference Doba Karla IV. v dějinách národů ČSSR, Materiály ze sekce dějin státu a práva [Internationale wissenschaftliche Konferenz: Die Zeit Karls IV. in der Geschichte der Völker der Tschechoslowakei. Materialien aus der Sektion Staats- und Rechtsgeschichte], Praha 1981, S. 92–100, mit Berücksichtigung der älteren Literatur.

149 Eine schwer deutbare Stelle aus der unechten Urkunde Herzog Friedrichs für das Kloster Kladrau, CDB I, Nr. 405, die auf das Jahre 1186 datiert, aber erst im 13. Jahrhundert entstanden ist. Der Landesherr schenkte dem Kloster einen Platz in Prag, der *vicus pauperum* genannt wird, mit der Bestimmung *ad curiam et ad hospites locandos.* Die Stelle ist genau abgegrenzt. Man könnte schwer nachweisen, dass *hospites* hier agrarisch tätige Untertanen bezeichnet, besonders auch wegen ungenügender Bebauungsfläche. Zu dieser Stelle bereits bei der Darstellung über *vicus* im Kapitel II.

150 Jan, Bürger von Leitmeritz, besitzt zum Jahre 1262 *pauperes* im Dorf Kopitz, wo ihm auch eine Mühle und Grundstücke gehören, CDB V/1, Nr. 347.

151 Das Formelbuch von Bischof Tobiáš von Bechyně [Novák, Das Formelbuch], Nr. 263. Aus der Natur der Quelle, die die gegründete Stadt nicht nennt, entsteht Unsicherheit, ob man mit ihren Angaben unter dem Aspekt der Bezeichnung von Institutionen arbeiten kann.

152 K. BOSL, Potens und pauper. Begriffsgeschichtliche Studien zur gesellschaftlichen Differenzierung im frühen Mittelalter und zum „Pauperismus" des Hochmittelalters, in: BOSL, Frühformen, S. 106–134.

153 CDB V/2, Nr. 805.

Urkunde wird über *cives* gesprochen, aber es geht hier wohl um eine stilistische Variation,[154] wenn gegenüber voll zahlenden Bürgern Hintersassen – *quilibet subses* – mit niedrigen Pflichten auftreten.[155]

Pauper im Sinne von *arm* erscheint im Gebot König Wenzels II. zur Beruhigung der inneren Streitigkeiten in Prag im Jahre 1287,[156] nach dem hohe Geldstrafen *iusticia mediante* gemildert werden können, wenn die Schuld *in pauperibus civibus atque servis* festgestellt wird.[157] Um Arme geht es deutlich auch bei der Ausmessung der Hufen in Budin im Jahre 1302,[158] wo gemäß der Anordnung König Wenzels II. arme Leute ohne Landbesitz eine verminderte Abgabe bezahlen sollen, die mit einem verächtlichen Ausdruck als *pauperes habitatores ibidem, qui nullam partem hereditatis capiunt nec alias aliquid solvere consueverunt, qui pedices nuncupantur* bezeichnet werden. Diese werden schon durch ihre Bezeichnung von den *incolae* unterschieden.

So gelangen wir zu dem Gegensatz Reiche – Arme, der manchmal in den städtischen Urkunden erscheint, bei uns in der Urkunde für Iglau. In zwei Bestimmungen des jüngeren Wortlauts handelt es sich um das Gerichtswesen, wenn zuerst der Richter verpflichtet wird, über den Armen wie über den Reichen gemäß dem Recht (*pauperi sicut diviti iudicet secundum formam legis institutam*) zu entscheiden,[159] zum zweiten Mal bei der Aufforderung zum Gerichtskampf: *Conqueror vobis, domine iudex, et iuratis civibus universis tam pauperibus quam divitibus.*[160] Dadurch wird zum Ausdruck gebracht, dass vor dem Stadtrecht alle gleich sind, ohne Rücksicht auf den sozialen Gegensatz, der jedoch in der Formel „Reiche und Arme“ zur Kenntnis genommen wird.[161] Wir haben gesehen, dass nicht alle pauperes unvermögend sind, dass es sich auch um „Arme“ im Sinne der rechtlichen und gesellschaftlichen Stellung handeln kann. Es ist sehr unsicher, ob man neben der herrschenden und der Mittelschicht vom Rest der Stadtbevölkerung als von den Armen sprechen kann.[162]

---

154 Die Urkunde wurde für den inneren Gebrauch des Klosters angefertigt, siehe die einleitende Darstellung in CDB V/4, S. 43, 62, 63

155 Die gleiche Bestimmung liest man auch in einer weiteren Urkunden für den Lokator der Stadt Mährisch Weißkirchen zum Jahre 1292, RBM II, Nr. 1568 = CDM IV, Nr. 302, die jedoch die Bezeichnung *pauperes* nicht enthält. Zu der komplizierten Entstehungsgeschichte von Mährisch Weißkirchen siehe bereits im Kapitel III.

156 CIM I, Nr. 352. Nur aus einem Formelbuch bekannt, siehe oben, S. 317.

157 Strahm, Stadtluft macht frei, S. 106, bestimmt die Bedeutung des Wortes *servus* als eine Person, die durch ihren Stand zum Dienst verpflichtet ist.

158 CIM IV/1, Nr. 17.

159 CDB IV, Nr. 177, Art. 14, S. 301.

160 CDB IV, Nr. 177, Art. 73, S. 316. Weitere Erwähnungen von *pauper* in Art. 86, S. 309, und Art. 92, S. 322.

161 Maschke, Schichtung, S. 158–159, der die gleiche Formel im Sinne der sozialen Gerechtigkeit auslegt, z. B. auch in der Steuer- und Wehrpflicht. Die von ihm benutzten Quellen beziehen sich eher auf eine jüngere Zeit. Maschke, Die Unterschichten der mittelalterlichen Städte Deutschlands, in: Gesellschaftliche Unterschichten (wie Anm. 88), S. 8, erläutert, dass die Formel „Reiche und Arme“ im Rechtsleben zur Bezeichnung „alle“ oder „jeder“ im Sinne der Gleichheit und Gerechtigkeit diente.

162 Dies geschieht häufig unter dem Einfluss des Buches von F. Graus, Chudina městská v době předhusitské [Die Stadtarmut in der Zeit vor den Hussitenkriegen], Praha 1949, der ausdrücklich, S. 8, neben die Patrizier und Handwerker als dritte Gruppe die „Armut“ stellt. Er ist sich jedoch der bunten inneren Zusammensetzung dieser Gruppe bewusst, S. 34–35, und gliedert sie weiter nach der Stellung in der Produktion.

Es ist schwierig, in diesen Begriff alle in der sozialen Zusammensetzung der Stadt auf der niedrigeren Stufe stehenden sozialen Phänomene einzubeziehen, weil besonders die Randgruppen[163] einer einheitlichen Qualifizierung nicht zugeordnet werden können. Besonders der fehlende Wohnsitz einiger Personen veranlasst sie zu einer lokalen Mobilität,[164] die sie von zwar armen, aber doch niedergelassenen städtischen niederen Schichten unterscheidet. Es ist nicht notwendig, zu den bereits vorliegenden Studien über dieses Problem im Rahmen unserer abgegrenzten Ausführungen weitere nur ungenügend belegbare Absätze hinzuzufügen, aber es ist ratsam, sich vor der zusammenfassenden und verzerrenden Bezeichnung „Armut" zu hüten. Irgendeine Bezeichnung der „unteren" oder „niederen" Schicht ist ebenfalls unbestimmt, hat aber doch den Vorteil der Differenzierung bei der detaillierten Untersuchung ihrer Zusammensetzung und der rechtlichen Stellung gegenüber den Bürgern.[165] Man muss sich dessen bewusst sein, wie wenig Belege für die Stellung der „Armen" in der Zusammensetzung der städtischen Bevölkerung sich für die von uns untersuchte Zeit für die böhmischen und mährischen Städte finden lassen, so dass wir diese Stellung lediglich eher ahnen als wirklich belegen können.

Frauen, die zu allen sozialen Gruppen von der niedrigsten bis zum Patriziat gehören, kann man nicht als eine besondere Schicht der Stadtbevölkerung ansehen. Es wurde ihnen übrigens schon mehrfach detaillierte Aufmerksamkeit geschenkt,[166] so dass es im Rahmen unserer Ausführungen genügt, nur einige Bemerkungen hinzuzufügen. Man kann sicher nicht unbeachtet lassen, dass unter den sozial schwächeren Schichten die Situation von selbständig lebenden Frauen viel schwieriger war als die der Männer[167] und dass die Ungleichheit der Frauen in mittelalterlicher Zeit sich auch in ihrer Stellung in den Städten niederschlug. Dennoch muss man festhalten, dass sie eine viel freiere Stellung als die Frauen auf dem Lande hatten sowie die Möglichkeit, selbständig unternehmerisch tätig zu sein.[168] Wo sich Frauen an Verfügungen über Besitz beteiligten – es ging also um zu den mittleren und reicheren Schichten gehörende Frauen –, waren sie in der Regel voll befähigt, über ihren Besitz zu verfügen, und wir treffen auch sehr wohlhabende Frauen an.[169] Es wäre sehr schwierig, die Entwicklung der Rechte der Frau in den mittelalterlichen Städten zu verfolgen, ohne die mit unserem Thema gegebenen Grenzen zu überschreiten. Man müsste dabei fast

---

163 Zu ihrer Definition W. Hartung, Gesellschaftliche Randgruppen im Spätmittelalter. Phänomen und Begriff, in: Gesellschaftliche Randgruppen und Minderheiten, Stadt in der Geschichte, Bd. 13, hg. v. B. Kirchgässner – F. Reuter, Sigmaringen 1986, S. 49–119.

164 Hartung, ebd., S. 51.

165 Eine scharfsinnige Analyse für die deutschen Städte bot Maschke, Unterschichten (wie Anm. 161).

166 Übereinstimmend E. Ennen, Frauen im Mittelalter, München 1985.

167 Maschke, Unterschichten, S. 27 und 65.

168 E. Ennen, Frauen in der mittelalterlichen Stadt, Rheinische Vierteljahrsblätter 55, 1991, S. 21–31.

169 E. Uitz, Zur gesellschaftlichen Stellung der Frau in der mittelalterlichen Stadt (Die Situation im Erzbistum Magdeburg), in: Magdeburger Beiträge zur Stadtgeschichte, Heft 1. hg. v. E. Uitz. Magdeburg 1977, S. 20–42, zeigte die Wandlungen in der Stellung der Frau in ihren Besitzrechten mit einer bemerkenswerten tabellarischen Erfassung von Besitztransaktionen auf Grund der Bücher der Stadt Aken.

ausschließlich aus der ausländischen Fachliteratur schöpfen,[170] ohne dass man eine Garantie von verlässlichen Analogien für unser Land hätte. Man kann daran erinnern, dass die mehrmals erwähnten zwei Privilegien für Speyer und Worms aus den Jahren 1111 bzw. 1114 freien Besitz und freies Erbe in der männlichen und weiblichen Linie garantiert haben.[171] Man muss sich jedoch der beträchtlichen Unterschiede in den Städten unterschiedlicher Kategorien von großen Handelsstädten bis hin zu kleinen Landstädtchen sowie der geographischen Aufteilung von städtischen Institutionen bewusst werden. Die Quellenbasis für begründete Schlussfolgerungen ist ungleichmäßig, und erst die Stadtbücher, insbesondere die Steuerregister, ermöglichen gewisse verlässliche Statistiken, so dass erst eine spätere Zeit als die hier gesetzte Zeitgrenze sichere Ergebnisse zu bringen vermag.[172] In einer Sache war allerdings die Stellung der Frauen streng eingegrenzt, nämlich bei der Besetzung des Stadtrates und der städtischen Ämter, die nur Männern vorbehalten waren.

Anhand unserer nicht allzu zahlreichen Quellen lässt sich feststellen, dass die Frauen von Anfang an berechtigt waren, Subjekt von Eigentumsrechten zu werden, entweder gemeinsam mit dem Ehemann oder – häufig im Falle der Verwitwung – auch allein. Bereits 1238 bestätigte Bischof Robert von Olmütz die Gründung des Heiligen-Geist-Spitals in Alt-Brünn durch den Brünner Bürger Rutger und seine Frau Hodava,[173] was 1254 auch von Papst Innozenz IV. bestätigt wurde.[174] Über die Eigentumsrechte der Brünner Bürger legt auch das große Privileg Zeugnis ab, demzufolge bei der Proskribierung eines Mörders wenigstens ein Drittel seines Besitzes seiner Frau und den Kindern belassen bleibt und die freie Vererbung für die Witwe und die Kinder im Todesfalle des Mannes garantiert wird.[175] In der Urkunde für Iglau wird die freie Vererbung für Frau und Kinder ebenfalls uneingeschränkt anerkannt und darüber hinaus darf auch für den Fall, dass der Mann ein Verbrechen begangen hätte, sein Besitz nicht angetastet werden, der der Frau und den Kindern verbleibt.[176] Scheinbar im Gegensatz dazu steht eine andere Festlegung der Urkunde für Iglau, nach der der Ehemann auch trotz Einwänden der Frau und der Kinder über seinen Besitz frei verfügen kann. Aber auch dies ist gleich durch eine strenge Festlegung über die Möglichkeit, über die Morgengabe zu verfügen, beschränkt.[177] Man muss diese

170 Vgl. B. KROEMER, Über Rechtsstellung, Handlungsspielräume und Tätigkeitsbereich von Frauen in spätmittelalterlichen Städten, in: Stadt und Gesellschaft im Mittelalter und früher Neuzeit – Gedenkschrift für Joachim Leuschner, Göttingen 1983, S. 135–150.

171 E. ENNEN, Frauen im Mittelalter, S. 93.

172 B. SCHWINEKÖPER, Anmerkungen zum Problem der städtischen Unterschichten aus Freiburger Sicht, in: Gesellschaftliche Unterschichten, S. 135, bemerkt in Anknüpfung an E. ENNEN, dass wir nur diejenigen Städte bearbeiten können, für die es die Quellenbasis zulässt. ENNEN, Frau im Mittelalter, behandelt im Kapitel II/2, Die Frau in der mittelalterlichen Stadtgesellschaft, S. 141–194, die Situation in führenden deutschen Städten und stützt sich in überwiegender Mehrheit auf Belege aus dem 14. und 15. Jahrhundert.

173 CDB III/2, Nr. 197. Aus dem Text der Urkunde ergibt sich ein gemeinsamer Akt der beiden Eheleute.

174 CDB V/1, Nr. 13.

175 CDB IV, Nr. 17, Art. 4 der größeren Urkunde, S. 81; Art. 9 der kleinen Urkunde, S. 84.

176 CDB IV, Nr. 177, Teil II, Art. 1, S. 297; Teil I, Art. 5 (in der Urkunde B), S. 296.

177 CDB IV, Nr. 177, Teil II, Art. 10, und in der Urkunde B der ergänzte Artikel 10a, S. 299. Die freie Disposition über den Besitz wird auch durch den übereinstimmenden Artikel in der Urkunde für Deutschbrod, CDB V/2, Nr. 873, Art. 54, S. 601, garantiert.

Festlegung so deuten, dass es sich nur um den ursprünglichen, gesonderten Besitz des Ehemannes handelt.

Eigentumsrechtliche Entscheidungen nahm 1274 eine Bürgerin aus Kaaden zusammen mit ihrem Sohn vor, indem sie eine Jahresrente an das Sankt-Franziskus-Spital in Prag aussetzte.[178] Zu Gunsten des Klosters Sedletz handelte 1277 ein Bürger aus Kolin mit seiner Gattin.[179] Noch einen weiteren Fall kann man aus dem später zu Schlesien gehörenden Nordmähren anführen, wo zwei Brüder gemeinsam mit ihrer Mutter, der Witwe des Richters von Freiwaldau, 1295 dieses Gericht verkauften.[180]

Diese Fälle genügen zur Bestätigung der eigentumsrechtlichen Stellung der bürgerlichen Frauen, da es ja schon aus der Natur des bürgerlichen Besitzes entweder in der Stadt selbst oder von Landgütern notwendig war, dessen ordentliche Verwaltung zu sichern und Streitigkeiten zu vermeiden, wie die Rückgabe eines Dorfes zeigte, das der Prager Bürger Frowinus dem Kloster Břewnow ohne Berechtigung entwendet hatte. Seine Witwe hat jedoch nach der Entscheidung König Přemysl Otakars II. das Dorf an das Kloster zurückgegeben.[181]

Die soziale Stellung der städtischen Bevölkerung haben wir nur im für die Erhellung ihrer verfassungsrechtlichen und rechtlichen Stellung notwendigen Maße berührt. Ähnlich konnten auch andere Fragen hier nicht in vollem Umfang behandelt werden, und auch bei ihnen war die Perspektive durch das Gewicht bestimmt, das ihnen in der Untersuchung von Institutionen zukommt. Es sind vor allem die nationalen Verhältnisse in unseren Städten, denen hier lediglich eine kurze Behandlung gewidmet wird. Es ist nämlich überflüssig, sich mit dieser Frage detailliert zu befassen, weil bereits eine Anzahl von vortrefflichen Arbeiten zur Verfügung steht.[182] Man muss allerdings bekennen, dass die meisten Quellen, die über die nationale Zusammensetzung der Städte informieren, erst aus späterer Zeit stammen, für die man sich auf die Einträge in Stadtbüchern stützen kann.

---

178 CDB V/2, Nr. 732.

179 CDB V/2, Nr. 853.

180 CDM V. Nr. 32. Vgl. dazu bereits in Kapitel VII, Anm. 143.

181 Siehe bereits in Kapitel V, und dort Anm. 140–141, wo über den Verlauf des Streites kurz gesprochen wird.

182 J. V. Šimák, Středověká kolonisace v zemích českých [Die mittelalterliche Kolonisierung in den böhmischen Ländern], České dějiny [Böhmische Geschichte] I/5, Praha 1938; E. Schwarz, Volkstumsgeschichte I–II, ein Werk, das in Details wohl zu berichtigen, aber als Ganzes richtungweisend ist; in letzter Zeit dann drei die böhmischen Länder betreffende Studien, in: Národnostný vývoj miest na Slovensku do roku 1918 [Die nationale Entwicklung der Städte in der Slowakei bis 1918], Martin 1984, und zwar: F. Šmahel, Výsledky a výhledy výzkumu národnostní skladby českých měst od konce 13. do počátku 15. století [Ergebnisse und Perspektiven der Untersuchung der nationalen Zusammensetzung böhmischer Städte vom Ende des 13. bis zum Beginn des 15. Jahrhunderts], S. 239–254; L. Sulitková, Národnostní struktura moravských měst ve středověku se zvláštním zřetelem na královská města [Die nationale Struktur mährischer Städte im Mittelalter mit besonderer Berücksichtigung der königlichen Städte], S. 255–266; J. Žemlička, Venkovské zázemí a etnická skladba českého vrcholně středověkého města [Das ländliche Hinterland und die ethnische Zusammensetzung der böhmischen Stadt im Hochmittelalter], S. 267–272. Die Karten der Sprachgrenze bei E. Skála, Jazyková situace v Čechách v rozmezí let 993–1322 [Die Sprachsituation in Böhmen zwischen den Jahren 993–1322], in: Milénium břevnovského kláštera [Das Millenium des Klosters Břevnov], Praha 1993, S. 171.

Ältere Nachrichten über Fremde, die schon vor der Anerkennung des städtischen Status für die betreffenden Orte in die böhmischen Länder kamen, können wir mit Siedlungen von Kaufleuten verbinden. Man braucht nur an das schon mehrmals behandelte Privileg des Fürsten Soběslav II. für die Prager Deutschen mit seinen späteren Bestätigungen erinnern,[183] an die Siedlungen der Romanen und der Deutschen in Brünn für das Jahr 1231 um den Marktplatz und um die Kapelle des Hl. Nikolaus,[184] an den *vicus Ungarorum* in Znaim[185] und schließlich auch an die Prager *curia hospitum* im Thein, wo es auch um zeitweilige Aufenthalte von Fremden ging. Nicht alle Gemeinden der Fremden wurden zu Keimzellen von Städten, wenn besonders *vici Theutonicorum* in Prag bis zur Entstehung der Neustadt außerhalb des städtischen Territoriums verblieben waren und man deren Privilegien nicht mit den künftigen Stadtrechten vermischen darf, was auch für die Privilegien der romanischen Bevölkerung in Brünn gilt, die nicht in das Stadtrecht aufgenommen wurden. Für die Stadtverfassung sind auch die *cives Welegradenses* irrelevant, die unter den Zeugen in der Fälschung von Přemysl Otakars I. Konfirmation der Gründung des Klosters Welehrad zum Jahre 1202 angeführt werden.[186]

Aus den genannten Beispielen kann geschlossen werden, dass sich die Fremden in den böhmischen Ländern überwiegend in einer konzentrierten Siedlung in gewisser Absonderung von der einheimischen Bevölkerung niederließen, wie das auch für die umliegenden Länder belegt ist.[187] Welche von solchen Gemeinden ihr eigenes Recht hatten, muss individuell festgestellt werden. Der Fall der Prager Deutschen hatte häufige Parallelen,[188] aber oft ging es noch nicht um Teile von wirklichen Städten. Manchmal können wir nur Vermutungen anstellen, ob die Gemeinden der Fremden ihr eigenes Recht hatten.[189] Man muss berücksichtigen, wie sich die fremde Besiedlung weiter entwickelte und welche Dichte sie aufwies. Dabei gerät man für die Frühzeit der Städte in Gefahr, oberflächliche Schlussfolgerungen zu ziehen. Die Eingriffe der einheimischen herrscherlichen Gewalt waren hier oft ausschlaggebend.[190]

Einer der ersten Belege deutscher Besiedlung betrifft Leitmeritz für das Jahr 1234, als der Propst von Wyschehrad eine Hufe in den Besitz des Leitmeritzer Bür-

183 Siehe oben, S. 89f., und die dort angeführte Literatur.

184 CDB III/1, Nr. 14.

185 Siehe auch die Ausführungen über den Begriff *vicus* in Kapitel II.

186 CDB II, Nr. 355. A. Verbík, in: Uherské Hradiště [Ungarisch Hradisch], Brno 1981, S. 85, hat festgestellt, dass unter den neun Namen sich sieben tschechische befinden.

187 Es genügen nur einige Beispiele: Junghanns, Die deutsche Stadt, S. 136, erwähnt Köln, wo sich Kaufleute des gleichen Ursprungs in bestimmten Straßen niederließen. In Buda entstand eine italienische Straße, Kubinyi, Die Anfänge Ofens, S. 98; in Waitzen (Vác) schloss sich dem ungarischen Suburbium unter der Bischofsburg eine weitere deutsche Siedlung an, Fügedi, Die Entstehung des Städtewesens, S. 107.

188 Kejř, Zwei Studien, bes. S. 128ff.

189 Kaczmarczyk, Początki [Die Anfänge], S. 27.

190 Es handelt sich zwar um keine städtische Siedlung, aber ein sehr anschauliches Beispiel bietet das Privileg des Markgrafen Přemysl für das Kloster Obrowitz vom Jahre 1234, CDB III/1, Nr. 97, in dem die Befreiung des Dorfes von Dienstleistungen und Abgaben *ab eadem villa mea licencia et favorabili consensu demum Teutonicis habitata* erteilt wird.

gers Heinrich übergab, der *de nacionem* (!) *theutonico* bezeichnet wird.[191] Wenn die Nationalität so ausgeprägt bestimmt wird, handelt es sich in jener Zeit sicher um eine Ausnahme. Für einen Deutschen kann man auch den Bürger Herman halten, der 1277 vom Kloster in Trebitsch nach Trebitsch berufen wurde, obwohl Trebitsch sonst wohl keine deutsche Mehrheit hatte, da als Zeugen Bürger mit tschechischen Namen auftreten.[192] Trotzdem kann man mit einem Anwachsen der deutschen Bevölkerung in den böhmischen Städten rechnen, worauf auch der Chronist Dalimil mit Unmut hingewiesen hat.[193]

Von großer Bedeutung für die Stellung des Bürgertums war die Ersetzung oder Ergänzung der ursprünglichen Bevölkerung durch Fremde. Dies ist in Göding geschehen, wo dem Privileg zufolge die Königin Konstanze Deutsche in die Stadt eingeführt hat: *convocavimus viros honestos Theutunicos et locavimus in civitate nostra.*[194] Diese Festlegung wird zwar als Verjagung der straffällig gewordenen ursprünglichen Bewohner und ihrer Ersetzung durch Deutsche ausgelegt, aber der Wortlaut der Urkunde erlaubt einen solch kategorischen Schluss nicht, und man kann ihn auch nur als die Vergrößerung der Anzahl der Bewohner verstehen. Eine tatsächliche Verjagung der ursprünglichen Bewohner und ihre Ersetzung durch Ausländer lässt sich für die Prager Kleinseite belegen.[195] Auch wenn dies nicht ausdrücklich gesagt wird, kann man das Kommen von zugezogenen Deutschen annehmen, mit dem auch die Erhebung zur Stadt verbunden war. Weitere direkte Belege für eine ähnliche Vorgehensweise sind in unseren Ländern nicht festgestellt worden.[196]

Schon oben in den Ausführungen über die Terminologie trafen wir in Urkunden deutsche Ausdrücke an, die auf deutsche Institutionen hinweisen. Es ist aber unsicher, ob die Übernahme des deutschen Rechts überall auch von deutschen Bewohnern begleitet wurde. Die Institutionen konnten auch ohne fremdes nationales Substrat übernommen werden.[197] Dies betrifft jedoch eher Gebiete im entfernteren Osten als die böhmischen Länder, wo fast überall mit beträchtlichem Anteil der deutschen Bevölkerung bereits in frühen Stadien der Herausbildung des Städtenetzes gerechnet werden kann.

Noch deutlicher als die nationalen Unterschiede, die damals insgesamt nicht das politische Gleichgewicht beeinflusst haben, wurden die Unterschiede zwischen den Christen und den Juden wahrgenommen, die darüber hinaus eine andere religiöse

---

191 ČECHURA, Nezdařená lokace [Eine misslungene Lokation], Beilage I. Über die Urkunde wurde schon einige Male gesprochen.

192 CDB V/2, Nr. 843.

193 Ed. HAVRÁNEK/DAŇHELKA, Kap. 100, Vers 23–28, wo die ostböhmischen Städte Königgrätz, Hohenmaut, Chrudim, Bydžow und Polička genannt werden, wobei nur Bydžow keine königliche Stadt war.

194 CDB II, Nr. 381.

195 FRB II, S. 294 – Letopisy české [Böhmische Annalen].

196 Beiseite lassen können wir die widersprüchlichen Aussagen über Polen, für das KACZMARCZYK, Początki [Die Anfänge], S. 38, behauptet, dass es nicht zur Ersetzung der heimischen Bevölkerung durch die deutsche kommt, aber KUHN, Die deutschrechtlichen Städte, S. 68, auf die Beispiele in Plock und Stettin hinweist.

197 Übereinstimmend THIEME, Die Magdeburger und Kulmer Stadtrechte, S. 149, und KUHN, Die deutschrechtlichen Städte, S. 123.

und kulturelle Gemeinschaft bildeten und auch andere ökonomische Positionen einnahmen. Auch in diesem Fall können wir uns hier nicht ihrer Stellung in der mittelalterlichen Gesellschaft widmen, die durch die Spezialforschung bereits erhellt worden ist, und wir berühren nur einige Belege, die über die Beziehung der Juden zu den Städten und zur städtischen Bevölkerung Zeugnis ablegen.[198]

Es geht hier weder um besondere jüdische Siedlungen, die in einer Reihe von Städten, manchmal allerdings erst in späterer Zeit, belegt sind, noch um die Besonderheiten im ökonomischen Leben. Manche Quellen sprechen über die Juden ohne eine besondere Betonung ihrer Stellung in den Städten. Aber der Sinn von Anordnungen und Privilegien der Könige ist häufig der Schutz der Juden vor Gewalt oder vor anderen Beschränkungen, so z. B. im Mandat Přemysl Otakars II. an alle Gerichte und Beamten aus dem Jahr 1254,[199] unter Berufung auf Schutzprivilegien von Papst Innozenz IV. Die Juden, ihre Friedhöfe und Synagogen sollen in keiner Weise behelligt werden. Die von Přemysl Otakar II. in den Jahren 1255, 1262 und 1268[200] erteilten Privilegien sind von allgemeiner Tragweite. Die Stellung der Juden in den Städten betrifft auch nicht der Bericht Bischof Brunos an Papst Gregor X. von 1273,[201] der in einem speziellen Absatz allgemein über die Juden berichtet und der nicht speziell auf unsere Städte anzuwenden ist. Die Urkunde für Iglau enthält in ihrem jüngeren Wortlaut zwei Vorschriften über den Verkehr mit den Juden. Sehr streng, ja grausam, wird der intime Verkehr eines Juden mit einer Christin oder eines Christen mit einer Jüdin verfolgt[202] und weiter wird festgelegt, dass kein *mercator, institor, tabernator vel iudeus* kirchliche Sachen in Pfand oder Verwahrung nehmen darf.[203] Städtische Interessen betraf auch der Streit zwischen Erklin, dem Pfarrer zu Allen Heiligen in Brünn, und dem Juden Nathan, der 1278 unter der Autorität Bischof Brunos durch den Schiedsspruch eines vierköpfigen Kollegiums entschieden wurde.[204] Über die Stellung der Juden und über ihre Pflichten, die denen der Bürger gleich waren, legen aus der Zeit kurz nach dem Fall Přemysl Otakars II. zwei Privilegien König Rudolfs Zeugnis ab, die den Städten Brünn und Olmütz erteilt wurden.[205]

Die Nachrichten über die Verteilung der jüdischen Gemeinden in den sich herausbildenden Städten des 13. Jahrhunderts sind nur lückenhaft, und es wäre sicher

198 Auf unsere Verhältnisse können im Detail nicht die Erkenntnisse angewendet werden, zu denen H. Fischer, Die verfassungsrechtliche Stellung der Juden in den deutschen Städten während des dreizehnten Jahrhunderts, Gierkes Untersuchungen, Bd. 144, Breslau 1931, gelangt ist.

199 CDB V/1, Nr. 36+.

200 CDB V/1, Nr. 41+ und Nr. 316; CDB V/2, Nr. 566.

201 CDB V/2, Nr. 719, S. 375.

202 CDB IV, Nr. 177, Art. 92d, S. 321.

203 CDB IV, Nr. 177, Art. 52, S. 310.

204 CDB V/2, Nr. 880.

205 RBM II, Nr. 1140 = CDM V, Nr. 55; RBM II, Nr. 1147 = CDM IV, Nr. 157. In der Urkunde für Brünn wird festgelegt: *De iudeis quoque taliter iudicamus, ut in civitatis oneribus una cum civibus sustinendis servatas hactenus consuetudines non offendant*; in der für Olmütz wird dies ausgedrückt: *volumus … ut iudei civitatis predicte … in solvendis nobis contribucionibus sive steuris, ac civitatis oneribus sustinendis, sicut et cives predicti omnimodis astringantur.*

unrichtig, darauf aus späteren Belegen zu schließen.[206] Bereits für das 13. Jahrhundert aber ist die Regalhoheit des Landesherrn über die Juden nachgewiesen, wie die Urkunde für Herrn Ulrich von Neuhaus aus dem Jahr 1294 verrät, durch die dieser seine Güter König Wenzel II. in dem Falle übergibt, dass er ohne männliche Nachkommen sterbe.[207] Herr Ulrich macht bekannt, dass der König ihm erlaubt hatte, in Neuhaus acht Juden mit Familien zu haben. Falls einer sterbe, kann er durch einen anderen ersetzt werden, aber nicht aus den Ländern des Königs, sondern durch einen aus anderen Ländern aufgenommenen Juden. Die Juden sollen Herrn Ulrich die gleichen Dienste leisten, wie die königlichen Juden dem König, und Herr Ulrich hat das Recht über sie genauso zu verfügen, wie der König es tut.

Schon oben anlässlich der Überlegungen zur Aussagekraft der Urkunden aus der Přemyslidenzeit haben wir zwei Tatsachen berührt, die die Stellung der Städte als eigenständige Körperschaften belegen, nämlich die Zeugenschaft der Bürger und das Stadtsiegel, und wir haben den Wunsch ausgesprochen, dass Zeugenschaft von Bürgern in Zukunft Aufmerksamkeit geschenkt werden sollte. Die folgenden Zeilen, auch wenn sie eine gewisse Klassifizierung der Nachrichten über Zeugenschaften versuchen werden, können eine solche Studie nicht ersetzen und sind hier nur aufgenommen, um die rechtliche und institutionelle Natur von Akten zu erhellen, bei denen die Bürger ihr Zeugnis abgegeben haben.[208]

Schon seit den ersten Belegen zeigt es sich, dass die Annahme der Bürger als Zeugen auch ein Ausdruck ihrer Einordnung in der gesellschaftlichen Hierarchie unter freie Menschen ist, die keine Untertanen einer Grundherrschaft sind. Aus der zeitlichen Folge fällt der älteste Beleg von nichtadligen Zeugen in der Urkunde Přemysl Otakars I. vom Jahre 1207 für das Kloster Plaß heraus,[209] in der hinter den führenden Würdenträgern des Königreichs, nach Hofbeamten und anderen Adligen in der Zeugenreihe auch *Driloth monetarius* genannt wird, also ein Kaufmann, der sich mit Münzgeschäften befasst,[210] sowie vier weitere *mercatores*. Bereits oben haben wir festgestellt, dass man sie nicht für Bürger halten kann und dass man in ihnen freie Kaufleute sehen sollte. Nichts erklärt jedoch, in welchem Zusammenhang und aus

206 Eine Kartierung von jüdischen Gemeinden in Böhmen und Mähren von der Mitte des 14. bis zum Beginn des 16. Jh. bringt Hoffmann, České město [Die böhmische Stadt], S. 238–239, aus der zu erkennen ist, dass viele Gemeinden jünger sind.

207 RBM II, Nr. 1656 = ACRB I, Nr. 54. Die Urkunde ist nicht im Original erhalten, aber ihrem Stil nach ist sie in der königlichen Kanzlei entstanden, siehe Dušková, Česká listina [Die böhmische Urkunde] 2, S. 207.

208 Šebánek, Česká listina [Die böhmische Urkunde] 3, S. 106–107, bezieht in diese Gruppe auch die Beispiele der Zeugnisse von Dorfbewohnern ein. Unter unserem Aspekt müssen wir diese Tatsache in dem Sinne interpretieren, dass es sich um die Aufzeichnung von Aussagen über tatsächliche Erscheinungen handelte, über die in der Urkunde entschieden wurde, und nicht um ein Zeugnis zur Anfertigung der Urkunde, wozu ein Untertan nicht berechtigt war. Wir werden uns damit noch kurz befassen.

209 CDB II, Nr. 74.

210 Novotný, České dějiny [Böhmische Geschichte] I/3, S. 878, Anm. 3, was auch Šebánek, Česká listina [Die böhmische Urkunde] 3, S. 107, Anm. 3, zustimmend akzeptiert.

welchem Grund sie in eine so ehrenvolle Stellung gelangen, dass sie Zeugen in einer Urkunde des Königs sein können.[211]

Wenn auch sonst bei der Abfassung oder Ausfertigung von Urkunden Nichtbürger erscheinen,[212] handelt es sich immer um anomale Fälle. Die gefälschte Urkunde für Obrowitz, angeblich von König Přemysl Otakar I. ausgestellt,[213] ist mit so vielen Namen zu unterschiedlichen Teilen ihrer Disposition überfüllt, dass man mit ihr nicht zuverlässig arbeiten kann.[214] Darüber hinaus betrifft diese Urkunde überhaupt keine städtischen Interessen. Dagegen werden in der Urkunde des Hermann Lohen, Bürger von Troppau, durch die er 1289 den Verkauf des Dorfes Groß Hoschütz an zwei Mitbürger verkündet,[215] in der Zeugenreihe tatsächlich vier *villani* aus Groß Hoschütz genannt, und zwar sogar vor dem Richter und vor weiteren Bürgern aus Troppau. In dieser Urkunde gibt es noch eine ungewöhnliche Erscheinung, nämlich die sekundäre, unterstützende Rolle des Stadtsiegels neben dem Siegel des Ausstellers. Wenn wir die Entstehung im Stadtumkreis von Troppau annehmen, der in diplomatischer Hinsicht mit dem Landgericht vermischt ist,[216] dann kann nicht mit einer ganz regulären Abfassung der Urkunde gerechnet werden. Angesichts der Erklärung des Verkaufenden *(coram predicte ville mee Hoschitz incolis per metas debitas consignavi)* handelt es sich am ehesten um ortsansässige Menschen, die das betreffende Terrain gut kannten und die unter die Zeugen an eine unberechtigte Stelle eingeordnet wurden, obwohl sie in den zitierten Zusammenhang der Feststellung der Felder gehört hätten. Schließlich wird zwar bei der Beilegung des Streites zwischen dem Kloster Welehrad mit seinem Dorf Prittlach und Siegfried der Waise aus der Burg Nejdek von 1292 die Anwesenheit von Dorfbewohnern erwähnt[217], aber wiederum geht es um eine Angelegenheit, die nicht mit einer Stadt in Zusammenhang steht. So bleibt von allen angeführten Stellen nur die Urkunde von Hermann Lohen, wo Dorfbewohner unter den Zeugen einer eine Stadt betreffenden Urkunde angeführt werden, aber hier geht es um eine offensichtliche Unregelmäßigkeit.

Die häufigsten Zeugen der Beurkundung sind Bürger königlicher Städte, wenn auch die erhaltenen Nachrichten nur einige königliche Städte betreffen. Bürger von nichtköniglichen Städten finden wir nur in einer Minderheit der Fälle, in der Regel im Zusammenhang mit den Akten der Stadtherren. Die überhaupt älteste Nachricht von 1233 betrifft Kladrau, wo der Richter von Kladrau und ein weiterer *burgensis* den

---

211 Dazu bereits in Kapitel IV, bes. Anm. 41.

212 Die Beispiele zählte bereits Šebánek, Česká listina [Die böhmische Urkunde] 3, S. 107, Anm. 2, auf.

213 CDB II, Nr. 363.

214 Šebánek, Česká listina [Die böhmische Urkunde] 3, ebd., ist zwar der Meinung, dass auch trotz der Fälschung der Urkunde das Verzeichnis der Untertanen wohl richtig ist, die dann am Umschreiten der Grundstücke beteiligt waren, die man aber nach der Platzierung in der Urkunde nicht für Zeugen der Beurkundung halten kann; es ist einfach die Aufzählung der Personen, die das Umschreiten durchgeführt haben.

215 CDM IV, Nr. 288.

216 Šebánek, Česká listina [Die böhmische Urkunde] 3, S. 107, Anm. 2.

217 RBM II, Nr. 1583 = CDM IV, Nr. 306.

Verkauf eines Dorfes des Abtes von Kladrau an das Kloster Plaß bezeugen,[218] wobei jedoch die Interessen der Stadt nicht berührt werden. Ein *burgensis* aus Dobrzan befindet sich unter den Zeugen zweier Urkunden des Adligen Wichard von Tyrna, die zu Gunsten des Klosters von Dobrzan ausgestellt wurden.[219] In diesem Fall war es im Interesse des Klosters, dass die Rechtshandlung auch für die Stadt selbst gesichert wurde, in der es gelegen ist. In einer weiteren Urkunde des gleichen Ausstellers zu Gunsten des Klosters war aus gleichen Gründen der Richter von Dobrzan Zeuge.[220] Bei der Exemtion eines Bürgers von Trebitsch von einigen Leistungen, die ihm vom Stadtherrn, dem Kloster von Trebitsch, erteilt wurde, waren auch Bürger von Trebitsch Zeugen.[221] Überall also legten die Bürger im Interesse von kirchlichen Institutionen ihr Zeugnis ab. Ebenso wie bei der Ausstellung dieser Urkunden finden wir einen ähnlichen Zusammenhang auch bei der Bestätigung des Friedens des Klosters Mariakron wegen einer strittigen Forderung der Dorfrichter am Gericht der Stadt Mährisch Trübau.[222]

Auch Bischof Bruno von Olmütz erteilte dem Lokator das Recht am Dorfgericht. Sein Gebot ließ er durch das Zeugnis von Bürgern seiner Stadt Müglitz bestätigen, wo das Dokument ausgestellt wurde.[223] Es ist offensichtlich, dass das Zeugnis von Bürgern der nichtköniglichen Städte seine sachliche Berechtigung hatte, wenn sich gleichzeitig mit dem Akt der Beurkundung auch das Bedürfnis zeigte, sich auf irgendeine Weise in den Verlauf der Dinge einzugliedern, die sich im Handlungsbereich vollzogen. Bis dahin standen hinter der Ausstellung einer Urkunde die Interessen von kirchlichen Institutionen, was sich schließlich in der Urkunde des Herrn Smil von Lichtenburg für das Kloster Saar vom Jahre 1265 zeigt, die vom Richter aus Deutschbrod bezeugt wurde.[224]

Auch wenn bei Urkunden, die Bürger von königlichen Städten bezeugt haben, häufig kirchliche Institutionen als Teilnehmer der Verhandlungen auftraten oder wenigstens im Hintergrund standen, erscheint die Lage doch ein wenig anders als in den behandelten Fällen der nichtköniglichen Städte. Für die alte Zeit vor 1253 bzw. vor 1278 sind Zeugnisse von Bürgern in einer Reihe von Städten nicht belegt, und offensichtlich nur bedeutende Städte mit fortgeschrittener Verfassung haben teil an der Ehre, Zeugen von Urkunden zu sein. Das waren die Städte Leitmeritz,[225]

---

218 CDB III/1, Nr. 46.

219 CDB V/1, Nr. 191 und 192.

220 CDB V/1, Nr. 236.

221 CDB V/2, Nr. 843.

222 CDB V/2, Nr. 628. Über diesen Streit haben wir bereits mehrmals gesprochen.

223 CDB V/2, Nr. 728. Ein ähnliches Zeugnis gaben auch 1266 die Richter von Kremsier und von Zwittau für Brunos Urkunden, die ihre Stadt betrafen, CDB V/2, Nr. 466 und 471, bei denen man jedoch nicht ausschließen kann, dass es sich noch nicht um Stadtrichter handelte, sondern um Brunos Beamte.

224 CDB V/1, Nr. 460.

225 Čechura, Nezdařená lokace [Eine misslungene Lokation], Beilage I., CDB IV, Nr. 147, 169, 220; CDB V/1, Nr. 347, 397; CDB V/2, Nr. 511, 570, 577, 713. Über einige dieser Urkunden siehe auch weiter unten.

Brünn,[226] Troppau,[227] Prag,[228] Olmütz,[229] später auch Znaim,[230] Brüx,[231] Saaz,[232] Iglau,[233] Kaaden[234] und Kolin.[235] Am häufigsten findet sich das Zeugnis von Brünn und von Leitmeritz, was auf die sich schnell entwickelnden städtischen Institutionen und auf die Bedeutung der Stadt selbst hinweist. Auch das älteste Zeugnis von Bürgern einer königlichen Stadt stammte aus Leitmeritz in der schon mehrmals behandelten Urkunde vom Jahre 1234, die die Verpachtung von Grundstücken an einen Bürger von Leitmeritz verkündete, in der die Bürger zur Garantie des Geschäftes auftraten.[236] Ähnlich haben sie mit ihrem Zeugnis die Garantie des Kaufs eines Dorfes bestätigt, das ein Bürger 1248 vom Burggrafen von Zittau erworben hatte.[237] Bald jedoch traten sie auch in Verhandlungen in Erscheinung, deren Inhalt die Städte und die eigenen Bürger eigentlich nicht betraf, weil Leitmeritz nur der Ausstellungsort der Urkunde war, wie es 1249 in der Immunitätsurkunde König Wenzels I. für das Kloster Doxan der Fall war,[238] oder beim Verkauf des Dorfes Lobositz durch Smil von Lichtenburg an das Kloster Altzelle im Jahr 1251,[239] als unter den Zeugen *cives et mercatores* aufgezählt werden. Hier beteiligt sich Leitmeritz mit seinem Zeugnis deshalb, weil das Dorf Lobositz in der Nähe der Stadt liegt und weil die Autorität der Stadt mithin die Sicherheit des Geschäftes garantierte, wie dies auch durch das Stadtsiegel bekräftigt wurde.

Ein besonderer Fall ist aus Freudenthal bekannt, wo der Richter den Lokator mit der Rodung des Waldes Lichtenwerde betraut hatte und *incolae civitatis* die Urkunde mit ihrem Zeugnis bestätigten, die bei der Ankündigung des Siegels als *burgenses* tituliert werden.[240]

Die älteste königliche Urkunde, die von einem Bürger bezeugt wird, ist ein Nachweis über den Tausch von Grundstücken, den 1238 König Wenzel I. dem Pfarrer von Brünn ausgestellt hat.[241] Obwohl das Interesse an der Ausstellung der Urkunde

226 CDB III/1, Nr. 165; CDB III/2, Nr. 226, allerdings ist in der gefälschten Urkunde keine verlässliche Stütze zu suchen; CDB IV, Nr. 128, 260+; CDB V/1, Nr. 237, 349++ – wieder ein Falsum, 351, 352+, 385, 416; CDB V/2, Nr. 871.

227 CDB III/1, Nr. 179; CDB IV, Nr. 219; CDB V/2, Nr. 592, 638 – hier gemeinsam mit den Bürgern von Olmütz.

228 CDB III/2, Nr. 219; CDB IV, Nr. 159, 256, 266; CDB V/1, Nr. 426.

229 CDB V/1, Nr. 77 – *mercator Olomucensis*, 361; CDB V/2, Nr. 537, 638 – gemeinsam mit den Bürgern von Troppau, 827, 851.

230 CDB V/1, Nr. 177; CDB V/2, Nr. 675.

231 CDB V/1, Nr. 402; CDB V/2, Nr. 696.

232 CDB V/2, Nr. 657.

233 CDB V/2, Nr. 681; bei Iglau ist allerdings die urkundliche Aktivität älter, wie dies bereits oben behandelt wurde.

234 CDB V/2, Nr. 732.

235 CDB V/2, Nr. 853.

236 Čechura, Nezdařená lokace [Eine misslungene Lokation], Beilage I.

237 CDB IV, Nr. 147.

238 CDB IV, Nr. 169.

239 CDB IV, Nr. 220.

240 CDB V/2, Nr. 489. Auch über die Rechtshandlung wurde schon oben näher berichtet.

241 CDB III/1, Nr. 165.

sicher vom Empfänger ausging, war es von Vorteil, dass gemeinsam mit einer langen Reihe von Hofbeamten und Adligen ein einheimischer Bürger sein Wissen um die Transaktion bestätigt hat. Dies bedeutet aber auch einen Nachweis der freien Stellung der Bürger, die sogar in königlichen Urkunden Zeugen sein können, und zwar schon seit einem sehr frühen Stadium der Herausbildung von Städten.

Wir werden nicht eine vollständige Aufzählung der Urkunden bieten, in denen Bürger als Zeugen auftreten; es genügt, auf Gruppen von Fällen hinzuweisen. Vor allem sind das Rechtsgeschäfte von Bürgern, die sich diese von ihren Mitbürgern bezeugen ließen, jedoch nicht selten erscheinen, wie schon gesagt, auch Verhandlungen, die ihrer Natur nach die Stadt selbst nicht betrafen. Trotzdem wurden Bürger zu ihrer Bezeugung eingeladen, weil die Rechtsverhandlung und dann auch die Ausstellung der Urkunde in ihrer Stadt geschehen ist und sie dies mit ihrem Gedächtnis am besten bezeugen konnten. Aber sie bestätigten durch ihr Zeugnis auch, dass sie selbst die Bestimmungen der Urkunden respektieren werden. Oft waren sie Zeugen in Angelegenheiten, die in der Nähe der Stadt liegende Dörfer und Grundstücke betrafen, manchmal auch mit der Festlegung über eine Lokation. Den komplizierten Fall des Vogts von Hlussowitz, der sich gegen das Kloster Hradisch schuldig gemacht hatte, und seinen Entscheid durch die Bürger von Olmütz und von Troppau haben wir schon an anderer Stelle gründlicher behandelt.[242]

Die Platzierung der Bürger in den Zeugenreihen als die letzten hinter den Geistlichen, Beamten und Adligen wird fast immer streng eingehalten, aber auch hier lassen sich ungewöhnliche Fälle feststellen. In der Urkunde eines Brünner Bürgers für das Kloster Oslawan, mit der das Patronat über die Allerheiligen-Kirche geschenkt wurde, werden Kleriker und Bürger vermischt genannt.[243] Eine noch ausgeprägtere Unregelmäßigkeit erscheint in der Verkündung des Olmützer Bürgers Mengot aus dem Jahr 1278, dass er vom Kloster in Hradisch einige Hufen nach emphyteutischem Recht empfangen habe, wenn unter den Zeugen nach den Würdenträgern des Bischofs von Olmütz an zweiter Stelle die Bürger von Olmütz erscheinen und erst hinter ihnen die *viri nobiles*.[244]

Die Zeugnisse von Bürgern sind von Anfang an ein Nachweis ihrer eigenständigen Stellung in der gesellschaftlichen Hierarchie, aber noch nicht der Ausdruck einer eigenen urkundlichen Tätigkeit der Städte. Dagegen ist die Verwendung eines Siegels, wenn dies auch zuerst nicht von einer aktiven Teilnahme an der Ausstellung der Urkunde begleitet wurde, ein Ausdruck des Anteils von Städten an der urkundlichen Aktivität, weil sich im Siegel das Wissen um die Bedeutung der schriftlichen Erfassung von Rechtshandlungen manifestiert und die Beifügung des Siegels eine bewusste Teilnahme und die Garantie der Richtigkeit der Urkunde kennzeichnet.

Den Siegeln der böhmischen Städte wurde bereits eine detaillierte Untersuchung gewidmet,[245] so dass es nicht notwendig ist, hier in Einzelheiten zu gehen. Das Recht, ein Siegel zu verwenden, war keineswegs obligatorisch und das Siegel wurde auch

---

242 CDB V/2, Nr. 638.
243 CDB V/1, Nr. 237.
244 CDB V/2, Nr. 861.
245 V. Vojtíšek, O pečetích a erbech [Über Siegel und Wappen].

durch keinen besonderen Akt bewilligt.[246] Die Annahme eines Siegels ist der Ausdruck des Selbstbewusstseins einer bestimmten juristischen Person, das Maß ihrer sozialen Geltendmachung.[247] Es war das äußere Merkmal einer selbständigen juristischen Person, das sich in den Veränderungen des ursprünglichen Wortlauts *sigillum civium* bzw. *burgensium* zum Wortlaut *sigillum civitatis* so weit stabilisiert hat, dass es den Übergang von einer Gemeinschaft zur Korporation deutlich macht.[248] Das Siegel wird zum Nachweis der fortgeschrittenen Stadtverfassung, und wir finden es zuerst in Städten mit entwickelten Rechten.[249]

Das älteste Stadtsiegel, das auf unserem Territorium nachgewiesen wurde, ist das von Eger aus dem Jahr 1242, aber die Stadt gehörte damals noch nicht zum Königreich Böhmen. Es sind also die Städte Brünn und Leitmeritz, die bereits 1247 bzw. 1251 Siegel verwenden,[250] und ihnen folgen im Abstand von wenigen Jahren weitere königliche Städte.[251] Bei den nichtköniglichen Städten ist die Existenz eines Siegels eine seltene Erscheinung, und in der alten Zeit haben nur wenige ein Siegel. Das Siegel der Stadt Deutschbrod wurde einem Schiedsspruch angefügt, der 1269 einen Streit der Stadt mit dem Kapitel von Alt-Bunzlau schlichtete.[252] Auch Mährisch Trübau verfügte bereits 1270 über ein Stadtsiegel, das an den Entscheid des Klosters Mariakron vor dem Gericht der Stadt angehängt wurde.[253] Man kann auch das Siegel der Stadt Bilin erwähnen, das 1289 die Schenkung eines Adligen an das Kloster Ossegg bezeugte, weil man zum Vollzug auch einen Bürger von Bilin verpflichten musste, auf dessen Weinberg der gewährte Zins lastete.[254] Auch die untertänigen Städte traten in solchen Fällen als selbständige Träger von Rechten und Verpflichtungen auf, eventuell als Bürgen für die Vereinbarungen zwischen anderen Personen.

Es ist kein Einzelfall, dass eine Person, die sich an der Ausstellung einer Urkunde beteiligt, kein eigenes Siegel hatte und daher stattdessen das Siegel einer höheren Autorität anhängen ließ. Solche Fälle stellen wir auch bei Bürgern fest, die die Bestätigung ihrer Abmachungen durch das Stadtsiegel erbitten. Ein Brünner Bürger, der kein eigenes Siegel hatte, ließ das Siegel der Stadt Brünn an seiner Entscheidung

246 Etwas anderes sind Ehrenprivilegien der späteren Zeit für die Verwendung von rotem oder in kleinerer Zahl von grünem Wachs.

247 von Below, Städtewesen und Bürgertum, S. 84.

248 Ebel, Rechtsschöpferische Leistung, S. 254.

249 Vgl. bereits oben im Exkurs sowie die Darstellung von J. Šebánek, Česká listina [Die böhmische Urkunde] 3, S. 113ff.

250 CDB IV, Nr. 128 und 220 und bereits Nr. 201.

251 Eine Übersicht über das älteste Auftreten von Siegeln in böhmischen königlichen Städten bietet das Verzeichnis von Städten, das R. Nový als eine komplizierte Beilage zu seinem Aufsatz, Počátky znaků českých měst [Die Anfänge der Wappen der böhmischen Städte], SAP 26/2, 1976, S. 374–394, lieferte. Nach seiner Zusammenstellung sind Siegel aus der Zeit vor 1310 in folgenden böhmischen königlichen Städten nachgewiesen: Časlau, Jaroměř, Kaaden, Klattau, Kolin, Kauřim, Kuttenberg, Leitmeritz, Brüx, Pilsen, Prag-Altstadt, Prag-Kleinseite, Schüttenhofen, Aussig und Saaz. Von den mährischen Städten sind das gleich nach Brünn, Iglau, Freudenthal, Olmütz, Znaim.

252 CDB V/2, Nr. 589.

253 CDB V/2, Nr. 628.

254 RBM IV, Nr. 1896.

anhängen, das Patronat über die Kirche Allerheiligen an das Kloster Oslawan abzugeben.[255] Auch ein Leitmeritzer Bürger ließ seine Verpflichtung, die aus der Entscheidung des Streites zwischen ihm und dem Propst von Wyschehrad entstanden war, durch das Siegel der Stadt Leitmeritz bestätigen.[256] Diese Fälle bezeugen aber bezeugen nur, dass die führenden Bürger eigene Siegel verwendeten, wie man in anderen Urkunden feststellen kann.[257] Im Jahre 1262 wurde der Vergleich zwischen dem Kloster Doxan und dem Leitmeritzer Bürger Johann, dem Sohn Herberts, bestätigt, wozu neben dem Siegel des Klosters auch der Bürger Johann selbst sein Siegel angehängt hat.[258] 1267 wurde beim Tausch eines Bades zwischen dem Olmützer Bürger Otto und dem Kloster von Hradisch an die darüber ausgestellte Urkunde auch das Siegel des Bürgers angehängt.[259]

Davon, dass das Siegel eines Bürgers eine genügende Beweiskraft hatte, zeugt auch der oben behandelte Fall der Urkunde des Troppauer Bürgers Hermann Lohen, der 1289 sein Dorf Groß Hoschütz an zwei Mitbürger verkauft hatte und die Urkunde mit seinem eigenen Siegel besiegelte und dazu auch das Siegel der Stadt Troppau anhängen ließ.[260] Dabei zögerte er nicht zu betonen, dass sein eigenes Siegel eine vollwertige Garantie sei und dass das Stadtsiegel deshalb nur einen unterstützenden Charakter habe: *presentem paginam meo sigillo proprio communivi, item ad ampliorem eiusdem rei geste providenciam, certum certo cumulans, hanc litteram sigillo civitatis Opauie roboravi.*[261]

Wir finden auch solche Fälle vor, dass das Rechtsgeschäft unter Beteiligung von zwei Städten vollzogen wurde, die beide ihre Siegel angehängt haben. Das ist so im Fall des Vogts von Hlussowitz, der 1271 genötigt wurde, dem Kloster Hradisch Grundstücke zurückzugeben, die ihm anvertraut waren, was angesichts der Kompliziertheit des Streites die Städte Olmütz und Troppau durch ihr aktives Auftreten und auch durch ihre Siegel bestätigt haben.[262] Im Jahr 1289 mussten langandauernde Streitigkeiten zwischen den Städten Kolin und Časlau um Gruben im Kuttenberger Bergbaugebiet entschieden werden, was von einem Schiedskollegium vorgenommen wurde, an dessen Spitze der Kuttenberger Bergmeister Syboto stand. Die Grenzziehung wurde von beiden Städten anerkannt, die sie mit dem Zeugnis ihrer Richter und Geschworenen und auch mit ihren Siegeln bekräftigt haben.[263]

---

[255] CDB V/1, Nr. 237.

[256] CDB V/2, Nr. 511.

[257] Für rein bürgerlich halten wir die Siegel der Münzmeister von Iglau aber nicht, siehe im Exkurs, S. 74.

[258] CDB V/1, Nr. 347. Zu weiteren Siegeln der Bürger von Leitmeritz vgl. Šebánek, Česká listina [Die böhmische Urkunde] 3, S. 128–129.

[259] CDB V/2, Nr. 537.

[260] CDM IV, Nr. 288.

[261] Vgl. die Darstellung bei Šebánek, Česká listina [Die böhmische Urkunde] 3, S. 141.

[262] CDB V/2, Nr. 638. Dazu wiederholte Erwähnungen oben sowie Šebánek, Česká listina [Die böhmische Urkunde] 3, S. 136–137.

[263] CIM II, Nr. 36 in der Beilage auf S. 100–101; auch RBM II, Nr. 2729. Erwähnenswert ist, dass beide Städte die Bezeichnung *civitates* tragen und dass nur für sie *iurati* auftreten, während die Kuttenberger Zeugen nur als *Montani* bezeichnet werden. Kuttenberg war damals also noch keine Stadt, wie schon zuvor angeführt wurde. Zum Ausgleich zwischen den beiden Städten vgl. J. Majer, K nejstarším právním dějinám Kutné Hory [Zur ältesten Rechtsgeschichte von Kuttenberg], PhS 4, 1958, S. 135–136.

Obwohl es möglich wäre, die Untersuchung der sozialen Zusammensetzung und der rechtlichen Stellung mit der Lösung von vielen weiteren Fragen fortzusetzen, wenden wir uns nur noch einem Punkt zu, nämlich der Größe von Städten als Voraussetzung für die Schaffung der Stadtverfassung. Wir sind schon der Feststellung begegnet, dass es keine Grenze in der Anzahl der Bewohner gibt, um einer Siedlungsagglomeration den städtischen Status zuzuerkennen. Wir haben auch – in Übereinstimmung mit vielen ausländischen Arbeiten – festgestellt, dass auch in den böhmischen Ländern die Zahl der kleinen Städte die der großen weit übersteigt.

Die Bestimmung der Einwohnerzahl einer Stadt ist für die frühe Zeit praktisch unmöglich,[264] und alle Schätzungen können mit einer gewissen Wahrscheinlichkeit erst für größere Städte des Spätmittelalters vorgenommen werden. Nicht einmal die Fläche des Stadtareals genügt zur Schätzung der Bevölkerungszahl, denn nicht die gesamte Fläche innerhalb der Mauern war bebaut, zudem konnte das Bevölkerungswachstum auch zu einer Erweiterung der bebauten Fläche außerhalb der Stadtmauer führen. So ist die Fläche der Stadt nur ein Hilfsmittel zur Bestimmung der Einwohnerzahl.[265] Man darf auch nicht die Veränderung der Bewohnerzahl im Laufe der Zeit außer Acht lassen.[266]

Die Einteilung der Städte nach der Einwohnerzahl schwankt in den Schätzungen der Historiker je nach dem von ihnen untersuchten Territorium und der Zeit und nach dem Ziel der Arbeit, trotzdem wird mit gewissen Modifizierungen die Klassifizierung in Großstädte mit mehr als 10 000 Einwohnern, in mittelgroße Städte zwischen 2000 und 10 000 Einwohnern und in kleine Städte mit weniger als 2000 Einwohnern durchgeführt, auch wenn innerhalb der Gruppen von mittelgroßen und kleinen Städten weitere Abstufungen gesucht werden.[267] Das Forschungsinteresse darf sich nicht nur auf kleine Städte konzentrieren, sondern auch auf die Übergangsformen zwischen Dorf und Stadt, denen wir schon im einleitenden Kapitel unsere Aufmerksamkeit gewidmet haben. Sie übertreffen nicht selten in ihrer Bewohnerzahl kleine Städte, ohne ihren Verfassungsstatus erreicht zu haben.[268] Wenn die absolut überwiegende Gruppe von Städten – und das wollen wir wiederholen! – nur kleine Städte von einigen Hundert Einwohnern sind, existiert doch eine gewisse Grenze, die

---

264 K.-H. Blaschke, Zur Statistik der sächsischen Städte im 16. Jahrhundert, in: Vom Mittelalter zur Neuzeit – Zum 65 Geburtstag von Heinrich Sproemberg, S. 134.

265 J. Marek, Areál středověkých měst [Das Areal der mittelalterlichen Städte], ČMM 80, 1961, S. 236.

266 G. Schmoller, Die Bevölkerungsbewegung der deutschen Städte von ihrem Ursprung bis ins 19. Jahrhundert, in: Schmoller, Deutsches Städtewesen in älterer Zeit, S. 60–104.

267 H. Ammann, Wie groß war die mittelalterliche Stadt?, in: Die Stadt des Mittelalters I, S. 408–415, bes. S. 410. Ennen, Die europäische Stadt, S. 199, übernimmt im Groben Ammanns Klassifizierung, aber im Unterschied zu ihm, der in der Unterteilung der kleinen Städte die Städte mit weniger als 200 Bewohnern als Zwergstädte bezeichnet, hält Ennen die Zahl von 500 Bewohnern für eine Grenze. Für böhmische Verhältnisse findet Hoffmann, České město [Die böhmische Stadt], S. 215, andere Stufen – für ihn ist die Großstadt eine Siedlungsagglomeration mit über 20 000 Bewohnern, eine große Stadt mit über 4000, eine mittlere hat zwischen 1000 und 4000 Bewohnern und eine kleine Stadt unter 1000 Einwohner. Es scheint, dass die Grenze von 20 000 Bewohnern für die böhmische Stadt wohl zu hoch gesteckt ist, denn diese würde lediglich durch den Komplex der Prager Städte übertroffen werden.

268 Außer den bereits in Kapitel I angeführten Arbeiten noch P. Schöller, Aufgaben und Probleme der Stadtgeographie, Erdkunde 7, 1953. S. 171.

erst die Entfaltung eines vollständigen städtischen Lebens ermöglicht. Die oft angeführte niedrigste Grenze von 200 Personen reicht nicht aus, eine genügende Bevölkerungsdichte zu schaffen, und erst bei der Zahl von 500–1000 Bewohnern kann sich ein Handelszentrum sowie eine Differenzierung von Tätigkeiten herausbilden, die unter geographischem Aspekt eine Grundlage der Stadt darstellen.[269]

Wenn kleine Städte mit wenigen Hundert Einwohnern überwiegen,[270] zeigt sich dagegen doch der Anteil von etwas bevölkerungsreicheren Städten mit bis zu 2000 Einwohnern als bedeutender.[271] Größere mittlere oder große Städte rissen allerdings mehr Funktionen an sich und dadurch haben sie ihr Gewicht weiter gestärkt.[272] Bereits die mittelalterlichen Städte mit ihrer Anziehungskraft für die außerstädtische Bevölkerung stellten einen beträchtlichen Anteil an der Gesamtbevölkerung im Lande dar, für die zwar unterschiedliche Schätzungen vorliegen, doch dieser Anteil zeugt bereits von einem beträchtlichen Wachstum der Städte.[273]

Wenn wir die Stadtbewohnerschaft untersuchen, kann man sich nicht nur auf eine Schichtung nach dem Besitz und auf eventuelle weitere Elemente in der Zusammensetzung der Städte beschränken, von denen wir die nationalen Minderheiten, die Juden oder die Rechte der Frauen erwähnt haben, sondern man muss die gesamte Bevölkerung in ihrer spezifischen Zusammensetzung verfolgen. In den böhmischen Ländern ist diese Bestimmung meistens einfacher als z. B. in deutschen Bischofsstädten, wo auch Streitigkeiten zwischen den Bürgern und den Ministerialen auftreten. Anders sieht das Bürgertum in den böhmischen und das ihm ähnliche Bürgertum in den brandenburgischen Städten aus, das von Anfang an frei war, eine scharfe Trennung zwischen dem bürgerlichen und ritterlichen Stand aufwies und wo in den Städten keine Ministerialen ansässig waren.[274] Anders stellt sich die reich gegliederte Zusammensetzung der Bevölkerung in großen Herrschafts- und Handelszentren dar. Die einmalige Erhaltung der Quellen für Laon ermöglicht es, seine Bevölkerung

---

269 SCHÖLLER, ebd.

270 STERCKEN, Städtische Kleinformen, S. 182, mit Angaben über die Zahl der Bevölkerung im Laufe der Zeiten; P. JOHANEK, Entstehung und Entwicklung des Städtenetzes in Oberschlesien, in: Stadtgeschichte Oberschlesiens, hg. v. T. WÜNSCH, Berlin 1995, S. 65–66. Der Versuch einer Feststellung der Einwohnerzahl von schlesischen und nordmährischen städtischen Territorien auf Grund der Feststellung von brauberechtigten Häusern, wie es TELTSCHIK, Zum Entstehen, S. 125–128, unternommen hat, bringt offensichtlich zu niedrige Zahlen und ist nicht zuverlässig.

271 JOHANEK, Landesherrliche Städte, S. 13, führt in Anknüpfung an H. STOOB die folgende Gliederung von Städten nach Bevölkerungsgröße an: unter 800 Einwohnern 18,5 %, zwischen 800–2000 Einwohnern 47,5 %, zwischen 2000 und 5000 Einwohnern 24 %, zwischen 5000 und 10 000 Einwohnern 8,5 % und über 10 000 Einwohner, also in der Kategorie der Großstädte 1,5 %.

272 SCHÖLLER, Aufgaben und Probleme (wie Anm. 268), weist dies für spätere Industriestädte nach, aber Gleiches kann auch über große Städte des Mittelalters gesagt werden.

273 JOHANEK, Landesherrliche Städte, S. 13, schätzt den Anteil der Städte an der Gesamtbevölkerung etwa auf ein Viertel, ENNEN, Die europäische Stadt, S. 203, übereinstimmend etwa auf 20–25 %. Dagegen ist HOFFMANN, České město [Die böhmische Stadt], S. 216, der Meinung, dass im Böhmen der Zeit vor den Hussitenkriegen in den Städten nur etwa ein Sechstel oder ein Siebtel der Gesamtbevölkerung wohnte; diese Schätzung ist wohl zu niedrig.

274 H. K. SCHULZE, Territorienbildung und soziale Strukturen in der Mark Brandenburg im hohen Mittelalter, in: Herrschaft und Stand, S. 274.

bereits zwischen den Jahren 1140 und 1220 zu verfolgen, für die man an die zweitausend Namen aus den führenden Familien kennt. Die komplizierte Gliederung der Bevölkerung hat bei uns keine Analogie, weil in der Stadt *cives*, aber auch die Beamten des Bischofs, *milites* der Garnison und zahlreiche Geistliche siedelten, wobei schon das Domkapitel selbst 80 und später sogar 84 Mitglieder hatte.[275] Man kann sogar im Stadtplan Areale nachweisen, wo Ritter und wo Bürger siedelten.[276]

Ohne diese nur kurz angedeuteten Einflüsse der Bevölkerungszahl und der allgemeinen Zusammensetzung der Bevölkerung auf die Stellung der Stadt in der Landschaft und die damit zusammenhängende Ausdehnung ihres Einflusses über ihren engeren Umkreis hinaus weiter auszuführen, wollen wir nur daran erinnern, dass dies auch zu den Komponenten der Zentralität von Städten gehört. Lassen wir nun die bereits angeführten Erkenntnisse beiseite, dass man verschiedene Stufen der Zentralität feststellen kann, auf denen wichtigere Städte kleinere Orte in ihren Einzugsbereich einbeziehen.[277] Dennoch kann man bei den jeweiligen Ortschaften, in Abhängigkeit von ihrer Bedeutung, eine nähere Umgebung, die dauerhaft mit dem Zentrum verbunden ist, beobachten, eine weitere Umgebung mit einer lockereren Bindung und einen größeren Bereich als Einflussraum, in dem dauerhaftere Bindungen besonders in höheren Diensten und in Handelsbeziehungen bestehen.[278] Die Reichweite des Handels hängt auch von der Art der Produkte ab, z. B. Wein, Textilien, Verbreitung von Getreidemaßen u. a.[279] Dies bestätigt jedoch den bereits in den Anfängen unserer Arbeit bekräftigten Ausgangspunkt, nämlich die Notwendigkeit der Untersuchung jeder Stadt, denn die Variabilität ihres Lebens, ihrer Produktivität und ihrer Rechtsnormen lässt sich nicht in allgemeine Charakteristika fesseln. Auch solche, ihrer Natur nach demographische und ökonomische Bindungen können ein bedeutender Faktor für die Herausbildung der Stadtverfassung und für das Gewicht des Bürgertums sein.

---

275 A. Saint-Denis, Laon – die Gesellschaft einer französischen Stadtkommune um 1200, in: Europas Städte zwischen Zwang und Freiheit; Die europäische Stadt um die Mitte des 13. Jahrhunderts, hg. v. W. Hartmann, Regensburg 1995, S. 111–140.

276 Die Pläne bei Saint-Denis, S. 129–131.

277 Vgl. den bereits oben zitierten Denecke, Der geographische Stadtbegriff.

278 Schöller, Aufgaben und Probleme, S. 175, erfasst dies terminologisch in den Stufen Umland, Hinterland und Einflussgebiet und behandelt die Natur der entsprechenden Bindungen.

279 H. Ammann, Vom Lebensraum der mittelalterlichen Stadt. Eine Untersuchung an schwäbischen Beispielen, Berichte zur deutschen Landeskunde 31, 1963, S. 284–316. Die Ergebnisse sind auf 30 Karten abgebildet.

SCHLUSS

Wir haben uns dem Schluss dieses Buches genähert, nicht aber dem Ende der Forschung über die Städte der Přemyslidenzeit in den böhmischen Ländern. Mehrfach ist das abgesteckte Ziel unserer Arbeit genannt worden, nämlich die Erforschung der Entstehung institutioneller Städte auf unserem Boden, und wenn wir zur Klärung dieser Problematik beigetragen haben und zur Anregung tieferen Interesses, das unsere Schlussfolgerungen ergänzen kann und vielleicht korrigieren wird, wird das für den Autor der schönste Lohn sein. Es bleiben aber viele Sachfragen bestehen, die noch beantwortet werden müssen. Arbeiten, die an diese anschließen, sollten sich mit der städtischen Wirtschaft und mit nachweisbaren Angaben über die handwerkliche Produktion beschäftigen, mit Maßen und Gewichten, die in den böhmischen Städten verwendet wurden, oder mit dem Umfang des Handels. Sie sollten sich auch mit den städtischen Finanzen beschäftigen, mit Zöllen und Steuern, mit dem gründlichen Studium der Zusammensetzung der städtischen Bevölkerung, der Politik des Herrschers bei der Schaffung des Städtenetzes sowie der Unterstützung, die seine Regierungsziele bei der erstarkenden Städtebürgerschaft fanden, mit dem Verhältnis zum Adel, zur Kirche und ihren Institutionen befassen, mit einer weiteren Vertiefung der Forschungen über die „vorstädtischen" Stadien bei der Entstehung der Städte, ihrer Verlegung an günstigere Plätze und der Herausbildung der Grundrisse. Es gibt noch viele Aufgaben, die auf die Historiker der böhmischen und mährischen Städte warten und – geben wir es doch zu! – auch auf eine Erhöhung des Niveaus unserer Forschung.

Wir haben uns vor Versuchen gehütet eine Definition der Stadt aufzustellen, aber wir haben auch gezeigt, dass eine Reihe von Merkmalen, die man als maßgeblich für die Qualifizierung von Siedlungsagglomerationen als Städte betrachtet, z. B. Stadtmauern, Klöster der Bettelorden, Trennung der handwerklichen von der landwirtschaftlichen Produktion u. ä., keine sicheren Kriterien für den Stadtcharakter sind. Wir haben versucht zu zeigen, dass die institutionelle Stadt in unseren Ländern ein neuer qualitativ höherer Typus ist, der als „volle" Stadt angesehen werden muss, im Unterschied zu verschiedenen früheren Siedlungsgebilden und verschiedenen Übergangstypen. Gerade diese Tatsache hat die begründete Möglichkeit geschaffen, die wirkliche Stadt von anderen Siedlungsformen zu unterscheiden, eindeutig die verbreitete Vorstellung zu widerlegen, dass Marktdörfer eigentlich schon Städte sind, und auch die sonst oft angenommene Kategorie der „Städtchen" in Zweifel zu ziehen. Es hat sich gezeigt, dass die Herausbildung der institutionellen Stadt wesentliche Veränderungen bei ihrer Platzierung in der Landschaft bedeutet, ihren Grundriss und ihre Bebauung verändert und vor allem die Stellung ihrer vollberechtigten Bewohner – der Stadtbürger – im Vergleich mit der Untertanenbevölkerung der Dörfer, aber auch der Märkte, verändert. Die standesmäßige Erhöhung macht die Stadtbürger zu Freien und erhöht ihren Platz in der Gesellschaftshierarchie.

Wir haben auch darauf hingewiesen, welch unzuverlässiges Kriterium die Auffassung der Stadt im wirtschaftlichen Sinne darstellt und wie vorsichtig man mit der Einschätzung der ökonomischen Kriterien sein muss, auch wenn die Wirtschaft der Stadt selbstverständlich als eine der grundlegenden städtebildenden Impulse zu betrachten ist. Der wirtschaftlichen Prosperität der Städte wurde übrigens ein eigenes Kapitel gewidmet.

Wir sind uns im Klaren darüber, dass wir in die Forschung über unsere alten Städte einige neue Gesichtspunkte hineingetragen haben, die sich von den bisherigen Vorstellungen und Schemata unterscheiden, und dass wir uns damit auch möglicher Kritik und Ablehnung aussetzen. Mit diesem Risiko haben wir jedoch gerechnet und wir haben es bewusst auf uns genommen, damit wir im Austausch wissenschaftlicher Argumente zur Erkenntnis beitragen, dass unsere Städte und die Stadtbürgerschaft Träger grundsätzlicher und nützlicher Wandlungen bei der Entwicklung unserer Länder sind, die mit ihren Folgen bis in die Gegenwart hinein wirken.

Bei der Bestimmung des Wesens der institutionellen Stadt haben wir uns vom Einfluss äußerer Attribute frei gemacht, von augenfälligen Erscheinungen, und haben eine grundsätzlich strukturelle Auffassung gesucht. Wir haben uns an die mehrfach betonte Analyse Gerhard Dilchers angelehnt, der vier prinzipielle Merkmale der vollen Rechtsstädte hervorgehoben hat: Stadtfreiheit, Stadtfrieden, Stadtrecht und Stadtverfassung auf korporativer Basis. Erst dort, wo diese vier Faktoren der Stadtverfassung erscheinen, kann von einer institutionellen Stadt gesprochen werden und damit auch überhaupt von der Stadt im System unserer Gesellschaft. Wir haben uns dieser Ansicht nicht deshalb zugeneigt, weil sie vielleicht einer scharfsinnigen theoretischen Konstruktion entspricht, sondern deshalb, weil man dazu direkt durch die Aussagen unserer Quellen gelangen kann. Darüber hinaus handelt es sich um eine Auffassung, die nicht den älteren begrenzt rechtsgeschichtlichen Konzepten unterliegt, sondern gleichzeitig auch das gesamte Leben in Betracht zieht, dessen Ausdruck die Institutionen sind.

An vielen Stellen haben wir festgestellt, dass die städtischen Institutionen in unterschiedlichen Formen aus dem Ausland übernommen wurden, besonders aus den benachbarten deutschen Territorien, und dass sie oft von neuen Siedlern mitgebracht wurden. Es konnten keine einheimischen Entwicklungsstufen gefunden werden, die zur Herausbildung der Stadtverfassung und des Stadtrechts geführt hätten und die man als Entwicklungselemente städtischer Institutionen interpretieren könnte. Die Herausbildung wirklicher Städte im vollen Sinne des Wortes bei uns ist das Ergebnis der Rezeption von Institutionen aus den benachbarten Ländern.

Es wäre zwecklos, dies zu leugnen. Aber es war auch möglich zu bestätigen, dass es sich nicht um eine mechanische Übernahme handelte, dass einige Institutionen entweder überhaupt nicht zu uns durchdrangen oder zumindest in unseren Quellen nicht erfasst wurden, wie z. B. der Bürgereid, und dass andere in modifizierter Form bei uns heimisch wurden. Das ist ein Ausdruck der historischen Tatsache, dass die Herausbildung der Städte sich den heimischen Bedingungen anpasste und dass die einheimische herrschaftliche Gewalt darauf achtete, dass die eindringende Stadtverfassung flexibel in das Rechtssystem des böhmischen Staates eingegliedert wurde. Die böhmischen und mährischen Städte erlangten auch bis zur Hussitenrevolution keinen vergleichbaren politischen Einfluss, wie er für die Reichsstädte nachgewiesen werden kann.

Wiederholt sind wir der zentralen Position der Städte begegnet. Zentralität an und für sich ist noch kein Ergebnis der Existenz von Städten, weil auch andere Siedlungs- oder Machtgebilde ihre Anziehungskraft haben und ihr Einzugsgebiet bilden, seien das nun z. B. Burgen mit ihrer Vorburgbesiedlung, Sitze der kirchlichen Verwaltung oder bloße Märkte. Die Zentralität der Städte bildet sich zwar in einer Art Hierarchie heraus, wenn eine weniger bedeutende Stadt in den Einflussbereich einer größeren Stadt gerät und in der höchsten Stufe in den Umkreis einer Residenzstadt, trotzdem zeigt sie sich in verschiedenen Arten von attraktiven Eigenschaften mit unterschiedlicher räumlicher Reichweite. Die gleiche Stadt kann ein Zentrum für ihre Umgebung sein als Sitz der Pfarre, als Gerichtsort für die zu ihrem Weichbild gehörenden Dörfer, als Ort, dessen Wirtschaft durch das Bannmeilenrecht geschützt ist, zuweilen durchbrochen durch die Existenz anderer Berechtigungen, als Marktzentrum, als Sitz von Grundstücksbesitzern u. a., wobei sich solche Bereiche überhaupt nicht decken müssen. Wenn manchmal von den Funktionen der Stadt gesprochen wird, kann hinzugefügt werden, dass sich alle auf eine einzige grundsätzliche reduzieren lassen: Die Funktion der Stadt ist ihre Zentralität. Ohne sie und ohne wechselseitige Beziehungen zu dem ergänzenden Gebiet ist keine Stadt denkbar.

Die Herausbildung unserer Städte knüpft an Voraussetzungen an, die durch Naturbedingungen gegeben sind, durch ältere Besiedlung, durch die Entwicklung der Wirtschaft und die Verbindungen mit dem Ausland, aber man kann darin nicht nur eine Art automatischen Anwachsens quantitativer Merkmale sehen. Wiederholt kann die schöpferische Förderung der Herrscher beobachtet werden, unter deren Schutz und auf deren Initiative sich in unwahrscheinlich kurzer Zeit die demographische Zusammensetzung der Bevölkerung wandelte und auch die rechtlichen und organisatorischen Bedingungen, die die böhmischen Könige mit ihrer Autorität zu schaffen vermochten. Es ist auch nicht möglich, die manchmal wiederholte Behauptung eines eigenmächtigen Eindringens fremder Siedler zu akzeptieren, die die Städte als ein neues Phänomen bei uns einführten. Sie mussten nicht nur die Zustimmung des Herrschers zu ihrem Kommen haben, sondern ihre Rechtsgewohnheiten erhielten ihre Sicherung auch aus der einheimischen Hoheitsgewalt. Unsere Städte sind in einem wahren revolutionären Gärungsprozess entstanden, den wir ohne Übertreibung mit der Industrierevolution sechs Jahrhunderte später vergleichen können. Die Entstehung der Städte und der Stadtverfassung in den böhmischen Ländern bedeutet einen historischen Umsturz, der die mittelalterliche Gesellschaftsstruktur von Grund auf veränderte.

VERZEICHNIS DER ABGEKÜRZT ZITIERTEN LITERATUR

Hinweise:
Nur vereinzelt angegebene Werke werden an den betreffenden Stellen in den Anmerkungen mit vollem Titel genannt.
Die alphabetische Ordnung des Originals wurde beibehalten. Das bedeutet, dass „Ch" nach dem Buchstaben „H" zu suchen ist und dass „Č", „Ř", „Š" und „Ž" eigene Buchstabengruppen hinter „C", „R", „S" bzw. „Z" bilden.

Abendländische Freiheit =
Die Abendländische Freiheit vom 10. zum 14. Jahrhundert, hg. J. FRIED, VuF 39, Sigmaringen 1991.

Altständisches Bürgertum =
Altständisches Bürgertum I–III, hg. H. STOOB, Wege der Forschung, Bd. 352, 417, 646, Darmstadt 1978–1989.

AMMANN, Das Waadtländische Städtewesen =
H. AMMANN, Über das Waadtländische Städtewesen im Mittelalter und über landschaftliches Städtewesen im Allgemeinen, SZG 4, 1954, S. 1–87.

AMMANN, Vom Städtewesen Spaniens =
H. AMMANN, Vom Städtewesen Spaniens und Westfrankreichs im Mittelalter, in: Studien, S. 105–150.

AMMANN, Vom Lebensraum =
H. AMMANN, Vom Lebensraum der mittelalterlichen Stadt. Eine Untersuchung an schwäbischen Beispielen, Berichte zur deutschen Landeskunde 31, 1963, S. 284–316.

ANDERSSON, Urbanisierte Ortschaften =
H. ANDERSSON, Urbanisierte Ortschaften und lateinische Terminologie – Studien zur Geschichte des nordeuropäischen Städtewesens vor 1350, Acta Societatis scientiarum et litterarum Gothoburgensis – Humaniora 6, Göteborg 1971.

L'artisanat =
L'artisanat et la vie urbaine en Pologne médiévale, Ergon 3, 1962.

AUBIN, Stadtrechtslandschaften =
H. AUBIN, Die deutschen Stadtrechtslandschaften des Ostens, in: H. KNOTHE (Hg.), Vom deutschen Osten. Max Friederichsen zum 60. Geburtstag, Veröffentlichungen der Schlesischen Gesellschaft für Erdkunde und des Geographischen Instituts der Universität Breslau, 21. Heft, Breslau 1934, S. 27–52; erneut in: Die Stadt des Mittelalters II, S. 226–254.

Bakala, Monopolizace tržních vztahů [Die Monopolisierung von Marktbeziehungen] =
J. Bakala, Monopolizace tržních vztahů a mílové právo ve městech severní Moravy a Opavska do počátku 15. století [Die Monopolisierung von Marktbeziehungen und das Bannmeilenrecht in den Städten Nordmährens und des Troppauer Gebietes bis zum Beginn des 15. Jh.], ČSlM, Serie B, 22, 1973, S. 114–133.

Bakala, K otázce kontinuity [Zur Frage der Kontinuität] =
J. Bakala, K otázce kontinuity osídlení v lokovaných městech opavské provincie [Zur Frage der Kontinuität der Besiedlung in Lokationsstädten der Troppauer Provinz], ČSlM, Serie B, 22, 1973, S. 50–65.

Bakala, Venkovské majetky měst [Landgüter der Städte] =
J. Bakala, Venkovské majetky měst a měšťanů na severní Moravě v předhusitské době [Landgüter der Städte und Bürger in Nordmähren in der vorhussitischen Zeit], ČSlM, Serie B, 24, 1975, S. 106–119.

Bakala, Urkundenzeugnisse =
J. Bakala, Urkundenzeugnisse von der Weichbildverfassung in den mährischen Städten des Magdeburger und Leobschützer Rechtes, FD II, 1976, S. 77–86.

Bakala, Zrod městského zřízení [Die Entstehung der Stadtverfassung] =
J. Bakala, Zrod městského zřízení na středověkém Opavsku [Die Entstehung der Stadtverfassung im mittelalterlichen Troppauer Gebiet], ČSlM, Serie B, 26, 1977, S. 97–122.

Bakala, K úloze městského fojta [Zur Aufgabe des Stadtvogts] =
J. Bakala, K úloze městského fojta a lokačních listin [Zur Aufgabe des Stadtvogts und der Lokationsurkunden], FHB 1, 1979, S. 231–237.

Bärmann, Stadtgründungen =
J. Bärmann, Die Stadtgründungen Heinrichs des Löwen und die Stadtverfassung des 12. Jahrhunderts, Forschungen zur deutschen Rechtsgeschichte, Bd. 1, Köln-Graz 1961.

Becker, Magdeburger Recht =
W. Becker, Magdeburger Recht in der Lausitz, Deutschrechtliche Forschungen, III. Heft, Stuttgart 1931.

Beiträge zum hochmittelalterlichen Städtewesen =
Beiträge zum hochmittelalterlichen Städtewesen, hg. B. Diestelkamp, Städteforschung A/11, Köln – Wien 1982.

Beiträge zum spätmittelalterlichen Städtewesen =
Beiträge zum spätmittelalterlichen Städtewesen, hg. B. Diestelkamp, Städteforschung A/12, Köln – Wien 1982.

von Below, Ursprung =
G. von Below, Der Ursprung der deutschen Stadtverfassung, Düsseldorf 1892.

von Below, Städtewesen und Bürgertum =
G. von Below, Das ältere deutsche Städtewesen und Bürgertum, Bielefeld – Leipzig 1898.

VON BELOW, Kritik der hofrechtlichen Theorie =
G. von BELOW, Kritik der hofrechtlichen Theorie (Mit besonderer Rücksicht auf die ständischen Verhältnisse), in: VON BELOW, Territorium und Stadt, S. 303–320.
VON BELOW, Territorium und Stadt =
G. VON BELOW, Territorium und Stadt, München – Leipzig 1900.
BLÁHOVÁ, Terminologie sídlišť [Terminologie von Siedlungen] =
M. BLÁHOVÁ, Terminologie sídlišť ve vyprávěcích pramenech první čtvrtiny 12. století [Terminologie von Siedlungen in den narrativen Quellen des ersten Viertels des 12. Jh.], ČSČH 26, 1978, S. 249–278.
BLÁHOVÁ, Evropská sídliště =
M. BLÁHOVÁ, Evropská sídliště v latinských pramenech období raného feudalismu [Europäische Siedlungen in lateinischen Quellen des Frühfeudalismus], AUC – Philosophica et historica, Monographia 100, Praha 1983.
BLASCHKE, Nikolaipatrozinium =
K. BLASCHKE, Nikolaipatrozinium und städtische Frühgeschichte, ZRG KA 84, 1967, S. 273–337.
BLASCHKE, Qualität, Quantität und Raumfunktion =
K. BLASCHKE, Qualität, Quantität und Raumfunktion als Wesensmerkmale der Stadt vom Mittelalter bis zur Gegenwart, JbRG 3, 1968, S. 34–50.
BLASCHKE, Altstadt – Neustadt – Vorstadt =
K. BLASCHKE, Altstadt – Neustadt – Vorstadt, VSWG 57, 1970, S. 350–362.
BLASCHKE, Studien zur Frühgeschichte =
K. BLASCHKE, Studien zur Frühgeschichte des Städtewesens in Sachsen, in: Festschrift für Walter Schlesinger I, hg. H. BEUMANN, Köln – Wien 1973, S. 333–381.
BOHÁČEK, Das römische Recht =
M. BOHÁČEK, Das römische Recht in der Praxis der Kirchengerichte der Böhmischen Länder im XIII. Jahrhundert, Studia Gratiana XI, 1967, S. 273–304.
BOSL, Frühformen =
K. BOSL, Frühformen der Gesellschaft im mittelalterlichen Europa, München – Wien 1964.
BOSL, Typen der Stadt in Bayern =
K. BOSL, Typen der Stadt in Bayern, in: Beiträge zur Geschichte von Stadt und Bürgertum in Bayern I, hg. K. BOSL – Sonderabdruck aus Zeitschrift für bayerische Landesgeschichte 32, Heft 1, 1969, S. 1–23.
BRUNNER, Bürgertum =
O. BRUNNER, Zum Begriff des Bürgertums, in: Untersuchungen, S. 13–23.
BUCZEK, Targi i miasta [Märkte und Städte] =
K. BUCZEK, Targi i miasta na prawie polskim [Märkte und Städte zu polnischem Recht], Wrocław – Warszawa – Kraków 1964.
Burg – Burgstadt – Stadt =
Burg – Burgstadt – Stadt. Zur Genese mittelalterlicher nichtagrarischer Zentren in Ostmitteleuropa, hg. H. BRACHMANN, Berlin 1995.
Über Bürger, Stadt und städtische Literatur =
Über Bürger, Stadt und städtische Literatur im Spätmittelalter, Abhandlungen

der Akademie der Wissenschaften in Göttingen – Philologisch-historische Klasse, Dritte Folge, Nr. 121, Göttingen 1980.
Burger, Stadtschreiber =
G. Burger, Die südwestdeutschen Stadtschreiber im Mittelalter, Böblingen 1960.

Carlen, Stadt und Kirche =
L. Carlen, Stadt und Kirche im Mittelalter, ZfSKg 60, 1966, S. 331–341.
Chaloupka, Znojmo [Znaim]=
G. Chaloupka, Znojmo do počátku 14. století [Znaim bis zum Beginn des 14. Jh.], ČMorM 53–54, 1968–1969, S. 89–142.
Czok, Zur Stellung der Stadt =
K. Czok, Zur Stellung der Stadt in der deutschen Geschichte, JbRG 3, 1968, S. 9–33.
Czok, Sechsstädte =
K. Czok, Zur Entwicklung der Oberlausitzer Sechsstädte vom 13. Jahrhundert bis zur Gründung ihres Sechsstädtebundes 1346, in: Beiträge zum spätmittelalterlichen Städtewesen, S. 103–118.

Čáda, Městský půdorys [Der Stadtgrundriss] =
F. Čáda, Městský půdorys (Jeho rozbor historicko-právní) [Der Stadtgrundriss. Seine rechtshistorische Analyse], Sonderabdruck aus Vědecká ročenka právnické fakulty Masarykovy university v Brně 1931, S. 135–159.
Čechová, Lokace Opavy [Die Lokation Troppaus] =
V. Čechová, Lokace pravobřežní středověké Opavy [Die Lokation des mittelalterlichen Troppau am rechten Flussufer], SlSb 67, 1969, S. 352–361.
Čechura, Nezdařená lokace [Eine misslungene Lokation] =
J. Čechura, Nezdařená lokace Přemysla Otakara II. na Hoře sv. Štěpána a statky chotěšovského kláštera na Litoměřicku v době předhusitské (Doplňky k českému diplomatáři) [Eine misslungene Lokation Přemysl Otakars II. am St. Stephansberg und die Güter des Klosters Chotieschau im Gebiet von Leitmeritz in der vorhussitischen Zeit. Nachträge zum böhmischen Diplomatar], Litoměřicko XVII–XX, 1981–1984, S. 43–69.
Čechura, Úřad rychtáře v Litoměřicích [Das Amt des Richters in Leitmeritz] =
J. Čechura, Úřad rychtáře v Litoměřicích v předhusitském období [Das Amt des Richters in Leitmeritz in der vorhussitischen Zeit], Litoměřicko XXI–XXII, 1985–1986, S. 51–76.
Čelakovský, O začátcích ústavních dějin [Über die Anfänge der Verfassungsgeschichte] =
J. Čelakovský, O začátcích ústavních dějin Starého města Pražského [Über die Anfänge der Verfassungsgeschichte der Prager Altstadt], SVPS 4 – svazek zvláštní [Sonderband]: Pocta Randova [Randa zu Ehren], 1903–1904, S. 169–212.
České dějiny [Böhmische Geschichte] I/1–I/4; II/1:
V. Novotný, Od nejstarších dob do smrti knížete Oldřicha [Von den ältesten Zeiten bis zum Tode des Fürsten Oldřich], České dějiny I/1, Praha 1912.

V. Novotný, Od Břetislava I. do Přemysla I. [Von Břetislav I. bis Přemysl I.], České dějiny I/2, Praha 1913.

V. Novotný, Čechy královské za Přemysla I. a Václava I. [Das Königreich Böhmen unter Přemysl I. und Wenzel I.], České dějiny I/3, Praha 1928.

V. Novotný, Rozmach české moci za Přemysla II. Otakara [Der Aufschwung der böhmischen Macht unter Přemysl Otakar II.], České dějiny I/4, Praha 1937.

J. Šusta, Soumrak Přemyslovců a jejich dědictví [Die Dämmerung der Přemysliden und ihr Erbe], České dějiny II/1, Praha 1935.

Denecke, Der geographische Stadtbegriff =
D. Denecke, Der geographische Stadtbegriff und die räumlich-funktionale Betrachtungsweise bei Siedlungstypen mit zentraler Bedeutung in Anwendung auf historische Siedlungsepochen, in: Vor- und Frühformen I, S. 33–55.

Diestelkamp, Welfische Stadtgründungen =
B. Diestelkamp, Welfische Stadtgründungen und Stadtrechte des 12. Jahrhunderts, ZRG GA 81, 1964, S. 164–224.

Diestelkamp, Quellenverzeichnis als Voraussetzung =
B. Diestelkamp, Quellenverzeichnis als Voraussetzung und Aufgabe einer vergleichenden Städtegeschichte, in: Voraussetzungen und Methoden, S. 1–14.

Diestelkamp, Städteprivilegien Ottos des Kindes =
B. Diestelkamp, Die Städteprivilegien Herzog Ottos des Kindes, ersten Herzogs von Braunschweig-Lüneburg, Hildesheim 1961.

Diestelkamp, Freiheit der Bürger =
B. Diestelkamp, „Freiheit der Bürger – Freiheit der Stadt“, in: Abendländische Freiheit, S. 485–528.

Dilcher, Rechtshistorische Aspekte =
G. Dilcher, Rechtshistorische Aspekte des Stadtbegriffs, in: Vor- und Frühformen, S. 12–32.

Dilcher, Hell =
G. Dilcher, „Hell, verständig, für Gegenwart sorgend, die Zukunft bedenkend“. Zur Stellung und Rolle der mittelalterlichen deutschen Stadtrechte in einer europäischen Rechtsgeschichte, ZRG GA 106, 1989, S. 12–45.

Dilcher, Marktrecht =
G. Dilcher, Marktrecht und Kaufmannsrecht im Frühmittelalter, in: Untersuchungen zu Handel und Verkehr der vor- und frühgeschichtlichen Zeit in Mittel- und Nordeuropa III. – Der Handel des frühen Mittelalters. Abhandlungen der Akademie der Wissenschaften in Göttingen, Philologisch-Historische Klasse, 3. Folge, Nr. 150, Göttingen 1985, S. 392–417.

Dilcher, Friede durch Recht =
G. Dilcher, Friede durch Recht, in: Träger und Instrumentarien, S. 203–227.

Dilcher, Stadt und grundherrschaftlich-agrarische Welt =
G. Dilcher, Die mittelalterliche deutsche Stadt in ihrer Heraushebung aus der grundherrschaftlich-agrarischen Welt des Hochmittelalters, in: Dilcher, Bürgerrecht und Stadtverfassung, S. 95–113.

DILCHER, Zum Bürgerbegriff =
G. DILCHER, Zum Bürgerbegriff im späteren Mittelalter – Versuch einer Typologie am Beispiel von Frankfurt am Main, in: DILCHER, Bürgerrecht und Stadtverfassung, S. 115–182.
DILCHER, Bürgerrecht und Stadtverfassung =
G. DILCHER, Bürgerrecht und Stadtverfassung im europäischen Mittelalter, Köln – Weimar – Wien 1996.
DROEGE, Freiheitsbewegung =
G. DROEGE, Der Einfluß der mittelalterlichen Freiheitsbewegung auf die frühe Stadt, in: Civitatum communitas – Festschrift Heinz Stoob I, Städteforschung A/21, Köln – Wien 1984, S. 56–70.
DRÜPPEL, Iudex civitatis =
H. DRÜPPEL, Iudex civitatis. Zur Stellung des Richters in der hoch- und spätmittelalterlichen Stadt deutschen Rechts, Forschungen zur deutschen Rechtsgeschichte, Bd. 12, Köln – Wien 1981.
DUŠKOVÁ, Česká listina 2 [Die böhmische Urkunde 2] =
S. DUŠKOVÁ, Česká listina doby přemyslovské 2: Listina světských feudálů [Die böhmische Urkunde der Přemyslidenzeit 2: Die Urkunde der weltlichen Feudalherren], SAP 6/1, 1956, S. 167–209.
DUŠKOVÁ, Listiny kladrubské [Die Kladrauer Urkunden] =
S. DUŠKOVÁ, Listiny kladrubské – Studie k českému diplomatáři II. [Die Kladrauer Urkunden – Studien zum böhmischen Diplomatar], SPFFBU 2, 1953, S. 285–307.
DUŠKOVÁ siehe auch ŠEBÁNEK/DUŠKOVÁ

EBEL, Rechtsschöpferische Leistung =
W. EBEL, Über die rechtsschöpferische Leistung des mittelalterlichen deutschen Bürgertums, in: Untersuchungen, S. 241–258.
EHMANN, Markt =
E. EHMANN, Markt und Sondermarkt. Zum räumlichen Geltungsbereich des Marktrechts im Mittelalter, Nürnberger Werkstücke zur Stadt- und Landesgeschichte, Bd. 40, Nürnberg 1987.
ELSENER, Notare und Stadtschreiber =
F. ELSENER, Notare und Stadtschreiber. Zur Geschichte des schweizerischen Notariats, Arbeitsgemeinschaft für Forschung des Landes Nordrhein-Westfalen, Geisteswissenschaften, Heft 100, Köln – Opladen 1962.
ENGEL, Wege =
E. ENGEL, Wege zur mittelalterlichen Stadt, in: Burg – Burgstadt – Stadt, S. 9–26.
ENNEN, Frühgeschichte =
E. ENNEN, Frühgeschichte der europäischen Stadt, Bonn 1953.
ENNEN, Die europäische Stadt =
E. ENNEN, Die europäische Stadt des Mittelalters, Göttingen 1972.
ENNEN, Forschungsproblematik Bürger und Stadt =
E. ENNEN, Die Forschungsproblematik Bürger und Stadt – von der Terminologie her gesehen, in: Über Bürger, Stadt und städtische Literatur, S. 9–26.

ENNEN, Gesammelte Abhandlungen =
E. ENNEN, Gesammelte Abhandlungen zum europäischen Städtewesen und zur rheinischen Geschichte, Bonn 1977; Gesammelte Abhandlungen II, Bonn 1987.
ENNEN, Stadt und Wallfahrt =
E. ENNEN, Stadt und Wallfahrt in Frankreich, Belgien, den Niederlanden und Deutschland, in: ENNEN, Gesammelte Abhandlungen, S. 239–258.
ENNEN, Das Städtewesen Nordwestdeutschlands =
E. ENNEN, Das Städtewesen Nordwestdeutschlands von der fränkischen bis zur salischen Zeit, in: Die Stadt des Mittelalters 1, S. 139–195.
ENNEN, Stadtfriede =
E. ENNEN, Der Stadtfriede, ein Wegbereiter öffentlicher Friedewahrung, in: Wirtschaft – Gesellschaft – Unternehmen, Festschrift für Hans Pohl zum 60. Geburtstag, II, VSWG, Beiheft 120b, Stuttgart 1995, S. 541–551.
ENNEN, Minderstädte =
E. ENNEN, Die sog. „Minderstädte" im mittelalterlichen Europa, in: ENNEN, Gesammelte Abhandlungen II, S. 70–85.
ENNEN, Stadtrechtsorte =
E. ENNEN, Stadtrechtsorte und Freiheiten im mittelalterlichen Europa, in: Wandel der Volkskultur in Europa, Festschrift für Günter Wiegelmann zum 60. Geburtstag, hg. N.-A. BRINGÉUS, Bd. 2, Münster 1988, S. 637–650.
ENNEN, Stadtluft mach frei =
E. ENNEN, Stadtluft macht frei, in: Der Name der Freiheit 1288–1988 – Aspekte Kölner Geschichte von Worringen bis heute, hg. W. SCHÄFKE, Köln 1988, S. 35–44.

FEGER, Vom Markt zur Stadt =
O. FEGER, Auf dem Weg vom Markt zur Stadt. Untersuchungen zu den ältesten Marktrechten des Bodenseeraumes, ZfGO 106, 1958, S. 1–33.
FEGER, Märkte und Marktrechte =
O. FEGER, Märkte und Marktrecht im Bodenseeraum, WfF 15, 1962, S. 47–55.
FELD, Das Städtewesen des Hunsrück-Nahe-Raumes =
R. FELD, Das Städtewesen des Hunsrück-Nahe-Raumes im Spätmittelalter und in der Frühneuzeit, Trier 1972.
FIALA, O pražském názvosloví [Über die Terminologie der Prager Namen] =
Z. FIALA, O pražském názvosloví a jeho významu ve vyprávěcích i diplomatických pramenech 12. a 13. století až do založení Starého Města pražského [Über die Terminologie der Prager Namen und über ihre Bedeutung in den narrativen und diplomatischen Quellen des 12. und 13. Jahrhunderts bis zur Gründung der Prager Altstadt], in: Z českých dějin. Sborník prací in memoriam V. Husy [Aus der böhmischen Geschichte. Sammelband für V. Husa in memoriam], Praha 1966, S. 35–62.
FISCHER, Siedlungsverlegung =
H. FISCHER, Die Siedlungsverlegung im Zeitalter der Stadtbildung, Wien 1952.

FISCHER, Burgbezirk und Stadtgebiet =
H. FISCHER, Burgbezirk und Stadtgebiet im deutschen Süden, Wiener Rechtshistorische Arbeiten, Bd. III., Wien – München 1956.
FRÖLICH, Das verfassungstopographische Bild =
K. FRÖLICH, Das verfassungstopographische Bild der mittelalterlichen Stadt im Lichte der neueren Forschung, in: Die Stadt des Mittelalters I, S. 274–330.
FRÖLICH, Kirche und städtisches Verfassungsleben =
K. FRÖLICH. Kirche und städtisches Verfassungsleben im Mittelalter, ZRG KA 22, 1933, S. 188–287.
FÜGEDI, Die Entstehung des Städtewesens =
E. FÜGEDI, Die Entstehung des Städtewesens in Ungarn, Alba Regia – Annales musaei Stephani regis 10, 1969, S. 101–108.
FÜGEDI, Der Stadtplan von Stuhlweissenburg =
E. FÜGEDI, Der Stadtplan von Stuhlweissenburg und die Anfänge des Bürgertums in Ungarn, Acta Historica Academiae Scientiarum Hungaricae 15, 1969, S. 103–136.

Gastfreundschaft =
Gastfreundschaft, Taverne und Gasthaus im Mittelalter, hg. H. C. PEYER, Schriften des Historischen Kollegs – Kolloquien 3, München – Wien 1983.
GAUPP, Deutsche Stadtrechte =
E. T. GAUPP, Deutsche Stadtrechte des Mittelalters mit rechtsgeschichtlichen Erläuterungen I–II, Breslau 1851–1852.
GENGLER, Alterthümer =
H. G. GENGLER, Deutsche Stadtrechts-Alterthümer, Erlangen 1882.
GEPPERT, Burgen und Städte =
F. GEPPERT, Die Burgen und Städte bei Thietmar von Merseburg, Thüringisch-Sächsische Zeitschrift für Geschichte und Kunst 16, 1927, S. 161–244.
GIEYSZTOR, From Forum to Civitas =
A. GIEYSZTOR, From Forum to Civitas: Urban Changes in Poland in the Twelfth and Thirteenth Centuries, in: La Pologne au XIIe, Congrès International des Sciences Historiques à Vienne, Warszawa 1965, S. 7–30.
GÖNNENWEIN, Stapel- und Niederlagsrecht =
O. GÖNNENWEIN, Stapel- und Niederlagsrecht, Quellen und Darstellungen zur hansischen Geschichte, NF, Bd. XI., Weimar 1939.
GÖNNENWEIN, Marktrecht =
O. GÖNNENWEIN, Marktrecht und Städtewesen im alemannischen Gebiet, ZfGO 98, 1950, S. 345–376.
GRAUS, Dějiny =
F. GRAUS, Dějiny venkovského lidu v Čechách v době předhusitské I–II [Geschichte des Landvolks in Böhmen in der vorhussitischen Zeit], Praha 1953–1957.
GRAUS, Die Vorläufer =
F. GRAUS, Die Vorläufer der Städte auf westslawischem Gebiet, Settimane di stu-

dio del centro italiano di studi sull'alto medioevo 21/2, 1974, S. 231–236; Diskussion, S. 313–330.
GROSS, Stadt und Markt =
L. GROSS, Stadt und Markt im späteren Mittelalter, ZRG GA 45, 1925, S. 65–82.

HAAS, Pravomoc českého krále [Die Machtbefugnisse des böhmischen Königs] =
A. HAAS, Pravomoc českého krále nad poddanskými městy a městečky [Die Machtbefugnisse des böhmischen Königs über die Untertanenstädte und -städtchen], PhS 4, 1958, S. 153–184.
HAASE, Stand und Probleme =
C. HAASE, Gegenwärtiger Stand und neue Probleme der Stadtrechtsforschung, WfF 6, 1955, S. 129–144.
HAASE, Probleme =
C. HAASE, Probleme der vergleichenden Stadtrechtsforschung in landesgeschichtlicher Sicht, Hessisches Jahrbuch für Landesgeschichte 5, 1955, S. 101–123.
HAASE, Stadtbegriff =
C. HAASE, Stadtbegriff und Stadtentstehungsschichten in Westfalen. Überlegungen zu einer Karte der Stadtentstehungsschichten, in: Die Stadt des Mittelalters I, S. 60–94.
HAASE, Die Entstehung =
C. HAASE, Die Entstehung der westfälischen Städte, 2. Aufl., Münster 1965.
HALL, Stadtgrundrisse =
T. HALL, Mittelalterliche Stadtgrundrisse – Versuch einer Übersicht der Entwicklung in Deutschland und Frankreich, Stockholm 1978.
Haupttendenzen =
Haupttendenzen der europäischen Stadtgeschichte im 14. und 15. Jahrhundert I–II, hg. E. UITZ, Magdeburg 1974.
HEIT, Begriffliches Problem =
A. HEIT, Die mittelalterlichen Städte als begriffliches und definitorisches Problem, AltSt 5, 1978, S. 350–408.
HENSEL, Méthode archéologique =
W. HENSEL, Méthode archéologique appliquée à l'étude des villes, in: L'artisanat, S. 299–316.
HENSEL, Anfänge der Städte =
W. HENSEL, Anfänge der Städte bei den Ost- und Westslawen, Bautzen 1967.
Herrschaft und Stand =
Herrschaft und Stand. Untersuchungen zur Sozialgeschichte im 13. Jahrhundert, hg. J. FLECKENSTEIN, Veröffentlichungen des Max-Planck-Instituts für Geschichte 51, Göttingen 1977.
HERZIG, Die Beziehung der Minoriten =
A. HERZIG, Die Beziehung der Minoriten zum Bürgertum im Mittelalter, AltSt 6, 1979, S. 19–53.
HIS, Strafrecht =
R. HIS, Das Strafrecht des deutschen Mittelalters I–II., Weimar 1920–1935, Nachdruck Aalen 1964.

HOFFMANN, K oblastem českých práv městských [Gebiete böhmischer Stadtrechte] =
F. HOFFMANN, K oblastem českých práv městských [Zu den Gebieten der böhmischen Stadtrechte], StR 14, 1975, S. 27–67.

HOFFMANN, Mincmistr Eberhard =
F. HOFFMANN, Mincmistr Eberhard [Der Münzmeister Eberhard], PSH 12, 1980, S. 70–84.

HOFFMANN, Neznámé znění privilegia jihlavského [Ein unbekannter Wortlaut] =
F. HOFFMANN, Neznámé znění velkého privilegia jihlavského. Ke vztahu listinných a rukopisných znění právních textů [Ein unbekannter Wortlaut des großen Stadtprivilegs für Iglau. Zum Verhältnis urkundlicher und handschriftlicher Wortlaute von Rechtstexten], PhS 20, 1981, S. 23–64.

HOFFMANN, České město =
F. HOFFMANN, České město ve středověku [Die böhmische Stadt im Mittelalter], Praha 1992.

HOFFMANN, K systémové analýze [Zur Systemanalyse] =
F. HOFFMANN, K systémové analýze středověkých měst [Zur Systemanalyse der mittelalterlichen Städte], ČČH 88, 1990, S. 252–275.

HÖING, Die „civitas Wnstorpensis" =
H. HÖING, Die „civitas Wnstorpensis" von 1181. Über Ortsbezeichnungen zwischen Weser und unterer Leine in Urkunden des 12./13. Jahrhunderts, in: Civitatum communitas, Festschrift Heinz Stoob zum 65. Geburtstag, Städteforschung A 21, Köln – Wien 1984, S. 86–114.

HOSÁK, Středověká kolonizace [Die mittelalterliche Kolonisation] =
L. HOSÁK, Středověká kolonizace dyjskosvrateckého úvalu [Die mittelalterliche Kolonisation des Thaya-Schwarza-Beckens], Acta Universitatis Palackianae Olomucensis, Facultas philosophica 42, Historica XI, Praha 1967.

HRABOVÁ, Ekonomika olomouckého biskupství [Die Wirtschaft des Olmützer Bistums] =
L. HRABOVÁ, Ekonomika feudální državy olomouckého biskupství ve druhé polovině 13. století [Die Wirtschaft der feudalen Grundherrschaft des Olmützer Bistums in der 2. Hälfte des 13. Jh.], Acta Universitatis Palackianae Olomucensis, Facultas Philosophica, 20, Historica VI, Praha 1964.

JIRÁSKO, Kláštery ve městech [Klöster in Städten] =
L. JIRÁSKO, Kláštery ve městech v Čechách a na Moravě ve 13. století [Klöster in den Städten Böhmens und Mährens im 13. Jh.], HD 4, 1979, S. 133–164.

JOHANEK, Landesherrliche Städte =
P. JOHANEK, Landesherrliche Städte – kleine Städte. Umrisse eines europäischen Phänomens, in: J. TREFFEISEN/K. ANDERMANN, Landesherrliche Städte in Südwestdeutschland, Sigmaringen 1994, S. 9–25.

JORIS, La notion =
A. JORIS, La notion de „ville", in: Les catégories en histoire. Études publiées par Ch. PERELMAN, Bruxelles 1969, S. 87–101.

JUNGHANNS, Die deutsche Stadt =
K. JUNGHANNS, Die deutsche Stadt im Frühfeudalismus, Berlin 1959.

Kaczmarczyk, Poczatki [Die Anfänge]=
Z. Kaczmarczyk, Poczatki miast polskich [Die Anfänge der polnischen Städte], CzPh 13, 1961, S. 9–45.
Kavka, Die Städte Böhmens und Mährens =
F. Kavka, Die Städte Böhmens und Mährens zur Zeit des Přemysliden-Staates, in: Die Städte Mitteleuropas im 12. und 13. Jahrhundert, hg. W. Rausch, Linz 1963, S. 137–153.
Kejř, Zwei Studien =
J. Kejř, Zwei Studien über die Anfänge der Städteverfassung in den böhmischen Ländern, Historica 16, 1969, S. 81–142.
Kejř, Nad počátky [Über die Anfänge] =
J. Kejř, Nad počátky našich měst [Über die Anfänge unserer Städte], ČSČH 24, 1976, S. 377–401.
Kejř, Možnosti a meze [Möglichkeiten und Grenzen] =
J. Kejř, Možnosti a meze právněhistorického bádání o počátcích měst [Möglichkeiten und Grenzen der rechtshistorischen Forschung über die Anfänge der Städte], PhS 20, 1977, S. 177–203.
Kejř, Die verfassungsrechtliche Stellung =
J. Kejř, Die verfassungsrechtliche Stellung der Städte und des Bürgertums im böhmischen Staat der Přemysliden, JfGF 8, 1984, S. 225–248.
Kejř, Městské zřízení [Die Stadtverfassung] =
J. Kejř, Městské zřízení v českém státě ve 13. století [Die Stadtverfassung im böhmischen Staat im 13. Jh.], ČSČH 27, 1979, S. 226–252.
Kejř, K privilegiu [Zum Privileg] =
J. Kejř, K privilegiu knížete Soběslava II. pro pražské Němce [Zum Privileg des Fürsten Soběslav II. für die Prager Deutschen], PhS 14, 1969, S. 249–257.
Kejř, O nejstarší listině [Über die älteste Urkunde] =
J. Kejř, O nejstarší listině města Hodonína [Über die älteste Urkunde der Stadt Göding], StR 22, 1983, S. 77–86.
Kejř, Krnov [Jägerndorf] =
J. Kejř, Počátky města Krnova [Die Anfänge der Stadt Jägerndorf], Krnov 1968.
Kejř, Burgus und burgensis =
J. Kejř, Burgus und burgensis in den böhmischen Ländern, in: Die Stadt in der europäischen Geschichte, S. 210–233.
Kejř, Organisation und Verwaltung =
J. Kejř, Organisation und Verwaltung des königlichen Städtewesens in Böhmen zur Zeit der Luxemburger, in: Stadt und Stadtherr im 14. Jahrhundert, hg. W. Rausch, Linz 1972, S. 79–96.
Kejř, Trhy [Märkte] =
J. Kejř, Trhy a trhové vsi v Čechách a na Moravě [Märkte und Marktdörfer in Böhmen und Mähren], PhS 28, 1987, S. 9–44.
Kejř, Päpstliche Urkunden =
J. Kejř, Päpstliche Urkunden und Anfänge des Städtewesens in Böhmen und Mähren, FD 2, 1976, S. 51–63.

KEJŘ, Die Anfänge =
J. KEJŘ, Die Anfänge der Stadtverfassung und des Stadtrechts in den böhmischen Ländern, in: Die deutsche Ostsiedlung als Problem der europäischen Geschichte, hg. W. SCHLESINGER, VuF 18, Sigmaringen 1974, S. 439–470.
KEJŘ, Anfänge der ständischen Verfassung =
J. KEJŘ, Anfänge der ständischen Verfassung in Böhmen, in: Die Anfänge der ständischen Vertretungen in Preußen und seinen Nachbarländern, Schriften des Historischen Kollegs – Kolloquien 16, hg. H. BOOCKMANN, München 1992, S. 177–217.
KEJŘ, Les privilèges =
J. KEJŘ, Les privilèges des villes de Bohème depuis les origines jusqu'aux guerres hussites (1419), in: Les libertés urbaines et rurales, S. 126–160.
KEJŘ, Die sog. Maiestas Carolina =
J. KEJŘ, Die sogenannte Maiestas Carolina. Forschungsergebnisse und Streitfragen, in: Studia Luxemburgensia, Festschrift Heinz Stoob zum 70. Geburtstag, Warendorf 1989, S. 79–122. Tschechische Bearbeitung: J. KEJŘ, Sporné otázky v bádání o tzv. Maiestas Carolina [Strittige Fragen in der Forschung über die sog. Maiestas Carolina], PhS 32, 1992, S. 53–82.
VON KELLER, Freiheitsgarantien =
R. VON KELLER, Freiheitsgarantien für Person und Eigentum im Mittelalter – Eine Studie zur Vorgeschichte moderner Verfassungsgrundrechte, Deutschrechtliche Beiträge, Bd. 14, Heft 1, Heidelberg 1933.
KERNTKE, Taverne und Markt =
W. KERNTKE, Taverne und Markt. Europäische Hochschulschriften, Reihe III. Geschichte und ihre Hilfswissenschaften, Bd. 326, Frankfurt am Main – Bern – New York – Paris 1987.
KEUTGEN, Urkunden =
F. KEUTGEN, Urkunden zur städtischen Verfassungsgeschichte, Berlin 1901.
KEUTGEN, Aemter und Zünfte =
F. KEUTGEN, Aemter und Zünfte. Zur Entstehung des Zunftwesens, Jena 1903.
KIELMEYER, Dorfbefreiung =
O. A. KIELMEYER, Die Dorfbefreiung im deutschen Sprachgebiet, RVB 2, 1932, S. 195–206.
KÖBLER, Civis =
G. KÖBLER, Civis und ius civile (Untersuchungen zur Geschichte zweier Rechtswörter im frühen deutschen Mittelalter), ZRG GA 83, 1966, S. 35–62.
KÖBLER, burg und stat =
G. KÖBLER, burg und stat – Burg und Stadt?, HJb 87, 1967, S. 305–325.
KÖBLER, Zur Entstehung des Stadtrechts =
G. KÖBLER, Zur Entstehung des mittelalterlichen Stadtrechts, ZRG GA 86, 1969, S. 177–198.
KÖBLER, Civitas und vicus =
G. KÖBLER, *civitas* und *vicus, burg, stat, dorf* und *wik,* in: Vor- und Frühformen I, S. 61–76.

KÖBLER, Ortsbegriffe =
G. KÖBLER, Frühmittelalterliche Ortsbegriffe, BDLG 108, 1972, S. 1–27.
KOEBNER, Locatio =
R. KOEBNER, Locatio. Zur Begriffssprache und Geschichte der deutschen Kolonisation, ZVGS 63, 1929, S. 1–32.
KOUDELKA, Zur Geschichte der Dominikanerprovinz =
V. J. KOUDELKA, Zur Geschichte der böhmischen Dominikanerprovinz im Mittelalter, AFP 25–27, 1955–1957, hier bes. 26, 1956, S. 127–160.
KROESCHELL, Haus und Herrschaft =
K. KROESCHELL, Haus und Herrschaft im frühen deutschen Recht. Ein methodischer Versuch, Göttinger rechtswissenschaftliche Studien, Bd. 70, Göttingen 1968.
KROESCHELL, Stadtrecht und Stadtrechtsgeschichte =
K. KROESCHELL, Stadtrecht und Stadtrechtsgeschichte, in: Die Stadt des Mittelalters II, S. 281–299.
KUBINYI, Die Anfänge Ofens =
A. KUBINYI, Die Anfänge Ofens, Gießener Abhandlungen zur Agrar- und Wirtschaftsgeschichte des europäischen Ostens, Bd. 60, Berlin 1972.
KÜCHLER, Das Bannmeilenrecht =
W. KÜCHLER, Das Bannmeilenrecht, Marburger Ostforschungen, Bd. 24, Würzburg 1964.
KUHN, Die deutschrechtlichen Städte =
W. KUHN, Die deutschrechtlichen Städte in Schlesien und Polen in der ersten Hälfte des 13. Jahrhunderts, Marburg/Lahn 1968.
KUHN, Stadtgründungen in Kleinpolen =
W. KUHN, Die deutschrechtlichen Stadtgründungen in Kleinpolen, in: Die mittelalterliche Städtebildung, S. 39–89.
KUHN, Stadtgründungen in Pommern =
W. KUHN, Die deutschen Stadtgründungen des 13. Jahrhunderts im westlichen Pommern, ZfO 23, 1974, Heft 1, S. 1–58.
KUHN, Stadtdörfer =
W. KUHN, Die Stadtdörfer der mittelalterlichen Ostsiedlung, ZfO 20, 1971, Heft 1, S. 1–69.
KUHN, Städtegründungspolitik =
W. KUHN, Die Städtegründungspolitik der schlesischen Piasten im 13. Jahrhundert, vor allem gegenüber Kirche und Adel, Archiv für schlesische Kirchengeschichte 29, 1971, S. 1–36.
KULEJEWSKA-TOPOLSKA, Oznaczenia i klasyfikacja miast [Bezeichnung und Klassifizierung von Städten] =
Z. KULEJEWSKA-TOPOLSKA, Oznaczenia i klasyfikacja miast w dawnej Polsce (XVI–XVIII w.) [Bezeichnung und Klassifizierung von Städten im alten Polen (16.–18. Jh.)], CzPh 8/2, 1956, S. 253–268.

LABUDA, Die Anfänge =
G. LABUDA, Die Anfänge des polnischen Städtewesens im Hochmittelalter, in: L'artisanat, S. 317–328.
LALIK, Z zagadnień [Zu Problemen] =
T. LALIK, Z zagadnień genezy miast w Polsce [Zu Problemen der Genese von Städten in Polen], PrH 49, 1958, S. 460–485.
LALIK, Kształtowanie [Herausbildung] =
T. LALIK, Kształtowanie się miast za pierwszych Piastów [Herausbildung der Städte in der Zeit der ersten Piasten], in: Początki państwa polskiego II [Die Anfänge des polnischen Staates], Poznań 1962, S. 107–136.
LALIK, Geneza sieci miasteczek [Die Genese des Netzes von Städtchen] =
T. LALIK, Geneza sieci miasteczek w Polsce średnowiecznej [Die Genese des Netzes von Städtchen im mittelalterlichen Polen], in: Miasta doby feudalnej [Die Städte der Feudalzeit], S. 113–136.
LATZKE, Anfänge der Stadt Bennisch =
W. LATZKE, Die Anfänge der Stadt Bennisch, ZGKgS 20, 1930–1933, S. 34–47.
LECIEJEWICZ, Zur Entwicklung =
L. LECIEJEWICZ, Zur Entwicklung des westpommerschen Städtewesens im frühen Mittelalter, in: Siedlung, Burg und Stadt, S. 161–170.
Les libertés urbaines et rurales =
Les libertés urbaines et rurales du XIe au XIVe siècle, Pro civitate – Collection Histoire n. 19, Bruxelles 1968.
LUDAT, Ursprung der Wieken =
H. LUDAT, Der Ursprung der ostdeutschen Wieken, VSWG 29, 1936, S. 114–136.
LUDAT, Vorstufen und Entstehung =
H. LUDAT, Vorstufen und Entstehung des Städtewesens in Osteuropa, Köln – Braunsfeld 1955.
LUDAT, Wik im Slawischen =
H. LUDAT, Wik im Slawischen, Festschrift für Walter Schlesinger I., hg. H. BEUMANN, Köln – Wien 1973, S. 63–77.
LUCHT, Städtepolitik Barnims I. =
D. LUCHT, Die Städtepolitik Herzog Barnims I. von Pommern (1220–1278), Veröffentlichungen der Historischen Kommission für Pommern, Reihe V. Forschungen zur Pommerschen Geschichte, Heft 10, Köln – Graz 1965.

MÄGDEFRAU, Stadtentstehung =
W. MÄGDEFRAU, Stadtentstehung und revolutionäre Kommunalbewegung aus regionaler Sicht, ZfG 19, 1971, S. 627–647.
MARSINA, Mesto a trh [Stadt und Markt] =
R. MARSINA, Mesto a trh na Slovensku do konca 13. stor. [Stadt und Markt in der Slowakei bis zum Ende des 13. Jh.], HČ 26, 1978, S. 77–95.
MASCHKE, Städte und Menschen =
E. MASCHKE, Städte und Menschen. Beiträge zur Geschichte der Stadt, der Wirtschaft und Gesellschaft 1959–1977, VSWG, Beiheft Nr. 68, Wiesbaden 1980.

VON MAURER, Geschichte der Städteverfassung =
G. L. VON MAURER, Geschichte der Städteverfassung in Deutschland I–IV, Erlangen 1869–1871.
MAYER, Zur Frage der Städtegründungen =
T. MAYER, Zur Frage der Städtegründungen im Mittelalter, MIÖG 43, 1929, S. 261–282, erneut in: T. MAYER, Mittelalterliche Studien, Lindau – Konstanz 1963, S. 247–264.
MEIER, Mensch und Bürger =
U. MEIER, Mensch und Bürger. Die Stadt im Denken spätmittelalterlicher Theologen, Philosophen und Juristen, München 1994.
MENDL, Norimberské právo [Nürnberger Recht] =
B. MENDL, Tak řečené norimberské právo v Čechách [Das sog. Nürnberger Recht in Böhmen], Praha 1938.
MENZEL, Stadt und Land =
J. J. MENZEL, Stadt und Land in der schlesischen Weichbildverfassung, in: Die mittelalterliche Städtebildung, S. 19–38.
MENZEL, Lokationsurkunden =
J. J. MENZEL, Die schlesischen Lokationsurkunden des 13. Jahrhunderts, Quellen und Darstellungen zur schlesischen Geschichte, Bd. 19, Würzburg 1977.
MEZNÍK, Jihlavské privilegium [Das Iglauer Privileg] =
J. MEZNÍK, Jihlavské privilegium a počátky města Jihlavy [Das Iglauer Privileg und die Anfänge der Stadt Iglau], SAP 4/2, 1954, S. 3–28.
Miasta doby feudalnej [Die Städte der Feudalzeit] =
Miasta doby feudalnej w Europie środkowo-wschodniej [Die Städte der Feudalzeit in Mittelosteuropa], hg. A. GIEYSZTOR/T. ROSŁANOWSKI, Warszawa – Poznań – Toruń 1976.
Die mittelalterliche Städtebildung =
Die mittelalterliche Städtebildung im südöstlichen Europa, hg. H. STOOB, Städteforschung A/4, Köln – Wien 1977.
MITTERAUER, Das Problem der zentralen Orte =
M. MITTERAUER, Das Problem der zentralen Orte als sozial- und wirtschaftshistorische Forschungsaufgabe, VSWG 58, 1971, S. 433–467.
Moravské a slezské listiny [Mährische und schlesische Urkunden] =
Moravské a slezské listiny liechtenštejnského archívu ve Vaduzu [Mährische und schlesische Urkunden des Liechtenstein-Archivs in Vaduz], hg. J. BISTŘICKÝ/F. SPURNÝ/L. VÁCLAVEK/M. ZEMEK, Knižnice jižní Moravy, Bd. 13, Brno 1991.
MOŹDZIOCH, Zur Genese der Lokationsstädte =
S. MOŹDZIOCH, Zur Genese der Lokationsstädte in Polen in stadtgeschichtlicher Sicht, in: Burg – Burgstadt – Stadt, S. 149–160.
MÜLLER-MERTENS, Untersuchungen =
E. MÜLLER-MERTENS, Untersuchungen zur Geschichte der brandenburgischen Städte im Mittelalter, Wissenschaftliche Zeitschrift der Humboldt-Universität zu Berlin, Gesellschafts- und sprachwissenschaftliche Reihe 5, 1955/56, S. 191–221; S. 271–307; 6, 1956/57, S. 1–28.

Novák, Formulář Tobiáše z Bechyně [Das Formelbuch] =
J. B. Novák, Formulář biskupa Tobiáše z Bechyně [Das Formelbuch des Bischofs Tobiáš von Bechyně] (1279–1296), Historický archiv ČAVU, Nr. 22, Praha 1903.
Novotný siehe České dějiny I/1–I/4.
Nový, Soupis [Verzeichnis] =
R. Nový, Soupis městských knih českých od roku 1310 do roku 1526 [Das Verzeichnis der böhmischen Stadtbücher von 1310–1526], AUC – Philosophica et historica 4, Praha 1963.
Nový, Poddanská města a městečka =
R. Nový, Poddanská města a městečka v předhusitských Čechách [Die untertänigen Städte und Städtchen im vorhussitischen Böhmen], ČSČH 21, 1973, S. 73–109.

Patze, Stadtgründung und Stadtrecht =
H. Patze, Stadtgründung und Stadtrecht, in: Recht und Schrift im Mittelalter, hg. v. P. Classen, VuF 23, Sigmaringen 1977, S. 163–196.
Peterka, Gewerberecht =
O. Peterka, Das Gewerberecht Böhmens im XIV. Jahrhunderte, Wien – Leipzig 1909.
Peterka/Weizsäcker, Beiträge Leitmeritz =
O. Peterka/W. Weizsäcker, Beiträge zur Rechtsgeschichte von Leitmeritz, Prag 1944.
Petri, Die Niederlande =
F. Petri, Die Anfänge des mittelalterlichen Städtewesens in den Niederlanden und dem angrenzenden Frankreich, in: Studien, S. 227–295.
Pfütze, Burg und Stadt =
M. Pfütze, „Burg" und „Stadt" in der deutschen Literatur des Mittelalters. – Die Entwicklung im mittelfränkischen Sprachgebiet vom Annolied zu Gottfried Hagens Reimchronik (ca. 1100–1300), Beiträge zur Geschichte der deutschen Sprache und Literatur 80, 1958, S. 272–320.
Piekarczyk, Studia =
S. Piekarczyk, Studia z dziejów miast polskich w XIII.–XIV. w. [Studien aus der Geschichte der polnischen Städte im 13.–14. Jh.], Warszawa 1955.
Pirenne, Les villes =
H. Pirenne, Les villes du moyen âge, Bruxelles 1927.
Pirenne, Städte, Märkte =
H. Pirenne, Städte, Märkte und Kaufleute im Mittelalter, in: Altständisches Bürgertum II, S. 1–15.
Piskorski, Stadtentstehung =
J. M. Piskorski, Stadtentstehung im westslawischen Raum: Zur Kolonisations- und Evolutionstheorie am Beispiel der Städte Pommerns, Zeitschrift für Ostmitteleuropa-Forschung 44, Heft 3, 1995, S. 317–357.
Planitz, Kaufmannsgilde =
H. planitz, Kaufmannsgilde und städtische Eidgenossenschaft in niederfränkischen Städten im 11. und 12. Jahrhundert, ZRG GA 60, 1940, S. 1–116.

PLANITZ, Frühgeschichte =
H. PLANITZ, Frühgeschichte der deutschen Stadt (IX.-XI. Jahrhundert), ZRG GA 63, 1943, S. 1–91.
PLANITZ, Stadtgemeinde =
H. PLANITZ, Die deutsche Stadtgemeinde, ZRG GA 64, 1944, S. 1–85.
PLANITZ, Die deutsche Stadt =
H. PLANITZ, Die deutsche Stadt im Mittelalter, 2. Aufl. Graz 1965.
PRAŽÁK, Privilegium Přemysla I. [Das Privileg Přemysls I.] =
J. PRAŽÁK, Privilegium Přemysla I. pro Doksany a jeho konfirmace z roku 1276 [Das Privileg Přemysls I. für Doxan und seine Konfirmation aus dem Jahre 1276], SAP 5/1, 1955, S. 159–203.
PROCHÁZKA, Die patriarchale Stadt =
V. PROCHÁZKA, Die patriarchale Stadt als Entwicklungsstufe der ältesten politischen Organisation bei den Slawen, Vznik a počátky Slovanů 7, 1972, S. 11–48.

RABE, Ratsverfassung =
H. RABE, Frühe Stadien der Ratsverfassung in den Reichslandstädten bzw. Reichsstädten Oberdeutschlands, in: Beiträge zum spätmittelalterlichen Städtewesen, S. 1–17.
RABĘCZKA, Die Taverne =
I. RABĘCZKA-BRYKCZYŃSKA, Die Taverne im frühmittelalterlichen Polen, in: Gastfreundschaft, S. 103–118.
REETZ, Ecclesia forensis =
J. REETZ, Ecclesia forensis, Zeitschrift des Vereins für Lübeckische Geschichte und Altertumskunde 44, 1964, S. 117–119.
REINCKE, Über Städtegründungen =
H. REINCKE, Über Städtegründungen. Betrachtungen und Phantasien, in: Die Stadt des Mittelalters 1, S. 331–363.
RICHTER, České středověké město [Die böhmische mittelalterliche Stadt] =
M. RICHTER, České středověké město ve světle archeologických výzkumů [Die böhmische mittelalterliche Stadt im Lichte archäologischer Forschungen], AR 27, 1975, S. 245–258.
RICHTER, Archeologický výzkum českých měst [Archäologische Erforschung] =
M. RICHTER, Archeologický výzkum českých měst 13. století [Die archäologische Erforschung der böhmischen Städte des 13. Jh.], HD 4, 1979, S. 5–41.
RICHTER/VELÍMSKÝ, Stadtwüstungen =
M. RICHTER/T. VELÍMSKÝ, Die archäologische Erforschung von Stadtwüstungen des 13. Jahrhunderts in Böhmen, in: Siedlungsforschung. Archäologie – Geschichte – Geographie 11, 1993, S. 83–110.
RICHTER, Raněstředověká Olomouc [Das frühmittelalterliche Olmütz] =
V. RICHTER, Raněstředověká Olomouc [Das frühmittelalterliche Olmütz]. Spisy university v Brně – filosofická fakulta, Bd. 63, Praha – Brno 1959.
RIETSCHEL, Markt und Stadt =
S. RIETSCHEL, Markt und Stadt in ihrem rechtlichen Verhältnis, Leipzig 1897.

ROSŁANOWSKI, Markt und Stadt =
T. ROSŁANOWSKI, Markt und Stadt im früh- und hochmittelalterlichen Polen, in: Beiträge zum hochmittelalterlichen Städtewesen, S. 196–207.

SAALMAN, Cities =
H. SAALMAN, Medieval Cities, New York 1968.
SCHENK, Nürnberg und Prag =
H. SCHENK, Nürnberg und Prag, Gießener Abhandlungen zur Agrar- und Wirtschaftsgeschichte des europäischen Ostens, Bd. 46, Wiesbaden 1969.
SCHLEDERMANN, The idea of the town =
H. SCHLEDERMANN, The idea of the town: typology, definitions and approaches to the study of the medieval town in northern Europe, World Archaeology 2, 1970, S. 115–127.
SCHLESINGER, Chemnitz =
W. SCHLESINGER, Die Anfänge der Stadt Chemnitz und anderer mitteldeutscher Städte, Leipzig 1952.
SCHLESINGER, Städtelandschaften =
W. SCHLESINGER, Über mitteleuropäische Städtelandschaften der Frühzeit, in: SCHLESINGER, Beiträge II, S. 42–67.
SCHLESINGER, Burg und Stadt =
W. SCHLESINGER, Burg und Stadt, in: SCHLESINGER, Beiträge II, S. 92–147.
SCHLESINGER, Zur Frühgeschichte =
W. SCHLESINGER, Zur Frühgeschichte der europäischen Stadt, in: SCHLESINGER, Beiträge II, S. 68–91.
SCHLESINGER, Stadt und Vorstadt =
W. SCHLESINGER, Stadt und Vorstadt, in: Stadterweiterung und Vorstadt, S. 1–20.
SCHLESINGER, Archäologie des Mittelalters =
W. SCHLESINGER, Archäologie des Mittelalters in der Sicht des Historikers, in: Ausgewählte Aufsätze von Walter Schlesinger 1965–1979, VuF 34, Sigmaringen 1987.
SCHLESINGER, Vorstufen =
W. SCHLESINGER, Vorstufen des Städtewesens im ottonischen Sachsen, in: Die Stadt in der europäischen Geschichte, S. 234–258.
SCHLESINGER, Der Markt als Frühform =
W. SCHLESINGER, Der Markt als Frühform der deutschen Stadt, in: Vor- und Frühformen I, S. 262–293.
SCHLESINGER, Beiträge =
W. SCHLESINGER, Beiträge zur deutschen Verfassungsgeschichte des Mittelalters I–II, Göttingen 1963.
SCHLESINGER, Mitteldeutsche Beiträge =
W. SCHLESINGER, Mitteldeutsche Beiträge zur deutschen Verfassungsgeschichte des Mittelalters, Göttingen 1961.
SCHLESINGER, Frühformen =
W. SCHLESINGER, Städtische Frühformen zwischen Rhein und Elbe, in: SCHLESINGER, Beiträge II, S. 148–212.

SCHLESINGER, Bischofssitze, Pfalzen und Städte =
W. SCHLESINGER, Bischofssitze, Pfalzen und Städte im deutschen Itinerar Friedrich Barbarossas, in: Aus Stadt- und Wirtschaftsgeschichte Südwestdeutschlands – Festschrift für Erich Maschke zum 75. Geburtstag; Veröffentlichungen der Kommission für geschichtliche Landeskunde in Baden-Württemberg, Reihe B, Bd. 85, Stuttgart 1975, S. 1–56.
SCHLESINGER, Forum =
W. SCHLESINGER, Forum, villa fori, ius fori, in: SCHLESINGER, Mitteldeutsche Beiträge, S. 275–305.
SCHLESINGER, Zur Gründungsgeschichte von Freiburg =
W. SCHLESINGER, Zur Gründungsgeschichte von Freiburg, in: Freiburg im Mittelalter, hg. W. MÜLLER, Bühl/Baden 1970, S. 24–49.
SCHLESINGER, West und Ost =
W. SCHLESINGER, West und Ost in der deutschen Verfassungsgeschichte des Mittelalters, in: SCHLESINGER, Beiträge II, S. 233–253.
SCHMIDT-WIEGAND, Burgensis/Bürger =
R. SCHMIDT-WIEGAND, Burgensis/Bürger. Zur Geschichte von Wort und Begriff nach Quellen des ostmitteldeutschen Raumes, in: Über Bürger, Stadt und städtische Literatur, S. 106–126.
SCHMOLLER, Die äußeren Tatsachen =
G. SCHMOLLER, Die äußeren Tatsachen der deutschen Städteentwicklung im Mittelalter, in: SCHMOLLER, Deutsches Städtewesen, S. 39–59.
SCHMOLLER, Deutsches Städtewesen =
G. SCHMOLLER, Deutsches Städtewesen in älterer Zeit, Bonn – Leipzig 1922.
SCHÖLLER, Aufgaben und Probleme =
P. SCHÖLLER, Aufgaben und Probleme der Stadtgeographie, Erdkunde 7, 1953, S. 160–184.
SCHÖLLER, Die deutschen Städte =
P. SCHÖLLER, Die deutschen Städte, Geographische Zeitschrift – Beihefte: Erdkundliches Wissen, Bd. 17, Wiesbaden 1967.
SCHULTE, Reichenauer Städtegründungen =
A. SCHULTE, Über Reichenauer Städtegründungen im 10. und 11. Jahrhundert, ZfGO N. F. V/2, 1890, S. 137–169.
SCHÜTTE, Wik =
L. SCHÜTTE, Wik. Eine Siedlungsbezeichnung in historischen und sprachlichen Bezügen, Städteforschung A/2, Köln – Wien 1976.
SCHWARZ, Volkstumsgeschichte =
E. SCHWARZ, Volkstumsgeschichte der Sudetenländer I–II; Handbuch der sudetendeutschen Kulturgeschichte Bd. 3–4, München 1965–1966.
SCHWARZ, Bäuerliche „cives" =
K. SCHWARZ, Bäuerliche „cives" in Brandenburg und benachbarten Territorien. Zur Terminologie verfassungs- und siedlungsgeschichtlicher Quellen Nord- und Mitteldeutschlands, BDLG 99, 1963, S. 103–134.
SCHWINEKÖPER, Magdeburg =
B. SCHWINEKÖPER, Die Anfänge Magdeburgs, in: Studien, S. 389–450.

Siedlung, Burg und Stadt =
Siedlung, Burg und Stadt – Studien zu ihren Anfängen, Deutsche Akademie der Wissenschaften zu Berlin, Schriften der Sektion für Vor- und Frühgeschichte, Bd. 25 – Paul Grimm zum 60. Geburtstag, hg. K.-H. OTTO/J. HERRMANN, Berlin 1969.
SOHM, Die Entstehung =
R. SOHM, Die Entstehung des deutschen Städtewesens, Leipzig 1890.
SOMBART, Kapitalismus =
W. SOMBART, Der moderne Kapitalismus I–II, 6. Aufl., München – Leipzig 1924.
SPIESS, Das Marktprivileg =
W. SPIESS, Das Marktprivileg. Die Entwicklung von Marktprivileg und Marktrecht insbesondere auf Grund der Kaiserurkunden, Deutschrechtliche Beiträge, Bd. XI, Heft 3, Heidelberg 1916, S. 297–439.
SPORN, Die „Stadt zu polnischem Recht" =
T. SPORN, Die „Stadt zu polnischem Recht" und die deutschrechtliche Gründungsstadt, Europäische Hochschulschriften, Reihe II – Rechtswissenschaft, Serie II, Bd. 167, Frankfurt am Main – Las Vegas 1978.
Die Stadt in der europäischen Geschichte =
Die Stadt in der europäischen Geschichte – Festschrift Edith Ennen, Bonn 1972.
Die Stadt des Mittelalters =
Die Stadt des Mittelalters I–III, hg. C. HAASE, Wege der Forschung, Bd. 243–245, Darmstadt 1969, 1972, 1973.
Stadterweiterung und Vorstadt =
Stadterweiterung und Vorstadt, Veröffentlichungen der Kommission für geschichtliche Landeskunde in Baden-Württemberg – Reihe B, Bd. 51, hg. E. MASCHKE/J. SYDOW, Stuttgart 1969.
Stadtkernforschung =
Stadtkernforschung, hg. H. JÄGER, Städteforschung A/27, Köln – Wien 1987.
STEIN, Deutsche Stadtschreiber =
W. STEIN, Deutsche Stadtschreiber im Mittelalter, in: Beiträge zur Geschichte vornehmlich Kölns und der Rheinlande. Zum 80. Geburtstag Gustav von Mevissens dargebracht, Köln 1895, S. 27–70.
STEINBACH, Die europäische Stadt =
F. STEINBACH, Die europäische Stadt, in: STEINBACH, Collectanea, S. 722–730.
STEINBACH, Collectanea =
Collectanea Franz STEINBACH – Aufsätze und Abhandlungen zur Verfassungs-, Sozial- und Wirtschaftsgeschichte, geschichtlichen Landeskunde und Kulturraumforschung, Bonn 1967.
STERCKEN, Städtische Kleinformen =
M. STERCKEN, Städtische Kleinformen in der Nordostschweiz – Vorstudie zu einem Städteatlas, RVB 55, 1991, S. 176–204.
STOOB, Forschungen =
H. STOOB, Forschungen zum Städtewesen in Europa I, Köln 1970.
STOOB, Kartographische Möglichkeiten =
H. STOOB, Kartographische Möglichkeiten zur Darstellung der Stadtentstehung

in Mitteleuropa, besonders zwischen 1450 und 1800, in: Stoob, Forschungen, S. 15–42.
Stoob, Zeitstufen der Marktsiedlung =
H. Stoob, Über Zeitstufen der Marktsiedlung im 10. und 11. Jahrhundert auf sächsischem Boden, WfF 15, 1962, S. 73–78; Diskussion S. 78–83. Neu herausgegeben in: Stoob, Forschungen, S. 43–50.
Stoob, Die Ausbreitung =
H. Stoob, Die Ausbreitung der abendländischen Stadt im östlichen Mitteleuropa, in: Stoob, Forschungen, S. 73–128.
Stoob, Minderstädte =
H. Stoob, Minderstädte. Formen der Stadtentstehung im Spätmittelalter, in: Stoob, Forschungen, S. 225–245.
Stoob, Bruno von Olmütz =
H. Stoob, Bruno von Olmütz, das mährische Städtenetz und die europäische Politik von 1245 bis 1281, in: Die mittelalterliche Städtebildung, S. 90–134.
Strahm, Area =
H. Strahm, Die Area in den Städten, SBAG 3, 1945, S. 22–61.
Strahm, Stadtfreiheit =
H. Strahm, Mittelalterliche Stadtfreiheit, SBAG 5, 1947, S. 77–113.
Strahm, Zur Verfassungstopographie =
H. Strahm, Zur Verfassungstopographie der mittelalterlichen Stadt mit besonderer Berücksichtigung des Gründungsplanes der Stadt Bern, ZSG 30, 1950, S. 373–410.
Středověká archeologie [Mittelalterarchäologie] =
Středověká archeologie a studium počátků měst [Die Mittelalterarchäologie und das Studium der Anfänge von Städten], hg. M. Richter, Praha 1977.
Stüdeli, Minoritenniederlassungen =
B. F. J. Stüdeli, Minoritenniederlassungen und mittelalterliche Stadt, Franziskanische Forschungen, Heft 21, Werl/Westf. 1969.
Studien =
Studien zu den Anfängen des europäischen Städtewesens, hg. T. Mayer, VuF 4, Konstanz – Lindau, 2. Aufl. 1965.
Sydow, Reichsstadt =
J. Sydow, Zur verfassungsgeschichtlichen Stellung von Reichsstadt, freier Stadt und Territorialstadt im 13. und 14. Jahrhundert, in: Les libertés urbaines et rurales, S. 281–309.
Sydow, Elemente von Einheit und Vielfalt =
J. Sydow, Elemente von Einheit und Vielfalt in der mittelalterlichen Stadt (im Lichte kirchenrechtlicher Quellen), in: Miscellanea mediaevalia, Bd. 5, Universalismus und Partikularismus im Mittelalter, Berlin 1968, S. 186–197.
Sydow, Kirchen- und spitalgeschichtliche Bemerkungen =
J. Sydow, Kirchen- und spitalgeschichtliche Bemerkungen zum Problem der Stadterweiterung und Vorstadt, in: Stadterweiterung und Vorstadt, S. 107–113.
Sydow, Stadt und Kirche =
J. Sydow, Stadt und Kirche im Mittelalter. Ein Versuch, in: Festschrift für Gerd

Wunder, Württembergisch Franken-Jahrbuch, Bd. 58, Schwäbisch Hall 1974, S. 35–57.
SYDOW, Stadtbezeichnungen =
J. SYDOW, Stadtbezeichnungen in Württemberg bis 1300, in: Festschrift für Berent Schwineköper, Sigmaringen 1982, S. 237–248.
SYDOW, Die Klein- und Mittelstadt =
J. SYDOW, Die Klein- und Mittelstadt in der südwestdeutschen Geschichte des Mittelalters, in: Pforzheim im Mittelalter, hg. v. H.-P. BECHT, Pforzheimer Geschichtsblätter, Bd. 6, Sigmaringen 1983, S. 9–37.
SYDOW, Bemerkungen zur Fälschung von Stadtrechten =
J. SYDOW, Bemerkungen zur Fälschung von Stadtrechten im 12. Jahrhundert: Das Beispiel Freiburg i. Br., in: Fälschungen im Mittelalter III. – Diplomatische Fälschungen I, Monumenta Germaniae Historica – Schriften, Bd. 33, III, Hannover 1988, S. 625–636.
SYDOW, Der spätmittelalterliche Markt =
J. SYDOW, Der spätmittelalterliche Markt im deutschen Südwesten, in: Landesherrliche Städte in Südwestdeutschland, hg. J. TREFFEISEN/K. ANDERMANN, Oberrheinische Studien, Bd. 12, Sigmaringen 1994, S. 27–43.
SYDOW, Bürgerschaft und Kirche =
J. SYDOW, Bürgerschaft und Kirche im Mittelalter. Probleme und Aufgaben der Forschung, in: Bürgerschaft und Kirche – Stadt in der Geschichte, Bd. 7, hg. E. MASCHKE/J. SYDOW, Sigmaringen 1980, S. 9–25.

ŠEBÁNEK, Česká listina 1 [Die böhmische Urkunde 1] =
J. ŠEBÁNEK, Česká listina doby přemyslovské 1: Listina nižších feudálů duchovních [Die böhmische Urkunde der Přemyslidenzeit 1: Die Urkunde der niederen kirchlichen Feudalherren], SAP 6/1, 1956, S. 139–166.
ŠEBÁNEK, Česká listina 3 [Die böhmische Urkunde 3] =
J. ŠEBÁNEK, Česká listina doby přemyslovské 3: Listina měst a jejich obyvatel [Die böhmische Urkunde der Přemyslidenzeit 3: Die Urkunde der Städte und ihrer Bewohner], SAP 6/2, 1956, S. 99–160.
ŠEBÁNEK, Uničovská listina [Die Urkunde für Mährisch Neustadt] =
J. ŠEBÁNEK, Uničovská listina z r. 1223 [Die Urkunde für Mährisch Neustadt aus dem Jahre 1223], ČSPSČ 60, 1952, S. 1–15.
ŠEBÁNEK, K otázce kupeckého domu [Zur Frage des Kaufhauses] =
J. ŠEBÁNEK, K otázce kupeckého domu v Olomouci [Zur Frage des Kaufhauses in Olmütz], SlSb 61, 1963, S. 46–60.
ŠEBÁNEK/DUŠKOVÁ, Listina v českém státě [Die Urkunde im böhmischen Staat] =
J. ŠEBÁNEK/S. DUŠKOVÁ, Listina v českém státě doby Václava I. [Die Urkunde im böhmischen Stadt zur Zeit Wenzels I.], Rozpravy ČSAV 73, 1963, Heft 10.
ŠEBÁNEK/DUŠKOVÁ, Urkundenwesen =
J. ŠEBÁNEK/S. DUŠKOVÁ, Das Urkundenwesen König Ottokars II. von Böhmen, AD 14, 1968, S. 302–422; AfD 15, 1969, S. 251–427.

Šebánek/Dušková, Výbor studií [Ausgewählte Studien] =
J. Šebánek/S. Dušková, Výbor studií k českému diplomatáři [Ausgewählte Studien zum böhmischen Diplomatar], Brno 1981.
Šebánek/Dušková, Panovnická a biskupská listina [Die landesherrliche und die bischöfliche Urkunde] =
J. Šebánek/S. Dušková, Panovnická a biskupská listina v českém státě doby Václava I. [Die landesherrliche und die bischöfliche Urkunde im böhmischen Staat zur Zeit Wenzels I.], Rozpravy ČSAV 71, 1961, Heft 4.
Šebánek/Dušková, Kritický komentář [Kritischer Kommentar] =
J. Šebánek/S. Dušková, Kritický komentář k moravskému diplomatáři – Zpracování látky z III. svazku Bočkova moravského kodexu [Kritischer Kommentar zum mährischen Diplomatar – Die Bearbeitung des Stoffes aus dem III. Band von Bočeks Mährischem Kodex], Praha 1952.
Šusta] siehe České dějiny II/1.

Tadra, Kanceláře a písaři [Kanzleien und Schreiber] =
F. Tadra, Kanceláře a písaři v zemích českých za králů z rodu lucemburského Jana, Karla IV. a Václava IV. (1310–1420) [Die Kanzleien und Schreiber in den böhmischen Ländern unter den Königen aus dem Luxemburger Geschlecht Johann, Karl IV. und Wenzel IV. (1310–1420)], Praha 1892.
Teige, Právo magdeburské [Magdeburger Recht] =
J. Teige, Kdy a kým zavedeno bylo právo magdeburské na Moravě [Wann und von wem das Magdeburger Recht in Mähren eingeführt wurde], Právník 59, 1920, S. 244–248.
Teltschik, Zum Entstehen =
A. Teltschik, Zum Entstehen der mährischen Städte, ZVGMS 46, 1944, S. 1–24; 102–149.
Thieme, Die Magdeburger und Kulmer Stadtrechte =
H. Thieme, Die Magdeburger und Kulmer Stadtrechte im deutschen Osten, in: Deutsche Ostsiedlung in Mittelalter und Neuzeit, Köln – Wien 1971, S. 144–159.
Tomas, Města v severozápadních Čechách [Die Städte in Nordwestböhmen] =
J. Tomas, Města v severozápadních Čechách ve 13. století [Die Städte in Nordwestböhmen im 13. Jh.], HD 4, 1979, S. 69–132.
Tomas, Počátky Litoměřic [Die Anfänge von Leitmeritz] =
J. Tomas, Počátky města Litoměřic [Die Anfänge der Stadt Leitmeritz], Sborník Severočeského musea – Historia 5, 1967, S. 15–64.
Tomas, Počátky Žatce [Die Anfänge von Saaz] =
J. Tomas, Počátky města Žatce [Die Anfänge der Stadt Saaz], Historický sborník Ústecka 1967, S. 25–47.
Tomek, Dějepis města Prahy [Geschichte der Stadt Prag] =
W. W. Tomek, Dějepis města Prahy [Geschichte der Stadt Prag] 1–12, Praha 1855–1901.
Träger und Instrumentarien =
Träger und Instrumentarien des Friedens im hohen und späten Mittelalter, hg. J. Fried, VuF 43, Sigmaringen 1996.

TZSCHOPPE/STENZEL, Urkundensammlung =
G. A. TZSCHOPPE/G. A. STENZEL, Urkundensammlung zur Geschichte des Ursprungs der Städte und der Einführung und Verbreitung deutscher Kolonisten und Rechte in Schlesien und der Ober-Lausitz, Hamburg 1832.

Uherské Hradiště =
Uherské Hradiště [Ungarisch Hradisch], hg. A. VERBÍK und M. Zemek, Brno 1981.
Untersuchungen =
Untersuchungen zur gesellschaftlichen Struktur der mittelalterlichen Städte in Europa, hg. T. MAYER, VuF 9, Konstanz – Stuttgart 1966.
Urbes medii aevi =
Urbes medii aevi. Investigationes archaeologicae, Praha 1984.
Urkunden zur Geschichte des Städtewesens =
Urkunden zur Geschichte des Städtewesens in Mittel- und Niederdeutschland bis 1350, bearb. von H. STOOB, F. B. FAHLBUSCH, W. HÖLSCHER in Verbindung mit H. PATZE und H. QUIRIN, Städteforschung C/1, Köln – Wien 1985.

VACEK, Soudnictví v Čechách [Das Gerichtswesen in Böhmen] =
F. VACEK, Soudnictví v Čechách, městské a vrchnostní až do XV. století [Das städtische und obrigkeitliche Gerichtswesen in Böhmen bis zum 15. Jh.], ČDV 9, 1922, S. 65–82, 129–151, 177–197.
VANĚČEK, Základy [Grundlagen] =
V. VANĚČEK, Základy právního postavení klášterů a klášterního velkostatku ve starém českém státě 12.–15. století I–III [Die Grundlagen der Rechtsstellung der Klöster und des Klostergrundbesitzes im alten böhmischen Staat im 12.–15. Jh.], Práce ze semináře č. 18, 22, 24, Praha 1933–1939.
VERHULST, Zur Entstehung der Städte =
A. VERHULST, Zur Entstehung der Städte in Nordwest-Europa, in: Anfänge des Städtewesens an Schelde, Maas und Rhein bis zum Jahre 1000, Städteforschung A/40, hg. A. VERHULST, Köln – Weimar – Wien 1996, S. 361–385.
VOIGT, Formelbuch des Heinricus Italicus =
J. VOIGT, Das urkundliche Formelbuch des königl. Notars Heinricus Italicus aus der Zeit der Könige Ottokar II. und Wenzel II. von Böhmen, AÖG 29, 1863, S. 1–184.
VOJTÍŠEK, Výbor [Auswahl] =
V. VOJTÍŠEK, Výbor rozprav a studií [Auswahl aus Abhandlungen und Studien], Praha 1953.
VOJTÍŠEK, Soud a rada [Gericht und Rat] =
V. VOJTÍŠEK, Soud a rada v královských městech českých [Gericht und Rat in böhmischen königlichen Städten], in: VOJTÍŠEK, Výbor [Auswahl], S. 240–272.
VOJTÍŠEK, O nejstarších městských knihách [Über die ältesten Stadtbücher] =
V. VOJTÍŠEK, O nejstarších městských knihách českých, pražské a novobydžovské [Über die ältesten böhmischen Stadtbücher, das von Prag und das von Neu Bydžow], in: VOJTÍŠEK, Výbor [Auswahl], S. 341–366.

Vojtíšek, Bratislavské burgum [Das „burgum" von Preßburg] =
V. Vojtíšek, Bratislavské „burgum". K otázce počátků československých měst [Das „burgum" von Preßburg. Zur Frage der Anfänge der tschechoslowakischen Städte], in: Vojtíšek, Výbor [Auswahl], S. 409–425.
Vojtíšek, Z právních dějin [Aus der Rechtsgeschichte] =
V. Vojtíšek, Z právních dějin československých měst [Aus der Rechtsgeschichte der tschechoslowakischen Städte], in: Vojtíšek, Výbor [Auswahl], S. 426–457.
Vojtíšek, O pečetích a erbech [Über Siegel und Wappen] =
V. Vojtíšek, O pečetích a erbech měst pražských i jiných českých [Über Siegel und Wappen der Prager und anderer böhmischer Städte], Praha 1928.
Vor- und Frühformen =
Vor- und Frühformen der europäischen Stadt im Mittelalter I–II, hg. H. Jahnkuhn, W. Schlesinger, H. Steuer, Abhandlungen der Akademie der Wissenschaften in Göttingen, Philologisch-historische Klasse, 3. Folge, Bd. 83–84, Göttingen 1973–1974.
Voraussetzungen und Methoden =
Voraussetzungen und Methoden geschichtlicher Städteforschung, Städteforschung A/7, hg. W. Ehbrecht, Köln – Wien 1979, S. 1–14.

Weizsäcker, Komotau =
W. Weizsäcker, Rechtsgeschichte von Stadt und Bezirk Komotau bis 1605, Heimatkunde des Bezirkes Komotau, Bd. 4, Heft 3, Komotau 1935.
Weizsäcker, Eindringen und Verbreitung =
W. Weizsäcker, Eindringen und Verbreitung der deutschen Stadtrechte in Böhmen und Mähren, Deutsches Archiv für Landes- und Volksforschung 1, 1937, S. 95–109.
Weizsäcker, Magdeburger Schöffensprüche =
W. Weizsäcker, Magdeburger Schöffensprüche und Rechtsmitteilungen für den Oberhof Leitmeritz, Stuttgart – Berlin 1943.
Weizsäcker, Wien und Brünn =
W. Weizsäcker, Wien und Brünn in der Stadtrechtsgeschichte, ZRG GA 70, 1953, S. 125–158.
Weizsäcker siehe auch Peterka/Weizsäcker
Weymuth, Erscheinungsformen =
H. Weymuth, Erscheinungsformen und Bedeutungen der extramuralen Rechtsbereiche nordostschweizerischer Städte, Zürcher Beiträge zur Rechtswissenschaft, N. F. Heft 279, Zürich 1967.
Winter, Dějiny řemesel a obchodu [Geschichte von Handwerk und Handel] =
Z. Winter, Dějiny řemesel a obchodu v Čechách v XIV. a v XV. století [Geschichte von Handwerk und Handel in Böhmen im 14. und 15. Jh.], Praha 1906.
von Winterfeld, Gottesfrieden =
L. von Winterfeld, Gottesfrieden und deutsche Stadtverfassung, HGb 52. Jahrgang 1927, Bd. XXXII, S. 8–56.

Zernack, Der europäische Norden =
K. Zernack, Der europäische Norden als Städtelandschaft der Frühzeit, in: Beiträge zur Stadt- und Regionalgeschichte Ost- und Nordeuropas – Herbert Ludat zum 60. Geburtstag, Wiesbaden 1971, S. 13–47.
Zycha, Prag =
A. Zycha, Prag. Ein Beitrag zur Rechtsgeschichte Böhmens im Beginn der Kolonisationszeit, Prag 1912.
Zycha, Ursprung =
A. Zycha, Über den Ursprung der Städte in Böhmen und die Städtepolitik der Přemysliden, Prag 1914.

Žemlička, Hradská centra [Burgzentren] =
J. Žemlička, Přemyslovská hradská centra a počátky měst v Čechách [Die Burgzentren der Přemyslidenzeit und die Anfänge der Städte in Böhmen], ČSČH 26, 1978, S. 559–586.
Žemlička, Nezdařená založení =
J. Žemlička, Nezdařená městská založení v Čechách ve 13. století [Misslungene Stadtgründungen in Böhmen im 13. Jahrhundert], HD 4, 1979, S. 43–68.
Žemlička, Bezdězsko [Das Gebiet von Bösig] =
J. Žemlička, Bezdězsko – „královské území“ Přemysla Otakara II. [Das Gebiet von Bösig – das „königliche Territorium“ Přemysl Otakars II.], ČSČH, 28, 1980, S. 726–751.
Žemlička, Leitmeritz =
J. Žemlička, Leitmeritz (Litoměřice) als Beispiel eines frühmittelalterlichen Burgzentrums in Böhmen, in: Burg – Burgstadt – Stadt, S. 256–264.

KONKORDANZ DER ORTSNAMEN

DEUTSCH – TSCHECHISCH

(poln. = polnisch; alle anderen tschechisch)

Alt-Bösig	Starý Bezděz
Alt-Brünn	Staré Brno
Alt-Bunzlau	Stará Boleslav
Altbydžow	Starý Bydžov
Alt-Chrudim	Stará Chrudim
Alt-Pilsen	Starý Plzenec
Arnau	Hostinné
Auspitz	Hustopeče
Aussig	Ústí nad Labem
Austerlitz	Slavkov
Bennisch	Horní Benešov
Beraun	Beroun
Bielitz	Bielsko (poln.), Bílsko
Bilin	Bílina
Blansko	Blansko
Böhmisch Běla	Česká Bělá
Böhmisch Brod	Český Brod
Bösig	Bezděz
Božetitz	Božetice
Braunau	Broumov
Braunsberg	Brušperk
Břewnow	Břevnov
Bruck a. d. Thaya	Louka
Brünn	Brno
Brüx	Most, urspr. Hněvín Most
Budigsdorf	Krasíkov
Budin	Budyně nad Ohří
Budweis	České Budějovice
Časlau	Čáslav
Cerhowitz	Cerhovice
Chejnow	Chýnov
Chotěboř	Chotěboř
Chotieschau	Chotěšov
Chrudim	Chrudim
Cosel (Schlesien)	Koźle (poln.), Kožel
Deutsch Gabel	Jablonné
Deutschbrod	Německý Brod, heute Havlíčkův Brod
Deyschina	Dýšina (Dejšina)
Diwak	Diváky
Dobřichowitz	Dobřichovice
Dobrzan	Dobřany
Doxan	Doksany
Drahonitz	Drahonice
Eger	Cheb
Eilowitz	Jílovec
Elbogen	Loket
Frauenthal	Pohled
Freiberg	Příbor
Freiwaldau	Jeseník
Freudenthal	Bruntál
Fritschowitz	Fryčovice
Füllstein	Fulštejna
Fulneck	Fulnek
Gaya	Kyjov
Gewitz	Jevíčko
Glatz	Kłodzko (poln.), Kladsko
Glogau	Głogów (poln.), Hlohova
Göding	Hodonín
Goldenkron	Zlatá Koruna
Graber	Kravaře
Grätz	Hradec u Opavy
Gröbnig	Grobniki (poln.), Hrobníky
Groß Hoschütz	Velké Hoštice
Hertitz	Hertice
Hirschberg	Doksy

Hlussowitz	Hlušovice
Hněvkowitz	Hněvkovice
Hohenfurt	Vyšší Brod
Hohenmauth	Vysoké Mýto
Hohenstadt	Zábřeh
Horažd'owitz	Horažd'ovice
Hotzenplotz	Osoblaha
Hradisch	Hradisko u Olomouce
Hradischko	Hradištko u Davle
Hřeptschein	Řepčín
Hühnerwasser	Kuřívody
Hullein	Hulín
Hultschin	Hlučín
Humpoletz	Humpolec
Hussowitz	Husovice
Iglau	Jihlava
Jägerndorf	Krnov
Jamnitz	Jemnice
Jarmeritz	Jaroměřice nad Rokytnou
Jermer	Jaroměř
Jitschin	Jičín
Joslowitz	Jaroslavice
Kaaden	Kadaň
Kalsching	Chvalšiny
Kaunitz	Kounice
Kauřim	Kouřim
Keblitz	Keblice
Keltsch	Kelč
Kladrau	Kladruby
Klattau	Klatovy
Klingenberg	Zvíkov
Klobouk	Klobouky
Klosterbruck	Klášter v Louce
Knihnitz	Kněhnice
Königgrätz	Hradec Králové
Königinhof a. d. Elbe	Dvůr Králové nad Labem
Königsberg a. d. Eger	Kynšperk nad Ohří
Kojetein	Kojetín
Kolin	Kolín
Komotau	Chomutov
Kopitz	Kopisty
Kostel	Podivín
Krakau	Kraków (poln.), Krakov
Kralup a. d. Moldau	Kralupy nad Vltavou
Kramolin	Kramolín
Kranowitz	Krzanowice (poln.), Křenovice
Kremsier	Kroměříž
Kretschmann	Krčmaň
Krokersdorf	Krakořice
Krotendorf	Chařová
Krumau	Český Krumlov
Kunowitz	Kunovice
Kuttenberg	Kutná Hora
Laubendorf	Limberk
Laun	Louny
Leitmeritz	Litoměřice
Leitomischl	Litomyšl
Leobschütz	Głubczyce (poln.), Hlubčice
Libitz a. d. Cidlina	Libice nad Cidlinou
Libochowitz	Libochovice
Lichtenburg	Lichnice
Lichtenstadt	Hroznětín
Lichtenwerde	Světlá Hora
Liegnitz	Legnica (poln.), Lehnice
Liptan	Liptań
Littau	Litovel
Lobositz	Lovosice
Lub	Luby
Lubna	Lubná
Lundenburg	Břeclav
Mährisch Neustadt	Uničov
Mährisch Trübau	Moravská Třebová
Mährisch Weißkirchen	Hranice
Manetin	Manětín
Mariakron	Koruna sv. Marie
Maschau	Mašťov
Matzerau	Macourov
Matzkirch	Maciowakrze (poln.)
Melnik	Mělník
Mies	Stříbro
Miletin	Miletín
Mönitz	Měnín
Moldautein	Týn nad Vltavou
Müglitz	Mohelnice
Netolitz	Netolice
Neubydžow	Nový Bydžov
Neuhaus	Jindřichův Hradec
Neukirch	Nowy Kościół (poln.), Nový Kostel
Neusedlitz	Novosedlice

Nimburg	Nymburk
Obrowitz	Zábrdovice
Olmütz	Olomouc
Opatowitz	Opatovice
Opotschno	Opočno
Oslawan	Oslavany
Ossegg	Osek
Ostrau	Ostrava
Ostrow	Ostrov u Davle
Patek	Pátek nad Ohří
Pilgram	Pelhřimov
Pilsen	Plzeň
Pisek	Písek
Plaß	Plasy
Pohrlitz	Pohořelice
Politschka	Polička
Politz	Police
Poritsch	Poříčí
Pozmannsdorf	Kozlovice
Prachatitz	Prachatice
Prachin	Prácheň
Prag	Praha
Prelauc	Přelouč
Prerau	Přerov
Preßburg	Bratislava
Přibram	Příbram
Prittlach	Přítluky
Proßnitz	Prostějov
Prowodow	Provodov
Pudlein	Podolínec
Pürglitz	Křivoklát
Raigern	Rajhrad
Rakonitz	Rakovník
Ratibor	Racibórz (poln.), Ratiboř
Rattay	Rataje
Raudnitz	Roudnice
Rausenbruck	Strachotice
Rasselwitz	Racławice Śl. (poln.), Raclavice
Řepy	Řepy
Rinaretz	Rynárec
Rippau	Řepová
Rokytzan	Rokycany
Ronau	Ronov
Saar	Žďár
Saaz	Žatec
Sadska	Sadská
Satschan	Žatčany
Scheles	Žihle
Schemnitz	Banská Štiavnica
Schildberg	Šilperk, seit 1949 Štíty
Schlan	Slaný
Schlapanitz	Šlapanice
Schlappenz	Šlapanov
Schüttenhofen	Sušice
Schüttenitz	Žitenice
Sedletz	Sedlec
Seelau	Želiv
Skripp	Skřípov
Skyrl	Škrle
Slawětin	Slavětín
Slawičin	Slavičín
Slichow	Praha-Zlíchov
Solnitz	Solnice
Stankowitz	Staňkovice
Stefanau b. Olmütz	Štěpánov
Strakonitz	Strakonice
Straschin	Strašín
Střelitz	Střelice
Taus	Domažlice
Teindles	Doudleby
Tepl	Teplá
Tetschen	Děčín
Tischnowitz	Tišnov
Topolan	Topolany
Trautenau	Trutnov
Třebenitz (bei Prag)	Třebenice (Praha-západ)
Trebnitz	Třebenice
Trebitsch	Třebíč
Treskowitz	Troskotovice
Triebendorf	Třebařov
Troppau	Opava
Turnau	Turnov
Tuschkau	Touškov
Tyrn	Derné
Tyrnau	Trnava
Uhřičitz	Uhřičice
Ungarisch Brod	Uherský Brod
Ungarisch Hradisch	Uherské Hradiště
Untersandau	Dolní Žandov
Vöttau	Bítov
Waltrowitz	Valtrovice
Weidenau	Vidnava
Welehrad	Velehrad
Weleschin	Velešín
Wilimow	Vilémov

Winau	Unanov
Wischau	Vyškov
Wisowitz	Vizovice
Wodnian	Vodňany
Wrutitz	Vrutice
Wyschehrad	Vyšehrad
Zlabings	Slavonice
Znaim	Znojmo
Zwittau	Svitavy

KONKORDANZ DER ORTSNAMEN

TSCHECHISCH – DEUTSCH

Banská Štiavnica	Schemnitz
Beroun	Beraun
Bezděz	Bösig
Bielsko (poln.)	Bielitz
Bílina	Bilin
Bílsko	Bielitz
Bítov	Vöttau
Blansko	Blansko
Božetice	Božetitz
Bratislava	Preßburg
Břeclav	Lundenburg
Břevnov	Břewnow
Brno	Brünn
Broumov	Braunau
Bruntál	Freudenthal
Brušperk	Braunsberg
Budyně	Budin
Čáslav	Časlau
Cerhovice	Cerhowitz
Česká Bělá	Böhmisch Běla
České Budějovice	Budweis
Český Brod	Böhmisch-Brod
Český Krumlov	Krumau
Chařová	Krotendorf
Cheb	Eger
Chomutov	Komotau
Chotěboř	Chotěboř
Chotěšov	Chotieschau
Chrudim	Chrudim
Chvalšiny	Kalsching
Chýnov	Chejnow
Děčín	Tetschen
Dejšina	Deyschina
Derné	Tyrn
Diváky	Diwak
Dobřany	Dobrzan
Dobřichovice	Dobřichowitz
Doksany	Doxan
Doksy	Hirschberg
Dolní Žandov	Untersandau
Domažlice	Taus
Doudleby	Teindles
Drahonice	Drahonitz
Dvůr Králové nad Labem	Königinhof a. d. Elbe
Dýšina	Deyschina
Fryčovice	Fritschowitz
Fulštejna	Füllstein
Głubczyce	Leobschütz
Grätz	Hradec u Opavy
Havlíčkův Brod	Deutschbrod
Hertice	Hertitz
Hlučín	Hultschin
Hlušovice	Hlussowitz
Hněvkovice	Hněvkowitz
Hodonín	Göding
Horažďovice	Horažďowitz
Horní Benešov	Bennisch
Hoštice	Groß Hoschütz
Hostinné	Arnau
Hradec Králové	Königgrätz
Hradisko u Olomouce	Hradisch
Hradištko u Davle	Hradischko
Hranice	Mährisch Weißkirchen
Hroznětín	Lichtenstadt
Hulín	Hullein
Humpolec	Humpoletz
Husovice	Hussowitz
Hustopeče	Auspitz
Jablonné	Deutsch Gabel
Jaroměř	Jermer

Jaroměřice nad Rokytnou	Jarmeritz
Jaroslavice	Joslowitz
Jemnice	Jamnitz
Jeseník	Freiwaldau
Jevíčko	Gewitz
Jičín	Jitschin
Jihlava	Iglau
Jílovec	Eilowitz
Jindřichův Hradec	Neuhaus
Kadaň	Kaaden
Keblice	Keblitz
Kelč	Keltsch
Kladruby	Kladrau
Klatovy	Klattau
Klášter v Louce	Klosterbruck
Kłodzko	Glatz
Kněhnice	Knihnitz
Kojetín	Kojetein
Kolín	Kolin
Kopisty	Kopitz
Koruna sv. Marie	Mariakron
Kounice	Kaunitz
Kouřim	Kauřim
Koźle	Cosel
Kozlovice	Pozmannsdorf
Krakořice	Krokersdorf
Kralupy nad Vltavou	Kralup a. d. Moldau
Kramolín	Kramolin
Krasíkov	Budigsdorf
Kravaře	Graber
Krčmaň	Kretschmann
Křenovice	Kranowitz
Křivoklát	Pürglitz
Krnov	Jägerndorf
Kroměříž	Kremsier
Krzanowice (poln.)	Kranowitz
Kunovice	Kunowitz
Kutná Hora	Kuttenberg
Kyjov	Gaya
Kynšperk nad Ohří	Königsberg a. d. Eger
Libice nad Cidlinou	Libitz a. d. Cidlina
Libochovice	Libochowitz
Lichnice	Lichtenburg
Limberk	Laubendorf
Liptaň	Liptan
Litoměřice	Leitmeritz
Litomyšl	Leitomischl
Litovel	Littau
Loket	Elbogen
Louka	Bruck a. d. Thaya
Louny	Laun
Lovosice	Lobositz
Lubná	Lubna
Luby	Lub
Maciowakrze	Matzkirch
Macourov	Matzerau
Manětín	Manetin
Mašťov	Maschau
Mělník	Melnik
Měnín	Mönitz
Miletín	Miletin
Mohelnice	Müglitz
Moravská Třebová	Mährisch Trübau
Most	Brüx
Německý Brod	Deutschbrod
Netolice	Netolitz
Novosedlice	Neusedlitz
Nový Bydžov	Neubydžow
Nymburk	Nimburg
Olomouc	Olmütz
Opatovice	Opatowitz
Opava	Troppau
Opočno	Opotschno
Osek	Ossek
Oslavany	Oslawan
Osoblaha	Hotzenplotz
Ostrava	Ostrau
Ostrov	Ostrow
Pátek nad Ohří	Patek
Pelhřimov	Pilgram
Písek	Pisek
Plasy	Plaß
Plzeň	Pilsen
Podivín	Kostel
Podolínec	Pudlein
Pohled	Frauenthal
Pohořelice	Pohrlitz
Police	Politz
Polička	Politschka
Poříčí	Poritsch
Prachatice	Prachatitz
Praha	Prag
Přelouč	Prelauc
Přerov	Prerau
Příbor	Freiberg
Příbram	Přibram

Přítluky	Prittlach
Prostějov	Proßnitz
Provodov	Prowodow
Racibórz (poln.)	Ratibor
Raclavice	Rasselwitz
Racławice Śl. (poln.)	Rasselwitz
Rajhrad	Raigern
Rakovník	Rakonitz
Rataje	Rattay
Ratiboř	Ratibor
Řepčín	Hřeptschein
Řepová	Rippau
Řepy	Řepy
Rokycany	Rokytzan
Roudnice	Raudnitz
Rynárec	Rinaretz
Sadská	Sadska
Sedlec	Sedletz
Šilperk	Schildberg
Skřípov	Skripp
Škrle	Skyrl
Slaný	Schlan
Šlapanice	Schlapanitz
Šlapanov	Schlappenz
Slavičín	Slawičin
Slavkov	Austerlitz
Slavonice	Zlabings
Solnice	Solnitz
Staňkovice	Stankowitz
Stará Boleslav	Alt-Bunzlau
Stará Chrudim	Alt-Chrudim
Stará Plzeň	Alt Pilsen
Staré Brno	Alt-Brünn
Starý Bezděz	Alt Bösig
Starý Bydžov	Alt Bydžow
Štěpánov	Stefanau
Štíty	Schildberg
Strachotice	Rausenbruck
Strakonice	Strakonitz
Strašín	Straschin
Střelice	Střelitz
Stříbro	Mies
Světlá Hora	Lichtenwerde
Svitavy	Zwittau
Teplá	Tepl
Tišnov	Tischnowitz
Topolany	Topolan
Touškov	Tuschkau
Třebařov	Triebendorf
Třebenice	Trebnitz
Třebenice (Praha-západ)	Třebenitz (bei Prag)
Třebíč	Trebitsch
Troskotovice	Treskowitz
Trutnov	Trautenau
Turnov	Turnau
Týn nad Vltavou	Moldautein
Uherské Hradiště	Ungarisch Hradisch
Uherský Brod	Ungarisch Brod
Uhřičice	Uhřičitz
Unanov	Winau
Uničov	Mährisch Neustadt
Ústí nad Labem	Aussig
Valtrovice	Waltrowitz
Velehrad	Welehrad
Velešín	Weleschin
Vidnava	Weidenau
Vilémov	Wilimow
Vizovice	Wisowitz
Vodňany	Wodnian
Vrutice	Wrutitz
Vyšehrad	Wyschehrad
Vyškov	Wischau
Vysoké Mýto	Hohenmaut
Zábrdovice	Obrowitz
Zábřeh	Hohenstadt
Žatčany	Satschan
Žatec	Saaz
Žďár	Saar
Želiv	Seelau
Žihle	Scheles
Žitenice	Schüttenitz
Zlatá Koruna	Goldenkron
Znojmo	Znaim
Zvíkov	Klingenberg

INDEX DER ORTS- UND PERSONENNAMEN

Im Text haben die Übersetzer bis auf wenige Ausnahmen die deutschen Ortsnamenformen verwendet. Für die tschechischen, slowakischen und polnischen Ortnamenformen ist die Konkordanz, S. 437–443, zu vergleichen. Bei Personennamen sind die Übersetzer nicht konsequent verfahren.

böhlau

FERDINAND OPLL

ZWANG UND WILLKÜR

LEBEN UNTER STÄDTISCHER HERRSCHAFT IN DER LOMBARDEI DER FRÜHEN STAUFERZEIT

Zeugenverhöre aus dem Jahr 1184 über Streitigkeiten zwischen Pavia und Piacenza, somit eine eher spröde Überlieferung, bilden die Basis für eine Darstellung der Lebensverhältnisse im städtischen Umland einer der innovativsten und wirtschaftlich potentesten Regionen des europäischen Hochmittelalters. Geschichte aus der Sicht der von herrschaftlichen Maßnahmen Betroffenen tut sich hier auf, ein Abgehen von der Perspektive der Herrschenden, die in den verfügbaren Quellen zu dieser Epoche im Regelfall dominiert, wird möglich. Wie sich der Mensch in diesen Verhältnissen zurecht fand, unter den von lokalen Herren, benachbarten Kommunen wie der Reichsgewalt bestimmten Rahmenbedingungen sein Leben führte, zeigt nicht nur enorme Anpassungsfähigkeit, das nötigt auch hohen Respekt und ehrliche Anerkennung ab.

2010. 274 S. GB. MIT SU. 24 S/W-ABB. 155 X 235 MM.
ISBN 978-3-205-78499-9

BÖHLAU VERLAG, WIESINGERSTRASSE 1, 1010 WIEN. T: +43(0)1 330 24 27-0
BOEHLAU@BOEHLAU.AT, WWW.BOEHLAU-VERLAG.COM | WIEN KÖLN WEIMAR

böhlau

KARL VOCELKA

DIE FAMILIEN HABSBURG UND HABSBURG-LOTHRINGEN

POLITIK – KULTUR – MENTALITÄT

Diese kompakte Geschichte ist für Leser bestimmt, die sich schnell Information zu den Habsburgern verschaffen wollen. Die politische Rolle der Familie in weiten Teilen Europas, aber auch ihre menschlichen Situationen und Konflikte werden kurz dargestellt.

Nach einer Einführung in ihre Geschichte als Herrscher im Heiligen Römischen Reich und der Habsburgermonarchie widmet sich der Band auch den spanischen Habsburgern, den Nebenlinien in Italien und der Position der nicht regierenden Männer, Frauen und Kinder der Habsburger.

Zwei weitere Teile sind der Mentalität der Familie und den kulturellen Leistungen der Dynastie gewidmet. Erziehung, Sendungsbewusstsein, Frömmigkeitsverhalten und Jagdleidenschaft sind ebenso Themen dieses Buches wie Repräsentation und Propaganda, Schlösser und Gärten, Feste und Sammlungen der Familie.

2010. 243 S. GB. 1 KARTE, 3 STAMMBÄUME 135 X 210 MM.
ISBN 978-3-205-78568-2

BÖHLAU VERLAG, WIESINGERSTRASSE 1, 1010 WIEN. T: +43(0)1 330 24 27-0
BOEHLAU@BOEHLAU.AT, WWW.BOEHLAU-VERLAG.COM | WIEN KÖLN WEIMAR